梅新林 俞樟华 主编

中國學術編年

元代卷

邱江宁 撰

華東師範大學出版社

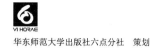

华东师范大学出版社六点分社　策划

全国高等院校古籍整理研究工作委员会重点项目
浙江省人文社科基地浙江师大江南文化研究中心重点项目

顾　问（按姓氏笔画）
甘　阳　朱杰人　朱维铮　刘小枫　刘跃进　安平秋　李学勤　杨　忠
束景南　张涌泉　黄灵庚　常元敬　崔富章　章培恒　詹福瑞

主　编
梅新林　俞樟华

总策划
倪为国

编　委（按姓氏笔画）
王德华　毛　策　叶志衡　包礼祥　宋清秀　邱江宁　陈玉兰　陈年福
陈国灿　林家骊　胡吉省　姚成荣　倪为国　曾礼军

前　言

自 1985 年率先启动《清代学术编年》研究项目以来,经过诸位同仁持续不懈的努力,由清代依次上溯而贯通历代的《中国学术编年》(以下简称《编年》)终于告竣。这是迄今为止学术界首次以编年的形式对中国通代学术发展史的系统梳理,是一部力图站在 21 世纪新的学术制高点上全面综合与总结以往学术成果的集成性之作,同时也是一部兼具研究与检索双重功能的大型工具书。衷心希望《中国学术编年》的出版,能对 21 世纪国学的研究与复兴起到积极的推动作用。

从《清代学术编年》项目启动到《中国学术编年》告竣的 20 余年间,恰与世纪之交以"重写学术史"为主旨的"学术史热"相始终。因此,当我们有幸以编撰《中国学术编年》的方式,积极参与"重写学术史"这一世纪学术大厦的奠基与建设工程之际,在对《中国学术编年》的编纂进行艰苦探索的同时,始终伴随着对"重写学术史"的密切关注以及对如何"重写学术史"的学理思考,值此《中国学术编年》即将出版之际,我们愿意将期间的探索、思考成果撰为《前言》冠于书前,期与学界同仁共享。

一、世纪之交"学术史热"的勃兴与启示

一代有一代之学术,一代亦有一代之学术史,这是因为每个时代都有对学术理念、路向、范式的不同理解,都需要对特定时代的主要学术论题作出新的回答。从这个意义上说,"重写文学史"既是一种即时性学术思潮的反映,又是一项永无止境的学术创新活动。不同时代"重写文学史"的依次链接与推进,即是最终汇合成为学术通史的必要前提。

世纪之交,以"重写文学史"为主旨的"学术史热"再次兴起于中国学术界,这与上个世纪之交的"学术史热"同中有异:同者,都是集中于世纪之交对源远流长的中国学术史进行反思与总结。异者,一是旨在推进中国学术实现从传统向现代的转型;一是旨在通过推进中国现代学术的世界化而建构新的学术体系,因而彼此并非世纪轮回,而应视为世纪跨越。

本次"学术史热"以北京、上海为两大中心,兴起于 20 世纪 80 年代,发端于"重写文学史",然后逐步推向"重写学术史"。诚然,重写历史,本是学术发展与创新的内在要求,然而在 20 世纪 80 年代,"重写"成为一种学术时尚,普遍被学者所关注与谈论,几乎成为一个世纪性话题,却缘于特定的时代背景。诚如葛兆光先生所言,80 年代以来有一些话题至今仍在不断被提起,其中一个就是"重写",重写文学史,重写文化史,重写哲学史,当然也有重写思想史。重写是"相当诱人的事情,更是必然的事情"(《连续性:思路、章节及其他——思想史的

写法之四》,《读书》1998年第6期)。其中的"必然",是从最初对一大批遭受不公正对待和评价的作家文人的"学术平反",到对整个中国学术文化的意义重释与价值重估,实际上是伴随改革开放进程的思想解放运动的重要组成部分,故有广泛"重写"之必要与可能。

从"重写文学史"到"重写学术史"之间,本有内在的逻辑关联。"重写文学史"作为"重写学术史"的一个重要组成部分与开路先锋,向思想史、哲学史、文化史等各个层面的不断推进,必然会归结于"重写学术史"。在从"重写文学史"走向"重写学术史"的过程中,同样以北京大学为前沿阵地。早在80年代初,北京大学王瑶先生率先发起了有关文学史的讨论。至1985年,陈平原先生在北京万寿寺召开的中国现代文学创新座谈会上宣读了他与钱理群、黄子平先生酝酿已久的"20世纪中国文学"的基本构想(后发表于《读书》1985年第10期),给重写文学史以重要启发。同年,著名学者唐弢与晓诸先生等就是否可以重写文学史问题开展激烈的争论,由此形成"重写文学史"讨论的第一次高潮。然后至90年代初,陈平原先生率先由"重写文学史"转向"重写学术史"的实践探索,从1991年开始启动《中国现代学术之建立》的写作,主编《学人》杂志,筹划"学术史丛书",到1995年"学术史丛书"由北京大学出版社出版,这是世纪之交"重写学术史"取得阶段性成果的重要标志。而在另一个学术中心上海,先于1988年在《上海文坛》专门开辟"重写文学史"专栏,邀请著名学者陈思和、王晓明先生主持,他们在开栏"宣言"中开宗明义地提出"重写文学史"的学术宗旨,并给予这样的历史定位:"我们现在提出'重写文学史',实际上正是在文学史研究的性质发生改变的时期,是现代文学史作为一门独立的学科逐步走向成熟的时期。"王晓明先生还特意将"重写文学史"溯源于1985年万寿寺座谈会上陈平原等关于"20世纪中国文学的构想","重写文学史"不过是将三年前"郑重拉开的序幕"再一次拉开,这是旨在强调从1985年到1988年"重写文学史"讨论两次高潮的延续性以及京沪两大学术中心的连动性。1996年,在章培恒、陈思和先生的主持下,《复旦学报》也继《上海文坛》之后开辟了"重写文学史"专栏,由此促成了贯通中国古代文学与现代文学的"中国文学古今演变研究"的交叉学科的创立。然后至1997年、1998年连续于上海召开"20世纪的中国学术"、"重写学术史"两次专题学术研讨会,尤其是后一次会议,在全国学术界第一次明确打出"重写学术史"旗号,具有时代标志性意义。此后,以京沪为两大中心,广泛影响全国的"学术史热"迅速升温。除了各种学术会议之外,各地重要刊物也都相继开辟学术史研究专栏,或邀请著名学者举行座谈。当然,最重要的学术成果还是主要体现在学术史著作方面,从分科到综合,从断代到通代,从历时到共时,从个体到群体,以及各种专题性的学术史研究领域,都有广泛涉及,这是来自不同专业领域学者在"重写学术史"旗帜下的新的聚集、新的合作、新的交融,共同创造了世纪之交学术史研究的兴盛局面。期间的代表性学术成果,主要体现在理论反思与实践探索两个层面。

在理论反思方面,集中体现于各种学术会议与专栏讨论文章,比如1997年在上海召开的"20世纪的中国学术"讨论会上,与会学者就"20世纪中国学术"的历史起点与逻辑起点、学术史观与研究方法等发表了各自的意见,并就20世纪中国学术在中西文化与学术的碰撞和融合的背景之下的现代品性与总体特点,以及存在的问题与教训、部分具体学科在20世纪的发展脉络等展开了热烈的讨论(晋荣东《"20世纪的中国学术"讨论会综述》,《学术月刊》1997年第6期)。1998年在上海召开的"重写学术史"研讨会,与会学者重点围绕近年来出版的学术史著质量、现今条件下重写学术史的必要与可能、重写中遇到的问题与难点、学术史著各种写法的得失等进行了广泛的交流与深入的研讨。当然,"重写学术史"的关键是能否建构新的学术史观,其中包括两大核心内容:一是对学术与学术史的重新认知;二是新型学术范式的建立。这在世纪之交的"重写学术史"讨论中也得到了热烈的回应。前者主要围绕"学术史是什么"的问题而展开。陈平原先生主张一种相对开放的泛学术史观,认可中国古代"辨章学术,考镜源流"的传统,更多强调学术史与思想史、文化史的关联(《"学术史丛书"总序》)。李学勤先生则提出把文科和理科、科学与人文放在一起,统一考察的大学术史观,认为"现在通常把自然科学称作'科学',人文社会科学叫做'学术',其实不妥,因为人类的知识本来是一个整体,文理尽管不同,仍有很多交叉贯通之处。尤其是在学术史上,不少人物对科学、人文都有贡献,他们的思想受到两方面的影响;还有一些团体,其活动兼及文理,成员也包括双方的学者。如果生加割裂,就难以窥见种种思潮和动向的全体面貌。"(《研究二十世纪学术文化的一些意见》,《中国文化研究》2000年第1期)

与此同时,也有一些学者着眼于学术史之所以为学术史的学术定位提出自己的思考。1997年在上海召开的"20世纪的中国学术"研讨会上,有学者认为必须明确将其与文化史、思想史以及哲学史等区分开来,把"学术"定位在知识形态上,即学术史主要是客观地研究知识的分类、构成、积累等问题,对知识的结构演变、体系的发展脉络予以发生学意义上的追寻,作出分析、说明、描述、勾勒,以此与文化史、思想史作出分殊,给学术史留出独立的位置,树立自觉的意识与确定的立场(晋荣东《"20世纪的中国学术"讨论会综述》,前揭)。2004年,张立文先生在《中国学术的界说、演替和创新——兼论中国学术史与思想史、哲学史的分殊》一文(《中国人民大学学报》2004年第1期)中,对"学术史是什么"作了如下辨思与界定:

> 学术在传统意义上是指学说和方法,在现代意义上一般是指人文社会科学领域内诸多知识系统和方法系统,以及自然科学领域中的科学学说和方法论。中国学术史面对的不是人对宇宙、社会、人生之道的体贴和名字体系或人对宇宙、社会、人生的事件、生活、行为所思所想的解释体系,而是直面已有的中国哲学家、思想家、学问家、科学家、宗教家、文学家、史学家、经学家等的学说和方法系统,并藉其文本和成果,通过考镜源流、分源别派,历史地呈现其学术延续的血脉和趋势。这便是中国学术史。

这一界定既为学术史确立了相对独立的立场与地位,又贯通了与哲学史、思想史以及人文社会科学与自然科学的关系,富有启示意义。

关于如何建构新的学术范式的问题,李学勤先生陆续发表了系列论文展开探索,然后结集并题为《重写学术史》出版,书中"内容提要"这样写道:"'重写学术史'意味着中国各历史阶段学术思想的演变新加解释和总结。这与我过去说的'重新估价中国古代文明'和'走出疑古时代',其实是相承的。晚清以来的疑古之风,很大程度上是对学术史的怀疑否定,而这种学风本身又是学术史上的现象。只有摆脱疑古的局限,才能对古代文明作出更好的估价。"李学勤先生特别强调20世纪考古发现之于"重写学术史"的重要性,提出要由改写中国文明史、学术史到走出疑古时代,由"二重证据法"到多学科组合。作为国家夏商周断代工程首席科学家、著名考古学家,李学勤先生的以上见解,显然与其考古专业立场密切相关。陈平原先生鉴于近代之前的中国学术史研究多以"人"为中心,以"人"统"学",近代之后一变为以"学"为中心,以"学"统"人",于是倡导建构以"问题"为中心的新的学术范式,他在《中国现代学术之建立》一书的《导论》中指出:"集中讨论'中国现代学术之建立',目的是凸显论者的问题意识。表面上只是接过章、梁的话题往下说,实则颇具自家面目。选择清末民初三十年间的社会与文化,讨论学术转型期诸面相,揭示已实现或被压抑的各种可能性,为重新出发寻找动力乃至途径。这就决定了本书不同于通史的面面俱到,而是以问题为中心展开论述。"后来,陈平原先生在《"当代学术"如何成"史"》一文中更加鲜明地表达了他的学术史观:"谈论学术史研究,我倾向于以问题为中心,而不是编写各种通史。"(《云梦学刊》2005年第4期)从以"人"为中心,到以"学"为中心,再到以"问题"为中心,显示了中国学术史研究学术范式的重要进展,体现了新的时代内涵与学术价值。当然,"人"、"学"、"问题"三者本是互为一体,密不可分的,若能将以"问题"为中心与以"人"、"学"为中心的三种范式相互交融,会更为完善。

在实践探索方面,则以李学勤、张立文先生分别主编的《中国学术史》、《中国学术通史》最为引人注目。两书皆为贯通历代、规模宏大的多卷本中国学术通史研究著作。《中国学术史》凡11卷,依次为《先秦卷》(上、下)、《两汉卷》、《三国两晋南北朝卷》(上、下)、《隋唐五代卷》、《宋元卷》(上、下)、《明代卷》、《清代卷》(上、下),自2001年起由江西教育出版社陆续出版。《中国学术通史》凡6卷,依次为《先秦卷》、《秦汉卷》、《魏晋南北朝卷》、《隋唐卷》、《宋元明卷》、《清代卷》,于2005年由人民出版社整体推出。两书的相继出版,一同填补了中国学术史上长期缺少通史研究巨著的空白,代表了世纪之交"重写学术史"的最新进展。至于断代方面,当推陈平原先生《中国现代学术之建立》影响最著,作者在《导论》中这样写道:"晚清那代学者之所以热衷于梳理学术史,从开天辟地一直说到眼皮底下,大概是意识到学术嬗变的契机,希望借'辨章学术,考镜源流'来获得方向感。同样道理,20世纪末的中国学界,重提'学术史研究',很大程度上也是为了解决自身的困惑。因此,首先进入视野的,必然是与其息息相关的'20世纪中国学术'。"要之,从离我们最近的20世纪中国学术入手,更具重点突破、带动全局的重要意义,可以为重新审视、重构中国学术史提供新的逻辑基点。

对于世纪之交"重写文学史"在理论反思与实践探索两个层面的意义与启示,可以引录左鹏军先生在《90年代"学术史热"的人文意义》(《华南师范大学学报》1998年第3期)一文的概括:

第一,它是对长久以来中国传统学术尤其是对近现代以来中国学术道路、学术建树的全面总结,是对鸦片战争以来尤其是新文化运动以来中国文化命运、学术走势的冷静反省,它实际上蕴含着在世纪末对新世纪的新学术状况、新学术高峰的企盼与期待。

第二,它透露出中国人文知识分子在几十年的风风雨雨中走过了曲曲折折的学术道路之后,对自己社会角色、社会地位的重新确认,对自己所从事的学术工作的再次估价,对学术本身的地位、价值,对学术本质的进一步思考和确认,表明一种可贵的学术自觉。

第三,它反映出在整个世界学术走向一体化,中国学术与世界学术的交流日趋频繁的历史背景下,中国人文学者建立起完备系统的学术规范,迅速走上学术规范化、正常化之路的要求,表现出中国学者对中国学术尽快与世界学术潮流全方位接触,确立中国学术在世界学术中的应有地位,与世界学术进展接轨、促进世界学术发展的迫切愿望与文化自信。

第四,它体现出人文科学某些相关学科发展的综合趋势,以避免学科分类过细过专、流于琐碎的局限;在方法论上,要吸收和运用古今中外的一切行之有效的研究方法、现代灵活多样的研究手段,深入开展中国学术的研究,使中国学术史的研究从研究方法、学科划分,到操作规程、科研成果,都达到一个崭新的水平。

第五,近年的学术史研究,对近现代学术史之"另一半",即过去由于种种非学术原因而有意无意被忽略了的、或在一定的政治背景下不准研究的一大批对中国学术作出巨大贡献的学者,给予了必要的关注,这表明在世纪末到来的时候,中国学术界开始对本世纪的学术历史进行整体全面的反思,试图写出尽可能贴近学术史原貌的学术史著作。

应该说,这一概括是比较周全而精辟的。

今天,当我们站在21世纪新的学术制高点上,以比较理性的立场与态度来审视世纪之交的"学术史热"时,那么,就不能仅仅停留于客观的历史追述,而应在进程中发现意义,在成绩中找出局限,然后努力寻求新的突破。无可讳言,"学术史热"既然已从学术崇尚衍为一种社会风潮,那么它必然夹杂着许多非学术化的因素,甚至难免出现学术泡沫。相比之下,"重写学术史"的工作显然艰苦得多,更需要沉思,需要积淀,需要创新。其中最重要的莫过于先进的学术史观与扎实的文献基础的双重支撑。以此衡之,世纪之交的"学术史热"显然还存在着诸多局限。学术既由"学"与"术"所组成,学者,学说也,学理也,因此学术史研究不仅离不开思想,相反,更需要深刻思想的导引与熔铸。学术史观,从某种意义上说即是学术思想的体现和升华,平庸的思想不可能产生深刻的学术史观。李泽厚先生尝论20世纪90年代是一个"思想淡出,学术凸显"的时代,扼要点中了中国学界八、九十年代的整体学术转向。

"重写学术史",实质上是对原有学术史的历史重建,而历史重建的成效,则有赖于历史还原的进展。从历史与逻辑辩证统一的要求衡量,"重写学术史"的历史还原与重建,特别需要在中国学术、中国学术史、中国学术史研究三个具有内在逻辑关联的关键环节上作出新的探索,并取得新的突破。

二、中国"学术":文字考释与意义探源

学术史,顾名思义,是学术发展演变的历史。因此,对中国学术史的历史还原,首先要对"学术"的语言合成与原生意义及其历史流变进行一番考释与探源工作。

何谓"学术"?《辞源》释之为"学问、道术";《辞海》释之为"较为专门、有系统的学问";《汉语大词典》梳理从先秦至清代有关"学术"的不同用法,释为七义:(1)学习治国之术;(2)治国之术;(3)教化;(4)学问、学识;(5)观点、主张、学说;(6)学风;(7)法术、本领。其中(3)(4)(5)(6)(7)皆关乎当今所言"学术"之意义。

从语源学上追溯,"学"与"术"先是分别独立出现,各具不同的语义。然后由分而合,并称为"学术"之名。至近代以来,又逐渐被赋予新的时代意义。略略考察其间的演变历程,有助于更深切、准确地理解"学术"本义及其与现代学术意涵的内在关系。

(一)"学"之释义

许慎《说文解字》曰:"斅,觉悟也。从教、冂。冂,尚曚也。臼声。學,篆文斅省。"许氏以"斅"、"學"为一字,本义为"觉悟"。段玉裁注云:"详古之制字作'斅',从教,主于觉人。秦以来去'攴'作'學',主于自觉。"以此上溯并对照于甲骨文和金文,则"學"字已见于甲骨文而金文中则"學"、"斅"并存:

前三字为甲骨文,后二字为金文。甲骨文"學"字或从乂,或从爻,与上古占卜的爻数有

关。占卜术数是一门高深学问,需要有师教诲,故由"學"字引申,凡一切"教之觉人"皆为"學",不一定是专指占卜之事。如:

> 丙子卜贞:多子其延學疾(治病),不冓(遘)大雨?(《甲骨文合集》3250)
> 丁酉卜今旦万其學?/于来丁廼學?(《小屯南地甲骨》662)

然后从学习行为引申为学习场所,意指学校。如:"于大學拜?"(《小屯》60)大学,应为学官名,即是原始的太学,《礼制·王制》曰:"小学在公宫南之右,太学在郊。"

以甲骨文为基础,金文又增加了意为小孩的形符"子",意指蒙童学习之义更加显豁。儿童学习须人教育,因此本表学习义的"學"兼具并引申为教学之义,故金文再增加"攴"符,成为繁形的"敩"字,由此學、敩分指学、教二义。检金文中"學"字,仍承甲骨文之义,意指学习或学校。如:

> 小子令學。(令鼎)
> 小子䍐服䍐小臣䍐尸仆學射。(静簋)
> 余隹(惟)即朕小學,女(汝)勿剋余乃辟一人。(盂鼎)
> 王命静嗣射學宫。(静簋)

前二例意指学习行为,后二例意指学习场所。

然"敩"之不同于"學",明显意指"教"之义。如:

> 克又井敩懿父迺□子。(沈子它簋盖)
> 昔者,吴人并越,越人修敩備恁(信),五年覆吴。(中山王鼎)

《静殷》:"静敩无。"郭沫若《西周金文辞大系》考释:"敩当读为教……,无即无斁。"这个"敩"字还保留"觉人"、"自觉"的双向语义,即是说"觉人"为"教","自觉"为"学",不必破通假字。传世文献则已分化为二字二义。如《尚书·兑命》曰:"惟敩學半,今始终典于學,厥德修罔觉。"孔安国《传》云:"敩,教也。"《礼记·学记》由此引出"教学相长"之说。曰:"學然后知不足,教然后知困。知不足然后能自反也,知困然后能自强也。故曰教学相长也。《兑命》曰:'敩學半',其此之谓乎?"段玉裁尽管曾从词义加以辨析,说:"按《兑命》上敩之谓教,言教人乃益己之半,教人谓之學者。學所以自觉,下之效也;教人所以觉人,上之施也。故古统谓之學也。"其"古统谓之学",说明"学"是双向的表意,在语源上是没有区别的。

"敩"为教义,征之于先秦文献,也不乏其例:

> 《礼记·文王世子》:"凡敩世子及學士,必时。"陆德明释文:"敩,户孝反,教也。"
> 《国语·晋语九》:"顺德以敩子,择言以教子,择师保以相子。"韦昭注:"敩,教也。"
> 《墨子·鲁问》:"鲁人有因子墨子而學其子者。"于省吾《双剑誃诸子新证·墨子三》:"學,应读作敩。"

要之,由学习至学校,由教学至学习,"学"字在上古包含"觉人"(教)与"自觉"(学)的双向语义。

春秋战国时代,在百家争鸣、学术繁荣的特定背景下,"学"之词日益盛行于世,仅《论语》

一书出现"学"者,凡46处之多。而且,还出现了如《礼记》之《大学》、《学记》,《荀子》之《劝学》,《韩非子》之《显学》等论学专篇。"学"之通行意义仍指学习行为,然后向以下诸方面引申:

1. 由学习行为,引申为学习场所——学校

《礼记·学记》曰:"古之教者,家有塾,党有庠,术(遂)有序,国有学。"《礼记·大学》谓"大学之道,在明明德,在亲民,在止于至善"。此"国之学"、"大学"即指最高学府——太学。

2. 由学习行为引申为学习主体——学士、学人、学者

《荀子·修身》曰:"故学曰:迟,彼止而待我,我行而就之,则亦或迟、或速、或先、或后,胡为乎其不可以同至也。"此"学"意指学习者,或衍为"学士"、"学人"、"学者"。《周礼·春官·乐师》曰:"及彻,帅学士而歌彻。"《左传·昭公九年》曰:"辰在子卯,谓之疾日,君彻宴乐,学人舍业,为疾故也。"《论语·宪问》曰:"子曰:古之学者为己,今之学者为人。"《礼记·学记》曰:"学者有四失,教者必知之。"此"学士"、"学人"、"学者"皆指求学者。

由求学者进一步引申,又可指称有学问之人。《庄子·刻意》曰:"语仁义忠信,恭俭推让,为修己而已矣,此平世之士,教诲之人,游居学者之所好也。"成玄英疏:"斯乃子夏之在西河,宣尼之居洙泗,或游行而议论,或安居而讲说,盖是学人之所好。"而《庄子·盗跖》曰:"摇唇鼓舌,擅生是非,以迷天下之主,使天下学士,不反其本,妄作孝弟,而徼倖于封侯富贵者也。"此"学士"则泛指一般学者、文人。

3. 由学习行为引申为学习成果——学问、学识

《论语·为政》曰:"子曰:吾十有五而志于学。"《论语·述而》曰:"子曰:德之不修,学之不讲,闻义不能徙,不善不能改,是吾忧也。"《论语·子罕》曰:"大哉孔子,博学而无所成名。"《墨子·修身》曰:"士虽有学,而行为本焉。"此中"学"字,皆为学问、学识、知识之义,后又进而衍为"学问"之词。按"学问",本指学习与询问知识、技能等。例如《易·乾》曰:"君子学以聚之,问以辩之。"《礼记·中庸》曰:"博学之,审问之,慎思之,明辨之,笃行之。"而合"学"与"问"于"学问"一词,即逐步由动词向名词转化。《孟子·滕文公上》曰:"吾他日未尝学问,好驰马试剑。"仍用为动词。《荀子·劝学》曰:"不闻先生之遗言,不知学问之大也。"则转化为名词,意指知识、学识。《荀子·大略》曰:"诗曰:'如切如磋,如琢如磨'。谓学问也。"两者兼而有之。

4. 由学习行为引申为学术主张与学术流派——学说、学派

《庄子·天下篇》曾提出"百家之学"、"后世之学"的概念,曰:"古之所谓道术者,果恶乎在?……其明而在数度者,旧法世传之史尚多有之。其在于《诗》、《书》、《礼》、《乐》者,邹鲁之士缙绅先生多能明之。《诗》以道志,《书》以道事,《礼》以道行,《乐》以道和,《易》以道阴阳,《春秋》以道名分。其数散于天下而设于中国者,百家之学时或称而道之。……悲夫,百家往而不反,必不合矣!后世之学者,不幸不见天地之纯,古人之大体,道术将为天下裂。"此"百家之学"、"后世之学",主要是指学说。而《韩非子·显学》也同样具有《庄子·天下篇》的学术批评性质,其谓"世之显学,儒墨也"。此"学"则意指学派。

由先秦"学"之意涵演变历程观之,当"学"从学习的基本语义,逐步引申为学校、学者乃至学问、学识、学说、学派时,即已意指甚至包含了"学术"的整体意义。

(二)"术"之释义

术,古作術。许慎《说文解字》曰:"術,邑中道也。从行,术声。"段玉裁注:"邑,国也。"術字本义是"道路",这个字比较晚起,最早见睡虎地秦墓竹简,写作:

術

《法律答问》曰:"有贼杀伤人(于)冲術。"银雀山汉墓竹简《孙膑兵法·擒庞涓》曰:"齐城、高唐当術而大败。"冲術,即大道、大街;当術,在路上。

然術字虽是晚出,而表示"道路"的意义则存之于先秦文献。如《墨子·号令》曰:"环守官之術衢,置屯道,各垣其两旁,高丈为埤倪。"術衢,指道路,衢也是道路。《庄子·大宗师》曰:"鱼相忘乎江湖,人相忘乎道術。"道術,即道路。词义早就存在了,而表示该词义的字却迟迟未出,滞于其后。这在汉语中是常见的现象。

与"術"关系十分密切的还有一个"述"字,见于西周金文。《说文》曰:"述,循也。从辵,术声。"段玉裁注:"述,或叚术为之。"其实,術为"述"字的分化。述为循行,由动词演变为名词,则为行走的"道路",于是才造出一个"術"字。至少可以说,術、述同属一个语源。

"術"(术)又由道路引申为方法、手段、技能、技艺、谋略、权术、学问、学术等义,则与其道之本义逐渐分离。兹引先秦典籍文献,分述于下:

1. 由道路引申为方法、手段

《礼记·祭统》曰:"惠术也,可以观政矣。"郑玄注:"术犹法也。"《孟子·告子下》曰:"教亦多术矣,予不屑之教诲也者,是亦教诲之而已矣。"此"术"指教育方法。

2. 由方法引申为技能、技艺

《礼记·乡饮酒义》曰:"古之学术道者,将以得身也,是故圣人务焉。"郑玄注:"术,犹艺也。"《孟子·公孙丑上》曰:"矢人惟恐不伤人,函人惟恐伤人,巫匠亦然,故术不可不慎也。"又《孟子·尽心上》曰:"人之有德慧术知者,恒存乎疢疾。"赵岐注:"人所以有德行智慧道术才智者,以其在于有疢疾之人;疢疾之人,又力学,故能成德。"此"术"与德、慧、知(智)并行,赵岐释之为"道术",实乃指一种技能、技艺。

古代与"术"构为复合词者,如法术、方术、数术(或称术数)等,多指具有某种神秘性、专门性的技能或技艺。《韩非子·人主》曰:"且法术之士,与当途之臣,不相容也。"此法术犹同方术。《荀子·尧问》曰:"德若尧禹,世少知之,方术不用,为人所疑。"《吕氏春秋·赞能》曰:"说义以听,方术信行,能令人主上至于王,下至于霸,我不若子也。"后方术泛指天文、医学、神仙术、房中术、占卜、相术、遁甲、堪舆、谶纬等。《后汉书》首设《方术传》。术数,多指以种种方术,观察自然界可注意的现象,来推测人的气数与命运,也称"数术"。《汉书·艺文志》谓:"数术者,皆明堂羲和史卜之职也。"其下列天文、历谱、五行、蓍龟、杂占、形法六种,大体与方术相近。

3. 由方法引申为谋略、权术

《吕氏春秋·先己》曰:"当今之世,巧谋并行,诈术递用。"此"术"意指一种权谋。先秦典籍文献中"术"常与"数"连称"术数",特指谋略、权术,与上文所指技能、技艺之"术数"同中有异。《管子·形势》曰:"人主务学术数,务行正理,则变化日进,至于大功。"《韩非子·奸劫弑臣》曰:"夫奸臣得乘信幸之势以毁誉进退群臣者,人主所有术数以御之也。"《鹖冠子·天则》曰:"临利而后可以见信,临财而后可以见仁,临难而后可以见勇,临事而后可以见术数之士。"皆指治国用人的谋略、权术。

4. 由技能、技艺引申为学问、学术

以《庄子·天下篇》所言"道术"、"方术"最具代表性。《天下篇》曰:

> 天下之治方术者多矣,皆以其有为不可加矣。古之所谓道术者,果恶乎在?曰:"无乎不在。"曰:"神何由降?明何由出?""圣有所生,王有所成,皆原于一。"不离于宗,谓之天人;不离于精,谓之神人;不离于真,谓之至人。以天为宗,以德为本,以道为门,兆于变化,谓之圣人;以仁为恩,以义为理,以礼为行,以乐为和,熏然慈仁,谓之君子;以法为分,以名为表,以参为验,以稽为决,其数一二三四是也,百官以此相齿;以事相常,以衣食为主,蕃息畜藏,老弱孤寡为意,皆有以养,民之理也。古之人其备乎!配神明,醇天地,育万物,和天下,泽及百姓,明于本数,系于末度,六通四辟,小大精粗,其运无乎不在。
>
> 天下大乱,贤圣不明,道德不一。天下多得一察焉以自好。譬如耳目鼻口,皆有所明,不能相通。犹百家众技也,皆有所长,时有所用。虽然,不该不遍,一曲之士也。判天地之美,析万物之理,察古人之全。寡能备于天地之美,称神明之容。是故内圣外王之道,暗而不明,郁而不发,天下之人各为其所欲焉以自为方。悲夫,百家往而不反,必不合矣!后世之学者,不幸不见天地之纯,古人之大体。道术将为天下裂。

"道术"与"方术"一样,在先秦典籍文献中本有多种含义。前引《庄子·大宗师》曰:"鱼相忘于江湖,人相忘于道术。"此"道"与"术"同指道路。《吕氏春秋·任数》曰:"桓公得管子,事犹大易,又况於得道术乎?"此"道术"意指治国之术。《墨子·非命下》曰:"今贤良之人,尊贤而好功道术,故上得其王公大人之赏,下得其万民之誉。"此"道"与"术"分别意指道德、学问。而《庄子·天下篇》所言"道术"与"方术"皆意指学术。陈鼓应《庄子今注今译》释"道术":"指洞悉宇宙人生本原的学问",释"方术":"指特定的学问,为道术的一部分"。"道术"合成为一词,意指一种统而未分、天然合一的学问,一种整体的学问,普遍的学问,接近于道之本体的学问,也是一种合乎于道的最高的学术。而"方术"作为与"道术"相对应的特定概念,也与上引意指某种特定技能、技艺之"方术"、"术数"不同,《庄子今注今译》引"林希逸说:'方术,学术也。'蒋锡昌说:'方术者,乃庄子指曲士一察之道而言,如墨翟、宋钘、惠施、公孙龙等所治之道是也。'"则此"方术"意指百家兴起之后分裂"道术"、"以自为方"的特定学说或技艺,是一种由统一走向分化、普遍走向特殊、整体走向局部的学问,一种离异了形而上之"道"趋于形而下之"术"的学问。

要之,"道术"之与"方术"相通者,皆意指学术,所不同者,只是彼此在学术阶段、层次、境界上的差异。鉴于《天下篇》具有首开学术史批评的性质与意义,则以文中"道术"与"方术"之分、之变及其与百家之学、后世之学的对应合观之,显然已超越于"学术"之"术"而具有包含学术之"术"与"学"的整体意义。这标志着春秋战国时代以"百家争鸣"繁荣为基础的"学术"意识的独立、"学术"意涵的明晰,以及学术史批评的自觉。

(三)"学术"之释义

尽管先秦典籍文献中的"学"与"术"在相互包容对应中已具有"学术"的整体性意义,但"学"与"术"组合为并列结构的"学术"一词,却经历了相当长的演变过程,概而言之,大致经历了以下四个阶段。

1. 先秦两汉时期"术学"先行于"学术"

略检先秦典籍文献,早期以"学术"连称者见于《韩非子》等。《韩非子·奸劫弑臣第十四》曰:"世之学术者说人主,不曰'乘威严之势以困奸邪之臣',而皆曰'仁义惠爱而已矣'。"但此"学术"皆为动宾结构而非并列结构,与当今所称"学术"之义不同。

两汉时期,学术作为并列结构且与当今"学术"之义相当者,仍不多见。《后汉书》卷五八《盖勋传》曰:"(宋)枭患多寇叛,谓(盖)勋曰:'凉州寡于学术,故屡致反暴。今欲多写《孝经》,令家家习之,庶或使人知义。'勋谏曰:'昔太公封齐,崔杼杀君;伯禽侯鲁,庆父篡位。此二国岂乏学者?今不急静难之术,遽为非常之事,既足结怨一州,又当取笑朝廷,勋不知其可也。'枭不从,遂奏行之。果被诏书诘责,坐以虚慢征。"此"学术"大体已与当今"学术"之义相近,但尚偏重于教化之意。

再看"术学"一词,《墨子·非儒下》已将"道术学业"连称,其曰:"夫一道术学业仁义也,皆大以治人,小以任官,远施周偏,近以修身,不义不处,非理不行,务兴天下之利,曲直周旋,利则止,此君子之道也。以所闻孔丘之行,则本与此相反谬也!"道术学业并列,含有"学术"之意,但仅并列而已,而非"术学"连称。

秦汉以降,"术学"一词合成为并列结构者行世渐多。例如:

《史记》卷九十六《张丞相列传》:"太史公曰:'张苍文学律历,为汉名相,而绌贾生、公孙臣等言正朔服色事而不遵,明用秦之颛顼历,何哉?周昌,木强人也。任敖以旧德用。申屠嘉可谓刚毅守节矣,然无术学,殆与萧、曹、陈平异矣'。"

《汉书》卷四十五《蒯伍江息夫传》:"伍被,楚人也。或言其先伍子胥后也。被以材能称,为淮南中郎。是时淮南王刘安好术学,折节下士,招致英隽以百数,被为冠首。"

《后汉书》卷四十上《班彪列传》:"其论术学,则崇黄老而薄《五经》;序货殖,则轻仁义而羞贫穷;道游侠,则贱守节而贵俗功,此其大敝伤道,所以遇极刑之咎也。然善述序事理,辩而不华,质而不俚,文质相称,盖良史之才也。诚令迁依《五经》之法言,同圣人之是非,意亦庶几矣。"

《后汉书》卷五十九《张衡列传》:"安帝雅闻衡善术学,公车特征拜郎中,再迁为太史令。遂乃研核阴阳,妙尽璇机之正,作浑天仪,著《灵宪》、《算罔论》,言甚详明。"

以上"术学"皆为并列结构,其义与今之"学术"一词相当。

2. 魏晋至唐宋时期"术学"与"学术"同时并行

"学术"之与"术学"同时并行,可以证之于魏晋至唐宋时期的相关史书,试举数例:

《晋书》卷六十四《武十三王传》:"晞无学术而有武干,为桓温所忌。"卷七十二《郭璞传》:"臣术学庸近,不练内事,卦理所及,敢不尽言。"

《梁书》卷二十二《太祖五王传》:"(秀)精意术学,搜集经记,招学士平原刘孝标,使撰《类苑》,书未及毕,而已行于世。"又卷三十八《贺琛传》:"琛始出郡,高祖闻其学术,召见文德殿,与语悦之,谓仆射徐勉曰:'琛殊有世业'。"

《旧唐书》卷四十三《职官志二》:"集贤学士之职,掌刊缉古今之经籍,以辩明邦国之大典。凡天下图书之遗逸,贤才之隐滞,则承旨而征求焉。其有筹策之可施于时,著述之可行于代者,较其才艺而考其学术,而申表之。凡承旨撰集文章,校理经籍,月终则进课于内,岁终则考最于外。"又卷一百二十六《卢鸷传》:"(鸷)无术学,善事权要,为政苛躁。"

《新唐书》卷一百四十《裴冕传》:"冕少学术,然明锐,果于事,众号称职,(王)铁雅任之。"又卷一百一《萧嵩传》:"时崔琳、正丘、齐澣皆有名,以嵩少术学,不以辈行许也,独姚崇称其远到。历宋州刺史,迁尚书左丞。"

以上皆为同一史书中"学术"、"术学"同时并行之例。但观其发展趋势,是"学术"盛而"术学"衰。

3. 宋元以降"学术"逐步替代"术学"而独行于世

唐宋之际,"术学"隐而"学术"显,实已预示这一变化趋势。从《宋史》到《金史》、《元史》、《明史》、《清史稿》,"术学"一词几乎销声匿迹,其义乃合于"学术"一词。而就"学术"本身的内涵而言,则更具包容性与明确性,与今天所称"学术"之义更为接近。例如:

《宋史》卷二十三《钦宗本纪》:"壬寅,追封范仲淹魏国公,赠司马光太师,张商英太保,除元祐党籍学术之禁。"

《宋史》卷三百七十六《陈渊传》:"渊面对,因论程颐、王安石学术同异,上曰:'杨时之学能宗孔、孟,其《三经义辨》甚当理。'渊曰:'杨时始宗安石,后得程颢师之,乃悟其非。'上曰:'以《三经义解》观之,具见安石穿凿。'渊曰:'穿凿之过尚小,至于道之大原,安石无一不差。推行其学,遂为大害。'上曰:'差者何谓?'渊曰:'圣学所传止有《论》、《孟》、《中庸》,《论语》主仁,《中庸》主诚,《孟子》主性,安石皆暗其原。仁道至大,《论语》随问随答,惟樊迟问,始对曰:爱人。爱特仁之一端,而安石遂以爱为仁。其言《中庸》,则谓《中庸》所以接人,高明所以处己。《孟子》七篇,专发明性善,而安石取扬雄善恶混之言,至于无善无恶,又溺于佛,其失性远矣。'"

《元史》卷一百四十《铁木儿塔识传》:铁木儿塔识"天性忠亮,学术正大,伊、洛诸儒之书,深所研究"。

《明史》卷二百八十二《儒林传一》:"原夫明初诸儒,皆朱子门人之支流余裔,师承有自,矩蠖秩然。曹端、胡居仁笃践履,谨绳墨,守儒先之正传,无敢改错。学术之分,则自陈献章、王守仁始。宗献章者曰江门之学,孤行独诣,其传不远。宗守仁者曰姚江之学,别立宗旨,显与朱子背驰,门徒遍天下,流传逾百年,其教大行,其弊滋甚。嘉、隆而后,笃信程、朱,不迁异说者,无复几人矣。要之,有明诸儒,衍伊、洛之绪言,探性命之奥旨,锱铢或爽,遂启岐趋,袭谬承讹,指归弥远。"

《清史稿》卷一百四十五《艺文志一》:"当是时,四库写书至十六万八千册,诏钞四分,分庋京师文渊、京西圆明园文源、奉天文溯、热河文津四阁,复简选精要,命武英殿刊版颁行。四十七年,诏再写三分,分贮扬州大观堂之文汇阁、镇江金山寺之文宗阁、杭州圣因寺玉兰堂之文澜阁,令好古之士欲读中秘书者,任其入览。用是海内从风,人文炳蔚,学术昌盛,方驾汉、唐。"

《清史稿》卷一百七《选举志二》:"先是百熙招致海内名流,任大学堂各职。吴汝纶为总教习,赴日本参观学校。适留日学生迭起风潮,诼谣繁兴,党争日甚。二十九年正月,命荣庆会同百熙管理大学堂事宜。二人学术思想,既各不同,用人行政,意见尤多歧异。"

《清史稿》卷四百七十三《康有为传》:"有为天资瑰异,古今学术无所不通,坚于自信,每有创论,常开风气之先。"

《清史稿》卷四百八十六《林纾传》:"纾讲学不分门户,尝谓清代学术之盛,超越今古,义理、考据,合而为一,而精博过之。实于汉学、宋学以外别创清学一派。"

《清史稿》卷四百八十六《辜汤生传》:"辜汤生,字鸿铭,同安人。幼学于英国,为博士。遍游德、法、意、奥诸邦,通其政艺。年三十始返而求中国学术,穷四子、五经之奥,兼涉群籍。爽然曰:'道在是矣!'乃译四子书,述《春秋》大义及礼制诸书。西人见之,始叹中国学理之精,争起传译。"

此外,明代学者章懋在其《枫山语录》中有《学术》专文,周琦所著《东溪日谈录》卷六有《学术谈》一文,《清史稿》卷二百六十五《陆陇其传》还有载陆氏所著《学术辨》一书,曰:"其为学专宗朱子,撰《学术辨》。大指谓王守仁以禅而托于儒,高攀龙、顾宪成知辟守仁,而以静坐为主,本原之地不出守仁范围,诋斥之甚力。"从以上所举案例可知,宋元以来取代"术学"而独行于世的"学术"一词,因其更具包容性与明确性而在名实两个方面渐趋定型。

4. 晚清以来"学术"的新旧转型与中西接轨

晚清以来,在西学东渐的背景下,随着中国"学术"从传统向现代的转型,学界对"学术"的内涵也进行了新的审视与界说。1901年,严复在所译《原富》按语中这样界定"学术"中"学"与"术"的区别:"盖学与术异,学者考自然之理,立必然之例。术者据既已知之理,求可成之功。学主知,术主行。"10年后,梁启超又作《学与术》一文,其曰:

> 近世泰西学问大盛,学者始将学与术之分野,厘然画出,各勤厥职以前民用。试语其概要,则学也者,观察事物而发明其真理者也;术也者,取所发明之真理而致诸用者也。例如以石投水则沉,投以木则浮。观察此事实,以证明水之有浮力,此物理学也;应用此真理以驾驶船舶,则航海术也。研究人体之组织,辨别各器官之机能,此生物学也。应用此真理以治疗疾病,则医术也。学与术之区分及其相互关系,凡百皆准此。善夫生计学大家倭儿格之言,曰:科学(英 Science,德 Wissenschaft)也者,以研索事物原因结果之关系为职志者也。事物之是非良否非所问,彼其所务者,则就一结果以探索所由来,就一原因以推理其所究极而已。术(英 Art,德 Kunst)则反是。或有所欲焉者而欲致之,或有所恶焉者而欲避之,乃研究致之避之之策以何为适当,而利用科学上所发明之原理原则以施之于实际者也。由此言之,学者术之体,术者学之用。二者如辅车相依而不可离,学而不足以应用于术者,无益之学也。术而不以科学上之真理为基础者,欺世误人之术也。(初刊1911年6月26日《国风报》第2册第15期。后载梁启超《饮冰室文集》之二十五下,云南教育出版社,2001年8月第1版)

梁启超以西学为参照系的对"学术"的古语新释,集中表现了当时西学东渐、西学中用的时代风气以及梁氏本人欲以西学为参照,推动中国学术从综合走向分科、从古典走向现代并以此重建中国学术的良苦用心。但取自西学的科学、技术与中国传统"学术"仅具某种对应关系而非对等关系,难免有以今释古、以西释中之局限。由此可见,对于中国学术尤其需要西方与本土、传统与现代学术概念的互观与对接,需要从渊源到流变的学术通观。

三、中国学术史:形态辨析与规律探寻

中国学术史源远流长,而对中国学术史的形态辨析与规律探寻始终没有停息。《庄子·

天下篇》之于"道术"与"方术"两种形态与两个阶段的划分，可以视为中国学术史上最先对"古"、"今"学术流变的总结，实乃反映了作者"后世之学者，不幸见天地之纯，古人之大体，道术将为天下裂"的学术史观，以及由今之"方术"还原古之"道术"的学术崇尚，与同时代其他诸子大相径庭。此后，类似的学术史的总结工作代代相续，随时而进，而不断由"今"鉴"古"所揭示的中国学术史发展轨迹与形态，也多呈现为不同的面貌。比如，司马谈《论六家要旨》所论，凡阴阳、儒、墨、法、名、道六家，而《汉书·艺文志·诸子略》则增为儒、道、阴阳、法、名、墨、纵横、杂、农、小说十家，然后归纳为"诸子出于王官"之说，皆与《庄子·天下篇》不同。再如，唐代韩愈《原道》率先提出"尧—舜—禹—汤—文—武—周公—孔—孟"的"道统"说，继由宋代朱熹《中庸章句》推向两宋当代，完成经典性的归纳："尧—舜—禹—汤—文—武—周公—孔子—颜回、曾参—子思—孟子—二程"，在似乎非常有序的学术史链接中，完成了以儒家为正统的序次定位。但这仅是反映韩愈、朱熹等复兴儒学倡导者的学术史观以及文化史观，不能不以排斥乃至牺牲中国学术史的多元性、丰富性为代价，显然是一种以偏概全的概括。由"道统"而"学统"，清代学者熊赐履进而在直接标示为《学统》之书中，以孔子、颜子(回)、曾子(参)、子思、孟子、周子(敦颐)、二程子(程颐、程颢)、朱子(熹)9人为"正统"，以闵子(骞)以下至罗钦顺23人为"翼统"，由冉伯牛以下至高攀龙178人为"附统"，以荀卿、扬雄、王通、苏轼、陆九渊、陈献章、王守仁等7人为"杂统"，以老、庄、杨、墨、告子及释、道二氏之流为"异统"(参见《四库全书·总目·史部·传记类存目五》《学统》五十六卷提要)。虽然对韩愈、朱熹"道统"的纯粹性作了弥补，但以儒家为正统、以纯儒为正统的观念未有根本的改变。

近代以来，梁启超以西方学术为参照系，由清代上溯中国学术，先在《论中国学术思想变迁之大势》(《饮冰室合集》文集之七)一文中将中国学术史划分为八个时代："一胚胎时代，春秋以前也；二全盛时代，春秋及战国是也；三儒学统一时代，两汉是也；四老学时代，魏晋是也；五佛学时代，南北朝隋唐是也；六儒佛混合时代，宋元明是也；七衰落时代，近二百五十年是也；八复兴时代，今日是也。"继之在《清代学术概论》中提出"自秦以后，确能成为时代思潮者，则汉之经学，隋唐之佛学，宋及明之理学，清之考据学，四者而已"。基于时代与个人的双重原因，梁氏抛弃了长期以来以儒家为正统、以纯儒为正统的"道统"说与"学统"说，力图以融通古今、中西的崭新的学术史观，还原于中国学术原生状态与内在逻辑，这的确是一个重大突破，标志着中国学术史研究已实现从传统向现代转型并与世界接轨，具有划时代意义。可以说，此后的中国学术史构架几乎都是以此为蓝本而不断加以调整和完善，当"先秦诸子学——两汉经学——魏晋玄学——隋唐佛学——宋明理学——清代朴学——近代新学"已成为后来概括中国学术史流变的通行公式时，尤其不能遗忘梁氏的创辟之功。

世纪之交，受惠于"重写学术史"的激励和启示，我们应该以更加广阔的视野、更加多元的维度以及更加深入的思考，对中国学术史的形态辨析与规律探寻作出新的建树，实现新的超越。

中国学术孕育于中国文化之母体，受到多元民族与区域文化的滋养而走向独立与兴盛，并在不同时期呈现为不同的主流形态与演变轨迹。而中国学术之所以生生不息，与时俱进，也就在于其同时兼具自我更新与吸纳异质学术文化资源的双重能力，在纵横交汇、融合中吐故纳新，衰而复盛。因此，从"文化—学术"、"传统—现代"、"本土—世界"这样三个维度，重新审视中国学术史的历史进程与演变规律，则大致可以重新划分为华夏之融合、东方之融合与世界之融合三个历史时段，这三个历史时段中的中国学术主导形态及其与世界的关系依次发生了变化,分别从华夏之中国到东方之中国,再到世界之中国。

(一) 华夏文化融合中的中国学术史

从炎黄传说时代到秦汉时期,中国文化发展形态主要表现为华夏各民族文化的融合,然后逐步形成以儒家为主流的文化共同体。与此相契合,中国学术史的发展也完成了从萌芽到独立、繁荣直至确立儒学一统地位的历程。

1. 远古华夏多元文化的融合对学术的孕育

徐旭生在《中国古史的传说时代》(广西师范大学出版社 2003 年版)中同时证之于古籍文献与考古发现,提出华夏、东夷、苗蛮三大族团说,高度概括地揭示了炎黄时代民族与文化版图跨越黄河、长江两岸流域的三分天下格局。然后通过东征、南伐,炎黄族团文化逐步统一了三大部族,而炎黄部族本身的相争相融,终以炎黄并称共同塑铸为中华民族的祖先,这是从炎黄到五帝时代部族联盟文化共同体初步形成的主要标志。夏商周三代,既是三个进入国家形态的不同政权的依次轮替,又是三大民族在黄河流域中的不同分布。因此,夏商周的三代更替,亦即意味着中华民族文化中心在黄河流域轴线上的由中部向东西不同方向的轮动。

以上不同阶段、区域与形态的文化之发展,都不同程度地给予本时段学术的孕育以滋养。《庄子·天下篇》归之为中国学术的"道术"时代,是以所谓天人、神人、至人、圣人、君子等为主导,接近于道之本体的原始学术阶段,与梁启超在《论中国学术思想变迁之大势》所溯源的"天人相与"的学术胚胎时代相仿。

2. 春秋战国"轴心时代"学术的独立与繁荣

东周以降的春秋战国时代,迎来了具有世界性意义的第一个文化繁荣期,大体相当于西方学者所称的"轴心时代"(公元前 800—200 年)(见德国卡尔·雅斯贝尔斯著《历史的起源与目标》,魏楚雄、俞新天译,华夏出版社 1989 年版)。王权衰落、诸侯争霸、士人崛起、诸子立派、百家争鸣,一同促进了中国学术的走向独立与空前繁荣。梁启超《论中国学术思想变迁之大势》称之为"全盛时代",并有四期、两派、三宗、六家的划分。春秋战国诸子百家争鸣的学术之盛,既见普世规律,又有特殊因由。其中一个十分重要的转折点就是发生于春秋后期的"天子失官,学在四夷"的文化学术扩散运动,由于东周王朝逐步失去继续吸纳聚集各诸侯国文化学术精英、引领和主导全国文化学术主流的机制与能力,其结果便是诸子在远离京都中心的诸侯国之间大规模、高频率地自由流动。从诸子的流向、聚集与影响而论,当以齐鲁为中心,以儒、道、墨为主干,然后向全国各诸侯国流动与辐射。

诸子百家争鸣局面的形成,既是本时期中国学术高峰的标志,同时也促进了诸子对于自身学术反思的初步自觉,从《庄子·天下篇》到《荀子·非十二子》、《韩非子·显学》等,都具有学术批判与自我批判的自觉意义,其中也蕴含着诸子整合、百家归一的学术趋势。

3. 秦汉主流文化的选择与儒学正统地位的确立

进入秦汉之后,在国家走向大一统的过程中,通过对法家(秦代)、道家(汉代前期)、儒家(汉代中期)的依次选择,最后确立了儒家的官方主流文化与学术的地位。

汉武帝元光元年(前134)五月,武帝亲策贤良方正直言极谏之士,董仲舒连上三策,请黜刑名、崇儒术、兴太学,史称《天人三策》(或《贤良对策》)。董仲舒以儒家经典《春秋》为参照,在倡导与建构"大一统"的文化传统中,主张独尊儒学而摈绝诸子,后人归纳为"罢黜百家,独尊儒术",梁启超称之为"儒学统一时代",后世所谓"道统"说与"学统"说即发源于此。这不仅标志着汉代儒学作为正统学术文化主流地位的确立,同时意味着中国学术史的第一时段——华夏融合时期的结束。

(二) 东方文化融合中的中国学术史

本时段以东汉明帝"永平求法"为起点,以印度高僧译经传教于洛阳白马寺为中心,以儒学危机与道教兴起为背景,来自西域的佛教的传入及其与中国文化的融合,为中国学术的重建提供了一种新的异质资源与重要契机,然后逐步形成三教合流之局面。这是中国学术基于此前的华夏文化之融合转入东方文化之融合的重要标志。此后,由论争而融合,由表层而内质,由局部而整体,"三教合一"对本时段中国学术的重建与演变产生了巨大而深远的影响。

1. 东汉至南北朝佛教传入与学术格局的变化

儒学衰微、佛教传入与道教兴起,三者终于相遇于东汉后期,一同改变了西汉以来儒学独盛的整体学术格局。其中最引人注目的是兴起于魏、盛行于晋的新道学——玄学。其中大致可以划分为四个阶段:一是王弼、何晏的正始之音;二是嵇康、阮籍的纵达之情;三是向秀、郭象综合诸说而倡自然名教合一论;四是东晋玄学的佛学化(参见冯天瑜、邓捷华、彭池《中国学术流变》,华东师范大学出版社2003年版,第2页)。玄学的主要贡献,是将当时的士林风尚从学究引向思辨,从社会引向自然,从神学引向审美,从群体引向个体,从外在引向内在,从而促使人的发现与人的自觉,具有划时代意义。此后,发生于西晋末年的"永嘉之乱",直接促成了东晋建都建康(今南京),大批北方士人渡江南下,不仅彻底改变了南方尤其是处于长江下游的江南经济、文化的落后面貌,而且也彻底改变了原来江南土著民族的强悍之风,代之为一种由武而文、由刚而柔、由质而华的新江南文化精神,江南文化圈的地位因此而迅速上升,这是中国文化与学术中心第一次从黄河流域转向长江流域。在此过程中,本兴起于北方的玄学也随之南迁于江南,并鲜明地打上了江南山水审美文化与人文精神的烙印。

以玄学为主潮,儒佛道三教开始了漫长的相争相合之进程。在三国两晋南北朝时代,集中表现为由儒玄之争与佛道冲突中走向初步的调和与融合,范文澜先生扼要而精彩地概括为:儒家对佛教,排斥多于调和,佛教对儒家,调和多于排斥;佛教和道教互相排斥,不相调和(道教徒也有主张调和的);儒家对道教不排斥也不调和,道教对儒家有调和无排斥(范文澜《中国通史》第二册,人民出版社1994年版,第554页)。

2. 隋唐佛学的成熟与三教合流趋势

经历三国两晋南北朝的分裂,至隋唐又重新归于统一。唐代国势强盛、政治开明、文化繁荣,当朝同时倡导尊道、礼佛、崇儒,甚至发展为在官廷公开论辩"三教合一"问题(有关唐代三教论争可参见胡小伟《三教论衡与唐代俗讲》,《周绍良先生欣开九秩庆寿文集》,中华书局1997年版),这就在文化、宗教政策上为三教合流铺平了道路。与此相契合,在学术上呈现为综合化的总体趋势。

一方面是儒道佛各自本身的融合南北的综合化，另一方面则是融合儒、道、佛三者的综合化。当然，儒、道、佛三者的综合化，在取向上尚有内外之别，儒与道的综合化，除了自身传统的综合化之外，还充分吸纳了外来佛教的诸多元素，这是由"内"而"外"的综合化；而就佛教而言，同样除了自身传统的综合外，主要是吸纳本土儒道的诸多元素，是由"外"而"内"的综合化，这种综合化的过程，实质上就是佛教的本土化过程。唐代的佛学之盛，最重要的成果是逐步形成了天台宗、三论宗、华严宗、法相宗、律宗、净土宗、密宗、禅宗等八大宗派体系，由此奠定了中国佛教史上的鼎盛时代，标志着作为外来宗教的佛教本土化进程的完成。

儒道佛的三教合流，既促成了唐代多元化的学术自由发展之时代，同时也对儒学正统地位产生严重的挑战与冲击。早在初唐时期，唐太宗鉴于三国两晋南北朝儒学的衰落与纷争，为适应国家文化大一统的需要，命国子监祭酒孔颖达等撰写《五经正义》，作为钦定的官方儒学经典文本，以此奠定了唐代新的儒学传统。然而到了中唐，韩愈等人深刻地意识到了儒学的内在危机，力图恢复儒学的正宗地位与纯儒传统，所以在《原道》中提出了"尧—舜—禹—汤—文—武—周公—孔—孟"的"道统"说，不仅排斥佛道，而且排斥孔孟之后的非正统儒学，以一种激进的方式进行新的儒学重建，实已开宋代理学之先声，彼此在排斥佛道中"援佛入儒"、"援道入儒"，亦颇有相通之处。

3. 宋代理学的兴盛与三教合流的深化

宋代理学是宋代学者致力于儒学重建的最重要成果，也是魏晋以来儒道佛三教合流深化的结果。较之前代学者，宋儒对于佛道二教的修养更深，其所臻于的"三教合一"境界也更趋于内在与深化。宋代理学的产生主要基于两大动因：一是儒学自身的新危机。朱熹在《中庸章句》中上承中唐韩愈的"道统"说而加以调整，代表了宋代理学家基于与韩愈"道统"说的同一立场，即主张在同时排斥释道与非正统儒学中恢复儒学的正统地位与纯儒传统；二是市井文化的新挑战。宋代商业经济相当发达，市井文化高度繁荣，既为中国文化带来了新的生机与活力，同时也对传统文化产生严重的冲击，于是有部分文人学士以强烈的历史使命感发起重建儒学运动，以此重建儒学传统，导正市井文化。宋儒的义利之辩、天理人欲之辩以及以"理"制"欲"的主张，即主要缘于此并应对于此。当然，宋代学术的高度繁荣虽以理学为代表，但并非仅为理学所笼罩。比如在北宋，除理学之外，尚有王安石的新学、三苏的蜀学。饶有趣味的是，无论是王安石还是三苏，也都经历了由儒而道、释的三教融合过程，体现了某种新的时代精神。

尤为重要的是，基于与西晋末年"永嘉之乱"同样的缘由，发生于北宋末年的"靖康之难"促使朝廷从开封迁都临安（今杭州），随后也同样是大批文人纷纷从北方迁居江南。南宋建都临安以及大批北方文人南迁的结果，就是中国文化中心再次发生了南北转移。在南宋学术界，要以朱熹理学、陆九渊心学以及浙东学派陈亮、叶适、吕祖谦的事功之学为代表，三者都产生于南方，汇集于江南，北方的文化地位明显下降。如果说由陆九渊到王阳明，由心学一路发展为伦理变革与解放，那么由陈亮、叶适、吕祖谦的倡导义利兼顾，甚至直接为商业、商人辩护，则开启了经世致用的另一儒学新传统，而且更具近世意义与活力，两者都具解构理学的潜在功能。

4. 元明理学的衰变与三教合流的异动

元蒙入主中原，不仅打乱了宋代以来的文化进程，而且改变了宋代之后的学术方向。一是元代建都大都,全国文化中心再次由南北迁,其直接结果是兴盛于宋代的新儒学——理学北传,成为官方新的主流文化;二是率先开通了北起大都、南至杭州的京杭大运河,为南北学术文化交流创造了更好的交通条件,同时也为元代后期学术文化中心再次南移奠定了基础;三是随着地理版图向四周的空前推进,元代在更为广阔的空间上不断融入了包括回回教(伊斯兰教)、景教(基督教)在内的更为丰富的多元文化,但其主体仍是东方文化的融合;四是元蒙本为草原民族,文化积累不厚,反倒容易实施文化学术开放政策,比如对于道教、佛教以及其他宗教的兼容,对于商业文化的重视,士商互动的频繁、密切,都较之前代有新的进展;五是元代教育的高度发达,远远超出人们的想象。这主要得益于两个方面:一者,汉族文人基于"华夷之辨",多不愿出仕元朝,但为了文化传承与生计需要,往往选择出仕书院山长或教席;二者,元朝长期中止科举制度,汉族文人在无奈中也不得不倾心于教育;六是就元代主流文化与学术而言,还是儒释道的"三教合一",其中理学在北传中经历了先衰后兴的命运。元代延祐年间,仁宗钦准中书省条陈,恢复科举,明经试士以《四书》、《五经》程子、朱熹注释为立论依据,程朱理学一跃成为官学。此对元代学术产生重要影响,并为其后的明代所效法。与此同时,道教与佛教也都在与儒学的相争相融中有新的发展,乃至出现新的宗教流派。

  明灭元后,先建都南京,后迁都北京,但仍以南京为陪都,元代开通的京杭大运河通过南京、北京"双都"连接,成为明代学术文化的南北两大轴心。为了适应高度集权的专制主义统治需要,从明初开国皇帝朱元璋开始,毫不犹豫地选择程朱理学为官方主流文化,又毫不手软地以文武两手彻底清理儒学传统,从而加速了官方主流文化与学术的衰微。然而,从社会历史进程的纵向坐标上看,明代已进入近世时代,日趋僵化的程朱理学已经无法适应基于商品经济发展的新的文化生态与文化精神的需要,而宋元两代以来日益高涨的市民思想意识,则在不断地通过士商互动而向上层渗透,这是推动中国社会与文化转型的重要基础;而在横向坐标上,与明代同时的西方已进入文艺复兴时代,彼此出现了诸多值得令人玩味的现象。在西方,文艺复兴、思想启蒙、宗教改革等此呼彼应,成为摧毁封建专制主义、开创资本主义文明、实现社会转型的主体力量,并逐步形成一种张扬人性、肯定人欲的初具近代启蒙性质的新文化思潮。而在明代,尤其是从明中叶开始,由王阳明心学对官方禁锢人性的理学的变革,再经王学左派直到李贽"童心说"的提出与传播,实已开启了一条以禁锢人性、人欲始,而以弘扬人性、人欲终的启蒙之路,王学之伦理改革的意义正可与西方马丁·路德的宗教改革相并观。与思想界相呼应,在文艺界,从三袁之诗文到汤显祖、徐渭之戏曲,再到冯梦龙、凌濛初之小说;在科学界,从李时珍《本草纲目》到徐宏祖《徐霞客游记》、宋应星《天工开物》,再到徐光启《农政全书》,都已初步显现了与西方文艺复兴思想启蒙相类似并具有近代转型意义的现象与态势,这说明基于思想启蒙与商业经济的双向刺激的推动,理学的衰落与启蒙思潮的兴起势不可挡,而起于南宋的一主两翼之两翼——陆九渊心学与陈亮、叶适、吕祖谦等事功之学的后续影响,便通过从王学到王学左派再到李贽等,由思想界而文艺界、科学界得到了更为激烈的演绎。另一方面,当援引佛道改造或消解理学已成为知识界,尤其是思想界与文艺界一种普遍取向与趋势时,那么,"三教合一"的发展便更具某种张扬佛道的反传统的意义,这是本时段"三教合一"的最终归结。

(三) 世界文化融合中的中国学术史

  晚明之际,西方正处于文艺复兴极盛时期,所以中西方都出现了相近的文化启蒙思潮,一同预示着一种近代化态势。理学的禁锢与衰落,意味着中国文化需要再次借助和吸纳一种新的异质文化资源进行艰难的重建工作,而在中国文化或东方文化内部,已无提供新的文化资源的可能,这在客观上为中西文化的遇合与交融、学术重建与转型创造了条件。此后,以十六世纪中叶西方传教士陆续进入中国进行"知识传教"、"学术传教"为始点,在"西学东渐"的背景下,在与西方文化融合的过程中,中国学术的世界化与现代化先后经历了三次运动,即明清之际的传统学术转型初潮、清末民初时期现代学术的建立以及二十世纪后期的学术复兴之路。

1. 明清之际"西学东渐"与传统学术转型初潮

大约从十六世纪中叶起,西方传教士陆续进入中国南部传教,通过他们的传教活动,开始了中国与西方文化第一次较有广度与深度的交流,率先揭开了中国学术最终走向世界文化之融合的序幕,可以称之为"西学东渐"之第一波。据法国学者荣振华(Joseph Dehergne)统计,在1552—1800的二百五十年间中国境内的传教士达975人(参见[法]荣振华著,耿昇译《在华耶稣会士列传及书目补编》,中华书局1995年版,第4页)。作为"知识传教"、"学术传教"的成功奠基者,意大利传教士利玛窦的成功之举是说服明朝大臣兼科学家徐光启、李之藻、杨廷筠3人先后入基督教,成为晚明天主教三大柱石,3人与利玛窦密切合作,一同翻译了大量科学著作,由此奠定了明清之际西方传教士来华知识传教、学术传教之基础。据统计,明末清初西方传教士共译书籍达378种之多,其中的宗教主导性与学科倾向性至为明显。此外,汉学著作达到49种,表明西方传教士在西学东渐之学术输出的同时,也逐步重视中学西传之学术输入,至清初达于高潮。

在晚明的中西学术文化初会中,徐、李、杨等人以极大的热情研习西学著作,会通中西学术,其主要工作包括:合译、研习、反思、会通、创新等,尤其是徐光启提出"翻译—会通—超胜"的学术思路是相当先进的。以上五个方面是明末清初科技界对于西学输入的总体反应及其所取得的主要成绩,也是当时科技界初显近代科技之曙光、初具近代新型学者之因素的集中表现。

2. 清代"西学东渐"的中止与传统学术的复归

公元1644年,满族入关,建立清朝,建都北京,历史似乎神奇地重现元蒙入主中原的路径与命运。由此导致的结果,不仅打乱了晚明以来中国走向近代的历史进程,而且改变甚至中止了中西文化学术交流与融合的前行方向。由于满清入关之前在汉化方面经过长时期的充分准备,所以在入关建国之后,不仅较之元代统治时间更长,而且还创造了康乾盛世,尤其是对传统学术的发展与总结结出了空前辉煌的成果。也许这是汉、满异质文明通过杂交优育而产生的一个文化奇迹,实质上也是中国古代文化学术回光返照的最后辉煌。

梁启超在其名著《清代学术概论》中,曾将清代学术分为四期,第一期为启蒙期,以顾炎武、胡渭、阎若璩等为代表;第二期为全盛期,以惠栋、戴震、段玉裁、王念孙、王引之等为代表;第三期为蜕分期,以康有为、梁启超为代表;第四期为衰落期,以俞樾、章炳麟、胡适等为代表。其中最能代表清代朴学成果的是第二期即全盛期。四期纵贯于明清之交至清末民初,经此辨析之后,清代学术脉络已比较清晰。但梁氏将"清代思潮"类比于欧洲文艺复兴,却并不妥当。他在《清代学术概论》中说:"'清代思潮'果何物耶?简单言之:则对于宋、明理学之一大反动,而以'复古'为其职志者也。其动机及其内容,皆与欧洲之'文艺复兴'绝相类。而欧洲当'文艺复兴期'经过以后所发生之新影响,则我国今日正见端焉。"又说:"综观二百余年之学史,其影响及于全思想界者,一言蔽之,曰:'以复古为解放'。第一步,复宋之古,对于王学而得解放;第二步,复汉、唐之古,对于程、朱而得解放;第三步,复西汉之古,对于许、郑而得解放;第四步,复先秦之古,对于一切传注而得解放。夫既已复先秦之古,则非至对于孔孟而得解放焉不止矣。然其所以能着着奏解放之效者,则科学的研究精神实启之。"将清代学术发展归结为"以复古为解放",的确非常精辟,然以此比之于西方同时期的文艺复兴,却忽略了彼此的异质性,未免类比失当。

3. 晚清"西学东渐"的重启与现代学术的建立

关于自1840年至民国间"西学东渐"的重启与现代学术的建立,是一个相当专业而又复杂的问题,前人已有不少论著加以描述与总结。这里再着重从以下三个层面略加申说:

(1) 新型学者群体的快速成长,是中国学术完成现代转型并与世界接轨的主导力量。

这一新型学者群体主要有以下三类人所组成:一是开明官员知识群体。如林则徐、曾国藩、李鸿章、丁日昌、左宗棠、薛福成、刘坤一、张之洞等朝廷重臣、地方要员,除了大兴工厂之外,还开设书局,组织人力翻译西书;创办学校,培养新型人才;又与西方传教士、外交官员及其他人士广泛交往,成为推动中国走向近代化的主导力量。二是"新职业"知识群体。如李善兰、华蘅芳、徐寿、蒋敦复、蒋剑人等,他们主要在书局、报社、刊物等从事于翻译、写作、编辑等新兴职业,是旧式文人通过"新职业"转型为新型知识群体的杰出代表。三是"新教育"知识群体。包括海外留学、国内传教士创办的教会学校与中国人仿照西方创办的新式学校培养的学生群体,但以留学生为主体,这些留学生后来大都成长为政治家、军事家、思想家、科学家以及著名学者,成为现代学科的开创者与现代学术的奠基者。以上三类新型知识群体的成长以及代际交替,即为现代学术的建立奠定了十分重要的主体条件。

(2) 新型学者群体的心路历程,是中国学术完成现代转型并与世界接轨的精神坐标。

1922年,梁启超曾在《五十年中国进化概论》中以自己的切身感受扼要揭示了半个世纪以来中国知识分子伴随近代化进程的心路历程变化:

> 近五十年来,中国人渐渐知道自己的不足了。这点子觉悟,一面算是学问进步的原因,一面也算是学问进步的结果。第一期,先从器物上感觉不足。这种感觉,从鸦片战争后渐渐发动,到同治年间借了外国兵来平内乱,于是曾国藩、李鸿章一班人,很觉得外国的船坚炮利,确是我们所不及,对于这方面的事项,觉得有舍己从人的必要,于是福建船政学堂、上海制造局等等渐次设立起来。但这一期内,思想界受的影响很少,其中最可纪念的,是制造局里头译出几部科学书。……实在是替那第二期"不懂外国话的西学家"开出一条血路了。第二期,是从制度上感觉不足。自从和日本打了一个败仗下来,国内有心人,真像睡梦中着了一个霹雳,因想到堂堂中国为什么衰败到这田地,都为的是政制不良,所以拿"变法维新"做一面大旗,在社会上开始运动,那急先锋就是康有为、梁启超一班人。这班人中国学问是有底子的,外国文却一字不懂。他们不能告诉人"外国学问是什么,应该怎么学法",只会日日大声疾呼,说:"中国旧东西是不够的,外国人许多好处是要学的。"这些话虽然像囫囵,在当时却发生很大的效力。他们的政治运动,是完全失败,只剩下前文说的废科举那件事,算是成功了。这件事的确能够替后来打开一个新局面,国内许多学堂,国外许多留学生,在这期内蓬蓬勃勃发生。第三期新运动的种子,也可以说是从这一期播殖下来。这一期学问上最有价值的出品,要推严复翻译的几部书,算是把十九

世纪主要思潮的一部分介绍进来,可惜国里的人能够领略的太少了。第三期,便是从文化根本上感觉不足。第二期所经过时间,比较的很长——从甲午战役起到民国六七年间止。约二十年的中间,政治界虽变迁很大,思想界只能算同一个色彩。简单说,这二十年间,都是觉得我们政治法律等等,远不如人,恨不得把人家的组织形式,一件件搬进来,以为但能够这样,万事都有办法了。革命成功将近十年,所希望的件件都落空,渐渐有点废然思返,觉得社会文化是整套的,要拿旧心理运用新制度,决计不可能,渐渐要求全人格的觉悟。恰值欧洲大战告终,全世界思潮都添许多活气,新近回国的留学生,又很出了几位人物,鼓起勇气做全部解放的运动。所以最近两三年间,算是划出一个新时期来了。(《梁启超史学论著四种》,岳麓书社1985年版)

五十年间的三个历史阶段,是晚清以来从物质到制度再到文化变革渐进过程与知识分子精神觉醒进程内外互动与复合的结果。当然,这种代际快速转换与思想剧变的文化现象只是当时特定历史条件的产物,有利于快速推进中国学术的现代化进程,但由此造成的后遗症还是相当严重的。

(3)新型学者群体的现代学术体系建构,是中国学术完成现代转型并与世界接轨的核心成果。

表面看来,中西比较观主要缘于"本土—西方"关系,标示着中国学术从本土走向世界的共时性维度,但在中西比较的视境中,以西学为参照、为武器而改造中国传统学术,即由"本土—西方"关系转换为"传统—现代"关系,以及从传统走向现代的历时性维度。可见中国学术的现代化与世界化本是相互依存、相互促进,并可以相互转换的。根据晚清以来新型学者群体在急切向西方学习过程中而形成的中西观的历史演进与内在逻辑,曾先后经历了中西比附、中体西用、中西体用、中西会通、激进西化观的剧烈演变,从而为"五四"新文化运动的兴起与现代学术体系的建构铺平了道路。

经过"五四"新文化运动的精神洗礼,通过从文化启蒙向学术研究的转移,从全盘西化走向吸取西学滋养,从全面批判走向对传统学术的意义重释与价值重估,由梁启超、王国维、章炳麟、刘师培、胡适等一批拥有留学经验、学贯中西学者承担了开创现代学科、建立现代学术以及复兴中国学术的历史使命,终于在与世界的接轨中完成了中国学术从传统向现代的转型。陈平原先生在《中国现代学术的建立——以章太炎、胡适为中心》(北京大学出版社1998年版)一书中借用库恩(Thomas S. Kuhn)的"范式"(Paradigm)理论衡量中国现代学术转型与两代人的贡献,认定1927年的中国现代学术建立的"关键时刻",其标志性的核心要素在于:一是新的学术范式的建立。通过戊戌、五四两代学人的学术接力,创建了现代新的学术范式,包括走出经学时代、颠覆儒学中心、标举启蒙主义、提供科学方法、学术分途发展、中西融会贯通,等等。二是现代学科体系的建立。此实与现代教育制度逐步按西学知识体系实施分科专业教育密切相关,其中"西化"最为彻底的,也最为成功的,当推大学教育。三是现代大学者群体的登场。如康有为、梁启超、章炳麟、罗振玉、王国维、严复、刘师培、蔡元培、黄侃、吴梅、鲁迅、胡适、陈寅恪、赵元任、梁漱溟、欧阳竟无、马一浮、柳诒徵、陈垣、熊十力、郑振铎、俞平伯、钱穆、汤用彤、冯友兰、金岳霖、张君劢等。这是一个需要巨人而又创造了巨人的时代,他们既是推动中国现代学术转型的主导力量,也是中国现代学术建立的重要成果。

4. 世纪之交中国学术的复兴之路

在当今世纪之交的"重写学术史"为主旨的"学术史热"中,对20世纪中国学术道路的回顾与总结已成为学界的热点论题。刘克敌先生在《学人·学术与学术史》(《北方论丛》1999年第3期)一文中的扼要概括具有一定的代表性,此文将20世纪中国学术划分为四个阶段:

(1) 现代学术的创建期(从世纪初到"五四"前后)。这一时期的主要特点是许多后来成为学术大师级人物的学者,出于重建中国文化体系、振奋民族精神的愿望,在借鉴西方学术体系的基础上,在对传统治学方式进行批判的基础上,开始有意识地建立新的学术体系。不过,由于在他们周围始终有一个处于动荡之中的社会现实,迫使他们的研究不能不带有几分仓促与无奈,缺乏从容与潇洒的风度,而那体系的建立,不是半途而废,就是缺砖少瓦。

(2) 现代学术的成长期(从20年代至40年代)。这一时期的主要特点是一方面真正有价值的学术成果不断出现,并在不少领域填补了空白和引起国际学术界的重视和肯定,如鲁迅和胡适对中国小说史的研究,王国维、郭沫若对甲骨文的研究,陈寅恪、陈垣等人的古代史研究和赵元任的语言研究,以及考古界的一系列重大发现等等。另一方面则是迫于社会动荡和急剧变革的影响,学术研究往往陷于停顿,实用主义和功利主义倾向也越来越明显。

(3) 现代学术的迷失期(从50年代直到80年代末)。所谓"迷失"有两层含义:一是这一时期的学术研究除极少数例外,基本上都偏离了为学术而学术的轨道,甚至成为纯粹为所谓政治服务的工具;二是这一时期的治学者除极少数人外,基本上都不能坚持自己的学术立场,而那些坚持自己立场者,则毫无例外地受到种种迫害。

(4) 现代学术的回归期(从90年代初至世纪末)。这一时期的学术研究才真正开始意识到其独立的存在价值,把研究的目的不是定位于某些切近的利益,而是为了全人类的根本利益,是中华民族文化在未来的振兴,是真正的为学术而学术。可惜这一时期过于短暂,且没有结束,为其做出评价为时过早。

若从20世纪首尾现代学术颇多相似之处以及彼此在中国学术的现代化与世界化进程中的呼应与延续来看,本世纪之交可称为回归期。然而假如再往后回溯至明清之际,往前面向21世纪,那么,这应是继明清之际、近现代之后,中国学术走向世界与现代运动的第三波浪潮,初步显示了中国学术的复兴之势。三次浪潮都是在从封闭走向开放的过程中由西学的冲击而起,但彼此的内涵与意义并不相同。明清之交的第一次浪潮仅是一个先锋而已,并未从根本上改变中国学术传统以及中西双方的学术地位。近现代的第二次浪潮兴起之际,中西双方的学术地位发生了根本改变,这是在特定条件下,通过激进的西化推进中国学术的现代化与世界化,而完成中国现代学术体系的建立的,因此,其中诸多学术本身的问题未能得以比较从容而完善的解决,这就为第三次浪潮的兴起预留了学术空间与任务。毫无疑问,改革开放以来第三次浪潮的再度兴起,本有"历史补课"的意义。当经过20世纪中下叶近30年的封闭而重新开启国门之后,我们又一次经历了不该经历的"西学东渐"苦涩体验,而且再次发现我们又付出了不该付出的沉重代价。然而30年来改革开放的成功,终于初步改变了前两次"西学东渐"单向传输的路径与命运,而逐步走向中西的平等交流和相互融合。诚然,学术交流本质上是一种势能的较量,当我们既放眼于丰富多彩的世界学术舞台,又通观已经历三次文化融合的中国学术之路,应更多地思考如何实现复兴中国学术而跻身于世界民族之林的战略目标与神圣使命,勃然兴起于世纪之交、以"重写学术史"为主旨的"学术史热",应该不仅仅是新起点,更应是助推器。

四、中国学术史研究：体式演进与成果总结

以源远流长的中国学术史为对象，有关中国学术史的研究率先肇始于先秦诸子，直至当今世纪之交"重写学术史"讨论与实践，已有两千多年的历史。期间，学人代代相继，屡屡更新，要以"辨章学术，考镜源流"为主导，堪称劳绩卓著，著述宏富。于是，中国学术史研究之成果不仅演为中国学术史本身的一大支脉，而且反过来对学术发展起到重要的推动作用。

关于中国学术史研究的源起，一般都远溯至先秦诸子——《庄子·天下篇》、《荀子·非十二子》、《韩非子·显学》等，其中，《庄子·天下篇》发其端，《荀子·非十二子》、《韩非子·显学》等踵其后，一同揭开了中国学术史研究的序幕。先秦以降，中国学术史研究的论著日趋丰富，体式日趋多样。以《庄子·天下篇》为发端的序跋体，以《史记·儒林列传》为发端的传记体，以刘向《七略》为发端的目录体，以及以程颐《河南程氏遗书》、朱熹《朱子语类》等为发端的笔记体等学术史之作相继产生。至朱熹《伊洛渊源录》，又创为道录体（又称"渊源录体"），率先熔铸为学术史研究专著体制，并以此推动着中国学术史研究走向成熟。再至黄宗羲《宋元学案》，另创学案体，代表了传统学术史研究的最高成就。清末民初，由梁启超、刘师培等引入西学理念与著述体例，章节体成为学术史研究著作之主流，标志着中国学术史及其研究的走向现代并与世界接轨。此外，民国期间刘汝霖所著《汉晋学术编年》、《东晋南北朝学术编年》等学术编年之作，也是学术史研究的重要类型。对于以上这些学术史成果的研究，前人已有不少相关论著问世，现以此为基础，重点结合内涵与体式两个方面，通过"辨章学术，考镜源流"作进一步的系统梳理与评述。

（一）序跋体学术史研究

就名称而观之，序先出于汉，跋后出于宋；就格式而言，序本置于正文之后，后来前移于正文之前，而以跋列于正文之后。前文所述《庄子·天下篇》在格式上相当于今天的跋。但置序于正文之后的通则，虽无序之名，而有序之实。由此可见，序跋中的"序"是与学术史研究同时起步，并最先用于学术史研究的一种重要文体。

《天下篇》在内容上不同于《庄子》其余各篇，乃在其为一篇相对独立的学术史论之作。而在体例上，则相当于一篇自序。《天下篇》可分总论与分论两大部分。总论部分主要提出"道术"与"方术"两个重要的学术概念，综论先秦从统一走向分裂、从一元走向多元的学术之变。由"道术"而"方术"，既意指先秦学术的两种形态，也意指先秦学术的两个阶段。分论部分依次评述了由古之"道术"分裂为今之"方术"的相关学派。从行文格式而言，又可分为以下两类：一种格式是大略概括各派学术宗旨，然后加以褒贬不同的评析。另一种格式，主要是针对惠施、桓团、公孙龙一派，即所谓"辨者之徒"进行直接的批评。

学术史研究的使命、功能与特点就是"辨章学术，考镜源流"，而作为中国学术史研究的开山之作，《庄子·天下篇》已具其雏形。

汉代犹承先秦遗风，仍以序置于正文之后。比如西汉刘安《淮南子》最后一篇《要略》，重点论述了孔子、墨子、管子、申子、商鞅及纵横家等先秦诸子学说赖以产生的原因与条件，然后追溯诸子学说的起源，辨析各家学说的衍变，无论在内容还是体式上都与《庄子·天下

篇》等一脉相承。除此之外，西汉直接以序为名的著名序文还有佚名《毛诗序》、司马迁《史记·太史公自序》、刘向《战国策序》、扬雄《法言序》、班固《汉书·叙传》、王逸《楚辞章句序》、王充《论衡·自纪》篇等等，仍皆置于正文之后。司马迁的《太史公自序》详细记叙了作者发愤著书的前因后果与艰难历程，并论述了《史记》的规模、结构、篇目、要旨等，相当于一篇以序写成，重点叙述《史记》之所以作以及如何作的自传。《太史公自序》的另一重要贡献是序中记载了乃父司马谈所作的《论六家要旨》，使后人了解汉代著名史家的诸子学术史观是一种相对开放的学术史观。由于《太史公自序》载入了《论六家要旨》这样的内容，使它不仅在体式上能融记叙与议论于一体，而且在内容上更具学术史批评之内涵。

跋，又称跋尾、题跋。徐师曾《文体明辨》云："按'题跋'者，简编之后语也。"可见，序文经历了从置于正文之后到冠于正文之前的变化；而跋文，自欧阳修为《集古录》作跋之后，则始终居于正文之后而不变。但在此前，未名"跋"之跋已经出现。

秦汉以来，历代序跋文体为数繁多，如果再纳入赠序、宴序、寿序等等，更是不计其数。至清代，中国学术史研究进入了一个全面总结的时代，无论是综合的还是分代、分类的学术史研究，序跋都是一种相当普遍使用的重要体式。

在当今学术界，序跋仍是载录学术史研究成果的一种重要载体，那些为学术著作而作的序跋尤其如此。而在名称上则分别有"序"、"总序"、"自序"、"前言"与"跋"、"后记"等不同称谓，但已无"后序"之名。

（二）传记体学术史研究

传记可分为史传与杂传（或称散传）两大类。以史传为学术史研究之载体，始于司马迁《史记》率先创设的《儒林列传》。在《史记》卷一百二十一《儒林列传》卷首，冠有一篇洋洋洒洒的总序，作者主要记载了自先秦儒学演变为汉代经学以及汉代前期道儒主流地位的变化轨迹，凸显了在"罢黜百家，独尊儒术"文化政策导控下的儒学之盛，同时也反映了司马迁本人崇儒抑道的学术史观，与乃父司马谈《论六家要旨》的崇道抑儒形成鲜明的对比，彼此学术史观的变化正是时代学术主潮变故使然。《儒林列传》的体例是以被朝廷立为官学的经学大师为主体，以经学大师的学行为主线，重点突出各家经说的传承关系，再配之以功过得失的评价，可以视之为各经学大师的个体学术简史。合而观之，便是一部传记体的汉代经学简史。

《史记》开创的这一体例为历代正史所继承，并向其他领域拓展。以后《汉书》、《后汉书》、《晋书》、《梁书》、《陈书》、《魏书》、《北齐书》、《周书》、《隋书》、《南史》、《北史》、《宋史》、《明史》、《新元史》、《清史稿》都有《儒林传》；《旧唐书》、《新唐书》、《元史》都有《儒学传》；《宋史》有《道学传》；《后汉书》、《晋书》、《魏书》、《北齐书》、《北史》、《旧唐书》、《宋史》、《新元史》、《清史稿》都有《文苑传》；《南齐书》、《梁书》、《陈书》、《隋书》、《南史》、《辽史》都有《文学传》；《周书》、《隋书》、《北史》、《清史稿》都有《艺术传》；《新唐书》、《金史》都有《文艺传》；《后汉书》有《方术传》；《旧唐书》、《新唐书》、《宋史》、《辽史》、《元史》、《明史》、《新元史》都有《方技传》；《元史》有《释老传》；《清史稿》有《畴人传》。它们从不同的方面概述了儒学、文学、艺术、科技等的发展变化，从一个侧面反映了学术思想的演进历史。

杂传，泛指正史以外的人物传记，始兴于西汉，盛于魏晋，尔后衍为与史传相对应的两大传记主脉之一。《隋书·经籍志》始专列《杂传》一门。据《隋书·经籍志》所录,各类杂传凡217部,1286卷。内容甚为广泛,又以重史与重文为主要特色而分为两大类型。而在体例上,《隋志》仅录由系列传记合成的著作,即学界通常所称的"类传",却于单篇散传一概未录。就与学术史关系而言,尤以乡贤传、世家传、名士传、僧侣传等最有价值。隋唐以降,杂传由先前的重史与重文两种不同倾向逐步向史学化与文学化方向发展。前者因渐渐与正史列传趋于合流之势,而较之后者更多地承担了学术史研究之职。其中也有系列类传与单篇散传两大支脉,后者包括行状、碑志、自传等,作者更多,体式更丰富,学术史研究特点也更为突出。

在单篇散传日趋丰富与繁荣的同时,系列性的类传著作也在不断向前发展。其中颇有特色与价值的是专题性类传,可以阮元《畴人传》、罗士琳《畴人传续编》、诸可宝《畴人传三编》、黄钟骏《畴人传四编》、支伟成《清代朴学大师列传》等为代表。支伟成所撰《清代朴学大师列传》,以时代先后为序,然后依一定的学科、流派分门别类,每一门类前均有作者撰写的叙目,"略疏学派之原委得失",传中除介绍生平事迹外,更着重于"各人授受源流,擅长何学,以及治学方法",比较完整地体现了学术的历史继承性,可以视为一部传记体清代朴学史。

在分别论述史传与杂传之后,还应该提及引自西方、兴起于近代的评传。评传之体从西方引入本土,是由梁启超率先完成的。1901年,梁启超作《李鸿章传》,分为12章,约14万字,以分章加上标题的形式依次叙述李鸿章的一生事迹,为第一部章节体传记之作。此后,梁启超先后撰写了《管子传》、《王荆公传》、《戴东原先生传》和《南海康先生传》等,皆为以评传体式所著的学术传记。评传于近代的引进和兴起,为中国传记从传统向现代转型并与西方现代传记接轨开辟了道路。在梁氏之后,评传一体广为流行,日益兴盛。

(三) 目录体学术史研究

所谓"目录",是篇目与叙录的合称。目录既是记载图书的工具,即唐代魏征《隋书·经籍志》所谓"古者史官既司典籍,盖有目录以为纲纪",同时又具有学术史研究的功能。清代章学诚在《校雠通义序》中总结为"辨章学术,考镜源流",这既是对目录体本身,也是对所有中国学术史研究的最高要求。从西汉刘向、刘歆父子整理群书、编纂目录开始,即已确立了"辨章学术,考镜源流"的学术宗旨与功能。因而目录之为学,且以目录为学术史研究之载体,当始于西汉刘向、刘歆父子,而目录之体所独具的学术史研究价值,亦非一般文献载体可比。就学术史研究要素而言,一在于学者,一在于著述。史传重在记载前者,而目录则重在记载后者,两者相辅相成,即构成了学术史研究的主干。

关于目录的分类,学术界多有分歧,但多以史志目录、官修目录、私家目录为主体,同时还包括专科目录、特种目录等。从《别录》、《七略》的初创来看,目录之于学术史的研究价值主要体现在三个方面:一是分类。图书分类是学术发展的风向标,包括分类、类目、类序以及数量的确定与变化乃至各类图书的升降变化,都是学术发展变化的反映。同样,刘氏父子的六分法及其类目、类序的确立,各类图书的比例,皆是汉代学术的集中反映。二是著录。刘氏父子校勘群书,"条其篇目,撮其指意,录而奏之",即成"书目提要"。内容包括书名、篇数、作者、版本等,也涉及对作者生卒、学说的考证与辨析。三是序。包括大类之序与小类之序,重在辨章学术,考镜源流,为目录体学术史研究的精华所在。以上三个方面由刘氏父子《别录》、《七略》所开创,为历代目录学所继承和发扬。

东汉班固在著述《汉书》时，又据《七略》略加删改，著为《艺文志》，率先将目录之学引入正史，创立正史《艺文志》之体，亦即史志目录系统。由《汉书·艺文志》图书六分法中所确立的尊经、尊儒传统、每略典籍的具体著述方式以及每略总序与每类类序等等，都为正史《艺文志》的史志目录系统创建了新的学术范式，同时又具有反映先秦至东汉学术总貌的独特价值。尤其是总序与类序，具有更高的学术史研究容量。在二十六史中，沿《汉书》之体设立《艺文志》或《经籍志》的有《隋书·经籍志》、《旧唐书·经籍志》、《新唐书·艺文志》、《宋史·艺文志》、《明史·艺文志》、《清史稿·艺文志》五种，其中以《隋书·经籍志》最具学术价值，堪与《汉书·艺文志》相并观。此二志及其余二十二史中无志或后人认为虽有志而不全者，皆有补编之作问世。

自西汉刘向、刘歆父子分别以《别录》、《七略》奠定官修目录之体后，历代以国家藏书为基础的官修目录之作相继问世。至清代《四库全书总目》达于高潮。《四库全书总目》是编撰《四库全书》的重要成果，就学术史研究角度而言，《四库全书总目》的主要价值有三点：一是图书分类。可见分科学术史之演进。二是书目提要。每书之提要即相当于每书的一份"学术简历"，而如此众多之书汇合为一个整体，即构成一部简明扼要的著述史。三是总序与小序。于经、史、子、集四部每部皆有总序，每类下皆有小序，子目之后还有按语，最具学术史研究之功能与价值。

与史志目录、官修目录不同，私家目录更多地反映了民间藏书情况、学者的目录学思想以及蕴含于其中的学术史观，所以它的产生是以民间藏书的兴起与丰富为前提的，可以为学界提供有别于史志目录与官修目录的独特内涵与价值。

（四）笔记体学术史研究

与其他文体相比，笔记是一个大杂烩。据现存文献可知，正式以《笔记》作为书名始于北宋初宋祁所撰之《笔记》，但其渊源却十分古老。刘叶秋先生认为笔记的主要特点一是杂，二是散。大体可以分为三类：一是小说故事类；二是历史琐闻类；三是考据辨证类。与学术史研究相关或者说被用于学术史研究的笔记主要是第三类。

大致从北宋开始，一些笔记已开始涉足学术史研究，这是受宋代学术高度繁荣直接影响的重要成果。首先进入我们视野的是北宋大理学家程颐的《河南程氏遗书》，书中纵论历代学术内容较多。其次是《朱子语类》，所论学术史内容较之《河南程氏遗书》更为丰富，也更为系统。此外，宋代的重要学术笔记尚有沈括的《梦溪笔谈》、洪迈的《容斋随笔》等。

经过宋元的发展，笔记至明清时期臻于高度繁荣，出现了大量主论学术的笔记之作，其学术性也明显增强。明代一些学者已屡屡在笔记中直接谈及"学术"这一概念，比如周琦《东溪日谈录》卷六有"学术谈"，章懋《枫山语录》有"学术"篇，等等。清代为学术笔记高度繁荣的鼎盛时期，学术笔记总量至少有 500 余种，实乃学术史研究之一大宝库，其价值远未得到有效开掘。

民国以后，学术笔记盛势不再，但仍有如钱锺书先生《管锥篇》之类的佳作问世。

在当代，学人撰写学术随笔、笔谈蔚然为风气，虽质量参差不一，但毕竟延续着学术笔记这一传统文体，且于学术史研究亦有一定的价值。

（五）道录体学术史研究

道录体是指首创于南宋朱熹《伊洛渊源录》而重在追溯理学渊源的学术史研究之作。因其以"道统"说为理论宗旨，是"道"与"统"即逻辑层面与历史层面的两相结合，同时直接移植禅宗"灯录"而成，故而可以命名为"道录"体，也有学者称之为"渊源录"体。

道录体的理论渊源同时也是理论支柱是"道统"说。道统说最初出自唐代古文家韩愈的《原道》，此文的要旨：一是确立了道统的核心内涵；二是确立了道统的传授谱系。然而，从"道统"概念而言，韩愈尚未明确将"道统"二字合为一体，因此虽有"道统"说之实，却无"道统"说之名。至南宋，朱熹始将"道"与"统"合为一体，明确提出了"道统"之说；同时又以"道统"说为主旨，应用于理学渊源研究，著成《伊洛渊源录》一书，首创"道录"之体。在著述体例上，"道录"体融会了多种文体之长，但尤与初创于北宋的禅宗"灯录"体最为接近。所谓"灯录"体，意为佛法传世，如灯相传，延绵不绝。该体深受魏晋以来《高僧传》、《释老志》之类宗教史研究著作的影响，而重在禅宗传授谱系的追溯与辨析。

朱熹所撰《伊洛渊源录》14卷，成于宋孝宗乾道九年，由二程伊洛之说上溯周敦颐，既在宏观上重视理学渊源的辨析，又在微观上重视理学家师承关系的考证，具有总结宋代理学史与确立理学正统地位的双重意义。在体式上，此书于承继禅宗灯录体之际，又兼取传记体之长，并有许多创新。《伊洛渊源录》除了率先开创了"道录"体学术史研究之外，还有标志中国学术史研究专著问世的意义。在此之前，从序跋、传记、目录、笔记体等来看，虽皆包含学术史研究内容，却又非学术史研究专著。此外，一些学术著作如刘勰《文心雕龙》、刘知几《史通》等等，也只是部分篇章含有学术史研究内容，而非如《伊洛渊源录》之类的学术史研究专著。可以说，中国学术史研究专著始自朱熹的《伊洛渊源录》。

在《伊洛渊源录》影响下，南宋以来不断有类似的著作问世。如南宋李心传的《道命录》，王力行的《朱氏传授支派图》，季文的《紫阳正传校》，薛疑之的《伊洛渊源》等。明代则有谢锋的《伊洛渊源续录》，宋端仪的《考亭渊源录》，程曈的《新安学系录》，朱衡的《道南源委》，魏显国的《儒林全传》，金贲亨的《台学源流》，杨应诏的《闽学源流》，刘鳞长的《浙学宗传》，周汝登的《圣学宗传》，冯从吾的《元儒考略》、《吴学编》，辛全的《理学名臣录》，赵仲全的《道学正宗》，刘宗周的《圣学宗要》等。至清初更形成了一个高潮，著作多达20余种，如孙奇逢《理学宗传》，魏裔介《圣学知统录》、《圣学知统翼录》，魏一鳌《北学篇》，汤斌《洛学篇》，范鄗鼎《理学备考》、《广理学备考》，张夏《洛闽渊源录》，熊赐履《学统》，范鄗鼎《国朝理学备考》，窦克勤《理学正宗》，钱肃润《道南正学编》，朱睾《尊道集》，汪佑《明儒通考》，万斯同《儒林宗派》，王维戊《关学续编本传》，王心敬《关学编》，朱显祖《希贤录》，耿介《中州道学编》，王植《道学渊源录》，张恒《明儒林录》，张伯行《伊洛渊源续录》、《道统录》，等等。

"道录"体学术史研究之作既以"道统"说为要旨，本乃为学说史，实则往往以史倡学，因而具有强烈的正统意识与门户之见。

（六）学案体学术史研究

学案体与朱熹《伊洛渊源录》一样，同样受到了禅宗灯录体的影响。所以，在确定这两者的归属时截然分为两大阵营,一些学者认为学案体应包括上文所论道录体之作,一些学者则认为彼此不相归属。其实,大体可以用广义与狭义的学案体来解决这一论争。此处将学案体独立出来加以论述,所取的是狭义的学案体的概念。

何谓"学案"？"学"即学者、学派、学术；"案"即按语,包括考订、评论等等,可能与禅宗公案也有某种渊源关系。有学者认为学案体应具备三大要素:一是设学案以明"学脉"。即每一个学案记述一个学派(若干独立而又有内在逻辑联系的学案群),使之足以展示一代学术思想史的全貌与发展线索；二是写案语以示宗旨。即每一学派均有一个小序,对这一学派作简明的介绍,对学者的生平、师承、宗旨、思想演变也都有一段简要说明,最突出的是对各学派、学者宗旨的揭示；三是选精粹以明原著。即撷取最能体现学派或学者个性的著作中的精粹,摘编而成,以见原著之精华。这三个要素互为犄角,使学案体构成了为实现特定目标而组成的有机整体,既能展示历史上各学派、学者的独特个性,又能显示不同学派、学者之间的因革损益情况,更有展现一代学术思想史发展线索的功能。可见学案体有其独特的学术宗旨及组织形式,与学术史"辨章学术,考镜源流"的内在要求较之其他体式更为契合。以此衡量,尽管在黄宗羲编纂《明儒学案》之前已有耿定向《陆杨二先生学案》、刘元卿《诸儒学案》,但真正的开山之作应是黄宗羲的《明儒学案》。

黄宗羲旨在通过设立学案,全面反映一朝学者、学派与学术的发展演变之势,并以序、传略、语录为三位一体,构建一种崭新的学术史研究著作新体式——学案体。与此新体式相契合,黄宗羲特于《明儒学案·凡例》拈出"宗旨"二字作为学术史研究的核心与灵魂:"宗旨"犹如学问之纲,亦是学术与学术史研究之纲,纲举才能目张,所以"宗旨"对于学术史研究而言的确是关键所在,具有核心与灵魂的意义与作用。

黄宗羲在完成《明儒学案》后,又由明而至宋元继续编纂《宋元学案》。全书凡100卷,分立91个学案。黄宗羲本人完成了67卷,59个学案,未竟而逝。然后由其子黄百家、私淑弟子全祖望续修,又经同郡王梓材、冯云濠校定,至道光十八年(1838)出版。此书在非黄宗羲所作部分学术功力有所逊色,但也有更为完善之处:一是在每一学案之前先立"学案表",备述该学派的师友弟子；二是所立学案超越了理学范围,如《水心学案》、《龙川学案》、《荆公学案》、《苏氏蜀学略》皆为非理学家立案,旨在反映宋元学术全貌；三是注重重大学术争论问题,且注意收录各家之说,不主一家之言；四是增设"附录",载录学者的逸闻轶事和当时及后人的评论。王梓材还撰有《宋元学案补遗》42卷,所补内容一是新增传主,二是增补《学案》已有传主的言行资料,三是补充标目。《补遗》所增大多是名不见经传的士人,这就大大扩展了《宋元学案》的收录范围。就史料而言,如果说《宋元学案》取其"精",则《宋元学案补遗》求其"全",这或许就是该书最大的特色和价值所在。

《明儒学案》、《宋元学案》开创了学案体学术史研究新体式,后来学人代有继作。先是清代唐鉴所撰《国朝学案小识》15卷,于道光二十五年(1845)刊行。至1914年,唐晏撰成《两汉三国学案》11卷,首次以学案体对两汉三国经学学派的传承演变进行历史性总结。再至1928年,曾任民国大总统的徐世昌网罗一批前清翰林,于天津发起和主持《清儒学案》的编纂工作,历时10年,至1939年出版。此书体例严整,内容丰富,取材广泛,少有门户之见,大体能反映有清一代的学术史,值得充分肯定。

晚清民初之交,致力于学术史研究的梁启超对学案体情有独钟,并以此应用于西方学术研究,相继撰写了《霍布士学案》、《斯片挪落学案》、《卢梭学案》等"泰西学案"。至1921

年,所著《墨子学案》又由商务印书馆出版。此外,钱穆曾于四川时受政府委托著成《清儒学案》,但未及出版就因船回南京途中沉于长江,今仅存其目,至为憾焉。

20世纪80年代之后,学案再次受到学界重视。在个体性学案方面,除了钱穆《朱子新学案》、陆复初《王船山学案》相继于1985、1987年由巴蜀书社、湖北人民出版社出版外,值得学术界重点关注的还有杨向奎主编的《新编清儒学案》,以及由张岂之先生等主编的《民国学案》,方克立、李锦全两人一同主编《现代新儒家学案》,舒大纲等人策划的《历代儒学学案》等。

(七) 章节体学术史研究

章节体学术史研究著作是近代之后引入西方新史观与新体式的产物。就传统的学术史研究著作体式而论,由道录体发展至学案体而臻于极化,在晚清西学东渐的背景下,中国学术由传统走向现代以及与西方学术接轨的过程中,学案体学术史研究日益暴露其固有的局限。概而言之,一是学术史观的问题。学案体既以儒学为对象,亦以儒学为中心,因此近代之前的学案体学术史,实质上即是儒学史。但至近代以后,在西方进化论等新史学理论的影响下,许多学者纷纷以此为武器对儒学道统展开了激烈的批判。二是学术史著述体例的问题。学案体记载的儒学史,以学者、学派为主流,大体比较单纯,因此由叙论、传略、文献摘要三段式构成的著述体式大体能满足其内在需要,但对晚清以来中西、新旧交替的纷繁复杂的学术现象,尤其是众多学术门类的多向联系、交互影响以及蕴含于其间的学术规律的探讨与总结,的确已力不从心。所以,如何突破学案体的局限,寻找一种适应新的时代需要的学术史著述体例显然已迫在眉睫,引自西方的章节体即是在这样的背景下适时登场的。

在早期章节体学术史研究的著作过程中,梁启超、刘师培贡献尤著。1902年,梁启超所著《中国学术思想变迁之大势》这一长篇学术论文发表于《新民丛报》第3、4、5、7号上。梁启超以西方学术史为参照,以进化论为武器,对几千年来中国学术思想的发展进程进行了崭新的宏观审察。其创新之处有三:一是提出了新的中国学术史分期法。将数千年中国学术思想分为老学时代、佛学时代、儒佛混合时代、衰落时代,打破了宋明以来以儒学为中心的学术史模式;二是提出关于学术思想发展的新解释。以往的学术史,或以道统为先验性学术构架,或虽突破道统论的束缚,但也多停留于论其然而不求其所以然,梁氏则能透过现象深入到学术发展过程的内部探索其发展变化的因果关系;三是首创章节体的中国学术编纂新体裁。即以章节为纲,以"论"说"史",以"史"证"论",史论结合,既"述"且"作"。综观以上三点,这篇长文无论对梁启超本人还是20世纪章节体新学术史研究而言都是拓荒、奠基之作,是中国学术史研究实现从传统向现代转型并与世界接轨的重要标志,具有划时代意义,对近现代学术史研究的影响巨大而深远。

晚清以来,各种报刊纷纷创办。当时,一些充满新意的学术史研究论文往往首先发表于报刊这一新兴媒体,而其中一些长文更以连载的形式陆续与读者见面,然后经过一定的组合或修改,即可由此衍变为章节体著作。所以这些"报章体"的学术史论文连载,实已见章节体著作之雏形。三年之后刘师培所著《周末学术史序》也是如此。此文先连载于1905年2月至11月《国粹月报》(1—5期),由总序、心理学史序、伦理学史序、论理学史序、社会学史序、宗教学史序、政法学史序、计学史序、兵学史序、教育学史序、理科学史序、哲学史序、术数学史序、文字学史序、工艺学史序、法律学史序、文章学史序十七篇组成，实为以序的形式撰写的《周末学术史》一书的提要。这是中国学术史上首次以"学术史"命名并首次按照西学现代学科分类法为著述体例的学术史研究论著。

20世纪前期，章节体学术史研究趋于成熟且影响巨大的著作，当推梁启超、钱穆分别出版于1924年、1937年的同名巨著《中国近三百年学术史》。两书虽然同名，但在学术渊源、宗旨、内容、体例等方面迥然有异。大体而言，梁著以西学为参照，以"学"为中心，钱著承续学案体，以"人"为中心；梁著以朴学传统论清学，认为清学是对宋明理学的全面反动，钱著从宋学精神论清学，认为清学是对宋明理学的继承；梁著更偏于知识论层面的学术史，钱著更偏于思想论层面的学术史；梁著更具现代学术之品性，钱著更受传统学术之影响。两书代表了20世纪前期章节体学术史研究的最佳成果。

（八）编年体学术史研究

编年体史书源远流长，导源于《春秋》，由《资治通鉴》集其大成，这是编年体学术史的主体渊源。另一个渊源是学者年谱。北宋元丰七年(1084)吕大防著成《韩吏部文公集年谱》与《杜工部年谱》，是可据现存文献证实的中国古代年谱之体的发轫之作。这一崭新体例，对于编年体学术史研究具有重要启示与借鉴意义，因为从文学年谱到学术年谱，本有相通之处。如宋代李子愿所纂《象山先生年谱》据《象山先生行状》、《语录》及谱主诗文编纂而成，内容多涉学术。如论陆九渊讲学贵溪之象山，颇为详细；而记淳熙八年与朱熹会于南康，登白鹿洞书院讲席，以及与朱熹往复论学，乃多录原文，因而可以视之为学术年谱。

宋代以降，与文人学者化的普遍趋势相契合，文人年谱中学术方面内容的比重日益加重，显示了年谱由"文"而"学"的重心转移之势。而从个体学术年谱到群体性的学术编年，以及一代乃至通代的学术编年，实为前者的不断放大而已。然而由于种种原因，超越个体的编年体学术史著作晚至民国时期才得以开花结果。早期的重要成果以钱穆的《先秦诸子系年》、刘汝霖的《汉晋学术编年》、《东晋南北朝学术编年》等为代表。尤其是后二书，已是成熟的编年体学术史研究著作，更具开创性意义。

刘汝霖先生所著《汉晋学术编年》、《东晋南北朝学术编年》，在著述体例上，主要以编年体史书代表作《资治通鉴》为参照，同时吸取纪传体与纪事本末体之长，加以融会贯通。作者在自序中重点强调以下五点：一曰标明时代。即有意打破前代史家卷帙之分，恒依君主生卒朝代兴亡史料之多寡为断，充分尊重学术本身的发展。比如两晋之间地域既殊，情势迥异，倘以两晋合为一谈，则失实殊途，故有分卷之必要。二曰注明出处。即将直引转引之书注明版本卷页篇章，使读者得之，欲参校原书，可收事半功倍之效；而欲考究史实，少有因袭致误之弊。三曰附录考语。中国旧史多重政治，集其事迹，考其年代，尚属易易。学术记载向少专书，学者身世多属渺茫，既须多方钩稽，又须慎其去取。故标出"考证"一格，将诸种证据罗列于后，以备读者之参考。四曰附录图表。有关学术之渊源，各派之异同，往往为体例所限，分志各处，以致读者寻检不易，故有图表之设，以济其穷。包括学术传播表、学术著述表、学术系统表、学术说明表、学术异同表。五曰附录索引。包括问题索引与人名索引。刘汝霖先生率先启动编纂《中国学术编年》如此宏大工程，的确是一个空前的学术创举，但以一人之力贯通历代，毕竟力不从心，所憾最终仅完成《汉晋学术编年》与《东晋南北朝学术编年》二集,而且此二集中也存在着收录不够广泛、内容不够丰富等缺陷。

1930年,姜亮夫先生曾撰有《近百年学术年表》,时贯晚清与民国,也是问世于民国早期的学术编年之作。若与刘汝霖的《中国学术编年》衔接,则不仅可以弥补其他四卷的阙如,而且还可以形成首尾呼应之势。但这一编年之作终因内容单薄而价值不高,影响不大。

进入21世纪之后,又有两部重要的编年体学术史研究著作问世。一是陈祖武、朱彤窗所著的《乾嘉学术编年》。此书是对作为清代学术的核心内容——乾嘉学派的首次学术编年,既是一项开创性工作,又有独立研究之价值。另一重要著作是张岂之主编的《中国学术思想编年》。此书之价值,一在以"学术思想"为内容与主线,二在贯通历代。著者力图将上自先秦下迄清代有关学术思想上的代表人物、著作、活动、影响等联系起来,力求使学术思想的历史演进、学派关系、学术影响、学术传承等方面展现于读者面前,实乃一部按时间顺序编年的编年体学术思想史。但因其内容的取舍与限定,与刘汝霖《汉晋学术编年》、《东晋南北朝学术编年》等综合性的编年之作有所不同,则其所长亦其所短也。

除了以上八体外,尚有始终未尝中断的经传注疏体系以及频繁往来于学者之间的书信——可以称之为注疏体与书信体,也不时涉及学术史研究内容,值得认真梳理总结。而较之这两体更为重要的,是除著作之外散布于各种文集之中的大量论文,或长或短,或独立成文,或组合于著作之中,从《庄子·天下篇》(兼具序文性质)、《韩非子·显学》、《吕氏春秋·不二》直到清末民初大量报章体论文,可谓源远流长,灿若星河,对学术史研究而言尤具重要价值。

五、《中国学术编年》的学术宗旨与体例创新

在世纪之交的"学术史热"中,学术史观与文献基础作为"重写学术史"的双重支撑,同时存在着明显缺陷。前者的主要缺失在于未能对中国学术、中国学术史、中国学术史研究三个关键环节展开系统梳理与辨析,从而未能从历史与逻辑辩证统一的高度完成新型学术史观的建构以及对学术史的历史还原与重建。另一方面,学术史研究的进展还取决于扎实的文献基础,其中学术编年显得特别重要。然而在世纪之交的"重写学术史"的讨论与实践中,学术编年的重要性普遍受到忽视,甚至尚未进入相关重要话语体系之中,这不能不说是一个严重局限。

(一)《中国学术编年》的重要意义

关于学术编年之于学术史研究的重要意义,常元敬先生在撰于1991年3月6日的《清代学术编年·前言》中曾有这样的论述:

> 要写出一部符合实际的清代学术史专著,就有必要先完成一部清代学术史年表,以便使事实不因某人的主观而随意取舍,真相得由材料的排比而灼然自见,然后发展的脉络,变化的契机,中心的迁徙,风气的转移,均可自然呈露,一望可知。可惜内容完备的清代学术史年表,至今未见。我们所接触到的几部内容不同的清代学术或著作年表,或失之简,或失之偏,或失之杂,均不能全面地反映清代学术之全貌,以满足今人之需要。

这既代表了我们当时对编纂《清代学术编年》学术价值的自我确认,也是对学术编年之于学术史研究重要意义的基本认知。

刘志琴在《近代中国社会文化变迁录》(浙江人民出版社1998年版)序言《青史有待垦天荒》中提出"借助编年,走进历史场景"的学术理念,颇有启示意义。她说:历史是发生在过去的事情,它与哲学追求合理、科学注重实验不同的是,历史的基础是时间。没有时间的界定就不成其为历史,凡是属于历史的必定是已经过去的现象,再也不可能有重现的时刻。所以说时间是历史的灵魂,历史是时间的科学。在史学著作中突出时间意识,无疑是以编年体为首选的体裁。考其源流,详其始末,按其问题的起点、高峰或终点,分别列入相应的年度。按年查索,同一问题在此年和彼年反复出现,可能处于不同的发展阶段,从而有不同的风貌。这在连年动荡、风云迭起的时代,便于真切地把握年年不同的社会景象,清晰地再现事态发展的本来面目。至于同一年度,政治、经济、文化、生活,万象齐发,又形成特定年代的社会氛围,方便读者走进历史的场景。编年体具有明显的时序性、精确性和无所不包的容量。以此类推,借助学术编年,同样可以让人们走进学术史的历史场景,这既有必要也有可能。当然,更准确地说,历史场景,首先是时间维度,同时也是空间维度,是特定时空的两相交融。正如一切物质都是时间与空间的同时存在一样,学术的发展也离不开时间与空间的两种形态,而学术史的研究也同样离不开时间与空间这两个维度。学术史,只有当其还原为时空并置交融的立体图景时,才有可能重现其相对完整的总体风貌。做一个不甚恰当的比喻,学术史就如一条曲折向前不断越过峡谷与平原、最终流向大海的河流,从发源开始,何时汇为主流,何时分为支流,何时越过峡谷,何时流经平原,何时波涛汹涌,何时风平浪静,以及河流周边的环境生态,等等,一部学术史如何让其立体地呈现在读者面前,即取决于能否以及如何走进时空合一的历史场景,这也是能否以及如何从历史与逻辑辩证统一的高度完成对学术史的历史还原与重建的关键所在。

正是由于学术编年对"重写学术史"的重要意义,也由于世纪之交"学术史热"对学术编年的普遍忽视,我们所编纂的贯通历代、包罗各科规模宏大的《中国学术编年》的问世,作为有幸以见证者、参与者、推动者奉献于世纪学术盛会的重要成果,深感别具意义。相信《编年》的出版,可以为中国学术史研究尤其是中国学术通史编写提供详尽而坚实的学术支撑,并对处于世纪之交的中国学术、文化及至文明研究的深入开展起到重要的推动作用。

(二)《中国学术编年》的编纂历程

自1985年启动《清代学术编年》研究项目,到2012年《中国学术编年》的最终告竣,期间经历了异常艰难曲折的过程。

早在1985年10月,由浙江师范大学常元敬先生主持,姚成荣、梅新林、俞樟华参与的《清代学术编年》作为古籍整理项目,由教育部全国高校古籍整理委员会委托浙江省教育厅予以资助和立项。项目研究团队的具体分工是:常先生负责发凡起例,姚成荣、俞樟华、梅新林分段负责清代前期、中期和近代的学术编年工作,最后由常先生统稿。经过三年多的共同努力,至1988年,共计50余万字的《清代学术编年》基本完成。

《清代学术编年》虽然在学术价值上得到多方肯定,但因当时正值由计划经济向商品经济的转轨过程之中,付诸出版却遇到了种种困难。后几经延搁,终于有幸为上海书店所接纳。在付梓之前，我们又根据责任编辑的修改要求，由姚、梅、俞三人奔赴上海图书馆集中时间查阅资料，对书稿进行充实与修订，最后由常元敬先生统稿、审订，并于1991年3月撰写了1500余字的《前言》冠于书前。然又因种种原因，上海书店最终决定放弃出版。次年，常元敬先生退休后离开学校。在欢送他离职之际，我们总不免说一些感谢师恩之类的话，但书稿未能及时出版的遗憾，却总是郁积于心而久久难以排遣。

1998年，上海三联书店资深出版人倪为国先生得知《清代学术编年》的遭遇后，以其特有的文化情怀与学术眼光，建议由清代往上追溯，打通各代，编纂一套集大成的《中国学术编年》，这比限于一代的《清代学术编年》更有意义。他说，正如国家的发展，既需要尖端科技，也需要基础建设，《中国学术编年》就是一项重大基础建设工程，具有填补空白的学术价值与盛世修典的标志性意义，可以说是一项"世纪学术工程"。他进而建议由我校重新组织校内外有关专家，分工负责，整体推进，积数年之功，尽快落实《中国学术编年》这一"世纪学术工程"。

根据倪为国先生的建议，我们决定以本校中国古典文献专业的学术骨干为主，适当邀请其他高校一些学有专长的专家参与，共同编纂一部贯通历代的《中国学术编年》。参编人员有（以姓氏笔画为序）：王德华、王逍、毛策、尹浩冰、叶志衡、包礼祥、冯春生、宋清秀、陈玉兰、陈年福、陈国灿、邱江宁、林家骊、张继定、杨建华、胡吉省、俞樟华、梅新林等。经过反复商讨、斟酌，初步拟定"编纂计划"，决定将《编年》分为6卷，规模为600万字左右。至此，由倪为国先生建议的贯通历代、包罗各科规模宏大的《中国学术编年》的编纂工作终于全面开始启动。

1999年底，经倪为国先生的努力，上海三联书店将《编年》列为出版计划，当时书名初定为《中国学术年表长编》。受此鼓舞，全体编写人员大为振奋，编写进程明显加快。期间，倪为国先生还就《编年》的价值与体例问题专门咨询著名学者朱维铮、刘小枫等人。刘小枫先生在予以充分肯定的同时，建议在当今中西交融的宏观背景下，应增加外国学术板块，以裨中外相互参照。根据这一建议，我们又先后约请就读于上海师范大学的秦治国、陆怡清、方勇、杜英、王延庆、陈允欣等负责这项工作。至2001年底，经过全体同仁的不懈努力，《中国学术编年》初稿终于基本形成，陆续交付专家、编辑初审。次年5月10日，梅新林、俞樟华决定将《编年》申请全国高校古籍整理研究工作委员会重点研究项目，承蒙安平秋先生、章培恒先生、裘锡圭先生、杨忠先生、张涌泉先生等的热忱支持，经全国高校古籍整理研究工作委员会项目专家评议小组评议，并经古委会主任批准，《编年》被列为2003年度高校古委会直接资助项目。对于《编年》而言，这无疑是一个锦上添花的喜讯。

2003年底，由于《编年》体量大幅扩张等原因，在出版环节上却再次出现了问题。就在我们深感失望而又无奈之际，幸赖倪为国先生再次伸出援手，基于对《编年》学术价值的认同感与出版此书的责任感，他毅然决定改由他创办的上海六点文化传播有限公司负责出版事宜，并得到时任华东师范大学出版社社长朱杰人先生首肯和支持。

为了保证和提高《编年》的质量，我们与倪为国先生商定，决定对《中国学术编年》初稿进行全面的充实和修订。2006年7月19日，倪为国先生率编辑一行10人，前来浙江师范大学召开编纂工作会议，共商《编年》修改方案。会议的中心主题是：加快进程，提高质量。会上，我们简要总结了《清代学术编年》20余年以及《编年》整体启动8年来的学术历程，介绍了目前各卷的进展以及存在的问题。接着由倪为国先生向各卷作者反馈了相关专家的审稿意见,并提出了具体的修改要求。在经过双方热烈细致讨论的基础上,最后形成整体修改方案。会议决定,每卷定稿后将再次聘请专家集中审阅,以确保《编年》的学术质量。会上对分卷与作者也作了相应的调整,即由原先的 6 卷本扩展为 9 卷本。2007 年 6 月 30 日,《中国学术编年》第二次编纂工作会议在浙江师范大学召开,倪为国先生一行 4 人再次来到师大与各卷作者继续会商修改与定稿等问题。会议决定以由俞樟华编纂的宋代卷为范本,各卷根据实际情况做适当调整。此后,各卷的责任编辑的审稿与《编年》各卷作者的修改一直在频繁交替进行。目前,《编年》各卷署名作者依次为:(1) 先秦卷:陈年福、叶志衡;(2) 汉代卷:宋清秀、曾礼军、包礼祥;(3) 三国两晋卷:王德华;(4) 南北朝卷:林家骊;(5) 隋唐五代卷:陈国灿;(6) 宋代卷:俞樟华;(7) 元代卷:邱江宁;(8) 明代卷(上、下册):陈玉兰、胡吉省;(9) 清代卷(上、中、下册):俞樟华、毛策、姚成荣。

此外,由秦治国、陆怡清、方勇、杜英、王延庆、陈允欣等编纂的作为参照的外国学术部分,则另请责任编辑万骏统一修改压缩,使内容更为精要。

《编年》经过长时期的磨砺而最终得以问世,可以说是各方人士共同努力的结果,郁积砥砺于我们心中的感悟也同样经历了一个不断变化、超越与升华的过程:从《清代学术编年》到《中国学术编年》,从反映有清一代学术到总结中国通代学术,集中体现了中国学术在走向现代与世界的过程中需要进行全面、系统、深入总结的内在要求与趋势,这是世纪之交中国学界与学者的历史使命,实与世纪之交的"学术史热"殊途而同归。与此同时,正是由于中国学术自身发展赋予《编年》的必要性与可能性,所以尽管历经种种曲折,甚至因先后被退稿和毁约而几乎中途夭折,但最终还是走出了困境,如愿以偿。从 50 余万字的《清代学术编年》,到 1000 余万字的《中国学术编年》,不仅仅意味着其规模的急遽扩大,更为重要的在于其学术质量的全面提高。在此,挫折本身已不断转化为一种催人不断前行的动力。

(三)《中国学术编年》的学术追求

尽管编年体史书源远流长,但编年体学术史著作晚至民国时期才得问世,而贯通历代的集成性的《中国学术编年》之作则一直阙如。20 世纪 20 年代,刘汝霖先生曾以一人之力启动《中国学术编年》的编纂工程,先于 1929 年完成《周秦诸子考》,继之编纂《汉晋学术编年》《东晋南北朝学术编年》,分别 1932 年、1935 年由商务印书馆出版。

根据刘汝霖先生拟定《总目》,《中国学术编年》分为六集:

第一集,汉至晋:汉高祖元年(前 206)至晋愍帝建兴四年(316)。

第二集,东晋南北朝:东晋元帝建武元年(317)至陈后主祯明二年(588)。

第三集,隋唐五代:隋文帝开皇九年(589)至周世宗显德六年(959)。

第四集,宋:宋太祖建隆元年(960)至恭帝德祐二年(1276)。

第五集,元明:元世祖至元十四年(1277)至明思宗崇祯十六年(1643)。

第六集,清民国:清世祖顺治元年(1644)至民国七年(1918)。

然而由于种种原因,刘汝霖先生雄心勃勃编纂《中国学术编年》大型工程只完成第一集《汉晋学术编年》、第二集《东晋南北朝学术编年》即戛然而止,实在令人遗憾。在此后相当长的时期内,尽管在断代、专门性的学术编年方面成果渐丰,但贯通历代之作依然未能取得重大突破。2005 年,张岂之先生主编的《中国学术思想编年》由陕西师范大学出版,率先在贯通历代方面取得了重要进展,但因此书以"学术思想"为主旨,实乃一部按时间顺序编年的编年体学术思想史,所以在学术宗旨与内容取舍方面,与刘汝霖先生当年设计的综合型的中国通代学术编年不同。有鉴于此,的确需要编纂一部贯通历代、综合型、集大成的《中国学术编年》,以为"重写学术史"提供更加全面、系统而坚实的文献支持。

我们所编纂的《中国学术编年》,仍承刘汝霖先生当年所取之名,但非续作,而是另行编纂的一部独立著作。《编年》上起先秦,下迄清末,分为9卷、12册,依次为:先秦卷、汉代卷、三国两晋卷、南北朝卷、隋唐五代卷、宋代卷、元代卷、明代卷(上、下册)、清代卷(上、中、下册),共计1000余万字。《编年》具有自己独特而鲜明的学术追求,重在揭示以下四大规律:

(1) **注重中国学术史的宏观发展演变历程,以见各代学术盛衰规律。**每个时代都有自己的学术主潮,但彼此之间的嬗变与衔接及其外部动因与内在分合,却需要加以全面、系统、深入的省察,除了重点关注标志性人物、事件、成果等以外,更需要见微知著,由著溯微。唯此,才能在通观中国学术史的发展演变历程中把握各代学术盛衰规律。

(2) **注重学术流派的源起、形成、鼎盛及至解体历程,以见学术流派的兴替规律。**学术流派既是学术发展的主体力量,又是学术繁荣的根本标志。因此,通观学术流派的源起、形成、鼎盛及至解体历程并把握其兴替规律,显然是学术史研究的核心所在。然后,从学术流派的个案研究走向群体研究,即进而可见各种学术流派与各代学术盛衰规律的内在关联与宏观趋势。

(3) **注重学术群体的区域流向、位移、承变历程,以见学术中心的迁移规律。**不同的学术流派由不同的学术群体所构成,由各不同学术群体的区域流向、移位、承变历程可见学术中心的迁移规律,其中学术领袖所扮演的主导角色、所发挥的核心作用尤为重要,从一定意义上说,学术领袖的区域流向与一代学术的中心迁移常常具有同趋性。诚然,促使学术中心的迁移具有更广泛、更多元、更复杂的内外动力与动因,其与经济、政治、文化中心的迁移也常常存在着时空差。概而言之,以与经济中心迁移的关系最为持久,以与文化中心迁移的关系最为密切,而与政治中心尤其是都城迁移的关系则最为直接。

(4) **注重中外学术的冲突、交流与融合历程,以见跨文化的学术传通规律。**文化者,文而化之、化而文之也,跨文化的学术传通规律正与此相通。因此,由中外学术的冲突、交流与融合历程,探索跨文化的学术传通规律,不仅可以进一步拓展中国学术史的研究范围,而且可以借此重新审视中国学术史的发展轨迹与演变规律。

(四)《中国学术编年》的体例创新

《编年》综合吸取历代史书与各种学术编年之长而加以融通之,首创了一种新的编纂体例,主要由学术背景、学术活动、学术成果、学者生卒四大栏目构成,同时在各栏目适当处加按语,另外再在每年右边重点记载外国重大学术事件,以裨中外相互参照,合之为六大版块:

(1) **学术背景**。着重反映深刻影响中国学术史发展进程的重大文化政策以及政治、经济、军事、外交诸方面的重大事件,以考察学术演变的特定时代背景及其对学术思潮、治学风尚的影响。学术背景著录以时间为序。

(2) **学术活动**。着重记述学者治学经历、师承关系和学术交流活动,包括从师问学、科举仕进、讲学授业、交游访问、会盟结社、创办书院、学校、报刊等学术机构等,以明学术渊源之所自、学术创见之所成、学术流派之脉络以及不同流派之间的争鸣、兴替轨迹。学术活动著录以人物的重要性为序。

(3) **学术成果**。着重记述具有代表性的学术论著,以著作为主,兼收重要的单篇文献,如论文序跋、书信、奏疏等,兼录纂辑、校勘、评点、注释、考证、译著等。内容包括成书过程、内容特色、价值影响、版本流传情况等,以见各代学术研究之盛况。学术成果著录以论著类别为序,大致按经史子集顺序排列。

(4) **学者生卒**。又分卒年、生年两小栏。其中卒年栏著录学者姓名、生年、字号、籍贯以及难以系年的重要著述,并概述其一生主要成就、贡献与地位及后人的简单评价。学者生卒著录以卒年、生年为序。

(5) **编者按语**。在学术背景、学术活动、学术成果、学者生卒四栏重要处再加编者按语,内容包括补充说明、原委概述、异说考辨、新见论证、价值评判等。"按语"犹如揭示各代学术发展的"纲目",若将各卷"按语"组合起来,即相当于一部简明学术史。

(6) **外国学术**。撷取同时期外国重要学术人物、活动、事件、成果等加以简要著录,以资在更广阔的比较视境中对中外学术的冲突交融历程以及跨文化的学术传通规律获得新的感悟与启示。

以上编纂体例的创体,最初是受《史记》的启发。《史记》分本纪、表、书、世家、列传,最后有"太史公曰",为六大板块。"本纪"为帝王列传,《编年》之"学术背景"栏与此相对应;"世家"、"列传"为传记,以"人"为纲,重在纪行,《编年》之"学术活动"栏与此相对应;"书"为典章制度等学术成果介绍,《编年》之"学术成果"栏与之相对应;"表"按时间先后记录历史大事和历史人物,《编年》之"学者生卒"栏与之相对应;"太史公曰"为史家评论,《编年》之"按语"与之相对应。以上综合《史记》之体而熔铸为一种学术编年的新体例,是一种旨在学术创新的尝试与探索。此外,"外国学术"栏,主要参照一些中西历史合编的年表而运用于《编年》之中。

中国史书编纂源远流长、成果丰硕,但要以纪传体、编年体、纪事本末体为三大主干。三体各有利弊,纪传体创始于《史记》,长于纪人,短于纪事,常常同为一事,分在数篇,断续相离,故《史记》以互见法弥补之;编年体创始于《春秋》,长于纪时,短于纪事,常常同为一事,分在数年,亦是断续相离;纪事本末体创始于《通鉴纪事本末》,长于纪事,短于纪人,往往见事不见人,见个体不见整体。《中国学术编年》在体例上显然属于编年体,但同时又努力融合纪传体、纪事本末体之长,以弥补编年体之不足。一部学术发展史,归根到底是由若干巨星以及围绕着这些巨星的光度不同的群星所形成的历史。既然学术活动与成果的主体是学人,这就决定了年表不能不以学人为纲来排比材料。而取舍人物,做到既不漏也不滥,确实能反映出一代学术的本质面貌,则是编好《编年》的关键,这也决定了《编年》与以人为纲的纪传体的密切关系。何况上文所述借鉴《史记》而创立《编年》新的编纂体例,更是直接吸取了纪传体之长。而在"按语"中,常于分隔数年的学术活动、学术成果加以系统勾勒或考证、说明之,以明渊源所自,演化所终,也是充分吸取了纪事本末传的长处。

在《编年》的编写过程中,我们非常注意第一手材料,同时也注意吸收学术界的新成果,包括尽可能地参考港台学者出版的同类或相关的书籍,力求详而不芜,全而有要。其中重点采纳的文献资料主要有:历代正史、私史、实录、会要、起居注、方志、档案、文集、专著、类书、谱牒、笔记等,同时博采当代学者的研究成果。按语所录文献,随文标注所出,以示征信。或遇尚存异说之文献,则择善而从,或略加考释。

《编年》收录学者多达四万余人,论著多达四万五千篇(部),数量与规模超过了以往任何学术编年著作。为便于使用,《编年》于每卷后都编有详细的学者、论著索引,以充分发挥

《编年》学术著作兼工具书的双重功能。

　　自 1985 年开始启动以来，《编年》这一浩大工程经过 20 余年的艰难曲折历程至今终于划上了句号，期间所经历的艰难曲折，的确非一般著书之可比；其中所蕴含的学术景遇与世事沧桑，更不时引发我们的种种感慨。于今，这一独特经历已伴随《编年》的告竣而成为融会其间的一个重要组成部分，并已积淀为一种挥之不去、值得回味的文化记忆与学术反思。毋庸置疑，晚清以来中国学术的西化改造与现代转型是以传统学术的边缘化与断层化为沉重代价的，这是基于西学东渐与"中"学"西"化的必然结果。如果说传统学术的边缘化是对中国学术史之"昨天"的遗忘或否定，那么，传统学术的断层化则是中国学术史之"昨天"与"今天"之间的断裂。显然，两者既不利于对中国传统学术内在价值的理性认知，也不利于对中国学术未来发展方向的战略建构。我们编纂《中国学术编年》的根本宗旨：**即是期望通过对中国学术史的历史还原与重构，不仅重新体认其固有的学术价值，而且藉以反思其未来的学术取向，从而为弥补晚清以来传统学术边缘化与断层化的双重缺陷，重建一种基于传统内蕴与本土特色而又富有世界与现代意义的中国学术话语体系提供重要的思想资源与学术参照**。因此，《编年》的编纂与出版，并非缘于思古之幽情，而是出于现实之需要。当然，随着《编年》的规模扩张与内涵深化，我们对此的认知也大体经历了一个由表及里、由浅入深、与时俱进的演化过程。

　　值此《编年》即将出版之际，我们惟以虔敬之心，感铭这一变革时代的风云砺，感铭来自学界内外各方人士的鼎力相助！

　　一是衷心感谢李学勤、安平秋、章培恒、裘锡圭、朱维铮、葛兆光、刘小枫、赵逵夫、吴熊和、杨忠、束景南、崔富章、张涌泉、常元敬、黄灵庚诸位先生的热情鼓励和精心指导，朱维铮、刘小枫、束景南、崔富章、黄灵庚先生还拨冗审阅了部分书稿，并提出了修改意见，使《编年》质量不断提高，体例更趋完善。常元敬先生在退休之后仍一直关心《编年》的进展，时时勉励我们一定要高质量的完成这一大型学术工程，以早日了却他当年未曾了却的心愿。二是衷心感谢华东师范大学出版社的热忱相助。华东师范大学出版社朱杰人先生始终坚守学术的职业精神，给人留下了深刻的印象。与此同时，我们也不能忘记曾为此书付出劳动的上海书店、上海三联书店的有关人士。三是衷心感谢《编年》所有作者长期持续不懈的努力。鉴于人文社会科学研究个性化的特点与当今科研评价功利化趋势，组织大型集体攻关项目诚为不易，而长时期地坚持不懈更是难上加难，这意味着对其他科研机会与成果的舍弃与牺牲。在此，对于所有关心支持并为《编年》的编纂、出版作出贡献的前辈、同仁，一并致以诚挚的谢忱！

　　学无止境，学术编年更是一项永无止境的学术活动。由于《编年》是首次全面贯通中国各代学术的集成性之作，历时久长，涉面广泛，规模宏大，限于我们自身的精力与水平，其中不足或错误之处在所难免，衷心希望得到学者与读者的批评指正。

梅新林　俞樟华
2008 年春初稿
2009 年秋改稿
2013 年春终稿

凡 例

一、《中国学术编年》(以下简称《编年》)为中国学术史编年体著作,兼具工具书的检索功能。

二、《编年》上起先秦时代,下迄清末。按时代分为九卷,即先秦卷、汉代卷、三国两晋卷、南北朝卷、隋唐五代卷、宋代卷、元代卷、明代卷、清代卷。

三、《编年》所取材,主要依据历代正史、私史、实录、会要、起居注、方志、档案、文集、专著、类书、谱牒、笔记等,同时博采当代学者的研究成果。所录文献,引文标注所出,以示征信;其他材料,限于体例,未能一一注明所出,可参见统一列于每卷之末的参考文献。或遇尚存异说之文献,则择善而从,或略加考释。

四、《编年》具有自己独特而鲜明的学术追求,重点关注各卷本时段学术主流特色与学术发展趋势两个方面,重在揭示以下四大规律:

1. 注重中国学术史的宏观发展演变历程,以见各代学术盛衰规律;
2. 注重学术流派的源起、形成、鼎盛及至解体历程,以见学术流派的兴替规律;
3. 注重学术群体的区域流向、移位、承变历程,以见学术中心的迁移规律;
4. 注重中外学术的冲突、交流与融合历程,以见跨文化的学术传通规律。

五、《编年》采用一种新的编撰体例,由学术背景、学术活动、学术成果、学者生卒四大栏目构成,同时在各栏目适当处加编者按语。若遇跨类,则以"互见法"于相应栏目分录之。

六、《编年》中的"学术背景"栏目,着重反映深刻影响中国学术史发展进程的重大文化政策以及政治、经济、军事、外交诸方面的重大事件,以考察学术演变的特定时代背景及其对学术思潮、治学风尚的影响。

1. 学术背景著录,先录时间,后录事件。
2. 同月不同日者,只标日,不标月。
3. 知月而不知日者,于此月最后以"是月,……"另起。
4. 只知季节而不知月者,则分别于三月、六月、九月、十二月后标以"是春,……"、"是夏……"、"是秋,……"、"是冬,……"另起。
5. 只知年而不知季、月、日者,列于本年最后,以"是年,……"另起。

七、《编年》中的"学术活动"栏目,着重记述学者治学经历、师承关系和学术交流活动,以明学术渊源之所自、学术创见之所成、学术流派之脉络以及不同流派之间的争鸣、兴替轨迹,包括从师问学、科举仕进、讲学授业、交游访问、会盟结社、创办书院、学校、报刊等学术机构,等等。其中学者仕历与学术思想和学术活动之演变关系密切,故多予著录。

1. 学术活动著录,先录人物,后录时间。
2. 人物大致以学术贡献与地位之重要排次,使读者对当时学界总貌有一目了然之感。相关师友、弟子、家人附列之。
3. 有诸人同时从事某一学术活动者,则系于同一条,以主次列出,不再分条著录。
4. 学者人名一般标其名而不标其字、号。科举择其最高者录之。
5. 少数民族学者一般用汉译名,不用本名。
6. 僧人通常以"僧××"或"释××"标示之,若习惯上以法号称之,则去"僧"或"释"字。方外人名只标僧名、法名,不标本名。
7. 外国来华传教士及其他人员统一标出国别,如"美国传教士×××"。外国来华学者人名一般用汉名,若无汉名则用译名。其来华前、离华后若与中国学术无涉,则不予著录。
8. 中国学者在国外传播、研究中国学术者,予以著录。

八、《编年》中的"学术成果"栏目,着重记述具有代表性的学术论著,以著作为主,兼收重要的单篇文献,如论文序跋、书信、奏疏以及纂辑、校勘、评点、注释、考证、译著等等,以见各代学术研究之盛况。

1. 学术成果著录,先录作者,后录论著。
2. 论著排列依据传统"经史子集"之序而又略作变通,依次为经学(含理学)、史学、诸子学、语言文字学、文艺学、宗教学、自然科学、图书文献学、综合。
3. 论著通常分别以"作"、"著"标之,众人所作或非专论专著一般以"纂"标之。
4. 著录论著撰写与刊行过程,包括始撰、成稿、修订、续撰、增补、重著以及刊行出版等,并著录书名、卷数及一书异名情况。
5. 对重要论著作出简要评价,如特色、价值、版本、影响等。对重要论著的序跋,或录原文,或节录原文。

九、《编年》中的"学者生卒"栏目,分卒年、生年两小栏。卒年栏著录学者姓名、生年(公元××年)、字号(包括谥号)、籍贯以及难以系年的重要著述,凡特别重要人物,略述其一生主要成就、贡献与地位、传记资料及后人的简单评价。

1. 学者生卒著录,先学者卒年,后学者生年。
2. 在卒年栏中对重要学者的学术成就与贡献作出概要评价。
3. 年月难考之论著系于卒年之下,以此对无法系年的重要学术论著略作弥补。

十、《编年》在以上四大栏目下都加有"按语"。主要内容为:
1. 价值评判。即对学术价值以及重要影响进行简要评价。
2. 原委概述。即对事件缘起、过程、流变、结果、影响诸方面作一概要论述。
3. 补充说明。即对相关内容及背景材料再作扼要说明。
4. 史料存真。即采录比较珍贵的史料或略为可取的异说,裨人参考
5. 考辨断论。即对异说或有争论者,略加考辨并尽量作出断论,或择取其中一说。

十一、《编年》在注录中国学术之外,又取同时期外国重要学术人物、活动、事件、成果等加以简要著录,以资中外参照。

十二、《编年》纪年依次为帝王年号、干支年号、公年纪年,三者具备。遇二个以上王朝并立,则标出全部王朝帝王年号。凡因农历与公历差异产生年份出入问题,以农历为准。

无法确切考定年份者,用"约于是年前后"标之。凡在系年上有分歧而难以断定者,取一通行说法著录之,另以按语录以他说。

十三、《编年》纪年所涉及的古地名(包括学者卒年所标之籍贯),一般不注今地名。

十四、《编年》每卷后列有征引及参考文献,包括著作与论文两个方面。征引及参考文献的著录顺序:先古代,后现代;先著作,后论文。

十五、《编年》每卷后编有索引,以强化其检索功能。其中包括"人物索引"与"论著索引"。人物索引按笔画顺序编排,每卷人物索引只列本朝代的人物,跨代人物不出索引;人物的字号,加括号附录在正名之后;论著索引按拼音顺序编排。唐以前称"篇目索引",即重要论文亦出索引;隋唐五代称"论著索引";此后各代称"著作索引",即文章不出索引。同书名而不同作者的,在书名后面加括号,注明作者,以示区别;一书异名的,在通行书名后面加括号,注明异称。

十六、全书根据一以贯之的统一要求与体例格式进行编写,各卷(尤其是先秦卷)基于不同时代学术发展演变的实际情况再作变通处理,力求达到规范与变通的有机结合。

目　　录

元世祖至元十七年　庚辰　1280 年 …… (1)
至元十八年　辛巳　1281 年 …… (7)
至元十九年　壬午　1282 年 …… (11)
至元二十年　癸未　1283 年 …… (13)
至元二十一年　甲申　1284 年 …… (15)
至元二十二年　乙酉　1285 年 …… (17)
至元二十三年　丙戌　1286 年 …… (20)
至元二十四年　丁亥　1287 年 …… (24)
至元二十五年　戊子　1288 年 …… (28)
至元二十六年　己丑　1289 年 …… (34)
至元二十七年　庚寅　1290 年 …… (37)
至元二十八年　辛卯　1291 年 …… (40)
至元二十九年　壬辰　1292 年 …… (44)
至元三十年　癸巳　1293 年 …… (48)
至元三十一年　甲午　1294 年 …… (51)
元成宗元贞元年　乙未　1295 年 …… (55)
元贞二年　丙申　1296 年 …… (61)
元贞三年　元成宗大德元年　丁酉　1297 年 …… (64)
大德二年　戊戌　1298 年 …… (68)
大德三年　己亥　1299 年 …… (73)
大德四年　庚子　1300 年 …… (77)
大德五年　辛丑　1301 年 …… (81)
大德六年　壬寅　1302 年 …… (84)
大德七年　癸卯　1303 年 …… (87)
大德八年　甲辰　1304 年 …… (93)
大德九年　乙巳　1305 年 …… (99)
大德十年　丙午　1306 年 …… (102)
大德十一年　丁未　1307 年 …… (107)
元武宗至大元年　戊申　1308 年 …… (112)
至大二年　己酉　1309 年 …… (117)
至大三年　庚戌　1310 年 …… (120)
至大四年　辛亥　1311 年 …… (124)

元仁宗皇庆元年　壬子　1312年	(129)
皇庆二年　癸丑　1313年	(135)
元仁宗延祐元年　甲寅　1314年	(143)
延祐二年　乙卯　1315年	(149)
延祐三年　丙辰　1316年	(155)
延祐四年　丁巳　1317年	(162)
延祐五年　戊午　1318年	(164)
延祐六年　己未　1319年	(170)
延祐七年　庚申　1320年	(173)
元英宗至治元年　辛酉　1321年	(179)
至治二年　壬戌　1322年	(186)
至治三年　癸亥　1323年	(193)
元泰定帝泰定元年　甲子　1324年	(198)
泰定二年　乙丑　1325年	(209)
泰定三年　丙寅　1326年	(212)
泰定四年　丁卯　1327年	(217)
泰定五年　致和元年　元文宗天历元年　戊辰　1328年	(223)
天历二年　己巳　1329年	(230)
天历三年　元文宗至顺元年　庚午　1330年	(239)
至顺二年　辛未　1331年	(245)
至顺三年　壬申　1332年	(249)
至顺四年　元惠宗元统元年　癸酉　1333年	(252)
元统二年　甲戌　1334年	(259)
元统三年　元惠宗至元元年　乙亥　1335年	(267)
至元二年　丙子　1336年	(274)
至元三年　丁丑　1337年	(283)
至元四年　戊寅　1338年	(288)
至元五年　己卯　1339年	(292)
至元六年　庚辰　1340年	(296)
至元七年　元惠宗至正元年　辛巳　1341年	(301)
至正二年　壬午　1342年	(310)
至正三年　癸未　1343年	(317)
至正四年　甲申　1344年	(322)
至正五年　乙酉　1345年	(332)
至正六年　丙戌　1346年	(341)
至正七年　丁亥　1347年	(350)
至正八年　戊子　1348年	(355)
至正九年　己丑　1349年	(363)
至正十年　庚寅　1350年	(370)

至正十一年	辛卯	1351年	(378)

至正十一年　辛卯　1351年 …………………………………………………… (378)
至正十二年　壬辰　1352年 …………………………………………………… (385)
至正十三年　癸巳　1353年 …………………………………………………… (390)
至正十四年　甲午　1354年 …………………………………………………… (395)
至正十五年　乙未　1355年 …………………………………………………… (400)
至正十六年　丙申　1356年 …………………………………………………… (405)
至正十七年　丁酉　1357年 …………………………………………………… (408)
至正十八年　戊戌　1358年 …………………………………………………… (414)
至正十九年　己亥　1359年 …………………………………………………… (419)
至正二十年　庚子　1360年 …………………………………………………… (424)
至正二十一年　辛丑　1361年 ………………………………………………… (427)
至正二十二年　壬寅　1362年 ………………………………………………… (430)
至正二十三年　癸卯　1363年 ………………………………………………… (436)
至正二十四年　甲辰　1364年 ………………………………………………… (438)
至正二十五年　乙巳　1365年 ………………………………………………… (442)
至正二十六年　丙午　1366年 ………………………………………………… (446)
至正二十七年　丁未　1367年 ………………………………………………… (450)
元惠宗至正二十八年　明太祖洪武元年　戊申　1368年 …………………… (452)

征引及主要参考文献 ……………………………………………………………… (455)
人物索引 …………………………………………………………………………… (471)
著作索引 …………………………………………………………………………… (493)
后记 ………………………………………………………………………………… (515)

元世祖至元十七年　庚辰　1280年

二月乙亥,中书右丞张易言高和尚有秘术,能役鬼为兵,遥制敌人,元世祖忽必烈命和礼霍孙将兵与高和尚同赴北边。

按：高和尚以僧人身份得此重用,实以忽必烈信萨满教,灵异思想颇重故。

元世祖诏谕真人祁志诚等焚毁《道藏》伪妄经文及板。

三月乙卯,立都功德使司,从二品,掌帝师所统僧人并吐蕃军民等事。

七月己巳,遣中使历江南名山,访求高士,且命持香币诣信州龙虎山、临江阁皂山、建康三茅山,皆设醮。

十月,遣使求黄河源,既还,图其形势,履其发源之地,纪其分流伏脉甚详。

按：是为中国历史上第一次大规模考察黄河源头之举。

十一月甲子,行《授时历》。

按：《元史纪事本末》卷三载：先是,至元初,刘秉忠言《大明历》自辽、金承用二百余年,浸以后天,宜在所立改,未及用其议,而秉忠没。至十三年,江南略平,天下混一,上思其言,遂议改修新历。立局以庀事,诏郭守敬与王恂率南北日官分掌测验,而张文谦、张易领其事,前中书左丞许衡亦参预焉。

十二月甲午,大都重建太庙成,自旧庙奉迁神主于祐室,遂行大飨之礼。

丙申,敕镂版印造帝师八思巴所译《戒书》五百部,颁降诸路僧人。

敕："擅据江南逃亡民田者,罪之。"(《续资治通鉴》卷一八五)

是年,始置驿站于高丽。

再派杨庭璧使俱兰国。然杨终访问马八儿国,且自此互为往来。

阿难答(忽必烈孙)承袭安西王爵位,领其部众皈依伊斯兰教。

按：阿难答幼受一穆斯林抚养,皈依伊斯兰教,信之颇笃,因传布伊斯兰教于唐兀之地。所部士卒十五万人,闻从而信教者居其大半。

许衡八月丁亥由集贤院大学士兼国子祭酒致仕。

按：皇太子真金请以许衡子许师可为怀孟路总管,以便侍养,且遣使谕之曰："公毋以道不行为忧也,公安,则道行有时矣。"(《续资治通鉴》卷一八五)

姚燧为陕西汉中道提刑按察司副使。

杨恭懿因《授时历》成,十二月授集贤学士,兼太史院事,次年辞归。作《改历奏》。

按：苏天爵《国朝名臣事略》以为《改历奏》作于十七年十二月,《元史》本传以为

埃及苏丹卡拉温于希姆斯之役大败伊儿汗阿八哈所部蒙古军。

作于十七年二月。

梁曾使安南。

徐世隆召为翰林学士，又召为集贤学士，皆以疾辞。

金履祥宋亡家居不仕，于兰溪建仁山书院。

吴澄隐居布水谷。

周密、王沂孙、张炎、李彭老、仇远、唐珏、王易简、吕同老、陈恕可等14人，分咏龙涎香、白莲诸题，编为《乐府补题》，周密与张炎、仇远、唐珏交谊始见于此。

金若洙宋亡不仕，归筑东园。

按：金若洙，字子方，休宁人。受业于程若庸。弱冠领宝祐乡荐。宋亡不仕，隐居东园，著述以老。著有《东园集》、《四咏吟编》、《性理字训集文》(《万姓统谱》卷六四)。

汪一龙宋亡不仕，尝与曹泾重建紫阳书院。

按：汪一龙，字远翔，号定斋，休宁人。宋咸淳进士。至元十五年(1278)，"江东按察使起教紫阳书院。先时，宋将李铨降元，毁书院为城守具。先生与曹泾竭力重建书院，使人知朱子之学"(《宋元学案补遗》卷八〇)。

吴大有元初辟为国子检阅，不赴。

按：吴大有，字勉道，号松壑，嵊县人。宋宝祐间游太学，率诸生上书言贾似道奸状，不报，遂退处林泉。与林昉、仇远、白珽等以诗酒相娱。元初辟为国子检阅，不赴。著有《千古功名镜》12卷、《拾遗》1卷。是书分十五类，皆阐扬因果之说，以警世劝善，有《四库丛书》本。

田希吕宋末守节不仕，居天门山。

按：田希吕，字志舒，慈利人。宋亡不仕，创书院以讲学，为书院山长(《大清一统志》卷二八七)。

成廷珪元初避地吴中。

按：成廷珪，字原章(一作原常)，又字礼执，扬州人。不求仕进，以吟咏自娱。卒于华亭。著有《居竹轩集》4卷。《四库全书总目提要》载："此集乃其友部肃、刘钦搜辑遗稿所刊也。廷珪与河东张蘥为忘年友，其诗音律体制，多得法于蘥，而声价亦与蘥相亚。……刘钦称廷珪五言务自然，不事雕刻。七言律最为工，深合唐人之体。"事迹见《元书》卷八九、《元诗选·二集》小传。

刘壎入元建水云书院，讲学其中(《江西通志》卷二二)。

刘辉入元避地静江，为宣城书院山长。

龚霆松入元隐居，聚徒创建理源书院。

按：龚霆松，号艮所，贵溪人。宋末举于乡。事迹见《江西通志》卷二二。

刘君举入元被召，称病不赴。

按：刘君举，字季贤，南丰人。宋末举进士不第，曾从学于王磐、刘因。不赴征召，建管陶书院教授生徒。

陈普元初聘本省教授，不就。

按：陈普自以宋遗民不仕，隐居教授，倡明道学，岿然为后学师表。四方来者数百人，馆里之仁峰寺至不能容。尝聘主建州云庄书院(《元诗选》三集卷二)。

蔡季霖元初建蔡氏义学。

按：蔡季霖，邑人。蔡季霖死后，其子蔡士仁等继修其屋室，赡其供给，延名师，进宗族乡党子弟教之（《道园学古录》卷三六）。

裴润之元初建临清书院以教乡党。

按：裴润之，贵溪人。宋末举于乡，元初屡荐不起，乡人称曰梅隐先生。

董嗣杲入元隐于黄冠，改名思学，字无益。

按：董嗣杲，字明德，号静传，杭州人。宋末历官武康令。著有《庐山集》5卷、《英溪集》1卷、《西湖百咏》2卷。

郑思肖隐吴下，坐卧不北向，因号所南。

陈孚约于是年前后以布衣上《大一统赋》。

按：江浙行省为转闻于朝，署上蔡书院山长。陈孚是年又作《观光稿》。

何希之入元遁迹以终。

按：何希之，字周佐，一字自修，号存心，乐安人。宋咸淳十年进士，署零陵教授。著有《鸡肋集》1卷。事迹见《钦定续文献通考》卷一九〇、程钜夫《答存心何希之自修书》（《雪楼集》卷二三）。

罗椅元初尚存。

按：罗椅，字子远，号润谷，庐陵人。宋宝祐四年进士，历官临安提辖榷货务，罢归。编有《陆放翁诗选》10卷。事迹见《钦定续文献通考》卷一、《癸辛杂识续集》卷上、《千顷堂书目》卷三二。

陈杰元初犹存。

按：陈杰，字寿夫，号自堂，分宁人。宋淳祐十年进士，为制置司属官。他与方回过从颇密，处在师友之间。方回之宗江西得力于陈氏处甚黔。著有《自堂存稿》13卷。《四库全书》本系辑自《永乐大典》，仅4卷，不全。《四库全书总目提要》称他"诗虽源出江西，而风姿峭蒨，颇参以石湖、剑南格调，视宋江湖一派气含蔬笋者，戛然有殊"。

牟应龙入元为溧阳教授。

艾性夫入元为江浙提举。

按：艾性夫，字天润，号弧山，临川人。与兄可叔、可翁自相师友，世称三艾。工诗，著有《剩语》（又名《弧山晚稿》）2卷（《四库全书总目提要》）。

罗志仁元初荐为天长书院山长。

按：罗志仁，字寿可，一字伯寿，号壶秋，庐陵人。宋末中乡试。著有《姑苏笔记》（《说郛》卷五七）。

洪岩虎元初起为兴化县教谕。

按：宋咸淳三年领乡荐，家居授徒。

范晞文元初累迁江浙儒学提举，转长兴县丞。

按：范晞文，字景文，号药庄，钱唐人。致仕居无锡。著有《对床夜语》5卷，《四库全书总目提要》评其"词约理胜，深得说诗之旨"。

黄以谦至元间分教泉州路。

按：黄以谦尝纂《先圣及从祀诸贤谥号》、《历代祭祀行幸诸仪》、《通祀辑略》3卷，不传。黄以谦从子黄元晖著《通祀辑略续集》1卷，辑器各图注之（《千顷堂书目》卷三）。

翁森至元年间创建安洲书院于仙居县东南崇教里居所，以朱熹《白鹿洞学规》为训，以儒术教化乡人。

按：翁森，字秀卿，号一瓢，台州仙居人。宋亡不仕，隐居教学。从学者先后达800余人，乡人耕读之风"彬彬称盛"，翰林学士陈孚曾为之作《安洲乡学记》。著有《一瓢稿》，其中《四时读书乐》一文，传诵于世，曾被编入民国时期初中国文课本。

粤屯希鲁创建绍文书院（即双溪书院）于江西浮梁。

按：粤屯希鲁其时为按察副使。赵介如尝任山长，从游者甚众。介如，字元道，浮梁人，宋宝祐进士。

日本阿佛尼著《十六夜日记》。

德国哲学家、自然科学家和研究亚里士多德的学者M·S·大阿尔伯特著《论动物》，其中论及动物地理学。

郭守敬等著《授时历》2卷成。

按：新历法推算之精确，较过去为准确，为当时之最，施行达四百年之久。为明末西方先进天文历法知识传入前最优秀之历法。

又按：赵友钦所著《革象新书》5卷，与《授时历》相关，年月无考，姑列于其后。《革象新书》原书本未题著者，据宋濂《序》而知为赵友钦撰。全书以郭守敬《授时历》为本，对各种天文历法原理进行解释，体例分明，内容丰富。赵友钦，宋濂《革象新书序》云："《革象新书》者，赵督先生之所著也。先生鄱阳人，隐遁自晦，不知其名若字。或曰名敬，字子恭，或曰友钦，其名弗能详也。"（《文宪集》卷五）宋室汉王第十二世孙。著作甚丰，尝注《周易》、兵书、道书等多种，已不存，仅在清黄虞稷《千顷堂书目》，钱大昕《补元史艺文志》，倪灿、卢文弨《补辽金元艺文志》，毛凤飞《赵公仙学源流说》、《龙游县志》卷三五等中可见其所著的一些书目，如《金丹正理》、《盟天录》、《缘督子仙佛同源论》1卷、《仙佛同源》10卷、《金丹问难》、《推步立成》、《三教一源》等。而传世者，惟《革象新书》一书。生平事迹见《元史·赵友钦传》。

金履祥《资治通鉴前编》完成。（另参见许谦泰定五年十二月十二日作《通鉴前编序》条）

王应麟著《通鉴地理通释》14卷成。

按：是书有王应麟至元十七年（1280）序。

吴怿著《种艺必用》1卷成。

按：是书乃笔记体农书，总结唐、宋以来南方五谷、麻、桑、瓜蔬、竹诸作物之树艺经验。

王悰作《洁古老人注难经序》。

按：洁古老人乃金代医学家张元素。

陈元靓约于是年前后著《事林广记》42卷成。

饶自然于是年前后著《绘宗十二忌》1卷成。

按：饶自然，字太白，号玉笥山人。还著有《山水家法》1卷。

张玉娘元初著《兰雪集》1卷成。

按：张玉娘，字若琼，号一贞居士，松阳人。明慧知书，少许字许佺，后父母欲悔婚，玉娘折简贻佺，以死自誓。佺病卒，玉娘亦以忧卒。

方回编著《名僧诗话》60卷。

文天祥跋《指南后录》1卷。

刘壎元初作《莲社万缘堂记》。

按：文载："佛教入中土，繇东汉始，溢为莲教，由东晋始，分为丰郡万缘堂，则由至元己卯岁始也。远公开莲社，更十数代，历十数百年远矣。而寖盛南北混一，盛益加焉。历都过邑,无不有所谓白莲堂者。聚徒多至千百,不下百人,更少犹数十。栋宇宏丽,像设严整,乃至与梵宫道殿匹敌,盖诚盛矣。"(《水云村稿》卷三)

窦默卒(1196—)。默字子声,初名杰,字汉卿,河北广平肥乡人。与姚枢、许衡等讲求理学。忽必烈时,使皇子从其学习。位为翰林侍讲,晚年加至昭文馆大学士,累赐太师,谥文正。又从名医李浩学铜人针法。著有《疮疡经验全书》12卷、《针经指南》、《标幽赋》2卷、《流注指要赋》及《六十六穴流注秘诀》。《宋元学案》列其入《鲁斋学案》。事迹见苏天爵《元故尚医窦君墓铭》(《滋溪文稿》卷二一)、《元史》卷一五八、《新元史》卷一五七、《国朝名臣事略》卷八等。

按:《国朝名臣事略》曰:"上尝谓侍臣曰:'朕访求贤士几三十年,惟得李状元(李俊民)、窦汉卿二人。'又曰:'如窦汉卿之心,姚公茂(姚枢)之才,合而为一,始成完人矣。'"

姚枢卒(1203—)。枢字公茂,号敬斋,又号雪斋,柳城人,徙洛阳。金亡居辉州,以道学名。卒谥文献。从蒙古攻宋时,受命访求儒道释臣卜者,于德安得见名儒赵复,始见程朱之书,随后为理学信徒。辞官后移家辉州,作家庙,别为一室奉孔子及宋儒周敦颐、程颢、程颐、张载、邵雍、司马光六君子像,刊印《小学》、《四书》诸经传注以惠后学。时人誉之为"有志卓卓,倡道苏门,上溯泗沂,下探关洛"(宋濂《名臣颂》),对理学在黄河以北地区之发展有重要作用。《宋元学案》列其入《鲁斋学案》。事迹见姚燧《中书左丞姚文献公神道碑》(《牧庵集》卷一五)、《元史》卷一五八、《新元史》卷七及卷一五。

柴望卒(1212—)。望字仲山,号秋堂,又号归田,衢州江山人。宋亡不仕,与从弟柴随亨、柴元亨、柴元彪称"柴氏四隐",有《柴氏四隐集》。柴望著有《道州台衣集》、《凉州鼓吹》、《咏史诗》,已佚,今存《秋堂集》。事迹见苏幼安《宋国史柴望墓志铭》(《柴氏四隐集》卷一)、(同治)《江山县志》卷一二。

黄震卒(1213—)。震字东发,慈溪人。宋宝祐四年进士。宋度宗时,为史馆检阅,与修宁宗、理宗两朝《国史》、《实录》。学宗周敦颐、二程、朱熹。卒后门人私谥文洁先生。著有《黄氏日钞》97卷、《古今纪要》19卷、《古今纪要逸编》(又名《理度两朝政要》)1卷、《戊辰史稿》(又名《戊辰修史传》)1卷、《仰天遗草》1卷(已佚)。《宋元学案》为列《东发学案》。事迹见《宋史》卷四三八。

按:《宋元学案》卷八六《东发学案》黄宗羲评之曰:"旁搜博征,曲而通,确而明。"全祖望案:"四明之学宗朱氏者,东发为最。《日钞》百卷,躬行自得之言也,渊源出于辅氏。晦翁生平不喜浙学,而端平以后,闽中、江右诸弟子,支离、舛戾、固陋无不有之,其能中振之者,北山师弟为一支,东发为一支,皆浙产也。其亦足以报先正惓惓浙学之意也夫!"黄百家曰:"当宋季之时,吾东浙狂慧充斥,慈湖之流弊极矣,果斋、文洁不得不起而救之。然果斋之气魄,不能及于文洁,而《日钞》之作,折衷诸儒,即于考亭亦不肯苟同,其所自得者深也。今但言文洁之上接考亭,岂知言哉!"黄震

德国M·S·大阿尔伯特卒(1193—)。哲学家、自然科学家和研究亚里士多德的学者。

日本辩圆(圣一国师)卒(1202—)。佛学家。

法国吕特勃夫约于是年卒,生年不详。诗人和宗教戏剧家。

意大利政治哲学家帕多瓦的马西利乌斯(—约1343)约生。

英国经院学派哲学家、唯名论者威廉·奥卡姆(—1347/1349)约生。

虽宗程朱理学，抑象山心学，然亦部分肯定象山对人重视之思想，曰："先儒陆象山尝言，人生堂堂天地间，不待他求，此人之说所从来也。""独称一己为是，而尽斥天非，自古未之前闻也。"（《黄氏日钞》卷四二）其《黄氏日钞》，《四库全书总目提要》评曰："是书本九十七卷：凡读经者三十卷，读三传及孔氏书者各一卷，读诸儒书者十三卷，读史者五卷，读杂史、读诸子者各四卷，读文集者十卷，计六十八卷，皆论古人。其六十九卷以下凡奏札、申明、公移、讲义策问、书记、序、跋、启、祝文、祭文、行状、墓志著录者计二十九卷，皆所自作之文。其中八十一卷、八十九卷原本并缺，其存者实九十五卷也。震与杨简同乡里。简为陆氏学，震则自为朱氏学，不相附和。是编以所读诸书随笔札记而断以己意。……大旨于学问排佛老，由陆九渊、张九成以上溯杨时、谢良佐，皆议其杂禅。虽朱子校正《阴符经》、《参同契》，亦不能无疑。于治术排功利，诋王安石甚力。虽朱子谓《周礼》可致太平，（黄震）亦不敢遽信，其他解说经义，或引诸家以翼朱子，或舍朱子而取诸家，亦不坚持门户之见。盖震之学朱，一如朱之学程。反复发明，务求其是，非中无所得而徒假借声价者也。"黄震死后，其子孙绍承其学，传于东南，然皆终身布衣，故知名度不高；再续弟子杨维桢和陈樵，虽名噪一时，一定程度上光大了黄氏之学，但终因所处时代不同，加之各自的境遇和个性不一，于黄震之学承中有变。

周应合卒（1213— ）。应合字淳叟，号溪园，江西武宁人。宋淳祐十年进士。授江陵府教授。景定初，为史馆检阅，上疏劾贾似道，谪通判饶州。似道败，起守宁国，辟知瑞州。著有《洪崖》、《溪园》二集，已佚；今存《景定建康志》。事迹见袁桷《周瑞州神道碑铭》（《清容居士集》卷二七）。

李居寿卒（1221— ）。居寿字伯仁，号淳然子，汲县人。太一教第五代掌教宗师，继萧道辅掌教事。元世祖即位，赐号太一演化贞常真人。至元十一年，建太一宫于两京，命居之，领祠事。事迹见王恽《太一五祖演化贞常真人行状》（《秋涧集》卷四七）、《元史》卷二○二。

程绍开十二月六日卒（1223— ）。绍开又名绍魁，字及甫，号月岩，信州贵溪人。陆九渊弟子。宋咸淳四年中进士乙科，授从仕郎，差临汝教授，调宁海军节推，历礼、兵部架阁。德祐元年，召集军民抗元卫乡，兵败归里隐居，创道一书院；后主讲象山书院，提倡合朱、陆两家之说。与徐直方善。《宋元学案》列其入《存斋晦静息庵学案》。吴澄曾师从于他。事迹见方回《宋象山书院山长月岩先生程公墓表》（《新安文献志》卷七○）。

按：程绍开所建道一书院，乃取《孟子》"道一而已"之义，内设朱、陆二人像以供祀，有会合朱、陆两家之说之意。延祐间，徽州婺源胡炳文曾任山长。

廉希宪卒（1231— ）。希宪一名忻都，字善甫，号野云，畏吾儿人。由父官廉访使氏焉。因熟悉儒书，人称廉孟子。主张汉法，录用汉官、兴学校，修水利。后追封魏国公，卒谥文正，后又追封恒阳王。事迹见《元史》卷一二六、《国朝名臣事略》卷七。

按：《国朝名臣事略》卷七曰："丞相淮安忠武王曰：'廉公，宰相中真宰相，男子中真男子'可谓名言。"廉希宪镇守陕西之际，买田筑室少陵原之阳，藏书二万卷，日与许衡、杨奂讲学。其子廉惇继承父业，亦好收书，将其幼时与兄廉恂、廉恒于陕读书处加以修理，益市书万卷。

张弘范卒（1238— ）。弘范字仲畴，易州定兴人。张柔子。从学于郝经。善马槊,能歌诗。卒谥武略,改谥忠武,再改献武。著有《淮阳集》1卷、《诗余》1卷。事迹见《元史》卷一五六、《新元史》卷一三九、《国朝名臣事略》卷六、《元诗选·二集》小传。

文及翁约卒,生年不详。及翁字时学,号本心,绵州人,移居吴兴。宋宝祐元年进士。景定间,言公田事,有名朝野。德祐初,官至资政殿学士、签书枢密院事。宋亡,累征不起,闭门著书,有文集20卷,已佚。《全宋词》据《钱塘遗事》卷一辑其词1首。事迹见《宋史翼》卷三四、《南宋馆阁续录》卷九。

刘致(—1334)、郭畀(—1335)、乔吉(—1345)生。

至元十八年　辛巳　1281 年

正月,哈撒儿海牙由杨庭璧随同,自泉州入海出使俱兰国。

三月,禁一切左道惑众之书。

按:《大元圣政国朝典章》卷三二载:三月,"中书省咨刑部呈奉省判御史台呈行台咨,都昌县贼首杜万一等指白莲会为名作乱。诏:得江南见有白莲会等名目,《五公符》、《推背图》、《血盆》及应合禁断天文图书,一切左道惑众之术,拟合钦依禁断。仰与秘书监一同拟议,连呈事奉此移准秘书监关议得拟合照依圣旨禁断拘收外,据前项图画封记发来事,本部议得若依秘书监所拟,将《五公符》、《推背图》等天文图书,并左道乱政之术,依上禁断拘收,到官封记,发下秘书监收顿。相应都省天下禁断拘收,发来施行"。

十月乙未,飨于太庙。

己酉,枢密副使张易等言:"参校道书,惟《道德经》系老子亲著,余皆后人伪撰,宜悉焚毁。"从之,乃诏谕天下(《元史·世祖纪八》)。平阳府永乐镇东祖庭所藏《玄都宝藏》7800余帙付之一炬。

按:元世祖即位后,以藏传佛教为国教,信佛排道。去年,诏谕除《道德经》外,焚毁其余《道藏》伪妄经文及板。至是,又诏尽焚《道藏》伪经杂书。至元二十一年(1284),诏翰林院遣学士王磐等撰《焚毁伪道藏经碑》,记两次焚经始末,颁布诸路刻石。这场僧道之争持续近三十年,全真教惨败。至元二十八年(1291)后,朝廷对道教口径渐变,而此后,全真教则更强调三教归一、三教一家,以期缓和三教矛盾,提高本教地位。

再遣杨庭璧使俱兰,并会见当地基督教、伊斯兰教首领,此二教首领又随同杨回访元朝。且,杨庭璧此次出访,又促成其他南亚、东南亚国家遣使访元。

壬子,用和礼霍孙言,于扬州、隆兴、鄂州、泉州四省置蒙古提举学校官各二员。

拜占廷帝米凯尔八世于培拉特大破西西里安茹军。

是年，诏求前代圣贤之后，儒医卜筮，通晓天文历数，并山林隐逸之士。

印度泰米尔商人于泉州起一印度教寺院——番佛寺。

文天祥之囚室五月被暴雨淹，雨后又遭烈日晒，天祥始终安之若泰，作《正气歌》。

姚燧为秦宪副使。

王恽拜中议大夫、行御史台治侍御史，不赴。

王恂为嘉议大夫、太史令时，居父丧哀毁，日饮勺水，世祖遣内侍慰谕之，未几卒。

董文用被起用为山北辽东道提刑按察使，不赴。

董文忠升局为典瑞监，除典瑞监卿，未几又拜金书枢密院事。

孟祺擢浙东海右道提刑按察使，以病不赴。

刘思敬被征入朝，进六甲飞雄丹，治愈世祖足疾。

按：元帝甚眷刘思敬，居8年，思敬乞还。

吴龙翰辞去徽州路教授。

蒋宗瑛受诏令入觐，六月卒于大都。

吴澄留布水谷著《诸经注释孝经》成。

周密始著《癸辛杂识》。

许衡《许文正公遗书》14卷编成。

按：许衡平生宗旨颇赖此编以存。该书既为许氏著作合集，亦为反映元代理学状况之要著。虽发明不多，亦足以反映元代理学水平。此书最早由许衡七世孙婿郝亚卿搜辑，未竟而卒，转由河内教谕宰廷俊继成之。以后又有各种刊本行世，内容相同，仅编次卷数各异而已。《四库全书总目提要》评曰："初，衡七世孙婿郝亚卿辑其遗文，未竟，河内教谕宰廷俊继成之。嘉靖乙酉，山阴萧鸣凤校刊于汴，后复有题识云：'鸣凤方校是书，适应内翰元忠奉使过汴，谓旧本次第似有未当，乃重编如左，续得《内法》及《大学中庸直解》俱以增入旧本，名《鲁斋全书》，窃谓先生之书尚多散佚，未敢谓之全也，故更名《遗书》'，盖此本为应良所重编，而鸣凤更名者也。首二卷为《语录》；第三卷为《小学大义直说》、《大学要略》、《大学直解》；第四卷分上、下，上为《中庸直解》，下为《读易私言》、《读文献公揲蓍说》及《阴阳消长》一篇；第五卷为奏疏；第六卷亦分上、下，上为杂著，下为书状；第七第八卷为诗、乐府；附录二卷则像赞、诰、敕之类及后人题识之文。其书为后人所裒辑，无所别择，如《大学中庸直解》皆课蒙之书，词求通俗，无所发明，其编年歌括尤不宜列之集内，一概刊行，非衡本意。然衡平生议论宗旨亦颇赖此编以存，弃其芜杂，取其精英，在读者别择之耳。其文章无意修词，而自然明白醇正。诸体诗亦具有风格，尤讲学家所难得也。"其学说影响甚广，后人尊之为一代理学宗师。

日新书堂刊行《五百家注音辨昌黎先生文集》40卷。

建安虞氏务本书堂刊行《赵子昂诗集》7卷。

按：此后，虞氏累世刻书，直至明洪武二十一年（1388）刻元董真卿《易传会通》14卷，世业延续百余年。是书现藏于日本静嘉堂文库。卷首有"赵子昂诗集目录"，目录末页尾题之前有一行阴文刊记"至元辛巳春和建安虞氏务本堂编刊"。各卷头题"赵子昂诗集卷之几",署"宜黄后学谭润伯玉编集"。

许衡三月初三日卒(1209—)。衡字仲平,号鲁斋,怀州河内人。学者称鲁斋先生。忽必烈即位后,为集贤大学士兼国子祭酒,累拜中书左丞,封魏国公。至元二年,上书《时务五事》,向元世祖提出具体治国方略,"书奏,帝嘉纳之"。与姚枢、窦默等讲习程朱理学。卒追谥文正。皇庆二年,诏从祀孔子庙廷,乃元代惟一从祀孔庙者。《宋元学案》为列《鲁斋学案》。著有《大学鲁斋直解》1卷、《鲁斋许先生直说大学要略》1卷、《小学大义》、《读易私言》、《孝经直说》1卷、《孟子标题》、《四箴说》、《中庸说》、《语录》、《鲁斋心法》等合为《鲁斋遗书》8卷、《附录》2卷,另有《揲蓍说》1卷、《阴阳消长论》、《编年歌括》、《鲁斋词》1卷。事迹见欧阳玄《许先生神道碑》(《圭斋文集》卷九)、《元史》卷一五八、《国朝名臣事略》卷八、冯从吾《元儒考略》。元耶律有尚编有《许文正公考岁略续》,清郑士范编有《许鲁斋先生年谱》。

按:《国朝名臣事略》卷八曰:"自关、洛大儒倡绝学于数千载之后,门人诵传之,未能遍江左也。伊川殁二十余年而文公生焉,继程氏之学,集厥大成,未能遍中州也。文公殁十年而鲁斋先生生焉,圣朝道学一脉,乃自先生发之。至今学术正,人心一,不为邪论曲学所胜,先生力也。所以继往圣开来学,功不在文公下。"《元史》本传云:"从柳城姚枢得伊洛程氏及新安朱氏书,益大有得。寻居苏门,与枢及窦默相讲习。凡经传、子史、礼乐、名物、兵刑、食货、水利之类,无所不讲,而慨然以道为己任。尝语人曰:'纲常不可一日而亡于天下,苟在上者无以任之,则在下之任也。'"许衡随姚枢学习理学义旨,入元曾主持国学。曾向忽必烈力陈"汉法",忽必烈为亲王时,任京兆提学,于关中大兴学校,以儒家六艺教授蒙古子弟,推行汉化,推重理学,人誉之"朱子之后一人"。许衡教授蒙古、色目"贵游之子","躬行以表帅之,设法以教养之,因其气质之淳,就乎规知之正,本诸国朝之宪章,协于古先之典礼",因此"其后成德达才,布列中外,大而宰辅卿士,小则郡牧邑令,辅成国家之政治者,大抵多成均之弟子也。是则文正兴学作人之功,顾不大欤!"(苏天爵《滋溪文稿》卷七)

又按:《元诗选》甲集《静修丁亥集》云:"许文正公之应召也,道过静修(刘因),静修谓之曰:'公一聘而起,毋乃太速乎?'文正曰:'不如此,则道不行。'及静修不就集贤之命,人或问之,乃曰:'不如此,则道不尊。'"《宋元学案》卷九〇《鲁斋学案》全祖望曰:"河北之学,传自江汉先生,曰姚枢、窦默、郝经,而鲁斋其大宗也,元时实赖之。"又谨按:"道园《送李彦方诗序》曰:'许文正公表章程、朱之学,天下人心风俗之所系,不可诬也。'"谢山《题文正集后》曰:"文正自请罢中书政事教国子,故静修(刘因)以欺世自免诮之,而亦可见其所得于江汉之传者,殆不尽与文正合也",道园又曰:"文正遗书,其于圣贤之道,所志甚重远,其门人之得于文正者,犹未足以尽文正之心也。后之随声附影者,谓修词申义为玩物,谓辨疑答问为躐等,谓无敌为涵养德性,谓深中厚貌为变化气质,外以聋瞽天下之耳目,内以蛊晦学者之欣席,而谓文正之学,果出于此乎?""是则又指当时学派之流弊。要之,许文正兴绝学于北方,其功不可泯,而生平所造诣,则仅在善人有恒之间,读其集可见也,富数传而易衰。静修所谓欺世自免者,则自其辞就之间,有以窥见其微疵,

尼德兰布拉班特·西格尔卒(1240—)。阿威罗伊学派哲学家。

然后知君子用世之难。"

再按：许衡平生颇重《小学》与《四书》，自谓"《小学》、《四书》，吾敬信如神明"，"于此有得，他书虽不治无憾也"（《与子师可》）。又云："小学教人自下事上之道；大学教人自上临下之道。上知所以临下，则下顺；下知所以事上，则上安，上安下顺，此古昔治平之兴，必本于小学大学之教也。"（《对小大学问》）冯庚尝为《鲁斋许先生直说大学要略》撰序云："《大学》一书，乃学者入德之门，而修齐治平之律令格例也。三在八条，炳若日星；一经十传，灿然经纬。自子朱子《章句》《集传》，《或问》《语录》之说兴，而其义大明于天下。江南之人，家传日诵。然求其明效大验，似未能满人意，岂徒视为空言之书而无以见于日用之大欤。庚幸甚，三造大都，与北方学士大夫游，承颜接词之间，知有鲁斋左丞许先生，以道学倡于北，亦既取知于圣明，略施其所学矣。凡执经于许公之门者，大而丞相御史，次而部刺史郡二千石，皆以其学有名声于时。而愚也莫由，顺下风而请，每重责沉之叹。及归江南，见先生小学之书，大义温润精纯，根极理致，是宜称为当世之儒宗也。揭来常武路达鲁花赤朵儿赤，视篆未几，一日谓予曰：'旧藏鲁斋《大学要略》善本，今绣之梓以广其传'。庚敛衽而读之，辞简而明，直而文，如丝麻菽粟，坦明平易，人人可以与知与行，而至理之妙，皆浑然乎其中，实穹苍间之一大奇书也。俾予跋之，予惟天下之理无乎不在，无远近大小精粗之间，孔门之高弟有曰：'君子之道，孰先传焉？孰后倦焉？譬诸草木，区以别矣'。故程子释之曰：'圣人之道，更无精粗，从洒扫应对，与精义入神，贯通只一理'。今观是书，其言近，其旨远，名虽要略，而义则精详也。俾其书参行于世，益明大学教人之法，公之意美矣。抑公之为此者，要不特以薄书期会为事，而有以训其人使知义理之归，蔼然为蜀文翁之盛，以无负于师帅之任，是又承流宣化之美政也。庚不揆，喜而识之。冯庚跋。"（《全元文》卷一四八二）

孟祺卒（1231— ）。祺字德卿，宿州人。从父迁居东平，辟掌书记。为廉希宪等所器重，以荐擢国史院编修官，迁应奉翰林文字。一时典册，多出其手。从伯颜攻宋，时军书填塞，祺酬应剖决，略无疑滞。宋亡，授嘉兴路总管。卒谥文襄。事迹见《元史》卷一六〇。

董文忠卒（1231— ）。文忠字彦诚，藁城人。董俊第八子。曾入侍忽必烈潜邸。忽必烈即位后，置符宝局，董文忠受命为郎，自此随事献纳，备受亲信。忽必烈呼其为董八。卒追谥忠贞，改谥正献。事迹见《元史》卷一四八、《国朝名臣事略》卷一四、《藁城董氏家传》、《元文类》卷七〇。

按：《国朝名臣事略》卷一四曰："上尝语皇太子曰：'竭诚许国，能于大事，多所建明者，惟董文忠为然。'"

王恂卒（1235— ）。恂字敬甫，中山唐县人。天文学家。年十三，即研习算术。后从学于刘秉忠，遂精通历算之学。至元十六年，授太史令，与郭守敬、许衡等修订历法。恂分掌天文观测和推算，遍考历书四十余家。卒谥文肃。事迹见《元史》卷一六四。

蒋宗瑛卒，生年不详。宗瑛字大玉，号玉海，又号冲妙先生，毗陵人。正一道教茅山宗第三十八代宗师。幼习儒业，期于举子入仕。宋景定初谢事，浪游山水。至元十八年，诏令入京师大都，未几而卒。于上清经法戒研探尤深，曾注《大洞玉经》16卷传行于世，又校勘《上清大洞真经》。尝传大洞经法于杜道坚。著有《三洞赞颂灵章》3卷。事迹见《元史》卷六一。

按：《三洞赞颂灵章》收集道门法事所用之各种赞颂，凡98篇，收入《道藏》洞真部赞颂类。

宋本（　—1334）、李存（　—1354）、朱震亨（　—1358）生。

至元十九年　壬午　1282年

二月，命司徒阿尼哥、行工部尚书纳怀制饰铜轮仪表刻漏。

修宫城、太庙、司天台。

三月，阿合马被刺杀。

按：阿合马善敛财，打击儒士，鄙视儒学。他被刺杀，朝廷改组中书省，以儒学修养深醇的和礼霍孙出任右丞相，故苏天爵谓之"朝政之一更新"（《静修先生刘公墓表》，《滋溪文稿》卷八）。

四月己酉，刊行蒙古畏吾儿字所译《资治通鉴》。

按：当时，蒙古畏吾儿字乃官方主要文字，译文《通鉴》专供蒙古官僚贵族、色目人中上层人士及其子弟阅读。

八月，世祖谋授文天祥以大任，为文天祥拒绝。

申严以金饰车马服御之禁。

九月壬午，诏："诸路岁贡儒、吏各一人。诸路岁贡儒吏，儒必通吏事，吏必知经史者，各道按察使举廉能者，升等迁叙。"（《续资治通鉴》卷一八六）

按：诏文云："近为朝廷选补掾吏无法，拟定中书省掾于枢密院、御史台内令史勾取，院、台令史于六部令史内勾取，六部令史以诸路岁贡人吏补充。内外职官材堪省掾及院、台、部令史者，亦许擢用。已经行下吏部，依上施行去讫。都省议得：省掾考满，出而临民，入而事上，资品既高，责任亦重，溯流寻源，皆自岁贡中出。由此言之，岁贡儒吏，若不先加教养，次以铨试收之，必将苟且以求侥幸，人才失真，所关匪细。比及设立科举以来，定到下项事理。承此。本台咨请照验施行。"（《庙学典礼》卷一）

十月壬辰，祫于太庙。

敕河西僧、道、也里可温有妻室者，同民纳税。

十一月丁卯，江南袭封衍圣公孔洙入觐，以为国子祭酒，兼提举浙东道学校。

按：孔子后，自宋南渡初，其四十八代孙孔端友子孔玠寓衢州。元既灭宋，疑所立，或言孔氏后寓衢者，乃其宗子。洙赴阙，逊于居曲阜者。世祖曰："宁违荣而不违亲，真圣人也。"遂有是命，就给禄与护持林庙（《续资治通鉴》卷一八六）。

十二月，诏立帝师答耳麻八剌剌吉塔，掌玉印，统领诸国释教。

造帝师八思巴舍利塔。

德王鲁道夫一世确立哈布斯堡家族在奥地利之长期统治。

丹麦国王埃里克五世·克里平被迫签署大宪章，承认议会权力。

从御使中丞崔彧言,选用台察官宜汉人、蒙人相参巡历。

是年,中书省文书云:"诸州、府直隶者,有受敕教授,仰本路官将管下免差儒户内,选拣有余闲年少子弟之家,须要一名入府、州学。量其有无,自备束修,从教授读书,修习儒业。"(《庙学典礼》卷一)

张文谦拜枢密副使。

程钜夫(名文海)上陈取会江南仕籍、通南北之选、立考功历、置贪赃籍、给江南官吏俸等五事,朝廷多采纳行之。

按:程钜夫,名文海,以避元武宗海山名讳而以字行。

王恽改山东东西道提刑按察副使,在官一年,以疾还卫。

董文用以朝廷选用旧臣,召为兵部尚书。自是,朝廷有大议,未尝不与闻。

赵良弼以签枢密院事之职,屡以疾辞,终令居怀孟。

按:良弼别业在温,故有地三千亩,乃析为二,六与怀州,四与孟州,皆永隶庙学以赡生徒,自以出身儒素,不忘本也(《元史·赵良弼传》)。

张思明由侍仪司舍人辟御史台掾,又辟尚书省掾。

袁桷到奉化,访浙西提点刑狱陈户部家,结识陈皓伯及其子。

按:陈皓伯字贵白,奉化人,不求仕进,乡人尊之为海阴先生。

杂剧女伶朱帘秀颇受文人重视,以与之诗文相赠为时尚。

按:朱帘秀,艺名珠帘秀。其时,胡祗遹、冯子振、王恽、卢挚等,尤其关汉卿与之交往密切。此种交往非但为文坛轶事,且为诗文词曲创作题材。《青楼集》云:"珠帘秀,姓朱氏,行第四。杂剧为当今独步;驾头、花旦、软末泥等,悉造其妙。胡紫山宣慰,尝以[沉醉东风]曲赠云:'锦织江边翠竹,绒穿海上明珠。月淡时,风清处,都隔断落红尘土。一片闲情任卷舒,挂尽朝云暮雨。'冯海粟待制,亦赠以[鹧鸪天]云:'凭倚东风远映楼,流莺窥面燕低头。虾须瘦影纤纤织,龟背香纹细细浮。红雾敛,彩云收,海霞为带月为钩。夜来卷尽西山雨,不著人间半点愁。'盖朱背微偻,冯故以帘钩寓意。至今,后辈以'朱娘娘'称之者。"关汉卿套曲[南吕·一枝花]《赠朱帘秀》乃元曲名篇。据《绿窗纪事》,朱帘秀晚年流落杭州,嫁与道士,境况不佳(《元代文学编年史》第123—124页)。

李钰以吉州路总管名修复白鹭洲书院。

按:白鹭洲书院乃宋季著名书院。书院以白鹭洲六君子祠(二程、张、周、朱、邵)之址创建,以洲在二水间,"取唐人诗句以白鹭名其洲,因以名书院。请额理宗朝,今御书石刻尚存"。本年,洪水淹没,太守李钰重葺之。延祐间,立复古亭于其上,环洲四畔民居隙地悉隶书院。至正壬辰,遇淮寇,书院明伦堂毁。至正乙未二月既望重修,四月二十五日修完,"凡用楮币至五万缗"(见元吴师尹《重修白鹭洲书院记》)。

佛光禅师被日本平公请开山圆觉。

道士周允和兼领太一宫,复还九锁。

吴澄于布水谷校《易》、《诗》、《书》、《春秋》,修正《仪礼》、《大戴记》、《小戴记》成。

张文谦卒(1215—　)。文谦字仲谦,顺德沙河人。幼聪敏,善记诵,与刘秉忠同学。尝召居潜邸。中统元年,始立行省,任左丞。至元元年,行省西夏中兴等路,用郭守敬兴水利。曾与窦默请立国子学。后世祖命许衡等造新历,乃授昭文馆大学士,领太史院,总其事。追封魏国公,谥忠宣。事迹见苏天爵《左丞张忠宣公》《国朝名臣事略》卷七)、《元史》卷一五七。

按:《国朝名臣事略》曰:"自孔子、孟子殁,豪杰各以其资奋,而内圣外王之学,千余百年无能道之者,生民况得披其泽乎。宋儒始有以远接其端绪,而朱子为能集其书之大成,然犹以是取怪时人,身几不免。自其学者诵而习之,亦或莫究其旨。许文正公衡生乎戎马抢攘之间,学于文献散逸之后,一旦得其书而尊信之,凡所以处己致君者,无一不取于此,而朱子之书遂衣被海内,其功讵可量哉。夫孰知先后扶持,时其进退久速,使其安身乎朝廷之上,而言立道行者,公实始终之也。呜呼!微朱子,圣贤之言不明于后世,微许公,朱子之书不著于天下,微公,则许公之说将不得见进于当时矣,庸非天乎。中统建元以来,政术与时高下,独成均之教彝伦,大农之兴稼穑,历象之授人时,凡出公之所为者,皆隐然而有不可变者。诗云'乐只君子','邦家之基',其公之谓乎!"

文天祥十二月卒(1236—　)。天祥字履善,一字宋瑞,号文山,吉州庐陵人。宋宝祐四年进士第一。巽斋先生欧阳守道门人。自认为宋朝"状元宰相",必须一死以尽"忠"。至元十九年十二月,殉国于柴市。战乱中于所遭险难及平生战友事迹,均作有诗歌,题为《指南录》。其《过零丁洋》"人生自古谁无死,留取丹心照汗青"之句,颇为人传诵。《宋元学案》列其入《巽斋学案》。遗著有《文遗山先生全集》。事迹见《宋史》卷四一八、《元史》卷一二。近人许浩基编有《文文山年谱》。

荆干臣约卒,生年不详。家居东营,与王恽友善。《太和正音谱》以其词入上品,评其为"如珠帘鹦鹉",其曲今已不传,《全元散曲》存其套数2套。事迹见钟嗣成《录鬼簿》、孙楷弟《元曲家考略》。

李士行(　—1328)、曾巽(　—1330)、洪希文(　—1366)生。

阿拉伯伊本·哈里康卒(1211—　)。历史学家。

拜占廷格奥尔基·阿克罗波利特斯卒(1217—　)。学者、政治家。

日本日莲卒(1222—　)。佛僧,日本日莲宗始祖。

日本临济宗之僧妙超(　—1336)生。

西班牙诗人胡安·曼努埃尔(　—1348)生。

日本吉天兼好(　—1350)生。

至元二十年　癸未　1283年

正月,禁匿名书信。

六月,江南迁转官不之任者杖之,追夺所受宣敕。

十一月丁巳,命各省印《授时历》。

是年,元政府规定各类学田收入。

按:公文云:"江南赡学田产所收钱粮,合令所在官司明置文簿,另行收贮。如遇修理庙宇,春秋释奠,朔望祭祀,学官请俸,住学生员食供,申覆有司,照勘端的,依公支用,若有着宿名儒、实无依倚者,亦于上项钱内约量给付,毋令不应人员中间作弊。除贡士庄钱粮系开选用度,合听官为拘收外,赡学钱粮,合令学官收贮,依公支

暹罗兰甘亨采用吉篾(高棉)字母创制泰文。

威尔士被英格兰完全征服。

普鲁士大体实现基督教化。

用。"(《庙学典礼》卷三)

吴澄冬自布水谷还。

刘因被召为右赞善大夫,未几辞归。后又召为集贤学士,以疾辞。

按：苏天爵《静修先生刘公墓表》曰："初,裕皇建学宫中,命赞善王公恂教近侍子弟。及恂卒,继者难其人,乃以先生嗣其教事。"(《滋溪文稿》卷八)征召刘因之举,乃许衡、王恂等相继去世,朝廷需要有相应大儒以接替,故而,真金太子在不忽木推荐下促成,旨在推进儒学教育。

姚燧为山南湖北道提刑按察司副使。

杨恭懿被召为太子宾客,辞不就。

阎复改集贤侍讲学士,同领会同馆事。

董文用以议论不和转礼部尚书,迁翰林、集贤学士,知秘书监。

刘赓调承务郎、同知德州事。

袁桷早岁爱江西诗派,后渐以汉唐为师,诗风改变。

按：《题楼生诗集》载："壬午、癸未岁,余始悔悟,海阴(陈皓伯)讥之曰:'自言学术有悟门,不谓师承废于是。'"(《清容居士集》卷四九)

崔彧言时政十八事,诸如开言路、清吏治、正典刑、定律令、省冗官、薄赋役等,命中书省行其数事,余则与御史大夫玉速帖木儿议行。

申屠致远拜江南行台监察御史。

杨庭璧第四次出使印度半岛地区国家,促成元与南亚地区之文化交流。

孛罗与叙利亚景教徒爱薛被遣出使伊利汗国。

匈牙利凯柴约于是年用中古拉丁文著编年史。

俞琰著《易外别传》1卷成。

按：俞氏乃朱熹后学,但重视象数学派理论,依邵雍先天学重新解释《周易参同契》,将汉《易》以来之卦气说,引向人体结构说。《易外别传》乃论先天图与内丹修炼关系之专著,其书名由来,与宋代对先天学之争论有关。先天学传自陈抟,邵雍《易》学以此著名。其学托始于伏羲,但儒者都指责其说出自道士,怀疑所谓图出自伏羲之说,南宋朱熹坚持先天学出于伏羲之说,认为其说孔子即已赞成。俞琰维护朱熹之说但也有所修正,认为"丹家之说,虽出于《易》,不过依仿而托之者,初非《易》之本义也",此即书之所自。据该书末附志,其原附于俞氏另一著作《周易集说》之后,《四库》本前有至元二十年"古吴石涧道人俞琰"《自序》,又有《后序》。俞琰还著有《读易举要》4卷、《周易义丛纂略》一本,《传是楼目》著有抄本,今不传。

又按：《四库全书》所收有元解《易》著作二十家,或解说程朱义者,或阐发河洛之学与邵雍先后天易学者。其中研究象数之学造诣较深或有独到见解者,有俞琰、雷思齐、张理、萧汉中。且有元《易》学家所辩论问题主要有三:一为河洛之辨。朱熹派以河为十,洛为九;刘牧派以河为九,洛为十;或者反对以河洛图式解易。二为象数之辨。数学派主有数而后有象,象学派则主有象而后有数,程朱派主有理而后有数。三为象理之辨。程朱派坚持取义说,主假象以显义,有理方有象;受象数之学影响之易学家主取象说,反对离象言义,主理寓于象。后二者乃象数之学同程朱易学争论焦点。此场辩论中,吴澄支持象学派观点,其易学观对象数学派之发展有一定庐陵兴贤书院刊行王若虚《滹南遗老集》45 卷。

按：彭应龙有序，对此书赞誉有加："……所尊者经，而于传记百氏弗尽信，见到处摆脱窠臼，而不依随以为是非。以是谈经与史，则诗文以下可知也。非其学之博，而蕲乎辨之明，畴克尔。呜呼！中原文献之邦，诸名而后百余年，未知隔宇宙有可慨者。滹南生乎其间，必有遗风余泽之沾丏者未泯，故所学论说源委则然。方将抄其会余意者，随可读书，附记同异，切磋究之，值风雪冻指欲堕，握笔复已。里兴贤书院行且镂梓，喜而为之识于帙之初。"（《滹南遗老集》卷首）

陆文圭作《跋仁轩训蒙二书》。

按：文云："汉郭林宗痛贤党之不淑，隐德不仕。然犹周旋京师，诲诱后进不倦，作史者悲之。子昭《训蒙二书》犹是意耶？昭因陋不得志，归遁敌峰之阴，殆绝世高蹈者。方将著书立言以利后学，非果绝世者也。古今简籍充栋，凡经子以言理，诸史以言事，大略具是二书矣。或曰：'言理者，非苟知之，亦允蹈之。言事者，善可为法，恶可为戒，岂空言也。'虽然，初学岂遽以是责之哉！癸未菊节前二日书。"（《墙东类稿》卷九）

吴师道（ —1344）、于广（ —1348）、张雨（ —1350）生。

波斯萨迪约于是年卒（约1184— ）。民间诗人（按：一说卒于1291年）。

波斯阿塔·马利克·志费尼卒（1226— ）。历史学家。

卡斯提尔国王智慧者阿方索十世卒，生年不详。

至元二十一年　甲申　1284 年

二月丁未，括江南乐工。

迁故宋宗室及其大臣之仕者于内地。

三月丁卯，太庙正殿成，奉安神主。

五月戊午，敕中书省："奏目文册及宣命札付，并用蒙古书，不许用畏吾字。"（《续资治通鉴》卷一八六）

乙丑，括天下私藏天文、图谶、《太乙》、《雷公式》、《七曜历》、《推背图》、《苗太监历》，有私习及收匿者罪之。

六月壬子，遣使分道寻访、测验晷景、日月交食、历法。

八月，定拟军官格例，以河西、回回、畏吾儿等依各官品充万户府达鲁花齿，同蒙古人；若女真、契丹生西北不通汉语者，同蒙古人；女真生长汉地，同汉人。

九月丙申，籍江南总管杨琏真珈发宋陵冢所收金银、宝器，修天衣寺，其饮器则赐帝师。

阿鲁浑萨理以侍御史擢朝列大夫、左侍仪奉御，因劝世祖治天下必用儒术，宜招致山泽道艺之士以备任使，世祖嘉纳之，遣使求贤，置集贤馆以待之。阿鲁浑萨理又言："国学，人材之本，立国子监，置博士弟子员，宜优

英颁布《威尔士条例》。

其廪饩,使学者日盛。"从之。仍以阿鲁浑萨理为集贤馆学士兼太史院事(《元史·阿鲁浑萨理传》)。

十月丁未(初三日),祫于太庙。

十一月,和礼霍孙请设科举,诏中书省议,会和礼霍孙罢,事遂寝。

　　按:至元初,丞相史天泽、学士承旨王鹗等屡请以科举取士,诏中书议定程式,未及施行。是岁和礼霍孙与留梦炎等复言天下习儒者少,而由刀笔吏得官者多。帝曰:"将若之何?"对曰:"惟贡举取士为便。凡蒙古之士及儒吏、阴阳、医、术,皆令试举,则用心为学矣。"此事方下中书省议,而和礼霍孙罢,事遂寝(《元史·选举志一》)。

十二月癸酉(三十日),命翰林承旨撒里蛮、翰林集贤大学士许国桢,集诸路医学教授增修《本草》。

遣亦黑迷失出使僧伽剌国(今斯里兰卡),此行既访问又礼巡佛迹。

是年,诏翰林院遣学士王磐等撰《焚毁伪道藏经碑》,记两次焚经始末,颁布诸路刻石。

　　按:王磐《焚毁诸路伪道藏经之碑》曰:"十八年九月,都功德使司脱因小演赤奏言:'往年所焚道家伪经板本化图,多隐匿未毁。其《道藏》诸书类,皆诋毁释教,剽窃佛语,宜皆甄别。'于是上命枢密副史与前中书左丞文谦、秘书监友直、释教总统合台萨哩,太常卿忽都于思、中书省客省使都鲁、在京僧录司教禅诸僧及臣等,诣长春宫无极殿,偕正一天师张宗演、全真掌教祁志诚、大道掌教李德和、杜福春暨诸道流,考证真伪,翻阅兼旬。虽卷帙数千,究其本末,惟《道》《德》二篇为老子所著,余悉汉张道陵、后魏寇谦之、唐吴筠、杜光庭、宋王钦若辈,撰造演说,凿空架虚,罔有根据。诋毁释教,以妄自尊崇。……上曰:'道家经文传讹踵谬非一日矣,若遽焚之,其徒之未必心服。彼言水火不能焚溺,可姑以是端试之,俟其不验,焚之未晚也。'遂命枢密副使孛罗守、司徒和礼霍孙等,谕张宗演、祁志诚、李德和、杜福春等,俾各推择一人,佩符入火,自试其术。四人者奏言:'此皆诞妄之说,臣等入火必为灰烬,实不敢试。但乞焚去《道藏》,庶几澡雪臣等。'上可其奏。遂诏谕天下:道家诸经可留《道》《德》二篇,其余文字及板本化图,一切焚毁,隐匿者罪之。民间刊布诸子医药等书,不在禁限。今后道家者流,其一遵老子之法。如嗜佛者削发为僧,不愿为僧者听其为民。乃以十月壬子集百官于悯忠寺,焚《道藏》伪经杂书。遣使诸路俾遵行之。"(僧念常《佛祖通载》卷二一)

吴澄父五月朔卒,澄遵循古制并加以书仪家礼行葬。

姚燧为湖北宪副使。

不忽木召为参议中书省事。

梁曾除湖南宣慰司副使。

刘壎夏五编近体绝句。将山谷《书摩崖碑后题》、老杜《浣花醉图》,令善画者作两屏录二诗其上。

袁桷学琴于徐天民。约为此年,戴表元名袁桷书斋为清容斋。

俞琰八月十五日作《易外别传序》。

　　按:其《序》云:"《易外别传》者,《先天图》环中之秘,汉儒魏伯阳《参同契》之学也。人生天地间,首乾腹坤,呼日吸月,与天地同一阴阳,《易》以道阴阳,故伯阳借

波希米亚乌尔里希·冯·埃申巴赫约于是年在国王

《易》以明其说，大要不出先天一图。是虽《易》道之绪余，然亦君子养生之切务，盖不可不知也。图之妙，在乎终坤始复，循环无穷，其至妙则又在乎坤复之交，一动一静之间。愚尝学此矣，遍阅《云笈》，略晓其一二。忽遇隐者，授以读《易》之法，乃尽得环中之秘，反而求之吾身，则康节邵子所谓太极，所谓天根、月窟，所谓三十六宫，靡不备焉，是谓身中之《易》。今为图如左，附以先儒之说，明白无隐，一览即见，识者当自知之。至元甲申八月望日，古吴石涧道人俞琰书。"（《易外别传》卷首）

又按：俞又作有《易外别传后序》，云："右《易外别传》一卷，为之图，为之说，披阐《先天图》环中之极玄，证以《参同契》、《阴符经》诸书，参以伊川、横渠诸儒之至论，所以发朱子之所未发，以推广邵子言外之意。愚虽弗暇专志从事于斯，而丹之妙用，非苟知之，盖尝试之者也。故敢直指方士之所靳，以破学者之惑。尝慨夫世所传丹家之书，瘦词隐语，使览者无罅缝可入，往往目炫心碎而掩卷长叹。如蔡季通、袁机仲尝与朱子共订正《参同契》矣，虽能考其字义，然不得其传，未免臆度而已。愚今已得所传，又何忍缄嘿以自私。乃述是书，附于《周易集说》之后，而名之曰《易外别传》。盖谓丹家之说，虽出于《易》，不过依仿而托之者，初非《易》之本义也。丹家之大纲要领，愚于是书言之悉矣；丹书之口诀细微，则具载于《参同契》发挥三篇，兹不赘云。石涧俞琰书。"（《易外别传》卷末）

黄坚辑《诸儒笺解古文真宝》20卷成。

于钦（ —1333）、彭南起（ —1335）、僧大䜣（ —1344）、朱隐老（ —1357）生。

文策尔二世宫中用拉丁文完成浪漫主义叙事诗《亚历山大》。

尼德兰布拉班特·西格尔卒（1240— ）。哲学家，阿威罗伊主义者。

罗马达尼亚·波伊提乌卒，生年不详。阿威罗伊派。

意大利画家马尔蒂尼（ —1344）约生。

至元二十二年　乙酉　1285年

正月庚辰，诏毁宋郊天台，并建寺于其址。

皇太子尝遣使辟宋工部侍郎倪坚于开元，既至，访以古今成败得失，坚对言："三代得天下以仁，其失也以不仁。汉、唐之亡也以外戚，宋之亡也以奸党、权臣。"太子嘉纳之（《元史·裕宗传》）。

戊子，徙江南乐工八百家于京师。

辛卯，发卫士6800人，给护国寺修造。

丙申，礼部领会同馆。

按：初，外国使至，常令翰林院主之，至是，命礼部领会同馆。

三月丙子，遣太史监候张公礼、彭质等往占城测候人晷。

左丞吕师夔乞假五日，省母江州，世祖许之。

七月甲戌，敕秘书监修《地理志》。

十二月，皇太子真金卒。朝议以太子薨，欲罢詹事院，院丞张九思抗言曰："皇孙，宗社人心所属，詹事所以辅成道德者也，奈何罢之！"（《元史·张九思传》）

威尼斯与西西里安茹家族同盟终止，转与拜占廷缔定10年和约。

马林王朝埃米尔优素第4次进军西班牙，与卡斯蒂利亚王桑乔四世媾和。

英王爱德华一世进行"克尔克比调查"，颁布第2号威斯敏斯特法令（《限定嗣续法》）。

埃及开罗卡拉温清真寺建成。

英诺森第四任教皇在位至1287年,他承认奥古斯丁会和加尔默罗修会。

按:真金至元十年立为皇太子,卒赐庙号裕宗。太子初从姚枢、窦默学,仁孝恭俭,尤优礼大臣,一时在师友之列者,非朝廷名德,则布衣节行之士。又中庶子巴拜,以其子阿巴齐入见,谕之以"毋读蒙古书,须习汉人文字"(《续资治通鉴》卷一八七)。

是年,重新分设原翰林国史院下之专门出版机构——兴文署,以后又废而不设。

按:元初,集贤院与翰林国史院合称翰林国史集贤院。

王恽是春以右司郎中召。

杨恭懿被召为昭文馆大学士,领太史院事,辞疾不就。

郭守敬升太史令,上其书。

按:《元史纪事本末》卷三载:《授时历》成,守敬乃比次篇类,整齐分秒,裁为《推步》7卷、《立成》2卷、《历议拟稿》3卷、《转神选择》2卷、《上中下三历注式》12卷。是年升太史令,遂奏上其书。又为《时候笺注》2卷、《修改源流》1卷、《仪象法式》2卷、《二至晷景》20卷、《五行细行考》40卷、《古今交食考》1卷、《新测二十八舍杂坐诸星入宿去极》1卷、《新测无名诸星》1卷、《月离考》1卷,并藏之官。

陈应润调桐江宾幕。

王沂孙约于是年至杭州。

徐世隆被安童征召,以老病辞不能行,附奏便宜九事,赐田十顷。

按:时世祖因谕安童曰:"此事汝蒙古人不知,朕左右复无汉人,可否皆自朕决,恐谬误。汝当尽心善治百姓,无使重困致乱,以为朕羞。"安童曰:"前召徐世隆为集贤殿学士,未赴。世隆明习前代典故,善决疑狱,虽老尚可用。"遣使召之,以老疾辞,附奏便宜九事;复遣使征李昶,亦以老疾辞,诏并赐以田(《续资治通鉴》卷一八七)。

不忽木擢吏部尚书,历改工部、刑部,拜翰林承旨。

董文用为江淮行中书省参知政事。

袁桷拜胡三省为师,胡三省在袁家完成《资治通鉴音注》。

按:袁桷《师友渊源录》载:"胡三省,天台人,宝祐进士。贾相馆之,释《通鉴》三十年,兵难,稿三失。乙酉岁,留袁氏塾,日手抄定注。"(《清容居士集》卷三三)

袁桷在杭州见到赵孟頫,相交颇洽,赵孟頫将所画《脱鞲图》和《返棹图》以示。

按:袁桷早年极慕赵孟頫之才,尝作《导游赋》,云:"陈郡袁桷家于甬之隅,足不逾域,而四方交游往复之义,亦能举其概。闻吴兴子昂赵子清名雅言,为作《导游赋》,道予所蕴,亦以见夫思其人而不可见之意。"(《清容居士集》卷一)至此,二人终于相见。袁桷《书李巽伯小楷梦归赋(赵子固有跋)》载:"乙酉岁,余见今翰林承旨赵公子昂于杭。于时,爱尧章书谱,手之不释。"(《清容居士集》卷五〇)

萨南屹啰于此年任曲龙部堪钦。

按:萨南屹啰约于八思巴在世或去世不久,汇集翻译《大乘要道密集》。该书为研究元代藏传佛教之重要资料,更为研究藏传佛教在西夏王朝传播之重要资料。

汪梦斗至元十六年以荐召赴京,不受官而还,遂拟征徽州路教授,此年辞归。

按:汪梦斗,字以南,号杏山,绩溪人。宋景定二年魁江东漕试,历官史馆编校。著有《北游集》1卷。

张著以荐授平阳路儒学教授。

张立道以宣抚使建临安府学。

郝天挺以参政建大理府学。

高节、丁起晦重修西涧书院。

胡三省著《音注资治通鉴》294卷及《通鉴释文辨误》12卷成。

按：胡三省是年有《资治通鉴音注序》。胡三省自宝祐四年(1256)着手该书，首尾30年。其间经历宋元更迭，故而该书于考订、辨误之余，于史事评论颇多。胡注之成就，在于它对《资治通鉴》在记事、地理、制度、音读等方面有疏通之功，以及他"始以《考异》及所注者散入《通鉴》各文之下"，便于《通鉴》之阅读和流传。胡《序》云："……是正文二百九十四卷，有未能遍观者矣。若《考异》三十卷，所以参订群书之异同，俾归于一。《目录》三十卷，年经国纬，不特使诸国事杂然并录者粲然有别而已。前代历法之更造，天文之失行，实著于目录上方，是可以凡书目录观耶？先君笃史学，淳祐癸卯，始患鼻衄，读史不暂置，洒血渍书，遗迹故在。每谓三省曰：'《史》、《汉》自服虔、应劭至三刘，注解多矣。章怀注范史，裴松之注陈寿史，虽间有音释，其实广异闻，补未尽，以示博洽。《晋书》之杨正衡、《唐书》之窦苹、董冲，吾无取焉。徐无党注《五代史》，粗言欧公书法、义例，他未之及也。《通鉴》先有刘安世《音义》十卷，而世不传。释文本出于蜀史炤，冯时行为之序。今海陵板本又有温公之子康《释文》，与炤本大同而小异，公休于书局为检阅官，是其得温公辟咡之教诏，刘、范诸公群居之讲明，不应乖剌乃尔。意海陵释文非公休为之，若能刊正乎？'三省捧手对曰：'愿学焉。'乙巳，先君卒，尽瘁家蛊。又从事科举业，史学不敢废也。宝祐丙辰，出身进士科，始得大肆其力于是书。游宦远外，率携以自随，有异书异人，必就而正焉。依陆德明《经典释文》厘为《广注》九十七卷。著论十篇，自周讫五代略叙兴亡大致。咸淳庚午，从淮壖归杭都，延平廖公见而韪之，礼致诸家，俾雠校《通鉴》以授其子弟，为著《雠校通鉴凡例》。廖转荐之贾相国。德祐乙亥，从军江上，言辄不用。既而军溃，间道归乡里。丙子，浙东始骚，辟地越之新昌，师从之，以孥免，失其书。乱定反室，复购得他本为之注，始以《考异》及所注者散入《通鉴》各文之下，历法天文则随目录所书而附注焉。迄乙酉冬，乃克彻编。凡纪事之本末，地名之同异，州县之建置离合，制度之沿革损益，悉疏其所以然。若《释文》之舛谬，悉改而正之，著《辨误》十二卷。"(《国朝文类》卷三二)《四库全书总目提要》评曰："……《通鉴》文繁义博，贯穿最难。三省所释，于象纬推测、地形建置、制度沿革诸大端，极为赅备。故《唐纪》开元十二年内注云：'温公作《通鉴》，不特纪治乱之迹而已，至于礼乐历数、天文地理尤致其详。读者如饮河之鼠，各充其量。'盖本其命意所在，而于此特发其凡，可谓能见其大矣。至于《通鉴》中或小有牴牾，亦必明著其故。……凡若此类，并能参证明确，而不附会以求其合，深得注书之体。"

杨公远约于此年前后著《野趣有声画》2卷成。

《弘法入藏录》成。

徐世隆卒(1206—)。世隆字威卿，河南陈州人。金哀宗正大四年进士。金亡，严实开府东平，徐氏为东平行台幕僚。中统元年，拜燕京宣抚使。三年，除太常卿。至元元年，迁翰林侍讲学士，兼太常卿、户部侍

用中古高地德语写成的描写图林根流浪艺人和巴伐利亚骑士的传奇故事《罗恩格林》约于是年问世。

郎。七年，拜吏部尚书，出为东昌路总管，擢山东道按察使，移江北淮东道按察使。十七年，召为翰林学士，又召为集贤学士，皆因病未就。徐氏明习前代律典故，尤精于律令。著有《朝仪》，与许衡合著《瀛州集》百卷、文集若干卷，均不传。文天祥被执入狱时，作诗哭之，有"当今不杀文丞相，君义臣忠两得之"之句。事迹见《元史》卷一六〇。

许月卿卒（1216— ）。月卿字太空，婺源人，学者称"山屋先生"。初从董梦程游，已受学于魏了翁。淳祐四年进士。宝祐三年，为江南西路转运司干办，摄提举常平。召试馆职，以忤贾似道罢，归隐。宋亡，改字"宋士"，深居不出。《宋元学案》列其入《介轩学案》。著有《先天集》10卷、《百官箴》6卷。事迹见许飞《宋山屋先生许公月卿行状》（《新安文献志》卷六六）、《万姓统谱》卷七六。

周允和卒（1220— ）。允和字谦甫，号清溪，杭州仁和人。年十八，入大涤山学道，师冲妙先生。宋末主太一宫观。至元戊寅，授崇道冲应清真大师、洞霄主席。事迹见《洞霄图志》卷五。

耶律铸卒（1221— ）。铸字成仲，号双溪，契丹人。父耶律楚材，由金入元。父卒，嗣领中书省事，后应诏监修国史，并多次出任中书左丞相。后赠太师，谥文忠。耶律铸自幼继承家风，有出将入相之才，诗文亦擅长。与元好问、李冶等交往。十三岁即有诗名，"下笔便入唐人阃奥"，"兴寄情趣前人间有所不到者"，所作"大传燕市"。二十岁余结诗集为《双溪小稿》。著有《双溪醉隐集》。另有散曲集《双溪醉隐乐府》、《双溪醉隐诗余》1卷。事迹见《元史》卷一四六《耶律楚材传》附传、《新元史》卷一二七、《蒙兀儿史记》卷四八、《元诗纪事》卷三。

按：《双溪醉隐集》据明人钱溥《内阁书目》载，有19册之多，已不传。乾隆间《四库全书》从《永乐大典》中辑录耶律铸诗，重编为《双溪醉隐集》6卷，《四库全书总目提要》作8卷。所述皆塞外地理典故，大多详核。又以耶律氏在金元之间，累世贵显，故此书叙述海陵章宗轶事及宫室制度多《金史》所未及。其他题咏，亦多关系燕都故实，甚至《帝京景物略》诸书均未记录。《四库全书总目提要》评曰："其叙迁徙之迹颇详，是尤足以补史之阙矣。"

张起岩（ —1353）、杨瑀（ —1361）生。

至元二十三年　丙戌　1286年

高丽命官修国史。

西西里安茹家族迫于拜占庭压力退出阿尔巴尼亚。

正月甲戌，以江南废寺田土为人占据者，悉付总统杨琏真珈修寺，自是僧徒益横。

丁亥，焚阴阳伪书《显明历》。

二月乙巳，复立大司农司，专掌农桑。

戊午，翰林、集贤学士程文海见世祖，首陈兴建国学，请遣使江南，搜访遗逸；御史台、按察司并宜参用南北之人。世祖嘉纳之。

> 按：文海建言曰："省院诸司皆以南人参用，惟御史台、按察司无之。江南风俗，南人所谙，宜参用之便。"帝以语玉速铁木儿，对曰："当择贤者以闻。"曰："汝汉人用事者，岂皆贤邪？"程文海又以谢枋得为首荐宋臣，枋得拒不应召（《元史·世祖纪十一》）。

江南诸路学田昔皆隶官，诏复给本学，以便教养。

癸亥，太史院上《授时历经》、《历议》，敕藏于翰林国史院。

丙寅，以编地理书召曲阜教授陈俨、京兆萧㪺、蜀人虞应龙。惟应龙赴京师。

三月己巳，诏程文海仍集贤直学士，拜侍御史，行御史台事，往江南博采知名之士。

> 按：初，世祖欲以文海为中丞，台臣言文海南人，不可用，且年少，世祖大怒曰："汝未用南人，何以知南人不可用？自今省、部、台、院，必参用南人。"遂拜文海是职，奉诏求贤于江南。诏令旧用蒙古字，及是特命以汉字书之。世祖素闻赵孟适、叶李名，乃密谕文海，必致此二人。文海复荐赵孟頫、余恁、万一鹗、张伯淳、胡梦魁、曾晞颜、孔洙、曾冲子、凌时中、包铸等二十余人，世祖皆擢用之（《续资治通鉴》卷一八七）。而赵孟頫作为宋宗室子弟，其被征招，于南方士子之影响尤大。

四月庚戌，制谥法。

六月乙巳，召以大司农司所定《农桑辑要》书颁行诸路。

> 按：此举颇有远见，为风俗转变、国家安定之关键。史评曰"实睿见英识也"。

十二月，从翰林承旨撒里蛮言：国史院纂修太祖累朝实录，以畏吾字翻译，俟奏读然后纂定（《元史·世祖纪十一》）。

> 按：即是将《太祖实录》初稿译成畏兀体蒙古文供世祖审查定夺。元代累朝实录均有汉文版本的初修稿，但此一版本却常常被以整部或者节文译成蒙古语的形式奏读，接受审查，然后定稿。（见李淑华《蒙古国书与蒙元史学》）

是年，集贤大学士、中奉大夫、行秘书监事札马剌丁言："江南平而四海一者十年矣。方今尺地一民，尽入版籍，宜为书以明一统。"（《大元一统志序》）世祖嘉纳之，命札马剌丁、秘书少监虞应龙等搜集为志。

> 按：元初各郡邑图志因战乱已残缺不全，且元以前中国地图就西北来讲也仅绘到今新疆地区，所以这时迫切需要编辑、绘制一部符合元帝国实际疆域的、全国性的地理志和天下总图，以备国用。故世祖嘉纳之，命札马剌丁暨奉直大夫、秘书监少监虞应龙等搜集为志。札马剌丁遂与虞应龙奉旨开始负责修纂事宜，定志名曰《元大一统志》（许有壬《至正集》卷三五）。此书乃中国古代官修的一部规模较大的全国地理总志。此书按例在每一路卷首绘有彩色地理小图，并绘制一幅彩色"天下地理总图"，分卷各路地图内，还兼有西域回回等地之图，其内容翔实，规模毕具，在分量上比以前私家撰集要大得多，卷帙之富，是以前中国地理志所不能比拟的（马建春《元代东传之回回地理学——兼论札马剌丁对中国地理学的历史贡献》）。

> 又按：扎马剌丁，波斯人，来自伊利汗国，乃元初伊斯兰地理学东传的一位重要人物，在中国地理学史上，有着举足轻重的地位（马建春《蒙·元时期的波斯与中国》）。

大司农司上诸路学校凡 20166 所。

程文海八月至抚州欲征吴澄出仕，吴以母老辞；程邀之作中原览胜之游，吴澄许行。

姚燧以湖北宪副使奉檄趋京，复为直学士，以病留襄阳。

按：其间与张梦卿交往甚笃。据刘致《牧庵年谱》载，张梦卿工诗，喜读书，蓄书画，襟怀洒落，无尘俗气。居潭之西城，引流种树，甚有清致，武弁中如梦卿者世不一二数。

周密三月招王沂孙、戴表元、仇远、白珽、屠约等宴集于杨氏池堂，赋诗唱和，戴表元作《杨氏池堂宴集诗序》。周密与戴表元、白珽交谊始见于此。同月，戴表元、马廷鸾为周密作《弁阳诗集序》。

阎复升翰林学士。

张伯淳授杭州路儒学教授，迁浙东道按察司知事。

赵孟頫、叶李等应召至上都。

陈俨、萧斛被召进京编地理书，不赴。

刘壎以未终制不与荐。

徐琬拜岭北湖道提刑按察使。

严忠济特授资德大夫、中书左丞，行江浙省事，以老辞。

连文凤在月泉吟社征集《春日田园杂兴》诗中获第一名。

按：是年，义乌县令吴渭延致方凤、谢翱、吴思齐，于吴溪附近月泉创办月泉吟社，以《春日田园杂兴》为题，征诗于天下，一时浙、苏、闽、桂、赣等省吟士从之者千数，是当时人数最多、规模最大的故宋遗民诗社。之后，吴渭将前六十名之诗结集为《月泉吟社诗》1卷刊行。吴渭，字清翁，号潜斋，浦江人。宋末为义乌令。

刘必大以潭州学正重建岳麓书院。

按：岳麓书院乃南宋四大书院之一，德祐元年(1275)元兵攻潭州，诸生据城共守，死者十之八九，书院亦遭毁。至是重建。三十年后，刘安仁为郡别驾，董儒学事，整治、增饰该书院，吴澄作有《岳麓书院重修记》，以倡朱、张学统（《吴文正集》卷三七）。

丁易东著《周易象义》成，自为序。

按：《周易象义》原本疑 10 卷，《四库全书》因其篇页颇繁，遂分为 16 卷，以便循览。书首为《论例》1 卷，自述撰著之旨。《四库全书总目提要》云："是编因《易》象以明义，故曰《象义》。……其于前人旧说，大抵以李鼎祚《周易集解》、朱震《汉上易传》为宗，而又谓李失之泥，朱伤于巧，故不主一家。……远绍旁搜，要归于变动不居之旨，亦言象者所当考也。诸家著录多作十卷，惟朱睦㮮《授经图》作《易传》十二卷，焦竑《经籍志》作《易传》十四卷。考易东所著别无《易传》之名，盖即此编。朱氏并其《论例》一卷数之，为十一卷，焦氏又并其《大衍索隐》三卷数之，遂为十四卷耳。朱彝尊《经义考》作十卷，注曰存，然世所传本残缺特甚，仅存十之二三，惟散见《永乐大典》中者，排比其文，仅缺《豫》、《随》、《无妄》、《大壮》、《睽》、《蹇》、《中孚》七卦及《晋卦》之后四爻，余皆完具，与残本互相参补，遂还旧观，以篇页颇繁谨，析为一十六卷，以便循览。原本附有《大衍策数》诸图，多已见《大衍索隐》中，今不复录。其《论例》一卷自述撰主之旨颇备，今仍录以弁首焉。"丁易东，字汉臣，号石坛，龙阳人。宋咸淳四年进士，官翰林编修。入元屡征不仕，筑石坛精舍，教授生徒，捐田千亩以赡之。事闻，授以山长，赐额沅阳书院。著有《周易象义》16卷、《大衍索隐》3卷。事迹见《大清一统志》卷二八〇。

黎崱于此年后著《安南志略》20卷成。

按：是书记述安南国情，描写安南文字与中国相通，且安南开科取士之体制亦与中国略同。《四库全书总目提要》评曰："此书叙述，彬彬然具有条理，不在高丽史下云。"黎崱，字景高，号东山，安南人。九岁试童科，累官侍郎，迁佐静海军节度使陈键幕，至元二十一年元师入安南，明年键率黎崱等出降，后键为安南人袭杀，黎崱入居汉阳以终。还著有《庐山游记》（又名《游庐山记》）3卷。

又按：欧阳玄作《安南志略序》云："天历中，玄象奎章学士同被命纂修《经世大典》，书成将进，大学士何荣以古爱黎崱所撰《安南志》来上，诏付书局，乃作《安南附录》一卷，载之地官赋典。至元元年，玄被召北上，适江汉黎君以是志请玄序，玄窃有感。夫圣元至仁如天，一视遐迩，使南交君臣饫廪中土数十年，无秋毫羁旅之态，遂得优游闲暇，肆笔辞章。既能图上本国地形，似及风宜土产人物之详，且于使介往还所得文字，悉著于编。向非帝德涵育之深，声教渐被之大，何自而臻是欤？昔孔子删《诗》，存式微于卫，此虽以见寓公森聊之情，然当时森能芘赖者，于此可考矣。夫以是推之，安南是志，方今文字之士尤宜表著于□世。我国家柔远之德，包举六合，垂示万世者，不在兹乎？黎君号东山，读书好古，兴齿俱宿，其它诗可传者甚富云。"（《圭斋集补遗》）

《增入诸儒议论杜氏通典详节》42卷重梓。

按：是书目录后有"至元丙戌重新绣梓"八字。

畅师文上所纂《农桑辑要》7卷，诏颁行全国。

按：元大司农编修，成于至元十年（1273）。此书的编纂刊行是元统治者从重游牧到重农转变的产物。王磐《原序》云："圣天子临御天下，欲使斯民生业富乐，而永无饥寒之忧，诏立'大司农'，不治他事，而专以劝课农桑为务……于是，遍求古今所有农家之书，披阅参考，删其繁重，撮其切要，纂成一书，曰《农桑辑要》，凡七卷。"孟祺、张文谦、畅师文、苗好谦等参与编撰、修订、补充工作。本年刊行本已佚，现存最早版本为延祐元年（1314）刻本。蒲道源《农桑辑要序》云："皇元建极，神圣相承，一以仁覆天下。圣上钦明无逸，尤知稼穑之艰，以农桑委大司农，丁宁勉饬，犹恐行之未至，爰命宰执，择能吏楷正农书，溥覃率土，教以种养之方，期于家给人足，与尧舜命后稷以播植，其揆一也。主者颁于郡县。城固达鲁花赤黑闾公，时领农事，谓同署曰：'此圣天子惠养元元之善政。天日焕然，使民家有是书，则耕者尽地利，蚕者富蠒丝，不待春秋巡督，而劝课之效已具于目前矣。岂非事简而功著者乎？'县尹康公、簿尉文宝，二宰共成其志，资以奉金，鸠工镂梓，不逾月而告毕。仆悉闻议论之余，辄序于后。作牧之良，有司皆以诞敷帝德左右斯民为念，则于万世太平之治，未为无小补云。"（《闲居丛稿》卷二〇）

赵孟頫作《玄元十子图》1卷。

梅应发《艮斋馀藁》约于是年前后完成。

何梦桂作《永嘉林霁山诗序》。

按：林霁山即林景熙。《序》云："况复齿及魏、晋、梁、陈以下穷苦愁怨等语，如细夫窭人，羁旅寡妇之为者相望。十年间而士大夫声诗，率一变而为穷苦愁怨之语，而吾霁山诗亦若此。世丧文邪？文丧世邪？古今以杜少陵诗为诗史，至其长篇短章，横鹜

荷兰梅尔柏克·基云卒（1215— ）。哲学家，多米尼克派代表人物。

佛兰德尔穆尔贝克·威廉约于是年卒（约1215— ）。学者，致力于将亚里士多德和其他希腊古典作品用拉丁文译介至西欧。

| 叙利亚贝尔·赫布劳斯卒（1226— ）。学者，曾编写世界史和教会史，是叙利亚古典文学的代表人物。

意大利旅行家、天主教方济各会修士波德诺内的鄂多立克（ —1331）生。 | 逸出者，多在流离奔走失意中得之。霁山诗仅见三十篇，其辞意皆婉娩凄恻，使人读之，如异代遗黎及见渭南铜盘、长安金爵，有不动其心者哉？"（《潜斋集》卷五）

宋衜卒，生年不详。衜字弘道，潞州长子人。初入赵璧幕，中统三年，擢翰林修撰。后追随赵璧征战，参谋军事。至元十三年，授太常少卿兼领籍田署事，十八年除秘书监。二十年，初立詹事院，首命衜为太子宾客。著有《秬山集》，已佚。事迹见《元史》卷一七八、《新元史》卷一九一。

贯云石（ —1324）、鄂多里克（ —1331）、祝蕃（ —1346）、僧觉岸（ —约1354）、曹庆孙（ —1361）、叶祯（ —1389）生；陈绎曾（ —1345）约生。|

至元二十四年　丁亥　1287 年

| 伊儿汗国阿鲁浑列班·扫马出使欧洲罗马教廷及英、法等国，以联络基督教国家攻取耶路撒冷、叙利亚。 | 正月初八日，议亦思替非文书。

按：《通制条格》卷五载，总制院使桑哥、帖木儿左丞等奏："前者麦术丁说有来，'亦思替非文书学的人少有。这里一两个人好生的理会得有，我则些少理会得。咱每后底这文书莫不则那般断绝了去么？教学呵，怎生？'道有来。么道。奏呵，麦术丁根底说者，交教者。么道圣旨了也。钦此。"

又按：亦思替非文字究竟是种什么样的文字，长期以来是学术界颇有争议的一个问题，多数学者比较倾向于亦思替非文字可能是波斯文的观点。然而近期伊朗学者穆札法尔·巴赫蒂亚尔认为："亦思替非文字并非一般波斯文，而是古代波斯人所创造的一种特有文字符号系统及计算方法，用以书写政府税收事项。'亦思替非'本意乃是'获得应有之权利'或'向某人取得应得之物'作为一个专有名词其意为'财产税务的核算与管理'。"（见王建军《元代回回国子监研究》）

十七日，中书省咨核学官职俸。

闰二月癸亥，敕："春秋二仲月上丙日，祀帝尧祠。"（《续资治通鉴》卷一八八）

乙丑，复立尚书省，以鄂尔根萨里为右丞，叶李为左丞。辛未，以复置尚书省诏天下。除行省与中书议行，余并听尚书省从便以闻。

按：叶李固辞左丞之命，言："臣资格未宜遽至此。"世祖曰："商起伊尹，周起太公，岂循资格耶？尚书系天下轻重，朕以烦卿，卿其勿辞。"（《续资治通鉴》卷一八八）

立国子监，设监丞、博士、助教，增广弟子员至120人。

按：初，太宗设总教国子之官，逮至元初，以许衡为祭酒，而侍臣子弟就学者才十余人。衡既去，教益废而学舍未建，师生寓居民舍，司业耶律有尚屡以为言。至是乃立国子监，以有尚为祭酒。设博士，通掌学事，分教三斋生员，讲授经旨，是正音训，上严教导之术，下考肄习之业。复设助教，同掌学事，而专守一斋；正、录，申明规矩，督习课业。凡读书必先《孝经》、《小学》、《论语》、《孟子》、《大学》、《中庸》，次及 |

《诗》、《书》、《礼记》、《周礼》、《春秋》、《易》。其生员之数,定二百人,先令一百人及伴读二十人入学。其百人之内,蒙古半之,色目、汉人半之(《元史·选举志一》)。

设江南各道儒学提举司。诸县各置教谕二人,诸道设儒学提举二人,统诸路府州县学事。

改行中书省为行尚书,六部为尚书六部。以吏部尚书实都为尚书省参知政事。

五月,裁江南各省南官。

按:沙不丁言:"江南各省南官多,每省宜用一二人。"世祖曰:"除陈岩、吕师夔、管如德、范文虎四人,余从卿议。"(《元史·世祖纪十一》)叶子奇《草木子》卷三《克谨篇》曰:"天下治平之时,台省要官皆北人为之,汉人、南人万中无一二。其得为者不过州县卑秩,盖亦仅有而绝无者也。后有纳粟、获功二途,富者往往以此求进。令之初行,尚犹与之;及后求之者众,亦绝不与南人。在都求仕者,北人目为腊鸡,至以相訾诟,盖腊鸡为南方馈北人之物也,故云。"

六月,碛砂延圣院住持惟吉建刻经室,至明年七月成。

十二月辛丑,改卫尉院为太仆寺,仍隶宣徽院。

是年,翰林院(时兴文署已于至元十三年并入翰林院)与国子监皆属集贤院。

按:集贤院"掌提调学校、征求隐逸、召集贤良,凡国子监、玄门、道教、阴阳、祭祀、占卜、祭遁之事,悉隶焉"(《元史·百官志三》)。

高丽官方有旨:良家处女先告官,然后嫁之,违者罪之。

按:此政策为高丽向元朝贡女制度极端发展之重要标志。

为绘制地图,下令向出海商人征集伊斯兰方面地理图籍。

再遣亦黑迷失出使马八儿国,并于该国得良医善药。

元景教徒列马·扫马为伊利汗阿鲁浑所遣出使欧洲。

按:他先后拜访法国王腓力四世、英国王爱德华一世及教皇尼古拉四世,使罗马教廷及西欧君主更为相信元廷信奉基督教,故纷纷遣教士及使节来华,促进了中西之文化交流。

吴澄是春终不肯应程文海之邀出仕。

按:时宋遗士之留燕者纷纷赋诗,吴亦复之诗。时赵孟頫书朱子《与其师刘先生屏山所赓》三诗为赠。十二月吴澄还家,于舟中赋感兴诗二十五章。吴澄作《别赵子昂序并诗》云:"言之精者为文,文也者,本乎气也。人与天地之气通为一气,有升降,而文随之。……然宋不唐,唐不汉,汉不春秋、战国,春秋、战国不唐虞三代,如老者不可复少,天地之气固然。必有豪杰之士出于其间,养之异,学之到,足以变化其气,其文乃不与世而俱。今西汉之文最近古,历八代浸敝,得唐韩、柳氏而古;至五代复敝,得宋欧阳氏而古。嗣欧而兴,惟王、曾、二苏为卓卓。之七子者,于圣贤之道未知其何如,然皆不为气所变化者也。宋迁而南,气日以耗,而科举又重坏之。……夫七子为文也,为一世之人所不为,亦一世之人所不好。……为文而欲一世之人好,吾悲其为文;为文而使一世之人不好,吾悲其为人。"(《吴文正集》卷二五)

姚燧为翰林直学士。

程文海闰二月与赵孟頫奉召论钞法。

赵孟頫六月授兵部郎中。

按：帝初欲大用赵孟頫，议者难之，是月，授兵部郎中。

刘赓除太庙署丞。

周密九月偕钱菊泉至天庆观访道士褚伯秀，遂同道士王磬隐游宝莲山韩平泉故园。

按：褚伯秀，一名师秀，号雪巘，又号环中子，钱塘人。寄迹黄冠，隐于天庆观，不轻与时俗交接。著有《南华真经义海纂微》106卷。

周密得《保母帖》，王沂孙题诗。

王沂孙还越，周密赋《三姝媚》赠之，王沂孙亦赋《三姝媚》回赠。

鲜于枢在杭为三司史掾。

按：鲜于枢至元间，以选材为浙东宣慰司经历，改浙江行省都事，后官至太常寺典簿。

王约拜监察御史，授承务郎。

札马剌丁官集贤院大学士、中奉大夫、行秘书监事。

岳铉擢知秘书监。屡以天象示警，劝世祖诛桑哥。

爱薛担任秘书监。

虞应龙征入秘书监，与修《大一统志》。

按：虞应龙著有《统同志》一书，《秘书志·纂修》云："虞应龙状呈：……将古今书史传记所载天下地理建置、郡县沿事、事迹源泉、山川人物及圣贤赋词咏等，分类编述，自成一书……名其书曰《统同志》。"《秘书志·纂修·彩绘地理总图》云："即令兵部见奉中书省判送，行移秘书监，纂录《天下地理总图》。"

汪元奎创建晦庵书院于婺源县文庙侧。

按：上报行省以文公书院为名，亦称晦庵书院。宋江南东路徽州婺源为朱熹祖籍。至正十二年（1352）毁于兵火。明嘉靖九年（1530），移建县城后山，改名紫阳书院。

刘应李六月建成化龙书院。

按：刘应李，初名荣，字希泌，建阳人。宋咸淳进士，调建阳簿。入元不仕，与熊禾、胡庭芳讲道于洪源山12年。是年建化龙书院聚徒讲授。纂有《事文类聚翰墨全书》100卷、后集34卷、《新编事文类聚启札云锦》63卷。事迹见《主簿刘希泌先生应李》（《闽中理学渊源考》卷六）。另有《圣朝混一方舆胜览》3卷，不著撰者，有题曰刘应李撰。

高丽李承休撰成史书《帝王韵记》。

日本始刻《弘安藏》。

让·德默恩（又名克洛比奈尔·德默恩）约于是年用通俗语言完成法国寓言诗《玫瑰传奇》。这部著

梅隐书堂刊行《明本排字九经直音》2卷。

按：王重民《中国善本书提要》云：《四库总目》卷三三著录为《九经直音》13卷，原题"庐陵孙奕季昭详定"。"九经"者：卷一《孝经》、《论语》，卷二《孟子》，卷三卷四《毛诗》，卷五《尚书》，卷六《周易》，卷七至九《礼记》，卷十《周礼》，卷十一至十三（原作十二，有两十二）《春秋》。元代除两卷本外，尚有误并为十三卷之本，并题孙奕名。

胡三省二月辛亥作《通鉴释文辨误序》。

按：《序》云："《通鉴释文》行于世，有史炤本，有公休本。史炤本，冯时行为之序；公休本，刻于海陵郡斋，前无序，后无跋，直实公休官位姓名于卷首而已。又有成

都府广都县费氏进修堂板行《通鉴》，于正文下附注，多本之史炤，间以己意附见。世人以其有注，遂谓之善本，号曰'龙爪通鉴'。要之，海陵释文，龙爪注，大同而小异，皆蹈袭史炤者也，伪谬相传。而海陵本乃托之公休以欺世，适所以诬诂公休，此不容不辨也。今观海陵所刊，公休释，以'乌桓'为'乌元'。按宋朝钦宗讳桓，靖康之时，公休没久矣，安得预为钦宗讳桓字邪？又谓《南北史》无地理志，是其止见李延寿《南北史》，而不知外七史，《宋书》、《魏书》、《萧齐书》皆有志，而《隋书》有《五代志》也。温公修《通鉴》，公休为检阅文字官，安得不见诸书邪？海陵释文，费氏注，虽视史炤释文为差略，至其同处，则无一字异。费氏，蜀中鬻书之家，固宜用炤释刊行。若公休，则在史炤前数十年。炤书既不言祖述公休，而公休书乃如剽窃史炤者。最是其书中多浅陋，甚至于不考《通鉴》上下本文而妄为之说，有不得其句者，有不得其字者，《辨误》悉已疏之于前，读者详之，其真伪可见矣。又有《通鉴》前例者，浙东提举常平茶盐司板本，乃公休之孙伋编，亦言欲与《音释》并行于世。此吾先人所疑，今人所依以为信者。考伋之所编，温公与范梦得论修书二帖，则得于三衢学官。学刘道原十一帖，则得于高文虎氏。伋取以编于前例之后，其网罗放失者仅如此。盖温公之薨，公休以毁卒。《通鉴》之学，其家几于无传矣。汴京之破，温公之后曰朴者，金人以其世而敬之，尽徙其家而北，后莫知其音问。绍兴，两国讲和，金使来，问：'汝家复能用司马温公子孙否？'朝廷始访温公之后之在江南者，得伋，乃公之从曾孙也，使奉公祀，自是擢用。伋欲昌其家学，凡言书出于司马公者，必锓梓而行之，而不审其为时人傅会也。《容斋随笔》曰：'司马季思知泉州，刻温公集，有作中丞日弹王安石章，尤可笑。温公治平四年解中丞，还翰林，而此章乃熙宁三年者。季思为妄人所误，不能察耳。'季思，伋字也。以此证之，则伋以《音释》出于其先，编前例欲与之并行，亦为妄人所误也。今之时，有宝应谢珏《通鉴直音》，自燕板行而南。又有庐陵郭仲山《直音》，又有闽本《直音》。直音者最害后学，更未暇问其考据，其书更不论四声翻切，各自以土音为之，音率语转，而失其正音。亦有因土音而失其本，至于大相远者，不特语转而已。今《辨误》为公休辨诬，以公休本为海陵本，龙爪本为费氏本。先举史炤之误，二本与之同者，则分注其下，曰'同'，然后辨其非而归于是。如直音之浅谬，皆略而不录。丁亥春二月辛亥天台胡三省身之父书。"（《通鉴释文辨误》卷首）

王恽作《编年纪事序》。

按：《序》文载："廿一年，余解印西归，休焉而无所事，日缵相务为业，编年者尤不可斯须而去手，遂与韩生弘，因其旧编，增而广之，事备于前，统明于旧，若夫世主之御天接统，辅相之登庸宅揆，前后系属，一不敢阙，所谓该天运之盛衰者，则思过半矣。……时则二十四年丁亥岁夏仲日序。"（《秋涧集》卷四二）

王恽九月作《中堂事记序》。

按：序云："及阅故书，复得当时直省日录，观其与诸贤聚精会神于一堂之上，所以开太平之基，播无疆之休者，斑斑可见。因略为修饰，题之曰《中堂事记》，庶几阅是编者，知予生长明时，虽无寸补，亦常餍饫邦家之光，为闾里之荣也。藏之箧笥，固不敢以千金享之，异时有索野史，求史臣中舍之所遗逸者，不无一得于斯焉。时至元二十四年丁亥岁秋九月七日，前翰林修撰同知制诰兼国史院编修官左司都事王恽序。"（《秋涧集》卷八〇）

苏霖著《有官龟鉴》19卷成。

周密纂《癸辛杂识》成。

按：是书所作与《齐东野语》颇相近，但体例殊不相同。《四库全书总目提要》

作对直到文艺复兴时期的法国文学产生了持久的影响，也影响了但丁。

曰："《癸辛杂识》前集一卷,后集一卷,续集二卷,别集二卷。……是编以作于杭州之癸辛街,因以为名。与所作《齐东野语》大致相近。然《野语》兼考证旧文,此则辨订者无多,亦皆非要义。《野语》多记朝廷大政,此则琐事杂言居十之九,体例殊不相同,故退而列之小说家,从其类也。明商濬《稗海》所刻,以《齐东野语》之半误作前集,以别集误作后集,而后集、续集则全阙,又并其自序佚之。后乌程闵元衢于金阊小肆中购得抄本,毛晋为刻入《津逮秘书》,始还其原帙。……书中所记颇猥杂。"

詹光祖于月崖书堂刻《黄氏补千家集注杜工部诗史》。

王德渊三月初一日作《测圆海镜后序》。

按：《序》称是书"称异于易簀之间,想有玄妙内得于心者"(《测圆海镜》卷末)。

日本良忠卒（1199— ）。僧人，净土宗相模光明寺开祖。

德国维尔茨堡的康拉德·冯·维尔茨堡卒（约1225— ）。古高地德语诗人，骑士抒情诗到工匠诗歌过渡时期的代表。

王义山卒(1214—)。义山字元高,号稼村,江西丰城人。宋景定三年进士。入元,官提举江西学事。后退老东湖,书室名为稼村。著有《稼村类稿》30卷、《稼村乐府》。事迹见《江西通志》卷六七。

按：有赵文《宜秋馆诗余丛钞》7卷,《中国善本书目》著录况周颐批校、朱孝藏校。内有王义山《稼村乐府》、赵文《青山诗余》及《补遗》。

钟柔(—1341)、王冕(—1359)、许有壬(—1364)、李齐贤(—1367)、张翥(—1368)生。

至元二十五年　戊子　1288年

尼古拉第四任教皇支持方济各会到中国传教,在位至1292年去世。

三月壬寅,礼部言："会同馆蕃夷使者时至,宜令有司仿古《职贡图》,绘而为图,及询其风俗、土产、去国里程,籍而录之,实一代之盛事。"从之(《元史·世祖纪十二》)。

四月,万安寺成。

按：此即北京白塔寺,始建于至元八年,是年建成。佛像及窗壁皆饰以金,凡费金五百四十两有奇,水银二百四十斤。

五月,郭守敬铸成浑天仪。

七月,免江州学田租。

庚戌,太医院新编《本草》成。

十月,诏免儒户杂徭。

十一月丁亥,修国子监以居胄子。

辛丑,马八儿国遣使来朝。

按：初,帝遣荆湖占城行省参政亦黑迷失使马八儿国,取佛钵舍利浮海阻风,行一年乃至。得其良医善药,遂与其国人来贡方物。又以私钱购紫檀木殿材并献之。尝侍帝于浴室,问："汝逾海者凡几?"对曰："臣四逾海矣。"后授江淮行尚书省左丞,行泉府太卿(《元史·亦黑迷失传》)。

甲辰，改释教总制院为宣政院。

按：《续资治通鉴》卷一八八载，此事在至元二十五年十一月甲辰，三年后又立江南行宣政院，治杭州。至此年，全国有寺院24000余所，经过登记的僧尼凡21万余人。《元史·百官志三》："宣政院，秩从一品。掌释教僧徒及吐蕃之境而隶治之。……其用人则自为选。其为选则军民通摄，僧俗并用。至元初，立总制院，而领以国师。二十五年，因唐制吐番来朝见于宣政殿之故，更名宣政院。"《元史·释老》云："元起朔方，固已崇尚释教。及得西域，世祖以其地广而险远，民犷而好斗，思有以因其俗而柔其人，乃郡县土番之地，设官分职，而领之于帝师。乃立宣政院，其为使位居第二者，必以僧为之，出帝师所辟举，而总其政于内外者，帅臣以下，亦必僧俗并用，而军民通摄。于是帝师之命，与诏敕并行于西土。百年之间，朝廷所以敬礼而尊信之者，无所不用其至。虽帝后妃主，皆因受戒而为之膜拜。正衙朝会，百官班列，而帝师亦或专席于坐隅。且每帝即位之始，降诏褒护，必敕章佩监络珠为字以赐，盖其重之如此。"

是年，以汉人为达鲁花赤，以管左、右江溪洞蛮民。

尚书省颁布"文庙禁约骚扰"。

按：《庙学典礼》卷二载："尚书省至元二十五年月日，据枢密院呈准中奉大夫同签枢密院事咨，照得：至元二十三年，钦奉圣旨差往江南等处寻访行艺高上人员，所至时有教官士人告称，诸官吏及诸管军官吏等，多于路、府、州、县学舍命妓张乐，喧嚣亵慢，习以为常，无敢谁何，甚失国家崇学重道之体。今有新授潭州路儒学教授林应龙、庆元路儒学教授吴宗彦、嘉兴路儒学教授唐林，亦皆称所在学舍多有似前不知礼法之人，乞加禁戢，庶得专教养之事，肃风化之源。以此检会到中统二年圣旨节文：宣圣庙，国家岁时致祭，诸儒月朔释奠，宜常令洒扫修洁。今后禁约诸官员、使臣、军马，毋得于庙宇内安下，或聚集理问词讼，及亵渎饮宴，管工匠官不得于其中营造，违者治罪。管内凡有书院，亦不得令诸人搔扰，使臣安下。钦此。咨请照验施行。准此。本院看详：应大小管军官吏替本院掌管，除已约束外，其余官吏合行具呈尚书省照详，移咨各处行省，遍行所属，出榜禁治施行。都省：除外，合行移咨，遍行所属出榜禁治施行。咨江淮行尚书省。"

立学校二万四千四百余所。

吴澄授徒宜黄明新堂。秋还家，校定《易》、《诗》、《书》、《春秋》、《仪礼》、《大戴记》、《小戴记》等书。

按：朱熹曾为《四书》作注，其门人及其本人又为《五经》中《礼》之外四经作注。《礼》之整理注解乃吴澄完成。

吴澄为虞集取字"伯生"。

程文海告之朝廷，吴澄所考《易》、《诗》、《书》、《春秋》、《仪礼》、《大戴记》、《小戴记》有益，应置之国子监，令诸生习之以传天下。朝廷从之，并命有司当优礼吴澄。

周砥离开国子监，耶律有尚接任国子祭酒。

刘赓拜承直郎、太常博士。

胡长孺为有司强至京师，待诏集贤院。既而召见于内殿，拜集贤修撰，与宰相议不和，改教授扬州。

杨桓累迁秘书监丞。

汪元量以宋供奉曾从三宫入燕，授瀛国公书。元太祖曾召入宫。后乞归，是冬归杭州。

按：《续资治通鉴》卷一八八载：汪元量曾具言："谢太后临殁遗言，欲归葬绍兴。全太后为尼，瀛国公学佛，号木波讲师。"遗老闻之，有泣下者。汪元量，字大有，号水云，钱唐人。宋末以善琴事内廷。工诗，著有《湖山类稿》5卷、《水云集》1卷。

留梦炎荐谢枋得，枋得仍坚辞不就。

王沂孙、张炎、徐平野同泛舟剡溪，赋词唱和。

高克恭入为监察御史。

李思衍为礼部侍郎，充国信使赴安南，谕安南国王陈日烜入朝。

董文用以江淮行省参政召为御史中丞。

按：董文用至则曰："中丞不当理细务，吾当荐贤才。"乃举胡祗遹、王恽、雷膺、荆幼纪、许楫、孔从道等十余人为按察使，又举徐琰、魏初为行台中丞。当时以为极选（《元史·董文用传》）。

管道升至京。

徐琬拜南台中丞，建台扬州。

惟吉兴建观音殿，请僧圆至撰记，有《延圣院观音殿记》（《潜牧集》卷三）。

紫阳书院刊行宋魏了翁《周易集义》64卷、《周易要义》10卷。

王天与作《尚书纂传序》。

按：是书另有刘辰翁至元二十九年序、至元二十三年刘坦序、彭应龙序、无名氏序。王《序》云："愚少从师取友读《尚书》，审问明辨，亦既有年。……愚尝稽首敬叹曰：'古今传《书》者之是非，至晦庵先生而遂定。晦庵先生折衷传《书》者之是非，至西山先生而愈明。学者不于二先生乎据，将焉据？'乃本二先生遗意，作《尚书纂传》。其条例，则先二孔氏说者，崇古也。有未当，则引诸家说评之。有未备，则引诸家说足之。说俱通者，并存之。间或以臆见按之，大要期与二先生合而已，愚亦安敢以私意见去取哉！且愚之编此，特示儿振耳。积日累月，而编始就。就矣，未敢自安，乙亥冬，携是编偕振求是正于集斋彭先生。先生首肯，增广校定，凡若干条，往复究竟，十四、五载，且悉悫流布，以与四方同志共切磋之。先生以是经擢巍科，视富贵如浮云，不鄙末学，是讲是迪，使帝王遗书，昭如日月，愚父子之幸也。晦庵、西山二先生所望于后来者，其庶几乎！庸是俾振锓之梓云。戊子春仲吉之安成后学王天与谨识（康熙十九年通志堂刻本《尚书纂传》）。无名氏序云：梅浦王氏《尚书纂传》四十六卷，先引汉唐二孔氏之说，次收诸家传注，而一以晦庵朱子、西山真氏为归，与其乡先生彭翼夫往复考正，十五年而后成。大德鄞人臧梦解为宪使，以其书上于朝，得授临江路儒学教授。其子振板行之，予所见者即至大锓本也。吉安自宋季文信公谋兴复不遂，被执以死，其门人宾容咸以忠义自奋，乡曲之士多知自好，恒绝意仕进，潜心经义。于《易》则有龙仁夫之《集传》、刘霖之《太极图解》、《易本义童子说》；于《诗》则有刘瑾之《通释》；于《礼》则有彭丝之《集说》；于《春秋》则有丝之《辨疑》，李廉之《会通》；《书》自梅浦而外，则耕野王氏，其撰述多有得者。梅浦是书，其抄撮也博，其甄综也简，其心似薄蔡氏而不攻其非，间亦采摭其说择焉，可谓精矣。彭翼夫者，尝仕于宋为江陵府教授，即丝之父也。《四库全书总目提要》评曰："是书虽以孔安国

《传》、孔颖达《疏》居先,而附以诸家之解。其大旨则以朱子为宗,而以真德秀说为羽翼。……所说于名物训诂多有缺略,而阐发义理则特详,亦王元杰《春秋演义》之流亚也。"王天与,字立大,号梅浦,吉安人。大德中临江路儒学教授。

熊禾五月初五日作《蔡氏春秋后序》。

按:《序》云:"《春秋》者,圣人史外传心之要典,万世人主善恶之龟鉴也。笔削之精微,义理之浩瀚,使无武夷胡先生诸儒以发明之,则人心贸贸焉莫知所之,人欲肆而天理灭矣,安能俾世之复治也耶?予尝读是书,粗知其中之大意,而精微之旨,尚少妙悟。盖竭精力者九年,集成《春秋》五传,刊成一书,于世不无小补。奈何太母、少帝、三宫俱已屈膝,己卯皇纲弗振,无策匡救,是乃天地间一罪人也。因与胡君庭芳、刘君省轩,相与讲切缕指,盖十有七年矣。一日,蔡君希圣挈书一帙示予,拜而言曰:'此书乃吾曾祖复斋公承高大父西山公之嘱所作《春秋总要》也。'予闻之敛容,避席披视,诚道德仁义之言,经纶康济之学。而其发明天命人心之懿,敷扬圣经贤传之旨,阐笔削之谨严,辨褒贬之攸当,义利之明,常变之论,其要悉备于此。诚为学者之指南,复斋先生之功大矣。先生讳沆,字复之,师事文公朱先生,及受家庭父兄之教。隐于西山前湖书堂,聚徒谈道相乐,自号一庵居士。复斋先生,其学者之所尊云。余详徐君所作先生之墓铭,无容予之重赘。至元癸未仲夏端阳日,武夷熊禾序。"(《勿轩集》卷二)

徐硕《至元嘉禾志》刊行。

按:是书乃至元二十一年(1284)单庆创议纂修。卷首有郭晦、唐天麟至正二十五年(1288)所作二序,云嘉定甲戌(1214),岳珂命关栻修志,后珂改调,事遂中辍。至元中,徐硕续修书成。此书通称《嘉禾志》,后始名《至元嘉禾志》。郭晦《序》云:"嘉禾为志何昉乎?犹记袁似道为郡治中,其家富有古书,江、浙图志无不备,独禾兴缺。然非缺也,禾兴经邑为州才三百载。五代至宋初,皆侘傺不暇。真宗景德四年,尝召诸道修图经,仅得海盐一志而已。淳熙甲午,郡守张元成始延闻人伯纪为郡志,此作古也。前乎伯纪,所谓旧经,虽博览之士无所见,其简略可知。后乎伯纪,郡守岳珂尝命乡先辈关表卿重修,且遍檄诸邑,搜访古迹,可谓劳于用力。书未成而倦翁改调。上而无纪录之册可参,次而无老成之士可质,又次而无贤弟子可询其家世。其欲正伪补缺,岂不难哉!仰惟皇帝,考图数贡,自北而南,此不容于寝废。往者,郡经历单君庆因请重修,郡博士徐君硕承命属笔。搜猎散亡,其纲正,其篇目加多。既完矣,而母丘之版则未也。莱山刘公杰来殿是邦,路推瞿公汝弼(瞿汝弼)启其议,诸路官又相其成,可谓是书之幸。"(《至元嘉禾志》卷首)

王恽著《玉堂嘉话》8卷成,自为序。

按:玉堂,官署名,本为侍中所居,自宋以来,习以专属翰林,故有是称。书中所记,为王恽自中统二年(1261)辛酉至至元三十一年(1294)甲午官翰林前后三十四年之事,其记载当时之文诰礼仪等,足以显示有元一代之典制;所记唐宋以来文诰掌故、轶闻遗事及书画等,亦多有可采。王《序》云:"中统建元之明年辛酉夏五月,诏立翰林院于上都,故状元文康王公授翰林学士承旨。已而,公谓不肖恽曰:'翰苑载言之职,莫国史为重。'遂复以建立本院为言,允焉,仍命公兼领其事。时不肖侍笔中书两院,故事凡百草创,经营署置,略皆与知。其年秋七月,授翰林修撰、同知制诰兼国史院编修官。方帝泽鸿庞,贲及四海,诰命宣辞,颇与定撰。再阅月,蒙二府交辟,不妨供职兼左司都事。自后,由御史里行调官晋府,秩满,复入为翰林待制。时则有若左丞相修国史耶律公、承旨霍鲁忽孙安藏、前左辖姚公、大学士鹿庵王公、侍讲学士徒单公、河南李公、待制杨恕、修撰赵庸、应奉李谦,不肖虽承乏几于一考,其获从容侍接，仰其祖宗对天之鸿休，圣训无穷之睿思，皆闻所未闻者。至于文章高下，典制沿革，朝夕屡饫，所得亦云多矣。今也年衰气耄，尽负初心，因紬绎所记忆者凡若干言，辑为八卷，题之曰《玉堂嘉话》。其成灯火茆堂之夜，尊罍心赏之间，吐嘉话于目前，想玉堂于天上，鸣息有时，盛年不再，良可叹也！然昔人有宅位钧衡，不得预天子私人为恨。顾惟此生不为未遇，用藏家柜，以贻将来。至元戊子冬季二日，前行台侍御史秋涧老人谨序。"（《秋涧集》卷九三）

谢枋得作《送方伯载归三山序》。

按：是文述及"九儒十丐"说法，今人多引论，却往往断章取义，讹舛互生，故附文章始末如右："景定二年，司历者曰：'……文运不明，天下三十年无好文章。'儒者望清台而诟曰：'何物瞽叟，为此妖言！'司历者闻而笑曰：'岂特无好文章，经存而道废，儒存而道残，科举程文将无用矣！'皆疾其为妖言也，后十六年而验。滑稽之雄以儒为戏者曰：'我大元制典，人有十等，一官二吏，先之者，贵之也。贵之者，谓有益于国也；七匠八娼九儒十丐，后之者，贱之也，贱之者谓无益于国也。嗟乎！卑哉，介乎娼之下丐之上者，今之儒也。皇帝哀怜之，令江南路县每置教谕二人，又用辅臣议，诸道各置提举儒学二人。提举既曰：大有司设首领官，知事令史尤繁学帑有美钞，廪有美粟，岁磨时勘，月稽日察，有欺弊毫发，比去之，十年亦责偿无赦。'饥雀羸鼠，馋涎吐吞，不敢啄啮，学官似尊贵实卑贱，禄不足以救寒饿，甚者面削如咽针如，肌骨柴如，曹类啁啾相呼而谋曰：'我国朝治赃吏法最严，管僧食僧管医食医管匠食匠，御史按察不敢问，岂不曰时使之然？法使之然，教之必不改，比而诛之则不忍也，吾徒管儒不食儒，将坐而待毙乎？'椎肌剑肉于儒户，不足则括肉敲髓及乡师。滑稽之雄以儒为戏者又曰：管儒者益众，食儒者益繁，岂古之所谓兽相食欤？抑亦率兽而食人者欤？儒不胜其苦，逃而入僧入道入医入匠者什九。建安科举士余二万户，儒者六百，儒贵欤贱欤荣欤辱欤？可以发一慨也。九仙方伯载，三百年儒家一才子也。幼登陈忠肃公门，有远志，强记而善问，落笔皆英气，薄科举程文不为，而喜为诗。某每以科举程文教子孙，见后进学文者必勉之。间语伯载曰：'以子之才，屑为程文，应儒选，孰不贵重子？'伯载哆颐而笑，掉臂而去曰：'吾始以先生为知我者也，今而后知先生非知我者也。马之日千里者，岂衔勒辔策所能羁哉？吾人品岂在娼之下丐之上者乎？吾岂不能为场屋无用之文？所以胶口不肯道者，愿为大元一逸民，超然出乎十等人之外也。先生果知我者乎，请从此辞。'某始而疑，中而怪，终而大敬之。携其手坐之堂上而告之由：'辛酉至庚寅三十年后，文运大明今其时矣？天下岂终无好文章乎？古之所谓经天纬地曰文者，必非场屋无用之文也。子既薄场屋之文而不为文，而经天纬地必有所传矣，安得借一席地相与讲明之乎？予方挟龟策坐卜肆岂得已哉，是亦不愿为儒者。以予所不愿，而愿子为之，有愧于忠恕之道多矣。虽然天地之大，无儒道亦不能自立，况国乎？秦之后为汉漫儒者莫如高帝，尊儒者亦莫如高帝，子能为董公、为子房、为四皓，帝必不敢以儒之腐者、竖者待子矣。安知以文章名天下者，不在子乎？安知使儒道可尊可贵者，不自子始乎？戊子四月甲子序。"（《叠山集》卷二）

李道谦《甘水仙源录》撰成。

按：又称《甘泉仙源录》。据传，王重阳遇真仙于终南山甘河镇，自断尘缘，开创全真道派。全书收录王重阳以下全真派著名道士行迹碑铭，故称"仙源录"。《甘水仙源录》所载金石碑文，不少出自名家之手，如元好问、姚燧、王鹗等。该书记载全真道派传承历史，向为研究全真道历史之要籍。其《序言》称："夫道家之学，以祖述黄、老而宪章庄、列者也。后之学者去圣逾远，所谓微妙玄通、大本大宗、闳衍博大之理，枝分派别,莫得其传。……我重阳祖师,挺天人之姿,夸乎百世之下。乃于金正隆己卯夏,遇真仙于终南山甘河镇,饮之神水,付以真诀,自是尽断诸缘,同尘万有,即养浩于刘蒋南时等处者三年,故得心符至道。东游海滨,度高弟弟子丹阳、长真、长生、长春、玉阳、太古诸君,递相阐化。于是高人达士应运而出,大则京都,小则郡邑,建立名宫杰观,比比皆是。遂使贞风遐布于世间,圣泽丕敷于海内。开辟以来而道门弘阐,未有如斯时之盛。呜呼!其重阳祖师暨门下诸君,有功于玄教者为不浅矣。道谦爰从弱冠,寓迹于终南刘蒋之祖庭,迄今甫五十载。每因教事,历览多方,所在福地名山,仙宫道观,竖立各师真之道行及建作胜缘之碑铭者,往往多鸿儒钜笔。所作之文,虽荆金赵璧,未易轻比。道谦既纪所见,随即经录,集为一书,目之曰《甘水仙源》。……至元戊子岁重九日夷门天乐道人李道谦序。"(《甘水仙源录》卷一)其通行本有:明代《正统道藏》、《四库全书》本等。

周密五月纂《癸辛杂识》后集成。

广蟾子作《清庵莹蟾子语录序》。

按：是序交待《语录》辑成经过:"……清庵莹蟾子李君(李道纯)来访,座未温,发数语,字字无烟火气,继而讲羲皇未画以前,易透祖师过不切底关,把三教纸上语扫得赤洒洒,将我辈瞎眼点出圆陀陀。……是后,从师日久,问答颇多,集成一编,时为展敬。……时至元戊子夏季大雨时行日,茅山道士嘿庵广蟾子稽首谨书。"(《清庵莹蟾子语录》卷首)

商挺卒(1209—)。挺字孟卿,号左山,曹州济阴人。其先本姓殷氏,避宋讳改焉。商挺曾受知于在潜邸的元世祖,后佐廉希宪治理关中,为宣抚副使,又与廉希宪共同帮助元世祖顺利登基。至元九年为安西王相。曾与元好问、杨奂游。卒谥文定。善隶书,有诗千余篇,多散佚。《全元散曲》录存其名作《步步娇》19首。事迹见《元史》卷一五九、《国朝名臣事略》卷一一、《元诗选·癸集》乙集小传。

按：《国朝名臣事略》曰:"公具文武材,明允公亮,慷慨有大志。遭际世祖圣神之主,道同气合,获展宏略,功在社稷,德洽黎元,庆流子孙,可谓一代英杰者矣。"又引曹有阜言曰:"左山公自号左山老人,著诗千余篇,尤善隶书,时人铭其先世者,以不得公书为未孝。"

王博文卒(1223—)。博文字子冕(一作子勉),号西溪,东鲁人,徙居彰德。少与王恽、王旭齐名,人称"三王"。至元十八年历官燕南按察使,任礼部尚书、大名路总管,至元二十三年迁南御史台中丞。赠鲁国公,谥文定。王博文对至元间文学政事影响均大,主持南台期间,颇得江南文人好评。事迹见《天下同文集》卷二九、《江南通志》卷六九、《元明事类钞》卷一六。

张炤卒(1225—)。炤字彦明,济南人。中统元年辟为中书省掾。后以灭宋功累迁扬州路达鲁花赤。尝出家藏书二千余卷,置东平庙学,使学徒讲肆之。事迹见《元史》卷一七〇。

陈旅(—1342)、黄镇成(—1362)生。

高丽诗人李齐贤(1288—)生。

至元二十六年　己丑　1289 年

埃及苏丹卡拉温攻灭十字军的黎波里伯国。

法国蒙特利埃大学建立，14世纪成为欧洲最大的大学之一。

二月癸亥，诏立崇福司，专为管理也里可温事务，由爱薛掌领。

按：此司品级仅次于掌管佛教的宣政院，与掌道教的集贤院相同。也里可温一般被认为是蒙古语"有福缘之人"的音译，亦有人认为乃阿拉伯语之音译，意为上帝，即唐代景教碑上之阿罗诃。元时之也里可温既指景教，又指罗马天主教及基督教等其他教派。元廷对也里可温同和尚、道士、答失蛮（伊斯兰教）待遇一样。自此，中国基督教有了专门的管理机构。

六月乙亥，立江淮等处财赋总管府，掌所籍宋谢太后赀产，隶中宫。

八月，设回回国子学。

按：以大量波斯人东来，波斯文流行中土。是年五月，尚书省臣言："亦思替非文字宜施于用，今翰林院益福的哈鲁丁能通其字学，乞授以学士之职，凡公卿大夫与夫富民之子，皆依汉人入学之制，日肄习之。"帝可其奏（《元史·选举志一》）。八月，始置回回国子学。《元史·百官志三》说："（至元）二十六年，置官吏五员，掌管教习亦思替非文字。"至此形成元代中央官学三监并立格局。

九月己卯，置高丽国儒学提举司，从五品。

十月甲子，祫于太庙。

十二月，帝幸大圣万安寺，并诏："天下梵寺所贮藏经，集僧看诵，仍给所费，俾为岁例。"（《元史·世祖纪十二》）

命回回司天台祭荧惑。

是年，朝廷以中原民转徙江南，令有司遣还，蒙古忙兀台谏止。

教皇尼古拉第四遣意大利方济各会修士蒙特高维诺的乔万尼赴波斯、中国传教。

阿尔纳杜斯·维拉诺瓦努斯始在蒙彼利埃行医，至1299年，著有《医生必读》和《医疗格言》。

吴澄呈《易》、《诗》、《书》、《春秋》、《仪礼》、《大戴记》、《小戴记》诸经于朝廷，令藏国子监崇文阁。

耶律有尚以父老辞职归养。

砚弥坚辞国子司业官职，归故里。

王恽授少中大夫，升福建闽海道提刑按察使。

董文用迁大司农，时欲夺民田为屯田，文用固执不可，又迁翰林学士承旨。

袁桷家族藏书因兵事多被烧毁，只有部分书藏于山中，得免于灾。

按：是年正月，杨镇龙起事，波及四明，袁氏家族藏书多被烧毁，只有部分书藏于山中，得免于灾。戴表元《乙丑正月六日袁季源家遭毁次韵书闷诗》云："邺侯家里书千架，杜老尊前屋万间。此事吾堪慰流落，迩来天亦姑穷闲。反风待祷真虚语，噫雨无方自厚颜。间挈残家过西坞，风流还许几生还。"（《剡源戴先生文集》卷三〇）袁桷《跋正肃公手泽》载："两家厄于祝融之灾，旧藏几尽脱焉，以仅存者，犹数十纸。"（《清容居士集》卷五〇）又《袁氏旧书目序》载："庶几幸有一存之理，遂悉藏于山中。

己丑之灾,偕家人渡江以逃,袁氏之书一夕而尽,昔之预计者乃幸而获全。"(《清容居士集》卷二二)是年夏,袁洪购书于杭州。

魏天祐以福建行省参政职,执谢枋得至燕。

按:枋得临行以卒自誓,不食二十余日。不卒,乃复食。四月至燕,闻太后攒所及瀛国公所在,再拜恸哭。后迁悯忠寺,见壁间曹娥碑泣曰:"小女子犹尔,吾岂不汝若哉!"留梦炎持药米至,枋得掷之于地,不食五日卒(《续资治通鉴》卷一八九)。

潘昂霄除南台御史,迁闽海宪佥。

高丽集贤殿大学士安珦于大都获读《朱子全书》。

按:安珦抄写该书带回高丽,于成均馆讲授,使程朱理学在高丽得到初步传播。

《己丑新彫改并五音集韵》是年修补重印。

按:原题"滹阳松水昌黎郡韩道昭改并重编",是书尝于金哀宗正大六年己丑重刊,即此本原版。

徐明善佐李思衍出使安南,著《安南行记》1卷成。

按:是书见《说郛》卷五一。徐明善,字志友,号芳谷,德兴人。在安南,即席为安南王子赋诗一首,声名大振。使归,任龙兴路儒学教授,后入湖北宪使幕,迁江西提举。主持江浙、湖广等省考试时,以善于擢拔人才而知名,黄溍即为他从弃卷中发现而后录取的。又著有《芳谷集》3卷。

又按:徐明善尝作《宁州志序》云:"昔汉定四海,独鲁不下,欲引天下兵屠之,为其守礼义,卒使之自下。夫鲁特以羽分地,非有世德可怀也,而鲁人不轻去就如此,君子哉!圣朝奄有东南,江之西唯分宁不即下,圣天子宽仁,卒使之自下。当时官吏颇追尤,其人岂识有天下者植天常,而圣人一揆邪?故初特置州二宁之上,而民弗便者,官吏构言,令宰不足以镇而请之也,后即分宁为州,不特置者,以便民也。州昔为县,有志。志毁,州人陈君孔哲(陈孔哲)念旧志其先世所撰也,且今为州,宜有志,则奋为之。首《疆域》,讫《人物》,凡三十卷,钩参互验,文不靡蔓,质不槁略,一州之史也。于是上接孙吴,而善志专陈氏矣。志成,以书来曰:'使邦人考风俗,企前闻也;敢以序发请。'予闻分宁在大山长谷之中,阴阳降升,寒暑代易,比他州或少异。生其间者,气质不尽同,由今观之,固已桀视流靡而厚于义矣。州昔为邑蕞尔,然文章宗四海,行义表当世,忠节映千古。志不一书,州人袭其声歆,一其趋向,先其去就取舍之正,而归诸道德性命之纯,则身足以善风俗,而风俗不得以病其身,学足以美世运,而世运不得以移其学,礼行之,孙出之,沐浴膏泽,为今日周公、伯禽之鲁,此邦家之光也。明善其先,州人也。嘉陈君载笔之勤,而尤嘉其望州人之厚也,乃为序其端云。"(见豫章丛书本《芳谷集》卷一)

周密著《志雅堂杂钞》成。

金履祥作《告鲁斋先生谥文》。

袁桷十月作《煮茶图(并序)》,纪念史文卿。又作《书进修堂往还尺牍》,怀念袁燮、袁韶两家的情谊。约为此年作《愍誓》,哀谢枋得。

僧净伏作《至元法宝勘同总录序》。

按:《至元法宝勘同总录》乃庆吉祥等纂,简称《至元录》。收录上起东汉永平十一年(68),迄至元二十二年(1285),凡1200余年间,194人所译、著佛典1644部(姚名达称为1440部5586卷),并附有各新录所载之新译著,改变各录汇编之笼统作法,是一部综括唐代至元代之藏经对勘目录。通行本有:《明南藏》本、《明北藏》本、

《清藏》本、《频伽藏》本、日本编《法宝总目录》本等。净伏《序》云："夫佛法由汉唐以迄于今，揭日月于齐明，致乾坤于泰定，弘济群迷，出生众有，不可得而云喻。大元天子，佛身现世间，佛心治天下。万机暇余，讨论教典，与帝师语，诏诸讲主，以西蕃大教目录，对勘东土经藏部帙之有无、卷轴之多寡，然文词少异，而义理攸同。大矣哉！会万物为己者，其唯圣人乎？于是宣授江淮都总统永福大师，见之叹曰：'虽前古兴崇谛信，未有盛于此者。可谓是法遍在一切处，一切处无不是法，一切处无不具足。'遂乃开大藏金经，损者完之，无者书之……至元二十六年三月日，杭州灵隐禅寺住持沙门净伏谨序。"（《大正新修大藏经》本《至元法宝勘同总录》卷一）

高丽历史学家、散文家一然卒（1206— ）。

李昶卒（1202— ）。昶字士都，东平须城人。金宣宗兴定二年进士，仕至漕运提举。金亡，东平严实辟为都事。世祖即位，召至开平。至元间累官吏、礼部尚书，品格条式、选举礼文之事，多所裁定。《宋元学案》列其入《泰山学案》。尝集《春秋》诸家之说折中之，曰《春秋左氏遗意》20卷；取《孟子》旧说新说矛盾者，参考归一，附以己见，为《孟子权衡遗说》5卷。事迹见《元史》卷一六〇。

砚弥坚九月卒（1210— ）。弥坚字伯固，应城人。年十六，从乡先生王景宋学习；后又从学于袁州刘仁卿。元军攻占汉水沿岸诸郡县，途经应城时，因其为名儒，被招北上，安置于真定。通诸经，善讲说，执经就学者日盛。容城刘因、中山滕安上皆就学于其门下。燕南宣慰使及学部使者闻其名，荐为学部教授。在任十余年，循循善诱，诲人不倦。后召为国子司业。著有《郧城集》10卷。事迹见苏天爵《元故国子司业砚公墓碑并序》（《滋溪文稿》卷七）。

马廷鸾卒（1223— ）。廷鸾字翔仲，号碧梧，饶州乐平人。宋淳祐七年举进士第，调池州教授。咸淳元年，签书枢密院事兼同提举编修《武经要略》。官至右丞相兼枢密使。晚年自号玩芳病叟。著有《碧梧玩芳集》24卷、《六经传集》、《语孟会编》、《宋史本传》、《楚词补记》等。事迹见《宋史》卷四一四。

谢枋得卒（1226— ）。枋得字君直，号叠山，信州弋阳人。宋宝祐四年进士，除抚州司户参军。次年为建康考官，出题暗讥时事，忤贾似道，谪居兴国军。宋亡，居闽中。建东山书院，并讲学于弋阳叠山书院，提出"学孔孟者必读《四书》，始意之诚，家国天下与吾心为一"。至元二十三年，程文海荐，辞不起。福建行省参政魏天祐强制送往大都，乃绝食而卒。门人私谥"文节"。著有《文章轨范》。其著述后人纂为《叠山集》。事迹见揭傒斯《故宋文节先生谢公神道碑》（《揭文安公集》补遗）、《宋史》卷四二五、《贵溪县志》（清乾隆十六年刊）卷一五、《弋阳县志》（清同治十年刊）卷一二。

郭昂卒（1229— ）。昂字彦高，彰德林州人。习刀槊，能挽强，历官山东统军司知事、广东宣慰使。稍通经史，尤工于咏。著有诗集《野斋集》。事迹见《元史》卷一六五、《蒙兀儿史记》卷九二、《元诗选·二集》小传。

白栋卒(1243—)。栋字颜隆，太原人。许衡弟子，且为许衡教国子时伴读。许衡卒后，白栋以国史院编修、从仕郎仍国子助教，后擢奉训大夫、监察御史、陕西汉中道提刑按察司。《宋元学案》列其入《鲁斋学案》。事迹见姚燧《河南道劝农副使白公墓碣》(《牧庵集》卷二六)。

按：白栋作为许衡弟子，对于许衡在元初推进儒治进程、健全蒙古国子学体制具有重要意义。许衡受命国子学，"乃奏召旧弟子散居四方者，以故王梓自汴，韩思永、苏郁自大名，耶律有尚自东平，孙安与凝（高凝）、燧（姚燧）、燉（燧弟姚燉）自河内，刘季伟、吕端善、刘安中自秦，独公自太原，皆驿致馆下……乃奏有尚与公从仕郎、国子助教"(《河南道劝农副使白公墓碣》)。作"为伴读，欲其夹辅匡弼，熏陶浸润而自得之也"，蒙古贵族子弟在许衡的教诲下，"日渐月渍，不自知其变也；日新月盛，不自知其化也。其言谈举止，望而知其为先生弟子，卒皆为世用也"(《左丞许文正公》，苏天爵《国朝名臣事略》)。

夹谷之奇卒，生年不详。之奇字士常，号书隐，女真加古（夹谷）部人，居滕州。早年到东平，受业于康晔，初授济宁教授，辟中书省掾。从蒙古攻宋，授行省都事，除浙江宪佥，移淮东。至元十九年入为吏部郎中，迁左赞善大夫，历翰林直学士、吏部侍郎，拜侍御史、吏部尚书。其长期任职江南，在江南文坛有名，诗文受推许，然不传。事迹见《元史》卷一七四、《大明一统志》卷二三、《元诗选·癸集》小传。

卫宗武卒，生年不详。宗武字淇父，自号九山，华亭人。淳祐间，以门荫为朝官，出知常州，罢归。入元不仕，以诗文自娱。著有《秋声集》。事迹见张之翰《秋声集序》(《秋声集》卷首)、《宋诗纪事补遗》卷七一。

按：《秋声集》原本不存，《四库全书》从《永乐大典》重辑出6卷，卷首有至元三十一年(1294)张之翰序。

薛玄曦(—1345)、程文(—1359)生。

至元二十七年　庚寅　1290年

正月癸丑，敕从臣子弟入国子学。

丁巳，遣使代祀岳渎、海神、后土。

癸酉，复立兴文署，掌经籍板及江南学田钱谷。

按：据《天禄琳琅书目》卷五载："朝廷于京师创立兴文署，署置令丞并校理四员，厚给禄廪，召集良工剞劂经、子、史版本，流布天下，以《资治通鉴》为起端之首。"兴文署设官三员、令一员、丞三员、校理四员、楷书一员、掌记一员、镌字匠四十名、作头一、匠户十九、印匠十六。

三月十六日，立江南营田提举司，掌僧寺资产。

四月丙戌，遣桑节喇实等诣马八儿国访求方伎。

大越陈仁宗亲征哀牢。

葡萄牙国王迪尼什创办里斯本大学，1307年迁到科英布拉。

英国驱逐犹太人。爱德华一世颁布第3号威斯敏斯特法令(《买地法》)。

五月己巳，立云南行御史台，起复前汉中道按察使程思廉为御史中丞。

按：《元史·程思廉传》载：思廉始至，蛮夷酋长来贺，词若逊而意甚倨。思廉奉宣上意，绥怀远人，且明示祸福，使毋自外，闻者慴服。云南旧有学校而礼教不兴，思廉力振起之，始有从学问礼者。

括天下阴阳户口，仍立各路教官，有精于艺者，岁贡各一人。

六月庚辰，缮写金字《藏经》，凡糜金3244两。

丁酉，大司徒撒里蛮、翰林学士承旨兀鲁带进《定宗实录》。

九月乙巳，禁诸王遣僧建寺扰民。

丁卯，命江淮行省钩考行教坊司所总江南乐工租赋。

十月己丑，新作太庙登歌、宫悬乐。

十一月壬戌，大司徒撒里蛮、翰林学士承旨兀鲁带进《太宗实录》。

意大利兰法兰克与孟德维尔医生始将意大利"严密疗伤"的观念引入法兰西，并用解剖挂图教授解剖学。为使外科回到医学领域做了努力。

赵孟頫迁集贤直学士。

姚燧授大司农丞。

王恽以疾归。

董文用授皇孙经书，叮咛反复。

邓文原为杭州路儒学正。

张炎北游。

谢翱是冬登严子陵台，哭祭文天祥，作《登西台恸哭记》。

刘壎因兵乱巧遇易雪崖，与之同游石仙岩逾月，俟乱兵散去。

宫天挺在江南以杂剧知名于时。

按：宫天挺，字大用，大名开州人。元世祖至元后期在世，历学官，除钓台书院山长。为权豪所中，虽事获辨明，亦不见用，卒于常州。钟嗣成《录鬼簿》（曹寅刊本）云："先君与之（指宫天挺）莫逆交，故余常得侍坐。见其吟咏，文章笔力，人莫能敌。乐章歌曲，特余事耳。"作杂剧6种：《生死交范张鸡黍》、《宋上皇御赏凤凰楼》、《宋仁宗御览托公书》、《使河南汲黯开仓》、《栖会稽越王尝胆》、《严子陵钓鱼台》，仅《生死交范张鸡黍》流传至今，为杂剧名篇。《太和正音谱》称其词"如西风雕鹗"。

陈恕可为两湖书院山长。

梁栋遭诗祸，名益著。

按：梁栋实金国难民之后。因诗作《大茅峰》惹起诗祸，有人将题写诗句的整堵墙壁作为"罪证"密封运至京师。其诗写道："杖藜绝顶穷追寻，青山世路争岖嵚。碧云遮断天外眼，春风吹老人间心。大君上天宝剑化，小龙入海明珠沉。无人更守玄帝鼎，有客欲问秦皇金。颠崖谁念受辛苦，古洞未易潜幽深。神光不破黑暗恼，仙鬼空学离骚吟。我来俯仰一慷慨，山川良昔人民今。安得长杠撑日月，华阳世界收层阴。一声长啸下山去，草木为我留清音。"孔齐《至正直记》卷二"梁栋题峰"云："宋末士人梁栋隆吉先生有诗名。以其弟中砥为黄冠，受业三茅山，尝往还，或终岁焉。一日，登大茅峰题壁赋长句，有云：'大君上天宝剑化，小龙入海明珠沉。''安得长杠撑日月，华阳世界收层阴。'隆吉先生每恃己才，邈乎众人，众人多憾之。且好多言。一黄冠者与隆吉有隙，诉此诗于句容县，以为谤讪朝廷，有思宋之心。县上于郡，郡达于行省,行省闻之都省。直毁屋壁,函至京师,捄(此字疑误)梁公系于狱,不伏,但曰:'吾自赋诗耳,非谤讪也。'久而不释。及礼部官拟云:'诗人吟咏性情,不可诬以谤讪。倘是谤讪,亦非堂堂天朝所不能容者。'于是免罪放还江南。"大茅山为江南文人进出颇多之地,诗祸之起致使茅山及其主人备受争议,此事为深刻观察元代社会文化提供一观察点。梁栋诗祸事件是元廷弃绝文字狱之标志。"诗祸"由它而起,由它而绝迹,否则元代文学将形成另外的格局。(参见《元代文学编年史》第163—165页)

姜云、侯孛兰奚创建正德书院于江西上高。

按:姜云、侯孛兰奚乃蒙山银场提举,故该书院为官办银矿所办之书院。礼请原龙兴路学录邹民则主其事。招收山民子弟,授经书义理。后姜、侯相继离去,书院日就敝坏。延祐二年(1315),提举陈以忠在邹民则的建议下又重加修整增建。赵孟頫书额,吴澄、许善胜、姚云、邹民则皆有记。

鲍云龙著《天原发微》5卷,附《天图名义》1卷、《问答节要》1卷,有自序。

按:是书另有方回至元二十八年(1291)序、元贞二年(1296)又序,曹泾元贞二年(1296)跋,戴表元大德三年(1299)后序。

兴文署刊行胡三省《音注资治通鉴》294卷、《通鉴释文辨误》13卷。

按:是为元代刻书质量最好之图籍。

李道纯《道德会元》2卷是年刊刻,有自序。

按:李道纯,字元素,号清庵,别号莹蟾子,都梁人。为白玉蟾再传弟子。其学以全真南宗为主,兼取北宗;既通《老子》、《周易》,又达禅理,主三教合一,援儒入道。该书大抵以儒、禅解老,注多儒义,颂近禅偈。收入《道藏》洞神部玉诀类。《自序》云:"……'圣人作经之意,立极于天地之先,运化于阴阳之表。至于覆载之间,一事一理,无有不备,安可执一端而言之哉!'予遂饶舌,将彼解不通处,及与圣人经义相反处,逐一拈出,举似诸子,众皆曰然。自后请益者屡至,不容缄默,遂将正经逐句下添个注脚释经之义,以证颐神养气之要。又于各章下总言其理,以明究本穷源之序。又于各章后作颂,以尽明心见性之机。至于修齐治平、纪纲法度,百姓日用之间,平常履践之道,洪纤巨细、广大精微,靡所不备于中。又作《正辞》、《究理》二说冠之经首,明正言辞,究竟义理,以破经中异同之惑。目之曰《道德会元》,俾诸后学,密探熟味,随其所解而入,庶不坠于偏枯,会至道以归元也。惟是言辞鄙俚,无非直解经义,未敢自以为是。然较之诸本,其庶几焉,与我同志,其鉴诸。时至元庚寅孟夏旦日,都梁参学清庵莹蟾子李道纯元素序。"(《道德会元》卷首)

又按:李道纯著述甚丰,另著有《太上老君说常清净经注》1卷、《道德经注解》2卷、《全真集玄秘要》1卷,与王道渊校正《三天易髓》1卷。其《全真集玄秘要》书上附《周易》,旁融释道,倡以《易》为中心,三教合一。《三天易髓》有意强调三教合一说,却又未免牵合。又注有《无上赤文洞古真经注》二经同卷、《太上大通经注》三经同卷、《太上升玄消灾护命妙经注》二经同卷。其《无上赤文洞古真经注》注文兼采儒释道三家之旨,先分句作注,后概述全章之旨。其《太上升玄消灾护命妙经注》原经文仅300余字,为唐前道书,内容多因袭佛经,持有无色空之理,与《般若心经》相近。

意大利尼古拉四世御医S·扬纽恩锡斯所著《疗病锁钥》一书问世。

巴伐利亚中古高地德语诗人魏恩赫尔·盖尔特内尔约于是年著《麦耶尔·墨尔姆布莱西特》。

描写十字军东征的西班牙散文故事《伟大的远征》约于是年问世。

英国哲学家、神学家威廉·德拉·梅尔约于是年卒,生年不详。

日本画僧雪村（ —1346）生。

英国数学家、托马斯派代表托马斯·布拉德瓦尔登（ —1348）生。

意大利雕刻家安德烈亚·皮萨诺（ —约1349）约生。

罗天益卒(1220—)。天益字谦甫,真定人。为李杲弟子,尽得其妙。曾遵师意分经论证以方类之,于1266年编成《内经类编》,今佚。又以所录东垣(李杲)效方类编为《东垣试效方》9卷,撰辑《卫生宝鉴》24卷,还有《药象图》、《经验方》,已佚。

张延卒(1228—)。延字世昌,蒿城人。尝为真定教授,崇尚名节,学者兴起。聚书数千卷,为学孜孜。著有《周易备忘》10卷、《中晋书》2卷、《要言》1卷、《读通鉴诗》2卷、《因读记》20卷、文集10卷。事迹见苏天爵《故真定教授节轩张先生墓碣铭》(《滋溪文稿》卷一四)。

金正韶卒(1244—)。正韶字九成,号约山,余杭人。宋度宗召为龙翔宫书记。入元授洞观冲素大师、名山讲师。事迹见《浙江通志》卷一九八。

王沂孙卒(1249—)。沂孙字圣与,号碧山、中仙,浙江会稽人。入元,曾任庆元路学正。善文词,广交游,同代周密称其"结客千金,醉春双玉"(《踏莎行·题中仙词卷》)。元兵入会稽,杨琏真珈掘宋帝六陵,沂孙与唐珏、周密等结吟社,赋《乐府补题》,托意莲、蝉诸物,寄托亡国之恸。工词,风格接近周邦彦,含蓄深婉。著有《花外集》2卷、《碧山乐府》1卷。事迹见《宋诗纪事》卷八○、《绝妙好词笺》卷七。

按：映庵《王碧山年岁考》谓王沂孙卒于元世祖二十七年以前。

甘泳卒,生年不详。泳字中夫,一字泳之,号东溪子,崇仁人。南宋末年,年二十余浪迹东南。受知于徐霖、汤汉。效法林和靖,一生未娶妻成家。尤工于诗。著有《东溪集》,今不传。《元诗选·三集》入其诗19首。事迹见《江西通志》卷八○、《万姓统谱》卷六六。

按：《元诗选》小传引黄大山《东溪集序》,评其诗云："高不诞,深不晦,劲不粗,全体似李贺而不涉于怪怪奇奇。《出岭杂言》一首,凡一千四百字,随事起义,随义炼句,古今大篇,未或过之。"甘泳对宋元之际江西一省诗歌传承影响颇大,对"江西诗派"在元初的走向也有关涉(《元代文学编年史》第169页)。

冯瑞景(—1340)、柯九思(—1343)、黄清老(—1348)、陈谦(—1356)、僧布顿(—1364)、刘鹗(—1364)、王以道(—1364)、僧大同(—1370)生。

至元二十八年　辛卯　1291年

埃及马穆鲁克王朝军攻占十字军在巴勒斯坦之最后据点阿克,推罗不

正月,下诏："五岳、四渎祠事,朕宜亲往,道远不可。大臣如卿等又有国务,宜遣重臣代朕祠之。汉人选名儒及道士习祀事者。"(《元史·祭祀志五》)

按：蒙古贵族以自然崇拜为主要信仰,蒙古帝国时期他们就常祀日月山,因此

忽必烈热衷于"五岳、四渎祠事",是其萨满文化之表露,形式上和中原王朝祭祀岳镇海渎的儒教礼俗相一致。

三月,征太子赞善刘因。

按:刘因前为太子赞善,以继母病去。至是母亡,以集贤学士征,因以疾辞,且上书宰相,乞俯加矜悯,曲为保全。帝闻之曰:"古有所谓不召之臣,其斯人之徒与?"遂不强致之(《续资治通鉴》卷一九〇)。

四月丁巳,建白塔二,各高一丈一尺,以居咒师。

僧官杨琏真珈以重贿桑哥、发宋诸陵、盗用官物等罪下狱。

按:杨琏真珈所侵占学舍、书院等所有产业,"照依归附时为主,尽行给还元主",行省并"出榜晓谕",以警效尤(《庙学典礼》卷三)。

御史台、中书省、集贤院主张江南学田之钱粮,由学官管领,并规定"官司不为理问"(《庙学典礼》卷四)。

右丞相何荣祖始以公规、民治、御盗、理财等十事辑为一书,名曰《至元新格》,刻版颁行,使百司遵守并以此定科差法。

按:苏天爵有《至元新格序》,曰:"国家以神武定天下,宽仁御兆民,省台既立,典章宪度简易明白。近世烦文苛法,为民病者,悉置而不用。呜呼,斯其所以祈天永命,奠丕丕之基者欤!故平章政事、广平何公荣祖,明习章程,号识治礼,当至元二十八年,始为《新格》一编,请于世庙,颁行多方。惟其练达老成,故立言至切;惟其思虑周密,故制事合宜。虽宏纲大法,不数千言,扩而充之,举今日为治之事,不越乎是矣。盖昔者先王慎于任人,严于立法,议事以制,不专刑书,是以讼简政平,海宇清谧,其皆以是为则欤!是书旧板漫灭,省府命重刊之,览者当体先朝宽仁之治,慎勿任法烦苛为尚哉!"(《滋溪文稿》卷六)

六月,敕:"江南重囚,依旧制奏闻处决。"(《续资治通鉴》卷一九〇)

是月,中书省奏准《至元新格》。

始置诸路阴阳学。

按:《元史·选举志一》载:"其在腹里、江南,若有通晓阴阳之人,各路官司详加取勘,依儒学、医学之例,每路设教授以训诲之。其有术数精通者,每岁录呈省府,赴都试验,果有异能,则于司天台内许令近侍。"

十月己巳,修真定倾坏太庙。

十二月己巳,从宣政院议,宋全太后、瀛国公母子为僧尼,有地360顷,免征其田租。

授吃剌思八斡节儿为帝师,统领诸国僧尼释教事。

宣政院上天下寺宇42318区,僧、尼共213140人。

是年,元世祖下诏:"令江南诸路学及各县学内,设立小学,选老成之士教之,或自愿招师,或自受家学于父兄者,亦从其便。其他先儒过化之地,名贤经行之所,与好事之家出钱粟赡学者,并立为书院。"(《元史·选举志一》)

复诏求隐晦之士,俾有司具以名闻。

颁行《农桑杂令》。

赵孟頫正月与元世祖论叶李、留梦炎优劣。

战而败。吕济岛尼昂家族的耶路撒冷王国亡。十字军运动彻底失败。

埃及军攻阿克十字军时使用火药武器。

德王鲁道夫一世卒。

威尼斯—热那亚爆发第2次战争。

瑞士乌里、施维茨、尼德瓦尔登三森林州缔结"永久同盟",是为日后瑞士联邦之雏形。

按：孟頫对曰："梦炎，臣之父执，其人厚重，笃于自信，好谋而能断，有大臣器。叶李所读之书，臣皆读之，其所知所能，臣皆知之能之。"世祖曰："汝以梦炎贤于叶李耶？梦炎在宋为状元，位至丞相，当贾似道误国罔上，梦炎依阿取容；李布衣，乃伏阙上书，是贤于梦炎也。汝以梦炎父友，不敢斥言其非，可赋诗讥之。"孟頫所赋诗"往事已非那可说，且将忠直报皇元"句，世祖叹赏。梦炎衔之终生（《续资治通鉴》卷一八九）。

张伯淳擢为福建廉访司知事。

阎复为浙西道肃政廉访使，寻坐事免官。

王恽奉召至京师。

畅师文累迁陕西宪佥，历移山南、山东二道，入为国子司业。

陈天祥起为南台侍御史，历燕南、山东两道廉访使。

刘壎与易雪崖山行访盱城周文郁，又从周文郁访黄阗衡，又往金溪访平山曾子良。归后，雪崖复约刘壎城北论文，甫半月，雪崖卒。

徐琬迁江南浙西肃政廉访使，召拜翰林学士承旨。

张炎北归，寄《疏影》词于周密。

孔克明（孔子五十五代孙）任冀宁路儒学教授。

马可·波罗一家从泉州乘船离开元朝，于1295年回到威尼斯。

周密《武林旧事》约成于此年以前。

按：周密《武林旧事》与吴自牧《梦梁录》并称，记述多据耳闻目睹，同为杭州地方文献掌故之要籍。周氏一书多民俗资料，且力求赅备，文笔优美。其价值不可忽视。

僧祥迈奉敕著《辩伪录》5卷成。

按：该书全称《至元辩伪录》，辩或作辨。收入《大正藏》第52册。张伯淳至元间奉旨撰写《至元辩伪录序》载："乙卯间，道士丘处机、李志常等毁西京天城夫子庙为文城观；毁灭释伽佛像、白玉观舍利宝塔，谋占梵刹四百八十二所；传袭王浮伪语《老子八十一化图》，惑乱臣佐。时少林裕长老率师德诣阙陈奏。先朝蒙哥皇帝玉音宣谕，登殿辩对'化胡'真伪，圣躬临朝亲证。李志常等义堕词屈。奉旨焚伪经，罢道为僧者十七人，还佛寺三十七所。党占余寺，流弊益甚。丁巳秋，少林复奏，续奉纶旨，伪经再焚，僧复其业者二百三十七所。由乙卯而辛酉凡九春，而其徒窜匿未悛，邪说滔行，屏处犹妄，惊渎圣情。由是，至元十八年冬，钦奉玉音颁降天下，除《道德经》外，其余说谎经文尽行烧毁。道士爱佛经者为僧，不为僧者娶妻为民。当是时也，江南释教都总统永福杨大师真珈大弘圣化，自至元二十二春至二十四春凡三载，恢复佛寺三十余所，如四圣观者，昔孤山寺也，道士胡提点等舍邪归正、罢道为僧者，奚啻七八百人。……斯《辩伪录》之正名教，造理渊奥，排难精明，凛乎抗凌云之劲操，坦然履王道之正涂，而堤备后世之溺于巨浸者，其为言也至矣。盖有伪则辩，无伪则无辩，岂好辩哉！弘四无碍之辩者，迈公之德欤。"（《佛祖历代通载》卷二一）该书为元代佛道斗争史实叙录，在中国佛教护法类著述中，其辑存史料之多仅次于唐法琳《辩正论》。且《辩伪录》叙说元太祖成吉思汗时，全真教兴起；元宪宗蒙哥时，全真教对佛教寺庙与其他产业的侵占，以及佛教的反措施；元世祖忽必烈时，焚毁道藏始末等事甚详，为研究元代佛道斗争之重要史料。

周密正月著《自铭》、《齐东野语》成。

按：《齐东野语》20卷，为元代笔记篇幅较长者。书名取自《孟子》"此非君子之言，齐东野人之语也"，亦为表明不忘家族出处意（周密祖籍济南）。书中内容多出自家藏文献，虽文献"悉皆散亡"，但据记忆且参照其他文献作记录。文中如卷一"放翁钟情前室"、卷一二"台妓严蕊"与《癸辛杂识》中龚开《宋江三十六赞》等皆为后世小说戏曲家关注。戴表元为《齐东野语》作序。

李鹏飞著《三元延寿参赞书》5卷成。

按：收入《正统道藏》。书前有是年作者《自序》、唐元解《序》、叶应和《跋》，至元二十九年（1292）姚辙《跋》、塔海《序》，至元三十一年（1294）周天骥《序》，元顺帝至元四年（1338）和元景《跋》。《四库全书总目提要》评曰："所言皆摄生之事，凡节嗜欲，慎饮食，神仙导引之法，俚俗阴阳之忌，因果报应之说，无不悉载。其说颇为丛杂，要其指归，则道家流也。"李鹏飞，号九华澄心老人。

金履祥集自宋亡后至是年之诗文二册，自题曰《仁山乱稿》。

朱晞颜著《鲸背吟集》1卷成。

按：是集有是年《自序》，另有《自跋》。或云晞颜，宋无字也。（《四库提要》等书）

僧文珦卒（1210— ）。文珦字叔向，号潜山，于潜人。早年在杭州出家为僧，南宋时曾受诋毁而下狱，此后出入江湖。以游方僧身份数十年间足迹遍及两浙。其诗将江湖诗派风格引入，然诗风则表达释子生活情趣志向，对宋元之际及元代诗僧影响甚广。以其人其诗隐而不现，故使宋元僧诗衔接出现缺环。《四库全书》从《永乐大典》中辑录其诗近900首，重编成《潜山集》（或作《潜山稿》）12卷，《全宋诗》第63册另据《诗渊》又辑出数百首佚诗，故文珦乃宋元存诗最多者。

刘思敬卒（1211— ）。吉州青原人。长游蜀中，从灵宝陈君受丹砂诀。年五十，始入龙虎山为道士，自号真空子。后主郁和道院。炼铅汞为丹砂。至元十八年，奉诏赴阙，并进六甲飞雄丹治世祖足疾。居八年，乞还山，结八卦庵于琵琶峰之右。事迹见《江西通志》卷一四〇。

应伯震卒（1217— ）。伯震字长卿，鄞县人。藏书家。自幼从师学《诗经》，深得本旨。但目空一切，看不起同辈。乡会试不中，遂致力以学，筑花崖书院，藏书5000卷，延良师教子侄。喜手抄书，抄诗有14帙。事迹见《鄞县志》。

方逢辰正月初三日卒（1221— ）。逢辰字君锡，原名梦魁，淳安人。宋淳祐十年进士第一，御笔特赐改名。宋亡后，元复以高官征召，拒不接受。隐居石峡书院教书，信奉程朱理学，提倡"四书为根本，六经为律令。格物致知，以穷此理；成心正心，以体此理。学之博以积之，反之约以一之"（《常州路重修儒学记》）。阐释孟子和程朱学派道德论，以为"许多道理皆要从心上抽并出来"，"切己省察而救活其心"（《石峡书院讲义》）。学者称蛟峰先生。著有《孝经解》1卷、《易外传》、《尚书释传》、《中庸大学注释》若干卷、《格物入门》1卷、《蛟峰集》6卷等。《宋元学案》列其入《北山四先生学案》。事迹见黄溍《蛟峰先生阡表》（《金华黄先

法国作曲家、音乐理论家、诗人维特里（ —1361）生。

生文集》卷三〇）、何梦桂《祭蛟峰先生文》（《潜斋集》卷一〇）、《宋史》卷四七、《明史》卷九六。

按：方逢辰之学，终身未尝有师承，盖淳安之学，皆宗陆氏，而方逢辰独为别派也。

又按：方逢辰有弟方逢振，字君玉。宋亡，方逢辰隐于石峡，逢振隐于凤潭，元人以淮西北道佥事起之，不赴。逢辰卒后，逢振嗣主石峡讲席，申明其兄之学，学者称为山房先生，配享书院中。著有《山房遗文》1卷，明方中又辑《山房先生外集》1卷。

王思诚（ —1357）、徐世良（ —1373）生。

至元二十九年　壬辰　1292 年

德意志选侯选举拿骚伯爵阿道夫一世任德意志国王。

教皇尼古拉第四卒。

意大利旅行家马可·波罗抵苏门腊。

正月甲辰，诏："江南州县学田，其岁入听其自掌，春秋释奠外，以廪师生及士之无告者。贡士庄田，则令核数入官。"（《元史·世祖纪十四》）

按：有圣旨曰："属孔夫子庙底田地根脚里，不自官司底来，是秀才每置来底田地，同和尚、先生田地一般，不自官司底来，已前中书省、御史台奏奉圣旨，分付与秀才每。如今皇帝可怜见呵，依在前体例里，分付与各处孔夫子庙秀才每为主。每年那田地里出来底钱粮呵，修理夫子庙、春秋祭丁、朔望祭祀者，交教养人材者。若有穷寒年老、无倚靠底好秀才每呵，那底每根底养赡者。这般行呵，是的一般。"（《庙学典礼》卷五）

丙午，河南、福建行中书省臣请诏用汉语，有旨以蒙古语谕河南，以汉语谕福建。

四月辛卯，设云南诸路学校，其教官以蜀士充。

五月丁未，中书省臣言："佞人冯子振，尝为诗誉桑哥，且涉大言，及桑哥败，即告词臣撰碑引谕失当，国史编修官陈孚发其奸状，乞免所坐，遣还家。"帝曰："词臣何罪！使以誉桑哥为罪，则在廷诸臣，谁不誉之！朕亦尝誉之矣。"（《元史·世祖纪十四》）

七月壬申，建社稷坛于和义门内，坛各方五丈，高五尺，白石为主，饰以五方色土。

十二月，西僧请以金银帛币祠其神，世祖终弗与。

或言京师蒙古人宜与汉人间处，以制不虞，不忽木遂图写国中贵人第宅及民居犬牙相制之状上之而止。

是年，于大都、上都两地设置回回药物院，隶属太医院，掌管回回医药事物。

按：至治二年，改隶广惠司。有元一代，阿拉伯医药在中国医药卫生中占有重要地位，回回医生和回回医药在民间亦颇受欢迎。

定各处儒学教授俸禄与蒙古医学同。

按：《元史·食货志四·俸秩》曰："（至元）二十九年，定各处儒学教授俸，与蒙古医学同。"太医院医官用人由太医院权衡，吏部不得干涉。张养浩《归田类稿》卷四《济南路改建三皇庙记》曰："我元以好生有天下，世祖皇帝诏太医院视三品，寻登二品，无所于统。为其学者，不揉诸民而殊其籍；又例儒学官，置提举、教授、正录、教谕，俾理其户而训迪其生徒。岁上能者，不于铨曹，于太医院听差，其上而官之。"许有壬《至正集》卷四四《大都三皇庙碑》云："补太医员，虑不根学，试严科条。入官阶升，迄长其院……郡邑设学，置教授、正录、教谕员，教其术业。又置提举，司其户调。自为铨衡，吏部不得而可否也。"

金履祥子颉卒，履祥乃名是年后集诗文曰《噫稿》。

程钜夫与胡祗遹、姚燧、王恽、雷膺、陈天祥、杨恭懿、高凝、陈俨、赵居信10人赴阙赐对。

赵孟頫出同知济南路总管府事。

叶李南还，至临清，帝遣使召之，俾为平章政事。李上表力辞，未几卒。

王恽是春见帝于柳林行宫，遂上万言书，极陈时政，授翰林学士。

按：恽上陈时政十四事，并请以立法定制为论治之始。王恽政论十四事颇有汉法模式：一曰议宪章以一政体；二曰定制度以抑奢僭；三曰节浮费以丰财用；四曰重名爵以揽威权；五曰议廉司以励庶官；六曰议保举以核名实；七曰设科举以收人才；八曰试吏员以清政务；九曰恤军民以固邦本；十曰复常平以广蓄积；十一曰广屯田以息远饷；十二曰息远略以抚已有；十三曰感和气以消水旱；十四曰崇教化以厚风俗；世祖嘉纳其言，并授予翰林学士（《秋涧集》卷三五）。

杨恭懿被诏议中书省事，辞疾不就。

梁曾再使安南。改授淮安路总管而行。

陈天祥累迁监察御史，后擢吏部郎中，升治书侍御史。

陈孚以朝臣荐，调翰林国史院编修官，摄礼部郎中，为梁曾副使安南，佩金符以行。

张炎南归山阴，作《八声甘州》（记玉关踏雪事清游），寄沈钦、赵与仁。

洪焱祖授平江路学录。

马端临出任慈湖书院山长。

按：慈湖书院，在江西乐平。宋人杨简（号慈湖）尝知乐平，首倡士民兴修学舍，阐明心学，以崇教化。至元十九年（1282），知县瞿衡兴建书院，以祀杨简，赐额"慈湖书院"。是年起，马端临出任山长达26年。至正初年，危素为撰《乐平州慈湖书院赡学田记》，云：元时，书院曾遭到许多非议，以为世谓先生从陆文安之学者，人自标异，诵圣人之言，述圣人之行，求其止乎极而已矣，岂可各开户牖，而有分裂圣人之道者哉？（《说学斋稿》卷一）

高苑人高希允八月庚戌以非所宜言伏诛。

赣州路儒学刊行张栻《南轩易说》3卷。

熊禾武夷书室刊行胡方平《易学启蒙通释》2卷成，五月十五日熊禾有跋,季夏刘泾亦有跋。

按：熊禾《跋》云:"伏羲因图河画卦,大禹因洛书叙畴,孔安国以来,有是言矣。《易·大传》曰:'河出图,洛出书,圣人则之。'且曰:'《易》有四象,所以示也。若然,则河图洛书,皆圣人则之以作《易》者也。及以先后天八卦方位考之,与图书之数,已有自然之配合。'所谓'《易》有四象'者,尤昭然可见矣。何则? 洛书一居北,六居西北,老阴之位也,故坤、艮居之。九居南,四居东南,老阳之位也,故乾、兑居之。三居东,八居东北,少阴之位也,故离、震居之。七居西,二居西南,少阳之位也,故坎、巽居之。五居中,则固虚之,为太极也。此非先天之四象乎? 河图天一地六,为水居北,故坎亦居北。地二天七,为火居南,故离亦居南,天三地八,为木居东,故震亦居东。地四天九,为金居西,故兑亦居西。天五地十,为土居中,分旺于四季,故乾、坤、艮、巽亦居四维之位。此非后天之四象乎? 大抵先天方位,言对待之体也。天上地下,日东月西,山镇西北,泽注东南,风起西南,雷动东北,乾坤定位,六子成列,乃质之一定而不可易者也。后天方位,言流行之用也。春而夏,夏而秋,秋而冬,冬而复春,五气顺布,四时行焉,乃气之相推而不可穷者也。此皆自然吻合,不假安排,天地之间,开眼即见。圣人所以则图、书以画卦者,盖非苟焉而作也。汉儒不此之察,毋亦惑于《书》所谓天乃锡禹《洪范》九畴之说乎? 不知此亦天乃锡王勇智之类。九畴大法,非人所能为,则亦天之所与耳。古人之言九数,何莫不出于洛书,又岂特九畴为然哉? 若夫圣人作《易》,则但当证以吾夫子之言可也。每恨生晚,无从质之文公,徒抱此一大疑而已。己丑春,余读书武夷山中,有新安胡君庭芳来访,出其父书一编,曰《易学启蒙通释》。其穷象数也精深,其析义理也明白,且其间有言先后天方位,暗与图、书数合者,不符而同。然后知天下之公理,非但一人之私论也。兹因刻梓告成,辄述所见,以识其后云。壬辰仲夏望日,后学武夷熊禾跋。"(《易学启蒙通释》卷末,《通志堂经解》本)刘《跋》则见《四库全书》本卷末。

黄公绍约于此年著《古今韵会》成,刘辰翁十月作序。

按：黄公绍,字直翁,号在轩,邵武人。宋咸淳元年进士,入元不仕,隐居樵溪。其《古今韵会》以《说文解字》为本,参考宋元以前字书、韵书编辑而成。未刊行,不传,后熊忠以其卷帙浩繁,另编《古今韵会举要》一书。熊忠作《古今韵会举要自序》云:"同郡在轩先生黄公公绍慨然欲正千有余年韵书之失,始秤字书,作《古今韵会》。大较本之《说文》,参以籀、古、隶、俗,凡将急就,旁行奥落之文,下至律书、方技、乐府、方言,靡所不究,而又检以七音六书,凡经史子集之正音、次音、叶音、异辞、异义,与夫事物伦类、制度纤悉,莫不详说而备载之,浩乎山海之藏也!"(《古今韵会举要》卷首)刘辰翁是年《序》云:"……吾尝欲谱以著邵氏《皇极经世》之所由生,而病未能,非不能谱,不能切也。坡公得颍滨《老子解》,以为不意暮年见此奇特,彼解老不至是,吾于在轩黄公绍《韵会》三叫奇特……今车同轨,行同伦,独书未同文耳,得《韵会》而声同,声同字有不可同者乎? 胡僧纽韵与佛经字母极天下之不能言者言,使其得吾字而习之,有不能乎? 天下声同书同,其必自《韵会》始,此万世功也。勉成之。壬辰十月望日庐陵刘辰翁序。"(《古今韵会举要》卷首)

赵秉温编《国朝集礼》成,进呈于世祖。

按：元世祖定都大都时,公卿皆军功之臣,不究礼节,四方朝贡者各行其礼。赵秉温遂奉命制定朝仪。此朝仪参考古制及金朝礼法,又结合蒙古礼仪,颇合实际。世祖赞赏,并下诏成立侍仪司,拜赵秉温为中顺大夫、礼部侍郎,专管侍仪事。至元八年(1271年)秋,世祖生日之际,始实行此套朝仪,此后元旦受朝贺、冬至进历日、册立皇后、皇太子、建国号、上徽号、宣大诏令、诸国来朝，皆延续此套朝仪。是年，赵秉温将此套礼仪写成《国朝集礼》呈送元世祖（苏天爵《赵文昭分行状》，《滋溪文稿》卷二二）。

周密纂《癸辛杂识续集》上卷成。

陈孚著《交州稿》1卷成。

按：是书多描摹当地土著风俗。

曾子良卒（1224— ）。子良字仲材，号平山，先世为南丰望族，后徙居抚州金溪。曾从徐霖游。宋咸淳四年进士。知淳安县。入元，程钜夫以遗逸荐为宪佥，不赴，扁其室曰节居。以通经学为后进师，临川饶鲁曾从其学《易》。学者称平山先生。《宋元学案》列其入《存斋晦静息庵学案》"径畈门人"。著有《易杂说》、《中庸大学语孟解》、《圣宋颂》、《百行冠冕诗》、《续言行录》、《广从类稿》、《咸淳类稿》等。事迹见《宋史翼》卷三五、《宋季忠义录》卷一六。

张著卒（1224— ）。著字仲明，号濛溪，襄陵人。其赋性颖悟，有志于学业。元太宗十年，以辞赋中选。后曾任平阳路儒学教授。著有《诗学渊源》20卷、《春秋概括》3卷、《濛溪集》12卷。事迹见王恽《大元故濛溪先生张君墓碣铭》（《秋涧集》卷六〇）。

魏初卒（1232— ）。初字太初，号青崖，弘州顺圣人。魏璠从孙，璠无子，以初为后嗣。中统元年，辟为中书省掾史，兼掌书记。后辞官隐居乡里教授子弟。后荐授国史院编修官，拜监察御史。官至南台御史中丞。卒于官，追谥忠肃。魏初早年受教于元好问，长于《春秋》之学，为文简约有法。著有《青崖集》5卷。《全元散曲》录其小令一首。事迹见王恽《中堂事记》（《秋涧大全集》卷八〇）、《元史》卷一六四、《新元史》卷一九一、《宋元学案补遗》卷一四、《（至正）金陵新志》卷六。

按：焦竑《经籍志》载魏初《青崖集》10卷，《文渊阁书目》亦载魏初《青崖文集》一部七册，大约是书明初原集尚存，后乃渐就亡佚，今《青崖集》5卷，乃《四库全书》从《永乐大典》中辑出，以见其崖略。

叶李卒（1242— ）。李字太白，一字舜玉，号亦愚，杭州人。宋末补京学生，与同舍生上书攻贾似道，窜漳州。宋亡，隐富春山。至元十四年，征为浙西道儒学提举。二十三年，应征至京，受世祖召见，陈历代帝王成败得失之故。后授尚书左丞，始定至元钞法，又请立太学。劝阻迁徙江南宋宗室、大姓至北方。升右丞。卒谥文简。事迹见《元史》卷一七三、《大明一统志》卷三八。

张宗演卒（1244— ）。宗演字世传，号简斋，贵溪人。性渊静，少颖敏。年十九嗣教，为正一道第三十六代天师。至元十三年，元世祖平定江南，即遣使召见之，待以客礼。赐号"演道灵应冲和真君"，给二品银印，命主领江南道教。至元十五年秋，建汉天师正一祠于京城。卒后加赠"演道灵应冲和玄静真君"之号。事迹见《元史》卷二〇二。

按：元代正一教兴盛，天师之号亦自元代起用。正一教与北方的全真、真大等

英国方济各会会士、托马斯·阿奎那反对者约翰·奥卡姆卒（约1240— ）。

清修派别不同，正一诸派都持符篆念咒作法，大概因与蒙古贵族熟悉的萨满仪式更近，故加剧了蒙古贵族对正一教的信从（蔡凤林《古代蒙古族传统宗教文化心理对元朝政治的影响》）。

宋褧（　—1344）、张枢（　—1348）、郑元祐（　—1364）、朱玉（　—1365）、永宁（　—1369）、周霆震（　—1379）生。

至元三十年　癸巳　1293年

大越陈仁宗创佛教竹林禅派。

佛罗伦萨颁布《正义法规》，设长老会议为最高权利机构，确立富裕市民之统治地位。

四月甲寅，敕江南毁诸道观圣祖天尊祠。

五月辛未，命僧寺之邸店，商贾舍止，其货物依例征税。

十月戊申，僧官总统以下有妻者罢之。

十二月，翰林国史院下文中书省云："江南学校，皆有养士钱粮，学官俸给，就内支破，即不支费国家正俸。"（《庙学典礼》卷四）

是年，编修所并入翰林院。

按：编修所的职能是用蒙古文刊行《孝经》、《贞观政要》、《大学衍义》等书。

江西行省儒学提举司指出：今后各学正录、山长，合无照依职官格例，以三周岁为任满，唯复照依元奉国子监指挥，三十个月为考满，给由转迁。

中书省给福建行省之咨文云："江南各处书院设山长，受行省付，此同学正出身，一考于府、州教授内任用。""白身保充学录、教谕，一考升学正，学正一考升府、州教授，府、州教授一考升路教授。"（《元史·选举志一》）

意大利旅行家马可·波罗抵波斯。

王恽二月被召至上都，入见，世祖慰谕良久。

张伯淳授翰林直学士。

陈孚正月至安南国，安南主不由阳明中门使入，孚与梁曾致书诘之，辞直气壮，皆出孚手笔。八月，陈孚偕梁曾归。

杨梓为宣慰司官，奉命赴爪哇等处招谕。

周密二月至四月、八月至十二月，往来杭州诸家看书画。

郑滁孙荐授集贤直学士。

忽必烈临终授遗诏于不忽木等三大臣。成宗立，国家大事多采纳不忽木主张。

欧阳龙山荐授文靖书院山长。

按：文靖书院乃元邑人总管赵密所建。密尝从刘因游，归以其学教乡，乃建书院，祀刘因，以其谥号为院名。是年，书院修复，且聘隐居17年的欧阳龙生为山长。房山之士因以知程朱理学。

严忠济为东平路总管，创建龙山书院。

阎复作《江浙行中书省新署记》。

按：元一统江南之后，设江浙行中书省于杭州，阎复此篇于江南行中书职、权及中书建制沿革介绍详悉，极富文史价值。文云："至元二十九年夏五月，江浙行中书省新署成。明年夏五月，复游杭省府，会宴政事堂，请记兴造之迹于石……中统建元，更定官制，乃置中书总握机务，尚书六曹隶焉；又酌近代之典，立行中书省分镇方国，荒服诸郡隶焉。盖古方伯连帅之任也。王师渡江，诏命巴延丞相行省军中。江南既平，遂置数道道行中书省，抚绥镇遏之。惟两浙、东南上游，襟江带湖，控扼海外，诸番贸迁有市舶之饶，岁入有苏湖之熟，榷货有酒盐之利，节制凡百余城，出纳以亿万计，实江南根本之地。盖两浙安则江南安，江南安则朝廷无南顾之忧。膺是责者，非股肱大臣威望素著，鲜克称任。粤自政化更张，今荣禄大夫平章政事乌玛喇首拜兹命，荣禄大夫平章政事阿喇卜丹、资善大夫左丞赵仁荣、中奉大夫参知政事特穆尔、嘉议大夫签行中书省事郭筠，前后接武，同寅协恭。若夫内给弓兵，外通海漕，理财以经国，勤政以绥民，以至筑围田以备水，平籴价以赈饥，盗贼止息，人安田里，以布宣皇泽唯谨。先是，省署居亡宋之秘阁，属有回禄之变。今福建行中书省平章政事史弼时为右丞，共议作而新之。杭州路达噜噶齐斡齐尔、理问官柳泽实董其役。度材于官，佣力于民，规制有经，工用有节，阅数月而后毕。"（《天下同文集》卷七）

李杲著《兰室秘藏》6卷刊行。

按：此书为李杲从医临床实践录，书中方剂多为李氏创制，药味虽较多，但配伍精当，切于实用，对现代中医临床颇有启迪。李杲还著有《脾胃论》3卷。李氏脾胃论核心是："脾胃内伤，百病由生"，此说对后世医家关于脾胃病及以脾胃为主的治疗方法有重要影响，起到指导作用。李杲，字明之，真定人，晚年自号东垣老人。"金元四大家"之一，中医"脾胃学说"创始人，强调脾胃于人身之重要作用，故其说亦称作"补土派"。

溪山道人田紫芝刊行《山海经》10卷。

黄舜申传、陈采纂《清微仙谱》1卷、《附录》3卷成。

王奕约于此年后著《玉斗山人集》3卷成。

按：王奕，字伯敬，号斗山，信州玉山人。与文天祥、谢枋得友善，宋亡，建斗山书院居，杜门不出，自号至元遗民。有《斗山文集》12卷、《梅岩杂咏》7卷，都未见传本，仅存《玉斗山人集》（原名《东行斐稿》）3卷。《四库全书总目提要》云："其诗稍失之粗，然磊落有气，胜宋季江湖一派。"

王恽十一月作《雪庭裕公和尚语录序》。

按：雪庭和尚指宋僧福裕。

王磐卒（1202— ）。磐字文柄，号鹿庵，广平永年人，徙汝州鲁山。家世务农，岁产麦万石，乡人称为"万石王家"。早年师从麻九畴。金正大四年进士，不就官，一度南奔投宋。北归后，受东平总管严实礼遇，中统间拜益都宣抚副使、翰林直学士，迁太常少卿，仕至翰林学士承旨。以资德大夫致仕，仍给半俸终身，离京时，皇太子赐宴圣安寺，百官送出丽泽门。卒谥文忠。王磐为元初元老重臣，魏初、徐琰、胡祗遹等皆由之举荐。为文宏放，顾嗣立评其诗"述事遣情，闲逸豪迈，不拘一律"（《元诗选·二集》小

日本编年史《吾妻镜》（《东鉴》）后半部约于此间成书。

法国反托马斯主义者、奥古斯丁的新柏拉图主义亨利（根特）卒（1217— ）。

荷兰神秘思想家罗斯布洛克（ —1381）生。

传)。事迹见《元史》卷一六〇、《元朝名臣事略》卷一二。

僧妙高卒(1219—)。妙高字云峰。临济宗杨歧派法系中人。少嗜书力学,尤耽内典,通达妙解,义学不胜。弱冠出家,心仪禅道,首拜痴绝、无准等为师,均不能契合。后之育王见偃溪闻,有所省悟,受到偃溪闻的首肯。宋景定年末,敕主蒋山。至元十七年,迁径山。至元二十五年,元世祖召集禅、道、律各派代表人物进京"廷辩",无胜,赐食而退,晚年书偈而逝。有语录集传世。

赵秉温四月卒(1222—)。秉温字行直,蔚州人。赵瑨子。事世祖潜邸,命受学于刘秉忠,从征吐蕃、云南大理。中统初,诏行右三部事。至元七年,创习朝仪,阅试称旨,授尚书礼部侍郎、知侍仪司事。明年,授秘事少监,购求天下秘书。十九年,迁昭文馆大学士、知太史院侍仪司事。《授时历》成,赐钞二百锭,进阶中奉大夫。二十九年,编《国朝集礼》成,卒后,世祖命其子慧袭侍仪使。皇庆元年,赠金紫光禄大夫、司徒、定国公,谥文昭。事迹见苏天爵《赵文昭公行状》(《滋溪文稿》卷二二)、《元史》卷一五〇、《钦定续通志》卷四六二。

俞德邻卒(1232—)。德邻字宗大,号大迂山人,祖籍永嘉平阳,徙丹徒。宋咸淳九年浙江转运司解试第一。宋亡之际,作长诗《京口遣怀一百韵》,与汪元量《湖州歌》并称为"诗史"。入元一荐不起,一时名士咸敬慕之。遗著由其子俞庸辑为《佩韦斋文集》16卷(诗7卷、文9卷),另有《佩韦斋辑闻》4卷,合为《佩韦斋集》20卷。事迹见《宋诗纪事》卷七六、《宋百家诗存》卷三八。

吴龙翰卒(1233—)。龙翰字式贤,一作武贤,号古梅,歙县人。师方岳。咸淳中贡于乡,以荐授编校国史院实录。至元十三年,乡校请充教授,寻弃去。家有老梅,因以古梅为号,尝为之赋。著有《古梅吟稿》6卷。事迹见《宋季忠义录》卷一五、《宋诗纪事》卷七七。

魏新之卒(1242—)。新之字德夫,号石川,严州桐庐人。受业于方逢辰。宋咸淳七年进士,授庆元府学教授。入元家居,与同里袁易、孙潼发等赋诗论学,称为"三先生"。建垂云书院以启后学,时称石川先生。《宋元学案》列其入《北山四先生学案》。事迹见宋濂《故宋迪功郎庆元府学教授魏府君墓志铭》(《宋文宪公全集》卷五)、《宋季忠义录》卷一三。

刘因四月十六日卒(1249—)。因初名骃,字梦骥,后改名因,字梦吉,爱诸葛亮"静以修身"之语,故号静修,保定容城人。元时曾被荐为德郎右赞善大夫,未几辞归。后以集贤学士、嘉议大夫征,固辞不起。延祐中,赠翰林学士,谥文靖。主调和朱陆两派,尤为推崇邵雍、朱熹,与许衡同有"北方两大儒"之称。诗风豪放,多兴亡之感。从《皇元风雅》开始,元诗选本即以刘因作为元诗第一家。《宋元学案》为列《静修学案》,其弟子及再传弟子有乌冲、安熙、苏天爵等。著有《易系辞说》、《四书集义精要》28卷、《四书语录》、《小学语录》、《丁亥集》5卷、《樵庵词》1卷、《椟蓍记》1卷、《静修集》30卷。事迹见苏天爵《静修先生刘公墓表》(《滋溪文稿》卷八)、《元史》卷一七一、《新元史》卷一七〇。苏天爵有《刘文靖公遗事》1卷。

按：《元史》本传载："(刘因)及得周(敦颐)、程(颢、颐)、张(载)、邵(雍)、朱(熹)、吕(祖谦)之书，一见能发其微，曰：'我固谓当有是也。'及评其学之所长，而曰：'邵，至大也；周，至精也；程，至正也；朱子，极其大，尽其精，而贯之以正也。'其高见远识率类此。"欧阳玄赞刘因曰："麒麟凤凰，固宇内之不可常有也，然而一鸣而六典作，一出而《春秋》成，则其志不欲遗世而独往也，明矣，亦将从周公、孔子之后，为往圣继绝学，为来世开太平者耶！"《宋元学案》卷九一《静修学案》黄百家评曰："有元之学者，鲁斋、静修、草庐三人耳。草庐后至，鲁斋(许衡)、静修(刘因)，盖元之所藉以立国者也。二子之中，鲁斋之功甚大，数十年彬彬号称名卿材大夫者，皆其门人，于是国人始知有圣贤之学。静修享年不永，所及不远，然……天分尽高，居然曾点气象，固未可以功效轻优劣也。"

严忠济卒，生年不详。忠济一名忠翰，字紫芝，泰安长清人。严实子。仪表堂堂，善骑射。曾袭父爵官东平行台。至元二十三年，起授资德大夫、中书左丞衔，行江浙省事，以年老辞。后谥庄孝。擅作散曲，现存小令《落梅风》、《天净沙》等。事迹见《元史》卷一四八《严实传》附传。

黄溍（　—1344）、吕思诚（　—1357）、闻人梦吉（　—1362）、陈植（　—1362）生。

至元三十一年　甲午　1294年

正月癸酉，元世祖忽必烈病逝。乙亥，葬于起辇谷。

御史中丞崔彧得传国玺，献之。

按：时木华黎曾孙硕德，已卒而贫，其妻出玉玺一鬻之，彧以告彧。召御史杨桓辨其文，曰："'受命于天，既寿永昌'，此历代传国玺也。"贺之，乃遣右丞张九思赍授之(《续资治通鉴》卷一九一)。

四月，皇孙铁穆耳至上都，即皇帝位，是为元成宗，颁即位诏。

五月壬子，始开醮祠于寿宁宫，祭太阳、太岁、火、土等星于司天台。

六月甲辰，诏翰林国史院修《世祖实录》，以完泽监修国史。

七月壬戌，诏中外崇奉孔子。

按：政府告谕中外百司官吏等曰："孔子之道，垂宪万世，有国家者，所当崇奉。曲阜林庙，上都、大都、诸路府、州、县邑庙学、书院，照依世祖皇帝圣旨，禁约诸官员使臣军马，毋得于内安下，或聚集理问词讼、亵渎饮宴、工役造作、收贮官物。其赡学地土产业及贡士庄田，外人毋得侵夺。所出钱粮，以供春秋二丁朔望祭祀及师生廪膳。贫寒老病之士、为众所尊敬者，月支米粮，优恤养赡，庙宇损坏，随即修完。"(《昌国州图志》卷二)

八月戊子，初祀社稷，用堂上乐，岁以为常。

热那亚舰队大败威尼斯人。

天主教方济各会始入中国。

十一月癸酉,诏改明年为元贞元年。

是年,全、永、道州肃政廉访分司向岭北湖南道肃政廉访司报:"道州濂溪书院收藏亡宋御史'道州濂溪书院'六字,及楼阁内有金篆牌匾该写'宸奎阁'三字,又有收顿御书小阁子一个,并亡宋省札一道。"末了,(御史台、察院处理)本台看详:"诸处寺观收顿古今书画、墨迹、碑铭、牌面,处处有之,中间别无禁制。此系动众扰人事理,难议施行,理合钦依圣旨事意,条理学校,岁时致祭圣帝明王、忠臣烈士。"(《庙学典礼》卷四)神像终归濂溪书院。元态度颇通达。

伊利汗仿元朝雕版印刷纸币,遭阻,废罢。

按:中国雕版印刷却由此传入波斯,后又传入阿拉伯及欧洲地区。

吴澄至福州,程文海以福建闽海道肃政廉访使迎至焉。十一月,吴澄还家。

邓牧、谢翱相遇于会稽,结为方外友。

阎复在成宗即位后以旧臣奉召入朝,赐重锦、玉环、白金,除集贤学士,改翰林学士。

王约四月二十六日上疏言二十二事,成宗嘉纳之,调兵部郎中,改礼部郎中。

杨桓拜监察御史,寻升秘书少监,与修《大一统志》,秩满归。

爱薛升任翰林学士承旨,兼修国史。

周密与王子庆、鲜于枢、庄肃、张受益等常于杭州赏鉴书画古玩。

宋端明殿学士、签书枢密院事家铉翁六月辛丑诏赐号"处士",放还乡里。赐金币,不受。

按:初,世祖欲官之,不受,遂安置河间,以《春秋》教授弟子。数为诸生谈及宋兴亡,辄流涕太息。是岁已逾八十,不久,即卒。

钟如愚之三世孙钟梦鲤捐资复立主一书院。

按:程钜夫为作《主一书院记》,其文载:"今之书院,三代之家塾也。粤自曹戚肇端,延及于今,日进不衰,岂非斯道之亨,吾党之幸哉?往年,豫章揭君某客武昌,怀省檄诣主一书院为长,过予辞行。予问:'主一何在?'曰:'湘潭。''何为而有也?'曰:'自钟氏。'又问,而未能知也。今年自主一来予旴上,手一录目,请予文。予读之曰:'钟君如愚师颜,广汉张宣公之弟子也。年十六,以书问仁,因留受业。弱冠,中进士科。刻意学而不仕。晚官岭海,引年而归,除南岳书院山长,监南岳庙。师颜没,其子割田亩五百建讲舍,祀宣公,奉师颜配。因师颜之号,而请名于官曰主一书院。中更毁废,田入豪家。元贞甲午,钟氏捐己钱以赎之,益之以己田合亩一千,复立主一书院。请于官,官从之。乃建燕居之堂,讲肆一,斋庐二。某至之初年,钟氏谋改作,礼殿、两庑、仪门、棂星门、藏书阁、两先生祠、官署、公庖,凡作屋若干间。以燕居之堂为问仁之堂,讲肆为厚德之堂,凡改屋几间。又增斋庐为四,架溪桥而覆之以瓦,大凡为屋几百间,其材悉出钟氏。钟氏者,师颜三世孙梦鲤也,今为郴州宜章县教。'予曰:'嗟夫,以彼其心,教一邑而止邪?'又读之曰:'书院之复也,夫子以燕居之服坐于堂,而四公侑。今既殿矣,则从秩祀儒以户隶于主一者若干,官所定也。'予曰:'止,河汾氏不云乎:通于夫子,受周极之恩?使儒之隶于主一者,若钟氏之于主一焉,则一不为少。不然,虽多亦奚以为?'抑又言之:'家塾而从燕居,礼也。冕而殿焉,是乎非耶?'虽然,钟氏亦勤矣。设其地,立其官,储其财,备其友,俾专且裕焉。隳之而废之,而有之,而愚之。今钟氏非怵于威、利于赢也而若此,可不谓勤且贤乎?然予知钟氏之志不止此也,不止此而欲进于此焉,则是有在彼而不在此者矣。是虽钟氏之志,而亦钟氏之事。而教之与学之者,咸不可不求以称其事焉者。不然,崇居丰养,诲惰诲贪,诚不若相忘于寂寞之滨之愈也。君往而讯之,不疑吾言,则以为记。"(《雪楼集》卷一二)

意大利教士孟特·戈维诺至元,抵达大都。

按:此人为意大利圣方济各会会士,是罗马教廷派驻元朝的第一任大主教。是年抵达大都后,留居大都至逝世。他先后在大都兴建教堂二所,在泉州建立分教区,曾用鞑靼文字翻译《新约全书》和《旧约》诗篇。大德十一年(1307)升为大都大主教。

刘辰翁作《周易象义序》。

按:刘《序》云:"武陵丁石潭君(丁易东)为《象义》,核汉上而博诸家。其洁静也不杂,得《易》之体;其互变也不泥,得《易》之通。疏而明,渐而近,其不可为典要也,未尝不出于典常,而可以为训,虽先儒复起,其辩不与易矣,而又未尝有意于辩也。自吾见近世成书若此者少。至《大衍索隐》,横竖离合,无不可考,则自得深矣。《易》肇于气,成于数,象与辞虽其子,而胎息远矣。君能得之于大衍之先,又能衍之于大衍之后,则声韵律吕将无不合,而经世之所以知来者,具是象与辞如响矣。君成书如屋,年如加,我尚旦暮见之。甲午春二十二日庐陵刘辰翁序。"(《周易象义》卷首)

无名氏著《皇元圣武亲征录》1卷成。

按:《四库全书总目提要》卷五二"史部杂史类存目"云:"首载元太祖初起及太宗时事。自金章帝泰和三年壬戌,始纪甲子,迄于辛丑,凡四十年史。载元世祖中统四年参知政事、修国史王鹗,请延访太祖事迹,付史馆。此卷疑即当时人所撰上者。其书序述无法,词颇蹇拙,又译语讹异,往往失真,遂有不可尽解者。然以《元史》较之,所记元初诸事实,大概本此书也。史言太祖灭国四十而其名不具,是书亦不能悉载。知太祖时事,世祖时已不能详,非尽宋濂、王祎之挂漏矣。"该书久以抄本传世,后经钱大昕等整理,渐为世所重。王国维曾为之校注,是现存较好注本。

陈栎七月立秋撰《论语口义》,有序。

顾彧作《图籍纪略》。

按:其文云:"上海,为松江属县。其为县,自元之至元二十八年始。其有学,则自三十一年也。首创之者,县人慰费公拱辰。因而隆之者,判官张侯纪(张纪)、县丞范侯天祯(范天祯)也。通道颎水、复古诸侯学宫之制者,县尹辛侯思仁(辛思仁)也。更大基址、崇广殿宇、加敞庑序、裒赡田粮、增置生员者,金宪吴侯彦升(吴彦升)、县丞王侯珪(王珪)、运使县人瞿侯霆发(瞿霆发)及县尹张侯如砥(张如砥)也。其重修者,县丞张侯议也。创教谕之厅、开讲习之堂者,县尹刘侯文大人(刘文)也。"

赵道一约于此年著《历世真仙体道通鉴》53卷、《续编》5卷、《后集》6卷成。

按:《历世真仙体道通鉴》简称《仙鉴》,题"浮云山圣寿万年宫道士赵道一修撰"。现存于《正统道藏》洞真部记传类。"通鉴"者,作者谓"通天下之人可得而照鉴",乃道教人物传记类典籍。全书正编、续编、后集共收载历代仙真和道士传记899人,其跨越时间之长和人物之多,远过于《列仙传》等其他道教传记典籍。赵道一号全阳子,余不详。书前有赵自序及《进表》,皆未署年月;又有庐陵刘辰翁所作序,署年"甲午",及邓光荐所作序,署年"阏逢敦牂"(即甲午),知该书成于是年。赵《自序》云:"白海琼先生曰:晋抱朴子作《神仙传》,所记千有余人,刘纲法师复缀一千六百为《续仙传》。宋朝王太初,集仙者九百人,为《集仙传》。宣和间,考古校今,述所得仙者五万人,谓之《仙史》,盛矣哉!……愚者,一介渺微,苦耽玄学,欲希度世,颇厌俗纷。常观儒家有《资治通鉴》,释门有《释氏通鉴》,惟吾道教,斯文独阙。白海琼先生之所谓传、所谓史,皆不见行于世间。因录集古今得道仙真事迹,究其践履,观其是非,论之以大道而开化后人;进之以忠言而皈依太上。务遵至理,不诧虚文。但真仙玩世,显少隐多,其所留名,百不逮一。且传记行藏,每有闻见之先后;踪迹变化,难以次序而铺舒,是故不可例世间作史,编年纪事论也。如得一名真仙证道,须是详审校定,严行笔削,不敢妄书。庶几剖判仙凡,垂名者贵,人间天上,普见愚衷,惟万劫至人上士鉴之焉。编成,名之曰《历世真仙体道通鉴》。浮云山圣寿万年宫道士臣赵道一再拜焚香谨序。"邓光荐《序》言:"浮云山道士赵全阳著《仙鉴》,编纂详,考订核,可谓仙之董狐矣。"

牧常晁著、黄木仁纂《玄宗直指万法同归》7 卷成。

按:其说于金丹祖述张伯端,其三教同源说及性命合修论,大略与李道纯说相似。牧常晁亦可由此推为南北宗合流后之全真道士。

宋无著《啽呓集》1 卷成,邓剡为作序。

按:是书另有至元二年(1336)自序。

张之翰为卫宗武《秋声集》作序。

按:《序》云:"始余为行台御史,道松江,会九山卫公泊其子谦,才一杯而别。后十年来牧是郡访九山墓,宿草已六白矣。谦出公《秋声集》求序,许而未作。又旬岁,属者暇愈少,请愈力,因思古今骚人多寓意秋声,中由宋玉《九辨》而下,如李太白有《紫极宫何处闻秋声》诗,刘禹锡、欧阳永叔有《秋声赋》,率皆悲时之易失,嗟老之将至,状其凄清萧瑟而已。今九山之集取名虽同,而实又有所不同者。昔在淳祐间,公起乔木世臣,后班省闼,镇藩铺,无施不可,此时不独无此作,亦未尝有此声也。及时移物换,以故侯退处于家,不求闻达,舍大篇短章,何以自遣,盖心非言不宣,言非声不传。是知声之秋,即心之秋,心之秋即江山之秋,江山之秋即天地之秋也。声无穷,秋亦无穷,彼观是集,读是序,见山谷所云'末世诗似候虫声',便谓诚然,正所谓痴人前不得说梦,岂真知公者乎?九原有灵或闻斯言。公讳宗武,字淇父,官至朝请大夫,九山其自号云。至元甲午重九日张之翰序。"(《秋声集》卷首)

英国哲学家、科学家罗吉尔·培根卒(1214—)。

阿拉伯音乐理论家萨非·阿尔·丁卒(1230—)。

杨恭懿卒(1225—)。 恭懿字元甫,号潜斋,奉元高陵人。力学强记,日数千言,虽从亲逃乱,未尝废业。尤深于《易》、《礼》、《春秋》。至元十二年,召入大都,上设科举奏。追谥文康。与修《授时历》,著有《合朔议》、《潜斋遗稿》。事迹见姚燧《领太史院事杨公神道碑》(《牧庵集》卷一八)、《元史》卷一六四、《国朝名臣事略》卷一三。

按:萧𣂏志其墓云:"朱文公集周、程夫子之大成,其学盛于江左,北方之士闻而知者,固有其人,求能究圣贤精微之蕴,笃志于学,真知实践,主乎敬义,表里一致,以躬行心得之余,私淑诸人,继前修而开后觉,粹然一出乎正者,维司徒暨公。"(《国朝名臣事略》卷一三)

赵必𤩽卒(1245—)。 必𤩽字玉渊,号秋晓,宋太宗十世孙,居东莞。

咸淳元年与父同登进士。入元,隐居温塘村。著有《覆瓿集》5卷。事迹见陈琏《墓表》、陈纪《行状》(皆见《覆瓿集》附录)、《宋史翼》卷一七。

苏天爵(—1352)、朱德润(—1365)、王鑑(—1366)、王介(—1371)、明德(—1372)生。

元成宗元贞元年　乙未　1295年

正月壬戌,以国忌,即大圣寿万安寺饭僧七万。

癸亥,诏道家复行金箓科范。

三月,翰林院颁布加强蒙古字学诏令。增蒙古学正,以各道肃政廉访司领之。

按:此诏既表明统治者欲推行蒙古字学的强硬态度,亦反映出其坚持文治的态度。诏令强调,欢迎各民族、各出身的人学习蒙古文字;各地官府须切实过问蒙古字学的情况,各学校教官要负责起教学责任;地方官府有失职处,可上报朝廷。(见王建军《元代国子监研究》)诏令云:"在先薛禅皇帝,'蒙古文字,不拣那里文字根底为上交宽行者,各路分官人每,与按察司官人每一处提调者,好生的交学者。各路里教授,各衙门里必阇赤委付呵,翰林院官人每委付者。'么道圣旨交行有来。如今提调的官人每不好生的提调上头,学的人每不谨慎有。各衙门里蒙古必阇赤每委付呵,俺根底也不商量了委付有。更汉儿文字教的州里也交教去有,蒙古学教的州里也不曾教去来交去的。"那般奏来。如今依在先圣旨体例里,翰林院官人每根底不商量了,蒙古必阇赤休委付者,州里也依那体例委付学正去者,提调的路分里,廉访司官人每好生的提调者,交学者好生的学呵,依着薛禅皇帝交行来的圣旨体例里,提调来的则依着那个体例里提调者,文字好生的教学者,教授、学正、必阇赤则依著那般体例里委付着,学文书的其间里不拣谁休入来者,道来。这般道了呵,不好生的提调呵,文字其间里入去的人每,不怕那甚么。"(《通制条格》卷五)莆田黄仲元尝作《蒙古字学题名记序》,颇可证其时蒙古字学教育实情。文曰:"蒙古字学者何?上之人所以达书名于四方也。是学也,以韵起字,非以字起韵。韵耳学,字眼学。韵有经纬,字有子母,正未易精也。学之所何?莆地褊小,以旧广文馆为之。礼殿泮宫其左,可以观俎豆,可以迩弦诵,肃如也。学之斋何?斋有四:曰同文者,今天下书同文也;曰正心者,心正则笔正也;曰升俊者,升于学曰俊士也;曰兴贤者,考其艺而兴贤者也。孰书之又孰名之?翰林直学士云溪张公也。孰董之?博士黄梦举则行甫也。学其学者谁?国之贵游子弟与秀才之能为士者,余五十员。学是学者复其身,设科为最优,藏于斯,修于斯,毋苟免。学是学者必以时术业,然后专用而志,凝而神,毋自欺。口试宜熟,墨试宜精,日课宜密,月课宜最。尚书御史,实由兹选。征令而比之,劝戒而纠之,必有籍。虽然,字艺也,学道也,无艺无道,无道无艺。古人小学,教以六书,形声假借,一一皆理。六经中有奇字,有俗字,有读如某字,有平音,有侧音,又读如某音,而一字或该数义。君子之道,孰先孰后,艺云乎哉?衮点之语,语也;鲁薛之令,令也。告而诸生,'字'字从子,'学'字从子,事父母则为人子必孝,侍先生则为弟子必恭,循天理则为君子必义。孝者、恭者、义者皆籍,非斯人者勿籍。"(《四如集》卷三)

四月癸卯,设各路阴阳教授,仍禁阴阳人游于诸王、附马之门。

闰四月丙午,为皇太后建佛寺于五台山。

五月庚辰,诏:"各省止存儒学提举司一,余悉罢之。"(《元史·成宗纪一》)

辛巳,罢行大司农司。

六月甲寅,翰林承旨董文用等进《世祖实录》。

令各路书院、儒学装备《四书》、《九经》、《通鉴》等书之外,刊印院中书版,充实书藏。

按:《庙学典礼》卷五曰:"各处学校见有书版,令教官检校,全者,整顿成帙,置库封锁,析类架阁,毋致失散,仍仰各印一部。及置买《四书》、《九经》、《通鉴》各一部,装备完整,以备检阅,不许借出学。如有书版但有欠缺,教官随即点勘无差,于本学钱粮内刊补成集。"

七月乙卯,诏申饬中外:"有儒吏兼通者,各路举之,廉访司每道岁贡二人,省台委官立法考试,中程者用之,所贡不公,罪其举者。"(《续资治通鉴》卷一九二)

札鲁忽赤依旧用蒙古文,敕改从汉字。

壬寅,诏改江南诸路天庆观为玄妙观,毁所奉宋太祖神主。

十二月丙辰,荆南僧普昭等伪撰佛书,有不道语,伏诛。

是年,遣使团出访真腊(今柬埔寨)。

意大利旅行家马可·波罗返抵意大利佛罗伦萨。

吴澄八月至龙兴游西山,留居当地郡学,答诸生经学之疑。十一月还家。

姚燧以大司农丞迁为翰林学士。与侍读高道凝、礼部郎中王约纂修《世祖实录》。

按:时高道凝为总裁,王约被授与翰林直学士。

王恽献《守成事鉴》,列敬天、法祖、爱民、恤民等凡十五篇。至是命同修国史,纂修《世祖实录》。恽又集《世祖圣训》6 卷上呈。

张伯淳除庆元路治中,未几辞归。

胡长孺移建昌,适录事阙官,檄长孺摄之。

阎复以集贤学士上疏言:"京师宜首建宣圣庙学,定用释奠雅乐。"从之。又言曲:"阜守冢户,昨有司并入民籍,宜复之。"其后诏赐孔林洒扫 28 户,祀田 5000 亩,皆复之请(《元史·阎复传》)。

王构由侍讲为学士,纂修《世祖实录》,书成,参议中书省事。

留梦炎二月以翰林学士承旨告老,以其在先朝时言无所隐,元成宗厚赐遣之。

刘赓拜奉训大夫、监察御史。

杨桓以监察御史曾疏陈时务,请亲飨太庙,复四时之祭。又请正礼仪以肃宫廷,定官制以省冗员,禁父子骨肉奴婢相告讦者,罢行用宫钱营什一之利,成宗称善,却一时不能行。

赵孟頫十二月自济南赴史馆,作《鹊华秋色图卷》赠周密。

张思明召为中书省检校。

周密自杭州还吴兴雪溪,省墓吴兴西抒山。张炎作《甘州》(饯草窗归雪)赠别。

刘壎以南丰州学缺官,为当路交荐,摄本州学正。

戴表元是春劝袁桷出任丽泽书院山长。

袁桷到丽泽书院赴任,此时柳贯在丽泽书院读书,与袁桷结下深厚的师友之情。

按:柳贯《祭袁侍讲文》载:"贯昔逾冠,承公教指,丽泽堂筵,句章客寄,亲仁观德,赖废蒙鄙,继踵登朝,幸联班尾,月夕风晨,倾壶寘篚,进之席间,引以自比,洎佐成均,公尤助喜,乃俾介嗣,亲予讲肆,予何能淑,以承公意。"(《柳待制文集》卷二〇)

黄溍学为诗,尝手抄刘因《丁亥集》,悉能成诵,与同郡柳贯等以能诗称。

商琦授集贤学士。

孛兰奚擢任胙之廉访使。

按:孛兰奚出自蒙古怯薛氏,以祖功,世封户于胙。父死,袭封万户侯。是年为廉访使,睹胙之庙学五十年狼藉萧条之景,令县尹张孔铸修葺。又出所藏经史数千卷资籍讲诵,庙学始克完具。

王祯亲自设计,请匠人花两年余刻3万多木活字,不及一月,用木活字印出6万余字之《旌德县志》100部。

按:王祯,字伯善,东平人,官丰城县尹。

张与材嗣兄与棣职,袭掌道教,为第三十八代天师。

僧沙啰巴选为江浙释教总统。

黄一龙重建淮海书院于儒林里。

按:宋理宗曾御书"淮海书院"额。至元中,并入甘露寺。大德年间几经修葺。

耿大节重建清湘书院。

按:书院位于广西清湘。宋嘉定八年(1215)县守林岊初建。宝庆三年(1227)郡守陈榆奏请,宋理宗题"清湘书院"额。元初,毁于战火。是年重建后毁,至顺二年(1331)县守柳宗监重建。

夏希贤编成《全史提要编》。

按:虞集尝作序,云:"《全史提要编》者,元故昭文馆大学士广信夏公希贤之所作也。公本儒家,在故宋时,以词赋名于乡。宋亡,律赋之学废,公居山间,以学问自娱,无意于人世也。……是编成于元贞甲午。其自序曰:'学者不可以不知古今也,吾尝编取诸史而阅之,去其繁而举其要,以成此编。千数百年之间,治道之得失,人物之臧否,欲观其详于某朝某事者,即此而知其所在,则无汗漫之忧矣。吾子孙不废学,故以示之,非敢以为与众共之也。'书成之五十三年,太常自其家,命其家国子生成善,持示集于临川山中,使题之以辞。集受观而作曰:昔邵子著《皇极经世篇》,以元经会,以会经运,以运经世,而十二万五千之数具焉。天道之运行,人事之迁变,消

意大利人文主义诗人但丁·阿利吉耶里著长诗《新生》。

息盈虚之几微，因革损益之大故，可得而观矣。自帝尧甲辰之后，始有事可书者。盖已前伏羲、神农、黄帝、仲尼之所尝言者，其事可得而知，其岁月不可得而纪也。邵氏得伏羲之学，而有事可纪，自尧始者，以其岁月可知也。公之书，自伏羲以来，傍取诸书而备载，其年数则亦详矣。邵氏书，事止于宋熙宁，而公之书，讫于宋灭，诚有良史之志耶！仲尼曰：'吾犹及史之阙文，今亡矣。'夫读公之书，则知删定系作之意，有不胜其感者矣。乃书其后而复之。"（《雍虞先生道园类稿》卷一六）夏希贤，《宋元学案》列其入《慈湖学案》"融堂（钱时）门人"，云："夏希贤，字自然，淳安人也。融堂弟子。（云濠案：一本作慈湖弟子。考《严陵志》，言先生之学，尝会其极于象山、慈湖之要，未言受学于慈湖。）究明性理，洞见本原，杜门不出者三十余年。家无隔宿之储，而泰然自如，学者皆称为自然先生。三子皆承其学，而仲子溥最著。"

李淦、方文豹以朱熹《释奠菜礼》重订礼器成，李淦作《平江路学祭器记》。

按：文载："平江路学大成殿祭器者，教授李淦、方文豹所造也。金属大尊二、山尊二、壶尊十有二、牺尊八、象尊如壶尊之数、罍四、洗四、勺二十、爵百七十有二、坫二百有二、豆三百四十有四、簠百三十有六、簋如簠之数、炉一、缶二、槃二十有四、竹属筐十有一、筵三百二十有九、木属俎五十有五，余仍旧贯。初，至元二十有九年十有二月望，淦衹事，顾兹器非度。明年，考朱文公《释奠菜礼》改为之。十有一月，方君来，明年皆方君为之。元贞元年十月竣事，首尾凡三年鸠工。更学正凡五人：费伯华、林桂龙、白渊、唐天泽、朱鸣谦。录凡四人：杨如山、洪焱祖、文一觉、俞真卿。会计更直学凡五人：许志道、潘梅孙、魏埜、沈伯祥、齐国俊。费中统钞四千贯有奇，而后成，盖难且久如此，后之人尚敬守之哉。"（《国朝文类》卷二七）杨如山，字少游，蜀嘉定州人。大德间起为淮海书院山长，因家京口。著有《读史说》3卷、《春秋旨要》10卷（《经义考》卷一百九四）。

胡仕可著《本草歌括》8卷成，有自序。

按：胡仕可字可丹，宜丰人。建安进士，曾任瑞州路医学教授。胡《自序》曰："《本草》，即儒家之史书是也。儒不读诸史，何以知人才贤否，得失兴亡？医不读本草，何以知名德性味，养生延年？照本草之名书，自《神农本经》，以至名医别录，唐本、蜀本、新定、重定、先附、今附之数，不下一千七百余条。其论性体之温凉，功用之缓急，自有六十。其于国小，未易涉猎。仆承敕命，掌教瑞阳，思欲便于国小，择其见于用者自博而为根据，按本文叶韵成类，庶几读者易记，亦可知其大略。用镂诸梓，与同志共之。时元贞改元九月朔旦，宜丰可丹胡仕可序。"（《中国医籍考》卷一二引）是书已佚，明有何士信《补注本草歌括》、熊宗立《增补本草歌括》各8卷。

《王氏小儿形证方》2卷元贞初刊刻。

赵孟頫为宋无《翠寒集》作序。

按：《序》云："吴，古为都会，山水富甲东南，长材秀民间见层出，以济时需。独唐皮日休、陆鲁望隐松陵为诗文相倡酬，故吴之山川，自西子甓娃宫鹿游胥台，残花遗草，烟霾雨曀，悒郁千载间，皆能发而化之为诗。余先子昔处是邦，尝往来吴中，皮、陆之风，尚可想见。辛卯秋，客燕，子虚与予游，甚稔。每话具区山水之胜，出所为诗，风流蕴藉，脍炙可喜，皆不经人道。子虚年未艾，有能诗声，且通史。西溪王中丞以茂材举之，辞不就。予观子虚多自负，虽以时卷舒，岂若唐之皮、陆真能隐于诗耶？使子虚仕与诗并进，大篇长什，当有写御屏者。子虚姓宋，旧以晞颜字行世，居晋陵，家值兵难迁吴，冒朱姓云。元贞乙未中秋，吴兴赵孟頫子昂父序。"（《翠寒集》卷首）

张之翰八月作《西湖书院记》。

按：《序》云："始元贞元年四月，毕八月，莆士陈宏董其役，买地之赀一万八千，木瓦之费共二十万有奇，来者其勿坏，是年中秋日立。朝列大夫松江府知府兼劝农事张之翰记并书篆，中议大夫松江府达噜噶齐劝农事尼雅斯拉迪音、承直郎同知松江府事阿达纳、承务郎松江府判官傅大有、提领按牍张济、边汝翼同立。"（《西岩集》卷一六）

赵孟坚卒(1199—)。孟坚字子固，号彝斋，居海盐。宋宗室。宝庆二年进士。宋亡隐居秀州，从弟赵孟頫来访，孟坚以言讥之，及去，使人濯其座。有画《白描水仙卷》、《墨兰卷》，书迹《自书诗卷》。另著有《梅谱》、《彝斋文编》。事迹见《宋季忠义录》卷一四、《至元嘉禾志》卷一三、《大明一统志》卷三九。

雷时中卒(1221—)。道教正一派支脉天心派中人。曾置坛传道教天心正法，传授混元之道。其法祖述晋人路大安，自称"混元六天如意道法"，要求"开阐雷霆之教"，并专以《度人经》为主。此举影响甚大，以致传有弟子数千人，分两支传行于东南与西蜀。雷氏之后，此派传承世系逐渐不明。著有《心法序要》、《道法直指》、《原道歌》等。事迹见《历世真仙体道通鉴续编》卷五。

胡祗遹卒(1227—)。祗遹字绍开，号紫山，又号少凯，磁州武安人。王恽称之"诚经济之良材，时务之俊杰"。中统初，辟为员外郎。至元元年，授应奉翰林文字，兼太常博士。后出为河东山西道提刑按察副使。宋亡后，转任湖北道宣慰副使。至元十九年，任济宁路总管，后升任山东东西道提刑按察使，治绩显著。后召拜翰林学士，未赴，改任江南浙西按察使，不久以疾辞归。卒赠礼部尚书，谥文靖。祗遹学出宋儒，著述较丰，著有诗文集《紫山大全集》67卷，今存26卷本，明代朱权《太和正音谱》评其词"如秋潭孤月"。有曲见于杨朝英所辑《乐府新编阳春白雪》中。《全元散曲》存其小令11首。事迹见王恽《举明宣慰胡祗遹事状》（《秋涧集》卷九一）、《元史》卷一七〇、《元史类编》卷二七、《元诗选·癸集》乙集小传。

按：胡祗遹《紫山大全集》，为其子太常博士胡持所编。其门人翰林学士承旨刘赓为作《序》，称原本67卷。全集或如随笔记札，或似短章小品，体例不一。《四库全书总目提要》评曰："其集大抵学问出于宋儒，以笃实为宗，而务求明体达用，不屑为空虚之谈。诗文自抒胸臆，无所依仿，亦无所雕饰，惟以理明词达为主。元代词人，往往以风华相尚，得兹布帛菽粟之文，亦未始非中流一柱矣。"

又按：《紫山大全集》卷八有多文涉及美学观点，为研究元曲之珍贵资料。其《赠宋氏序》论及杂剧特点云："乐者与政通，而伎艺亦随时所尚而变，近代教坊院本之外，再变而为杂剧。既谓之'杂'，上则朝廷君臣政治之得失，下则闾里市井父子兄弟、夫妇朋友之厚薄，以至医药、卜筮、释道、商贾之人情物理，殊方风俗语言之不同，无一物不得其清，不穷其态。"其《优伶赵文益诗序》提出戏曲艺术具有排遣、稀释内心苦愁等作用："百物之中，莫灵贵于人，然莫愁于人，……于斯时也，不有解尘网，消世虑，熙熙皞皞，畅然怡然，少导欢适者一去其苦，则亦难乎其为人矣。此圣人所以作乐以宣其抑郁，乐工伶人之亦可爱也。"其《黄氏诗卷序》则提出表演艺术及创作不

法国旅行家、方济各会修士鲁布鲁克的威廉约于是年卒(约1215—)。

尼德兰抒情诗人和平民教诲文学的代表雅各布·范马尔兰特约于是年卒(约1235—)。

德国神秘主义哲学家海因利希·绍伊瑟(—1366)生。

能"蹈陈习旧",须不断"变新",演员表演亦应谈谐中节,优秀演员须具备"九美":一、姿质浓粹,光彩动人;二、举止闲雅,无尘俗态;三、心思聪慧,洞达事物之情状;四、语言辨利,字句真明;五、歌喉清和圆转,累累然如贯珠;六、分付顾盼,使人解悟;七、一说一唱,轻重疾徐中节合度,虽记诵闲熟,非如老僧之诵经;八、发明古人喜怒哀乐、忧悲愉快,言行功业,使观众听者如在目前,谛听忘倦,惟恐不得闻;九、温故知新,关键词藻,时出新奇,使人不能测度为之限量。"九美既备,当独步同流"。胡氏"九美"论乃论及优秀演员应具备素养之最早者。

僧原妙卒(1238—)。原妙号高峰,吴江人,俗姓徐。临济宗杨岐派法系中人。十五岁出家,十八岁习天台教观,二十岁弃教参禅。至元十六年,上杭州天目山西峰狮子岩营建小室,题名"死关",居其中十五年,直至示寂。四方参学者云集,僧俗随其受戒者达数万。明确提出"参须实参,悟须实悟,动转施为,辉今跃古"。其语录及文章,由门人洪乔祖集成《高峰原妙禅师语录》、《高峰和尚禅要》等。事迹见洪乔祖《行状》(《高峰原妙禅师语录》卷下)。

滕安上卒(1242—)。安上字仲礼,号退斋,中山安喜人。少孤,自力于学。被荐除中山教授,累迁太常寺丞。拜监察御史,以疾辞。寻为国子司业,未几卒。赠昭文馆学士,谥文穆。《宋元学案》列其入《静修学案》。工诗,著有《东庵集》4卷。事迹见姚燧《国子司业滕君墓碣》(《牧庵集》卷二六)、《新元史》卷一九五。

谢翱八月卒(1249—)。翱字皋羽,号晞发子,福建长溪人。曾从文天祥抗元,宋亡不仕,曾组织"月泉诗社"和"汐社"抒发亡国之痛。诗风沉郁,多寄寓家国之痛。著有《春秋左传续辨》(佚)、《南史补帝纪赞》1卷、《唐书补传》1卷、《浦阳先民传》1卷、《浙东西游录》9卷、《晞发集》、《天地间集》。事迹见任士林《谢翱传》(《松乡集》卷四)。

按:任士林《谢翱传》云:"……宋咸淳初,翱试进士不中,慨然以古文倡,作《宋祖铙歌鼓吹曲》《骑吹曲》上太常,乐工习之,人至今传其词。倜傥有大节,尝布衣杖策,参人军事。……尤善叙事,有良史材,作《南史·帝纪》二十赞,采独行秦楚之际月表,所历浙东西州佳山水,必有游记。当天下广大,足历燕、魏、赵代,问遗事故迹,且涉大瀛海外,尽识风物鸿蒙之初,度越子长矣。……初,翱无恙时,得唐方干旧隐白云村。建炎四年,江端友、吕居仁、朱翌诸贤文祭临水之神,避地于此,翱曰:'死必葬之。'作《许剑录》。迨疾革,语其妻刘:'我死必以骨归方凤,葬我许剑之地。'方凤果闻讣至,与吴思齐、冯桂芳、方幼学、方焘、翁衡、翁登,奉骨如志。夫以死生托人不爽,瞰日信矣哉!其徒吴贵买田月泉精舍,祠曰:晞发处士,岁时奉承。"

王伯成卒,生年不详。涿州人,为马致远忘年友。著有《天宝遗事诸宫调》,见称于世。原作已佚,《雍熙乐府》诸书中尚保存曲文五十余套。所作杂剧今知有3种,今存《贬夜郎》、《刘灭项》2种,仅存数阙于《九宫大成谱》中。另有小令2首,套数3套,为《全元散曲》所收录。事迹见《录鬼薄》。

刘锷(—1352)、康里巎巎(—1345)、王琰(—1353)、伯颜(—1358)、谢应芳(—1392)生。

元贞二年　丙申　1296 年

正月甲午，授嗣汉三十八代天师张与材"太素凝神广道真人"称号，管领江南诸路道教。

二月，"中书省咨准河南行省陕州路远安县太平山无量寺僧人袁普照，自号无碍祖师，伪造论世秘密经文，虚谬凶险，刊报印教，扇惑人心，取讫招状"(《续资治通鉴》卷一九二)。

丙辰，诏："江南道士贸易田者，输田商税。"(《续资治通鉴》卷一九二)

三月十六日，准中书兵部关来文编写《云南地理文学》(《秘书志·纂修》)。

十一月己巳，兀鲁带等进所译太宗、宪宗、世祖实录。

修大都城。

是年，美化书院重建。

元陶瓷匠人至暹罗传艺，奠定暹罗宋加禄陶瓷业基础。

陈栎游郡庠，道过长林桥，因谒曹泾。

方回以仇远作寿诗不满宋季伪理学成隙。

邓牧游山阴，王易简延之于陶山书院。

刘壎训士之暇，闭门著述，廉使臧梦解巡部访问，致姓名上省咨于朝。

赵孟頫二月跋《保母志》于浩然斋。

黄溍为方凤弟子，与吴思齐、吴良贵等游。

刘将孙作《沁园春》(流水断桥)，追述二十年前一群女子被元兵蹂躏惨状。

按：刘将孙著有《养吾斋集》32 卷、《养吾斋诗余》1 卷。《四库全书总目提要》评《养吾斋集》曰："将孙字尚友，庐陵人，辰翁之子，尝为延平教官，临汀书院山长。辰翁已以文名于宋末，当文体冗滥之余，欲矫以清新幽隽，故所著书多标举纤巧，而所作亦多以诘屈为奇，然蹊径独开，亦遂别自成家，不可磨灭。将孙濡染家学，颇习父风，故当日有小须之目。吴澄为作集序，谓其浩瀚，演迤自成。为尚友之文，如苏洵之有苏轼。曾以立序则谓渊源所自，淹贯千古。……又宋元之际，故老遗民如胡求鱼、聂济之问学，赵文、刘岳申之文章，郭汝介、涂世俊之孝行，多不见于他书，独是集能具其颠末，亦颇赖以传。……据曾以立序四十卷，而自明以来罕见藏弆，惟周南瑞《天下同文集》首有将孙序一篇，中录其文一篇，顾嗣立《元诗选》仅载其诗一首，盖亡佚久矣。今采《永乐大典》所载辑为三十二卷，以备文章之一格，亦欧阳修偶思螺蛤之意耳。"

上座部(小乘)佛教此时已成为真腊吴哥王朝占优势的宗教。

塞尔维亚进占拜占廷所属马其顿西部、阿尔巴尼亚北部。

威尼斯进占热那亚于克里米亚半岛之领地。

苏格兰为英格兰属邦。

高克恭迁山西河北道廉访副使。

臧梦解以廉访副使重修宣成书院。

按：书院位于广西桂林，宋景定间广西经略使朱禩孙为纪念张栻、吕祖谦，奏请以二人谥号为名建。理宗准奏并题名。后毁于兵火。是年臧梦解以廉访副使重修，并作有《重修宣成书院记》。至正三年（1343）廉访使也先普化修葺，光祖作《重修宣成书院记》。

俞琰五月初六日作《周易集说序》。（可参见俞琰皇庆二年四月十四日作《周易集说后序》条、干文传至正六年七月作《周易集说序》条）

按：俞《序》云："《周易集说》者，集诸说之善而为之说也。曷为善？能明三圣人之本旨则善也。夫《易》始作于伏羲，仅有六十四卦之画而未有辞。文王作上下《经》，乃始有辞。孔子作《十翼》，其辞乃备。当知辞本于象，象本于画，有画斯有象，有象斯有辞，《易》之理，尽在于画，拒可舍六画之象而专论辞之理哉！舍画而玩辞，舍象而穷理，辞虽明，理虽通，非《易》也。汉去古未远，诸儒训解多论象数，盖亦有所本。至魏王弼以老庄之虚无倡于前，晋韩康伯又和于后，圣人之本旨遂晦。沿袭至于唐，诸儒皆宗之。太宗诏名儒定《九经正义》，于《易》则取王、韩，而孔颖达辈以当时所尚，故虽其说未尽善，亦必为之回护，由是二三百年间，皆以虚无为高。至宋，濂洛诸公彬彬辈出，一扫虚无之弊，圣人之本旨始明。奈何世之尚占而宗邵康节者，则以义理为虚文；尚辞而宗程伊川者，则以象数为末技，而邵、程之学分为两家，义画、周《经》亦为两途，遂使学者莫之适从。逮夫紫阳朱子《本义》之作，发邵、程之未发，辞必本于画，理不外于象，圣人之本旨于是乎大明焉。琰幼承父师面命，首读朱子《本义》，次读程《传》，长与朋友讲明，则又有程、朱二公所未言者，于心盖不能无疑，乃历考诸家《易》说，摭其英华，萃为一书，名曰《大易会要》，凡一百三十卷。不揣固陋，遂自至元甲申集诸说之善而为之说，凡四十卷，因名之曰《周易集说》云。元贞丙申五月六日，林屋山人俞琰玉吾叟序。"（《俞氏易集说》卷首）

王恽为张某著《易解》作序。

按：《序》云："监丞张君在河南为衣冠清流，多藏书，得前代以《易》名家者数十种。……于是广询博究，师心自断，集《易解》十卷。"（《秋涧集》卷四二）

曹泾为《四书发明》作序。

按：是书乃陈栎所著，一本朱子之说。《序》云："自朱文公《四书》行世，学者童而习之，或病其不能骤通也，为《语》、《孟》句解，取集注语裂而附之，刊本如麻，数十年比比然，其体弗类，且于一章大旨阙焉。休宁陈君寿翁为《论语训蒙口义》以示曹泾曰：'吾以是诏其子，若童子生句释之。章旨亦具不敢繁，欲训蒙也，不敢求异，一本文公之说。'泾得寿翁于文字间，敛衽久之，恨未识其面，一见心降，亟读之。其于文公之说，如李光弼代子仪军，营垒士卒麾帜无所更，而气象加精明焉。寿翁于是为文公忠臣矣。《集注》外，元有《或问》，其后又有勉斋黄公《通释》，寿翁疏而贯之，且不费辞，是其可尚也已。卷首学习孝弟二章，联以警语，殊有理于上智下愚不移，谓是只言气质，非言变化，气质大是清峭，他皆此类。至山梁雌雉，上下文一段，能坦然明白通言之，又可喜也。予所见仅九篇，窥豹一斑如此。寿翁宝之，岂惟可以训蒙，将白首纷如者亦为之醒然，泾其一也，安得并二十篇借抄一通，用自怡玩以授城南之读。元贞柔兆君滩之岁春上丁，里晚学曹泾拜手谨书。"（《定宇集》卷一七）

平阳府梁宅刊行《论语注疏》20卷。

按：人称优于宋十行本。

谢朱胜约于此年著《南宋补遗》成。

按：是书载宋南渡后将帅轶事，多他书所习见。谢朱胜，字复庐，古吴人。

金履祥纂编次《濂洛风雅》成。

按：时金氏馆于唐良骥斋芳书院，是编类载濂洛诸公下及何基、王柏二先生诗词，唐良瑞作序。

周密纂《癸辛杂识续集》成。

《武陵续志》此年后修。

阳恪作《道德真经集义大旨序跋》。

按：《道德真经集义大旨》，刘惟永主编而成。是书还有苏起翁大德二年（1298）《道德真经集义大旨跋》、刘惟永大德三年（1299）《道德真经集义大旨序跋》、张与材大德四年（1300）《道德真经集义大旨跋》。阳恪跋言云："……常德路玄妙观提点刘月屋类集《道德经解》锓梓，以为教门传远之光，盖有志于思玄者也，故历叙所闻以告之，俾证诸名世之君子。元贞丙申孟冬既望，以斋居士巴川阳恪书于辰阳拟盘寓隐。"（《道藏·洞神部·道德真经集义大旨》卷下）阳恪，巴川人，号以斋居士，元贞之际在世。

牛道淳著《析疑指迷论》1卷成，有自序。

按：牛道淳号神峰逍遥子。全论系问答体，前篇主论心性道物，后篇主论性命内丹。其论发挥全真道性命说，乃元代丹书中较重要者。收入《正统道藏》洞真部众术类。

李道谦卒（1219— ）。道谦字和甫，自号天乐道人，夷门人。7岁时，以经童贡礼部。24岁时，拜全真道士于志道为师，于志道乃全真七子马钰弟子。李道谦先后任提点重阳宫事，京兆道门提点，提点陕西五路、西蜀四川道教兼领重阳万寿宫事，居终南山重阳宫达五十余年，赐号"玄明文靖天乐真人"。与杨奂、姚枢、王磐、商挺等为方外友。著有《终南山祖庭仙真内传》3卷、《七真年谱》7卷、《甘水仙源录》10卷、《真碑记》1卷。事迹见宋渤《玄明文靖天乐真人李公道行铭并序》（陈垣《道家金石略》）。

王应麟六月卒（1223— ）。应麟字伯厚，号深宁居士，浙江庆元人。宋理宗淳祐元年进士，调西安主簿。宝祐四年，中博学宏词科，累迁太常寺主簿。景定元年，召为太常博士，迁著作佐郎。咸淳元年，兼礼部郎官、兼直学士院。德祐元年，授中书舍人兼直学士院。官至礼部尚书兼给事中。精于经史、地理，善长考证，著作极多。著有《深宁集》100卷、《玉堂类稿》23卷、《掖垣类稿》、《词学指南》4卷、《词学题苑》40卷、《笔海》40卷、《姓氏急就篇》6卷、《汉制考》4卷、《六经天文篇》6卷、《困学纪闻》20卷、《玉海》200卷、《汉艺文志考证》10卷、《诗考》5卷、《诗地理考》5卷、《通鉴地理考》100卷、《通鉴地理通释》16卷、《蒙训》70卷、《通鉴答问》4卷、《小学绀珠》10卷、《小学讽咏》4卷等20余种，约600卷。《宋元学案》为列《深宁学案》。事迹见全祖望《宋王尚书画像记》（《宋元学案》卷八五）、《宋史》卷四三八等。钱大昕编有《深宁先生年谱》。

阿拉伯蒲绥里卒（1213— ）。柏柏尔裔诗人。

按：《宋元学案》卷八五《深宁学案》："祖望谨案：四明之学多陆氏，深宁之父亦师史独善以接陆学。而深宁绍其家训，又从王子文以接朱氏，从楼迂斋以接吕氏。又尝与汤东涧游，东涧亦兼治朱、吕、陆之学者也。和齐斟酌，不名一师。《宋史》但夸其辞业之盛，予之微嫌于深宁者，正以其辞科习气未尽耳！若区区以其《玉海》之少作为足尽其底蕴，陋矣。述深宁学案。""百家谨案：清江贝琼言：'自厚斋尚书倡学者以考亭朱子之说，一时从之而变，故今粹然皆出于正，无陆氏偏驳之弊。然则，四明之学以朱而变陆者，同时凡三人矣：史果斋也，黄东发也，王伯厚也。三人学术既同归矣，而其倡和之言不可得闻，何也？厚斋著书之法，则在西山真为肖子矣。'或曰：'深宁之学得之王氏埜、徐氏凤。王、徐得之西山真氏，实自詹公元善之门，而又颇疑吕学未免和光同尘之失，则子之推为吕氏世嫡也，何欤？'曰：'深宁论学，盖亦兼取诸家，然其综罗文献，实师法东莱，况深宁少师迂斋，则固明招之传也。'"其《小学绀珠》乃为便初学诵记而编，其用数目分录故实，体例与其他类书迥异，于天文、律历、器用等17门下，皆一数词立目，虽记诵颇便，但体例芜杂，归属颇乱，序无层次，且采拾未备，识辨不清者甚多。

鲍云龙卒（1226— ）。云龙字景翔，号鲁斋，歙县人。宋宝祐六年，乡试中选。淳祐九年，省试不利，遂绝意科场，居乡教授生徒，潜心理学。与方回、曹泾相知契。著有《天原发微》5卷，又著有《大月令》、《箓草研几》1卷，未传。事迹见洪焱祖《鲍鲁斋云龙传》（《新安文献志》卷八八）、《万姓统谱》卷八四。

王道卒（1227— ）。道字之问，先世京兆终南人，后迁潍州北海县。以窦默荐，入侍经筵进读。官至福建行省左右司郎中、中顺大夫。著有《云门老人集》，殆千余篇，已佚。事迹见王恽《大元故中顺大夫徽州路总管兼管内劝农事王公神道碑铭并序》（《秋涧集》卷五五）。

张之翰卒（1243— ）。之翰字周卿，号西岩，邯郸人。至元十三年，除真定路知事，以行台监察御史按临福建，因病侨居高西，专一读书、教授学生。后又任户部郎中、翰林侍讲学士。以《镜灯诗》流传广泛，被称为"张镜灯"。著有《西岩集》20卷。事迹见《大明一统志》卷九、《元诗选·癸集》乙集小传、《江南通志》卷九〇、《南畿志》卷一八。

按：《西岩集》原本30卷，已不传，《四库全书》从《永乐大典》中辑出20卷。

王守诚（ —1349）、康棣（ —约1364）、苏大年（ —1365）、杨维桢（ —1370）、僧梵琦（ —1370）、苏友龙（ —1378）生。

元贞三年　元成宗大德元年　丁酉　1297 年

苏格兰人威廉·华莱士率众起义。

正月，建五福太乙神坛畤。

按：时初建南郊。翰林国史院检阅官袁桷进十议，礼官推其博多，采用之。

二月庚申，诏改元大德，赦天下。

三月，五台山佛寺成，皇太后将亲往，监察御史李元礼上封事止之。

四月丙申，从御史台臣言，各道廉访司必择蒙古人为使，或阙，则必以色目世子孙为之，其次参以色目、汉人。

五月，建临洮佛寺。

六月，诏："僧道犯奸盗重罪者，听有司鞫问。"（《续资治通鉴》卷一九二）

十一月戊辰，增太庙牲，用马。

是年，设立小学书塾。

按：官设小学以推广程朱理学，肇始于元（《庙学典礼》卷三）。

碛砂延圣院恢复刊经。

大德年间，有公文称：江南书院，始因前贤而置。其训诲生徒，作养人材，与夫地产钱粮，不在府州学校之下（《庙学典礼》卷五）。

王恽进中奉大夫。

董文用请致仕。

阎复仍迁翰林学士。

卢挚授集贤学士，持宪湖南，复入为翰林学士。

按：吴澄作《送卢廉使还朝为翰林学士序》云："往年北行，征中州文献，东人往往称李、徐、阎，众推能文辞、有风致者曰姚、曰卢，……卢公由集贤出持宪湖南，由湖南复入为翰林学士。"（《吴文正集》卷二五）

虞集始至京师，以大臣荐授大都路儒学教授。

邓文原将赴京城为官，袁桷作《送邓善之应聘序》相赠。

袁桷约于是年受举荐为翰林国史院检阅官。

按：苏天爵《袁文清公墓志铭》载："大德初，群贤萃于本朝，闻公才名，擢翰林国史院检阅官。"（《滋溪文稿》卷九）

梁曾除杭州路总管。

高克恭为仇远作《山村隐居图》于泉月精舍。

周密为仇远题山村图诗。

张翥从仇远游，为仇远山村图作跋。

爱薛被授为平章政事。

宋远与滕宾等邂逅于南昌。

按：宋远，号梅洞，涂川人。与滕宾、周景、刘将孙、萧烈唱和[意难忘]词见诸《名儒草堂诗余》卷中。

臧梦解迁江西肃政廉访副使。

熊忠纂《古今韵会举要》30卷成，有自序。

按：至元二十九年（1292），熊忠以黄公绍纂《古今韵会》"编帙浩繁，四方学士不能遍览"，便删繁举要，补收阙遗，改编成《古今韵会举要》一书。该书另有刘辰翁至元二十九年（1292）序、余谦至顺二年（1331）序、字术鲁翀元统三年（1335）序。《四库全书总目提要》评曰："惟其援引浩博，足资考证，而一字一句必举所本，无臆断伪撰之处，较后来明人韵谱，则尚有典型焉。"该书引证古代典籍以辨明前汉文字通假情

波希米亚海因里希·冯·弗赖特贝格约于是年在国王文策二世王官中创作《骑士约翰内斯·冯·米歇尔贝格》。

况,纠正《说文解字》一些错误论断,提供文字形、音、义关系研究之证据,且其所引古籍常为古代善本,故而可用于纠正现存通行本之谬误。熊忠,字子中,昭武人。

宁国路儒学刊行《后汉书》120卷。

瑞州路儒学刊行《隋书》85卷。

信州路儒学刊行《北史》100卷。

建康路儒学刊行《新唐书》225卷。

杭州路儒学刊行《宋史》496卷。

按：元大德间还尝刻《晋书》、《晋书音义》3卷。

詹氏建阳书院是年至大德十一年(1307)间,刊行《古今源流至论前集》10卷、《后集》10卷、《续集》10卷、《别集》10卷。

周达观著《真腊风土记》1卷成。

按：周达观于元贞元年(1295)随使臣赴真腊,是年回国,以所见所闻著成此书。该书记载真腊地理、风俗、历史及中国商人在真腊的活动等事颇详,可补史阙。且《元史》未立真腊传,故此书价值尤大,乃惟一记载吴哥时代柬埔寨文明之书。《四库全书总目提要》曰:"元成宗元贞元年乙未,遣使招谕其国(真腊),达观随行,至大德元年丁酉乃归。首尾三年,谙悉其俗,因记所闻见为此书,凡四十则。文义颇为赅赡,……《元史》不立真腊传,得此而本末详具,犹可以补其佚阙,是固宜存备参订,作职方之外纪者矣。达观作是书成,以示吾衍,衍为题诗,推挹甚至,见衍所作《竹素山房诗集》中。盖衍亦服其叙述之工云。"

王好古著《医垒元戎》12卷,有自序。

按：是书大抵载用药之方。《序》云:"予自河南与诸友将弟兵日从事于患难之场,随病察诊,逐脉定方。开之,效之,薄之,发之,以尽其宜。吐之,神之,汗之,下之,以极其当。攻守不常,出没无定。大纲小纪,经纬悉陈。本数末度,条理具设。前乎此,古人之所隐秘深藏,或不尽意者,不啻胸中有十万精锐,如太阿之在匣中,其辉未尝耀于外,一旦撒而挥之,有以恐人之耳目,特入阵之奇峰,七擒之利刃,其敌可却,其胜可决,而其安可图,如此而后已。故曰《医垒元戎》云。丁酉九月二十有九日,王好古书。"其又有跋云:"是书已成于辛卯,至丁酉春,为人阴取之,原稿已绝,更无余本。予职州庠,杜门养拙……想象始终,十得七八,试书首尾,仅得复完,犹遗一二,尚未之备。故今日得而今日录,明日得而明日书,待以岁月,旧则方成,无欲速,无忌心也。"则是年所成恐为修订稿。

无名氏于此年后著《异闻总录》4卷成。

按：《四库全书总目提要》云:"(是书)不著撰人名氏,亦不著时代。其中林行可一条,称大德丁酉,则元人矣。……亦剽掇而成者矣。"

马臻约于此年前后著《霞外诗集》10卷成。

按：马臻,字志道,号虚中,钱唐人。自少学道,受业于褚伯秀之门,以诗画著名于时。天师命为佑圣观虚白斋高士,亦不就。事迹见《武林玄妙观志》卷二、《元书》卷九一。

宋远小说《娇红记》2卷应作于此前后。

按：《娇红记》全称《申王奇遘拥炉娇红记》,全文约2万字,乃现存元代文言小说中篇幅最长者,为唐宋传奇与《剪灯新话》之间的过渡者。对此后戏曲影响颇大。

程钜夫十月初一日作《同文堂记》。

按：此记言蒙古字学教育情形,确可补史之阙。其文记曰:"皇元混一区宇,日月所照,共惟帝臣,开辟以来所未有。制蒙古字,与正朔同被暨位诸字右。其开阖布置,井井有截,与卦画相表里,变动周流,天造神化,备前古之阙遗,垂亿载之矩矱。还淳反朴,约繁就简。举而措之天下之民,谓之事业,百姓日用而不知,乌乎至矣。乃建翰林院,设学校,道有提举,郡有博士,置弟子员。肆业者复之,业成者官之。际天薄海,蹈咏鼓舞。初,福州路学客寄儒宫,校官漫不省。元贞乙未,江阴宋君友谅(宋友谅)寔来,户外履满,请于公,得旧廨省西鞠场。葦粪坏,易朽腐,不旬月,庭堂门庑,斋序庖湢悉完。诸生列几研,日暮诵声琅琅。廉访副使商公畍(商畍)为扁其门曰蒙古字学,君名其堂曰:'同文',请予书,且愿有述。夫书学尚矣,先儒论六书七音之略,以音谐声,以字母部,诸字虽重读百译,而文义如出一口。盖唇、舌、喉、齿、牙之相须,宫、商、角、徵、羽之相宣,轻重高下,清浊之相错,自然之同也。四方之音各殊,闽又甚然。而占毕之士,知类通达,若建瓴破竹,无留难者,同可知已。虽然,字艺也,学道也。精粗本末,初无二致。天理民彝,菽粟布帛,知其同而不知其所以同,可乎?予将以予所知者语子:'字'字从子,'学'字从子。事先生,则为弟子必恭;事父母,则为人子必孝;事君父,则为臣子必忠。《传》曰:'车同轨,书同文,行同伦。'今天下车同矣,文同矣。学于斯者,其必相与熏淑,扶植伦纪,人人皆有士君子之行,是则同。周官六艺,书居其一,贤者能者胥此焉。兴此圣朝教育之意也,诸君幸勉之哉!宋君精敏笃实,有志斯文,故乐为之记,而又以予所知者告之。大德元年阳月朔日记。"(《雪楼集》卷一一)

陈著卒(1214—)。著字子微,又字谦之,号本堂,晚号嵩溪遗耄。鄞县人。仕宦世家。幼受家学,早有文名。宋宝祐四年进士。宋亡,隐居四明山中。曾任白鹭书院山长。著有《本堂集》94卷,其中诗34卷、词5卷、杂文55卷。事迹见清樊景瑞《宋太傅陈本堂先生传》(《本堂集》卷首)、清光绪《奉化县志》卷二三。

董文用六月卒(1223—)。文用字彦材,董俊三子。年10岁父亡,受兄长文炳之教,学问早成。20岁词赋考试中选,侍世祖于潜邸。世祖即位后,官礼部尚书,迁翰林、集贤二院学士,知秘书监。继迁御史中丞、大司农,开资德大夫,知制诰,兼修国史。卒赠银青光禄大夫、少保、赵国公,谥"忠穆"。事迹见虞集《翰林学士承旨董公行状》(《道园学古录》卷二〇)、《元史》卷一四八。

刘辰翁卒(1232—)。辰翁字会孟,号须溪,庐陵人。刘将孙之父。欧阳守道弟子。少补太学生。宋景定三年延试,忤贾似道,置丙第,以亲老请濂溪书院山长。后江万里荐除太学博士,固辞。宋亡不仕,隐居以终。生平著述甚富,精于文学,强调教化之道,尝言"千载一时,科举废而学校兴,学校兴而人才出,故学校又为天地心之心也"(《须溪集》卷三)。《宋元学案》列其入《巽斋学案》。著有《须溪集》10卷、《须溪四景诗集》4卷。事迹见《宋史翼》卷三五、《宋季忠义录》卷一六,刘宗彬编有《刘辰翁年谱》。

按:刘辰翁的著作可分为二类,一是创作,一是评点。刘辰翁一生创作之诗文词极众,并以词名家。多所散佚,至明代已罕见。清修《四库全书》,仅有《刘须溪先生记钞》、《须溪四景诗》二种,四库馆臣乃据《永乐大典》辑出十卷,含记、序、杂著、词,称《须溪集》;同时又将《天下同文集》及《须溪记钞》所载而不见《永乐大典》者,分别抄补,另著录《须溪四景诗》四卷,凡十四卷,称《刘辰翁集》。近人段大林收录记、序、题跋、墓志铭、古近体诗等共七卷,词三卷,四景诗四卷,并从《江西通志》、《庐陵县志》等书中收罗作品三十二篇作补遗一卷,为《刘辰翁集》十五卷(江西人民出版社1987年版),是现存最将尽本。刘辰翁评点之作品,遍及经史子集四部,主要以诗歌为主,首评李贺,集部共计唐代诗人四十六家(含李白、杜甫、王维、孟浩然、常建、韦应物、柳宗元、杜牧等),宋诗人则有王安石、苏轼、陆游、陆与义、汪元量等五家;经部点评《古三坟》、《大戴礼记》;史部则有《班马异同》、《越绝书》;子部有《荀子》、《老子》、《庄子》、《列子》及道教之《阴符经》、小说类的《世说新语》、《山海经》,可谓中国评点文学的开创者之一。

吴莱(　—1340)、李孝光(　—1348)、贾鲁(　—1353)、吴当(　—1361)、朱同善(　—1365)生;李材(　—1335)约生。

大德二年　戊戌　1298年

拜占廷帝安德洛尼卡二世被迫承认塞尔维亚所占之土。

德意志选侯废阿道夫一世,立奥地利公爵阿尔布雷希特一世为德意志国王,哈布斯堡王朝再兴。

多里亚率热那亚舰队于库佐拉之役大败威尼斯。

英法缔结《维弗—圣—巴冯停战协定》。

英王爱德华一世于福尔条柯克之役,以长弓手大破华莱士长矛军。

意大利旅行家马可·波罗在热那亚被囚禁期间向一位同狱人口述在亚洲的经历,同狱人对其经历表示怀疑。

二月,诏廉访司作成人材,以备选举。

三月戊子,诏:"僧人犯奸盗、诈伪,听有司专决,轻者与僧官约断,约在至者罪之。"(《续资治通鉴》卷一九三)

四月,造浑天漏仪。

按:郭守敬造灵台水运浑天漏等表演天象之仪器,机轮皆以木刻为牙。

六月,禁诸王擅行令旨,其越礼开读者,并所遣使拘执以闻。

是年,哈剌哈孙奏建庙学。

按:世祖忽必烈定都大都后,命承袭历代旧典,遣宣抚王楫于金枢密院旧址建"宣圣庙",以祭祀孔子。是年,中书左丞相哈剌哈孙奏请建立庙学,以为:"京师久阙孔子庙,而国学寓他署,乃奏建庙学,选名儒为学官,采近臣子弟入学。又集群议建南郊,為一代定制。"(《元史·哈剌哈孙传》)大德六年(1302),正式选地建庙,到大德十年(1306)建成。

广信书院改名"稼轩",以纪念辛弃疾。

按:程端礼曾任山长。书院原名瓢泉书院,宋庆元二年(1196)辛弃疾讲学于此,有《瓢泉秋月课稿》传世,后渐荒废。咸淳间,知州唐震、李阳雷等重建。咸淳十年(1274)改名"广信"。曾刊行《稼轩长短句》12卷。

王恽乞致仕,不许。

邓文原调崇德州教授。

齐履谦迁保章正,始专历官之政。

高丽文臣白颐正至大都,潜心研习程朱理学十余年。

按:白颐正回国后成为传播程朱理学干将。

董士选以江南行台御史中丞力荐吴澄于朝,以人事变换,不及用。

张立道拜云南行省参政,曾前后三使安南,于云南为官最久,"颇得士人心,为之立祠"(《元史·张立道传》)。

刘赓除翰林直学士、朝列大夫、知制诰、同修国史。

赵孟頫写陶彭泽像。

周密二月二十三日与霍肃、郭天锡、张伯淳、廉希贡、马昫、乔篑成、杨肯堂、李衎、王芝、赵孟頫、邓文原等集于鲜于枢家池上,观王右军《思想帖》真迹。

刘壎诗友谌桂丹卒,刘与谌为莫逆交,每称谌律体为唐中兴,尝手编谌七律以绍唐七律之后。

黄溍西游钱塘,谒见龚开、周密、仇远、白珽、刘濩等遗老名士。作《刘声之炉亭夜话》。过桐庐,作《过谢皋羽墓》。

刘致为翰林学士,为姚燧所赏识,荐为湖南宪府吏。

李洧孙至京师,献《大都赋》。

王恽十月初八日作《紫山先生易直解序》。

按:紫山先生乃胡祗遹。《序》云:"紫山胡公年未强仕,应奉翰林,洁居官舍者几十载。致力读书,究明义理,期于远大,取《易》卦辞,遍书屋壁。时不肖忝在言列,过而见焉,询其故。曰:'吾朝夕洗心,将范模四圣人,庶几言行适宜而寡尤悔焉,非特说夫言奇而法也。'识者已以通材有用许之。尔后郎地官,佐省幕,总尹大郡,提究外台吗,平生蕴藉,见诸施设,其至公正大之论,卓异特达之举,固不可枚数。要之伸吾志,行吾道,不阿合取容于时,不俯仰勉从于众,可行则行,不可即止。又其晚节,脱屣轩冕,笑傲林泉,进退两间,知命随时,从容中道,盖棺论定,皆曰紫山旷达英迈士也。稽验畴昔,谂其得于《易》者为多。初不知其有所著述,嗣子伯驰(胡伯驰)携所著《易解》恳题其端。公与仆自弱冠定交,气义契合,互为知己,今虽衰懒,抚其遗书,忍无一言发越潜辉夫?……夫《易》,圣人忧世书也,纯粹精深,通贯三才,理包万汇,其用必须见于开物成务之实。然通其变,必当达其辞;达其辞,欲见诸用者,不于先觉躬行践履之实迹而取法焉,未见能造其奥也,昔宋名儒刘斯立作《学易堂记》,但序日用常行事,而曰余学《易》矣,论者以为得体。况紫山践履工夫,……学者复能考公平昔操履,得其端倪,以之寻绎隐赜奥妙之旨,则思过半矣。大德二年冬十月八日谨序。"(《秋涧集》卷四三)

冯福京修、郭荐等纂《大德昌国州图志》7卷成。

按:此书编修始于大德元年,是年八月初一日修成。原名《昌国州图志》和《昌国州志》。首创图志之地理书籍格式。其《前言》云:"今宋史既与国偕亡,惟志书之见于郡县间者,版籍所计,或以寡为多;风土所宜,或以亡为有。形势所在,或以险为夷;贡赋所出,或以俭为泰。评人物则多过情之誉,陈民风则少退抑之辞。妆饰富丽,竞为美观,详核其实,百无一二。苟上之人按其图数其贡,流毒贻害可胜言哉?……昌国中海而处,由县升州,而州志不作。……余来首访图经,徒起文献不足之叹。越岁余,始于里民购得其籍。……议欲刊削,且书混一以来之沿革,既以授州之文学士,属余往吴中,此事中辍。今瓜戍已逾,滞留卧疾,岂其机乎?乃趣学官,捃拾旧载,芟其芜,黜其不实,定为传信之书,使州之阙文著于所补,以俟掌建邦之六典者采焉。故序作史之大略,与异时文胜其质之流弊,俾二三子知所抉择,而复有以告

托马斯·阿奎那的学生、法国国王腓力四世(美男子)的太师埃葛杜斯·罗曼努斯约于是年著《论王子教育》。

之孔子,曰:'吾犹及史之阙文也。'……今余于旧志,得之既难,本复无二,二三子不亟图之,余幸而受代,则是籍之存于有司者几矣。……大德戊戌七月朔日,潼川冯福京序。"(《大德昌国州图志》卷首)《四库全书总目提要》评曰:"其书简而有要,不在康海《武功志》、韩邦靖《朝邑志》下。"

又按:冯福京为此书倡修者、主编及刊行者,非撰写者及《四库全书总目提要》所说的"审定者";郭荐,虽位居众作者之首,但未必为此书主笔,此书出自昌国州之"乡儒"、"耆儒"、"学官"之手。陆心源《皕宋楼藏书志》所引《郭荐等缴申文牒》载列作者衔名,为:"前岱山书院山长俞、州学宾正许、前乡贡进士州学举事陶椿卿、前免解进士州学应天定、前从事郎州学训导官孙唐卿、前太学进士州学教授应季挺、前童科进士翁洲书院山长应翔孙、前乡贡进士鄞县教谕郭荐。"冯福京,自号学泉居士,四川潼川人。元贞元年(1295),以登仕郎为昌国州判官。还著有《乐清县志》。

王利用、贾有或作《类编长安志序》。

按:《类编长安志》10 卷,骆天骧著。天骧字飞卿,号藏斋遗老,长安人,官京兆路儒学教授。王《序》云:"京兆教授骆飞卿,长安故家也。尝集先儒旧志,并古人诗文,从游前辈,周访乡老,其所得者,具载无遗,目曰《类编长安志》。而废殿荒陵,离宫别馆,城郭之损益,州郡之变更,脱遗者增补,讹舛者订定,骆公自序已详之矣,兹不必云。较之旧志,一完书尔。长安,古都会也。是编一出,或平居暇日,披玩于几砚之间,其周、秦、汉、唐遗踪故实,弗待咨访,一一可知,足迹未及,如在目前,使居是邦者,胸中了然,问无不知,亦士君子之一快也……大德戊戌夏四月中浣日,前翰林直学士太中大夫安西路总管兼府尹诸军奥鲁管内劝农事山木老人王利用序。"贾《序》云:"藏斋先生骆公飞卿,辞声利而远市朝,老于翰墨者也。读书乐道之余,取《长安旧志》前后二十卷,十余万言,门分而类别之。使水能会泾、渭、灞、浐之名,山能萃太华、终南之秀。凡都邑宫观、丘陵坟衍、沿革兴废之名,贤豪居处之迹,士夫经行之地,儳义题品之文,又注于下,棋布星分,若网在纲,有条不紊……使游秦者,不劳登涉而知地理之详,未至秦者,得观此书目下,长安宛在目前矣……大德戊戌清明后二日,安西路儒学教授鹿溪贾有或文裕序。"(皆见《类编长安志》卷首)

马可·波罗著《马可·波罗游记》成。

按:马可·波罗于 1295 年抵达威尼斯,次年因参加威尼斯与热那亚之战被俘入狱。是书为马可·波罗与其同一牢狱者、小说家鲁思梯切共同完成,以中古法—意混合语写就,涉及中世纪亚洲尤其元代中国地理、动物、植物、民族、民俗、社会、经济、政治、宗教和文化诸方面资料。成为 1375 年编绘的喀塔兰大地图中亚与东亚之主要依据。后世欧洲航海家、探险家皆受此书影响。

又按:中世纪的欧洲,《马可·波罗游记》长期被当作"天方夜谭"。时人评价马可·波罗云:"马可·波罗与其父亲及叔居鞑靼多年,闻见颇广,富有资财,心甚巧敏。在基奴亚狱间时,将其所见世间奇异,著为一书。其中荒诞不经之事甚多,盖非彼亲见,乃据之造谣说谎者之口传。此辈散布流言,以欺他人,而其心中则自亦不解不信也。波罗氏乃亦轻率据之以笔于书,其难取信于当代博雅君子,亦宜矣。故于其将死时,友朋亲临床侧,乞其将书中不合理之记载,难于取信者,删除之,而马可·波罗则执迷不悟,谓其友曰,书中所记,尚不及吾所亲见者一半之数也。"(张星烺《欧化东渐史》)马可·波罗成为元代中国与西方欧洲国家文化交流的一个具有时代特征的代表人物,一是因为长期以来东西双方强烈的了解对方的迫切感,为马可·波罗的成名创造了不可或缺的机遇;二是强大、辽阔的元帝国使得中国与西方欧洲国家长期以来要求直接接触的梦想终于成为现实;三是马可·波罗以一个世俗的普通人的亲历,满足了西方欧洲人对东方中国的好奇心,第一次让西方欧洲国家有机会了解到真正的东方中国;四是欧洲人长期视《马可·波罗游记》为怪诞神话并肆意增删其内容,反使得马可·波罗的名气越来越大。(见申友良《马可·波罗独享盛名之原因分析》)

王渊济为《群书通要》作序。

按:是书为类书,不著撰人。现为70卷,附录3卷,分37门,431类,标题皆取经传、史籍、诸子及诗词文句可独立之词,二、三、四不等,下附原文。

又按:有学者指出,王渊济《序》或是书商为牟利而伪造。(见《"蒙翁"、"嘿斋"及〈群书通要〉》)

庄肃于是年前著《画继补遗》2卷。

按:是书为续宋邓椿《画继》而作,以记录画家生平事迹为主,于画家优劣亦有评论。尤以庄肃阅历较广,往往结合所闻所见予以评说,且较中肯。庄肃,字恭叔,一作幼恭,号蓼塘,上海县青龙镇人。仕宋为秘书小史。宋亡不仕,专心收藏图书,搜罗多至8万卷。元至正时,以官修《宋》、《辽》、《金》三史,诏访遗书,危素尝购书于其家。另著有《画继余谱》。

戴表元为赵孟頫诗文集作序。

按:《序》云:"吴兴赵子昂与余友十五年,凡五见,必有诗文相振激。子昂才极高,气极爽,余跂之不能及,然而未尝不为余尽也。最后又见于杭,始大出其平生之作,曰《松雪斋集》者若干卷,属余评之。余惟人之各以其才自致于世,必能相及也而后相知,必相知也而后能相为言。余于子昂不相及而何以知?何以言乎?子昂曰:'虽然,必言之。'余曰:'必言之,则就吾二人之今所历者请以杭喻。'浙东西之山水莫美于杭,虽儿童妇女未尝至杭者,知其美也。使之言杭,亦不敢不以为美也。而不如吾二人之能言。何者?吾二人身历而知之,而彼未尝至故也。他日试以其说问居杭之人,则言之不能以皆一。彼所取于杭者,异也。今人之于诗、之于文,未尝身历而知之,而欲言者皆是也。幸尝历而知之而言之同者,亦未之有也。子昂未弱冠时,出语已惊其里中儒先,稍长大而四方万里重购以求其文,车马所至,填门倾郭,得片纸只字,人人心惬意满而去,此非可以声色致也,而子昂岂谓其皆知我哉?故古之相知必若韩、孟、欧、梅,同声一迹,绸缪倾吐,而后为遇,而后世乃欲望此于道途邂逅之间则又过矣。余评子昂古赋凌历顿迅,在楚汉之间;古诗沈潜鲍谢自余诸作犹傲睨高适、李翱。云子昂自知之,以为何如?大德戊戌仲春既望。"(《剡源文集》卷七)

又按:赵孟頫诗文集直至赵孟頫逝世尚未及刊行,文稿由其子赵雍收藏。后至元五年(1339),湖州总管何贞立应赵雍之请再为《松雪斋集》作序,由乡人沈伯玉辑为《松雪斋文集》10卷、《外集》1卷(实为诗文集)付梓,此本流传颇广,明清时候多次翻刻。《四库全书总目提要》曰:"《松雪斋集》十卷、《外集》一卷,元赵孟頫撰。……杨载作孟頫行状称所著有《松雪斋诗集》,不详卷数。明万历间有江元禧所编《松雪斋集》,寥寥数篇,实非足本。惟焦竑《经籍志》载孟頫集十卷,与此本合。……集前有戴表元序,见《剡源文集》中,末题大德戊戌岁,盖孟頫自汾州知州谒告归里时,裒集所作,请表元序之者。表元不妄许与,而此序推挹甚至,其有所取之矣。后人编录全集,仍录此序以为冠,非无意也。"

王恽作《兑斋曹先生文集序》。

按:兑斋乃曹之谦号。《序》云:"北渡后,斯文命脉,主盟而不绝者,赖遗老数公而已。……先生父清轩公资豪迈，以文学起家，受知荣国高公、雷、李诸贤，交游甚欢。先生接迹词林，幼知力学，早擢巍科。既而与遗山同掾东曹，机务倥偬间，商订文字，未尝少辍，至以正脉与之。其奖藉如此。后居汾晋，闭户读书，屏去外物，嚅哜道真，及与诸生讲学，一以伊洛为宗，众翕然从之，文风为一变。后二十年，予在翰林，前长葛薄子辀持遗编来谒，属予序其端，方得伏读者再四，不去手者累日。因为之说曰：文章天下公器，造物者不私所畀，然非渊源有自，讲习有素，力为之任者，未易与议。若先生（曹之谦）之作，其析理知言，择之精，语之详，浑涵经旨，深尚体之工，刊落陈言，极自得之趣，而又抑扬有法，丰约得所，可谓常而知变，醇而不杂者也。所可惜者，古文杂诗仅三百首。……大德二年人日谨序。"（《秋涧集》卷四二）

拉·马尔·威廉卒，生年不详。波拿文都拉的弟子，罗吉尔·培根的友人，反托马斯主义者。

家铉翁约卒（1213— ）。铉翁号则堂，眉州眉山人。以荫补官，累官知常州，政誉翕然。赐进士出身，拜端明殿学士、签书枢密院事。元军近临安，丞相檄告天下守令以城降，家铉翁独不副署。派往元军代表南宋议事，被拘押不放。宋亡，元廷欲官之而不受，将其软禁19年。其学邃于《春秋》，北上羁留，改馆河间，乃以《春秋》教授弟子，数为诸生谈宋故事及宋兴亡之故，或流涕太息。至元三十一年，元成宗即位，放还乡里，赐号"处士"，锡赍金币，皆辞不受。又数年，以寿终。著有《春秋详说》、《则堂集》。事迹见《宋史》卷四二一、《蜀中广记》卷四六、《宋季忠义录》卷一〇。

王幼孙卒（1223— ）。幼孙字季雅，号自观，宋吉州庐陵人。博览经史，兼涉医书。宋宝祐四年，上万言书议国事，未被采纳，遂回乡教书。友文天祥被俘过庐陵，为文祭之。著有《中庸大学章句》、《太极图说》、《拟答朱陆辩》及医书《简便方》、《经验方》等。事迹见程钜夫《自观先生王君墓碣》（《雪楼集》卷二〇）、《宋史翼》卷三四、《江西通志》卷七六。

周密约卒（1232— ）。密字公谨，号草窗、蘋州、萧斋、四水潜夫、弁阳萧翁，济南籍，家居吴兴。人称草窗先生，宋亡不仕，隐居湖州。其家三世藏书，累积42000余卷，金石1500余种，日事校雠。其藏书处为书种堂、志雅堂，其藏书约于宋末元初散失殆尽。著有《志雅堂杂钞》2卷、《草窗韵语》6卷、《草窗词》、《蜡屐集》、《蘋州渔笛谱》2卷、《云烟过眼录》2卷、《澄怀录》2卷、《武林旧事》10卷、《癸辛杂识》6卷、《齐东野语》20卷、《浩然斋雅谈》3卷，又选编南宋词一百三十二家为《绝妙好词》。事迹见《宋史翼》卷三四、《宋诗纪事》卷八〇。

按：清人顾文彬纂《草窗年谱》1卷中以为周密卒于大德三年（1299），冯沅君纂《草窗年谱拟稿》1卷认为周密卒于至大元年（1308），夏承焘纂《唐宋词人年谱本》认为周密卒于大德二年（1298）。

僧圆至卒（1256— ）。俗姓姚，字天隐，号牧潜，又号筠溪老衲，高安人。少习举子业，年十九为僧。于禅理外专于古文，著有《牧潜集》7卷及《唐诗说》21卷。事迹见《吴中人物志》卷一二、《元诗选·初集》小传等。

按：《四库全书总目提要》评《牧潜集》云："圆至字牧潜，号天隐，高安人。至元以来，遍历荆、襄、吴、越，禅理外颇能读书，又刻意为古文，高自位置，笔力蔚然，多可观者。……自六代以来，僧能诗者多，而能古文者少，圆至独以文见，亦缁流中之卓然者。"又评《唐诗说》云："此书盖取宋周弼所选《三体唐诗》为之注释。前有大德九年方回序。其书诠解文句,颇为弇陋。坊本或题曰《碛沙唐诗》。"

张立道卒,生年不详。立道字显卿,大名人。初为宿卫尝从世祖北征。至元四年,奉命使西夏。后为云南王忽哥赤王府文学,"劝王务农以厚民",迁劝农官。十五年,除中庆路总管,建孔庙,置学舍,劝士人子弟以学。大德二年,拜云南行省参政,旋卒。曾三使安南,有《安南录》。另有《效古集》、《平蜀论》1卷、《云南风土记》、《六诏通说》等。事迹见《元史》卷一六七、《元史纪事本末》卷一、《滇考》卷下、《钦定续通志》卷四八一。

申屠致远卒,生年不详。致远字大用,号忍斋,本居汴,金末迁至东平寿张。元世祖忽必烈南征时,被经略使乞实力台荐为经略司知事。当时元军中机务,多为致远谋划。累官至淮西江北道肃政廉访司事。所至有风裁。以忍名斋,人称忍斋先生。聚书万卷,名曰墨庄。著有《释奠通礼》3卷、《忍斋行稿》、《集验方》12卷、《集古印章》2卷。事迹见《元史》卷一七〇、《万姓统谱》卷一二八。

拜住（　—1323）、蒋玄（　—1344）、李黼（　—1352）、吴睿（　—1355）、郑玉（　—1358）、贡师泰（　—1362）、周伯琦（　—1369）、施耐庵（　—约1370）、夏鉴（　—1372）生。

大德三年　己亥　1299 年

正月己丑,中书省臣言天变屡见,大臣宜依故事引咎避位,帝曰:"此汉人曲说耳,岂可一一听从耶! 卿但择可者任之。"(《续资治通鉴》卷一九三)

三月癸巳,命妙慈弘济大师、江浙释教总统补陀僧一山(一宁)赍诏使日本。

按:补陀即普陀。诏曰:"有司奏陈:向者世祖皇帝尝遣补陀禅僧如智及王积翁等两奉玺书,通好日本,咸以中途有阻而还。爰自朕临御以来,绥怀诸国,薄海内外,靡有遐遗,日本之好,宜复通问。今如智已老,补陀僧一山道行素高,可令往谕,附商舶以行,庶可必达。朕特从其请,盖欲成先帝遗意耳。至于惇好息民之事,王其审图之。"(《元史·成宗纪三》)一山一宁因此留居日本,成为日本一山派禅宗开山祖,使日本禅风由"武家禅"向"皇家禅"扩展。一山一宁又向日本弟子传授朱子学,且对日本学术、文学、书法、绘画等皆有一定影响。

命何荣祖更定律令,所释者凡380条,帝以"古今异宜,不必相沿,但取宜于今者"施行(《元史·成宗纪三》)。然未及颁行而何荣祖卒。

五月壬午,罢江南诸路释教总统所。

是年,举童子杨山童、海童。

按:童子举,唐、宋始著于科,然亦无常员。元代时举童子。《元史·选举志一》

暹罗国于兰甘亨在位期间确立上座部佛教为国教。

乌古思突厥人首领奥斯曼一世创建奥斯曼土耳其帝国。

载:"皆以其天资颖悟,超出儿辈,或能默诵经文,书写大字,或能缀缉辞章,讲说经史,并令入国子学教育之。惟张秦山尤精篆籀,陈元麟能通性理,叶留畊问以《四书》大义,则对曰:'无过事父母能竭其力,事君能致其身。'时人以远大期之。"

碛砂延圣院升格为寺,刊经局亦随之改称平江路碛砂延圣寺大藏经局,其刊经,分工严谨,由对经、点样、管经局、提调、掌局、功德主、大檀越等组成,并有外寺的大德们加入。

黄溍游学杭州,结识吾丘衍。与杨载缔结文字交。

张炎自山阴回杭州。

邓牧隐居余杭洞霄,四方名胜多求其文。住山沈介石为其营白鹿山房,匾曰空屋,与里人叶林为至交。

李宪甫使君下访刘壎。

郭畀弱冠试艺授校官,自是宦游朔南。

胡助与黄溍是年前后定交。

赵棨荐授昌化教谕,转教桐庐,历长饶州长芗、温州宗晦二书院。

李彝官南丰郡守。

刘秉实知县、萧允中教谕建安塞县学。

张德珪为余姚州知州,重修高节书院,别建大成殿于夫子祠前,以祠乡贤。

按:宋咸淳七年(1271)沿海制置使刘黻建于客星山,前为夫子祠,后为燕居堂、思贤堂、义悦堂,旁列四斋,可容生徒200余人。延请严子陵四十世孙严士德主教事,授《孟子》、程朱学说。至正八年(1348)知州汪文璟复建,重修夫子旧殿以祠严子陵,复义悦堂为讲学之所。是时,浙东西学者踵至,舍不能容。

柴中行裔孙重建南溪书院。

按:宋嘉定间柴中行与弟中守(柴中守)、中立(柴中立)建于南溪之上,并讲学其中。时饶鲁、汤干、汤中、汤汉等数十百人皆从游受业。元大德三年(1299)柴氏裔孙重建,并祀其祖,教化乡族子弟俊秀者。延祐元年(1314)置官掌教。学士程文海有记。元末毁于兵火。程钜夫《南溪书院记》云:"圣人之学,自三代以降,至宋诸儒讲问始备。我元建国,大修孔子之教,周、程、朱、张之书灿然复明,天下学校莫不兴起。大德三年,鄱阳柴氏捐田五百亩,因其先献肃公南溪先生读书之所,建院以祀公,教乡族子弟俊秀者。太守廉简上其事,行省以闻于朝。延祐元年,命下,得置官属,廪子弟如制。公讳中行,字与之,宋名卿巨儒也。学于从父强恕先生元裕,登绍熙元年进士甲科。庆元中,调抚州军事推官。会党议起,禁伊洛之学。校艺场屋,漕司敕命自言不系伪学。公奋笔署曰:'幼读程氏书以取科第,如以为伪,不愿考校'。执政闻之,大怒曰:'柴中行小官,乃敢与朝廷抗!'且议罪,或解之曰:'所守如此,而又可夺耶?'乃止。公所至有声实,正色立朝,直言敢谏。出守淮襄七年,敌不敢近边。官至秘书监,乃谢事,与二弟中守、中立讲道南溪之上。汤伯纪、饶伯舆之徒数十百人皆从之游,相与称之曰'南溪先生'。辛赠通议大夫、宝章阁待制,谥献肃。公没且百年,圣天子复以周、程、朱、张之书设科取士,以求圣人之治。公之志之学亦炳若揭日月而行。书院之作,不亦宜乎?呜呼,自先生之教不明,士不知学,群居宿忌妒、角同异,以好尚相是非。自战国而下,至汉甘陵南北部,唐牛、李,宋洛、朔、蜀三党,议论文字,摇扛扇合声势,以利禄相诱,以至败人家国,流毒天下,可胜道哉!凡游于斯、息于斯、皆能绝私见、明至公、审取舍如公者,非圣天子之至望、天下后世之大幸与?书院距余干八十里,殿堂门庑、斋次庖廪悉具。首其议、终其成、捐田以倡率之者,公之族诸孙公辅、仲晦。瞻以田者,天柱汝为发,兰天祥士知、程道淳。请予记,仲晦也。仲晦盖摄书院事云。"(《万年县志》卷九)

孟特·戈维诺于大都起一天主教堂。

陈栎作《论语训蒙口义自序》。

按:《序》云:"读《四书》之序,必以《大学》为先,然纲三目八,布在十有一章,初学未有许大心胸包罗贯穿也。《论语》或一二句、三数句为一章,照应犹易,启发侗蒙,宜莫先焉。朱子《集注》,浑然犹经,初学莫未易悟,坊本句解率多肤舛,又祇为初学语,岂为可哉!栎沉酣《四书》三十年余,授徒以来,可读《集注》者,固授之唯谨,遇童生钝者,困于口说,乃顺本文推本意,句释笔之。其于《集注》,涵者发,演者约,略者廓,章旨必揭,务简而明,旬积月累,累以成编,袭名《论语训蒙口义》。自《集注》外,朱子之《语录》、黄氏之《通释》、赵氏之《纂疏》,洎余诸儒之讲学可及者咸采之,广汉张氏说亦间取焉。栎一得之愚,往往附见,或有发前人未发者,实未尝出朱子窠臼外。丙申春,质之弘斋曹先生,一见可之,畀之序,勉之刊。赖同志助之,历四年始成。自揆晚生,惧贾僭逾罪,抑不过施之初学,俾为读《集注》阶梯,非敢为长成言也。昔程子传《易》,犹曰'只说得七分',而况晚生?又况为侗蒙计哉?栎数年来又有《读易编》、《书解折衷》、《诗句解》、《春秋三传节注》、《增广通略》、《批点古文》之类,嗣是有进,尚敢渐出与朋友商之,观者其毋以小儿学问只《论语》哉。大德己亥立秋日。"(《陈定宇先生文集》卷六)

平水曹氏进德斋刊行巾箱本《尔雅郭注》3卷。

按:元代《尔雅注疏》又有雪窗书院所刻3卷本,《邵亭知见传本书目》卷三《经部十·小学类》:"《尔雅注疏》晋郭璞注,宋邢昺疏。元雪窗书院本三卷,《释训》'绰绰、爰爰,缓也。'注云:'皆宽缓也。'悠悠、称称、玉玉、简简、存存、懋懋、庸庸、绰绰,尽重语。元本及闽、监、毛本俱脱。序下有'雪窗书院新刊'八字,故称雪窗本。字体与唐石经同。每页二十行,行经十九字,注二十六字。注下连附音起,于本字上加圈为识。校诸注疏本,独为完善。"

李郚大德中尝注《唐太宗帝范》3卷。

朱世杰著《算学启蒙》3卷成。

李衎著《竹谱》10卷成,有自序。

按:《竹谱》原名《竹谱详录》,又名《息斋竹谱》、《李息斋画竹谱》。李衎著写并绘图。李《自序》云:"黄太史有言:'竹虽有谱记之者,然略而不精。吾欲作竹史,未暇也。'太史殁且二百年,于兹岂无嗜好似古人者?而其事果属之谁,将由竹之为物自足以名世,有不待乎人之发挥,抑爱恶之不齐,而知竹者希。……予性澹泊,独草木臭味未能忘情,而自谓于竹粗有知。盖少壮以来,王事驱驰,登会稽,涉云梦,泛三湘,观九疑,南逾交广,北经渭淇,彼竹之族属支庶,不一而足,咸得遍窥。于是,益欲成太史之志,而不敢以臆说私则为。上稽六籍,旁订子史,下暨山经地志、百家众技、稗官小说、竺干龙汉之文,以至耳目所可及,是谀是咨,序事绘图,条析类推。俾封植长养、灌溉采伐者识其时;制作器用、铨量才品者,审其宜;模写形容、设色染墨者,究其微。由古逮今,博载事辞,积累成编,雅俗兼资,庶几备方来之传,补往昔之遗,犹恨学疏而才劣,非略于卤莽,则弊于支离,故题曰《竹谱详录》,而恶可名史以取讥,他日好事者为此君执南、董之笔,或有考于斯。大德三年岁在乙亥端阳日,蓟邱李衎仲宾父序。"(《竹谱》卷首)清钱曾《读书敏求记》卷三云:"此录论墨竹之法与其病,凡竹之别族殊名、奇形诡状,莫不谱其所自出。"《四库全书总目提要》评曰:"其书广引繁征,颇称渊雅。录而存之,非惟游艺之一端,抑亦博物之一助矣。"是书明代有1卷本,系摘抄而成。

张退公约于此年后著《墨竹记》1卷成。

按:该书又名《张退公墨竹记》,其书通篇以骈文形式写成,其主旨在于传授墨竹技法,文辞精炼,多经验之谈。因长期湮没,世人罕睹,清钱曾《读书敏求记》中亦不曾涉及此书。

普宁寺比丘如莹为普宁寺《大藏经》纂《目录》4卷成。

刘惟永作《道德真经集义大旨序跋》。

按:文云:"昔吾老子流传《道德经》于世,玄理幽深,非特启教度人而已。累代明君鸿儒,莫不笃注研穷其妙,亘古今传之无穷。凡道家者,流诵其正经,犹恐未明其旨,非参合诸家之注,岂能深造玄微哉。惟永抑尝探其秘蕴,莫尽其要,每专心致志,搜罗百家之注,究诸妙义,欲编为集义,而与同志者共。今得石潭丁编修,以其家藏名贤之注,与惟永所藏之书合而为一,乃总八十一章为三十一卷。第绣梓之费浩大,非独力所能为,遂与徒弟赵以庄、刘以盐,持疏遍往各路,叩诸仕宦君子及知音黄冠捐金,共成其美。今经一十余年,凡寝食之间,未尝忘焉。经之营之,今已告成。每自披阅玩味,允谓精妙,玄之又玄者也。若帝王公侯遵之,则国治天下平;卿大夫守之,则忠君孝亲;士庶人佩之,则复归于淳朴;吾道体之,则超凡入圣。曰道曰德,先天地不见其始,后天地不见其终,其此经之谓乎。凡我同志受持者,幸毋忽。大德三年岁次己亥上元日,晚禠刘惟永谨跋。"(《道德真经集义大旨》卷下)

茶陵东山陈仁子古迂书院刊行宋吕大临《考古图》10卷。

按:是书有元祐七年(1092)自序,陈才、陈翼大德三年(1299)二序。

陈仁子刊行《增补文选六臣注》60卷附《诸儒议论》1卷。

广信书院刊行辛弃疾《稼轩长短句》12卷。

方回之虚谷书院刊行僧圆至《筠溪牧潜集》七类,不分卷。

按:前有大德三年(1299)方回序,后有大德三年天目云松子洪乔祖跋。书不分卷,以类各为起讫:诗一、铭二、碑三、序四、书五、杂著六、榜疏七,故乔祖跋只云1卷。明刻始分为7卷,名《牧潜集》。

梅希蒂尔德·冯·哈肯博恩卒(1241—)。赫尔富本笃修院修女,著有神秘主义的幻觉书《特恩书》。

法国外科医生居·德绍利亚克(1299—)生。

何荣祖卒(1220—)。荣祖字继先,其先太原人,金亡,徙家广平。累迁尚书参知政事,时桑哥专政,荣祖数请罢之,世祖不从,以病告。桑哥败,起中书右丞,奏行所定《至元新格》。尝奉旨定《大德律令》,书成久之,乃得请于上,未及颁行而卒。卒赠光禄大夫、大司徒、柱国,追封赵国公,谥文宪。所著有《学易记》、《载道集》、《观物外篇》、《大畜》10集等。事迹见《元史》卷一六八。

项天觉卒(1229—)。天觉字希圣,婺源人。创玉林精舍,延师招友,聚书讲学,魁儒胜士四远如流而来。事迹见戴表元《故玉林项君墓志铭》(《剡溪文集》卷一五)。

杨桓卒(1234—)。桓字武子,号辛泉,兖州人。三十岁时任济宁路教授,后应召入京,任太史院校书郎。曾参修《大元一统志》,后又召任国子监司业,未赴召而卒。精篆籀之学,著有《六书统》20卷、《六书溯源》12卷、《书学正韵》36卷,"大抵推明许慎之说,而意加深"(《元史》本传)。事迹见《元史》卷一六四、《新元史》卷一九一、《元史类编》卷二四、《书史会要》卷七。

彭丝卒(1239—)。丝字鲁叔,江西安福人。精通历算,博习经史,著有《庖易》、《礼记集说》49卷、《春秋辨疑》、《算经图释》9卷、《皇钟律说》8篇等。事迹见《万姓统谱》卷五四。

杨清一卒(1243—)。清一字元洁,号逸峰,临安人。洞霄宫主席郎如山弟子。元贞二年入观,宣授冲真洞玄葆光法师,归领杭州路道录。

陈义高卒(1255—)。义高字宜甫,号秋岩,闽人。玄教道士。元世祖至元间,两次随驾北行。至元二十五年,提点洪州玉隆宫。曾住龙虎山道院。工诗,大抵源出元稹、白居易,多与姚燧、卢挚、赵孟頫、程文海、留梦炎等倡和。著有诗文集《沙漠稿》、《秋岩稿》、《西游稿》、《朔方稿》,现存《陈秋岩诗集》2卷(《四库全书》本)。事迹见张伯淳《崇正灵悟凝和法师提点文学秋岩先生陈尊师墓志铭》(《养蒙文集》卷四)。

陈岩卒,生年不详。岩字清隐,号九华山人,池州青阳人。咸淳末年屡举进士不第。宋亡,隐居不仕。为避举荐,曾遍游九华之胜,并作诗以纪之,合集为《九华诗集》1卷。又尝集杜甫诗句为《凤髓集》。事迹见《山堂肆考》卷一二二、《宋诗纪事》卷七九。

按:吴师道尝作《陈氏凤髓集后题》,对陈岩文章评价甚高:"诗集句起近代,往往采拾诸家而间一为之,未有寻取一家之作而用之全编者也。文文山在羁囚中,始专集杜陵诗以发己意,咸谓创见。今观九华陈氏《凤髓集》,则知前乎已有此矣……斯人乃能融液贯穿,排比联合,大篇短章,词从句顺,宛然天成,积至数百首之多,既免夫鸿鹄家鸡之嘲,而自谓得凤髓胶弦之妙,其用心不既专且勤乎?夫良弓之机锦,经纬之错综,顺而成章者,固粲然可观;若夫剪缀百衲,横斜曲直,纹缕相值,不差毫分,要非极天下至巧者不能也。陈君名岩,字民瞻,自序在宋淳祐中,今且百年而未传于世,景德上人宗公出以示予,俾题其后,故为之论之如此。"(《礼部集》卷一七)

林泉生(—1361)、徐舫(—1366)、朱升(—1370)、唐桂芳(—1371)、韩準(—1371)、钱宰(—1394)、李祁(—?)生。

大德四年　庚子　1300年

五月,谕集贤大学士阿鲁浑萨理:"集贤、翰林,乃养老之地,自今诸老满秩者升之,勿令辄去,或有去者,罪将及汝。其谕中书知之。"(《续资治通鉴》卷一九三)

拜占廷首都君士坦丁堡之君士坦丁堡宫约建于此时。

边注	正文
教皇卜尼法斯第八公布大赦令，并于罗马举行百年庆典。	八月癸卯朔，更定荫叙格。定官正一品子为正五，从五品子为从九，中间正从以是为差，蒙古、色目人特优一级。

是年，蒙古字学添设学正一员，上自国学，下及州县，举生员高等，从翰林考试，凡学官译史，取以充焉（《元史·选举志一》）。|
| 意大利解剖学家、波隆那解剖教师蒙汀诺·迪卢西，在教学中不用图解而用实物标本（尸体）给学生讲解"人体解剖学"，是为解剖教学中的一项革新。 | 吴澄六月作正中堂于咸口之原，长子吴文治其役堂成，程文海作记，赵孟頫篆写额匾。八月，吴澄释服。

程文海拜江南湖北道廉访使，冬作岁寒亭于署后，有诗文题咏一卷。

阎复拜翰林学士承旨，阶正奉大夫。

赵孟頫写陶渊明像，并书《归去来辞卷》。

张伯淳即家拜翰林侍讲学士。

袁桷在吴门与陈子久结识。

刘壎纂修南丰州志，时程文海为江南湖北道肃政廉访使，甚重之。

卢挚任湖南道肃政廉访使，因水土不服，后改江东道廉访使。

柳贯荐为江山县教谕。

察罕除武昌路治中，擢河南行省郎中，累迁太子家令。

郭畀题赵孟頫画《人马图》诗。

陈祥始建会善堂。

按：该堂在江西崇仁县长安乡，为私宅所改建，为白莲教堂。陈祥施材施田，堂主觉度诸人协力营助，市财鸠工，不惮勤劳。|
| 英国经院哲学家、唯名论者邓斯·司各脱著《教说集成四卷的问题》。

西班牙散文、最早的骑士小说《西法尔骑士》问世。

法国爱情故事诗《奥卡森与尼柯莱特》约于是年问世。

海因里希·冯·诺伊施塔德约于是年以推罗的阿波罗尼乌斯的生平为素材进行创作。

条顿骑士团中描写基督和圣徒受难的诗体小说约于是年出现，这些小说均模仿《传奇锦旗》和《传奇集》。 | 雷思齐著《易图通变》成。

按：其《易图通变》列《河图四十征误之图》、《参天两地倚数之图》、《参伍以变错综数图》、《参天错综会变总图》于卷前，以《河图》总其名。该书继承刘牧"河九洛十"说，但反对刘牧以"洛十"说解释八卦。其说取刘歆说法，以八卦出于河图，"洪范"出于洛书，故而认为刘牧以"洛十"为八卦本原错误。其《易图通变序》云："河图，八卦是也。图之出，圣人则之，庖牺氏昂观象，俯观法，近取身，远取物，以通神明之德，类万物之情，始因之画八卦以作《易》者也。孔子谓其则之，岂欺我哉？图之数以八卦成列，相荡相错，参天两地，参伍以变；皆自然而然。后世不本其数实惟四十，而以其十五会通于中，乃妄计天地之数五十有五，以意增制于四十之外，以求其合幸其中，故愈说愈迷，纷纷迄今。余因潜心有年，备讨众说，独识先圣之指归，遂作《通变传》以与四方千载学《易》者同究于真是焉。兼筮法亦乖素旨，附见后篇，求古同志宜能明其非敢诬也。大元大德庚子九月，临川道士雷思齐贤序。"（《易图通变》卷首）元人张宗演曰："雷思齐嗜学有要，精研是书，探核本旨，为之传释，合儒老之所同，历诋其所异。条分绪别，终始一贯，不翅入老氏之室，避之席以相授受也。"（《空山先生易图通变序》）《四库全书总目提要》评曰："《易》道变化不穷，得其一端，皆足以为说者也。"其《易筮通变》，实为道家衍说《图》、《书》之学，以附《易》。凡五篇：一曰《卜筮》、二曰《立卦》、三曰《九六》、四曰《衍数》、五曰《命著》。《四库全书总目提要》评曰："多出新意，不主旧法。"有《四库》、《道藏》本，卷首有大德四年《自序》。《四库》著录宋人，误，清《通志堂》仅刻《易图》）。

吴正约于此年著《皇极大定动数得一论》1卷成。|

陈栎八月二十一日以《云萍小录》呈曹泾，泾为之作《深衣说跋》。

何梦桂作《题线县尹孝经古画图》。

按：线子华将《孝经》图画之。

吾丘衍著《学古编》1卷成。

按：《学古编》乃印学史上首部印论专著。时印章承唐、宋九叠文人之习气，篆文大都谬误，吾丘衍力矫积弊，一以玉筋小篆入印，印学为之一变。尤以其中《三十五举》，初创印论体例，为最早研究印章艺术之专论，后世篆刻理论发展及篆刻实践深受其影响。

太医院刊行《圣济总录》200卷、《目录》1卷。

陆文圭作《三国六朝事实序》。

按：据序所云书名乃是《江南六朝事实》，而序名曰"三国六朝事实"。《序》云："潼川杨君手编《江南六朝事实》，畦分田列，粲然有条。其嗣师文出以示余，余三复焉，为之废书而泣，仰屋而叹。嗟夫！余不幸而不生于舜禹之朝，身不及见太和之盛；幸而不生于六朝之际，目不及睹危乱之形。俯仰遗编，神融意会。杨君之作是书也，有心哉！或者见其门分类别，谓是可以训童蒙、利初学。噫！童蒙所当知者，奚止区区六朝事实而已，不有班、马诸书乎？杨君不取乎班、马而顾为是区区者，杨君之意，余能知之，非童蒙之所敢知也。杨君名某，生端平甲午，春秋六十有七矣。"（《墙东类稿》卷九）

《元大一统志》基本完成。

按：该书分两阶段进行，至此完成第一阶段编修工作。共755卷，483册。后因继续得到云南、辽阳等处材料，又进行增补，大德七年（1303）书成。前后共计18年，计1300卷，600册。

程钜夫七月作《南丰县志序》。

按：《序》云："南丰，盱水之上游。初隶抚，宋割抚之南城县，置建昌军，遂隶建昌。壮哉县也，称为江右最。人物有曾子固，文章名天下，而南丰益以重。国朝以建昌为总管府，南丰仍为属县。未几，升为州，事达于行省，而南丰又益以重。李侯彝由司宪事来为州，暇日得县志于煨烬之余，命余友人刘君壎于已纪者订之，于未纪者增之，成《州志》十五卷。夫州县有志，旧矣。然今之居官者，下焉为办私计，上焉为奉公计，其最贤者乃能为民计，而何暇及此久违不泯之事哉？侯不视此为迂缓不切，而成此书。县之为州，自我朝始，州之有志，自今侯始。书成示余，余嘉之，故为书于其后如此，而归其书。侯之贤，今将与此州、此书相为不泯也。大德四年岁在庚子秋七月，正议大夫、江南湖北道肃政廉访使程文海。"（《南丰县志》卷首）又据刘壎所作《南丰郡志序目》（《水云村泯稿》卷五），该志类目有：建置沿革、郭内门坊、版籍户计、风土物产、税粮、课程、州治公宇、学校、仓库站驿院寨桥渡、州境山川、坛庙祠墓、僧寺、道观、州官年表、首领官题名、镇守军官、儒学官、司属官、前县官题名、前进士题名、名宦政绩、释者徒、方外士、前代制诰、里中遗事等。

李彝亦作《南丰县志序》。

按：《序》云："盖图、志之作实昉乎此。后世因之，名州钜邑靡不有志。彝宦游所至，往往获观。顾于南丰未之睹，窃尝叹曰：'图、志，古也。丰，文献邦，其独无是乎？'公退，旁搜得旧邑志。阅视，则世代县隔，与今事不类。因属泮宫诸君子加修纂焉。订其伪，补其阙，删削其不必存，自建置至遗事凡三十类，厘为十有五卷。捐俸募匠刻诸梓。同僚协志乐助，司属府史偕州里诸贤咸致力，书是以成。披卷纵观，一郡事迹萃是矣。其播之四方，不待挹军峰之苍翠，临旴流之清漪，而山川景物、城郭人民，历历在目；其进之太史，上之职方，则备纪载，补阙遗，安知不有取耶？标其目曰《南丰郡志》。书其共事者之氏名曰：会总修纂者，前学官刘埅也；分卷同修者，前学官彭野、职员罗安道、上官鲤也；考正文字、课督工程者，今学官刘东叔、直学朱显祖也；捐俸助刊者，同知阿老瓦丁、州判常泰、吏目王沂，而主盟者，则达鲁花赤伯颜察儿也。大德庚子日南至，奉直大夫、南丰州知州兼劝农事李彝。"（《南丰县志》卷首）

方回作《小学绀珠序》。

按：《小学绀珠》乃王应麟之作，该著另有牟应龙大德五年序。牟氏序云："《小学绀珠》一编，才十余卷，而天地万物之名数备在。名书之义，盖取张燕公所玩以启遗忘者。"方氏序云"八岁入学者当读"，实为便初学诵记而编，用数目分录故实，方氏认为"过于张燕公之所照者"。该书体例与其它类书迥异，于天文、律历、器用等17门下，皆一数词立目，虽记诵颇便，但体例芜杂，归属颇乱，序无层次，且采拾未备，识辨不清者甚多。

张与材八月十六日跋《道德真经集义大旨》。

按：文云："月屋刘惟永，取五千文为三十一卷，集注七十有八氏，奚翅万亿言。若仙、若儒、若释、若隐若显，以至鸾笔恍惚，微妙之辞亦所不弃。一翻阅间，如入宝藏，金贝、珊瑚、象犀、水银、丹砂、青芝、玉札，错落万状，富矣哉！所谓集大成者非耶？噫！是经非关尹一见不作，尹之功大矣，刘之功当不在尹之下。虽然，太上以无为为宗，诵是书者，由七十有八家、万亿言得五千言，由五千言得一言，由一言得无言焉。犹龙老仙得垂手乎太空，引而上之，曰：'孺子可教'。大德庚子八月既望，嗣天师大素凝神广道真人张与材跋。"（《道藏》卷一三）

曾颖瑞正月十二日卒（1225— ）。颖瑞字履祥，建昌南城人。宋末，赞画黄万石幕中，贾似道欲见之，不肯往。宋亡，闭户不复出，徜徉溪南水竹间，乡人称劲节先生。事迹见程钜夫《曾履祥墓志铭》（《雪楼集》卷一六）。

王埜翁卒（1240— ）。埜翁字太古，婺源人。元初，江浙行省处以镇江学正，不受。潜心《易》学，自为一家之说。著《见易篇》，极卦画之所以然，而皆本河图、洛书自然之法象。吴澄方为国子司业，见而说之，所注《易纂言》，多采其说。又有《周易分注》，主于明象以考变。其时尚程、朱《易》说，皆骇所闻见。事迹见《新元史》卷二三五、《江南通志》卷一六四、《经义考》卷三九。

不忽木卒（1255— ）。不忽木一名时用，字用臣，号静得，康里氏。从许衡学。卒谥文贞。为第一代华化的西域人。其套曲[仙吕·点绛唇]《辞朝》为元曲名篇。其子回回、巎巎在元中期文坛影响颇大。事迹见赵孟頫《噶喇公碑》（《松雪斋集》卷七）、《元史》卷一三〇、《国朝名臣事略》卷四、《蒙兀儿史记》卷一一四。

黄玠（ —1370）、王厚孙（ —1376）、席应珍（ —1381）、倪峻（ —1422）生。

尼德兰作家雅各布·凡·马尔兰特约于是年卒（约1235— ）。

意大利画家契马布埃卒（约1240— ）。

意大利诗人卡瓦尔康第卒（约1240— ）。

瑞士骑士抒情诗人约翰内斯·哈德劳布（ —1340）约生。

法国经院哲学家约翰·布尔狄安（ —1358）约生。

德国神秘主义神学家、哲学家、爱克哈特的弟子、多明我会会士和布道员约翰内斯·陶勒尔（ —1361）生。

意大利画家塔迪奥·加迪（ —1366）约生。

法国外科医师居伊·德·肖利亚克（ —1368）约生。

法国诗人和作曲家纪尧姆·德马肖（ —1377）约生。

大德五年　辛丑　1301年

二月，赐兴教寺地名百顷，钞万五千锭；上都乾元寺地九十顷，钞皆如兴教之数；万安寺地六百顷，钞万锭；南寺地百二十顷，钞如万安之数。

四月，秘书监设有分监。

按：王士点《元秘书监志》卷三载："车驾岁清署上京，丞相率百官各奉职分司扈从。秘府亦佩分监印，辇图籍在行间，所以供考文备御览者，视他职为毕要。"

七月，诏禁畏吾儿僧、阴阳、巫觋、道人、咒师，自今有大祠祷必请而行，违者罪之。

十月，又定生员，散府20人，上、中州15人，下州10人。

是年，曲阜修文宣王庙成，衍圣公孔治遣子孔思诚入朝。敕中书赐田5000亩，供祭祀；复户20人，供洒扫之役。

江浙等处行中书省在下儒学提举司的公文云："南方前进士可为师范者多，兼所在学校、书院，俱有钱粮，足以赡给。"（《庙学典礼》卷一）

遣穆斯林前往索马里及摩洛哥访问并采购珍禽异兽和香药。

吴澄诏授应奉翰林文字、登仕郎、同知制诰，兼国史院编修官，澄不欲赴。

许谦自金华来即金履祥学，时许谦31岁，请不拘常规就弟子列。

姚燧授中宪大夫、江东廉访使，移病太平。

张伯淳造朝，扈从上都。

王恽再上章求退，得归。

袁桷任为翰林国史院检阅官。

邓文原擢应奉翰林文字。

虞集初至京师，客授藁城董士选之馆，后范梈亦客董家。

按：虞集《题范德机书手卷》云："清江范德机氏与予同生前壬申三十，后同游京师，先后客藁城董忠宣公之馆。"（《虞文靖公年谱》）

黄溍举为教官。

吴师道观真德秀《读书记》，悔先前之所学。

按：张枢《元故礼部郎中吴君墓表》云："年十九，观西山真先生《读书记》，慨然叹曰：'义礼之学，圣贤之道，岂不在于此乎？吾前日之自以为适者，今则深可悔尔。'"（《礼部集》附录）

朱文清为河南、江北等处行中书省左丞，施财刊造《大藏经》版1000卷，舍入平江路碛砂延圣寺，永远流通。

赵孟頫过会稽，作《高逸图》，又作《十八罗汉卷》。

奥斯曼土耳其人败拜占廷人于巴佩昂。

敖继公著《仪礼集说》17卷成,七月作自序,八月作自跋。

按:其《自序》云:"(《仪礼》)予之所玩者,仅十七篇耳,而其意已若此。设使尽得三百、三千之条目而读之,又将何如耶?此书旧有郑康成《注》,然其间疵多而醇少,学者不察也。予今辄删其不合于经者,而存其不谬者,意义有未足,则取疏记或先儒之说以补之;又未足,则附之以一得之见焉,因名曰《仪礼集说》。自知芜陋,固不敢以示知礼之君子。然初学之士或有取焉,亦未必无小补云尔。大德辛丑孟秋望日,长乐敖继公谨序。"(《仪礼集说》卷一)《四库全书总目提要》评曰:"是书成于大德辛丑,前有《自序》,称'郑康成《注》疵多而醇少,删其不合于《经》者,意义有未足,则取疏记或先儒之说以补之;又未足,则附以一得之见',又疑《丧服传》违悖《经》义,非子夏作,皆未免南宋末年务诋汉儒之余习。然于郑《注》之中录其所取,而不攻驳所不取,无吹毛索垢、百计求胜之心。盖继公于《礼》所得颇深,其不合于旧说者,不过所见不同,各自抒其心得,初非矫激以争名,故与目未睹《注》《疏》之面而随声佐斗者,有不同也。且郑《注》简约又多古语,贾公彦《疏》尚未能一一申明,继公独逐字研求,务畅厥旨,实能有所发挥,则亦不病其异同矣。卷末各附《正误》,考辨字句颇详,知非徒骋虚词者。……继公所学,犹有先儒谨严之遗,固异乎王柏、吴澄诸人奋笔而改《经》者也。"

周之翰纂《朝仪备录》成。

按:王恽《朝仪备录叙》云:"至元辛未岁,大内肇建,始议讲行朝会礼仪,盖所以尊严宸极,辨上下而示等威也。然事出草创,不过会集故老,参考典故,审其可行者而用之,其后遇有大典礼,准例为式,祗取严办,一时执事,首各司品节,其礼之全体,亦不能究其详而通贯焉。逮侍仪舍人周之翰供职,乃纂述物色仪制之品,班次度数之则,曰朝贺,曰策立,曰开读,皆具已行而可验,复图注以致其详。皇仪缛典,粲然明白,目之曰《朝仪备录》。大德辛丑岁立春前五日,秋涧退叟题。"(《秋涧集》卷四三)周之翰,钱大昕《元史艺文志》注:字申甫,华亭人。还著有《易象管见》、《易四图赞》、《朝仪祀原》3卷。

徐元瑞著《吏学指南》成,有自序。

按:徐元瑞,字君祥,吴郡人。

史弼著《景行录》1卷成。

按:是书载《说郛》卷六四。史弼,一名塔剌浑,字君佐(或作若佐),蠡州博野人。自号紫微老人。积战功累升副万户,从伯颜平宋,授扬州达鲁花赤兼万户。延祐间进平章,封鄂国公。还著有《省己录》1卷。

房祺纂《河汾诸老诗集》8卷成。

按:所谓"河汾诸老"乃金遗民诗人群体。是书收麻革、张宇、陈赓、陈庾、房皞、段克己、段成己、曹之谦8人之诗,皆金之遗民,亦旧从元好问游者也。房祺,临汾人。历河中、大同两府教授,以潞州判官致仕。房祺作序云:"往年吾友杨君仲德议成此集,不幸早世。仲德有云:'不观遗山之诗,无以知河汾之学。不观河汾之诗,无以知遗山之大。不观遗山、河汾之作,不知唐人诸作者之妙。不观唐人之作,不知三百篇六义之深意。'"(《河汾诸老诗集》后序)

王恽四月作《义斋先生四书家训题辞》,七月作《义斋先生小学家训序》。

按:义斋先生为石鹏,字云卿。

王恽八月又作《紫山胡公哀挽诗卷小序》。

舒岳祥卒(1217—)。岳祥字景薛,更字舜侯,台州宁海人。宋宝祐四年进士,仕终承直郎。以文学师表一代。尝以文见吴子良,子良称其异禀灵识,如汉贾谊。宋亡,避地奉化。读书于阆风台,人称阆风先生。戴表元从之学。《宋元学案》列其入《水心学案》。著有《史述》、《汉矴》、《补史家录》、《苏野稿》、《避地稿》、《篆畦稿》、《蝶轩稿》、《梧竹里稿》、《三史纂言谈丛》、《丛续》、《丛残》、《丛肆》、《昔游录》、《深衣图说》,共220卷,统名《阆风集》,今多散佚。事迹见《大明一统志》卷四七、《浙江通志》卷一八一、《万姓统谱》卷八。

按:今《阆风集》乃四库馆臣从《永乐大典》辑出,分为12卷,为诗9卷,杂文3卷。

梅应发卒(1224—)。应发字定夫,号艮翁,广德人。宝祐进士。官至直宝章阁、太府卿。宋亡不仕。著有《宝章阁馀稿》32卷、《艮岩遗稿》32卷(今佚)、《艮岩馀稿》4卷,又与刘锡同著《四明续志》12卷。事迹见清光绪《广德州志》卷三四、三八、五七。

僧雄辩卒(1229—)。俗姓李。年幼追随国师杨子云,"为上足弟子"。1254年自云南至中原,师从其时四名高僧25年,"最后登班集之坛,嗣坛主之法。其道大备,喟然叹曰:'佛之种子,不绝于世;矫矫龙蛇,岂择地而行?吾其南归。'"后返回云南,以少数民族语讲说《法华经》、《华严经》、《维摩诘经》、《圆觉经》等。"晚岁精进行道,化人及物……四众归之达数万"。著名弟子有僧玄坚、僧玄峰、僧玄鉴、僧玄妙、僧定林、僧云林等。事迹见《大元洪镜雄辩法师大寂塔铭》。

按:雄辩为元代最先将汉地佛教传入云南者,故元代云南汉地佛教既有雄辩从中原内地学来之东西,亦有南诏大理传承下来之内容。

雷思齐卒(1229—)。思齐字齐贤,号空山,临川人。幼弃家居乌石观,晚讲授广信山中。吴全节为其弟子。著有《易图通变》5卷、《易筮通变》3卷、《老子本义》、《庄子旨义》、《空山漫稿》、《雷思齐诗文》20卷、《和陶诗》3卷。事迹见袁桷《空山雷道士墓志铭》(《清容居士集》卷三一)。

陈思济十二月十六日卒(1232—)。思济字济民、子善,号秋冈,河南柘城人。早年以才器见称,元世祖在潜邸时,以为顾问。即位后,为廉希宪僚属,受姚枢、许衡等器重。后拜监察御史。病故,追封颍川郡侯,谥文肃。工诗,著有《秋冈先生集》。事迹见虞集《陈公神道碑》(《道园学古录》卷四二)、《元史》卷一六八、《元诗选·二集》小传。

吴思齐卒(1238—)。思齐字子善,号全归子,浙江丽水人,流寓浦江。受学于外祖陈亮。隐居浦阳,与黄潽友善。宋亡不仕,学者争师事之。曾与谢翱、方凤登严陵西台哭文天祥。著有《左传阙疑》、《全归集》等。事迹见《宋季忠义录》卷一一、清光绪《浦江县志》卷九。

徐琰卒,生年不详。琰字子方,号容斋,又号养斋,又自号汶叟,东平人。少为元好问所识拔。与阎复、李谦、孟祺号称"四杰"。至元、大德间,此4人又并称"四大老"。至元初,因王磐荐,为陕西行省郎中,累官至翰林承旨。琰有文学重望,东南文人学士,翕然宗之,与姚燧、侯克中、王恽

意大利诗人安东尼奥·普奇(—1390)生。

等交游。著有《爱兰轩诗集》。《全元散曲》存其小令 12 首。事迹见《(至正)金陵新志》卷六、《元诗选·癸集》乙集小传。

萨都剌（ —约 1348)、张以宁（ —1370)、倪瓒（ —1374)、邵光祖（ —1375)、周南老（ —1383)生。

大德六年　壬寅　1302 年

法王腓力四世焚教皇卜尼法斯第八所颁"神圣一体敕谕"，5 月 10 日在巴黎圣母院首次召开三级会议。

正月，诏自今僧官、僧人犯罪，御史台与内外宣政院同鞫。宣政院官徇情不公者，听御史台治之。

六月甲子，建文宣王庙于京师。

十月，增蒙古国子生员。

十一月，诏："江南寺观，凡续置民田及民以施入为名者，并输租充役。"(《续资治通鉴》卷一九四)

瑞士骑士抒情诗人约翰内斯·哈德劳布约从是年始在苏黎世从事创作，写有粗犷的农民诗。

意大利弗拉维奥乔亚创制航海用罗盘针(按：一说始于 1310 年)。

金履祥设教金华吕成公祠下，许谦随从以卒业。

吴澄十月二十七日至京师。

刘赓加少中大夫，以学士奉使宣抚陕西。

袁桷取道吴(苏州)，赴大都，在吴期间与袁裒有诗文唱和。

潘昂霄转南台都事，累官翰林侍讲学士。

按：潘昂霄，字景梁，号苍崖，济南人。历官昆山县尹，卒谥文僖。著有《河源志》1 卷(收入《说郛》卷三七)、《金石例》10 卷、《苍崖类稿》等。

陈天祥升南台中丞。

高克恭授吏部侍郎。

虞集以大臣荐授大都路儒学教授。

刘壎自作《无名先生藏山诗序》，又自志以见意。

冯子振作《鹦鹉曲》于大都。

日本雕印汉文大藏经(《弘安藏》)成。

金履祥著《大学指义》成。

按：据徐袍《宋仁山金先生年谱》载："先生在金华以《大学》为第一义，诸生执经问难，皆为之毫分缕析，开示蕴奥，于是取其要者笔之，名曰《指义》。又出《疏义》一编，曰：'此予少年所成也，词虽少浮而大义已著，固可即是而观朱子之书矣。'二书白云为序，门人东平陈克绍锓梓以传。"《年谱》又载："先生尝语谦(许谦)曰：'吾儒之学，理一而分殊，理不患其不一，所难者分殊耳。'谦由是致辨于分之殊而要其归于理之一。又曰：'圣人之道，中而已矣。'谦由是事事求夫中者而用之数年，尽得其所传之奥。"

邓牧十二月作《昊天阁记》著。

按：该书提出较为完整之天体形成见解，回答了"天形"究竟为何物，基本上属道家宇宙观。

中溪书院大德年间刊行宋朱熹《周易本义》,附录《集注》11卷。

陈大震著《南海志》20卷成。

按:其书今存卷六至卷十,其中卷七物产篇附列舶货与诸蕃国,收海外地名甚多,足资参考。陈序云:"百越之有图经,自唐已然,不特供地主之求,亦可备过客之借。廉访使江阴义斋陆公以儒被选,远有光华原隰,咨诹索图经于故府,无有,遂命里耆旧陈大震、路教授吕桂孙求旧志增修之……《南海志》从来久,废则必修。今蒐之故笈,存者仅有嘉定、淳祐二本,首尾残缺。淳祐迄今五十年矣。大元混一区宇,亘古所无,长城外不知几万里皆入版籍。邹子所谓'中国者,八十分之一',信不诬也。南海荒远,在图中一黑志耳,然无地志则又何以备史馆之需。今在职方已三十年,官府制度革故鼎新,不录则久将焉考,爰即旧志而增益之。若尽去其旧,则三百年前事不能详知矣,故兼取之。序成,白之公,公领之,遂付之梓。"(同治十年《番禺县志》卷二六)陈大震,字希声,番禺人。宋宝祐元年进士。累官知全州,自劾归。宋亡,辟司农卿、广东儒学提举,皆以疾辞。

姚燧作《国统离合表序》。

按:《国统离合表》乃许得卿"抽《纲目》(《通鉴纲目》)所有","年经而国纬""如《史记》诸表",汇而为编",是《序》叙及该书刊刻,并以"徽、建二本,重勘校之,得三误焉"。附原文曰:"走未壮时,读《通鉴纲目》书于苏门山。尝病国统散于逐年,事首不能一览而得其离合之概焉,因年经而国纬之,如《史记》诸表,私藏诸簏。遇有疑忘,即是而叩,无异多闻博识之见告者,四十年矣。是岁之秋,同门友许君得卿,自金陵过宣,留语再月,间以示之。得卿善其非出己意,而新奇为说,特抽《纲目》所有,汇而为编,虽刊置凡例之后,犹不谓僭。而校官刘君恭(刘恭),方刊胡公《读史管见》于宣庠。闻之,谓因是工,可断手于旬浃,遂取徽、建二本,重勘校之,得三误焉。"(《牧庵集》卷三)"三误"原文引略。

詹天祥刊刻《晦庵先生语录类要》18卷,有跋。

按:原题:"勉斋黄先生门人括苍叶士龙编次。"叶士龙从黄勉斋(黄榦)游,得闻勉斋所闻于朱子者,因就《文公遗书》,辑为《语录格言》19卷。后徐几改题为今名,而去第十九卷之言兵事者。是年,詹天祥依徐几校本刻之。

崇文书院(崇文堂)刊行宋唐慎微《经史证类大观本草》31卷、宋寇宗奭《本草衍义》20卷。

按:福建崇文堂刻书至明万历二十八年(1600),世业近300年。

杭州路大万寿寺奉敕雕刊河西字《大藏》(即西夏文《大藏经》)3620卷毕工。

明道书院刊行宋董冲《唐书释音》25卷。

环溪书院大德年间刊行宋杨士瀛《新刊仁斋直指方》13卷、宋唐慎微《经史证类大观本草》31卷。

建阳书院刊行宋林駉《新笺决科古今源流至论》前集10卷、后集10卷、续集10卷、别集10卷。

《宣和书谱》、《宣和画谱》各20卷约刊刻于是年。

按:陆心源《仪顾题跋》卷九云:《宣和画谱》著"大德六年延陵吴文贵裒集"。故宫藏有《画谱》元大德六年吴文贵杭州刊本,十行十九字。

孟宗宝十月作《洞霄诗集序》。

按：孟宗宝，字集虚，余杭人。寄迹道家者流，为诗文咸有法度。曾筑室苕溪上，以其字扁之，为读书之地，所蓄书数千卷。又炼元养素九琐山中，与方外奇士游居讲习，尤与邓牧、叶林相友善。辑有《洞霄诗集》14卷。此书乃元代较早成编的以道教圣地为吟咏对象的诗总集。《序》云："洞霄旧名天柱观，武肃钱王记所载，三泉合流，双石开扉，药圃新池，古坛书阁，古有题品，足为耿光者，惜今无传。宋绍定间，住山冲妙龚先生与道士王思明，裒类大涤留题，刻板行世。咸淳甲戌，化为劫灰。迄今大德壬寅，且三十年，废弗举。名胜入山，咸谓阙典，恨之。宗宝以介石祖沈公命，取旧集洎家藏诗，举本山叶君、牧心邓君暇日讨论，删定唐、宋贤及今名公题咏，命工重刻，欲与好事者共之，非独为山中清事，亦足继前人志也。时大德六年十月，山中道士孟宗宝集虚谨书卷后。"(《洞霄诗集》卷后)

阎复作《风科集验名方序》。

按：《序》云："风者，百病之长也。其伤人也，有浅深、内外、寒热之分，至其变化以为它病。病有万殊，医之用药，乌可执一而不达其变？此《集验名方》所由著也。国初，虚白处士赵公获是书于荆湖间。今湖广官医提举刘君卿得之，用以起废多矣。虑其岁久，誊写失真，命庐陵左辰叟校雠增定，镂板以行。"(《静轩集》卷四)

胡三省卒(1230—)。三省字景参，改字身之，号梅磵，台州宁海人。与文天祥、陆秀夫同为宝祐四年进士。入元，退居鄞，性喜聚书，为避兵乱，筑窖藏书。师从王应麟，承父遗命为《资治通鉴》作疏证。宋亡后，隐居不仕，先前所著《资治通鉴广注》97卷及论10篇，于临安陷落流亡新昌时遗失。后发愤重著，于至元二十二年完成《资治通鉴音注》；又辩误《通鉴》旧《释文》，著《通鉴释文辨误》12卷。以身遭宋亡之祸，注中讥责降元士人，联系时事发为议论。《宋元学案》列其入《深宁学案》。全祖望《胡梅磵藏书窖记》所记颇详。事迹见《元史类编》卷三四。

刘庄孙卒(1234—)。庄孙字正仲，号樗园，台州宁海人。宋太学生，入元家居，与舒岳祥唱和，又与戴表元友善。《宋元学案》列其入《水心学案》。著有《易志》10卷、《书传》上下篇20卷、《诗传音旨补》20卷、《周官集传》20卷、《深衣考》1卷、《春秋本意》20卷、《论语章旨》、《老子发微》、《楚辞补注音释》、《芳润稿》50卷、《和陶诗》1卷等，皆不传。事迹见袁桷《师友渊源录》(《清容居士集》卷三三)、方孝孺《刘樗园先生文集序》(《逊志斋集》卷一二)。

张翌六月十七日卒(1235—)。翌字达善，四川灌县人，侨寓江左。从金华王柏学。《六经》、《论语》、《孟子》以及周、程、张、朱之书，靡不潜心讲究。至元中，行台中丞吴曼庆延至江宁学，远近翕然尊师之，称曰导江先生。大臣荐诸朝，特命为孔、颜、孟三氏教授，邹、鲁之人，服诵遗训，久而不忘。其高第弟子知名者甚多，夹谷之奇、杨刚中尤显。《宋元学案》列其入《北山四先生学案》"鲁斋门人"。著有《经说》、《四书归极》、文集。事迹见吴澄《故文林郎东平路儒学教授张君墓碣铭》(《吴文正集》卷七三)、《元史》卷一八九、《元儒考略》卷二、《四川通志》卷八。

按：黄百家案曰："吴正传言：'导江学行于北方，故鲁斋之名因导江而益著。盖

是时北方盛行朱子之学,然皆无师授,导江以四传世谪起而乘之,宜乎其从风而应也。'"(《宋元学集·北山四先生学案》)

燕公楠正月初四日卒(1240—)。公楠字国材,号芝庵,南康人。深通音律,著有《唱论》(载《阳春白雪》卷一),吴昧称他多当行语。善组织做南词,著有《五峰集》。事迹见程钜夫《燕公神道碑铭》(《雪楼集》卷二一)、《元史》卷一七三、《元诗选·癸集》乙集小传。

僧文才卒(1241—)。文才字仲华,俗姓杨,清水人。华严宗名僧。元成宗加封为"真觉国师"、"总释源宗,兼祐国(寺)主持事"。"为五台山祐国寺开山第一代主持"。著有《华严恳谈详略》5卷、《肇论新疏》3卷、《慧灯集》3卷。事迹见《佛祖历代通载》卷二二。

鲜于枢卒(1246—)。枢字伯机,号困学民,又号西溪子、直寄老人、虎林隐吏,渔阳人,后徙汴梁。能诗文,工书法,善行草,悬腕作书,笔力清劲遒健,姿态横生,与赵孟頫齐名。著有《困学斋诗集》2卷、《困学斋杂录》1卷、《困学斋杂钞》1卷,存世书法有《渔父词》等。事迹见《新元史》卷二三七、《两浙名贤录》卷五四、《元诗选·初集》小传。

按:其《困学斋杂录》,记载当时诗话杂事为多。故清人厉鹗作跋,称卷中金源人诗,可补刘祁《归潜志》之阙。《四库全书总目提要》评曰:"其书虽随笔札录,草草不甚经意。而笔墨之间,具有雅人深致,非俗士所能伪托。"

方从义(—1393)生。

大德七年　癸卯　1303年

正月乙卯,诏:"凡为匿名书,辞语重书诛之,轻者流配,首告人赏钞有差,皆籍没其妻子充赏。"(《元史·成宗纪四》)

三月戊申,岳铉、孛兰奚等进《大元一统志》,赐赉有差。

按:《大元大一统志》1300卷,其规模之巨、卷帙之繁、内容之详,为中国总志之首。《四库全书总目提要》评《明一统志》云:"……考舆志之书出自官撰者,自唐《元和郡县志》、宋《元丰九域志》外,惟岳璘(按:当为铉)等所修《大元一统志》最称繁博。《国史经籍志》载其目共为一千卷,今已散佚无传。虽《永乐大典》各韵中颇见其文,而割裂丛碎又多,漏脱不能复排比成帙。惟浙江汪氏所献书内尚存原刊本二卷,颇可以考见其体制。知明代修是书时,其义例一仍元志之旧,故书名亦沿用之……"至明代中叶,元刻本亡佚。钱大昕《元史艺文志》所载,用《大一统志》名,与至元进本同。《四库简明目录标注》注:《元大一统志》一千卷,首无"大"字。今有《玄览堂丛书续集》残本10卷、金毓黻《辽海丛书》残本15卷、辑本4卷、赵万里辑本10卷行世。今人以为,编纂元一统志之际,除大量取材《元和郡县图志》、《元丰九域志》、《太平寰宇记》、《舆地胜纪》等全国性区域志及唐、宋、金旧志外,又明文规定各行省必须先编纂本地图志,以备一统志编纂之需。此规定首开编修省志之先河,意义重大,乃地方

法王腓力四世拘教皇卜尼法斯第八。

教皇卜尼法斯第八创建罗马大学。

英王爱德华一世颁《商业法》(大特许状),准外商在英自由贸易。

法国巴黎巴索施戏剧组织(最高法院中的记录员)受皇家特许,宗教节日时表演道德剧;谢肉节表演讽刺性审判,为此其成员常受迫害。

志史上之大事。《大一统志》成书后,以得《辽阳图志》、《甘肃图志》和《云南图志》诸省志后成书送到,故大德年间又重修。由规定推之,各行省编纂图志时,亦可能要求各道要先修图志,而各道亦将提出类似要求,如此一来,下及路、府、州、县,都将纂修地方志书。则此规定即标志着修志制度之初步建立,亦将推动全国性修志行动。

闰五月壬戌,诏禁犯曲阜林庙者。

辛巳,诏僧人与民均当差役。

七月,禁僧人以修寺为名,赍诸王令旨,乘传扰民。

罢江南白云宗摄所,其田令依例输租。

按:白云宗至此年"众数十万"(《元史·仁宗纪》)。

八月己丑,罢护国仁王寺原设江南营田提举司。

颁布《四至八到坊郭凡例》。

按:此为元代纂修志书的凡例,云:"某路某县、州同。里至:某方至上都几里,某方至大都几里,某方至本路几里,某方至本州(并依上开里数,如直隶本路者,去此一行)。东至某处几里(至是至各处界),西至、南至、北至。东到(到是到各处城)、西到、南到、北到。东南到、西南到、东北到、西北到(并依上开里数)。坊郭乡镇:领几乡。"(《大元大一统志考证》)

九月丙子,罢僧官有妻者。

十月庚戌,翰林国史院进太祖、太宗、定宗、睿宗、宪宗五朝实录。

增蒙古国子生100员。

是年,京师建孔子庙成,并于其侧建国学。

按:《历代名臣奏议》卷六七载:"昔有元致崇极于先圣,凡厥子孙,例得以布衣补州县学官",故是岁郑介夫上书力斥其非,"……近朝廷举擢二三孔氏,谓尊崇圣道,不出于此。比年派谱不明,但姓孔者俱称圣裔,蠢然无学,即充路教,甫历初阶,即升八品;有实能继圣学、明圣道者,反不得援例。夫子之道垂宪万世,凡天下之蹈仁履义者,皆夫子之徒也,岂萃在一家一姓之中耶?若朝廷广廷儒士,孔道大行,则生民蒙其福矣,非谓私其子孙,以示尊崇之至也。今后宜以教养实效责之教授,常令风宪官及随路文资官严行体访,但素行有亏、无足师范者,即便弹罢,精选德行文学、众所推敬者,补授见阙,勤加勉励。每岁于朝廷优给衣粮以赡养之,限二百员或三百员,校其能否,次第录用。庶使学校不为虚设,人人各知自奋,数年之间,诵'济济多士'之诗矣。"

意大利人文主义诗人但丁·阿利吉耶里被逐出佛罗伦萨。

金履祥病危,门人许谦徒步冒雪来,乃授意其为传所作《通鉴前编》。

吴澄春治归,五月己酉至扬州。以董士选言,江北淮东道肃政廉访使赵完泽以暑炽,乃留郡学中山王所,河南张恒皆受业焉。此间吴澄曾答张恒问《孝经》。七月,至真州,淮东宣慰使珊竹珏、工部侍郎贾钧、湖广廉访使卢挚、淮东佥事赵瑛、南台御史詹士龙及元文敏公诸寓具疏致币率子弟至扬州请讲学。

袁桷在大都结交虞集。十月,袁桷因起草《进五朝实录表》,受到翰林学士承旨阁复赏识,升应奉翰林文字,同知制诰,兼国史院编修官。

黄溍举宪使,不久退隐于家。

睢景臣从扬州抵杭州，与钟嗣成相识并结交。

王约九月出使高丽，以其国相吴祁专权，征诣阙问罪。

刘敏中奉诏巡行辽东、山北诸郡，守令恃贵倖暴横者，一绳以法。

畅师文除陕西行省理问，历太常少卿、翰林侍读。

陈天祥拜集贤大学士。

冯福京官判官。

杜道坚授杭州路道录。

张泽为金溪县尹，创建青田书院于金溪。

张清子约于是年著《周易本义附录集注》11卷、首1卷成。

按：钱大昕《元史艺文志》注：清子字希献，福建建安人。日本成篑堂藏元刊本有大德七年（1303）自序，十一行，二十一至二十五字不等，小字双行，二十七、八、九字，小黑口，左右双边。陆心源丽宋楼曾藏周松霭影写元刊本，著录10卷，后归日本静嘉堂文库庋藏。陆心源《仪顾堂题跋》卷一著录此本，其文曰："《周易》十一卷，题曰'建安后学中溪张清子纂集'，卷末题曰'建安后学张熙孙点校'。海宁周松霭照元板所影写也。每半叶十一行，每行二十六字。小字双行。……各家书目罕见著录，朱竹垞《经义考》注'未见'，阮文达亦未进呈，盖罕觏之秘笈也。余得之周季贶太守，太守得之陈兰隣后人。盖兰隣于嘉庆中官浙江，得之松霭后人者也。"卷中有"松霭"、"松霭藏书"、"周春"、"季贶"、"汪涛之印"、"友山氏"等印记。

程钜夫十月为王申子《大易辑说》作序。（可参见武昌路儒学皇庆二年刊行王申子《大易辑说》10卷条）

按：王申子，字巽卿，号秋山，四川邛州人。晚寓居慈利州天门山垂30年。另著有《春秋类传》、《周礼正义》。程《序》云："《易》晦于九师，衰于卜筮。言《易》者何纷纷也。深者遂为古奥难测之书，浅者又如墙壁劝诫之语。象数义理，几于不相为用。学者徒能习知其辞，罕究其蕴，而易遂虚矣。予所识知，毋虑十数家，言人人殊。独吾友吴幼清最为精诣，往往出人意表。今见王君巽卿《缉说》，确然粲然者也。夫乾以易知，坤以简能。乾坤毁则无以见易。欲知易，固自乾坤始。欲知乾坤，必先知易简之用。王氏渊源之学，其几是乎？惜幼清方留燕山，不得相与探赜其说，且印吾言之是否也。姑著之篇间，以为异日张本。大德七年良月朔广平程文海书。"（《周易辑说》卷首）

陈栎馆于江潭叶氏，十二月初五日著《书解折衷》成，有序。

按：《序》云："《周礼》：外史'掌三皇、五帝之书'，楚左史倚相亦能读此书。盖伏羲、神农、黄帝之书是为'三坟'，此三皇书也；少昊、颛顼、高辛、唐尧、虞舜之书是为'五典'，此五帝书也。至孔子始断自唐虞以下，讫于周，去三坟、五典所定者二帝三王。《书》凡百篇焉，岂'三坟'、'五典'简编脱落而不可通邪？抑孔子所见但始于唐虞也？今不可考矣。及秦坑焚祸作，百篇之书，无敢藏者。汉孝文时，闻济南有伏生胜能读之。生时年九十余，欲召之，不能行。诏晁错往受，生又老不能正言，其女传言教，晁以意属读，所得仅二十余篇耳。先是，孔子远孙有犯秦禁，密藏竹简书于其家壁中者，至汉景帝子鲁共王坏孔子旧宅，又于壁中得《尚书》数十篇，皆蝌蚪书。后世遂目出于孔壁者为古文，出于伏生者为今文，合古、今文共五十八篇，即今行于世者是也，外四十二篇自此时已亡矣。篇各有序，或曰孔子作，然序多与经庚，非孔子作也。自孔壁初藏时，已有此序，百序共为一篇。武帝诏孔安国传《书》，安国始分

日本二条为世撰《新后撰和歌集》。

伯恩哈德·冯·戈登（1282至1318年在蒙彼利埃行医）著《医学百合》。

序，各冠每篇之首，即今所谓小序，而亡《书》四十二篇之名，尚赖小序可见焉。三皇五帝之书，自孔子时而已失；二帝三王之书，遭嬴秦氏而不全，今所存五十八篇，学者可不知其旨哉！《书》体有六：典、谟、训、诰、誓、命是也。今篇名原有此六字者，固不待言矣。其无此六字，如《太甲》、《咸有一德》、《旅獒》、《无逸》、《立政》，训体也；《盘庚》、《戡黎》、《微子》、《多士》、《多方》、《君奭》、《周官》，诰体也；《胤征》，誓体也；《君陈》、《君牙》、《吕刑》，命体也。虽其间不无简编之残断、字语之舛讹，然上自尧舜之盛，下逮东周之初，二千余年之事，犹赖此可考焉。兼诸经之体，多已见于《书》中：舜皋之歌、《五子之歌》，《三百篇》祖也；《周官》'六卿'，太平六典之纲也；《洪范》之'占用二'，可以见《易》之用；《舜典》、《皋谟》之'五礼'，可以该《礼》之名；自虞迄周，二千年之史笔在焉，下逮周平王、秦穆公，正与《春秋》接矣。诸经各得其一体，而《书》具诸经之全体，又朝觐、巡狩、祭礼、即位、丧纪等礼，《书》多载之。又，道理之渊薮在《四书》，而《四书》之宗祖往往出于《书》：《尧典》之'克明俊德'以下，《大学》'修齐治平'之所出也；《康诰》之'克明德'、'作新民'，《大学》'明德新民'之所出也；《禹谟》之'精一执中'，《中庸》'明善诚身时中'之所出；《汤诰》之'降衷'、'恒性'、'绥猷'，《中庸》'命性道教'之所出也；《语》之言仁、《孟》之言性亦从《书》之'克仁'、'恒性'出焉。它所本遐，数之不能终。治经而不尽心于此，非知本者。予幼习此经，老矣犹心醉焉。诸家之解充栋汗牛，啄啄心心，孰为真的？蔡氏受朱子付托，惜亲订仅三篇。朱子说《书》，谓通其可通，毋强通其难通，而蔡氏于难通罕阙焉，宗师说者固多，异之者亦不少。予因训子，遂掇朱子大旨及诸家之得经本意者，句释于下，异同之说，低一字折衷之。语录所载及他可采之说，与夫未尽之蕴，皆列于是，惟以正大明白为主，一毫穿凿奇异，悉去之。噫！讲姚姒，核灏噩，而至此亦劳矣，尔小子其尚懋之！旧尝述《尚书》大旨，继成《书解折衷》，屡欲序之，未遑也，大德癸卯十二月五日始取大旨略改，冠于篇端云。"（《陈定宇先生文集》卷六）

吴澄约于是年前后著《孝经定本》1卷成。

按：《四库全书总目提要》评曰："所定篇第虽多分裂旧文，亦秩然成理。朱子《刊误》既不可废，则澄此书亦不能不存。盖至是而《孝经》有二改本矣。"

李京是年前后著《云南志略》4卷。

按：李京于大德五年宣慰乌蛮，授乌撒乌蒙宣慰副使，以疾归。归后著此书。有《自序》，云："盖尝览乐史《寰宇记》、樊绰《云南志》及郭松年《南诏纪行》，窃疑多载怪诞不经之说。大德五年春，奉命宣慰乌蛮。比到任，值缅事无成，诸蛮拒命，屡被省檄，措办军储事。乌蛮、六诏、金齿有夷，二年之间，奔走几遍。于是山川地理、土产、风俗，颇得其详。始悟前人纪载之失，盖道听途说，非身所经历故也。自以所见，参考众说，编集《云南志略》四卷。"该4卷本已佚，元末陶宗仪辑《说郛》采录其《云南总叙》和《诸夷风俗》二篇。云南出版社1986年出版王叔武校注本《云南志略辑校》，增加《佚文辑录》一篇。

又按：虞集尝作《序》述其书概况，云："京师西南行万里为云南，云南之地，方广盖万里。在宪宗时，世祖帅师伐而取之，守者弗能定。既即位，奠海内，使省臣赛典赤往，抚以威惠，沿其俗而道之善利，填以亲王贵人者四十年。……河间李侯京，由枢廷奉使宣慰乌蛮。乌蛮，云南一部也。始下车，未及有所施。会群蛮不靖，巡行调发，馈给填抚，周履云南，奚其见闻，为《略志》四卷，因报政上之。集尝按而读之，考其生产风气服食之宜，人物材力之愚智勇怯，山川形势之阨塞要害，而世祖皇帝之神威圣略，概可想见，未尝不俯伏而感叹也。其《志》曰：张乔斩狅猾长吏九十余人，而三十六部尽降。诸葛孔明用其豪杰，而财赋足以给军国。史万岁贪赂，随服随叛。梁毗一金不取，首长感悦。李知古以重赋僇尸，张虔陀以淫虐致乱，死者至二十余万,中国卒不能有之,此于事至较著明白者也。其术不甚简易乎?有志之士,尚有所鉴观焉。至读其纪行诸诗,必有悲其立志者矣。"(《雍虞先生道园类稿》卷一七)

朱世杰著《四元玉鉴》3卷成。

按:是书总结宋、元数学四元术(四元高次方程组)及消元解法,列出高阶等差级数的内插公式。朱世杰,字汉卿,号松庭,寓居燕山。另著有数学启蒙教科书《算学启蒙》3卷。

忽公泰《忽先生金兰循经取穴图解》1卷刊于吴门。

按:公泰字吉甫,官翰林直学士。

陈普为《言行龟鉴》作序。

按:《言行龟鉴》8卷,张光祖纂,杂记类书。是书还有熊禾大德八年(1304)序。陈《序》云:"襄国张君光祖字绍先,幼抱济物之怀,辛丑为泉州推官,休暇俯仰,慨然以天下为虑,取朱文公《言行录》及前人采拾所谓典型录、厚德录、自警录、善善录所载,近世言行凡在于善类,庶几于道,上足以裨明时,下足以利民物者,门分为八,类列为八十有二,枚举为九百五十有五,总名之曰《言行龟鉴》,梓之与天下共。"(《言行龟鉴》原序)《四库全书总目提要》评曰:"是编所记虽平近无奇,而笃实切理,足以资人之感发,亦所谓布帛菽粟之文,虽常而不可厌者欤。"

季昭注《元始无量度人上品妙经注解》3卷成。

按:是注与他注相比,较简明易懂。但于经义阐发较少。

郝天挺注《唐诗鼓吹》10卷成。

按:是书前有至大元年(1308)赵孟𫖯序及同年西蜀武乙昌序,后有大德七年(1303)卢挚后序。姚燧亦尝作《唐诗鼓吹注序》。

晓山老人为《太乙统宗宝鉴》20卷作序。

按:钱大昕《元史艺文志》注:不著撰人,清抄本题晓山老人撰。北图藏明抄本十二册,亦题晓山老人撰。

刘将孙为《集千家注批点杜工部诗集》20卷作序。

按:是书有须溪先生刘辰翁评点。

金履祥三月卒(1232—)。履祥字吉甫,浙江婺州兰溪人。事同郡王柏,从登何基之门。宋德祐初,以史馆编修召,未及任用而宋亡。入元不仕,隐居著书,晚年讲学于丽泽书院,因久居仁山之下,学者多称其仁山先生。《宋元学案》列其入《北山四先生学案》。著有《尚书表注》4卷、《尚书注》12卷、《尚书杂论》1卷、《深衣小传》1卷、《大学章句疏义》1卷、《大学指义》1卷、《论语集注考证》10卷、《孟子集注考证》7卷、《中庸标注》、《通鉴前编》18卷《举要》3卷、《仁山文集》6卷,又纂有《濂洛风雅》6卷。事迹见柳贯《仁山先生金公行状》(《待制集》卷二〇)、《元史》卷一八九。

按:婺之学风蔚然,及金华得"小邹鲁"之称,与先生之力甚为相关。《元史》本传云:"凡天文、地形、礼乐、田乘、兵谋、阴阳、律历之书,靡不毕究。及壮,知向濂、洛之学,事同郡王柏,从登何基之门。基则学于黄榦,而榦亲承朱熹之传者也。""当时议者以为基之清介纯实似尹和静,柏之高明刚正似谢上蔡,履祥则亲得之二氏,而并充于己者也。"吴师道作《请乡学祠金仁山先生》,云:"……尝闻有道德者没,则祭于瞽宗,今学有先贤之祠,古遗意也。若乃立德立言,可法可师,当今之所表章,学者之

瑞典宗教女诗人和修会创始人比尔吉达(—1373)生。

所尊信，既有其人，未列于祠，岂不为乡邦之深耻、学校之缺典乎？窃见故仁山金先生，讳履祥，字吉父，世兰溪人。少而好学，有经世志。凡天文、地形、礼乐、刑法、田乘、兵谋、阴阳、律历，靡不博通。长师鲁斋王文宪公柏，从登北山何文定公基之门，北山实学于勉斋黄公而得朱子之传者。由是讲贯愈精，造诣益邃，表里诚笃，神气肃和。举进士一不利，弃去，以文义游诸公间，尝出奇策匡世，为在位者所沮格。宋季以迪功郎史馆编校召，已不及用，隐居仁山下，著书以淑后进。大德中，本道帅臣及部使者敦礼延致，听授讲学，翕然乡方，未几而卒。所著《书表注》、《大学章句疏义》刊于婺，江东宪司，又刊《疏义》于宣学。《通鉴前编》近蒙本道宪司命婺学刊行，事闻台府，表上送官。又有《论孟集注考证》传学者，《文集》藏于家。先生道德无忝于前修，论著有裨于后世，列之祀典，义叶古今，虽一时之未遑，岂公论之终泯？况先生后嗣贫屡，非欲藉是以庇身；而某见义举扬，亦非托之以要誉。如蒙转闻有司，祠之学宫，非惟允惬多士之望，抑亦不负风宪尊贤崇化之心，学校幸甚。"（《礼部集》卷二〇）

又按：金履祥《尚书表注》，有《通志堂经解》、《四库全书》本，均为 2 卷，题金履祥撰；钱大昕《元史艺文志》著 4 卷，作元人入志，又注曰或作 12 卷，一作 1 卷；光绪刻《碧琳》本，作 12 卷，附《杂论》1 卷。

邓剡卒（1232— ）。剡字光荐，号中斋；一作名光荐，字中甫，庐陵人。宋景定三年进士，历官礼部侍郎、权直学士。与文天祥同押送大都，途中许为黄冠，出家建康。宋元之际，与文天祥唱和，时名颇大。著有《中斋集》、《词林纪事》，未传。事迹见《宋诗纪事》卷七九、《御选历代诗余》卷一七〇。

钱选约卒（1235— ）。选字舜举，号玉潭，又号巽峰，家有习懒斋，因号习懒翁，又号雪川翁，吴兴人。宋景定年间乡贡进士，为"吴兴八俊"之一。入元，"八俊"中赵孟𫖯等皆为官显贵，独选不仕。工书，能诗，深于音律之学，善画人物、花鸟、山水，赵孟𫖯曾从其习画。存世作品有《西湖吟趣》、《梨花双鸠》、《四明桃源》、《浮玉山居》等图。诗有《习懒斋稿》。事迹见《元史类编》卷三六。

黎立武卒（1243— ）。立武字以常，号寄翁，新喻人。宋咸淳四年进士，曾任国子司业。入元不仕。卒后，门人私谥元中子。与文天祥、谢枋得相友善。曾建蒙峰书院，以"淑后学，从游者众，至不能容"，学者称所寄先生。《宋元学案》列其入《兼山学案》。著有《周易说约》1 卷、《中庸指归》1 卷、《中庸分章》1 卷、《中庸提纲》1 卷、《大学发微》1 卷、《大学本旨》1 卷。事迹见《宋史翼》卷三五、《大明一统志》卷五五、《江西通志》卷七三、《万姓统谱》卷一四。

张伯淳卒（1243— ）。伯淳字师道，嘉兴崇德人。宋末应童子科，中选，不久又举进士，仕为太学录。至元二十三年，以荐授杭州路儒学教授，迁浙东道按察司知事，后擢福建廉访司知事。后授翰林直学士，大德五年扈从上都，卒。谥文穆。与赵孟𫖯、邓文原交往密切，与程钜夫、鲜于枢亦为文友。著有《养蒙文集》10 卷、《养蒙先生词》1 卷。事迹见程钜夫《翰林侍讲学士张公墓志铭》（《雪楼集》卷一七）、《延祐四明志》卷二、《元诗选·二集》小传。

傅若金（　—1342）、刘环翁（　—1345）、倪士毅（　—1348）、余阙（　—1358）、危素（　—1372）、倪维德（　—1377）生。

大德八年　甲辰　1304年

正月，以辇真监藏为帝师。

升教坊司三品。

二月丙戌，增置国子生200员，选宿卫大臣子孙充之。

甲午，诏父子兄弟有才者，许并居风宪。

甲辰，翰林学士撒里蛮进金书《世祖实录节文》一册、《汉字实录》十册。

四月，命僧道为商者输税。

丁未，以国子生分教于上都。

按：此举乃尚野提议，旨在保证护驾北上国子生学习不受影响，于上都设国子监分部，分教国子生于上都。

十一月丁卯，复免僧人租。又诏凡僧奸盗杀人者，听有司专决。

十二月，定国子生额，定蒙古、色目、汉人三岁各贡一人。

是年，封张与材为"正一教主"，主领龙虎山、阁皂山、茅山三山符箓。

按：此举标志着唐宋以来南北天师道与上清、净明、灵宝等道派合流的正式完成。此后凡道教符箓各派统称正一道，主要奉持《正一经》，与全真道同为元代以后道教两大派。

元政府对也里可温在江南传教作限制。

按：《禁也里可温挽先祝赞》曰："大德八年，江浙行省准中书省咨，礼部呈奉省判集贤院呈，江南诸路道教所呈，温州路有也里可温，创立掌教司衙门，招收民户，充本教户计；及行将法箓先生诱化，侵夺管领；及于祝圣处祈祷去处，必欲班立于先生之上，动致争竞，将先生人等殴打，深为不便，申乞转呈上司禁约事。得此，照得江南自前至今，止有僧道二教，各令管领，别无也里可温教门。近年以来，因随路有一等规避差役之人，投充本教户计，遂于各处再设衙门，又将道教法箓先生侵夺管领，实为不应，呈造照验。得此，奉都堂钧旨，送礼部照拟。议得即日随庆贺班次，和尚、先生祝赞之后，方至也里可温人等。拟合依例照会外，据擅自招收户计，并挽管法箓先生事理，移咨本道行省，严加禁治，相应具呈照详，得此，都省咨请照验，依上禁治施行外，行移合属并僧道录司、也里可温掌教司，依上施行。"（《元典章》卷三三《礼部六》）

吴澄授将仕郎、江西等处儒学副提举，不赴。

程文海秋筑室旴江城西麻源第三谷，建书阁藏书数千卷，匾曰程氏山

拜占廷之加泰罗尼亚雇佣军在小亚击退土耳其人对费拉德尔菲亚的攻势。

萨克森的迪特里希·冯·弗赖堡解释彩虹现象。

房。十一月,召拜翰林学士、知制诰,同修国史。十二月,为翰林学士,商议中书省事。

姚燧自宣城移病居太平之潢池。是岁,拜中奉大夫江西行省参知政事,冬十月至龙兴,奉安西王教撰《延厘寺碑》。

袁桷在大都与虞集、周天凤、贡奎、刘光、曾德裕同游长春宫,诗文唱和。

按:虞集《游长春宫诗序》载:"国朝初,作大都于燕京北东,大迁民实之。燕城废,惟浮屠老子之宫得不毁。亦其侈丽瑰伟,有足以凭依而自久。是故迨今二十余年,京师民物,日以阜繁,而岁时游观,尤以故城为盛。独所谓长春宫者,压城西北隅,幽迥亢爽,游者或未必穷其趣。而幽人奇士,乐于临眺,往往得意乎其间。大德八年春,集与豫章周仪之、四明袁伯长、宣城贡仲章、广信刘自谦、庐陵曾益初,始得登于其宫之阁而观之。……解后一日之乐,固有足惜者矣,岂独感慨于陈迹而已哉!乃以'蓬莱山在何处'为韵,以齿叙而赋之,得古诗六首,别因仲章所赋倡和,又得律诗十有三首,稡为一卷,谨叙而藏之。"(《道园学古录》卷五)

黄溍泛游西湖,见赵孟頫,作《甲辰清明日陪诸公入南山拜胡侍郎墓回泛舟湖中》。并于此年始识杨载。

刘壎五月得建昌教授胡汲中以陈雪涧癸卯所贻书。刘、陈相别已40年,书答之,未达而雪涧卒,遂复通问于其子。

耶律有尚以集贤学士兼国子祭酒,因葬父而还乡。已而朝廷思用老儒,以安车召之。累辞,不允,复起为昭文馆大学士兼国子祭酒。

按:有尚前后居国学,其教法一遵许衡之旧,而勤谨有加。诸生知趋正学,尊经术,尚躬行;宗仰有尚,犹旧时之宗仰许衡也。

刘赓升中大夫,为侍讲。

戴表元任信州教授。

高克恭改刑部侍郎,擢尚书。

夏文泳授元道文德中和法师、崇真万寿宫提点。

江南僧绍琼赴高丽,高丽王迎请其说法。

日耳曼人阿诺德修士至大都,协助孟特·戈维诺在华传教。

陈栎仍馆于江潭,是秋七月著《中庸口义》成,二十七日作自序。

按:《序》云:"程子曰:'《中庸》一书,始言一理,中散为万事,末复合为一理。放之则弥六合,卷之则退藏于密,其味无穷,皆实学也。'其言约而尽矣!朱子分为三十三章,而复截为三大段,其言曰:'首章,子思推本所传之意以立言,盖一篇之体要。其下十章,则引先圣之言以明之也。至十二章,又子思之言。其下八章,复以先圣之言明之。二十一章以下至于卒章,则又皆子思之言,反复推明,以尽所传之意者也。'朱子之区别亦已精矣!至其揭一'诚'字,以为一书之枢纽,则《或问》详焉,尤学者所当熟复而贯通者也。朱子又尝曰:'《中庸》之书难读,初学者未能理会。中间多说无形,如鬼神、如天地等类。说得高,说下学处少,说上达处多。'今按:说下学固少,而其中说下学处则甚切,如二十章'择善固执'一条,及二十七章'尊德性道问学'一条是也。且朱子亦尝于序文提出'择善固执'以配大舜'精一'之言,以见道统之相传不外乎此矣。学者诚能据此以为用力之方,而以'诚'之一言贯通之,复如朱子所分之三大段以区别之,则所谓'始言一理'、'末复合为一理'者,理皆见其为实理;'中散为万事'者,事皆见其为实事;而所谓'其味无穷,皆实学也'者,的为实学,而非虚言矣。言下学处虽少,而皆提纲挈领切要之言。言上达处虽多,而亦岂涣散无统、玄渺不可究诘之论哉!愚每患从学者未尝精通夫《大学》、《语》、《孟》之三书,而遽欲及夫《中庸》之书,授以朱子之《章句》、《或问》,往往难入,不得已,绅绎朱子之意而句解之,复述读此书之大略于此云。大德八年甲辰七月二十有七日。"(《陈定宇先生文集》卷六)

翟思忠于此年前后著《魏郑公谏续录》2卷成。

辛文房是春著《唐才子传》8卷成。

按:《四库全书总目提要》评曰:"(辛文房)其始末不见于史传,惟陆友仁《研北杂志》称其能诗,与王执谦齐名,苏天爵《元文类》中载其《苏小小歌》一篇耳。是书原本凡十卷,总三百九十七人,下至妓女、女道士之类,亦皆加载,其见于《新》、《旧唐书》者,仅百人余,皆传记说部各书采茸。其体例因诗系人,故有唐名人非卓有诗名者不录,即所载之人亦多详其逸事及著作之传否,而于功业行谊则只撮其梗概,盖以论文为主,不以记事为主也。大抵于初、盛稍略,中、晚以后渐详……然幸其各韵之内尚杂引其文,今随条摭拾,裒辑编次,共得二百三十四人,又附传者四十四人,共二百七十八人,谨依次订正厘为八卷。按杨士奇跋称是书凡行事不关大体,不足为劝戒者不录,又称杂以臆说,不尽可据。……盖文房抄掇繁实,或未暇检详,故谬误抵牾,往往杂见。然较计有功《唐诗纪事》,叙述差有条理,文笔亦秀润可观。传后间缀以论,多掎摭诗家利病,亦足以津逮艺林,于学诗考订之助固不为无补焉。"辛文房,字良史,西域人,入居中原后占籍豫章。早年求学江南,到大都后与王执谦、杨载交往密切。皇庆、延祐间,为翰林编修。泰定元年(1324)前后任省郎。另著有诗集《披沙集》。

冯福京正月初一日作《乐清县志序》。

按:《序》云:"按周官,土地之图,人民之数,与其山林、川泽、丘陵、坟衍、原隰之名物,皆大司徒之所周知而当会者。四方之志,外史掌之,然则郡县之有图志,其来远矣。任民社之寄,修典礼之常,其敢视为迂不切之务哉?洪惟我朝,肇造自西北,包括尽东南,取开辟以来分裂破碎之区宇而混一之。日月所照,霜露所坠,凡有血气,莫不环向而内附,天下之定于一,未有若此其盛。则夫舆地之间,所司之务,土壤之物宜,与夫革命以来所损所益之大政令,皆当刊入志书,以备天子史官之采录,乃臣子职分之当然。而或者以为非期会簿书之所急,则不敬莫大乎是。余尝佐州昌国,即以是为第一事,亦既编摩锓梓,以补是邦之阙文矣。揭来兹邑,首访图经,无复存者。顾于僧司得一摹本,乃淳熙己亥所作,距今百二十余年。章既漫漶,卷亦残缺,亟以暇日,整葺所存,搜访其逸。事不关于风教,物不系于钱谷,诗不发于性情,文不根于义理,皆一切不取。定为传信之书,庶非无益之作。境内山川图诸卷首,抑亦观民风者之所望于下邑者也。因惟区区迂腐,平生所学,志在有用,幸获备牛马走于穷山远海之乡,濡毫操简,仅能施诸州县之乘,以为官常。吁!固可陋已,亦可念已。大德甲辰正月癸丑朔。"(《乐清县志》卷一一)

熊禾八月初一日作《言行龟鉴序》。

按:《序》云:"余甲戌客武林,阅书肆得赵善璙《自警编》。观其言,皆切近而易知,而其事又明白深至,而易以动悟,知其有补于世教也。古襄张侯绍先一见喜之,即欲刊板流布。余再加翻阅,见其编次似犹有未及删润者。其序中所及杜氏《典型录》，又得而阅之，大略相似而用意尤严。盖二家托始，各有微意，《自警编》以广问学、充器识为先，而《典型录》则以敦孝友、崇操行为重。且极言近世学者之病，徒尚虚言，不务实履，知可千百，而行不一二，又将以深警夫学者用心之微也。虽然，人之气质意见终有限，惟学问义理为无穷。子曰：'德之不修，学之不讲，是吾忧也。'所谓讲学者，岂近世儒者记览辞章之虚言哉？《大学》之格物，《中庸》之明善，未尝不在力行之先。眼明足健，知行并进，万里虽远，固有可期。若懵无所睹，欲不跌仆，世岂有是理哉？汉唐以下人物，岂无天姿之暗合，随其所见，亦足以有就。然终不可以语圣贤事业者，学之不讲也。绍先甚然余言，于是合二家所编，而律之以《大学》序次，又参以朱夫子所编《名臣言行录》，与夫近世《见闻记录》等书，及诸贤碑志之类，靡不蒐辑。首学问，格物致知之事也；次德行，诚意、正心、修身之事也。身修而后可以治人，则有交际之道，而家为近，故继之以家道。居家理而后治，可移于官，则有出处之道，故继以出处。而终于政事，民政、兵政，则其大者也。至此，则齐家、治国、平天下之事毕矣。绍先又出《厚德录》一编，凡事涉于忠厚慈爱者，率以录。近世风俗日浇，伦理益薄，厚德之士，吾见亦鲜矣。厚者，仁之道也，学莫大于求仁，德莫大于得仁。一事之厚，则一事近仁；事事皆厚，则事事近仁。一家仁，一国兴，仁以至于天下，无一人不归于仁，则深所望于今与后之士也。每类之中，首之以善行，次之以嘉言，先践履，后议论也。今人多谓能言不能行，能行固难，能言亦岂易哉？六经诸子，皆言也，圣贤立德立功，尽在是矣。若夫以知言为外，以穷理为烦，而但欲随资质所到以制行，据智见所及以就功，此固伊洛、考亭诸儒所深戒，而尧舜、禹汤、文武、周孔之学所以不传也。绍先质美嗜学，有天下来世之志，而尤以躬行为重。余辱交甚久，见其出语措事，壹不敢忘古人格言大训。其为是编也，与余切磋论辨为甚悉。盖一善不忍遗，一事一言，亦不苟于去取也。书成，属余序之，辄识其所以相与编次之意如此。若汉唐诸贤嘉言善行，嗣当以类而次辑云。后三岁甲辰，是为大德八年八月初吉，熊禾序。"(《言行龟鉴》卷首)

林辕著《谷神篇》2卷成。

按：为道教内丹求仙著作，其说主张培养元气以成仙。是书作者得紫阳南宗之川而尤崇元气，有较多独到见解，自成一家之说。其对元气演化宇宙之说，猜测颇具创意，于科学思想发展颇有启迪。

王惟一著《明道篇》1卷成。

按：全篇所明内丹之道，以先性后命、无为自然为要。有是年八月十五日序，其序文云："原夫道本常明，非人不足以明乎道；人能明道，非道不足以成乎人。是故明哲之士莫不立言以著道，以道而全身也。余少业儒，粗通六经，而知仁义礼乐教化之道，天地人物变化之理。窃怪夫三才既同此道而立，何天地之运如是其久，而人之数如是其短耶？及观老子之言，怃然曰：'天地之所以能长且久者，以其不自生，故能长生。人之所以夭且速者，以其厚于求生，是以轻死。'惟一既生人世，获处中华，可不念生死大事，以求万劫一传之方？于是遍游方外，求金丹之学，上乘之道，虽三教经书、行雷祈祷、医卜星数，无不备考，贤愚师友莫不参求，卒不能一蹴是道之至。旦暮勤奉，积忧成疾，诚达于天，得遇至人，亲授无上至真妙道，一言之下，直指真诠。退而阅之，《易》之道初无怪异，要在至心诚意，格物致知，去人欲之私，存天理之公，自然见心中无限药材，身中无限火符，药愈探而不穷，火愈炼而不息矣。惟一既得此道，不敢自私，谨以所学著诗八十一首，以按纯阳九九之数。内七言四韵一十六首，以按二八之数；内绝句六十四首，以按六十四卦；五言一首，以象太一之奇；《西江月》一十二阙，以周十二律吕；名之曰《明道篇》。所谓药物火候，斤两法度，诸丹经所未尽者,莫不敷露,所以率循先哲,立言著道,以道全真之事。然天意秘密,宁无轻泄露慢之愆?但惟一誓愿天下学者皆臻乎至道,用心既溥矣,奚暇为祸福而蹉跌哉!同志之士苟能寻文解意,忘象从真,一得永得,惟一之愿也。时大德甲辰岁中秋,淞江后学景阳子王惟一谨序。"(《道藏·明道篇》卷首)

又按：另有无名氏著《庚道集》9卷,著年不详,故列于此。是书为道教炼金术经诀之汇集。亦为《道藏》所收最长之外丹术经集。所收经书从唐代至元代,长达数百载,堪称中国古代炼丹术集成之作。通行本有明《正统道藏》本。

东平丁思敬于南丰州刊行宋曾巩著《南丰先生元丰类稿》50卷、《附录》1卷。

刘将孙为周南瑞《天下同文集》作序。

按：是集乃古文选集。序言云:"唐刘梦得叙柳子厚之集曰:'文章与时高下,政庞而土裂,三光五岳之气分,太音不完,故必混一而后振。'作者概以为知言。予独尝谓,梦得之辞则高矣、美矣,以其时考之,则未也。唐之盛时在贞观、开元间,其时称欧、虞、褚、薛,最后称燕许大手笔,今其文可睹也。及贞元、元和来,以韩、柳著,比至德为盛而去混一之初,则有间矣。才未必皆福,福亦何必其才。因使人思《易》所谓吉人辞寡者,其福未易量也,此则所谓时也。吾取以叙周南瑞所刻《天下同文集》甚宜。呜呼!文章岂独可以观气运,亦可以论人物。予每读汉初论议,盛唐词章,及东京诸老文字,三千年间,混一盛时,仅此耳。彼乍合暂聚者,其萎弱散碎,固不得与于斯也!然此盛时作者,如浑河厚岳,不假风月为状,如偃松曲柏,不与花卉争妍,风气开而文采盛,文采极而光景消,梦得之言之也,不自知盛者,已及于极也。方今文治方张,混一之盛,又开辟所未尝有,唐盖不足为盛,缙绅先生创自为家,述各为体,功德编摩,与诗书相表里,下逮衢谣,亦各有烝民立极之学问。南瑞此编又得之钜公大笔,选精刻妙,则观于此者,岂可以寻行数墨之心胸耳目为足以领此哉!自《文选》来,唐称《文粹》、宋称《文鉴》皆类萃成书,他日考一代文章者,当于此取焉。时大德甲辰第一甲子日叙,庐陵刘将孙撰。"(《天下同文集》卷首)

程钜夫三月作《青田书院记》。

按：书院乃陆象山后人所筹建。程文载:"道不系于地也,然由迹以知其事,沿事以见其大。使后之学者有所观慕感发,则地亦若与焉者,此青田书院之所为作也。谨按:陆氏居青田,至象山文安公时,已十世不异爨。先代复其赋,表其闾,文安公兄弟又以道德师表当世,而青田陆氏闻天下。中更寇毁,星分瓦解,陆氏先祠亦不能屋矣。至元二十三年,广平程某以侍御史将诣江南,过金溪,顾瞻遗址,闵然兴怀。乡之耆旧咸请复复其家,且建三陆先生祠,遂以语郡。郡下之县,县无其人,文书苟具。大德五年,公诸孙如山慨然谋诸贤士大夫,且怀牒郡庭以为请,众咸义之,为助其费。适县令尹张居怿政最方茂,有志斯文,欣然自以为功。乃即义居故址创屋数十间,春秋有祠,讲肆有堂,庑门事房略备。扁曰'青田书院',而请某为记。"(《雪楼集》卷一二)

程钜夫作《南湖书院记》。

按：南湖书院,程钜夫经营有功焉,甚可记载。其文载:"南湖书院者,起于宋季,原于藩臣。屋数十楹以为居,祀七贤以为望,田数百亩以为食,来者养而教之意甚美也。岁久而敝,继之以毁,田侵业荒,几无南湖书院矣。大德五年春,予行春至其邑,乃俾经营之。越三年,其山长赵某来言曰:'书院敝矣,非公言莫能改新。今讲肆、斋房、门庑与夫七贤祠咸以就绪。念缔创之不易、传守之无常,凡纪今勉后,非金石莫可,而无辞以刻,敢请。'予为之言曰:文武之道在人,非徒入而桭星而大成而高堂而修庑之谓学也。然实既陋,而文则又然,是无以称清时右文之盛意,此其所以必葺也。若稽古书院,天下惟四而已,虽郡县亦不敢咸建校官,而文士彬彬若此。今书院、郡县学星分棋布,国家所以责望化民成俗者在是,可无勖哉？夫文武之道,布在方册,人患不求之。求之有余,温故知新,亦在乎加之意而已。赵君年方壮,材方茂,学方进而不休,能修其文必思其实,予岂独以南湖之师望之,而亦岂独为南湖之学言之？君归而刻之乎。异日过而视之,所见进于吾之所言,则南湖为有人矣。"(《雪楼集》卷一二)

意大利人文主义诗人、文艺复兴的先驱者弗朗切斯科·彼得拉克（ —1374）生。

阿拉伯探险家伊本·拔图塔（ —1377）生。

龚开卒(1222—)。开字圣予,号翠岩,又号龟城叟,淮阴人。尝与陆秀夫同居广陵幕府。宋亡隐居吴中,以画自给。精于经术,工诗文、古隶。著有《文天祥传》1卷、《陆秀夫传》、《龟城叟集》1卷,今存如皋昌广生疢斋辑《龟城叟集辑》1卷、《龟城叟集附录》1卷。事迹见《宋史翼》卷三五、《吴中人物志》卷一〇、《宋季忠义录》卷一五。

王恽卒(1226—)。恽字仲谋,别号秋涧,河南卫州汲县人。元好问弟子,擅长文学,有史才。中统元年,为姚枢征,为详议官。至元二十六年,授福建闽海道提刑按察使,有治绩。二十八年,召至京师,次年春,见世祖于柳林行宫,上万言书议时政,授翰林学士。元贞元年,奉旨修《世祖实录》,集《圣训》6卷。卒,追封太原郡公,谥文定。著有《相鉴》50卷、《汲郡志》15卷、《承华事略》6卷、《中堂事纪》3卷、《守成事鉴》15篇、《博古要览》、《乌台笔补》10卷、《书画目录》1卷、《玉堂嘉话》8卷,并杂著诗文合为《秋涧先生大全集》100卷。事迹见王秉彝《翰林学士文定王公神道碑》(《秋涧先生大全集》卷首)、《元史》卷一六七、《新元史》卷一八八。

按：《四库全书总目提要》评其《秋涧集》曰:"恽文章源出于元好问,故其波澜意度,皆不失前人矩镬。诗篇笔力坚浑,亦能嗣响其遗山。史称恽有材干,集中关系政治诸作尤为疏达详明,了如指掌。其集凡诗文七十七卷。又《承华事略》二卷乃裕宗在东宫时所撰以进者,裕宗甚喜其言,令诸皇孙传观焉。《中堂事纪》三卷载中统元年九月在燕京随中书省官赴开平议事,至明年九月复回燕京之事,于时政缀录极详,可补史阙。《乌台笔补》十卷乃为监察御史时所辑御史台故事。"王恽尝作《博古要览序》云:"(至元)十四年春,余入翰林四十有七日,侍左丞相耶律公于玉堂,坐间出《宣和博古图》三十卷示予,因假以归,与院史赵复取《钟鼎韵》,欧阳子、薛尚功《疑志》,吕氏《博古》,李群舒《考古》等图,参读而节约之,观其制作之精微,赐用之所以,篆籀之古而不苛,文章之雅而不迫,取物象形,垂微万世,其为法深且远矣。因念作三代吾不得而见之,得见是器斯可矣。剞微辞奥旨,引据考证,于粲昭著,生平所疑,前贤或阙而莫可致诘者,一览而尽得,怡然理顺,涣焉冰释。笔削既已,从其类而作若干卷,题之曰《博古要览》。"(《秋涧集》卷四一)

又按：王恽曾校勘其父王天铎所遗藏书数千卷,纂《王氏藏书目录》。

李庭二月卒,生年不详。庭字显卿,小字劳山,号寓庵,本金人蒲察氏,金末来中原,改称李氏。赐号"拔都儿"。至大二年,赠推忠翊卫功臣、仪同三司太保柱国,追封益国公,谥武毅。著有《寓庵集》、《寓庵词》1卷、《疆村丛书》。事迹见《元史》卷一六二、《钦定续通志》卷四七六、《四六法海》卷一。

孙惠兰（　—1341）、泰不华（　—1352）、汪克宽（　—1372）、赵良本（　—1373）、揭汯（　—1373）、舒頔（　—1377）、孔旸（　—1382）、滑寿（　—1386）生。

大德九年　乙巳　1305 年

正月戊午，以帝师辇真监藏卒，赐金银币帛，仍建塔寺。

二月癸未，免天下道士赋税。

乙未，建大天寿万宁寺。

按：寺中塑秘密佛像，其形丑怪，皇后幸寺见之，恶焉，以帕障其面而过，寻敕毁之。

庚子，令中书议行郊祀礼。

三月，以吃剌思八斡节儿之侄相加班为帝师。

四月，始定郊祀礼。

按：元初，用国俗，拜天于日月山。郊祀之事，自平宋后犹未举行。

五月戊申，诏求山林间有德行、文学、识治道者。

六月庚子，立皇子德寿为皇太子，诏告天下。十二月庚寅，皇太子卒。

七月辛亥，筑郊坛于丽正、文明门之南丙位，设郊祀署，令、丞各一员，太祝三员，奉礼郎二员，法物库官二员。

十二月，以秘书监主官之力争，秘书监由从三品升至正三品。

按：《秘书志》卷五《秘书库》曰："自昔秘奥之室曰府曰库，盖言富其藏也。世皇既命官以职其扃鐍缄縢之事，而后列圣之宸翰纂述之说，志天下坟籍、古今载记，所以供万机之暇者，靡不具备，虽图像、碑志、方技、术数之流，毕部分类，别而录云。"

程文海于夏六月加议中书省事专使，驲召赴阙。八月，拜命作晋锡堂于家，吴澄记之。冬至京师。

姚燧居龙兴，九月移疾北归。

邓文原授修撰，谒告还江南。

刘敏中召为集贤学士，商议中书省事。

畅师文被召为陕西汉中道廉访副使，仍以疾不赴。

萧㪺以原陕西儒学提举被征赴阙，成宗曰："或不乐于仕，可试一来，与朕语而遣归。"令有司给以安车（《元史·选举志一》）。

臧梦解除广东肃政廉访使。以亚中大夫、湖南宣慰副使致仕。

刘壎复为廉使臧梦解荐，入选铨注，后再摄本州学正。

罗马红衣主教团推选法人克莱门五世为教皇。

法国奥尔良大学建立。

陈天祥召为中书中丞。

吴全节以玄教大师访余杭大涤山洞霄宫隐居之邓牧，欲请之出山为官，遭拒绝。

仇远为溧阳教授，旋罢。

赵孟頫为王叔明作《兰石图》。

孟特·戈维诺以侨居元朝之意大利商人彼德·鲁卡龙戈资助，于大都建第二座天主教堂。

_{意大利人文主义诗人但丁·阿利吉耶里用拉丁文著《俗语论》。}

胡震撰《周易衍义》16卷成，有自序。

按：《四库全书总目提要》著录吴玉墀家抄本，曰："前有《自序》作于大德乙巳，盖成宗九年也。又有其子光大识语，称'凡成书而下世，后十年始克纂集成编'，则其书实成于光大之手矣。……昔李过作《西溪易说》，改乾、坤二卦经文次第，割裂文言分附卦爻，胡一桂讥其混乱古经，此书实同其病。前后脱简，亦不一而足。或传写者失其原次，故错杂若此欤？其于经文训诂，大都皆举史事以发明之，不免太涉泛滥，非说经家谨严之体。然议论尚为平正，所引诸儒之解，亦颇详核，多可以备参考。"《薰习录》著录不分卷。

吴澄校定《邵子》。

按：吴氏尝谓邵子著书，一本于《易》，直可上接羲文、周、孔之传，非术类之比。考校详审，布置精密，并有意义。

董鼎撰《孝经大义》1卷约于是年刊行。

按：《四库全书总目提要》评曰："初，朱子作《孝经刊误》，但为厘定《经》、《传》，删削字句，而未及为之训释。鼎乃因朱子改本，为之诠解。……虽遣词未免稍冗，而发挥明畅，颇能反复以尽其意，于初学者亦不为无益也。前有熊禾《序》，盖大德九年鼎子真卿从胡一桂访禾于谷山中，以此书质禾，禾因属其族兄熊敬刊行，而自序其首。"董鼎，字季亨，鄱阳人。还著有《尚书辑录纂注》6卷、《孝经大义》1卷、《四书疏义》、《书诗二经训释》。

太平路儒学刊行《汉书》120卷。

按：江东建康道肃政廉访副使伯都认为："经史为学校之本，不可一日无之。版籍散在四方，学者病焉。浙西十一经已有全版，独十七史未也。职居风宪，所当勉励。"(元建康路刊《新唐书·五》)太平路儒学教授孔文声跋是书云："江东建康道肃政廉访司以十七史艰得善本，从太平路学官之请，遍牒九路，令本路以《西汉书》率先，俾诸路咸取而式之。置局于尊经阁，致工于武林。三复对读者，耆儒姚和中辈十有五人。重校修补者，学正蔡泰亨。版用二千七百七十五面，工费具载学记，兹不重出。始大德乙巳仲夏六日，终是岁十有二月廿四日。"(《天禄琳琅书目》卷五)

建康路儒学刊刻《唐书释音》。

按：《唐书》，宋欧阳修、宋祁著；《释音》，董冲著。书卷端有云谦大德九年(1305)跋、戚明瑞大德十一年(1307)序。

无锡郡学刊行《白虎通德论》10卷、《风俗通义》10卷。

按：《风俗通义》与《白虎通》合装一函，《风俗通义》有自序、李果大德十一年(1307)序、谢居仁大德九年(1305)序。

宋洪迈《容斋随笔》重修刊刻。

按：元修版下书口间刻"乙巳重修"或"大德乙巳重修"。

古迂书院刊行宋沈括《梦溪笔谈》26卷。

按：该本有陈仁子大德九年（1305）序。大德年间古迂书院还刊行过汉荀悦《申鉴》5卷，汉刘向《说苑》20卷，《尹文子》2卷；元陈仁子《文选补遗》40卷、《牧莱脞语》12卷、二稿8卷；宋叶梦得《叶先生诗话》3卷，《韵史》200卷，《迂褚燕说》30卷，《唐史卮言》30卷等。

虚谷书院刊行僧圆至《笺注唐贤三体诗注》20卷。

仇远约于此年前后著《金渊集》6卷、《山村遗集》1卷成。

徐明善约于是年作《学古文会规约序》。

按：《学古文会规约》，龚幼作。徐氏序言对其时江西士子浮艳文风有批评，认为当返读圣人之学，多读经、史，致使文风充沛，平实中和。《序》云："士，学孔子者也。然圣人言近、旨远、行中庸，人鲜能，非有先觉之士讲求指示之，则虽愿学孔子，有未易者。若子朱子，则讲求之精，而指示之切者也。士不当瞿、聃，其学则自朱氏，而学孔子宜无间然矣。自至元庚寅至大德乙巳，余于江西凡再至，何今之士异乎昔之士也？浮艳以为诗，钩棘以为文，贪苟以为行，放心便己以为学，是皆畔于圣人而朱子所斥者。既陷溺不自拔，而诋訾以盖之，此果何理哉！进贤龚君幼文独不然，昔之士也。《大学》、《论语》、《孟子》、《中庸》、《诗》、《易》、《仪礼》，凡朱子所讲求指示者，既尽心其间，而又思与其乡奇特之士切磋究之，次及乎群经、诸子、诸史，凡所以致吾之知者。一日，袖其所为《规约》过余，曰：'愿得一言，以勉同志。'余谓讲习讨论之要，省察克治之方，既详于朱子之书矣。君与同志日以是为学，唯心专目在，奉以周旋，知是理之当然，责吾身以必然，而圣贤可几也。余奚言之赘然？余甚悯夫诋訾者，君为我告之曰：'尔盍望诸子之藩而遽云云，尔尝试与于斯约，及其门，升其堂，徐入其室，则宝货之藏，金石之奏，莞簟之设，珍鲜之具，美富莫加，受用不尽，将无所容而喙也已。盖自汉、唐以来，文学之士，表里若一，等是皮肤，学者易于掇拾，争慕趋之。独朱子之学，欲掇拾其皮肤，了无所得。及夫洞膏肓、彻腧髓之后，则发舒中和，吟弄光霁，诗不浮艳而工；元气淋漓，星宿列陈，文不钩棘而传。此犹余事也。用则不器，有沛然及物之功；不用则不戚，有隐然苍生之望。盖学莫妙于治心，学莫优于为己，学莫大于治国、平天下。是之谓统绪，非朱子自为学以强人也，而可轻议乎哉！'夫知而不以告，告而不以实，以学为己，私者也，君子不为也。故索言之，亦以为画，而不进者勉也。"（《芳谷集》卷上）

张与材十一月作《道德玄经原旨序》。

按：《道德玄经原旨》，杜道坚作，是书还有徐天祐、黎立武序。《序》云："《道德》八十一章，注者三千余家。南谷（杜道坚）著《原旨》，首曰：'玄经之旨，本为君上。'《告》又曰：'老圣作玄经，所以明皇道帝德也。'大纲大领，开卷甚明。是经之在人间世，舒之弥六合，卷之入微尘，中固不可局一方。《原旨》能识其大者，则小者不能达也。吾闻南谷尝陪洞明入对，怀其耿耿者，而未及吐。是书之作，殆其素蕴不得陈于当年，遂欲托之后世。得之者，当不止汉文之治也。南谷亦奇矣哉！大德乙巳小雪，嗣天师张与材序。"（《道藏》卷一二）

袁桷作《玉冠记》。

按：是年二月，成宗赐张留孙玉冠，袁桷考证玉冠始末，作此记。

袁桷三月二十八日忆南宋的一段轶事，作《书胡评事梦昱印纸》。七月初七日，作《亡是公代听雪主人宴客致语》。八月，作《书黄彦章诗编后》。是年，又为同僚倪仲宝先公手泽题跋。为父友吴景山手迹作题跋。

梁栋卒(1242—)。栋字隆吉，其先为湘州人，后徙于镇江。宋咸淳四年进士。调钱塘尉。宋亡，归武林，好吟咏，于元初为时论有争议之人物，尝以刻薄而得罪大茅山道士，为其举报，因诗被捕。著有《隆吉诗钞》。事迹见《宋季忠义录》卷一五、《(至正)金陵新志》卷一四、《元诗纪事》卷三一。

葛乾孙(—1353)、郭翼(—1364)、陈谟(—1400)生；高明(—约1359)约生。

大德十年　丙午　1306 年

正月戊午，罢江南白云宗都僧录司，汰其民归州县，僧归各寺，田悉输租。

按：此令乃大德七年(1303)斥罢白云宗之继续。

营国子学于文宣王庙西。

二月，再增蒙古国子生员廪膳，并将蒙古国子学三十人的定额增为六十人(《元史·选举志一》)。

七月，行宣政院所委前松江府僧录广福大师管主八掌局，主缘刊《大藏经》。十二月，管主八又在杭州路立局，募缘刊雕二十八函秘密经典，至明年十二月成。

八月丁巳，京师文宣王庙成。行释奠礼，牲用太牢，乐用登歌，制法服三袭，并命翰林院定乐名、乐章。

按：先是，命江浙行省制造宣圣庙乐器，以宋旧乐工施德仲审校应律，运至京师。

金履祥九月甲申葬于兰溪仁山后垅，许谦为挽诗。

按：后礼部吴师道请为先生列祀，于是学正徐铉特为申请列祀于先贤之祠。明成化中，敕郡建正学祠，将金履祥与何基、王柏及许谦并祀。明正德中，郡守于邑城天福山建仁山书院。

吴澄授徒袁州。

程文海春撰世祖平云南碑文成，赐其省臣也速答儿刻石点苍山。夏亢旱，暴风星变，程文海应诏集议致灾弭灾，其目有五：曰敬天、尊祖、清心、持体、更化。

袁桷预议建圜丘。二月，官秩满，归家，游广信昭真山。

刘壎仍摄本州学正，有呈州申请廉访分司救荒状。

郭畀客长兴赵文卿所。

孟特·戈维诺为罗马教廷任命为大都暨东方全境总教主。

德国纽伦堡的鲁道夫发明金属抽丝机械。

意大利解剖学家、波隆那解剖教师蒙丁诺·迪卢西在波洛尼亚进行第一次公开尸体解剖，并以此为依据写出第一部解剖学教科书。

按：罗马教廷又派七位方济各会修士来华协助孟特·戈维诺传教。

意大利人马里努·萨努图采用中国网格制图法绘地图。

俞琰九月十六日作《周易古经跋》。

按：其文云："税氏《周易古经》分为二篇，《彖上传》一，《彖下传》二，《象上传》三，《象下传》四，《系辞上传》五，《系辞下传》六，《文言传》七，《说卦传》八，《序卦传》九，《杂卦传》十。其经卦如乾坤不可反，则画两卦；如屯蒙可反，则画一卦。从邵氏本刻石而反复互观，此古竹书体也。是书借陈笑间写本抄录。其正《经》二篇，并《十翼》，与晦庵无异。其注《十翼》，即晦庵本也，故不复录。大德丙午九月十六日，石涧俞琰志。"（《易学启蒙小传》卷首）

郑滁孙作《大易法象通赞自序》。

按：其《自序》云："时方辑《周易记玩》，韵语入其大概。后十年，北方馆下无事，得以贯穿源委，为《述考》等篇，因触前闻……归老旧隐，疾病有间，自河图洛书，伏羲始画，先天图以及后天图，重加掇拾，为《大易法象通赞》，颇觉简明。回首旧作，呻毕可愧。"（《经义考》卷四三）郑滁孙，字景欧，处州人。宋景定三年进士，累迁礼部郎官。入元后历升侍讲、学士，致仕归。著有《周易记玩》、《大易法象通赞》。其《中天述考》、《述衍》二种，雒竹筠先生经眼，即《大易法象通赞》本，此序证之。弟郑陶孙，字景潜，宋进士。与滁孙以博洽称，为儒士所推重，有文集若干卷。

何中著《通鉴纲目测海》3卷成。

按：《四库全书总目提要》评曰："间有可取，不过撦拾细碎，不能深裨于史学。"

刘震卿刊行《汉书》120卷。

池州路儒学刊行《三国志》65卷。

象山书院、道一书院、蓝山书院、稼轩书院与信州路儒学、上饶县学、玉山县学、弋阳县学、贵溪县学合刊唐李延寿《北史》100卷。

信州路儒学刊行《南史》80卷。

绍兴路儒学刊行《越绝书》15卷、《吴越春秋》10卷、徐天祐《吴越春秋音注》10卷。

吾邱衍作《晋乘序》。

按：《晋乘》又称《晋史乘》，为山西东现存最早的地方志。有明嘉靖年间刻本、清乾隆周氏刻本。梁启超评曰："援据经史，考证见闻，较他志之但据舆图凭空论断者为胜。"《四库全书总目提要》云："《晋史乘》一卷、《楚史梼杌》一卷，不著撰人名氏。前有大德十年吾邱衍序，称'《晋史乘》于刘向校雠未之闻，近年与《楚史梼杌》并得之，观其篇目次第，与《晏子春秋》相似，疑出于一时'云云。《乘》凡四十二篇，《梼杌》凡二十七篇，皆撦《左传》、《国语》、《说苑》、《新序》及诸子书汇而次之。其伪不待辨。考《王祎集》有《吾子行传》，记衍所著各书甚悉，中有《晋文春秋》、《楚史梼杌》二书之名。张习孔《云谷卧余续》亦云衍作，俱未尝言衍得此二书。然则衍特掊撦旧事，偶补二书之阙，原非作伪。传其书者欲以新异炫俗，因改《晋文春秋》为《晋乘》，以合《孟子》所述之名，并伪撰衍序冠之耳。序文浅陋，亦决不出衍手也。"

吴亮著《忍经》1卷成，有序。

按：吴亮，字明卿，号蟾心，钱塘人。《四库全书总目提要》曰："前有冯寅《序》，称吴君精于经术吏事，至元癸巳解海运元幕之任，恬淡自居，于纂述历代帝王世系之暇，思其平生行己惟一忍字。会集群书中格言大训，以为一编。所采皆习见之书，盖

意大利人文主义诗人但丁·阿利吉耶里著《宴会》。

姑以见意云尔。"《自序》云:"忍乃胸中博阔之器局,为仁者事也,惟宽恕二字能行之。颜子云'犯而不校',《书》云'有容德乃大',皆忍之谓也。韩信忍于胯下,卒受登坛之拜;张良忍于取履,终有封侯之荣。忍之为义,大矣。……愚因暇类集经史语句,名曰《忍经》。凡我同志一寓目,间有能由宽恕而充此忍,由忍而至于仁,岂小补哉!大德十年丙午闰月朔,古杭蟾心吴亮序。"(《忍经》卷首)

平水许宅刊行《重修政和经史证类备用本草》30卷、《目录》1卷。

湖广官医提举刊行赵大中、赵素《风科集验名方》28卷。

按:有刘世荣杭州刊本《新刊风科集验名方》28卷,宋赵大中编,疑为同种书。赵素著《新刊风科本草》3卷、《阴符经集解》30卷。

松江府僧录广福大师管主八因碛砂延圣寺《大藏经》版未完,施中统钞二百锭,又募刻雕刊一千余卷。

西夏文《大藏经》完成。

按:该经为元世祖下令由江南浙西道杭州路大万寿寺雕印,共三千六百二十余卷。管主八"钦此胜缘,印造三十余藏,及《大华严经》、《梁皇宝忏》、《华严道场忏仪》各百余部,《焰口施食仪轨》千有余部,施于宁夏永昌等路寺寺院,永远流通"。

蔡志颐约于是年著《中和集》3卷、《后集》3卷成。

按:杜道坚《中和集叙》云:"维扬损庵蔡君志颐莹蟾子,李清庵(李道纯)之门人也。勘破凡尘,笃修仙道,得清庵之残膏剩馥,编次成书,题曰《中和集》,盖取师之静室名。大德丙午秋,谒余印可,欲寿诸梓,开悟后人。"(《道藏》,《全元文》第9册第316页)是书大旨尽辟一切炉鼎服食修炼之说,归于冲虚,与造化为一。

杜道坚作《玄经原旨发挥序》。

按:《序》云:"道坚尝著《玄经原旨》,亦既脱稿,思昔观复谢高士所编实录年谱纪载颇详,然引用年代尚多异同,久怀考证未能也。今采摭皇极元会运世,参订经旨,辑为十有二章,非敢有作,吾犹及史之阙文也。……此书之旨,不惟有极以来已然之世代可征,而无极以前未然之朕兆庸有可推。狭之有志古始者,当有考云。"(《道藏》卷一二)

意大利诗人、方济各会会士雅科波内·达托迪卒(1230—)。

法国诗人、音乐家、法国市民剧创始人亚当·德·拉阿尔约于是年卒(约1250—)。

赵复卒(约1215—)。复字仁甫,号鲁斋,荆湖北路德安府人。宋乡贡进士。端平二年,蒙古军破德安,被俘,以国破家残,欲弃生。得姚枢相救,礼送至燕京,以所学教授。从学者甚众,名大著。时"南北绝道,载籍不相通",便"以所记程、朱诸经传注,尽录以付枢"。十二年,姚枢与杨惟中于燕京建太极书院,延为主讲。由是许衡、郝经、刘因等皆得其书而尊信之。复常有江汉之思,学者称"江汉先生"。《宋元学案》为列《鲁斋学案》。著有《传道图》、《伊洛发挥》、《希贤录》、《朱子门人师友图》。事迹见《元史》卷一八九。

按:《元史》本传曰:"复以周、程而后,其书广博,学者未能贯通,乃原羲、农、尧、舜所以继天立极,孔子、颜、孟所以垂世立教,周、程、张、朱氏所以发明绍续者,作《传道图》,而以书目条列于后,别著《伊洛发挥》,以标其宗旨。朱子门人散在四方,则以见诸登载与得诸传闻者,共五十有三人,作《师友图》,以寓私淑之志。又取伊尹、颜渊言行,作《希贤录》,使学者知所向慕,然后求端用力之方备矣。"黄宗羲《宋元学案》卷九〇《鲁斋学案》赞曰:"自石晋燕、云十六州之割,北方之为异域也久矣,虽有宋儒迭出，声教不通。自赵江汉以南冠之囚，吾道入北，而姚枢、窦默、许衡、刘因之徒得闻程朱之学以广其传，由是北方之学郁起。"

胡次炎卒（1229— ）。次炎字济鼎，号梅岩、余学，徽州婺源人。宋咸淳四年进士。为湖口县主簿，改贵池县尉。元兵及境，脱身归家，以《易》教授乡里。著有《易说》、《梅岩文集》。事迹见《新安文献志》卷八七。

郭陞卒（1245— ）。陞字德基，号梅四，长乐人。宋末补太学生。入元居乡讲学，后辟泉山书院山长，迁兴化路教授，改吴江州教授，代归。门人私谥曰纯德先生。为人疏通慷慨，谨直简易。谈经明白统贯，不刻凿为异。于《四书》、《易》皆有《述》，概诗若文，和平而沉深。《闽中理学渊源考》列其入"三山郭梅西诸先生学派"。著有《易说》、《春秋传论》10卷、《梅西集》20卷。事迹见程钜夫《纯德郭先生墓碣》、《郭德基阡表》（《雪楼集》卷一七）、《福建通志·文苑》。

阿尼哥卒（1245— ）。尼波罗国王后裔。1260年，忽必烈让八思巴于西藏建金塔，阿尼哥乃尼波罗选送工匠中突出者。共主持营造三座佛塔、九座大寺、两座祀祠和一座道宫，把印度式白塔传到中国。其铸造技术颇为精湛，郭守敬所设计天文仪器多由他负责制造。元人推其技术为"每有所成，巧妙臻极"、"金纫玉切，土木生辉"。事迹见《元史》卷二〇三、《新元史》卷二四二。

邓牧卒（1247— ）。牧字牧心，号三教外人、九锁山人，人称文行先生，钱塘人。年十余岁，读《庄》、《列》，悟文法。宋亡不仕，隐居余杭，淡泊名利，遍游名山。元贞二年（1296），王修竹延至山阴陶山书院。大德三年（1299），入余杭大涤山洞霄宫超然馆，四方名胜多求其文。住山沈介石为营白鹿山房，匾曰空屋，与里人叶林为至交。大德九年，元廷派玄教大宗师吴全节往大涤山，请其出山为官，未受。与谢翱、周密友善。尝与冲霄观道士孟宗宝共辑《洞霄诗集》、《洞霄图志》6卷，又著有《大涤洞天记》。精于古文，尝自编诗文六十余篇为《伯牙琴》1卷。事迹见《邓文行先生传》（《伯牙琴》卷首）。

按：《伯牙琴》，原手定诗文六十余篇，现存31篇，诗13首。表达亡国逸民情绪，并批判封建专制政治，于黄宗羲《明夷待访录》有影响。其《君道》曰："（秦）焚诗书，任法律，筑长城万里，凡所以固位而养尊者，无所不至"，"后世为君者歌颂功德，动称尧舜"，"凡为饮食之侈、衣服之备、宫室之美者，非尧舜也，秦也。为分而严、为位而尊者，非尧舜也，亦秦也。"又幻想一个至德之世，"子不闻至德之世乎？（君王）饭粝粱，啜藜藿，饮食未侈也；夏葛衣，冬鹿裘，衣服未备也；土阶三尺，茆茨翦，宫室未美也。"官吏"为业不同，皆所以食力也"（《吏道》）。百姓"其于人也，遏恶而扬善；人之有善，若已有之，唯恐其不得闻，而以为己所不逮；不幸闻人之过，则亦含容覆护，不忍其不得为君子"（《宝说》）。

史蒙卿七月卒（1247— ）。蒙卿字景正，号果斋，鄞县人。年十二，入国子学，通《春秋》、《周官》。时江万里为祭酒，甚器之。宋咸淳元年进士，授景陵县主簿。历江阴、平江教授。入元不复仕，侨居天台，讲学不辍。自号静清处士。《宋元学案》为列《静清学案》。著有《易说》10卷、

《静清集》。事迹见袁桷《静清处士史君墓志铭》(《清容居士集》卷二八)、《大明一统志》卷四七、《万姓统谱》卷七四。

按：史蒙卿、程端礼皆"四明"学者。宋末元初，四明学者普遍传陆学。全祖望《宋元学案》卷八七《静清学案》曰："四明史氏皆陆学，至静清始改而宗朱。"又曰："四明之学，祖陆氏而宗袁杨。其言朱子之学，自黄东发与先生始。黄氏主于躬行，而先生务明体以达用。著书立言一以朱子为法。"《宋元学案》卷八五《深宁学案》黄百家谨案："清江贝琼言：'四明之学，以朱而变陆者，同时凡三人矣，史果斋(史蒙卿)也，黄东发(黄震)也，王伯厚(王应麟)也。'"袁桷《静清处士史君墓志铭》曰："于诸经，穷探微旨，证坠辑缺，不溺于谀闻，剖释正大而折衷，一归于前哲。论古今得失，必探情伪以暴其罪。正色愤悱，若造庭而受其责也。为文邃古，不杂异说。手抄口讲，更仆不能以尽。"

邓文原《静清先生文集序》云："先生名蒙卿，姓史氏，字景正，鄞人。五世祖当宋大观年间，举八行不就，赠太师越国公。是为丞相越忠定王之祖。盖史氏之泽，基于八行，而大显于忠定王。其后声华相蹑，日蕃以大。先生尝授平江首郡博士，皆不果仕。家贫无赀，门弟子执业者屦交户外。甲子一周而殁。其孤璧孙辑其遗文二十卷，属余序。异时荐绅之士，多奋身儒科。逮一再传，则习尚渐远，不复知穷巷藿菽，朝安劬瘁。往往舞姬歌儿，酣谑豪纵，至骎其基构不自觉，奚暇留情于诗书研席间哉! 先生年未弱冠，已由六馆掇取进士第。使生不后时。当偕诸父群从簪橐蝉联，小却犹当持麾列郡。虽文字性所甚嗜，或以事废。自隽兵江，幽忧穷蹛，屏迹林谷间，始得大放厥辞，以宣道其志。故自古立言之士，阨于当时者，必信于后世。识者较其优劣，未易以彼易此也。先生早知，覃思六经，长益隽永，关洛之绪言，以推穷化几，探索理奥。故其言精核雅赡，可规古作者之林。譬之美曲糵以为酒醴，均律吕以中琴瑟。有本者固如是夫! 时有所愤激，若太史公述屈原《离骚》，方之《小雅》怨诽而不乱，此先生之志也。先生有《易究》十卷，未及见。然所论《河图》、《洛书》，足以抉先儒未发之蕴，又以见学者踵袭固滞，宁使先圣王之书郁而不彰者，可悲也。先生摘周元公《通书》语，扁其居曰静清，故称谓因以著云。"(《巴西文集》)

史蒙卿《易说》，钱大昕《元史艺文志》著录为《易究》。邓文原《静清先生文集序》云："先生有《易究》十卷，未及见。然所论《河图》、《洛书》，足以抉先儒未发之蕴，又以见学者踵袭固滞，宁使先圣王之书郁而不彰者，可悲也。先生摘周元公《通书》语，扁其居曰静清，故称谓因以著云。"(《巴西文集》)袁桷《师友渊源录》曰："其学喜奇说，礼部尚书王公(王应麟)多传授之，卒以奇不合于王公。"《宋元学案》卷八七《静清学案》全祖望曰："尝闻深宁不喜静清之说《易》，以其嗜奇也。则似乎未必尽同于朱。"

叶林卒(1248—)。林字儒藻，一字去文(或作玄文)，号本山，钱塘人。元初，隐大涤山冲天观，时称高行先生。事迹见《洞霄图志》卷五。

袁易十二月二十四日卒(1262—)。易字通甫，号静春，长洲人。曾为石洞书院山长，其在石洞，推明饶鲁之说，上及于朱熹，多诸生所未闻，故敬服。旋罢归。筑室名为静春，藏书万卷，手自校定。赵孟頫曾为画《卧雪图》，称易与郭麟孙、龚璛为"吴中三君子"。《宋元学案》列其入《北山四先生学案》。著有《静春堂诗集》4卷。事迹见黄溍《袁通甫墓志铭》(《金华黄先生文集》卷三三)、《新元史》卷二三七、《吴中人物志》卷七、《元诗选·初集》小传。

施于仁(—1371)、宝金(—1372)生。

大德十一年　丁未　1307年

正月癸酉，元成宗卒，葬起輦谷。九月，谥曰钦明广孝皇帝，庙号成宗，国语曰完泽笃皇帝。

五月二十一日，顺宗子、成宗侄、怀宁王海山即帝位上都，是为武宗。

六月癸巳朔，武宗立母弟爱育黎跋力八达为皇太子，受金宝。

遣使四方访求经籍，识以玉刻印章，命近侍掌之。有进《大学衍义》者，命王约等节译。皇太子曰："治天下，此一书足矣。"因命与《图像孝经》、《列女传》并刊行，赐臣下（《元史·仁宗纪一》）。

曹元用建言皇后上谥。

按：初，累朝皇后既崩者，犹以名称，未有谥号。礼部主事曹元用言："后为天下母，岂可直称其名！宜加徽号，以彰懿德。"（《续资治通鉴》卷一九五）

甲寅，敕内郡、江南、高丽、四川、云南诸寺僧诵藏经，为三宫祈福。

七月己巳，置宫师府，设太子太师、太傅、少傅、太保、宾客，左、右谕德，赞善、庶子、洗马，率更令、丞、中允、文学、通事舍人、校书、正字等官。

辛巳，加封"至圣文宣王"为"大成至圣文宣王"，并遣使阙里，祀以太牢。

按：阎复为作《加封孔子制》曰："盖闻先孔子而圣者，非孔子无以明；后孔子而圣者，非孔子无以法。所谓祖述尧舜，宪章文武，仪范百王，师表万世者也。朕纂承丕绪，敬仰休风，循治古之良规，举追封之盛典，加号'大成至圣文宣王'，遣使阙里，祀以太牢。于戏！父子之亲，君臣之义，永惟圣教之尊；天地之大，日月之明，奚罄名言之教。尚资神化，祚我皇元。大德十一年九月。"（《元文类》卷一一）

八月辛亥，中书左丞孛罗铁木儿以国字译《孝经》进。命中书省刻板摹印，诸王以下皆赐之。

九月癸酉，高丽忠宣王对禁婚令又加重申。

按：此政策是为与元政府保持一致。令曰："前王命都评议司，女年十六岁以下、十三岁以上毋得擅嫁，必须申闻而后许嫁，违者罪之。"（《续资治通鉴》卷一九五）

十一月癸亥，建寺于五台山。

十二月，从中书省臣言，将世祖即位以来所行条格，校雠归一，遵而行之。

庚辰，诏改明年为至大元年。

吴澄正月戊辰以疾谒告，二月就医富州，寓清都观。五月，本司遣学

英国爱德华一世卒。

翁布里亚佩鲁加大学成立。

职催请者六，吏人催请者四，文移往复几数十，又移省宪趣还之，固辞以疾。六月，如临江路，病至百日，止门人清江皮潜家。十月还家。

程文海冬十月拜山南江北道肃政廉访使，十一月，武宗即位，素熟程文海名，留之为翰林学士、知制诰同修国史，议中书省事特加正奉大夫，程文海避。御名以字行。

萧𣂏拜太子右谕德，扶病至京师，入觐东宫，书《酒诰》为献，以朝廷时尚酒故也。

> 按：萧氏寻以病请解职，或问之，则曰："在礼，东宫东面，师傅西面，此礼今可行乎？"俄擢集贤学士、国子祭酒，依前右谕德。疾作，固辞而归（《元史·萧𣂏传》）。

王约迁礼部尚书。

袁桷回大都，可能此时升为翰林国史院修撰，预修《成宗实录》。

> 按：袁桷《有元故赠中宪大夫中书吏部侍郎骑都尉陈留郡伯郭公神道碑铭》载："大德十一年，桷再入翰苑。"（《清容居士集》卷二七）

阎复是春因武宗践阼，首陈三事，曰"惜名器，明赏罚，择人材"。未几，进阶荣禄大夫，遥授平章政事（《元史·阎复传》）。

王结为典牧太监，阶太中大夫。

张养浩被召为司经。

虞集擢国子助教，丁内艰。

欧阳玄父出任道州路儒学教授，玄随同。

范梈始客京师，即有声名诸公间，中丞董士选延之家塾。后以朝臣荐，为翰林院编修官。

李道坦（字坦之）访吴师道于兰溪。

> 按：吴师道《吴礼部诗话》云："钱塘李坦之，早岁入道洞霄宫，学文于邓牧，牧心盛为所称许。"

叙利亚景教徒爱薛受封秦国公。

<small>意大利人文主义诗人但丁·阿利吉耶里约于是年始著《神曲》(《神的喜剧》)。</small>

宝巴约于是年前后著《易原奥义》成。

> 按：《四库全书总目提要》云："《易原奥义》一卷、《周易原旨》六卷，元宝巴撰。宝巴字普庵，色目人，居于洛阳。是书前有《进太子笺》，结衔称'太中大夫、前黄州路总管兼管内劝农事'。又有任士林《序》，称'贰卿宝公'。不知其终于何官也。《笺》末不题年月。黄虞稷《千顷堂书目》，称旧有方回、牟巘二《序》。按回、巘皆宋末旧人，则宝巴为元初人矣。是书原分三种，统名《易体用》，本程子之说，即卦体以阐卦用也。朱彝尊《经义考》载：'《易原奥义》一卷，存。《周易原旨》六卷，存。《周易尚存》三卷，佚。'考陈继儒《儒汇秘笈》中有《周易尚占》三卷，书名与卷数并符。书前又有大德丁未宝巴《序》，人名亦合。然《序》称为莹蟾子李清庵撰，不云宝巴自作。其书乃用钱代蓍之法，以六爻配十二时、五行、六亲、六神，合月建日辰以断吉凶，亦非尚占之本义。《序》文鄙陋，尤不类读书人语。盖方技家传有是书，与宝巴佚书，其名偶合。明人喜作伪本，遂撰宝巴《序》文以影附之。不知宝巴说《易》，并根柢宋儒，阐发义理，无一字涉京、焦谶纬之说，其肯以此书当古占法哉？今辨明其妄，别存目于'术数类'中，而宝巴原书则仍以所存二种著录，庶阙而真，犹胜于全而伪焉。"

《图像孝经》刊行。

拉施德丁著《蒙古史》成。

按：是书记录蒙古人及其征战史事，为拉施德丁之名著《史集》第一部分。大德四、五年间，拉施德丁受合赞汗委托始著此书。至本年完成期间，其时孛罗在伊利汗，提供大量资料。

临汝书院刊行唐杜佑《通典》200卷。

按：吴澄《通典序》云："旴守谷侯治郡之暇，将崇文物。精择详校，镂板郡庠，命直学吴溥来索序引，其措意远矣。此书既成，侯及一郡之士无不明习法度。他日进当要路，傥时有创建，而身与其间，必能光辅圣君贤相制作之盛事，则此书之功，其有补于国家岂小哉！侯名嵒辅，河南人。"（《吴文正公集》卷一二）

《图像列女传》刊行。

袁桷为宗正府左右司都事张敬父撰《张氏宗谱》，并为作序，程钜夫作记，元明善赋诗。

按：《张氏宗谱序》载："大德丁未，作亭于东昌之墓旁，表曰：宗会翰林学士广平程公为之记，太子文学魏郡元君复初系之以诗，而俾余为谱史。"（《清容居士集》卷二二）

林景熙作《平阳州志序》。

按：《平阳州志》，章嘉著。章嘉，字德元，永嘉教谕。《序》云："平阳旧无志。何以无志也？温属县也。土地、人民、政赋附见于永宁，编永嘉谱者，往往而略。元贞元年，以县五万有奇户升中州，仍隶于温。乃选良二千石暨其佐，奉宣休德，以惠我人，昔沿今创，今繁昔简，无志可乎？朝廷尝下郡县遍采图牒，以成大一统之志，然摭星宿，遗羲娥，不备不实，其何以信？判官皮侯元饮冰食蘗，以诗书饰政，览形势，稽典籍，方有志兹事。会前永嘉教谕章嘉德元修永嘉县志成，捧路檄来补平阳、瑞安二属州志，侯喜曰：'此予欲为而未遂者也。子生长是州，好古博雅，其得辞？'以告同僚，长以下皆喜。乃廪馆之共笔札，德元祖述编谱，按旧闻，访残刻，山林遗录、官府近制，无不博询旁采，增昔所无，续今所有，而定去取于侯。其友前西安教谕陈天佑孝章相与汇集，手抄穷日夜，不为无助，志于是成。咸曰：'勤哉！继而谢公振孙来守是州，捐俸率先锓之。夫事有若迂而实有功，虽非簿书期会之所急，而实教化风俗之所关，志是也。周有外史以掌四方之志，而杞宋不足征，夫子亦伤文献之无存。今仕是州者，或数千里而来，山川夷险，典礼废兴，一披此志，瞭然在目。由是参酌其政事，调和其土俗，使民不弃所便而骇于所未尝习，斯亦可附千古良史，俗吏固不识也。德元以侯令属予叙，于是乎书。大德丁未重阳，前释褐进士林景熙序。"（知不足斋丛书本《霁山集·拾遗》）

吴澄约于此年前后著《道德真经注》4卷成。

按：《四库全书总目提要》评曰："大抵以意为之，不必于古有所考。盖澄窜改古经，故是书亦多更定。殆习惯成自然云。"

吴澄订定《老子》、《庄子》、《太元章句》。

按：吴澄以为《老》、《庄》，二子世之异书，读者不人人知其本旨，注释者又多荒唐自诞，故为之参考订定，将使智之过高者不至蹈溺于其中，几下者不至妄加拟度于高虚云耳。《太元》之书，其文艰深，读之者少，然邵子于其类实有取焉。

李钦夫著《子平三命渊源注》1卷成。

按：《四库全书总目提要》曰："（是）书末题'大德丁未孟冬朔日，长安道人李钦夫仁敬注解'。前有泰定丙寅翰林编修官王瓒中《序》，称'《子平三命渊源》，得造化之妙。自钱塘徐大升后,知此者鲜。五羊道人李钦夫取子平《喜忌》、《继善》二篇特加注解,括以歌诀,消息分明,脉络贯通'云云。盖专以诠释徐子平之书者。其说视后来星家亦多相仿。"

无锡儒学刊行《风俗通义》10卷、《附录》1卷。

梅溪书院刊行唐孙思邈《校正千金翼方》30卷。

方回著《瀛奎律髓》49卷成。

按:是书乃编选唐宋两代之诗集,为元代重要诗学著作。以皆取近体,故曰"律髓";又以兼取十八学士登瀛洲、五星聚奎之义,故名"瀛奎"。方氏以为:所谓诗以格高为第一,要求诗歌"为世道计",认为诗不能"自默"于历史兴亡。全书共选唐、宋诗人385家五、七言律诗3014首(其中22首重出),共49类,每类1卷,每卷再分五言、七言。每卷之前有一篇"小序",选录诗篇又附评语。方氏论诗宗江西诗派,故选诗、评诗皆力图体现此特点。"一祖三宗"说,即见于该书评语。自《瀛奎律髓》问世,古典诗文评选家、评论家几乎无不受其影响。纪昀撰《瀛奎律髓刊误》,在序文中认为方回论诗有三弊:一是党援,二是攀附,三是矫激;选诗亦有三弊:一是矫语古谈,二是标题句眼,三是好尚生新。《四库全书总目提要》曰:"……大旨排西昆而主江西,倡为一祖三宗之说,一祖者杜甫,三宗者黄庭坚、陈师道、陈与义也。其说以生硬为健笔,以粗豪为老境,以炼字为句眼,颇不谐于中声。其去取之间如杜甫《秋兴》惟选第四首之类,亦多不可解。然宋代诸集不尽流传于今者,颇赖以存,而当时遗闻旧事亦往往见于其注,故厉鹗作《宋诗纪事》所采最多,其议论亦颇有可取者,故亦未能竟废之。此书世有二本,一为石门吴之振所刊,前载龙遵《叙》,述传授源流至详;一为苏州陈士泰所刊,于原注多所删削,其龙遵原《序》亦并删之,校雠舛驳殊不胜乙,之振切讥之,殆未可谓之已甚焉。"

袁桷是春作《鄞山书院记》。

按:其款曰:"大德十一年仲春朔日记,应奉翰林文字将仕郎同知制诰兼国史院编修官袁桷撰。"(《延祐四明志》卷一四《学校考》)

熊禾四月初一日作《考亭书院记》。

按:文曰:"……建考亭,视鲁阙里,初名'竹林精舍',后更名'沧洲'。宋理宗表章公学,以公从祀庙庭,始锡书院额。诸生世守其学不替。龙门母侯逢辰,灼见斯道之统有关于世运,故于此重致意焉。岁戊子,侯为郡判官,始克修复。邑令古澶郭君瑛又从而增辟之。乙巳,侯同知南剑郡事,道谒祠下,顾诸生曰:'居已完矣,其盍有所养乎?'书院旧有田九十余亩,春秋祀犹不给。侯捐田为倡,郭君适自北来,议以克协。诸名贤之胄,与邦之大夫士翕然和之,合为田五百亩有奇。供祀之余,则以给师弟子之廪膳,名曰义学田。初,省府以公三世孙朱沂充书院山长。既殁,诸生请以四世孙朱椿袭其职。侯白之当路,仍增弟子员,属其事于邑簿汪君蒙(汪蒙)。且以书来曰:'养可以粗给矣,而教之不可以无师也。'谓禾犹逮有闻,俾与前进士魏梦牛,分教大小学,有盖甚歉然者。"(《熊勿轩先生文集》卷三)

德国神秘主义神学家鲁尔曼·默尔斯温(—1382)生。

荣肇卒(1226—)。肇字子兴,浙江盐官人。博通经史。服膺朱子之学,以诚意正心为学之根本。宋季,曾赴京应试,值贾似道当国,朝纲紊乱,乃拂袖而归,隐居紫微山。元成宗征之,补国子助教,累擢祭酒。著有《荣祭酒遗文》1卷。事迹见《新元史》卷二三四。

方回卒(1227—)。回字万里,号虚谷,别号紫阳山人,安徽歙县。

早年以诗获知州魏克愚赏识,后随魏至永嘉,得制帅吕文德推荐。宋景定三年进士,廷试原为甲科第一。知建德府,元兵至建德,出降,改授建德路总管兼府尹,为郡人所耻。元世祖至元十四年,赴燕觐见,归后仍旧任。前后在郡七年,为婿及门生所讦,罢,不再仕。以诗游食元新贵间二十余年,也与宋遗民往还,长期寓居钱塘。方回诗初学张耒,晚慕陈师道、黄庭坚,鄙弃晚唐,自比陆游,是江西诗派最后一位重要代表作家,主张"一祖三承继宗"说。既江西诗派理论,又发展之,当时及以后皆有影响。著有《读易析疑》、《鹿鸣》22篇《乐歌考》1篇《彤□考》1篇、《仪礼考》、《先觉年谱》、《宋季杂传》、《历代经世详说》6卷《附录》1卷、《建德府节要图经》、《虚谷闲抄》1卷、《文选颜鲍谢诗评》10卷、《桐江集》、《桐江续集》37卷、《续古今考》37卷、《虚谷集》等,并编选唐、宋以来律诗为《瀛奎律髓》。事见洪焱祖《方总管传》(《新安文献志》卷九五)、明弘治《徽州府志》卷七有传。

按:方回《读易析疑》,卢文弨注:一作《释疑》。雒竹筠《元史艺文志辑本》云,有载另著《易中正考》一书,不见著录。方回《桐江集》卷一《赵宾旸诗集序》、《冯伯田诗集序》,卷二《心境记》,《桐江续集》卷五《送罗架阁宏道序》、卷三三《唐长孺艺圃小集序》诸篇涉及文艺理论,议论颇精。其书集中文章及其学问议论,皆以朱子为旨归,固有可取之处,亦未免有偏。《四库全书总目提要》评曰:"回人品卑污,见于周密《癸辛杂识》者,殆无人理。然观其集中诸文、学问议论,一尊朱子。崇正避邪,不遗余力,居然醇儒之言。就文言文,要不可谓其悖于理也。其诗专主江西,平生宗旨,悉见所编《瀛奎律髓》中。虽不免以粗率为老境,而当其合作,实出宋末诸家上,更不能以其人废焉。"

洪岩虎卒(1239—　)。岩虎字德章,自号吾圃,莆田人。宋咸淳三年领乡荐,家居教授。元初,起为兴化县教谕。以词赋鸣世。工五七言,有《小技存藁》、《轩渠集》,外有讲稿2卷。事迹见《全闽诗话》卷五。

刘应龟卒(1244—　)。应龟字元益,号山南隐逸,婺州义乌人。宋末太学生。宋亡,归故乡,筑室南山之南,卖药自晦。至元二十八年,起为本县教谕,调月泉书院山长,官至杭州路学正。著有《梦稿》6卷、《痴稿》6卷、《听雨留稿》8卷,黄溍合为《山南先生集》,今不传,仅《月泉吟社》存其《春日田园杂兴》诗。事迹见黄溍《山南先生述》(《文献集》卷三)、《新元史》卷二三七、《宋元学案补遗》卷七〇、《两浙名贤录》卷二、《元诗纪事》卷六、《元诗选·癸集》甲集小传。

按:《宋元学案补遗》卷七〇载:"居久之,会使者行部,知先生贤,强起以主教乡邑,调长月泉,复俾正杭学。"黄溍《山南先生集后记》云:"右《山南先生集》凡二十卷。记曰:'辞必己出。'古也,《骚》不必如《诗》,《玄》不必如《易》,而《太史公书》不必如《尚书》、《春秋》。十五国风之作,大抵发乎情矣,然而止乎礼义。发乎情,故千载殊时,而五方异感也;止乎礼义,以天地之心为本者也。其为本不二,故言可得而知也。有如先生之闳材杰志,百不一施,而其言犹莫为世所贵,则言岂诚易知哉?盖先生自少时为举子业,已能知非之。逮其年迈,而气益定,支离之习刊落尽矣。故其为文逸出横厉,譬如风雨之所润动,杂葩异卉,不择地而辄发。人见其徜徉恣肆,惟意所之而止耳。世之善为近似者,方窃窃然揣摩剽掇,哗众以立的,而曰'吾古学也',陈性命者躐幽微,辨名数者殚毫末,而先生之文过而不行矣。孰知夫繇繇儃儃,浮沉俗间,其自视吾言,蜩甲尔,蛇蜕尔,岂复累于称讥者耶?潜受学于先生最久且亲,诚悼其余芳溢流无所记以被于后,乃因先生所自序《梦稿》、《痴稿》、《听雨留稿》者合而一之,目曰《山南先生集》。……先生之氏名与出处大概,潜既为之述,兹不复云。"(《黄文献集》卷七上)

陆垕卒(1258—)。垕字仁重,号义斋,江阴人。至元十六年,授徽州路同知,迁江东宣尉副使。元贞元年,迁江东廉访副使,移湖南道。官至广东廉访使。后以侍亲弃官归。追谥庄简。其诗风乃元代"江湖派"的典型风格。事迹见《咸淳临安志》卷二三、清光绪《华亭县志》卷二。

刘斗凤(—1338)、周闻孙(—1360)、方睿(—1366)、华璞(—1375)、华幼武(—1375)、胡翰(—1381)、于及(—?)生。

元武宗至大元年　戊申　1308 年

士瓦本的约翰狱德王阿尔布雷希特一世,亨利七世继任。

正月丙午,定制大成至圣文宣王春秋二丁释奠用太牢。
三月丁卯,建兴圣宫。
遣使祀五岳、四渎、名山、大川。
己卯,命翰林国史院纂修《顺宗实录》。
复立白云宗摄所,秩从二品,设官三员。
五月丁卯,御史台言:"成宗朝建国子监学,迄今未成,皇太子请毕其功。"制可(《续资治通鉴》卷一九六)。
丙子,以诸王及西番僧从驾上都,途中扰民,禁之。
禁白莲社,毁其祠宇,以其人还隶民籍。
闰十一月己巳,中书言:"回回商人,持玺书,佩虎符,乘驿马,各求珍异,既而以一豹上献,复邀回赐,似此甚众。臣等议:虎符,国之信器,驿马,使臣所需,今以畀诸商人,诚非所宜,乞一概追之。"制可(《元史·武宗纪一》)。
十二月,宣政院奉诏言:殴西番僧者断手,骂者断舌。旋因皇太子反而止。
是年,始建立以职官转充通事、译史制度。
按:此乃武宗朝进行吏制改革,全面提升中上层胥吏素质之举,改革要求各该职官须"识会蒙古、回回文字,通晓译语"(《元典章》卷一二《吏部》卷之六)。此规定为通晓蒙古文字、回回文字的官员提供快捷升迁机会(王建军《元代国子监研究》)。

丹阳书院获义田。
按:此事见书院之维系实赖政府与民间同力合心,吴澄撰文记其事。丹阳书院原为宋景定五年(1264)贡生刘肇创建。知州朱祀孙奏于朝,理宗赐额"丹阳书院","拨僧寺没官之田二顷给其食。厥后僧复取之,而书院遂无以养士"。"至大戊申,宪司卢公(卢挚)议割天门书院之有余以补不足。令既出,会公去,不果如令。人匠提举陈侯分司黄池,暇日与群士游,习知书院始末,慨然兴怀,移檄儒司。儒司上之省,省下之郡,郡太守主之力,竟如宪府初议,俾天门书院归田于丹阳,以亩计凡四百。侯犹以为未足以赡,乃劝士之有田者数十家暨官之好义者一二人各出力以助。或十亩,或五亩,有八亩七亩者,有四亩三亩二亩者。积少而多,所得之田以亩计凡二百亩"(吴澄《丹阳书院养士田记》,《吴文正集》卷三七)。

白云观至大年间建成。

白社书院至大、皇庆间(1308—1311)遭毁,被迫迁居。

按：书院又名白莲书社,由卫富益创设。卫富益,浙江崇德人,祖籍松江府华亭,自号耕读居士。少有异质,识见高远,读书不务章句。从金履祥学《易》,复受业于许谦。赵昺祥兴二年(1279),张世杰兵败崖山,陆秀夫负帝投海,卫富益闻讯后日夜悲泣,设坛以祭文天祥、陆秀夫。入元不仕,隐居于石人泾(即屠甸镇),创办白社书院讲性理之学,规定凡缙绅仕元者不许听讲。元至大间,有司荐不就,乃遭人嫉恨,书院被毁。遂携次子避居金盖山,设馆授徒不辍。至治间始还故里,以耕读度余年。九十余岁卒,门人葬之于金盖山,祀乡贤祠,私谥正节先生。《宋元学案》列其入《北山四先生学案》"白云门人"。著有《易经集说》、《四书考证》、《读史纂要》、《性理集义》、《耕课怡情录》等。事迹见《吴兴备志》卷一三、《江南通志·隐逸一》。

吴澄诏授从仕郎、国子监丞。

姚燧入为太子宾客；未几,进承旨学士,后又拜太子少傅。武宗面谕燧,燧拜辞。

按：据刘致《牧庵年谱》载,姚燧曰："昔先伯父尝除是官,亦辞不拜,臣何敢受。"

邓文原三月复为国史院修撰,预修《成宗实录》。

王构以纂修国史,趣召赴阙,拜翰林学士承旨。

刘敏中在武宗即位后即被召至上京,授集贤学士、皇太子赞善,仍商议中书省事。

胡长孺转台州路宁海县主簿,阶将仕佐郎。

任士林以郝天挺荐,授安定书院山长。

程文海奉诏修《成宗实录》,追尊顺宗谥号文成。

畅师文预修《成宗实录》。时制作多出其手。

李京以吏部侍郎奉使出使安南,袁桷作《安南行》、《送李景山使交趾》。

郭畀九月十五日往杭州长兴,凡九十七日,至闰十一月二十三日乃返镇江。十二月又下金坛,凡十五日,岁除返镇江。

许有壬在京师结识贯云石。

胡助举茂才,授建康路儒学学录,兼太学斋训导。

吴师道约于是年欲师事许谦,许谦以友待之。

按：张枢《元故礼部郎中吴君墓表》云："至大初,闻白云许先生谦从仁山金先生履祥得何、王二公之学,而上溯朱子之传,乃述所得于己者,以持敬致知之说质之先生。先生味绎其言深加敬叹,以延平李先生所以告朱子'理一分殊'之言为复,遂定交焉。"(《礼部集》附录)

玉元鼎至大、皇庆间(1308—1311)入国子学,从学于吴澄。

董鼎作《尚书辑录纂注自序》。(可参见延祐五年董真卿作《尚书辑录纂注跋》条)

按：《自序》曰："生民之类,必帝王而后治,帝王之道必圣贤而后行,考之古可见矣。黄虞远矣,苍姬讫矣,三代以降,有帝王而民不治者,圣贤未遇也。孔、孟继作,有圣贤而道不行者,帝王不用也。噫！虞、夏、殷、周之盛,非适然也,人事之所致也。尧、舜、禹、汤、文、武之圣,非独善也,人心之所同也,高风逖躅,岂遂不可追而及之哉？孟子言必称尧舜,孔子知百世可继周,言岂苟乎哉？事岂虚乎哉？盖于百篇之书,的然有见而云尔也。然则是书也,惟圣贤能尽之,惟圣贤能行之。顾其学圣贤之学而事帝王之事者,何如耳？焚灭之而秦亡,表章之而汉兴,往者可鉴矣！惜乎安国之传不无可疑,而颖达之疏惟详制度,二帝三王,群圣人之用心,独决于一夫之见,管窥天而蠡测海,岂足以得其奥蕴哉！至宋诸儒,数十家而后,其说渐备。又得文公朱子有以折其衷而悉合于古,虽集传之功未竟而委之门人九峰蔡氏,既尝亲订定之,则犹其自著也。鼎生也晚,于道未闻,赖族兄介轩梦程,亲受学于勉斋黄氏、盘涧董氏,故再传而鼎获私淑焉。释经绪论多出朱子,乃以订定集传为之,宗而搜辑,语录于其次,又增辑诸家之注,有相发明者并,间缀鄙见于其末,庶几会粹以成朱子之一经。可无参稽互考之劳而有统宗会元之极,则亦不无小补矣。第顾翻阅,传注盈溢,充斥众宝眩瞀,遗珠弃玉,或所不能免也。惟于君心、王政、人才、民生之所系,诸儒之论可堪警策者,摭抉不遗,阙者补之,以备临政愿治之观览,固不徒为经生、学士设也。噫！人皆可为尧、舜,涂人可以为禹,而况聪明首出、受天之命、奄有四海、有能致之资、居得致之势而又有可致之权,可以千古圣贤自期,可以四代帝王自许而顾,乃谦让未遑也哉！是书若遇,虽书之幸,实天下万世生民之大幸也。至大戊申十二月己未序。"(元刻本《书传辑录纂注》卷首)

程复心约于此年著《四书纂释》20卷成,江浙儒学提举司言于行省。

按：据汪幼凤《程教授传》载,程复心"取文公《四书集注》,会黄氏、辅氏众说而折衷之,分章为图,间附己意,积三十余年始成,名曰《四书章图》。又取《语录》诸书,辨证同异,增损详略,著《纂释》二十卷,发明濂洛诸儒未尽之旨,有功后学。元至大戊申,浙江儒学提举司言于行省,皇庆癸丑,行省进于朝,翰林史院考订其书,率皆称赞"(《新安文献志》卷七一)。又,浙江儒学提举司言于行省："江浙行省缴申程复心《四书章图》咨文：皇帝圣旨谕江浙等处行中书省：据江浙等处儒学提举司申,据杭州路儒学申,据耆宿儒人赵与虎等状呈,切见徽州路婺源州儒人程复心,生同朱子之乡,早佩先儒之训,尝取《大学》、《中庸章句》及《论语》、《孟子集注》分章析义,各布为图；又于纂疏、语录诸书,辨证同异,增损详略,著《纂释》二十余卷,发明修齐治平要旨,彪分胪列,粲然可观,诚有补于后学。似此著书之功,良可嘉尚,呈乞照详得此卑学。今将本人所著文学缴连前去,申乞照详施行得此。又准松江府知事邵从仕牒呈,切见徽州路老儒程复心,年将六裹,学贯《四书》,乐道安贫,久擅老成之誉,修身谨行端为茂异之才。本儒生,居朱文公故里,曾将文公《四书》分章为图,开析言意,本末终始,精粗毕备,粲然可观。又取纂疏、语录等书,参订异同,增损详细,编注《纂释》二十余卷,凡用工二三十年始成。全书其间如《大学》言心而不言性,《中庸》言性而不言心,《论语》专言仁,《孟子》专言义等语,皆发明濂、洛诸儒未尽之蕴,诚有功于后学。前建德路总管方虚谷,及前浙东海右道廉访副使藏鲁山先生,俱有序跋,深加赞赏。本儒苦心著书，才德俱美，不求仕进，若不举明，岂不有负朝廷崇儒重道之意？如蒙准保备申上司，依例优加擢用，庶免遗材，准此。考校得程复心所著《四书》，发明蕴奥，开悟学者，用意精核，诚有可嘉，今将程复心所著文字，缴连前去，申乞照验事得，此本省今将程复心所著文学，随咨前去，咨请照详施行。"（《四书纂释》卷首）

吾邱衍约于此年前后著《周秦刻石释音》1卷成，有自序。

按：《四库全书总目提要》评曰："潘迪《音训》与衍是书同作于元时，其音释亦不尽同。盖金石之文，摹拓有明晦，装潢有移掇，言人人殊，不足异也。……未可执今本相诘难。"钱大昕《元史艺文志》载并注：潘迪，河北元城人，国子司业。雒竹筠稿著录迪官监察御史、集贤学士衔。著有《周易述解》、《庸学述解》、《春秋述解》、《六经发明》、《考定石鼓文音训》1卷、《宪台通纪》23卷、《格物类编》。

江浙儒学刊刻杨桓集《六书统》20卷。

按：原题"奉直大夫国子司业杨桓㢸集"，有倪坚至大元年（1308）序。亦有自序，云："以凡文字之有统而为六书也，因名之曰《六书统》。"（《六书统·自序》）

朱宗文《蒙古字韵》2卷成，有自序。

按：《自序》末题"至大戊申清明前一日，信安朱宗文彦章书"。《四库全书总目提要》云："宗文字彦章，信安人。前有刘更《序》，又称为朱巴颜。盖宗文尝充蒙古字学弟子，故别以蒙古语命名也。按《元史·释老传》，元初本用畏吾儿字以达国言，至世祖中统元年，始命帝师制蒙古新字，其字仅千余，……在要以谐声为宗，字成，诏颁行天下。又于州县各设蒙古字学教授以教习之，故当时颇有知其义者。宗文以蒙古字韵，字与声合而诸家汉韵率多讹误，莫知取舍，因重为校正，首列各本误字，及重入汉字，次列总括变化之图，次字母三十六字，次篆字母九十八字，次则以各蒙古字分韵排列，始一东迄十五麻，皆上冠蒙古文，下注汉文对音，……元代国书、国语、音译久已传讹，宗文生于至大间，虽自谓能通音译，而以南人隔膜之见比附推寻，实多不能吻合，……观《元史》及诸书所载蒙古字诏旨行移，皆能以国语联属成文，是当日必别有翻译之法，而是书概未之及，遂致湮没而不可复考。盖其时朝廷既无颁行定式，官司胥史辗转传钞，舛谬相仍，观于国姓之'却特而'讹作'奇渥温'，载之史册，则其它错互，大概可知，且刊本久佚，今所存者惟写本，其点画既非钞胥所能知，其舛误亦非文士所能校，不过仿佛钩摹，依稀形似，尤不可据为典要。我国家同文盛治，迈越古今，钦定《元史蒙古国语解考订》考订精确，凡相沿之踳谬，尽已阐剔无遗，传讹之本，竟付覆瓿可矣。"

马端临约于是年著《文献通考》348卷成，李谦思七月作序。

按：李谦思《序》云："君文献故家，考制度于江左斯文极盛之余。礼补缀以朱、黄，史错综以吕、叶，深寻以真、魏，远骋以周、洪。陈陈相因，且唯唯，且否否。旧编屡脱，初稿频抄。神识晶荧，颠末完整……至大戊申七月既望，鄱阳公门下士李谦思序。"（《文献通考》卷首）

王与著《无冤录》2卷成。

按：是书乃法医学检验之专著，常见版有清末沈家本据明刻本和朝鲜本校刊之《枕碧楼丛书》本。《无冤录》是继《洗冤录》、《平冤录》之后又一部法医名著，书中匡正前人错误，保存已佚失《平冤录》中部分内容，为研究古代法医学成就和元代司法检验制度之重要文献。该书明代已流传海外，颇具影响。

王好古著《此事难知》2卷成。

按：是书卷端有至大元年自序，云："俾我李公明之授之手及所不传之妙，句储月积,浸就篇帙。……至大改元秋七月二十有一日,古赵王好古撰。"(《此事难知》卷首)王好古,字近之,号汝庄,别号海藏老人,河北赵州人。官医教授。另著有《医垒元戎》12卷、《汤液本草》3卷、《汤液大法》4卷、《海藏老人阴症略例》1卷、《钱氏补遗》1卷。

杜思敬刊行《济生拔萃》。

按:是书乃医学丛书。书中辑金元时期医籍,乃杜思敬在中书省时,家居沁上,读戴人、张元素、李杲、王好古、罗天益诸家医书,节录其中尤为切用者,分门别类,有理论有方剂,详尽而不冗长,简明而不粗略。其所辑医籍共19种,包括《针经节要》、《云岐子论经络迎随补泻法》、《窦太师流注指要赋》、《洁古老人珍珠囊》、《医学发明》、《脾胃论》、《此事难知》、《医垒元戎》、《阴症略例》、《癍论萃英》、《兰室秘藏》、《杂类各方》等。

洪景修纂《新编古今姓氏遥华韵》98卷成。

按:是书有至大元年(1308)自序、程钜夫至大三年(1310)序、晏性仁至大元年(1308)序。

福建道泉州路护国水陆禅寺印造《毗卢法宝大藏》经文,与众披读。

僧普度进呈所著《莲宗宝鉴》10卷于朝廷,张仲寿十月作《莲宗宝鉴序》。

按:普度著《莲宗宝鉴》10卷,又名《庐山莲宗宝鉴》、《庐山莲宗宝鉴念佛正因》、《念佛宝鉴》,为阐述宋元净土宗支派白莲宗正统思想之著作。是叙述白莲宗宗义最详尽的资料,亦为研究宋元净土宗思想之重要资料。僧普度,字优昙,丹阳人,俗姓蒋。住妙果寺。白莲教于南宋末年,被正统佛教人士视为邪教。入元后,白莲教与其他民间宗教同为朝廷禁断。普度感于当时口称莲宗者多,却昧于初祖惠远之意,更有托名白莲教而有种种谬说邪行流行,为阐明白莲宗的真义,以救时弊,遂集诸书之善言而编成此书,并于是年进呈朝廷。普度《莲宗宝鉴序》云:"《莲宗宝鉴》一部,发明佛祖念佛三昧,已蒙诸尊善知识题跋印证。来诣大都,礼拜屬宾国公班的答师父主盟佛法。得奉法旨,教般若室利长老贤耶那、室利阇罗罗司丞,于至大元年十月十一日至隆福宫今上皇帝潜龙时分月海怯薛。第一日,亲捧《莲宗宝鉴》,启奉令旨,教刊板印行者,敬此。即于大都明理不花丞相施到无量寿法王寺内镂板,已遂毕工。所集洪因,端为祝延皇帝圣寿万安,皇太后、皇后齐年,太子、诸王千秋,文武官僚高增禄位,皇图永固,佛日光辉。凡日见闻,同成佛道。"张《序》云:"《礼》云:'其人存,则其政举。'旨哉斯言。三宗圣人垂世立教,觉斯民之未觉,途殊而归同。中古以降,支分派列,愈出而愈政,失其本旨可胜道哉?莲教自东晋庐山尊者启其端,当时名流如刘、雷诸贤,皆在社中,其盛集概可想见矣。逮至宋末,群不逞辈指莲宗而聚众,不知本旨,有玷前贤,为世所嗤久矣。东林祖堂优昙大师悯斯教之湮微,救流俗之邪邪,搜集善言,纂成一编,目曰《莲宗宝鉴》,使佛祖之道复还旧贯,确然正论,皎如日星。愿诸佛子见自性弥陀,悟本来清净,又何独称扬圣号,想念西方然后得生净土耶?作如是见者,辜负庐山尊者不少矣。至大改元良月立冬日,翰林学士承旨、资善大夫、知制诰兼修国史畴斋张仲寿书。"(《大正藏》第47册)

英国邓斯·司各脱卒(1270—)。经院哲学家、神学

爱薛卒(1227—)。叙利亚人,景教徒。1246年抵达蒙古。通晓西域诸部语言,擅长星历、医药。长期掌管回回司天台及广惠司。累官平章政事。卒,加封忠献王。事迹见《元史》卷一三四、《新元史》卷一九九。

按：元秘书监中所藏回回书籍中，"忒毕医经十三部"一书疑为阿拉伯大医学家伊本西拿名著《医经》，可能为爱薛传入。至少他能阅读利用。爱薛卒后，其长子及五子分别接管回回司天台和广惠司事务，其家族为中国传播西亚天文学及医学文化作出贡献。

颜奎卒（1235— ）。奎字子俞，永新人。不求仕进，居乡兴学，门有万竹，日啸咏其间，学者称吟竹先生。事迹见许有壬《吟竹先生墓表》（《至正集》卷五七）。

赵秉政卒（1242— ）。秉政一作秉正，字公亮，安喜人。从伯颜灭宋，官拜少中大夫、江西湖东道肃政廉访使。性喜书法，嗜读书，军中相谓"赵生"。宋亡，出囊中金购书万卷辇致于家，以其副分遣顺德、怀孟、许三郡学官。事迹见《滋溪文稿》卷一〇、《新元史》卷一四五。

哈剌哈孙闰十一月卒（1246— ）。斡剌纳儿氏，父囊加台，从宪宗伐蜀，卒于军。至元九年，袭号答剌罕。威重，不妄言笑，善骑射，工国书，又雅重儒术。为政斥言利之徒，一以节用爱民为务。有大政事，必引儒臣杂议。京师庙学以哈剌哈孙奏建而成。卒追赠推诚履政佐运功臣、太师、开府仪同三司、上柱国，追封顺德王，谥忠献。事见《元史》卷一三六。

黎廷瑞卒（1250— ）。廷瑞字祥仲，号芳洲，饶州鄱阳人。宋咸淳七年进士。授肇庆府司法参军，未上。至元二十三年，摄路学教授，二十七年代去。有《芳洲集》3卷。事迹见吴存《挽黎芳洲》（《鄱阳五家集》卷四）、徐瑞《芳洲先生挽词》（《鄱阳五家集》卷八）。

按：清人史简尝将《芳洲集》3卷辑入《鄱阳五家集》，其余四家，分别为：元吴存《乐庵遗稿》2卷、徐瑞《松巢漫稿》3卷、叶兰《寓斋诗集》2卷，明刘炳《春雨轩集》4卷。

欧阳龙生卒（1252— ）。龙生字成叔，浏阳人。欧阳逢子，欧阳玄父。宋太学生。从醴陵田氏受《春秋》三传。至元三十年，荐授文靖书院山长。后改浏阳州学教授，迁道州路教授卒。事迹见张起岩《欧阳龙生神道碑》（《圭斋文集》卷一六）。

月鲁不花（ —1366）、汪汝懋（ —1369）、罗复仁（ —1381）、王立中（ —1385）、王蒙（ —1385）生。

家、方济各会修士、唯名论者。

意大利奥坎雅（ —1367）生。画家、雕刻家、诗人。

至大二年　己酉　1309 年

正月乙丑，从皇太子请，罢官师府，设宾客、谕德、赞善如故。

禁日者、方士出入诸王、公主、近侍及诸宫之门。

乙未，恭谢太庙。

教皇克莱门五世迁教廷于法国阿维尼翁。

按：太庙旧尝遣官行事，至是复欲如之，李邦宁谏曰："先朝非不欲亲致祫祀，但以疾废礼耳。陛下继承之初，正宜开彰孝道以率先天下，躬祀太室以成一代之典。"帝称善，即日备法驾，宿斋宫，且命邦宁为大礼使。亲祫太庙自此始（《续资治通鉴》卷一九六）。

丙午，定制"大成至圣文宣王"春秋二丁释奠用太牢。

三月，罢杭州白云宗摄所。

五月丁酉，以阴阳家言，自今至圣诞节不宜兴土功，敕权停新寺工役。

八月癸酉，复置尚书省，以乞台普济为太傅、右丞相，脱虎脱为左丞相。

九月，诏访求先朝旧臣，特除耶律铸子耶律希亮翰林学士承旨。

十月，立太庙廪牺署，设令、丞各一员。

十一月丁未，择卫士子弟充国子学生。

十二月乙卯，武宗亲祫太庙。

按：祫太庙时上"太祖圣武皇帝"谥、庙号及"光献皇后"谥，又上"睿宗景襄皇帝"谥、庙号及"庄圣皇后"谥。

是年，定蒙古国子学伴读员四十人，以在籍上名生员学问优长者补之。云和署拨隶玉宸乐院。

按：云和署，秩正七品。掌乐工调音律及部籍更番之事。至元十二年（1275）始置。

吴澄三月戒行，五月至京，六月就国子监丞任。

按：吴澄为国子监丞，其立身、教学非平坦而外于政治，实深可慨处，危素记曰："初许文正公为国子祭酒，始以朱子之书训授诸生，厥后监官不复身任教事，唯委之博士助教。公至就位，六馆翕然归向。公清晨举烛堂上，各举所疑以质问，日暮退就寓舍，则执经以从公。公因其才质之高下而开导诱掖之。讲论不倦，每至夜分；寒暑不废，一时观感而兴起者甚众。时未设典簿，廪膳出内，监丞主之。公会其羡余，以增养赡而旧弊悉革。中书省政多循习故常，好大喜功，乘间而起，立尚书省以夺其政权。其丞辖尝通《洪范》《易经》之义，近进者多言儒术以迎合之类，欲引公以为之重，公严重不可屈致。有辩士自谓能致之，踵门曰：'先生负治平之学，生民之涂炭，国家之困敝甚矣，今在朝廷，宁能不一副执政者之求乎？'公以疾辞。明日又至，则避之。辩士遂知终不可致，归给其人曰：'老儒未尝骑乘，堕马折臂，不能来矣'，乃止。"（《临川吴文正公年谱》）

陈栎馆渠口汪恕斋氏。

程文海夏五月受召，偕平章何玮、左丞刘正等赴上京议。受命奉使湖广行省，铨广海吏选。

姚燧授荣禄大夫、集贤大学士、翰林学士承旨、知制诰同修国史。

刘赓拜正议大夫、礼部尚书，仍兼翰林学士。

王约擢为太子詹事丞。

吴全节父母受封赠，袁桷作《饶州安仁县柳侯庙碑》。

袁桷是年秩满归家，此时戴表元也归鄞县。

虞集服阕再为助教。

刘壎九月选为南剑路延平儒学教授。

郭畀三月至湖溪,凡七日;六月至扬州兴化、高邮,凡二十六日;九月又下湖溪、常州八日。

胡助在金陵任教官。

郭畀约于是年前后著《客杭日记》1卷成。

按:《客杭日记》本为《云山日记》2卷,清人厉鹗摘钞成《客杭日记》1卷。

管道杲作《题仲姬墨竹》。

按:文曰:"至大二年四月二日,吾妹魏国夫人仲姬见访于南浔里第,宴坐君子轩。夫人笑曰:'君子名轩,何以无竹?'爰使女奴磨墨,写此幅于轩中,夫妇人之事,箕帚、中馈、刺绣之外,无余事矣。而吾妹则无所不能,得非所谓女丈夫乎?为吾子孙者可不宝诸。他日妹丈松雪来看,当可乞题咏也。"(《南浔志》卷四九)管道杲,吴兴人,赵孟頫妻管道升之姊。嫁于南浔姚氏。亦善书画,尝为道升题画。有手书《观世音·普门品》,孟頫题其后:"姚氏之妇,世以书名称为韵事"。

意大利人文主义诗人但丁·阿利吉耶里著意大利第一部学术性散文《飨宴》。

法国让·德儒安维尔著关于国王路易九世的法国诗体编年史《圣路易史》。

僧行海约卒(1224—)。行海号雪岑。幼年出家,15岁游方。宋元易代后,诗多抒写激愤之辞,原有《雪岑诗集》12册,存诗3000多首,但未见传本,今存林希逸辑《雪岑诗续集》2卷。事迹见林希逸《跋雪岑诗续集》。

任士林卒(1253—)。士林字叔实,号松乡,其先四川绵竹人,后徙浙江鄞县。宗宋理学,讲道会稽,授徒钱塘。至大元年,中书左丞郝天挺以事至杭,闻士林名,举之行省,任安定书院山长。《宋元学案》列其入《潜庵学案》。著有《中庸论语指要》、《松乡文集》10卷。《元诗选》二集丙集收其诗。事迹见赵孟頫《任叔实墓志铭》(《松雪斋集》卷八)、《新元史》卷二三五、《万历绍兴府志》卷二九。

按:《四库全书总目提要》评《松乡文集》曰:"(其文)刻意摹韩愈,而其力不足以及愈,故句格往往坳涩,乃流为刘蜕、孙樵之体。……然南宋季年,文章凋敝,道学一派,以冗沓为详明;江湖一派,以纤佻为雅隽。先民旧法,几于荡析无遗。士林承极坏之后,毅然欲追步于唐人,虽明而未融,要亦有振衰起废之功,所宜过而存之者也。"

陈孚卒(1259—)。孚字刚中,号勿斋,台州临海人。元至元二十二年,以布衣上《大一统赋》,授上蔡书院山长。二十九年,礼部尚书梁曾再使安南,陈孚为副使,授翰林国史院编修、礼部郎中。还,授翰林待制。遭廷臣嫉,出为建德路总管府治中。卒,追封海陵郡公,谥文惠。天才过人,性任侠不羁,诗文不事雕琢。著有《观光稿》、《交州稿》、《玉堂稿》、《天游稿》、《桐江稿》、《柯山稿》各1卷。事迹见《元史》卷一九〇、《台州府志》、《临海县志》。

谢汉章卒(1277—)。汉章字景云,号春塘。27岁以《诗经》拔解,太常报闻。著有《诗集传》、《春秋分国事类》、《春塘小藁》8卷。事迹见黄仲元《故进士谢春塘墓铭》(《四如集》卷四)。

徐元震(—1355)、尤良(—1373)、僧至仁(—1382)、无愠(—1386)、梁寅(—1389)、邵亨贞(—1401)生。

至大三年　庚戌　1310年

蒙古文字约于此时重又改行畏兀字母,并保留部分藏文影响,形成加利加蒙古文字。

德王亨利七世进兵意大利。

正月,营五台寺,役工匠千四百人,军三千五百人。

四月丙子,增国子生为三百员。

赵孟頫奉召至京师,以翰林侍读学士与他学士撰定祀南郊祝文,及拟进殿名,议不合,谒告去。

程文海九月拜山南江北道肃政廉访使。

姚燧荐举刘致为汴省掾。

李孟入见于玉德殿,武宗指孟谓宰执大臣曰:"此皇祖妣命为朕宾师者,宜速任之。"乙酉,特授孟荣禄大夫、平章政事、集贤大学士、同知徽政院事(《续资治通鉴》卷一九七)。

刘赓拜中奉大夫、侍御史。岁中,拜翰林学士承旨、资善大夫、知制诰、兼修国史。

陈栎仍馆渠口,始解《礼记》。

畅师文出为太平路总管。

张养浩以监察使上书言十害:赏赐太侈,刑禁太疏,名爵太轻,台纲太弱,土木太盛,号令太浮,幸门太多,风俗太靡,异端太横,取相之术太宽。当国者不能容,遂除翰林待制(《元史·张养浩传》)。

袁桷三月二十四日拜祭戴表元。

袁桷约于此年十月逗留吴门(苏州),朝廷仍未安排职务,即在吴门治理袁氏产业。

按:《壬子岁除告祖祢祝文》载:"旧岁冬十月,将入直翰林,舟来吴门。知有代者,乃不果行。葡畲先畴,爰筑室是承。徭役纷更,复逗留以治靖。"(《清容居士集》卷四三)

黄溍正月于杭州与邓文原、黄石翁游,作《次韵答儒公上人》。春,与叶谨言、张枢等游金华北山,作《金华山赠同游者三十韵》。

黄溍寄诗一卷与吴师道,吴师道作《和黄晋卿客杭见寄》。

邓文原授江西儒学提举。

童金创建杜洲书院于慈溪城西北杜湖之曲,以祀其祖童行简(杜洲先生)。

按：董朝宗《杜洲书院记》载："学建于至大三年己酉，天增于后二年辛亥，学之有额则元纪甲戌之夏也，著于石则至正十有六年丙申之春也。若夫祀事，首徽国公朱文公，以濂洛诸儒之学至此而大备；比次慈湖文元公者，以其与行简公同讲学也。"书院初名"义学"。元统三年（1335）童桂请额"杜洲书院"割田400亩以赡来学。其《杜洲书院书板书籍目录》乃现存最早书院藏书目录。载元至正年间所修《四明续志》杜洲书院名下，原作"书板书籍，分书名、板数或册数二项内容，著录《袁氏蒙斋孝经》、《耕织图》二书书板，共计三十四片，《四书》、《六经》、《通鉴》、《史记》、《韩文》、《柳文》、《黄氏日钞》、《慈湖文集》"八种书，共计一百八十册。其编排之法已隐然见四部之法，不失中国书院藏书史上第一目之风范。嘉兴顾嵩之、鄞县孙元蒙、慈溪曹汉炎曾为山长。明代湮废。清全祖望作有《杜洲书院记》、《杜洲六先生书院》，记其情形（《慈溪县志》卷四三）。

孟淳是冬作《周易集说序》。（可参见俞琰皇庆二年撰《周易集说》成条、俞琰元贞二年五月六日作《周易集说序》条）

按：《序》云："元贞丙申（1296）秋，会玉吾叟于王氏书塾讲坤之六二。谓六二即中且正，是以其德直方，宜从乾阳之大，不习坤阴之小，故无不利。又指示《象传》刚柔上下，言来不言往之微意，则皆以两卦相并而取义。兹盖秦汉至于唐宋，诸儒所未发者也。是时匆匆回雪，弗复请益。今观其书，集众说之善，又述己所闻，证以经传，反复辨论，无一字放过。辞意明甚，有如鉴之照物，纤悉不遗，请名之曰《易鉴》云。至大庚戌冬，资善大夫汉东孟淳能静序。"（《经义考》卷四〇）孟淳，字君复，号能静，随州人，寓湖州。幼强记，号奇童。以父荫入仕，元贞间累官平江路总管，历太平、婺州、处州、信州、徽州诸路总管，以常州路总管致仕。谥康靖。

张与材刊刻俞琰所著《周易参同契发挥》3卷、《释疑》1卷，十二月有序。

按：《序》云："自《参同契》成书以来，近世考亭大儒亦复注脚。今观全阳子所著《发挥》，研精覃思，钩深致远，可谓羽翼是书矣。然考亭当时，犹有愿为刘安鸡犬之望，晚年感兴之作，飘然直有往从脱屣意，岂非有得于此书而然耶？全阳子它日功成蝉蜕，从伯阳于阆风玄圃间，必相与曰：'是可以参同契矣'。至大三年岁庚戌腊，嗣天师张与材题。"（《道藏》卷一八）《四库全书总目提要》评《周易参同契发挥》曰："是书以一身之水火阴阳发挥丹道，虽不及彭晓、陈显微、陈致虚三注为道家专门之学，然取材甚博。其《释疑》三篇，考核异同，较朱子本尤详备。明《白云霁道藏目录》谓二书共十四卷，焦竑《国史经籍志》则作十二卷，毛晋《津逮秘书》以琬注与晓等三家注合为一编，已非其旧，又并其《释疑》佚之。此本每卷俱有图，乃至大三年嗣天师张与封（材）所刻，实只三卷，附以《释疑》一卷。考琬《易外别传》自序，亦称丹道之口诀，细微具载于《参同契发挥》三篇，白云霁所记或并其它书数之。焦竑所记，悉辗转贩鬻于他书，沿讹袭谬，益不足据矣。"

姚云作《韵府群玉序》。

按：《序》称："四声韵出而小学湮矣，其音声反切、清浊轻重之测通乎阴阳律吕之变、天地万物之终始者，于道德性命之懿亦或有助也。至唐宋，监部之所刊定，则主于词章之靡矣。……今阴氏兄弟研精钩玄，掇韵系事。搜猎群策，攻别奇僻。牛渚犀燃，幽怪靡遁；骊山冢发，珍贝自献。"（《韵府群玉》卷首）

陈栎五月十七日作《增广历代通略后序》。

匈牙利大教堂牧师彼得·巴利著《匈牙利史》。

捷克最早的诗体编年史约于是年问世，有强烈的民族感。

按：《序》云："《通略》者，《通鉴》之大略也。所纂记者，皆前朝历代之事，皆古也，初不曾记今之事，或以《古今通略》名之，殊不可解。《宋史讲义》，吕氏中所著，议论多详明，文辞亦条达，然成于理宗朝，犹有隐避而不尽言者。今可无忌矣，遂采其善，补其缺，多述平昔所考订与所闻于父师者，而申之以管蠡之见焉。理、度二朝，无史可据，今姑阙之。金事廷芳胡双峰先生虽略述，亦以未见其史，不敢轻笔，悉以俟后之君子云。至大三年庚戌岁仲夏十七日夏至。"（《陈定宇先生文集》卷六）《四库全书总目提要》载《历朝通略》四卷，"元陈栎撰。……是编叙历史兴废得失，各为论断，每一代为一篇。自伏羲至五代为二卷，北宋、南宋则各占一卷，盖详近略远之意也。南宋止于宁宗，卷末栎自跋谓'理、度二朝无史可据'也。旧本题《增广通略》，而不言因谁氏之书。……书成于至大庚戌。明正统壬戌，栎孙盘之婿、汉阳知府王静得本于乡人方勉，始刊行之。……是书虽撮叙大纲，不免简略，而持论醇正，以资考证则不足，以论是非则读史者固有取焉"。

《至大重修宣和博古图录》30卷刊刻于是年前后。

按：是书为宋王黼撰，至大间重修刊刻。

《历代钱谱》是年编成，不题撰人。

金月岩、白珽约于此年前后著《湛渊静语》2卷成。

按：主要为杂记之文，所记即宋代轶闻，亦多有考辨。《四库全书总目提要》评曰："元人说部之中，固不失为佳本矣。"

碛砂延圣寺僧慧联等施其先师遗财，雕刊《大藏尊经》1000卷。

按：该部《大藏经》历时91年始克成功。全藏共591函，1532部，6362卷。

龙山赵国宝刊行《翰苑英华》、元好问《中州集》10卷。

曹氏进德斋刊行元好问《中州集》10卷、《乐府》1卷。

按：全书分甲至癸10集，每卷有目，连属篇目。《乐府》卷末有"至大庚戌（1310）平水进修堂刊"木记。

姚燧作《跋雪堂雅集后》。

按："雪堂"乃大都天庆寺住持释普仁居室，至元二十二年至二十三年间建成，为著名文坛活动场所。"雪堂雅集"以参与者层次高而著称，商挺、张九思、马绍、燕公楠、杨镇、张斯立、王磐、董文用、徐琰、李谦、阎复、王构、徐世隆、李槃、王恽、雷膺、周砥、宋渤、张孔孙、赵孟頫、王博文、刘宣、夹谷之奇、刘好礼、张之翰、宋道、胡祇遹、崔瑄等皆咏歌。姚氏《跋》云："释统仁见示《雪堂雅集》二帙，因最其目序四、诗十有九、跋一、真赞十七、《送丰州行诗》九，凡五十篇，有一人再三作者，去其繁复，得二十有七人……皆咏歌其所志。喜与缙绅游，求古人之近似。"（《牧庵集》卷三一）王恽《雪堂上人集诸名公雅制序》载："雪堂上人禅悦余暇，乐从贤士夫游，诸公亦赏其爽朗不凡，略去藩篱，与同形迹，以道义定交，文雅相接，故凡有营建游谒，或恳为纪述，或赠之诗引，三十年间累至数百篇。"（《秋涧集》卷四三）

拜占廷帕奇梅雷斯约于是年卒（1242— ）。历史学家。

德国法莱伯格·狄特里希卒（1250— ）。物理学家。

林景熙卒（1242— ）。景熙字德阳，号霁山，浙江平阳人。宋亡不仕，其诗多家国之思。杨琏真珈发宋陵寝，景熙贿番僧，得高、孝两朝骨，贮以函，归葬东嘉。原有《白石集》、《白石樵唱》，已不传。今有《霁山先生集》等。事迹见《浙江通志》卷一八九、《万姓统谱》卷六四。

高克恭卒（1243— ）。克恭字彦敬，号房山道人，其先为西域人，籍贯大同，居大都。工画山水，也善画竹，初学米芾，晚年师法董源、巨然,笔墨苍润,元气淋漓,很为赵孟頫推重。有"南有赵、魏,北有高"之称。有作品《云横秀岭图》、《墨竹坡石图》等存世。亦是第一位以汉语写作的西域色目人诗人。著有诗集《房山集》。事迹见邓文原《故大中大夫刑部尚书高公行状》(《巴西集》卷下)、《元诗纪事》卷一〇、《元诗选·二集》小传。

戴表元卒(1244—)。表元字帅初,一字曾伯,浙江奉化人。南宋末中进士,授建康府教授,以兵乱归剡。元大德八年,时61岁,荐为信州教授,再调婺州,因病辞职。戴表元曾从王应麟、舒岳祥等游,学问渊源俱有授受。律诗雅秀,力变宋诗积习,静细清新,风致近晚唐。散文清深雅洁,多伤时悯乱之作。《宋元学案》列其入《水心学案》,又列其入《深宁学案》。著有《论语讲义》1卷、《急就篇注释补遗》(有自序)、《剡源文集》30卷。事迹见袁桷《戴先生墓志铭》(《清容居士集》卷二八)、《元史》卷一九〇、《新元史》卷二三七、《元诗选》小传。近人孙蕴侯有《戴剡源年谱》。

按:《元史》本传载:"初,表元闵宋季文章气萎苶而辞骪骳,疲弊已甚,慨然以振起斯文为己任。时四明王应麟、天台舒岳祥并以文学师表一代,表元皆从而受业焉。故其学博而肆,其文清深雅洁,化陈腐为神奇,蓄而始发,间事摹画,而隅角不露,施于人者多,尤自秘重,不妄许与。至元、大德间,东南以文章大家名重一时者,唯表元而已。""其门人最知名者曰袁桷。袁桷之文,其体裁议论一取法于表元者也。"《四库全书总目提要》云:"表元所著《剡源集》,明初上于史馆,宋濂曾序而刻之,凡二十八卷,其板久佚。此本乃嘉靖间四明周仪得其旧目,广为搜辑,厘为三十卷,表元后裔洵复梓行之。王士禛《居易录》称海宁刻《剡源集》四卷,乃黄宗羲所选录,非完书也。"宋濂《剡源文集原序》云:"濂尝学文于黄文献公,公于宋季词章之士,乐道之而弗已者,惟剡源戴先生为然","及览先生之作,新而不刊,清而不露,如青峦出云,姿态横逸而连翩弗断,如通川萦纡,十步九折而无直泻怒奔之失。呜呼! 此非近于所谓豪杰之士耶? ……初先生既擢第,悯宋季词章之陋,即濯然自异,久之,四方人士争相师法,故至元、大德间,东南文章大家皆归先生无异词。先生之没仅六十年,已罕有知其名若字者,殊可哀也。"(《剡源文集》卷首)

王构卒(1245—)。构字肯堂,号安野,东平人。弱冠以词赋中选,至元间授翰林国史院编修官。宋亡,被旨至杭取图籍仪仗。武宗时为翰林学士承旨。熟悉朝廷中诸事之变迁,谥议册文,多出其手。参修《世祖实录》。卒谥文肃。尝采宋人诗话及杂记著《修辞鉴衡》2卷。事迹见《元史》卷一六四、《元诗选·癸集》乙集小传、袁桷《墓志铭》(《清容居士集》卷二九)。

按:其《修辞鉴衡》,上卷论诗,下卷论文,大多采录旧说,《四库全书总目提要》评曰:"简择特为精审。中如诗文发源、诗宪、蒲氏漫斋录之类,亦今人未见之书。"

迺贤(—1368)、顾瑛(—1369)、孔森(—1373)、宋濂(—1381)生;袁凯(—?)约生。

至大四年　辛亥　1311年

正月庚辰,元武宗海山卒,葬起辇谷。

召世祖朝谙知政务素有声望老臣郝天挺、刘敏中、程文海等诣朝,同议庶务。

二月戊申,罢运江南所印佛经。

辛亥,禁宣政院违制度僧。

甲子,御史台臣曰:"白云宗总摄所统江南为僧之有发者,不养父母,避役损民,乞追收所受玺书银印,勒还民籍。"从之(《元史·仁宗纪一》)。

丁卯,命西番僧非奉玺书、驿券及无西番宣慰司文牒者,勿辄至京师,仍戒黄河津吏验问禁止。

是月,罢总统所及各处僧录、僧正、都纲司,凡僧人诉讼,悉归有司。

按:元初,路设僧录司,州设僧正司,县设都纲司,路以上设总统所或总摄司,为主管佛教事务的僧司衙门,僧尼词讼除刑事犯罪外均由各级僧官审理,僧尼与俗众词讼则由地方官府约同僧官共同决断。至是罢除。

三月庚寅,皇太子爱育黎拔力八达即皇帝位,是为仁宗。

四月辛酉,敕:"国子监师儒之职,有才德者,不拘品级,虽布衣亦选用。"(《元史·仁宗纪一》)

诏:革罢各路、府、州、县所立之统摄和尚、先生、也里可温、答失蛮、白云宗、头陀教衙门,并拘收印信。

五月丙子,命翰林国史院纂修先帝实录及累朝皇后、功臣列传。

六月,仁宗览《贞观政要》,谕翰林侍讲阿邻铁木儿曰:"此书有益于国家,其译以国语刊行,俾蒙古、色目人诵习之。"(《元史·仁宗纪一》)

闰七月辛丑,命国子祭酒刘赓诣曲阜,以太牢祠孔子。

丙午,奉武宗神主祔于太庙。

乙未,定国子生额为300人,仍增陪堂生20人。

按:初,帝命李孟领国子学,谕之曰:"国学人材所自出,卿宜课诸生勉其德业。"至是又谕省臣曰:"昔世祖注意国学,如不忽木等皆蒙古人,而教以成材。朕今亲定国子生为三百人,仍增陪堂生二十人,通一经者,以次补伴读,著为定式。"(《续资治通鉴》卷一九七)蒙古国子监生员由三部分人组成。朝廷所定额数为正式生员,一般由朝廷官僚子弟充任。无此资格者也可旁听,但须自费,称作陪堂生。伴读生在陪堂生中择学问优长者产生。伴读生虽在身份上与正式生员有区别,但享受待遇相同。(参见王建军《元代国子监研究》)。

丁卯,禁医人非选试及著籍者,毋行医药。

是月,宣政院出榜恢复白莲教合法地位,并封普度为白莲教主,赐号

"虎溪尊者"，普度一时号称莲宗中兴之祖，普度所著《莲宗宝鉴》也获准行布天下。

> **按**：此旨之宣布与普度等人之活动有关，乃白莲教复教之标志。袁桷《妙果寺记》载，"庐山东林寺，以远法师为祖庭，其教行乎海寓。阅年滋多，庞幻杂糅，坏宫夷址，将绝其遗教。寺僧普度慨然兴复，率弟子十人，芒屦草服诣京师上书，演为万言。又集历代经社缘起作《莲宗宝鉴》十卷。仁宗在东宫阅其书，尽初帙，问曰：'得无欲布施乎？'合指谢不敢。又问曰：'得无欲补僧职乎？'复谢无是想，惟莲教坠绝，愿殿下振复。时武宗皇帝在御，近臣以其事奏，即以诏旨慰抚，如律令。至大四年，始播告中外，而度俾职其教，为优昙主。"（《清容居士集》卷二○）

九月壬子，诏改明年为皇庆元年。

十月丁丑，禁诸僧寺毋得冒侵民田。

辛巳，罢宣政院理问僧人词讼。

寓居大都之高丽国王益智礼普化开宗念佛，且发布疏文，令高丽国内创建寿光寺白莲堂。

十一月戊午，禁汉人、回回术者出入诸王、附马及大臣家。

十二月，复立国子学试贡法。

> **按**：蒙古授官六品，色目正七品，汉人从七品。试蒙古生之法宜从宽，色目生宜稍加密，汉人生则全科场之制。

吴澄诏授文林郎、国子司业，癸酉上官。

> **按**：吴澄任职间，欲对国子监教学内容予以改革，其改革综合程颢、胡安国、朱熹学校改革思路并加以发展，以经学、行实、文艺、治事四块组成教改内容，在古代官学模式中，确有创意。然方案甫一出台，却引发积分法与教养法之论争，吴澄改革遂告失败。"公为取程淳公《学校奏疏》，胡文公'六学教法'，朱文公《贡举私议》三者，斟酌去取。一曰经学。《易》、《诗》、《书》、《仪礼》、《周礼》、《礼记》、《大戴记》附《春秋三传》。附右诸经，各专一经，并须熟读经文，旁通诸家讲说义理、度数，明白分晓。凡治经者，要兼通小学书及四书。二曰行实。孝于父母弟。在家弟于兄，在外弟于长。睦和于宗族，姻和于外姓之亲，任厚于朋友，恤仁于乡里以及众人。三曰，文艺。学古文、诗。四曰治事。选举、食货、礼义、乐律、算法、吏文、星历、水利，各依所习。读通典、刑统、算经诸书，是为拟定教法。同列欲改课为试行大学积分法，公谓教之以争，非良法也，议论不合，遂有去意"（《临川吴文正公年谱》）。

陈栎在渠口，不戒于火，书籍悉烬。

姚燧得告南归，中书以承旨召，以病不赴。

程文海秋九月拜翰林学士承旨，复资善大夫、知制诰兼修国史。

李孟二月奉命领国子监学，七月封奉国公，十二月奉命整饬国子监学。

> **按**：李孟以平章政事领国子监学，此举乃仁宗朝促进国子监发展之举措，意乃朝廷中书权力机构委派一位或数位官员主管国子监事宜，此法前代未见，明、清则沿袭成例。仁宗谕李孟等曰："学校人才所自出，卿等宜数诣国学课试诸生，勉其德业。"完泽、李孟等言："方今进用儒者，而老成日以凋谢，四方儒士成才者，请擢任国学、翰林、秘书、太常或儒学提举等职，俾学者有所激劝。"仁宗曰："卿言是也。自今

路德·冯·不伦瑞克任条顿骑士团首领时，该团文学—基督教英雄诗和编年史始进入全盛时期。

勿限资格,果才而贤,虽白身亦任之。"(《续资治通鉴》卷一九七)

刘赓除资政大夫、国子祭酒。

按：刘赓至国子监,特语诸生曰："朝廷徒以吾旧臣故,自台臣来领学士,主上作新斯文之意甚重,吾岂敢当。司业,大儒。吾犹有所质问,时不可失,师不易遇,诸生其勉之。"(危素《临川吴文正公年谱》)

王约特拜河南行省右丞,辞,帝赐卮酒及弓矢。

元明善在仁宗居东宫时首擢为太子文学。

刘壎是秋延平官期至,九月十八日离家,为南剑州学官。

吴师道是年前后与许谦、赵瑱、张枢、尉彦诚(表字)等游。

萨德弥宝除南台御史,入为监察御史。

按：萨德弥宝,号谦斋,燕山人。授石首县达鲁花赤。至治元年(1321)累迁南台经历,擢江浙行省郎中。喜收集医方,纂有《瑞竹堂经验方》15 卷。

夏文泳被尚在储宫的元仁宗授为本宫承应法师,有司岁给车马,出入禁卫无间。

彭元龙作《四书疑节序》。

按：《四书疑节》12 卷,江西袁俊翁著。《四库全书总目提要》评曰："俊翁字敏斋,袁州人。前有黎立武、李应星《序》,又有彭元龙《序》二篇。……卷首有'溪山家塾刊行'字,或重刻时有所删节,故改题曰'节'欤？朱彝尊《经义考》中载之,注曰'未见'。此本犹从元版传钞,其例以《四书》之文互相参对为题,或似异而实同,或似同而实异,或阐义理,或用考证,皆标问于前,列答于后。盖当时之体如是。虽亦科举之学,然非融贯经义,昭晰无疑,则格阂不能下一语,非犹夫明人科举之学也。"

卫琪注《玉清无极总真文昌大洞仙经注》10 卷成,张仲寿四月为作序。(参见下年张与材五月作《大洞仙经序》条)

按：是书简称《大洞仙经注》,收入《道藏》洞真部玉诀类。全书前二卷为论,后八卷为经文和注释,注文博采儒释道三家,与经文本意大相径庭处有之,却能于此见其宗旨。张仲寿作《玉清无极总真文昌大洞仙经序图序》云："《大洞仙经》盖西蜀之文,中原未之见也。中阳卫君自蓬山来京师,示予一编,且求为序引。予谛观之,皆世外之说。卫君以三教圣人有杂注于其间,旨意深远,苟不能贯通三教之书,未易观也。独'雌雄混玉房'一语所注阴阳交媾之事,颇涉形迹,岂中阳曲为今时而然耶？但恐不可对痴人说梦耳。且西方圣人有云：'始从鹿野苑,终至跋提河。'于是二中间未尝谈一字。吾夫子亦云：'天何言哉？四时行焉,百物生焉。'老圣亦曰：'多言数穷,不如守中。'由是论之,文字语言者,圣人不得已而因言显道耳。苟得其道,尚何文字言语之为哉？我作是说,中阳子以为如何？至大四年清和月望日,翰林学士承旨、资善大夫、知制诰兼修国史畸斋张仲寿谨题。"(《道藏》卷三)

苗善时纂《纯阳帝君神化妙通纪》7 卷,有序。

按：其《序》曰："仆不揣井观管量,于诸经集、唐宋史传,摭收实迹,削去浮华,续成一百二十化,析为六卷。每章就和诗词,象章直说,目之《神化妙通纪》。使同心志士开卷朗然,得观天象,默会道微,明通无极重玄,了彻纯阳至妙。"(《纯阳帝君神化妙通纪》卷一)是书摭拾经史集传相关叙述帝君吕洞宾家世及悟道、受道之事,有些实为神仙小说。收入《道藏》洞真部记传类。

燕山窦氏活济堂刊行《黄帝明堂针灸经》1 卷、《伤寒百证经络图》9

卷、《针灸四书》8卷。

蒙古文《大藏经》约刊行于此年前后。

按：据传是经为14世纪初，西藏喇嘛乔依奥爱尔与西藏、蒙古、汉人及畏吾尔学者共同译出。

建安余氏勤有堂刻《分类补注李太白诗集》25卷。

按：是书乃宋杨齐贤集注，元萧士赟补注。《书林清话》卷二载：目录后有"建安余志安刊"篆书木记，板心有"至大辛亥三月刊"字，见陈编《廉石居记》、《张续志》、《瞿目》、《丁志》等。南京图书馆藏有此本，题云："春陵杨齐贤子见集注"、"章贡萧士赟粹可补注"，《序例》末云"至元辛卯（1291）中秋日章贡金静山北冰崖后人粹斋萧士赟粹可"，《中华再造善本》据此影印。《四库全书总目提要》云："《分类补注李太白集》三十卷，宋杨齐贤集注，而元萧士赟所删补也。……赟字粹可，宁都人，宋辰州通判立等之子。笃学工诗，与吴澄相友善。所著有《诗评》二十余篇及《冰崖集》，俱已久佚，独此本为世所共传云。"吴澄尝作《萧粹可庸言序》，曰："予与赣萧君粹可交游二十载，听其议论，辄推服焉。盖其观书如法吏刻深，情伪立判，搜抉微香，毫发毕露。有评诗二十余条，曰《粹斋庸言》，乃其善者。"（《吴文正集》卷一五）

嘉兴路儒学刊行《陆宣公集》22卷。

按：陆心源跋曰："宋时嘉兴学有版，岁久漫漶，至大辛亥盱眙王子中来守以推官胡德修家藏善本重刊。"

郭豫亨著《梅花字字香前集》1卷、后集1卷成。

按：是书皆集句咏梅之作。郭豫亨，自号梅岩野人。

吴澄作《贾侯修庙学颂》。

按：此文为称颂贾训监督致使国子监终于落成之事。元代国子监至元二十四年（1287）立，至成宗朝讨论兴建学府，迄于武宗朝至大元年（1308）尚未成功，其时身为皇太子的爱育黎拔力八达请毕其功，遂命工部郎中贾训董其事。此年终于落成，吴澄深为振奋，作文记之。文章对国子监建成前后以及最终规模描述极详尽，颇有史料价值。见《畿辅通志》卷一一四。

赵穆跋刘祁《归潜志》14卷。

赵孟頫手书《金刚般若波罗密经》。

按：赵孟頫曾在金刚经石刻自题字云："至大四年岁在辛亥，二月二十七日，奉佛弟子翰林侍读学士、中顺大夫、知制诰同修国史赵孟頫手书《金刚般若波罗密经》，奉施本师中峰和尚转读，荐亡男赵由亮离一切相，早证菩提，伏惟三宝证知。孟頫谨题。"（乾隆五十四年《大名县志》卷二）

牟巘卒（1227— ）。巘字献之，一字献甫，其先蜀人，后徙吴兴。牟子才子。南宋末登进士第。以父荫累历大理少卿、浙东提刑。入元不仕，闭户治学，学者称陵阳先生。专治《六经》，尤雄于文。与其子牟应龙、牟应复号为"三牟"，以比"三苏"。《宋元学案》列其入《鹤山学案》。著有《陵阳集》24卷，其中文18卷、诗6卷。事迹见《吴兴备志》卷一二、《元诗选·初集》卷八。

李谦卒（1233— ）。谦字受益，号野斋，恽州东阿人。初任东平府学教授，召为翰林应奉，一时制诰，多出其手。历翰林侍读，至元二十六年以

意大利建筑家康庇斯卒（1232— ）。

意大利炼金者和医学家阿尔纳杜斯·维拉诺瓦努斯约于是年卒（约1238— ）。

足疾归。元成宗即位，召为翰林学士，再次引疾归。大德六年复以翰林承旨召，七年致仕。卒谥文正。文章醇厚，有古风，赋与徐世隆、孟祺、阎复齐名。生前在北方特别是山东影响颇大，有《野斋文集》，不传，作品主要保存于地方志中。事迹见《元史》卷一六〇。

勖实带卒（1257— ）。蒙古怯烈氏，世为炮手军总管，居河南鸣皋镇。早年从平宋，所至唯取图书，归后建立学校。为屋五十楹，割田千亩，以为学产。其子慕颜铁木复建稽古阁，贮书达万卷。延祐间，奉敕赐名"伊川书院"。善诗，著有《伊东拙稿》。事迹见薛友谅《敕赐伊川书院碑》（《嵩县志》卷八）。

安熙五月十五日卒（1270— ）。熙字敬仲，号默庵，真定藁城人。早年慕刘因之名，欲从之学，不果，乃从其门人乌叔备问其绪说。不屑仕进，家居教授弟子近数十年，著名者有苏天爵。教授必尊朱氏，人以为得刘因真传。著有《诗传精要》、《春秋左氏纲目》、《四书精要考异》（一作《四书类要考异》）、《续皇极经世书》、《默庵集》5卷。事迹见苏天爵《默庵先生安君行状》（《滋溪文稿》卷二二）、《元史》卷一八九、《元儒考略》卷二。

按：虞集《安先生文集序》云："《默庵集》者，诗文凡若干篇，藁城安君敬仲之所作，其门人赵郡苏天爵之所辑录者也。既缮写，乃来告曰，'昔容城刘静修先生得朱子之书于江南，因以之遡乎周、邵、程、张之传，以求达夫《论语》、《大学》、《中庸》、《孟子》之说，古所谓闻而知之者，此其人欤？闻其风而慕焉者，敬仲也。与静修之居，间数百里耳，然而未尝见焉，徒因其门人乌叔备承问其说以为学，则是敬仲之于静修，盖亦闻而知之者乎？愿序而传焉。'嗟乎，知之为知，有未易一概言者。圣贤之道大矣，世多豪杰，能因其才识之所至，而知其所及者，其人岂易得哉？昔者天下方一，朔南会同，缙绅先生固有得朱子之书而尊信表章之者。今其言衣被四海，家藏而人道之，其功固不细矣。吾道之大，岂委靡不振、卤莽依托者所可窃假于斯哉？其必有振世之豪杰而后可也。以予观于国朝混一之初，北方之学者，高明坚勇，孰有过于静修者哉？诚使天假之年，逊志以优入，不然，使得亲炙朱子，以极其变化充扩之妙，则所以发挥斯文者，当不止是哉！又尝求敬仲于其书矣，其告先圣文曰：'追忆旧闻，卒究前业。洒扫应对，谨行信言。余力学文，穷理尽性。循循有序，发轫圣途。以存诸心，以行诸己。以及于物，以化于乡。'然则敬仲得于朱子之端绪，平实切密，何可及也！诚使得见静修，廓之以高明，厉之以奋发，则刘氏之学，不既昌大于时矣乎？惜乎！静修既不见朱子，而敬仲又不获亲见于静修。二君子者，皆未中寿而卒，岂非天乎！予与敬仲，年相若也。少则持未成之学以出，及粗闻用力之要，而气向衰，凛然有不及之叹。视敬仲之早有誉于当世，宁无慨然者乎？若苏生之拳拳于其师之遗书如此，益可见其取友之端矣。是皆予之所敬畏而感发者，故题以为序。"（《道园学古录》卷六）

吾丘衍卒（1272— ）。丘衍一作衍，字子行，号竹素、竹房，别署贞白居士、布衣道士，浙江衢州人，侨寓杭州。通晓经史百家，工篆隶书，通声音律吕之学。不求仕进，隐居教授。与赵孟頫为密友，篆印与赵齐名。著有《重正卦气》、《尚书要略》、《春秋说》、《十二月乐午谱》（《辍耕录》作《十二月乐谱辞》）、《说文续解》2卷、《竹素山房诗集》3卷、《续古篆韵》6卷、《闲居录》1卷、《极元造化集》、《闲中漫稿》2卷、《周秦刻石释音》1卷、《钟鼎韵》

1卷、《石鼓诅楚文音释》1卷、《学古编》1卷、《学古编续笺》1卷、《晋文春秋》1卷（又作《晋史乘》）、《楚史檮杌》1卷、《古印式》2卷（又作《古印文》）、《山中新语》等。事迹见宋濂《吾衍传》（《宋文宪公全集》卷四〇）、《万历杭州府志》卷六六、《两浙名贤录》卷四四。

按：吾丘衍深研金石学，精六书，工篆隶书，时人誉之"小篆精妙，当代独步，不止秦、唐二李（指李斯、李阳冰）间"（《道园学古录》卷一〇）。能篆印，提倡"学古"，崇尚汉印"平正"、"浑厚"之风，力矫唐宋六文八体失真之弊，以玉筯篆入印，乃元代最早站在印学高峰上倡导汉印印风的大家之一。

又按：吾丘衍《闲居录》为陆友仁得而传之。乃未经编定之本，故可谓随笔草创，其文章次序、文字亦多未修饰。《四库全书总目提要》评曰："以衍学本淹通，艺尤精妙，虽偶然涉笔，终有典型。"其《竹素山房诗集》，《四库全书总目提要》评曰："其诗颇效李贺体，不能尽脱元人窠臼。然胸次既高，神韵自别，往往于町畦之外，逸致横生。所谓王谢家子弟虽不复端正者，亦奕奕有一种风气也。"

刘基（　—1375）、智及（　—1378）、宋讷（　—1390）、汪大渊（　—?）生。

元仁宗皇庆元年　壬子　1312年

正月癸卯，敕诸僧犯奸盗、诈伪、斗讼，仍令有司专治之。

壬戌，升国史院秩从一品。

按：仁宗谕省臣曰："翰林、集贤儒臣，朕自选用，汝等毋辄拟进。人言御史台任重，朕谓国史院尤重。御史台是一时公论，国史院实万世公论也。"（《元史·仁宗纪一》）

二月丁卯朔，徙大都路学所置周宣王石鼓于国子监。

按：燕京始平，宣抚使王楫以金枢密院为宣圣庙，春秋率诸生行释菜礼，仍取石鼓列庑下。及国子监立，以其庙为大都路学。至是，复徙石鼓于国子监。

甲戌，制定封赠名爵等级。

是月，诏勉励学校。以国子监虞集言，擢监丞吴澄为司业，与齐履谦同日并命，时号得人。

六月己巳，敕李孟博选中外才学之士任翰林。

七月丙午，升大司农秩从一品。

按：仁宗谕司农曰："农桑，衣食之本，汝等举谙知农事者用之。"（《元史·仁宗纪一》）

十月戊子，翰林学士承旨玉连赤不花等进《顺宗实录》1卷、《成宗实录》56卷及《事目》10卷、《武宗实录》50卷及《事目》7卷。

按：《顺宗实录》，钱大昕《元史艺文志》注：皇庆元年十月学士程钜夫、待制元明善进。金门诏《补三史艺文志》曰：至大元年元明善等修。《成宗实录》，卢文弨《补辽

德王亨利七世加冕于罗马，称神圣罗马帝国皇帝。

造纸术自意大利传入德意志。

金元三史艺文志》注：畅师文修。金门诏《补三史艺文志》曰：邓文原、畅师文、程钜夫、元明善等修。《武宗实录》，金门诏《补三史艺文志》载：皇庆元年程钜夫、元明善、杨载等修，又称至顺元年(1330)苏天爵重修。

特颁圣旨，命江浙行省白云宗开板印刷白云宗和尚僧清觉《初学记》，并列入《大藏经》。

按：白云宗主即于大慈隐寺"命工锓梓印造，钦依入藏流通"（僧沈明仁《新纂续藏经》）。

颁行《风宪宏纲》。

按：是书20册，赵世延撰。

又按：另有敬俨撰《国朝宪章》15卷。赵承禧撰《宪台通纪》1卷、《续集》1卷。

是年，诏元明善、宋文升同译《尚书节文》。

按：金门诏《补三史艺文志》载曰：皇庆元年仁宗诏明善、宋文升同译。

高丽向元廷赠送自刻《大藏经》。

吴澄二月擢为国子司业，教法遭非议，辞归。三月至真州，旧学者强留讲学。七月至建康，冬还家。

按：此乃吴澄教改失败，愤而离职，此事实是南北学者争端所致。监学命属吏及诸生类十人追至通州河上，恳留，不从。朝廷特遣使请，终去。《元史·吴澄传》述此事曰："吴澄升为司业，用程纯公《学校奏疏》、胡文定公《六学教法》、朱文公《学校贡举私议》，约之为教法四条：一曰经学，二曰行实，三曰文艺，四曰治事，未及行。"吴澄"又尝为学者言，朱子于'道问学'之功居多，而陆子静以'尊德性'为主。问学不本于德性，则其弊必偏于言语训释之末，故学必以德性为本，庶几得之"，此说遭致许多非议，"议者遂以澄为陆氏之学，非许氏尊信朱子本意，然亦莫知朱、陆之为何如也"，吴澄莫辨，只得"一夕谢去"，"诸生有不谒告而从之南者"。此事始末，虞集明年(1313)《送李扩序》多有所载。

邓文原召为国子司业。至官，首建白更学校之政。

胡助在金陵为教官。是年，吴澄南归，过金陵，见胡助所为诗，大加赞赏，列上品，由是名振一时。

柳贯至金陵。与胡助相见而定交。

赵孟頫奉召除集贤侍讲学士、中奉大夫。

程文海是年修《制诰录》7卷，邓文原、元明善进。又与元明善修撰《制诰录》3卷，杨载进。是年诏升翰林院位从一品，有"谢表"及"进三朝实录表"。十一月，进公荣禄大夫。

姚燧居庐山。

袁桷在吴门滞留久，与浦椿多有交往，讨论国家大政。九月得疾，十月康复，并接到复官任命。

李孟请归葬其父母，仁宗劳饯之，曰："事讫，宜速还，毋久留，孤朕所望。"十二月，入朝，仁宗大悦。孟因请谢事，优诏不允。请益坚，乃命以平章政事议中书省事、承旨翰林（《元史·李孟传》）。

刘赓除集贤大学士、荣禄大夫，兼国子祭酒。

王约特拜集贤大学士，推恩三世，赐谥树碑。

黄溍北上京师，拜谒李孟、赵孟頫。

按：赵孟頫为黄溍文集跋云："东阳黄君晋卿博学而善属文，示予文稿。读之使人不能去手，其用意深切而立言雅健，杂之古书中未易辨也。予爱之敬之，适有以吉日，癸巳石鼓二周刻见遗者，欣然曰：'是可与晋卿之文并观者邪？'"（《金华黄先生文集》卷三附录）

周伯琦迁集贤待制。

元明善改翰林待制。与修成宗、顺宗实录成，升翰林学士。诏节《尚书》经文，译其关政要者为蒙古文以进。

王结迁集贤直学士。

梁曾特授昭文馆大学士、资德大夫，又起为集贤侍讲学士。国有大政，必命之与诸老议。

李衍擢吏部尚书、集贤殿大学士。

范梈、杨载、丁复同被荐为翰林国史院编修官。

同恕拜国子司业，阶儒林郎，使三召，不起，后经中书奏，于奉先得鲁斋书院领教事。

杜道坚授隆道冲真崇正真人，住持宗阳宫及报国观。

夏文泳特授为元成文正中和真人、江淮荆襄等处道教都提点，赐银印，秩二品。

胡淀建成明经书院。

按：知州黄维中聘胡炳文为山长入主教事，请于朝得赐额"明经书院"，国子司业吴澄有记。"一时弦诵之盛，盖甲于东南"（程敏政《篁墩文集》卷一五《婺源胡氏明经书院重修记》）。后任山长有余元启、李惟诚、胡世佐等。元至正十三年毁于兵。胡炳文尝作《代族子淀上草庐吴先生求记明经书院书》云："九月十五日，新安后学胡淀谨再拜奉书于司业草庐先生师席：是日也，文公先生始生之日。昔臧荣绪用庚子日拜五经，是为夫子所生之日。婺源，文公父母邦。礼以义起，黎明舍菜，竣事，复再拜而作是书，惟先生其鉴之。淀初谓六经者圣人明天下后世之大经，以经天下万世者也，其体全体，其用大用。六经未作，六经之理在天地化育中，在圣贤事业中。六经既作，天地万物之蕴，圣贤之心、之事业，又在六经中。三代以上，经未全而经之道行。秦火而后，经不全而经之道弥破。至明道、宝元间，安定先生始教人明经学，然后为士者稍知经有体有用。既而明于伊洛，大明于我新安。经非不明也，然学者沦于旧习，非绝类离伦以为高，则以希世取宠而安于卑，于是经学始若无用于天下。近年以来，科举未兴，学者但知临晋帖、诵晚唐诗，笔迹、声气稍似之，哆然以士自名，漫不知经学为何事。淀新安晚出，于道未有通晓，然自我明经翁以来十四世矣，经学之晦也，不能不朝夕以为忧。辄不自量，创书院，扁曰'明经'，三年始底于成，告于有司。又三年，始从所请。延明师膳养讲肆，日以为常，远近来者如归。逾年，科举诏下，新班第一场明经题。书院是扁，若逆知天意而为之者。天相斯文，其在兹乎？然非大手笔记，恐无以诏方来、传永远也。仰惟先生道高而器弘、经明而文古。监学坐皋比，天下士皆想慕其风采。及幡然而来，又莫不钦仰其德义。《易》讲所传仅一二，如明阖辟，往来如神物分合之妙。明经如此，真可谓'明经'也。记我'明经'，微先生其谁归？欲望师慈特挥名笔，发六经全体大用之妙，俾学士有所觉悟，一扫旧习，可以继绝学，可以开太平，经遂不为无用于天下，其所关岂浅浅哉！创造缘由并族父炳文上梁文谨用拜呈。侑书以币，深虞輶渎，惟师慈其采纳焉。"(《云峰集》卷六)胡炳文又尝作书延请四方学者到明经书院讲学，有《明经书院请开讲二十二启》(《云峰集》卷六)。胡炳文又尝作书延请四方学者到书院讲学，有《明经书院请开讲二十二启》(《云峰集》卷六)。

刘英等创建静修书院于新安县西三台乡。

按：书院祀刘因。至元五年(1339)，山长王朝佐始构庙两间，绘从祀像。至正十五年(1355)，乡贡进士杜禹为山长，县尹刘德亨重建神庙，绘先生及弟子像以供祀奉，并建碑石以记事迹。危素《静修书院记》云："保定刘先生以道德学问高天下，既没之七年，新安县三台乡作颛祠以祀之，并立孔子庙与明伦堂、诸生斋室。皇庆元年间，朝廷赐额曰'静修书院'。静修者，先生之别号也。盖三台皆有隐君子，曰南溪老人梁至刚，与先生友善，间往造焉，辄旬月之留。至刚之子泰(梁泰)及刘英、季蒙、王果、李真从先生游。英早岁为吏，一旦幡然折节为学，故先生始则短之甚严（按：'短'，文渊阁本作'拒'），终则与之最厚。至是首倡祀事，何平章昕、留守不答实里各发金币，俾之兴学阐教，大振儒风，英之力居多。从容赞画者，至刚之功也。至元五年，县达鲁华赤不华枭、山长王朝佐始构两庑，绘从祀像。然距今五十余年，未有识书院之颠末，俾后世传焉者，非阙典欤？至正十五年冬，乡贡进士东平杜禹来为山长，慨然以是为己任，谋于县尹中山刘德亨，创建神门，画泰等四人像以侑食。郡达鲁花赤锁住公闻之，曰：'吾守令之责也。'首出廪禄，命满城县达鲁花赤海寿取碑材于西山。已而吏民闻风慕义，欣然来助。他日公使吏来，属素为之记。呜呼！去古既远，世之风俗赖以不坠者，不在乎世之君子者乎？先生生大河之北，当国家混一之初，锐然有志承圣贤之绝学，虽罄南山之竹，极其形容赞美，固不足以得其精微之万一。来学于斯，读先生之遗书，于是窥其门户，望其宫墙，入其奥，力迫先生之遗躅于百世之上，其庶几乎此书院之作。然则英也不独服勤至死，以事其师，其有功于后来之俊彦，岂曰小补之哉？顾今用兵河南，共亿无艺，守令士民卒能成禹之志，刻石纪载，以图不朽，可谓知所先务。其牵聊得书者以此。"(《危太朴文集》卷五)

何玮所建诸葛书院是秋竣工。

按：元至大二年(1309)河南平章政事何玮倡建于卧龙岗。竣工时，集贤院上言赐额，翰林学士程文海奉旨撰《南阳诸葛书院碑》文(载《雪楼集》卷七)。

日本京极为兼撰《玉叶和歌集》成书。

陈栎五月著《礼记集义详解》成，十一日作序并凡例。

按：《序》云："栎自少读《礼记》，多有未究，颇习朱子《大学》、《中庸》，窃有闻焉。即其所已闻，推其所未究，不无所得，未浃洽也。大德丙午，始见卫氏《集说》，乃得因众说之纷纭而折衷去取之。至大德庚戌，始融会诸说，句为之解，一得之愚，亦见其中。昔朱子为《诗传》，不及载诸家姓氏，当时如张宣公亦未然之，今安知无执宣公之说以见尤者？然销熔百家，铸之自己，亦安能逐字逐句一一标题，以自取破碎断烂之弊哉！乃若所采成段，必不可不书氏名者，已谨书之矣，名之曰《礼记集义详解》云。皇庆元年壬子岁五月十有一日。"并附《凡例》如下：

一、儒家以《大学》为门庭，《中庸》为阃奥，入其门庭，造其阃奥，由是而读《戴记》之四十七篇，大本立矣，宜无难者。《大学》、《中庸》，固自程子、朱子而后，拔之四十九篇之中，尊之四库数万签之上，然宋仁宗天圣五年丁卯，王尧臣之及第也，赐以《中庸》篇；宝元元年戊寅，吕溱之及第也，赐以《大学》篇，于《戴记》中表章此二篇，以风厉儒臣，岂非已开《四书》之端乎？

一、闻之先辈：古《礼记》以《月令》冠经端，或谓"毋不敬"一言，得《礼经》之要旨，遂移《曲礼》冠之。范氏因论《诗三百》而言曰："学者必务知要，知要则能守约，守约则足以尽博矣。经礼三百，曲礼三千，亦可以一言蔽之曰：毋不敬。"

一、郑氏之注《礼》也，当其好处，辞简意明，其所未悉，缺之，未为失也，乃遇解不通者，必强改之读某字如某字，如"宿离不贷，急缮其怒"，改"离"为"俪"、改"缮"为"经"之类是也，只从本字，自有证据，理甚的当，何可轻易？必如《大学》"亲民"之为"新民"、"命也"之为"慢也"，始为当耳。然郑所改，亦有当从者，今诸解者又必尽非之而尽翻之，又不可也。姑举其略，以听明者自择焉。

一、此编成，多取之者。或谓不合为句解，人将以幼学书视之，勉令全段书经文而成段解焉。予初欲从之，既而重改作。兼句解多省字，成段解增字必多，世岂无具眼者？试一开卷，当自见之，岂但有益于读此经者，以此经应举决科者，亦未必无补云。（《陈定宇先生文集》卷六）

察罕著《帝王纪年纂要》1卷成。

建安陈氏余庆堂刊行《宋季三朝政要》5卷及《附录》1卷。

按：是书还有至治三年刊本。

俞德邻著《佩韦斋文集》20卷刊行。

按：是书前有皇庆元年(1312)壬子四月建安熊禾序。

张与材五月作《大洞仙经序》。（参见上年卫琪注《玉清无极总真文昌大洞仙经注》10卷成条）

按：《序》云："经者，道之纲领也。夫道，岂容言哉？上圣因言成文，因文演教，其所以经纪世道，类不可以测识。故凡经，皆有难言之妙。近世学者，方句评而篇注之，往往有得天人说经意，此《大洞经》之类是也。《大洞》自《元始》出，其言致玄总灵，超真历劫，盖所谓妙哉者。今中阳卫氏，乃能自出新意，为之注释，锓以行世。见予京师，求所序引。予观之，详乎而莫知其涯，真不可以测识也。抑闻演经之旨有万遍，而道备者味之深也。今子于是，盖有得矣。苟明夫未外之意，则自万遍而至无言，其为造《元始》阃域也，无二道。皇庆壬子夏五月，特赐太素凝神广道明德大真人、嗣汉三十八代天师、金紫光禄大夫留国公张与材序。"（《道藏》卷三）

白朴约卒(1226—　)。朴字仁甫，又字太素，号兰谷，祖籍隩州，后居真定。金亡之际，其父白华从金哀宗出奔，移居金陵。白朴幼年历经战乱，曾寄寓元好问家。早年漫游中原，南宋亡，长期游历江南。与卢挚、王恽、胡祗遹等交往，尤与王博文相知甚深。为"元曲四大家"之一。以文采见长。金亡后，不仕，致力于杂剧创作。所作今知有16种，现存《裴少俊墙头马上》、《董秀英花月东墙记》、《唐明皇秋夜梧桐雨》3种。《韩翠萍御水流红叶》、《箭射双雕》2种，各存曲词1折，散见于《雍熙乐府》等书。另有《十六曲崔护谒浆》、《秋江风月凤凰船》、《高祖归庄》、《唐明皇游月宫》、《祝英台死嫁梁山伯》、《楚庄王夜宴绝缨会》、《汉高祖泽中斩白蛇》、《阎师道赶江》、《薛琼琼月夜银筝怨》、《萧翼智赚兰亭记》、《苏小小月夜钱塘梦》等，皆失传。《全元散曲》收其小令37首，套数13套。另有词集《天籁集》，乃元人罕见之词别集，存词104阕，小令37支，套曲4套。清初，杨友敬掇其散曲附于集后，名《摭遗》。苏明仁纂有《白仁甫年谱》。

按：苏明仁纂《白仁甫年谱不分卷附传略》，以为白朴约卒于元大德十年(1306)后，此谱编至皇庆元年(1312)年；叶德钧编《戏曲小说丛考》，此谱编至至元二十六年(1291)止。

黄仲元卒(1231—)。仲元字善甫，号四如，福建莆田人。黄绩子。宋咸淳七年登进士，授国子监簿，不赴。宋亡，更名渊，字天叟，号韵乡老人，教授乡里以终。《宋元学案》列其入《沧州诸儒学案》，《闽中理学渊源考》列其入"黄德远先生绩学派"。著有《经史辨疑》、《四如讲稿》、《四如集》5卷。

阎复三月卒(1236—)。复字子静，号静轩，又号静斋、静山，高唐人。早以文章名。弱冠入东平府学，师事名儒康晔。元好问来东平校文，选中四学生，第一即阎复。长于文辞，并有诗名。阎复在元初久居翰林，以文学自任，甚至不肯作执政官，其文被视作词林典范。卒谥文康。著有《静轩集》50卷。事迹见袁桷《阎公神道碑铭》(《清容居士集》卷二七)、《元史》卷一六〇、《元诗选·癸集》乙集小传。

岳铉卒(1249—)。铉字周臣，燕人。家世为司天官。至元十三年，授司天台提点。卒谥文懿。参修《授时历》，主持修《大元大一统志》。事迹见郑元祐《元故昭文馆大学士荣禄大夫知秘书监岳铉第二行状》(《侨吴集》卷一二)。

熊禾卒(1253—)。禾字去非，一字位辛，号勿轩，又号退斋，建阳人。宋咸淳十年进士，授宁武州司户参军。宋亡后，束书入武夷山，卜居洪源书室讲学。当时名流如胡庭芳、詹君履、谢枋得等都来访学，求学者甚多，遂改为书院。治学宗朱熹，纂有《文公要语》，又著有《易经讲义》、《尚书集疏》、《毛诗集疏》、《大学广义》2卷、《春秋议考》、《春秋通义》、《诗选正宗》、《小学正宗》、《小学句解》、《诗说》、《熊勿轩先生文集》等。《宋元学案》列其入《潜庵学案》"刘氏门人"、"希泌讲友"。事迹见傻处约《勿轩先生传》(《勿轩集》附录)、《新元史》卷二三四、《宋季忠义录》卷六四、《元诗选·初集》小传。

按：《闽中理学渊源考》卷三七载："(熊禾)从浙东辅汉卿先生学，石堂陈氏普又从辅氏门人浙东韩维则学，辅氏则又朱门高弟也，熊、陈二公为有元一代大儒。闽海宪使许公序熊集，有立纲常、关世教、绍统绪之称。史称陈氏尊闻绍言，屹然为朱门嫡派，其出处高风，与刘静修、文文山、谢叠山、胡庭芳同出一辙也。闽中元代之学，二公为首倡之。再，熊公勿轩，诸前哲叙述多系之宋，考邵氏《续宏简录》补列在元儒，盖诸老雕谢，而先生如存硕果，且一代风教必有一二师表为典型倡率，虽宋之遗民，而实元之文献也，故特表而出之。至丘氏富国亦从学辅氏，同为宋世之遗民云。再余辑闽中元代学派，惟熊、陈、丘氏得辅氏之学以衍其绪。"

又按：熊禾曾建洪源书院。书院初名洪源书室。宋亡，禾绝意仕进，隐居于此，"四方来学者云集，粝食涧饮，日以孔孟之道相磨砺"，遂扩建为洪源书院。熊禾卜居此地达12年之久，曾分别上《重修武夷书院疏》、《重建朱公神道门疏》以弘扬朱子之学，并通览朱子诸书，择其精要辑为《文公要语》，还著有《诗说》、《春秋议参》等著作及《升贞观记》、《谒隐屏书院》等诗文。明中叶，书院倾圮。熊禾十二世孙熊之璋将其整葺一新，并改称熊勿轩先生书院。后废。"熊勿轩延讲于建阳之鳌峰，寻讲于德

兴之初庵书院,晚居菁中,十八年造就甚众。"(万历《福宁州志》卷一一)

僧玄鉴卒(1276—)。玄鉴字无照,曲靖普鲁吉人。素习教观,至西浙叩中峰明本后,始易为禅。滇南之有禅学,自玄鉴始。事迹见《滇释纪》"元释编"、陈垣《明季滇黔佛教考》卷一。

解泰(—1388)生。

皇庆二年　癸丑　1313 年

正月乙未,置辽阳行省儒学提举司。

二月,命张珪纲领国子学;五月,以中书平章政事罢。

四月,诏遴选贤士,纂修国史。

六月甲申,建崇文阁于国子监。

以宋儒周敦颐、程颢、程颐、张载、邵雍、司马光、朱熹、张栻、吕祖谦及故中书左丞许衡从祀孔子庙廷。

按:程钜夫为作《大元国学先圣庙碑》,曰:"皇庆二年春,皇帝若曰:'我元祚百圣之统,建万民之极,诞受厥命,作之君师。世祖混一区宇,亟修文教。成宗建庙学,武宗追尊孔子。所以崇化育材也。朕纂丕图,监前人成宪,期底于治。可树碑于庙,词臣文之。'臣某拜手稽首奉诏言曰:臣闻邃古之初,惟民生厚。风气渐靡,圣人忧之,越有庠序学校之制,天下之治,胥此焉出?中统二年,以儒臣许衡为国子祭酒,选朝臣子弟充弟子员。至元四年,作都城,画地宫城之东为庙学基。二十四年,备置监学官。元贞元年,诏立先圣庙,久未集。大德三年(1299)春,丞相臣哈喇哈逊达剌罕大惧无以祇德意,乃身任之。饬五材,鸠众工,责成工部郎中臣贾驯。驯心计指授,晨夕匪懈,工师用劝。十年秋,庙成,谋树国子学。御使台臣复以为请。制:'可'。至大元年冬,学成,庙度地顷之半,殿四阿,崇尺六十有五,广倍之,深视崇之尺加十焉。配享有位,从祀有列。重门修廊,斋庐庖库,为楹四百七十有八。学在庙西,地孙于庙者十之二。中国子监,东西六馆,自堂徂门,环列鳞比,通教养之区,为间百六十有七,制如孔子大成之号,祠以太牢。辇、释奠、雅乐,江南复户四十,肆之春秋二祀,先期必命大臣摄事。皇帝御极,升先儒周敦颐、程颢、程颐、司马光、张载、邵雍、朱熹、张栻、吕祖谦、许衡从祀。广弟子员为三百,进庶民子弟之俊秀相观而善业精行成者,拔举从政。又诏天下三岁一大比,兴贤能。于是崇宇峻陛,陈器服冕,圣师巍然如在其上。教有业,息有居,亲师乐友,诸生各安其学,咸曰:'大哉!天子之仁。至哉!相臣之贤、工曹之勤'。其知政治之本源矣。臣窃谓天地至神,非风雨霜露罔成其功。斯道至大,非圣君贤相罔致其化。人性至善,非《诗》、《书》、礼、乐罔就其器。列圣相承,谓天下可以武定,不可以武治。所以尊夫子,建辟雍,复科举,诚欲人人被服儒行,为天下国家用耳。然则黎民于变时雍顾不在兹乎?于戏隆哉!"(《雪楼集》卷六)

八月,敕院使也讷,大圣寿万安寺内,五间殿八角楼四座,令阿僧哥提调,其佛像计并禀搠思哥斡节儿八合失塑之(《元代画塑记》第 15 页)。

德意志神圣罗马帝国皇帝亨利七世卒。

按：阿僧哥乃阿尼哥之子。此次塑像为祭祀摩诃葛剌神。摩诃葛剌，"梵语也，唐云大黑天神也"（慧琳《一切经音义》卷一〇）摩诃葛剌为藏传佛教密宗护法神之一，为萨逝派高僧顶礼膜拜之"内属神"。元代蒙古统治阶层笃信藏传佛教，极力崇奉萨迦派，蒙古诸帝皆以萨迦派高僧喇嘛为"国师"或"帝师"，摩诃葛剌神便成为他们的保护神，在全国各地，尤其是京城周边和江南地区，广建寺庙、雕塑、供养摩诃葛剌神。搠思哥斡节儿，曾任国师，曾用蒙古语作《摩诃葛剌颂》。（那木吉拉《元明清时期蒙古人的摩诃葛剌神崇拜及相关文学作品研究》）

九月，诏将福建建宁路后山白莲都掌教报恩堂改为报恩万寿堂。

十月丁卯，敕中书省议行科举。

按：初，世祖、成宗皆尝议定科举制而未及行，至是仁宗与李孟论用人之方，孟曰："人材所出，固非一途。然汉、唐、宋、金，科举得人为盛。今欲兴天下之贤能，如以科举取之，犹胜于多门而进。然必先德行经术，而后文辞，乃可得真材也。"《元史·李孟传》）仁宗深然其言，决意行之。中书省臣又议曰："夫取士之法，经学实修己治人之道。词赋乃摛章绘句之学，自隋、唐以来，取人专尚词赋，故士习浮华。今臣等所拟，将律赋、省题诗、小义皆不用。专立德行明经科，以此取士，庶可得人。"（《元史·选举志一》）

十一月，诏复行科举，将经义与词赋并为一途。

按：程文海作《科举诏》曰："惟我祖宗以神武定天下，世祖皇帝设官分职，征用儒雅，崇学校为育才之地，议科举为取士之方，规模宏远矣。朕以眇躬，获承丕祚，继志述事，祖训是式。若稽三代以来，取士各有科目，要其本末，举人宜以德行为首，试艺则以经术为先，词章次之。浮华过实，朕所不取。爰命中书参酌古今，定其条制。其以皇庆三年八月，天下郡县，兴其贤者、能者，充贡有司，次年二月会试京师。中选者，朕将亲策焉。于戏！经明行修，庶得真儒之用；风移俗易，益臻至治之隆。"（《元史·选举志一》）程文海建言："经学当主程颐、朱熹《传》、《注》，文章宜革唐、宋宿弊。"（《雪楼集》卷一）虞集云："昔在世祖皇帝时，先正许文正公（许衡）得朱子《四书》之说于江汉先生赵氏（复），深潜玩味，而得其旨，以之致君泽民，以之私淑诸人。而朱氏诸书，定为国是，学者尊信，无敢疑二，其于天理民彝，诚非小补，所以继绝学开来世，文不在兹乎？（《道园学古录》卷三九《跋济宁李璋所刻九经四书》）又云："群经《四书》之说，自朱子折衷论定，学者传之，我国家尊信其学，而讲诵授受，必以是为则，而天下之学皆朱子之书。书之所行，教之所行也；教之所行，道之所行也。"（《道园学古录》卷三六《考亭书院重建朱文公祠堂记》）

又按：科举内容为："其程试之法，表章六经。至于《论语》、《大学》、《中庸》、《孟子》，专以周、程、朱子之说为主，定为国是，而曲学异说悉罢黜之。"（苏天爵《伊洛渊源录序》，《滋溪文稿》卷五）科举以经义试士，"非程朱学不试于有司，于是天下学术，凛然一趋于正"（欧阳玄《赵忠简公祠堂记》，《圭斋文集》卷五）。程朱理学于此上升为占统治地位的学术思想。中选者亲试于廷，赐及第、出身有差。自后率三岁一开科。蒙古人、色目人与汉人、南人各命题。蒙古人、色目人愿试汉人、南人科目，中选者加一等注授。

德国贝特霍尔德·舍贝尔兹发明枪炮用火药。

吴澄诲人不倦事为集贤院知，请以国子祭酒召还朝，李孟劝止。

程文海春三月受命撰《玉册》文成。秋，诏程文海偕平章李孟、参政许师敬议行贡举法。

姚燧以翰林承旨见召，然卧病郓城，九月十四日卒。

虞集除太常博士。

许谦过金陵,与胡助相见而定交。

畅师文复召为翰林侍读学士、中奉大夫、知制诰同修国史。

郝天挺正月入见,首陈纪纲之要。三月,又上疏论时政。

王申子为行省檄充武昌路南阳书院山长。

蒲道源征为翰林编修官。

按：蒲道源尝居乡教授,值此进应奉,迁国子博士。

按摊不花官平江州判官。

按：按摊不花,蒙古人。著有《延祐平江州志》。

薛廷凤领马碛山紫府观事。

安德烈·佩鲁贾等3名方济修士抵达元朝传教。

虞舜臣约于此年创建叠山书院于江西弋阳。

按：虞氏为叠山谢枋得门人。叠山卒后二十四年,虞氏为之筑室买田,祠于弋阳之东,始名"谢文节公祠"。延祐四年(1317),语之行省,奏请朝廷,得赐叠山书院之名。虞舜臣,字舜民,弋阳人。从谢枋得学。气尚伉直。宋亡,守节不渝。《宋元学案》列其入《存斋晦静息庵学案》"叠山门人"。著有《礼学韵语》,吴澄、邓文原,尝为序。吴澄《虞舜民礼学韵语序》载:"江东虞舜民辑古经传记成训,补而缀之,裁而成之,曰《礼学韵语》。其事该,其辞雅。凡程子之所未及、陈氏之所未详,一旦悉具而无遗。又有《名数韵语》一书,相辅而行,既非《千文》、《蒙求》无用之言,又无字句参差难读之患。"(《吴文正集》卷一七)邓文原《礼乐韵语序》云:"《礼经》多散缺,学者莫知所依。古六艺自童子已通其大指,今皓首有不涉其流者。古礼若繁缛,然当时皆执而行之甚习,不待诵说而明。后世不接于见闻,且厌其烦劳,而莫之省也。则夫世教之轨则,人情之范防,果安在哉？横渠张先生欲教学者一本于礼,惜其说不大行世,亦无能绍其学者。识者稍欲稽经谀传,考核仪文,世皆指为阔远而不切于时用。夫孔庭之授受,自诗礼之外无余言,凡诲诸门弟子者,皆可征也。学道而不由于礼,吾不知其说矣。尝欲汇辑简册所载六艺之略,若古《凡将》、《急就》等书,以便童习,使知为学必始于此,虽未复古,犹逾于无闻也。及来京师,得观虞君舜民所为《韵语》,则知世固有同余志者矣,可诮礼乐为无传也哉！舜民尝执业于广信谢先生,气尚伉直,守节不渝。舜民得于绪言者,不可以崖略既,若《韵语》,固其微尔。经传自南曲台,所记各本师承,自相矛盾,至今读者莫能折衷,此非初学所及,吾欲与舜民共商略之。"(《巴西文集》卷上)

杨再成创建儒林书院。

按：书院位于武冈路儒林乡。元皇庆二年(1313),武冈路总管延承直过此,叹其胜概,而惜其"未有申孝弟,明教化,以淑人心者"。绥宁苗族人杨再成因"捐己财,创建书室,招集团峒子弟,立师师之",并取其乡名名院。是为中国第一所苗族书院。时"冠带如云,弦歌盈耳,化其民为君子士夫,易其俗为礼义廉耻",实有"教成之效"。赵长翁尝作《儒林书院记》(载《湖广通志》卷一七〇)。

俞琰撰《周易集说》成,四月十四日作后序。(可参见俞琰元贞二年五月六日作《周易集说序》条、孟淳至大三年作《周易集说序》条、干文传至正六年七月作《周易集说序》条)

按：《四库全书简明目录标注》注:琰初裒诸《易》说,为《大易会要》130卷,后乃

意大利人文主义诗人但丁·阿利吉耶里所著《神曲》成书。

掇其精华，以成此书。《四库全书》本40卷，《通志堂经解》本13卷，《天一阁书目》著录抄本12卷。陆心源皕宋楼藏元刊元印本，不分卷，上经抄补，十二行二十字，版心刻"存存斋刻"四字，此见《仪顾堂续跋》，此书归日本静嘉藏。俞琰四月十四日《周易集说后序》云："予生平有读《易》癖，三十年间，虽隆寒大暑不辍。每读一字一句而有疑焉，则终日终夜沉思，必欲释其疑乃已。洎得其说，则欣然如获拱璧。亲戚朋友咸笑之，以为学虽勤而不见用于时，何乃不知时变而自苦若是耶？予则以理义自悦，犹刍豢之悦口，盖自得其乐，罔知所谓苦也。粤自至元甲申下笔解上下《经》，并六十四《象辞》，与夫《彖传》、《爻传》、《文言传》，期年而书成，改窜者二十余年，凡更四稿。或有勉予者云：'日月逝矣，《系辞传》及《说卦》、《序卦》、《杂卦》犹未脱稿，其得为完书乎？'予亦自以为欠。至大辛亥，自番易归吴，憩海滨僧舍，地僻人静，一夏风凉，闲坐无所用心，因取旧稿《系辞传》读之，不三月，并《说卦》、《序卦》、《杂卦》改窜皆毕，遂了此欠。噫！予发种种矣，向尝与予共讲明瘳矣，如西蜀荀在川、新安王太古、括苍叶西庄、番易齐节初，悉为古人，独予未亡。今也书既完矣，癖既瘳矣，则当自此收心归腔，以乐余年，留气暖脐，以保余生，弗复更自苦矣。如《易经考证》，如《易传考证》，如《读易须知》，如《易图纂要》，如《六十四卦图》，如《古占法》，如《卦爻象占分类》，如《易图合璧连珠》，如《易外别传》，乃予旧所编者，将毁之而儿辈皆以为可惜，又略加改窜而存于后。皇庆癸丑四月十四日，石涧俞琰玉吾叟志。"（《俞氏易集说》卷首）黄溍亦尝为作《周易集说序》云："《周易集说》四十卷，《纂图》二卷，《古占法》一卷，林屋山人俞氏述。其为说，大抵祖述程、邵而宗朱。古今诸儒之言之善，有所弗遗也；而其己意，亦以附见焉。其是非取舍，不合于圣人者寡矣。……窃尝闻之，善立言者，不必出于古，不必不出于古也。非有异焉，则其书可无作也；非有同焉，则其书亦不能以独传也。惟夫同不为阿，异不为矫，斯言之善者也，俞氏其有焉。是用为之序，以著其是非取舍之不谬于圣人者，由其学之源委如此，读之者所宜知也。"（《黄文献集》卷六）

胡一桂撰《易学启蒙翼传》4卷成，有自序。

按：钱大昕《元史艺文志》著录三篇，《外篇》1卷。北大藏明本，十一行二十一字，题"新安前乡贡进士胡一桂学"，卷端有皇庆二年（1313）自序。此书原本为《周易本义启蒙翼传》3卷、《外编》1卷，《外编》末有"男思绍校正"一行。此外有明万历四十三年和明末胡之珩两刊本，均为4卷本，无外编之别。《四库全书总目提要》曰："一桂之父方平尝作《易学启蒙通释》，一桂更推阐辨明之，故曰《翼传》。……大致与其父之书互相出入，而方平主于明本旨，一桂主于辨异学，故体例各殊焉。"

武昌路儒学刊行王申子《大易辑说》10卷。（可参见程钜夫大德七年十月《大易辑说序》条）

按：《四库全书总目提要》评曰："读是书者，取其诂经之语，而置其经外之旁文可也。所解惟上下《经》为详，《系辞》稍略，《说卦》、《杂卦》尤略，《序卦》一传则排斥非孔子之言，但录其文而无一语之诠释。盖自李清臣、朱翌、叶适以来即有是说，不始于申子。其论《易》中错简、脱简、羡文凡二十有四，但注某某当作某某，而不改经文，亦尚有郑氏注书之遗意。与王柏诸人毅然点窜者异焉。"有程文海、王履、李琳序。

阳平书院刊行祝明《声律发蒙》2卷。

王祯所著《农书》37卷成。

按：又名《王祯农书》，现存36卷。元贞元年至大德四年（1295—1300），王祯于旌德、永丰为县尹，提倡种植桑、棉、麻等经济作物并改良农具，还撰写《农书》37卷，他设计转轮排字架,所著《造活字印书法》附载在《农书》之末,乃最早系统叙述活字版印刷术文献。《王祯农书》于前人著作基础上第一次较全面系统论述广义农业生产知识,提出传统中国农学体系,可谓贯通古今、综合南北,《四库全书总目提要》评曰:"其书典赡而有法,盖贯思勰《齐民要术》之流。图谱中所载水器,尤于实用有裨。又每图之末,必附以铭赞诗赋,亦风雅可诵。……此书引据赅洽,文章尔雅,绘画亦皆工致,可谓华实兼资。"王祯,字伯善,山东东平人。元农学家及活版印刷术改进者。事迹见戴表元《王伯善农书序》(《剡源文集》卷七)、《元诗选》二集。

可里马丁进所编《万年历》。

塔失不花进《豳风图》。

按:金门诏《补三史艺文志》载。

虞集作《送李扩序》。

按:此文非一般送别文,该文乃就吴澄因国子监教学内容改革遭遇非议、愤而离职之事发表看法,亦可视作宗衡(许衡)派与宗澄(吴澄)派的争论文献,史料于此记载不详,故此文极有意义。文曰:"国家之置学校,肇自许文正公。文正以笃实之资,得朱子数书于南北未通之日,读而领会,起敬起畏。及被遇世祖皇帝,纯乎儒者之道,诸公所不及也。世祖皇帝圣明天纵,深知儒术之大,思有以变化其人而用之,以为学成于下,而后进于上,或疏远未即自达,莫若先取侍御贵近之特异者,使受教焉,则效用立见,故文正自中书罢政为之师。是时风气浑厚,人材朴茂。文正故表章朱子小学一书,以先之,勤之以洒扫应对以折其外,严之以出入游息而养其中,掇忠孝之大纲,以立其本,发礼法之微权,以通其用。于是数十年彬彬然号称名卿材大夫者,皆其门人矣。呜呼! 使国人知有圣贤之学,而朱子之书得行于斯世者,文正之功甚大也。文正没,国子监始立。官府刻印章如典故,其为之者,大抵踵袭文正之成迹而已。然余尝观其遗书,文正之于圣贤之道,五经之学,盖所志甚重远焉。其门人之得于文正者,犹未足以尽文正之心也。子夏曰:'君子之道,孰先传焉? 孰后倦焉?'程子曰:'圣贤教人有序,非是先传以近者小者,而不教之远者大者也。'夫天下之理无穷,而学亦无穷也。今日如此,明日又如此,止而不进,非学也,天下之理无由而可穷也。故使文正复生于今日,必有以发理义道德之蕴而大启夫人心之精微,天理之极致,未必止如前日之法也。而后之随声附影者,谓修词申义为玩物,而从事于文章,谓辩疑答问为躐等,而始困其师长,谓无所猷为为涵养德性,谓深中厚貌为变化气质,是皆假美言以深护其短,外以聋瞽天下之耳目,内以蛊晦学者之心思。此上负国家,下负天下之大者也,而谓文正之学果出于此乎? 近者吴先生之来为监官也,见圣世休明,而人才之多美也,慨然思有以作新其人,而学者翕然归之,大小如一。于是先生之为教也,辩传注之得失,而达群经之会同,通儒先之户牖,以极先圣之阃奥。推鬼神之用,以穷物理之变;察天人之际,以知经纶之本。礼乐制作之具,政刑因革之文,考据援引,博极古今,各得其当,而非夸多以穿凿。灵明通变不滞于物,而未尝析事理以为二。使学者得有所据依,以为日用常行之地,得有所标指,以为归宿造诣之极。噫! 近世以来,未能或之先也。惜夫在官未久,而竟以病归。呜呼! 文正与先生学之所至,非所敢知所敢言也,然而皆圣贤之道,则一也。时与位不同,而立教有先后者,势当然也。至若用世之久速,及人之浅深,致效之远近小大,天也,非人之所能为也。仆之为学官,与先生先后而至。学者天资通塞不齐,闻先生言,或略解,或不能尽解,或暂解而旋失之,或解而推去渐远。退而论辩于仆,仆皆得因其才而达先生之说焉。先生虽归,祭酒刘公以端重正大临其上,监丞齐君严条约以身先之,故仆得以致其力焉。未几,二公有他除,近臣以先生荐于上,而议者曰:'吴幼清,陆氏之学也,非朱子之学也。不合于许氏之学,不得为国子师。是将率天下而为陆子静矣。'遂罢其事。呜呼! 陆子岂易言哉? 彼又安知朱、陆异同之所以然? 直妄言以欺世拒人耳。是时仆亦孤立不可留,未数月,移病自免去。邓文原善之以司业召至,会科诏行,善之请改学法。其言曰:'今皇上责成均至切也,而因循度日,不惟疲庸者无所劝,而英俊者摧败,无以见成效。'议不合,亦投劾去。于是纷然言吴先生不可,邓司业去而投劾为矫激,而仆之谤尤甚。悲哉! 归德李扩,事吴先生最久,先生之书,皆得授而读之。先生又尝使来授古文,故于仆尤亲近。去年,以国子生举。今年,有司用科举法,依条试之,中选,将命以官,间来谒曰:'比得官犹岁月间,且归故乡治田亩,益得温其旧学,请一言以自警。'会仆将归江南,故略叙所见以授之。使时观之,亦足以有所感而兴起矣。"(《雍虞先生道园类稿》卷二〇)

贯云石为杨朝英所编《阳春白雪》作序。

按:该序最早论及元曲渊源。文曰:"盖士尝云:'东坡之后便到稼轩。'兹评甚矣! 然而北来徐子芳滑雅,杨西庵平熟,已有知者。近代疏斋媚妩,如仙女寻春,自然笑傲。冯海粟豪辣灏烂,不断古今,心事天与,疏翁不可同舌共谈。关汉卿、庚吉甫造语妖娇,却如小女临杯,使人不忍对觞。仆幼学词,辄知深度如此。年来职史,稍稍退顿,不能追前数士,愧已。澹斋杨朝英选百家,谓《阳春白雪》,征仆为之一引。吁!'阳春白雪'久无音响,评中数士之词,岂非'阳春白雪'也耶? 客有审仆曰:'适先生所评,未尽选中,谓他士何?'仆曰:'西山朝来有爽气!'客笑,澹斋亦笑。酸斋贯云石序。"(《贯云石作品辑注》)

袁桷三月初八日祭奠定水真禅师,作《祭定水真禅师》。

程钜夫作《大慈化禅寺大藏经碑》。

按:碑文云:"佛以慈济为善教,人以布施为善果。施之善,莫大于经。经者,佛传心设教之具也。而其为书繁多,世鲜能备,亦莫能以是施仪天。兴圣慈仁昭懿寿元皇太后命刻《大藏经》板于武昌。既成,辇至京师。印本流传天下,名山巨刹则赐之。皇帝即位之三载,为皇庆二年夏四月,袁州南泉山大慈化禅寺住持普莲宗主明照慧觉大师慈昱以是请,乃命有司具舟车巫载驿置即其寺而赐焉。寺乃普庵寂感妙济真觉昭贶大德惠变禅师道场也。昱属其徒嗣嵓来京师请某文,以志其事,以侈上赐。某窃惟佛有教以来,累朝崇尚之,至四海感化之普,未有盛于今日者。皇太后以佛慈济为任,刻经布施,俾天下之人闻经悟法,兴善远过,臻于休明,其功德弘远矣。夫经精粗隐显,无可蜉漏,随感而触,无间贤愚。昔普庵一读《华严合论》,汗流披体,直透上乘,遂基数百年香火,而其教渐被于四方。四方之人,怀金负贷,冲衢临陌,所祈必应,如食得饱。寺无釜庾之田,日饭数千之众,功用明焯如此,可不敬哉? 普庵本末具载诸碑,昱其嫡嗣也,行卓量弘。寺再焚再建,益雄丽。环袁之境,陆之榛险者辟而夷,水之阻绝者梁而通。有以利众,竭智毕力。师盖守普庵之教者,而皇太后心佛之心果益修教益彰,宜矣。经以某月某日至袁,官僚稚耋迓于境上,铙鼓幢纛,云合雷奋,动荡心目,如亲普庵,如见诸佛,遂以是日宣旨,安奉于寺之大藏云。谨再拜而献文曰:佛之设教,弥亘千叶。出言为经,经以寓法。法如朗日,高悬太空。向之者明,背之者蒙。赫赫我朝,崇佛尊经。宣其惠和,天下谧宁。惟皇太后,心与佛会。勒经布施,周被四海。南泉之盘,大禅所安。其居桓桓,登降照烂。朝集千车,暮攒万鞿。惟禅是依,维佛是仰。琅函琼笈,降自天宫。迷者倏见,瞶者顿聪。万众欢呼,百灵鼓舞。戴以巨鳌,天龙为护。凡诵是经,及闻经者,愿如普庵,一语汗下。遍恒河沙,皆被佛力。成是功德,以报皇国,法轮团团,圣寿如天。奉我太后,弥亿万年。"(《雪楼集》卷一九)

赵世延五月十三日作《孔庙加封碑跋》。

按：文曰："上天眷佑，皇元有区夏于马上。统、元间文轨混同，登贤图治，然犹屡颁纶诏，崇祀孔子，兴学育材，永底雍熙之盛。大德龙集丁未，统天继圣钦文英武大章皇帝纂集明命，入践丕图，法天聪明，述祖休烈，式敷理化，用怀有生。时维宇县清夷，光岳昭泰；推原所致，惟夫子道广莫并，垂范百王，匪衍徽称，曷尊圣教。立极裁两阅月，遣使阙里，祠以太牢，加封大成至圣文宣王。巍巍乎炳今冠古，诞告中外，伦品胥讙。又四年，命天下勒石学宫，奉扬帝则。于戏！圣人之道弥满六合，逮至八纮之外，凡有民社，莫不具纲三常五之叙焉者。盖此心此理之同，有不期然而然者也。故举斯纲恒斯常则安，弛斯纲拂斯常则危。兹圣道之在天下，有家有国者之不能一日而已也。嗟夫！圣人笃生周季，既不得位，悼天秩之陵替，悯良心于晦蚀之余，修《春秋》系王于天，正大一统；盗名犯分者诛已死于前，惧生者于后；楺建大中，标揭万世；性道以之而修明，彝伦以之而不斁，自生民之未有，其贤过于尧舜者顾不在兹与。虽然，圣道之大，非国家无以表覆于无穷；国家之隆，非圣道无以康乂于有永。鱼川泳而鸟云飞，同休于亿万维年。阶太平于绵绵，固宜阐大崇报，穷天地之罔极也。钦惟世祖渊龙六盘，汤沐关辅，盖尝礼聘先正儒臣许衡淑艾秦之子弟矣。矧四圣济治，浑浩涵煦之泽，亦既深矣。服圣人之教者，仰体振作之微，远洽周南之化，近溯关洛之流，以达乎洙泗之源。异时人才林立，羽仪天朝者，兹非其效乎？皇庆二年五月十三日，中奉大夫陕西诸道行御史台侍御史臣赵世延稽首顿首再拜恭跋。"（《续陕西通志》卷一六六）

国子博士刘泰作《诏加封孔子碑记》。

按：其文云："惟吾夫子，自汉始追赠，迄于宋，虽历代褒称族崇，圣绩犹有阙如。……逮我圣朝，既洪至道，缅怀高风，大阐民彝，莫先孔子。故至圣之上，复加大成，以示敬隆往昔，可谓尽其实矣。盖夫子之心，浑然天理，纯亦不已，以神通设教，体用一该而无所不周，显微一贯而无所不备。大以成其大，小以成小。犹金声玉振，始终条理，罔有阙遗。施诸行事，如立斯立，道斯行，绥斯来，动斯和。其生荣死哀，感应神化，上下与天地同流。兹其所以为大成也。……呜呼，其为圣也，与太极合德，则大成之号，愈无疑矣。夫太极为生生之本，妙万物而根动静。天地虽大，乃太极中一物耳，是天地不可与之为对也。惟天地为大，惟尧则之。夫子既贤于尧舜，则与太极合德而为对，实古今之确论也。矧太极既为万化之源，而万物之生，靡不资焉。夫子之道犹是也，则妙与太极同用，神与太极同运。是以前乎千万世之已往，夫子不能明为治之将然。夫子之道如是，加大成，不惟迈前代之盛礼，知夫子者，又非前代之所及矣。或曰：以夫子之元圣，封号至是，固为名实相称，然而爵犹称王，何哉？不知夫子之王，非后世所谓诸侯王之王，乃三代王之王也。不然，何以冕十二旒，衣十二章，执镇圭为万世帝王之师乎。于是监县贴木儿不花，县尹刘遵理，率僚属耆德，求仆文其石。不兑茧缕其事，深愧能文，勉为之书。皇庆二年十月吉日立。"（《邹县地理志》卷二）刘泰，西郓（疑今山东郓城）人。曾官国子博士，至大初官至江南诸道行御史监察御史。

姚燧九月十四日卒（1238— ）。燧字端甫，号牧庵，原籍柳城，徙武昌。姚枢侄。从许衡学。许衡累为国子祭酒，召弟子12人，燧自太原驿致馆下。累官翰林学士承旨。卒谥文。元贞元年主修《世祖实录》。曾居江州濂溪书院、武昌南阳书院，又改常德百坛精舍为沅阳书院。其为文宗

德国中古高地德语教诲诗诗人胡高·冯·特里姆贝格约于是年卒（约1230— ）。

意大利人文主义诗人乔万尼·薄伽丘（ —1375）生。

韩愈，工散文，为当时大家。当朝 30 年间，名臣勋戚的碑传多出其手，以"慎许可"著称，时人目之为当朝最好的古文家，并比之韩愈、欧阳修。《宋元学案》列其入《鲁斋学案》"鲁斋门人"。其文集久已散佚，著有《国史离合志》。清人纂有《牧庵集》36 卷（《元史》记为 50 卷）、《牧庵词》2 卷。事迹见柳贯《姚燧谥文》(《柳待制文集》卷八)、《元史》卷一七四、《元儒考略》卷一、《新元史》卷一五七。刘致编有《牧庵年谱》。

按：《元史》本传曰：（姚燧）"由穷理致知，反躬实践，为世名儒"，"文章以道轻重，道以文章轻重"，"为文闳肆该洽，豪而不宕，刚而不厉，从容盛大，有西汉风。宋末弊习为之一变。盖自延祐以前，文章大匠，莫能先之"，"然颇恃才，轻视赵孟頫、元明善辈，故君子以是少之。"柳贯《姚燧谥文》云："天地真元之气一会，则圣神代作，扬熙秉耀，承华协瑞，以开太平。而必有不世出之臣，挺生其间，揽结粹精，敷为制述，于以增焕盛德大业，而耸之三五载籍之上，盖数百年而得一二人焉。其有关于气运者如是，岂徒文乎哉？乃若先正许魏文正公之在吾元，实当世祖皇帝恢拓基图之始，倡道明宗，振起来学。一时及门之士，独称集贤大学士姚公燧，为能式纂厥绪，以大其承。然观公之言，而考乎文正公之学，则其机钥之相须，殆不啻山鸣而谷应，云兴而龙翔也。故大德、至大、皇庆之间，三宗继照，天下乂宁。而公之文章，蔚为宗匠。典册之雅奥，诏令之深醇，固已抉去浮靡，一返古辙。而铭志箴颂之雄伟光洁，凡镂金刻石，昭德丽功者，又将等先秦两汉而上之，以闯夫作者之域。排沮诋訾不一二，而家传人诵已十百。虽欲掩之，孰得而掩之哉？他日良史执笔，以传儒林，则公在文正之门，岂直偁之游、夏而已也？《易》曰：'黄裳元吉，文在中也。'然则以之节惠，公奚歉焉？谨按谥法，博闻多见曰'文'，敬直慈惠曰'文'，请谥曰'文'。"

陈万里卒（1238— ）。万里字德甫，弋阳县人。幼善属文，长从徐直方受理学。谢枋得等荐于乡。后起家广信书院，宋咸淳九年领乡荐。元初为信州路教授，无意于仕进，授业诸生，家多书。谓诸子孙曰："天佚吾老，吾遗尔书，守儒为准，守身为本"。事迹见袁桷《将仕佐郎信州路儒学教授陈君墓志铭》(《清容居士集》卷二八)。

孛罗卒（1246— ）。蒙古朵儿边部人。少时即起为忽必烈之怯薛成员，元廷重臣。1283 年出使伊利汗国，1285 年抵达波斯，后留居伊利汗。为伊利汗国所重用。乃元代中外关系史重要角色之一。曾参与该国丞相拉施德丁主持编写之《史集》工作。

郝天挺卒（1247— ）。天挺字继先，号新斋，安肃人。至元中，以勋臣子召见，执掌文字，累官至中书左丞，后又拜河南行省平章政事。卒谥文定。曾受业于元好问。《元史》称他"英爽刚直，有志略"。尝注元好问所编《鼓吹集》（今本名《唐诗鼓吹》），还著有《云南实录》5 卷。事迹《元史》卷一七四、《大明一统志》卷二、《元诗选·癸集》乙集小传。

王执谦卒（1266— ）。执谦字伯益，以字行，大名人。游京师，被荐为符宝典书，仕至翰林应奉。与辛文房、杨载、田衍、李京、卢亘、何失、高克恭、鲜于枢、杜本、虞集、张养浩等文士皆有交往。事迹见虞集《王伯益墓表》(《道园学古录》卷二〇)。

汤楷（ —1365）、李士瞻（ —1367）、钱逵（ —1384）、陈遇（ —

1384)、华晞颜(　—1398)生。

元仁宗延祐元年　甲寅　1314 年

　　正月庚子,命各省平章为首者及汉人省臣一员,访求遗逸,如得其人,先以名闻,然后致仕。

　　丁未,诏改皇庆三年为延祐元年。

　　二月壬午,以合散为中书右丞相,与平章李孟监修国史。以揭傒斯为国史编修官。

　　是月,立印经提举司。

　　三月辛亥,命参知政事赵世延纲领国子学。

　　四月己酉,以特们德尔录军国重事,监修国史。

　　按:右丞相合散言:"臣非世勋族姓,幸逢陛下为宰相,如丞相特们德尔练达政体,且尝监修国史,请授之印,俾领翰林、国史院,军国重事,悉令议之。"帝与之印(《续资治通鉴》卷一九八)。

　　是月,复立回回国子监。

　　按:回回国子监即回回国子学,为元朝最高学府,隶属于国子监。至元二十六年(1289)始置。是年复置。凡蒙古、色目、汉人官员子弟皆可入学。学习内容除《四书》、《五经》外,还有波斯语、阿拉伯语等外语课程。毕业生大多做中央各衙门的翻译官。《元史·选举志一》载:"世祖至元二十六年……八月,始置回回国子学。至仁宗延祐元年四月,复置回回国子监,设监官。以其文字便于关防取会数目,令依旧制,笃意领教。"其时所谓回回语即波斯语。早在蒙古国时,波斯文即在中土流行。蒙哥汗时,所有官员由"谙习波斯文、畏兀儿文、契丹文、土番文、唐兀文等等的各种书记随同,以致无论向什么地方宣写敕旨,都可以用该民族的语言和文字颁发。蒙古帝国盛行使用波斯语(被称为回回语),特别是在元朝的政治与文化方面,波斯语扮演着国际语的角色"。(见马建春《蒙·元时期的波斯与中国》)

　　仁宗以《资治通鉴》载前代兴亡治乱,命集贤学士忽都鲁都儿迷失及李孟择其要者译写以进。

　　七月乙亥,会福院越制奏旨除官,敕:"自今举人,听中书可否以闻。"(《元史·仁宗纪二》)

　　是月,赠高丽宋秘书阁书籍一万七千卷。

　　八月癸卯,升太常寺为太常礼仪院,秩正一品。

　　十一月壬子,升司天台为司天监,秩正三品,赐银印。

　　是月,行省准中书省咨科举事件,送礼部约会翰林院官议得:"称贺表章,元禁字样太繁,今拟除全用御名庙讳不考外,显然凶恶字样,理宜回避。至于休祥极化等字,不须回避。都省请依上施行。"(《大元圣政国朝典章》)

上巴伐利亚公爵路易四世当选为德意志国王。

英国伦敦圣保罗大教堂告竣。

十二月壬辰，诏定官员士庶衣服车舆制度。

按：仁宗以市人靡丽相尚，僭礼费财，故命中书省定其等第，惟蒙古人及怯薛诸色人不禁，然亦不许服龙凤文（《续资治通鉴》卷一九八）。

己亥，敕中书省定议孔子五十三代孙当袭封衍圣公者以名闻。

高丽忠肃王即位，元皇太后贺以原宋朝秘阁所藏书籍4731册。同年，高丽官员洪瀹于南京购得书籍10800卷回国。

按：印刷与出版文明，无论西传还是东渐，均以元季为最。其间，中、朝文明结合尤密（见田建平《元代出版史》）。

许谦居东阳八华山，开门讲学，学者翕然从之。

按：有八华书院，为元许彦洪建。延祐初，许谦曾讲学于此。据《元史·许谦传》载："延祐初，谦居东阳八华山，学者翕然从之。寻开门讲学，远而幽、冀、齐、鲁，近而荆、扬、吴、越，皆不惮百舍来受业焉。其教人也，至诚谆悉，内外殚尽，尝曰：'己有知，使人亦知之，岂不快哉！'或有所问难，而词不能自达，则为之言其所欲言，而解其所惑。讨论讲贯，终日不倦，摄其粗疏，入于密微。"尝手订《八华学规》作为学生遵循准则。其学规云："心静明理之本、貌恭进德之基、刚毅乃足自励、谦让可以求益、有善当与人共、有恶勿忌人攻"。以上各自省察，去其所有，勉其所无。"出入以时、有故必告、言语无杂、讲议无哗、观书无泛、作事无惰、勿相尔汝、勿作无益"。右请互相警省，同归于善。辛勿外敬内慢，面从退违（《宋元学案补遗》卷八二）。

吴澄八月为江西贡院请考校乡试，以疾辞。

李孟以翰林学士承旨复为中书平章政事。

赵孟頫改翰林侍讲，擢集贤侍讲学士、资德大夫。

袁桷五月随仁宗至开平，其间作诗成集。

按：《开平第一集（甲寅）》载："延祐改元五月三日，分院。十五日始达开平，得诗数篇，录示儿曹。"（《清容居士集》卷一五）

虞集八月以太常寺升为太常礼仪院，改从事郎、太常博士。

刘赓复入翰林院为承旨。

畅师文征拜翰林学士、资德大夫。

黄溍至杭州参加乡试，以《太极赋》折服考官。

按：《黄先生行状》云："延祐元年，贡举之法行，县大夫又强起先生充贡乡闱。时古赋以《太极》命题，场中作者往往不脱陈言，独先生词致渊永，绰然有古风，特置前列。"（《文宪集》卷二五）

吴师道在杭州，与黄溍夜宿佑圣观房外。

齐履谦复为国子司业。

按：初，命国子生岁贡6人，以入学先后为次第，履谦曰："不考其业，何以兴善而得人？"乃酌旧制，立升斋、积分等法：每季考其学行，以次递升，既升上斋，又必逾再岁，始与私试。孟月、仲月试经疑经义，季月试古赋诏诰章表策，蒙古、色目试明经策问。辞理俱优者一分，辞平理优者为半分，岁终积至八分者充高等，以40人为额。然后集贤、礼部定其艺业及格者6人，以充岁贡。三年不通一经，及在学不满一岁者，并黜之。帝从其议，自是人人励志，多文学之士（《元史·齐履谦传》）。升斋积分等第之法是在省、台直接过问，诸多名儒努力下，齐履谦创设之法。它与科举制度衔接挂钩,在国子监内形成激励机制,促使国子监教学逐步正规化、制度化。

陈栎被有司强之科举,试乡闱,以《书》经登陈润祖榜第十六名,不赴礼部,教授于家。

欧阳玄以设科举事,贡《尚书》。

揭傒斯以布衣经程文海、卢挚荐于朝,特授翰林国史院编修官。

按:揭傒斯以程文海荐充编修官。时监修国史之平章李孟读其所撰《功臣列传》,叹曰:"是方可名史笔,若他人,直誊吏牍尔。"(《元史·揭傒斯传》)

曹伯启升内台都事,迁刑部侍郎。

马祖常乡贡、会试皆第。

赡思被人劝以科举,笑而不应。

杨刚中被聘主江西乡试,迁江东廉访司照磨。

按:"照磨"即照对、磨勘之意,元代品秩凡三品以上官署,多设照磨官。其职责是:"磨勘钱谷出纳,营缮料例,凡计数、文牍、簿籍之事。"实为专门审查所在官署财政经济活动,可划入古代审计官员之列。(见任德起《元代照磨官研究》)

又按:杨刚中,字志行,称通微先生,上元人。从张翌学。为人不屑为世俗凡语,元明善极叹异之。仕元,累官江浙提学,以洛闽之说教学者,仕至翰林待制卒。著有《易通微说》、《说诗讲义》若干卷,又有《霜月集》行于世。

梁曾奉诏代祀中岳等神。

郭畀就乡举罢,文誉日振。八月十四日与龚子敬同观《朱子论修通鉴纲目义例帖》于虎林般若僧房。

王振鹏官秘书监典簿,作《滕王阁卷》。

汪泽民以《春秋》中乡贡,上礼部,下第,授宁国路儒学正。

丁复游京师,与杨载、范梈同被荐,拟授馆阁之职,辞不就。

吴存领乡荐,试礼部不利,恩授饶州路学正,调宁国路教授。

胡助囿于省台章格,不得参加是年乡试。

汪克宽十一岁被授与饶鲁之书及当时问答之言,至此,于理学有悟,乃取《朱子四书》自定章句诵读,后又读《六经》、诸子及《历代史通鉴纲目》等书。

马嗣良任判官。

按:嗣良字继可,四川广汉人。著有《新昌州志》。

任居敬改建性善书院。

按:书院位于山东滕州。元延祐元年(1314)御史任居敬改建。时朝廷赐额"性善",故名性善书院。后毁于兵乱。

回回大师阿老丁于杭州建西桥桥西建真教寺。

意大利方济各修士和德理东来。

高丽忠宣王(1309—1313年)禅位后至大都,筑万卷堂以广泛搜集中国书籍。

按:忠宣王与阎复等交游。同时,又将高丽著名学者延至大都,与元著名学者切磋学问。

刘君佐翠岩精舍刊行《周易传义》10卷。

按：其刻印业至明成化二十三年（1487）止，延续百余年。

临江路儒学刊行张洽《春秋集传》22卷。

按：原题"张洽集传"。王重民《中国善本书提要》云："今《四库》书内只有洽《集注》及《纲领》1卷。"朱彝尊《经义考》题此书二十六卷。该书"张洽《状》后题：'延祐甲寅李教授捐俸补刊于临江路学。'《纲领》末又有题识云：'路学所刊《集传》无《纲领》，庭坚（李庭坚）延祐甲寅承命校正，遂以此请李广文并列，方为全书。诸费皆广文自为规画，不申支，不题助，故事成而人不知。第《集注》沿革未刊，庭坚及今图之，百拜谨识'"。

麻沙万卷堂刊行《孟子集注》14卷。

钱天祐撰《大学经传直解》，进献皇太子。

程钜夫四月作《续孟伸蒙子序》。

按：序言云："《续孟》二卷、《伸蒙子》三卷，唐林公慎思所作，其书列于唐《艺文志》、宋《崇文总目》。夫以孟子才号亚圣，书次六经，有司马迁、扬雄、韩愈之徒尊信笃好以为大有功于圣门，至司马光、李觏辈乃著书讥毁，学者固自有次第哉。二书免于世俗之见，亦幸矣夫。然二书文深义密，谆切反覆，不悖于圣人之道，诚有补于世教也。公字虔中，福州长乐人，兄弟五，同读书邑之稠岩山石室。公中咸通十年第，又中宏词拔萃科，赐其乡曰'芳桂'，里曰'大宏'。由秘书省校书郎至尚书水部郎中。黄巢犯长安，骂贼而死，盖贤者也。其几世孙崇万来京师，求予序之。崇万今为浮屠氏云。延祐改元四月晦。"（《雪楼集》卷九）

冯子振为杨鉤著《增广钟鼎篆韵》7卷作序。

按：杨鉤，字信父（又作信可），临江人，与吴澄等友善。该书收三代青铜器铭文单字四千一百六十六个，每个字说明所见铜器名称，所收诸字见于三百零八件铜器。后收入阮元《苑委别藏》第21册，冯序前有阮元所撰提要，后有熊朋来序。冯子振《钟鼎篆韵序》云："吾往年疏《离骚》草木于洞庭之南，得大江之西博雅君子曰临江杨信父，出其所板本《钟鼎韵书》一编，不觉敛袂太息曰：'三代礼乐之古文奇字，尽在是矣。'……延祐甲寅三月戊寅，前集贤待制承事郎冯子振序。"阮元《提要》云："元杨鉤撰。鉤字信父，临江人。政和中，王楚始作《钟鼎篆韵》，薛尚功已重广之，鉤又博采金石、奇石之迹，益以奉符党氏韵，增补两家所未备。其篆则夏商周秦之篆，而以象形奇字终之，自珵戈钩带以及碑刻古篆，莫不毕载。冯子振《序》称'三代礼乐之古文奇字，尽在是矣'，洵不诬也。又云：'自唐开元时，以隶楷易汉本《尚书》，而学者自此不识古文，是书参订博采，使古文奇字列列在目，可与薛氏书辅翼而行。'"（皆见《增广钟鼎篆韵》卷前）吴澄亦作有《增广钟鼎韵序》，云："今世字书惟许氏《说文》最先，然所篆皆秦小篆尔，古文、大篆仅存一二。宋薛氏集古钟鼎之文为五声韵，虽其所据有可信者，有不可信者，然使学者因是颇见三代以前之遗文，其功实多。清江杨鉤信可重加订正，有所增益，其文盖愈赅矣，此世所不可无之书也。"（《吴文正集》卷一六）

张辂著《太华希夷志》2卷成。

按：是书收入《道藏》洞真部记传类，为记载陈抟生平事迹之传记，详于《宋史·陈抟传》数倍。张辂，字讷斋，官河中府知事，还著有《纯阳吕真人传》1卷。

《龙虎山志》3卷编于是年后。

按：是书自吴全节表请大元，命名臣编成。吴全节进表于延祐元年（1314），原题"翰林侍讲学士中奉大夫知制诰同修国史臣元明善奉敕编"。有自序、程钜夫序。

程钜夫《序》云："翰林侍讲学士臣明善奉敕志龙虎山,玄教嗣师臣全节属臣某序之。臣伏读终篇,山川之奇,人物之盛,前后宫宇之废兴,累朝恩数之隆尚,聚此书矣。然天下山之大者曰岳,水之大者曰渎,曰海,顾以兹山先,岂无意乎?意龙虎之得名以张氏,张氏,老氏之学也。繇东汉迄今,绵千数百年而益振,朝廷且尊而信之,此《志》之所由作乎。嗟夫,治道贵清静,老氏之道也原于轩黄,文、景用之,其所成就可睹已。然流而为神仙、巫祝,岂本旨哉?若所载天师恒之对唐高宗曰:'能无为,天下治'。乾曜之对宋仁宗曰:'苟能反古之朴,行以简易,志虑清明,神气完和矣,奚事冲举?'政和中,访高士王道坚以修炼延年之术,曰:'清静无为,轩黄所以致治;多欲求仙,汉武所以罔功。修炼非天子事。'已而命之禳厄,奏曰:'修德可以迴天。禬禳之事,不敢误国。'端平初,征留用光入朝,答使者曰:'归奏天子,治天下《道德》五千言足矣。山林野人,来将奚益?'若四人之言,诚祈天永命之贞符哉。庶几善学老氏者,可谓豪杰之士矣。今天子抚盈成之运,正清静无为之日,嗣师数陈老氏之本,上嘉纳之,此《志》之独先龙虎,宜也。臣故敢叙作志之意,以示后之学者。"(《雪楼集》卷九)

无名氏著《延祐甲寅(元年)科江西乡试录》1卷成。

鲁明善著《农桑衣食撮要》3卷成。

按：又名《农桑撮要》、《养民月宜》,重刻于至顺元年(1330)。清《四库全书》本系从《永乐大典》辑出。该书体现作者农本、综合经营、计划经营诸多思想。《四库全书总目提要》评曰："此书分十二月令,件系条别,简明易晓,使种艺敛藏之节,开卷了然。盖以阴补《农桑辑要》所未备,亦可谓留心民事,讲求实用者矣。"鲁明善,以其父字鲁为姓,名铁柱,以字行,畏兀儿人。还著有《铁柱琴谱》8卷。

邓文原作《试院瑞梅诗序》。

按：序云："延祐改元,圣天子诏兴大比,江浙行中书省统领四道,治于杭,乃即宋故三省署为校士之所,悉因其材而经度缔构,以从斯规。中为堂,南向靓丽敞爽。高唐某公廉访浙西道,职在监纠,以文原等悉司考择也。季秋九日,置酒堂上,以为燕乐。觞俎既陈,宾佐就列,鸣琴间作,笑语酢酬。酒半,有作而言者曰:'直堂北东,梅大枯枿,二干而七花。夫梅,冬葩也,而荣于秋,其斯文之祯乎?'公起视徘徊,索酒酌客,竟夕欢甚。明日,命工画者貌之,属客赋之。文原曰:'物之异者,先圣所难言。然史传所志嘉禾、秀麦、灵芝等,率以为美瑞。考诸时事多有征。若梅之生,与岁寒松柏类,故君子以比德焉。先时而敷,有作兴之道,与菊同芳,若声应气求者,瘁久而复滋,其山泽之臞出而应时须者乎?然则士之战艺于此者,可以自期待而藩墙扃鐍以遂其生,则又今之长育人才者之事也。'公囅然笑说曰:'子其书之,以为瑞梅诗序。'是为序。"(《巴西文集》)

袁桷观璜山吴氏编次《师友渊源录》有感,作《跋璜山经德堂记后(象山先生作)》。

袁桷为吴全节作《吴饶公制书跋》。是年,吴全节父母八十寿辰,袁桷赋诗《吴成季父母寿八十》。

虞集作《敕赐玄教宗传之碑》。

按：碑文云："延祐六年四月廿五日,开府仪同三司、上卿、辅成赞化保运玄教大宗师,知集贤院事,领诸路教事臣留孙言:'钦惟圣朝,治尚清静,乃崇道家之言,谓之玄教,实始命臣典领。臣亦惟诵其师说,以赞辅万一,国家幸稽其授受之绪而表章之。至元三十一年,制赠臣祖师张闻诗为真人。延祐元年,推赠本师李宗老以上七人,皆赠真人。前五年,又尝赠臣弟子陈义高为真人,具以赞书载其美号。臣惟朝廷嘉惠玄教盛矣,请述宗门传次,所以克承宠光者,具勒金石,示久远。'事闻,制诏太保臣曲出,集贤大学士臣邦宁、臣颢曰:'其赐玄教宗传之碑,勒臣集制刻文。臣孟頫书丹,并篆题。'臣集拜手稽首言曰:臣按:道家本宗老子。老子以无为为宗,是以善理天下者,常用其说以在宥其民。然而千有余年之间,为其道者,或隐或显,或用或不用,莫可详纪。今大宗师事世祖皇帝,而玄教肇兴,更历四朝,日以尊显。其弟子十余人,皆受真人之号,相为翼承,布在中外。又有嗣宗师臣全节,总摄教事,赞之恢宏,则又推其所自传以为宗,顾瞻前后,莫不与被荣耀。斯固国家善其道之宜于治也,亦由其人谦让持守,善保其本要以克臻兹也哉!夫本固者枝茂,源深者流长。今玄教流行于世如此,溯其培积之厚,诚非一人一日之力矣。当事物之殷隆,必究其始初忠厚之道也。小臣职在论撰,敢不具征列其事。宗传之初,由袭明体素静正真人张思永,始得道龙虎山中,再传为集虚演化抱式真人冯清一,三传为广元范化贞一真人冯士元,四传为象先抱一渊素真人陈琼山,五传为通真观妙元应真人张闻诗,六传为毓真洞化静复真人李知泰,七传为宝慈昭德泰和真人胡如海,八传为葆光至德昌元真人李宗老,大宗师实师之。故御史中丞崔公彧,尝入山见宗老,叹其高岸冲远,莫测涯际,为留累日而后去。粹文冲正明教真人陈义高者,大宗师弟子也。倜傥有气节,居京师时,常读书大树下。学者就之,与论说不倦。贵人大官过其前,略不起为礼。每醉赋诗,累千百言,善为奇壮,一时学士多愧之,自以为不及远甚。遇贫士无衣者,辄解衣与之,己虽寒,不恤也。初事裕宗皇帝东宫,又奉诏从梁王之国。王改封晋,又从填北边,所陈多礼义忠孝之事。成宗皇帝即位,从王入朝,上识之,赐酒劳问甚渥。是时,史馆修撰《世祖皇帝实录》,问逸事王所,王假义高文学条上始末,史官叹其书有法,于大宗师诸弟子为最雄于文矣。臣尝读《龙虎山志》,言宋景定年中,张闻诗真人治上清宫,门署表曰龙虎福地。或疑其过大。曰:'后三十年,吾教当大兴复。'于山中掘地,得石镜一枚,石屦一緉。顾谓大宗师曰:'是奇征也,识之,玄教之兴,其在子乎?'今果然,可不谓之神异者哉!谨述赞以系之……"(《贵溪县志》卷二五)

意大利雕塑家乔万尼·皮萨诺卒(约1250—　)。

卢挚约卒(1235—　)。挚字处道,又字莘老,号疏斋,又号嵩翁,涿郡人。累迁河南路总管。大德初,授集贤学士,持宪湖南,迁江东道廉访使。复入京为翰林学士,迁承旨,贰宪燕南河北道,晚年客寓宣城。文与姚燧齐名,世称"姚卢";诗与刘因齐名,世称"刘卢";散曲则名在徐子方、鲜于枢之上。著有《疏斋集》、《疏斋词》,已佚。《全元散曲》存其小令120首。事迹见《新元史》卷二三七、《元诗选·三集》小传。

王道孟卒(1242—　)。道孟字牧斋,句容人。正一道教茅山宗四十四代宗师,号养素通真明教真人。刘大彬之师。至大四年,大彬袭掌其教。事迹见《茅山志》卷一二。张雨《句曲外史贞居先生诗集》卷四有《茅山宗师牧斋王君升仙谣》。

冯子振约卒(1257—　)。子振字海粟,号瀛州客,又号怪怪道人,湖南攸州人。博志经史,于书无所不读。与陈孚友善。所作散曲风格豪放潇洒,著有《梅花百咏》1卷。诗有《海粟诗集》,尝作《居庸赋》,首尾几五千言。《全元散曲》存其小令44首,以《鹦鹉曲》为最著。事迹见《元史》卷一九〇《陈孚传》附传、《新元史》卷二三七、《元史类编》卷三五、《沅湘耆旧集》、《元诗选·三集》小传。

　　按：《元史》本传载："攸州冯子振，其豪俊与(陈)孚略同，孚极敬畏之，自以为不可及。子振于天下之书，无所不记。当其为文也，酒酣耳热，命侍史二三人，润笔以俟，子振据案疾书，随纸数多寡，顷刻辄尽。虽事料醲郁，美如簇锦，律之法度，未免乖剌，人亦以此少之。"

　　俞琰卒(1258—)。琰字玉吾，号全阳子，又号林屋山人、石涧道人，吴都人。俞琰丹道继承南宗传统，主张清修，曾广集汉唐以来丹道歌决，编成《通玄广见录》100卷。又著《易外别传》，阐述邵雍"先天易"之秘理。其著作尚有《周易集说》40卷、《读易举要》4卷、《周易参同契发挥》3卷、《释疑》1卷、《元学正宗》、《黄帝阴符经注》1卷、《炉火鉴戒录》、《弦歌毛诗谱》1卷、《经传考注》、《琴谱》40篇、《书斋夜话》、《席上腐谈》、《月下偶谈》、《林屋山人漫稿》1卷等。事迹见《钦定续文献通考》卷一四二、《经义考》卷四〇。

　　僧沙啰巴卒(1259—)。西番人，号雪岩，"姓积宁氏，名沙啰巴，华言为吉祥慧"。读儒书，喜与儒士游。善解诸国语。世祖命译中国未备显密诸经，辞旨明辩。特赐号大辩广智，授江浙等处释教都总统。去烦从宽，僧寺赖以安。改统闽粤，忤同列罢职。武宗复召拜光禄大夫、大司徒，馆于大都庆寿寺。译有《彰所知论》2卷。事迹见《秋涧集》卷二二、《古今图书集成·神异典》卷一八六。

　　卢亘卒(1274—)。亘字彦威，濮阳人。自幼颖悟，元贞年间，曾拟著《滕王阁记》受到姚燧赏识，举为国史院编修官，迁翰林应奉，后又任翰林修撰，升翰林待制。有《彦威集》，未见，少量文章存于《元文类》等书中。诗名大于文名，据传一时名流多效其诗风。《元诗选》二集选其诗23首。事迹见《(正统)大名府志》卷六、《元诗选·二集》小传、《元诗纪事》卷一〇。

　　脱脱(—1355)、陈基(—1370)、叶琛(—1362)、朱右(—1376)、贝琼(—1379)、朱善(—1385)、王礼(—1386)、张美和(—1396)生。

延祐二年　乙卯　1315年

正月己巳，置大圣寿万安寺都总管府，秩正三品。
禁南人典质妻子商贩为奴。
二月己卯朔，会试进士。
　　按：命中书省平章政事李孟、礼部侍郎张养浩知贡举，吴澄、杨刚中、元明善皆与焉，于是得人为多。进士诣谒，养浩皆不纳，但使人戒之曰："诸君子但思报效，奚

瑞士"永久同盟"于莫尔加尔藤大败奥地利。

劳谢为!"赴试人员从路、府、州、县医户并诸色内,选三十以上,医明行修,孝友忠信,著于乡间,为众所称,保结贡试……乡试不限员数,教各科目通取一百人赴都会试。……于试中的三十人内,第一甲充太医,二甲副提举,三甲教授(《元典章》卷三三《礼部五》)。

三月乙卯,廷试进士。赐护都沓儿、张起岩等56人及第、出身有差。

按:分进士为两榜,蒙古人、色目人为右,汉人、南人为左,第一名从六品,第二名以下及第二甲皆七品,第三为正八品。马祖常尝曰:"天子有意乎礼乐之事,则人人慕义向化矣。延祐初诏举进士三百人会试,春官五十人。或朔方、于阗、大食、康居诸土之士,咸橐书橐笔、联裳造庭而待问于有司,于时可谓盛矣。"(《送李公敏之官序》)清人顾嗣立曰:"自科举之兴,诸部子弟,类多感励奋发,以读书稽古为事。"(《元诗选·顾北集序》)今人陈垣亦云:"西域人之读书,大抵在入中国一二世以后,其初皆军人。宇内既平,武力无所用,而炫于中国之文物,视为乐土,不肯思归,则惟有读书入仕之一途而已。"(《元西域人华化考》卷二)元制,乡试天下取合格者三百人,赴会试蒙古、色目、汉人、南人各取合格七十五人,中选者各给解据录连取中科,文行省移咨都省送礼部。腹里宣慰司及各路关申礼部,监察御史廉访司依上录连科申台,转呈都省以凭照勘。

四月辛巳,赐进士恩荣宴于翰林院。

辛丑,赐会试下第举人七十以上,从七流官致仕;六十以上,府、州教授;余并授山长、学正;后勿援例。

按:《元史·选举志一》载:"若夫会试下第者,自延祐创设之初,丞相铁木迭儿、合散及平章李孟等奏:'下第举人,年七十以上者,与从七品流官致仕;六十以上者,与教授;元有出身者,于应得资品上稍优加之;无出身者,与山长、学正。受省札,后举不为例。今有来迟而不及应试者,未曾区用。取旨。'帝曰:'依下第例恩之,勿著为格。'"

命李孟等类集本朝条格,俟成书,闻奏、颁行。

八月壬寅,增国子生百员,岁贡伴读四员。

按:用集贤学士赵孟頫、礼部尚书元明善等所议国子学贡试之法更定之。

诏江浙行省印《农桑辑要》一万部,颁降有司遵守劝课。

九月,秘书郎呈奉指挥,发下裕宗皇帝书砚,从实收管。

按:收管之书有:"《孝经》三册,不全;《论语》七册,不全;《小学》二册,不全;《周易》一册,不全;《唐鉴》六册,不全;《孝经》卷字一个,不全,……"等等。裕宗即真金太子,以其所读之书,乃见元府藏书之少(王士点《秘书监志》卷五)。

十月乙未,授白云宗主沈明仁荣禄大夫、司空。

按:荣禄大夫属从一品。

是月,再增蒙古国子学生员数额。

按:《元史·选举志一》载:"延祐二年冬十月,以所设生员百人,蒙古五十人,色目二十人,汉人三十人,而百官子弟之就学者,常不下二三百人,宜增其廪饩,乃减去庶民子弟一百一十四员,听陪堂学业,于见供生员一百名外,量增五十名。元置蒙古二十人,汉人三十人,其生员纸札笔墨止给三十人,岁凡二次给之。"

是年,高丽遣学子参加元科举考试。

始用铜活字印制《御试策》(又称《御制策》)。

吴澄正月如龙兴。

程文海奉诏撰加上皇太后尊号册文成。

袁桷二月为殿试读卷官，与考官诗文唱和，集成《礼闱倡酬(乙卯)》。

按：诗集内容包括：《次韵礼部李公二首》、《次韵监试李仲囧御史四首》、《次韵郭岩卿》等。

张养浩以礼部侍郎知贡举。

元明善在会试进士时首充考试官，及廷试又为读卷官，所取士后多为名臣。

黄溍至京师，拜谒程钜夫、赵孟頫，与周应极、周伯琦父子游。三月十三日，中进士。

张珪拜中书平章政事。

郭贯拜中书参知政事。

王约奉命巡行燕南山东道，拜枢密副使。

张起岩三月科举登进士第一，除同知登州事。

欧阳玄以治《尚书》中第，授岳州路平江州同知。

许有壬举进士，授兖州同知。

干文传举进士，授同知昌国州事。

陈泰举进士，除龙泉县主簿。

按：泰字志同，号所安，长沙茶陵人。尝与欧阳玄同举于乡，以《天马赋》得荐。是年中举，除主簿，泰不好活动，惟以吟咏自适，竟终于是官。其著作初未成集，至其曾孙朴始裒辑《所安遗集》1卷。明成化中，其来孙铨等重刊。有《四库全书》本。

刘彭寿举进士，授将仕郎、桂阳路平阳县丞三。

杨载、马祖常、王沂、杨宗瑞等同举进士。

杨维桢游学四明诸地，道过嘉兴，购新刊黄震《黄氏日钞》、《黄氏纪闻》若干卷。

胡助拜谒元明善，与王士熙游。

宋濂入小学，受业于包廷藻。

高丽学者李齐贤应忠宣王之召至元，遍游中国各地，与中国学者交游，直到1341年返回高丽。

解节亨创建东庵书院藏书堂。

按：书院居解氏第之东偏，"中树高堂为群书之府，翼以东西序为师友讲习之地"，内有藏书数万卷(《雪楼集》卷一三《东庵书院记》)。解节亨，字安卿，号东庵，渤海人。至元二十二年由近侍属出为济南路录事，转德州判官，历光禄寺主事、集贤院都事。历升秘书监丞、秘书少监，除翰林侍讲学，致仕归。

圆沙书院刊行宋董楷《周易程朱先生传义附录》20卷、宋程颐《程子上下篇义》1卷、宋黄榦《勉斋先生黄文肃公文集》40卷，附集1卷补刊。

钱天祐撰《孝经直解》，进献皇太子，承令命翰林官以畏吾儿字语译讫。

按：《四库全书总目提要》云："《叙古颂》二卷，元钱天祐撰。天祐履籍未详。是

意大利解剖学家、波隆那解剖教师蒙丁诺·西再次进行公开尸体解剖。

书前有延祐五年三月进表,称:'臣于延祐元年作《大学经传直解》,进献皇太子。明年复作《孝经直解》进献,承令命翰林官以畏吾儿字语译讫。奏上皇帝陛下、太后殿下,奉旨将《孝经》镂版,命臣陪侍皇太子备员说书,给赐廪饩。……'"程钜夫尝奉教撰《孝经直解序》,其文曰:"孝者百行之源,五常之本,自天子至于庶人,罔不由之以成德。述之有经,衍之有传,释而通之有义疏。至近代司马文正公,洎晦庵朱先生,各明备其辞焉。圣天子以孝治天下,笃意是书,表章尊显,图镂以行,自家而国,自国而天下,将使家曾、闵而人参、骞,德至盛也。太子淑性天与,懿学日新,问安视膳之暇,尤孳孳于此。乃一日传教,示以钱氏《直解》,俾某为之序,谓欲传之板本,以广斯文。某承命伏读,义训详明,质而不野,坦然切近,易知易行,信可尚也。太子不徒历之于目,仰必著之于心;不惟善于其身,又将推以教人。《诗》云:'孝子不匮,永锡尔类。'太子可谓能锡类者矣。《记》曰:'孝者善继人之志,善述人之事。'太子可谓善继述者矣。某文墨虽荒,敢弗敬承而为之序。仰言近而旨远者,善言也。后之读《直解》,毋以浅近而忽之。"(《雪楼集》卷九)该书还有王圻序。

程端礼八月作《读书分年日程序》。(参见元统三年程端礼作《读书分年日程跋》条)

按:《读书分年日程》据朱熹"读书法六条"而著,它首次将中国读书理论与写作经验具体化、序列化、制度化,被当时国子监颁行郡邑学校,明、清时诸多儒学、儒生视为读写教学圭臬。《序》云:"今父兄之爱其子弟,非不知教,要其有成,十不能二三,此岂特子弟与其师之过?为父兄者,自无一定可久之见,曾未读书明理,遽使之学文。为师者虽明知其未可,亦欲以文墨自见,不免于阿意曲徇,失序无本,欲速不达。不特文不足以言文,而书无一种精熟,坐失岁月,悔则已老。且始学既差,先入为主,终身陷于务外,为人而不自知弊,宜然也。孔子之教,序志道,据德依仁,居游艺之先;《周礼》大司徒列六艺居六德六行之后,本末之序有不可紊者。今制取士以德行为首,经术为先,词章次之,盖因之也。况今明经一主朱子说,使理学与举业毕贯于一,以便志道之士,汉、唐、宋科目所未有也,诚千载学者之大幸,尚不自知而忽蓁之邪?嘻夫!今士之读经,虽知主朱子说,不知读之固自有法也。读之无法,故犹不免以语言文字求之而为程试资也。昔胡文定公于程学盛行之时,有不绝如线之叹,窃恐此叹将复见今日也。余不自揆,用敢辑为《读书分年日程》,与朋友共读,以救斯弊。盖一本辅汉卿所秩朱子读书法修之,而先儒之论有裨于此者,亦间取一二焉。嗟夫!欲经之无不治,理之无不明,治道之无不通,制度之无不考,古今之无不知,文词之无不达,得诸身心者无不可推而为天下国家用,窃意守是庶乎本末不遗而工夫有序,已得不忘而未能日增,玩索精熟而心与理相浃,静存动察而身与道为一,德形于言辞而可法可传于后。较其所就,岂世俗偏长一曲之学所可同日语哉!延祐二年八月,鄞程端礼书于池之建德学。"(《程氏读书分年日程》卷首)

又按:赵世延作《程氏读书分年日程序》云:"四明程君敬叔,广朱、真二先生遗意,述读书肄业法以惠承学之士。程节旷分阶序层见,亦既详且备矣。使家有是书,笃信而践习如规,一旦工夫纯熟,上焉者至于尽性知天,下焉者可以决科取仕,无为功用,讵可涯邪。览者毋以易易然而忽之。南台中执法迂轩赵世延书。"(《程氏读书分年日程》卷首)

潘昂霄著《河源记》1卷成。

按:又名《河源志》,为考察河源专著,传布河源、黄河上游及昆仑山区自然景观与人文状况颇为广泛,于后世影响不小。

陆森约于前后此年著《玉灵聚义》5卷成。

按：陆森，字茂林，平江路人。官阴阳路教谕。书前有陆森是年自序。

刘赓作《紫山大全集序》。

按：紫山乃胡祗遹之号，刘赓是胡氏弟子，该序对胡氏生平履历、个性颇有述及，间及文章之论，未尝不为有益，故附录。"文章以气为主，其为气也，至大至刚，以直养而无害，则塞乎天地之间。赓读紫山胡公文集，见之矣。紫山，公自号也。讳祗遹，字绍开，磁之武安人。大父嵩，泰和名臣，考德珪，正大四年进士，儒林郎，主耀州富平簿。北渡后，公未及冠，便能从诸生习为程文。非所好也，潜心伊洛之学，慨然以斯文为己任，一时名卿士大夫咸器重之。中统龙飞，锐于求治，张左丞文谦宣抚大名，辟公员外郎，入为中书省详定官。至元改元，诏立学士院，以应奉翰林文字被召，俄兼太常博士，百年坠典，一朝而复，天下翕然称之，以为礼乐文物尽在是矣。中书以公优于为政，辍充户部员外郎，寻转省左右司。直言正色，无所顾忌，重忤相臣意，出为太原治中。外示优容，内实中伤之。会改河东提刑副大使而罢省幕，同僚有骤至执政者，终衔之，江南下，调荆南宣抚副使。十九年权奸事败，庶政一新，抡选牧守，授济宁总管，考课为天下最，擢山东宪使，齐鲁风俗为之一变。就拜翰林学士，不赴。又明年，提按浙西平江税司，逻卒恐吓市民，赃露，公决遣之，行省颇有违言，即轻舟还相下。筑'读易堂'以居，若将终身焉。二十九年制诏以耆儒硕德征，凡十人，公在第一，辞以疾不起。时年甫耳顺矣，卒年六十又七。书法妙一世，脱去翰墨蹊径，自成一家，唯鹿庵、紫山两公而已。平生著述《易解》三卷，《老子解》一卷，诗文号《紫山集》者六十七卷。公薨二十年，赓以事道过彰德，其子太常博士持将锓梓，以寿其传，恳以序引为请。赓以不敏辞，迨四三年而请益坚。呜呼！赓尝师事鹿庵先生，得告还东平，前诸生谓公曰：'敢以是数后进累吾绍开'，且命之罗拜，公避之。鹿庵良久曰：'以师友之间待乎？'公遂诺焉。赓才力谫薄，获与搢绅之列，残膏剩馥，得公沾丐者多矣，此意岂可忘哉？公之出处行己，大方有野斋、秋涧所撰神道碑祠堂记在，感念畴昔，非敢以为序也，姑述其梗概云尔。延祐二年重九日，翰林学士、承旨荣禄大夫、知制诰兼修国史门生刘赓序。"（《紫山大全集》卷首）

李辰拱为《胎产救急方》1卷作自序。

按：辰拱字正心，福建延平人。

杜思敬十月初一日作《济生拔粹方序》。

按：《序》曰："……昔尝闻许文正公语及近代医术，谓洁古之书，医中之王道。服膺斯言，未暇寻绎。洁古者，张元素也，洁古其号也。云歧子璧，其子也；东垣李杲明之、海藏王好古进之，宗其道者也；罗天益谦夫，绍述其术者也；皆有书行于世。往年，致政中书，家居沁上，因取而读之，大抵其言理胜，不尚幸功，圆融变化，不滞一隅，开阖抑扬，所趣中会。其要以扶护元气为主，谓类王道，良有以也。于是择其尤切用者节而录之，门分类析，有论有方，详不至冗，简不至略。仍首针法，以仿古制，并及余人之不戾而同者，以示取舍之公。釐为五帙，帙具各书，总名之曰《济生拔粹》。盖不敢徇人言，妄以诸家为非；尤不敢执己见，谩以此书为是。自度行年八十有一，目力心思不逮前日，从事简要，庶于己便。复思刻板广传，嘉与群人，同兹开惠。虽然医不专于药，而舍药无以全医；药不必于方，而舍方无以为药。若夫学究天人，洞识物理，意之所会，治法以之者，将不屑于此。是书也，虽于大方之家无所发挥，苟同余之志者，亦未必无所补也。延祐二年十月初吉，宝善老人铜鞮杜思敬序。"（《济生拔粹方》卷首）

程钜夫十一月初一日作《鲁斋书院记》。

按：鲁斋书院，乃纪念许衡，政府特建之书院，颇具政治意义，多位著名支持汉法官员曾预其事，故除程钜夫有记外，许有壬亦有记。其文载："世祖皇帝践祚，先生又以其道入佐皇明，施于天下，卒能同文轨而致隆平，由是圣人之道复著……今天子以天纵之质，继列圣之绪，向用经术，尊礼儒先，彬彬雍雍，著者益彰而且广矣。先圣后圣，顾不同条而共贯与。先是，云中赵侯守长安，尝议建书院如他郡先贤故事，不果。后以西台侍御史复来，因请以先生（许衡）从祀夫子，且申前议。乃有王氏欲斥居宅为之，得前太子家令薛处敬赞其决，士民承风劝趋，前御史张崇、推官李益、匠府同知韩祐相与董成之。前为夫子燕居之殿，以颜子、曾子、子思、孟子侑坐；后为讲堂，左右列格物、致知、诚意、正心四斋。以张子厚先生昔讲道于横渠，乃为室东偏，合张、许二先生而祠之。库寝庖厩毕备，屋凡若干楹。事闻，有诏赐名曰'鲁斋书院'，仍谕陕西省给田、命官、设禁如他学院故事。有司既奉诏，而祐等请纪以文。夫文者何也？以西伯周公之圣而止曰'文'。今郡国校官往往而具宫居而师事者，亦无不同。及观其效，则弥阔而遂疏者，何耶？无亦文非其文而然与？夫子不曰'斯道'而曰'斯文'，学于此者，亦可以深长思矣。若昔儒先自伊洛关辅以来，相望百年，不绝而续。若朱子之立言，使圣人之道复明于简籍。许先生之立事，使圣人之道得见于设施。皆所谓豪杰之士也。观先生之于朱子，信其道，从其言，尊之为父师，敬之如神明，呜呼，殆所谓虽无文王犹兴者与。终际昌时，出其所学，有以当圣人之志，建不朽之功，可谓开物成务之材矣。《诗》云'亹亹文王，令闻不已'，圣祖有焉。'乐只君子，邦家之基'，先生有焉。侯于先生有慕用之诚而不能忘，凡所以尊先生者，无不为也。然非私也，所以为道也，所以广圣天子之教也，所以使学者知所宗也，所以志先生之志而学先生之学者也。一举而众美具焉，可无述哉？侯名世延，字子敬，今为资善大夫、御使中丞。斥居宅者，王庭瑞，尝为怯连副总管，诏旌其闾以褒之。呜呼，圣天子之欲化民成俗，可谓诚且笃矣。承学之士，奚可以不自力乎？自今邠、雍之间，郁郁乎复如文、武、周公之世，吾犹有望。延祐二年十有一月朔记。"（《雪楼集》卷一三）许有壬《序》云："至大庚戌，集贤大学士姚公燧作《祠堂记》，犹以未升丛祀，天靳筑室为言。皇庆癸丑，始从西台侍御史赵世延请，暨宋九儒升丛祀，建书院京兆，记则翰林学士承旨程公钜夫笔也。元统乙亥，皇上敕翰林学士欧阳玄为神道碑，与夫制诰赞诔记铭，推明道统之所在者至。"（《至正集》卷四三）

意大利阿威罗伊派学者彼德·达巴诺卒（1250— ）。

侯克中约卒（1225？— ）。克中字正卿，号艮斋，真定人。自幼丧明，听群儿诵书，不终日能悉记其所授。稍长，习词章。既而悔之，乃精意读《易》。又工曲。卒年九十余。《易》学有《大易通义》，诗有《艮斋诗集》14 卷，杂剧有《关盼盼春风燕子楼》，不传。事迹见《录鬼簿》上。

曹泾卒（1233— ）。泾字清甫，号宏斋，徽州府休宁人。宋咸淳四年进士。马端临撰《文献通考》，"其学实泾授之"。入元不仕，至元十五年，受江东道按察使之邀，任歙县紫阳书院山长，招生徒，创学宫，撰《谢徐则山增紫阳书院月廪启》，士林宗之。卒祀紫阳书院。《宋元学案》列其入《介轩学案》。著有《讲义》4 卷、《书稿》《文稿》《俪稿》各 5 卷、《服膺录》、《读书记》、《管见》、《泣血录》、《过庭录》、《课余杂记》、《曹氏家录》、《古文选》等。事迹见洪炎祖《曹主簿泾传》(《新安文献志》卷九五)、《江南通志》卷一六七。

按：曹泾子曹希文，能著书，有《诗文讲义》2 卷、《通鉴日纂》24 卷。

赵文正月初七日卒(1239—)。文字仪可,一字惟恭,号青山,庐陵人。宋景定、咸淳年间,曾冒宋姓,名宋永,三贡于乡,入国学为上舍。南宋亡,入闽与王炎午、谢翱同入文天祥幕府。元初授东湖书院山长,迁南雄路学教授。诗文脱略涯岸,独抒所欲言。著有《青山集》8卷。事迹见程钜夫《赵仪可墓志铭》(《雪楼集》卷二二)、《元诗选·二集》小传、《宋季忠义录》卷一六。

按：赵文《青山集》原本31卷,不传,《四库全书》乃从《永乐大典》辑出,厘为8卷。

陈普卒(1244—)。普字尚德,号惧斋,福建宁德人,居石堂山。稍长,负笈入会稽从韩翼甫游。入元,隐居授徒,从学者数百人,三辟为本省教授,不起。尝聘主云庄书院。晚居莆中。治学以《四书》为本,学者称石堂先生。《宋元学案》列其入《潜庵学案》,《闽中理学渊源考》卷四〇专立"福宁陈石堂先生普学派"。著有《书经补遗》、《周易解》、《尚书补微》、《四书句解钤键》、《学庸旨要》、《孟子纂要》、《四书五经讲义》、《浑天仪论》、《天象赋》、《咏史诗断》,凡数百卷,又有《石堂先生遗集》22卷。事迹见《宋元学案补遗》卷六四、《元儒考略》卷四、《宋季忠义录》卷一二、《元诗选·三集》小传、《宋诗纪事》卷八〇。

杨奂卒(1245—)。奂字焕然,乾州奉天人。著有《概言》10卷、《天兴近鉴》3卷、《正统书》60卷、《正统八例序》、《东游阙里记》1卷、《汴故宫记》1卷、《紫阳东游记》1卷、《还山集》60卷。事迹见《元史》卷一五三、《元儒考略》卷一、《钦定续通志》卷四五九。

陈高(—1367)、章溢(—1369)、陶安(—1371)生。

延祐三年　丙辰　1316年

四月壬午,敕卫辉、昌平守臣修殷比干、唐狄仁杰祠,岁时致祭。

庚子,命中书省与御史台、翰林、集贤院集议封赠通制,著为令。

五月庚午,置甘肃儒学提举司,秩从五品。

七月,诏春秋释奠于先圣,以颜子、曾子、子思、孟子配享,封孟子父为邾国公,母为邾国宣献夫人(《元史·祭祀志五》)。

八月,中书省札付礼部呈翰林国史院议得：表章格式,除御名庙讳,必合回避,其余字样,似难定拟。都省仰钦依施行(《大元圣政国朝典章》卷二八)。

十月丁酉,禁民有父在者,不得私贷人钱及鬻墓木。

十二月壬午,授嗣汉三十九代天师张嗣成太玄、辅化、体仁、应道大真人,主领三山符箓,掌江南道教事。

丁亥，立皇子硕德八剌为皇太子，兼中书令、枢密使，授以金宝，告天地宗庙。

皇庆中，命西番必兰纳识里翻译诸梵经典，至是特赐银印，授光禄大夫。

封梓潼神为"辅元开化文昌司禄宏仁帝君"，简称文昌帝君或梓潼帝君。

是年，白云宗僧使权贵冒名爵，恣横不法，擅剃度游民四千八百余人，江浙行省处理此案。

<small>意大利方济各会修士波德诺内的鄂多立克衔命前往亚洲。

意大利医生、解剖学家蒙汀诺·迪卢西创立权威性的解剖学。</small>

吴澄留宜黄县五峰寺，隐五峰僧舍著《易纂言》，门人生徒者数十余人。

程文海是春疾复作，上章乞骸骨归田里，上不许。是夏得请南还，特加光禄大夫降制追荣三代，赠官赐谥，仍不得致仕。

按：程钜夫七月应该致仕，袁桷是月十三日作骚体《七观》赠之，赵孟頫为之书。

袁桷为翰林待制，朝廷封赠官员亲属，桷得以追赠其母、其妻。其父因品级已高，未得追封。

按：《己未封赠祝文》载："延祐丙辰春，叨尘待制，霈典普行，得追荣于我考妣。是岁，翰苑扈从不以官秩高下，咸获沾恩，独吏部申明，谓：子职既卑，难拟于父。由是仅获追封妣为会稽郡君。"（《清容居士集》卷四三）

王构九月卒，袁桷为作请谥事状。

袁桷九月受梁德璋之请为梁德珪作行状。

虞集奉常被旨修岁祀于江渎，乘间，虞集可能得至于故乡访问遗老以先世之事。

按：虞集此行，众学士作诗为之饯行。袁桷赋诗《送虞伯生降香还蜀省亲》、《再次韵》、《三次韵》，马祖常作《和袁待制送虞伯生博士祀祭岳镇江河后土》，虞集作《代祀西岳会袁伯长王继学马伯庸三学士二首》。

赵孟頫三月以勖实带、慕颜铁木父子重修伊皋书院事报上，仁宗嘉之，赐名"伊川书院"，命薛友谅作碑文记其事，赵孟頫书丹，郭贯篆额。

按：伊皋书院位于河南伊川。宋元丰五年（1082），文彦博赠程颐鸣皋庄园一处，作为其著书讲学之所。程颐于此讲学达20余年。靖康元年（1126），金兵南下，书院被毁。元后嗣炮手总管勖实带率兵镇守鸣皋，读二程《遗书》受其影响，遂改名克烈士希，于旧址建书院，并亲自为之记。其子慕颜铁木又增建稽古阁，藏书万余卷。薛友谅《敕赐伊川书院碑》云："……伊川鸣皋镇炮手军总管勖实带，读《易传》，读《遗书》，坚苦刻励，而有得焉，乃更名曰士希。尝语：人之生也，天与之至善之性，苟不为物欲所蔽，操存涵养，真积力久，去圣贤之域夫何远哉？吾儒读书学道，必以成己成物为第一义。每欲礼聘师儒合里之，俊秀教养之，使知圣门义礼之学，以少副方今开设学校、作新士类之美意，于是伊川书院立焉。募工鸠役，皆由己资，十年乃就。先圣先贤之像设，传道诸儒之位序，门庑、庖厨、讲室、库庚，举皆如制。经营颠末，已尝记之。其子慕颜铁木，复起稽古阁，贮书万卷。延祐三年春三月，来京师，谓友谅曰：'先子闻道晚而为学力，其于勉励后进之志，老不自已。所创书院，倘获上赐之名，庶其不朽。'友谅因为集贤大学士頫言之，頫遂以闻。上嘉之，且曰：'力役之大,财用之广,成于一家,诚不易得也。宜赐额曰"伊川书院"。其命翰林直学士友谅文诸石,集贤学士赵孟頫书丹,参知政事郭贯篆额。'臣友谅谨再拜,稽首奉诏。呜呼!士希培植人材之心,慕颜铁木继承前人之美,皆甚盛矣。而非圣天子慨然命旨,彰厥成绩,则来游来歌之士,亦何所观感兴起哉?是举也,岂徒河洛多士之幸,实世道之幸也。感叹不足而声之诗,诗曰:王天垂拱天九重,一家四海车书同。洛邑奥区天地中,乡庠术序俗可封。伊川发源昼夜东,东归洙泗犹朝宗,先贤之传后所宗,士希志学能反躬。人生而静由降衷,莹然妙理恒昭融。邪思一动万欲攻,养正乃得成圣功。欲将此说开群蒙,倾囊倒囷兴学宫。圣人像设申申容,传道诸儒俨以恭。春秋释菜廪饩丰,贮书有阁高凌空。乃子肯构成厥终,延师聚徒鸣鼓钟。齐鲁一变鸣皋风,焉知主善无王通,焉知来游无轲雄。他时取材预登庸,补裨治道三代隆。大臣含香闻帝聪,深嘉此举心何公。集贤老笔摇长虹,大书恩纪碑穹隆,百千其龄垂无穷。"(《嵩县志》卷八,《河南总志》卷一四、《河南通志》卷四三亦有录)

揭傒斯升应奉翰林文字,知制诰,仍兼编修。

黄溍授将仕郎、台州路宁海县丞。

马祖常三月扈从仁宗至上京,胡助为其送行,并作《和袁伯长韵送继学伯庸赴上都》;同来送行者还有袁桷、柳贯等

刘壎得归,以季秋起行。

杨弘道被追谥文节。

按:杨弘道,字叔能,号素庵,淄川人。工诗,著有《小亨集》6卷。

倪瓒从王文友读书。

魏必复为集贤侍讲学士。

按:魏必复,弘州顺圣人。

盛从善授昭文馆大学士。

程大本特授郊祀署令。

乜孙不花以知州重建梅江书院。

按:书院为宋淳祐六年(1246)虞化知县夙子兴建于拱辰桥旁,祀朱熹门人曾兴宗,文天祥书匾额。久废。至正初由监州额森布哈重建。

胡炳文著《周易本义通释》12卷,辑录《云峰易义》1卷。

按:钱大昕《元史艺文志》作10卷,注或作12卷,胡炳文是年春作序云:"宇宙间皆自然之易,易皆自然之天,天不能画,假伏羲以画;天不能言,假文王、周、孔以言。然则羲、文、周、孔之画之言,皆天也,易言于象数而天者具焉,易作于卜筮而天者寓焉。善乎,子朱子之言曰:'伏羲易自是伏羲易,文王、周公易自是文王、周公易,孔子易自是孔子易。'乌乎,此其所以为羲、文、周、孔之天也,必欲比而同之,非天也。《易》解凡几百家,支离文义者无足道,附会取象者尤失之。盖凡可见者,皆谓之象,其或巧或拙,或密或疏,皆天也。《易》之取象壹是巧且密焉,非天矣。惟邵子于先天而明其画,程子于后天而演其辞,朱子《本义》又合邵、程而一之,是于羲、文、周、孔之《易》会其天者也。学必有统,道必有传。溯其传羲、文、周、孔之《易》,非朱子不能明要其统;凡诸家解《易》,非《本义》不能一。然其统、其传非人之所能为也,亦天也。予此书融诸家之格言,释《本义》之奥旨,后之学者,或由是而有得于《本义》,则亦将有得于羲、文、周、孔之天矣。延祐丙辰春新安后学胡炳文仲虎父序。"(《云峰集》卷四)《四库全书总目提要》评曰:"是书据朱子《本义》,折衷是正,复采诸家易释,互相

发明。"

陈栎冬纂《尚书集传纂疏》成。

按：《四库全书总目提要》评曰："是编以疏通蔡《传》之意，故命曰疏；以纂辑诸家之说，故名曰纂。又以蔡《传》本出朱子指授，故第一卷特标朱子订正之目，每条之下，必以朱子之说冠于诸家之前，间附己意，则题曰'愚谓'以别之。考栎别有《书说折衷》，成于此书之前，今已散佚，惟其《序》尚载《定宇集》中，称：'朱子说《书》，通其可通，不强通其所难通，而蔡氏于难通罕阙焉。宗师说者固多，异之者亦不少，予因训子，遂撮朱子大旨及诸家之得经本义者，句释于下，异同之说，低一字折衷之。'则栎之说《书》，亦未尝株守蔡《传》。而是书之作，乃于蔡《传》有所增补，无所驳正，与其旧说迥殊。《自序》称'圣朝科举兴行，诸经《四书》一是以朱子为宗，《书》宗蔡《传》固亦然'云云，盖延祐设科以后，功令如斯，故不敢有所出入也。"

田泽是年作《续刊大易缉说始末》。

按：文曰："泽昨于大德十年，任澧州路推官，咨呈本路节文云：窃谓天地以道托诸圣贤，圣贤以道载诸经书，所以绍天明，扶世教，立民命，开太平。故自孔圣删定系作之后，在上者常以表章自任，在下者多以训注名家。于是圣经旨义愈阐愈明，圣经功用愈久愈著。今观世所谓九经者，《诗》《书》，二《礼》《孝经》《语》《孟》，犹是圣贤杂著之书，独《易》与《春秋》，纯乎圣人之笔。而《易》又出于天地之文，故《易》最精微，难得明白。自子夏以来，说之见于世者，何啻数百家，不为不多。然河图、洛书之象数，《易》所本也，而未免错乱；先天、后天之卦象，《易》所祖也，而未免缺疑。学者迷惑，终未释然。至如《春秋》一经，按《艺文志》，皆谓左氏受经于仲尼，公、谷受经于子夏，既已讹矣。后儒之说，但祖三传，如释例、长历、集解、调人、繁露、义函之类，闻于世者，亦不啻百余家，不为不多。……卑职误叨恩命，来此推刑，访得蜀儒王申子（即王巽卿）所解《大易缉说》、《春秋类传》二书，公退之暇，详玩紬绎。其《大易缉说》，分纬河图，以溯伏羲画卦之由；错综河洛，以定文王位卦之次。又参上系下系，以覆圣人设卦系辞之旨；又主成卦之爻，以发圣人立象取义之因。……其《春秋类传》则曰：有贬无褒，乃夫子一部法画，出乎周公之礼，则入乎夫子之法，拨乱反正，无罪不书。其志封疆者，所以著侵夺之罪也；其志世次者，所以著篡弑之罪也。志礼乐、志正朔者，著僭窃无王之罪也；志官职、志兵刑者，著违制害民之罪也。……发此义例，类成一书，自我作古，字字精当。皆发先贤之未发，深得圣人之本旨，可谓穷到极处而不苟同者也。询之学校诸儒，皆曰：'王申子前邛州两请进士，寓居慈利州天门山，隐处幽深，无心求仕。垂三十年始成此书，观其覃思之精，用力之勤，诚可嘉尚。如此二经明于今日，此迨圣朝气运有以扶之，使圣经复日月于混一之世也。卑职再三思之，与其使王申子私授门人，曷若进呈朝省，广布天下。为此，将《缉说》、《类传》妆梢咨去，如蒙缴申省台、送翰林、集贤二院，考正而表章之，于以决万世经传之疑，于以昭圣代文明之治，圣经幸甚！世教幸甚！本路转申湖广等处行中书省，并牒呈江南湖北道肃政廉访司照详。去后，当年十一月回准廉访司牒，该未经儒学提举司考校，是否相应。本路移准湖广等处儒学提举司牒，行据南阳书院王山长申子，尝观前贤解释经书最难，而解释《易》与《春秋》之经为尤难。何者？《诗》、《书》、《礼》、《乐》，吾夫子删之、序之、定之而已。至于《易》则明体用一源、显微无间之理；《春秋》则著王道权衡、制治模范之经。前辈谓二书为夫子之文章，此非精于学识者不能发明。故自昔以来，注释者何止数百家，而犹未能尽。今观王申子所注《易》书……诚有功于圣治，有补于后学，而非苟然作者。比若蒙转申庶，不负皓首穷经之志，使后辈亦可闻风而兴起矣。备此牒呈，去后，承准廉访司牒，未经儒学提举正官考校，行据儒学提举司状申、提举许承事考较，得王申子所著《大易缉说》，得千百载经纬图画之必要，发丝圣人设卦系爻之本旨。其著《春秋类传》，破诸儒褒贬之泛说，探圣人笔削之本心。用力良勤，考索有据，诚有功于圣经，有补于世教，有益于后学，与其他别笺数语、经营入仕者不同。……王申子皓首穷经，不求闻达，其志可尚。如蒙移咨本省，于山长、学正内委用，不负勤劳，激劝其余。本部于至大四年（1311）三月，具呈都省照详，移咨湖广行省，于山长、学正内类选。皇庆二年四月，蒙行省扎付拟王申子充武昌路南阳书院山长。王申子守志不出，爰醵同志续锓诸梓，以与学者共。时延祐丙辰日长至，承直郎、前常德路总管府居官推延田泽拜首谨书。"（《大易缉说》卷一〇）田泽，钱大昕《元史艺文志》载注曰：居延人，延祐中常德路总管府推官，另著有《洪范洛书辨》1卷。

柳贯约于此年作《共山书院藏书目录序》。

按：共山书院在河南辉州共城苏门百泉之上，创建情况不详，其藏书、编目与乎"辨章学术、考镜源流"之目录学思想，概见于柳贯此篇《共山书院藏书目录序》。该序为现存最早藏书序作，颇具史料价值。《序》曰："汲郡张公自始仕好蓄书，洎通显矣，益缩取俸钱，转市四方，积三十年，得凡经史子集若干卷。既以藏之其居共城苏门百泉之上，而类次其目录如右。延祐三年，公参议中书省之明年，贯来京师，实客授其家，间乃得其所谓目录者而观之。盖其所储，自五三载籍外，群圣百家之言咸在，亦既嚅哜其腴泽，而撷其大者用之天下国家，其绪余则以敷遗后人。若公之心，可谓无累于书者矣。然经以载道，史以载事，上下数千年，宇宙之运，古今之会，相寻于无穷者至总总也。帝王之盛，道在人心，固莫非全书。而秦之煨烬，秦自煨烬之；汉之表章，汉自表章之：书无毫发损益也。自时厥后，执谶纬以谈经，而经始离；党私门以议史，而史始诬。传注记述之家，盖蜂起而蝟兴，十百古人不啻，虽以向、歆父子之录、略，班固、荀勖之甲、乙，元嘉之有部，崇文之有目，仅止于一时中秘之藏而已。况夫世变不齐，文字日滋，吾而持数寸之楮，欲以殚穷其名类，吁亦狭矣！今公所聚之书，浩穰若是，则谱而稽之，固其势有不得不然者，而岂胜之云乎？抑圣贤之精神心术寓诸书，其言道德性命至矣。而制度仪章，于今尚幸可考，莫详于《礼》、《乐》。夫既载之之详，而又原于人心为易入，则伯夷、后夔之教，是宜旁薄洋溢，千万世而一日也。然五礼六礼之殊伦，五音七音之易位，遂有取其进退俯仰高下清浊之数，一切纷更贸乱之用，绵蕝以易三朝之仪，因同室而紊都宫之制。上齿之俗，微于乡饮之不修；成人之道，息于冠礼之不讲。至论钟律，则铢黍既差，均节何有？五量三统，已因之无所适；主虽奉常，所肄亦且弊弊。于龟兹之部，梨园之伎，而郑卫不足淫矣。呜呼！亦安知五帝三王不相沿袭之说，其流遂至于此耶！此有志之士跂踵礼乐之兴，而庶几乎人心可正，世教可隆，尧舜禹汤文武周公之治可得而致也。今上而铺猷叙伦之君，下而明理宣化之臣，大廷之议，顾必有及于稽古礼文之事者。圣贤远矣，精神心术所寓，条在书，纲在录，可概举而将之也，非公之望而奚望哉？贯之浅学，何足以知之？辄因序述，而窃有献于公焉。"（《柳待制文集》卷一六）

无名氏著《梓潼帝君化书》4卷成。

按：梓潼帝君即文昌帝君，相传为司禄之神，旧时文人多崇祀之，道、释亦尊奉之，此传叙述文昌帝君历世显化事迹。系自传体。有诗有文，故亦可视为诗话体传记，融合儒、释、道，以道为主。又有无名氏著《元始天尊说梓潼帝君应验经》、《元始天尊说梓潼帝君本愿经》，大约都与是年封梓潼神为"辅元开化文昌司禄宏仁帝君"事相关。

谭景星撰《村西集》13卷刊刻。

按：是书现藏于日本宫内厅书陵部。是书第一册为诗集，卷首有自序，序尾署"皇庆壬子秋村西西翁谭景星明望序"，序后有"小村书塾刊梓、谭畴孔章谨识"二行木记，下为"村西西翁诗集目录"，分六卷，按诗体编排。卷一：五言律；卷二：五言古句；卷三：七言律；卷四：七言绝句；卷五：七言古句；卷六：四五六言。正文各卷头题"村西集卷之几"，署"村西谭景星明望述"、"后学陈泗孔编"。第二至四册为文集，原书当有十卷，今传本缺卷一、四、五，且无序目。所存者内容依次为：卷二：论；卷三：书；卷六：说；卷七：记；卷八：碑；卷九：杂著；卷十：志。据今人黄仁生《日本现藏稀见元明文集考证与提要》考定，陈泗孔编次的文集部分刻于延祐四年至五年间，并重印前述皇庆元年所刻诗集与之合为一帙。

集庆路儒学刻罗文振《农桑撮要》7卷。

国子监刊行小字本《伤寒论》10卷。

袁桷三月作《重建医学记》。

按：《延祐四明志》卷一四有该文，款曰："延祐三年三月翰林待制文林郎兼国史院编修官袁桷记。"

吴澄作《岳麓书院重修记》。

按：文曰："余谓：书院之肇创、重兴与夫今之增饰，前后四刘氏，道同志合，岂偶然哉？开宝之肇创也，盖惟五代乱离之余，学正不修，而湖南遐远之郡，儒风未振，故俾学者于是焉而读书。干道之重兴也，盖惟州县庠序之教沈迷俗学，而科举利诱之习蛊惑士心，故俾学者于是焉而讲道。是其所愿望于来学之人，虽浅深之不侔，然皆不为无意也，考于二记可见已。呜呼！孟子以来，圣学无传，旷千数百年之久。衡岳之灵锺为异人而有周子，生于湖广之道州，亚孔并颜而接曾子、子思、孟子不传之绪。其原既开，其流遂衍，又百余年而有广汉张子家于潭，新安朱子官于潭。当张子无恙时，朱子自闽来潭，留止两月，相与讲论，阐明千古之秘，骤游岳麓，同跻岳顶而后去。自此之后，岳麓之为书院，非前之岳麓矣。地以人而重也。然则，至元之复建也，岂不以先正经始之功不可以废而莫之举也乎？岂不以真儒过化之响不可绝而莫之续也乎？别驾君之拳拳加意者，亦岂徒掠美名而为是哉？其所愿望于诸生，盖甚深也。且张子之记尝言当时郡侯所愿望矣，欲成就人才以传道济民也，而其要曰仁。呜呼！仁之道大，先圣之所罕言。轻言之，则学者或以自高自广而卒无得。《论语》一书，大率示学者求仁之方，而未尝直指仁之全体。盖仁体之大如天之无穷，而其用之见于事，无所不在，迩之事亲事长，微而一言一动皆是也。饮食居处，一不谨焉，非仁也；补趋唯诺，一不谨焉，非仁也；温清定省，一不谨焉，非仁也；应接酬酢，一不谨焉，非仁也。凡此至近至小，甚易不难，而明敏俊伟之士，往往忽视，以为不足为，而仁不可几矣。呜呼！仁，人心也。失此则无以为人。曾是熟于记诵、工于辞章、优于进取而足以为人乎？学于书院者，其尚审问于人，慎思于己，明辨而笃行之哉！"（《吴文正集》卷三七）

西班牙神学家、经院哲学家、伊斯兰教的反对者和诗人莱蒙德·鲁尔卒（1235— ）。	陈天祥卒（1230— ）。天祥字吉甫，号缑山，其先赵州宁晋人，徙洛阳。陈祐弟。中统三年，被征为千户。旋退居偃师南山，躬耕读书，遂通经史。至元十一年，起家从仕郎，从军渡江，为鄂复州等处招讨使经历。历任监察御史、奉训大夫、吏部郎中等职。二十三年，除治书侍御史，忤桑哥系狱，摧胁百至，而恬不为动，凡幽四百余日，惟取《四书》环披遍考，心究而身体之，有所疑即著论以辨略，不以死生祸福纤介。后遇赦得释。官

至中书右丞。卒谥文忠。著有《四书辨疑》15卷、《四书选注》26卷等。事迹见张养浩《陈公神道碑铭》(《归田类稿》卷一〇)、《元史》卷一六八《陈祐传》附传。

按：其《四书辨疑》，《四库全书总目提要》评曰："朱子《四书章句》、《集注》，元初始行于北方，王若虚不以为然，立说攻之。天祥又推演王氏之说，以成是书。于时，安熙又以天祥为非。然问孔刺孟，不废论衡，况儒者诘经，各抒所见，千虑一失，千虑一得，又何妨存备参考耶。"

郭守敬卒(1231—)。守敬字若思，河北顺德邢台人。曾设计开凿通惠河以通漕运，并修治其他河渠多处。至元十三年，奉命参加创制了简仪、高表、候极仪、浑天象、玲珑仪、仰仪等十三件精巧仪器。提曾出"三次内插公式"及"球面直角三角形解法"。著有《授时历经》3卷、《授时历推步》7卷、《立成》2卷、《历议拟稿》3卷、《转神》1卷(又名《转神选择》2卷)、《上中下三历注式》12卷、《时候笺注》2卷、《修改源流》1卷、《仪象法式》2卷、《二至晷影考》20卷(钱大昕《元史艺文志》注曰：齐履谦传二卷)、《五星细行考》5卷、《古今交食考》1卷、《新测二十八舍杂坐诸星入宿去极》1卷、《新测无名诸星》1卷、《月离考》1卷、《授时历法提要一》。事迹见苏天爵《太史郭公》(《国朝名臣事略》卷九)、齐履谦《知太史院事郭公行状》(《国朝文类》卷五〇)。

按：《知太史院事郭公行状》曰："鲁斋先生言论为当代法，因语及公，以手加额曰：'天佑我元，似此人世岂易得？'呜呼！其可谓度越千古矣。"

董朴卒(1232—)。朴字太初，邢台人。宋咸淳八年为刑部郎官。元至元十六年，以荐为陕西知法官，寻召为太史院主事，辞不赴。皇庆初，年逾八十，以翰林修撰致仕。自幼强记，比冠，师事乐舜咨、刘德渊。其为学，自孔、孟微言，以及先儒所以开端阐幽者，莫不研极其旨。学者称龙冈先生。《宋元学案》列其入《鲁斋学案》。事迹见《元史类编》卷三一。

虞荐发卒(1239—)。荐发字君瑞，丹阳人。宋咸淳三年膺乡举，九年再举，官知宁国县。宋亡，避地无锡，招诸生讲学，自号薇山老人。事迹见清光绪《无锡金匮县志》卷二一、《梁溪诗钞》卷二。

张与材卒，生年不详。名或作羽材，字国梁，号薇山，又号广微子，贵溪人，居信州龙虎山。父张宗演、兄张与棣，分别为正一道教三十六代、三十七代天师。至元三十一年与棣卒，次年与材嗣兄职，袭掌道教，为第三十八代天师，道号为太素凝神广道明德大真人，管领江南诸路道教。大德八年，授正一教主。武宗即位，加金紫光禄大夫，封为留国公。事迹见《元史》卷二〇二《张宗演传》附传、《国绘宝鉴》卷五。

李质(—1380)、曹宗儒(—1385)、郭珏(—?)、陶宗仪(—?)、秦约(—?)、袁华(—?)生；夏庭芝(—?)约生。

延祐四年　丁巳　1317年

<small>奥斯曼土耳其人始围攻布鲁萨城（今土耳其布尔萨）。

威尼斯船队首开意大利城市与西欧大西洋城市间直接通商航路。</small>

二月乙丑（二十八日），升蒙古国子监秩正三品，赐银印。

按：此举依旧是元廷坚持蒙古国子监优先发展原则的表现。

四月，翰林学士承旨忽都鲁儿迷失、刘赓等节译《大学衍义》以进，帝览之，谓群臣曰："《大学衍义》议论甚嘉"，"修身治国，无逾此书"。令翰林学士阿隣帖木儿译以国语（《续资治通鉴》卷一九九）。

是月，元廷赐名"西山书院"，以祀真德秀，并列为学官。

按：宋嘉定十三年（1220）真德秀由集英殿修撰抚江西，因丁母忧返梓。翌年筑精舍于长乐里仙阳镇，与朋辈讲学其中，并建睦亭，自为之记。宝庆三年（1227）始迁。虞集有序云："建宁路浦城县，真文忠公之故居在焉。其孙渊子言，其族人用建安祠朱文公之比，筑室祠公，相率举私田给凡学于其宫者，而诸官为之立师。江浙行中书省上其事，朝廷题之，名之曰'西山书院'，列为学官，实延祐四年四月也。是年，天子命大司农晏翰林学士承旨忽都鲁都儿迷失，译公所著《大学衍义》，用国字书之，每章题其端曰'真西山云'。书成奏之，上尝览观焉。昔宋臣尝缮写唐宰相陆宣公奏议，以进其言曰：'若使圣贤之相契，即如臣主之同时。'识者以为知言。由今观之，宣公之论治道，可谓正矣。然皆因事以立言，至于道德性命之要，未暇推其极致也。公之书，本诸圣贤之学，以明帝王之治。据已往之迹，以待方来之事。虑周乎天下，忧及乎后世。君人之轨范，盖莫备于斯焉。董仲舒曰：'人主而不知《春秋》，前有谗而不知，后有贼而不见。'此虽未敢上比于《春秋》，然有天下国家者，诚反覆于其言，则治乱之别，得失之故，情伪之变，其殆庶几无隐者。公当理宗入继大统之初，权臣假公之出以定人心。既而斥去之，十年复召，首上此书。当时方注意用之，未几而公亡矣。《诗》云：'人之云亡，邦国殄瘁。'公再出，而世终不获被其用，岂非天乎？庸讵知百年之后，而见知遇于圣明之时也。"（《雍虞先生道园类稿》卷二四）

六月癸亥（十九日），禁白云宗总摄沈明仁所佩司空印毋移文有司。

<small>高丽闵清撰本朝《编年纲目》。</small>

吴澄七月被请于江西省考校乡试，不得已而行。

李孟七月罢官。

袁桷八月作《大都乡试策问》考题。

按：袁桷为大都乡试考官期间，与众考官诗文唱和不断，后集成《秋闱倡和（丁巳）》，包括《次韵席士文御史六首》、《次韵士文感兴》、《八月二十有二日范京尹同会秋闱天使传召命温问试策贡士赐以法酒臣桷等望阙再拜以叙饮誊录官翰林应奉臣翼述其歌诗谨用次韵》、《次韵王正臣书史试院书事二首》、《次韵宋质夫应奉秋闱书事二首》（《清容居士集》卷一四）。

虞集迁承事郎集贤修撰，考大都乡试。

揭傒斯升国子助教。

柳贯授湖广儒学副提举。

刘壎九月客洪城，遇北人于宋庭宾家曰东门老，其人言道学主心悟，儒释不分，壎拟欲再相订正，而彼已飘然长往矣。

邓文原升翰林待制。

郭畀客鄱阳，与吴德昭同集于徐秋湖之一碧亭。

御史马祖常以币来征丘葵，葵不出，作诗明志。

周霆震再试不第，遂杜门谢客，专意于古文。

熊良辅领乡荐，试礼部不第，居乡授徒。

赵孟頫妻管道升加封魏国夫人。

俞镇领乡荐，仕至建德县尹。

按：俞镇，字伯贞，崇德人。著有《学易居笔录》1卷。

陶安从何益甫闻发蒙，读书日记千言，乡党异之，又从师于李习兄弟，博涉经史，尤长于《易》。

苏志道四月出为岭北行省郎中，袁桷作《苏子宁北行诗二首》。

袁桷拜通真观徐道士，未果。是年，为道士祝丹阳饯行。

陈栎在珰溪馆纂《四书发明》，并作《字训批注跋》、《朝阳楼记》。

按：《字训批注跋》曰："番阳程蒙斋《小学字训》，朱子目以'大《尔雅》'，然止三千字，蒙斋同邑董介轩尝为注释。沈毅斋以程训未备，增广之。吾邑程徽庵犹以为未备，合程、沈所训，又增广焉，其条百八十余，且自加注释。愚尝谓幼学未可贪多，能熟'大《尔雅》'而通之，此进圣途第一步，由此渐进，始可久。徽庵视介轩所释精深，初学恐未易及，旧据管见释之，一是以明白为贵，使童习者一见了然，其于性理入门，不为无助。虽有传者，未广也。延祐乙巳春，介轩从子季真来见，谓闻之松峰璩君，《字训》至徽庵而大备，惜未之见。予因尽出之，相与篝灯细玩，信其为宇宙间精妙之书。季真谋会梓板行，此意甚佳，遂举以授之。又问之吾友黄求心行叟，徽庵初刊之临汝时，无吴竹洲论说，其孙刊之家塾，始自增入，即今所授本也。其说甚少，亦无所悖，姑仍其旧，观者宜知之云。"（《陈定宇先生文集》卷六）

齐履谦著《春秋诸国统纪》6卷、《目录》1卷成，六月初一日作《自序》。（参见柳贯泰定二年八月二十一日作《齐太史春秋诸国统纪序》条）

按：《序》云："孔子曰：'属辞比事，《春秋》教也。'所谓《春秋》者，古者史记之通称也。何以明之？孟子曰'王者之迹熄而《诗》亡，《诗》亡然后《春秋》作'，庄子曰'《春秋》，先王经世之志'，墨子曰'吾见百国《春秋》'，皆非谓今之《春秋》也。又尝考之古文，有《夏商春秋》，又有《晋春秋》。《国语》，晋羊舌肸习于《春秋》，悼公使傅其太子；楚庄王使申叔时傅太子箴，教之《春秋左传》；韩宣子适鲁，见《鲁春秋》。至于后世，史学亦多以春秋名其书者，若《虞卿春秋》、《吕氏春秋》、《陆贾春秋》、《吴越春秋》、《汉魏春秋》、《唐春秋》之类，往往有之。故知春秋者，古者史记之通称。而今之《春秋》一经，圣人以同会异、以一统万之书也。始鲁终吴，合二十国史记而为之也。然自三《传》既分，世之学者类皆务以褒贬为工，至于诸国分合，与夫《春秋》之所以为《春秋》，未闻其有及之者。予窃疑之久矣。暇日辄以所见妄为叙类，私之巾箧，盖不惟有以备诸家之阙，庶几全经之纲领，而自此或可以寻究云。延祐四年丁巳夏六月乙未朔，沙麓齐履谦谨书。"（《春秋诸国统纪》卷首）

精一书舍陈实夫刊行《孔子家语》3卷。

马端临《文献通考》刊行。

袁泰编其父袁易诗文《静春堂集》4卷成,龚璛为作序。

按:《四库全书总目提要》评曰:"是集乃易殁之后,其子泰所编。延祐四年,龚璛为之序,推之甚至,然以王安石拟之,殊不相类。卷末有厉鹗跋,拟以黄、陈,亦未尽然。易诗吐言天拔,于陈与义为近,与高庭坚之镕铸劃削,陈师道之深刻瘦硬,其门径实各别也。"

圆沙书院刊行宋林駉《新笺决科古今源流至论》前集10卷、后集10卷、续集10卷、宋黄履翁别集10卷、林駉《皇鉴笺要》60卷。

僧一宁卒(约1250—)。一宁俗姓胡,号一山,浙江台州人。精通释典诸部、僧道百家、稗官小说,善于书法,相传为日本朱子学传播者,又为日本"五山"文学创造者。日本后宇多天皇笃信佛教,最尊信他,卒赠国师。宇多曾亲题像赞曰:"宋地万人杰,本朝一国师"。著作今存《语录》2卷。其高徒雪村友梅于其圆寂后入中国,留住22年之久,后成为日本五山文学的创始人。事迹见虎关师炼《一山国师妙慈弘济大师行记》(《一山国师妙慈弘济大师语录》卷下,《大正藏》第80册)。

吴彤(—1373)、刘履(—1379)、王沂(—1383)、戴良(—1383)生。

延祐五年　戊午　1318年

瑞士"永久同盟"与奥地利哈布斯堡家族媾和。

正月丁亥,会试进士。

二月戊午,给书西天字《维摩经》金三千两。

按:初,宣徽院使岁会内廷佛事之费,以斤数者,麦四十万九千五百,油七万九千,酥蜜共五万余。盖自至元三十年间,醮祠佛事之目仅百有二,大德七年(1303),再立功德使司,增至五百余。至是僧徒冒利无厌,岁费滋甚,较之大德,又不知几倍矣。

三月戊辰,廷试进士,赐忽都达儿、霍希贤以下50人及第、出身有差。

给金九百两、银百五十两,书金字《藏经》。

七月,加封楚三闾大夫屈原为忠节清烈公。

九月癸亥,大司农买住等进司农丞苗好谦所撰《栽桑图说》,仁宗帝以是图甚佳,命刊印千函,散发民间。

己卯,以江浙行省所印《大学衍义》五十部赐朝臣。

赐钞万锭,建帝师八思巴殿于大兴教寺。

是年,汨罗书院以此年追封屈原为忠节清烈公,改祠称"忠节清烈",

院亦更名"清烈"。

赐额"历山书院"。

按：《元史·和尚传》附《千奴传》载，千奴延祐五年（1318）乞致仕。帝悯其衰老，从其请，仍终半薪其身。退居濮上，筑先圣宴居祠堂于历山之下，聚书万卷，延名师教其乡里子弟，出私田百亩以给养之。有司以闻，赐额"历山书院"。程钜夫为作《历山书院记》，其文载："历山书院，历山公所建也。山在古东郡鄄城。相传舜尝耕之，民因祀之，尚矣。公大父国初来居其下，有斩将搴旗之功，没于王事。庆钟，其子，是为提刑公。提刑公少长戎行，克肖先正，尝以郎中佐征南军，众议屠长沙，公独争之强，曰：'杀降不义，且皆吾民也。'由是活且百万人。终浙西提刑按察使。历山公以名臣子奉宿卫，受世祖皇帝眷知，起家持宪节历诸道，入尹神皋参宥府。勤于劝学，所至必先之。莅官之余，且淑于其乡，而历山书院以成。聚书割田，继以廪粟，以曹人范秀为之师，自子弟与其乡邻，凡愿学者皆集。又虑食不足，率昆弟岁捐粟麦佐之。提刑公之封树在焉，则为书与昆弟约，谨烝尝护松槚，相与为忠信孝弟之归。又与子侄约，凡胜衣者悉就学，暇日习射御，备戎行。曰：'毋荒毋逸，毋为不善，以忝所生也。'又曰：'再舍而谒医，若疾何复藏？'方书聘定襄周文胜为医师，以待愿学者与乡之求匕剂者。于是郡邑上其事，有司乃定名曰'历山书院'，就俾范秀为学官而督教事焉。广平程某闻而叹曰：斯古人之事也，有三难焉，非其时而为其事，难也；崛然特为于众所不顾，又难也；刻资非有余而黾勉为之，噫，难哉。……公大父讳忽都思，姓伯岳吾氏，为百夫长。其先以北方君长归国朝，世有战功。提刑公讳和尚，治法征谋，闻望甚伟。历山公名千奴，今为嘉议大夫，参议中书省事，笃于学问，博通古今，有经济之具，其家方大云。"（《雪楼集》卷一二）

吴澄应邀至永丰县武城书院讲学。虞集奉旨至吴澄家，诏授澄为集贤学士奉议大夫，澄初无行意，虞集曰："此除实出上意，宜勉为行。"五月戒行，时使者急欲复命，澄因疾辞谢，遂留淮南。

赵孟𫖯九月受袁桷所请作画，并跋语。

按：《宝绘录》卷一三《袁清容集四大家·子昂为清容所作》载："余年齿日长，精力日衰，笔役研劳，渐学慵退矣。适为清容所请，乃复尔尔。若欲求向时情况，则非老人之所能办也。延祐戊午九月，孟𫖯识。"

袁桷二月为殿试读卷官。是年作《赠岑易直登第归里二首》。

按：《江陵儒学教授岑君墓志铭》载："延祐五年，岑君良卿以诗义，上礼部第二。桷时为殿试读卷官，定甲乙。"（清容居士集》卷二九）

袁桷任会试读卷官，三月初六日上进士策问考题。

按：《试进士策问》载："延祐五年三月六日进。"（《清容居士集》卷三五）有士子问："古赋当祖何赋？"桷曰："屈原为骚，汉儒为赋。赋者，实叙其事，体物多而情思少；登高能赋，皆指物喻意。汉赋如扬、马、枚、邹，皆实赋体。至后汉杂骚词而为赋，若左太冲、班孟坚《两都赋》，皆直赋体，如《幽通》诸赋又近《楚辞》矣。晁无咎言变《离骚》、续《楚辞》，其说甚详。私谓赋有三变，自后汉之变为初，柳子厚之赋为第二，苏、黄为第三。今欲稍近古，观屈原《橘赋》、贾生《鵩赋》为正体；又如《驯象》、《鹦鹉》诸赋，犹不失古；曹植诸小赋尤雅润，但差萎弱耳。"（《清容居士集》卷四二）

袁桷四月为进士汪泽民归里饯行。

袁桷夏五月升集贤院直学士，与郭郁来往密切。

按：《有元故赠中宪大夫中书吏部侍郎骑都尉陈留郡伯郭公神道碑铭》载："延祐五年，文卿（郭郁）为中书检校，余时直集贤，来往益密。"（《清容居士集》卷二七）

袁桷十一月与翰林集贤文臣为郝经帛书题识。

按：宋濂《题郝伯常帛书后》载："延祐五年春，集贤学士郭贯出持淮西使节，颇见焉。遂奏于朝，敕中使取之。十一月，太保曲出、集贤大学士李邦宁以其书上。仁宗诏装潢匠成卷，翰林集贤文臣各题识之，藏诸东观，而王约、吴澄、袁桷、蔡文渊、李源道、邓文原、虞集皆有所作。"（《宋学士文集》卷一二）

袁桷是年身体多有不适，命次子袁瑾来京侍候。

李源道由翰林直学士除云南宪使，袁桷作《送李仲困云南宪使》。

曹伯启擢南台治书侍御史，上言："扬清激浊，属在台宪。诸被枉赴愬者，实则直之，妄则加论可也。今愬冤一切不问，岂风纪定制乎！"俄去位（《元史·曹伯启传》）。

邓文原出佥江南浙西道肃政廉访司事。

宋濂年九岁，以颇能诗为义乌贾思逵所喜，以女许之。

汪泽民登进士第，授承事郎、同知岳州路平江州事。

祝尧登进士第，为江山尹，升无锡州同知。

按：祝尧，字君泽，上饶人。著有《古赋辨体》8卷、《外集》2卷，虽"不过载常所诵者尔。其意实欲因时代之高下，而论其述作之不同；因体制之沿革，而要其指归之当一。庶几可以由今之体，以复古之体"（《古赋辨体》卷首）。实为元末辞赋创作之理论指南，亦代表元代赋学理论最高成就。《四库全书总目提要》曰："其书自楚词以下，凡两汉、三国、六朝、唐、宋诸赋，每朝录取数篇以辨其体格，凡八卷，其《外集》二卷，则拟骚及操歌等篇，为赋家流别者也。采摭颇为赅备，其论司马相如《子虚》、《上林赋》，谓问答之体其源出自《卜居》、《渔父》，宋玉辈述之。至汉而盛，首尾是文，中间是赋，世传既久，变而又变，其中间之赋以铺张为靡，而专于词者则流为齐梁、唐初之俳体，其首尾之文以议论为便，而专于理者则流为唐末及宋之文体，于正变源流亦言之最确。"祝尧另著有《大易演义》、《四书明辨》、《策学提纲》。事迹见《江西通志》卷八五。

雷机登进士第，授古田县丞。

按：雷机著有《龙津稿》、《龙山稿》、《鄞川稿》、《环中稿》、《黄鹤矶稿》、《梅易斋稿》、《碧玉环稿》。同年登进士者尚有：黄常、虞盘、蒲机、盖苗、欧阳南、冯福可、谢端、韩镛、霍希贤、周仔肩、塔不台等。

汪克宽以胡炳文之激励后参加考试，中第七名，赏文公《四书》一部。

胡助或于是年始任美化书院山长。

吴澄十一月留建康著《书纂言》4卷成。

按：《四库全书总目提要》评曰："《古文尚书》自贞观敕作《正义》以后，终唐世无异说。宋吴棫作《书稗传》始稍稍掊击，《朱子语录》亦疑其伪。然言性、言心、言学之语，宋人据以立教者，其端皆发自《古文》，故亦无肯轻议者。其考定《今文》、《古文》自陈振孙《尚书说》始，其分编《今文》、《古文》自赵孟頫《书古今文集注》（《尚书注》）始，其专释《今文》则自澄此书始。"又云："自吴棫始有异议，朱子亦稍稍疑之。吴澄诸人本朱子之说相继抉摘，其伪益彰。"又云："澄专释今文，尚为有合于古义，非王柏诗疑举历代相传之古经，肆意刊削者比。惟其颠倒错简，皆以意自为，且不言明所以改窜之故，与所作易纂言体例迥殊。是则不可以为训。读者取所长而无效所短可矣。"

建安余氏勤有堂刊董鼎《尚书辑录纂注》6卷。

按：北大藏其残本，存二至四卷，十一行二十字，小字双行二十四字。涉园张菊生藏全本。是书另有至正十四年翠岩精舍刻本。董鼎之子真卿作《尚书辑录纂注跋》，云："先世以来，多习《书经》。先君子克承家学，复私淑《朱子绪论》，于蔡氏《传》尤用力焉。大德甲辰，命真卿从双湖胡先生一桂、退斋熊先生禾，读《易》武夷山中，因得刊行先君所著《孝经大义》。时欲并刻此书，真卿归而以请先君，乃曰有朱、蔡二师在前，编集其可苟乎？吾余龄暇日，尚须校定。且谓真卿曰：'是书将盛行。吾老矣，当不及见。传之者，汝也。'及悼貌孤之三年，会圣天子兴贤，有诏命习《书》者惟蔡《传》是宗，斯文开运，其在兹乎？盖先君此书，惧其遗也而靡不录，觉其繁也而欲简，是从晚虽重加校定，尚欲质之同志，而未遂。真卿仰遵先训，求正于当世儒先与先君之旧友，如蔡初王先生希旦、双湖胡先生、定宇陈先生栎、息斋余先生芑舒，多得所讨论，于朱、蔡此书，似为大备。敬寿梓闽坊，以广其传，非徒不负先君之嘱，且以钦承明诏尊崇朱学之万一云。延祐戊午十月朔日，男真卿百拜谨识其事于先君自序之后。"（《经义考》卷八五）

江西行省刊行唐陆淳著《春秋纂例》、《辨疑》、《微旨》三书，以广流传。柳贯八月二十五日作《记旧本春秋纂例后》。

按：《四库全书总目提要》引延祐五年十一月集贤学士曲出言"唐陆淳所著《春秋纂例》、《辨疑》、《微旨》三书，有益后学。请令江西行省锓梓"云云。柳贯文云："右陛文通先生《春秋纂例》十卷，平阳府所刊本。末有识云：'泰和三年五月十三日，秉文置。'其装标犹用宋绍圣间故门状纸，盖金仕宦家物也。延祐三年，贯客京师而得之，校其中阙亡三十一纸，从朋友假善本，手书完，装缀成裹。先生之学，其于《春秋》粹矣。《春秋》言本三家，《公》《谷》主释经，《左》主载事。由汉立学官，师资殊指，故时时弹刺以相高，言之嚣而道之裂也。唐啖、赵氏作，始析同辨异，有义有例，明三家之要归，示一王之矩则，其道粲然矣。先生尝承赵学，著其所闻，为书曰《纂例微旨辨疑》，此其一也。贯将读而绎之，益求二书以卒业焉。天既开予以例，安知一书不踵为余有耶？盖私窃善之。按金章宗之十一年改元泰和，其三年则癸亥岁也。于时北学称赵闲闲公，秉文即公名，知为赵氏所藏无疑。后癸亥七年，章宗复土中原，瘴于兵，又二十五年而金亡矣。是书免于灰残蠲灭，已万毁一存于壁藏瓿覆之余，传阅几姓几室，而至于余。逆而针之，亦一百一十六年物也。况今无板本，岂不尤可珍也哉！得书后二年八月二五日，解梁柳贯记。"（《柳待制文集》卷一八）

《西山先生真文忠公读书记》甲集37卷、乙集16卷、丁集8卷补刊。

按：是书为宋真德秀撰。有宋开庆元年（1259）福州州学官刊本。元代补版，下书口刻"延祐五年（1318）补刊"字样。

文江王元福著《续编年月集要》2册成，有自序。

按：《天一阁书目》著录。

钱天祐约于此年前后著《叙古颂》2卷成。

按：《四库全书总目提要》云："天祐履籍未详。是书前有延祐五年三月进表，称：'臣于延祐元年作《大学经传直解》，进献皇太子。明年复作《孝经直解》进献，承令命翰林官以畏吾儿字语译讫。奏上皇帝陛下、太后殿下，奉旨将《孝经》镂版，命臣陪侍皇太子备员说书，给赐廪饩。敢献盲歌瞽颂，采摭经史成言，效荀卿成相之体，叶以声韵,著为一编。凡帝王之道,起自唐虞,讫于有宋。总八十六章,章二十四字。仍随文引事实注于其下,目曰《叙古颂》。可以讴吟歌咏,掇前史于片纸之间'云云。又有礼部牒,称'说书臣范可仁行以增义,萧贞疏以音释',盖三人共成此书也。然词意鄙俚,殊不足采。"

郑禧著《春梦录》成。

按：其书最初载于《说郛》卷四二,又收入《艳异编》、《绿窗女史》等书。《春梦录》为诗话体小说。它以诗词为主要内容,而以序文叙述故事,且以作者自述方式说明缘由,创造自传体式传奇小说,颇具新意。《春梦录》后面具载两人诗词及书信,又开创通信体式小说,在中国小说史颇值得注意。

邓文原书《清居书院记》。

波斯历史学家、政治家拉施特卒(1247—)。

德国工匠歌手海因里希·弗劳恩罗布·冯·迈森卒(1250—)。

杜道坚卒(1237—)。道坚字处逸,号南谷子,当涂采石人。14岁入茅山当道士,宋度宗时赐号辅教大师,仕武康昇元报德观。元初入觐世祖,言求贤养贤用贤之道,世祖嘉纳之,命住持杭州宗阳宫。创通元观,作览古楼,藏书万卷。著有《道德玄经原旨》4卷、《玄经原旨发挥》2卷、《通玄真经缵义》12卷、《释音》1卷、《关尹子阐玄》3卷。事迹见赵孟頫《隆道冲真崇正真人杜公碑》(《松雪斋集》卷九)。

按：《通玄真经缵义》12卷、《释音》1卷,收入《道藏》洞神部玉诀类,存《文子》十二篇,为完帙。《四库全书》著录为《文子缵义》12卷,并云:"《文子》一书,自北魏以来,有李暹、徐灵府、朱元三家注,惟灵府注仅存,亦大半阙佚。道坚因所居计筹山有文子故迹,因注其书。凡自为说者题曰'缵义',其余裒辑众解,但总标曰'旧说',不著姓名,颇嫌掠美。然杜预《左传集解》先有此例,朱子注《四书》已用之,亦无责于道坚也。自元以来,传本颇稀,独《永乐大典》尚载其文。其《精诚》、《符言》、《上德》、《下德》、《微明》、《自然》、《上义》七篇,首尾完备,惟《道原》、《九守》、《道德》、《上仁》、《上礼》五篇,原本失载。或修《永乐大典》之时已散佚不完欤?今检校原目次第,排录成帙,所阙之五篇,亦仍载其原文。厘为十有二卷,仍符隋、唐志《文子》旧数。"余嘉锡指出《道藏》本《通玄真经缵义》"篇注俱全,馆臣不加深考,别于永乐大典内辑出,即用此残阙之本付聚珍版印行,使学者不得见道坚全书,诚憾事也!"(《四库提要辨正》三)余说甚是,但四库本《缵义》和《道藏》本在体例上有所不同,四库本有牟巘序,有旧注、缵义之分,《道藏》本篇首有文子之传,及吴全节、黄石翁、杜道坚三序,没有牟巘序;只有缵义,未见旧注,书末有《释音》,缵义的部分也略有文字差异(参张丰乾《柳宗元以来的〈文子〉研究》,《国学研究》第七卷)。

郑思肖卒(1241—)。思肖字忆翁,福建连江人。曾以太学生应博学鸿词试,宋亡,隐居苏州,坐卧必向南,自号所南、木穴国人、三外野人。善画兰,多露根,或写无根兰,都不画地坡,以寓赵宋沦亡之意。临终时,郑思肖嘱书位牌曰:"大宋不忠不孝郑思肖。"著有《一百二十图诗集》1卷、《郑所南先生文集》、《锦钱余笑》1卷等。又著有《心史》7卷(或疑为后人伪托)。事迹见《苏州府志》(明洪武)卷四〇。

萧㪺七月初八日卒(1241—)。㪺字维斗,奉元咸宁人。读书终南山下,三十年屡征不应。卒谥贞敏。㪺致行甚高,践履笃实,关辅之士,翕然从之。《元史》称他"博极群书,天文、地理、律历、算术,靡不研究"。著有《勤斋集》8卷及《三礼说》、《三礼记》4卷、《小学标题驳论》、《九州志》等。事迹见苏天爵《萧贞敏公墓志铭》(《滋溪文稿》卷八)、《元史》卷一八九、《元诗选·癸集》乙集小传。

刘敏中卒(1243—)。敏中字端甫,号中庵,济南章丘人。至元十一年,任监察御史。大德七年,为宣抚使巡行诸道。九年,召为集贤学士,针对混乱的朝政,向皇帝上十条疏:"整朝纲、省庶政、进善良、剔奸蠹、显公道、杜私门、广恩泽、实钞法、严武备、举封赠",力图变法革新。卒赠光禄大夫、柱国,追封齐国公,谥文简。善文辞。著有《中庵集》20卷、《平宋录》。事迹见《元史》卷一七八、《大明一统志》卷二二、《元诗选·癸集》丙集小传。

按:黄溍《平宋录序》云:"《平宋录》者,纪淮安忠武王平宋之功也。王庙在杭城,毁于灾。监察御史言王宣劳戮力,弼成正统,功莫大焉。宜令有司,复其祠宇,仰副国家崇报之意。御史台上于中书省,以闻。已被旨,可其奏,而江浙行中书省亦以为言。乃命中顺大夫本投下诸色总管府达鲁花赤普化,乘传而南,与行省官同涖其役。庙之告成也,行省既请胙王以大国,锡铭于石章,且俾儒司刻《平宋录》于杭学,以侈其传。按:录之旧文与《敕赐王庙碑》、《开国元勋佐命大臣碑》、《皇朝经世大典》所序五战,间有不能尽同。二碑、《大典》皆史家承诏撰著,今悉取正焉。它书有可证据,则增入;有当参订,则附注。余无所考者,并存其旧,以俟史官之裁择。王世胄之懿、官伐之隆、德器之宏、勋烈之茂,则有制词及碑文在,谨以冠予篇端,兹不敢赘述也。"(《金华黄先生文集》卷一九)

程钜夫七月十八日卒(1249—)。钜夫名文海,避武宗讳,以字行,号雪楼,又号远斋,建昌南城人。受业于族叔程若庸,与吴澄同学,同门友人称为雪楼先生。乃元朝开国以来最先得到重用的南人之一,以其通晓典章制度,熟悉江南,颇能与宋遗民沟通故也。卒赠大司徒,追封楚国公,谥文宪。《宋元学案》列其入《双峰学案》"徽庵门人"。著《雪楼集》30卷。事迹见揭傒斯《元故翰林学士承旨程公行状》、危素《程公神道碑铭》(皆见《雪楼集》附录)、《元史》卷一七二、《新元史》卷一八九、《(至正)金陵新志》。

按:柳贯《程钜夫谥文宪》云:"《易》曰:'黄裳元吉,文在中也。'盖以柔顺而乘刚明,则其畅于四支,发于事业,正位居体,极其美而臣道得矣,是则所以为文也。惟昔世祖皇帝,以义声仁威,抚一疆宇,而尤欲恢张文治,以收大同之效。一时服在臣列,多以文学不次致用。其焕发猷为,增饰制作,传之数世,有不尽焉。呜呼盛哉!乃若故翰林学士承旨程钜夫,躬负宏博之学,进遇隆平之期。江南初定,以牧守子姓入备宿卫;英才颖出,遂为世祖皇帝所知。言议上前,动合旨意。六迁而以侍御史行台江南,乘传访求遗逸,就转福建廉访使,移湖北,召入翰林,为学士。寻以本官议进中书,至大中,复出节山南。仁庙御极,征为翰林学士承旨。大策明谟,多所资决,而于国体民命之间,每深致意。今观其论建,而知其以柔居刚,以顺为明之美,得于《坤》六五之正。而世祖皇帝所以留遗神孙于数十载之后,卓然为守文垂宪之本者,不可及矣。谨按谥法,敬直慈惠曰'文',行善可记曰'宪',请谥曰'文宪'。"(《柳待制文集》卷一二)危素《程公神道碑铭》云:"延祐五年七月丙子,翰林学士承旨、光禄大夫、知制诰兼修国史程公薨于建昌里第。泰定二年,赠光禄大夫、大司徒、柱国,追封楚国公,谥文宪。至正十九年四月甲子,丞相太平以公事世祖皇帝尽臣道,宜赐神道。

于是有旨,命臣素撰文,臣雍书丹,臣伯琦篆额。臣素谨按故翰林侍讲学士臣揭傒斯所具行状,及闻诸故老言而序之。公讳文海,避武宗皇帝御名,以字行,曰钜夫……至元十三年,从季父朝于开平,遂留宿卫,授以宣武将军、管军千户……仁宗每呼'程雪楼'而不名,盖郢有白雪楼,公尝取以自号,示不忘其本云。敕待诏画其像,儒臣制赞,赐赉无虚岁。赐归之后,犹命词臣撰世德之碑。其遭遇亦云盛矣! 公在朝,以平易正大之学振文风,作士气,词章议论为海内所宗尚者四十年。累朝实录、诏制典册、纪功铭德之碑,多出公定。撰有文集四十五卷,尤善大字。每接后学才艺之士,叹赏奖进,或为之筑馆授室,有终身留客门下不去者,所荐士后多为名臣。"

陈雅言(　—1385)、僧宗泐(　—1391)、徐一夔(　—约1400)生。

延祐六年　己未　1319 年

四月,王寿衍作《进文献通考表》以进。

按:表文曰:"臣寿衍言,臣于延祐四年七月,恭奉圣旨,给赐驿传,令臣寿衍寻访道行之士者。臣窃谓:野有遗贤,非弓旌而莫致,朝能信道,必简册之是稽。爰竭愚衷,用干圣听。钦惟皇帝陛下,励精图治,虚己待人,一视同仁,若神尧之御下,九功惟叙,体大禹之协中,阴阳顺而风雨时,礼乐兴而刑罚中,是皆陛下本乎清净,臻兹太平,下至飞潜动植之微,均被鼓舞,甄陶之化,使指所及,虽刍荛之言必询。人才之难,由朴樕之朽弗弃,是以采儒流之著述,庶几益圣主之谋猷。臣伏睹饶州路乐平州儒人马端临,乃故宋丞相廷鸾之子,尝著述《文献通考》三百四十八卷,总二十四类。其书与唐杜佑《通典》相为出入。杜书肇自隆古,以至唐之天宝,今马氏所著,天宝以前者,视杜氏加详焉,天宝以后至宋宁宗者,又足以补杜氏之阙。其二十四类,类各有考:一曰田赋,二曰钱币,三曰户口,四曰职役,五曰征榷,六曰市籴,七曰土贡,八曰国用,九曰选举,十曰学校,十一曰职官,十二曰郊社,十三曰宗庙,十四曰王礼,十五曰乐,十六曰兵,十七曰刑,十八曰经籍,十九曰帝系,二十曰封建,二十一曰象纬,二十二曰物异,二十三曰舆地,二十四曰四裔。其议论则本诸经史而可据,其制度则会之典礼而可行。思惟所作之勤劳,恐致斯文之隐没,谨誊书于楮墨,远进达于蓬莱,幸垂乙夜之观,快睹五星之聚。臣寿衍冒犯天威,无任战兢惶惧屏营之至。臣寿衍诚惶诚恐,顿首顿首,谨言。延祐六年四月　日弘文辅道粹德真人臣王寿衍上表。"(《文献通考》卷首)

十月乙卯,中书省言:"白云宗统摄沈明仁,强夺民田二万顷,诳诱愚俗十万人,私赂近侍,妄受名爵,已奉旨追夺,请汰其徒,还所夺民田。其诸不法事,宜令核问。"仁宗下旨曰:"朕知沈明仁奸恶,其严鞫之。"(《元史·仁宗纪三》)

十二月,封周敦颐为道国公。

是冬,于国子监北所构建之书阁成,赐名"崇文阁"。

按:是阁始建于延祐四年(1317)。泰定元年,吴澄作《崇文阁碑》,云:"至仁宗皇帝,文治日隆,佥谓监学椟藏经书,宜得重屋以庋。有旨复令台臣办集其事,乃于监学之北构架书阁。阁四阿，檐三重，度以工师之引，其崇四常有一尺，南北之深六寻有奇，东西之广倍差其深。延祐四年夏经始，六年冬积成。材木瓦甓诸物之直、工役饮食之费一皆出御史府。雄伟壮丽，烨然增监学之辉，名其阁曰'崇文'。"（《吴文正集》卷五〇）

  吴澄十月留江州，寓濂溪书院，南北学者百余人。十一月庚寅祭周元公（周敦颐）墓。

  虞集除翰林待制兼国史院编修官。

  按：帝尝谓左右曰："儒者皆用矣，惟虞伯生未显擢耳。"遂以集为翰林待制兼国史院编修，集寻以忧归（《续资治通鉴》卷二〇〇）。

  袁桷正月初七日与赵孟頫诗文唱和。四月随帝至上都。

  赵孟頫四月以夫人管道升疾作，得旨还家。五月十日，管夫人逝于临清舟中，孟頫父子护柩还吴兴。十九日，绘《文宣王小像》，书《道德经》、《洛神赋》。为时，张雨有诗挽管夫人。袁桷亦寄诗慰孟頫丧偶之忧。是冬，仁宗遣使者召孟頫还京，因病不赴。

  刘赓以朝廷立东宫，拜太子宾客。

  许有壬除山北廉访司经历。

  柳贯改国子助教。

  邓文原移江东道肃政访司事。

  揭傒斯撰程文海事迹上于太史氏。

  曹伯启迁司农丞，奉旨至江浙议盐法。

  同恕以奉议大夫、太子左赞善召，入见东宫，赐酒慰问。后以疾归。

  朱德润以赵孟頫荐，授翰林应奉，兼国史院遍修，寻授镇东行省儒学提举，召见，献《雪猎赋》称旨。后以疾归。

  杨维桢伯父聘名儒陈敢等于家，维桢偕从兄维易、维翰苦读。

  舒頔与同郡朱枫林、郑师山诸君子相交，讲论经义。未几游姑塾，师事李青山，与陶主敬、潘元叔等同砚席。

  郭景星命郭畀重书所和隆吉诗。

  赵嗣祺受命降香南海，袁桷赋诗《送赵虚一道士降香南海诸名山（往从虞伯生降香成都）》为之饯行。

  胡炳文作《跋新安后续志》。

  按：其文云："《新安后续志》，总管朱侯属郡士洪潜夫为之也。侯下车以修学宫、作人才为第一义，越三年，政行化孚，百废具举，始为兹《志》成。前、续二《志》本皆不存，侯并今《志》刊于学。侯爱新安之民甚厚，故欲知新安之事甚悉。知其事愈悉，则爱其民愈厚。然侯非特欲自知而已也，书沿革则知昔人兴废之由，书户口则知今日版图之富，书山川则知扶舆清淑之攸钟，书贡赋则知上下征输之有制。以至桥道、馆廨、寺观、社庙，凡有关于民者，皆欲悉之，以次书其中。如风俗、学校、人物非惟书之详，侯意于此尤拳拳焉。盖谓此文公父母邦，方今文治聿兴，极地所载，咸知宗文公之学，此则云之泰山、河之昆仑而鲁之洙泗也。后之为新安者而知此必能厚

奥托卡尔·冯·施蒂利亚著《施蒂利亚诗体编年史》（83 000诗句）。

皮特罗·维斯康特绘制世界航海图，此时地图上方为北，已不是东。

其民,为新安之民而知此愈当自厚。然则侯之此《志》不徒作矣。侯名霁,字景春,公廉宽静,历数大郡,治行皆称最。潜夫名焱祖,新三衢郡文学,摭遗事,寄微言,勤且精矣。延祐己未郡人胡炳文跋。"(《云峰集》卷四)

陆行直《词旨》成书。

按:陆行直《词旨》与张炎《词源》先后成书于乃元仁宗时期,皆对宋词学总结发挥之作。《词旨》所申,实《词源》之旨,对于《词源》,或撮其要,或畅其说。陆行直(1275—?),字辅之;或说名韶,一字季道;号壶天居士,吴江人。出身世家,仕为翰林典籍,至治元年(1321)致仕归。与张炎游,得张炎论词要义,并深知其作词法度。

李素怀刊刻姬志真著《知常先生云山集》5卷。

按:是书今存3卷。

谭景星撰《西翁近稿》11卷刊刻。

按:是书现藏于日本宫内厅书陵部。卷首有二序,其一序尾署"时延祐己未九月朔衡山何克明复初甫题",其二序尾署"延祐庚申七夕后一日临川黄常敬跋"。正文各卷头题"西翁近稿",次行上方刻"卷之几",无署名,前八卷为文集,内容依次为:卷一:说;卷二:记;卷三:序;卷四:赋;卷五:书;卷六:颂;卷七:杂著;卷八:志铭。后三卷为诗集,卷一:五言律,卷二:七言律;卷三:古句(七言)。末有作者后序,序尾署"时延祐己未孟秋之月西翁谭景星明望序"。谭景星(1267—?),字明望,号村西、西翁,茶陵人。工诗文,后为永明县学教谕。其著述在国内早已失传,仅《村西集》、《西翁近稿》见于日本宫内厅书陵部。

汤炳龙作《西湖书院增置田记》。

按:《序》云:"西湖古无书院,自至元丙戌(1286)徐廉使改旧壁廑为之。创建之初,恒产缺然。越二年,松江瞿运使尝一再助田,合肆百伍拾叁亩肆拾陆步,岁得米壹百叁拾石。院中经费浩瀚,延祐戊午(1318),续置杭之仁和田陆拾捌亩一角,收米伍拾肆石陆斗,犹未给用。次年,周廉使特为功率,有高赀乐助者,并取补刊书板,余力及以赢粮转售,共得中统钞六百余锭。于是宪府知事赵将仕与经历宋从仕,建议增产,力言于廉使,泊阃司官同主其说,佥曰:'是当为者。'遂置湖州乌程、平江昆山二庄,共田拾壹顷贰拾玖亩叁拾伍步有零,岁除优放,实收米柒百伍拾贰石壹斗壹升伍合。山地共贰拾壹亩贰角壹拾步,房廊壹拾贰间。岁得租钱中统钞贰锭叁拾捌两玖钱捌分,自此春秋祭奠、师生廪膳、兴盖补葺,一皆取给于此。近岁以来,诚为创见之举。今宪府长贰皆昭代名公,他日增益完成当不止是。尝谓吾道之盛衰系乎时,学政之兴废存乎人。系乎时者属盛世文明之运,存乎人者属当路贤哲之官。机缘相值之巧识者,知吾道其大昌乎。将见鼓箧踵堂挟策坌集,何啻四方八千而止。使凡任风宪者,仿效而行,岂非天下儒风之大幸欤!山长陈袤、直学朱钧及诸生欲写之坚珉,以传不朽,辞弗获,姑为述其概云。"(《两浙金石志》卷一五)

刘壎卒(1240—)。壎字起潜,号木村,自号水云村,江西南丰人。宋亡,作《补史十忠诗》,又作《思华录》、《哀鉴》以记忠义之事。入元,尝建水云书院讲学其中。著有《水云村稿》15卷、《隐居通议》31卷、《英华录》等。事迹见《故延平路儒学教授南丰刘君墓表》(吴文正公集)卷七一)、《录鬼簿》(孟本、《说集》本)、《录鬼簿续编》、《南村辍耕录》卷九、《元诗选·三集》小传。

按:刘壎所著《水云村稿》,《四库全书总目提要》云:"其文集旧有二本,一曰《水云村泯稿》,乃明洪武间其孙瑛所手钞。篇目无多,而多杂采《隐居通议》中语,缀辑成帙,不为完本;一即此本,乃其裔孙凝收拾遗佚,别加排次,蒐采较为赅备。惟原目二十卷,而所存止十五卷,自十六卷以下有录无书,当由传写者失之。然此五卷所载,皆青词、祝文无关体要之作,其存佚无足为轻重,则虽阙犹不阙矣。壎才力雄放,尤长于四六。"所著《隐居通议》,属历史琐闻类笔记。书中分理学、古赋、诗歌、文章、骈俪、经史、礼乐、造化、地理、鬼神、杂录十一门,其中谈诗部分最值得重视。《四库全书总目提要》评曰:"(壎)日暮途穷,复食元禄,而是书乃以隐居为名,殊不可解。……其论理学,以悟为宗,尊陆九渊为正传,而援引朱子以合之。……颇足以广闻见。至于论诗、论文,尤多前辈绪余,皆出于诸家说部之外,于征文考献,皆为有裨,固谈艺者所必录也。"

  尚野卒(1244—)。野字文蔚,祖籍保定,迁居满城。至元十八年,以处士征为国史编修。至元二十年,兼兴文署丞。大德六年,迁国子助教,进博士。至大元年,除国子司业。任职博士期间,"(国子监)未备,野密请御史台,乞出帑藏所积,大建学舍以广教育",于国子学发展致为有功。至大四年,迁翰林直学士,皇庆元年,升翰林直学士。延祐元年,改集贤侍讲学士。卒谥文懿。为文讲究章法,与姚燧齐名。事迹见《元史》卷一六四。

  管道升卒(1262—)。道升字仲姬,又字瑶姬,吴兴人。赵孟頫妻,亦称"管夫人"。擅长翰墨词章,能画墨竹、梅、兰,笔致娟秀。著有《观音大士传》,存世作品有《墨竹卷》等。事迹见赵孟頫《魏国夫人管氏墓志铭》(《松雪斋集》外集)。

  卫吾野先卒(1372—)。年二十擢为蒙古国子学教授,后迁助教、博士、监丞、司业。性谨厚,教人孜孜不怠。于蒙古国子监任职二十八年,"未尝迁他官。一时台阁名卿硕辅,往往皆其弟子",对蒙古国子监贡献甚大。事迹见苏天爵《卫吾公神道碑铭》(《滋溪文稿》卷一五)。

  察罕卒,生年不详。号白云,人称白云先生,西域板勒纥城人。历湖广、江西行省理问。《元史》称其"魁伟颖悟,博览强记,通诸国字书"。译《贞观政要》、《帝范》为蒙文。又译《脱必赤颜》为汉文《圣武开天纪》。著有《历代帝王纪年纂要》等。事迹见《元史》卷一三七。

  赵汸(—1369)、曾鲁(—1373)、王逢(—1388)、僧来复(—1391)、何道全(—1399)生。

延祐七年 庚申 1320 年

  正月辛丑,仁宗爱育黎拔力八达卒,葬起辇谷。

  禁巫、祝、日者交通宗戚、大官。

德国已有铸铁工场。劳齐茨地方

已有水轮带动的锻锤。

造纸术由法国传入佛兰德尔。

二月丁卯,白云宗总摄沈明仁以不法坐罪,诏籍江南冒为白云僧者为民。

按:《元史·仁宗纪三》:"(六年)十月……乙卯,……中书省臣言:'白云宗总摄沈明仁,强夺民田二万顷,诳诱愚俗十万人,私赂近侍,妄受名爵,已奉旨追夺,请汰其徒,还所夺民田。其诸不法事,宜令核问。'有旨:'朕知沈明仁奸恶,其严鞫之。'……(七年)辛卯,江浙行省丞相黑驴言:'白云僧沈明仁,擅度僧四千八百余人,获钞四万余锭,既已辞伏,今遣其徒沈崇胜潜赴京师行贿求援,请逮赴江浙并治其罪。'从之。"《佛祖统纪》卷五四云:"白云菜者,徽宗大观间,西京宝应寺僧孔清觉居杭之白云庵,立四果十地造论数篇,教于流俗,亦曰十地菜。觉海愚禅师辨之,有司流恩州。嘉泰二年,白云庵沈智元自称道民,进状乞额,臣寮言:'道民者吃菜事魔,所谓奸民者也。既非僧道童行,自植党与千百为群。挟持祆教聋瞽愚俗,或以修桥砌路敛率民财,创立私庵为逋逃渊薮。乞将智元长流远地,拆除庵宇以为传习魔法之戒。'奏可。……白莲、白云,处处有习之者,大抵不事荤酒,故易于裕足,而不杀物命,故近于为善。愚民无知,皆乐趋之,故其党不劝而自盛。甚至第宅姬妾,为魔女所诱,入其众中,以修忏、念佛为名,而实通奸秽。有识之士,宜加禁止。"

三月辛巳,以中书礼部领教坊司。

庚寅,皇太子硕德八剌嗣立,诏赦天下,是为英宗。尊皇太后为太皇太后。

辛丑,禁擅奏玺书。

罢医、卜、工匠任子,其艺精绝者择用之。

四月乙卯,罢回回国子监。

戊午,祭遁甲神于香山。

乙丑,大行皇帝丧卒哭,作佛事七日。

是月,英宗亲令塑摩诃葛剌神像事。

五月己卯朔,禁僧驰驿,仍收元给玺书。

六月,僧圆明称帝败死。

按:盖屋县僧圆明,以烧香受戒聚众,自称皇帝,谋起事,八月,遂被诛。

九月,禁五台山樵采。

十月庚申,敕译佛书。

乙丑,幸大护国仁王寺。

十一月,禁京城诸寺、邸舍匿商税。

甲申,命翰林国史院纂修《仁宗实录》。

丁酉,命各郡建帝师八思巴殿,其制视孔子庙有加。

诏求高尚之士。

按:诏曰:"比岁设立科举,以取人材,尚虑高尚之士,晦迹丘园,无从可致。各处其有隐居行义、才德高迈、深明治道、不求闻达者,所在官司具姓名,牒报本道廉访司,覆奏察闻,以备录用。"(《元史·选举志一》)

十二月乙巳朔,诏以明年为至治元年。

翰林学士忽都鲁都儿迷失译进宋真德秀所著《大学衍义》,英宗遂以印本颁赐群臣。

辛未，拜住进《卤簿图》，帝以唐制用万二千三百人耗材，乃定大驾为三千二百人，法驾二千五百人。

是年，重申："吏员秩从七品，如前制。"（《续资治通鉴》卷二〇〇）

按：苏天爵曾叹："科场取士，三年止得百人，今吏属出身，一日不知其几。"（《灾异告白十事》，《滋溪文稿》卷二六）至元末，吏之比例愈大。叶子奇曾曰："仕途自木华黎王等四怯薛大根脚出身，分任省、台外，其余多是吏员，至于科目取士，止是万分之一耳，殆不过粉饰太平之具。"（《杂俎篇》，《草木子》卷四）元代"曰官曰吏，靡有轻贱贵重之殊。今之官即昔之吏，今之吏即后之官。官之与吏情若兄弟，每以字呼，不以势分相临也"（吴澄《赠何仲德序》，《吴文正集》卷二四）。故而，"凡言科举者，闻者莫不笑其迂阔，以为不急之务"（张之翰《议科举》，《西岩集》卷一三）。

吴澄留江州，七月湖广省请考校乡试，以疾辞。还家，北方学者皆从。

袁桷年初由集贤院归里，四月初九日过吴兴访赵孟𫖯。

按：《宝绘录》卷六《王维辋川图》载赵孟𫖯跋："清容所得矮本《辋川图》，乃王摩诘生平第一笔，兼之诗句入禅，字法入妙，而宣和之题为三绝，真知言哉。余向僻处寡营，适清容过慰岑寂，并以佳卷索跋。欣喜无已，遂为书之。延祐庚申四月九日，吴兴赵孟𫖯识。"

刘赓复入集贤为大学士。四月，复入翰林为承旨。

黄溍是秋任江西乡试考官。

同恕是春以疾归。

曹元用授翰林待制。

按：初，太庙九室，合飨于一殿，及仁宗崩，无室可祔，乃权结彩殿于武宗室前，以奉神主。英宗召礼官集议，太常仪礼院经历曹元用言："古者宗庙，有寝有室，宜以今室为寝，当更营大殿于前，为十五室。"英宗嘉其言，授翰林待制（《续资治通鉴》卷二〇〇）。

蒲道源辞归。

泰不华江浙乡试第一。

吴师道是年冬与吴莱北上京师试春官，过彭城黄楼。

吴莱以《春秋》举上礼部，不利，退居深袅山中，埋首苦读，以著述为事。

杨维桢为乡里举荐赴考，父不允，为之筑书楼铁崖山中，俾研精《春秋》。维桢遂孤抱一经，博采众家，于其中苦读五年。以书楼置梅花间，遂自号梅花道人。

按：《元史·选举志》曰："科场，每三岁一次开试。……年及二十五以上，乡党称其孝悌，朋友服其信义，经明行修之士，结罪保举，以礼敦遣，贡诸路府。"元制：延试上年八月行乡试。

黄泽五月作《易学滥觞后序》。

按：序云："泽尝作《读易吟》十二章，……泽自早岁读而病焉，磨励积思凡数十年，年五十始默有所悟，若神明阴有以启之者。又积思十年，大抵十通五六。然构思既深，立例亦异，自其三圣精微，旷代绝学，患其亏□□不敢易言，稍欲发扬，又惧亵渎，区区弊帚之意，芹子之心，无以自明，此《思古吟》《炙背吟》所由作也。延祐五年

日本二条为世撰成《续钱载和歌集》。

意大利人文主义诗人但丁·阿利

吉耶里著《帝政论》。

法国维特里《新艺术》出版，是书完善了五线谱记谱法。

宗教戏剧《十少女》在埃森纳赫上演。

(1318)，东平王子翼始为刊《六经辩释补注》，既成，重惟《易》《春秋》二注未能脱稿，而骎骎老境，事不可缓，若必待完备，亦贫者最难，倘默而不言，又孰知所到。凡象学可以心悟而不可以言传，今指其大意含蓄颇深比类与象学相迩，且补注所未有者为一卷，名曰《易学滥觞》。虽曰涓流，而本原在焉，未可忽也。世传黄河自昆仑来，伏流地中数千里，然后有浑灏之势。今将发明旷绝之学而更隐其义，盖事大体重，难以直遂，不得不致慎焉。延祐七年夏五，资中后学黄泽敬书。"(《易学滥觞》卷末)

齐履谦《春秋诸国统纪》6 卷刊刻。

按：该本有延祐庚申五月己卯沙鹿齐履谦序，末有延祐丁巳思恭（其弟）后序。

宋罗愿《尔雅翼》32 卷刊刻。

按：是书目录下题："新安罗愿著"，有自序、李化龙序、方回跋、洪焱祖延祐七年(1320)跋。洪焱祖跋后有"天启丙寅(1626)从裔孙罗朗重订"一行。

戴侗撰《六书故》30 卷刊行。

按：戴侗尝作序称 33 卷、《通释》1 卷。时婺郡学刻为 33 卷。戴侗《六书故序》曰："……夫不明于文而欲通于辞，不通于辞而欲得于意，是聋于律而议乐，盲于度而议器也，亦诬而已矣。先人既以是教于家，且欲因许氏之遗文订其得失，以传于家塾而不果成。小子惧先志之堕，爰撮旧闻，辑成三十三卷、《通释》一卷。其所不知，固阙如也，即其所知，亦焉敢自是乎哉？姑藏家塾，以俟君子。"(《涵芬楼古今文钞》卷一五)该书用六书学说分析汉字，引用群经例证。它改变《说文解字》部首排列法，以钟鼎文为字目，以六书明字义，将 479 目分为九类。然其分部不按部首，极难查检其说解，故不免芜杂，又不乏古体、怪体，往往为后世诟病。《四库全书总目提要》评曰："尽变《说文》之部分，实自侗始。……然其苦心考据，亦有不可尽泯者。略其纰缪而取其精要，于六书亦未尝无所发明也"。戴侗另著有《尚书家说》，不传。

袁桷著《延祐四明志》17 卷成。

按：是年十一月，与王应麟之孙王厚孙合修《延祐四明志》，共 20 卷，现存 17 卷，凡沿革、土风、职官、人物、山川、城邑、河渠、赋役、学校、祠祀、释道、集古十二考。时马泽为庆元路总管，命袁桷以撰述。《四明志序》载："成周疆理之制，审于王畿，首合同姓以夹辅。至于四履，则必假异姓焉，以控遏之。先后疏附，曲尽其制，何周且详也！四方之志，犹惧其不能以悉知也，则必以外史掌之。沛公入秦，而书具在。区区刀笔吏，独能收其书，据要汉中，夫岂偶然也哉？世祖皇帝，圣德神武，混平寰宇，首命秘书监儒臣辑《大一统志》，沉几远略，与昔圣人意旨吻合。然而郡志缺落，其遗秩未备焉者，不复以彻于上。马侯泽润之，固尝为中秘官，知之矣。暨守四明，乃曰：'明旧有志，今为帅大府，浙东七州，推明为首，阛阓户版，物产地利，是宜究察以待问。清风旧德，与昔之高闳巨阀，属于宅里者，犹可考也。'谓桷久为史官，宜有述。桷尝闻之，洙泗遗俗，稽之以久远者，道德之泽也。诧锱铢之利以害于吾民，昔人之所不道。空虚设增，农日益困，甚者纪其山林屋室之盛，奉书诣庭，若执符契，争莫能已。是殆昔之无知者根其祸也。管夷吾作书训，子弟良厚，而内政以渔盐为急，儒者诟之。维明负山横江，岁厄于水旱，河渠是先牧民之本，推其沿革，览其山川，知昔时得人之盛，宫室户口之无恒，释道遗文之盛衰，是皆足以增其永叹焉者矣。乃为十二考以志其事，遂不敢以荒落而有辞焉。马侯为政恺悌恻隐以宜于民，民以不病。郡博士吴君某，勤恪承令，询索州县之所宜闻者良备，因是得以成书焉。延祐七年庚寅集贤直学士袁桷序。"(《清容居士集》卷二一)其间，袁桷女卒，中途退出《延祐四明志》的编撰工作。《至正四明续志》卷一〇《寺院庵舍·昌国州》："袁文清公修郡志，时厚孙分领诸寺书，至昌国而公以丧女辍局既而入朝，故昌国惟载宝陀一寺，余皆未备。"《四库全书总目提要》评曰："条例简明，最有体要。……志中考核精审，不支不滥，颇有良史之风。"

戴璧等辑《东阳志》。

朱思本制《舆地图》2卷成，并作自序。

按：朱思本《舆地图》对其后直至清代地图之绘制起过指导作用。其《序》交代作图起因、经过，颇多信息，且附录如右："予幼读书，知九州山川。及观史，司马氏周游天下，慨然慕焉。后登会稽、泛洞庭，纵游荆襄，流览淮泗，历韩、魏、齐、鲁之郊，结辙燕、赵，而京都实在焉。由是奉天子命，祠嵩高，南至于桐柏，又南至于祝融，至于海。往往讯遗黎，寻故迹；考郡邑之因革，核山河之名实，验诸滏阳、安陆石刻《禹迹图》，樵川《混一六合郡邑图》，乃知前人所作殊为乖谬，思构为图以正之。阅魏郦道元注《水经》、唐《通典》、《元和郡县志》，宋《元丰九域志》、《皇天一统志》，参考古今，量较远近，既得其说而未敢自是也。中朝夫士使于四方，冠盖相望，则每嘱以质诸藩府，博采群言，随地为图，乃合而为一。自至大辛亥，迄延祐庚申而功始成。其间河山绣错，城连径属，旁通正出，布置曲折，靡不精到。至若涨海之东南，沙漠之西北，诸番异域，虽朝贡时至，而辽绝罕稽。言之者既不能详，详者又未必可信，故于斯类姑用阙如。嗟夫！予自总角志于四方，及今二毛，讨论殆遍，兹其平生之志，而十年之力也。后之览者，庶知其非苟云。是岁南至，临川朱思本本初父自叙。"（《贞一斋文稿》卷一）

又按：有《大元海运记》2卷，不著撰者，《中国善本书目》著录为赵世延、揭傒斯等纂修。朱思本绘制《舆地图》曾借鉴此书。朱思本之后，元李泽民约于至顺元年（1330）绘成《声教广被图》，僧清俊约于元明之际制出《混一疆理图》。后二图于明建文元年（1399）被朝鲜使节携往朝鲜，并于建文四年（1402）由朝鲜人李荟和权近合成一幅图，名为《混一疆理历代国都之图》，图内中国城市名称与朱思本《舆地图》完全相同。清吴骞称其"于古今建置沿革，及山川、古迹、形势、人物、风俗、土产之类，纲罗极详备，诚可云宇宙之钜观，堪舆之宏制矣"（《愚谷文存》卷四）。

苏天壹纂《金精风月》2卷成。

按：日本内阁文库藏明嘉靖时叶天与刻本，黑口，四周双边，次行题"慕道山人古狂叶天与刊"。前有延祐庚申复斋苏天壹复之序，泰定三年（1326）豫章李涧序。《金精风月》乃元代"山经地志"之一种，体制与《洞霄诗集》相近，但流传不广。正文收录宋元人有关诗文，计89人，一百数十篇。苏天壹，字复之，号复斋，宁都人。金精山位于宁都，据说汉初有仙迹。

无名氏于此年后著《神僧传》9卷成。

按：大旨自神其教，必有灵怪之迹者乃载，故以神僧为名。

郑杓是年前后著《衍极》成。

按：是书有李齐延祐七年（1320）序、刘有定至治二年（1322）序、江应孚泰定元年（1324）后序，陈旅、孟惟诚坿尺牍二首。今人疑是书为作者日常所记心得。全书叙次无系统，且遣辞又务简古，赖刘有定之注尚可循文得义。刘注征引采遗，所用资料如王愔《文字志》、郑樵《书衡》、汪达《淳化阁帖辨记》、赵罕《续书谱辨妄》等书，皆为他书所未见。郑杓，字子经，罗源人。明字学，善书法，著有《衍极》、《书法流传之图》、《论题署书》、《论古文》、《览古编》等。刘有定，字能静，号原范，与郑杓同郡人。

圆沙书院刊行宋章如愚《山堂先生群书考索》前集66卷、后集65卷、续集56卷、别集25卷。

叶曾南阜书堂刊行《东坡乐府》2卷。

王公孺正月为王恽《秋涧先生大全集》100卷、《附录》1卷作后序。

按：《序》云："先考文定公，人品高古，才气英迈，勤学好问，敏于制作，下笔便欲追配古人，腾芳百代，务去陈言，辞必己出，以自得有用为主，精粹醇正非他人所可拟。自其弱冠，已尝请教于紫阳、遗山、鹿庵、神川诸名公，爱其不凡，提诲指授，所得为多。及壮，周旋于徒单侍讲、曹南湖、高吏部、郝陵川、王西溪、胡紫山之间，天资既异，师问讲习者又至，继之以勤苦不辍，致博学能文之誉闻于远近。其后，五任风宪，三入翰林，遇事论列，随时记载，未尝一日停笔。平生底蕴虽略施设，然素抱经纶，心存致泽，桑榆景迫，有志未遂，一留意于文字间，义理辞语愈通贯精熟矣，故学者以正传各家推尊之。既捐馆，公孺编类遗稿为一百卷，字几百万，咸谓学有余而不尽其用者，则其言必大传于后，奈家贫无力，不能刊播，言之尽伤，若茕茕在疚，恐一旦溘先朝露，目为不瞑矣。延祐己未岁冬，季孙苛方任刑曹郎官，走书于家，取其遗文，云朝廷公议先祖资善府君，平生著述，光明正大，关系政教，尝蒙乙览，致有弘益，堂移江浙行省给公帑刊行，以副中外愿见之心。公孺闻之，不胜欣跃。因念韩文公为唐大儒，学者仰之如山斗，其文集自唐至宋，历二百年之久，赖柳如京之贤，方刻板本流传于世。先君去世，今才十五寒暑，特蒙朝廷发扬如是，实为希阔之遇。于以见圣朝崇儒右文之美，光贲千古矣。延祐七年庚申正月哉生明，男王公孺百拜叙书于后。"（《秋涧先生大全文集》卷末）

法国外科医生和解剖学家亨利·德蒙德维尔卒（1260— ）。

威尔士的克尔特·威尔士语诗人达法特·格威利姆（ —1380）约生。

波斯诗人和可兰经宣讲人哈菲兹（沙姆思·阿丁·穆罕默德）（ —1389）生。

杜思敬卒（1235— ）。思敬字敬夫，一字亨甫，号醉经，晚号宝善老人，汾州西河人，寓沁州。事元世祖潜邸，累迁治书待御史，历户部侍郎、中书郎中。卒谥文定。辑医方为《济生拔萃方》19卷及《杂类各方》等。事迹见《元史》卷二一、二五。

耶律有尚十二月卒（1236— ）。有尚字伯强，东平须城人。受学于许衡，号称高第弟子。衡为国子祭酒，奏以为斋长；衡辞归，有尚以助教嗣领学事。后除国子司业，迁国子祭酒。前后五居国学。卒谥文正。《宋元学案》列其入《鲁斋学案》"鲁斋门人"。著有《许鲁斋考岁略》1卷。事迹见苏天爵《耶律文正公神道碑铭并序》（《滋溪文稿》卷七）、《元史》卷一七四。

按：耶律有尚遵许衡"规矩"，曾屡次建言忽必烈"大起学舍，始立国子监"，提倡"以义理为本"、"以恭敬为先"、"以经术为遵"、"以躬行为务"，使得"儒风丕振"，于元代儒学发展影响甚大。《元史》评价耶律氏云："有尚前后五居国学，其立教以义理为本，而省察必真切；以恭敬为先而践履必端愨。凡文词之小技，缀缉雕刻足以破裂圣人之大道者，皆屏黜之。是以诸生知趋正学、崇正道，以经术为尊，以躬行为务，悉为成德达材之士。大抵其教法一遵衡之旧，而勤谨有加焉。身为学者师表者数十年，海内宗之犹如昔之宗衡也。"苏天爵评其于元代国子监功绩云："公教国子几三十年，始终如一，学规赖以不隳，作成后进居多。"（《耶律文正公神道碑铭》）其《许鲁斋考岁略》，《四库全书总目提要》评曰："是编载衡言行较史为详。"

田氏卒（1236— ）。济宁肥城人。归于同村孙氏，未几被逐，遂修道于古祠，有神术。后居任城极真观，有司上其道行，朝廷易其观曰极真万寿宫,封悟玄参化妙靖真人。事迹见张养浩《敕赐极真万寿宫碑》(《归田类稿》卷九)。

王和卿卒(1242—)。大都人。与关汉卿同时,互相友好而和卿先卒。曾官学士。善散曲,有《醉中天》(咏大蝴蝶)。《全元散曲》存其小令21首。事迹见钟嗣成《录鬼簿》。

李衎卒(1245—)。衎字仲宾,号息斋道人,宛平人。曾任浙江省员外郎,入礼部尚书,拜集贤大学士。致仕居扬州。卒追谥文简。为一代画竹名家,著有《息斋老子解》2卷、《竹谱详录》7卷。存世作品有《四清图》、《墨竹图》、《双松图》等。事迹见苏天爵《故集贤大学士光禄大夫李文简公神道碑》(《滋溪文稿》卷一〇)、《图绘宝鉴》卷五、《万历顺天府志》卷五。

张炎卒(1248—)。炎字叔夏,号玉田,晚号乐笑翁,祖籍西秦,后居临安。张炎前期生活富贵,作品多欢愉色彩,宋亡后,流落江湖,与宋遗民王沂孙、周密等来往。其词多凄凉萧瑟之音。其词属周邦彦、姜夔一派。又从事词学研究,对词之格律、技巧、风格皆有论述,清浙派词人受其影响颇大。著有词集《山中白云集词》8卷、词学专著《词源》2卷及《乐府指迷》1卷。事迹见《元书》卷九一、《宋诗纪事》卷八〇。

按:今人杨海明著《张炎词研究》后附《张炎年表》,然多有误,郑州大学张雷宇硕士论文《试论张炎词》已有纠正。

郑光祖约卒(1260?—)。光祖字德辉,平阳人。以儒补杭州路吏,又曾任彭泽令。后定于杭州,专事杂剧。与关汉卿、马致远、白朴,被誉为"元曲四大家"。所作杂剧今知有18种,现存《迷青琐倩女离魂》、《伴梅香骗翰林风月》、《醉思乡王粲登楼》、《辅成王周公摄政》、《虎牢关三战吕布》5种,《崔怀宝月夜闻筝》仅存残曲。另《老君堂》、《放太甲伊尹扶汤》、《智勇定齐》,或以为郑所作。《全元散曲》录其小令6首,套数2套。亦散见于《阳春白雪》、《乐府群珠》等曲集中。

按:《录鬼簿》(曹寅刊本)卷下"郑光祖小传"云:"为人方直,不妄与人交,故诸公多鄙之。久则见其情厚,而他人莫之及也。病卒,火葬于西湖之灵芝寺,诸吊送各有诗文。公之所作不待备述,名香天下,声振闺阁,伶伦辈称'郑老先生',皆知其为德辉也。惜乎所作贪于俳谐,未免多于斧凿。——此又别论焉。"《太和正音谱》评其词"如九天珠玉",并认为:"其词出语不凡,若咳唾落乎九天,临风而生珠玉,诚杰作也。"

刘菘(—1381)、楼英(—1389)、赵善瑛(—1397)生。

元英宗至治元年　辛酉　1321年

正月丁丑,修佛事于文德殿。

丙戌,帝服衮冕,飨太庙。

日本设记录所,天皇亲听诉讼。

拜占廷内战起，史称"两安德洛尼卡之战"。

意大利佛罗伦萨大学建立。

"报纸"的概念已使用，但当时的意思是"旅行经历"。

按：自世祖建太庙以来，历十四年，未行亲飨之礼，拜住乃言："古云礼乐百年而后兴，郊庙祭飨，此其时矣。"帝曰："朕能行之。"敕有司以亲飨太室仪注，礼节一遵典故，毋擅增损（《元史·拜住传》）。

二月己酉，作仁宗神御殿于普庆寺。

辛亥，调军三千五百人修上都华严寺。

丁卯，以僧法洪为释源宗主，授荣禄大夫、司徒。

三月丙子，建帝师八思巴寺于京师。

庚辰，廷试进士，泰不华、宋本等64人赐及第、出身有差。

壬午，遣咒师朵儿只往牙济、班卜二国取佛经。

甲申，敕纂修《仁宗实录》、《后妃传》、《功臣传》。

乙酉，宝集寺金书西番《般若经》成，置大内香殿。

五月丙子，毁上都回回寺，以其地营帝师殿。

乙未，命世家子弟成童者入国学。

辛丑，太常礼仪院进太庙制图。

六月，作金浮屠于上都，藏佛舍利。

禁议论时政。

七月丙申，禁服色逾制。

十月辛丑朔，修佛事于大内。

癸丑，敕："翰林、集贤官年七十者毋致仕。"（《资治通鉴后编》卷一六六）

十一月乙亥，幸大护国仁王寺。

十二月甲子，命帝师往西番受具足戒，赐金一千三百五十两，银四千五十两，币帛万匹，钞五十万贯。

冶铜五十万斤作寿安寺佛像。

吴澄超迁翰林学士，进阶太中大夫。

赵孟頫家有英宗所遣使至，俾书《孝经》。

袁桷二月回京，任原职。初八日，为会试考官，得进士张纯仁、岑士贵、林定老、吴师道等。

按：《江陵儒学教授岑君墓志铭》载："七年，其弟士贵贡于乡。桷以至治元年再入集贤，预校文选，词赋工者，擢前列，暨拆名，则士贵也。"（《清容居士集》卷二九）吴师道《上袁伯长学士书》："今年春，以乡书上礼部，先生实考第之，而缀名选中，遂获出于先生之门……旦夕赴上京，而某亦且南还，将俟日而卒业。"（《吴礼部文集》卷一一）

袁桷三月入集贤院供职。四月，随驾入开平，与翰林待制王士熙同邸，作《大雨醉歌（寄王待制）》。八月十五日，回大都，将开平期间的诗文结成一集。

按：《开平第三集（辛酉）》载："至治元年二月庚戌至京城，壬子，入礼闱考进士。三月甲戌朔，入集贤院供职。四月甲子，扈跸开平，与东平王继学待制、陈景仁都事同行，不任鞍马，八日始达。留开平一百有五日，继学同邸。八月甲寅，还大都，得诗凡六十二首，道涂良劳，心思雕落，姑录以记出处耳。是岁八月，袁桷序。"（《清容居

士集》卷一五)

袁桷八月二十九日送霍希贤,作《子昂逸马图》。

按:《子昂逸马图》后注:"通叟状元以秘书满职,言归,泊然若无营者。桷旧与殿庐定得通叟卷,气完以充议者,争缄口。今其南归,以子昂画马求,言怆然以别,吾徒之责深缺然矣。至治元年八月二十九日,桷书。"(《清容居士集》卷一三)霍希贤,澧州人,延祐五年(1318)左榜进士第一,泰定间知咸州。

王约以集贤大学士请加程文海封谥事下太常定议,博士柳贯撰谥议上闻。

虞集居忧于临川。是年,又被命修《辽》、《金》、《宋史》,未成。

曹伯启召拜山北廉访使。

齐履谦拜太史院使。

陈栎春考评婺源院试卷。

柳贯迁博士。

许有壬迁吏部主事。

李士行访郭畀,观其所藏宋人文与可墨竹。是年,太常金奉礼宴翰苑诸公,出青玉荷盘属郭畀赋诗。

郭贯迁集贤大学士。

朱思本主玉隆万寿宫,袁桷作诗《送朱本初住玉隆万寿宫》。

宋本赐进士第一,为翰林修撰。

程端学举进士第二,授国子助教,迁翰林编修,出为瑞州路经历。

吴师道春试得中进士,授高邮县丞,阶将仕郎。

泰不华对策大廷,进士及第,授集贤修撰。

王相登进士第,授桂阳平阳丞。

按:王相,字吾素,号玉宇,吉安路吉水人。后转上犹尹,历泾县尹、国子助教。终翰林修撰、国子博士。著有《春秋主义》10卷。

伯笃鲁丁登进士第。

按:同年登进士者尚有:杨彝中、赵琏、廉惠山海牙、汤源、董珪、杨梓、刘铸、张纯仁、林兴祖、吴成夫、王思诚、高若凤、三宝柱、林以顺等。

又按:张纯仁,字景范,号兰山。官中书郎中。著有《弋阳县志》。

倪瓒仲冬邂逅西堂,作《江山夕照图》诗以赠。

按:有云,此图为倪瓒早岁所作,可见出倪瓒早岁学北苑,晚乃自成一家。《图绘宝鉴》以为,以倪瓒之气节,必不师宣和时为阉人的冯觐。

陈景仁调官云南,袁桷临别赠言。

按:《送陈景仁调官云南序》载:"至治元年,中书省选集贤都事陈君景仁调云南,官簿,将行,谓袁桷曰:吾与子交久,子宁无一言以赠乎?于是有言。"(《清容居士集》卷二四)

王克敬被派外地为官,袁桷作《送王叔能守会稽序》。

王元鼎至治、天历间(1321—1328)为翰林学士。

按:王元鼎,元曲家。熟读文史,曾著历史教科书类《古今历代启蒙》。赵孟頫为该书作序曰:"金陵王君元鼎,取自三皇五帝以来事迹,编为四言,又韵其语,欲以教童蒙,使之诵习,俾知古今。携以见示,求为序引。余闻古者,八岁入小学,十岁学书计、幼仪，十有三年学乐、诵诗，二十而冠，始学礼。自是以往，博学不教，未尝以知古今责童子也。后世欲子弟早成，应对之间便以不知古今为耻，故为师者，亦必以是求合于学者之父兄。盖自唐李瀚已有《蒙求》矣。若《蒙求》之类以十数，皆不行于世，独《蒙求》尚有诵习者，良由《蒙求》语意明白易诵故耶！然皆不若王君所编，为包括古今、该备治乱，不悖于先儒之论议，于小学不为无补。然余疾读一过，犹以事迹之繁，有非童子所能悉者，虽成人亦可读之，以为历代史记之目也。若王君之用心不既勤矣乎。敬题其卷首而归之。"（《松雪斋集》卷六）

龙仁夫著《周易集传》8卷成。

按：《四库全书总目提要》曰："是书成于至治辛酉。……《吉安府志》云：'仁夫《周易集传》十八卷，立说主《本义》，每卦爻下各分变象辞占。今观所注，虽根据程、朱者多，而意在即象诘义，于卦象爻象互观析观，反覆推阐，颇能抒所心得，非如胡炳文等徒墨守旧文者也。'……其说似创而有本，亦异乎游谈无根者。《元史》称仁夫所著《周易》多发前儒之所未发，殆不诬矣。原书十八卷，今仅存者八卷。然《上》、《下经》及《彖》、《象传》皆已全具。"

陈师凯著《书蔡传旁通》6卷成，有自序。

按：陈师凯，字道勇，一字叔才，南康人。隐居庐山。《宋元学案》列其入《九峰学案》"九峰续传"。其《自序》云："天道无心而成化，圣人有心而无为。夫惟其有心也，故无为而无不为，惟其无为而无不为，故动而世为天下道，行而世为天下法，言而世为天下则，此二帝三王之所以不能不有书也。书既有矣，凡一动一行一言，虽千万世而一日矣。然书出于千万世之前，而书读于千万世之后，则其一动一行一言，又乌得而备知之？此朱、蔡师弟子之所以不能不有传也。传既成矣，后之读者，将不能究朱子之所传，不能领蔡氏之所受，又不能如其行辈之所讲明，则虽有传犹未能备知也。此鄱阳董氏之所以有《辑录纂注》也。然其辑录，特答问之多端，纂注又专门之独见。初学于此，苟本传尚未晓析，而乃游目广览，则茫无畔岸，吾谁适从？是董氏所纂，乃通本传以后之事，殆未可由此以通本传也。此《旁通》之所以赘出也。嗟夫！《书》之有《传》，如堂之阶，如室之户，未有不由此而可以造其地也。然《传》文之中，片言之喷，只字之隐，呻其占毕之际，嗫嚅而龃龉者，不为无矣。况有所谓天文、地理、律历、礼乐、兵刑、龟策、河图、洛书、道德、性命、官职、封建之属，未可以一言尽也。是以《旁通》之笔，不厌琐碎，专务释传，固不能效《正义》之具举，但值片言只字之所当寻绎，所当考训者，必旁搜而备录之，期至于通而后止，俾初学之士，对本传于前，置《旁通》于侧，或有所未了者，即转瞩而取之左右。庶几微疑易释，大义易畅，乘迎刃之势，求指掌之归。见其有融会贯通之期，嗫嚅龃龉之患矣。言道德性命之际，文理已明者，略为衍说；或于名物度数之末，无乃太简者，则详究所出，以致弗明弗措之意焉。由是以了本传，次及《辑录纂注》。则先入者定而中不摇，权度在我而外不惑。近可以得诸儒之本旨，远可以会朱、蔡之授受。若夫二帝三王之所以为天下道，为天下法，为天下则者，则又存乎其人而已。虽然，愚之所以云云而不避晋越者，非敢为通人道也，为初学小子费师说者设也。以謏闻而陈之通人之前，宁不贻玉卮无当之诮乎？姑藏之以俟知者。时至治元年岁次辛酉四月六日后学，东汇泽陈师凯序。"（《书蔡传旁通》卷首）《四库全书总目提要》曰："师凯家彭蠡，故自题曰'东汇泽'。其始末则不可得详。此书成于至治辛酉。以鄱阳董鼎《尚书辑录纂注》本以羽翼蔡《传》，然多采先儒问答，断以己意。大抵辨论义理，而于天文、地理、律历、礼乐、兵刑、龟策、《河图》、《洛书》、道德、性命、官职、封建之属皆在所略。遇《传》文片言之賾,只字之隐,读者不免嗫嚅龃龉。因作是编,于名物度数蔡《传》所称引而未详者,一一博引繁称,析其端委。其蔡《传》歧误之处,则不复纠正。盖如孔颖达诸经《正义》主于发挥注文,不主于攻驳注文也。然不能以回护注文之故废孔氏之《疏》,则亦不能以回护蔡《传》之故废师凯之书矣。知其有所迁就而节取所长可也。"

程端学约于此年前后著《春秋本义》30卷。

按:《四库全书总目提要》曰:"(端学)至治元年举进士第二,官国子助教,迁翰林国史院编修官。……是书乃其在国学时所作。所采自三《传》而下凡一百七十六家,卷首具列其目。……首为《通论》一篇、《问答》一篇、《纲领》一篇。其下依《经》附说,类次群言,间亦缀以案语。《左传》事迹,即参错于众说之中,体例颇为糅杂。其大旨仍主常事不书,有贬无褒之义。故所征引,大抵孙复以後之说。往往缴绕支离,横加推衍,事事求其所以贬。……以其尚颇能纠正胡《传》,又所采一百七十六家,其书佚者十之九,此书犹略见其梗概,姑录之以备参考焉。"程端学乃元代著名《春秋》学者,另著有《春秋或问》10卷《纲领》1卷、《春秋三传辨疑》20卷。《宋元学案》卷八七《静清学案》曰:"(端学)慨《春秋》一经,未有归一之说,遍索前代说《春秋》者,凡百三十家,谌思二十余年,作《春秋本义》三十卷,《三传辨疑》二十卷,《或问》十卷,故论《春秋》之精,未有如先生者也。"其《春秋或问》,《四库全书总目提要》评曰:"端学既辑《春秋本义》,复历举诸说得失以明去取之意,因成此书。盖与《本义》相辅而行者也。……其陋殆不足与辨。然其他论说,乃转胜所作之《本义》。盖《本义》由误从孙复之说,根柢先乖,故每事必穿凿其文,务求圣人所以贬。即本条无可讥弹,亦必旁引一事或旁引一人以当其罪,遂至于支离輵轕,多与经义相违。此书则历举各家抨击,虽过疑三《传》,未免乖方。至于宋代诸儒一切深刻琐碎之说、附会牵合之论,转能一举而摧陷之。然则《本义》之失,失于芟除纠结之后,又自生纠结耳。若此书所辨订,则未尝尽不中理也。弃短取长,固亦未可竟废焉。"其《春秋三传辨疑》,《四库全书总目提要》评:"是书以攻驳三《传》为主。凡端学以为可疑者,皆摘录《经》文、《传》文而疏辨于下。大抵先存一必欲废《传》之心,而百计以求其瑕。求之不得,则以不可信一语概之。……端学此书,于研求书法,纠正是非,亦千虑不无一得,固未可恶其刚愎,遂概屏其说也。《通志堂经解》所刊,有《本义》,有《或问》,而不及此书。据纳兰性德之《序》,盖以残阙而置之。此本为浙江吴玉墀家所藏,第一卷蠹蚀最甚,有每行惟存数字者,然第二卷以下则尚皆完整。今以《永乐大典》所载校补其文,遂复为全帙。吴本于《左氏》所载诸轶事,每条之下俱注'非本义,不录'字。疑为端学定稿之时加以签题,俾从删削,而缮写者仍误存之也。以原本如是,今亦姑仍其旧焉。"

赡思著《河防通议》2卷成,有序。

按:又名《重订河防通议》。该书总结宋、金、元三代治理黄河之理论及经验,为中国古代治理黄河重要文献之一。作序曰:"水功有书尚矣,《禹贡》垂统于上,而《河渠书》、《沟洫志》缵绪于下。后世间亦有述,逮宋、金而河徙加数,为害尤剧。故设备益盛,而立法愈密,其疏导则践禹迹而未臻,其壅塞则拟宣房而过之矣。金时都水监有书详载其事,目曰《河防通议》,凡十五门,其体制类今簿领之书,不著作者名氏,殆胥吏之记录也,今都水监亦存而用之。愚少尝学算数于真定,壕寨官张祥瑞之授以是书,且曰:'此监本也,得之于太史若思。'后十五年复得汴本,其中全列宋丞司点检周后河事集,视监本为小异,虽无门类,而援引经史,措辞稍文,论事略备。其条目纤悉,则弗若之矣。署云'朝奉郎尚书、屯田员外郎、骑都尉沈立撰'。愚惠二本之得失互见,其丛杂纷纠,难于讨寻,因暇日撼而合之为一,削去冗长,考订舛讹,省其门,析其类，使粗有条贯，以便观览，而资实用云。至治初元岁在辛酉四月吉日，真定沙克什序。"（《河防通议》卷首）《四库全书总目提要》评曰："是书具论治河之法，以宋沈立汴本，及金都水监本汇合成编。……是编所载，虽皆前代令格，其间地形改易，人事迁移，未必一一可行于后世。而准今酌古，矩矱终存，固亦讲河务者所宜参考而变通矣。"

李文仲是年后完成《字鉴》5卷。

按：是书有黄溍序、干文传序。《四库全书总目提要》曰："文仲，长洲人。自署吴郡学生。其始末则无考也。文仲从父世英，以六书惟假借难名，因辑《类韵》二十卷。以字为本，音为干，义训为枝叶，自一而二，井然不紊。凡十年始成。而韵内字画，尚有未正者，文仲因续为是书，依二百六部之韵编次之，辨正点画，刊除俗谬，于诸家皆有所驳正。……其书久无传本，康熙中朱彝尊从古林曹氏钞得，始付长洲张士俊刊行之。"黄溍《序》曰："……小学之废久矣。近世大儒始采古经传，缉以为书，学者诵其言，徒知有六艺之目，而未尝身习其事。其习焉而不废者，书而已。而又昧形声、事意、转借之辨，迷文字、子母、音声之原。然则虽书亦废矣。圣贤之托于简策以传者，鲁鱼亥豕，其存几何？后生小子方且玩思空言，高谈性命，而以为资身哗世之具。切近之意微，夸傲之气胜，此士之所以成材就实如古者少也。吴郡李生文仲，年未弱冠，本《说文》作《字鉴》若干篇，诚有志于小学者，岂不犹行古之道哉！虽然，此小学也。以生之有志于古，又能弗失其为学之次第如此，则夫从事于大人之学，以成就其材实者，无患乎不古若也。子夏曰：'君子之道，孰先传焉？孰后倦焉？'予于生则有望矣。庸识诸篇端，以为之序云。"（《黄文献集》卷六）干文传《序》较详细交待该书成书经过，其曰："梅轩处士李君尝训其子伯英（李伯英）曰：'吾闻经典中用字类多假借，非止一音。凡有疑，必须究诸字书，参之训诂毋怠。'伯英谨受教，故其平日所读经史传记、诸子百家之书，遇有字同而音异者，未尝不深求博采，远引旁证，必使音义了然而后已。如是者有年，手抄成帙，于是著为一书，名曰《类韵》，示不忘先训也。至治改元甫脱稿，乡先生前进士颜公敬学（颜敬学）为之叙。未几而伯英殁。其犹子文仲，求韵内字之未正者正之，为《字鉴》一编，复求颜先生叙之，所以卒伯父之志也。……今夫《类韵》之作，始于梅轩翁，终于伯英，至文仲而大备，更三世而成一书。信乎其能传远矣。梅轩之卒，先子尝为志其墓。伯英由儒入吏，终漕府令史。其兄弟子侄，皆与余游，故乐为之书。五十又一日，吴郡干文传书。"（《字鉴》卷首）

邓文原作《程氏读书分年日程跋》。

按：其文云："右稼轩书院山长程君本朱、真二先生教法，详为工程，以教今之应举者，用意若迂，而得效甚捷，学者能信守不懈，则其进也孰御？若夫下学上达之功，则有不外是者。使学者病其迂，则亦不足以言学矣。凡学道者不合乎今，然后能合乎古，惟程君勿以人言自画，则又余之望也。至治改元良月廿又八日，巴西邓文原因巡历建平，观此辄书其后，是亦勉励学校之一云。"（《程氏读书分年日程》）

袁桷作《文子方安南行记序》。

按：文子方名文矩，是年七月使安南，袁桷曾作《送文子方使安南序》。以其"毗入其境，不旬日卒致命以还"，则文子方回大都此年返回，袁桷又作《行记序》。其序言云："始余读《戴记》，帝王疆理，不尽于衡山。而《虞书》致曰：'乃南极交州'，是则要荒，不责其贡赋，使者虽岁往返，亡害也。马伏波议兵法与建武帝合，劳民入于潦雾、蚺蛇之地，其得意自叙，反不若贾君房建罢击议。时俗升降、略地定功，后王所尚者然与？唐置安南都护府，献令鲜薄，同羁縻州。开元诏太史测天下晷，交州为南履准，事与唐帝类，不闻其有僣拒事也。萌芽侈心，承诏旨以肆诛索，一不得意，而曰损国体者,是诚盗臣也已。世祖文武皇帝,神几洞察,不加以兵,而安南畏威,不敢朝,终五世,削王爵以奉贡。今天子即位,颁正朔,议遣使。于是,文君子方拜礼部郎中,为使副以行。辞命专达,仪注品节,唯子方是毗。入其境,不旬日卒致命以还,稽诸往使,五十年所未有也。还都示予《行记》一编。夫诵《诗》专对,夫子之训也,予于《书》独有取焉。宣上意,儆有众,誓命焉有?考山川导别,表土俗以宜于民,莫详于《贡书》,至若赞帝德以传示永久,是非史官不能,子方以论撰奉使事,三者将兼而取之,诚于《诗》、《书》殆相表里矣。蛮荒酋长,俾知夫中国有人焉者,其自子方始,穷极珍丽,媚上以营夫己者,子方不知其说也,是宜广梓以告于后之使者云。年月日,袁桷序。"(《清容居士集》卷二二)

方凤卒(1240—)。凤一名景山,字韶卿(一作韶父),号岩南,浦江人。试太学、举礼部均不第,宋末以特恩授容州文学。入元不仕,遁隐仙华山。浪游江湖,与一时名士如方回、牟巘、戴表元、仇远等皆联文字交。善《诗》,通毛、郑二家言。不喜佛、老。《宋元学案》列其入《龙川学案》"全归讲友"。著有《存雅堂遗稿》5卷、《物异考》、《野服考》1卷。事迹见《浦阳人物记》(下)、《宋元学案补遗》卷五六、《金华先民传》卷二。

按:黄溍尝作《方先生诗集序》云:"《黍离》、《麦秀》,其为音之哀以思一也。《黍离》出于周之大夫,而与《文王》、《清庙》俱传者,洛鼎未迁,风虽变,犹有所系也。《麦秀》出于商之仁人义士,而不与《猗那》、《长发》并存者,亳社已屋,风不止于变,且莫知所系也。夫既无所系矣,而其辞见于今,卒不泯者,岂非所谓民之性、先王之泽欤?然则先王之诗,固君子所不废也。先生在胜国时,未及仕而运去祚移。抱其遗经,隐于仙华山之阳。穷深极密,殆与世隔。久之,稍出游浙东西州,遇遗民故老于残山剩水间,往往握手嘘唏,低回而不忍去。缘情托物,发为声歌。凡日用动息,居游合散,耳目之所属,靡不有以寓其意。而物理之盈虚,人事之通塞,至于得失废兴之迹,皆可概见。故其语多危苦激切,不暇如他文人,藻饰浓丽以为工也。先生殁,其音遂绝。盖至是,而百年之耆旧尽矣。先生有友二人,曰吴氏善父,曰谢氏皋父,素以风节行谊相高,而皆前先生死。先生二子㮚、梓,惧时无知先生者,不敢辄以遗稿示人。柳君道传方官于太常,自以游先生门最早,知其不朽者甚悉。既缀辞铭其墓,且探其家藏,摘五七言古律诗三百八十篇,厘为九卷,属永嘉尹赵敬叔刻置县斋。以溍幸尝及先生之门,伻来俾为之序。夫诵其诗而欲知其人,必也尚论其世。先生之盛年,不得从周大夫之后,晚乃于商之仁人义士而有志焉,不亦悲乎?此溍所为掩卷太息而不已也。异时龚公圣予见先生于钱塘,览所赋诗,识以二十二言,曰:'由本论之,在人伦,不在人事;等而上之,在天地,不在古今。'言先生之诗者,无以易此矣。溍复何云哉?先生方氏,讳凤,字韶父,婺浦江人。年寿卒葬具如墓铭,此不著。"(《黄文献集》卷六)

张留孙卒(1245—)。留孙字师汉,信州贵溪人。少时入龙虎山学道。宋亡,从张宗演入觐。至元十五年,受玄教宗师。大德中,加号大宗师。武宗立升大真人,知集贤院事。有道人相之曰:"神仙宰相也。"事迹见袁桷《祭张宗师》(《清容居士集》卷四三)、《元史》卷二○二。

李孟四月卒(1255—)。孟字道复,滁州上党人,徙居汉中。元成宗去世,爱育黎拔力八达迎其兄海山(元武宗)入都,李孟主其事。武宗即位,李孟隐居许昌陉山。仁宗即位,拜中书平章,赐爵秦国公。延祐二年,

日本华严宗学僧凝然卒(1240—)。

意大利佛罗伦萨诗人、政治家、文艺复兴先驱但丁·阿利吉耶里卒(1265—)。

改封韩国公,又任翰林承旨。卒谥文忠。博学,开门授徒,远近争从,一时名人如商挺、王博文,皆折行辈与交。为文长于说理。著有《秋谷集》。事迹见《元史》卷一七五、《元诗选·二集》小传。

按:孟宇量弘朗,材略过人,三入中书,民间利害知无不言,引古征今,务归至当。士无贵贱,苟有贤者,不进不止。朝廷赖之。

李直夫约卒(1272—)。直夫一作真夫,女真族人。本姓蒲察,人称蒲察李五,寄居德兴。曾任湖南肃政廉访使。所作杂剧今知有12种,现存《虎头牌》1种。事迹见《录鬼簿》上。

至治二年　壬戌　1322年

弗拉基米尔大公尤里三世反击瑞典人入侵,俄军围攻维堡。

正月庚午,广太庙。

癸巳,以西僧罗藏为司徒。

三月己巳朔,从中书省臣言:国学废弛,命中书平章政事廉恂、参议中书张养浩、都事字术鲁翀董之;外郡学校,仍命御史台、翰林院、国子监同议兴举。

按:此见中书省监管国子监。

庚辰,敕:"江浙僧寺田,除宋故有永业及世祖所赐者,余悉税之。"(《元史·英宗纪二》)

丁亥,凤翔道士王道明以妖言伏诛。

敕四宿卫、兴圣宫及诸王部勿用南人。

四月初一日,敕天下诸司,命僧诵经十万部。

甲戌,张珪领国子监事,与右司员外郎王士熙共同勉励国子监学。

己卯,敕京师万安、庆寿、圣安、普庆四寺,扬子江金山寺、五台万圣佑国寺,作水陆佛事七昼夜。

五月戊子,禁民集众祈神。

丙申,以吴全节为玄教大宗师,特进上卿。

闰五月戊戌,封诸葛忠武侯为威烈忠武显灵仁济王。

癸卯,禁白莲佛事。

按:此禁令与武宗"禁白莲社"略有不同,前者为限制活动,后者乃取缔组织。

六月癸酉,禁日者妄谈天象。

八月戊寅,诏画《蚕麦图》于鹿顶殿壁,以时观之,可知民事也(《元史·英宗纪二》)。

九月,禁江南典雇妻妾。

十一月,括江南僧有妻者为民。

颁行《大元圣政国朝典章》,即《元典章》。

按：《元典章》，为60卷本律令汇编，以"自由奔放"采著方式，蒙语直译法形成"蒙语直译吏牍文体"。蒙语直译法，此种文体是蒙古帝国及元朝翻译碑旨的特殊体例，此文既夹杂原文蒙文的词汇及语法，又夹杂译文汉语的语言及语法，使碑旨既不是蒙文，又不是纯粹的汉文，是蒙汉两种语法及语言的混合体。学术界称之为"元代白话"，乃是元代蒙古族书写公文的特定体例，随着元朝的建立，深刻影响了元、明时期的翻译语言、文学及典籍编撰。《元典章》、《通制条格》、《宪台通纪》、《南台备要》、《经世大典》等典籍的编撰，以及明代的四夷馆《蒙古秘史》《华夷译语》的翻译，都受其深刻影响。（见通拉嘎、吴利群《蒙元硬译体对〈蒙古秘史〉翻译的影响》）

吴澄如建康，定王氏义塾规制，有司上其事，赐额"江东书院"，十月还家。

虞集被召还史馆。时吴澄治归，江东学者多人从之，虞集溯江而西与之遇于池口，遂从之之金陵，舟中，吴澄为虞集诵延平先生诗《八月十五对月榆林诗》。

元明善二月初七日卒，袁桷作《挽元复初学士》。

袁桷四月二十八日赴上都，出健德门买小车卧行。五月初八日至开平，舍于崇真宫。期间不时有诗文唱和，后结成一集。闰五月二十七日返至大都。

按：《开平第四集（壬戌）》载："至治二年三月甲戌，改除翰林直学士。四月乙丑，出健德门，买小车卧行。八日，至开平，舍于崇真宫。有旨道士免扈从，宫中阒无人声。车驾五月中旬始至。书诏简绝，仅为祝文十三道（已入内制）。悲愉感发一寓于诗，而同院亦寡倡和，率意为题得一百篇。闰五月，上幸五台山，以实录未毕，趣史院官属咸还京。是月丁巳发，癸亥还寓舍。五月，滦阳大寒。闰月，道中大暑。观是诗者，亦足知夫驰驱之为劳，隐逸之为可慕也。六月丁卯朔，桷叙。"（《清容居士集》卷一六）

袁桷与曹元用共署荐许世茂为湖广提举儒学，未果。

袁桷约为此年受丞相拜住之命，准备修《辽》、《金》、《宋史》。

按：《修辽金宋史搜访遗书条列事状》载："猥以非才，备员史馆几二十年，近复进直翰林，仍兼史职，苟度岁月，实为旷功。伏睹先朝圣训，屡命史臣纂修《辽》、《金》、《宋史》，因循未就。"（《清容居士集》卷四一）

袁桷约为此年为鲁国大长公主题画，列出公主收藏的41件古书画。

许有壬转江南行台监察御史，行部广东，以贪墨劾罢廉访副使哈尺蔡衍。入为监察御史。

黄溍迁为两浙都转运盐使司石堰西场监运，以职事走鄞江上。在石堰，与张光祖相过从。陈尧道携子克让来为黄溍婿。时，同年曹敏中任定海县尹，时相过访。与董复礼交游。

邓文原召为集贤直学士，拜国子祭酒。

王结参议中书省事。未几，除吏部尚书，荐宋本、韩镛等十余人。

王约以七十之龄致仕。

朱德润辞官归家，袁桷等人送行。

按：周伯琦《有元儒学提举朱府君墓志铭》载："旦日，买舟而南。是时，中朝贤

公卿,若康里文献公子山、蜀郡虞文靖公伯生、四明袁文清公伯长辈无不留之,而君弗听也。"(《存复斋集》附记)

蒲道源召为陕西儒学提举,不就。

程文海七月被追封为楚国公,谥文宪。

吴师道三月为张枢所邀,游金华三洞。四月,在京口遇故人谢君植(表字),同上北固多景楼。

汪克宽是春与处士君往鄱阳之浮梁拜吴迂,吴乃悉出平日讲习之书,与之读。

按:吴迂,字仲迂,浮梁人。从饶鲁学,饶鲁称其立志坚确,践履笃实。尝应科举不上,遂弃之。辟兵横塘,讲道不废。皇庆间,浮梁牧郭郁延之为师,以训学者,时称可堂先生。汪克宽从其学。使者表其所居曰逸民。年九十卒。《宋元学案》列其入《双峰学案》"双峰门人"。著有《易学启蒙》、《书编大旨》、《诗传众纪》、《左传义例》、《左传分纪》、《春秋纪闻》、《孝经附录》、《四书语录》、《五经发明》、《孔子世家》、《论孟类次》、《孟子年谱》、《读孟子法》、《论孟集注附录》、《论孟众纪》、《先儒法言粹言》、《重定纲目》等。事迹见《元儒考略》卷二、《江西通志》卷八八。

文矩约为此年赴任云南,袁桷作《龙尾歌》。

王兴祖出任燕南宪佥,袁桷作《送王景先赴燕南佥事》。

意大利人、方济各会修士鄂多里克约于此年至1328年间游于中国。

帖木儿不花建涑水书院于旧县治北流庆山上。

按:涑水书院,聚邑士之俊秀与幼而学者分而教之,日讲周公、孔子之道及诗书六艺之词。

瑞典始编最古老的《埃里克编年史》。

熊良辅《周易本义集成》12卷刊行,有自序。

按:熊良辅,字任重,别号梅边,南昌人。受业于同邑熊凯。延祐四年,以《易》贡,试礼部不第,归,训徒乡塾,研究《易》旨。《四库全书总目提要》曰:"元举乡试始于延祐甲寅,是科其第二举也。考《元史·选举志》,汉人、南人试经疑二道,经义一道,《易》用程氏、朱氏,而亦兼用古注疏。不似明代之制惟限以程、朱,后并挑程而专尊朱。故其书大旨虽主于羽翼《本义》,而与《本义》异者亦颇多也。"又曰:"黄虞稷《千顷堂书目》称良辅是书外有《易传集疏》,不传。考《易传集疏》,元熊凯撰。《江西通志》载:'凯字舜夫,南昌人,以明经开塾四十年,时称遥溪先生,同邑熊良辅受业焉。'良辅《序》中亦称受《易》于遥溪熊氏,与《通志》合。"良辅《自序》云:"……良辅囊执经于遥溪熊先生,已知好《易》。乃大德壬寅,先生之友泉峰龚先生授徒泉山之麓,良辅分教小学。山深日长,因得肆意于《易》,取诸说而涵泳之。顾以篇帙繁大,众说纷错,时有得失,乃以己意采辑成编。以朱子《本义》为主,如《语录》、如程《传》,以及诸家之说与《本义》意合者,亦有与《本义》不合而似得其旨要者,备录以相发,名曰《集疏》。泉峰先生亲为校正,复云云,其后间有鄙见一二,亦蒙不削嘱,遂成编。至大辛亥,良辅以所得复求是正,而二先生病不起矣。自是遗编独抱,不敢废坠,重念义理无穷,学无止法,期有所得,以卒初志,且欲使二先生之学万一可传于后也。于是缮写成编,凡一十二卷,藏之止俟。会丁巳以《易》贡,而同志益信其僭说,闵其久勤,间出工费,勉锓诸梓。而竺溪刘直方实主张,是不能辞也。因僭书其端云。时至治壬戌五月辛卯,南昌后学乡贡进士熊良辅任重谨序。"(《周易本义集成》卷首)

又按:另熊良辅是书还有《周易本义集成附录姓氏表按语》云:"良辅谨案:古今

《易》说或传千有余家,殊未信其说。据所见闻,由宋以前,何啻百家。由宋以来,亦二百家矣。或见其书而取之,或见其书而未暇遍览,或见其姓名而不及见其书,或有其姓名而亡其书,是何学《易》者之多也。虽然,天地之间理一而已,《易》自朱子而本义大明,象占义理殆无余蕴。则夫千有余家之说,纵或有之,徒蔓辞耳,虽多亦奚以为?如子云《太玄》,今学者且不之尚,矧乎其他学《易》者?固不可以不务博,又当知所以守约也。"(《周易本义集成》附录"姓氏表")

吴澄十月著《易纂言》10卷成。

按:《四库全书》本10卷,《通志堂经解》本13卷。《四库全书总目提要》评曰:"澄于诸经好臆为点窜,惟此书所改,则有根据者为多。……澄所自为改正者,不过数条而已。惟以《系辞传》中说上、下《经》十六卦十八爻之文定为错简,移置于《文言传》中,则悍然臆断,不可以为训矣。然其解释经义,词简理明,融贯旧闻,亦颇赅洽。在元人说《易》诸家,固终为巨擘焉。"

杨载为俞琰《周易集说》作序。

按:《序》云:"石涧俞氏《周易集说》,本于程、朱氏之书,而证以诸家之言,征余为序冠于篇首。余闻汉世初得一经,必聚《五经》诸儒,使共读之,以求其训诂。今石涧俞氏,于《易经》之文,有字义特出者,必旁考《五经》,其为学之近古如此。三十年间,积三十余卷,说虽多,何害其为多,故余乐为之序而不辞焉。至治壬戌冬,浦城杨载仲弘序。"(《古今图书集成·经籍典》)

陈澔著《礼记集说》10卷成,有自序。

按:《自序》云:"前圣继天立极之道,莫大于《礼》,后圣垂世立教之书,亦莫先于《礼》。礼仪三百,威仪三千,孰非精神心术之所寓,故能与天地同其节,四代损益,世远经残,其详不可得闻矣。《仪礼》十七篇、《戴记》四十九篇,先儒表章《庸》《学》,遂为千万世道学之渊源。其四十七篇之文,虽纯驳不同,然义之浅深同异,诚未易言也。郑氏祖谶纬,孔《疏》惟郑之从,虽有他说,不复收载,固为可恨,然其灼然可据者,不可易也。近世应氏《集解》于《杂记》大小记等篇,皆阙而不释。噫!慎终追远,其关于人伦世道非细,故而可略哉?先君子师事双峰先生十有四年,以是经三领乡,书为开庆名进士,所得于师门讲论甚多,中罹煨烬,只字不遗。不肖孤僭不自量,荟萃衍绎而附以臆见之言,名曰《礼记集说》,盖欲以坦明之说,使初学读之即了其义,庶几章句通则蕴奥自见,正不必高为议论而卑视训诂之辞也。书成,甚欲就正于四方有道之士,而衰年多疾,游历良艰,姑藏巾笥以俟来哲,治教方兴,知礼者或有取焉,亦愚者千虑之一尔。至治壬戌良月既望,后学东汇泽陈澔序。"(《礼记集说》卷首)《四库全书总目提要》评曰:"是书成于至治壬戌。朱彝尊《经义考》作三十卷。今本十卷,坊贾所合并也。初,延祐科举之制,《易》、《书》、《诗》、《春秋》皆以宋儒新说与古注疏相参,惟《礼记》则专用古注疏。盖其时老师宿儒,犹有存者,知《礼》不可以空言解也。澔成是书,又在延祐之后,亦未为儒者所称。明初,始定《礼记》用澔注。胡广等修《五经大全》,《礼记》亦以澔注为主,用以取士。遂诵习相沿。盖说《礼记》者,汉唐莫善于郑、孔,而郑《注》简奥,孔《疏》典赡,皆不似澔注之浅显。宋代莫善于卫湜,而卷帙繁富,亦不似澔注之简便。又南宋宝庆以后,朱子之学大行。而澔父大猷师饶鲁,鲁师黄榦,榦为朱子之婿。遂藉考亭之余荫,得独列学官。……澔所短者,在不知礼制当有证据,礼意当有发明,而笺释文句,一如注《孝经》、《论语》之法,故用为蒙训则有余,求以经术则不足。朱彝尊《经义考》以'兔园册子'诋之,固为已甚,要其说亦必有由矣。特礼文奥赜,骤读为难,因其疏解,得知门径,以渐进而求于古。于初学之士,固亦不为无益"。明代科举,《礼记》用陈澔注,清初仍之,故传刻本甚多。

  袁桷为龚霆松《四书朱陆会同注释》29 卷、《举要》1 卷作序。

  按：袁桷于是序中历举五经兴废之始末，言简意赅。《序》云："五经专门之说不一，既定于石渠、鸿都，嗣后学者，靡知有异同矣！《易》学以辞象变占为主，得失可稽也。王辅嗣出，一切理喻，汉学几于绝熄。宋邵子、朱子震，始申言之，后八百余年而始兴者也。《春秋》家刘歆尊《左氏》，杜预说行，《公》、《谷》废不讲。啖、赵出，圣人之旨微见，刘敞氏、叶梦得氏、吕大圭氏，其最有功者也。尊王褒贬，则几于赘，是千余年而始著者也。《书》别于今文、古文，晋世相传，驯致后宋，时则有若吴棫氏、赵汝谈氏、陈振孙氏，疑焉有考，过千百年而能独明者也。《诗》本于大、小叙，诸家诗已废，毛公说尊。独苏辙氏始删，郑樵氏悉去之，朱子祖之，此又几二千年而置议焉者。《三礼》守郑玄氏《正义》，皆旁正曲附。唐赵匡氏始知其非，宋诸儒驳郑，几不能立，甚者疑《周官》非圣人书。卓识独见，虽逾千百世，亘万古而不泯。是则宁能以一时定论为是哉！囊朱文公承绝学之传，其《书叙》疑非西京，于《孝经》则刊误焉。《诗》去其《叙》，《易》异程氏，《中庸》疑于龟山杨氏。程、杨、朱子，本以传授者也，审为门弟子，世固未以病文公也。陆文安公生同时，仕同朝，其辨争者，朋友丽泽之益。朱陆书牍具在，不百余年，异党之说兴，深文巧辟，而为陆学者不胜其谤，屹然墨守。是犹以丸泥而障流，杯水以止燎，何益也？淳祐中，番易汤中氏合朱陆之说，至其犹子端明文清公汉，益阐同之，足以补两家之未备。抑又闻之：当宝庆、绍定间，黄公干在，朱子门人不敢以先人所传为别录。黄既死，夸多务广，有《语录》焉，有《语类》焉，望尘承风，相与刻梓，而二家矛盾，大行于南北矣。广信龚君霆松，始发愤为《朱陆会同》，举要于《四书》，集陆子及其学者所讲授，俾来者有考。删繁荟精，余于龚君复有望焉。夫事定于千百年则罔有异论，故历举兴废之说若是。噫！龚君之书，有俟夫后，若余言，亦殆将得以同传也。至治二年八月辛未袁桷序。"（《清容居士集》卷二一）

  马称德于浙江奉化"活书板镂至十万字"，用活字板印成《大学衍义》等书。

  无名氏约于此年著《元典章前集》60 卷，附《新集》成。

  按：《四库全书总目提要》评曰："《前集》载世祖即位至延祐七年英宗初政。其纲凡十，曰《诏令》，曰《圣政》，曰《朝纲》，曰《台纲》，曰《吏部》，曰《户部》，曰《礼部》，曰《兵部》，曰《刑部》，曰《工部》。其目凡三百七十有三，每目之中又各分条格。《新集》体例略仿《前集》，皆续载英宗至治元年事，不分卷数，似犹未竟之本也。……此书于当年法令，分门胪载，采掇颇详，故宜存备一朝之故事。然所载皆案牍之文，兼杂方言俗语，浮词妨要者十之七八，又体例瞀乱，漫无端绪，……不足以资考证。"

  建阳书坊始刊《大元圣政国朝典章》60 卷。

  按：简称《元典章》，江西行省下属文书机构汇辑。是书乃元代世祖中统元年（1260）至仁宗延祐七年（1320）典章制度之汇编。存大量元代典章制度和判例，其刑律部分尤详，为研究元代社会、政治及法制之重要史料。

  福州路三山郡庠刊行郑樵《通志》200 卷。

  饶州路刊行马端临《文献通考》348 卷。

  按：《文献通考抄白》云："皇帝圣旨里：饶州路达鲁花赤总管府，承奉江浙等处行中书省掾史周仁荣，承行札付，近据本路申准，弘文辅道粹德真人关，钦奉圣旨，节该行法篆有本事的好人，教寻访将来者。今访至本路，窃见乐平州儒人马端临，前宋宰相碧梧先生之子，知前代之典章，识当时之体要，以所见闻著成一书，名曰《文献通考》，凡二十四类三百四十八卷，天文、地理、礼、乐、兵、刑、财用、贡赋、官职、选举、学校、经籍、郊祀、封建、户口、征役之属，可谓济世之儒，有用之学，解到缮写《文献通考》三百四十八卷并序目，共计六十八册，得此送据。江浙儒司校勘得，堪以传授，移准中书省咨来。咨饶州路申准，弘文辅道粹德真人关，乐平州儒人马端临著成书曰《文献通考》凡二十四类三百四十八卷，治国安民，可谓济世之儒，令人缮写成帙，官为镂板，以广其传，得此行据。本路缮写完备，计六十八册，校勘无差。本省今将《文献通考》随此发去，咨请照验，准此送据。礼部呈翰林国史院，考校得马端临所著《文献通考》凡二十四类三百四十八卷，纂集古今，浩汗该博，殚极精力，用志良勤，有益后学，如蒙准，呈移咨本省，于赡学钱粮内刻板印行，相应具呈照详得此。都省咨请依上刊印施行，准此。省府仰照验依上施行，仍委自总管假通议提调，选能书儒人，真楷誊写，就令马端临校勘无差，于本路概管赡学钱粮内计料，合用纸板工价两平，顾买刊印具，依准申省，奉此照得。近承江浙等处行中书省札付，钦奉圣旨，节该王真人根底与五个铺马，教直南田地里名山去处，寻访行法篆有本事的好人有呵，交各处官司依着在先世祖皇帝时分起发好人的体例与气力起发上来，钦此。除钦遵外，延祐五年十二月十八日准弘文辅道粹德真人关寻访至饶州路，据本路儒学状申准，本路杨教授关，该窃见本路乐平州儒人马端临，前宋宰相碧梧先生之子，昨蒙都省咨发，再任衢州路柯山书院山长，见类各路儒学教授选内，即目闲居，听除本儒，行履端纯，词章雅丽，家传鼎鼐之谱，幼翻馆阁之储，知前代之典章，识当世之体要，以所见闻著为成书，名曰《文献通考》凡二十四类三百四十八卷，天文、地理、礼、乐、兵、刑、财用、贡赋、官职、选举、学校、经籍、郊祀、封建、户口、征役之属，凡于治道有关者，无不彪分汇列，井井有条，治国安民，特举而措之耳，此可谓济世之儒，有用之学。其书，本儒用心二十余年，卷帙繁多，非可卒致，今先将所定序目一本缴连前去，早为转申上司，令人缮写成帙，校勘完备，官为镂板，以广其传，非惟不负本儒平生所学，抑且于世教有所补益，关请施行，准此行据。本路儒学申令儒人马端临誊写到，所撰《文献通考》序目一样三本装褙完备，内将二本缴申省府并集贤院，照详。外将一本关发弘文辅道粹德真人收管，又准关文，该于江浙行省计禀得上项文集，已行札付贵路誊写成帙，解省去讫，关请将《文献通考》誊写成帙，校勘无差，装褙发来呈院，准此行，下儒学依上誊写呈解。延祐六年七月十二日承奉省府札付，缮写成帙，校勘无差解省，奉此行下。本州岛委自同知窦承直提调，礼请马端临缮写到《文献通考》三百四十八卷并序目共计六十八册，校正无误，装褙完备，本路具解差人赍赴省府投呈。去后，今奉前因，照得本路元解《文献通考》六十八册，虽奉省府札付，咨发都省转发翰林国史院考校得马端临所著《文献通考》用志良勤，有益后学，令本路总管假通议提调，选能书儒人誊写刊印，别不见发，元解校勘过的本文籍，为此总府除已关请总管叚通议，依奉省府札付，所行提调外合下仰照验速为差，委有俸人员礼请马端临亲赍所著《文献通考》的本文籍赴路誊写、校勘、刊印、施行，须至指挥。右下乐平州准此 至治二年六月日。"（《文献通考》卷首）

《抚州罗山志》至治年修。

刘谧约于是年前后著《静斋学士三教平心》2卷成。

按：约成于元英宗（1321—1323）间。《三教平心》乃基于佛教立场，评述儒、道、释三教理论、功用及社会地位之著作。

布顿著《佛教史大宝藏论》1册成。

按：又意译作《善逝教法源流大宝藏论》、《善逝教法源流》、《善逝教法史》，通称《布顿佛教史》。该书集史、论、目录为一书，于印度、西藏地区佛教源流、教法及典籍记叙颇详,为研究印度佛教和西藏佛教的重要史籍,亦为后世所珍视。后出之藏传佛教史,对其皆有所采纳。现有英、日、中等各种译本。其中汉译本系郭和卿所译,书名为《布顿佛教史》,加有译注。

杨载十一月初四日作《静春堂诗集序》。

按:《序》云:"《静春堂诗集》者,吴郡袁君通甫(袁易)之所作也。通甫有宅,在郡城东南二十里蛟泽之滨。蛟泽当吴松江之下流,其水甚深,鱼鳖虾蟹,皆聚于此。通甫为圃于堤上,圃之中作堂而居之,名之曰'静春'。……昔陆龟蒙有宅在甫里,距蛟泽数舍而近。龟蒙有诗名,与皮日休倡和累数十百首,其传至今,人多能诵之。……通甫之出处为人,大都与龟蒙相类,而通甫生于治世,虽以文学补官,未及受一命。所与为莫逆交,如郡人郭祥卿、高邮龚子敬,皆知名于时。在吴郡文士中,三君子号为领袖。……至治二年十一月四日,浦城杨载谨序。"(《静春堂诗集》卷首)

袁桷作《题李伯时马性图》。

按:《题李伯时马性图》载:"仁庙赐郝参政此图,为龙眠李元中作。……至治二年,命小臣袁桷叙本末,谨稽首拜手,为之书。"(《清容居士集》卷四七)

袁桷于悦心堂观姚枢草书,作《题姚雪斋右丞草书》。

吴澄作《临汝书院重修尊经阁记》。

法国反经院派、唯名论者奥勒奥里卒,生年不详。

程龙卒(1242—)。龙初名渊,字舜俞,号荀轩,婺源人。宋咸淳七年进士,仕至睦州推官。临安归元,除永嘉县尹,转湘阴知州,以徽州路同知致仕。以仕元非本志,自号不不翁。卒赠中宪大夫、上骑都尉,追封新安郡伯。所著有《尚书毛诗二传释疑》、《礼记春秋辨证》及《三分易图》。事迹见程枢《元中顺大夫同知徽州路总管府事致仕赠中宪大夫上骑都尉追封新安郡伯程公家传》(《新安文献志》卷九五上)、《江西通志》卷一六四。

僧希陵卒(1247—)。希陵字西白,俗姓何,义乌人。19岁出家于东阳资寿院,后住持袁州仰山太平兴国寺。延祐三年,移杭州径山寺。卒后,天历二年赐号大辨禅师。有诗名。著有《瀑岩集》,不传。《元诗选·癸集》录其诗7首。事迹见虞集《大辨禅师宝华塔铭》(《道园学古录》卷四八)。

胡琪六月二十八日卒(1250—)。琪字伯玉,藏书家。平生无他好玩,只爱收藏古书法、名画,晚年更好藏书,曾将所聚书构精舍小溪上,延师儒教,诸孙为举子。事迹见黄溍《胡君墓志铭》(《文献集》卷八下)。

赵孟頫六月十五日卒(1254—)。孟頫字子昂,号松雪道人、水精宫道人,浙江湖州人。宋宗室。官至翰林学士承旨,卒追封魏国公,谥文敏。善书法,渊源晋、唐,一变宋代习尚,圆润流转,后世称"赵体"。精绘画,博通前人技法,学古能变。并以书法笔调写竹,用飞白法画石,皆去南宋"院体"之习,自成清腴华润风格。评者以为"有唐人之致去其纤,有北宋之雄去其犷"。亦工篆刻,以"圆朱文"著称;能诗,风格和婉。著有《书古今文集注》(有作《尚书注》,已佚)、《洪范图》1卷(已佚)、《祭祀(礼)图》20册、《琴原》1篇《律略》1篇、《乐原》、《禽经》1卷、《印史》2卷、《吴兴赋》。存世画有《重江叠嶂》、《水村》、《红衣罗汉》、《秋郊饮马》、《中峰行状》、《胆巴碑》等;书迹有《洛神赋》、《玄妙观重修三门记》、《四体千字文》等;诗文有

《松雪斋集》10卷、《外集》1卷。事迹见欧阳玄《赵文敏公神道碑》(《圭斋文集》卷九)、《元史》卷一七二、《新元史》卷一九〇、《两浙名贤录》卷四六。

　　按：《元史》本传云："孟頫所著，有《尚书注》，有《琴原》《乐原》，得律吕不传之妙；诗文清邃奇逸，读之，使人有飘飘出尘之想。篆、籀、分、隶、真、行、草书，无不冠绝古今，遂以书名天下。天竺有僧，数万里来求其书归，国中宝之。其画山水、木石、花竹、人马，尤精致。前史官杨载称孟頫之才颇为书画所掩，知其书画者，不知其文章，知其文章者，不知其经济之学。人以为知言云。"

　　又按：今人以为，中国书法史上，赵孟頫之最大功绩莫过于倡导书法回归传统，实现魏晋汉唐之复古主张，章草书法创作即其实践领域之一。元代书法章草之复兴"虽自赵孟頫及邓文原辈，然所作无非局限于临幕、挪移之境而少自创之功，后来者如康里巙巙继以章草之法寓入今草始见新意，至杨维桢，则将章草笔体完全融入其行草书创作之中，最终形成一家之风，章草艺术自此赋予更加丰富的形式内涵。"(见刘一闻《从赵孟頫的托古改制看元代章草书法》)

　　元明善二月初七日卒(1269—　)。明善字复初，大名清河人。弱冠游吴中，有文名。曾任集贤侍读学士、翰林学士。谥文敏。工古文，与姚燧并称。尝参与修撰《成宗实录》、《武宗实录》、《仁宗实录》。又尝为仁宗译《尚书》节要，每讲一篇，仁宗必称善。其文集佚失，清缪荃孙辑其遗文。著有《大学中庸日录》、《清河集》、《龙虎山志》3卷、《续修龙虎山志》6卷。事迹见马祖常《翰林学士元文敏公神道碑》(《石田文集》卷一一)、《元史》卷一八一、《嘉靖清和县志》卷四。

　　黄超然约卒，生年不详。超然字立道，号寿云，黄岩人。宋乡贡进士。卒谥康敏。精于《易》学，所著有《周易通义》20卷、《周易或问》5卷、《周易释蒙》5卷、《周易发例》1卷、《寿云集》等。事迹见《大明一统志》卷四七、《大清一统志》卷二三〇。

　　王祎(　—1373)、熊鼎(　—1376)、韩谔(　—1380)、郭槚(　—1383)、马治(　—?)生。

至治三年　癸亥　1323年

　　二月癸亥朔，作上都华严寺、帝师八思巴寺及丞相拜住第，役军六千二百人。

　　丙寅，翰林国史院进《仁宗实录》60卷、《事目》17卷。

　　按：金门诏《补三史艺文志》载：曹元用、元明善、李之明等同修。

　　辛巳，颁行《大元通制》。

　　按：拜住患法制不一，有司无所守，请详定旧典以为通制。于是命枢密副使完颜纳坦、集贤学士侍御史曹伯启纂集累朝格例而损益之。凡2539条，名曰《大元通

俄罗斯与瑞典签订《诺特堡和约》，确定俄、芬(兰)边界。

造纸术传入尼德兰北部(今荷兰)。

制》。孛术鲁翀《大元通制序》云："仁庙皇帝御极之初,中书奏允,则耆旧之贤、明练之士,时则若中书右丞相杭、平章政事商议中书刘正等,由开创以来,政制法程可著为令者,类集折衷,以示所司。其宏纲有三:曰'制诏',曰'条格',曰'断例'。经纬乎格、例之间。非外远职守所急,亦汇辑之,名曰'别类'。延祐三年夏五月,书成。敕枢密、御史、翰林、国史、集贤之臣相与正是。凡经八年,事未克果。今年春正月辛酉,上御棕殿。丞相援据本末,奏宜如仁庙制,制可。于是枢密副使完颜纳丹、侍御史曹伯启、判宗正府普颜、集贤学士钦察、翰林直学士曹元用以二月朔奉旨,会集中书平章政事张珪暨议政元老,率其属众共审定。时上幸柳林之地。辛巳,丞相以其事奏,仍以延祐二年及今所未类者,请如故事。制若曰:'此善令也,其行之。'由是,堂议题其书曰《大元通制》,命翀序之。……"(《古今文钞》卷一六)《大元通制条例纲目》,乃张绍积四十年而成,可辅《大元通制》。吴澄作序云:"古律虽废不用,而此书(《大元通制》)为皇元一代之新律矣。以古律合新书,文辞各异,意义多同。其于古律暗用而明不用,名废而实不废。何也?制诏、条格,犹昔之敕、令、格式也。断例之目曰卫禁,曰职制,曰户婚,曰厩库,曰擅兴,曰贼盗,曰斗讼,曰诈伪,曰杂律,曰捕亡,曰断狱,一循古律篇题之次第,而类辑古律之必当从。虽欲违之,而莫能违也,岂非暗用而明不用,名废而实不废乎?宋儒谓律是八分书,而士之读律者亦鲜。吾郡张绍渐渍儒术,练习法律,为律吏师。《通制》未成书之时,编录诏条及省部议拟通行之例,随所掌分隶六部,题曰《大元条例纲目》,枚茎朗例,采拾该遍,由初逮今,垂四十载,功力勤甚。绍已自叙于前,而予嘉其可以辅《通制》之书,故又为之后叙,于以推尊而符古律。志于究律学者,其尚慨想于斯焉。"(《吴文正公集》卷一一)

丁亥,敕写金字《藏经》2部,命拜住等总其事。

三月丙辰,敕:"医、卜、匠官,居丧不得去职,七十不听致仕,子孙无荫叙,能绍其业者,量材录用。"(《元史·英宗纪二》)

四月壬戌朔,敕天下诸司,命僧诵经十万部。

敕京师万安、庆寿、圣安、普庆四寺,扬子江金山寺、五台万圣佑国寺,作水陆佛事七昼夜。

六月癸酉,太常请纂修累朝仪礼,从之。

七月癸卯,太庙成,前殿十有五间,东西二门为夹室,坐北南向。

八月辛酉,御史铁失等弑英宗于南坡卧所,是为南坡之变。

按:初,铁木儿既夺爵籍产,御史大夫铁失等以奸党不安,遂图谋立晋王也孙铁木儿为帝。是月癸亥,英宗自上都南还,驻跸南坡,铁失直入禁幄,手弑帝于卧所。遂立显宗子晋王也孙铁木儿为帝,是为南坡之变。迨泰定帝元年二月,尊谥曰睿圣、文孝皇帝。庙号英宗。四月,上国语庙号曰格坚。

九月癸巳,显宗子晋王也孙铁木儿即帝位于龙居河,大赦天下,是为泰定帝。

十月癸亥,修佛事于大明殿。

十一月己丑朔,泰定帝次中都,修佛事于昆刚殿。

癸丑,遣使诣曲阜,以太牢祀孔子。

祭遁甲五福神。

十二月丁亥,塑马哈吃剌像于延春阁之徽清亭。

按：延春阁为元大都宫城中建筑之最重要者，元皇帝常于此行佛事或道教祠醮仪式。

诏改明年为泰定元年。

吴澄诏授翰林学士、资善大夫、知制诰、同修国史。二月庚寅戒行，五月至京师，时上在上都，丞相闻公至大喜。六月己巳上官，七月奉敕撰金书佛经序。

元明善、曹元用、袁桷等进所修《制诰录》13卷。

袁桷二月作《黄华帖》。三月二十三日，受鲁国大长公主之邀，吟诗题画。

按：其间袁桷为名画《松风阁诗卷》作跋："谓松有风松不知，谓风入松风无形，声籟形始成，言六书者取焉。于无名，入于有名，万化之始。吾来始以妄听，松动风动，当于混沌以前得之，斯可矣。翰林学士袁桷敬题。"（《清容居士集》卷四五《黄太史松风阁诗》）。

又按：《鲁国大长公主图画记》载："至治三年三月甲寅，鲁国大长公主集中书议事执政官、翰林、集贤、成均之在位者，悉会于南城之天庆寺。命秘书监丞李某为之主，其王府之寀寀悉以佐执事，笾豆静嘉，尊罍絜清，酒不强饮，簪佩杂错，水陆毕凑，各执礼尽欢以承饫赐，而莫敢自恣。酒阑，出图画若干卷，命随其所能俾识于后。礼成，复命能文词者叙其岁月，以昭示来世。"（《清容居士集》卷四五）杨基《题宋周曾秋塘图》载："右宋周曾《秋塘图》一卷，前元皇姊大长公主所藏也。前有皇姊图书印记，后有集贤翰林诸词臣，奉皇姊教旨所题，自大学士赵世延、王约而下，凡十六人，时邓文原、袁伯长俱为直学士，李泂以翰林待制，居京师，为监修国史。实至治三年也。"（《眉庵集》卷二）

袁桷五月由丞相拜住荐为翰林侍讲学士。八月初受诏与虞集、马祖常、邓文原同趋上都。初五日，御史大夫铁失发动"南坡之变"杀英宗、拜住。十五日，袁桷一行得到确切消息，只好在半途回返。

袁桷六月二十七日祭奠赵孟頫逝一周年。约为此年为史蒙卿作墓志铭。

按：《静清处士史君墓志铭》载："大德七年（1303），桷官翰林，史先生以书见贻，不获领。后二十年，子璧孙橐其书稿以示，反复痛悼，策励于桷为甚重。"（《清容居士集》卷二八）

袁桷是年得封赠二代。

袁桷是年送集贤修撰泰不华祭祀山川。

按：《送达兼善祠祭山川序》载："至治三年，集贤修撰达君兼善（即泰不华）以使，由恒山、济源东南，上于会稽。吾于兼善有言焉。"（《清容居士集》卷二三）

邓文原兼国子祭酒。

许有壬召拜监察御史，及泰定帝至京师，有壬上章，继上《正始十事》。

按：其《正始十事》，一曰辅翼太子，宜先训导；二曰遴选长官，宜先培养；三曰通籍宫禁，宜别贵贱；四曰欲谨兵权，宜削兼领；五曰武备废弛，宜加修饬；六曰贼臣妻妾，宜禁势官征索；七曰前敕权以止变，宜再诏以正名；八曰铁木迭儿诸子，宜籍没以惩恶；九曰考验经费，以减民赋；十曰撙节浮蠹，以纾国用。所论切实，帝多从之（《元史·许有壬传》)。

王约奉诏复拜集贤大学士,商议中书省事,以其禄居家,每日一至中书省议事。至治之政,多所参酌。

吴师道在高邮为官之日,筑堤修渠,颇有政绩。

文天祥被列入吉安郡学先贤堂。

曹元用时为翰林学士,八月"南坡之变"后,铁失逼两院学士北上,元用独不行,曰:"此非常之变,吾宁死,不可曲从也。"人皆称其有先见之明(《元史·曹元用传》)。

赵居信起为翰林学士承旨。

夏溥领乡荐,授安定书院山长,以胡瑗学规课士。

按:夏溥,字大之(一字大志),号虎怕道人,淳安人。博通经学,尤精《易》、《春秋》。后为龙兴路教授。赵汸等即出其门。为文雄深简古,有诗名,与虞集、李孝光、杨维桢等唱和。其诗自成一家,时称"夏体"。著有《虎怕道人稿》。

汪克宽随吴迁从游钱塘,吴勉之充乡试,汪克宽答曰:"吾斯之未能信,蹴等以谋仕进,某何敢然?"(吴国英《环谷汪先生行状》,《新安文献志》卷七二)

必兰纳识里为赐金印,特授沙律爱护持,且命为诸国引进使。

黄元吉游京师,公卿大夫多礼问之。

僧念常赴京缮写佛经。

法国让·德米尔撰成《音乐思辨》。

瑞典最古老的《埃里克编年史》约于此间编成。

云衢张氏刊行《宋季三朝政要》6卷。

陈栎约于此年著《勤有堂随录》1卷成。

按:《四库全书总目提要》评曰:"此其随笔札记之文也。虽多谈义理,而颇兼考证,于宋末、元初诸人,各举其学问之源流、文章之得失,非泛泛托诸空言者。……栎《定宇集》前载有《年表》一卷,称至治三年,年七十二作《勤有堂记》,则是书当成于晚年。"

僧善住约于此年后著《谷音集》3卷成。

建安虞氏约于此年前后刻《全相平话》。

按:此为一套平话丛书。现存五种:《武王伐纣书》(《吕望兴周》)、《乐毅图齐七国春秋后集》、《秦并六国》(《秦始皇传》)、《前汉书续集》(《吕后斩韩信》)、《三国志》,此五种平话版式一致,皆分3卷,上面约三分之一版面为图,所以称作"全相平话"。"全相",是指平话刊本封面上和每页上端的插图,"全"是指整部平话作品自始至终每页都有,"相"即是图画。

法国经济学家和自然科学家尼古拉·奥里斯姆(—1382)约生。

捷克托马斯(阿奎那)主义哲学家施蒂特尼的托马斯(—1401)约生。

熊朋来五月卒(1246—)。朋来字与可,号天墉子,江西南昌人。宋咸淳十年进士,仕元为福清县判官。精于文学,又通音律,尤擅鼓瑟。《元史》云:"取朱子小学书,提其要领以示之,学者家传其书,几遍天下。"晚年家居,"门人归之者日盛,旁近舍皆满,至不能容"。《宋元学案》列其入《晦翁学案》。著有《五经说》7卷、《瑟谱》6卷、《钟鼎篆韵》、《豫章熊先生家集》7卷等。事迹见虞集《熊与可墓志铭》(《道园学古录》卷一八)、《元史》卷一九〇、《新元史》卷二三四、《元史新编》卷四六、《元儒考略》卷三、《元诗选·癸集》甲集小传。

按:《宋元学案》卷四九《晦翁学案下》曰:"初,先生以《周礼》首荐乡郡,而元制《周官》不与设科,治《戴记》者尤鲜,先生屡以为言。盖先生之学,诸经中《三礼》尤深,是以当世言《礼》学者咸推宗之。"其《五经说》,《四库全书总目提要》评曰:"朋来之学恪守宋人。……于古义、古音,多所出入。然其书发明义理,论颇醇正,于《礼》经尤疏证明白。在宋学之中,亦可谓切实不支矣。"其《琴谱》,《四库全书总目提要》评曰:"朋来于旧谱放佚之余,为之考订搜罗,尚存梗概。史称其通晓乐律,尤善鼓瑟,则与儒者不通宫调而坐谈乐理者,尚属有殊。存之亦足见古乐之遗也。"

马致远约卒(1250—)。致远,号东篱,一说又字千里,大都人。曾任江浙行省官吏。生平主要活动于"书会",晚年退居田园,元初杂剧家和散曲作家。人称"曲状元","元曲四大家"之一。《录鬼簿》曰:"姓名香贯满梨园",明朱权《太和正音谱》以为其名"宜列群英之上"。《录鬼簿》载有杂剧13种,今知有15种,现存《汉宫秋》、《荐福碑》、《青衫泪》、《岳阳楼》、《任风子》、《陈抟高卧》及与人合作《黄粱梦》7种。另《误入桃源》仅存第四折残曲。一说南戏《牧羊记》亦他所作。所作散曲有辑本《东篱乐府》;《全元散曲》录存其套数16套,小令105首。

陆正卒(1261—)。正原名唐辅,字行正,号率斋居士,海盐人。好读书,通音律、天文、数学。宋亡更名。元屡征不辟,隐居而终。学者称靖献先生。著有《七经补注》、《正学编》。事迹见《浙江通志》卷一七五。

僧明本八月卒(1263—)。明本号中峰,杭州新城人,俗姓孙。从僧原妙学,继主天目山狮子院,后避名山师席之聘,出游四方,所至结庵,皆名幻住。朝廷闻其名,特赐金襕伽梨衣,进号佛慈圆照广慧禅师,欲召见阙廷,终不至。当时名声甚大,道俗归仰,学者辐辏,有"江南古佛"称号。卒,文宗谥号智觉,命奎章阁学士虞集撰《中峰塔铭》。工诗,尝和冯子振《梅花百咏》。著有《天目中峰和尚广录》30卷、《一花五叶集》4卷、《广事须知》1卷、《中峰禅师法语》1卷。事迹见虞集《中峰塔铭》(《道园学古录》卷四八)、宋本《道行碑》(《侨吴集》卷一一)、《元诗选·二集》小传、《新续高僧传》卷一七、《宋元四明僧诗》卷二。

杨载八月十五日卒(1271—)。载字仲弘,其先居福建浦城,后迁杭州。年四十犹未仕,因朝臣荐,以布衣召为翰林国史院编修官,与修《武宗实录》,调管领系官海船万户府照磨,兼提控案牍。延祐二年,登进士第,授承务郎、饶州路同知浮梁州事,迁儒林郎、宁国路总管府推官,未上。与虞集、范梈、揭傒斯齐名,时中州人称虞集诗如"汉廷老吏"、杨诗如"百战健儿"、范诗如"唐临晋帖"、揭诗如"三日新妇"。著有《杨仲宏诗集》8卷。事迹见黄溍《杨仲弘墓志铭》(《文献集》卷八上)、《元史》卷一九〇、《新元史》卷二三七、《蒙兀儿史记》卷一二〇、《元诗纪事》卷一三、《元诗选》初集。

按:《皇元风雅序》:"我朝舆地之广,旷古所未有。学士大夫乘其雄浑之气以为诗者,固未易一二数。然自姚(姚燧)、卢(卢挚)、刘(刘因)、赵(赵孟頫)诸先达以来,若范公德机(范梈)、虞公伯生(虞集)、揭公曼硕(揭傒斯)、杨公仲弘(杨载),以及马公伯庸(马祖常)、萨公天锡(萨都剌)、余公廷心(余阙),皆其卓卓然者也。"(《九灵山房集》卷二九)《元史》本传载:"吴兴赵孟頫在翰林,得载所为文,极推重之。由是载之文名,隐然动京师,凡所撰述,人多传诵之。其文章一以气为主,博而敏,直而不肆,自成一家言。而于诗尤有法,尝语学者曰:'诗当取材于汉、魏,而音节则以唐为宗。'自其诗出,一洗宋季之陋。"

文矩卒,生年不详。矩字子方,湖南长沙人。大德十一年,授荆湖北道宣慰司照磨,兼承发架阁。延祐六年,改翰林修撰兼国史院编修官。至治元年,以奉议大夫、礼部郎中身份出使安南,使还,进太常礼仪院判官。生前与赵孟頫、袁桷、虞集、程钜夫、马祖常等来往密切,著有《安南行记》1卷。事迹见吴澄《故太常礼仪院判官文君墓志铭》(《吴文正集》卷八〇)、《秘书监志》卷一〇、《元诗选·二集》小传。

孙炎(　—1362)、许恕(　—1374)生。

元泰定帝泰定元年　甲子　1324年

阿维尼翁教皇约翰二十二绝罚德王路易四世。

图卢兹举行了第一次行吟诗人的诗作比赛,优胜者获得金花奖和银花奖。从1513年起也允许法语作品参赛。

正月壬寅,命僧讽西番经于光天殿。

甲辰,敕译《列圣制诏》及《大元通制》,刊本赐百官。

二月己未,修西番佛事于寿安山寺,僧四十人,三年乃罢。

甲子,作佛事,命僧一百八十人及倡优百戏,导帝师游京城。

按:先是英宗在上都,使左丞速速诏翰林吴澄撰《金字藏经序》。澄曰:"主上写经,为民祈福,甚盛举也。若用以追荐,臣所未知。盖福田利益,虽人所乐闻,而轮回之事,彼习其学者,犹或不言。不过谓为善之人,死则上通高明,其极品则与日月齐光;为恶之人,死则下沦污秽,其极下则与沙虫同类。其徒遂为荐拔之说,以惑世人。今列圣之神,上同日月,何庸荐拔!且国初以来,凡写经追荐,不知几举,若未效,是无佛法矣;若已效,是诬其祖矣。撰为文辞,不可以示后世,请俟驾还奏之。"《元史·吴澄传》会南坡之变,事得寝。及帝即位,佛事益盛。虞集亦作《金字藏经序》,云:"盖闻乾刚御世,必资化于坤仪;月镜涵空,亦承辉于日象。我今上皇帝,创建大承天护圣寺。于是皇后念绍隆于祖武,祈辑福于圣躬。嘉惠生民,俾均法施。乃造金书三乘经教一大宝藏,广启胜缘,增崇上志。伏愿光音融彻,显密圆通。五雨十风,咏赞皇明之运;普天率土,皈依等觉之慈。常住正因,永扶景祚。"(《道园学古录》卷二二)

甲戌,江浙行省左丞赵简请开经筵及择师傅,令太子及诸王大臣子孙受学,遂命平章政事张珪、翰林学士承旨忽都鲁都儿迷失、学士吴澄、集贤直学士邓文原,以《帝范》、《资治通鉴》、《大学衍义》、《贞观政要》等书进讲(《元史·泰定帝纪一》)。

三月戊戌,廷试进士,赐八剌、张益等86人及第、出身;会试下第者,亦赐教官有差。

按:会试后,中书省臣上奏请于改元之际,将下第举人中,"蒙古、色目人,年三十以上并两举不第者,与教授;以下,与学正、山长。汉人、南人,年五十以上并两举不第者,与教授;以下,与学正、山长。先有资品出身者,更优加之。不愿仕者,令备国子员。后勿为格"(《元史·选举志一》)。

四月辛巳,太庙新殿成。

六月癸酉,泰定帝受佛戒于帝师。

七月,以畏吾字译西番经。

八月,绘帝师八思巴像十一帧,颁各行省,俾塑祀之。

十二月丙寅,命翰林国史院纂修英宗、显宗实录。

吴澄与平章政事张珪、集贤直学士邓文原在经筵中首命为讲官。

> 按:是年,始开经筵,张珪进翰林学士,吴澄以备顾问。

虞集赴召京师,除国子司业,寻迁秘书少监。泰定帝幸上都,虞集与集贤侍讲学士王结执经以从。三月,虞集为礼部考官。

> 按:初,集与元明善剧论以相切磨,明善言集治诸经,惟程、朱诸儒注耳,自汉以来先儒所尝尽心者,考之殊为传。集初不相下,后以明善之言为然,每见明经之士,即以其言告之。至是,集谓同列曰:"国家科目之法,诸经传注各有所主者,将以一道德、同风俗,非欲使学者专门擅业,如近代五经学究之固陋也。圣经深远,非一人之见可尽。试艺之文,推其高者取之,不必先有主意;若先定主意,则求贤之心狭,而差自此始矣。"后再为考官,率持是说,故所取每称得人(《元史·虞集传》)。

袁桷正月作《鲁国大长公主图画记》。十五日,为道士薛元曦作《小领水亭记》。

> 按:《小领水亭记》款曰:"泰定元年正月壬寅,清容居士袁桷记。"(《清容居士集》卷一九)此处袁桷最早题款为"清容居士"。

袁桷三月初六日作《试进士策问》。十七日,书高丽崔耐卿善政,作《赠崔兵部序》(《清容居士集》卷二三)。

袁桷四月送曾巽堂南归,临别赠言。

> 按:《送曾巽堂南归序》载:"桷官翰林逾二十年,老不戒止,念之至者滋以惧。将归故山,究《五经》之蕴,为书以蕲远。文词之任,老不能以进,炳烛之勤,愿相与勉焉。泰定元年三月,四明袁桷序。"(《清容居士集》卷二三)曾巽堂疑即曾巽申。

袁桷又获封赠祖考。

袁桷屡次请辞归,帝不准。乃命子袁瓘重新修复老宅,以备归家居住,宅建成,袁桷作记一篇、赋诗一首。终以翰林侍讲学士致仕归里。

> 按:桷尝请购求辽、金、宋三史遗书,为议以上,所列应采之书,最为该博,时不能用。

袁桷与吴全节、商隐长老皆有诗文唱和。

> 按:商隐长老,四明人,永乐寺僧。与袁桷为同乡,经常在一起切磋诗艺。

苏天爵任翰林国史院典籍官,升应奉翰林文字。

> 按:约为此年,袁桷荐苏天爵入翰林国史院。赵汸《滋溪文稿序》云:"初官朝著郎,为四明袁公伯长、浚都马公伯庸、中山王公仪伯所深知。袁公归老,犹手疏荐公馆阁。"(《东山存稿》卷二)自此苏天爵与欧阳玄共事翰苑六年。其《元朝名臣事略》脱稿之际,"同预史属",欧阳玄最早读,为序,记述著书过程,概括其内容及成就。

黄溍至钱塘吊唁杨载。

王约奉召廷策天下士，第八刺、张益等86人。

王结在廷试进士时充读卷官。迁集贤侍读学士、中奉大夫。旋知经筵，扈从上都。

许有壬选为詹事院中议，改中书左司员外郎。

柳贯迁太常博士。

欧阳玄为武岗县尹。

邓文原兼经筵官，以疾乞致仕归。

张养浩奉召为太子詹事丞兼经筵说书，力辞不起；改淮东廉访使，进翰林学士，皆不赴。

吴师道兰溪服丧。

曹伯启北归优游乡社，砀人贤之，表所居为曹公里。

宋本是春除监察御史，以敢言称；逾月，调国子监丞；冬移兵部员外郎。

杨奂试东平，两中赋论第一。

按：国初，举进士中选，授河南路征收课税所长官，兼廉访使，参议京兆宣抚司事。

李洞除翰林待制，以亲丧未克葬，辞而归。

商琦迁秘书卿。

韩镛累官秘书监典簿，历国子博士、监察御史。

泰不华转秘书著作郎，除奎章阁典簿。

按：泰不华曾任监察御史、礼部尚书，参与修《宋》、《辽》、《金》三史，后为台州路达鲁花赤。

王守诚试礼部第一，廷对试同进士出身，授秘书郎。

费著中进士，授国子助教，改太史院都事。

按：费著，字克昭，成都人。累迁翰林直学士，历汉中廉访使，调重庆路总管。尝追述蜀中旧事，集为《岁华纪丽谱》1卷，附《笺纸谱》1卷、《蜀锦谱》1卷、《成都氏族谱(志)》1卷、《成都宴游记》1卷。今人陈启新以为《笺纸谱》非费著所作，并推说为南宋袁说友编《成都府志》之际所撰写。

张复为进士，仕建宁路知事。

按：张复，字伯阳，建安人。师事郑仪孙学《易》，得邱氏(丘富国)之传。尝辑诸儒论议，编《性理遗书》(《闽中理学渊源考》卷三八"丘行可先生富国学派")。

冯翼翁登进士第，授汉阳县丞。

按：冯翼翁，字子羽，一字敬修，吉安路永新人。仕至高州路同知。与兄冯奖翁皆以文学名。著有《春秋集解》、《春秋大义》、《士礼考正》、《正统五德类要》34卷、《异政录》11卷、《性理群书》、《文章旨要》8卷。王礼《高州通守冯公哀辞》评之："治《春秋》破去百家传注，发大义数十，逆素王之志于千载之后。"(《麟原前集》卷一二)许有壬《送冯照磨序》评之："为学则宏而有源"(《至正集》卷三二)

宋褧登进士第，除秘书监校书郎。

郑禧登进士第，授黄岩州同知。

按：同年登进士者尚有：杨升云、赵宜中、赵公谅、宋克笃、布景范、徐恢、安住、叠卜华、孔涛、段天祐、吕思诚、汪文璟等。

吴暾为泰定进士，官镇平县尹。

按：钱大昕《元史艺文志》注：暾字朝阳，淳安人。泰定进士。著有《麟经赋》1卷。

刘基入郡庠受《春秋经》。

胡助是年因考满赴礼部选，再游京师，黄溍送行，作《送胡古愚兼简道传博士》。

按：道传，柳贯字，时任太常博士。

宋濂善记诵，里人张继之劝其父择名师教之，乃携入府城，受业于闻人梦吉。

吴全节二月主祠事，有白鹤云集，众官赋诗，袁桷为诗集作序。

按：《白鹤诗序》载："泰定元年春二月，有旨醮于崇真万寿宫，特进宗师吴公主祠事。越四日，有白鹤三集云中，指殿前。五日，复至，旭日晏温，执事有恪，皆承睫仰视，一口赞庆。士大夫各为歌诗，以侈其异。"（《清容居士集》卷二二）

三十九代天师张嗣成朝京师，向元廷推荐黄元吉，并称"宜表异之"。元廷因赐黄元吉号"净明崇德弘道法师、教门高士"，为玉隆万寿宫焚修提点。

王泽民以推官于道源书院建大成殿，其后刘倬、黄异曾任山长。

按：宋淳祐二年（1242），知州林寿公创周程书院，以祀周敦颐、二程。宝祐二年（1254），赵希哲请敕额，三年后郭廷坚又请敕额，诏下，改名道源，并令郭廷坚兼山长教授其中。景定四年（1263），理宗赐御书及院额，建云章阁藏之。咸淳间，张拱霞为山长。元大德间，王舜举荐授山长。

僧行端始任径山住持。

僧英住阳山福严精舍。

按：僧英，俗姓厉，字存实，号白云，钱塘人。著有《白云集》3卷。赵孟頫作序云："《白云诗集》者，实存英上人所为诗也。上人俗姓厉氏，其先出汉义阳侯温，……上人父石田居士，徙家于杭，故今为杭人。幼而力学，稍长喜为诗，有能诗声，为一时名公所知赏。壮益刻苦，慕贯休齐己，从知阳，走闽浙江淮燕汴，厌于世故，一日登径山，闻钟有所感悟，遂去为浮屠，结苑天目山中。数年遍参诸方有道尊宿，皆印可之，故其诗超然有出世外之趣。夫诗不离禅，禅不离诗，二者廓通而无阂，则其所得异于世俗，宜也。予往年识上人都下，及闲居吴兴，上人亦南来，出此集，属为序引，乃为叙之如此。诗凡一百五十首，分三卷，后所作者，将甲乙第之，上人名英，实存其自号云。吴兴赵孟頫子昂。"（《白云集》卷首）

俞琰十一月十八日作《丙子学易编跋》。

按：其文载："此书系借闻德坊周家书肆所鬻者。天寒日短，老眼昏花，并日而抄其可取者，故不能端楷。秀岩乃隆山之子，其书取王弼、张横渠、程伊川、郭子和、朱晦庵而求其是，又以其父隆山之说证之，或又附以己见，中间尽有可取。泰定元年，岁在甲子，十一月十八日，石涧老人俞琰书于梅斋西塾。"（《丙子学易编》卷一七）

胡炳文九月作《四书通序》。

按：《序》云："《四书通》何为而作也？惧夫读者得其辞，未通其意也。《六经》，天地也。《四书》，行天之日月也。子朱子平生精力之所萃，而尧、舜、禹、汤、文、武、周、孔、颜、曾、思、孟之心之所寄也。其书推之极天地万物之奥，而本之皆彝伦日用

意大利神学家帕多瓦的马西利乌斯著《和平保卫者》。

之懿也,合之尽于至大,而析之极于至细也。言若至近而涵至永之味,事皆至实而该至妙之理。学者非曲畅而旁通之,未易谓之知味也;非用力之久而一旦豁然贯通焉,未易谓之穷理也。予老矣,潜心于此者余五十年,谓之通矣乎? 未也。独惜乎疏其下者或泛或舛,将使学者何以抉择于取舍之际也。呜呼,此予所以不得不会其同而辨其异也。会之庶不失其宗,辨之庶不惑于似也。予不敢自谓能通子朱子之意,后之通者,倘恕其僭而正其所未是,则予之所深冀也。泰定甲子九月旦日,新安后学胡炳文序。"(《云峰集》卷四)

刘有庆为赵德《四书笺义》作叙。

萧镒为所编《四书待问》22卷作自序。

按: 萧镒字南全,江西临江人。

丘葵著《周礼补亡》6卷成,作序、又序、后序。

按:《周礼补亡》又称《周礼全书》,乃演说《周礼》之六官,其本俞庭椿、王与之之说,谓冬官一职散见五官。又参以诸家之说,订定《天官之属》五十九、《地官之属》五十七、《春官之属》六十、《夏官之属》五十、《秋官之属》五十七、《冬官之属》五十四,而《六官》始为全书。《四库全书总目提要》称:"其书世有二本,其一分六卷,题曰《周礼注》。其一不分卷数,而题曰《周礼冬官补亡》。《经义考》又作《周礼全书》,而注曰:'一作《周礼补亡》。'案此书别无他长,惟补亡是其本志,故今以《补亡》之名著录焉"。又云:"《闽书》称'宋末科举废,葵杜门励学,居海屿中,因自号钓矶翁。所著有《易解义》、《书解义》、《诗口义》、《春秋通义》、《四书日讲》、《周礼补亡》'。今诸书散佚,惟此书为世所诟病,转以见异而存。"葵《周礼全书序》云:"《周礼》一书,周公为天地立心,为生民立命,为万世开太平之书也,后世之君臣每病于难行也,何居? 叶水心谓《周礼》晚出,而刘歆遽行之,大坏矣,苏绰又坏矣,王安石又坏矣,千四百年更三大坏,此后君臣病于难行。然则其终不可行乎? 善乎真西山之言曰:'有周公之心然后能行周礼,无周公之心则悖矣。'周公之心何心也? 尧、舜、文、武、禹、汤之心也。以是为言,故能为天地立命,为万世开太平也。歆也、绰也、安石也,无周公之心而欲行之,适所以坏之也。有能洗涤三坏之腥秽而一以性命道德起天下之公也,则是书无不可行矣。郑、贾诸儒析名物,辨制度,不为无功,而圣贤微旨终莫之睹。惟洛之程氏,关西之张氏,新安之朱氏,其所论说不过数条,独得圣经精微之蕴。盖程、张、朱氏之学,心学也,故能得周公之心,而是书实赖以明矣。今国朝新制以六经取士,乃置《周官》于不用,使天下之士习《周礼》者,皆弃而习经。毋乃以《冬官》之缺为不全书耶? 夫《冬官》未尝缺也,杂出于五官之中,汉儒考古不深,遂以《考工记》补之。至我宋淳熙间,临川俞庭椿始著《复古篇》,新安朱氏一见,以为《冬官》不亡,考索甚当,郑、贾以来皆当敛衽退三舍也。嘉熙间,东嘉王次点又作《周官补遗》,由是《周礼》之六官始得为全书矣。葵承二先生讨论之后,加以参订,的知《冬官》错见于五官中,实未尝亡,而太平六典浑然无失。欲刊之梓木,以广其传,是亦吾夫子存羊爱礼之意。万一有观民风者转而上达,使此经得入取士之科,而周公之心得共白于天下后世,则是区区之愿也,同志之士则亦思所以赞襄之哉。泰定甲子岁冬十一月朔,后学清源钓矶丘葵吉甫书,时年八十有一。"《又序》云:葵依据宋人俞廷椿《复古编》、王次点《周官补遗》,"参以诸家之说,订定《天官之属》六十,《地官之属》五十有七,《春官之属》六十,《夏官之属》五十有九,《秋官之属》五十有七,《冬官之属》五十有四,于是《六官》始为全书"。《后序》云:"俞廷椿、王次点皆以为冬官未尝亡,错见于五官中,余细考之,果未尝亡也。真西山、赵庸斋齐皆以为次点之订义有先儒之所未发,谓冬官未尝亡,诸儒不能辩辩,自汉以来强以《考工记》补之,未有言其非者。予今以五官之属其本文列于前,以庭椿、次点二先生之所删补者,参订定为六官之属书于后,则周官三百六十粲然在目,而冬官未尝亡,信然矣。"(三序皆见《全元文》卷四四三)

杭州路儒学刻龚端礼《五服图解》1卷。

按:是书颇足参考礼制之助。龚端礼字仁夫,嘉兴人。布衣。

周德清著《中原音韵》2卷成,有自序;虞集亦为作序。

按:周氏《自序》中论及元曲家,曰:"乐府之盛、之备、之难,莫如今时。其盛,则自缙绅及闾阎歌咏者众;其备,则有关、郑、白、马一新制作,韵共守自然之音,字能通天下之语,字畅语俊,韵促音调,观其所述,曰忠曰孝,有补于世;其难,则有六字三韵,'忽听,一声,猛惊'(编者按:语出《西厢记》),是也。诸公已矣!后学莫及。"该书所列《作词十法》中涉及北曲语言风格,以为"造语必俊,用字必熟,太文则迂,不文则俗。文而不文,俗而不俗。要耸观,又耸听,格调高,音律好,衬字无,平仄稳"。周氏反对音韵问题"动引《广韵》为证"(《正语作词起例》),以当时中原地区的活语言为依据,定出新音韵系统,其《自序》提出:一,"欲作乐府,必正言语;欲正言语,必宗中原之音";二,须掌握"平分阴阳"、"入派三声"规律。明、清诸多词曲论著,皆有取于其理论。《中原音韵》亦为北音学奠基之作,唐作藩以它为现代北京音之历史源头。虞集《序》云:"乐府作而声律盛,自汉以来然矣。魏晋、隋唐体制不一,音调亦异,往往于文虽上,于律则弊,宋代作者如苏子瞻,变化不测之才,犹不免制词如诗之诮。若周邦彦、姜尧章辈,自制谱曲,稍称通律,而词气又不无卑弱之憾。辛幼安自北而南,元裕之在金末国初,虽词多慷慨,而音节则为中州之正,学者取之。我朝混一以来,朔南暨声教士大夫,歌咏必求正声,凡所制作皆足以鸣国家气化之盛,自是北乐府出,一洗东南习俗之陋。大抵雅乐之不作,声音之学不传也久矣,五方言语又复不类。吴楚伤于轻浮,燕冀失于重浊,秦陇去声为入,梁益平声似去,河北河东取韵尤远,吴人呼饶为尧,读武为姥,说如近鱼,切珍为丁心之类,正音岂不误哉?高安周德清工乐府、善音律,自制《中原音韵》一帙,分若干部,以为正语之本,变雅之端。其法以声之清浊定字为阴阳,如高声从阳,低声从阴,使用字者随声高下措字,为词各有攸当,则清浊得宜而无凌犯之患矣。以声之上下分韵为平仄,如入声直促难谐,音调成韵之入声,悉派三声志以黑白,使用韵者随字阴阳置韵成文,各有所协,则上下中律而无拘拗之病矣。是书既行于乐府之士,岂无补哉?又自制乐府若干,调随时体制不失法度,属律必严,比事必切,审律必当,择字必精,是以和于工商,合于节奏而无宿昔声律之弊矣。余昔在朝,以文字为职,乐律之事每与闻之,尝恨世之儒者薄其事而不究心,俗工执其艺而不知理,由是文律二者不能兼美。每朝会大合乐,乐署必以其谱来翰苑请乐章,唯吴兴赵公承旨时以属官所撰不协,自撰以进,并言其故,为延祐天子嘉赏焉。及余备员,亦稍为隐括,终为乐工所哂,不能如吴兴时也。当是时,苟得德清之为人,引之禁林,相与讨论斯事,岂无一日起予之助乎?惜哉,余还山中,眊且废矣,德清留滞江南又无有赏其音者,方今天下治平,朝廷将必有大制作兴乐府以协律如汉武宣之世然,则颂清庙歌郊祀摅和平正大之音,以揄扬今日之盛者,其不在于诸君子乎?德清勉之。前奎章阁侍书学士虞集书。"(《中原音韵》卷首)琐非复初亦作有《中原音韵序》(《中原音韵》卷首),李祁作有《周德清乐府韵序》(《云阳集》卷四)。

卢以纬约于是年著《语助》1卷成。

按:该书有明嘉靖年间《奚囊广要丛书》本及万历年间胡文焕《格致丛书》本。前者有泰定元年(1324)胡长孺序,落款署"泰定改元龙集阏逢端月既望,永康胡长孺笔诸卷首"。后者更名为《新刻助语辞》,删去胡长孺《序》,代以胡文焕《序》,并删去奚囊本结尾六个条目。《语助》是为教学生写文章而编写。胡长孺《序》云："是编也，匪语助之与明，乃文法之与授。"（《语助》卷首）为第一本从训诂学、辞章学里分离出来、独立进行虚词研究之著作，其草创之功，不可泯灭。卢以纬，字允武，永嘉人，生卒年及生平事迹不详。

赵世延作《茅山志序》。（参见吴全节泰定四年、刘大彬天历元年作《茅山志序》条）

按：据赵序，则《茅山志》实刘大彬"病夫《山志》前约而后阙"，"乃嘱诸入室弟子，采集成书"。赵《序》曰："皇庆改元，制赐茅山四十五代宗师刘大彬洞观微妙玄应真人。后五年，襃封三茅真君徽号，各加二字，曰真应，曰妙应，曰神应。仍敕三峰为观，曰圣祐，曰德祐，曰仁祐。明年，传坛之玉印久湮，至是复出，有司上其事，奉旨嘉畀本山。于是涣渥沓臻，灵芝挺瑞，神人以和。凡经篆栋宇百废之宜饬治缮完者，宗师得以悉其心力焉。又病夫《山志》前约而后阙也，乃嘱诸入室弟子，采集成书，来征予序。阅其所载，诏诰之隆，仙真之异，洞府之邃，坛箓之传，人物之伟，楼观之盛，山水之清，草木之秀，碑刻之纪，题咏之工，莫不胪分类析，粲然大备。按：茅山，本句曲山第八华阳洞天，第一地肺福地。汉茅君昆季栖遁登晨于此山，因氏茅。迨晋魏元君，大畅厥绪，真风灵迹，绵绵延延，郁为寰宇之名山，神灵之区奥也。皇元治尚清静，自版图归职方氏，主坛席者，征至阙下，优降玺书，金汤其教，至宗师始显被恩数，度越前躅。于戏懿哉！盖山川之气，发舒于休息既久，亦宗师之道行升闻，寂通之妙，其在斯乎？顾《山志》不可不辑，而丕贶不可无述也。昔唐玄宗问理化于李玄静，玄静对曰：'《道德经》君王之师也。汉文帝行其言，仁寿天下。'又谂以金鼎，曰：'道德，公也，轻举，公中之私耳。'后之人盍体玄静之格言，踵宗师之诚感，则庶几休应。是又可续志，与兹山为无穷也。泰定甲子日南至，集贤大学士光禄大夫西秦赵世延序。"（元刻《茅山志》卷首）钱大昕《元史·艺文志》著录张天雨《茅山志》十五卷。张氏为元末茅山著名道士，撰有《山世集》《碧岩玄会录》《玄品录》《老氏经集传幽文》《寻山志》等。至治二年（1322）主茅山崇寿观，正是《茅山志》修撰之时。因此陈国符认为："盖此书实即张天雨所修，刘大彬窃取其名而已。"恐陈氏未见赵世延序而发此论。此前，已有若干茅山志书，但甚简略。北宋《崇文总目》著录《茅山新小记》一卷；嘉祐（1056—1063）中，陈倩知句容县，曾校修《句曲山总记》；南宋绍兴二十年（1150），南丰人曾恂和茅山山门都道正傅霄又重修《茅山记》四卷，所书"山水祠宇，粗录名号而已；考古述事；则犹略焉"。《茅山志》即据旧志增修编纂而成，于元泰定、天历（1324—1329）间刊行。元末板毁，明永乐元年（1403）重刊。成化二年（1466）板复毁，六年重刊。《四库全书总目》"地理类存目"著录之浙江孙仰曾家藏本，亦十五卷，系嘉靖二十九年（1550）玉晨观刊本，续入明事，已非元刊本之旧。该志为道教山志著作。既存宋元一般方志特色，又兼道教特点，道教事项收录亦颇详。后世道教山志之撰写颇受其影响。

苗善时撰、王志道编《玄教大公案》成，王志道、柯道冲有序。

按：是书承李道纯三教合一说，祖述道教金丹派之性命双修，持朱熹"禅自道家起"之论，称"三家一贯"，实为南北宗合流后道教禅代表作之一。柯道冲作《玄教大公案序》云："道统之传，其来久矣。始太上混元老祖以象先之妙，强名曰道，而立言以德辅翼之，而五千言著其中。然存言外之旨，微妙玄通，有不可得而言者，深不可识，亦强为形容焉。自《道德》授关令尹子，其十子各得其妙。如列、庄诸子至安期生、李仙卿、葛仙翁，众真更相授受，各有经典，然枝分派列于洞天福地，亦代不乏人。自周汉以来，惟尹子嗣祖位，金阙帝君继道统，授东华帝君，帝君传正阳钟离仙君，钟传纯阳吕仙君,吕传海蟾刘仙君,刘南传张紫阳,五紫北传王重阳。七真道统一脉,自此分而为二。惟清庵李君得玉蟾白真人弟子王金蟾真人授受为玄门宗匠,继道统正传以袭真明,亦多典集,见行于世。实庵苗太素师事之,心印其要,盖青出于蓝而青于蓝者也。实庵抱负此道,以列祖道统心法模范学人,采撷诸经枢妙,升堂入室,举其纲要,于列祖言外著一转语,复颂象之,以《易》数为六十四,则又入室三级,则门弟子王诚庵辈集成编,名曰《玄教大公案》。言言明本,句句归宗,体用一真,圆混三教。使人于羲皇画外,纵横玄圣,象先游泳,至哉!华阳真逸唐公捐金绣梓,以广其传,义亦宏矣。……金陵渊嘿道人柯道冲敬序。"(明正统《道藏》本《玄教大公案》卷首)王志道《玄教大公案序》云:"……吾师实庵仙翁,道隆方外,教阐环中,发明太上心玄,剖判羲皇骨髓。掀翻三教,融混一元,扫荡邪宗,豁开正道。斲削后学,造大本宗,烹炼高明,达先天境。是以良朋霞友云集,明公贤相风从。虚而往,实而归,诚不言而信;近者悦,远者来,咸无为而成。乃知言未尝言,弘众妙迥出思议之表;道非常道;备万德独立象帝之先。非极高明而通至化者,其孰能与于此?仆日侍玄堂,幸沾法雨。录集升堂之珠玉,缉熙入室之宝珍。然义适多方,理归一极。历代圣仙未结绝案款,吾师一一决断明白,目之曰《玄教大公案》。列成六十四则,以象《周易》六十四卦。……泰定甲子,门弟子诚庵王志道顿首敬序。"(明正统《道藏》本《玄教大公案》卷上)

《西湖书院重整书目》九月刊记载,至治三年(1323)夏至此年春,得经史子集122种图书书板,皆宋代旧板,修补重整之后已新印发行。

按:时西湖书院山长陈袤作《西湖书院重修书目记》,其文云:"文者,贯道之器,爰自竹简,更为梓刻,文始极盛,而道益彰。西湖精舍,因故宋国监为之,凡经史子集,无虑二十余万,皆存焉。其成也,岂易易哉?近岁鼎新栋宇,工役息遽,东迁西移,书板散失,甚则置诸雨淋日炙中,骎骎漫灭。一日,宪幕长张公昕(张昕)、同寅赵公植(赵植)、柴公茂(柴茂),因奠谒次,顾而惜之,谓:'兴滞补弊,吾党事也。'乃度地于尊经阁后,创屋五楹,为庋藏之所。俾权山长黄裳、教导胡师安、司书王通督某生作头,顾文贵等始自至治癸亥夏,迄于泰定甲子春,以书目编类撰议补其阙。噫!昔人勤于经始,张公长贰善于继述,此志良可嘉也。是用纪其实绩并见存书目,勒诸坚珉,以传不朽,非独为来者劝,抑亦斯文之幸也欤!山长陈袤记。"(《两浙金石志》卷一五)《西湖书院重整书目》载:经部49种,约1100卷。其中包括《易》、《诗》、《书》、《春秋》、《谷梁》、《公羊》、《论语》、《仪礼》、《孝经》、《周礼》、《尔雅》、《说文解字》等。史部35种,约1600卷。主要有《史记》、《汉书》、《三国志》、《南齐书》、《北齐书》、《宋书》、《陈书》、《梁书》、《周书》、《宋刑统》、《资治通鉴》、《唐六典》等。子部11种,约近100卷。有《颜子》、《曾子》、《荀子》、《列子》、《扬子》、《文中子》、《武经七书》等。集部24种,约900卷。主要有《韩昌黎文集》、《苏东坡集》、《张南轩文集》、《曹文贞文集》、《张西岩集》、《林和靖诗》、《宋文鉴》、《文选六臣注》等。除了书板外,西湖书院还承继了宋高宗赵构御书的《易》、《诗》、《书》、《左氏春秋》等7种经文石刻与孔门七十二弟子石刻画像等。

又按:清代顾炎武论及宋元书院刻书云:"闻之宋元刻书皆在书院,山长主之,通儒订之,学者则互相易而传布之。故书院之刻书有三善焉:山长无事而勤于校雠,一也;不惜费而工精,二也;板不贮官而易印行,三也。"(《日知录》卷一八"监本二十一史"条)

王幼学著《资治通鉴纲目集览》59卷是年前后刊刻,正月作自序。

按:王幼学于大德三年(1299)取朱子《纲目》,悉为训诂,引喻证释,至是,纂述成书,计59卷,曰《通鉴纲目集览》。有贡奎延祐六年(1319)序、马端临延祐四年

(1317)序、鲍迹至正元年(1341)序、王宸至治元年(1321)序、罗允登序、泰定元年(1324)自序。王幼学《纲目集览自序》云："予尝……伏读文公《通鉴纲目》，志在涉猎，冀可粗通。奈其中有假字古文，有援引幽邃，或句投疑难，读而置之。训诂弗明，理辞弥赜，未免澄凝绎味，郑重覃思，甚至移日通宵，竟不会其指要。乃重寻古史，申请老师，虽举南荣之宿滞，冰释于一旦；复苦华子之忘病，尤剧于中年。以故不挨笼锥，妄拟窥指。烦墙间之笔札，勤窗下之编抄。紬繙经传群书，采刺儒先蠹说。事必穷其波源而随加演注，字必究其巢穴而即便翻音。凡载《纲目》文辞，靡不锐心核实，至于山河形胜、动植飞潜、南北方言、荒裔殊俗，亦无放失，悉用旁搜旧书之解者。见有不同，说或相庾，兹皆兼录，务广异闻。其有所引根据未详，钻研未至，不肯凿空决臆，宁如夏五郭公句投。若涉疑昧，则必剖判义理而注曰'句绝'，或备录一句全文而注曰'为句'，庶尔后读之，脱彼迷忘，赖有此编矣。犹患属辑无伦，漫然难检，遂本《纲目》篇章，揭以帝王载纪。虽然，按《纲目》义例，以得统之国，大字特书；无统之国，两行分注。且无统之作，动辄二三，多至十数，若皆小字分注，似觉要领支离。今从变例，以闰秦、吕后、新莽、刘元、南朝、五季不得统者，与晚周、汉、晋、隋、唐正统之国一体特书。如七雄、西楚、曹魏、孙吴、北朝君国及诸窃号僭名，俱不枚标，显列大概，欲端绪同归，便于披阅而已，非敢别为义例而故相抵牾也。编始于大德己亥，迄于延祐戊午，积二十年，七易稿而编甫成。以其荟藂丛集颇可省览，因题之曰《通鉴纲目集览》。既成六年，三复雠正，每一过目，辄见舛遗。……于时岁次甲子泰定元年正月灯夕前一日，古舒望江慈湖王幼学行卿端拜谨书。"(《安庆府志》卷二八)

  南京路转运使刊行《贞观政要》10卷。

  苍岩书院刊行王广谋《标题句解孔子家语》3卷。

  杭州西湖书院刊行马端临《文献通考》384卷，字体优美，行款疏朗，刻印俱精。

  龙兴路儒学刊行《困学纪闻》20卷。

  按：是书有牟应龙至治二年(1322)序、袁桷泰定二年(1325)序、陆晋之泰定二年(1325)序。牟应龙《序》云："盖九经诸子之旨趣，历代史传之事要，制度名物之源委，以至宗工钜儒之时文议论，皆后学所当知者。公作为是书，各以类集，考订评论，皆出己意，发前人所未发。辞约而明，理融而达，非读书万卷者，何以能知。"(雍正十三年《井研县志》卷下)

  梅溪书院(古邢张氏)刊行马括《类编标注文公先生经济文衡》前集25卷、后集25卷、续集22卷。

  建安刘氏日新堂重刊《新编事文类聚启札青钱》10卷、后集10卷。

  虞集四月初十日作《正道净明忠孝全书序》。

  按：《净明忠孝全书》乃黄元吉编集，是净明道基本经典。虞《序》云："至治三年夏，有方外之士谓予言：豫章之境有古仙人曰许公旌阳，其教人亦以忠孝为说。盖其生在吴赤乌中，至晋太康，年百三十六岁而去世。岂其观于人事，察乎世变，而为此论哉？养生、祈禳之家，传之且千岁而莫之察也。又从西山道士黄中黄得玉真刘君与许公神交事，甚异，于是以许公忠孝之说，本之儒家以谨其正，推之道家以道其神。其书之出又数年矣，世亦莫悟其所以然也。抚今怀昔，忿然深有感于予衷者，殆不可胜也。仙人、道士之所为岂偶然哉？噫！天理民彝，历千万古无可泯灭之理；一息不存，人之类绝矣。神仙之学岂有出于此之外者乎？知乎此，则长生久视在此矣，无为之化在此矣。善读者尚以心会之。泰定初元四月十日，国子司业虞集拜手谨书。"

(《雍虞先生道园类稿》卷三二)赵世延亦为作《净明忠孝全书序》,见《净明忠孝全书》卷首。

刘志玄作《金莲正宗仙源像传序》。

按:《序》云:"维昔祖师长春丘真君,抱道怀德,深隐东莱。太祖皇帝闻风聘召,远至雪山,礼遇优隆,玄风大振。迨世祖皇帝混一宇内,尤加崇敬,五祖七真,咸锡徽号。武宗皇帝褒以帝君真君之封,十八大师普赠真人,可谓千古盛事矣。虽崆峒问道,河上谈经,岂能专美于往昔哉。臣志玄生逢盛世,滥忝冠裳,顷年侍教主开玄大宗师孙真人于京师之大长春宫,得睹列圣诏书,请录锓梓以示四方,使见闻之有悉知圣朝重道之美意云。泰定元年正月望日,赐紫教门高士澄虚湛寂洞照法师臣刘志玄稽首顿首拜书卷末。"(《金莲宗记仙源像传》)

吴澄作《崇文阁碑》。

按:碑文曰:"国朝以神武定天下,我世祖皇帝以武之不可偏尚也,广延四方耆硕之彦,与共谋议,遂能禅赞皇猷,修举百度,文治浸浸兴焉。中统间,命儒臣教胄子;至元间,备监学官。成宗皇帝光绍祖烈,相臣哈喇哈孙钦承上意,作孔子庙于京师。御史台言胄子之教寄寓官舍,隘陋非宜,奏请孔庙之西营建国子监学,以御史府所贮公帑充其费。逮至仁宗皇帝,文治日隆,佥谓监学棲藏经书,宜得重屋以庋。有旨复令台臣办集其事,乃于监学之北构架书阁。阁四阿,檐三重,度以工师之引,其崇四常有一尺,南北之深六寻有奇,东西之广倍差其深。延祐四年夏经始,六年冬积成。材木瓦甓诸物之直、工役饮食之费一皆出御史府。雄伟壮丽,烨然增监学之辉,名其阁曰'崇文'。英宗皇帝讲行典礼,赍饰太平,文治极盛矣。台臣请勒石崇文阁下,用纪告成之岁月,制命词臣撰文,臣澄次当执笔。今上皇帝丕纂圣绪,动遵世祖成宪,于崇儒重道惓惓也。泰定元年春,诞降俞音,国子监立碑如台臣所奏,臣澄谨录所撰之文以进。"(《吴文正集》卷五〇)

牟应龙三月卒(1247—)。应龙字伯成,湖州吴兴人。牟巘子。入元,为溧阳教授,官至上元县主簿。以文章大家称于东南,于诸经皆有成说。学者称隆山先生。《宋元学案》列其入《鹤山学案》。著有《五经音考》、《隆山杂记》。事迹见虞集《牟伯成墓碑》(《道园学古录》卷一五)、《元史》卷一九〇、《大明一统志》卷六。

按:《元史》本传曰:"应龙为文,长于叙事,时人求其文者,车辙交于门,以文章大家称于东南,人拟之为眉山苏氏父子(编者按:指牟巘与牟应龙),而学者因应龙所自号,称之曰隆山先生。"其《五经音考》,朱彝尊《经义考》著录为《六经音考》,雒竹筠《元史艺文志辑本》著为《九经音考》。

胡长孺卒(1249—)。长孺字汲仲,号石塘,婺州永康人。性聪敏,《九经》子史无不贯通。初师余学古。尝从外舅徐道隆入蜀,与高彭、李湜、梅应春等,号"南中八士"。咸淳中,以任子入官,铨试第一,历倅福宁州而宋亡,退棲永康山。至正二十五年,荐授扬州教授。至大元年,转台州宁海县主簿。晚年于杭州武林山隐居致终。与兄之纲、之纯皆以经术文学知名于世,人称"三胡"。门生私谥为纯节先生。《宋元学案》列其入《木钟学案》"余氏门人"。著有《瓦缶编》、《南昌集》、《宁海漫抄》、《颜乐斋稿》、《石塘文稿》等。事迹见宋濂《胡长孺传》(《宋文宪公集》卷四八)、《元史》

意大利探险家马可·波罗卒(1254—)。

卷一九〇、《两浙名贤录》卷四、《元诗选·二集》小传。

按：《元史》本传载，其学宗朱熹，"故其为人，光明宏伟，专务明本心之学，慨然以孟子自许。惟恐斯道之失其传，诱引不倦，一时学者慕之，有如饥渴之于食饮"。《宋元学案》卷六五《木钟学案》："云濠谨案：主一《宋元儒传私记》云：'先生学有渊源，文章有精魄，与金仁山并以学术为郡人倡，海内重购其文。'"

邹次陈卒（1251— ）。次陈字周弼，一字悦道，宜黄人。中博学宏词科。入元隐居不仕。著有《书义断法》6卷、《史钞》10卷、《遗安集》18卷。事迹见《江西通志》卷八〇。

按：卢文弨《补辽金元三史艺文志》著录《史钞》为邹次陈撰。

又按：《四库全书总目提要》载："《书法断义》六卷，元陈悦道撰。其自题曰'邹次'，不知何许人。书首冠以'科场备用'四字，盖为应举经义而作。"《四库全书简明目录标注》注曰："元刊本作《书义断法》乃邹次陈撰。钱氏《养新录》卷十四曰：黄倪二家制举类有陈悦道《书义断法》六卷。按此书首帙自题邹次陈悦道，邹其姓，次陈其名，悦道则其字也。次陈宜黄人，其字悦道，见于《吴草庐集》。证据分明，今乃以陈为姓，悦道为名，岂其然乎。次陈字周弼，有《史钞》10卷，见《倪志》史抄类，又有《遗安集》十八卷，见草庐序雒竹筠经手元刊本《科场备用书义断法》六卷，邹次陈撰，据次证明《四库》等皆误。"

王炎午卒（1252— ）。炎午初名应梅，字鼎翁，别号梅边，庐陵人。文天祥门人。文天祥被俘北上，作《生祭文丞相文》。入元后，闭门不出，更名为炎午，致力于诗文，以抒其忧国情怀。著有《吾汶稿》10卷、《梅边稿》。事迹见《新元史》卷二四一、《大明一统志》卷五六。

张仲寿卒（1252— ）。仲寿字希静，号畴斋，钱塘人。初为内臣，官至翰林学士承旨。行、草宗羲、献，甚有典则，亦工大字。卒年七十三。著有《畴斋文稿》、《畴斋墨谱》、《畴斋琴谱》等。事迹见《书史会要》卷七。

徐瑞卒（1254— ）。瑞字山玉，号松巢，鄱阳人。宋咸淳间举进士不第。延祐中为本县书院山长。未几，归隐于家。著有《松巢漫稿》3卷（保存于《鄱阳五家集》中）。

按：张翥《松巢漫稿序》云："延祐中，余至鄱阳，与吴君德昭、胡君文友（胡文友）、吴君仲退（吴仲退）游，闻徐君山玉诗声，而不一识。后会杨先生仲弘，论江湖诗人，亦置山玉伯仲间。今不十二年，丧逝殆尽，不知天壤间诗卷留否？前辈用心精苦，孰与诠次，若《英灵》《间气集》以传后人？使姚武功、许鄞州、贾长江不独美者，亦九京所与归也。国子上舍舒元出山玉诗一编曰《松巢集》属翥，始得尽读，其澹远自得之意多，而葩华刻画之辞略。诗中自谓从诸老得印可，妙中可悟不可传者，殆其然乎？芝山之幽，鄱江东注，楚骚遗声，在于山水者，亦扶舆磅礴之所发，而数君子鸿于诗，律宣吕助，仪刑如在，噫往矣！因山玉之诗而有所感，故并及之。"（《鄱阳县志》卷一七）

贯云石五月初八日卒（1286— ）。云石本名小云石海涯，号酸斋，又号芦花道人，畏吾儿人。元臣阿里海涯之孙，因父名贯只哥，遂以贯为姓。初袭父官为两淮万户府达鲁花赤，后弃官从姚燧学。仁宗时任翰林侍读学士，知制诰，同修国史，于科举事多所建明。后称疾辞官，归隐江南，卖药于钱塘市。卒赠集贤学士，追封京兆郡公，谥文靖。著有《新刊全像成斋孝经直解》1卷、《酸斋集》。作品风格豪放，清逸兼具，与徐再思（号甜斋）齐名，后人合辑其作为《酸甜乐府》。《全元散曲》录存其小令 79 首，套数 8 套。事迹见欧阳玄《贯公神道碑》(《圭斋文集》卷九)、《元史》卷一四三、《新元史》卷一六〇、《两浙名贤录》卷五四。

按：贯云石早年曾从学于姚燧门下，"燧见其古文峭厉有法，及歌行古乐府慷慨激烈，大奇之"(《元史》本传)。时人姚桐寿曰："云石……所制乐府散套，骏逸为当行之冠"(《乐郊私语》)杨朝英曰："云石之曲，不独在西域人中有声，即在汉人中亦可称绝唱也。"孔齐记载："北庭贯云石酸斋，善今乐府，清新俊逸，为时所称"，"盖是一时之捷才，亦气运所至，人物孕灵如此。"(《至正直记》卷一"酸斋乐府")明人王世贞曰："曲者，词之变，自金元入中国，所用胡乐，嘈杂凄紧，缓急之间，词不能案，乃更为新声以媚之。而诸君若贯酸斋、马东篱、关汉卿、张可久、乔梦符、郑德辉、宫大用、白仁甫辈咸富有才情，兼喜声律，遂擅一代之长。"(《弇州山人四部稿》卷一五一)

又按：贯云石为元代著名曲家。据说南曲四大声腔之一的海盐腔系由贯云石所创制，而由杨梓所推广。杨梓，海盐人，出身澉川海运世家，累官杭州路总管，擅长剧曲。与贯云石的关系在于师友之间。(见萧启庆《元代多族士人网络中的师生关系》)

倪与可(　—1376)、戴思恭(　—1405)生。

泰定二年　乙丑　1325 年

正月乙未，禁后妃、诸王、驸马毋通星术之士，非司天官不得妄言福祸。

中书省言："江南民贫僧富，诸寺观田土，非宋旧置并累朝所赐者，请仍旧制与民均役。"从之(《元史·泰定帝纪一》)。

二月丙戌，颁《道经》于天下名山宫观。

七月甲寅，纽泽、许师敬编类《帝训》成，请于经筵进讲，仍俾太子观览，命译其书以进。于次年二月译成，更名《皇图大训》，虞集为序，敕授皇太子。

按：虞集《皇图大训序》云："《皇图大训》者，前业禄大夫中书右丞臣许师敬，因其先臣衡，以修德为治之事，尝进说于世祖皇帝者而申衍之，而翰林学士丞旨荣禄大夫知经筵事臣阿邻帖木儿，奎章大学士光禄大夫知经筵事臣忽都鲁都儿迷失，润译以国语者也。天历二年(1329)，天子始作奎章阁，延问道德，以熙圣学，又创艺文监，表章儒术，取其书之关系于治教者，以次摹印而传之。清燕之暇，偶得此编，以为圣经贤传有功于世道者既各有成书，而纂言辑行，会类可观者又尽出于前代，独此编作于明时，文字尔雅，译说详明，便于国人，故首命刻之，乃敕臣集为之序。"(《雍虞先生道园类稿》卷一六)

丙辰，飨太庙。

戊午，遣使代祀龙虎、武当二山。

庚午，以国用不足，罢书金字《藏经》。

九月乙卯，飨太庙。

卢卡得米兰之助，于阿尔托帕肖之役败佛罗伦萨人。

意大利佛罗伦萨市出现铣铁炮及炮弹。

意大利制图学家通过威尼斯和热那亚驻亚洲的使节获得有关北非和阿比西尼亚的较准确的地理情况。

十二月戊寅，以塔失帖木儿为中书右丞相；癸未，加开府仪同三司、上柱国，录军国重事，监修国史，封蓟国公。

丁亥，申禁图谶，私藏不献者有罪。

壬寅，右丞赵简请行区田法于内地，以宋董煟所编《救荒活民书》颁行各州县。

按：张光大亦撰《救荒活民书》8卷、《救荒活民类要》3卷。

吴澄以翰林学士致仕。

按：先是，澄庙议不行，已有去志，会修《英宗实录》，命总其事。居数月，实录成，未上，即移疾不出。中书左丞许师敬奉诏赐宴国史院，仍致朝廷勉留之意，宴罢，即出城登舟去。中书闻之，遣官驿追，不及而还，言于泰定帝曰："吴澄，国之名儒，朝之旧德，今请老而归，不忍重劳之，宜有所褒异。"诏加资善大夫，仍以金织文绮二及钞五千贯赐之（《元史·吴澄传》）。

刘赓加光禄大夫。

袁桷七月十九日得宋徽宗赐温益的搨本《黄庭》。

按：《徽宗赐温益搨本黄庭》载："余旧得刘无言双钩兰亭，今复得此，感昔人宠遇之非当，因书以为累臣之痛。泰定二年七月丙寅，袁桷记。"（《清容居士集》卷四六）

袁桷受奉直大夫、南台监察御史李嗣宗之请，为阎复作神道碑铭。又受曹汝舟之托，为故人曹毅武作墓志铭。

许师敬正月以山东廉访使请颁族葬制，禁用阴阳相地邪说。

邓文原召拜翰林侍讲学士，以疾辞。

曹元用以太子宾客为礼部尚书，兼经筵官。

按：曹元用及大朝会为纠仪官，申卷班之令，俾以序退，无争斗而出之扰。又谓太医、仪凤、教坊等官，不当序正班，当自为一列，后皆行之。时宰执有欲罢科举者，元用以为国家文治正在于此，何可罢也！又有欲损太庙四时之享、止存冬祭者，元用谓："禘祠尝烝，四时之享，不可阙一，乃经礼之大者，其可惜费而废礼乎！"（《元史·曹元用传》）

欧阳玄由虞集荐举，入中朝为国子博士。

按：欧阳玄自此开始"羽仪斯文，赞卫治具"之文臣生涯（《元史·欧阳玄传》）。

吴莱在兰溪拜访服丧的吴师道。

张珪被召于保定。

齐履谦以太史院使之江西、福建宣抚，黜罢官吏之贪污者四百余人，蠲免括地虚加粮数万石。

王结除浙西廉访使，中途以疾还。

宋本转中书左司都事。

杨维桢依照程文，私拟赋题，撰百篇以应考。

刘基括城读书，交结紫虚观道士吴梅涧。

李恒依照郡学重建雄山书院。

按：书院创建于北宋靖康年间，创建人不详。后兵部尚书李惟馨再行重修，建有知非斋、可已堂、万松亭。并请得礼部赐额"雄山书院"，有学田2000亩，松万株。

和德理抵达北京，受到孟戈维诺及在京传教士的欢迎。

按：和德理在北京传教3年，后孟戈维诺思求罗马教皇多派传教士来华帮助，

原英国坎特伯雷大主教T·布雷德沃丁将正切、余切引入三角计算。

阿拉伯旅行家伊本·巴图塔自摩洛哥出游，遍访北非、西亚、中亚、南亚、东南亚许多国家。

和德理乃回程转达其请。其回国后,口述旅行经过,成《和德理游记》。1755年被列为真福。光绪十五年(1889),郭栋臣在意大利求学,把游记译为中文,题名《真福和德理传》,由武昌崇正书院刊行,书中并附有注释。

柳贯八月二十一日作《齐太史春秋诸国统纪序》。

按:《序》云:"……贯自受读,窃疑列国之事,岂皆史官承告所载?要之,举实立文,各有其本,而贵贱荣辱,夷考不巫。《春秋》在天地间,视周犹鲁,视鲁犹列国。以为为鲁而作,则始隐终哀,而原于典礼,命讨者果为天下乎?抑私一鲁乎?艰难离索,不幸学未成而庆矣。比来京师,常愿求之大方,以祛去惑见。而沙鹿齐先生之言则曰:'《春秋》以同会异,以一统万,盖始鲁终吴,合二十国之史记而为之者也。间尝叙类,成书曰《诸国统纪》。降周于鲁,尊为内屈也;先齐于晋,以霸易亲也;系荆及吴,惩僭以正也。其道名分之意,所以经纬乎书法义例之中者,则亦先儒引而未发之奥云耳,予何言焉!'贯既得而诵译之,复次其单陋,质之先生以自厉。谓予尝知《春秋》,几何不为孔门游、夏之罪人哉?泰定二年八月廿一日柳贯序。"(《柳待制文集》卷一六)

圆沙书院刊行宋陈彭年《广韵》5卷、陈彭年等《大广益会玉篇》30卷、宋潘自牧《记纂渊海》195卷。

庆元儒学刊行王应麟《困学纪闻》20卷。

刘有庆为《故唐律疏议》30卷作序。

按:是书另有柳赟泰定四年(1327)序、僧文至正十一年(1351)序。刘有庆与潘斗元合著《续豫章志》13卷。

黄溍约于是年作《法书类要序》。

按:《序》云:"君子之学,必始于六艺,书其一也。古之人于铄金、凝土、弓车、皮玉、画缋之事,虽艺成而下,莫不有法,而书之法无述焉。盖其于书,三岁而一同之,考其文而已。偏正工拙,有不足论也。厥今学士大夫,生乎书同文之时。游心艺事者,得以睱日,审其偏正,而辨其工拙,盍可无以著其法哉?是宜得之者不食而大叫,见之者槌胸而呕血。夫何临学之家,率随人以作计,徇于今之厚,而征于古之略也?予年十七八时,尝得所谓《书苑菁华》者,穷昼夜而观之。因取其所不录,而杂出于史氏百家之言者,次第以为《临池拾遗记》。然以所见未传,无能补其阙轶之一二焉。后三十年,乃获观钱塘吴君所辑《法书类要》。其多至于二十又五卷,书之为法备矣,尽矣。惜夫岁月之惱迈,而予之不能从事于此也。君不鄙,属予以序。予闻之《孟子》,盖曰:'大匠诲人,必以规矩。学者亦必以规矩。'然而又曰:'梓匠输舆,能与人规矩,不能使人巧。'士君子之游于艺,与百工之事异乎?知乎此,则思过半矣。敢援以为序,庸俟览者详焉。"(《黄文献集》卷六)

刘参为刘将孙《养吾斋集》作序。

按:序云:"先兄养吾先生,自少时侍先君子,于古心江文忠公馆中学为文,出语惊人喧众,口达朝路。及长,习程文,屡魁乡校,占名第,老儒匠手敬服,不惟抗衡,且避其锐,皆以小须称之。先君晚年倦疏笔墨,凡酬应者,悉属之。先君弃世之后,其文益工,四方之求者如先君焉。笔力豪赡,衮衮莫竭,议论援据,一出于正,而能俯仰随时,谐俗不惊,挥毫漫兴,纸尽词穷,旁观嗜嗜,脱手若忘故。所著述虽多,而存稿亦少。其婿曾以立(即曾闻礼)慨然于乐天写本传两家子孙珍藏之语,遂编校刻而传之,以立亲炙。先兄既久才学,日近诗文,字法皆已逼真,故于斯文不啻两手分也。今其所编者,多所意授,而非效李汉辈徼名者也。刻梓已成,区区因得附名不朽,并

日本藤原为藤、藤原为定撰《续后拾遗和歌集》。

大主教丹尼尔用教会斯拉夫语撰写的《世系图》约于是年成,记载了1272年以来塞尔维亚诸国王的传记。

尼德兰的宗教格言诗《贝娅特莱斯传》约于是年成。

述其编次之意如此。若夫先兄之文，在人心公论，非予浅陋者所能赞也。泰定乙丑十月季弟参拜书。"（《养吾斋集》卷首）

袁桷是年岁初作《昌国州医学记》。二月，作《定海县重修记》。初二日，作《昌国州重修学记》。三月初四日，在从侄袁瑛处看到袁甫遗作，作《跋正肃公手泽》。五月十六日，袁桷作《跋外高祖史越王尺牍》。七月初八日，为马铸作《马氏族谱序》。九月，为同乡吕与之作《老子讲义序》。十月，为王应麟《困学纪闻》作序。十九日，读噩上人所作慈照师行状有感，作《书噩上人慈照师行述后》。十月，作《甬山集序》。十二月十八日，作《慈溪县兴造记》。

印度波斯语诗人、历史学家阿密尔·霍斯陆卒（1253— ）。

法兰西斯·得·迈罗尼斯卒，生年不详。邓斯·司各脱的弟子。

程直方卒（1251— ）。直方字道大，号前村，婺源人。通诸经，尤深于《易》，与傅立为莫逆交，尽得邵氏不传之秘。家居不仕，省院台宪行部至婺源者，必访问求见，或延至学宫，执礼受教。《宋元学案》列其入《张祝诸儒学案》"傅氏门人"。著有《观易堂随笔》、《程氏启蒙翼传》、《四圣一心》、《蔡传辨疑》1卷、《学诗笔记》、《春秋诸传考正》、《春秋旁通》（《经义考》作《春秋会通》）、《续玄玄集》3卷。事迹见董时义《前村程先生传》（《新安文献志》卷七〇）。

张楧卒（1260— ）。楧字仲实，号菊存，钱塘人。南宋名将张俊之后，以张俊为成纪人，故人往往称"西秦张楧"。入元以荐授杭州路学录，终于两浙盐运司知事。早年张楧与南宋遗老连文凤、戴表元等过从甚密，后又与赵孟頫、邓文原、冯子振、贯云石、马臻等唱酬，乃元代江浙文坛承前启后之人物。诗文曾结集，未见传本。戴表元作有《张仲实文编序》、《张仲实诗序》（皆见《剡源集》卷八）。

黄元吉卒（1270— ）。元吉字希文，号中黄，豫章丰城人。年十五为道士，事刘玉，传其说，并将刘玉生平言行，辑为《玉真先生语录》内集、外集、别集3卷。其阐释发挥净明忠孝学说之言论，由弟子陈天和编集为《中黄先生问答》，收入《净明忠孝全书》卷六。著有《净明宗教》16卷，纂有《净明忠孝全书》6卷，由徐异校正。事迹见《道藏·净明忠孝全书》。

陈灌（ —1371）、萧岐（ —1395）生。

泰定三年　丙寅　1326年

奥斯曼土耳其定都拜占廷重镇布鲁萨。

二月丙申，建显宗神御容于卢师寺，赐额曰大天源延寿寺。

三月乙卯，申禁民间金龙文织币。

是月，中书省臣奏："下第举人，仁宗延祐间，命中书省各授教官之职，以慰其归。今当改元之初,恩泽宜溥。蒙古、色目人,年三十以上并两举不第者,与教授;以下,与学正、山长。汉人、南人,年五十以上并两举不第者,与教授;以下,与学正、山长。先有资品出身者,更优加之。不愿仕者,令备国子员。后勿为格。"从之(《元史·选举志一》)。

  按:自余下第之士,恩例不可常得,间有试补书吏以登仕籍者。惟已废复兴之后,其法始变,下第者授以路府学正及书院山长。又增取乡试备榜,亦授以郡学录及县教谕。于是科举取士,得人为盛焉。

甲子,命功德使司简岁修佛事一百二十七。

五月乙巳,修镇雷佛事三十一所。

遣指挥使兀都蛮镌西番咒语于居庸关崖石。

六月丁酉,遣道士吴全节修醮事于龙虎、三茅、阁皂三山。

七月乙卯,命翰林侍讲学士阿鲁威、直学士燕赤译《世祖圣训》,以备经筵进讲。

八月,诏:"道士有妻者,悉给徭役。"(《续资治通鉴》卷二一三)

九月,敕:"国子监仍旧制岁贡生员业成者六人。"(《元史·泰定帝纪二》)

吴澄被征,作《谢赐礼币表》,不起。

袁桷八月为江浙乡试考官。

  按:初一,与广信郑元善"同校文江浙",为乡试考官,为之作《郑元善思亲诗编序》,见《清容居士集》卷二二。十五日,袁桷作《秋闱倡和(丙寅江浙)》(《清容居士集》卷一四)。

袁桷十一月为同里董秉彝亡故,筹集资金,操办后事。

  按:黄溍《董秉彝墓碣》载:"故翰林侍讲学士袁公甚器重之。其父晚得痿疾,老母弱弟,姊妹之未有家者,居处服食婚嫁之须,一资于秉彝而后具。……竟以泰定三年九月五日,卒于家,年三十有三。……袁公为发粟,他朋游及方外交又相与合钱为助,始克以其年十一月五日,返葬于奉化某乡西圃先墓之次。"(《金华黄先生文集》卷四〇)

虞集被封为翰林学士兼国子祭酒。请兴京东水田,以宽东南海运。

许有壬六月升右司郎中,俄移左司郎中,每遇公议,屡争事得失。

柳贯出为江西儒学提举。

黄溍升从事郎、绍兴路诸暨州判官。是年,送胡一中、杨维桢北上赴考,作《送胡允文杨廉夫应荐北上》。

王结拜辽阳行省知参政事。旋召拜刑部尚书。

赡思以遗逸征至上都,见帝于龙虎台,眷遇优渥,寻以养亲辞归。

许师敬、兀伯都剌并以灾变饥歉,乞解政柄,不允。

赵简从江浙行省右丞相召为集贤大学士,领经筵事。

  按:赵简著有《赵学士简经筵奏议》,有虞集书后。

曹元用奉诏议如何弭日食、地震、星变之灾,主张"以实不以文,修德明政,捐浮费,节财用,选守令,恤贫民,严禋祀,汰佛事,止造作以纾民力,慎赏罚以示劝惩"。皆切中时弊(《续资治通鉴》卷二一三)。

波兰发动对条顿骑士团之第一次战争。

张翥书赠莫景行诗文卷。

汪克宽举浙江乡试，为翰林侍讲学士邓文原取中。终归，以经学教授宣、歙间。

杨维桢以《春秋》中乡试，结识主考倪渊、同考吴叔巽，与倪渊子倪瓖尤善，其"铁崖"号自是年始用。并于鄱阳交刘斗凤，与之饮于开元宫王眉叟丹房。

吴师道为宁国录事，阶从仕郎，治所宣城。门生徐原（均善）从游。宣城期间，曾与张舜咨游。

闻人梦吉中乡试。

宋濂从此时起即以古文辞为事。

刘基举于乡。

王克敬正月十九日为绍兴路总管，集同郡儒士赋诗若干首，袁桷为之序。

按：王克敬，字叔能，与桷曾同朝为官，泰定初累官至绍兴路总管。《蓬莱阁诗序》载："同郡儒士合赋诗若干首，桷与叔能同官于朝，审平昔清静简易之论，于是乎见，虽老尚能为候赋之。泰定三年正月甲子，清容居士四明袁桷序。"（《清容居士集》卷二二）

吴明之乡试不中，十二月初一日途经四明，访袁桷，示其文集，桷赞之。

按：《书吴明之文编后》载："吾见其扬于王庭，清远自仪，润色敷绎，讵止于是编之所述哉？因书以为异日之俟。泰定三年十有二月辛未朔，见一居士袁桷书。"（《清容居士集》卷五〇）

松江真净寺高僧清拙正澄应日本镰仓幕府邀请前往日本。

按：清拙正澄先后住建长、净智、圆觉、建仁、南禅诸寺，成为开善寺开山祖。其所著《大清广清鉴》、《大鉴略清规》确立起日本禅林规矩，并影响日本武士礼法，且于日本五山文学有所影响。

德国神学家、神秘主义哲学家、多明我会修士迈斯特尔·爱克哈特著《申辩书》。

彼得·冯·杜伊斯堡用拉丁文写成诗歌《普鲁士》。

萧汉中约于此年前后著《读易考原》1卷成。

按：萧汉中研究卦序，以六十四卦象之逻辑结构解释《周易》卦序之程序。其卦序说，以乾坤坎离日正卦为核心，推论六十四卦分上下经之逻辑结构，可谓自成一家。《四库全书总目提要》评曰："汉中书不甚著。明初朱升作《周易旁注》，始采录其文，附于末卷。升自记称谨节缩为上下经二图于右，而录其原文于下，以广其传，则是书经升编辑，不尽汉中之旧。其说虽亦出于邵氏，而推阐卦序，颇具精理。盖犹依经立义，视黑白奇偶蔓衍而不可极者，固有殊焉。"钱大昕《元史艺文志》注：汉中字景元，江西泰和县人。

敏德书堂刊行朱祖义《直音傍训周易句解》10卷，后刊行《广韵》5卷等。

按：朱祖义另著有《直音旁训尚书句解》6卷，雒竹筠《元史艺文志辑本》著录13卷，有《通志堂经解》、《四库全书》本。《中国善本书目》载有敏德堂刻本。《四库全书总目提要》评曰："祖义是书专为启迪幼学而设，故多宗蔡义，不复考证旧文，于训诂名物之间，亦罕所引据。然随文诠释，辞意显明，使殷盘周诰诘屈聱牙之句，皆可于展卷之下，了然于心口。其亦古者离经辨志之意欤。以视附会穿凿，浮文妨要，反以晦蚀经义者，此犹有先儒笃实之遗矣。亦未可以其浅近废也。"

浙江儒学提举杨志行命建阳县书坊余志安刊行胡炳文撰《四书通》(《大学通》1卷、《中庸通》1卷、《论语通》10卷、《孟子通》14卷)，邓文原为作序。

  按：邓文原《序》云："四书之学，初表章于河南二程先生，而大阐明于考亭朱夫子。善读者先本诸经，而次及先儒论著，又次考求朱夫子取舍之说，可与言学矣。然习其读而终莫会其意，犹为未善也。《纂疏集成》博采诸儒之言，亡虑数十百家，使学者贸乱而无所折衷，余窃病焉。近世为图为书者益众，大抵于先儒论著及朱夫子取舍之说有所未通，而遽为臆说以炫于世。余尝以谓昔之学者常患其不如古人，今之学者常患其不胜古人。求胜古人而卒以不如，予不知其可也。今新安云峰胡先生之为《四书通》也，悉取《纂疏集成》之戾于朱夫子者，删而去之，有所发挥者则附己说于后，如谱昭穆以正百世不迁之宗，不使小宗得后大宗者，惧其乱也。汉世定论经传于白虎阁，因名曰《白虎通》，汉末封司马迁后为史通，通之为义尚矣。若夫习其读而会其意，此又学者之事，庶无负先生名书之旨云。泰定三年良月朔旦巴西邓文原叙。"(《巴西文集》)

虞集大约此年为《忠史》作序。

  按：《序》云："《忠史》者，番易杨玄所著也。玄之大父，死于宋咸淳末，玄伤其事不著于世，故为是书，列夏商以来至宋而止得以忠可书者八百余人。泰定初年，以其书来京师，国史与学省皆是之。上送于朝，有司不以闻，凡三年，不遇而归。且行，来求一言以为识。"(《雍虞先生道园类稿》卷一七)欧阳玄亦作《忠史序》云："……玄翁慨慕先志，作《忠史》，十余年成书。于是上下数千年，臣子大义，粲然毕具。微而一言一行，苟无愧于尽己者，悉录之；又微而裔夷小邦妇人女子之操，不遗也；又极而心迹形似之间，皆有以核其实。是非了然，不缪于古人，何其至公而当也。"(《圭斋文集》卷七)

刘志玄作《金莲正宗仙源像传序》。(可参见张嗣成泰定四年作《金莲正宗仙源像传序》条)

  按：刘志玄是书还有泰定元年序。《序》云："大道之妙，有非文字可传者，有非文字不传者，此《仙源像传》所以作也。惟我全真自玄元而下五祖七真，道高德厚，化被九有。长春丘祖师，万里雪山，玄风大阐，此固不待文字而后传。然其事迹之详，未易推究。余每欲辑一全书纪之。一日，致九以此意为西蟾先生言之。西蟾欣然称善，乃相与博搜传记，旁及碑碣，编录数年，始得详悉。乃图像于前，附传于后，名曰《全真正宗仙源像传》。同志之士览之者，因其所可传，求其所不可传，则是书不为无补。若其犹有未备，幸有以教之。时泰定丙寅阳至日庐山清溪道士刘志玄谨序。"

萨德弥宝著《瑞竹堂经验方》15卷成。

  按：原书15卷，现仅存5卷。书中分调补、消导、劳伤等内、外、妇、幼各科共24类，列方剂187手，处方醇正。

庐陵武溪书院重刊宋淳祐六年祝穆《新编古今事文类聚》前集60卷、后集50卷、续集28卷、别集32卷、新集36卷、外集15卷、遗集15卷。

  按：前集为宋祝穆撰，新集、外集为元富大用撰，遗集为祝渊撰。

  又按：类似著作有王莹编《群书类编故事》24卷。该书收录范围仅限"故事"。

汇辑史传、笔记、传奇及野史稗编中宋以前故事822条,分天文、时令、地理、人物、仕进、人伦、仙佛、民业、技艺、文学、性行、人事、宫室、器用、冠服、饮食、花木、鸟兽等十八类。

马祖常作《大兴府学孔子庙碑》。

按：此文客观描述元代国子学初创之际乃"摄于老氏之徒",至忽必烈之后,方"始正儒师,复学官,庙事孔子",步入正轨的情况。此文还较清楚地指明国子学办学宗旨以及朝着儒学化迈步的进程。附原文："昔我太祖皇帝,受命造邦,金人孙于汴,太祖即以全燕开大藩府,制临中夏,维时已有定都之志矣。故太宗皇帝首诏国子通华言,乃俾贵臣子弟十八人先入就学。时城新刬于兵,学官摄于老氏之徒。世祖皇帝教命下,始正儒师,复官学,庙事孔子,归壖垣四侵地,勒石具文,作新士子。至元二十四年,既成今都,立国子学位于国左,又因故庙为京学。京师杂五方俗,尹治日不给,庙之墙屋弊坏,将压以毁,讲席之堂粗完。泰定三年,今大尹曹侯,上视庙貌祠位,皆不如制,割稍入为寮采倡,然后大家富室合贽以聚财者有焉,释子方士分食以庀徒者有焉,施施于于,咸乐相成。延两庑五十有二楹,缔构涂饰,工良物办,象从祀诸贤百有五人,妥灵惟肖,威仪有容,又恳请于朝,得廪饩弟子员百人,受学于师,复其身,不劳以事,于是天下首善之教兴焉。庙肇自唐咸通中,遇辽、金,燕为都邑,故尝用天子学制,选举升造,与南国角立,亦一时之盛也。而太宗皇帝,当云雷经纶之世,圣训谆谆,以德赏喻父师,以楗楚惩子弟。饥焉粟肉,渴焉酒醴,力焉仆使,恩义甚备,其养贤劝善之诚,固已高出百王之上矣。世祖皇帝立极作则,人文昭明,登用儒臣,躬亲讲学,故当时勋贤之裔,以及宿卫之臣,罔不以揖让俎豆之为懿,颛蒙昏庸之为耻也。而三代国学、党序、遂庠、家塾之等,秩然罗列于上下,才学经术用世之士,踵武而出。暨仁宗皇帝宾兴,大比四方,举进士,凡登贤书策名礼部者,京师屡倍于外郡,非列圣仁涵义揉,百年之礼乐文物,推而致之欤？燕自虞夏为武卫之服,邵公之化尚矣。昭王筑台以徕贤士,邹衍、乐毅、剧辛至,有称于世,韩婴以《诗》《易》为一家师,孔颖达博综五经,卓然庶几醇儒。今多士游歌在庭,抠衣在庙,将见鲁、邹之美矣,若婴、颖达宜所不道,衍、毅、辛之徒哉！夫儒者之学,诗、书、六艺之文,以至施之天下之道,无有二也。后世教不明,家异人殊,各溺于所习,以相诋訾,由上之教,无以一之也。嗟夫！古者小学、大学之师,弟子之传,皆本于道德仁义之实,著于诗、书、六艺之文,非有教有授,则不敢以传也。传焉而庞杂不经,则上有刑也。是故风淳而气同,由上之教有以一之也。而王国多士,逢文明之会,肆业有学,学有师,春秋礼其先圣先师者,又有庙有位,入有食以处,出有贵于众,所以报称列圣教化之德,而应贤侯承宣之志者,必冠而起矣。提举学事崔居中、教授贾良、弥正张祯录司视以状请曰：'庙之成,前尹焉思忽实能始之,今尹曹伟实能终之,经历王孝祖、薛让,警巡按院乌德美使李权,且能考工于下也。'余既为言正充、郏、沂、鄞四公配食东乡位,其来请,遂为铭诗不辞。"(《石田文集》卷一〇)

意大利医生、解剖学家蒙汀诺·迪卢西卒(1275—)。

畅师文十月卒(1247—)。师文字纯甫,号泊然,南阳人,徙襄阳。从伯颜平宋,授东川行院都事。至元二十八年,累迁陕西宪佥,移山南、山东二道,入为国子司业。大德七年,除陕西行省理问,历太常少卿、翰林侍读。至大三年,出为太平路总管。皇庆二年,复召为翰林侍读,进翰林学士。卒,追谥文肃。江南平定后,畅师文以较早在原南宋治下任职,又久在翰林,故南北文坛均知名。纂《农桑辑要》,修《成宗实录》。时制作多出其手。著有《平宋事迹》1卷。事迹见许有壬《畅公神道碑铭》(《圭塘小稿》卷九)、《元史》卷一七〇、《元诗选·癸集》小传。

仇远约卒,生年不详。远字仁近、仁父,号山村民。宋末即以诗名,与白珽起齐名,称"仇白"。入元,为溧阳儒学教授,旋罢归,优游湖山以终。工诗文。著有《稗史》1卷、《金渊集》6卷、《无弦琴谱》2卷、《山村遗集》1卷。事迹见《元史》卷八九、《宋元学案补遗》卷九三、《至顺镇江志》卷一七。

方克勤(—1376)、杨基(—1378)、许原让(—1389)生。

泰定四年　丁卯　1327年

正月乙巳,御史台请亲祀郊庙,泰定帝曰:"朕遵世祖旧制,其命大臣摄之。"(《元史·泰定帝纪二》)

二月辛未,祀先农。

甲戌,祭太祖、太宗、睿宗御容于大承华普庆寺,以翰林院官执事。

三月丙午,廷试进士,赐阿察赤、李黼等86人进士及第、出身有差。

四月辛未,盗入太庙,窃武宗金主及祭器。以典守宗庙不严,罢太常礼仪院官。

按:时,太常博士李好文言:"在礼,神主当以木为之,金玉祭器,宜贮之别室。"(《元史·李好文传》)

六月辛未,翰林侍讲学士阿鲁威、直学士燕赤等进讲经筵,仍命译《资治通鉴》以进。

七月,建横渠书院于郿县,祠宋儒张载。

丙午,享太庙。

丁未,敕:"经筵讲读官,非有代不得去职。"(《元史·泰定帝纪二》)

戊戌,遣翰林侍读学士阿鲁威还大都,译《世祖圣训》。

九月丙申朔,敕:"国子监仍旧制,岁贡生员业成者六人。"(《续资治通鉴》卷二一三)

甲戌,命祀天地,飨太庙,致祭五岳四渎、名山大川。

许有壬丁父忧。

邓文原拜岭北湖南道肃政廉访使,以疾不赴。

宋本春迁礼部郎中。

王士熙参知政事。

德王路易四世远征意大利。

按：文宗立，流远州，明年放还乡里。

贡师泰释褐出身，授从仕郎、太和州判官。

赵雍荫授昌国州知州，改知州海宁。

唐元升集庆路南轩书院山长，以程朱理学训迪生徒，讲学不倦。

按：曾以文学授平江路学录；再任建德分水县教谕。后以徽州路教授致仕。

杨维桢、萨都剌三月同登进士第。

按：是年监试官为王士熙，读卷官为马祖常。杨维桢授承事郎、天台县尹兼劝农事。有元除进士县令者自维桢始。同年登进士者尚有：黄清老、贺据德、赵正伦、胡一中、刘沂、赵宜浩、赵期颐、刘尚贤、爕理溥化、李稷、王士元、字颜忽都、周镗、郭嘉、张以宁、李黼、朱显文、张敏、康若泰、蒲理翰、观音奴、索元岱、沙班、卜友曾等。

又按：蒲理翰乃天竺人。王士元著有《拙庵集》。

杨维桢与越地同中进士第者胡一中、赵彦夫时谒乡贤胡助于京城。胡助于临别时曾赠以长诗。杨维桢还结识道教宗师吴全节。

胡助馆于王士熙家，与张以宁交好。

黄清老举进士，授翰林典籍，升检阅，迁应奉。与同年杨维桢、俞焯、张以宁居京师数日，论闽浙新诗。

按：时黄清老讥浙无诗，杨维桢耿耿难释，归越后，穷访以诗名者。

俞焯登进士第，授仙居县丞。

按：俞焯，字元明，号午翁，一号越来子，太仓人。至正间官德兴尹。著有《诗词余话》1卷（载《说郛》卷四三）。

胡一中登进士第，授绍兴路录事。后转邵武路。

按：胡一中，字允文，诸暨人。著有《定正洪范集说》1卷首1卷。是编因王柏、文及翁、吴澄三家改定《洪范》之本。

汪克宽春二月至京师会试，论《春秋》与主司不合，又兼对策切直，遂见黜于中书。汪克宽欣然南归遂奉养之志。

宋濂游郡城，初识永康义士胡元祚。

刘基读书石门洞，讲性理于郑复初，得闻濂洛心法，得其旨归。

袁桷约于是年作《易说》、《春秋说》若干卷，未脱稿。

按：虞集《祭袁学士文》载："归而寄书，勖我慰我。亦喜优游，自诧其果。曰：《易》《春秋》，曾与子谈。将卒成书，恐老弗堪。老不废学，唯予与尔。终订无忌，庶其在子。言犹在耳，俄以讣来。"（《道园学古录》卷二〇）《至正四明续志》卷二《袁桷》载："《易》、《春秋》二解未脱稿。"

梅溪书院刊行陈栎《尚书集传纂疏》6卷，陈栎正月为作《尚书蔡氏集传纂疏自序》并附《凡例》。

按：此刻本版式为：十一行二十一字，注双行。《四库全书总目提要》曰："是编以疏通蔡《传》之意，故命曰'疏'；以纂辑诸家之说，故名曰'纂'。又以蔡《传》本出朱子指授，故第一卷特标朱子订正之目，每条之下必以朱子之说冠于诸家之前，间附己意，则题曰'愚'，谓以别之。……而是书之作，乃于蔡《传》有所增补，无所驳正，与其旧说迥殊。《自序》称圣朝科举兴行，诸经四书一是以朱子为宗，《书》宗蔡《传》固亦然云云。盖延祐设科以后,功令如斯,故不敢有所出入也。"陈《序》云:"《书》载帝王之治,而治本于道,道本于心。道安在?曰:在中;心安在?曰:在敬。揖让放伐、制度详略等,事虽不同,而同于中;钦、恭、寅、祇、慎、畏等,字虽不同,而同于敬。求道于心之敬,求治于道之中,详说反约,《书》之大旨不外是矣。况诸经全体,上下千数百年之治迹,二帝三王之渊懿,皆在于《书》,稽古者舍是经奚先哉?孔子所定,半已逸遗,厥今所存,出汉儒口授、孔宅壁藏,错简断编,当阙疑者何限?自有注解以来三四百家,朱子晚年始命门人集传之,惜所订正三篇而止。圣朝科举兴行,诸经、《四书》,一是以朱子为宗,《书》宗蔡《传》,固亦宜然。栎不揆晚学,三十年前,时科举未兴,尝编《书解折衷》,将以羽翼蔡《传》,亡友胡庭芳见而许可之,又勉以即蔡《传》而纂疏之,遂加博采精究,方克成编。今谋板行,幸遇古邢张子禹命工刊刻,以与四方学者共之。泰定四年丁卯正月望日。《凡例》云:

一、标题此书云《尚书蔡氏集传》,法朱子刊《伊川易传》标曰《周易程氏传》,尊经也。首卷有'朱子订定'四字,不忘本也。自二卷起无四字,纪实也。

一、今采朱子《语录》,不书录者姓名,法《近思录》也。并在《纂疏》内,依赵氏《四书纂疏》例也。然《语录》必居诸说之前,尊先师也。

一、朱子《语录》发明此传而不可无者,载之传,意已明,无俟云云。及非说本章经旨者,皆不泛载,务谨严也。

一、一部《尚书》,朱子于阙疑谆谆言之。今遇可疑处,姑略存旧说,然后明云'当阙疑'焉。"(《陈定宇先生文集》卷六)

翠岩精舍刊刻胡一桂《诗集传附录纂疏》20卷、《诗序附录纂疏》1卷、《诗传纲领附录纂疏》1卷、《语录辑要》1卷。

按:此刻本在《诗传纲领》后有七行木记云:"文场取士,《诗》以朱子《集传》为主,明经也。新安胡氏编入《附录纂疏》,羽翼朱《传》也,增以浚仪王内翰《韩鲁齐三家诗考》,求无遗也。今以《诗考》谨锓诸梓,附于《集传》之后,合而行之。学《诗》之士,潜心披玩,蜚英声于屋间者,当自得之。时泰定丁卯(四年)日长至,后学建安刘君佐谨识。"

程端学四月十六日作《春秋本义序一》。(可参见程端学元统二年五月十六日《春秋本义序二》条)

按:《序》曰:"……若董子谓'正其义不谋其利,明其道不计其功'者,又此经之大旨也。三传者之作,固不可谓无补于经也,然而攻其细而捐其大,泥一字而遗一事之义,以日月、爵氏、名字为褒贬,以抑扬、予夺、诛赏为大用,执彼以例此,持此以方彼,少不合则辗转生意,穿凿附会,何、范、杜氏又从而附益之,圣人经世之志泯矣。后此诸儒虽多训释,大凡不出三家之绪,积习生常,同然一辞,使圣人明白正大之经,反若晦昧谲怪之说,可叹也已。幸而啖叔佐、赵伯循、陆伯冲、孙大山、刘原父、叶石林、陈、岳氏者出,而有以辨三传之非。至其所自为说,又不免褒贬凡例之敝。复得吕居仁、郑夹漈、吕朴乡、李秀岩、戴岷隐、赵木讷、黄东发、赵浚南诸儒,杰然欲埽陋习,而未暇致详也。端学之愚,病此久矣。窃尝采辑诸传之合于经者,曰《本义》,而间附己意于其末。复作《辨疑》以订三传之疑似,作《或问》以校诸儒之异同。廿年始就,犹未敢取正于人。盖以此经之大,积敝之久,非浅见末学所能究也。尝谓:读《春秋》者但取经文,平易其心,研穷其归,则二百四十二年之事之义,小大相维,首尾相应。支离破碎、刻巧变诈之说,自不能惑;圣人恻怛之诚、克己复礼之旨,粲然具见,而鉴戒昭矣。则是编也,虽于经济心法不敢窥测,然知本君子或有取焉尔。泰定丁卯四月既望,四明程端学序。"(《春秋本义》卷首)

徐东是年前后纂《运使复斋郭公言行录》1卷、《敏行录》2卷行于世。

按：郭公指郭郁。于泰定四年迁福建都转运盐使，有善政。福州路教授徐东辑其事成书。

西湖书院刊行马端临《文献通考》348卷。

晋王叔和《脉经》10卷又刊刻。

按：是书有元刻泰定四年(1327)移文、谢缙翁等泰定四年(1327)序。

吴全节正月作《茅山志序》。（参见赵世延泰定元年、刘大彬天历元年《茅山志序》）

按：《序》云："钦惟皇元之有天下也，首崇清静之道，以开泰平之基。是以方外祠臣，特蒙简注，恩辉炫焯，表章山林，若不著为成书，后世何以考见？顾余斯语，名山实闻。至大庚戌，予以祀事至茅山，因阅其山之旧志，遗阙甚多，尝次语之四十四代宗师牧斋王真人。未几，真人传真，山志无所闻。后五年，复祀其山，又以语之嗣宗师刘真人。十又三年，为泰定丙寅，天子用故事，醮其山，予实代礼，始获睹其成书。凡十有五卷，自汉晋而下，及齐梁唐宋之书，搜括无遗。噫！何其详哉！其首篇曰诰副墨，则国朝所封三真君制词、三峰观赐额敕书具在，皆予所奏请者。其末篇曰杂著，则有仁皇帝用先开府张公所奏，还赐玉章始末。呜呼！是书前后凡二十年始成，仙灵诚有所待耶？不然，国朝褒封赐额、还赐玉章诸异恩，又将补阙拾遗于成书之后，作者不无憾焉。平章赵公既为之序，予嘉是书之传有益斯道，而予言之勉成者不徒然也，故为之书。泰定丁卯春正月，特进上卿玄教大宗师吴全节序。"（正统道藏本《茅山志》卷首）

张嗣成作《金莲正宗仙源像传序》。（另可参见刘志玄泰定三年《金莲正宗仙源像传序》）

按：《序》云："李全正携至刘天素与谢西蟾所作《全真正宗仙源像传》一帙，余读而善之，……时泰定丁卯春，嗣天师太玄子书于玄德堂。"

任士林撰《元松乡先生文集》10卷泰定年间刊刻。

按：是书现藏于日本静嘉堂文库。是书卷首有三文，其一为赵孟頫作《任叔实墓志铭并序》，其二为陆文圭于泰定丁卯(1327)所作跋，其三为杜本所作序，下有"元松乡先生文集目录"，各卷头题"元松乡先生文集卷之几"，署"句章任士林叔实"。

黄庚著《月屋漫稿》1卷成，有自序。

按：《月屋漫稿》别本题为《月屋樵吟》，析作四卷。而旧题张观光《屏岩小稿》则为一部据《月屋漫稿》而成之伪书。（《元代文学编年史》）黄庚，字星甫，号月星，天台人，一云临海人。曾为太学生，宋亡，放浪湖海。曾参加宋遗民组织的越中诗社，在以《枕易》为题的考试中，获第一名。

段辅为《二妙集》8卷作跋。

按：是书为金人段成己、段克己撰，吴澄有序。段辅《跋》曰："显祖遁庵君与从祖菊轩君，才名道业推重一时。值金季乱亡，辟地龙门山中。遁庵君既殁，菊轩君徙晋宁北郭，闭门读书余四十年，优游以终。凛然清风，视古无愧。其遗文惜多散逸，所幸存者若古律诗乐府三数百篇，皆先侍郎手自纪录，屡欲传梓不克。小子不肖，痛先志之未遂，惧微言之或泯，谨用锓梓，藏之家塾，俾后之子孙毋忘先业云。泰定四年丁卯春，别嗣辅拜手谨志。"（《二妙集》卷末）

胡助是年前后作《京华杂兴诗二十首有引》。

按：诗后有王士熙、马祖常、虞集、欧阳玄、贡奎、曹元用、谢端、段辅、李端、赵由辰、周仁荣、汤弥昌、王肖翁、龚璛、刘汶、杨刚忠、黄清老、苏天爵等人题跋。

杨维桢乡试、会试所作二赋选入程文，刊板梓行。

按：另有欧阳起鸣者，举进士，尝著《论范》2卷，杂取经史诸子之语为题，各系以论，凡六十篇。

陈栎闰九月作《黟川会友吟盟考评》。

按：文曰："休阳东阜叟陈栎，辱小桃源君子寄声，谓将兴诗盟，求一诗题并委以考评，辞不获，见今秋满眼，有丰稔意，遂以'大有年'为题以复命，盖为今日之愿也。按春秋二百四十二年，而'有年'仅一书，见于桓公之三年；'大有年'仅一书，见于宣公之十有六年。公羊氏曰：'有年，何以书？以喜书也。''大有年'何以书？亦以喜书也。曰有年何？仅'有年'也。曰'大有年'何？大丰年也。仅有年，亦足以当喜乎？恃有年也。'何休注：'恃，赖也。若桓之行而元年水、二年耗，赖得五谷皆有，使百姓安土乐业，故喜而书之，不足于桓公微意已见。'至泰山孙氏著《春秋发微》，始有纪异之意，实自公羊之传而发之耳。伊川《春秋传》遂明言之，胡氏《传》又申言之，是固然也，而不必泥也。朱子效《春秋》为《通鉴纲目》一千三百六十二年中，大统之世，以'大有年'书，前才一见于汉显宗之永平九年，后又见于唐太宗之贞观四年，亦以为纪异，可乎？以是知大丰稔之祥，自虞周盛时，土谷维修，绥万邦，屡丰年，以后真天地间希阔之逢，不常见也。不常见而获见，心天地、命民生之大君子，安得不深喜而乐道？此盖愿丰老杜之心，未易与区区事仄仄平平者言之也。兹承示及吟盟一宗，以篇计者二百三十有七，披阅连日，惟重叹嗟。岂不欲体主盟君子之盛心，多拔其尤，尚凛凛于一名之难得，而况其余乎？诗以时言，未易言也，陆山阴得之曾文清曰：'律令合时方妥贴，工夫深处却平夷。'今求妥贴平正者何寥寥，而粗鄙疵类者何纷纷也。就中铨次凡如干篇，各见于后，幸有当行诗翁如存庵胡先生相与同考评审订之，庶几免于戾乎？惟平心服义之君子恕察之。泰定四年丁卯闰九月书于珰溪寓馆。"
（《陈定宇先生文集》卷一二）

任仁发卒（1254— ）。仁发一作元发、霆发，字子明，号月山，上海松江人。入元后为都水监，善治水利，曾疏通黄河。著有《浙西水利议答录》10卷。又善绘事，画与赵孟頫齐名。工画马和人物。有《张果见明皇图》、《二骏图》、《秋水凫鹥图》传世。事迹见《大明一统志》卷九、《弘治上海志》卷八、《正德松江府志》卷二八、《万姓统谱》卷六五。

许熙载二月初四日卒（1261— ）。熙载字献臣，汤阴人。其先世原居颍，后徙迁汤阴。博古通今，事母至孝。官仕为会福院照磨，以儒术饰吏治，后开义学，以教乡人。著有《经济录》4卷、《女教之书》6卷，另有诗集《东岗小稿》。事迹见欧阳玄《许公神道碑》（《圭斋集补遗》）。

按：《女教之书》又称《女教书》，乃集经书及先儒之言中凡有关于女教者，分六篇：一曰内训、二曰婚礼、三曰妇道、四曰母仪、五曰孝行、六曰贞节。有吴澄、虞集序。虞集《女教书序》云："《女教》之书者，相人许献臣之所辑录也。古之王者，理阳教以治外，后理阴教以治内，未有无教而可以为治也。其教之具，男子则王宫、国都、闾巷之学，礼、乐、射、御、书、数之文是也，女子则织纴组绔之工，宗室笾豆之奠，姆师之训，诵诗正事之闻是也，其事则见乎日用常行之间，父子兄弟之伦，男女夫妇之别，饮食衣服之制，冠昏丧祭之礼者矣。曰女子处乎闺门之内，从乎人而无所专制者也，其教之也，亦若是其备耶？……言女教者近几绝响，自非诗礼之家，见闻之

德国神学家、神秘主义哲学家、多明我会修士迈斯特尔·爱克哈特卒（1260— ）（按：一说卒于1328年）。

习,与夫天资之本美者,其不陷溺于流俗者几希。此固知治者之所忧也。献臣之书六篇,略仿朱子《小学》之书类例,本之经以端其原,因乎礼以道其别。撷先儒之言以极其理,参传记之事以适其变,而女事备矣。君子之立言,贵乎有益于风教。此书其殆庶几乎?"(《道园学古录》卷六)

袁桷八月初三日卒(1266—)。桷字伯长,浙江庆元人。师事王应麟,熟习掌故,长于考据。《至正直记》载:"袁伯长学士承祖父之业,广蓄书卷,国朝(元朝)以来甲于浙东。伯长没后,子孙不肖,仆干窃去,转卖他人,或为婢妾所毁者过半。"曾将兵祸幸存家藏图书编为《袁氏旧书目》,新购图书编为《袁氏新书目》。所作文以制诰碑铭为多,诗格清隽。《宋元学案》列其入《深宁学案》"剡源门人"。著有《易说》、《春秋说》、《郊祀十议》1卷(佚)、《澄怀录》1卷、《清容居士集》50卷及《延祐四明志》等。事迹见苏天爵《袁文清公墓志铭》(《滋溪文稿》卷九)、虞集《祭袁学士文》(《道园学古录》卷三)、柳贯《祭袁侍讲文》(《柳待制文集》卷二〇)、《元史》卷一七二、《新元史》卷一八九、《甬上先贤传》卷一三。杨亮编有《袁桷年谱》。

按:戴表元称:"伯长持身有士行,居家有子道,天资高,文章妙,博闻广记,尤精于史学,近复贯穿经术,他如琴书、医药诸艺深得其理"(《送袁伯长赴丽泽序》,《剡源文集》卷二二)。苏天爵《袁文清公墓志铭》云:"公喜荐士,士有所长,极口称道。公之南归,会史馆将修《英皇实录》,令中书左丞吕思诚、翰林直学士宋褧、河南行省参政王守诚,皆新擢第,公荐其才堪论撰,天爵与焉。……公为文辞,奥雅奇丽,日与虞公集、马公祖常、王公士熙作为古文论议,迭相师友,间为歌诗、倡酬,遂以文章名海内,士咸以为师法,文体为之一变。"又云"公在词林几三十年,扈从上京凡五,朝廷制册、勋臣碑版多出其手。"(《滋溪文稿》卷九)《四库全书总目提要》评《清容居士集》曰:"其集据苏天爵行状及《元史》本传俱称五十卷,此本卷数相符,盖犹旧本也。桷少从戴表元、王应麟、舒岳祥诸遗老游,学问渊源具有所自,其在朝,践历清华,再入集贤,八登翰苑,凡朝廷制册、勋臣碑版多出其手,故其文章博硕闳丽,有盛世之音,尤练习掌,故长于考据。集中如《南郊十议》、《明堂郊天异制议》、《祭天无间岁议》、《郊不当立从祀议》、《郊非辛日议》诸篇皆成宗初所上,其援引经训,原原本本非空谈聚讼者所能,当时以其精博并采用之。其诗格俊迈高华,造语亦多工炼,卓然能自成一家。盖桷本旧家文献之遗,又当大德、延祐间为元治极盛之际,故其著作宏富,气象光昌,蔚为承平雅颂之声,文采风流遂为虞、杨、范、揭等先路之导。其承前启后,称一代文章之钜公,良无愧色矣。"

虞槃六月初七日卒(1274—)。槃字仲常,虞集弟。延祐五年第进士,除吉安永丰丞。丁父忧。除湘乡州判官,颇称癖古。秩满,除嘉鱼县尹,已卒。其学尤粹于《春秋》。著有《经说》、《非非国语》、《虞槃文集》。事迹见虞集《亡弟嘉鱼大夫仲常墓志铭》(《雍虞先生道园类稿》卷四七)、《元史》卷一八一。

按:《元史》本传:"槃幼时,尝读柳子厚《非国语》,以为《国语》诚可非,而柳子之说亦非也,著《非非国语》,时人已叹其有识。《诗》、《书》、《春秋》皆有论著,而《春秋》乃其家学,故尤善。读吴澄所解诸经义,辄得其旨趣所在第,澄亟称之。""兄集,接方外士,必扣击其说,尝以为圣人之教不明,为学者无所底止,苟于吾道异端疑似之间不能深知,而欲窈究夫性命之原、死生之故,其不折而归之者寡矣。槃不然,闻诸僧在坐,辄不入竟去,其为人方正有如此,虽集亦严惮之。然不幸年不及艾而卒。"

杨梓卒,生年不详。浙江海盐人。精通乐律,以善唱南北曲著名,对海盐腔发展有些贡献。所作杂剧今知有《霍光鬼谏》、《豫让吞炭》、《敬德不伏老》3 种,均存。州人传其家法,以能歌名于浙右。卒谥康惠。事迹见黄溍撰《墓志铭》(《金华黄先生集》卷三五)、《延祐四明志》、《(嘉靖)续澉水志》、《(光绪)海盐县志》。

力金(　—1373)、宋克(　—1387)【按一说卒于 1386 年】、丘玄清(　—1393)、胡琏(　—1401)生。

泰定五年　致和元年　元文宗天历元年
戊辰　1328 年

正月甲戌,祫太庙。

是日,命绘《蚕麦图》。

丁丑,颁《农桑旧制》十四条于天下,仍诏励有司以察勤惰。

禁僧道匿商税。

二月庚申,诏天下改元致和。

三月辛未,大天源延寿(圣)显宗神御殿成,置总管府以司财用。

己卯,泰定帝御圣教(兴圣)殿受无量寿佛戒于帝师。

庚辰,命僧千人修佛事于镇国寺。

甲申,以盐官州海溢,祀海神,修佛事,造浮屠二百一十六。

七月庚午,泰定帝也孙铁木儿卒,葬起辇谷。不久,内战起。

九月壬申,怀王图帖睦尔即皇帝位于大明殿,受诸王百官朝贺,大赦。是为文宗,改元天历。

按：时,倒剌沙等在上都立泰定帝之子阿速吉八为皇帝,改元天顺,并遣兵分道犯大都。

十月辛丑,齐王月鲁铁木儿、元帅不花铁木儿兵围上都,倒剌沙奉皇帝宝出降,收上都诸王符印,自是,两京道路始通。天顺帝阿速吉八不知所终。

敕："天下僧道有妻者,皆令为民。"(《元史·文宗纪一》)

十一月癸亥,文宗宿斋宫。

甲子,服衮冕,祫于太庙。

十二月戊午,诏："蒙古、色目人愿丁父母忧者,听如旧制。"(《元史·文宗纪一》)

德王路易四世加冕于罗马,称神圣罗马帝国皇帝。

是月,文宗加谥唐司徒颜真卿正烈文忠公,令有司岁时致祭。

是年,道南书院改为昆陵驿。

虞集仍兼经筵。

孛术鲁翀三月以经筵官与文宗讨论儒、道、释之间差别。

按:帝曰:"三教何者为贵?"孛术鲁翀曰:"释如黄金;道如白璧;儒如五谷。"帝曰:"若然,则儒贱耶。"孛术鲁翀曰:"黄金、白璧,无亦何妨? 五谷于世,其可一日阙哉?"帝然其说(《南村辍耕录》卷五"三教"节)。

揭傒斯首擢奎章阁授经郎,以教勋戚大臣子孙。

欧阳玄任翰林待制兼国史院编修官。

王约十月入贺文宗践阼,文宗赐班宴大明殿,劳问甚欢。

同恕拜集贤侍读学士,以老疾辞。

李洞复以待制召,时文宗方开奎章阁,延天下知名学士充学士员,洞数进见,奏对称旨,超迁翰林直学士,俄特授奎章阁承旨学士。

宋本是冬升吏部侍郎。

王士熙起为江东廉访使。

汪克宽诣金华拜许谦,讲论道学,复游学于闽充之邦,交四方理学名士如鄱阳朱公迁、建康彭柄。归,遂厌科举之文,慨然以著书立言惠贻后学为志,因建书舸楼。

杨瑀擢中瑞司典簿。

马祖常又召入礼部,两知贡举。

张思明起为江浙行中书省左丞。

萨都剌以同年向杨维桢索和《宫词》,赋二十章。

黄溍于杨维桢赴天台就职时,以诗赠行。

杨维桢自京返乡,道过吴下。适逢永嘉李孝光,相与论诗,意气相投,遂以古乐府辞唱和。

胡助改授国史院编修官,王士熙有《送胡古愚升翰林编修》诗。六月,胡助得官先归故里,有王士熙、欧阳玄、马祖常、王室然、宋沂、赵由辰、汤弥昌、龚璛、王肖翁、刘汶、金寿祖等赋诗赠别。是年,胡助有诗结集,虞集、贡奎作序。

宋濂约于是年至义乌伏龙山见千岩禅师,相与诘难数千言,不契而退。是时,宋濂受经于闻人梦吉,同门者有楼士宝(彦珍)、唐怀德(思诚)、王桎(德润)、贾思诚。约是年,胡翰至宋濂家。

僧大䜣以诏特选主金陵潜邸为大龙翔集庆寺。

张留孙追赠道祖神德真君,其徒吴全节嗣。

孟特·戈维诺于大都去世,对元天主教之发展影响甚大。

董真卿著《周易会通》14卷成,有自序。

按:董真卿字季真,鄱阳人。董鼎子,学于胡一桂。《宋元学案》列其入《介轩学案》"双湖门人",并云:"著有《周易会通》十四卷,明杨士奇称为集大成之书。"《周易会通》，又名《周易经传集程朱解附录纂注》，书后有《朱子易图附录纂注》1卷、《朱子启蒙五赞附录纂注》1卷、《朱子筮仪附录纂注》1卷。有《通志堂经解》、《四库全书》本。其《自序》云："大德甲辰，先父深山府君命真卿从先师新安双湖胡先生读《易》武夷山中，并携先父所著《书蔡氏传辑录纂注》访求文献。其于程、朱子之书，沉潜玩绎，于兹有年，未得其说而一之。天台董楷盖尝会编于咸淳之世，据王弼本分为高下字行，以别四圣二贤之《易》，已不能尽行于《系辞》诸篇，至近岁始出，不旋踵，有废其例者矣。先师凡两著《本义附录纂疏》，程传仅撮其要于诸儒之列，而天台本则未及见也。愚因复熟朱子《本义》，至《系辞上传》题下之注，及从伯父槃涧先生所录师训'通论一经之大体，凡例，无经可附，而自分《上系》、《下系》云'者，与《本义》、《语录》叶韵之说，忽有得焉：夫朱子之所以宗晁、吕者，不过欲使学者分别四圣之《易》，以求之古耳。若一切例以古人著书，经、传必各自为卷，窃意解经者之谦德，兼竹简刀篆之烦而然。若以孔子之传，附牺、文、周公之经，亦犹程、朱子之传义附四圣之书尔，固未见其不可也。律以今《易》乾卦义例，其合传之经，则《彖》、《象》、《文言》混而不分；其附经之传，则卦、《彖》、《象》、《爻》紊而无序。今特标列而次第之，于牺、文、周公之经，孔子之传，初不相杂而相统，有经可附者附之，无经可附者则总附于六十四卦之后，亦岂非朱子之意？而程子之传，可合而观之矣。苟如是读之，则周公之爻辞，孔子之《象》、《彖》、《文言》，与夫《系辞》以后四篇，莫不各有声韵音律，焕乎会通，又何以为读《易》者之病哉？愚于是以四圣之《易》，各标经传于其首以别之，虽不分卷，而先后之序已明。程朱传义夹注其下，曰'集解'，而以'程子'、'朱子曰'别之，既不异书，则理象之旨，咸在《系辞》以后。程子无传，姑以经说补之。天台本程、朱子皆有语录，今朱语则兼取先师所编，采其精详而有绪者，各益其未备，续其于传义之后，名曰'附录'，而以'程子'、'朱子语'别之诸家之说。唯音训以吕氏为主，悉附经文。他可互相发明者，全用先师纂疏，各广以闻见之所及，翼于语录之次，名曰'纂注'，而以'某氏曰'别之。管窥一得之愚，亦间附于其末，合而命之曰《周易经传集程朱解附录纂注》。此愚编集是书之凡例、纲目也。……是为天历初元苍龙戊辰天开之月阳复后十日庚辰，后学鄱阳董真卿季真父自序于审安书室。"（《周易会通》卷首）《四库全书总目提要》评曰："斯编（《周易会通》）实本一桂之《纂疏》而广及诸家。初名曰《周易经传集程朱解附录纂注》。盖其例编次伏羲、文王、周公之《经》而翼以孔子之《传》，各为标目，使相统而不相杂。其无《经》可附之《传》，则总附于六十四卦之後，是为《经传》。又取程子之《传》、朱子之《本义》夹注其下，是为《集解》。其程子《经》说、朱子《语录》各续于《传》之后，是为《附录》。又取一桂纂疏而增以诸说，是为《纂注》。其后定名《会通》者，则以程《传》用王弼本，《本义》用吕祖谦本，次第既不同，而或主义理，或主象占，本旨复殊。……真卿以为诸家之《易》，途虽殊而归则同，故兼搜博采，不主一说，务持象数、义理二家之平，即苏轼、朱震、林栗之书为朱子所不取者，亦并录焉。视胡一桂排斥杨万里《易传》，不肯录其一字者，所见之广狭，谓之'青出于兰'可也。惟其变易《经》文，则不免失先儒谨严之意，可不必曲为之词耳。"

又按：吴师道尝作《与刘生论易书》讨论董真卿《周易会通》，其文如下："承寄《周易会通》一部，番阳董真卿所编集者，并令献其所见，某何人而敢与此？伏读以还，窃叹其规模之广大，引援之洪博，茫乎其自失也。徐而察之，则有深疑而未安者，欲隐而弗白，则非朋友之义，而失所以命之之意；欲言之，则其书以成，流布方盛，区区之愚，乃敢诵言其失，无乃不可？思之迟回，遂复数月。念与其得罪于斯人，孰若使斯人不得罪于前儒？我尝谓著书立言必有大纲领，今董氏之书，所以为纲领者，首条《凡例》是也。以伏羲之画,文王、周公之辞,标曰经,夫子《大象》、《象》、《小象》、《文言》兼标传字,谓如此庶几经、传不相混而相统,可以合四圣人之书,程、朱之传义而观之。又序其所以作之意,则曰:今《易》自费直、郑玄以孔子《象》、《象》、《传》附释正经之末,而参解文王、周公《彖》、《象》,经文之间,并附《文言》,则始于王弼。程《传》主理义而仍其旧,古《易》自吕微仲、晁以道始复而未尽。吕伯恭复分上、下经,六十四卦为经,二篇;而以孔子十翼为传,十篇;各为卷以合于古。朱子《本义》主象占而用其本,朱子所谓宗晁、吕者,不过欲学者分别四圣人之《易》以求之古耳。若例以古人著书,经、传各自为卷,窃意解经者之谦德,若以孔子之传附义、文、周公之经,亦犹程、朱子之传义附四圣之书,未见其不可也。董氏之说甚美,而慨然欲任'会通'之责,其志甚大,独惜其于朱子之说,著之不详;而所以论诸儒之乱古者误,至其求欲自异,则又蹈于前儒乱古之辙而不自知。何以言之?朱子尝谓晁、吕之议费、郑、王互有得失,盖先儒虽言费氏以《彖》、《象》参解《易·爻》,初不言其合传以附经也。自昔多谓乱古自费氏始,其实非是。可见朱子之精凿。吕子谓费氏经与古文同,此吕之得也。《魏志》谓郑康成始合《彖》、《象》于经,甚明。孔《疏》谓夫子象辞元在六爻经辞之后。王弼分爻之象辞,各附当爻下。今王弼注本之'乾卦',存郑氏所附之例也;'坤'以下六十三卦,弼之所自分也。朱子此言亦甚明矣,而董氏乃通谓费、郑以《彖》、《象》附释,谓王弼并附《文言》而不及其以《象》附爻,可谓误矣。程子据王弼本而为传,时未见复古之《易》,朱子后出而始明,岂得谓程子主义理而仍旧、朱子主象占而用吕乎?此亦误也。羲、文、周、孔因时立教,变通作用不同,固难执《彖》徇卦,执《象》徇爻,以求其必合,复古者正欲救学者支离牵合之弊,若非程、朱传、义专解经旨可相附也。以今董氏所编'乾卦'观之,即郑氏附《彖》、《象》之旧,但移'天行健,君子以自强不息'一句置于《象传》之上;其后《文言》则亦王弼之旧,自'坤'以下则又改弼之例而从郑氏耳。去'彖曰'、'象曰',而加以'大象传'、'彖传'、'小象传'字,部位如故,而改立标帜,其得失又何相远哉!且董氏于吕氏《易》下明载朱子辩说,而略不知考,何耶?其大纲领如是,他固无以议为。且朱子《本义》自与程传体例不同,而程传发明之义理,虽自为一经可也,不当强求其通。天台董楷集程、朱传、义而附以门人所录,已有可议,况近世谈《易》者纷纷,外二家而自为说者多矣,若取其议论之优长,理象之的当,足相发明,非卓然绝识,未易鉴择。彼新奇穿凿者,祇以汩乱,何有于发明耶?今之纂注,政未免此。欲言甚长,非顷刻可了。若其名字、义例之未安,因革、等列之未当,中间引朱子'欲因邵子《大易》,吟以方图,分作四层'云云,误以为董楷,其愚谓之说,如'睽旅丧牛,以有离'之类,又未可一一缕数也。董氏自云学有渊源,而师新安胡一桂氏,自言得于胡为多,用功此书盖非一日。意其笃于自信,未尝从人商确,而又习见近日《易通》、《四书通》等作,遽欲传世垂远,似太仓卒。世有识者,必能辨之,岂待愚言,适先之耳。信笔疏列,幸勿以示不知者,唯以转叩诸宗人仲退丈。然与不然,还以一言见教,幸甚。"(《礼部集》卷五)

再按:董真卿还著有《易传因革》1卷,其《自序》云:"朱子以伏羲《易》、文王《易》、孔子《易》当分为三等,又曰《易》自伏羲至伊川自成四样,因而推之,由伏羲始画八卦以来,历代圣贤经传注解,其所因所革,何啻三等四样之不同哉?姑据师授及其闻见,叙其大概,列于编首,非唯使读《易》者不惑于古今之同异,且知程、朱之因革。则于愚所主定者,庶无大过矣。"(《古今图书集成·经籍典》卷六六)

建安郑明德宅刊行陈澔《礼记集说》16卷。

胡炳文正月作《四书通证序》。

按:胡炳文《四书通》"详义理而略名物",新安张存中遂作《四书通证》以附其后,胡炳文为之序。张存中,字德庸,婺源人。胡《序》云:"北方杜缑山有《语孟旁通》,平水薛寿之有《四书引证》,皆失之太繁,且其中各有未完处,观者病焉。今友人张德庸精加雠校,删冗而从简,去非而从是,又能完其所未完者,合而名之曰《四书通证》,以附予《通》之后。学者于予之《通》知四书用意之深,于《通证》知四书用事之审,德庸此书,诚有补云。泰定戊辰正月壬辰云峰老人胡炳文序。"(《云峰集》卷四)《四库全书总目提要》评《四书通证》曰:"于历代史事每多置正史而引通鉴,亦非根本之学。然大概征引详明,于人人习读不察者,一一具标出处,可省检阅之烦,于学者亦不为无补矣。"

许谦十二月作《通鉴前编序》。

按:《序》云:"先生尝谓司马文正公作《资治通鉴》,秘书丞刘恕作《外纪》以记前事。顾其志不本于经,而信百家之说,是非既谬于圣人,此不足以传信。自帝尧以前,不经夫子所定,固野而难质。夫子因鲁史以作《春秋》,始于鲁隐之元,实周平王之四十九年也。然王朝列国之事,非有玉帛之使,则鲁史不得而书,非圣人笔削之所加。况左氏所记,或阙或诬,凡若此类,皆不得以辟经为辞。乃用邵氏《皇极经世》历、胡氏《皇王大纪》之例,损益折衷,一以《尚书》为主。下及《诗》、《礼》、《春秋》,旁采旧史诸子表年系事,复加训释,断自唐尧以下,接于《通鉴》之前,勒为一书,名曰《通鉴前编》,凡有十八卷,《举要》三卷。既成,以授门人许谦曰:'二帝三王之盛,其徽言懿行,宜后王所当法。战国申、商之术,其苛法乱政,亦后王所当戒。自周威烈王二十三年以后,司马公既已论次。而春秋以前,迄无编年之书,故是编不可以不著也。'先生之殁,今二十有五年矣。是书虽存世,亦莫能知者⋯⋯门人御史台都事汝南郭炯为南台御史日,尝欲刊行是书,有志而未果。今肃政廉访使平阳郑公允中爰始解骖,聿崇正学,尚论格人,章明善道,载阅是编,三复嘉叹,谓宜立于学官,传之后世。乃询之监宪左吉公,亦克欣赞,暨僚列宾佐,罔不协从。亟命有司锓诸文梓,共捐秩禄以佐其费。厥功告备,将表上送官,而命谦为之序⋯⋯惟是编之作,广博精密,凡帝王经世之大猷,圣贤传道之微旨,具在是矣。或者得以充延阁之储,备乙夜之览,庶几发挥圣学,启沃渊衷,禆我国家稽古之治,为生民无穷之泽,则先生为不朽矣⋯⋯皇元天历元年十有二月庚子,门人金华许谦谨序。"(《资治通鉴前编》卷首)

刘大彬作《茅山志序》。(参见赵世延泰定元年、吴全节泰定四年作《茅山志序》条)

按:刘大彬,号玉虚子,钱塘人。正一道教茅山宗第四十五代宗师。《序》曰:"句曲有记尚矣。宋绍兴二十年,南丰曾恂孚仲、昭台道士傅霄子昂修山记四卷,所书山水、祠宇,粗录名号而已,考古述事则犹略焉。大彬登坛一纪,始克修《证传宗经箓》。又五载,而成是书,凡十二篇十五卷,题曰《茅山志》。载惟兹山,禀灵异于开辟之初,应帝王于虚无之表,夏禹巡幸,秦始登崇。汉元寿二年,太帝九赐茅君白日神仙,其名益大显于天下。及晋宋经道之兴,梁唐尊尚之笃,真人道士代为帝者师,龙文凤札积如云霞,慨乎年世旷邈,玺书罕存,追录见闻,百余一二。洎我皇元混一区宇,世祖圣德神功文武皇帝首降明诏,召嗣宗师蒋君宗瑛诣阙,由是累朝大护其教。乃延祐三载,加号三君,改观三峰,光掩前古。圣人以神道设教,有自来矣,作《诰副墨》第一。加封明诏,若曰:'兹山之灵,以氏为号,茅君真胄,盍先传焉。'按《登真隐诀》'真传'例,列圣道君称'纪',余真称'传'。夫以三茅秦汉道君,今日下土仰述圣迹,何得称'传'?作《三神纪》第二。金坛华阳洞天,金陵地肺福地,桐柏真人所谓养真之福境,成神之灵墟,虽百世可知也。集诸山水洞穴,作《括神区》第三。观方平海中扬尘之论,令威华表去家之语,是知仙圣按行民间,亦尝呐呐古今之异,玄踪所在,不与陵谷迁变者几希,作《稽古迹》第四。上清经法,下教出世,始晋兴宁二年,紫虚魏元君降,授琅琊王公府舍人杨君作隶字写出,以传护军长史许君父子,其图篆秘,非盟跪不传。今疏篇目,使学真之子略见晓焉,书论附名其左,作《道山册》第五。初,元始七传而至紫虚,自紫虚积于今四十五代,苟非其人,道不虚行。河东柳识故云:'道门华阳,亦儒门洙泗。'作《上清品》第六。刘向云:'天有神司,仙人充之。'洞宫官僚,自《真诰》'玄通记传'出,时运变易,应有迁补,譬如《周礼》、《汉仪》不复相同。神道幽远,非世所知,作《仙曹署》第七。山源曲而有容,高尚求志之士栖遁其间,不可殚纪。所采古今卓行之著明者,若夫深晦无为,潜昇晨景,则曷得而名？作《采真游》第八。魏晋六朝,馆宇散居林麓。唐宋始敕改宫观之盛,奉祠祝厘,此其地也,作《楼观部》第九。丹砂宝气,金玉华津,人服之而引年易质,其渍润积久,发于芝英草木,神异而灵长,信物理之固然,作《灵植检》第十。碑铭书刻,载道之舟车也。真人手泽,犹得模楷,而立德、立功、立言者,文亦在兹乎？作《录金石》第十一。古人采诗,盖有关名教。山中赋咏散逸既多,此皆绝妙好辞,足丽于飞空谣歌之末,作《金薤篇》第十二,终焉。是志之作,不间今昔,一行一言,录其至善……大元天历元年,岁在戊辰十二月二日,嗣上清经箓四十五代宗师洞观微妙玄应真人刘大彬序。"(《续纂句容县志》卷一八)

汤垕著《画鉴》1卷成。

按：又名《古今画鉴》。少有泛泛之论,多以作者目睹之佳作为例,剖析名家用笔用墨用色特点,阐发其独到见解,似有厚古薄今之嫌。《四库全书总目提要》评曰："大致似米芾《画史》以鉴别真伪为主,所辩论皆在笔墨气韵间,不似董逌诸家以考证见长也。"汤垕,字君载,自号采真子,丹阳人。任绍兴路兰亭书院山长。著有《法帖正误》1卷,专指宋人米芾、黄伯思之失误。至顺间在京师,与柯九思论画。又著有《画论》1卷,今尚存世。

范氏岁寒堂刊行《范文正集》20卷、《别集》4卷。

洪焱祖著《杏亭摘稿》1卷,于是年后为其子编成。

范梈六月作《杨仲弘集原序》。

按：《序》云："大德间,余始得浦城杨君仲弘诗读之,恨不识其为人。及至京师,与余定交,商论雅道,则未尝不与抵掌而说也。皇庆初,仲弘与余同为史官,会时有纂述事。每同舍下直,已而犹相与回翔留署,或至见月,月尽继烛相语。刻苦澹泊,寒暑不易者,唯余一二人耳。故其后,余以御史府用笺南宪架阁,适海上。仲弘复登乙卯进士第,为浮梁别驾。余迁江西,仲弘亦改宣城理官。相违十数年,相距数千里,迹虽如是,而心固犹数晨夕也。而仲弘竟未任宣城以卒。乌乎恸哉！余尝观于风骚以降,汉魏下至六朝,弊矣。唐初,陈子昂辈乘一时元气之会,卓然起而振之。开元、大历之音,由是丕变,至晚宋又极矣。今天下同文,而治平盛大之音,称者绝少于斯际也。方有望于仲弘也,天又不年假之,岂非命耶？盖仲弘之天禀旷达,气象宏朗,开口论议,直视千古。每大众广席,占纸命辞,教睨横放,尽意所止。众方拘拘,己独坦坦。众方纡余,己独驰骏马之长坂而无留行。故当时好之者虽多,而知之者绝少,要一代之杰作也。仲弘有子尚幼,其残稿流落,未有能为辑次者。友人杜君伯原自武夷命仆曰：'将就其平生所得诗,刻诸山中。'此诚知仲弘者。而杜君猥谓馨仲弘海内之交相好,又莫余若也。俾为序之,用撮其梗概,著于篇端。致和元年六月一号,临江范梈序。"(《续修浦城县志》卷三四)

柳贯十一月作《贞一稿序》。

泰定五年 致和元年 元文宗天历元年 戊辰 1328年

按：《贞一稿》，朱思本所作诗文集。柳《序》云："临川朱君本初，是尝寄迹老子法中，所谓游方之外者也。居京师，多从公卿大夫游。比年奉将使指代祀名山，车辙马迹半天下矣。每情与景会，辄形之篇什，有风人咏叹之思，而无山林愁悴之音。南归，专席玉隆，因即其斋居之名，而题其汇次之编曰《贞一稿》，懿夫体《易》之言也……东阳柳贯道传父序，实天历纪元之岁十又一月之丁酉也。"（《辛丑消夏记》卷四）

傅与砺九月作《绿窗遗稿序》。

按：《绿窗遗稿》乃傅与砺妻子孙惠兰遗作，《序》云："故妻孙氏惠兰早失母，父周卿先生以《孝经》、《论语》及凡《女诫》之书教之。诗固未知学也，因其弟受唐诗家法于庭，取而读之，得其音格，辄能为近体五、七言，语皆闲雅可诵，非苟学所能至者。然不多为，又恒毁其稿，家人或窃收之，令勿毁，则曰偶适情耳，女子当治织纴组纫以致其孝敬，辞翰非所事也。既卒，家人哭而称之，因出其稿，得五言七首，七言十一首，五、七言未成章者廿六句，特为编集成帙，题曰《绿窗遗稿》，序而藏之。泰定五年九月既望，新喻傅若金汝砺序。"（《四妇人集》，《绿窗遗稿》卷首）

白珽九月十五日卒（1248— ）。珽字廷玉，钱塘人。晚年，归老钱塘之栖霞，自号栖霞山人。工诗文，善书法，方回、刘辰翁称他"诗通陶、韦，书、画通颜、柳"。宋咸淳间，与仇远同以诗名。著有《经史类训》20卷、《湛渊静语》2卷、《湛渊遗稿》3卷。事迹见《湛渊静语》自序、宋濂《元故湛渊先生白公墓铭》（《湛渊集》附录）、《新元史》卷二三七、《两浙名贤录》卷四六、《（万历）杭州府志》卷七五、《（乾隆）浙江通志》卷一一六及一七八、《元诗选·二集》小传。

刘赓卒（1248— ）。赓字熙载，号唯斋，洺水人。幼有文名，师事王磐，又为胡祗遹门生。至元十三年，用荐者授国史院编修官。至大三年，拜翰林学士承旨，兼国子祭酒。以久典文翰，其时制作多出其手。擅字画，人宝而敬之。事迹见虞集《翰林学士承旨刘公神道碑》（《雍虞先生道园类稿》卷四一）。

邓文原五月二十二日卒（1258— ）。文原字善之，一字匪石，四川绵州人，徙钱塘。人称素履先生。宋末，应浙西转运司试，中魁选。至元二十七年，行中书省辟为杭州路儒学正。历应奉翰林文字、修撰、国子司业，因所论与当政者不和，称病去职。官至集贤直学士兼国子祭酒。谥文肃。《宋元学案》列其入《北山四先生学案》"学正门人"。博学善书，著有《读易类编》、《巴西文集》1卷，及《内制集》、《素履斋稿》。事迹见吴澄《邓公神道碑》（《吴文正集》卷六四）、《元史》卷一七二、《元诗选·二集》小传。

按：其《巴西文集》，《四库全书总目提要》评曰："文原学有本源，所作皆温醇典雅。当大德、延祐之世，独以词林耆旧主持风气。袁桷、贡奎左右之，操觚之士影集响从。元之文章，于是时为极盛。文原实有独导之功。"

又按：以邓文原《巴西文集》中有李溥光《雪庵长语诗序》，故列李溥光事于此。李溥光，字玄晖，号雪庵，大同人。头陀教宗师，赐号玄悟大师，封昭文馆大学士。工诗善画，喜与士大夫游。著有《雪庵字要》1卷。其《雪庵字要》，又名《雪庵大字书法》。此书叙及"永字八法"颇系统，大有益于初学者。前有詹恩、叶圣序，后附詹恩、

意大利蒙特高维诺的乔万尼卒（1247— ）。汗八里总主教，天主教方济各会传教士。

俞洪跋。

李伯瞻卒(1269—)。伯瞻名屺,以字行,号熙怡。工词曲,善书画。《全元散曲》录存其《双调殿前欢》7首。事迹见吴澄《跋李伯赡字》(《吴文正集》卷六一)。

李士行卒(1282—)。士行字遵道,蓟丘人。李衎子。以向元仁宗献《大明宫图》得官至黄岩知州。画竹石得家学,而妙过之,尤善山水。事迹见苏天爵《李遵道墓志铭》(《滋溪文稿》卷一九)、《元史类编》卷三六。

按：李士行之生年,世有两说。一,至元十九年：苏天爵《滋溪文稿》卷一九《李遵道墓志铭》记李士行卒于天历元年,年四十七,则其生年当为至元十九年。二,至元二十年：按郭畀《题江乡秋晚图》所记,其卒年年四十六,则其生年当为是年。另张雨《句曲外史贞居先生诗集》卷五有诗《用韵寄答李黄岩同年》："十年契阔贮离愁,忆共乘风御水舟。避地烟霞知更暖,问年蒲柳惜先秋。树犹如此桓司马,画亦通灵(案：《诗渊》册二作"通神")顾虎头。未领浙东山水郡,几时驺从枉林丘。"因张、李终生并未参加科举,李士行以《大明宫图》见知于仁宗,雨隐于黄冠。此"同年"当为同岁之意。故而,李士行之生年暂依后说。

赵良弼卒,生年不详。良弼字君祥,东平人。早年曾与钟嗣成同师邓文原,又与曹克明等人相交。天历中,补嘉兴路吏,迁调杭州。善丹青,能书,工诗文、杂剧、散曲。所作杂剧有《春夜梨花雨》,散曲《春思》1套,今尚存。事迹见《录鬼簿》。

李穑(—1396)生。

天历二年　己巳　1329年

拜占廷自热那亚人之手夺取开俄斯岛。

奥斯曼土耳其人败拜占廷帝安德洛尼卡三世。

正月丙戌,文宗兄周王和世㻋即皇帝位于和宁之北,是为明宗。仍用天历年号。

按：初,武宗有子二人,长明宗,次文宗。延祐中,明宗封周王,出居朔漠。天历元年,文宗入绍大统,内难既平,即遣使奉皇帝玺绶,北迎明宗。

二月癸巳,遣翰林侍讲学士曹元用祀孔子于阙里。

戊戌,颁行《农桑辑要》及《栽桑图》。

甲寅,建奎章阁于大都西宫兴圣殿西廊。设奎章阁学士院,秩正三品,以翰林学士承旨忽都鲁都儿迷失、集贤大学士赵世延并为大学士,侍御史撒迪、翰林直学士虞集并为侍读学士,又置承制、供奉各一员。

按：杨瑀《山居新话》详载此事云："择高明者三间为之,南间以为藏物之所,中间学士诸官候直之地,北间南向中设御座,两侧陈设秘玩之物,命群玉内司掌之。阁官署衔初名奎章阁学士,阶正三品,隶东宫属官。后文宗复位,乃升为奎章阁学士院,阶正二品。置大学士五员,并知经筵事,侍书学士二员,承制学士二员,供奉学士二员,并兼经筵官幕职,置参书二员,典签二员,并兼经筵参赞官,照磨一员,内掾二名,内二名兼检讨宣使,四名知印,二名译史,二名典书,四名属官。则有群玉内司阶正三品,置监群玉内司一员,司尉一员,亚尉二员,佥司二员,典簿一员,令史二名,典吏二名,司钥二名,司缯四名,给使八名,专掌秘玩古物。艺文监阶正三品,置太监兼捡校书籍事二员,少监同捡校书籍事二员,监丞参捡校书籍事二员。或有兼经筵官者,典簿一员,照磨一员,令史四名,典吏二名,专掌书籍。鉴书博士司阶正五品,置博士兼经筵参赞官二员,书吏一名,专一鉴辨书画。授经郎阶正七品,置授经郎兼经筵译文官二员,专一训教集赛官大臣子孙。艺林库阶从六品,置提点一员,大使一员,副使一员,司吏二名,库子一名,专一收贮书籍。广成局阶从七品,置大使一员,副使一员,直长二员,司吏二名,专一印书籍。已上书籍,乃《皇朝祖宗圣训》及《番译御史箴》、《大元通制》等书。特恩创制牙牌五十,于上金书'奎章阁'三字,一面篆字,一面蒙古字、畏吾儿字,令各官悬佩,出入无禁。学士院凡与诸司往复,惟札送参书厅行移。又命侍书学士虞集撰《奎章阁记》,文宗御书刻石禁中。"(《山居新话》卷二)虞集撰《奎章阁记》,阐明创立奎章阁之目的:"大统既正,海内定一,乃稽古右文,崇德乐道,……备燕闲之居,将以渊潜遐思,辑熙典学。乃置学士员,俾颂乎祖宗之成训,毋忘乎创业之艰难,而守成之不易也。又俾陈夫内圣外王之道,兴亡得失之故而以自警焉。"(《雍虞先生道园类稿》卷一九)

三月壬申,设奎章阁授经郎二员,职正七品,以勋旧、贵戚子孙及近侍年幼者肄业。

乙亥,命明里董阿为蒙古巫觋立祠。

丁丑,僧、道、也里可温、术忽、答失蛮为商者,仍旧制纳税(《元史·文宗纪二》)。

六月,赐凤翔府岐阳书院额,书院祀周文宪王,仍命设学官,春秋释奠,如孔子庙仪。

八月庚寅,元明宗和世瑓暴死,葬起辇谷,从诸帝陵,庙号明宗,国语曰护都笃皇帝。

己亥,文宗复即位于上都大安阁。

癸卯,遣道士苗道一、吴全节修醮事于京师,毛颖达祭遁甲神于上都南屏山、大都西山。

壬寅,升奎章阁学士院秩正二品。

乙巳,立艺文监,秩从三品,隶奎章阁学士院;又立艺林库、广成局,皆隶艺文监(《元史·文宗纪二》)。

按:艺文监,"专以国语敷译儒书,及儒书之合校雠者俾兼治之"。艺林库,秩从六品,"掌藏贮书籍"。广成局,秩七品,"掌传刻经籍,及印造之事"(《元史·百官志四》)。是年,又设监书博士,秩正五品,"品定书画,择朝臣之博识者为之"。

又按:广成局实为蒙古文翻译出版机构。除翻印儒书外,还刊印"祖宗圣训"之类书籍。另,元官府刻书机构还有太史院之印书局、太医院之广惠局或医学提举司。钱大昕《补元史艺文志》载:译成蒙古文之汉籍有《尚书节文》、《孝经》、《大学衍义节文》、《忠经》、《贞观政要》、《帝范》、《皇图大训》等。钱氏书中还辑录有一些解经之作,如:许衡《大学之解》、《中庸直解》、胡祗遹《易直解》、胡持《周易直解》、吕椿《尚书直解》、钱天祐《大学经传直解》、《孝经直解》、小云石海涯《直解孝经》等,以许衡两部书最富代表性。

九月乙卯朔，作佛事于大明殿、兴圣、隆福诸宫。

是日，市故宋太后全氏田，赐大承天护圣寺。

庚申，加封故领诸路道教事张留孙为上卿、大宗师、辅成赞化保运神德真君。

戊辰，命翰林国史院同奎章阁学士采辑本朝典故，依据《唐》、《宋会要》体例，著为《经世大典》。

按：至顺二年五月该书成，名为《皇朝经世大典》。

癸未，建颜子庙于曲阜其所居陋巷。

十月甲申朔，文宗服衮冕，飨太庙。

十一月乙卯，文宗受佛戒于帝师，作佛事六十日。

丙辰，后八不沙请为明宗资冥福，命帝师率群僧作佛事七日于大天源延圣寺，道士建醮于玉虚、天宝、太乙、万寿四宫及武当、龙虎二山。

己卯，翰林国史院言纂修《英宗实录》，从之。

十二月甲申，以帝师自西番至，命朝廷一品以下咸郊迎。

按：时，大臣俯伏进觞，帝师不为动。国子祭酒孛术鲁翀举觞立进曰："帝师，释迦之徒，天下僧人师也。予，孔子之徒，天下儒人师也。请各不为礼。"帝师笑而起，举觞卒饮（《元史·孛术鲁翀传》）。

壬寅，命江浙行省印佛经二十七藏。

按：该佛经为《普宁藏》。它始刊于宋咸淳五年（至元六年，1269），泰定元年（1324）毕功，共五百六十函，五千九百三十一卷，五千三百六十八册，千字文编号始"天"终"约"。

意大利神学家马西利乌斯主张建立人民主权国家，被教皇开除教籍。

虞集为奎章阁侍书学士，辨色入直，日未三刻始退就舍。

欧阳玄奉诏纂修《经世大典》，升太监检校书籍事。

王结拜中书参知政事，入谢光天殿，以亲老辞。

曹伯启约于是年起为淮东廉访使、陕西诸道行御史台中丞，不应。

王士熙赦归田里。

张养浩被命为陕西行台御史中丞。

按：初，养浩以父老，弃官归养，屡征不赴。及闻陕西中丞之命，即散其家之所有与乡里贫乏者，登车就道，遇饿者则赈之。道经华山，祷雨于岳祠，大雨如注，水三尺乃止，禾黍自生，秦人大喜。

宋本改礼部侍郎。

李洞预修《经世大典》。

按：会诏修《经世大典》，洞方卧疾，即强起，曰："此大制作也，吾其可以不预。"力疾同修。书成，既进奏，旋谢告以归（《元史·李洞传》）。

汪克宽十月接受总管马速忽礼之请，教授宣、歙间，诸及门者，经其指授，靡不有成。

范梈授河南岭北道廉访使经历，以母老不赴。

杨维桢八月与黄溍同适钱塘，任江浙乡试房官。

柯九思为奎章阁鉴书博士。

吴师道为江西乡试考官。是岁宣城旱饥最甚,师道受命措置荒事,与申彦直相谋解民困。

解蒙中江西乡试。

按:解蒙,字求我,一字仲正,吉水人。与兄解观并以善《易》名于时。观著有《周易义疑通释》,久无传本。蒙著有《周易精蕴大义》12卷,《四库全书总目提要》评曰:"其例于象爻之下,采辑先儒之说,而末乃发明以己意,各以'蒙谓'二字别之。虽原为场屋经义而作,而荟萃群言,颇能得其精要。凡所自注,亦皆简明。……解缙《春雨堂集》称是书为《易经精义》,《经义考》称是书为《周易精蕴》。考《永乐大典》所题,实作《解蒙周易精蕴大义》,二人皆偶误记也。"

宋濂师事闻人梦吉期间,曾拜谒黄溍、吴莱等。

井德用授洞阳显道忠贞大师,领诸路道教都提点,仍署嵩山中岳庙住持提点,兼奉元者。

揭傒创建贞文书院。

按:初名旧冈义塾。揭来成、揭来德、揭悽等先后主讲席。至正三年(1343)四月,请于今皇帝,"遂以贞文之号赐为额"。有学田500亩。颇重教师言行之示范作用,其择师,"不必记览之多也,不必言语之工也。择其有实行孝于亲,弟与长,敦于宗教,笃于外姻,信于朋友,仁于乡里,行己有廉耻,待人能忠恕者"即可(《吴文正集》卷四一)。

赵世延捐俸建紫岩书院。

按:书院位于四川绵竹,城北紫云寺有宋张栻读书堂遗址,赵世延乃于遗址建书院,制度精详,规模宏敞。张养浩为撰《敕赐成都紫岩书院记》记此事(《归田类稿》卷五)。

吴澄著《易纂言外翼》8卷成。

按:《四库全书总目提要》评曰:"澄所著《易纂言》义例,散见各卦中,不相统贯。卷首所陈卦画,亦粗具梗概,未及详言。因复作此书以畅明之。《纂言》有通志堂刻本,久行于世。此书则传本渐罕,近遂散佚无存。朱彝尊《经义考》云:'见明昆山叶氏书目,载有四册,而亦未睹其书。'今惟《永乐大典》尚分载各韵之下。考澄所作《小序》,原书盖共十二篇:一曰《卦统》……二曰《卦对》……三曰《卦变》……四曰《卦主》……五曰《变卦》……六曰《互卦》……七曰《象例》……八曰《占例》……九曰《辞例》……十曰《变例》……十一曰《易原》……十二曰《易流》……今缺《卦变》、《变卦》、《互卦》三篇,《易流》缺半篇,《易原》疑亦不完。然其余尚首尾整齐,无所遗失。自唐定《正义》,《易》遂以王弼为宗,象数之学,久置不讲。澄为《纂言》,一决于象。史谓其能尽破传注之穿凿,故言《易》者多宗之。是编类聚区分,以求其理之会通。如《卦统》、《卦对》二篇,言《经》之所以厘为上下,乃程、朱所未及。《象例》诸篇,阐明古义,尤非元、明诸儒空谈妙悟者可比。虽稍有残缺,而宏纲巨目,尚可推寻。谨依原目编次,析为八卷,俾与《纂言》相辅而行焉。"

余志安勤有堂刊刻胡炳文《四书通》26卷成。

按:《四库全书总目提要》曰:"《大学通》一卷、《中庸通》三卷、《论语通》十卷、《孟子通》十四卷,元胡炳文撰。……是编以赵顺孙《四书纂疏》、吴真子《四书集成》皆阐朱子之绪论,而尚有与朱子相戾者,因重为刊削,附以己说以成。此书凡朱子以前之说,嫌于补朱子之遗,皆斥不录,故所取于《纂疏》、《集成》者,仅十四家,二书之外又增入四十五家,则皆恪守考亭之学者也。大抵《四书》经文非其所论,惟以合于

意大利人文主义诗人但丁·阿利吉耶里的《帝制论》因反对教会而被焚。

注意与否定其是非，虽坚持门户，未免偏主一家。然观其凡例，于颜渊《好学章》'哀乐'、'哀惧'一字之笔误，亦必辨明。于《为政以德章》，初本作'行道而有得于身'，祝洙本作'行道而有得于心'，改本又作'得于心而不失'，刊本先后之差，亦悉加考正，其于一家之学，用心亦勤且密矣。章句、集注所引凡五十四家，今多不甚可考，蔡模《集疏》间有所注亦不甚详，是书尚一一载其名字，颇足以资订证。然如集注'以有妇人焉为邑姜'，所引刘侍读者即刘敞，七经小传之说也，炳文独遗漏不载，盖敞在北宋闭户穷经，不入伊洛之派，讲学之家遂无复道其姓名者，故朱子虽引之而炳文不知为谁也，是亦各尊所闻之一验矣。"

余载于此年前后著《韶舞九成乐补》1卷成。

按：《四库全书总目提要》载："《韶舞九成乐补》一卷，元余载撰。载始末无考。惟据其进书原《序》，自称'三山布衣、前福州路儒学录'。又据其门人新安朱模《进乐通韶舞补略序》，知为仁宗天历中人，其字曰大车。以养亲辞官，笃行授徒，自甘嘉遁而已。是编《文渊阁书目》著录，世无传本。惟《永乐大典》所载，篇帙犹完。首为《九德之歌音图》，次为《九德之歌义图》，次为《九磬之舞缀兆图》，次为《九磬之舞采章图》。"

刘友益约于是年著《资治通鉴纲目书法》59卷成。

按：欧阳玄尝作《庐陵刘氏通鉴纲目书法后序》，其文云："昔司马文正公变纪传为编年，作《资治通鉴》。朱文公稍变其法，且寓所去取焉，是谓《纲目》。读是书者，夫人以为《春秋》三传之遗意也。夷考文公生平于《易》、《诗》、《书》、《礼》，或自传注，或属门人，皆有成书，独《春秋》缺焉。至胡氏《传》，又往往信未之确，然则《纲目》何为而作耶？盖尝求之《春秋》者，《鲁史》旧闻，说者谓直书其事，美恶自见，初未尝拘拘于义例者，愚盖不敢必以其言为非也。若司马公，则志存鉴戒，已见于著书之名。而予夺权衡，时有所憾，文公患之，故有是作焉，初意固有间矣。书王宗周，天下是时有与周同称号者乎？黜魏帝汉有说也，乾侯之公在是也。房陵之帝，王乎？帝乎？故知是书于《春秋》所以异之迹，则知所以同之旨矣。推二大节引而申之，书法断不诬矣。近时儒者疑为文正未脱稿之书，或疑为门人之作，皆未究所以作《纲目》之志云尔。庐陵刘先生覃于是三十余载，比辞而核研，推事以求度，纲举目张，如指诸掌，曰《通鉴纲目书法》，亶其严乎！余从友人鄂省宰属冯君子羽得而读之，三复叹之曰：《春秋》微《公》、《谷》、啖、赵诸说犹可，《纲目》微刘氏书，诚不可也。何时归青原故乡，愿即先生一二而扬确之。姑志余说于帙末。"（《圭斋文集》卷七）

苏天爵著《国朝名臣事略》15卷成，欧阳玄作序，王思诚二月作跋。

按：该书所见为立目者47人。欧阳玄作序，云："应奉翰林文字赵郡苏伯修，年弱冠，即有志著书。初为胄子，时科昧行，馆下士詟言词章，讲诵既有余暇，且笔札又富，君独博取中朝钜公文集而日录之，凡有元臣世卿墓表、家传，往往见诸编帙中。及夫闲居纪录，师友诵说，于国初以来文献有足征者，汇而辑之。始疏其人若干，属以其事；中更校雠，枉去而导存，抉隐而蒐逸；久而成书，命曰《国朝名臣事略》。他日，余与伯修同预史属，从借读之，作而欢曰：壮哉！元之有国也，无兢由人乎！若太师鲁国、淮安、河南、楚诸王公之勋伐，中书令丞相耶律、杨、史之器业，宋、商、姚、张之谋猷，保定、藁城、东平、巩昌之方略，二王、杨、徐之词章，刘、李、贾、赵之政事，兴元、顺德之有古良相风，廉恒山、康军国之有士君子操，其它台府忠荩之臣，帷幄文武之士，内之枢机，外之藩翰，班班可纪也。太保、少师、三太史天人之学，陵川、容城名节之特异，代岂多见哉！至于司徒文正公尊主庇民之术，所谓'九京可作，我则随武子乎'！乾坤如许大，人才当辈出。伯修是编，未渠央也，姑志余所见如是云。"（《圭斋文集》卷七）王守诚作跋，曰："右《国朝名臣事略》，赵郡苏君伯修所编也，为书凡十五卷，四十又七人。惟我国家起于朔方也，则有国人族姓服其勤劳。及定中土也，则有才臣硕辅任其经画。凡百有为，天实相之，然犹列圣相承，历时既久，而大统始集。故世祖之用人，不以异域之臣为疑，亡国之俘为贱，拔于卒伍，聘于韦布，皆能佐一王之业，辅万世之基。致治之规，上轶隆古，何其宏远哉！概兹在录，其从太祖之肇基王迹，事世祖之受天明命，历成宗、武宗、仁宗之继体守文，其时有后先，故人人事功，或有异焉。然使昭代之典焕乎可述，得人之际于斯为盛，凡家传、碑志之所载者，此得以撷其略，详则具于国史。苏君学博而材周，器弘而识远，今为应奉翰林文字、同知制诰、兼国史院编修官。天历二年二月朔旦，太常博士王守诚书。"（《国朝名臣事略》卷首）《四库全书总目提要》曰其"不失为信史"。今人韩儒林云："其中不少碑传已亡佚，全靠此书保存了下来，成为研究蒙古史的珍贵资料。"现存版本主要有元元统三年（1335）建安余氏勤有堂刊本、清武英殿聚珍本、光绪十三年（1887）畿辅丛书本、中华书局1962年据元统刊本影印本等。

戚光辑《集庆路续志》成。

按：卢文弨《补辽金元三史艺文志》注：天历二年（1329）南台御史赵世延命郡士光辑。《国朝文类》载：光，金陵人，至顺修此志。

吴宝翁修《罗山志补》4卷，有自序。

按：《自序》云："磬沼罗公作《罗山志》，成于茂陵嘉定三年。时吏部尚书、太子詹事曾公映为叙，称其汇次有条，援据有实，质而不俚，赡而不芜，中载隽语名章，令人应接不暇，非笔力大过人畴克尔也。后一年，郡博士徐公天麟修《临川郡志》，规模次第，一仿《罗山》。又后十二年，行在秘书省，专牒抚州，索取《罗山志》与晏元献文注、王荆公诗，及吴吏部、何月湖、邓陋室三家著述，同入芸阁。由此观之，斯志之重于时，信矣！然所志之事，止于嘉定三年。厥后，县宰西堂范公应铃，属磬沼门人黄君元增修，亦仅增至十六年也。十六年，岁在癸未，下距宋亡之岁五十有三年。丙子革命，迄今又五十四年。事绝弗续，已百余载，识者病之。余不敏，有志兹事久矣。烂熟思之，若并志今日，事大体重，不惟陵谷变迁，坛墠改易，势须尽变旧规，而其按核考索，旁搜远讨，令不出于官，岂一介寒士之力可得成哉？于是姑仍旧贯，补完故宋之事。若曰改作，则在我后之人。客有问者曰：斯志不续，历岁实深，子何所见闻、何所考证而增补之耶？余曰：景定癸亥以前，则有家户部坤翁之郡志所载于属县事，差略亦粗得其大概。辛未以后事，才四五年，余时虽幼，固及闻之。而又按《宾兴录》以补贡籍，考前辈诸作以续诗文，至于人物小传，则审订碑志，间取稗官野史，参以所闻，不揆谫陋，斐然成章。第居今之时，不能志今之事，未必不为流俗所笑。抑故宋三百年，吾邑文献之盛，由是编一览得之，先觉之士亦或取焉。若夫事或遗落，文有冗长，笔削之任，以俟来哲，在磬沼已云然，余敢重述此语以谢客。元天历二年，岁在己巳仲冬，邑人幼贤甫吴宝翁叙。"（《崇仁县志》卷首旧序）吴宝翁，字幼贤，号山泉。崇仁人。生于宋咸淳初，天历时在世。

《太常集礼》纂成，李好文为作序。

按：以泰定四年（1327）武宗金主及祭器被盗事，太常博士李好文言："祖宗建国以来七八十年，每遇大礼，皆临时取具，博士不过循故应答而已。往年有诏为《集礼》，而乃令各省及各郡县置局纂修，宜其久不成也。礼乐自朝廷出，郡县何有哉！"白长院者选达属数人，仍请出架阁文牍以资采录。三年书成，凡五十卷，名曰《太常集礼》（《元史·李好文传》）。李《序》云："《太常集礼稿》为编秩者，郊祀九，社稷三，宗庙二十有一，舆服二，乐七，诸神祀三，诸臣请谥及官制因革典籍录六，合五十一卷。事核文直，汇杂出而易见，盖太常之实录也。太常典三礼，主群祀，凡礼乐之事皆自出焉。国家论议制作之原，郊社宗庙缘祀之制，山川百神秩序之典，诸臣节惠易名之实，不知其故可乎？洪惟圣朝天造之始，金革方载，文德未遑。我太宗皇帝戡金五年，岁在戊戌，时中原甫定，则已命孔子之孙元措，访求前代礼乐，将以文万世太平之治。宪宗皇帝二年壬子，时则有日月之祀。伏观当时群臣奏对之际，上问礼乐自何始，左右对以尧、舜，则其立神基，肇人极，不谋睿略，固已宏远矣。世祖皇帝中统之初，建宗庙，立太常，讨论述作，度越古昔，至元之治，遂光前烈。成宗皇帝肇立郊丘。武宗皇帝躬行祼享。英宗皇帝广太室，定昭穆，御衮冕卤簿，修四时之祀。列圣相承，岁增月辑，典章文物，焕然毕备矣。百年以来，事皆属之有司，寄诸简牍，岁月既久，不无散佚。故由之者或不知其本，论之者或失于其初，阔略庚舛，颇违于旧。泰定丁卯秋，好文备员博士，既而佥太常礼仪院事李术鲁珅公继至，从而倡率之，遂暨一二同志，搜罗比校，访残脱，究讹略，其不敢遽易者，亦皆论疏其下。事虽不能无遗，以耳目所及，顾已获其七八。越二岁书成，名之曰《大元太常集礼稿》。呜呼！一代之治，必有一代之文，纲常典则、天秩人纪，岂易言哉？然事不可以无述，言不可以无统。与其具于临时，孰若求之载籍？与其习而不察，孰若信而有征？此裒集之有编而不敢后者也。曰稿者，固将有所待焉。他日鸿儒硕笔，承诏讨论，成一代之大典，则亦未必无取。天历二年秋七月丙辰朔，承务郎、太常博士李好文序。"（《涵芬楼古今文钞》卷一六）

宋魏了翁撰《古今考》38卷又刻。

按：是书有方回序、周文英天历二年（1329）跋、周南至正二十年（1360）跋。周文英《古今考跋》云："泰定甲子，佐监官幕侍知州中全方公，实紫阳虚谷先生冢子，荷授先生抄录《晦庵朱文公文集》，洎续鹤山魏文靖公《古今考》三十八卷。归吴休暇中，得竟披阅，成类语四十韵敬书于后。天历屠维大荒落孟冬，东吴后学紫华子周文英拜手谨识。"（明万历刻本《古今考》卷末）

赵世延作《南唐书序》。

按：《序》曰："天历改元，余待罪中执法。监察御史王主敬谓余曰：公向在南台，盖尝命郡士戚光，纂辑《金陵志》，始访得《南唐书》。其于文献遗阙，大有所考证，裨助良多，且为之音释焉。因属博士程塾等，就加校订，锓板与诸史并行之。越明年，余得告还金陵，书适就，光来请序。按《南唐本纪》：李昪系出宪宗四世，间关困厄，才有江淮之地。仅余三十年，卒不复振，而宋灭之。虽为国褊小，观其文物，当时诸国，莫与之并。其贤才硕辅，固不逮蜀汉武侯。而张延翰、刘仁瞻、潘佑、韩熙载、孙忌、徐锴之徒，文武才业，忠节声华，炳耀一时，有不可掩。刻其间政化得失、兴衰治乱之迹，有可为世鉴戒者，尤不可泯也。窃谓唐末契丹雄盛，虎视中原，晋汉之君，以臣子事之惟谨。顾乃独拳拳于江淮小国，聘使不绝，尝献橐驰并羊马千计。高丽亦岁贡方物，意者久服唐之恩信，尊唐余风，以唐为尤未亡也邪。宋承五季周统，目为僭伪，故其国亡而史录散佚不彰。然则马元康、胡恢等，迭有所述，今复罕见。至山阴陆游，著成此书，最号有法，传者亦寡。后世有能秉《春秋》直笔究明纲目统绪之旨者，或有所考而辩之。姑识其端，以俟君子。余前忝史馆，朝廷尝议修宋、辽、金三史而未暇。他日太史氏复申前议，必将有取于是书焉。"（《元文类》卷三三）

虞集作《国子监题名序》。

按：序言具体介绍其时国子监机构设置、人员配备、教学情况等。《序》云："世祖皇帝至元二十四年，置国子监学，以孔子之道，教近侍、国人子弟，公卿大夫士之子、俊秀之士。其书《易》、《诗》、《春秋》、《礼记》、《论语》、《大学》、《中庸》、《孟子》，其说则周、程、张、朱氏之传也。监有祭酒一人,比立监,先置此官,许文正公衡首为之。司业二人,监丞一人。后又置典簿一人,治文书金谷。学有博士二人,助教二人,后增置六人。其下设正二人,录二人,司乐一人,典籍二人,管勾一人,以高第弟子充,秩满则官之。弟子员,今五百六十人。天历二年,始克追考祭酒至助教姓名岁月刻石。来者尚继之,禅后有所征。三月甲子序。"(《雍虞先生道园类稿》卷一九)

李洧孙三月二十八日卒(1242—)。洧孙字甫山,宁海人。早岁聪慧,能读父书。师事太学博士舒津。以词赋中选第一,擢咸淳甲戌进士第,授黄州司户参军,未上,而黄州以版图归国,栖迟海滨者二十余年。大德六年,为杭州儒学教授。以从仕郎、台州路黄岩州判官致仕。为学官,教人有法,人尊称霁峰先生。《宋元学案》列其入《广平定川学案》"通叟门人"。有诗赋赞颂、箴铭表启、碑志序说若干卷,唯有《大都赋》留下。重修《台州图经》,列于学官。事迹见黄溍《霁峰先生墓志铭》(《黄文献集》卷八上)、清光绪二五年《浙江通志》卷八一。

齐履谦九月十六日卒(1263—)。履谦字伯恒,大名人。修新历,改制都域刻漏,增置更鼓。仁宗时,擢为国子监丞,改司业,立升斋、积分等法,激励学士。官至太史院使。追封汝南郡公,卒谥文懿。著有《周易本说》6卷、《易系辞旨略》2卷、《蔡氏书传详说》1卷(佚)、《中庸章句续解》1卷(佚)、《大学四传小注》1卷(佚)、《春秋诸国统纪》6卷《目录》1卷、《论语言仁通旨》2卷、《皇极经世书入式》1卷、《外篇微旨》4卷、《授时历经串演撰八法》1卷、《二至晷景考》2卷等。事迹见苏天爵《元故太史院使赠翰林学士齐文懿公神道碑铭》(《滋溪文稿》卷一一)、《元史》卷一七二。

按:《元史》本传云:"其学博洽精通,自《六经》、诸史、天文、地理、礼乐、律历,下至阴阳五行、医药、卜筮,无不淹贯,尤精经籍。"齐履谦于元代国子监发展贡献亦大,苏天爵《齐文懿公神道碑铭》云:"其谋猷师表之重,乃以属诸中书左丞许文正公。既没,继者遵守其旧。若夫见而知之,卓有学识,探制作之本原,酌时宜之损益,则惟太史齐公其人哉。"其《周易本说》6卷,钱大昕《元史艺文志》著录4卷。

张珪十二月二十日卒(1264—)。珪字公瑞,尝自号澹庵,定兴人。淮阳献武王张弘范之子。受学于欧阳守道门人邓剡。大德三年,拜江南行台御史中丞。元武宗即位,召拜中丞。皇庆元年,任枢密副使。延祐二年,拜中书平章。泰定初,封蔡国公。有诗才,《元诗选》二集有诗7首,附于张弘范《淮阳集》后。事迹见虞集《中书平章政事蔡国张公墓志铭》(《道园学古录》卷一八)、《元史》卷一七五、《元诗选·二集》小传。

洪焱祖卒(1267—)。焱祖字潜夫,号杏庭,歙县人。至元二十九年,为平江路儒学录,调浮梁州长芗书院山长。后擢至处州路遂昌县主簿,天历元年,致仕。曾以方回为师,与戴表元为忘年交。著有《尔雅翼音释》32卷、《续新安志》10卷、《杏亭摘稿》1卷。事迹见《宋元学案补遗》卷三九、《(弘治)徽州府志》卷七。

贡奎十月卒(1269—)。奎字仲章,安徽宣城人。初为齐山书院山长,后为太常奉礼郎、翰林应奉。延祐初,除江西儒学提举,迁翰林待制,辞归养母。泰定中,为集贤直学士。追封广陵郡侯,谥文靖。《宋元学案》列其入《草庐学案》"草庐同调"。著有《云林小稿》、《听雪斋记》、《青山漫吟》、《倦游录》、《豫章稿》、《上元新录》、《南州纪行》共120卷,今仅存《云林集》6卷及《附录》1卷。事迹见马祖常《集贤直学士贡文靖公神道碑》(《中州名贤文表》卷一八)、《元史》卷一八七、《新元史》卷二一一、《蒙兀儿史记》卷一二〇、《元诗选·初集》小传、《(万历)宁国府志》卷一七。

刘文瑞卒(1269—)。文瑞字彦章,开化人。初为小官吏,父丧,旋弃不更仕。筑书塾,蓄书延名师以教子孙。时郑原善、程琚、张宗元、鲁贞往来读书其中。其所办塾学,"有书万余卷,客来取书共讲讨"。事迹见陈旅《江山县尹刘彦章墓碣并序》(《安雅堂集》卷一一)。

张养浩卒(1270—)。养浩字希孟,号云庄,济南历城人。至大初,为监察御史。仁宗时,以礼部侍郎知贡举,升礼部尚书。英宗时,为参议中书省事,后以父老多病,弃官归养。又尝起为陕西行台御史中丞。卒追封滨国公,谥文忠。为学务实用,一语一默之细,绝不苟且。工散曲及诗,多写闲适生活,间有反映现实之作。著有《归田类稿》22卷、《云庄休居自适小乐府》、《云庄类稿》、《三事忠告》(一名《为政忠告》)4卷。《金元散曲》录存其小令162首,套数2套。事迹见黄溍《张公祠堂碑》(《金华黄先生文集》卷二九)、张起岩《张公神道碑铭》(《归田类稿》卷首)、《元史》卷一七五、《新元史》卷二〇二。

按:危素尝缀拾张养浩有关治教之文为《张文忠公云庄家集》,吴师道为作《张文忠公云庄家集序》云:"……故滨国文忠张公名养浩,字希孟,庶几学孟子者。公早负文名,由至大初仕显于朝,逮延祐中,天子方好文,一时侍从言语之臣,号称最盛,而公颉颃其间。及至治时,所上《时政书》万言……其刚大之发,沛然而莫之御者……公《云庄集》四十卷已刊于龙兴学宫,临川危素复撷其关于治教大体者为此编,秘书属予以序。"(《礼部集》卷五)

曹元用卒,生年不详。元用字贡贞,世居阿城,后徙汶上。始为镇江路儒学正,后荐为翰林国史院编修官。累拜中奉大夫、翰林侍讲学士,兼经筵官。曾预修仁宗、英宗两朝实录。又奉旨纂集甲令为《通制》,译唐《贞观政要》为蒙古文。凡大制诰,率元用所草。在中书省,与元明善、张养浩号为"三俊"。卒追封东平郡公,谥文献。著有《超然集》、南戏《百花亭》,仅存残曲。事迹见《元史》卷一七二。

金仁杰卒,生年不详。仁杰字志甫,浙江杭州人。据《录鬼簿》著录,作有杂剧7种:《蔡琰还朝》、《秦太师东窗事犯》、《周公旦抱子摄朝》、《长孙皇后鼎镬谏》、《玉津园智斩韩太师》、《苏东坡夜宴西湖梦》、《萧何月下追韩信》,今存《萧何月下追韩信》一种。《太和正音谱》评其词如"西山爽气"。事迹见《录鬼簿》、《太和正音谱》、《元曲选外编》。

钱芹(—1400)生。

天历三年　元文宗至顺元年　庚午　1330年

正月丙辰，命赵世延、赵世安领纂修《经世大典》事。

辛未，中书省言："科举会试日期，旧制以二月一日、三日、五日，近岁改为十一、十三、十五；请依旧制。"从之（元史·文宗纪三）。

庚辰，升群玉署为群玉内司，仍隶奎章学士院。

按：陈旅作《群玉内司华直题名记》云："天历元年秋，皇帝入缵丕绪，戡定之后，思与天下休息，而底治于无为也。明年某月，乃作奎章阁于兴圣殿西，于以稽古而怡神焉。故凡皇祖宝训暨诸载籍与夫玩好之珍，率于是乎在。至顺元年某月，置群玉内司以掌之。司设监司一员，司尉一员，亚尉二员，佥司二员，司丞二员，典簿一员；又设给使八人，司膳四人。监司巎巎谓旅曰：'吾等入直，得日望清光，至幸也。而上且思所以覆帱之，俾留守张金界奴作直舍于阁之旁，凡居是官者，将列名于壁，以昭宠荣于无穷焉。奎章学士虞集谓宜扁曰"华直"，巎巎闻于上矣。又尝奏尔为记，诏曰可。'以是臣旅谨再拜稽首而言曰：圣天子以武功定大业，以文德致太平，天下无事，宜优游岩廊之上，而犹虑夫接于燕闲者，有以湮乎出治之源也。故非圣谟嘉言不留于聪明，非古物雅器不陈于左右，玄枢在天，星纬环列，而万物顺成于其下矣。按《周官》玉府掌王之金玉、玩好、兵器，凡良货贿之藏，至于王之燕衣服、衽席、床笫皆掌之。今群玉之司极天下之清华而无昔人烦猥之责，虽居昆仑群玉之山，又何以加于此乎？虽然，《传》有之曰：'孝子如执玉，如奉盈，洞洞属属然，如弗胜，如将失之。'人臣之事君，如孝子之事亲也，讵止致谨于群玉之所司物而已哉！"（《陈众仲文集》卷七）

二月庚寅，以修《经世大典》久无成功，专命奎章阁阿隣帖木儿、忽都鲁都儿迷失等译国言所纪典章为汉语，由赵世延、虞集等任纂修，燕铁木儿如国史例监修。

按：虞集任《经世大典》总裁之际，向文宗荐人："礼部尚书马祖常，多闻旧章，国子司业杨宗瑞，素有历象地理记问度数之学，可供领典；翰林修撰谢端、应奉苏天爵、太常李好文、国子助教陈旅、前詹事院照磨宋褧、通事舍人王士点，俱有见闻，可助撰录。庶几是书早成。"（《元史·虞集传》）

丁酉，帝及皇后、皇子并受佛戒。

己亥，命明宗皇子受佛戒。

三月戊午，廷试进士，赐笃列图、王文烨等97人及第、出身有差。

四月壬午朔，命西僧作佛事于仁智殿，自是日始，至十二月终罢。

五月戊午，帝御大明殿，燕铁木儿率文武百官及僧道、耆老，奉玉册、玉宝，上尊号曰钦天统圣至德诚功大文孝皇帝。是日，改元至顺。

丁卯，翰林国史院修《英宗实录》成。

闰七月戊申，加封孔子父齐国公叔梁纥为启圣王，母鲁国夫人颜氏为启圣王夫人。

按：又加封颜子兖国复圣公,曾子郕国宗圣公,子思沂国述圣公,孟子邹国亚圣公,河南伯程颢豫国公,伊阳伯程颐洛国公(《元史·文宗纪三》)。

庚子,以国用不充,命中书省及宣政院臣裁减内外佛寺。

八月壬申,诏兴举蒙古字学。

九月甲申,命艺文监以《燕铁木儿世家》刻板行之。

丁未,命京师率僧170人,作佛事七日。

辛酉,中书省改正白云宗之处分。

按：至治初,以白云宗田给寿安山寺为永业,至是其僧沈明琦以为言,乃有旨令中书省改正之。此举可视为白云宗衰而复苏之征兆。

十月辛酉,文宗始服大袭、衮冕,亲祀昊天上帝于南郊,以太祖配。

按：盖自世祖至是凡七世,而南郊亲祀之礼始克举焉。

十二月己酉,以董仲舒从祀孔子庙,位列七十子之下。

是日,国子生积分及等者,省、台、集贤院、奎章阁官同考试。中式者以等第试官,不中者复入学肄业。

是年,颁行《十福经教正典》,俗称《十善福白史》。

按：此典为《元典章》之外另一部重要法律文献,为元世祖关于建立政教并行国家体制之根本大法。元亡后,北元之土默特部阿勒坦汗晚年效法忽必烈,走政教并行之发展模式,此部法典于其发展模式之实行意义颇大。

牛津大学教师T·布雷德沃丁、W·海特斯伯里把运动分为单样和异样两种,逐渐有了瞬时速度和平均速度的概念,并证明了默顿定理:运动距离等于平均速度和时间之乘积。

吴澄等进所修《制诰录》2卷。

赡思三月奉召入为应奉翰林文字,赐对奎章阁,进所著《帝王心法》,文帝称善。诏预修《经世大典》,以议论不合求去,命奎章阁侍书学士虞集谕留之,赡思坚以母老辞,遂赐币遣之。

黄溍是冬因马祖常之荐,除应奉翰林文字、同知制诰,兼国史院编修官,进阶儒林郎。

揭傒斯参与修撰《经世大典》,特授艺文监丞。

苏天爵预修《武宗实录》。

许有壬擢两淮都转运盐司使。

赵世延请致仕,不允。

宋本进奎章阁学士院供奉学士。

陈天锡擢建阳尹。

倪瓒过浙江,道归梅里。

王士点为通事舍人,历翰林修撰。

胡助任国史编修官。五月扈从上京,同行者为吕思诚。在上京,颇得虞集指教。

廉访使耿焕荐吴师道为儒学提举官事上,不报。

陶安与赵道昭游。

宋濂谒三衢方先生,识东阳蒋允升(季高)。是年,宋濂再往伏龙山见千岩禅师。

按：濂闻许谦弟子方先生以性理讲授于东阳之南溪,徒步从之游。

林泉生中进士。

滕克恭登进士第。

冯三奇中进士,授光山县尹。

按：冯三奇后以翰林编修《辽》、《宋》、《金》三史,迁国子助教。

汪大渊第一次由泉州浮海,约于元统二年(1334)夏秋回国。

胡炳文三月作《大学释旨序》。

按：《序》云："予沉潜读《四书》六十年,近为《纂疏》、《集成》,有讹舛处,不得已为《通》一编。友朋得之,则以锓之梓,予悔之早。程仲文旧从予游,予以其嗜学,极爱之。今所著《大学释旨》辞简严密,图明该贯,视《章句》有所发挥,于予《通》有所传授,识者表章之,荐剡交飞,将以上闻。仲文年方壮,学方进未已,此书之出,视予得无又早乎？虽然,知人易,受知难,自知尤难。《大学·诚意章》言自知之真也。仲文其益务自知,庶不负识者之知乎？仲文勉之。虽然,予年八十,亦不敢不自勉也。至顺庚午三月既望,云峰老人胡炳文序。"(《云峰集》卷四)

刘因《四书集义精要》30卷是年前后刊刻。

按：该书卷端载至顺元年浙江等处儒学提举司牒文,称："删烦撮要为三十卷。"苏天爵以简严粹精称之。《四库全书总目提要》评曰："盖因潜心义理,所得颇深,故去取分明。"

无名氏约于是年后著《元代画塑记》1卷。

按：本书原为《经世大典·工典》中"画塑门"。《经世大典》后失传,民国初年,文道希乃从《永乐大典》中抄出此段文字,题曰《元代画塑记》,辑入姬佛陀所纂《广仓学窘丛书》第二集,始为人知。该书有益于人们了解元代宫廷艺术,及元朝廷对艺术之态度。

钟嗣成著《录鬼簿》2卷成,并撰自序。

按：该书为中国第一部戏曲论著。全书分上、下2卷,上卷记前辈才士,有杂剧者略记姓字爵里及剧目,下卷记并世才士,各作一小传,记其剧目,又作《凌波曲》吊之。全书涉及作家152人(其中贾仲明续71人),作品名目400余种。该书版本颇多,分三类：第一,钟嗣成著。有明万历间无名氏辑录《说集》精抄本,不分卷,为现存最接近钟氏原著之古本；明崇祯年间孟称舜校刻本,不分卷；清初尤贞起《新编录鬼簿》抄本,分两卷；清曹寅校辑《楝亭藏书十二种》本；近人刘世珩辑《暖红室汇刻传奇》附刊第一种本；近人董康辑刻《读曲丛刊》本,近人陈乃乾辑印《重订曲苑》本。第二,明人贾仲明增补《录鬼簿》,有明代天一阁蓝格抄本。第三,近人校注之《录鬼簿》,有王国维《录鬼簿》校注本；马廉《录鬼簿新校注本》。《录鬼簿》序言无畏于"高尚之士,性理之学"怪他"得罪于圣门",颂扬"高才博艺"、地位低下之作家且高度评价戏曲艺术,颇异于传统美学思想。其《序》原文曰："贤愚寿夭,死生祸福之理,固兼乎气数而言,圣贤未尝不论也。盖阴阳之诎伸,即人鬼之生死。人而知夫生死之道,顺受其正,又岂有岩墙桎梏之厄哉？虽然,人之生斯世也,但以已死者为鬼,而不知未死者亦鬼也。酒罂饭囊,或醉或梦,块然泥土者,则其人与已死之鬼何异？此固未暇论也。其或稍知义理,口发善言,而于学问之道,甘于暴弃,临终之后,漠然无闻,则又不若块然之鬼为愈也。予尝见未死之鬼吊已死之鬼,未之思也,特一间耳。独不知天地开辟,亘古及今,自有不死之鬼在,何则？圣贤之君臣,忠孝之士子,小善大

日本健广著日本禅宗格言集《闲暇拾遗》。

扬·范布恩达乐著尼德兰市民教诲诗《俗人的镜子》。

康拉德·冯·阿门毫森著长达2万行的象棋寓意诗,把人类生活和社会生活比作下棋。

功,著在方册者,日月炳焕,山川流峙,及乎千万劫无穷已,是则虽鬼而不鬼者也。余因暇日,缅怀故人,门第卑微,职位不振,高才博识,俱有可录。岁月弥久,湮没无闻,遂传其本末,吊以乐章。复以前乎此者,叙其姓名,述其所作,冀乎初学之士,刻意词章,使冰寒于水,青胜于蓝,则亦幸矣。名之曰《录鬼簿》。嗟乎!余亦鬼也。使已死未死之鬼作不死之鬼,得以传远,余又何幸焉!若夫高尚之士,性理之学,以为得罪于圣门者,吾党且啖蛤蜊,别与知味者道。至顺元年龙集庚午月建甲申二十二日辛未,古汴钟嗣成序。"(《录鬼簿》卷首)

又按:朱凯是年作《录鬼簿后序》云:"文以纪传,曲以吊古,使往者复生,来者力学,鬼簿之作非无用之事也。大梁钟君名嗣成,字继先,号丑斋,善之邓祭酒、克明曹尚书之高弟,累试于有司,命不克遇,从吏则有司不能辟,亦不屑就,故其胸中耿耿者借此为喻,实为己而发也。乐府小曲、大篇长什传之于人,每不遗稿,故未能就编焉,如《冯谖收券》、《诈游云梦》、《钱神论》、《斩陈余》、《章台柳》、《郑庄公》、《蟠桃会》等,皆在他处按行,故近者不知,人皆易之。君之德业辉光,文行泹润,后辈之士奚能及焉?噫!后之视今亦犹今之视昔也,日居月诸,可不勉旃。至顺元年九月吉日朱士凯序。"(楝亭十二种本《录鬼簿》卷末)朱凯,字士凯。至正时为浙江省掾。著有杂剧《昊天塔》、《黄鹤楼》及散曲作品,编有《升平乐府》,又辑世传隐语《包罗天地》(朱凯著)、《揆叙万类》、《迷韵》等集。

《古赋题》10卷、《后集》5卷成。

按:雒竹筠先生经眼辑抄《大典》本,有天历二年(1329)古雍刘氏翠岩家塾识,三年春续为后集云。

胡助作《上京纪行诗》50首。

按:诗后有吕思诚、王士点题诗,虞集、王守诚、王士熙、苏天爵、王理、黄溍、宇术鲁衶、吕思诚、陈旅、曹鉴、吴师道、王沂、揭傒斯题跋。胡助八月有《上京纪行诗序》云:"至顺元年夏五月,大驾清暑滦阳,翰林诸僚佐扈从,而助亦在行中。会微疾,差后至,六月下瀚始与检阅官吕仲实偕行。仲实权从游于升学者也,今又同在史馆,故乐与之偕。沿途马上览观山水之盛也,日以吟诗为事。比至上都,官署寓于视草堂之西偏,文翰闲暇,吟哦亦不废。是时,学士虞先生乘传赴召,先生至于堂上留数十日,日侍诲言。先生属以目疾惮书,凡有所作,往往口占,而助辄从傍执笔书焉。助或一诗成,必正于先生,而先生亦为之忻然,其所以启迪者多矣,兹非幸欤?南还之日,又与翰林经历张秦山、应奉孟道源及仲实同行,亦日有所赋。若睹夫巨丽,虽不能形容其万一,而羁旅之思、鞍马之劳、山川之胜、风土之异亦略见焉。至京师辄录为一卷,凡得诗总五十首,以俟夫同志删云。其年八月吉日自序。"(《纯白斋类稿》卷二〇)

忽思慧《饮膳正要》3卷刊刻。

按:该书记述烹调技术、进膳养生法等,乃中国最早之营养学专书。虞集作《饮膳正要序应制》云:"……赵国公字兰奚,以所领膳医臣忽思慧所撰《饮膳正要》以进。其言曰:'昔世祖黄帝,饮食必稽于本草,动静必准乎法度,是以身跻上寿,贻子孙无疆之福焉。是书也,是时尚医之论著者云。'噫!进书者可谓能执其艺事,以致其忠爱者矣。而圣心溥博,又将推以及人。于是中宫命留守臣金界奴,庀工刻梓,摹印以遍赐臣下。"(《雍虞先生道园类稿》卷一六)

建安宗文书堂郑天泽刊行刘因《静修集》22卷、宋欧阳修《五代史记》75卷、唐欧阳询等《艺文类聚》100卷、宋陈彭年等《大广益会玉篇》30卷、宋陈师文《太平惠民和剂局方》10卷,附宋许洪《指南总论》3卷。

按：崇文堂世业延续至明嘉靖十六年(1537),凡200余年。

陈忠甫宅刊《楚辞集注》。

欧阳玄九月作《禁扁序》。

按：《序》云："《禁扁》一书,通事舍人须句王君继志之所作也。继志早弃举业,慨然有志著述,而职在九宾,尝撰《侍仪仪注》若干卷送上官。其余力又蒐考历代宫殿、门规、池馆、苑薮等名,辑为是编,岂特示该洽而已哉。为人君得是书,因名号之文质,思制度之奢俭,又有以观后世禨祥、避忌之积习,务择令美,滋不如古人之仍事实、存鉴戒之意矣。为人臣者得是书,其在朝庭设顾问,则可以无召对寡陋之虞；退而闲居,偶有题榜,则可以无重复嫌疑之犯。其所以资见闻、明等威,亦岂小补哉！近世传者博古,自临江刘氏、番易洪氏,没无闻。宋末西蜀虞氏柏心、四明王氏厚斋犹能拟之。继志年学方富,嗣此其有作也,余故甚嘉叹之而为之序。至顺元年九月初,庐陵欧阳玄序。"(《圭斋集补遗》)

宋褧二月初八日作《同年小集诗序》。

按：《序》云："天历三年二月八日,同年诸生谒座主蔡公于崇基万寿宫寓所。既退,小集前太常博士、艺林使王守诚之秋水轩,坐席尚齿,酒肴简洁,谈咏孔洽,探策赋诗。右榜则前许州判官粤鲁不华、前沂州同知曲出、前大司农照磨谙笃乐、奎章阁学士院参书雅琥,左榜则前翰林编修王瓒、前翰林修撰张益、前富州判官章谷、翰林应奉张彝、编修程谦。疾不赴者：前陈州同知纳臣、深州同知王理、太常太祝成鼎。时粤鲁调官监濠之怀远县,曲出监庆元之定海县,谷广东元帅府都事,皆将赴上。琥即雅古,盖御更今名云。执笔识岁月者,前翰林编修、詹事院照磨宋褧也。"(《燕石集》卷一二)

马祖常九月初五日作《滋溪文稿志》。

按：其文曰："右苏君伯修杂著。祖常延祐四年,以御史监试国子员,伯修试《碣石赋》,文雅驯美丽,考究详实。当时考试礼部尚书潘景良、集贤直学士李仲渊置伯修为第二名,巩弘为第一名。弘文气疏宕,才俊可喜,祖常独不然此,其人后必流于不学,升伯修为第一,今果然。而吾伯修方读经稽古,文皆有法度,当负斯文之任于十年后也。至顺元年九月五日,侍上幸中心阁还,休半日,书此以记予与伯修之旧也。马祖常志。"(《滋溪文稿》卷首)

陈苑卒(1256—)。苑字立大,人称静明先生,江西上饶人。幼业儒,尝有人授以金丹术,不信。后得陆象山书,喜之,乃尽求其书及其门人如杨敬仲、傅子渊、袁广微、钱子是、陈和仲、周可象所著经学书读之,遂以倡明陆学为己任。皇庆间,设静明书塾为讲学之所,从游者众,高弟子祝蕃、李存、舒衍、吴谦号"江东四先生",陆学在江西由此复振。《宋元学案》为其列"静明宝峰学案"。著有《论语正义》20卷。

按：《宋元学案》卷九三《静明宝峰学案》曰："元儒如草庐调停朱、陆之间,石塘由朱入陆,师山由陆入朱,若笃信而固守,以嗣槐堂之绪,静明、宝峰(赵偕)而已。"黄宗羲亦曰："陆氏之学,流于浙东,而江右反衰矣。至于有元,许衡、赵复以朱氏学倡于北方,故士人但知有朱氏耳,然实非能知朱氏也,不过以科目为资,不得不从事焉,则无肯道陆学者,亦复何怪。陈静明乃能独得于残编断简之中,兴起斯人,岂非豪杰之士哉！《论语正义》20卷,卢文弨《补辽金元三史艺文志》著录"陈立大著",并注：立

法国杜兰卒,生年不详。唯名论的经院学派学者。

阿拉伯哲学家、历史学家伊本·赫勒敦(1330—)生。中世纪"阿拉伯历史哲学"的奠基人。

大,江西贵溪人。

又按：静明书塾又名静明学舍、静明学塾。时官办书院为应科举,专主朱学,陈苑独传陆氏心学,故不学举业,其学舍亦不曰书院,以避官府之拘牵。苑子陈善益尊藏其父藏书及遗著并额其书塾、设像示祀。祝蕃、李存之徒危素于天历、至顺间曾教拜陈苑于塾,后复为善益立祀书塾,而记其事。危素《静明书塾记》曰："昔者四明袁正肃公提点江东刑狱,行部信之贵溪,作象山书院,以祠陆文安公于徐岩。其流风遗俗久而不泯,故近世其邑有陈先生立大（陈苑）者出,毅然有扶树正道之志,而世莫能窥其蕴奥也。其为学也,上达乎性命之微,致谨乎事物之细,兢兢业业,夙夜靡懈。使先生用于当世,推之功业,固凿凿而精实,然隐约于闾巷,终以老死,天也,非人所能为也。先生家有藏书若干卷,而缮写点校,手泽存焉。又有所著《论语正义》廿卷。其子善益自尊度,题其室曰'静明书塾',中设先生之象,春秋严祀。不远数十里,俾素为之记。"（《危太朴文集》卷五）

僧道惠卒（约1266— ）。道惠字性空,庐山东林寺僧。早有诗名,与冯子振、程钜夫、藤斌、吴澄、贯云石、卢挚、僧大䜣等皆有往还。歌行豪宕如其人,古诗清淬,皆可传世。著有诗集《庐山外集》4卷。事迹见《庐山外集》集序。

按：《庐山外集》4卷,罕有传本,《元诗选》及《四库全书》均未提及。目前中国仅有一部孤本,存北京大学图书馆。卷首有泰定元年（1324）"七十二叟庐陵龙仁夫"、延祐三年（1316）"临川姜肃"所写的序各一篇,并署"兰陵岳延秀东山集点",共存诗399首。但该本卷一二乃元刻本,末二卷乃清末抄配。有线索表明,抄配所据的元刊原本已远藏于日本。（见杨镰《元佚诗研究》）

范梈卒（1272— ）。梈字亨父,一字德机,清江人,人称文白先生。家贫,早孤,母熊氏抚而教之。大德十一年,以朝臣荐,为翰林院编修官。出为海南海北道廉访司照磨。迁江西湖东。选充翰林应举。改福建闽海道知事。天历二年,授湖南岭北道廉访司经历,以养亲辞。擅长诗文,著有《范德机诗》7卷、《李翰林诗》4卷,又有诗话《木天禁语》。事迹见揭傒斯《范先生诗序》（《揭文安公全集》卷八）、《元史》卷一八一、《新元史》卷二三七、《蒙兀儿史记》卷一二〇。

丁文苑卒（1284— ）。文苑本名哈八石,字文苑,于阗（新疆和田）人,入中原后定居大都宛平。出生回回世家。延祐首科进士,历仕左司掾、礼部主事。至治二年,任秘书监著作郎,拜监察御史,改虞部员外郎、浙西佥宪。能用汉语写诗文,与马祖常、宋褧、王沂等唱和往还。歌行豪宕如其人,古诗清淬,皆可传世。事迹见王沂《挽丁文苑》（《伊滨集》卷九）、许有壬《哈八石哀辞并序》（《至正集》卷六六）。

殷奎（ —1377）【按一说（1310—1376）】、**张适**（ —1394）生；**罗贯中**（ —约1400）约生。

至顺二年　辛未　1331年

正月己卯,御制《奎章阁记》,亲书,刻于石。

甲辰,建孔子庙于后卫。

二月戊申,撤销行宣政院,复立广教总管府16所,以僧为总管,掌各地僧尼之政。

三月癸巳,修普天大醮。

以西僧旭你迭八答剌班的为三藏国师,赐金印。

以儒学教授在选数多,凡仕,由内郡、江淮者,注江西、江浙、湖广;由陕西、两广者注福建;由甘肃、四川、云南、福建者,注两广。

四月丙午朔,命西僧于五台及雾灵山作佛事各一月,为皇太子祈福。

戊辰,奎章阁以纂修《经世大典》,请从翰林国史院取《脱卜赤颜》一书以纪太祖以来事迹。

按:《脱卜赤颜》事关秘禁,非可令外人传写。

是日,命以泥金畏兀字书《无量寿佛经》1000部。

五月乙未,奎章学士院赵世延、虞集纂《皇朝经世大典》成。

按:简称《经世大典》,为政书,共880卷,另有《目录》12卷,公牍1卷,纂修通议1卷。分《帝号》、《帝训》、《帝制》、《帝系》、《治典》、《赋典》、《礼典》、《政典》、《宪典》、《工典》等10门,其中六典各系子目,仿《唐六典》和《唐会要》体例。欧阳玄赞主修者虞集曰:"考公制作之志,使究所长为圣治裨益,能使一代之风轨蔼然先王之遗烈焉。"(《圭斋文集·虞集神道碑》)作为《经世大典》的总裁,虞集强调了从历史兴废存亡处,思考变通之理的重要性,所谓"夫古今治乱之迹不考,则无以极事理之变通,又史学之不可不讲也"(《道园学古录》卷三一)。虞集作序云:"……天历二年冬,有旨命奎章阁学士院、翰林国史院,参酌《唐》、《宋会要》之体,荟萃国朝故实之文,作为成书,赐名《皇朝经世大典》。明年二月,以国史自有著述,命阁学士,专率其属而为之。太师、丞相、答剌罕、太平王臣燕铁木儿,总监其事。翰林学士承旨、大司徒臣阿隣帖木儿,奎章大学士臣忽都鲁都儿迷失,奎章阁大学士、中书右丞臣撒迪,奎章阁大学士、太禧宗禋使臣阿荣,奎章阁承制学士、金枢密院事臣朵来,并以耆旧近臣习于国典任提调焉。中书左丞臣张友谅、御史中丞臣赵世安等,以省台之重,表率百官,简牍具来,供给无匮。至于执笔纂修,则命奎章阁大学士、中书平章政事臣赵世延,而贰以臣虞集,与学士院艺文监官属,分局修撰。又命吏部尚书臣巎巎,择文学儒士三十人,给以笔札而缮写之,出内府之钞以充用。是年四月十六日开局,仿《六典》之制,分天、地、春、夏、秋、冬之别,用国史之例,别置蒙古局于其上,尊国事也。其书悉取诸有司之掌故,而修饰润色也。通国语于尔雅,去吏牍之繁辞。上送者无不备书,遗亡者不敢擅补。于是定其篇目,凡十篇,曰:君事四,臣事六。君临天下,名号最重。作《帝号》第一。祖宗勋业,具在史策。心之精微,用言以宣。询诸故

奥斯曼土耳其人攻陷拜占廷旧都尼西亚。

士瓦本城市同盟建立。

老,求诸纪载。得其一二于千万。作《帝训》第二。风动天下,莫大于制诰。作《帝制》第三。大宗其本也,藩服其支也。作《帝系》第四。皆君事也,蒙古局治之。设官用人,共理天下。治其事者,宣录其成。故作《治典》第五。疆理广袤,古昔未有。人民贡赋,国用系焉,作《赋典》第六。安上治民,莫重于礼。朝廷郊庙,损益可知。作《礼典》第七。肇基建业,至于混一。告成有绩,垂远有规。作《政典》第八。行政之设,以辅礼乐。仁厚为本,明慎为要,作《宪典》第九。六官之职,工居一焉。国财民力,不可不慎。作《工典》第十。皆臣事也。以至顺二年五月一日,草具成书,缮写呈上。……窃观《唐会要》始于苏冕,续于崔铉,至宋王溥而后成书。《宋会要》始于王洙,续于王珪,至汪大猷、虞允文,二百年间,三修三进。窃惟祖宗之事业,岂唐、宋所可比方。而国家万万年之基,方源源而未已。今之所述,粗立其纲。乃若国初之旧文,以至四方之续报,更加搜访,以待增修。重推纂述之初献,实出圣明之独断。假之岁月,丰之以廪饷。给之以官府之书,劳之以诸司之宴。礼意优渥,圣谟孔彰。而纂修臣寀,贪冒恩私,不称旨意,下情兢惧之至,惟陛下矜而恕之。谨序。"(《涵芬楼古今文钞》卷二〇)

又按：从"考史以极事理"的思想出发,虞集总裁《经世大典》修撰时,不仅议立篇目,网罗文献,而且在全书各门各类之前设立序录,交待立目旨意,勾勒元初以后各项典章制度的演变原委,总结历史经验。现存于《元文类》的《经世大典》146篇大小序录,反映了虞集等史臣对元代中期以前历史进程及典制沿革深层"事理"的探讨。(见周少川《元代关于历史盛衰之"理"的思考——论理学思潮对元代历史观的影响》)

是日,诏以泥金书佛经一藏。

苏天爵升修撰,擢江南行台监察御史。
虞集为黄溍言皇上赐墨一事。是年,虞集目疾转深,不复能作字。
许有壬二月奉召参议中书省事,未几,以丁母忧去。
黄溍擢翰林应奉文字、国史院编修。夏与苏天爵、索元岱等扈从上京,秋还,作《上京道中杂诗》12篇。是年,于京师见赵箕翁,作《送赵继清潮州推官》。在京师,与兰溪萧资游；于马祖常处见叶裔。
岳铉以集贤大学士为江西行省平章政事。
萨都剌七月在建康擢为南台御史,供职3年。在此期间,与张雨、倪瓒、薛昂夫等诗友多有唱和之作。
胡助约于是年重阳会黄溍等乡友。
吴师道以疾告归,宣城之民诵乐而歌思之。
宋本是冬出为河东廉访副使,将行,擢礼部尚书。
陈绎曾为国子监助教。
吕思诚谏阻文宗阅国史。

按：文宗幸奎章阁,命取国史阅之,左右异匦以往,国史院长贰无敢言。编修吕思诚争曰："国史纪当代人君善恶,自古天子无观阅之者。"乃止(《元史·吕思诚传》)。

李文翔至顺间以善书与修《经世大典》,书成,授儒学教授。

按：李文翔,名不详,台州黄岩人。

何中为行省请，讲授于龙兴路东湖、宗濂二书院。

成遵至京师，受《春秋》业于夏镇（《元史·成遵传》）。

颜子恪任秘书郎。

按：颜子恪，字宗敬，曲阜人，颜子五十六代孙。

杨维桢读书大桐山中，日赋诗一首，出入史传。

韩元善时为监察御史，六月上言："历代国学皆盛，独本朝国学生仅四百员，又复分辨蒙古、色目、汉人之额。请凡蒙古、色目、汉人，不限员额，皆得入学。"不报（《元史·文宗纪四》）。

必兰纳识里又被赐玉印，加号普觉圆明广照弘辩三藏国师。

王元恭扩建韩山书院。

按：书院位于广东潮州，宋元祐五年（1090）知州王涤始建于城西南，匾为"昌黎伯庙"，祀韩愈。宋元之际毁于兵燹。至元二十一年（1284）重兴。至此年，以王元恭等人之力，扩建。吴澄作《潮州路韩山书院记》。至正十二年（1352）毁于火，二十六年修复，刘嵩作《韩山书院记略》。

潘仁约于是年著《唐丞相陆宣公奏议纂注》1卷成。

按：是书有此年自序、王理至顺四年（1333）序、许有壬至元六年（1340）序、普颜实理至元六年（1340）序。

盛熙明著《法书考》8卷成。

无名氏约于此年前后著《间博录》1卷成。

按：卷中采摘旧事，往往直录原文。

李仲南《永类钤方》22卷刊于是年前后。

按：是书有元至顺间原刻本。《读书敏求记》卷三云："检古今医书，并以脉病因证治，增为五事，钤而为图，贯串彼此，发明成书，使人一目了然。"

王理六月作《国朝名臣事略序》。

按：《序》云："……翰林修撰赵郡苏君天爵始为成均诸生，好访当今之故，放失遗迹，构百家行状、碑志、传赞、叙述及他文该载者见其本末。既而仕为典籍应奉，凡三为史氏，在职八年，遂征以所知，无所乖舛。于是，纪述其故，自国初至于延祐之际，自太师国王以下，或周召懿亲，或岐丰旧姓，或秉义效顺，或降附后见，或策杖上谒，或征起草野，功格皇天，保乂国家，所谓名世者夫；德器优远，悉心尽职，不顾己私，所谓不朽者夫。历代以来，善始善终，未有若今日之懿者也。昔汉高之臣，皆战国之余，非南面而王之，不能毕其功，全莫我若也；光武之臣，皆生西汉，多经术之士，功定天下，不过封侯，赏莫我若也。使高、光易世而居，亦不能相反，何哉？其人异也。天生圣贤，共成大业，岂汉敢望哉！书成凡十五卷，号《名臣事略》。其事之所载，尽标作者姓氏，示不相掩也。其名位显者，功在帝室，求未得者，续为后录。苏君尝闵宋氏以来，史官不得尽其职，载笔之士多乖故实，宋人详而不端，曲文以比时，辽金简而径，事多湮昧。于是著其故，辑其阙漏，别为《辽金纪年》。皇道之成，于三代同风，身为史氏，顾己职业，绎而明之，君子哉，其用心也。苏氏自唐宰相味道以文章显，宋太史文忠公轼父子兄弟称栾城焉，所从来远矣。继之者，修撰君也。泰定初，故侍讲会稽袁公荐君亮达前代文献，今侍讲蜀郡虞公举君该洽文辞尔雅，由是迁修撰云。至顺辛未六月辛亥，赐进士出身、文林郎、翰林国史院编修官南郑王理谨叙。"

（《国朝名臣事略》卷首）王理，字伯循，兴元南郑人。登进士第，至顺二年，官翰林国史院编修。明年迁江南行御史台监察御史。后至元初，为广东佥宪，改江东廉访使。

吴师道是年前后作《北山游卷跋》。

按：其文云："右《北山纪游》诗文一卷，金华叶谨翁审言、乌伤黄溍晋卿、兰溪吴师道正传、东阳张枢子长、僧无一之所作也。自至大庚戌距至顺癸酉，二十有四年间，凡屡游，五人者虽不必俱，而游必有作，妍唱导前，清和继后，或览胜发奇，或因事纪实，凡登临之美，朋从之乐，怀贤悼古之感，所以摅一时之兴而不泯于异日者，悉于此乎在矣。灵源草堂辉师及其弟琳公，博雅好文，凡吾徒之作，前后裒辑无遗者，出以示予，遂缮写成卷，而复归之草堂。因念始游时审言年未四十，为最长，晋卿次之，师道与一公未三十，子长未二十也。今壮者老，而少之齿已过于昔之长者矣！其间儒墨之异归，出处之殊致，佚劳欣戚之不齐，可感者何限！幸而相视无恙，屦屐之力尚强，风好不渝，泉石之乐如故，岂偶然哉！更二十余年，不知当复几游？而所得复几篇？仆尚能屡书不一书而已也！"（《礼部集》卷一七）

葛豁仙客至顺初为《新刊名家地理大全》20卷作自序。

按：是书还有欧阳玄序。

程端学八月作《陵阳集序》。

按：《陵阳集》乃牟巘之文集。程《序》末署"至顺二年八月朔从仕郎前翰林国史院编修官程端学序"（《陵阳集》卷首）。

黄溍作《文学书院田记》。

按：文学书院又名学道书院、虞山书院，曹善诚此年出钱捐地建成。黄氏记云："昔州县未有学，儒先或择胜地，建精舍以讲授，为政者辄就而褒美之，号曰书院。宋初，天下四书院而已。然惟白鹿、睢阳之有田，仅见于传记，皆上之人以是而厚其养，未有以一乡之善士专任其事者。其后，命州县咸立学，而学校之官遍于天下，书院之创置亦日增多。我朝尊右儒术，以风厉乎海内，闻者莫不知劝。有力而好事之家，往往构广厦以崇祀事，辍良田以丰廪食。其为书院者，遂与州县学参立，而布满于四方。既奉濂、洛、乾、淳二三大儒以为先贤，而于前代名臣、山林高蹈之士，有所弗遗。凡尸而祝之者，非其仕国，则其乡邑也。孔子之门，从游三千，达肖七十，独子游为吴人。今常熟州，实其所居里。南州之先贤，孰有加于子游者乎？寥寥千载，莫有能表显之者。州故为县时，孙公应时知县事，尝为位于学官讲舍之西偏，率学士大夫及其子弟行释菜礼，而未克为专祠。后百五十年，为今至顺二年，州人曹君始出私钱，买地作祠宇，而辟论堂于其后，列斋庐于其旁。有司因为请于中书，设师弟子员，而揭以新额，曰文学书院。曹君既赡以田一千六百亩有奇，恐旱干水溢之不虞，益畀以田二千六百亩有奇。其田有苗税，而无力役，春秋之事得不匮乏，为士者亦有所蒙赖，而得以藏修游息于其间。爰状其实，属溍记之。"（《金华黄先生文集》卷一一）

阿拉伯历史学家、地理学家阿布尔·菲达卒（1273— ）。

意大利旅行家、天主教方济各会修士波德诺内

同恕二月二十一日卒（1254— ）。 恕字宽夫（甫），其先太原人，后徙奉先（元）。年十三，以《书经》魁乡校。家有藏书万卷。《元史》称他"由程、朱上溯孔、孟，务贯浃事理，以利于行"。卒谥文贞。著有《榘庵集》15卷。事迹见宇术鲁翀《同文贞公神道碑并序》、贾仁《榘庵先生同公行状》（皆见《榘庵集》卷一五附录）、《元史》卷一八九。

彭士奇九月二十一日卒（1266— ）。 士奇初名庭琦，字士奇，号冲所，

以士奇入仕,改字琦初,庐陵人。泰定元年进士,授南昌县丞。后官建昌经历、广东盐官。著有《诗经主意》、《理学意录》、《闻见录》、《杜注参同》、《庐陵宋九贤事实始末》9卷。事迹见刘诜《建昌经历彭进士琦初墓志铭》(《桂隐文集》卷二)。

按:其《庐陵宋九贤事实始末》9卷,钱大昕《元史艺文志》著录书名无"宋"字,"始末"二字为"录"字,无卷数。注"进士"二字。

龚璛十一月十七日卒(1266—)。璛字子敬,原籍高邮,后徙平江。笃志于学,戴表元、仇远、胡长孺颇器重之,并为忘年交。曾为廉访使徐琰幕僚,历任和靖、学道两书院山长,终以江浙儒学副提举致仕。曾刻《春秋》、《大学》等19种书,以惠学者。其为言卓伟殊绝,自成一家,却不逾规矩绳墨。著有《江东小稿》,未见传,今存《存悔斋稿》及《补遗》各1卷。事迹见黄溍《龚先生墓志铭》(《黄文献集》卷八上)、《吴中人物志》卷七、《元诗选·二集》小传。

吴讷(—1357)、唐肃(—1374)、卢熊(—1380)、王行(—1395)、俞贞木(—1401)生。

的鄂多立克卒(1286—)。1321年后由海道至中国。晚年回到意大利,口述完成《鄂多里克东游录》。该书之影响仅次于《马可波罗游记》。

至顺三年 壬申 1332年

正月,封孔子妻为大成至圣文宣王夫人。

二月己巳,诏修曲阜宣圣庙。

三月,欧阳玄呈《进经世大典表》。

按:其表云:"……祖宗创业之艰难,与天地同功于经纬。必有铺张以揭皦日,必有术作以藏名山。爰命文臣,体《会要》之遗意;遍勅宫寺,发掌故之旧章。仿《周礼》之六官,作皇朝之大典。臣某叨承旨喻,俾综纂修。物有象而事有源,质为本而文为辅。百数十年之治迹,固大略之仅存;千万亿世之宏规,在鸿儒之继作。谨缮写《皇朝经世大典》八百八十卷,《目录》十二卷,《公牍》一卷,《纂修通议》一卷,装潢成帙,随表以闻,伏取裁旨。"(《圭斋文集》卷一三)

四月戊午,命奎章阁学士院以蒙古字译《贞观政要》,锓板模印,以赐百官。

按:吴澄《贞观政要集论序》云:"史臣吴兢类辑朝廷之设施、君臣之问对、忠贤之争议,萃成十卷,曰《贞观政要》。事核辞质,读者易晓,唐之子孙奉为祖训,圣世亦重其书,澄备位经筵时,尝以是进讲焉。……抚士戈直考订音释,附以诸儒论说,又足开广将来进讲此书者之视听,其所裨益岂少哉?"(《吴文正公集》卷一二)虞集作《贞观政要集论序》云:"集侍讲筵,诸公以唐太宗《政要》为切近事情,讲经以后,辄以此次进。集于是时,每于心术之微、情伪之辩、治乱淳杂之故,必致意焉。天历天子尝命译以国语,俾近戚国人皆得学焉,久未成书,又以属集。盖租庸调、府兵等法,今人多不尽晓,而李百药赞道赋等又引用迂晦,遽不可了了。集为口授出处,令笔吏检

日本"元弘之乱",后醍醐天皇流于陷歧岛。

卢塞恩州加入瑞士"永久同盟"。

寻,穷日乃得一赋。所引几成一编,而译者始克讫事以进。今阁下有刻本也。及见戈直所注,恨不得早见之,然未晚也。昔范氏著《唐鉴》,程子阅之,曰:'不意淳夫相信如此。'直所论多得吴学士公讲明意,故为不徒作云。"(《雍虞先生道园类稿》卷一七)

五月甲戌,撒迪请备录皇上登极以来固让大凡、往复奏答,其余训敕、辞命及燕铁木儿等宣力效忠之迹,命朵来续为《蒙古脱卜赤颜》一书,置之奎章阁。从之(《元史·文宗纪五》)。

丁酉,追封颜子父颜无繇为杞国公,谥文裕;母齐姜氏为杞国夫人,谥瑞献;妻宋戴氏为兖国夫人,谥贞素。

六月乙丑,禁诸卜筮、阴阳人,毋出入诸王公大臣家。

八月己酉,元文宗图帖睦尔死。归葬起辇谷,从诸帝陵。蒙古语称札牙笃皇帝,上尊谥曰圣明元孝皇帝,庙号文宗。

十月庚子,明宗第二子懿璘质班即位于大明殿,颁诏大赦天下,是为宁宗。

十一月壬辰,元宁宗懿璘质班死,年七岁,在位43天。葬起辇谷,从诸帝陵,庙号宁宗。

十二月,皇太后命迎明宗长子妥懽帖睦尔于广西。

是年,必兰纳识里因与安西王子月鲁帖木儿等谋不轨,坐诛。

按:《元史·释老传》载,必兰纳识里,初名只剌瓦弥的理,北庭感木鲁国人。幼熟畏吾儿及西天书,长能贯通三藏暨诸国语。大德六年(1302),奉旨从帝师授戒于广寒殿,代帝出家,更赐今名。皇庆中,命翻译诸梵经典。延祐间,特赐银印,授光禄大夫。是时诸番朝贡,表笺文字无能识者,皆令必兰纳识里译进。其所译经,汉字则有《楞严经》,西天字则有《大乘庄严宝度经》、《乾陀般若经》、《大涅槃经》、《称赞大乘功德经》,西番字则有《不思议禅观经》。

苏天爵入为江南行台监察御史,道改奎章阁授经郎。

虞集八月在文宗崩时,欲谋南还,弗果。

胡助为河南乡试考官。

按:余阙、张桢、乌马儿中举。

熊太古中乡试,辟广东宪司书吏。

按:熊太古,字邻初,丰城人。熊朋来之子。尝转湖广省掾,历翰林编修、国子助教。出为江西行省员外郎。至正兵兴,隐储山。明初征校雅乐。著有《冀越集记》2卷、《相宅管说》不分卷。

吴莱阐教诸暨之白门,宋濂裹粮相从。

初庵书院、长芗书院、忠定书院、锦江书院与瑞州路儒学、饶州儒学合刊唐魏徵等《隋书》85卷。

脱因修、俞希鲁纂《镇江志》21卷、《首》1卷刊刻成。

吴郡学舍刊刻宋吕祖谦《大事记》12卷、《通释》3卷、《解题》12卷。

椿庄书院至顺年间刊行宋陈元靓《新编纂图增类群书类要事林广记》

前集 13 卷、后集 13 卷、续集 8 卷、别集 8 卷。

石岩作《志雅堂杂钞序》。

按：《序》云："弁阳翁，济南人。吴兴章文庄公为其外王父，故占籍吴兴；又与杨和王有连，古又为杭人。所居癸辛街，即杨氏瞰碧园也。诗有《蹢屦集》，邓牧心为之序。词名《蘋洲渔笛谱》，尚有传本。而《蹢屦集》则久佚，皆散见之作，非本集矣。南宋词人，浙东西特盛。翁浸淫乎前辈，商榷乎朋侪，故词为专门，而不仅词也。其著述之富，则有《绝妙好词》、《癸辛杂志》、《武林旧事》、《齐东野语》、《浩然斋视听钞》、《弁阳客谈》、《浩然斋雅谈》、《澄怀录》、《云烟过眼录》、《乾淳起居注》、《乾淳岁时记》、《武林市肆记》、《湖山胜概》若干种，此又其一也。□□□典集《浩然斋雅谈》。已顷及门，叶舍人复出此本见示。书中分类疏记，略不经意，间有一二条重见于所著别录中，想随手札记，不嫌互见矣。翁当湖山风月之乡，遗民畸士，日接于茅茨，荆棘铜驼，适当其会，此虽无当掌故，而南宋风流、钱塘琐事，亦略得其概焉。仆固杭人，固乐得而资谈噱也矣。至顺三年，朱方石岩民瞻氏序。"（《续历城县志》卷二三）石岩，字民瞻，号汾亭，镇江人。工诗词，善书画，历官彭泽县尹，年八十五犹存。事迹见《书史会要》卷七、《元诗选·癸集》乙集小传。

宋无、石岩为钞本《续夷坚志》作跋。

按：《续夷坚志》4 卷，元好问著，宋无《跋》云："恶善惩劝，纤细必录，可以知风俗而见人心。岂南北之有间哉？"又云：金元之际，"北方书籍，率金所刻，罕至江南"，可见其时南北之间文化存在隔膜。石岩《跋》云："《续夷坚志》乃遗山先生当中原陆沉之时，皆耳闻目见之事。"经此钞录，《续夷坚志》得以流传至今。

另按：苏天爵亦尝为此书作序，其文曰："右遗山元公《续夷坚志》四卷，述金季灾异事也。……余观三代而下，其衰乱未有若晋之甚者也，故灾异亦未有若晋之多者也。而宋金之季，实有以似之，其在南方番阳洪公为之志，其在北方遗山元公续其书，凡天裂地震，日食山崩，星雷风雨之变，昆虫草木之妖，盖有不可胜言者矣。他时志五行者，尚有稽焉，未可稗官小说目之也。传曰：国家将兴，必有祯祥；国家将亡，必有妖孽。读是书者，其亦知所警惧矣夫！"（《滋溪文稿》卷二八）

刘友益三月初三日卒（1248— ）。友益字益友，号水窗，永新人。隐居读书，贯穿《六经》，包罗百氏，以至天文、地志、律历、象数等，无所不晓。尝著《通鉴纲目书法》59 卷，历 30 年而成，时人推重之。事迹见揭傒斯《刘先生墓志铭》（《揭文安公集》补遗）。

韩信同卒（1252— ）。信同字伯循，号中村，宁德人。从陈普游，究心理学，四方来请益者甚众，称古遗先生。《宋元学案》列其入《潜庵学案》"陈氏门人"。著有《书经讲义》、《三礼图说》2 卷、《三礼旁注》、《四书标注》、《韩氏遗书》2 卷。事迹见张以宁《古遗先生韩公行状》（《韩氏遗书》附录）、《（弘治）八闽通志》卷七二、《元诗选·癸集》庚集下、《元诗纪事》卷一四。

王炎泽八月十三日卒（1253— ）。炎泽字威仲，别号南陵先生，义乌人。后经部使者荐，任东阳、常山两县儒学教授，又任石峡书院山长。长于经史，对朱熹理学颇有研究。为诸生讲学，务推明其大义，不事支离穿凿。文简质而主于理，诗极浑厚，不屑雕刻求工。著有《南陵类稿》20 卷。

埃及努韦里卒（1270— ）。阿拉伯百科全书编撰家。

事迹见黄溍《南陵先生墓志铭》(《文献集》卷九下)、王祎《南陵先生行述》(《王忠文集》卷二二)、《浙江通志》卷一七六。

何中卒(1265—　)。中字太虚,一字养正,江西乐安人。博通经史。著有《易类象》3卷、《书传补遗》10卷(佚)及《通鉴纲目测海》3卷、《六书纲领》1卷、《补六书故》32卷、《叶韵补疑》1卷、《元贞使交录》、《苏邱述游录》1卷、《揩颐录》10卷、《知非堂稿》6卷及《通书问》1卷等。事迹见揭傒斯撰墓志铭(《文安集》卷一三)、《元史》卷一九九、《元儒考略》卷三、《元诗选·二集》小传。

按:《元史》本传云其"以古学自任,家有藏书万卷,手自校雠。其学弘深该博,广平程钜夫,清河元明善,柳城姚燧,东平王构,同郡吴澄,揭傒斯,皆推服之"。其《通书问》,《四库全书总目提要》评曰:"是书因朱子谓周子《通书》乃发明《太极图说》之义,故所注《通书》,皆比附于太极阴阳五行中。则谓二书各自为义,不必字字牵合,故作此书以辨之。前有《自序》,……朱子释《通书》,显微阐幽,有功于学者至矣。然必欲以《通书》发明《图说》,则恐非周子著书之本意云云。其持论颇精核,所疑各条亦皆中理。"

李洞卒(1274—　)。洞字溉之,滕州人。姚燧曾力荐之,授翰林国史院编修官,后又授中书省掾,曾特授奎章阁承制学士。文章纵横奇变,若纷错而有条理,每以李白自拟。长于书法,作品为世人所珍爱。明朱权《太和正音谱》将其列于"词林英杰"150人之中。著有《辅治篇》、文集40卷。《全元散曲》及《北宫词纪》中存其《送友归吴》一套。事迹见《元史》卷一八三、《书史会要》卷七、《元诗选·二集》小传。

华云龙(　—1374)、王履(　—1391)、张胜(　—1412)、钱仲益(　—1412)生。

至顺四年　元惠宗元统元年　癸酉　1333年

西班牙格拉纳达王国哈里发优素福一世即位,时为格拉纳达穆斯林文明全盛时期。

威尼斯建成第一个公共植物园。

六月己巳,元惠宗妥懽贴睦尔即位。

辛未,命伯颜为太师、中书右丞相,监修国史,兼奎章阁大学士,领学士院、太史院、回回、汉人司天监事。撒敦为太傅、左丞相。

九月庚申,诏免儒人役。

十月戊辰,颁改元诏,以至顺四年为元统元年。

十二乙亥,依皇太后故事,为皇太后置徽政院。马祖常由拟任南台御史中丞改除徽政。

是年,廷试进士同同、李齐等,复增名额,以及百人之数。

按:《元史·选举志一》载:此次科举,"稍异其制,左右榜各三人,皆赐进士及第,余赐出身有差。科举取士,莫盛于斯"。

至顺四年　元惠宗元统元年　癸酉　1333年

苏天爵复拜监察御史，至湖北查案，冤狱多所平反。

虞集擢奎章阁侍书学士，谢病归临川。

黄溍服丧，四月与张枢、吴师道等游金华北山。是年，遗书吴门，求柳贯为其父黄铸作行状。

揭傒斯迁翰林待制，升集贤学士，阶中顺大夫。

许有壬复奉召参议中书省事。

欧阳玄改佥太常礼院事，拜翰林直学士，编修《四朝实录》。

宋本兼经筵官。冬，拜陕西行台治书、侍御史，不拜，复留为奎章阁学士院承制学士，仍兼经筵官。

王结复除浙西廉访使，未行，召拜翰林学士、资善大夫、知制诰同修国史，与张起岩、欧阳玄修泰定、天历两朝实录。拜中书左丞。

赡思除国子博士，丁忧艰不赴。

杨维桢从兄维翰时在天台县学执教，维桢弟子安普、许广大事之如师。

萨都剌过居庸关。

胡助是年礼部春试任考官。二月间，因秩满离京。四月至吴中，初九日，与干文传、柳贯、钱良佑、王克敬游天平山、灵岩。

吴师道二月独游金华北山、灵源草堂、法清寺、慈源寺等地。

张雨兰山巢居成。

宋濂谒见陈樵（君采），并于太霞洞受其说而归。且于此际初交吴子善。

余阙举进士。

陈绎曾举进士。

刘基会试赴京举进士。

王充耘登进士第，授同知永新州事。

按：王充耘授永新州事后不久，即弃官养母，授徒著书。

李祁左榜进士第二，授应奉翰林文字。

按：李祁后改婺源州同知，迁江浙儒学副提举。于元末隐居永新山中，明初力辞征辟，自称不二心老人。

宇文公谅登进士第。

按：公谅，字子贞，其先成都人。通经史百氏言。所著述有《折桂集》、《观光集》、《辟水集》、《以斋诗稿》、《玉堂漫稿》、《越中行稿》。门人私谥曰"纯节先生"。

完颜光祖重修洛西书院。

按：书院位于河南洛宁，元至元元年(1264)翰林直学士薛友谅与辛愿、杜人杰诸名士讲学洛西时，承父志捐东门内住宅而建，祀伊洛诸儒。程文海撰有记。元统元年(1333)主簿完颜光祖重修。

程端学五月十六日作《春秋本义序二》。（可参见至正五年张天祐作《春秋本义序》条）

按：《序》曰："科诏：《诗》以朱氏为主，《书》以蔡氏为主，《易》以程、朱氏为主，三

日本吉天兼好始著《徒然草》。

经兼用古注疏。《春秋》许用三《传》及胡氏《传》。《礼记》用古注疏。钦详为主之意，则凡程、朱、蔡氏之说，一字不可违，必演而伸之可也。若夫许用之意，则犹以三《传》、胡氏之说未可尽主也。是则合于《春秋》之经者，用之可也；其不合者，直求之经意而辨之可也。谨案：程子曰：'以传考经之事迹，以经别传之真伪。'朱子曰：'《春秋》不过直书其事，而以爵氏、名字、日月、土地为褒贬，若法家之深刻，乃传者之凿说。'今以程、朱之论考正三《传》、胡氏，其得失如指诸掌。合于程、朱之论，则合于经之旨矣。故此编用三《传》、胡氏之有合者为《本义》，诸说之合者亦附见焉，其相戾者为《辨疑》以正之。又摘诸说之害经者为《或问》，以明所以去取之由，庶几士之读此经者，可因程、朱以得孔子作经之微旨，又可以仰遵设科之初意。非敢苟为求异也。元统元年五月既望，程端学书。"（《春秋本义》卷首）

吴澄著《礼记纂言》36卷成。

按：《四库全书总目提要》云："案：危素作澄《年谱》载，至顺三年，澄年八十四，留抚州郡学，《礼记纂言》成，而虞集《行状》则称成于至顺四年，即澄卒之岁，其言颇不相合。然要为澄晚年手定之本也。其书每一卷为一篇大旨，以戴记经文庞杂，疑多错简，故每一篇中，其文皆以类相从，俾上下意义联属贯通而识其章句于左。其三十六篇次第亦悉以类相从。凡《通礼》九篇、《丧礼》十一篇、《祭礼》四篇、《通论》十一篇，各为标目，如《通礼》首，《曲礼》则以《少仪》、《玉藻》等篇附之，皆非小戴之旧。他如《大学》、《中庸》依程、朱别为一书，《投壶》、《奔丧》归于《仪礼》，《冠仪》等六篇别辑为《仪礼》，传亦并与古不同。虞集称其始终先后，最为精密，先王之遗制，圣贤之格言，其仅存可考者，既表而存之，各有所附，而其纠纷固泥于专门名家之手者，一旦各有条理，无复余蕴，其推重甚至。"吴澄《礼记纂言原序》云："《小戴记》三十六篇，澄所序次。汉兴，得先儒所记《礼书》二百余篇，大戴氏删合为八十五，小戴氏又损益为四十三，《曲礼》、《檀弓》、《杂记》分上下，马氏增以《月令》、《明堂位》、《乐记》，郑氏从而为之注，总四十九篇，精粗杂记，靡所不有，秦火之余，区区掇拾所存什一于千百，虽不能以皆醇，然先王之遗制，圣贤之格言，往往赖之而存。第其诸篇出于先儒著作之全书者无几，多是记者旁搜博采、剿取残篇断简荟粹成书，无复铨次，读者每病其杂乱而无章。唐魏郑公为是作《类礼》二十篇，不知其书果何如也？而不可得见。朱子尝与东莱先生吕氏商订三《礼》篇次，欲取《戴记》中有关于仪礼者附之经，其不系于仪礼者，仍别为记。吕氏既不及答，而朱子亦不及为，幸其大纲存于文集，犹可考也。晚年编校《仪礼经传》，则其条例与前所商订又不同矣。其间所附《戴记》数篇，或削本篇之文而补以他篇之文，今则不敢，故止就其本篇之中，科分栉别，以类相从，俾其上下章文义联属章之大旨，标识于左，庶读者开卷了然。若其篇第，则《大学》、《中庸》，程子、朱子既表章之，《论语》、《孟子》并而为《四书》，固不容复，厕之《礼》篇。而《投壶》、《奔丧》实为《礼》之正经，亦不可以杂之于《记》，其《冠义》、《昏义》、《乡饮酒义》、《射义》、《燕》、《聘义》六篇，正释仪礼，别辑为传，以附经后矣。此外犹三十六篇：曰通礼九，《曲礼》、《内则》、《少仪》、《玉藻》通记小大仪文，而《深衣》附焉；《月令》、《王制》专记国家制度，而《文王世子》、《明堂位》附焉；曰丧礼者十有一，《丧大记》、《杂记》、《丧服小记》、《服问》、《檀弓》、《曾子问》六篇既丧，而《大传》、《间传》、《问丧》、《三年问》、《丧服四制》五篇，则丧之义也；曰祭礼者四，《祭法》一篇，既祭而郊，《特牲》、《祭义》、《祭统》三篇，则祭之义也；曰通论者十有二，《礼运》、《礼器》、《经解》一类；《哀公问仲尼》、《燕居》、《孔子闲居》一类，《坊记》、《表记》、《缁衣》一类；《儒行》自为一类；《学记》、《乐记》，其文雅驯非诸篇比，则以为是书之终。呜呼！由汉以来，此书千有余岁矣，而其颠倒纠纷，至朱子欲为之是正而未及竟，岂无所望于后之人与?用敢窃取其意修而成之,篇章文句秩然有伦,先后始终颇为精审,将来学《礼》之君子,于此考信或者其有取乎,非但戴氏之忠臣而已也。"(《礼记纂言》卷首)

于钦七月编《齐乘》6卷成。(可参见苏天爵至元五年《齐乘序》条、于潜至正十一年《齐乘跋》条)

按:是书始撰于延祐元年或元年以后,大致成于延祐三年,或三年以后于钦任山东廉访司照磨期间,最终编定于是年七月。《四库全书总目提要》评曰:"钦本齐人,援据经史,考证见闻,较他地志之但据舆图,凭空言以论断者,所得究多。故向来推为善本。……苏天爵序亦推挹甚至,盖非溢美矣。"

郑持正约于此年前后著《文章善戏》1卷成。

按:《四库全书总目提要》评曰:"仿韩愈《毛颖传》例,于笔墨纸砚悉加封号,而拟为制表之词。"

僧念常著《佛祖历代通载》22卷成。

按:简称《佛祖通载》、《通载》。《佛祖历代通载》中,实属念常所纂者仅卷一八至卷二二卷宋、元部分。是书补充许多散见于碑铭、文集、传状、诏制以及正史诸方面宋代史料,至于元代史料,以时代较近,取材较新,故学术价值尤为重大。虞集至正元年有序。《四库全书总目提要》评曰:"所载释氏故实,上起七佛,下至顺帝元统元年。编年纪载,于佛教之废兴、禅宗之授受,一一分明。"通行本有:《明北藏》《清藏》《四库全书》本、《频伽藏》本、《大正藏》本以及影印的单行本等。念常,号梅屋,华亭人,俗姓黄。晦机元熙弟子,临济宗杨岐派大惠宗杲系僧人。

《九天应元雷声普化天尊玉枢宝经集注》2卷成。

按:是书亦名《雷霆玉枢宝经集注》,原题"海琼白真人注、祖天师张真君解义、五雷使者张天君释、纯阳子孚佑帝君赞",经文约作于北宋后,以论"至道"、"气数"为主,《集注》重于度厄消灾,于各段经文后有注、义、释、赞四部分,对经义有所阐发。

《元统元年进士题名录》1卷成书。

龟山书院刊行宋李心传《道命录》10卷。

宋林钺《汉隽》10卷又刊于是年前后。

按:是书有揭傒斯元统元年(1333)序。

集庆路儒学刊行王构《修辞鉴衡》2卷。

丘葵卒(1244—)。葵字吉甫,泉州同安人。有志朱子之学,亲炙于吕大圭、洪天锡之门。宋亡,科举废,杜门励学,不求人知,居海屿中,因自号钓矶翁。延祐五年(1318),御史马祖常执币礼聘丘葵,丘葵作《却聘诗》,该诗在当时颇有名。《宋元学案》列其入《北溪学案》"吕氏门人"。著有《易解义》、《书解义》、《诗口义》、《春秋通义》、《周礼补亡》、《四书日讲》、《钓矶诗集》,多不传,仅《周礼补亡》、《钓矶诗集》存。事迹见丘葵《周礼补亡序》、清乾隆《泉州府志》卷四一、道光《福建通志》卷一八七、《闽中理学渊源考》卷三三。

按:丘葵有弟子吕椿。椿字之寿,福建晋江人。初从邱葵学,隐居授徒。词赋敏捷,著有《春秋精义》、《诗书直解》、《礼记解》。《宋元学案》列其入《北溪学案》"丘氏门人"。事迹见《福建通志》卷五一。

胡一桂约卒(1247—)。一桂字庭芳,自号双湖居士,人称双湖先生,徽州婺源人。胡方平子。幼颖悟好读书,尤精于《易》。年十八,领宋理宗景定五年乡荐,试礼部不第。入元,退而讲学,建湖山书院,远近师之者众。尝入闽游学,与熊禾议论于武夷山中。归则集诸家之说,以疏朱熹之言。《宋元学案》列其入《介轩学案》。著有《易本义附录纂疏》15卷、《易学启蒙翼传》4卷、《书说》、《诗集传附录纂疏》20卷、《古周礼补正》100卷(佚)、《孝经传赞》、《四书提纲》、《十七史纂古今通要》17卷(董鼎著《后集》3卷)、《人伦事鉴》、《历代编年》、《筮仪传》1卷、《双湖文集》等。事迹见《元史》卷一八九、《新安文献志》卷七〇。

按:胡一桂"尝入闽,博访诸名士,以求文公绪论。建安熊去非方读书武夷山中,与之上下议论。归则裒集诸家之说,以疏朱子之言"(《新安文献志》卷七〇)。其《易本义附录纂疏》,《四库全书总目提要》评曰:"《元史》称其'受《易》源流,出于朱子',殆以《启蒙翼传》及是书欤?陈栎称一桂此书于杨万里《易传》无半字及之。今检其所引,栎说信然。盖宋末元初讲学者,门户最严,而新安诸儒,于授受源流辨别尤甚。万里《易传》虽远宗程子,而早工吟咏,与范成大、陆游齐名,不甚以讲学为事,故虽尝荐朱子,拒韩侂胄,而'庆元党禁'独不列名。一桂盖以词人摈之,未必尽以其书也。"钱大昕《元史艺文志》注或作十四卷。北图藏元刻本残卷,存下经第一、象传上下。有《四库全书》本、《通志堂经解》本、日本文化十一年刊本。

吴澄六月二十五日卒(1249—)。澄字幼清,号草庐,崇仁人。饶鲁再传弟子。尝举进士不第。程钜夫奉诏求贤江南,起澄至京师。未几,以母老辞归。至大元年,召为国子监丞。皇庆元年,升司业。曾主修《英宗实录》,并以此诏加资善大夫。泰定元年,为经筵讲官。卒赠江西行省左丞、上护军,追封临川郡公,谥文正。与许衡齐名,人称"南吴北许"。《宋元学案》为列《草庐学案》。著有《易纂言》10卷、《易纂言外翼》8卷、《易叙录》12篇、《书纂言》4卷、《周官叙录》6篇(佚)、《周礼经传》10卷(佚)、《批点考工记》2卷、《仪礼逸经》1卷《传》1卷、《仪礼考证》17卷、《仪礼逸篇》8篇《传》10篇、《礼记纂言》36卷、《序次小戴记》8卷、《月令七十二候集解》1卷、《三礼考注》64卷《序录》1卷《纲领》1卷、《春秋纂言》12卷《总例》1卷,校定《皇极经世书》2卷,又校正《草庐校定古今文孝经》1卷、《孝经章句》、《校定乐律》、《琴言》10则、《通鉴纪事本末》10卷、《道德真经注》4卷、《庄子》、《南华内篇订正》2卷、《太玄经》,及《八阵图》、《郭璞葬书》、《草庐精语》等,合为《吴文正集》100卷。事迹见虞集《吴公行状》(《道园学古录》卷四四)、揭傒斯《吴公神道碑》(《吴文正集》附录)、刘诜《祭草庐先生吴公文》(《申斋文集》卷一二)、《元史》卷一七一、《新元史》卷一七〇、《元儒考略》卷三、《(嘉靖)抚州府志》卷一〇、《历代名儒传》。危素编有《吴文正公年谱》。

按:《元史》本传云:"(澄)于《易》、《春秋》、《礼记》,各有纂言,尽破传注穿凿,以发其蕴,条归纪叙,精明简洁,卓然成一家言。"《宋元学案》卷九二《草庐学案》云:"考朱子门人多习成说,深通经术者甚少,草庐《五经纂言》,有功经术,接武建阳,非北溪诸人可及也。"《宋元学案》卷八三《双峰学案》曰:"黄勉斋榦得朱子之正统,其门人一传于金华何北山基,以递传于王鲁斋柏、金仁山履祥、许白云谦;又于江右传饶双峰鲁,其后遂有吴草庐澄,上接朱子之学,可谓盛矣。"揭傒斯奉诏撰澄碑文曰:"'皇元受命,天降真儒,北有许衡,南有吴澄。所以恢宏至道,润色鸿业,有以知斯文未丧,景运方兴'云云。当时盖以二人为南北学者之宗。然衡之学主于笃实以化人。澄之学主于著作以立教。"吴澄有意调和朱陆学说,曰:"知者,心之灵,而智之用也,未有出于德性之外者。曰德性之知,曰闻见之知,然则知有二乎哉? 夫闻见者,所以致其知也。夫子曰:'多闻阙疑,多见阙殆。'又曰:'多闻择其善者而从之,多见而识之。'盖闻所见虽得于外,而所闻所见之理,则具于心。故外之格物,则内之知致,此儒者内外合一之学,固非如记诵之徒,博览于外,而无得于内;亦非如释氏之徒,专求于内,而无事于外也。"(《宋元学案》卷九二《草庐学案》引《草庐精语》)吴澄有色目弟子姓名可考者:巙巙、阿鲁丁(玉元鼎)、廉充。(见萧启庆《元代多族士人网络中的师生关系》)

又按:吴澄《春秋纂言》,《四库全书总目提要》评曰:"是书采撷诸家传注,而间以己意论断之。首为《总例》,凡分七纲、八十一目,其天道、人纪二例,澄所创作。余吉、凶、军、宾、嘉五例,则与宋张大亨《春秋五礼例宗》互相出入,似乎蹈袭。然澄非蹈袭人书者,盖澄之学派兼出于金溪、新安之间,而大亨之学派则出于苏氏。澄始以门户不同,未观其书,故与之暗合而不知也。然其缕析条分则较大亨为密矣。至于经文行款多所割裂,而经之阙文亦皆补以方空,于体例殊为未协。则澄于经文率皆有所点窜,不独《春秋》为然。读是书者取其长而置其所短可也。"

胡炳文卒(1250—)。炳文字仲虎,号云峰,婺源人。父胡斗元,受《易》于朱子从孙洪范,人称孝善先生。炳文笃志家学,潜心朱子之学。延祐中,任贵溪道一书院山长,调兰溪学正,不赴。至大间,族子胡淀为建明经书院,儒风之盛甲东南。《宋元学案》列其入《介轩学案》"孝善家学"。著有《周易本义通释》12卷、《周易启蒙通释》2卷、《四书通》26卷、《书集解》(佚)、《性理通》、《诗集解》、《大学指掌图》1卷、《杂礼纂说》、《春秋集解》、《礼书纂述》、《五经会意》、《孟子通》14卷、《尔雅韵语》、《纯正蒙求》3卷、《文公感行诗通》1卷、《云峰笔记》、《云峰诗余》1卷、《云峰集》10卷等。事迹见汪幼凤《胡云峰传》(《新安文献志》卷七一)、《云峰胡先生行状》(《云峰文集》卷九)、《元史》卷一八九、《新元史》卷二三四、《南畿志》卷五五、《(弘治)徽州府志》卷七、《元儒考略》卷二。

按:《元史》本传曰:"……亦以《易》名家,作《易本义通释》,而于朱熹所著《四书》,用力尤深。余干饶鲁之学,本出于朱熹,而其为说,多与熹牴牾,炳文深正其非,作《四书通》,凡辞异而理同者,合而一之;辞同而指异者,析而辨之,往往发其未尽之蕴。东南学者,因其所自号,称云峰先生。"其《纯正蒙求》,《四库全书总目提要》评曰:"蒙求自李瀚以下,仿其体者数家,然多以对偶求工,不尽有关于法戒,炳文是书则集古嘉言善行,各以四字属对成文,而自注其出处于下。所载皆有裨幼学之事。……其分隶亦未能悉允。然养蒙之教,取其显明易晓,不贵以淹博相高。此书循讽吟哦,以资感发,与朱子外篇足相表里,固未可以浅近废也。"

王约二月卒(1252—)。约字彦博,真定人。性颖悟,风格不凡。尝从魏初游,博览经史,工文辞。至元十三年,翰林学士王盘荐为从事,累拜监察御史。成宗即位,奏二十二事,皆见从。迁翰林直学士、知制诰、同修国史,请发米续赈,前后活数十万人。尝奉诏与中书省丞及其他旧臣,条定元初以来律令，名《大元通制》。又著有《史论》30卷、《高丽志》4卷、《潜丘稿》30卷等。事迹见《元史》卷一七八。

曹伯启卒(1255—)。伯启字士开，济宁砀山人。早年从李谦游，后经御史潘昂霄等举荐，擢西台御史。元英宗时，召拜山北廉访使。泰定初，告老北归。天历中，起为淮东廉访使、陕西诸道行御史台中丞，以老辞。卒谥文贞。著有《曹文贞公诗集》10卷。事迹见苏天爵《曹文正公祠堂碑铭》(《滋溪文稿》卷一四)、曹鉴撰神道碑铭、赵楷《文贞公哀辞》(皆载《曹文贞公诗集》后录)、《元史》卷一七六、《新元史》卷二〇二、《(至正)金陵新志》卷六。

徐泰亨十月初六日卒(1268—)。泰亨字和甫，其先衢州龙游人，后徙余杭。性笃厚，遇事警敏。尝官徐州青阳县尹、海道都漕运万户提控按牍，后又官福建帅幕田令史为提控。尝考漕法利病，占候探测，著《海运纪原》7卷；任职福建之际，采列郡图籍，撰《福建总目》若干卷，皆列为官书。另著有《折狱比事》10卷、《吏学大纲》10卷、《端本书》1卷、《忠报录》1卷、《自警录》1卷、《可可抄书》1卷、《历仕集》2卷、《效方》3卷、家谱诗集。事迹见黄溍《青阳县尹徐君墓志铭》(《黄文献集》卷八上)。

俞师鲁卒(1268—)。师鲁字唯道，婺源人。家故饶财，好施与。幼师王太古、齐节初、胡次焱，于书无所不读，于阴阳医卜亦有通究。晚从方回学诗，尽得其说。人谓其学高如王、正如齐、实如胡、博如方，卓诡乃其天性。著有《易春秋注说》。事迹见程文《松江府知事俞公师鲁行状》(《新安文献志》卷九)。

朱思本卒(1273—)。思本字本初，号贞一，临州人。龙虎山道士，从玄教大宗师吴全节至大都，奉召代祀名山大川，考察地理，积十年之功，绘成《舆地图》2卷，已佚。明罗洪先《广舆图》据此图填补而成，但学者仍称之"朱思本图"。并著有诗文《贞一斋诗文稿》2卷、《九域志》80卷。

按：虞集与朱思本交往甚深，尝于《贞一稿序》中云："某与朱君本初，相从于京师，二十有余年矣。每见其酬应之间，即自洗涤，以读书为事。其书既不泛杂，读之又有其道，某甚敬焉。"文中对朱思本严谨执著的治学精神亦极为称道："至于职方之纪，尤所偏善。遇辎軿远至，辄抽简载管，累译而问焉。山川险要，道径远近，城邑沿革，人物、土产、风俗，必参伍询诘，会同其实，虽靡金帛、费时日，不厌也，不慊其心不止。其治事也，讨论如仪礼，严介若持宪，立志之坚确精敏类如此。"(《道园学古录》卷四六)

于钦七月十八日卒(1284—)。钦字思容，号壁水见士，益都人，家吴中。早年受郭贯、高昉等赏识，由淮西宪司书吏，入为国子监助教，擢山东宪司照磨。历官翰林国史院编修、监察御史、兵部侍郎。出为益都般阳田赋总管，未逾月而卒。著有《齐乘》6卷，叙述简核而淹贯，在元代地方志中最有古法。事迹见柳贯《于思容墓志铭》(《待制集》卷一一)、《大明一统志》卷二四。

王翰(—1378)、**张羽**(—1385)、**徐达左**(—1395)生。

元统二年　甲戌　1334年

正月丁酉，祫于太庙。

戊戌，遣吏部尚书帖住、礼部郎中智熙善使交趾，以《授时历》赐之。

癸卯，敕僧道与民一体充役。

甲寅，罢广教总管府，立行宣政院。

二月己未朔，诏内外兴举学校。

三月己丑朔，诏："科举取士，国子学积分、膳学钱粮，儒人免役，悉依累朝旧制。学校官选有德行学问之人以充。"（《元史·顺帝纪一》）

辛卯，以阴阳家言，罢造作四年。

丁巳，诏："蒙古、色目犯奸盗诈伪之罪者，隶宗正府；汉人、南人犯者，属有司。"（《元史·顺帝纪一》）

四月己卯，奉文宗神主祔于太庙，躬行告祭之礼，乐用宫悬，礼三献。

按：先是，御史台言："郊庙，国之大典，王者必行亲祀之礼，所以尽尊尊、亲亲之诚，宜因升祔有事于太庙。"（《续资治通鉴》卷二一七）

乙酉，汰减佛事布施。

六月辛巳，诏蒙古、色目人行父母丧。

七月丁亥，戒阴阳人毋得于贵戚之家妄言祸福。

十二月甲戌，诏整治学校。

是年，禁私创寺观庵院。僧道人钱五十贯，给度牒方听出家。

苏天爵预修《文宗实录》，迁翰林待制，寻除中书右司都事，兼经筵参赞官。

虞集奉召还禁林，以疾作不能行，屡有敕，即家撰文褒锡勋旧、侍臣。

欧阳玄拜翰林直学士、中宪大夫、知制诰，同修国史。奉敕编四朝实录。

许有壬五月扈从上都。与玄教大宗师吴全节歌诗相和。转奎章阁学士院侍书学士。九月，拜中书参知政事，知经筵事。

柳贯于浦阳私第见宋濂。

按：时柳贯自江西儒台解印家居，故宋濂得以从之。

宋濂是年25岁，已名声大著于世。

按：《金华贤达传·明宋濂传》云："（宋濂）年二十五，明道著书义门郑氏之东山，名震朝野。"

宋濂从学吴莱于浦江。又受学于柳贯。曾至义乌，与陈璋相见。

拜占廷帝安德洛尼卡三世征服帖萨利及埃皮鲁斯一部。

法国阿维尼翁教皇宫建成，阿维尼翁教皇本尼狄克特十二登位。

察合台汗答儿麻失里皈依伊斯兰教；不赞即位，改为优容基督教、犹太教。

按：有胡仲申致书宋濂云："举子业不足烦君，盍来同学古文辞乎？"宋濂欣然从之，学业大进。又与郑涛相交，郑氏蓄书数万卷，宋濂无不读之。

宋本是夏转集贤直学士，兼国子祭酒，兼经筵如故。

陈旅出为江浙儒学副提举。

萨都剌春自建康赴上京，迎新任南台御史中丞马祖常，马旋改任别职，并未南来，临别作诗《和中丞伯庸，马先生赠别。中丞除南台，仆驰驿远迓，至上京，中丞改除徽政，以诗赠别》。

李术鲁翀出为江浙参政，寻以葬亲北归。

赵棨迁温州路学教授，改常州。

按：赵棨，字卫道，号素轩，余姚人，宋宗室。

杨维桢转官清盐场司令，不快，时以诗酒自适。受父教上诉省府，指斥上官逼索盐民逋赋，以致弃官相争。

吴师道移书学官，请祠金履祥于州学。

张雨客宜兴，游张公洞。

陶安馆溧水。

黄居庆授端静冲粹通妙站人、江南诸路女冠都提点，住持大都玄元万寿宫、抚州路东庭观、常德路乾明观事。

按：黄居庆，字庆远，号石庭散人，饶州安仁人。女道士。

刘居敬县尹建颍上县学。

陆龟蒙裔孙陆德源重修甫里书院。

吴澄《礼记纂言》36卷由吴尚志等刻成。

按：吴尚志曰："先生《礼记纂言》，凡数易稿，多所发明。而《月令》、《檀弓》，尤为精密。若《月令》言五行之祭，所先不同，天子所居，每月各异。《檀弓》申生之死，延陵季子之哭，子曾子之易箦，子思之母死于卫，子上之母死而不丧数节，是皆诸说纷纭，不合礼意。先生研精覃思，证之以经，载之以礼。于经无据，于礼不合者，则阙之。稿成，尚志请锓木。得命，遂与先生之甥周濂，集同门之士，相与成之。先生手自点校，未及毕而先生捐馆矣。先生之孙当对门考订，始于至顺癸酉之春，毕于元统甲戌之夏。"（《经义考》卷一四三）

汪克宽冬纂《春秋纂疏》成。

《赤城元统志》修成。

按：杨敬德作《赤城元统志序》云："《赤城元统志》者何？作于元元统之二年，上以昭前修之笔削，下以迪后人绍述于将来也。维赤城由汉置南部都尉，更为镇为县为州郡，逾千年，守此者自屈侯始，无虑数十百人，尤侯袤、唐侯仲友、李侯兼、黄侯？皆有志于郡乘矣。积十年未就，暨青社齐侯硕属笔于太史陈公耆卿，始成之。又四年，运使吴公子良偕林君表民续之。再三年，表民再续之，为成书矣。赵侯凤仪之来，复聘永嘉章君嘉取所成书而改作焉，尽去其旧，而命曰《天台郡志》。夫千年之事，数贤侯之力，陈、吴诸君子搜抉讨论之精，一朝而泯焉，此邦人所以不宁，而今总管谆谆以属于敬德也。敬德以固陋辞。公复曰：'子居禁林十年，咸职太史氏，今郡乘芜秽而不治，非缺欤？'于是辞不获，作而曰：'郡乘，古侯国之史也。其著星土，辨躔次，而休咎可征矣。奠山川，察形势，而扼塞可知矣。明版籍，任土贡，而取民有制矣。诠人物，崇节义，以彰劝惩，而教化可明矣。此其大凡也。城池司府之沿革废置，典祀异端之祠宇，土田与津梁畎浍无不备，纷争辨讼者，有恃而可稽矣。举其大，撮其要，合天下郡国而上之，则丞相府之图书也。是必传信而后可据。若掩前人之直笔，而妄以己意损益其间，将何以传信也？'于是与郡博士贡君师中、吴越世家钱君世珪，会萃而参订之。学正陈君大有、教导孟君梦恂校雠之。自三志之后，始于亡宋之绍定辛卯，以迄于兹，凡百有四年之事，备而录之，名曰《赤城元统志》以续焉。噫！宇宙之事无穷，后之执笔者尚鉴兹哉。"（光绪二十三年《敕修浙江通志》卷二六三）

吴师道作《敬乡录》。

按：《四库全书总目提要》云："是编以宋婺守洪遵《东阳志》所记人物尚有遗漏，因集录旧闻，以补其阙。始自梁朝，迄于宋末。每人先次其行略，而附录其所著诗文。亦有止著其目者，或已散佚，或从删汰也。明正德间，金华守赵鹤有《金华文统》十三卷，盖以是《录》为蓝本。然鹤所编次，往往重复舛漏。……元好问《中州集》以诗存史，为世所重。师道此书，殆与相埒。以其因人物以存文章，非因文章以存人物。与好问体例略殊，故隶之于《传记类》焉。"

又按：吴师道尝撰《敬乡前录》、《敬乡后录》二序，现附二序如下：《敬乡前录序》云："师道曩侍先大父傍，及见故时遗老谈乡里前辈事，颇窃听一二；遗文残稿，借玩传抄，每乐而不厌，然亦恨其时尚少，弗能问而识其详也。比年诸父沦丧，衣冠道消，出里门无与言儒者。时时翻阅故藏，则因近里中火后，散轶已多，俛仰四十年，欲质其事而无从。或子孙仅存者，率迁业变习，问之茫然，反笑怪其不切。尝发策校庠，举数人为问，亦无有能言之者，可胜叹哉！因念兰溪县汉隶会稽，后为三河戍，唐咸淳始置县，迄宋季，上下千数百年，山川如昨，清英秀美之气，实钟于人，其间岂无名世者？而郡志所载仅六人，且仙佛之徒半之，则记载缺略可知已。南渡都杭，近在畿甸，文学之风，何啻什百于前？硕儒才士、名卿贤相，相望辈出，不可谓不盛矣。易世来未有纪者，若其人名位、论著显然，固不可泯；不幸而不为人所称，今遂浸微，更数十年岂复有知之者哉？因比次得若干人，略识本末，间采诗文附焉，无则缺之，非徒尚辞藻也。因其言论风旨，而其学问志节与夫当时风俗人物亦可概见，而祠庙碑志，则又是邦故实之所存。如东峯亭记，进士乡饮提名之属，亦当在所考，并置于前。名之曰《敬乡录》焉。"（《礼部集》卷一五）《敬乡后录序》云："宋绍兴二十四年，婺通守洪遵修《东阳志》，其纪当代人物，仅仅数人。盖断自渡江以前，理则宜然，而其所纪有下及绍兴者，又不尽用此例，则所遗固多。且仙释之徒与贤士大夫孰愈？若滕章敏，宗忠简辈又皆出于其前而不见列，何也？最后《事类》一卷，凡稗官小说，怪诞猥亵之事，涉于婺者悉不弃，博则博矣，无乃详于所不必录，而略于所当录者乎？按吾婺昔隶会稽，后为东阳郡，以至于今，千几百年矣。晋魏以前，如江治中、王征士，非刘孝标之文则莫得而知，郡志亦失考，而赖是以传，然犹不得其名，信乎纪者之不可阙也。况自宋中叶以来，贤材继出，其显于靖康、炎、绍之际者，皆生于嘉祐以后，涵濡之深，风气之开，岂苟然哉！忠义功名，宗公当为第一，下逮乾道、淳熙，吕太史道德文章邹鲁一方，师表百代，视前世又远过焉。于是名卿、贤相、牧伯、大魁、硕儒、名人、伟士，肩摩踵接，盖不可胜数，而其季年，北山何公、鲁斋王公，则又绍紫阳之的传，至今私淑者犹不失其正，亦盛矣哉！夫其名爵在史编，论著在天下，章章传颂之决不遂泯没，无俟纂集可也；特沉微不著者，遗文逸事，称道殆绝，或地望舛错，久亦失真，逝者有知，岂无憾于其后耶？愚不自量，既集录兰溪诸贤，因及一郡，兹事体重而闻见单寡，不能尽知，故所录仅止此。方且与同志博考而并载之，非敢有所舍取也。然初意主于表微而并及显者，其或人文俱显，录所弗及者，亦不无微意焉。吁！士之传世，视其所立而已。是编不因予录而传者固多,因予录而传者间一二,然亦非区区之愚所能使传也,夫何病于僭哉!"(《礼部集》卷一五)

苏天爵纂《国朝文类》70卷、《目录》3卷成。

按:是书后有王理元统二年(1334)序、陈旅元统二年(1334)序、王守诚元统三年(1335)跋,至元四年(1338)西湖书院初刊,至正二年(1342)初印。《四库全书总目提要》曰:"是编刊于元统二年,监察御史王理、国子助教陈旅各为之《序》。所录诸作,自元初迄于延祐,正元文极盛之时,凡分四十有三类。而理《序》仿《史记·自序》、《汉书·叙传》之例,区为十有五类,盖目录标其详,《序》则撮其网也。天爵三居史职,预修《武宗》、《文宗实录》,所著自《名臣事略》外,尚有《松厅章奏》、《春风亭笔记》诸书,于当代掌故,最为娴习。而所作《滋溪文集》,词章典雅,亦足追迹前修。故是编去取精严,具有体要,自元兴以逮中叶,英华采撷,略备于斯。论者谓与姚铉《唐文粹》、吕祖谦《宋文鉴》鼎立而三。然铉选唐文,因宋白《文苑英华》;祖谦选北宋文,因江钿《文海》,稍稍以诸集附益之耳。天爵是编,无所凭藉,而蔚然媲美,其用力可云勤挚。旅《序》篇末,称天爵此书所以纂辑之意,庶几同志之士,相与博采而嗣录之,而终元之世,未有人续其书者,可以见其难能矣。叶盛《水东日记》曰:苏天爵《元文类》,元统中监察御史南郑王理《序》之,有元名人文集,如王百一、阎高唐、姚牧庵、元清河、马祖常、元好问之卓卓者,今皆无传(案:祖常《石田集》,好问《遗山集》,今皆有传本,盖明代不甚行于世,盛偶未见,故其说云然)。则所以考胜国文章之盛,独赖是编而已。尝见至正初,浙省元刻大字本,有陈旅《序》,此本则有书坊自增《考亭书院记》,建阳县江源《复一堂记》,并高昌《偰氏家传》云云。今此本无此三篇,而有陈旅《序》,盖犹从至正元刻翻雕也。"王理《序》云:"国初,学士大夫祖述金人、江左余风,车书大同,风气为一。至元、大德之间,庠序兴,礼乐成,迄于延祐,极盛矣。大凡《国朝文类》,合金人、江左以考国初之作,述至元、大德以观其成,定延祐以来以彰其盛。斯著矣,网罗放失,采拾名家,最以载事为首,文章次之,华习又次之,表事称辞者则读而知之者存焉。伯修于是亦勤矣哉!固忠厚之道也,文章之体备矣。因类物以知好尚,本敷丽以知情性,辞赋第一;备六体,兼百代,荟粹其言,乐章古今,诗第二;本誓命,紬训诰,申重其辞,以宪式天下,万世则之,诏册制命第三;人臣告猷,日月献纳,有奏有谏,有庆有谢,奏议表笺第四;物有体,体以生义,以寓劝戒褒述,箴铭颂赞第五;圣贤之生,必有功德事业立于天下,后世法象之,古今圣哲碑第六;核诸实,显诸华,合斯二者,不诞不俚,记序第七;衷蕴之发,油然恢彻,其辨不动者鲜矣,书启第八;物触则感,感则思,思则郁,郁则不可遏,有禅于道,杂说题跋第九;有事,有训,有言,有假,有类,不名一体,杂著第十;朝廷以群造士,先生以导学者,征诸古,策问第十一;尔雅其言,烨烨然归其辞,其事宣焉,诸杂文第十二;累其行事,不愁遗之,意真辞恳,哀辞谥议第十三;其为人也,没而不存矣,备述之,始终之,行状第十四;其为人也,没而不存矣,志其大者、远者,将相大臣有彝鼎之铭,大夫、士、庶人及妇人女子亦得以没而不朽者,因其可褒而褒焉,以为戒劝焉,墓志碑碣丧传第十五。总七十卷,出入名家,总若干人。是则史官之职也夫,必有取于是也夫。自孔子删定六艺,《书》与《春秋》守在儒者,自史官不世其业,而一代之载往往散于人间。士之生有幸不幸,其学有传不传,日迁月化,简礼埋没,是可叹也。伯修三为史氏而官守格限,遂以私力为之。苏君天爵,伯修,其字也,世为真定人。先世咸以儒名。威如先生尤邃历学,著《大明历算法篇》以稽其缪失焉。郎中府君以材显,至伯修而益启之。伯修博学而文,于书无所不读,讨求国朝故实及近代逸事最详定。著《名臣事略》若干卷,《辽金纪年》若干卷,并为是书,书非有补益于世道者不为也。自翰林修撰为南

行台御史,今为监察御史。元统二年夏四月戊午朔,文林郎、江南诸道行御史台监察御史南郑王理序。"(《国朝文类》卷首)

陈椿约于此年前后著《熬波图》1卷成。

苏霖著《书法钩玄》4卷成。

陆友著《砚北杂志》2卷成。

按:《四库全书总目提要》评曰:"所录皆佚文琐事。友颇精鉴赏,亦工篆隶,故关于书画古器者为多。"陆友另著有《墨史》,集古来善制墨者,凡130余人,旁及高丽、契丹、西域之墨,无不搜载。末附杂记二十五则,皆墨之典故也。陆友,字友仁,一字宅之,号研北生,平江人。工书法,善作诗,学问广博,精于古器物鉴定,凡上古以来钟鼎铭刻、书法绘画,一经他过目,真伪立辨。若有其品题,价值倍增。至顺间,北游京师,柯九思、虞集曾先后荐于有司,未及用,而南归。作有七言古诗《题宋江三十六人画赞》,另著《吴中纪事》1卷、《杞菊轩稿》、《米海岳遗事》1卷、《砚史》、《印史》等。陆友还曾将其藏书,部分类别,纂《陆氏藏书目录》。

徐道龄集注、徐道玄校正《太上玄灵北斗本命延生真经注》5卷成。

按:卷前《北斗经题辞》不署作者,观其语,大抵为徐道玄所作。《题辞》中云:是书"述己所闻,证以经传,绣诸灵符,具载本经"。

杨桓《书学正韵》36卷刊行。

按:该书原题"奉直大夫国子司业杨桓选集",卷末有"二年八月江浙等处儒学提举余谦补修"一行,盖元统二年(1334)谦奉命刊行于江浙。

梅溪书院(古邢张氏)刊行阴时夫撰、阴中夫注《新增说文韵府群玉》20卷。

按:是书乃元代较早出现的写诗工具书,有滕宾序、姚云至大三年(1310)序、赵孟頫题、阴竹埜大德十一年(1307)序、阴幼达延祐元年(1314)序、阴时遇序。《四库全书总目提要》曰:"黄虞稷《千顷堂书目》云:阴幼遇一作阴时遇,字时夫,奉新人。数世同居。登宋宝祐九经科。入元不仕。其兄中夫名幼达,据此,则时夫乃幼遇之字,而中夫又时夫之兄,与世所传不同,当必有据。然旧刻皆题其字,未详何义也。昔颜真卿编《韵海镜源》,为以韵隶事之祖,然其书不传。南宋人类书至多,亦罕踵其例。惟吴澄《支言集》有张寿翁《事韵撷英序》,称荆公、东坡、山谷始以用韵奇险为工。盖其胸中蟠万卷书,随取随有,倘记诵之博不及前贤,则不能免于检阅。于是乎有《诗韵》等书,然其中往往陈腐云云。是押韵之书盛于元初,时夫是编,盖即作于是时。康熙中,河间府知府徐可先之妇谢瑛,又取其书重辑之,名《增删韵玉定本》。今书肆所刊皆瑛改本。此本为大德中刊版,犹时夫原书也。明成祖颇喜其书,故解缙大庖西封事称陛下好观《韵府杂书》,钞辑秽芜,略无文彩。曹安《谰言长语》亦曰,《韵府群玉》亦收之博矣,其中正要紧者漏之。如足字欠管宁濯足、栅字欠青溪栅、苏峻攻青溪栅下□拒之,高颍杀张丽华于青溪栅。二字尚失之,则其他可知也云云。今以《钦定佩文韵府》考之,阴氏之所漏,宁止于是。安之所举,如一叶一花,偶然掇拾,未睹夫邓林之茂蔚也。然元代押韵之书,今皆不传,传者以此书为最古。又《今韵》称刘渊所并,而渊书亦不传世。所通行之韵,亦即从此书录出,是《韵府》、《诗韵》皆以为大辂之椎轮。将有其末,必举其本。此书亦曷可竟斥欤。"滕宾《序》曰:"吾友阴君昆仲为《韵府群玉》,以事系韵,以韵摘事,经史子传,搜猎靡遗。是又能以有穷之韵而寄无穷之事,亦大奇矣。使事非奇,则何以言'韵府',而所府岂能皆韵哉?吾尝慨然宇宙之事常新而无穷,虽皆囿于数,亦必有理而后寓于文章者有根极。……

盖以有穷之韵而寄无穷之音者，吾党之所以善鸣玉也，不然，昆山之玉可以抵鹊用者，反以多自病耳。阴君二妙，博洽而文，其所著述不独此。翰林滕宾序。"(《韵府群玉》卷首)

柳贯正月初七日作《金石例序》。

按：《序》云："自先秦、两汉而下，论撰功业，为铭为诔，著之金石，其斧衮侔乎《春秋》，其铢量概乎史氏，使无例以为之统纪，则漫且靡矣。《金石例》之作，其殆得诸此乎？昔予入教国子，潘文简公以集贤侍读学士领大司成，每休暇造公，见其简册纷批，笔墨交错。稍即问公：'此何为邪？'公曰：'吾修《金石例》，汇聚既繁，资取亦富，固若是耳。'予甚疑焉，以为言之精者为文，推原事始，究极物变，抑扬开阖，傍通互用，求之于例，例尽则止，孰若求之无例之例为有得乎？方将从公窦疑，而公殁于是余十年矣。公之嗣子同知嘉定州事某，乃出斯文，言将刻梓，以承公志，请予序。予盖始得而观之。斯例也，先括例，次类例，取于韩氏者十常八九。谓韩之钜文起八代之衰恭，而反之于正，有《春秋》属辞比事之教焉，而例在其中矣。懿哉公之用心也。肆今而后，治金伐石，诔德铭功，示一王之制作，垂景铄于无穷，则斯例之传，其亦有功于韩者哉。由是而充之，虽至于《春秋》、《史记》可也。元统二年岁次甲戌春正月七日，东阳柳贯序。"(《柳待制文集》卷一七)

盛熙明著《法书考》8卷由奎章阁承制学士沙刺班进呈，藏之禁中，虞集、揭傒斯等为序。

按：盛熙明《法书考》未成则已受皇帝重视，故成书后即献于朝廷，虞集、揭傒斯、欧阳玄等当朝大家皆有序。虞集《序》云："曲鲜盛熙明，得备宿卫，有以知皇上之天纵多能，留心书学，手辑书史之旧闻，参以国朝之成法，作《法书考》八卷上之，燕门之暇多有取焉……史臣虞集序。"揭傒斯《序》云："法书肇伏羲氏，愈变而愈降，遂与世道相隆污，能考之古犹难，况复之乎？至顺二年，盛君熙明作《法书考》，稿未竟，已有言之文皇帝者，有旨趣上进，以修《皇朝经世大典》事严，未及录上。四年四月五日，今上在延春阁，遂因奎章承制学士沙刺班以书进。上方留神书法，览之彻卷，亲问八法旨要，命藏之禁中，以备亲览。当是时，上新入自岭南，圣心所向，已传播中外。及即位，开经筵，下崇儒之诏，天下颙颙然翘首跂足，思见圣人之治。法书之复其在兹乎？然天下之期复于古者，不止法书也。而于是乎观也，则盛氏之书，其复古之兆乎？惟盛氏之先曲鲜人，今家豫章。而熙明清修谨饬，笃学多材，有文章，工书，能通诸国书，而未尝自贤，或为一时名公卿所知。是书之作，虞奎章既为之序，余特著其进书始末如此。元统二年十月望，文林郎艺文监丞参检书籍事揭傒斯序。"欧阳玄《序》云："小学废，书学几绝，声音之道尤泯如也。周秦而下，体制迭盛，西晋以来，华梵兼隆，唐人以书取士，宋人临搨，价逾千金，刻之秘阁，法书兴矣。然而循流道源，士有憾焉。此龟兹盛熙明《法书考》之所由作欤？熙明刻意工书，而能研究宗源，作为是书，至于运笔之妙，评书之精，则甘苦疾徐之度，非老于斫轮者，畴克如是耶？书成，近臣荐达，以彻上览。清问再三，又能悉所学以对，因获叹赏。给事中兼起居注亦思刺瓦性吉时中出资锓梓以广其传，庶俾世之学者有所模楷，其用心可谓公且仁矣。熙明以书入官，今为夏官属，盖亦不忘其本者云。翰林学士资善大夫、知制诰同修国史庐陵欧阳玄序。"(《法书考》卷首)

揭傒斯作《天目中峰和尚广录序》。

按：《天目中峰和尚广录》乃僧明本撰，慈寂等编，现收于《大藏经补编》第25册、《禅宗全书》第48册。揭《序》云："元统二年正月庚寅朔十日己亥，上御明仁殿，大普庆寺僧臣善达密的理,以其师杭州天目山故佛慈圆照广慧智觉禅师臣明本所撰述诸书,总题曰《天目中峰和尚广录》三十卷,因奎章阁承制学士臣沙剌班奉表以闻,愿视五代永明智觉禅师延寿所著《宗镜录》,宋明教禅师契嵩所著《辅教编》、《传法正宗记》,得赐入《藏》。制曰可。廿有六日乙卯,中书平章政事臣撒迪等言,昔诸高僧文字语言,凡于其教有所禅辅,皆得裒粹奏入《大藏》,遂为故事。如本起东南,以其道为海寓倡,德业纯备,绍隆正传。仁宗皇帝始赐号法慧,复加佛慈圆照广慧之号。英宗继御,宠赉恩数一如先朝。其道臣等概不足以知之,若其为人则颇闻其略。盖其所至,四众倾向,悉成宝场,而本未尝一留目焉。顾寻穷山,僻绝州屿,崖巢浪宿,草衣木食,以自绝其声光,然而德盛而心卑,身遁而名随。及已示寂,文臣皇帝敕辞臣制碑,礼臣定谥。谥曰智觉,塔曰法云,恩数至矣。逮陛下临御,而其徒以其著书上尘乙览,参会际遇,岂偶然哉!宜赐其书一如故事,编入《大藏》,庶无负国家崇尚佛乘之意。臣等谨昧死以闻。制曰可,其赐号普应国师,仍诏臣俣斯序于书之首。臣因即其书而窥之,见其刊华就实,因事明理,而其大旨则深。惟其教法隆污殊时,声实异致,不能自已其言耳。故言丛林栽培滋植必以其道,苟不以其道而偷安利养,食欲瞋恚,是皆丛林斫伐之斧斤,殒穑之霜霰耳。故言其教自入中国,中更元魏唐宋,固尝禁止衰息,而其向上诸祖,身经百雁,道益昌盛。譬之人身视若病,然而其脉则不病也。今则异此,识者得不为之寒心?至于推明其法,必使之断言语、绝依解、无授受,参则直参,悟则实悟,乃始谓之传佛心宗。其间锻炼之隐密,勘辩之明确,无假借,无回护,凛凛然烈日严霜,可畏也已。至若提倡激扬,则如四渎百川,千盘万转,冲山激石,鲸吞龙变,不归于海不已也。其大机大用,见于文字有如此者。谨按,菩提达磨十一传至临济义玄,玄十七传至仰山祖钦,钦传天目原妙,妙传今明本。妙之居天目,坐死关,影不出关二十年,孤冷峭绝,目瞠云汉,见者慄然。本给侍左右,暑寒一草衣不易。妙恻然,屡令纫浣垢弊不顾也。本虽土木骸形,而其相好魁硕,伟然一代天人师。其侍死关,昼日作务,夜而禅寂,刻励严苦,胁不沾席者十年。师资之间究诘研穷,洞法源底,乃始亲承记莂。由是学者辐辏归之,然而深自韬晦,未尝肯以师道自处也。臣复考其行,录其大致,固已不可仿佛其端倪,若其细行,则虽大山长谷之间,其徒之耆老名德,有卒世穷年不能践其实之万分一者。然则本之道虽非臣所能测识,然即其行以究其言,则其为书,上肩诸祖,并行不悖,阴裨皇图,光赞佛乘,其于圣教岂小补哉!岂小补哉!谨序。"(《天目中峰和尚广录》卷首)

吴善、韩性皆为刘敏中著《中庵集》25卷作序。

无见先睹卒(1265—)。无见先睹禅师,居天台华顶。其地高寒幽僻,人莫能久处,惟禅师一坐四十年,足未尝辄阅户限。倡导"看话禅",以无见与石屋清珙之力,看话禅遂拥有众多禅徒,成为南方禅学主流。他们为看话禅注入新内容,以致影响整个元代禅宗基调。事迹见僧昙噩《无见睹和尚塔铭并序》《无见先睹禅师语录》)。

按:昙噩《无见睹和尚塔铭并序》:"至元大德间,无见睹禅师以方山宝公之道唱东南,于是天下英俊之俦、高洁之侣、雄豪魁杰之士闻其风而神驰,觐其迹而心服,莫不杂肩腾足,忍饥渴,冒寒暑,形骈影属,以趋座下。……禅师讳先睹,字无见,姓叶氏,世为天台仙居显族。以宋之咸淳乙丑五月六日生,皇之元统甲戌五月二日卒,寿七十,腊五十,即以卒之九日茶毗,而瘗其舍利塔于寺之西偏五十步。……禅师资性

英国司各脱学派哲学家巴勒约于是年卒(1273—)(按:一说卒于1337年)。

秀颖,幼绝腥醲,嗜读书,过目成诵,父母素期以儒业起家。会沙门东州善公者,过而识之曰,此法器,宜毋滞乡里。率敬信善许诺。逮冠从古田垕和尚,薙染于郡之天宁。既具戒俾归侍司,尤旦夕以此道加策进。禅师即事遍参,见藏室珍公于天封,方山宝公于瑞岩西庵,而往来二公间。虽有所契,未臻其极,遂筑室华顶,精苦自励。一日作务次,涣然发省,平生凝滞,当下冰释,乃走西庵呈所解。山以偈印之,辞还峰顶,山不能留也。且华顶之胜,自智者顗、大寂韶、高庵悟诸巨公,以徽名懿德贲泉石,而天子之尊,王公将相之贵,必诏问法要,躬礼慈容,日驰辄骋,驿致香币,使者冠盖旁午。然其地高寒幽僻,人莫能久处,惟禅师一坐四十年,足未尝辄阅户限。"(《无见先睹禅师语录》)

程端学十一月二十五卒(1278—)。端学字时叔,号积斋,鄞县人。程端礼之弟。通《春秋》。至治元年进士,授仙居县丞,改国子助教,后迁翰林编修,出为瑞州路经历,授太常博士,未受命而卒。著有《春秋本义》30卷、《春秋或问》10卷、《春秋三传辨疑》20卷、《积斋集》5卷。事迹见欧阳玄《积斋程君端学墓志铭》(《新安文献志》卷七一)、《两浙名贤录》卷四、《甬上先贤传》卷四六、《至正四明续志》卷二。

按:欧阳玄《墓志铭》云:"君端学其讳,时叔其字,号积斋。程氏系出广平,唐以来家鄱阳。君先世有府君讳珍,自鄱阳迁四明之鄞。……宋乾、淳间,朱、陆之学并出,四明学者多宗陆氏,唯黄氏震、史氏蒙卿独宗朱氏。君与伯氏端礼敬叔师史先生,尽得朱子明体达用之指。于是二难自为师友,平居一举动必合礼法。时人以其方严刚正,以二程目之。敬叔发明朱子之法,有《读书工程》若干卷,国子监取其书颁示四方,郡县教官以式学者,后中书以闻,复申饬之。君先与里中同志孙君友仁(孙友仁)慨念《春秋》在诸经中独未有归一之说,遍索前代说《春秋》者,凡百三十家,折衷异同,续作《春秋记》。由是沈潜绅绎二十余年,乃作《春秋本义》三十卷,《三传辨疑》二十卷,《或问》十卷,以经筵官申请有司,取其书锓梓传世。君早岁不屑为举子业,朋友力劝之就试,及再战再捷,素习者不能过之。会试经义,策冠场,试官为惊叹,白于宰相曰:'此卷非三十年学问不能成。使举子得挟书入场屋,寸晷之下未必能作,请置通榜第一。'后格于旧制,以冠南士,置第二名。……君在翰林论撰,每为学士雍郡虞公伯生所推服,中书选考随处乡试,号称得人。国子生贺据德、李哲尝亲受经于君,后皆为南宫第一人。……今以子贵,赠奉训大夫、礼部郎中、飞骑尉,追封鄞县男……君生以前至元十五年戊寅五月丁未,卒以元统二年甲戌十一月癸卯,年五十有七。以此年闰十二月乙酉,葬于邑之阳堂乡太白里之原。"

刘致卒(1280—)。致字时中,号逋斋,石州宁乡人,后流寓长沙。曾就学于姚燧。历任永新州判、翰林待制。官至江浙行省都事。与卢挚、马致远有酬唱。著有《复古纠缪编》、《遂昌山樵杂录》、《牧庵年谱》1卷。《全元散曲》存其小令74首,套数4套。事迹见《山西通志》卷一六一、《书史会要》卷七。

宋本卒(1281—)。本字诚夫,大都人。早年师事理学家王奎文,明性命义理之学。至治元年,廷试录取为左榜状元,授翰林修撰。元统二年,转集贤学士兼国子祭酒。卒,追封范阳郡侯,谥正献。为文辞必己出,峻洁刻厉,务以高古。与其弟宋褧先后登入馆阁,时称"大小宋"。著有《至治集》40卷。事迹见宋褧《宋公行状》(《燕石集》卷一五)、《元史》卷一八

二、《新元史》卷二〇八、《元书》卷七五、《元诗选·二集》小传。

周文质卒，生年不详。文质字仲彬，其先建德，后居杭州。家世儒业，俯就路吏。钟嗣成与之相交，二十年未尝一日跬步离。性工巧，博学，善绘画，能歌舞，明曲词，著有《杜韦娘》等4种杂剧，皆佚。散曲可称大家。《全元散曲》存其小令43首，套数5套。事迹见《录鬼簿》、《太和正音谱》。

孙蕡（　—1389）生。

元统三年　元惠宗至元元年　乙亥　1335年

三月庚子，禁往高丽娶女子为媵妾。

按：御史台言："高丽为国首效臣节，而近年屡遣使往娶媵妾，至使生女不举，女长不嫁，宜赐止禁。"从之（《续资治通鉴》卷二一七）。

四月己卯，命翰林国史院纂修累朝实录及后妃、功臣列传。

五月戊子，遣使者诣曲阜孔子庙致祭。

壬辰，命严谥法，以绝冒滥。

六月癸酉，禁服色不得僭上。

十一月庚辰，敕以所在儒学贡士庄田租给宿卫衣粮。

是日，诏罢科举。伯颜力主此事，许有壬力争，不听。

按：许有壬曰："科举若罢，天下才人绝望。"伯颜曰："举子多以赃败。"有壬曰："科举未行，台中赃无算，岂尽出于举子？"伯颜曰："举子中可任用者惟参政耳。"有壬曰："若张起岩、马祖常辈，皆可任大事；即欧阳原功之文章，亦岂可易及！"伯颜曰："科举能罢，士之欲求美衣食者，自能向学，岂有不至大官者耶？"有壬曰："为士者初不事衣食，其事在治国平天下耳"。伯颜曰："科举取人，实妨选法。"有壬曰："今通事、知印等，天下凡三千三百余名。今岁自四月至九月，白身补官受宣者亦且七十三人，而科举一岁仅三十余人，选法果相妨乎？"伯颜心然其言，而其议已定，不可中辍，乃温言慰解之。翌日，宣诏，特令有壬为班首以折辱之，有壬惧祸不敢辞。治书侍御史薄化诮有壬曰："参政可谓过河折桥者矣！"有壬以为大耻，移疾不出（《续资治通鉴》卷二一七）。

辛丑，下诏改元统三年为至元元年。

按：诏曰："惟世祖皇帝，在位长久，天人协和，诸福咸至，祖述之意，良切朕怀。今特改元统三年为至元元年。"监察御史李好文曰："年号袭旧，于古未闻；袭其名而不蹈其实，未见其益也。"因言时弊不如至元者十余事，不报（《续资治通鉴》卷二一七）。

十二月戊寅，蒙古国子监成。

是年，西湖书院重修。

按：西湖书院位于浙江杭州，又名孤山书院，元江南浙西等处肃政廉访使丑的

威尼斯10人委员会自此成为永久性机构。

希腊古典作品开始在意大利复兴。

即宋太学旧址建。曾立大小学以迪后进。其于至元末改为书院时,继承南宋国子监大量书板,其中包括经史子集四部之书 122 种,书板 20 万片。黄溍作《西湖书院田记》载:"昔天下未有学,惟四书院,在梁楚间。今江浙行中书省所统吴越间之地,偏州下县,无不立学,而其为书院者,至八十有五。大抵皆因先贤之乡邑,及仕国遗迹所存,而表显之,以为学者之依归。不然,则好义之家创为之,以私淑其人者也。独杭之西湖书院,实宋之太学,规制犹盛。旧所刻经史群书,有专官以掌之,号书库官。宋亡学废,而板库具在。至元二十有八年,故翰林学士承旨徐文贞公,持部使者节,涖治于杭,始崇饰其礼殿,而奉西湖上所祠三贤于殿之西偏。行省以其建置沿革之详达于中书,畀书院额,立山长员,异时书库官之所掌悉隶焉。顾所以赡之者,田皆薄瘠,且远在他州县。富岁所输,犹多不登。营缮廪给之须,犹或匮乏而弗继,未有余力及其书也。郡人朱庆宗,以其二子尝肄业其中,念无以报称,乃捐宜兴州洎阳村圩田二百七十有五亩,归于书院。遵著令,减其租什二,实为米一百三十有二石,请别储之,以待书库之用,而毋移他费。凡书板之刓缺者补治之,舛误者刊正之,有所未备者增益之。主教事者既白于儒台,而转闻于宪府,俾有司蠲其田之繇役。虑后人昧于所自,而堕其成规,征文为记,以示永久。"(《黄文献集》卷七上)

  揭傒斯擢为翰林待制兼国史院编修官。
  黄溍除服,转承直郎、国子博士。
  许有壬归彰德,已而南游湘、汉间。
  欧阳玄兼国子祭酒,进中奉大夫。
  王结奉诏复入翰林,结以养疾不能应诏。
  赵世延仍除奎章阁大学士、翰林学士承旨、中书平章政事。
  陈旅迁国子监丞。
  杨维桢遣仆江滨沐马,心叹身处困境不得施展。
  王沂在国子学为博士。
  吴师道是春道过衢州,往谒赵抃故居,识汪处谦山长。夏,以文字求教许谦。是年,擢池州建德县尹。
  倪渊为江浙行省参知政事孛术鲁翀聘,主司文衡,礼遇甚厚。
  宋濂是年起继东明书院(郑氏义门)主讲席 20 余年。
  按:宋濂主讲期间,人文蔚起,负笈来游者有天台方孝孺等。
  宋濂拜谒张恕于月泉里第。
  钱惟善应省试,作《罗刹江赋》。
  鲍恂乡试第一,任郑山书院山长。
  朱礼中乡试,官崇仁教谕。
  鲁贞中乡试,隐居不出。
  按:鲁贞,字起元,开化人。著有《周易注》、《中庸解》1 卷、《春秋案断》、《桐山老农文集》4 卷。
  张雨还钱塘。
  杜本暮春时节自钱塘来访吴师道。
  赵烈祖扩建南轩书院。
  按:又名东湖书院,宋端平三年(1236)袁州知州彭芳创建于东湖滨,祀张栻(号南轩),故名。淳祐间知州程公许重修,请胡安之主讲。是年总管赵烈祖增建,虞集为之记。虞集《新修东湖书院记》云:"……至正四年十二月,监宪张掖刘公沙剌班,承天子之命而使于豫章也,始下车,诣郡学而亲教之,又广其事于东湖书院。东湖者,东汉徐孺子之故宅在焉。故宋咸平间,郡人李公寅贵为尚书,退归湖上,作涵虚之阁,与天下四方之学者从而讲焉。时之名臣若王文公、晏元献公诸贤赋诗送之,其文具在。南渡之后,兵革粗息。伊洛之学既明既行,俨然衣冠以范于四方者,因其地以为学舍,辍水利田租以赡给。其凡用积累者,又数十载。至其季年,始赐额名'东湖书院',列于学官,至于今不废也。……中为堂三间,东西皆有斋。西属于庙垣,凡室五间,以居学者。东斋五间,其南开户牖,以延高明。中室之东又有虚室焉,则为师友燕几之所在也。庖库在其东南,前为都门,属以墙垣,西行以达于庙门,颇极宏丽。董之者,宪使阿里沙王居能、郡别驾孟举、副提学刘谦、山长梁观先也。起手于三月戊申,竣事于八月丁酉。乃仲丁释菜于夫子,及诸贤之寓祠者。……乃延郡士之耆熊先生复专席以说经,而赵德、陈琰相次为之宾矣。"(《雍虞先生道园类稿》卷二四)

泳泽书院刊行魏何晏《论语集解》10卷、宋朱熹《论语或问》2卷。

程端礼约于此年前著《读书分年日程》3卷成。

按:程端礼是年十一月作《读书分年日程跋》交待成书经过以及出版过程。其文云:"右《读书分年日程》,余守此与友朋共读,岁岁删修,遂与崇德吴氏义塾、台州路学、平江甫里书院、陆氏池州建德县学、友朋冯彦思所刊,及集庆江东书院友朋,安西、高邮、六合江浙友朋所钞,及安定刘谦父所刊旧本不同,此则最后刊于家塾本也。览者倘矜其愚。补其所未及,实深望焉。元统三年十一月朔,程端礼书于甫东之思勉斋。"(《程氏读书分年日程》卷三)吴师道尝作《题程敬叔读书工程后》曰:"某顷年在宣城,见人谈《四书集注》批点本,亟称黄勉斋,因语之曰:'此书出吾金华,子知之乎?'其人咈然怒,而不复问也。盖自东莱吕成公用工诸书,点正句读,加以标抹,后儒因之,北山何先生基子恭、鲁斋王先生柏会之俱用其法。北山师勉斋,鲁斋师北山,其学则勉斋学也。二公所标点不止于《四书》,而《四书》为显。鲁斋自早岁迄晚年又不一,今视北山尤详,学者所传多鲁斋本也。仁山金履祥吉父并游何、王之门,导江张翌达善则鲁斋高弟,其学行于北方,故鲁斋之名因导江而益著。金、张亦皆有所点书,其渊源有自来矣。四明程君敬叔著《读书工程》以教学者,举批点《四书例正》,鲁斋所定引列于编首者,而亦误以为勉斋,毋乃惑于传闻而未之察欤?窃观程君叙所见书,如何某《四发挥》、《发挥》不止于四,王氏《正始音》、金氏《尚书表注》、《四书疏义考证》,(金止有《大学疏义》、《论孟考证》)未记鲁斋以天台陈茂卿《夙兴夜寐箴》,寄上蔡书堂诸生,并其手书,则于吾乡诸公之学尊信深至,凡其言论风旨,固所乐闻,而惜无以告知者。某晚生,知慕乡学,痛绪论之浸微,惜遗书之多丧,比年寻访考求,间获一二。所恨未识程君,倘各出所有以相参订,而求其用心,则往者有知,亦忻于异世之有同于我者矣。故姑于是编之后以致予意云。"(《礼部集》卷一七)

虞集约于此年著《平猺记》1卷成。

按:《四库全书总目提要》评曰:"失史家法矣。"

齐德之纂《外科精义》2卷成。

按:是书为作者整理从《内经》至唐宋时期医书中有关外科疮肿等内容,再结合

意大利佩戈洛蒂始著《市场业务》(《通商指南》),详载欧亚商业往来情况。

自己多年临证经验编成,强调外科内治法,对后世医家有借鉴意义。《四库全书总目提要》评曰:"德之此书,务审病之所以然,而量其阴阳强弱以施疗,故于疡科之中,最为善本。"齐德之,生平籍贯皆不详,仅知曾为元代医学博士、御药院外科太医。

德辉纂《敕修百丈清规》8卷成。

按:简称《百丈清规》《清规》,为自中唐百丈山怀海禅师创制《禅门规式》(通常称之为《百丈清规》)以来,迄元顺帝时为止,各种丛林清规之集大成者。以怀海《百丈清规》原本早佚,故本书实据其时丛林中流传较广者:北宋宗赜《禅苑清规》(又名《崇宁清规》)10卷、南宋惟勉《丛林校定清规总要》(又名《咸淳清规》)2卷、元代一咸《禅林备用清规》(又名《至大清规》)10卷,折衷得失,删繁、补缺、正讹,重新诠次而成,为研究禅宗丛林制度之重要史料。《敕修百丈清规》既为元代天下丛林统一依遵之规制,亦为明代丛林遵依之规制。清仪润有研究该书之著作《百丈清规义记》9卷。德辉,浙江东阳人。禅宗临济杨歧派僧人。

张雨纂《玄品录》5卷。

按:全书集历代与道家之相关人物为一编,共130余人。但《四库全书总目提要》评曰:"搜罗虽富,难免芜杂。"张雨《玄品录序》云:"……由老子而下,若老子徒者,采其道德文艺而类次之,盖仿佛得其人矣。昔《南华》之叙天下道术,尊孔子而不与。今仿其意,于是集老子不与,尊之至也。杨子云曰:'孔子,文足者也;老子,玄足者也。'因命题曰《玄史》。实道家之权舆,博大真人之轨辙,兴世立教之法则也。太史公之论定,雨愿学焉。乙亥岁秋九月十四日,句曲外史张天雨序。"(《道藏·玄品录》卷首)

漳州路儒学刊行《北溪先生大全文集》50卷。

僧明本《天目中峰和尚广录》30卷刊成。

张伯端著,薛道光、陈致虚等人注《悟真篇三注》3卷刊成。

按:浙江图书馆藏后至元元年(1335)刊本,黑口,十行二十一字。

孛术鲁翀二月初一日作《张文忠公归田类稿序》。

按:张养浩《张文忠公归田类稿》一书现藏于日本静嘉堂文库。该书卷首署"元统三年龙集乙亥二月甲寅朔中善大夫江浙等处行中书省参政事孛术鲁翀序",次为"张文忠公文集目录"。各卷头题"张文忠公文集卷第几",无署名。上下黑鱼尾间刻"云庄类稿"四字及卷数叶次。书末附录一卷,依次有"云庄小像"、"云庄画像记"、"云庄画像赞"、"大元敕赐故西台御史中丞赠摅诚宣惠功臣荣禄大夫陕西等处行中书省平章政事柱国追封滨国公谥文忠张公神道碑铭"等。孛术鲁翀《序》曰:"圣朝牧庵姚文公以古文雄天下,天下英才振奋而宗之,卓然有成,如云庄张公,其魁杰也……其文渊奥昭朗,豪宕妥帖。其动荡也,云雾晦冥,霆砰电激;其静止也,风熙日舒,川岳融峙。卓有姿容,辟翕顿挫,辞必己出,读之令人想象其平生。千载而下,凛有生气,不可摩灭,斯足尚已。公素知翀。其子引偕其妇翁吴肃彦清,持公所辑《归田类稿》二十八卷征序,因书其概如此。……元统三年龙集乙亥二月甲寅朔,中奉大夫、江浙等处行中书省参知政事孛术鲁翀序。"(《归田类稿》卷首)

王守诚三月初三日作《国朝文类跋》。

按:其文曰:"右国朝以来诗文七十卷,右司都事赵郡苏伯修父所类也。守诚在胄馆时,见伯修手抄近世诸名公及当代文人逸士述作,日无倦容,积以岁年,今始克就编。不以微而远者,遂泯其实;不以显而崇者,辄襮其善,用心之公溥也如是。夫古者以言名家,则有集传,其别而叙之于史传者,非发明乎学术之说,则关系乎世道之文也,不然君子无取焉。是则伯修岂无意而为之乎!伯修方以政事响用,所集《名臣事略》及是书皆将刊布天下,天下之士得揽焉者,孰不美国朝文物之盛,嘉伯修会萃之勤矣。伯修名天爵,以国子高等生试贡入宫,力学善文,多知辽、金故事,亦有论著,他书无所不窥,予之敬交也,故题《文类》后。元统三年三月三日,太原王守诚书。"(四部丛刊本《国朝文类》卷末)

  吴师道作《读易杂记后题》。

  按：其文曰："学者类喜言《易》,今世尤甚,愚不知其何说也。自汉魏以来,王辅嗣之说单行,虽未尽善,而数百年实宗之。至宋而邵子阐伏羲之秘,程子衍周、孔之文,朱子又发明《易》专为卜筮作,融会义理、象数之旨,说者无以复加矣。所宜虚心潜玩,以求圣贤之心,不当横生己意,喜新好奇,穿凿破碎,务以求多为也。其有名为祖程、朱而夸多骋博,援引芜杂,自相矛盾不之顾；又有摭前人之所已言以为己出,架屋下之屋,不相为嫌,若是者盖不胜其纷纷焉,果何益于《易》哉！某读是经有年,颇厌众说,乙亥丙子之岁来池建德,陆走道远,不能多负书,独取古《易》吕氏《音训》、程《传》(仁山金氏标点者)、朱《本义》、北山何氏《启蒙》、《大传》二《发挥》、鲁斋王氏诸《图论》自随,与儿辈说读,惧汩乱也。既而番易、新安友人摹记鹤山魏公集义、平庵项氏玩辞及近时纂集者数家,集义自周、程诸门人下及朱、吕,渊源所自,可以参观,但其取汉上朱氏以备象数一家,未免芜杂。项氏说多精善,其余家类皆择弗精,语弗得,以此较彼,是非了然矣。窃不自揆管窥之愚,时亦有之,因记于篇,将就正于有道。非敢言《易》也,且俾儿辈知守正途而毋忘乡老先生之所以导启我者,则其于《易》学盖庶几焉。"(《礼部集》卷一七)

  杨椿约于是年作《文录后记》。

  按：该记述浦江郑氏事。其文云："婺之浦江县郑氏,由始祖绮于宋建炎初聚族以居,至六世孙文嗣,其族益众。昕昏食饭以钟鼓为节,男女列坐至二百余口。家规谨严,动有常度。由是内外雍睦,被于乡里。至大四年,有司以其六从同居,上其事于江浙行中书,移文部使者得实,请诸朝。越四年春,始命有司旌表其门闾。至元仍纪元之元年,朝廷以太常博士柳贯与其乡校群士之请,复其家,迨今九世,而家益盛。《义门碑颂》为之者,故奎章阁侍书学士虞公集也。《孝友传》撰之者,故翰林直学士揭公傒斯也。《义门事迹》传之者,故编修官陈公绎曾也。《义门诗卷》序之者,今翰林学士黄公溍也。又有《郑氏家规》一卷五十有八条,著于其六世孙大和,为之序者,国子监丞陈公旅也。《续规》七十条,著之于其七世孙钦,为之记者,翰林应奉危公素也。虞公以为浙东之言孝友者不能过。揭公谓：'令人孝弟之心,油然而生。'而陈君又极口称道,以为有三代遗风,虽汉石奋有不能及者。故观诸君子之所称道,则足以见郑氏之孝。而有司之旌表,为不徒然矣。……而郑氏聚族,由宋建炎距今几三百年,以孝义登名《宋史》者三人,其实行所孚,盖非一世求之。今日之旌表者,殆未见其比。而诸君子之所称道若是者,盖亦其心之所同然者,有不能已也。昔张公艺在北齐、隋、唐时,亦以九世同居旌表其门,史臣书之于《孝友传》首。去今千载,犹以为美谈。然予观其书忍字百余以进高宗,则其为术不过含容姑息,以苟旦暮,非如郑氏素有一定之规令,宗族帖然心服而无间也。况公艺后鲜闻,而郑氏子弟率恂恂雅饬,闻诸显者固已列诸清近,余皆续文淬行以表暴于时,使异日奋诸事业著名史册,后世睇之,岂不甚于今日之望公艺耶？予深期之,故因其征言而详记之于虞、揭诸君子之后。观者苟因予言而知郑氏之孝义,而得其心之所同然,浇末之俗或由是一变。使移之传孝义者大书于篇端曰'有元孝义之俗由浦江郑氏始',则其为美,又不但如今日诸君子之称道而已也。平舟后人眉山杨椿子寿记。"(《麟溪集》末卷)

  范文英五月作《范文正公年谱跋》。

按：其文载："先文正公集，在昔板行于世者，何啻数十本，岁久皆不存矣。比得旧本，仿其字画，刊置吴门家塾之岁寒堂，期与子孙世传之。近幸获番阳别本，乃知犹有阙失，因续刊以补集后。后之人倘遇善本，更加参订而传焉。元统三年五月甲辰日，八世孙文英谨识。"（《范文正公年谱》）范文英，字彦才，苏州吴县人。范仲淹八世孙，辟授绍兴路教授，寻以平江路教授致仕。

孛术鲁翀作《序韵会举要书考》。

按：《序》曰："文宗皇帝御奎章阁，得昭武黄氏《韵会举要》写本。至顺二年春，敕应奉翰林文字臣余谦校正。明年夏上进，赐旌其功。余氏今提学江浙，以书见质，始知其刊正补削，根据不苟。序曰：惟古大司徒以六艺教万民，次德行，宾贤能。礼容、乐声、射中、御节、书文、数纪、六德、六行会焉。书者，文也。象形用礼之仪，谐声用乐之律，指事用射之彀，会意用御之范，转注、假借用数之则，六书统焉。容必由仪，声必由律，中必由彀，节必由范，纪必由则，文斯立而教斯兴焉。天子考之以正其伪，天下同之以安其情，文斯明而政斯行焉。世衰教湮，文厖艺舛，形体变易，音义阻艰。许氏立说而文有类，沈约谱声而韵有书，元魏用翻母而字有摄，书家资焉。黄氏溯流而源，兼取并载，得者便之。虽然，形体变易，若可鉴矣；音义阻艰，犹或累焉。余氏以文臣奉诏正误，令绩也；来提举谋锓其书，义举也；学者得此明其心目，仁泽也。噫！此其编号'举要'耳，其传可尽传乎？因是一均，可通其余均乎？刻本快睹，盖有待焉。元统乙亥冬，翰林侍讲学士、前中奉大夫、江浙等处行中书省参知政事孛术鲁翀序。"（《古今韵会举要》卷首）

拜占廷历史学家、文学家卡利斯图斯·尼斯福鲁斯约于是年卒（约1256— ）。

尼德兰神秘主义宗教诗人哈德维赫修女卒。

陈栎二月十四日卒（1252— ）。栎字寿翁，安徽休宁人。自号定宇，晚号东阜老人，学者称定宇先生。崇朱熹之学。宋亡，隐居不仕。延祐元年，乡试中选，不赴礼部试，著书授徒于家。吴澄称其"有功朱子"，江东尤来受学者，尽送而归陈栎。《宋元学案》列其入《沧州诸儒学案》"草窗门人"。著有《东埠老人百一易略》1卷、《尚书蔡氏集传纂疏》6卷、《书解折衷》、《礼论集义详解》10卷、《中庸口义》1卷、《四书发明》28卷、《四书考异》10卷、《深衣说》1卷、《读易编》、《诗经句解》、《诗大旨》、《读诗记》、《论语训蒙口义》、《论孟训蒙口义书解》、《尔雅节本》、《六典撮要》、《小学训注》（与程蒙斋合著）、《三传节注》、《增广通略》、《历代通略》4卷、《历代蒙求》1卷、《姓氏源流》1卷、《希姓略》1卷、《新安大族志》2卷、《感应经》1卷、《勤有堂随录》1卷、《定宇集》16卷，包括文15卷、诗词1卷。另有《别集》1卷，纂有《新安大族志》2卷。事迹见揭傒斯《定宇陈先生栎墓志铭》（《新安文献志》卷七一）、汪炎昶《定宇先生行状》（《定宇集》卷一七）、《元史》卷一八九、《新元史》卷二三五、《明史》卷九六、《云萍小录》等。清陈嘉基编有《定宇先生年表》。

按：《元史》本传曰："（其所著）亡虑数十万言，凡诸儒之说，有畔于朱氏者，刊而去之；其微词隐义，则引而伸之；而其所未备者，复为说以补其阙。于是朱熹之说大明于世。""临川吴澄尝称栎有功于朱氏为多，凡江东人来受业于澄者，尽遣而归栎。栎所居堂曰'定宇'，学者因以'定宇先生'称之。""揭傒斯志其墓，乃与澄并称，曰：'吴先生多居通都大邑，又数登用于朝，天下学者，四面而归之，故其道远而彰，尊而明。陈先生居万山间，与木石为伍，不出门户，动数十年，故其学必待其书之行，天下乃能知之。及其行也,亦莫之御,先生可谓豪杰之士矣。'"赵吉士《寄园寄所寄》卷一一《新安理学》曰:"定宇先生为朱子功臣,著述俱极中正。《四书大全》所引新安陈氏说颇多。"

又按:陈栎评《杨诚斋易传》曰:"诚斋本文士,因学文而求道于经学,性理终非本色。其作《易传》,用二十余年之工力,亦勤矣,尝发《家人》以下数卦,质之晦翁。晦翁答之,无一字可否,不过曰:'蒙示《易传》之秘',盖见其立说之巧,自喜之深,非笔舌所能辨。于《易经》本义虽无所得,而亦不至于陆象山惑人误人之深,故略之而不答也。然坊中以是书合程子《易》并行,名曰《程杨二先生易传》,实不当也。近年时文,引用杨《传》者甚多,文极奇,说极巧,段段节节,用古事引证,使人喜、动人心目处固在此,而启穷经考古有识者之厌薄亦在此。劣舅昔亦喜观,所以《读易编》一书,祖朱《本义》,附《语录》,因附程传、王弼注、节斋蔡氏说,而杨《传》之可喜不可弃者亦存之,乃自家意见,作如此区处。及见星源胡双湖《本义附录纂注》,其规模正与我合。但渠本经《周易》,其所见之解多,我所见者不及其博耳。至于杨《传》,双湖无半字及之,可见杨《传》足以耸动文士之观瞻,而不足以使穷经之士心服也。吾甥年富力强,不厌于博,杨传亦观之,取其可喜者,而缺其牵合者,如世之外行观《易》者,以为《易》尽于程、杨则不可,如双湖之全然扫去亦不可。杨《传》固于作《易》之本义不合,其推广敷演《易》中之义亦多有之,不可诬也。博观约取,是在吾甥。"(《陈定宇先生文集》卷七)

评吕祖谦《东莱博义》云:"问:吕成公《博义》,朱子不以为然。答曰:小东莱先生吕公祖谦字伯恭,乃大东莱先生本中字居仁之侄孙,好天资,少年登科,未几中词科,为严州教授,遇南轩张公守严州,始折节学周、程之学。又与朱子交游,乐善好义,与朱、张讲切磋甚至。其《博议》一书,乃初年之作,而意不过以之教后生作时文为议论而已,其于议《左氏》多巧说,未得尽为正论,不特朱子不取之,成公晚年亦自甚悔之非之,戒学者勿看,以为误人。此说见于成公文集中,乃答学者之问。劣舅尝摘抄此二帖,说得甚稳当而好,世人知成公者甚浅,往往以此文为成公之学,尽在是矣,非也。近年作时文者多读之,固不可无,然极好者不过数十篇,多在前半册,后半册劣矣。劣舅尝选之,他日却申言其目也。"(《陈定宇先生文集》卷七)

作《南轩东莱不及文公处及所以不同处》比较张栻、吕祖谦、朱熹云:"问:乾淳大儒南轩、东莱不及文公处及所以不同处如何?答曰:乾淳大儒,朱子第一人,次则南轩,又次则东莱。朱子建炎庚戌生,张绍兴癸丑生,吕绍兴丁巳生。赵氏再造,天生三贤,宇宙间之间气也。以天资论,东莱最高;以文章论,东莱文差高古;以学问论,则朱集诸儒之大成,南轩固不及,东莱远不及矣。所以然者有二说:一则张、吕之年不及下寿,而朱子年七十一;一则吕之学幼年颇杂,朱子尝谓:'伯恭之学自史入,看粗了眼,所以后来看道理不精细。'南轩固不杂亦不粗,然比文公终较低一筹。使二公而天假之年,岂止如今日之所观哉!南轩有寿,稍可以及文公;东莱有寿,恐终未能及文公也。然二公实文公至交畏友,其生也,文公敬之服之;其殁也,文公痛之惜之。今见文公《语录》、文集中,班班可考。"(《陈定宇先生文集》卷七)

"问:西山《读书记》、北溪《字义》、勿斋《字训》三书孰为尤精?答曰:北溪陈公淳字安卿,漳州人。朱子守漳州,谓人曰:'其守漳,独喜为吾道得一陈安卿耳。'此公在朱门,秀出于侪辈,《字义》一书,玲珑精透,最好启发初学性理之子弟,而其极至处,虽八十老翁、老师、宿儒不能易焉。西山真公德秀字景元,后改字希元,建宁府人。戊戌生,生二十三年而朱子殁,不及登朱门,而学朱学甚精博。初登科,后中词科,多与朱门高弟交游,于周程张朱之学,升堂入室,非诚斋之徒可比,真儒者,不可以文士目之也。平生著述甚富,有学问、文章、政事,又非徒如北溪之有学问而已也。《读书记》一书，既博且精，凡诸经、诸子、诸史、诸儒之书之所当读、当讲者皆在焉，乃有载籍以来奇伟未尝有之书也。学者果有志于学，检其书可以统宗会元，关百圣而不惭，俟百世而不惑。徽庵程公若庸字达原，吾邑汊口人，于朱学甚用工。近年吾邑前辈之可心服者，此其尤也。《增广字训》一书，乃因程端蒙之《字训》而充之，亦甚好，会聚前辈之议论，而间出己意以折衷之，但以之启蒙后进，则不如《字义》之活而易看。要之，此三书皆不可不看，而《读书记》尤博大精微，可以该彼二书，而彼二书不能该此一书也。论来许多道理，三公之编集议论，皆不甚相远，可以相有而不可以相无，吾甥自求而自入身，精看熟考之，如入大山巨海，奇货异宝，随取随足，今徒问人曰某处有宝、某处好宝多，未遽见其有得也。方虚谷撰其先君事状，末云：'某之看性理，自西山《读书记》入。'"（《陈定宇先生文集》卷七）

　　曹鉴卒(1271—)。鉴字克明，号以斋，宛平人，寓居镇江。大德五年，以郝彬荐，出任镇江淮海书院山长。后升至礼部尚书。卒，追封谯郡侯，谥文穆。历官三十余年，主要任职江南，与南方文士交往较广泛。租屋而居，然经手批校书籍数千卷。诗文词曲均有时名，但诗文集未见传。事迹见《元史》卷一八六、《大明一统志》卷一、《元诗选·癸集》丙集小传。

　　郭畀卒(1280—)。畀字天锡，一字佑之，号云山，江苏丹徒人。学书于赵孟頫，得其妙法。有文名，且工书善画，擅长书画鉴赏，在江浙文坛影响颇大。曾书写《松雪集》，孟頫跋于后，评赞甚高。著有《快雪斋集》1卷、《客杭日记》。事迹见《正德丹徒县志》卷三、《元诗选·二集》小传、《元诗纪事》卷一二。

　　龙仁夫卒，生年不详。仁夫字观复，号麟洲，永新人。博究经史，以道自任，宋亡，举为江浙行省儒学副提举，未赴任，曾主持江浙行省贡举，后任陕西儒学提举，晚寓黄州。其文学与刘诜齐名。著有《周易集传》8卷。事迹见刘岳申《祭龙麟洲文》(《申斋集》卷一二)、《元史》卷一九〇、《元史纪事》卷七。

　　臧梦解卒，生年不详。庆元人。宋末中进士第，未官而国亡。尝自号鲁山大夫，故士皆称之鲁山先生。博学洽闻，诗文均有时名。著有《周官考》3卷、《春秋发微》1卷。事迹见《元史》卷一七七、《两浙名贤录》卷二四。

　　张正常(—1377)、徐贲(—1393)、胡奎(—1409)、袁琪(—1410)、姚广孝(—1418)、丁鹤年(—1424)生。

至元二年　丙子　1336年

日本"南北朝"始。

拜占廷重占希腊沿海累斯博斯岛。

　　三月戊申，帝以阿里海牙家藏书画尽赐伯颜。

　　四月丁亥，禁服麒麟、鸾凤、白兔、灵芝、双角五爪龙、八龙、九龙、万寿、福寿字、赭黄等服。

五月丙午朔，黄河复归故道。

六月辛卯，礼部侍郎忽里台请复科举取士之制，不听。

七月庚午，敕赐上都孔子庙碑，诏许有壬撰文，载累朝尊崇之意。

按：元代官方兴儒之举，于此碑文毕见，故极有裨益，其云："至元二年丙子岁七月庚午，皇帝御洪禧殿，太师、秦王、中书右丞相、达剌罕臣伯颜率中书臣僚奏，上都，世祖皇帝所城，至元间作孔子庙，仁宗皇帝修其敝，增两庑，庖馆。故事，当刻石纪列圣崇文重道之实，以诏后世。石已具，拟中书参知政事臣有壬为文，奎章阁侍书学士臣巙巙为书，奎章阁承制学士臣师简篆其额，留守臣董其树立。制'可'。臣有壬被诏悚栗，罔知攸措。洪惟圣朝，肇造区宇，亭毒运用之大，功并开辟，而孔子之道犹天地日月，人无能名。若臣之愚，其何以铺张天休，阐扬至德？若夫列圣崇文重道之实，征诸闻见，或可复明诏万一。谨拜手稽首昧死而言曰：昔我太祖皇帝之应天启运也，干戈中征耶律楚材置左右，备谘访，闻周、孔教，深用嘉纳，知天下不可马上治，立十路课税，使副皆用儒者。国朝尊孔道，用文臣，实自是启之。太宗嗣位，修曲阜庙，孔子五十一代孙元措仍袭封衍圣公。置编修所于燕，经籍所于扬，以开儒治。辇曲阜雅乐、俎豆、祭服至日月山，王鹗以孔子像达北庭，命秋丁行释奠礼，饮福均胙，岁以为常。收罗儒士，俾转教授。遣断事官木忽觯、山西东路课税长官刘中遍视儒人，中者与牧守议，停蠲其役，且将辟举场以精入仕。择必阇赤子十八人学汉语文字，汉官子参学国语弓矢，择师分四队以教。命中书令杨惟中主其事，作屋居之，饩廪育之，夏楚督之，迄定宗朝不辍。宪宗悉除汉地河西儒户徭役。世祖在藩邸，招纳儒士，撝谦问答，知草泽一士贤，飞书走币，犹恐失之。燕庙学泊于道流，夺而归之儒，增修敝陋。闻窦默三纲五常之言，圣见超诣，即谓人道无大于此，失此则不名为人，且无以立于世。及正大位，诏先圣庙国家致祭，宜恒修洁，官若使若军马毋泊其中，理讼褒宴营造者有罪。内设国子监学，外分提学教授以职教。议行贡举法以取士，督有司以主领，责按察以勉励。儒籍者复之，材成者擢之。分田制禄以奉祭祀，以资营修，以禄其师，以廪其徒，而学政备举矣。成宗首诏敦劝，且议贡举。又特诏中外百司，申世祖之制，其略曰：孔子之道，垂宪万世，有国家者，所当崇奉。而曲阜、上都、大都又专言之。圣意所注可见矣。武宗、仁宗、英宗、文宗，恪守祖训，凡大播告，必首及此。而武宗加号大成，遣使阙里，祀以太牢，示万世无上之绝尊。仁宗行宾兴法，先德行，尊五经，继志述事，有加焉。今上皇帝三降德音，靡不恳切。此征诸闻见，班班有据者也。尚论历代之兴，礼乐制度，莫不相因。而我朝截然首出，为一王法，立经陈纪，大括宇宙。细尽事物，不资载籍，动合孔子之道，非天启大圣为斯文主，以康济斯世而能然耶？而天造草昧，一元块圠之始，戡定虽武，文之用实行其中，犹秋之有春，药之有食，所遇之时异，所施之偏有不免尔。天常人纪，自然之理，则无时无地而不在焉。世祖既城开平，寻升上都，文治益修。至元六年，命留守臣颜蒙古岱作孔子庙都城东南。仁宗皇庆二年，命留守臣贺胜重葺旧殿，增廊庑、斋厅、庚廪、庖福、门阎垣墉，西偏为堂庐，以待国子。分学田坐云州者六十顷五十九亩，兴州又十四顷，以教以养。作人之盛，蔚乎首善之地矣。今上当宁，大臣协赞，益阐大猷，使万世之远，亿兆之众，皆知孔道之可尊。而祖宗功烈有万可述，独及此者，诚以斯道在天地间，一日不可无。一日而无，犹天运之或息，无以为天地矣。而贻谋垂宪，舍是无大。后世尊而行之，其于治天下成规大法，特举而措之尔。臣闻道之大，原出于天，其显者谓之文。'帝德广运之文'，经纬天地之谓也。'天之未丧斯文',礼乐制度之谓也。删《诗》定《书》,系《周易》,作《春秋》,孔子之文也。彼深文小道,急近利,务末效,渐渍驯致,贻祸国家,虽以王文统之才,卒负任使,世祖明断,罪人斯得,况下是万万者乎! 均谓之文,可不知所辨哉! 士之藏修于是,学者其慎择从,自格物至于平天下,皆斯道也。继自今万亿年,开太平之基,以上副列圣崇文重道,建学作人之意,顾不伟欤! 臣有壬谨拜手稽首而献颂曰:圣神立极,顺天应人。谋始斯臧,继体惟寅。道有大原,显者为文。爰出万化,兹其大钧。金革土沸,弦歌载询。考礼绵蕝,征贤蒲轮。滦水之阳,龙冈作都。据其上游,建瓴中区。乃咨守成,大本在儒。国都闾巷,有师有徒。兹惟首善,盍示远图。咫尺象魏,作宫渠渠。南面圭衮,北庭诗书。列圣继明,显承弗替。既极其称,复新其敝。居以饩廪,搜以科第。百年长育,四海渐被。教隆化洽,人有士风。引而伸之,万世攸同。皇帝曰俞,汝臣有壬。纪载释辞,后因有今。拜手稽首,天子万年。斯文斯道,如日在天。天地位焉,万物育焉。拜手稽首,天子万年。"(《至正集》卷四四)

八月,定律令。

廷议欲行古剚法,禁汉人、南人勿学蒙古、畏吾儿字书,许有壬争止之。

十一月壬子,武宗、英宗、明宗三朝皇后升祔入庙,命官致祭。

十二月,命省、院、台、翰林、集贤、奎章阁、太常礼仪院、礼部官定议宁宗皇帝尊谥、庙号。

是年,丞相伯颜当国,禁戏文、杂剧、评话等。

惠宗遣安德鲁·威廉等16人作为使节前往教皇驻地通书问候,且带去中国基督教徒请求教皇派新主教来华主持传教工作的上书。

苏天爵由刑部郎中改御史台都事。

黄溍与许谦子许元等交游。

赡思拜陕西行台监察御史,即上封事十条。

萨都剌是春南行入闽,迁闽海福建肃政廉访司知事。夏抵达福州任所。一路有诗作,风格颇近李白。

王士熙迁南台侍御史。

吴师道定居官舍,接儿吴深、吴沉来,自为师教之。

宋濂又谒见陈樵。

宋濂约于是年前后为郑氏义门参定《规范》。

刘基为官高安,有清廉正直名声。

陶安仍馆兰溪严氏,二月与严厚斋游龙鸣山。

王懋德创建尼山书院。

按:书院位于山东曲阜,又名尼山诞育书院。尼山为孔子诞生地,宋庆历三年(1043)孔子四十六世孙孔宗愿即庙为学,后毁于火。元(后)至元二年(1336)中书左丞奏准王懋德创尼山书院,保举彭璠为山长。自请复年至此年批准,迤时五年。元末衰败。虞集有《尼山书院记》,其文云:"尼山书院山长临川金溪彭璠,归自鲁,以兴复书院始末为言,乃为之次第其事云。尼山去曲阜东南六十里,今属滕州邹县,在滕西北邹县东六十里。其山五峰,西峙中峰,则所谓尼山,启圣王夫人颜氏所祷而生圣人者也。……其北则防山，圣人合葬其父母处，今书院在其中。……故宋庆历癸未，孔子四十六代孙，袭文宣公，知兖州仙源县宗愿作新宫，有庙，有夫子之殿，有夫人之位，有讲堂，有学舍，有祭田。自是历宋、金至于今，盖三百余年矣。宫不知以何年废。我国家奄有中夏，崇尚孔子之道，岁月浸久，典礼斯备。至顺三年，岁壬申，五十四代袭封衍圣公思晦用林庙管勾简实理言，请复尼山祠庙，置官师奉祠，因荐璠可用。事闻中书，送礼部议。奎章大学士康里公巙巙时为尚书，力言其事当行，议上。至元二年丙子，中书左丞王公懋德，率同列执政者白丞相，置尼山书院，以璠为山长。六月至官，为茇舍山中，罄竭私橐，继以假贷，具羊豕为酒，告山之神。召近乡父老，受神赐告以兴废之故。明日乡父老各以其人至，除荆棘，撤瓦砾，得殿及门之故基。诸舍之所在，次第而见，将告诸郡县而经营之。山东东西道肃政廉访司分司宁夏杨公文书讷行部，率其史翟、赵、郭趣兹山，留璠舍一日。顾瞻徘徊，以其事为己任。命同知滕州郝宝间领之，首出俸以为之先。而监州李彦博，邹县令张士谦与郡邑之官属，凡齐鲁之境，与贤士乡大夫，民之好事者，大出钱而劝成之。择木于山，陶甓于野。佣僦致远，率车牛，服身役，运毂载途，饮饷相望。役大而民不知劳。又得古殿遗构之成材于鲁之故家，尤称巨丽，不数月而大殿成，殿门成，毓圣侯之祠成。学宫在庙之西，仿国子监制也。作观川亭于坤灵洞之上，相传以为夫子之在川上，盖在此云。继以塑绘圣贤之像成，乐器祭器以次成。置弟子员，以凡民之子弟俊秀充之，皆复其力役。乃以明年之上丁，用太牢致祠告成。"（《雍虞先生道园类稿》卷二四）

刘鉴著《经史正音切韵指南》1 卷，附《经史动静字音》1 卷成，有自序及熊泽民序。

按：《四库全书总目提要》云："鉴字士明，自署关中人，关中地广，不知隶籍何郡县也。切韵必宗《等子》，司马光作《指掌图》，等韵之法于是始详。鉴作是书即以《指掌图》为粉本，而参用《四声等子》，增以格子门法，于出切、行韵、取字乃始分明，故学者便之。至于开合二十四摄、内外八转及通广、侷狭之异，则鉴皆略而不言，殆立法之初，已多挂碍纠纷，故姑置之耶？然言等韵者，至今多称《切韵指南》，今姑录之，用备彼法沿革之由。原本末附明释真空《直指玉钥匙》一卷，验之即真空《编韵贯珠集》中之第一门、第二门，不知何人割裂其文，缀于此书之后。又附《若愚直指门法》一卷，词指拙涩，与《贯珠集》相等，亦无可采。今并删不录焉。"刘鉴《自序》云："声韵之学，其来尚矣。凡穷经博史以声求字，必得韵而后知韵，必得法而后明法，必得传而后通诚，诸韵之总括、订字之权衡也。虽五土之音，均同一致，孰不以韵为则焉？但能归韵母之横竖，审清浊之重轻，即知切脚皆有名派，声音妙用本乎自然。若以浮浅小法一概求切，而不究其源者，予亦未敢轻议其非，但恐施于诵读之间，则习为蔑裂矣。略如'时忍'切'肾'字，'时掌'切'上'字，同是浊音，皆当呼如去声，郤将'上'字呼如清音。'赏'字'其骞'切，'件'字其两切石羌字，亦如去声，又以'强'字呼如清音石羌，'丘仰'切字，然则亦以'时忍'切如'哂'字，'其骞'切如'遣'字可乎？倘因碍致思而欲叩其详者，止是清浊之分也。又如'符羁'切如'肥'字，本是'皮'字，'都江'切如'当'字，本是椿字，'士鱼'切如'殊'字，本是'锄'字，'详里'切如'洗'字，本是'似'字，此乃门法之分也。如是误者，岂胜道耶？其'鸡'称'赍'、'癸'称'贵'、'菊'称'韭'字之类，乃方言之不可凭者，则不得已而姑从其俗。至读圣贤之书，首贵乎知音，其可不稽其本哉？其或稽者，非口授难明，幸得传者归正，随谬者成风，以致天下之书不能同其音也。故仆于暇日，因其旧制，次成十六通，摄作检韵之法，析繁补隙，详分门类，并私述玄关六段，总括诸门，尽其蕴奥，名之曰《经史正音切韵指南》，与韩氏《五音集韵》互为体用,诸韵字音皆由此韵而出也。末兼附字音,动静愿与朋友共之,庶为斯文之一助云尔。至元二年岁在丙子良月关中刘鉴士明自序。"(《经史正音切韵指南》卷首)

又按：另有陈晋翁著《切韵指掌图节要》亦为韵书,附列于此。吴澄作《序》云："声音用三十六字母尚矣,俗本传讹而莫或正也。群当易以芹,非当易以咸。知、彻、床、娘四字宜废,圭、缺、群、危四字宜增。乐安陈晋翁以《指掌图》为之节要,卷首有《切韵须知》,与照、穿、床、娘下注曰:'已见某字母下。'于经、坚、轻、牵、擎、虞外别出扃、涓、倾、圈、琼、拳,则宜废宜增盖已了然。"(《吴文正集》卷一七)

刘辑十月作《书法凡例后跋》。

按：刘辑,永新人。刘友益之子,世以家学为邑人师。其文载:"先君子《通鉴纲目书法》,义例贯通,始终如一,洞见朱夫子笔削之旨,有非私智臆说之所可及也。书成,冯君子羽(冯子羽)自国学录示朱夫子《纲目凡例》,无不吻合,但于立后例,某人下狱例,略有异同。而先君子没且二年矣,然求之书法,有确乎不可易矣。岂朱夫子之例亦若《诗传》有新旧说之未折衷与？不肖抱遗书,究凡例,于是二节,既不敢致疑于先君子之书,又不敢以朱夫子之说为未然,谨志于篇首,以俟同志相与正之。至元二年丙子十月朔,男辑百拜谨述。"(《永新县志》)

陶宗仪于此年或之前著《南村辍耕录》30卷成。

按：该书为记载当朝或前代逸闻杂识著作。其间为提及、摘录书籍,计有张彦远《历代名画记》、陶谷《清异录》、赵仁举《园池记笺注》、杨奂《汴故宫记》、王恽《玉堂嘉话》、潘昂霄《河源志》等十数种,其中有相当部分今已不存,幸此书,使部分资料赖以保存。有至正二十六年(1366)刻本、《津逮秘书》本、中华书局《元明史料笔记丛刊》断句本等。近代学者缘其于文学研究价值,格外珍视。

又按：陶宗仪《说郛》100卷,书成于元末。杨维桢序云："天台陶君九成取经史传记,下迨百氏杂说之书千余家,纂成一百卷,凡数万条。剪扬子语,名之曰《说郛》,征予序引。阅之经月,能补予考索之遗。学者得书,开所闻、扩所见者多矣。要其博古物,可为张、华、路、段;其核古文奇字,可为子云、许慎;其索异事,可为赞皇公;其知天穷数,可为淳风、一行;其搜神怪,可为鬼董狐;其识虫鱼草木,可为《尔雅》;其纪山川风土,可为《九丘》;其订古语,可为铃契;其究谚谈,可为稗官;其资谑浪调笑,可为轩渠子。……会稽抱遗叟杨维桢序。"(《说郛》卷首)宋濂序云："九成尝杂传记一千余家,多士林所未见者,因仿曾慥《类说》,作《说郛》若干卷。"

建安傅子安刊刻《楚辞》。

虞集为《皇元风雅》前集6卷作序。

按：是书有前集6卷,后集6卷。原题："盱江梅谷傅习说卿采集,儒学学正孙存吾如山编类,奎章学士虞集伯生校选",后集题："儒学学正孙存吾如山编类,奎章学士虞集伯生校选。"又有谢升孙至元二年(1336)序。虞集《序》云："诗之为教,存乎性情,苟无得于斯,则其道谓之几绝可也。皇元近时作者迭起,庶几风雅之道无愧《骚》、《选》。然而朝廷之制作,或不尽传于民间;山林之高风,或不俯谐于流俗。以咏歌为乐者,固尝病其不备见也。清江傅说卿行四方,得时贤诗甚多,卷帙繁浩,庐陵孙存吾略为铨次,凡数百篇,而求余为之题辞。余观其编,以静修先生刘梦吉为之首。自我朝观之,若刘公之高识远志,人品英迈,卓然不可企及,冠冕斯文,固为得之。前后能赋之贤,未易枚举,偶有未及,非逸之也。若乃仆区区曹郐之陋,则在所不足录云。至元二年岁在丙子八月辛巳,邵庵道人虞伯生题词。"

(《元风雅》卷首)

又按：金弘继《皇元风雅》作《乾坤清气》，贝琼为之序，兹附录于此。《序》云："……长庆以降，已不复论，宋诗推苏、黄，去李、杜为近，逮宋季而无诗矣。非无诗也，于二子之时，嗜而不知其味，故曰无诗。……有元混一天下，一时鸿生硕士若刘、杨、虞、范出，而鸣国家之盛。而五峰、铁崖二公继作，瑰诡奇绝，视有唐为无愧。或曰刘、杨而下善诗矣，岂皆李、杜乎？则应之曰：《韶濩》息而《鼓吹》作，衮冕弃而南冠出，固有非李、杜而李、杜者也。前辈采而辑之，目曰《皇元风雅》，亦既行之于世，识者病其驳而未纯。钱唐金弘氏精选当代作者凡三十余人，题其集曰《乾坤清气》，一日抱其集见予黄湾之凤皇山下，求序以冠篇端，辄书其略如右。"（《清江诗集　清江文集》卷一）

危素作《欧阳氏文集目录后记》。

按：其文载："宋欧阳文忠公之文，门人苏内翰轼既为之序，汴京官局、杭、苏、衢、吉、建、蜀俱有刻本。子棐又手写家集，而孙恕宣和五年校于景陵者，卷帙多寡各异。唯《居士集》五十卷，公所亲定，故诸本相同，讹阙亦鲜。至《外集》则篇次详略不同，讹阙尤甚，一篇之中少或一二字，多至数十百字，读者病之。吉旧本虽有《刊误》一编，往往患其疏略。周丞相必大用诸本校定重刻，比它本为最胜，然于凡诸谬误脱漏不可读者亦莫从是正，仅疏注疑误其下而已。迨病亟，始得写本于李参政光家，周公子纶属旧客订定编入。今每卷所谓恕本是已，然亦徒摭其时有笔误处，指以为疵，不复加意精校，甚可惜也。写本后归军器监曾天麟家，纸墨精好，字画端楷，有唐人风致，皆识以公印章，藏诸曾氏且四世，兵后独存。曾氏孙鲁避乱新淦山中，始能取它本详加校勘，而以写本为据，篇次卷第则壹以吉本为定，其同异详略颇仿朱氏《韩文考异》义例。若吉本所缺者而见于它本者，别为《拾遗》一卷。是可谓有志于公书者矣。近世唯吉学有是书可摹印，兵毁尽废。龙舒蔡玘来知永丰县，以公乡邑，首出廪禄，倡率好义者，取曾氏所校，刻诸学宫。邑士夏巽属素识其成。呜呼！公当国家全盛之时，世运昌明之际，卓然为一代文宗，上配韩子，若丽天之星，光于下土，何其伟哉！学者不为文则已，苟欲为之，要必取法于斯，犹梓人之规矩准绳也。蔡君之志，忧斯文之湮坠，补典型之阙遗，而为此举，乃若纷纷焉以苟刻为政，以苟逭一时之责者，固不可同日而语。永丰之士民能知尊崇其乡先达于数百年之下，此其好善懿德，何以不书？素之蕞焉末学，非敢评公之文，以犯僭逾之咎。"（《欧阳文忠公集》卷首）

欧阳玄三月作《勅修百丈清规序》。

按：《序》云："天历、至顺间，文宗皇帝建大龙翔集庆寺于金陵。寺成，以十方僧居之，有旨行《百丈清规》。元统三年乙亥秋七月，今上皇帝申前朝之命，若曰：'近年丛林清规，往往增损不一。于是特勅百丈山大智寿圣禅寺住持德辉重辑，其为书，仍勅大龙翔集庆寺住持大䜣，选有学业沙门共校正之，期于归一，使遵行为常法。'德辉等奉命唯谨，书将成，属玄为叙。玄尝闻诸师曰：天地间无一事无礼乐，安其所居之位为礼，乐其日用之当为乐。程明道先生一日过定寺，偶见斋堂仪，喟然叹曰：'三代礼乐，尽在是矣。'岂非清规纲纪之力乎？曰服行之熟，故能然乎？循其当然之则，而自然之妙行乎其中，斯则不知者以为事理之障，而知之者则以为安乐法门固在是也。然使是书庞然，杂而不伦，则有序而和之意久而微矣。故校雠之功，有益于是书甚大。而两朝嘉惠学人之旨，相为无穷焉。宋清规行，杨文公亿为叙本末，条目具详，兹不重出云。至元二年丙子春三月上澣，翰林直学士、中大夫、知制诰、同修国史、国子祭酒庐陵欧阳玄叙。"（《大藏经》卷四八）

公哥儿监藏班藏卜作《重编百丈清规法旨》。

按：其文云："皇帝圣旨里，帝师公哥儿监藏班藏卜法旨。行中书省、行御史台、行宣政院官人每根底，军官每根底，军人每根底，城子里达鲁花赤官人每根底，往来使臣每根底，本地面官人每根底，百姓每根底，众和尚每根底省谕的法旨：扎牙笃皇帝盖大龙翔集庆寺的时分，教依著《百丈清规》体例行了，圣旨有来。这清规是百丈大智觉照禅师五百年前立来的。如今上位加与弘宗妙行师号，更为各寺里近年来将那清规增减不一，教百丈山得辉长老重新编了。教龙翔寺笑隐长老校正归一定体行的，执把圣旨与了也。皇帝为教门的上头，教依著这校正归一的清规体例定体行者，么道。是要天下众和尚每得济的一般。您众和尚每体著皇帝圣心，兴隆三宝，好生遵守清规，修行办道，专与上位祈福祝寿，报答圣恩，弘扬佛法者。不拣是谁，休别了者了。法旨别了的人每，不怕那甚么。法旨。鼠儿年四月十一日，大都大寺里有时分写来。"（《元代白话碑集录》）公哥儿监藏班藏卜，乌思藏萨斯迦（今西藏萨迦）人，族款氏。至顺三年，文宗迎至大都立为国师，历文宗、宁宗、顺宗三朝。

程端礼作《弋阳县新修蓝山书院记》。

按：其文曰："蓝山书院，殿堂卑陋，弗称且坏。至元二年秋，宪使畅公按临，郡守秦公适之，顾瞻咨蹉，命县令牟公撤而新之。……越三月，大成殿成。又一月，明伦堂成。公寻代之，山长许公至。……是年九月至六年十月毕工，……谨按：书院乃蓝山先生讲学之地。先生名卿弼，字希契。宋咸淳间登进士第，官至太学博士。革命，隐居邑之水南，以经行师表一郡。门人杨应桂、申益章建书院，前至元十七年，提刑签事王公勉励作成，设山长，来学之士日盛，而先生之后擢高第者至今不绝。书院为田若干亩、地若干亩、山若干亩、租米若干石、钱若干缗。余谓自后世所教与所宾兴者，一非先王三物之旧。州县学之设虽或如前日之盛，有司所以劝勉督程者，不过趣其文词之工以要人爵，故所得之士，不惟德业无以追配古昔之万一，而离道失望者往往有之。故前代志道之士，宁弃举业，确守师说，与其同志讲学与宴闲之地，以自脱于有司程督之外，此书院之所由建也。其后，书院益多，士之有志者少，其所习者或无异乎州县之所工，此识者之所深叹也。洪惟国朝自许文正公以朱子学光辅世祖皇帝，肇开文运，百年之间，天下学者皆知尊朱子所注之经，以上遡孔孟，其功大矣！贡举之制又用朱子《私议》，明经主程朱说，兼用古注疏，经义不拘格律，盖欲学者读经有沉潜自得之实。其所作经义能条举程朱与注疏之说，辩汉儒传注之所得失，一洗宋末反覆虚演文妖经贼之弊，俾经术、理学、举业合一，以便志道之士，岂汉、唐、宋科目所能睨其万一！士之学于今日者岂非幸与？惜乎宾兴有制而学校法未立，故其所教所学，不过随其学官之所知所能，故犹不免于前日之涉猎剽窃，而无沉潜自得之实。所试经义，固守反覆虚演之旧格，而试官不能推本设科之深意，以救末流之弊。呜呼！自孔子作经已以读书为教，倘以见小欲速务外为人之心读之，此乃儒之君子、小人所由以分，可不屡省而深戒之哉！窃谓方今惟宜以朱子《白鹿洞学规》正其宏纲，以所订程董学校有其节目，又以辅氏所释《读书法》六条，确守而不遗其一焉，则庶乎学校有造士之实。有以上神宾兴之制，志道之士无择乎学院，而皆可以为藏修游息之所矣！余既为书其兴修之岁月，因叙古今学校之得失，乃以朱子读书之法为学者劝。牟公名某，字某，蜀人，为邑多善政。许公名某，字某，番易人。是年十一月甲子，鄞程端礼记。"（《畏斋集》卷五）虞集亦有《蓝山书院记》，云："国家初有江南，曾未数年，而蓝山首有书院，脱余生于锋镝之余，正人心以絃歌之事，盛哉，张君之用心乎！我国家表章圣经以兴文化，至于《论语》、《大学》、《中庸》、《孟子》，定以周子、二程子、张子、朱子及其师友之说，以为国是。非斯言也，罢而黜之，其正乎道统之传，陆文圭卒(1252—　)。文圭字子方,江阴人。宋咸淳初以《春秋》中乡选。宋亡,隐居城东,人称墙东先生。延祐元年,再中乡试,赴京参加会试不中。延祐七年,又中乡举,未再参加会试。朝廷数遣使驰币征之,以老疾不果行。泰定三年,应容山县聘,授生徒于学。年八十五岁。著有《墙东类稿》20卷。事迹见《元史》卷一九〇、《元儒考略》卷二、《元诗纪事》卷八。

　　按:《元史》本传云:"文圭为文,融会经传,纵横变化,莫测其涯际,东南学者,皆宗师之。"其《墙东类稿》,原本久佚,今存《墙东类稿》20卷为四库馆臣从《永乐大典》中辑出。

蒲道源卒(1260—　)。道源字得之,号顺斋,其先世居眉州,元初徙居兴元。初为郡学正,后罢归闲居。皇庆中,应征为国史院编修官,进国子博士。居岁余,复自引去。后十年,有诏起复为陕西儒学提举,讫不就。其学问文章务自博以入约,由体以达用,真知实践,不事矫饰。其于名物度数,下至阴阳医药,无不究其精微。其教人具有师法,大抵以行检为先而穷经则,使之存心静定而参透于言语文字之外。其平生以闲居为多,故其子蒲机编辑遗文,题名为《闲居丛稿》。事迹见蒲机《顺斋先生墓志文》、蒲道诠《顺斋先生蒲公诔》(皆见《闲居丛稿》附录)、《新元史》卷二三八、《元史类编》卷三六、《元诗选·初集》小传。

　　按:蒲机刻本《闲居丛稿》26卷,今存本前十三卷已残缺,后十三卷亦有损字,足本有明、清时影元钞本及文渊阁《四库全书》本,其中傅增湘校本较精。黄溍尝为作《顺斋蒲先生文集序》。

王实甫卒(1260—　)。实甫以字行,字又作实父,大都人。曾任都事,后退隐,悉心从事杂剧创作。著有杂剧10种,今存《西厢记》、《破窑记》、《丽春堂》3种;另有《芙蓉亭》、《贩茶船》2种,仅存曲词残篇。另有散曲数首。其代表作为《西厢记》。后人称"新杂剧,旧传奇,《西厢记》天下夺魁"。《全元散曲》录其套数2套,小令1首。事迹见《录鬼簿》、贾仲明《凌波仙》吊词。

赵世延十一月卒(1261—　)。世延字子敬,其先雍古歹人,居云中北边。祖按竺迩幼孤,育于外氏,因姓舅姓,转而为赵。为蒙古汗军征行大元帅,镇蜀,因家成都。世延天资秀发,喜读书,究心儒者体用之学。弱冠,世祖召见,俾入枢密院御史台肄习官政。至元二十一年,授承事郎云南诸路提刑按察司判官。历事凡九朝,扬历省台五十余年,官至中书平章政事,秩至光禄大夫,爵至鲁国公,卒谥文忠。世延文章波澜浩瀚,一根于理。至顺元年,奉诏与虞集等纂修《皇朝经世大典》,又尝较定律令,汇次《风宪宏纲》。《宋元学案》列其入《萧同诸儒学案》。是为数极少收入《宋元学案》的西域人。事迹见《元史》卷一八〇、《元诗选·癸集》丙集小传。

黄景昌卒(1261—　)。景昌字清远,一字明远,晚自号田居子,浦阳灵

意大利诗人、注释法学家代表奇诺·达·俾斯托耶卒(1270—　)。

日本临济宗僧妙超卒(1282—　)。

泉人。四岁入小学,十二岁能属文,长从方凤、吴思齐、谢翱游,益通五经、诸子、诗赋、百家之言,尤笃意《书》、《春秋》学四十年不倦。三《传》异说,学者不知所从,景昌据经为断,作《春秋举传论》。又著有《周正如传考》、《蔡氏传正误》、《古诗考》。事迹见宋濂《浦阳人物记》卷下。

  按:宋濂《浦阳人物记》卷下曰:"黄景昌……笃意《书》、《春秋》学之四十年不倦。三《传》异说,学者不知所从,景昌据经为断,各采其长,有不合者,痛辞辟之不少恕,作《春秋举传论》。巴川阳恪著《夏时考正》,言三代悉用夏时,不改月数,景昌以左氏纵不与孔子同时,亦当近在孔子后,其言当不诬,作《周正如传考》。建安蔡沉集众说为《书传》,世无敢议其非,景昌独疏其倍师说者数十百条,作《蔡氏传正误》。古今诗体制虽相袭,而音节则殊,近代以此名家者,亦罕知其说,景昌以古人论诗主于声,今人论诗主于辞,声则动合律吕,可以被之金石管弦,辞则文而已矣,乃集汉魏以来诸诗,各论其时代而甄别之,作《古诗考》。景昌善持论,出入经史,衮衮不穷,如议法之吏,反复推鞫其人辞,不服不止,故其所言皆绰有理致。他著述尚多,不能备陈。景昌年既耄,犹执笔删述不已,或劝其休,景昌曰:'吾岂不知老之宜佚哉,恐一旦即死,无以藉手见古人耳。'晚自号田居子,述田间古调辞九章,宾客至,辄揭瓮取酒共饮,酒酣,取辞歌之以筴击几为节,音韵激烈,闻者自失,不知世上有贵富也。……至元二年卒,年七十六。"

  刘彭寿十月十五日卒(1271—)。彭寿字寿翁。延祐二年登第,赐同进士出身,授将仕郎、桂阳路平阳县丞三,转岳州路行用库使,升承务郎、建德路淳安县尹。著有《四书提要》、《春秋泽存》、《春秋正经句释》、《易诗说》(未脱稿)。事迹见欧阳玄《刘公墓志铭》(《圭斋文集》卷一〇)。

  王肖翁卒(1272—)。肖翁字傅明,金华人。大德中,累迁婺州路学正,考满除静江路儒学教授。终以松江府判致仕。其家世是濂洛之学嫡传,本人长于笔札,有诗名,但传世作品不多。事迹见王袆所撰墓志铭(《王忠文集》卷一九)、《宋元学案补遗》卷六三、《元诗选·癸集》小传。

  王结正月二十九日卒(1275—)。结字仪伯,定兴人。至治二年,参议中书省事。天历元年,拜陕西行省参知政事。二年,拜中书参政。元统间,拜中书左丞。后至元元年,诏复入翰林,以病未能赴职。卒,追封太原郡公,谥文忠。人称其"非圣贤之书不读,非仁义之言不谈"。邃于《易》,著《易说》10卷。另有《王文忠集》6卷、《王文忠诗余》1卷。事迹见苏天爵《王公行状》(《滋溪文稿》卷二三)、《元史》卷一八七。

  按:王结《易说》10卷,钱大昕《元史艺文志》注:一作1卷。

  金志阳卒(1276—)。志阳号野庵,永嘉人。因蓬首中作一髻,世号蓬头。全真道士。延祐中,结草庵于信州先天观旁,独居26年,晚隐武夷山。弟子有方从义等。事迹见《武夷山志》。

  高启(—1374)、**朱同**(—1385)、**尤义**(—1393)、**绝海中津**(—1405)、**王钝**(—1406)、**王景**(—1408)、**滕用亨**(—1409)生。

至元三年　丁丑　1337年

二月甲申，定服色、器皿、舆马之制。

四月丁酉，谥唐杜甫为文贞。

是月，诏："省、院、台、部、宣慰司、廉访司及部府幕官之长，并用蒙古、色目人。禁汉人、南人不得习学蒙古、色目文字。"（《续资治通鉴》卷二一七）

六月戊子，加封尹子、庚桑子、徐甲、文子、列子、庄子各为真君。

> 按：加封文始尹真人为无上太初博文文始真君，徐甲为垂玄感圣慈化应御真君，庚桑子洞灵感化超蹈混然真君，文子通玄光畅升元敏秀真君，列子冲虚至德遁世游乐真君，庄子南华至极雄文弘道真君。

是年，伯颜令，北人殴打南人，南人不得还手。

籍近畿儒户384人为乐工。

征西域僧伽剌麻至京师，号灌顶国师，赐玉印。

苏天爵迁礼部侍郎。

欧阳玄升侍讲学士，后又进通奉大夫。

黄溍至京，任国子博士。

萨都剌八月迁为燕南河北道肃政廉访司经历。离闽时作诗《西楼别寄闽宪诸公》，并为母寿，作《溪行中秋玩月》诗并序。冬季到职。北上途中作《相逢行赠别旧友治将军序》。

杨维桢故吏赠铁杖祝寿，其时维桢方思辞仕归隐，得杖作赋自励。

赡思除佥浙西肃政廉访司事。

伯笃鲁丁至广西任肃政廉访副使。

汪大渊是冬又从泉州第二次浮海。

刘基仍为高安丞。

舒頔为江东宪使燕只不花辟为贵池教谕。时万户侯枣阳仲贤万公曲律不花延其至家塾训诸子。

戴良是年起为月泉书院山长。

薛廷凤赐号洞玄冲靖崇教广道真人，领杭州四圣延祥观。

倪士毅著《四书辑释大成》36卷成，三月有自序。（参见至正三年汪克宽作《重订四书集释序》条）

> 按：其《自序》云："先师定宇陈先生方编《四书发明》，时星源云峰胡先生亦编《四书通》，彼此虽尝互观其书之一二，而未竟见也。既而二书因学者传入坊中，皆已

拜占廷灭埃皮鲁斯君主国；奥斯曼土耳其攻占尼科米迪亚（今伊兹米特）。

英法百年战争爆发。

意大利诗人和人文主义者弗朗切斯科·彼得拉克到罗马。

英国牛津的威廉·默利作首次科学天气预报尝试。

板行。先师晚年颇欲更定其书而未果。及见《四书通》全书,遂手摘其说,盖将以附入《发明》,若《大学章句》,则尝下笔发其端矣,余未之及。士毅不揆浅陋,亦尝僭欲合二书为一,以自便观读,先师可之。元统甲戌春二月,先师考终,心丧既毕,乃即二书详玩,且以先师手摘者参酌而编焉,名曰《四书辑释》。所拟凡例,条具于后,狂僭之罪固不可逃,尚愿谋之同门,以广质于远近诸明理君子,更加商订,而求真是之归,则愚于此实拳拳云。至元三年丁丑岁春三月八日己酉,门人倪士毅谨识。"(日本文化九年刻《四书辑释大成》卷首)书成,建阳书坊刘叔简得而刻之。后倪士毅虑其有未底于尽善者,爰即旧本,重加是正,视前本益加精密,汪克宽序而传之。汪克宽序作于至正三年。

德新堂刊刻程复心《四书章图纂释》20卷。

按:有元刻本《四书章图隐括总要》4卷者,原题"林隐程复心子见学"。杨载《序》云:"《四书》者,王者之骨髓,《五经》之根柢也。自孟子后,无传与世。伊洛大儒,始发其端,至于文公,遂寻而竟之。……程先生生文公之乡里,授受此书,具有师法。惧学者务以谀闻破碎大道,或掇拾一二,妄肆设毁,考凡辞见异同、义涉疑似者列而为图,使学者于文公之言,了然于心,欲疑无所。盖有为都邑之游者,念其乡人之不能至也,作都邑志以遗之。或者又因其志绘而为图,既绘而为图,则览之者知益易矣。程先生行义甚备,盖所谓真践而实履者,故其为言,综核深固,有所据依。学者观焉,如伐邓林而假利于斤斧。则其所获不多且逸哉。"(《浦城县志》卷一四)

尚从善著《本草元命苞》9卷成。

按:《读书敏求记》载谓尚从善辑,有至元三年班惟志序。

危亦林著《世医得效方》20卷成,有自序。

按:危亦林,字达斋,南丰人。累世业医。官本州医学教授。是书著于天历元年,至是年始成。《自序》云:"工欲善其事,必先利其器,器利而后工乃精。医者,舍方书何以为疗病之本。自《难经》、《汤液》、《灵枢》、《伤寒论》等篇出,而后之医师著述者,殆数百家。盖发纵指示,俾对病而知证,因证而得药,其用心亦仁矣哉。仆幼而好学,弱冠而业医,重念先世授受之难。由鼻祖自抚而迁于南丰。高祖云仙,游学东京,遇董奉廿五世孙京,授以大方脉,还家而医道日行。伯祖子美,复传妇人、正骨、金镞等科。大父碧崖,得小方科于周氏。伯熙再进学眼科及疗瘵疾。至仆,再参究疮肿、咽喉口齿等科,及诸积古方,并近代名医诸方。由高祖至仆,凡五世矣。随试随效。然而方书浩若沧海,卒有所索,目不能周。乃于天历初元,以十三科名目,依按古方,参之家传,昕夕弗怠,刻苦凡十稔,编次甫成,为十有九卷,名曰《世医得效方》。首论脉病证治,次由大方脉杂医科以发端,至于疮肿科而终编。分门析类,一开卷间,纲举而目张,由博以见约。固非敢求异于昔人,直不过欲便于观览云耳。钦惟国朝念群黎之疾苦,惠民有局,设教有学,于医尤切。然自愧山林鄙陋,见闻不博,妄意纂集,舛谬惟多。尤欲当道缙绅医师,进而教之,订其讹,补其偏,俾绣诸梓,则庶几广圣皇好生之仁于无穷,岂不韪欤。仍至元三年丁丑七月既望嘉禾后学达斋危亦林拜手谨。"

又按:傅增湘藏元刊本,十一行二十二字,黑口,四周双边,书名大字占双行,方名皆阴文,题建宁路官医提领陈志刊行,南丰州医学教授危亦林编集,江西等处官医副提举余赐山校正,后有至元四年知永新州事王充耘序,至元三年自序,陈志序。

梅溪书院(古邢书院)刊行元蒋易《皇元风雅》30卷、《杂编》3卷。

按：蒋易，字师文，自号橘山真逸，建阳人。早岁励志笃学，师从杜本，以思勉扁其读书斋。及长，慕司马迁之为人，遍游长、淮以南，结交当世名士。博萃未见书藏于家，称万书楼。工诗，善属文。元末，福建左丞阮德柔分省建州，易入其幕。著有《鹤田文集》14卷，辑有《皇元风雅》30卷。事迹见吴师道《思勉斋铭》、陈旅《思勉说》、黄镇成《鹤田蒋君师文文集序》、《潭阳文献》。蒋易正月作《皇元风雅集引》云："易尝辑录当代之诗，见者往往传写，盖亦疲矣，咸愿锓梓，与同志共之。因稍加铨次，择其温柔敦厚，雄深典丽，足以歌咏太平之盛，或意思闲适，辞旨冲淡，足以消融贪鄙之心，或风刺怨诽而不过于谲，或清新俊逸而不流于靡，可以兴、可以戒者，然后存之。盖一约之于义礼之中而不失性情之正，庶乎观风俗、考政治者或有取焉。是集上自公卿大夫，下逮山林间巷布韦之士，言之善者靡所不录，故题之曰《皇元风雅》。第恨穷乡寡闻，采辑未广，乌能备朝廷之雅，而悉四方之风哉！姑即其所得者，刻而传之云尔。至元三年正月初吉，建阳蒋易书于思勉斋。"又作《题皇元风雅集后》云："易始于怀友轩得观当代作者之诗，昌平何得之、浦城杨仲弘、临江范德机、永康胡汲仲、蜀郡虞伯生、东阳柳道传、临川何太虚、金华黄晋卿诸稿，典丽有则，诚可继盛唐之绝响矣。自是始有意收辑，十数年间，耳目所得者已若此，况夫馆阁之所储拔，声教之所渐被，此盖未能十一耳。信乎一代之兴，必有一代之人才。呜呼盛哉！建阳蒋易识。"（见元张氏梅溪书院刻本《皇元风雅》卷末）

《类编阴阳备用差谷奇书》15卷刊刻，不著撰者。

复古堂刊行《李长吉歌诗》4卷、《外集》1卷。

王祎约于是年作《思媦人辞后记》。

按：《思媦人辞》乃宋濂悯吕祖谦之学不传而作，其体为"楚骚体"。时祎亦有同好，故宋濂将此辞寄王祎以供切磋，祎读后作此记。

李伟卒（1256— ）。伟字敬叔，祁门人。从胡方平学。中宋咸淳九年乡试。元初选充郡学宾师，调邵武教谕，以养亲不赴，家居著书。著有《经史训注二图》。事迹见《江南通志》卷一六九。

张思明卒（1259— ）。思明字士瞻，辉州人。平生不治产，不蓄财，收书37000余卷，尤明于律，与谢仲和、曹鼎新同称三绝。谥贞敏。事迹见《元史》卷一七七。

张希文卒（1264— ）。希文字质夫，瑞州新昌人。为江西省吏。延祐初游京师，荐授百丈尹，不赴。家四壁皆书，晚号书巢先生。著有《十三卦考》1卷、《丁祭考》1卷，诗、杂文若干卷。事迹见傅若金《故百丈尹张先生行状》（《傅与砺文集》卷九）。

许谦十月卒（1270— ）。谦字益之，自号白云山人，其先京兆人，后徙金华。受业于金履祥，尽得其传。为何基三传弟子。不仕于元。晚年讲学，至诚诲教，从学弟子千余人。卒赐谥文懿。《宋元学案》列其入《北山四先生学案》"北山门人"。著有《读中庸丛说》2卷、《读论语丛说》3卷、《读四书丛说》4卷、《读书丛说》6卷、《诗集传名物钞》8卷、《春秋温故管窥》、《春秋三传义疏》、《观史治忽几微》、《自省编》、《假借论》1卷、《白云集》4卷。事迹见黄溍《白云许先生墓志铭》（《黄文献集》卷九上）、柳贯《祭许征君益之文》（《柳待制文集》卷二〇）、《元史》卷一八九、《新元史》卷二三四、

意大利早期文艺复兴时期画家、西欧现实主义绘画艺术先驱乔托卒（1266— ）。

朝鲜哲学家、诗人、李朝开国功臣郑道传（ —1398）生。

法国诗人和历史学家让·弗鲁瓦萨尔（ —1410）生。

《金华贤达传》卷一〇、《两浙名贤录》卷四、《元儒考略》卷三、《历代名儒传》。

按：《元史》本传云："先是，何基、王柏及金履祥殁，其学犹未大显，至谦而其道益著，故学者推原统绪，以为朱熹之世适。江浙行中书省为请于朝，建四贤书院，以奉祠事，而列于学官。"《宋元学案·北山四先生学案》黄百家案："金华之学，自白云一辈而下，多流而为文人。夫文与道不相离，文显而道薄耳，虽然，道之不亡也，犹幸有斯。"又云："白云高弟子虽众，皆隐约自修，非岩栖谷汲，则浮沉庠序州邑耳。如子长、正传（吴师道），文采足以动众，为一世指名者，则又在师友之间，非帖帖函丈之下者也。然白云非得子长、正传，其道又未必光显如是耳。"清人王崇炳云："婺学自北山四传至白云先生，中间鲁斋、仁山，两世皆单传，至白云而天下浑一，燕赵齐鲁淮扬之士，皆百舍重茧而至。登弟子集者，几于千人。道貌岸然风广布，十倍于前矣。"（《白云集序》）吴莱作《白云先生许君哀颂辞》云："古之学者必有师，世之说者尝曰：经师易遇，人师难得。呜呼！经师岂易得哉？自嬴秦焚灭经籍之余，汉以来老师宿儒失其本经，不惟口以传授，则或新出于风雨坏屋之所藏。是以惟传经久而不差者，为最难。至于人之所以为人，示之以德义，道之以言语，则之以动作威仪，是将使人观感兴起，而易至于不自觉者，无非教也。虽然，舍经则又何以为人师哉。然以古今经训学术之变迭兴，而师道之所自来者浸远。盖惟伊洛诸老先生，实始倡为道统，而后知有所谓义理之学。已而考亭继之。古今经训学术之变，至此而遂定。必也诚明两尽，知行并进，可以深造夫三代圣贤之阃域。不然，则经有传之益久，而愈差者矣。是故古之学者，常得其师传，每因经以明道。后之学者，既失其师传，苟非明道，则固不能以知经。经既明矣，吾则又知人之所以为人之道，不外乎此也。呜呼！经师岂易得哉。惟我许君，昔从兰溪金君履祥学。金君本于王文宪公柏、何文定公基。而王、何二公，则又本于黄文肃公榦，盖此实朱学也。然君天资深厚，学力纯至，手抄口诵，志行弥笃，而且乐与人为善。家故贫，常僦屋以居。达人大官，踵门候谒，交剡论荐，而曾不为之少动。山东、两河、江淮、闽海之间，宾客弟子，担簦负笈，执经请业，又必为之搜摘明白，斟酌饱满而后去。初未尝见其有惰容。是以终日危坐，学徒环列，无怵无教，无嬉笑，无謷警。昏瞀者革心，浮躁者易貌，而日就于渐摩变化之归。呜呼，考其师友渊源之所自来，君信可谓得夫师道之重矣。此盖世之所共见而无间言者也。君讳谦，字益之。世为婺之金华人。家居教授，凡若干年。年六十八以没。予适以事不及哭，而君平日遇予极厚，于是特疏哀颂一篇，以泄予情。此予所以深痛夫人师之难遇，而经师之尤不易得也。呜呼，悲夫！颂曰：夫天下之生也众矣。其生如醉而未醒，其死若梦而弗蜕。何经籍之可闻，岂圣贤之能对？倏焉蟣蟓之起灭，眢尔蝇呐之攒嘬。将一归于澌尽，卒无怪其庞昧。惟古之大儒君子，涵养省察，战兢惕厉。道不远人，则天理民彝之所存；经以载道，则五纲圣髓之攸赖。宜身名之并立，独不与年寿而俱坏。呜呼！许君博学无方，笃志不懈。上追洙泗之本原，前溯伊洛之宗派。昭日星之训，则理全而无疵；辟荆棘之途，则辞达而罔碍。敛肃容而正襟，恒眸面而盎背。学徒麇来，宾客满座，咸曰：'吾见其人矣，吾闻其语矣。'是其车辙之同，门户之正者，发之于难疑答问之顷，形之于动作威仪之际。实足使人心悟而神会。吾固知其人物之标表，经学之沾溉，诚亦可以阆其中而肆其外矣。已而天不慭遗，曾不使之多有寿考，而奄然长逝。庭巷分虚闻，书策分尘壒（堨）。会稽先贤，失予砥柱。襄阳耆旧，奋我蓍蔡。宋屈谷之郊，剖而无穷，则渡者日溺；郑昭文之琴，弹而无声，则听者斯聩。此盖我许君之所以警新学、镇末俗者，辽乎邈矣，自不可求之于一时，而欲馨之于千载者也。呜呼！青山如屏，流水如带，惜哉遗烈，阙此幽隧。死而不朽，炯然若尽，死而可作，则已荟兮。黄土白云之芜秽矣，奈之何哉？其亦有可悲也夫，其亦有可慨也夫。"

又按： 吴师道为许谦《读四书丛说》作序，云："《读四书丛说》者，金华白云先生许君益之为其徒讲说，而其徒记之之编也。君师仁山金先生履祥，仁山师鲁斋王先生柏，从登北山何先生基之门，北山则学于勉斋黄公，而得朱子之传者也。《四书》自二程子表章肇明其旨，至朱子《章句集注》之出，折衷群言，集厥大成，说者固蔑以加矣。门人高第不为不多，然一再传之后，不泯没而就微，则畔涣而离真，其能的然久而不失传授之正，则未有如吾乡诸先生也。盖自北山取《语录》精义以为《发挥》，与《章句集注》相发，鲁斋为标注点抹，提挈开示，仁山于《大学》有《疏义》、《指义》，《论》、《孟》有《考证》，《中庸》有标抹，又推所得于何、王者与其己意并载之。君上承渊源之学，虽见仁山甚晚，而契旨最深，天资纯明，而又加以坚苦笃实之功，妙理融于言表，成说具于胸中，问难开陈，无少凝滞，抑扬反复，使人竦听深思，随其浅深而有得焉。故自远方来从学者至数百人，遂为一时之盛。今观《丛说》之编，其于《章句集注》也，奥者白之，约者畅之，要者提之，异者通之；画图以形奇妙，析段以显其义；至于训诂名物之缺，考证补而未备者，又详著焉。其或异义微悟，则曰：'自我言之，则为忠臣；自他人言之，则为谗贼。'金先生有是言也，此可以见其志之所存矣。呜呼！欲通《四书》之旨者，必读朱子之书；欲读朱子之书者，必由许君之说，兹非适道之津梁、示学之标的欤？先是，君未殁时，西州人有得其书而欲刊之者，君闻亟使人止之，且恐记录之差也，则自取以视，因得遂为善本，诸生谓予尝辱君之知，俾序其所以然。窃独惟念，昔闻北山首见勉斋临川，将别，授以但熟读《四书》之训，晚年悉屏诸家所录，直以本书深玩，盖不忘付嘱之意。自是以来，诸先生守为家法，其推明演绎者，将以反朱子之约而已。故能传绪不差，阐大光明，式克至于今日也。又念某识君之初，尝以'持敬致知'之说质于君，君是之，复举朱子见延平时，其言好同恶异，喜大耻小，延平语以'吾儒之学，理不患其不一，所难者分殊耳'，朱子感其言，精察妙契，著书数十万言，莫不由此。学于朱子之书，当句诵字求，必若朱子之用功而后足以得其心。此君之拳拳为人言者也。然则得君之《丛说》而读之者，其于君教人读书之法，尤不可以不知也，故因并著之。君名谦，其世系、履行与经纶著作，详具友人张枢子长所为《行述》，兹不复序云。"（《礼部集》卷五）

吴师道为许谦《诗集传名物钞》作序，云："……《诗》一正于夫子而制定，再正于朱子而义明，朱子之功，万世永赖，此《名物钞》之所为作也。自北山何先生基得勉斋黄公渊源之传，而鲁斋王先生柏、仁山金先生履祥授受相承，逮君四传，有衍无间，益大以尊。君念朱《传》犹有未备者，旁搜博采，而多引王、金氏，附以己见，要皆精义微旨，前所未发；又以《小序》及郑氏、欧阳氏《谱》世次多舛，一从朱子补定；正音释考、名物度数粲然毕具。其有功前儒、嘉惠后学、羽翼朱《传》于无穷，岂小补而已哉！然有一事关于《诗》尤重者，不可默而弗言。鲁斋尝谓：今日《三百篇》非尽夫子之旧，秦火，《诗》、《书》同祸，《书》亡缺如此，何独《诗》无一篇之失？如《素绚》、《唐棣》、《狸首》、《辔柔》、《先正》等篇，何以皆不与？而已放之郑声，何为尚存而不削？刘歆言《诗》始出时，一人不能独尽其经，或为《雅》，或为《颂》，相合而成。盖闻夫子《三百篇》之教而不全，则以世俗之流传、管弦之滥存者足之，而不辨其非。朱子固尝疑《桑中》、《溱洧》诸篇用之祀何鬼神、享何宾客，何词之讽、何礼仪之正，不得已，则取曾氏所以论《国策》者，谓存之而使后世知其非，知所以放之之意。仁山屡载于《论语考证》,谓诸儒皆然之,某尝举以告君,君方遵用全经,宜不得而不取也。今《钞》中《二南相配图》,鲁斋所定者,盖合各十有一篇,退《何彼秾矣》、《甘棠》于《王风》,而削去《野有死麕》,则君固有取于斯矣。以君之谨重,虑启夫未流破坏之弊,然卓然有见,窟疑辨惑,如鲁斋之言。使淫邪三百余篇悉从屏黜之例,岂非千古一大快。朱子复生,必以为然也。惜斯论未究,君不可作矣!姑识于序篇之末,以俟后之君子考焉。"(《礼部集》卷五)

至元四年　戊寅　1338年

日本室町幕府始。

德意志选侯通过决议,规定德意志国王的选举无须经教皇批准。

意大利比萨大学建成。

英国军舰"贝尔纳·德茨尔"号首次装备大炮。

正月丙申,诏:"内外廉能官,父母年七十无侍丁者,附近铨注,以便就养。"(《续资治通鉴》卷二一七)

是月,诏修曲阜孔子庙。

三月辛酉,命中书平章政事阿吉剌监修《至正条格》。

八月己巳,申取高丽女子及阉人之禁。

按:此禁令之颁布,标志元代高丽贡女制度出现重大转折,开始趋于禁绝与彻底消亡。

是年,意大利教皇伯涅底克第十二派使团由钦察道来元朝。

按:这一使团于至正二年(1342)抵达上都,至正六年(1346)由泉州启程从海道回到欧洲。使团应顺帝要求,进献欧洲良马一匹,时人称之为"天马",轰动元廷。使团成员中约翰·马黎诺里回国后曾撰游记《波希米亚史》,为元际至中国且留有记录之最后欧洲传教士。

揭傒斯为集贤直学士。

胡助是冬调右都威卫儒学教授。

按:右都威在涿州,离大都甚近,今属河北。

陈旅入为应奉翰林文字。

赡思改金浙东肃政廉访司事,以病免归。

吴师道在建德时,得罪行部使者,某月去官归里。

汪克宽逢处士君卒,逾礼筑室于墓侧,继粟继蔬,不履居室,笑不见齿,不食肉,不饮酒,以终丧制。

宋濂应乡闱试。

戴良丁母忧,居山中。

薛廷凤兼领镇江道教事。

按:薛廷凤,字朝阳,学道龙虎山,为吴全节弟子。全节卒,固辞大宗师之传,进称大真人,领杭州道教及开元宫。

至元四年　戊寅　1338年

刘锦文日新堂刊刻俞皋《春秋集传释义大成》12卷。

按：《四库全书总目提要》曰："皋字心远,新安人。初,其乡人赵良钧,宋末进士及第,授修职郎、广德军教授。宋亡不仕,以《春秋》教授乡里。皋从良钧受学,因以所传著是书。《经》文之下,备列三《传》。其胡安国《传》亦与同列。吴澄《序》谓兼列胡氏以从时尚,而四《传》之名亦权舆于澄《序》中。胡《传》日尊,此其渐也。然皋虽以四《传》并列,而于胡《传》之过偏过激者实多所匡正。澄《序》所谓'玩《经》下之释,则四《传》之是非不待辨而自明,可谓专门而通者',固亦持平之论矣。观皋《自序》,称所定十六例,悉以程子《传》为宗。又引程子所谓微词隐义,时措时宜,于义不同而辞同、事同而辞不同者,反覆申明不可例拘之意。又称学者宜熟玩程《传》均无一字及安国。盖其师之学本出於程子,特以程《传》未有成书,而胡《传》,方为当代所传习,故取与三《传》并论之。统核全书,其大旨可以概见,固未尝如明代诸人竟尊《胡传》为经也。"日新堂世业自是年始延续至明嘉靖八年(1529),前后凡191年之久。

汪泽民春三月为汪克宽《春秋胡传附录纂疏》作序。

按：《序》云："仲尼假鲁史寓王法,《春秋》之义立矣。然圣人之志有非贤者所能尽知,是以三家之《传》有时而戾。夫二百四十二年行事亦多矣,非圣人从而笔削之,则纲常之道或几乎熄,托之空言可乎？□夏深知夫子之志而未尝措一辞；孟氏发明宗旨,辞简而要；《左氏》考事精闻于大义,《公》、《谷》疏于考事,义则甚精；胡氏摭三家之长而断之以理,汉唐诸儒奥论,盖深有取,间若有未底于尽善者,岂犹俟于后之人欤？吾宗德辅,年妙而志强,学优而识敏,潜心经传,尝名荐书,于是遍取诸说之可以发明胡氏者,疏以成编。观其取舍之严,根究之极,亦精于治经者欤。予尝病世之学者剿尘腐、矜新奇,窃附作者之列奚可哉？德辅学有原委,而纂集之志思欲羽翼乎经传可尚也。皆至元再元之四年,岁在戊寅春三月一日新安汪泽民序。"(《春秋胡传附录纂疏》卷首)

车瑢编《双峰先生内外服制通释》7卷、《附录》1卷约于此年成。

按：原题"天台车垓经臣、男瑢编次"。有牟楷至元五年(1339)序、张复至元六年(1340)跋、车瑢至元四年(1338)跋、车惟贤至元四年(1338)跋。

又按：牟楷,字仲裴,号九溪,黄岩人。王柏再传弟子。刻志正心诚意之学,以养母不仕。曾讲学于茅畲九溪书院,教授生徒至数百人,学者称静正先生。《宋元学案》列其入《北山四先生学案》"鲁斋续传"。著有《九书辨疑》、《河洛图书说》、《春秋建正辩》、《深衣刊误》、《四书疑义》、《定武成错简》、《管仲子纠辩》、《致中和议》、《桐叶封地辨》,门人称"牟氏理窟"。事迹见《元史类编》卷三六、《浙江通志》卷二七。

燮理溥化修、李肃纂《乐安县志》此年修。

按：燮理溥化《乐安县志序》云："余以元统癸酉至乐安,爱其山高水清,意必有古人之遗迹,而莫之考。或告余曰：'斯邑旧有《鳌溪志》。'因求得数册,乃淳熙及咸淳所缉,编帙散乱,无从披阅,遂以论鳌溪书院直学李肃精加点校,逐卷增而续之。既成,观其所封畛之广狭,山川之远近,名宦之游历,文人之咏,与夫一民一物、一言一行之有关于世教者,靡不载考。是邑之事迹,一寓目而尽得焉,益信郡县不可无志也。邑士陈良佐率为锓梓,余因是而得风物山川之美,又因是而知斯文之盛、好义乐善者之多也,为题其端云。"(《乐安县志》卷八)

洞虚子约于此年著《泰定养生主论》16卷成。

意大利诗人和人文主义者弗朗切斯科·彼得拉克用拉丁文写成史诗《阿菲利加》。

意大利人文主义乔万尼·薄伽丘约于是年用八行诗格写成长诗《斐洛特拉托》。

按：《四库全书总目提要》曰："《泰定养生主论》十六卷，旧本题元洞虚子王中阳撰。其书论婚孕老幼阴阳气运节宣之宜，并摘录脉证方剂以资调摄，取《庄子》'宇泰定者发乎天光'及'养生主'之语名之。前有中阳自序，及至元戊寅段天祐序，盖正德间兵部郎中冒鸾所重刊也。后有杨易跋，谓《吴宽集》中载中阳为吴人，名珪，字均章，自号中阳老人。生元盛时。年四十，弃官归隐虞山之下。慕丹术，尤邃于医。"段天祐《序》云："……洞虚王中阳制行高，见道明，壮岁屏世，累隐吴之虞山，居环堵三十年，目瞳炯然，身不践鏖间。著书若干卷，采庄周氏'宇泰定者发乎天光'及《养生主》之语，题曰《泰定养生主论》，自婚孕幼壮，以至于老期，节宣各有宜，顺者以安，违者以疾也。……至元后戊寅长至日，从仕郎、江浙等处行中书省照段天祐序。"（《虞邑遗文录》补集卷三）

胡助四月作《玉海序》。

按：《玉海》，类书，200卷。是《序》于王应麟《玉海》之内容、意义、刊刻情况言之颇详，庶几有功于研究，且附之如下："《玉海》天下奇书也，经史子集、百家传记、稗官小说，咸采摭焉。其为书也，至显而至微，至精而至密，至高而至深，至博而至约。凡天地山川、古今事物、道德性命、律历、制度、文章、礼乐、刑政、兵农、食货，靡不毕备。实故宋礼部尚书厚斋先生王公（王应麟）专精力，积三十年而后成者也。先生在宋季以词学显庸，其天才绝识有大过人者，且尽读秘府所藏天下未见之书，故能博洽贯穿，纲罗包括，著为此书。第篇次浩繁，日修月削，间以所见疏列下方，传写抄录，不无先后参错之遗，非若他类书比也。虽然粹焉如玉，浩乎似海，其最钜者。门人高弟往往得其余绪，而擅名当世者有之。夫不见异人，必见异书。一物不知，君子耻之。是书也，其殆集文学之大成者与。东南之士莫不知此书之奇，愿见其全不可得，顾非一家之力所能刊行。浙东帅府都事牟君应复首建议，缮写校雠，将锓诸梓，未就而牟君去。今宣慰都元帅伊奇哩布哈公实来（伊奇哩布哈实来），开阃承宣，嘉惠学者，于是力行前议，召工庀事，征费于浙东郡县学及书院岁入之美有差。郡守张公荣祖（张荣祖）临莅提督，命教授王君竑（王竑）、学正薛君元德（薛元德）董其役，凡二年而后成。呜呼！继自今是书之行也，世之君子皆得以览观考索焉。譬如涉沧溟而求至宝，无不满意。随其所入之浅深，取之无穷，而用之不竭，讵庸有限量涯涘哉。若其门类卷帙之目，则李君（李桓）叙之详矣，兹不复书。至元四年龙集戊寅四月初吉，书于翰林国史院。"（《纯白斋类稿》卷二〇）

曹伯启约于是年著《曹文贞诗集》10卷、《后录》1卷成。

按：《四库全书总目提要》评曰："虽不能与虞、杨、范、揭角立争雄，而直抒胸臆，自谐宫徵，要亦不失为中原雅调矣。"

黄溍于是年前后作《国学蒙古人策问》、《国学汉人策问》、《堂试汉人策问》、《堂试蒙古人策问》。

汪炎昶四月二十四日卒（1261— ）。炎昶字懋远，婺源人。幼即有奇志，于学无所不窥，尤得程、朱性理之要。受学于宋遗民孙嵩，不求仕进，衣冠动作、语言礼度犹宋人也，自谓古逸民，学者称古逸先生。著有《古逸民先生集》2卷。事迹见赵汸《汪古逸先生行状》（《东山赵先生文集》卷七）。

按：赵汸《汪古逸先生行状》曰："……至正戊寅夏四月，……晏然而逝。是月二十四日也，得年七十八岁。……所著《四书集疏》，未脱稿。诗文多散佚不存。淮琛

（汪淮琛）尝刻诗五卷于家。初，同郡方公万里见先生所为诗，辄叹曰：'不意吾州复有此人。'巴西邓公善之与孙公有世契，宪江东日，行部休宁，求孙公，已捐馆，因得先生所作赋一篇及他文，曰：'此柳子厚之笔也。'又有传先生诗数十篇至江西者，蜀郡虞公伯生见而叹曰：'此豪杰之士也，山林中乃有合作若是者乎？'其为名流所称如此。新安自朱子后，儒学之盛称天下，号东南邹鲁。宋亡，老儒犹数十人。其学一以朱子为宗，其论风旨皆足以师表后来，其文采词华皆足以焜煌一世。国初，汸祖长卿二令星源，自许公而次，如胡公济鼎、吴公遁翁者，无不得而游之，而滕公山朏方为主簿，故家承平时所藏诸公文翰最多。汸尝抚卷慨然，以生晚不见前辈为恨。及从先生游，然后知先进之士所以不可及者，其立身行己，流风遗韵，莫不皆有所自云。"

丁复卒（约1278—　）。复字仲容，号桧亭，天台人。早年有诗名，延祐初，北游京师，与杨载、范梈等一同被荐，拟授馆阁之职，不及授官，翩然出京。为人诗风颇类李白，擅长七言古诗、律诗，五言律诗追摄杜甫。著有《桧亭集》9卷。事迹见《草堂雅集》卷八、《元诗选·二集》小传、《元诗纪事》卷一四。

项炯卒（1278—　）。炯字可立，台州临海人。从陈孚、翁森、陈天瑞游，端行积学，为时名儒。素为吴越学者器重，曾寓居吴中甫里书院。《元诗选》三集选其诗22首，题为《可立集》。事迹见黄溍《项可立墓志铭》（《金华黄先生文集》卷三四）、《宋元学案补遗别附》卷三、《元诗选·三集》小传、《吴中人物志》卷一〇。

马祖常三月十一日卒（1279—　）。祖常字伯庸，号石田山人，世为雍古部，居靖州天山。其高祖金末为凤翔兵马判官，子孙以马为姓。延祐初，乡试、会试皆第一，廷试第二。卒谥文贞。文颇精赡，诗圆密清丽。尝与修《英宗实录》，著有《列后金鉴》、《千秋记略》、《马祖常章疏》（又作《马石田章疏》）1卷、《石田集》15卷。事迹见苏天爵《马文贞公墓志铭》（《滋溪文稿》卷九）、《元史》卷一三四、《新元史》卷一四九。

按：其《石田集》，《四库全书总目提要》评曰："石田者，其山房之名也。大德、延祐以后，为元文之极盛；其文精赡鸿丽，一洗柔曼卑冗之习。其诗才力富健，……长篇巨制，迥薄奔腾，具有不受羁勒之气。"清人王士祯云："元代文章极盛，色目人著作者尤多，如（马）祖常、赵世延……康里巙巙、贯云石、辛文房、萨都剌辈皆是也。"（《居易录》卷二）今人陈垣引顾嗣立言曰："有元之兴，西北子弟尽为横径，涵养既深，异才并出，云石海涯、马伯庸以绮丽清新之派，振起于前。而（萨）天锡继之，清而不佻，丽而不缛，真能于袁（桷）、赵（孟頫）、虞（集）、杨（维桢）之外，别开生面者也。"（《元西域人华化考》卷四）

孛术鲁翀三月二十九日卒（1279—　）。孛术鲁翀字子翚，女真人，家于邓州顺阳。尝从萧𣂏游。善古文，深为姚燧赏识。参修《太常集礼》，兼经筵官。卒，追封南阳郡公，谥文靖。孛术鲁翀以师道自任，是许衡的后继者，为文简奥典雅，深合古法。《宋元学案》列其入《萧同诸儒学案》"勤斋门人"。著有《菊潭集》60卷，久佚，清缪荃孙辑为4卷。事迹见苏天爵《孛术鲁公神道碑铭》（《滋溪文稿》卷八）、《元史》卷一八三、《元诗选·二集》小传。

按：《元史》本传曰："其为学一本于性命道德，而记问宏博，异言僻语，无不淹贯。文章简奥典雅,深合古法。……其居国学者久,论者谓自许衡之后,能以师道自任者,惟耶律有尚及朔而已。"苏天爵《孛术鲁公神道碑》称其文"严重质实,不为浮靡,其词悉本诸经,如米粟、布帛,皆有补于世教"。

管讷(　—1421)生。

至元五年　己卯　1339年

越南改《授时历》为《协纪历》。

法国格勒诺布尔大学创立。

正月癸亥,禁滥予僧人名爵。

四月乙未,加封孝女曹娥为慧感灵孝昭顺纯懿夫人。

十月壬辰,禁倡优盛服,许男子裹青巾,妇女服紫衣,不许戴笠、乘马。

是年,敕赐曲阜宣圣庙碑。

按：欧阳玄作《曲阜重修宣圣庙碑》,文章以"天欲兴一代之治,则吾夫子之道必大昭明于时"为立论基础,对元代各任君王崇儒兴学举措作整体考察,既为其时重要官方文治态度的体现,也是现今极有文史价值的碑文。碑文曰:"今上皇帝临御之七年,岁在己卯春三月戊辰,御史大夫臣别儿怯不花、臣脱脱、御史中丞臣达识帖睦迩、臣约、治书侍御史臣镛等,奏监察御史,言天历二年十月,文宗皇帝在御,奎章阁学士院臣奏:曲阜宣圣庙自汉、唐、宋、金,凡有隳废,必奉敕缮修,功成则勒之石。衍圣公以旧庙将坏,饰书奉图属学士院以闻。时文宗览图,谕旨省臣:趣修之,事竣则立碑以诏方来。今新庙既落而成绩未纪,惧无以称塞先诏。御史章上,臣等佥议,请敕翰林侍讲学士臣玄为文,奎章阁学士院臣巙巙为书,侍御史臣起岩为篆,以台储中统楮币二万五千缗为立石之赀。制皆允,传敕臣玄俾序其事。玄拜手稽首言曰:天佑下民,作之君、作之师。昔者伏羲、神农、黄帝、尧、舜、禹、汤、文、武数圣人者作,君、师之道备于一人,用能左右上帝,克绥厥猷。吾夫子出,天独俾以斯道,凡天叙、天秩、天命、天讨之事,夫子明《礼》、《乐》,删《诗》《书》,赞《易》道,修《春秋》,而品节之,以为百王法于后世。仪封人曰:'天将以夫子为木铎。'子贡曰:'固天纵之将圣。'夫子自论斯文之任,上以属于天,下以属于己,使得位设教,即前数圣人所为,继天立极者也。是故,天欲兴一代之治,则吾夫子之道必大昭明于时,历千万世如出一辙。皇元龙兴朔方,太祖皇帝圣知天授,经营四方。太宗皇帝平金初年,岁在丁酉,首诏孔元措袭封衍圣公,复孔、颜、孟三世子孙,世世无所与,增给庙户,皆复其家。是岁历日银诸路以其半,东平以其全,给修宣圣庙。寻诏括金之礼乐官师及前代典册、辞章、钟磬等器,遣官分道程试儒业。世祖皇帝初在藩邸,多士景从。比其即位,大召名儒,辟广庠序,命御史台勉励校官,大司农兴举社学,建国子监学以训诲胄子,兴文署以板行海内书籍,立提学教授以主领外路儒生,宿卫子弟咸遣入学,弼辅大臣居多俊义,内廷献纳能明夫子之道者,言必称旨。在位三十五年之间,取士之法、兴学之条、讨论之规,裨益远矣。裕宗皇帝时在东宫,赞成崇儒之美。成宗皇帝克绳祖武,锐意文治,诏曰:'夫子之道,垂宪万世,有国家者,所当崇奉。'既而作新国学,增广学宫数百区,胄监教养之法始备。武宗皇帝熙兴制作,加号孔子为'大成至圣文宣王',遣使祠以太牢。仁宗皇帝述世祖之事，弘列圣之规，尊《五经》，黜百家以造天下士。我朝用儒，于斯为盛。英宗皇帝铺张巨丽，廓开弥文。明宗皇帝凝情经史，爱礼儒士。文宗皇帝缉熙圣学，加号宣圣皇考为启圣王，皇妣为启圣王夫人，改衍圣公三品印章，归山东盐运司岁课及江西、江浙两省学田，岁入中统楮币三十一万四千缗，俾济宁路以修曲阜庙庭。文宗宾天，太皇太后有旨，董其成功。今上皇帝入纂玉图，儒学之诏方颁，阙里之役鼎盛。山东宪司洎济南总管莅事共恪，以元统二年四月十一日鸠工，至元二年十月初吉落成。宫室之壮，以宁神栖，楼阁之崇，以庋宝训。周垣缭庑，重门层观，丹碧黝垩，制侔王居。申命词臣，扬厉丕绩。于是，内圣外王之道，君治师教之谊，大备于今时，猗欤盛哉！皇元有国百余年以来，缮修宣圣庙再，丁酉之初，以开同文之运；天历之际，以彰承平之风。东冒扶桑，西逾昆仑，南尽火维，北际冰天，圣道王化，广大悠久，相为无穷，治本实在兹矣。有诏御史臣思立，奉祝币牲齐驰驿往祭。臣玄既叙颠末，请系以诗。（诗内容略）"（《圭斋文集》卷九）

颍谷书院建成。

按：书院位于河南登封，该地原有颍考叔庙，宋元丰间在此创建学舍，大观元年（1107）朝廷颁布学制，曾刻碑立于学舍。后废于兵。元皇庆二年（1313）在宣圣庙故址发现宋学制碑，里人因建先师殿和讲堂。（后）至元五年（1339）秋，工部郎中温格非率里人捐建为书院，"栖有庐，斋有室"，礼聘"学完行修之士为师"，一时"岩才里秀履接户外，弦诵之声相继。"至正五年（1345），知县请得御额"颍谷书院"。礼部尚书王沂撰有碑记。

福建晋江华表山摩尼教草庵雕刻成摩尼浮雕像。

揭傒斯奉旨代祀北岳、北海、济渎、南镇等地。祭祀毕，顺道还家。

苏天爵出为淮东道肃政廉访使，入为枢密院判官。

黄溍在京期间，与刘遂初（表字）、周伯琦、任大瞻（表字）、王士点等游西山。

欧阳玄足患病，乞南归以便医药，不允，拜翰林学士，书《春晖堂记卷》。

杨维桢归乡丁艰，仿唐人李翱，作先父实录以寄哀思，母李氏旋亦谢世。

吴师道与杜本、柳贯、张枢会于兰溪，往拜许谦墓，又同至赵良恭之聚星楼。

李昶拜吏部尚书。

汪克宽十月又逢母夫人康氏卒，前后二丧殡殓祭葬一如礼法。

汪大渊夏秋时节第二次浮海返国。

姚桐寿为余干州教授。

按：姚桐寿，字乐年，桐庐人。解官归里，自号桐江钓叟。至正中流寓海盐。著《乐郊私语》1卷。《四库全书总目提要》评曰："所记轶闻琐事，多近小说家言。"

陈柏为余姚州同知。

宋濂悔往昔为文用心殊微，以家事付子侄，自身朝夕从事书册。此间始从黄溍学。

按：宋濂《銮坡前集》卷一〇《赠梁建中序》云："余自十七八时，辄以古文辞为事,自以为有得也。至三十时,顿觉用心之殊微,悔之。"

刘基在江西行省为职官掾史。

舒頔四月解职奔丧。

赵雍作《题先君重缉尚书集注序》。

按:《序》云:"先君于《六经》、子史,靡不讨究,而在《书经》尤为留意。自蚤年创草为古今文辨后,三入京师而三易稿,皆谨楷细书,毫发不苟。及仁宗朝,议改隆福宫为光天二字,以书质之,中留一本,复缉是册,已精而益精者也。古人以半部《论语》佐太平,吾先君有焉。至元后己卯,不肖男雍谨识。"(《书画汇考》卷一六)赵雍为赵孟頫次子。

苏天爵十月作《齐乘序》。(可参见于钦元统元年编成《齐乘》条、于潜至正十一年作《齐乘跋》条)

按:《序》曰:"《齐乘》七卷,故兵部侍郎于公志齐之山川、风土、郡邑、城郭、亭馆、丘垅、人物而作也。古者郡各有志,中土多兵难,书弗克存。我国家大德初,始从集贤待制赵忭之请作《大一统志》,盖欲尽述天下都邑之盛。书成,藏之秘府,世莫得而见焉。于公生于齐,官于齐,考订古今,质以见闻,岁久始克成编,辞约而事核。公在中朝为御史宪台都事、左司员外郎,终都田赋总管,以文雅擅名当时。既卒,其家萧然,独遗是书于其子潜。余官维扬,始得阅之。呜呼!齐地之强,民物之伙,自古然也。桓公任管仲以成霸业,圣人尝称其功,谓一变能至于鲁。后世去古虽远,山川郡邑犹存,革其俗以化其民,独不在夫上之人乎?当汉之始兵戈甫,曹参为齐相,师礼盖公,以清静化民,齐乃大治,兹非其效欤?今齐为山东重镇,所统郡县五十有九,宦游于齐者,获是书观之,宁无益乎?予于于公之言,重有感焉。谓三代、两汉人材,本乎学校之教养,谓风俗自汉、晋以降,愈变而愈下。美昔人之赈饥有道,叹近世之采金病民,以稷下学术流于异端,以海上求仙惑感于神异,斯亦足以慨公之志矣夫。公讳钦,字思容,益都人。潜,擢南行台掾云。……至元五年己卯冬十月丙戌朔,赵郡苏天爵序。"(《滋溪文稿》卷五)

叶晋辑《海堤录》1卷。

按:叶恒,字敬常,庆元鄞县人。至元元年,以国子生释褐授余姚州判官。至元五年,重修海堤,以御海潮,至正元年二月成。至正末,录记筑堤功报朝廷,诏追封仁功侯,立庙余姚祀之。后任盐城尹,卒于官。叶恒善文辞,善治《春秋》,著有《余姚海堤集》4卷(由其孙叶翼汇辑刊行)。其子叶晋,辑《海堤录》1卷。柳贯尝作《海堤录后序》,云:"《海堤录》所以著文公之记而系以施公前后区画二疏,欲使人之知夫海堤之役不可以不加之意,而权其轻重以为损益,顾在乎人之弛张阖辟何如耳。至元四年戊寅之夏,州判官叶君恒方再兴堤役,而施君之石堤沦没已久,方定议垒石代土以为经远之谋,度其长至二万四千尺有奇,工有绪矣。明年己卯,君始购得旧录于里民王氏,喟然叹曰:'此吾事之鉴也,泯泯无闻得乎?'将重刻之梓,传示无穷。予嘉君究心堤事,纤悉不遗如此,而其不没人之善又如此,因其有作,故表而出之,宣献记文旧录不载,而郡乘有之,亦并系焉。"(《待制集》卷一七)

俞淖十二月二十日作《刑统赋疏序》。(可参见沈维时至正十二年八月作《刑统赋序》条)

扬州路儒学刊行《马石田文集》15卷,王守诚九月、苏天爵十一月作序。

日本北佃亲房撰成《神皇正统记》。

英国修士和神秘主义哲学创始人理查德·罗拉约于是年著《爱情之火》和《完美生活指南》。

德国条顿骑士团牧师尼古劳斯·冯·耶罗申约于是年把彼得·冯·杜伊斯堡于1326年用拉丁文写成的《普鲁士》译成德文诗。

花溪沈氏家塾刊行赵孟頫《松雪斋集》10卷、《外集》1卷、《附录》1卷。

按：又名《松雪斋文集》。有《四部丛刊》影印元顺帝至元五年(1339)花溪沈璜刊本、元至正元年(1341)建安余氏务本堂刊本和元至正年间刊本。

黄溍约于是年为萧存道作《群玉集序》。

韩性为宋朱松《韦斋集》12卷附《玉润集》1卷作序。

按：《玉润集》为松弟朱槔撰。有刊本题韩性序作于至元三年(1337)。

虞集作《国朝风雅序》。

按：《序》云："……国朝之初，故金进士太原元好问著《中州集》于野史之亭，盖伤夫百十年间，中州板荡，人物凋谢，文章不概见于世，姑因录诗，传其人之梗概，君子固有深闵其心矣。我国家奄有万方，三光五岳之气全，淳古醇厚之风立，异人间出，文物粲然，虽古昔何以加焉。是以好事君子，多所采拾于文章，以为一代之伟观者矣。然而山林之士，或不足以尽见之。百年以来，诗文之辑录，盖多有之。然虽多，不足以尽其文，或约而不足以尽其意，亦其势然也。监察御史、前进士、燕人宋褧显夫，在史馆多眼，其所荟萃开国以来辞章之善，多至数十大编，自草野之所传诵，亦皆载焉。庶几可以为博，而传写之难，四方又有不得尽见之病矣。建阳蒋易师文著《国朝风雅》三十卷，而以保定刘静修先生为之首，许文正公继之，终之以《杂编》三卷，庶乎其有意焉。嗟夫！若刘先生之高识卓行，诚为中州诸君子之冠。而许公佐世祖成治道，儒者之功其可诬哉？若师文者，其可以与言诗也。夫十卷以上，诸贤皆已去世，而全集尚有可考载。如临川吴先生之经学，具有成书，其见于诗者，太山一毫芒也。穷乡晚进尚由是而推求之乎。十一卷以下诸君子，布在中外。夫君子之为学，苟不肯自止，则进德何可量哉？切以为未可遽止于斯也。至于仆也，蚤持不足之资，以应世用，老而归休，退而求其在己者，尚慊然其未能也。片言只辞，何足以厕于诸贤之间哉？亟除而去之，则区区之幸也。"(《雍虞先生道园类稿》卷一七)

欧阳玄作《三贤书院记》。

按：其文记载："洪之奉新三贤书院者，舂陵周元公、眉山苏文忠公、修川黄文节公之祠也。邑庠旧祠三贤，以元公尝仕修川，黄文节公实修川人，苏文忠公南行，弟文定公谪官筠州，因省其弟，过洪州之筠。奉新为邑，盖有三贤之辙迹焉，故邑人慕而祠之。孔子之宫，更兵祠废，世儒邓公谦亨（邓谦亨）久欲复之，未眼。后至元五年己卯，有旨禁民为莲社，其祠宇听民佃取为业。有堂名种德者，适迩邓氏居。谦亨与伯子杞谋，遂入辞于官，请为三贤书院，有司许之。乃撤故益新，加以补葺，中为先圣燕居，别室为三贤祠，一如他书院制。既而讲授肄习，悉循其规。于是割田若干，岁入得粟数百石，以备圣贤缫祀、师生廪膳之资。他日，其季子梓宰邑安化，道浏上，将父凡命，具书院颠末谒玄为之记。……玄固顾士之来游来歌于是者，励其希贤之志，勿讳于命，务究所知，谓性不谓命焉。前修远乎哉！玄之是记，庶几可为诸士友进修之一助云。谦亨字仲谦，有德望于里中。杞、梓克绍家学。梓登元统进士第，历官以清干闻。"(《江西通志》卷一二七)

吴存卒(1257—　)。存字仲退，鄱阳人。著有《周易传义折衷》、《乐庵遗稿》2卷、《鄱阳续志》。事迹见《乐庵遗稿》卷一(《鄱阳五家集》卷四)。

陈恕可正月二十八日卒(1258—　)。恕可字行之，自号宛委居士，固始人。以荫补官。咸淳十年中铨试。工诗，文纯正近古，亦好词，又工小篆，纂有《乐府补题》1卷。事迹见陈旅《陈如心墓志铭》(《安雅堂集》卷一二)。

方澜卒(1263—)。澜字叔渊,莆阳人。隐居吴中,授徒以自给。著有《方叔渊遗稿》1卷。事迹见《吴中人物志》卷一〇、《元诗选·初集》小传。

孙景真卒(1263—)。景真字久大,贵溪人。宋末为道士于龙虎山,元初主真元宫。大德七年,制授通真凝妙弘道法师。天历元年,主龙虎山崇禧院。后至元三年,制加教门高士,复主真元宫。事迹见陈旅《孙高士碑》(《安雅堂集》卷一〇)。

陈柏卒(1279—)。柏字新甫,号云峤,泗州人。尝累官太祝。性豪宕,人呼陈颠。与艺妓王巧儿的恋情,颇为人知。有能诗之名,所作诗有《云峤集》。事迹见《元诗纪事》卷一八、《两浙名贤录》卷五四、《元诗选·二集》小传。

李文忠(—1384)、萧翀(—1410)、偶桓(—1420)生。

至元六年　庚辰　1340年

卡斯蒂利和莱昂国王阿方索十一世偕葡萄牙联军于萨拉多河大破穆斯林军。

七月甲寅,诏封微子为仁靖公,箕子为仁献公,比干加封为仁显忠烈公。

戊寅,命翰林学士承旨牒哈、奎章阁学士巙巙等删修《大元通制》。

是月,禁色目人妻其叔母。

九月癸丑,加封汉张飞为武义忠显英烈灵惠助顺王。

丙寅,诏:"今后有罪者,毋籍其妻女以配人。"(《续资治通鉴》卷二一八)

十一月甲寅,禁答失蛮、回回、畏吾人等叔伯为婚姻。

辛未,以孔克坚袭封衍圣公。

十二月,复行科举取士制,国子监积分生员,三年一次,依科举例入会试,中者取一十八名(《元史·顺帝纪三》)。

戊子,议罢天历以后增设之太禧宗禋等院及奎章阁、艺文监。

葡萄牙探险家马洛塞洛考察加那利群岛。

苏天爵改吏部尚书,拜陕西行台治书御史;复为吏部尚书,升参议中书省事。

虞集既病归,帝拜欧阳玄翰林学士、资善大夫、知制诰,同修国史。

许有壬奉召入中书,仍为参知政事。

王沂为翰林待制,并待诏宣文阁。

吴师道四月访柳贯于浦江,同至月泉,识赵用章(表字)。是年,因王思诚、孔思立荐,擢国子助教,阶承务郎。北上京师,过彭城,与李好文相别。

  夏侯尚玄上书为郯王辩诬,事成归去。
  按：夏侯尚玄,字文卿,华亭人。曾与翰林学士承旨入见武宗。英宗为太子,曾召为说书。英宗即位,授侍仪司典簿。英宗崩,尚玄弃官漫游江南。明宗南还,尚玄恭迂于和林。后,郯王彻彻秃闻其贤,招致之,待以国士。至元五年,伯颜构陷郯王,王被诛。尚玄力陈王忠孝数事,王冤得白,尚玄遂归不复仕。尚玄著有《原孟》《中庸管见》《聚疑》等书。事迹见危素《夏侯尚玄传》(《危太朴文续集》卷八)。

  吴深、吴沉十一月与赵敬德(良恭)、张景留、钱彦明、董心传(思层)、傅德远、吴敏德、徐均善(元)、徐逢吉等会于兰溪隆礼坊聚星楼。

  程益由翰林编修迁秘书郎。
  按：程益,字光道,济南章丘人。

  王元恭迁庆元路总管。
  按：王元恭,字居敬,号宁轩,真定蠡州人。累官潮州路总管。尝延王厚孙续袁桷《延祐四明志》,成《至正四明续志》12卷。

  杨维桢于绍兴授徒,学子请学赋,维桢为之历评八科以来程文凡千篇余。

  刘基仍为职官掾史,不久投劾而去。后隐居力学,从此道益明。

  高明应乡试。
  按：高明乃黄溍弟子。

  王祎与金华汪祀定为忘年交。

  李克家至元末任本学教谕,迁辽阳儒学提举。
  按：李克家,字肖翁,南昌富州人。尝取兵家占候,辑成《戎事类占》21卷。

  梁寅著《周易参义》12卷成,正月作自序。
  按：梁寅《自序》云："叙曰：汉班固氏言六艺具五常之道而《易》为之原。夫羲农以前,《诗》《书》之文,《礼》《乐》之具,《春秋》之行事,皆未著也。而八卦之画,三才备焉。六位之列,人文彰焉。天下之道尽于《易》矣。文王之彖辞,周公之六爻,孔子之传赞,辞无不备而吉凶为益明。迨仲尼殁,而商瞿以《易》相传授。汉兴,《易》以卜筮存,而田何之学为称首。为之训释者,盖寖多焉。然九师之说无闻,百氏之言杂出,其高也或沦于空虚,其卑也或泥于象数,而《易》之意隐矣。程、朱二夫子出而大明斯道,于是阐其微,穷其赜,通其拘,启其室,彖辞之义、变占之法、阴阳之妙、人事之殊复灿然著矣。夫圣人之书,其所同者道也,其不同者言也,善学者各因其言以求其道,则其要归一而已。观于传注者,亦由是也。程子论天人以明《易》之理,朱子推象占以究《易》之用,非故为异也。其详略相因,精粗相贯,固待乎学者之自得也。寅读书山中,窃好是经,惧于荒怠而无以自励,乃参酌二家,旁采诸说,僭附己意,别为一书,名曰《参义》。俾观之者由详而造约,考异而知同,则是书者亦程、朱之义疏也。今天子即位之九年,为至元六年,岁名商横执徐,月名毕聚,始缮录成编,总十二卷,将以行于四方,谂之君子,以俟详订。临江后进生梁寅叙。"(《周易参义》卷首)《四库全书总目提要》评曰："其大旨以程《传》主理,《本义》主象,稍有异同,因融会参酌,合以为一,又旁采诸儒之说以阐发之。其分《上、下经》《十翼》,一依古《易》篇次,即朱子所用吕祖谦本。其诠释经义,平易近人,言理而不涉虚无,言象而不涉附会。大都本日用常行之事,以示进退得失之机,故简切详明,迥异他家之耰辍。虽未能剖析精

日本吉天兼好的《徒然草》成书。

意大利佩戈洛蒂的《市场业务》(《通商指南》)成书。

巴伐利亚骑士哈达马·冯·拉贝著《狩猎》。

歌颂阿方索十一世于1340年在萨拉多战胜摩尔人的诗歌约于是年问世。

微,论其醇正,要不愧为儒者之言焉。"北图藏无刻残本,存三至十卷。有《通志堂》本、《四库》本、明初刻本、天一阁抄本。

夏镇作《安南志略序》。

按:《序》曰:"王师南征之日,道出吾宜春,予时得于目击。既而讨叛柔服,恩威兼著。又闻天朝遣使下劳,则吾郡前别驾鄱阳两山李公思衍也。外国馈贻,一无所受,赋诗云:'帝王仁厚泽,天地发生心。'其国君臣,动色相庆,以为国家用贤得人,欣然遣使臣,随之入觐。时柏心虞公、耐庵赵公方入秘书,取《舆地要览》《寰宇记》等书,摭考在订,纂集《大一统志》,广记备言,而遐陬僻壤,容有不能尽知者。于是宣抚佥事山东黎君,蚤从彰宪侯,率众内附,忠勤艰苦,有功多矣。晚岁自号静乐,为闲居汉阳,编《安南志》,纪其山川四方民物风俗,州县官制之沿革,历代之兴废,极为详备。耐庵序中,称其有补于职方氏之缺典,信哉!为叙有法,自述始末,有太史公自序、班孟坚叙传遗意。至于词章翰墨,见于诸公之记咏者,靡所不载,此又迁、固之所未有。此书为传,成一家言,余读而喜之,乃书前后所见闻者为之序。至元六年,岁在庚辰仲春,果原夏镇序。"(《安南志略》卷首)是书另有欧阳玄、许有壬、元明善、察罕的序,察罕序云此书20卷,并称此书"信而有征,异时列之史馆,将不在迁、固下;若其人所存,则又非简策之所能既"(《安南志略》卷首)。

意大利商人裴哥罗梯约于此年完成《通商指南》一书。

按:该书记载西自英国、东至中国贸易商路及各地商业情况。

张晖斋是年后著《贯斗忠孝五雷武侯秘法》1卷成。

梅轩蔡氏刊刻严毅《增修诗学集成押韵渊海》20卷。

按:题"建安后学严毅子仁编辑",末有后至元六年进士张复序,又有书牌"至元庚辰菊节梅轩蔡氏新刊"二行。十二行,大小字行字不等,黑口,四周双边。《四库全书总目提要》评曰:"其书体例与《韵府群玉》相近,而更为简略。"严毅,字子仁,建安人。

庆元路儒学刊行王应麟《玉海》200卷,附《词学指南》4卷。

按:后至正十一年(1351)又修补六万余字。有李桓至元六年(1340)序、胡助至元四年(1338)序、阿殷图至正十一年(1351)序、王介至正十一年(1351)序、薛元德至元六年(1340)后序、王厚孙至元六年(1340)跋、浙东道宣慰使司都元帅府牒至元三年(1337)。李桓《序》曰:"至元六年,岁在庚辰夏四月朔旦,庆元路儒学新刊《玉海》成。《玉海》者,故宋礼部尚书厚斋先生王公之所著也。先生之著是书,网罗天下之见闻,包括古今之故实,将使学者览之得以施诸用。……先生敏悟绝人,少于书无不读,多识广闻,淹贯该洽,时已莫能出其右。及仕于朝,又尽阅馆阁之所藏,宗工钜儒咸共折服。自经史、传注、诸子群集,以至于稗官小说,方技谶纬之书,诵之如流,言之如指掌,既皆涉其波澜而采其精英,故其为书精密渊深,区分胪列,靡所不载。惟无益于用,不足以备讨论者,不以登于简策。岂非所谓博而得其要者与?伟乎述作!非若他书类事者之可拟伦也夫。其篇次之多,不免于淆舛;传录之久,或至于脱遗。士以不获睹其完书为恨。癸酉岁,浙东帅府都事牟君应复,盖尝建议,请命缮辑雠校而刻之。凡郡县学与书院之在浙东者,等其岁入之多寡,收其羡余以为助,而事未克集。今宣慰元帅资德公也乞里不花,以勋德之胄膺方岳之寄,敦尚文雅以为政先,下车之始,载询载咨,爰戒有司,俾速其图。时则总管张侯塔海帖木儿征财庀工,承命唯谨。明年夏,教授王君苡来莅厥职,暨学正薛君元德,躬自程督,上下协心,有作斯应,夙夜弗怠,遂底于成。用力于一时,垂利于无穷。后之人稽典礼者求焉,考制度者取焉,立政事者资焉,不特广问学给文辞而已。昔尝有以《玉海》名其集者,玉可宝而有用,海之藏无不具,惟是书足以当之。书凡二百四卷,总之以二十二门,曰:律历、天道、地理、帝学、圣文、艺文、诏令、礼仪、车服、器用、郊祀、音乐、学校、选举、官制、兵制、朝贡、宫室、食货、兵捷、祥瑞、辞学指南。析之为二百六十一类,于斯备矣。婺郡文学中山李桓序。"(《玉海》卷首)

郑氏积诚堂刊刻宋陈元靓《纂图增新群书类要事林广记》20卷。

按:北大藏。分甲至癸集,每集又分上下二卷,目录后有"至正六年郑氏积诚堂刊"牌记。半页十六行,行三十五字,黑口,左右双边。

中兴路资福寺刊行《无闻和尚金刚经注解》。

按:是书经文用朱色,注语用墨色,卷首刻有灵芝图两色相间。它被认为是中国现存最早之套印本。今人王重民则以为是用同一版涂上两种颜色印成。

王师模辑《欧阳先生集》44卷,揭傒斯为之作序。

按:揭《序》云:"《欧阳先生集》,曰《诗流》者三卷,曰《铅中》者十卷,曰《驱烟》者十五卷,曰《强学》者十卷,曰《述直》者三卷,曰《胜语》者三卷,其门人王师模所辑也。所辑者止此,作而未已者不止此。先生于书无不读,其为文丰蔚而不繁,精密而不晦者,有典有则,可讽可诵,无南方啁哳之音,无朔土暴悍之气。惜弃在草野,不得与典谟训诰之述作以黼黻皇度。然文关于世教,斯可传矣,不系其人之隐显。学贵于知道,知道,斯可法矣,不系其书之繁简。先生之可传可法者,固有在矣。余独恨不登先生之堂,从诸生之后而请益焉。因王君请为集叙,姑书以识予向慕之意。后至元六年冬十有一月朔揭傒斯序。"按此序列于《圭斋文集》卷首,误也。此欧阳非欧阳玄。

益友书堂刊刻范梈《范德机诗集》7卷。

按:后元至正二十一年(1361),日本即"命工刊行",所录作品与编排次序悉依元本,写刻版式也仿照汉籍方式,可知元末诗集东传日本并产生影响。

马端临卒(1254—)。端临字贵与,江西乐平人。至元二十九年,出为慈湖书院山长26年;又任衢州柯山书院山长3年。门下弟子甚众,教授生徒有所论辨,吐言如涌泉,闻者必有得而返。治学精于典章经制之考证,积四十余年,纂成《文献通考》348卷。另著有《多识录》、《大学集传》1卷、《义根守墨》等,已失传。事迹见《明一统志》卷五〇、《大清一统志》卷二四一。

程复心卒(1257—)。复心字子见,号林隐,婺源人。沉潜理学。自幼嗜书,师朱熹从孙洪范,而与胡炳文友善。中年,益笃学力行,尝积三十余年,取朱熹《四书集注》,分章为图,撰成《四书章图》。后又取《语录》诸书,辨证同异,著《纂释》20卷,发明濂、洛诸儒未尽之旨。至大元年,浙江儒学提举司言于行省。皇庆二年,行省进于朝,特授徽州路儒学教授。学者称林隐先生。事迹见汪幼凤《程教授传》(《新安文献志》卷七一)、《明一统志》卷一六、《元儒考略》卷四。

按:汪幼凤《程教授传》:"程教授复心,字子见,婺源人,号林隐。性敏悟敦厚,自幼嗜书,师朱文公从孙洪范,而友云峰胡炳文。中年,益笃学力行,尝取文公《四书集注》,会黄氏、辅氏众说而折衷之,分章为图,间附己意,积三十余年,始成,名曰《四书章图》。及取《语录》诸书,辨证同异,增损详略,著《纂释》二十卷,发明濂、洛诸儒

瑞士骑士抒情诗人约翰内斯·哈德劳布卒(约1300—)。

英国诗人杰佛利·乔叟(—1400)约生。

未尽之旨,有功后学。元至大戊申,浙江儒学提举司言于行省,皇庆癸丑,行省进于朝。翰林史院考订其书,率皆称赞。学士赵孟頫请置诸馆阁,阐明大典,而平章李道复难之,乃议于江南诸路教授中擢用,复心年将六十,以亲老固辞,特授徽州路儒学教授。致仕,给半俸,终其身。名士大夫如方回、程钜夫、王约、元明善、邓文原、虞集、杨载、范德机诸公俱有制作,盛称之。至元六年庚辰十二月十八日卒,寿八十四。学者称林隐先生。"

萨都刺卒(1272—)。萨都刺字天锡,号直斋,先世为西域回回族,祖父、父亲都为武官,镇守云、代二郡,定居雁门,故自称雁门人或代郡人。著有《雁门集》3卷、《集外诗》1卷及《西湖十景词》。事迹见《新元史》卷二三八、《元诗选·初集》小传、《两浙名贤录》卷五四。

按:其《雁门集》,干文传尝为之作序,颇有赞誉之词,亦论及诗风成就原因,援引如下:"我元之有天下,拓基启祚,皆始于西北。其去周之邠、镐益远,然而大川崇林,长河旷壤,钟于两间,而为风气所凝结。况祖宗深仁厚泽,浸灌陶煦,有加而无已。是以人生其间,多质直端重,才丰而气昌,岂比规规佔毕、尖新剽掠以为言者哉?观之姚牧庵、马文清、达兼善、巙子山诸公辈,其所以为诗者,往往宏伟舂容,卓然凌于万物之表,而性情不自失,可谓轶汉唐而闯诸风雅,有周忠厚之气象为之一新。若吾友萨君天锡,亦国之西北人也。自其祖思兰不花、父阿鲁赤,世以膂力起家,累著勋伐,受知于世祖、英宗,命仗节钺,留镇云、代,生君于雁门,故为雁门人。君幼歧嶷不群,稍长愈颖敏,遍接隽杰,获聆绪论,乃深有益。遂为文词,雄健倜傥,迥迈乎人人。踰弱冠,登丁卯进士第,应奉翰林文字。久之,除燕南经历,升侍御史于南台。凡所巡览,悉形诸咏歌,传诵士林,殊脍炙人口。以弹劾权贵之不法,左迁镇江录事宣差,后陟官闽宪幕。由是往还吴中,尝出其所作之诗曰《雁门集》者见示,余得以尽观。其豪放若天风海涛,鱼龙出没;险劲如泰华云门,苍翠孤耸。其刚健清丽,则如淮阴出师,百战不折,而洛神凌波,春花霁月之蝙娟也。有诗人直陈之事,有援彼状此、托物兴词之义,可以颂美德而尽夫群情,可以感人心而裨乎时政。周人忠厚之意具,乃以一扫往宋萎靡之弊矣。……国家元气,肇自西北,以及于天下,有源而有委,读是诗者,尚有以见之。……又有巧题百首,皆七言律,别为一集云。"(《代州志》卷七)《四库全书总目提要》曰:"集本八卷,世罕流传。毛晋得别本刊之,并为三卷。后得获區王氏旧本,乃以此本未载者别为《集外诗》一卷,而其集复完。"

宋无约卒(1260—)。无字子虚,号翠寒道人,本名名世,字晞颜,尝冒朱姓,吴郡人。元初代父职,领征东万户案牍,从征日本归,家居不复仕,晚出为馆师。工诗,力主宗晚唐。著有《翠寒集》1卷、《啽呓集》1卷、《蔼迤集》、《鲸背吟集》1卷、《寒斋冷语》等。事迹见其自叙传《吴逸士宋无自志》。

谢端五月十七日卒(1279—)。端字敬德,号桤斋,江陵人,徙江夏。延祐五年登进士第,授湘阴州同知,擢国子博士,改太常博士,历翰林修撰、待制,除国子司业,迁翰林直学士。卒谥文安。为文简而有法,叙事核实,言无溢美,累朝信史、典册、制诰,当代公卿祠墓碑板多出其手。著有《正统论辨》1卷。事迹见苏天爵《谢公神道碑》(《滋溪文稿》卷二〇)、《元史》卷一八一。

按:《元史》本传载:"……荐之姚燧,燧方以文章大名自负,少所许可,以所为文示端,端一读,即能指擿其用意所在,遽叹赏不已,语人:'后二十年,若谢端者,岂易得哉!'"又载:"居翰林久,至顺、元统以来,国家崇号,慈极升祔先朝,加封宣圣考妣,制册多出其手。预修文宗、明宗、宁宗三朝实录,及累朝功臣列传,时称其有史才。""端又与赵郡苏天爵同著《正统论》,辨金、宋正统甚悉,世多传之。……元世蜀士以文名者,曰虞集,而谢端其次云。"

吴莱卒(1297—　)。莱本名来凤,字立夫,浙江浦阳人。延祐中,以《春秋》贡于乡,试礼部不第,隐居深山,以著述为业。宋濂曾从其为师,后荐授饶州路长芗书院山长。门人私谥渊颖先生,后更谥贞文。与黄溍、柳贯皆出于方凤之门,又再传于宋濂。《宋元学案》列其入《龙川学案》"方氏门人"。著有《渊颖集》12卷、《附录》1卷,主要为《尚书标说》6卷、《春秋世变图》2卷、《春秋传授谱》1卷、《春秋经说胡氏传正误》(钱大昕《元史艺文志》注:未脱稿)、《古职方录》、《孟子弟子列传》2卷、《桑海遗录》、《楚汉正声》、《乐府类编》、《唐律删要》30卷、《三朝野史》1卷、《松阳志略》、《南海古迹记》1卷等。事迹见宋濂《渊颖先生碑》(《渊颖集》附录)、《元史》卷一八一、《蒙兀儿史记》卷一三七、《金华贤达传》卷一〇、《元儒考略》卷四、《元诗选》初集。

按:《元史》本传载:"(柳)贯平生极慎许与,每称莱为绝世之才。溍晚年谓人曰:'莱之文,蕲绝雄深,类秦、汉间人所作,实非今世之士也。吾纵操觚一世,又安敢及之载!'"《宋元学案·北山四先生学案》全祖望评曰:"北山一派,鲁斋、仁山、白云,即纯然得朱子之学髓,而柳道传、吴正传以逮戴叔能、宋潜溪一辈,又得朱子之文澜。蔚乎盛哉,是数紫阳之嫡子,端在金华也。"其《三朝野史》记南宋理宗、度宗、恭宗三朝轶文琐事,多涉及艺文、诗词,略似诗文丛话,多有可信,与掇拾陈言或捕风辈异也。

至元七年　元惠宗至正元年　辛巳　1341年

正月己酉朔,诏改至元七年为至正元年。
是月,命永明寺写金字经一藏。
五月戊申,以崇文监属翰林国史院。
闰五月壬寅,诏刻宣文、至正二宝。
六月戊辰,改奎章阁为宣文阁。

按:据《元史·巙巙传》载:"大臣议罢先朝所置奎章阁学士院及艺文监诸属官。巙巙进曰:'民有千金之产,犹设家塾,延馆客,岂有堂堂天朝,富有四海,一学房乃不能容耶?'帝闻而深然之,即日改奎章阁为宣文阁,艺文监为崇文监,存设如初,就命巙巙董治。"

十二月乙卯,诏:"民年八十以上,蒙古人赐缯帛二表里,其余州县,旌

以高年耆德之名，免其家杂役。"(《元史·顺帝纪三》)

是年，诏选儒臣欧阳玄、李好文、黄缙、许有壬等数人，五日一进讲，读五经、四书，写大字，操琴弹古调。

按：是年，奎章阁改为宣文阁，顺帝明确继续经筵开讲之例，令许有壬等儒臣极为振奋，以为行汉法有望，许有壬乃作《敕赐经筵题名碑》，赞述元世祖以来历任皇帝重视文治之道，开经筵之治，并详述宣文阁人员、部门设置、规定等，颇具文史意义。文曰："世皇经营六合，崎岖金革间，首索金余黎献及一时经术之士，谘咨善道。及正九五，益崇文治。至元三年十二月，遣中都海涯谕旨儒臣：朕宜听何书，其议选来进。于是商挺、姚枢、杨果、窦默、王鹗言帝王之道，为后世大法，皆具《尚书》，乃以进讲。八年，许衡、安藏进'知人用人'、'德业盛，天下归'之说，深用嘉纳。仁宗御极，台臣请开经筵，乃命平章政事李孟时入讲诵。泰定间，始以省台、翰林通儒之臣知经筵事，而设其属焉。今上皇帝法圣祖之宏规，考近制而损益之，开宣文阁，选中书、枢密、御史台、翰林国史之臣，以见职知兼经筵，丞相独署以领，重其事也。其下有兼经筵官、参赞官、译文官，率以中书翰林僚幕若阁属为之，而不常其员。又其下，译史三人、检讨四人、书写五人，宣使四人。有公移，翰林、国史知经筵者署之，仍用国史院印章，奏为著令。至正七年正月二十日，知经筵事、翰林学士承旨笃怜帖木儿暨领经筵事，中书右丞相别儿怯不花奏，经筵启沃圣心，裨益治道，甚盛事也。领知若兼之臣，宜立石以记其姓名，拟翰林学士承旨臣有壬为记，御史中丞臣朵尔直班为书，知枢密院事臣太平（即贺惟一，赐姓蒙古氏，名太平）篆其额。制可。"(《至正集》卷四四)

大兴国子监，有蒙、回、汉生员千余，每人日食钞五两，不务实学，流行嫚侮嘲谑之风，入茶酒肆，饮罢常不付钱而去。

按：权衡《庚申外史》"至正元年"："大兴国子监，蒙古、回回、汉儿人三监生员，凡千余。然祭酒、司业、博士多非其人，惟粉饰章句，补苴时务，以应故事而已。凡在诸生，日啖笼炊粉羹，一人之食为钞五两。君子以监学乃作养人材之地，而千百为群，恣纵恬嬉，玩愒岁月，以侮嫚嘲谑为贤行。加屏风以障市人，入茶酒肆不偿直，掉臂而去，无敢谁何。是坏天下人材，何作养之有焉。"

浙江苍南彭家山摩尼教寺院选真寺得以重建。

按：至至正二十八年(1368)始建成。其邻近平阳县炎亭亦有潜光院，亦为摩尼教寺院。

意大利人文主义弗朗切斯科·彼得拉克在罗马加冕桂冠诗人。

柳贯擢为翰林待制，兼国史院编修官。

黄溍为江浙儒学，踵门谒文者殆无虚日。与张雨、刘衍卿、杨维桢等游。后杨维桢适杭，黄氏多取其笔代应，并赞其为文洒脱不拘。授官初归，柳贯与赵大讷来访。任乡试考官，作考题《江浙乡试蒙古色目人策问》、《江浙乡试南人策问》；又与考试院诸公同泛西湖，作诗《试院诸公同泛西湖》。

许有壬九月进讲明仁殿，帝悦，赐酒宣文阁中，仍赐豹裘、金织文币。是年又转中书左丞。

宋濂父为赐"蓉峰处士"。

汪克宽春以处士君行状，徒步千里求铭文于虞集，虞集因为其序《春秋纂疏》。

陈旅迁国子监丞。

张翥以隐逸荐为国子助教，分教上都。

李好文除国子祭酒，改陕西行台治书侍御史，迁河东道廉访史。

周伯琦为宣文阁授经郎，教戚里大臣子弟。帝以其工书法，命篆"宣文阁宝"，仍题匾宣文阁。

吴师道升博士，阶儒林郎。在京与陈旅为莫逆交，谈论文艺，相得甚欢，陈旅评师道为人为文"孤峭迫急"。在京师，又与危素游。

黄清老出为湖广儒学提举。

杨维桢九月会李孝光于吴门，评古今人诗。李氏谓《琴操》不易为，维桢请题，赋十一首。李亟称赏，以为出韩愈之上，且称维桢诗为"铁雅"。冬，杨维桢携妻儿适钱塘，居吴山铁冶岭。与姑苏富子明为邻，时造访之。

高明乡试中试。

泰不华为绍兴路总管。

伯笃鲁丁由礼部侍郎迁秘书太监。

刘鹗累迁秘书郎，升翰林修撰。

汪幼凤为举人，官衢州学，后为州照磨。

按：幼凤，安徽婺源人。著有《星源续志》。

舒頔七月服阕，补京口丹阳校官，馆于平章秦公之门。

陶安训导姑苏郡庠，秋应浙江行省乡试，落第。

按：《元史·选举志一》载：乡试，八月二十日第一场，二十三日第二场，二十六日第三场，汉人、南人试三场，蒙古、色目人只试两场。第一场，蒙古、色目人试经问五条，《大学》、《论语》、《孟子》、《中庸》内设问，用朱氏《章句集注》，其义理精明、文词典雅者为中选。汉人、南人明经经疑二问，《大学》、《论语》、《孟子》、《中庸》内出题，并用朱氏《章句集注》经义一道，各治一经，《诗》以朱氏为主。《尚书》以蔡氏为主，《周易》以程氏、朱氏为主，已上三经兼用古注疏。《春秋》用三《传》及胡氏《传》，《礼记》用古注疏，限500字以上，不拘格律。第二场，蒙古、色目人试策一道，以时务出题，限500字以上。汉人、南人，古赋诏诰章表内科一道，古赋诏诰用古体，章表用四六参用古体。第三场，汉人、南人试策一道，经史时务内出题，不矜词藻，惟务直述，限1000字以上。是年，新复科举，稍变程式，减蒙古、色目人明经二条，增本经义，易汉、南人第一场《四书》疑一道为本经疑，增第二场古赋外，于诏诰章表内又科一道。

陈基是年前后被黄溍收作门徒。

朱公迁中乡试。

周闻孙以经义举于乡。

钱惟善中乡试，以荐官历至江浙儒学副提举。

曾贯举于乡，官绍兴路照磨。

按：曾贯，字传道，泰和人。著有《易学变通》6卷、《庸学标旨》（注）、《四书类辨》。

刘玉汝中乡试。

按：刘玉汝，字成之，庐陵人。著有《诗缵绪》18卷，《四库全书总目提要》评曰：

"玉汝始末未详。惟以周霆震《石初集》考之,知其为庐陵人,字成之,尝举乡贡进士。所作《石初集序》,末题'洪武癸丑',则明初尚存也。此书诸家书目皆未著录,独《永乐大典》颇载其文。其大旨专以发明朱子《集传》,故名曰《缵绪》。体例与辅广《童子问》相近。凡《集传》中一二字之斟酌,必求其命意所在。或存此说而遗彼说,或宗主此论而兼用彼论,无不寻绎其所以然。……明以来诸家诗解,罕引其说,则亡佚已久。今就《永乐大典》所载,依《经》排纂,正其脱讹,定为一十八卷。"

王祎是年前后受学于柳贯。

按:王祎《跋宋景濂所藏师友帖》云:"祎生也后,不及事吴先生(莱),而幸尝及柳公之门,若黄公之门,又获久游焉。"(《王忠文集》卷一七)王祎云其于黄溍之门而获久游,则意其受学于柳公之门不长,柳贯卒于至正二年,时王祎21岁,故王祎或因柳贯师之卒不得久游,转而师事黄溍。

僧元叟与杨维桢交往,时元叟诗派称盛禅林。

井德用改授真人,住持奉元万寿宫。

按:井德用,字容辅,号鉴峰,雍人。镇教道士,苗道一高弟。事迹见何约《井真人道行碑》(《续陕西通志稿》卷一六〇)。

虞集七月初一日作《春秋胡氏传纂疏序》。

按:《春秋胡氏传纂疏》乃汪克宽"以胡氏之说,考其援引之所自出,原类例之始发而尽究其终"之作。虞《序》云:"昔之传《春秋》者有五家,而邹、夹先亡。学《春秋》者,据左氏以记事,以观圣笔之所断,而或议其浮华,与经意远者多矣。是以公、谷据经以立义,专门之家是以尚焉。唐啖赵师友之间,始知求圣人之意于圣人手笔之书。宋之大儒以为可与三《传》兼治者,明其能专求于经也。然传亡,存者惟纂例等书,意其传之所发明,无出于所存之书者。清江刘氏,权衡三《传》,得之为多,而其所为传,用意奥深,非博洽于典礼旧文者,不足以尽明之,是以知者鲜矣。盖尝窃求于先儒之言,以为直书其事,而其义自见。斯言也,学《春秋》者始有以求圣人之意,而无傅会纠缠之失矣。程叔子所谓时措之宜为难知者,始可以求其端焉。胡文定公之学,实本于程氏。然其生也,当宋人南渡之时,奸佞用事,大义不立,苟存偏安,智勇扼腕,内修之未备,外攘之无策,君臣父子之间,君子思有以正其本焉。胡氏作《传》之意,大抵本法于此。盖其学问之有源,是以义理贯串,而辞旨无不通,类例无不合。想其发愤忘食,知天下之事必可以有为,圣人之道必可以有立。上以感发人君天职之所当行,下以启天下人心之所久蔽,区区之志,庶几夫子处定、哀之间者乎!东南之人,赖有此书,虽不能尽如其志,诵其言而凛然,犹百十年至其国亡,志士仁人之可书,未必不出于此也。然其为学博极群书,文义之所引,不察者多矣。国家设进士科以取人,治《春秋》者,三《传》之外,独以胡氏为说,岂非以三纲九法,赫然具见于其书者乎!而治举子业者,掇拾绪余,以应有司之格,既无以得据事之旨,又无以得命德讨罪之严,无以答圣朝取士明经之意。新安汪克宽德辅,以是经举于浙省。其归养也,能以胡氏之说,考其援引之所自出,原类例之始发而尽究其终,谓之《胡氏传纂疏》。其同郡同氏、前进士泽民叔志父详叙之。夫读一家之书,则必尽一家之意,所以为善学也。推广以达乎经,因贤者之言,以尽圣人之志,则吾于德辅,犹有望也。"(《雍虞先生道园类稿》卷一七)

卢观《诗经集说》6卷刊行。

按:蒋光煦《东湖丛记》著卢观撰《诗经讲义集说》六卷,有影元抄本,卷末有"至正辛巳校梓"。《千顷堂书目》著录《诗集说》,另有《易集图》,注曰:字彦达,昆山人,卢熊父。隐居教授,门人私谥夷考先生。

小云石海涯《新刊全像成斋孝经直解》1卷刊行,上图下文。

杜洲书院刊行《袁氏蒙斋孝经》、《耕织图》。

谢升孙作《汉唐事笺序》。

按:《汉唐事笺》,又名《汉唐事笺对策机要》,分前集12卷、后集8卷,朱礼著。礼字德嘉,建昌新城人。《序》云:"《汉唐事笺》,吾友朱君所作也。凡其沿革废置,损益更张,纤悉节目,有关于治体者,罔不领举而纲提,并包而囊括。溯流寻源,随事笺注,悉有依据,一览之余,了然在目。噫!是书之作,岂特通古已哉!学优而仕,辅世长民之道,举不越是。有志于斯世者,苟能鉴汉唐之迹,而隆万世之规,庶乎此书之传,不为纸上语耳。此吾友以私淑人者也,不敢终秘,用镂之木,以广其传云。时至正元年孟秋之月,前进士盱江南窗谢升孙子顺父序。"(《汉唐事笺》卷首)

燕公楠所著《唱论》1卷约于是年前后刊刻。

按:是书为古代论述金元时期戏曲声乐之著作。最早见于杨朝英所编《乐府新编阳春白雪》。《唱论》首卷标明,其最早刻本刊于元至正间。

刘仁初编《新刊类编历举三场文选》10集72卷成。

按:该书由建安虞氏务本堂和余氏勤德书堂共同刊刻,日本静嘉堂文库藏有。该书卷首有《三场文选序》,署"至正辛巳六月既望吉安安成后学刘贞仁初谨书",《序》曰:"行同伦,书同文。朝廷文治天下,文明未有盛于此时者。已设科取士,观士以文,无蛉志厌厌之陋,无西崐扎苴之怪,灏灏噩噩,直将与三代同风。上之人所以望者如此,今之士所以期者亦以此,岂特志富贵、要人爵而已哉?历科之文,简帙重大,试加会集,积案盈箱,未钩其玄,未择其精,新学之士苦焉。山林日长,风云意远,因与诸益友快读细论,而录其尤者成编,题之曰'三场文选'。盖欲以便观览,明矜式,以授其徒,初非敢妄评天下之文也。建安虞君质夫见之,索其本而传诸梓,屡辞不获,谨不敢藏。至若识趣之狭、采摭之疏,吾党之士幸正之。"次为"类编历举三场文选纲目"(纲目题署之后有双边八行刊记,署"至正改元辛巳菊节建安后学虞壄文质谨咨")。所谓"三场",乃指乡试、会试、殿试。全书分为10集72卷:甲集,经疑,凡八科计八卷。乙集,易义,凡八科计八卷。丙集,书义,凡八科计八卷。丁集,诗义,凡八科计八卷。戊集,礼记义,凡八科计八卷。己集,春秋义,凡八科计八卷。庚集,古赋,凡八科计八卷。辛集,诏诰章表,凡三科计三卷。壬集,对策,凡八科计八卷。癸集,御试策,凡七科计五卷。至"纲目"毕尾题之前有"天下学院乡试赏试程文同志毋吝录示敬写梓行"一行刊记。下乃《圣朝科举进士程式》,收录自皇庆二年(1313)到至正元年有关科举取士的各种诏旨、中书奏章及乡试会试程式等。各集皆先目录后正文,如甲集先有"类编历举三场文选·经疑目录",然后分卷排列正文,每科试题和所选考卷为一卷,如第一卷选录实行科举后的第一科"延祐甲寅乡试"、"延祐乙卯会试"的试题和答卷,每科乡试会试编为一卷。正文各卷头题"新刊类编历举三场文选·经疑几卷"(甲集),署"安成后学刘仁初编集"。日本内阁文库还藏有刘仁初编的《新刊类编历举三场文选》的朝鲜翻刻本。此朝鲜翻刻本的底本很可能全书都是建安虞氏务本书堂刊刻的。

无名氏约于此年前著《画纪补遗》2卷、《元画纪》1卷。

吴师道是年前后作《国学策问四十道》。

日新堂刊行《朱子成书》。

按：总目后有："至正元年辛巳日新堂刊行"牌记。《故宫目》载黄瑞节编《朱子成书》10卷，凡10种，元至正元年日新堂刊本，十一行二十字。有刘将孙大德九年（1305）序。

吴恕《伤寒活人指掌图》3卷至正间刊。

按：吴恕号蒙斋，浙江钱塘人。

张师愚与汪泽民合辑宋元宣城诗人之作，成《宛陵群英集》12卷，并各为序。

按：汪《序》云："诗所以咏情性而本乎风教之盛衰，其体固有古近之殊，求之六义一也。宛陵为江左大藩，文风之盛盖久矣。世远而辞不传，宋太平兴国中，少卿李公以文学显，继而侍读梅公以诗名，当世搜访所作，皆仅余数篇。侍读从子都官圣俞则尤大昭著者，幸其集独存学宫。岁月寝深，后之篇咏益复放失，可不惜哉！里中施璇明叔昆弟敦尚文墨，乃请于余，偕张仲渊编辑李少卿而下诗逮乎今日，凡得一千三百九十三首，分古今体，缮写为二十八卷，题曰《宛陵群英集》，锓板而传之。都官诗则不复载焉，余尝怪世之昧者，往往易视乎诗，不知其关政教非小也，是故风雅之作，美恶具存，感发惩创，并行不悖。今是编虽不越乎宛陵，然一邦之政教，得失于焉可考矣，采诗者览之亦将有所取云。至正初元岁在辛巳正月丙子新安汪泽民序。"张《序》云："宛陵山水之胜，闻于东南，人生其间必有魁奇秀伟之士，发于咏歌，亦必清丽典雅，播当时而传后世。由宋以来，有少卿李公、侍读梅公、公之任都官先生，洎施景仁、周少隐诸人彬彬彰甚。余尝欲萃辑众作，而因循不暇。一日里人施璇明叔率诸弟来请曰：'吾宣诗人之集不少，年代浸远，散涣无统，沦亡者众矣。今不辑，惧久而益泯，使后世无闻焉，非所以尊先达励后进，愿子辑诸家之长为一编，吾将刻之梓以久其传，岂不伟欤？'余固辞不获，乃与吾友汪氏叔志，上取宋初迄于今日，凡宣之士所作诸体诗，摘其警策者，类分而胪列之，凡二十八卷，名曰《宛陵群英集》，都官诗则有《宛陵先生集》刻本于学宫，兹不复载。若夫采录未尽及继今有作，将俟续刊之云。至正元年岁在辛巳春正月丙子宣城张师愚叙。"（二序皆见《宛陵群英集》卷首）《四库全书总目提要》云："是编盖泽民晚居宣城时所辑。上自宋初，下迄元代，得诗一千三百九十三首，分古今体，订为二十八卷。同里施璇为锓板以行。其后久佚不传，……今核《永乐大典》各韵内所录此集之诗，共得七百四十六首，作者一百二十九人，视原本犹存十之五六。此集虽仅一乡之歌咏，亦可云文献之征矣。谨裒集校定厘为十二卷，凡其人之爵里、事迹有可考者，俱补注于姓名之下，不可考者，阙之。其《永乐大典》原本失载人名无可参补者，则仍分类附录于后，以待审订焉。"

杨维桢弟子陈存以所辑《廉夫文赋》30篇刊板梓行，并作跋。

按：是跋言维桢赋多英气，蔚为词宗。黄清老亦撰评语。

虞集六月十一日作《佛祖历代通载序》。

按：《序》云："浮图氏之论世，动以大劫小劫为言。中国文字未通，盖不可知也。摩腾竺法兰至汉，而后释迦佛之生灭，可以逆推其岁年。自是中国之人，得以华言记之。自天竺及旁近诸国东来者，莫盛于西晋。至于姚秦石赵等国，其人则鸠摩罗什、佛图澄、那连、耶舍、昙无识诸师，而东土卓绝奇伟之士生肇融叡等，相为羽翼，翻译经义，尽为华言。而佛理之精，无不洞究。先觉之士，至有逆知其至理之未至者，佛学之行，莫博于此时矣。弥天道安，至于远公，辟地东南佛陁耶舍，远相从游。而辟世君子，相依于离乱之世，乃若宝公、双林诸公，起而说法，而佛学大盛于东南矣。若夫智者弘《法华》于天台，三藏开《般若》于唐初，清凉广《华严》

于五台，密公说《圆觉》于草堂，宣公严律教于南山，《金刚》启秘密于天宝。大小三乘、唯识等论，专门名家，毫分缕析，汗牛充栋，学者千百，有皓首而不能穷极者焉。达磨之来，则有五传其衣，五宗斯立，同源异流，自梁历宋，谓之传法正宗。我国朝秘密之兴，义学之广，亦前代之所未有，此其大略也。记载之书，昔有《宝林》等传，世久失传。而《传灯》之录，僧宝之史，仅及禅宗。若夫经论之师，各传于其教。宰臣外护，因事而见录，岂无遗阙。近世有为《佛祖统纪》者，拟诸《史记》，书事无法，识者病焉。时则有若嘉兴祥符禅寺住持华亭念常得临济之旨于晦机之室，禅悦之外，博及群书。乃取佛祖住世之本末，说法之因骤，译经弘教之师，衣法嫡传之裔，正流旁出，散圣异僧，时君世主之所尊尚，王臣将相之所护持，论驳异同，参考讹正。二十余年，始克成编，谓之《佛祖历代通载》，凡廿二卷。其首卷则言彰所知、论器、世界情、世界道果、无为五论。则我世祖皇帝时，发思八帝师，对御之所陈说，是以冠诸篇首。其下则以天元甲子，纪世主之年，因时君之年，纪教门之事。去其繁杂谬妄，存其证信不诬。而佛道世道汙隆盛衰，可并见于此矣。嗟夫！十世古今，不离当念。尘影起灭，何足记哉？尝见沩山有问于仰山，仰山每有年代深远之对，则亦悯先觉之无闻者乎？而《法华》一经，前劫后劫，十号无二。又曰：'观彼久远，犹若今日。'则此书宜在所取乎。至正元年六月十一日，微笑庵道人虞集序。"（《雍虞先生道园类稿》卷三二）

李本十二月作《道园学古录跋》。

按：其文云："至正元年十有一月，闽县斡公使文公之五世孙炘来求记屏山书院，并征先生（虞集）文稿以刻诸梓。本与先生之幼子翁归及同门之友编辑之，得《在朝稿》二十卷，《应制录》六卷，《归田稿》一十八卷，《方外稿》六卷。盖先生在朝时，为文多不存稿，固已十遗六七；归田之稿，间亦放轶。今特就其所有者而录之，所谓泰山一毫芒也。先生前代世家，以道德文学，由成均颂台史馆经筵，洊历清要，皆承平之日。其所著述，则国家之典故，功臣贤士之遗迹在焉。归侨临川，尘虑消歇，日与四方之宾客门人子弟，讲明道义，敷畅详恳，以其绪余发而为言，深欲阐明儒先之微，以救末流之失。先生之学，庶或于此而可见与？是年十有二月门人李本谨识。"李本，字伯宗。临川人。曾从学于吴澄，澄殁，就学者皆归依李氏。为学于朱注《四书》，句句而诵之，不敢有间；于《五经》则取先儒训义，循环诵读，率数月一周，而不以处家之难、应事之杂而少废。《宋元学案》列其入《草庐学案》。

赡思五月作《宝庆四明志重刻序》。

按：《序》曰："……四明有志久矣，而著述非一，可稽者惟宋乾道间郡守张津重缮大观初所编为七卷，及宝庆间庐陵罗濬复演为二十有一，而各以图冠其首。国朝袁翰林桷命十有二考以成书，盖变体也。文富事明，气格标异，诚为奇特，乃大掩前作。然濬之书，讵可全废哉？俾与《旧唐》为徒以备参考，亦自有补，乃命梓刻於郡学。至正改元仲夏末旬月，真定赡思序。"（《鄞县志》卷七五）

沙门善住为僧若舟《佛日圆明大师别岸和尚语录》5卷、《偈颂赞跋》1卷作序。

按：北图藏元刊本，十一行二十二字，黑线口，单边，版心下刻有字数，前有至正元年沙门善住序，至正四年沙门正印跋。

杜本为《敖氏伤寒金镜录》1卷作序。

按：敖氏，不详何人，故今人题是书为杜本所撰。然是书还有萧璜鸣至正元年（1341）序，云"承先师之诲"，先师当为敖氏，而非杜本。

虞集十二月初十日作《屏山书院记》。

按：其文云："建宁路新作屏山书院者，祠屏山先生刘文靖公，而始列于学官者也。先生讳子翚，字彦冲，故宋忠显公讳韐之季子，而枢密忠肃公珙之从父。与为友者，籍溪胡公原仲。受学于其门者，徽国朱文公也。先生居崇安之五夫里，有屏山书院，文公之所题也。国朝至大，忠肃公之五世孙请于郡，以枢密故地为书院，取文公五夫里之题扁而揭之。第有先生之祠，以文公及其从子枢密侑食。郡人士春秋具祠不废，而未建学立官，如书院之制也。元统初，郡首按都刺上其事，以请贰宪李公端，以为宜如郡言。事闻朝廷，至元己卯，文书下如其请。金宪左公答刺失里行部至郡，用朱炘言，取建安书院计余赋之留郡者，为至元钞一百五十定，以作书院。是岁，仅以其钱五分之一，以葺先生之祠堂，他未遑也。至正元年（1341），贰宪斡公玉伦徒（斡玉伦徒）之至，与郡守麻合马、通守刘伯颜计赀而新之。作礼殿奉夫子燕居，先生之祠侑食者无所改。而都宫有门，凡书院之所宜为，次第而举之矣。前代之世家故宅，沦谢于二百年之后者，一旦焕然复为礼乐之宫，自学者至于道涂之人，莫不感叹而兴起焉。岁十有一月告成，郡长贰为文书，使郡人朱炘走临川山中，致斡公之意，使集书其事如此云。炘，文公之五世孙也。集既书其事而叹曰：'呜呼！先生远矣，先生之学之精微，犹可得而闻者，其在文公之所叙录乎。且其遗文二十卷者，文公之所定录，而胡公之所叙也。诵其诗，读其书，以求诸其为人，其在此矣。'盖先生之言曰：'尝卧病莆阳，与释、老子之徒接，以为其言是矣。反而观乎吾书，而后有以知吾道之大，体用之全卓然。'高风远识，何可及也。著而为书，自尧、舜、禹、汤、周公、孔子、颜、曾、思、孟，论其所行之道，序其所传之宗，盖其用力积久，而真知深造以为言者也。至于其所自得而指示学者，历论世学之所以蔽，人心之所以晦，吾道之所以不明者，俾知其蒙之所在而发之，以求夫不远之复，而曰不远复者，入德之门也。嗟夫！此颜子之学也。先生以颜子之学为学，而告诸学者，亦以颜子之学为学焉。今之学者，欲求先生之学，不以颜子之学为学，岂先生之所以望于学者乎？盖尝窃彷佛其志气神明之万一矣。大才足以用世，而敛退无闷，登山临水。与其师友讲明授受，不厌不倦，而至于嗒然忘言，遂以终日。精明高简，孰得而窥之？若夫终身之慕，不忘于体魄之藏；俯仰之安，不昧于死生之际。就其所存以极其所至，吾党小子其何足以言之乎？嗟夫！圣贤千载不传之绪，中兴于濂洛，而世变随之。胡氏之所得，在于籍溪杨氏之所传，至于延平、文公皆受而传焉。原其为学之端，实先生为之根柢。不然，弱冠之门人，字而祝之，即期以颜、曾之事，岂无见而然哉？而后知文公之于父师，其报均周极矣。诸君子之遗迹，皆在此乡也。会其通以成其业，可不推原于此堂也乎？李公端，字彦方，世保定儒家。历御史史馆、颂台成均，以至正固有守。左君当海寇犯漳，约束保障，郡县赖之。斡公字克庄，西夏旧族。通经制行，泊如诸生。由禁廷迁御史，六命皆耳目之寄，于尊师崇道之谊尤笃。前郡守按都刺治郡十年，至今人思之。监郡马合谋、郡守麻合马皆以善治闻。倅刘伯颜，文雅通敏。幕府诸老陆文英、罗庆协心以赞之。故斯役也，无间言而有成功，可以至于久远矣。督工者，前乡贡进士录事判官也，先建安书院山长申屠诚。是年十有二月十日，前奎章阁侍书学士、翰林侍讲学士、通奉大夫、知制诰、同修国史虞集记。"（《雍虞先生道园类稿》卷二四）

日本净土宗僧圣烱（ —1420）生。

僧行端卒（1253— ）。行端字元叟，临海人。俗姓何。临济宗杨岐派法系中人。历主湖州资福、杭州中天竺、灵隐等寺。元叟世为儒，幼饱读诗书，出家不废歌诗。尝拟寒山子诗百余篇，为四方衲子传诵。元叟诗派曾称盛禅林。事迹见黄溍《泾山元叟端禅师塔铭》(《金华黄先生文集》卷四)、《续补高僧传》卷一二、《元诗选》初集卷六八。

按：《续补高僧传》卷一二云："行端……世为儒家。年十一从叔父茂上人，得度于余杭化城院。气识渊邃，慨然以道自任。参藏叟老禅师于径山，得旨。次至净慈石林巩公，处以记室。大德庚子，出世湖之资福，名闻京国，特旨赐慧文正辩禅师。行中书平章张公举师住中天竺，复迁灵隐。有旨设水陆斋于金山，命师说法，竣事入觐，奏对称旨，加赐佛日普照之号。南归即退，庐于良渚之西庵。至治壬戌，三宗四众相率白于行宣政院，请师补径山，仍阃奏请降玺书护持。师至是凡三被金襕之赐，人以为荣，而师漠如也。主径山席三十年……至正辛巳示寂，窆全身于寂照院，八十八岁也。"

陈澔卒（1261—　）。澔字可夫，号云庄，又号北山，江西都昌人。陈大猷之子。博学好古，宋亡隐居，不求闻达，主要从事讲学和著述。勤学而好古，秉承祖业，精于《易》、《礼》、《书》，曾于都昌建云住书院讲学，亦称经归书院。后又应邀在庐山白鹿洞书院主讲两年，不少名门俊彦慕名就学，一时间书院学风大盛。学者称云庄先生，又称经师先生。《宋元学案》列其入《双峰学案》"东斋家学"。著有《礼记集说》10卷、《礼记增订旁训》6卷。事迹见危素《元故都昌陈先生墓志铭》(《危太朴文集》卷五)。

韩性五月初七日卒（1266—　）。性字明善，绍兴人。韩翼甫之子。九岁通《小戴礼》，作义操笔力就，文意苍古，老生宿学，皆叹异焉。读书博综群籍，自经史至诸子百家，靡不极其津涯，究其根柢，而于儒先性理之说，尤深造其阃域。与永康胡之纲、胡之纯、胡长孺为内兄弟，曾与王应麟、俞浙、戴表元等结为忘年交。曾荐为慈湖书院山长，谢不起。善诗文，自成一家。为文一主于理，博达儁伟，变化不测，自成一家言。四方学者，受业其门，户外之履，至无所容。卒后，南台御史中丞月鲁不花请谥，赐谥庄节先生。《宋元学案》列其入《恂庵学案》"恂斋家学"、"深宁学侣"。著有《尚书辨疑》1卷、《诗音释》1卷、《礼记说》4卷、《郡志》8卷、《五云漫稿》12卷等。事迹见黄溍《安阳韩先生墓志铭》(《黄文献集》卷九上)、《元史》卷一九〇、《新元史》卷二三五、《元诗选·二集》小传。

按：《元史》本传载："延祐初，诏以科举取士，学者多以文法为请，性语之曰：'今之贡举，悉本朱熹私议，为贡举之文，不知朱氏之学，可乎？《四书》、《六经》，千载不传之学，自程氏至朱氏，发明无余蕴矣，顾行何如耳。有德者必有言，施之场屋，直其末事，岂有他法哉！'"

王都中卒（1278—　）。都中字元俞，一字邦翰，号本斋，福宁州人。以父功授平江路治中。累拜浙江行省参知政事。卒谥清献。历仕五十余年，政绩卓著，当时南人以政事之名闻天下，而位登省宪者，惟王都中而已。幼尝执弟子礼于许衡门下，后致力为学。《宋元学案》列其入《鲁斋学案》"鲁斋门人"。著有《本斋集》3卷。事迹见《元史》卷一八四、《元史类编》卷二七、《元史新编》卷三九、《宋元学案补遗》卷九〇、《元诗选·三集》小传等。

钟柔卒（1287—　）。柔字元刚，赣州龙南人。长从先达刘震游。融贯经史，下笔即成千言。因荐署雷州路学正。辞归，讲授乡里，从者数百人，尊称一峰先生。著有《诗经纂说》、《敝帚集》及《诗衍义》、《书衍义》、《易衍义》。事迹见《江西通志》卷九四、《大清一统志》卷二五四。

孙蕙兰约卒(1304?—)。孙周卿之女，23岁嫁傅若金为妻。所作诗清雅可诵，然恒毁其稿，其夫编集其诗18首，及未成章者二十六句，题曰《绿窗遗稿》1卷。事迹见傅若金《亡妻孙蕙兰墓志》(《傅与砺诗文集·文集》)。

赵鸾卒(1308—)。鸾字应善，色目雍古氏。赵世延之女，许有壬继室。朗惠厚静，能琴书，善笔札。名列《书史会要》。为管道昇《紫竹庵图》的题诗，乃其仅存手迹，亦为仅存西域女子的书法与诗篇。事迹见《书史会要·补遗》。

蒋宗简卒(1310—)。宗简字敬之，四明人。幼爽敏，有隽声。以弟子礼留程端学身边数年。日与同里郑觉民、王厚孙讲明正学。凡天人性命之本，古今治乱得失之迹，无不察究，遂弃科举之学。与危素交契，柳贯对其文章颇称赏。《宋元学案》列其入《静清学案》"畏斋门人"。著有《易集义》、《诗答问》、《春秋三传要义》。事迹见黄溍《蒋君墓碣》(《黄文献集》卷九上)。

张宣(—1373)、华宗韡(—1397)、瞿佑(—1427)生。

至正二年　壬午　1342年

马林王朝军败于阿尔黑西拉斯，遂失在西班牙之影响。

阿维尼翁教皇克莱门六世继位。

瑞典国王古斯塔夫创办多尔巴特大学。

二月壬寅，颁《农桑辑要》。

乙卯，李沙的伪造御宝圣旨，称枢密院都事，伏诛。

三月戊寅，帝亲试进士78人，赐拜住、陈祖仁及第，其余赐出身有差。

七月十八日，意大利人圣方济各会会士马黎诺里一行抵达上都。

按：马黎诺里一行于后至元四年(1338年)，奉罗马教皇本笃十二世命，前来中国，于本年抵达，谒见顺帝。并进献骏马一匹(亦称天马)，哄动一时，揭傒斯作《天马赞》(《揭文安公文集》卷一四)、欧阳玄有《天马颂》、《天马赋》(《圭斋文集》卷一)、周伯琦有《天马行》(《近光集》)、陆仁有《天马歌》(《元诗选·乾乾居士集》)。

十月壬戌，诏遣官致祭孔子于曲阜。

十二月壬寅，申服色之禁。

苏天爵拜湖广行省参知政事，迁陕西行台侍御史。

许有壬三月知贡举，喜曰："有幸逢今日，天开第八科。"(《至正集》卷一三)取试毕，春官胡行简随两榜进士拜有壬于私第。

黄溍于杭州任江浙儒学提举，游龙井，与同郡士大夫及方外士等41

人至南山谒胡则墓。黄溍是年致仕,齐琦为之起数。

按：嘉庆刻本《王忠文公集》卷二一《齐琦传》云:"(齐琦)既承家学,又兼得祝氏、傅氏之传,盖其为术,由声色气味以起数,而推极乎元会运世。即其数之所见,天地气运之否泰,生人吉凶休咎之征,无不可以预定。……江浙提学黄黄晋卿,年六十有六,将致仕,琦谓之曰:'来年乃可致仕,当带秘阁职名。七十后于是起位一品。然公性褊少容,止二品耳。'于是明年以秘书少监致仕。至七十有三,复召为翰林直学士,升侍讲学士而归。"

柳贯卒,戴良经纪其家,持心丧三年乃归。

按：时吴莱、柳贯、黄溍皆以经术文章鸣于世,戴良往来受业,尽得文章奥妙。与柳贯尤为亲密。

杨维桢欲补官,不果,授经钱塘为生。时,昆山袁华、嘉兴张汝霖等从学。

杨维桢与道士张雨、江浙检校字术鲁子升交,不时登山游湖,诗酒相聚。

王士熙升南台中丞。

倪瓒造访杨维桢,维桢题诗于华亭曹知白画卷。时维桢方倡《竹枝》,遂邀倪瓒同赋。

王士点迁秘书监管勾,累官淮西宪佥,升四川行省郎中,改四川廉访使。

胡助应在京师赴选,再授国史院编修之职。授官后先归故里。

吴师道八月尊苏天爵嘱咐,编次陈旅遗稿,后编得《安雅堂集》10卷。

吴师道或于是年为翰林承旨傑傑、翰林学士朵尔质班荐入翰林国史院,不报。

按：张枢《吴师道墓表》曰:"翰林承旨傑傑公、翰林学士朵尔质班公荐君堪任翰林国史,以为道德性命之明达,礼乐刑政之该通,操行清白而不愧于古人,志节方刚而不狥于流俗,不报。"

王祎是年钱塘受学于黄溍。与陈基、丁存定交钱塘。

胡行简登进士第,授国子助教。

按：胡行简,字居敬,新喻人。历翰林编修,除江南道御史,迁江西廉访司经历,世乱乞归,教授乡里。明洪武二年召至京修《礼书》,欲官之,以老病辞归。著有《樗隐集》6卷。

李廉以《春秋》举于乡,擢进士。

朱倬登进士第,历官遂安县尹。

倪瓒与柯九思同观苏东坡《题文与可竹卷》。

管文通倡议兴建一贯书院。

按：又名曾子书院、琴声书院、宗圣书院,位于山东郯城。相传春秋时期,曾子游学时曾在此居住,讲学授徒,后人建有曾子祠。元至正二年(1342),提举管文通倡议兴建书院,朝廷颁"曾子书院"额。院中有一巨石,敲之如琴声,故又名琴声书院,明代改名宗圣书院。

桃溪居敬书堂刊行董楷《周易程朱先生传义附录》17卷。

意大利人文主

义者乔万尼·薄伽丘始著《泰萨伊德》,又著意大利民间故事《爱情的幻影》。

意大利人文主义诗人弗朗切斯科·彼得拉克著《阿非利加》。

法国列维(本·格尔绍姆)的《论正弦、弦和弧》出版。

杨桓《六书统》20卷刊行。

按：是书卷末有"至正二年八月江浙等处儒学提举余谦补修"一行。国子博士刘泰作序云："……隶字既失其本真,则此意何以明哉。斯辛泉先生所以为忧,《六书统》所以作也。先生识见高明,洞彻物理,六书奥妙,究极精微。至于一文一字,用心推求,注释简要,莫不得其至当之理。于古人寓教之妙,发其所未发,以新天下后世之耳目,可谓方今之盛典也。苟存心于游艺者,得一观之,于世教岂为小补哉。先生幼子守义,得父之传,而精其业,多士嘉之。朝廷特命驰驿往江浙行省,刊板印书,以广其传,可见崇重至美之意云。将仕佐郎、国子博士、门生刘泰序。"(《江宁府志》卷五二)《四库全书总目提要》评曰："其书不足取,惟是变乱古文,始于戴侗,而成于桓。侗则小有出入,桓乃横决而不顾。后来魏校诸人,随心造字,其弊实滥觞于此,置之不录,则桓穿凿之失不彰。"

倪士毅作《朱子纲目凡例序》。

按：《序》云："朱子《纲目》之作,权度精切,而笔削谨严,先辈论之详矣,赞不待赞。惟《凡例》世尚罕传,学者于书法有未窥其要者。至元后戊寅冬,友人朱平仲晏归自泗滨。明年春,出其所录之本,谓得于赵公继清筼翁之子嘉绩凝。始获披阅,遂即录之。暇日详观,因转相传录,而不能无小误,惜未有他本可以参校,乃随所可知,正其错简二条,漏误衍文共三十余字,以寄建安刘叔简锦文刊之坊中,与四方学者共之。又记昔受学于先师陈定宇先生时,得李氏《纲目论》一篇,实能发朱子此书之大旨,而见者亦少,今并录以附于后。盖《凡例》当与《纲目》并行,而李氏《纲目论》当与尹氏《纲目发明》并行。若《纲目》及尹氏之书,皆盛行矣,故愿以是二书备传之,苟能相与讲习,则朱子继《春秋》之笔,焕然以明,其于世教岂曰小补。至正二年壬午夏五月辛未朔新安倪士毅谨书。"(《宋元学案》卷七〇)

《历代十八史略》10卷刊刻于是年前后。

按：原题"前进士曾先之编"。有张士弘至正二年(1342)序、王元恭至正二年(1342)序、朱文刚至正二年(1342)序。

王元恭修,王厚孙、徐亮纂《至正四明续志》12卷三月成。

按：是书为今宁波地方志。王元恭《四明续志序》云："……暨入国朝,当延祐庚申,殆将百年,城邑改观,时俗因革,未在考其事而修之者,于是郡人侍讲袁公桷作为新志。又廿有二年,会部使者赡思公巡行至郡,俾重刊旧志,与新书并传,亦既叙其说于篇端。余叨守是邦,思所以亘历今古,补其缺略,乃命耆耄之士日与讨论,复成《续志》凡一十二卷。庶几先后该贯,少裨立国立政之本,要以备太史之采择云。至正二年壬午三月既望,蠡吾王元恭序。"全祖望《至正四明续志跋》曰："总管(指王元恭,曾任庆元府总管)于吾乡为循吏,其整顿它山堤堰,补清容(指袁桷《延祐四明志》)所未备。元时牧守如此,盖绝少者。"

王仁辅约于此年后著《无锡志》4卷成。

按：《四库全书总目提要》误作《无锡县志》。此书明刻本、文渊阁本等均未题作者姓名。《千顷堂书目》卷八、钱大昕《补元史艺文志》卷二和倪灿、卢文弨《补辽金元艺文志》、《史部·地理志》均著录有王仁辅《无锡志》28卷。王仁辅所生活时代之下限与此书记事止于至正元年正相合,很有作此书之可能。

李好文著《长安志图》3卷成,自为序。

按：该书乃现存宋、元方志中,保存陕西地区农田水利建设最详细、最丰富原始资料的方志之一。李《自序》曰："由潼关而西至长安,所过山川城邑,或遇古迹,必加询访。尝因暇日,出至近甸,望南山,观曲江,北至故汉城,临渭水而归。数十里中,举目萧然,瓦砾蔽野。荒基坏堞,莫可得究。稽诸地志,徒见其名,终亦不敢。质其所处,因求昔所见之图,久乃得之,于是取志所载宫室、池苑、城郭、市井,曲折方向,皆可指识,了然千百世,全盛之迹如身履而目接之。图旧有碑刻,亦尝锓附《长安志》后,今皆亡之。有宋元丰三年龙图待制吕公大防为之跋,且谓之'长安故图',则是前志固有之。其时距唐世未远,宜其可据而足征也。然其中或有后人附益者,往往不与志合,因与同志较其讹驳,更为补订,厘为七图,又以汉之三辅,及今奉元所治,古今沿革废置不同,名胜古迹不止乎是,泾渠之利泽被千世,是皆不可遗者,悉附入之。总为图二十有二,名之曰《长安志图》,明所以图为志设也。呜呼! 废兴无常,盛衰有数,天理人事之所关焉。城郭封域,代因代革,先王之疆理寓焉。沟洫之利,疏溉之饶,生民之衣食系焉。观是图也,则夫有志之士游意当世,将适古今之宜,流生民之泽,不无有助,岂特山林逃虚、悠然遐想、升高而赋者,以资见闻而已哉? 至正二年秋九月朔,中顺大夫、陕西诸道行御史台治书侍御史东明李好文序。"(《长安图志》卷首)吴师道尝作《长安志图后题》曰:"……同年东明李公惟中治书西台,暇日望南山,观曲江,北至汉故城,临渭水,慨然兴怀,取志所书以考其迹,更以旧图较讹舛而补订之,厘为七图,又以自汉及今治所废置、名胜之迹、泾渠之利悉附入之,总为图二十有二,视昔人益详且精矣。书成以寄,予览之而有感焉。自禹别九州,雍田为上,周始居豳,太王自豳迁于岐,文王徙于丰,武王都镐,数圣人突起经营,因其地势之雄以兴王业,岂非灼然有见哉! 平王遭犬戎之难迁于东都,始以其地予秦,凡秦、汉间言秦之形势者,乃周之形势也。娄敬浅陋不学,但知有秦而不识文、武、成、康全盛之周,未足深恨;而汉之群臣,举不知有周一代之治,大抵承秦,而岐丰忠厚之俗迄变而不返,此可谓深恨也。夫人之见闻,详近而略远,志图所纪,唐视汉为详,于秦已略,周则泯泯无考矣。人徒见后世穷奢极侈,千门万户,以为壮丽,意为先王之制必崇尚俭质,不厌卑小,无动心骇目之观,不知天子之居自有常尊。'惟王建国,辨方正位',一本宏大之规。太王为诸侯时,《绵》之诗叙宫室、宗庙、门社成法井然,况于武王镐京之宅哉?《周官》象魏两观五门内外之朝,其高大深远犹可想见;而《考工记》匠人营国之法,亦有可稽;盖以法度为威,而威亦非不足也。班生云:'子知阿房之造大,而不知京洛之有制。'惜其归美当时,而不曰周室之有制耳。今李公作《序》,首言周于汉唐之上,且及夫积累深厚、子孙延长之故,指周为多,独能推究其本始者,故愚得以并发所欲言者焉。"(《礼部集》卷一八)

王士点、商企翁等纂《秘书监志》11卷成。

按:是书又称《元秘书监志》、《秘书志》,记至元迄至正初秘书监建置沿革、典章故实。分职制、禄秩、印章、廨宇、公移、分监、什物、纸札、食本、公使、守兵、工匠、杂录、纂修、秘书库、司天监、兴文署、进贺题名19门。书中录有回回书籍195部。

危素作《太平十策序》。

按:《序》云:"《太平十策》者,临川艾君本(艾本)固之所著也。其纲曰:开经筵以广圣学,广储蓄以备水旱,行铜钱以助钞法,严考绩以择守令,崇节俭以厚风俗,汰冗员以厚正官,奖廉让以化官吏,举孝弟以正民彝,通资格以任贤才,修武备以振国威。艾君上书时,今太师忠王方入相,得君书,大喜。中书参议何庭兰,世称能吏,亦曰君言可用。下之部而吏议沮之,不报。余尝论之:四民之中,惟士有天地民物之责,虽穷居草茅,其虑必周于天下后世,此昔之君子先天下之忧而忧也。君处田里之间,民生之休戚见之详矣,国政之得失思之熟矣,而又能穷经考史,以损益古今之宜。此十策者,盖其粲然可举而行者。为国而不先乎此,则以为治者皆自诡而已,顾岂可以老生常谈视之哉？今夫居高位食重禄者非无其人，而乃使布衣之士焦心劳思，徒步五千里，奋然言事，言之而又困于吏议，吾不知其何说也。因阅其草稿，书以归之。"(《说学斋稿》卷二)

姑苏狮子林刊刻僧惟则《楞严经会解》10卷。

按：惟则字天如，江西永新人。少学于天目，居住于吴。还著有《楞严掷丸》1卷、《天台四教仪要正》。该刻本有是年序，十行二十一字。

西湖书院刊刻《国朝文类》。

按：时有文书曰："皇帝圣旨里：江浙等处儒学提举司，至元二年十二月初六日，承奉江浙等处行中书省掾史崔适承行札付准中书省咨礼部呈，奉省判翰林国史院呈，据待制谢端、修撰王文烨、应奉黄清老、编修吕思诚、王沂、杨俊民等呈：窃惟一代之兴，斯有一代之制作。然文字虽出于众手，而纂述当备于一家，故秦汉魏晋之文，则有《文选》拔其萃，而李唐赵宋之作，则有《文粹》、《文鉴》撷其英。矧在国朝，文章尤盛，宜有纂述以传于时，于以敷宣政治之宏休，辅翼史官之放失，其于典册不为无补。伏睹奎章阁授经郎苏天爵，自为国子诸生，历官翰林僚属，前后搜辑殆二十年，今已成书为七十卷，凡歌、诗、赋、颂、铭、赞、序、记、奏议、杂著、书、说、议、论、铭、志、碑、传，其文各以类分，号曰《国朝文类》。虽文字固富于网罗，而去取多关于政治，若于江南学校钱粮内刊板印行，岂惟四方之士广其见闻，实使一代之文焕然可述矣。具呈照详。得此。本院看详，授经郎苏天爵所纂《文类》，去取精详，有裨治道，如准所言移咨江南行省，于赡学钱粮内锓梓印行，相应具呈照详，奉此。本部议得，翰林待制谢端等官建言：一代之兴，斯有一代之制作。参详上项《国朝文类》七十卷，以一人之力，搜访固甚久，而天下之广，著述方无穷，虽非大成，可为张本。若准所言锓梓刊行以广其传，不唯黼黻太平有裨于昭代，抑亦铅椠相继可望于后人。如蒙准呈，宜从都省移咨江浙行省，于钱粮众多学校内委官提调，刊勒流布，相应具呈照详。得此。都省今将《文类》检草令收官赍咨，顺带前去，咨请依上施行。准此。省府今将上项《文类》随此发去，合下仰照验依准都省咨文内事理施行。奉此。及申奉江南浙西道肃政廉访司书吏冯谅承行旨挥看详，上项《文类》记录著述实关治体，既已委自西湖书院山长计料工物价钱，所需赡学钱，遵依省准明文，已行分派各处，除已移牒福建、江东两道廉访司催促疾早支拨起发外，其于刊雕誊写之时，若有差讹，恐误文献之考，宪司合下仰照验，委自本司副提举陈登仕，不妨本职，校勘缮写施行。奉此。又奉省府札付，仰委自本司副提举陈登仕，不妨本职，校勘缮写，监督刊雕，疾早印造完备，更为催取各各工物价钞，就便从实销用，具实用过数目开申。奉此。至元四年八月十八日承奉江浙等处行中书省札付，准中书省咨礼部及太常礼仪院，书籍损缺，差太祝陈承事赍咨到来，于江南行省所辖学校、书院有版籍去处印造装褙起解，以备检寻，无复缺文之意，数内坐到《国朝文类》二部，仰依上施行。奉此。照得西湖书院申交割到《国朝文类》书板，于本院安顿，点视得内有补嵌板，而虑恐日后板木干燥脱落，卒难修理，有妨印造。况中间文字刊写差讹，如蒙规划刊修，可以传久，不误观览，申乞施行。续奉省府札付照勘到，西湖书院典故书籍数内《国朝文类》见行修补，拟合委令师儒之官校勘明白，事为便益。奉此。除已委令本院山长方员同儒士叶森将刊写差讹字样比对校勘明白、修理完备、印造起解外，至元元年十一月二十二日准本司提举黄奉政关，伏见今中书省苏参议，昨任奎章阁授经郎，编集《国朝文类》一部，已蒙中书省移咨江浙等处行中书省，札付本司刊板印行。当职近在大都，于苏参议家获睹元编集，检草校正，得所刊板本第四十一卷内缺少下半卷，计一十八板九千三百九十余字不曾刊雕，又于目录及各卷内校正，得中间九十三板脱漏差误，计一百三十余字,盖是当时校正之际,失于鲁莽,以致如此。宜从本司刊补改正,庶成完书。今将缺少板数、漏误字样录连在前,阅请施行。准此。儒司今将上项《文类》板本刊补改正,一切完备,随此发去,合下仰照验收管施行。须至指挥右下杭州路西湖书院。准此。至正二年二月日施渊。"(《国朝文类》卷首)

杨维桢为新刊《丽则遗音》撰序,谓赋当不易风雅之则。

按:其《序》云:"皇朝设科取赋,以古为名。故求今科文于古者,盖无出于赋矣。然赋之古者,岂易言哉?扬子云曰:'诗人之赋丽以则,词人之赋丽以淫。'子云知古赋矣,至其所自为赋,又蹈词人之淫而乖风雅之则,何也?岂非赋之古者,自景差、唐勒、宋玉、枚乘、司马相如以来,违则为已远,矧其下者乎?余蚤年学赋,尝私拟数十百题,不过应场屋一日之敌尔,敢望古诗人之则哉?既而误为有司为采,则筐篚所有,悉为好事者持去。近至钱塘,又有以旧所制梓于书坊,卒然见之,盖不异房桐庐之见故物于破瓮中也。且过以则名,而吾同年黄子肃君又赘以评语,益表刻画之过,读之使人惶焉不自胜也。因述赋之比义古诗而不易于则者,引于编者,且用谢不敏云。至正二年壬午春正月会稽杨维桢撰。"(《丽则遗音》卷首)《丽则遗音》4卷,收赋32首,皆杨维桢应举时私拟程试之作,乃维桢门人陈存礼所编,而刊版于钱塘。集中还附杨维桢同年进士黄清老之评语。今存元刻本和明末汲古阁本等。

危素作《借书录序》。

按:《序》云:"余家唐、宋时徙临川,先世多藏书。国初罹兵,毁无存者,其存者不多。目见故物,记方髫龀,先大夫俾治儒业甚笃。及长,出从师友,稍知自厉而无书。家又贫,不能致书。学未成,辄为童子师,得钱以供赋税,给衣食,问遗姻族,应接宾友,其赢悉以市书。妻子数告空乏,而书不可以不备也。若此者几廿年,然捃拾纤细,书亦不能多致。独赖藏书之家多素之亲友,雅知其嗜好之颛,肯以书假借,或久留而不怨,或数请而弗拒。故于天也,日月星辰、风雨霜雹之象;于人也,圣贤仙佛、文武忠烈、战伐攻取、贼乱奸诡之迹;于地也,山川郡国、城郭冢墓、草木昆虫之物,靡所不载。反之于身,则性命道德昭焉;施之于事,则礼乐刑政具焉。至于法书碑刻、稗官小说,方技之微,术数之末,亦莫有所遗。顾素之朴愚固陋,而窥万一于其间者,皆诸君子借之以书,素得而读之之力也。向微诸君子,吾几不得古人著书之意矣。则诸君子惠利于素,何其厚哉!故载其所借书目,并附其家世名出处,为借书目,以示子孙。"(《危太朴文集》卷七)

黄溍作《石峡书院诗序》。

按:《序》云:"宋尚书侍读淳安方公,以文学行义师表一世。家食之日,户屦殆无所容。公因辟里第为讲舍,治祠宇其中,以春秋行释奠礼,赐号石峡书院,更筑室其西而家焉。皇朝因其故额,而设山长员,始领于有司。今山长方晋明病其规制褊陋,将斥而大之。公曾孙、铜陵县尹道聱(方道聱),亟命徙所居室使益西,以其地广书院旧址,族人亦相率割旁近地为助。晋明乃与直学汪汝懋度其位置,令士人有籍于书院者,合私钱以征工僦佣,迁故所有殿堂及它室屋,去迫隘而就显敞。且白于郡府,檄县长吏涖其役。起至正元年冬十月,讫二年秋八月。落成之日,夏君溥(夏溥)为识其颠末于石。吴君暾为登堂,举知行之说,以发挥公名堂之义。两人今为其乡先达,耆俊之士咸乐与之更唱迭和,以庆其成。前后为诗近百篇,会萃为一帙,属溍序其首。溍窃惟昔州县未有学之时,天下四书院而已。其后州县既皆立学,而前贤讲授之地,与其所居所游,亦莫不别建书院。近世好事之家,又多慕效创为之。日增月益,而学与书院参立于州县间,亦已盛矣。所谓四书院者,其一曰应天,本睢阳戚氏旧居。戚氏自正素先生以师道自任,传子及孙,俱为名臣,或嗣主其书院,南丰曾公称为能世其道德者也。石峡实公讲授故处,无异应天之在睢阳。公擢伦魁后八十年,道鋆复奋身科级,为今名流。能修其前人之业,使弗坠而愈振,视戚氏亦何以异,固非好事之家慕效而创为之者可同日而语也。形于颂声,岂溢美哉!潜之曾大父户部府君幸与公同对大廷,而潜又辱与道鋆托斯文一日之雅。虽鄙陋无能,序作者之意,其何敢辞?庸述其梗概,以为之序。"(《金华黄先生文集》卷一六)

欧阳玄五月初一日作《赵忠简公得全书院记》。

按:其文曰:"故宋丞相赵忠简公,有祠于解之闻喜,玄尝记之,时以国子博士赵君继清赵继清之请也。继清,忠简之六世孙,而玄之同年进士也。作闻喜祠事甫毕,寻迁亚中大夫,出为潮州路推官。潮,盖忠简为秦桧所斥居之地也。忠简为相,欲使其君正名定义,以讨金人之罪;桧为相,欲使其君厌怨事雠,以修金人之好。于是桧必杀忠简然后已计行。忠简已斥,桧怒未已,事未可测也。忠简因扁所寓之堂曰'得全',自以为庶几豁免于权奸之手。呜呼!忠简为国元臣,而以免于横逆为其身之幸,宋事岂不大可伤也?忠简再斥,而潮人慕之不忘,堂存如新尔。后祠之于堂,有司因民所欲,视书院仪,岁时遣官献享。迨嘉泰初,忠简之孙谧为潮守,淳祐中,陈圭典郡,咸增葺焉。宋祚讫而书院废。继清之求外补于潮也,志固在得全。及至潮,刑清讼理,大振厥职,以所得职廪之赢,复所谓得全书院于潮城名贤坊西街之右,燕居祠庭讲肄之室,垣墉门庑,粲然毕备,俾潮民之秀受业于其中,请设录事司校官以主领。报政京师,即玄曰:'解之祠,君记之矣。潮之书院,君又当记之。'玄窃有感焉。古之君子敬其亲,故爱其身,而以全而生之、全而归之者为孝。若曾子之以孝称,孜孜然保是以为训也。然语有曰:'事君,能致其身。'致之云者,委而不有之名也,其全其毁,岂复计哉?龙逄、比干,未尝以是有负于孝。公有致身之义于宋,何独以得全为幸乎?已而思之,在其当时,使忠简死于桧,而其事有益于宋,则身非所当惜也。方桧挟上令,行己私,与其徒死而无益于事,则不如姑全吾父母之所生,事君事亲之道,犹庶几可也。忠简之为是言,岂得已也哉?况万一桧毙,身得独全,犹冀收再用之功也,又焉得不以是身之存为一时之幸乎!至于使公获奉其得全之躯,以归其父母,而使宋之时君不获有其全付之业,以见其祖宗,殆天之所为也。……继清乃幸生乎车书混一之时,北作解祠,南为潮之书院,相距万里,所欲无不克遂其志,岂不大幸于乃祖之所遇欤!宜其有光于前人也。学子来游,思忠简之以道事君,而于得全为非得已;又思继清显亲为孝,而淑人以锡类,则藏修进退,动审其是,海邦黎献,衮然为时出焉,此作书院之本意也。忠简名鼎,字符镇,事业详见宋人所纪载,兹不悉书。继清名簀翁,延祐初科进士,扬历中外,今位通显,寓居淮泗间。至正二年五月一日,翰林学士、资善大夫、知制诰同修国史欧阳玄记。"(《永乐大典》卷五三四五)

柳贯十一月初九日卒(1270—)。贯字道传,号乌蜀山人,浦江人。大德间,曾为江山县教谕。至大初,迁昌国州学正。延祐时,除国子助教,升博士。泰定间,迁太常博士,任江西儒学提举。至正元年,为翰林待制,寻卒。尝受学于金履祥,又学文于方凤。凡《六经》、百氏、兵刑、律历、数术、方技、异教外书,靡所不通。与黄溍、虞集、揭傒斯齐名,称"儒林四杰"。门人私谥文肃。《宋元学案》列其入《北山四先生学案》"仁山门人"。著有《字系》2卷、《近思录广辑》3卷、《金石竹帛遗文》10卷、《柳待制文集》20卷等。事迹见黄溍《翰林待制柳公墓表》(《金华黄先生文集》卷三〇)、宋濂《柳先生行状》(《文宪集》卷二五)、戴良《祭先师柳待制文》(《九灵山房集》

卷七)、《元史》卷一八一、《新元史》卷二三七、《蒙兀儿史记》卷一二〇、《元儒考略》卷四、《两浙名贤录》卷四六、《吴中人物志》卷一〇、《金华先民传》卷二、《金华贤达传》卷一〇、《姑苏志》卷五七。

按：《宋元学案》卷八二《北山四先生学案》曰："(柳贯)受经于仁山，究其旨趣，又遍交故宋之遗老，故学问皆有本末。"清人顾嗣立曰："(柳贯)门人宋濂与戴良类辑诗文四十卷，谓如老将统百万之兵，旗帜鲜明，戈甲焜煌，而不见有喑呜叱咤之声。临川危素谓其文雄浑严整，长于议论，而无一语袭陈道故。"(《元诗选·丁集·待制集》)《元史》本传亦曰："沉郁从容，涵肆演迤，人多传诵之。与同郡黄溍、吴莱声名一时相埒。"胡应麟曰："元婺中若黄文献、柳文肃，皆以文名，而诗亦华整。"(《诗薮·外编》卷六)

陈旅卒(1288—)。旅字众仲，兴化莆田人。以荐为闽海儒学官，中丞马祖常奇之，与游京师；又为虞集所知，延至馆中。赵世延引为国子助教，又召入为应奉翰林文字，迁国子监丞。为文典雅峻洁，必期合于古作。《宋元学案》列其入《草庐学案》"邵庵门人"。著有《安雅堂集》13卷。事迹见吴师道《监学祭陈众仲监丞文》(《吴正传文集》卷二〇)、《元史》卷一九〇、《新元史》卷二三七、《元儒考略》卷三、《闽中理学渊源考》卷三六、《元诗选·初集》小传。

傅若金卒(1303—)。若金字与砺，一字汝砺，新喻人。工诗文，学诗法于虞集等，揭傒斯、虞集以异才荐。至顺三年，游京师，公卿大人交口称誉之。顺帝即位，遣使安南，若金为参佐，还授广州路教授。著有《傅与砺诗文集》20卷。事迹见苏天爵《傅君墓志铭》(《滋溪文稿》卷一三)、《新元史》卷二三八、《元诗选·初集》小传、《(嘉靖)临江府志》卷七。

廖钦(—1404)、王伯贞(—1416)、刘辰(—1419)、叶砥(—1421)、朱吉(—1422)生。

至正三年　癸未　1343年

三月壬申，监察御史成遵等言："可用终场下第举人充学正、山长，国学生会试不中者，与终场举人同。"(《元史·顺帝纪四》)

戊寅，诏："作新风宪。在内之官有不法者，监察御史劾之；在外之官有不法者，行台监察御史劾之。每岁以八月终出巡，次年四月中还司。"(《元史·顺帝纪四》)

是月，诏修《辽》、《金》、《宋》三史，以中书右丞相脱脱为都总裁官，中书平章政事铁木儿塔识、中书右丞太平、御史中丞张起岩、翰林学士欧阳玄、侍御史吕思诚、翰林侍讲学士揭傒斯为总裁官。

按：初，世祖立国史院，首命王鹗修《辽》、《金》二史。宋亡，又命史臣通修三史。

威尼斯进占小亚西部士麦那(今伊兹密尔)。

至是，宋、辽、金"各与正统"，始修三史。于此，元朝长达八十余年即从元中统二年至元至正三年（1261—1343）之修史争论方结束。脱脱问修史以何为本，揭傒斯曰："用人为本。有学问文章而不知史事者不可与；有学问文章知史事而心术不正者不可与，用人之道，又当以心术为本也。"又与僚属言："欲求作史之法，须求作史之意。古人作史，虽小善必录，小恶必记。不然，何以示惩劝！"由是毅然以笔削自任，凡政事得失、人才贤否，一律以是非之公。至于物论之不齐，必反复辩论，以求归于至当而后止（《元史·揭傒斯传》）。张起岩熟于金源典故，宋儒道学原委，尤多究心，史官有露才自是者，每立言未当，起岩据理窜定，深厚醇雅，理致自足（《元史·张起岩传》）。欧阳玄发凡举例，俾论撰者有所据。史官中有悻悻露才，议论不公者，玄不以口舌争，俟其呈稿，援笔窜定之，统系自正。其于论赞、表奏，皆玄属笔（《元史·欧阳玄传》）。

六月壬子，命经筵官月进讲者三。

十月己酉，帝亲祀上帝于南郊，以太祖配。

十二月丙申，诏写金字《藏经》。

是年，征遗逸伯颜、张瑾、杜本。杜本辞不至。

按：杜本武宗时尝被召至京师，即归武夷山中，文宗闻其名征之，不起。至是脱脱以隐士荐之，召为翰林待制、奉议大夫，兼国史院编修官。使者致君、相意，趣之行，至杭州，称病固辞，而致书于脱脱曰："以万事合为一理，以万民合为一心，以千载合为一日，以四海合为一家，则可言制礼作乐，而跻五帝、三王之盛矣。"遂不行（《元史·杜本传》）。

为修《宋》、《辽》、《金史》，诏求遗书，学士危素于藏书家庄肃后人家购得书500卷。

乔万尼·薄伽丘始著故事集《十日谈》。

黄溍回归故里，有旨命预修《辽》、《宋》、《金》三史，因母丧不赴。

许有壬以中书左丞罢归。

干文传参预修《宋史》。

胡助北上任国史院编修，黄溍作《送胡古愚》诗。

吴师道二月以内艰南还。冬，疾作，犹讲学不辍。

宋濂是年往浦江东明山读书。

解观与修《辽》、《金》、《宋》三史，上书请予宋正统，不予辽、金，忤公论，乃归。

李好文累官太常院同知。

朱升偕赵汸赴江州路景星书院从黄泽受《六经疑义》。

汪泽民召为国子司业，与修《宋》、《辽》、《金》三史。

杨维桢效李商隐体赋律诗四章，率袁华同作。时诸生请诗法，赋拗律二十首示之，且谓律诗唯古可作。张雨于其放体诗颇加称赏。

班惟志与杨维桢交。

刘基约于是年为儒学副提举，作行省考试官。

黄溍友人张枢被命修《辽》、《金》、《宋》三史，不赴。

吴会中乡试第一。

按：吴会，字庆伯，以一足病废，自号独足先生，金溪人。著有《书山遗集》（又名

《独足雅言》)20卷。

  周闻孙授鳌溪书院山长。
  按：周闻孙任职未久，以父忧去官服阕，因揭傒斯之子揭汯推荐，改授贞文书院山长。

  冷谦作《白岳图》。
  按：冷谦，字启敬，道号龙阳子，武林人。音律学家，著《太古正音》，有宋濂序，今佚。另有《修龄要指》1卷、《琴声十六法》。

  王无矜、王无伐兄弟捐献居宅及用地创建首阳书院。
  按：得州府批准支持，并请得赐额"首阳书院"。延请张镛为山长，来学者众多。

  建安余志安勤有堂刻宋辅广《诗童子问》20卷，胡一中有序。
  按：胡一中《序》曰："《诗童子问》者，潜庵辅传贻先生所著，羽翼朱子之《集传》者也。自三百五篇，穿凿于《小序》，傅会于诸儒，六义之不明久矣，至朱子一正圣人之经，微词奥旨，昭若日星。先生亲炙朱子之门，深造自得于问答之际，尊其师说，退然弗敢自专，故谦之曰'童子问'。既具载师友粹言于前，复备论《诗序》辩说于后，裨读《诗》者优柔圣经贤传之趣，而鼓舞鸢飞鱼跃之天，岂不大有功于彝伦也哉！"（《诗童子问》）

  《辽史》三月开始纂修。
  按：是书翌年修成，记载契丹族所建辽朝兴亡史事，起唐昭宗天复元年（901）耶律阿保机称夷离堇，止于天祚帝保大五年（1125）。

  《宋史》四月奉诏设局开修，《金史》开修。
  按：《金史》亦翌年修成，共135卷。记中国北方女真族政权（1125—1234）120年史事，以王鹗《金史》为底本，兼采《金实录》、刘祁《归潜志》、元好问《中州集》及《壬辰杂编》、张韦《大金集礼》等书，为三史之佳作。《宋史》496卷于至正五年（1345）成书，记建隆元年（960）至祥兴二年（1279）两宋319年历史，其中有《艺文志》8卷、《礼志》28卷、《乐志》17卷。

  朱熹《伊洛渊源录》14卷约于是年又刻。
  按：该书有黄清老、苏天爵是年序，李世安至正九年（1349）序。苏天爵是年十月《序》云："《伊洛渊源录》者，新安子朱子之所辑也。朱子既录八朝名臣言行，复辑周、程、邵、张遗事，以为是书，则汴宋一代人才备矣。天爵家藏是书有年，及来鄂省，谋于宪府诸公，刊置郡学，与多士共传焉。间尝诵程子之言曰，周公没百世无善治，孟轲死千载无真儒。盖治不出于真儒，虽治弗善。自圣贤既远，治教渐微，汉唐数百年间，逢掖之徒，岂无名世者与！盖溺于词章记诵之习者，既不足以知道德性命之原；诔于权谋功利之说者，又不足以求礼乐刑政之本。此教之所以不明，治之所以弗古若也。宋氏之兴，儒先挺出。周子得不传之学于图、书，阐发幽秘。二程子扩大而推明之，穷理致知，以究其极。邵子、张子则又上下其论议，然后天理之微、人伦之著、事物之众、鬼神之幽，焕然复明于世。一时及门之士，讲明正学，风采言论，各有所传。朱子悉登载于是书，以为训焉，其有望于天下后学可谓至矣。盖自古为政者，必明道术以正人心，育贤材以兴治化。然则是书所述，其有关于世教已夫。昔我世祖黄帝，既定天下，惇崇文化，首征覃怀许文正公为之辅相。文正之学，尊明孔孟之遗经，以及伊洛诸儒之训传，使夫道德之言，衣被天下，故当时学术之正，人材之多，而文正之有功于圣世，盖有所不可及焉。迨仁庙临御，肇兴贡举，网罗俊彦，其程试

法国列维（本·格尔绍姆）的几何学著作《书的和谐》出版。

弗拉切斯科·彼特拉克著《蔑视世界》。

乔万尼·薄伽丘著意大利抒情诗爱情故事《菲娅美达》。

之法，表章六经，至于《论语》《大学》《中庸》《孟子》，专以周、程、朱子之说为主，定为国是，而曲学异说，悉罢黜之，是则列圣所以明道术以正人心，育贤才以兴治化者，其功用顾不重且大欤？夫伊洛之书，固家传而人有之，然学之者欲以见诸实用，非徒诵习其文，以为决科之计而已。尝即是书而考之：谓人君当防未萌之欲，辅养君德，要使跬步不离正人；谓一命之士，苟存心于爱物，于人必有所济，则正主、庇民之道，岂有外此者乎？谓杀人以媚人，吾不为也；谓荐士当以才之所堪，不当问所欲，则慎刑、官人之法，岂有不本于此者乎？其它一言行之嘉，一政令之善，莫不皆可以为法焉。读者能即是而求之，本乎圣贤修己之学，自不溺于词章记诵之习；明乎圣贤治人之方，必不诛于权谋功利之说，庶几先儒次辑是书，有望于后学者哉！盖学问之传授，不以时世而存亡；师友之渊源，不以风俗而间断。然而巽儒无志者，不足以有望，必得豪杰特立之士，观感兴起，知求圣贤之学而学焉，则真儒善治之效可得而致矣。至正癸未十月既望，赵郡苏天爵序。"（《滋溪文稿》卷五）

杨维桢为昆山杨才之父譓（杨譓）所撰《昆山郡志》作序。

按：《序》云："昆山州杨才，抱其先人履祥公所著《州乘》，凡二十二卷，因其友袁华谒予钱塘，曰：'先君尝以州之志籍多散漫疏漏，更而新之。积老于是者，盖十余年而获成此编。今州监孛萝帖木尔将寿诸梓，吾子与才系同出浦城文公十世后，幸惠一言引诸首。'予谓：'金匮之编，一国之史也。图经，一郡之史也。士不出户，而知天下之山川疆理、君臣政治、要荒蛮貊之外，类由国史之信也。不入提封，而知其人民城社、田租土贡、风俗异同、户口多少之差，由郡史之信也。然则操志笔者，非有太史氏之才，孰得与于斯乎？吾曩入吴，窃见公所著《宋朝蓍龟之录》，凡若干卷。今之修者，购之而未得也。又有《帝王图辨》《素王道史》《姓氏通辨》行于时。吁，公之博学，有史才可占矣，宜其成是书也。立凡创例，立博而能要，事核而不芜，与前邑志不可同日而较工拙也。且吾闻昆山自县升州，户版与地利日增，租赋甲天下郡县。市贾之舶萃焉，海漕之艘出焉，庸田水道之利害在焉。忠臣烈女代不乏绝，鸿生硕士争为长雄。不有史才者出任笔削，何以为是州之信史哉？吁，是书之得记者，今幸矣。抑予又闻公所著蓍龟，为采书使者赚而去之，赏爵罔及焉。此才之不平，而公九泉之憾也，故并序及之。公讳譓，字履祥，自号东溪老人云。'至正三年春正月十日，泰定李黼榜进士会稽杨维桢序。"（《铁崖文集》卷四）

沈遘作《黄氏日钞序》。

按：《序》曰："学以孔孟为师，师者，道之所存，其文则六经之书也。讲理以穷理躬行以达用，断乎不可易者。宋儒标榜角立，互有异同。而象山陆氏始倡为高远惊世之论，谓此心本明，不假言议，惟当自求以得之，凡讲学即是异端，六经皆吾注脚，一时闻人风靡从之，独慈溪黄东发氏，尊信周程朱子之说，以上探孔孟六经之旨，一切反之躬行以为实用，于士必以操行自立，于官必以职业自见。至读《论语》而于孝、弟、忠、信。文公所以教人者，盖佩服终身焉，故自强仕，用明经家法取科第，积州县吏能历监司郡守，所至有异政，仁民厚俗，一本之礼义，立朝谔谔，敷对无隐情，虽遭谗去国，未究其设施，而言论气节，千载有光，斯可谓不负所学者矣。公暇所阅经、史、诸书随手考订，并奏札、申请、劝诫等作，凡百卷，名之曰《日钞》，锓梓行于世，中值兵毁，诸孙礼之（黄礼之）惧祖训之失坠，购求搜辑，补刻仅完，属予序之。予惟科目利诱之弊至赵宋而极，其以道学云者又皆从事空言，而于躬行大业或未之能然。彼其立异矫时，固为贤智之过，望而可知其非，百余年间未有以折衷，犹赖先生详辨力诋，著之方册，俾孔孟周程朱子正大之学，灿然复明。如果日行空，沉阴积霭廓焉为之一清，有目者皆可睹也。方陆学盛行，慈湖杨简氏宗陆者也于公为乡人，公未尝苟从末俗波荡中，卓见定力，一人而已。世之师若弟子玩味是书，必若公之于文。公身体而力行之，而后可以言学。顾予浅陋，何足以知先生。会秩满将归，礼之请之益勤，敬书于卷端以为愿学者勉。若其文词论述浩瀚峻洁特公之余事兹故可略云，时至正三年岁在丁丑四月。"（《经义考》卷二四五）

朱辕独力纂《大元本草》成，不传。

按：朱辕，字仲侔，明阳人。许有壬撰《大元本草序》，云："开辟以来，幅员之广，莫若我朝，东极三韩，南尽交趾。药贡不虚岁，西逾于阗，北逾阴山，不知各几万里，驿传往来，不异内地，非与前代虚名羁縻而异方物产邈不可知者比。西北之药治疾皆良，而西域医术号精，药产实繁，朝廷为设官司之，广惠司是也。然则欲广《本草》以尽异方之产，莫若今日也。闻诸故老，至元间尝议及是，而后不果。明阳朱辕仲侔述《大元本草》，求序其首。书有三纲九目，其明部属谓旧本，始玉石，人部居草木后，为失次。万物人最灵，乃始人部，余各有次，而终以鬼疰。人部首列内外，景图详疏，其下举元命之秘、生死之关，昭揭诸世，盖欲使人人自知有此，反而求之，则养生得其本。外邪何由而入？扎瘥何由而至？医可不用矣，其不能也，则医不得不用，药不得不饵。而吾之本草不得不明焉。始则教之以不病之要，终则示之以必效之药，其用心可谓仁矣。昔人穷一经且皓首，此尤难焉。诗人多识鸟兽草木之名，其性若味未必能识也。唐、宋修书必集众，乃仲侔自少至老，独力攻此，可谓勤矣。又有外部、余部以其多产异方，商贾所不能售，知识者少，但录其名物治证，而不暇有所考核，此则予之切切者也。仲侔将奉此书上之朝廷，窃意太医使因是成书，裒异方之产，前代之未闻者萃为一书，则可以轶宋、唐而信后世矣，是之谓《大元本草》。"（《至正集》卷三一）

孙允贤《医方大成》10卷刊刻。

按：旧本题《医方集成》，题文江孙允贤撰，也是园藏，目后刻有"至正三年菊节进德书堂刊行"。有云此书坊贾为，非允贤之旧。

三衢石林叶敦刊行《新刊冷斋夜话》10卷。

饶州路儒学刊行《金石例》10卷。

庐陵泰宁书堂刊行《增修妙选群英草堂诗余前集》（卷上）、《后集》（卷下）。

胡助谒见杨维桢于其铁冶所，为其《丽则遗音》作跋，称其赋意格皆佳，复古有则。

杨维桢跋苏轼手书《维摩赞》、《魭冠颂》二文，并为苏轼参透世态及典雅文笔叫绝。

王士熙约卒（约1265— ）。士熙字继学，东平人。王构之子。尝师事邓文原。至治初，为翰林待制。至治三年，为右司员外郎。泰定四年，任中书参政。至正二年，升南台中丞。卒于任，追封赵国公。博学工文，长于乐府歌行。与虞集、袁桷、马祖常、揭傒斯等时相唱和。著有《江亭集》、《王陌庵诗集》2卷。事迹见《元史》卷一六四、《新元史》卷一九一、《元诗纪事》卷一一、《元诗选·二集》小传等。

柯九思卒（1290— ）。九思字敬仲，号丹丘生、五云阁吏，台州仙居人。精于金石之学，与虞集、赵孟頫为友，书法学欧阳询，画墨竹学文同一

意大利神学家、政治哲学家帕多瓦的马西利乌斯约于是年卒（约1280— ）。

派。置奎章阁，特授学士院鉴书博士。存世作品有《清閟阁墨竹图》，著有《丹丘生集》、《墨竹谱》等；亦工诗，有《任斋诗集》，虞集、陈旅为之序。《元诗选》三集有《丹丘生稿》1卷。事迹见《元史》卷三五、《新元史》卷二二九、徐显《稗史集传》、《南村辍耕录》卷一四、《书史会要》卷七、《（正德）姑苏志》卷五七、《吴中人物志》卷一〇、《元诗选·三集》小传。

按：据今研究，四大南戏"荆、刘、拜、杀"之《荆钗记》可能是柯九思作。王国维先生在《曲录》中云："《荆钗记》，盖旧本当题丹邱先生，郁蓝生不知丹邱先生为宁献王之道号，故遂以为柯敬仲作。"故人多将《荆钗记》作者误会为朱元璋儿子宁献王。但王国维也说他"并未曾见丹邱先生旧本"，而清初曲家张大复《寒山堂曲谱》引用《荆钗记》曲文时加注道："《雍熙乐府》六种第二，署吴门学究敬仙书会柯丹邱著。"这是明存本，由此可知张大复在引用时是亲见此旧本的，这比王国维尚未见此旧本，就说这戏不是柯丹邱作要可靠可信得多。此外，宁献王丹邱先生虽说也是位杂剧家，但在王国维之前，从未见人说起他作过这出戏。宁献王剧作全目均在，共12种，也没有这《荆钗记》剧目，所以说，认为此戏为宁献王所作是绝对错误的。（见王染野《曲海寻踪——吴地宋元明清几位戏曲家演艺、作品之杂考》）

浦源（　—1379）、王达（　—1407）、贾仲明（　—约1430）生。

至正四年　甲申　1344年

卡斯蒂利亚和莱昂国王阿方索十一世收复阿尔黑西拉斯。

波希米亚布拉格的圣维特大教堂兴建。

六月，黄河泛滥，督大臣访求治河方略。

九月，朱元璋入皇觉寺为僧，云游淮西、颍州一带。

苏天爵召为集贤侍讲学士，兼国子祭酒。

黄溍居母丧，语弟子王祎作文之道。

按：王祎《文训》云："华川王先生学文于豫章黄太史公，三年而不得其要，侊侊焉食而不知其味，皇皇焉寝而不安其居，望望焉如有求而不获也。"（《王忠文集》卷一九）

吴师道为江浙行中书遣币授文，坚辞。

按：张枢《吴师道墓表》曰："四年甲申岁，江浙行中书大比取士，夏五月，遣币聘致君议，欲以主文。君以疾辞，使者以丞相意坚，遂委币而去。"（《礼部集》附录）

朱升讲学歙县紫阳书院，传程朱理学。秋，举于乡。

许有壬改江浙行省左丞，辞。

胡助为山东乡试考官。

李好文除江南行台治书侍御史，未行，改礼部尚书，与修《辽》、《金》、《宋》三史，复除为陕西行台治书侍御史。

赡思除江东肃政廉访副司。

廉惠山海牙预修《辽》、《金》、《宋》三史。

按：廉惠山海牙，字公亮，畏吾儿人，廉希宪从子。官至翰林学士承旨、知制诰兼修国史。

杨维桢三月以《辽史》成书，正统迄无定论，撰《三史正统辩》二千余言，谓有元承宋之统而非继辽、金，旨在为南人张目。

杨维桢四月偕张雨饮友人所。时危素以史事采书适越，与交。以素请，赋诗颂孝女。

杨维桢以太史揭傒斯卒于史馆，偕张雨、李孝光遥祭于钱塘孤山。

杨维桢上书江浙平章嵚崟，诉其冤情窘状，望能怜而援之。所献《三史正统辩》，后为嵚崟表荐。

钱惟善、吴克恭诸人以杨维桢领头赋诗称美隐士杜本、秘书卿泰不华。

钱惟善、吕彦孚、僧梵琦诸人与杨维桢结盟，不时结伴观潮泛湖，遨游名胜，吟诗唱和。

女士曹妙清挟其所著求教于杨维桢，并尊维桢为贯云石、班惟志一流人。

张雨、李孝光推杨维桢诗为"铁雅"。

按：维桢又广结僧友，雷隐、复原二上人又传其雅，为方外别派。

倪瓒散资财，泛舟五湖三泖间。

伯颜以隐士征至京师，授翰林待制，预修《金史》。既毕，辞归。

翟思忠累迁太平路推官。

按：翟思忠，字志道，下邳人。解易玄成书进于朝，得授学官。年五十九以青阳县尹致仕。著有《易传》、《魏郑公谏续录》2卷。

陶安是秋以《易》领浙江乡荐。

董彝中乡试。

嘉兴郡学刊行宋林至《易裨传》2卷。

梁益约于此年前后著《诗传旁通》15卷。

按：梁益作《诗传旁通叙》云："恭惟先正大儒文公朱子后，宋淳熙四年丁酉冬十月，《诗集传》成，自以为无复遗恨，且曰：'后世若有扬子云，必好之矣。'南塘赵公汝谈于晦庵诸书尤服《诗传》，号称简明，斯言信允。末学梁益伏读朱《传》，昧焉多所未解，如见尧于羹，见尧于墙，犹曰圣人之耦之类，罔知攸出。问之老师宿儒，间有辅助，得之耳闻目见，辄自笔录，久之浸繁，用纂成帙。仿缑山杜文玉瑛《语孟旁通》之例，目之曰《诗传旁通》。僭逾之罪，谅无所逃；妄诞之讥，亦未能免。高明过人者薄此何以为，初学如益者或可资检阅。自视其中未能通者尚多，倘未溘先朝露，行当续而补之。君子或悯其肤浅，有肯相成，诚所愿幸。惟是窃伏紬绎朱子传《诗》之旨，大节目、大议论多于序说见之。愚益未能发明其详，今姑纂辑其略。"（《诗传旁通》卷一五）《四库全书总目提要》曰："益字友直，号庸斋，江阴人。自署三山者，以其先福州人也。尝举江浙乡试，不及仕宦，教授乡里以终。事迹附载《元史·儒学传·陆文圭传》内。朱子《诗传》，详于作《诗》之意，而名物训诂仅举大凡。盖是书仿孔、贾诸疏证明注文之例，凡《集传》所引故实，一一引据出处，辨析源委。因杜文瑛先有《语孟旁通》，体例相似，故亦以《旁通》为名。……前有至正四年太平路总管府推官滨州翟思忠《序》，明朱睦㮮《授经图》遂以《诗传旁通》为思忠作，殊为疏舛。今从朱彝尊《经义考》所辨(案彝尊所引乃陆元辅之言)，附订正焉。"翟思忠《序》曰："夫《诗》，《六经》中之一经也，三百篇一言以蔽之曰'思无邪'，六义以该之曰：风、赋、比、兴、雅、颂。盖其言之美恶，劝焉，惩焉，使人各正其性情也。自圣人删之，后分而为四，曰齐、曰鲁、曰韩、曰毛。校之三代，独毛与经合，学者多宗之，故曰《毛诗》。由汉而唐，诸大名儒有传、有笺、有疏、有注，异焉、同焉，各成一家。至于有宋，文公朱先生为之《集传》，阐圣人之微言，指学者之捷径，上以正国风，下以明人伦，岂但屋场之资而已哉？三山梁先生友直，号庸斋，捃摭于此，昧必欲闻，懵必欲解，参诸先正，问之老宿，遇有所得，手纂成帙，曰《诗传旁通》。旁通者，引用群经，兼辑诸说，不泥不僻，如《易》之六爻，发挥旁通，周流该贯也。用功懋矣，淑人多矣。呜呼！先生可谓温柔敦厚，深于《诗》之教者与！至正四年秋九月十三日，承直郎太平路总管府推官致仕元隐居滨州翟思忠序。"(《诗传旁通》卷首)

危素作《夏小正经传考序》。

按：《序》曰："素昔从翰林学士吴先生学《礼》，得所校《大戴礼》。先生曰：犹幸此书《夏小正》存焉，然尝患其经传相混，而注释未详。呜呼！古书之存者鲜矣。而是书历三代，脱秦火，而未至于泯灭，况于日星之行、气候之节、国家之政、生民之业，具列于此，学者可不务之乎？句章史君季敷甫嗜古学，作《夏小正经传考》，句证以山阴傅氏本，及采《仪礼集解》参究同异，附以释音。复取先儒解经所引《小正》语，及事相附近、可以考订者，随事疏于传文之下，脱衍者列叙于后。即其采摭之详、训诂之密，非笃于古学不能然也。素以使事求史馆遗书，过句章，得是书于君之子塾孙，读之旬日，乃因其请，叙于篇端。"(《危太朴文集》卷七)史芳卿，字季敷。史蒙卿之弟。宋末官司户参军，入元不复仕。尝作《夏小正经传考》。

汪克宽作《重订四书集释序》。(参见至元三年倪士毅著《四书辑释大成》36卷成条)

按：《序》曰："《四书》者，六经之阶梯，东鲁圣师以及颜、曾、思、孟传心之要，舍是无以他求也。孟子殁，圣经湮晦千五百年，迨濂洛诸儒先抽关发蒙，以启不传之秘，而我紫阳子朱子且复集诸儒之大成，扩往圣之遗蕴，作为《集注》、《章句》、《或问》，以惠后学，昭至理于皦日，盖皜皜乎不可尚已。而其词意浑然犹经，虽及门之士，且或未能究其精微，得其体要，矧初学之昧昧乎？近世儒者惧诵习之难，于是取子朱子平生之所以语学者，并其弟子训释之辞，疏于朱子注文之左。真氏有《集义》，祝氏有《附录》，蔡氏、赵氏有《集疏》、《纂疏》，相继成篇。而吴氏《集成》最晚出，盖欲博采而统一之，但辨论之际，未为明备，去取之间，颇欠精神，览者病焉。比年以来，家自为学，人自为书，架屋下之屋，叠床上之床，争奇炫异，窃自附于作者之列，锓于木而传诸人，不知其几，益可叹矣！同郡定宇陈先生、云峰胡先生睹《集成》之书行于东南，辗转承误，莫知所择，乃各撷其精纯，刊别繁复，缺略者足以己意。陈先生著《四书发明》，胡先生著《四书通考》，皆足以磨刮向者之蔽。而陈先生晚年且欲合二书而一之，而未遂也。友人倪君仲弘实从游于陈先生，有得于讲劘授受者盖稔且详，乃会萃二家之说，字求其训，句探其旨，鸠僝精要，考订讹舛，名曰《四书集释》。学者由是而求子朱子之意，则思过半矣。至正辛巳，建阳刘叔简得其本而刻之。后二年，倪君犹虑其有未底于尽善者，爱即旧本重加正是，视前益加精密。闲出是书，请余序其所以然者。余窃以为书固不可不解，解固不可不详，然理贵玩索，始有自得之功，读是书者，苟不能沉潜反复，求其义而反诸身，而徒资口耳之末，则非子朱子所望于

后学也。倪君曰：'然。'乃序而书之，以志卷颠云。"(《环谷集》卷四)

《辽史》116卷三月修成。

按：早在辽寿隆六年(1100)，为回报北宋史所作"贬訾"，曾由耶律俨撰成"以赵氏初起事迹详附国史"之《辽史》。现存版本有明嘉靖八年(1529)南监本、万历三十四年(1576)北监本、清武英殿刻本、道光四年(1824)改校刻本、1935年百衲本、1974年中华书局标点本等。欧阳玄代右丞相脱脱作《进辽史表》，其文云："开府仪同三司、上柱国、录军国重事、中书右丞相监修国史、领经筵事臣脱脱言：窃惟天文莫验于机衡，人文莫证于简策。人主鉴天象之休咎，则必察乎机衡之精；鉴人事之得失，则必考乎简策之信。是以二者所掌，俱有太史之称。然而天道幽而难知，人情显而易见。动静者吉凶之兆，敬怠者兴亡之机。史臣虽述前代之设施，大意有助人君之鉴戒。辽自唐季，基于朔方。造物本席于干戈，致治能资于黼黻。敬天尊祖而出入必祭，亲仁善邻而和战以宜。南府治民，北府治兵。春狩省耕，秋狩省敛。吏课每严于刍牧，岁饥屡赐乎田租。至若观市赦罪，则吻合六典之规；临轩策士，则恪遵三岁之制。享国二百一十九载，政刑日举，品式备具，盖有足尚者焉。迨夫子孙失御，上下离心。骄盈盛而衅隙生，谗贼兴而根本蹙。变强为弱，易于反掌。吁可畏哉！天祚自绝，大祐苟延，国既邱墟，史亦芜蒛。耶律俨语多避忌，陈大任辞乏精详。《五代史》系之终篇，宋旧史垳诸载记。予夺各徇其主，传闻况失其真。……我世祖皇帝一视同仁，深加悯恻；尝勒词臣撰次三史，首及于辽。六十余年，岁月因循，造物有待。臣脱脱诚欢诚惧，顿首顿首。钦惟皇帝陛下，如尧稽古，而简宽容众；若舜好问，而濬哲冠伦。讲经兼诵乎众谟，访治旁求于往牒。兹循史事，断自宸衷。睿旨下而征聘行，朝士贺而遗逸起。于是命臣以右揆领都总裁，中书平章政事臣铁木儿塔识、臣贺惟一、翰林学士承旨臣张起岩、翰林学士承旨臣欧阳玄、翰林侍讲学士臣揭傒斯、侍御史今集贤侍讲学士臣吕思诚为总裁官，中书遴选儒臣崇文大监今兵部尚书臣廉惠山海牙、翰林直学士臣王沂、秘书著作佐郎臣徐昺、翰林监修臣陈绎曾为修史官，分选《辽史》。起至正三年四月，迄四年二月。发故府之椟藏，辑遐方之瓯献，搜罗剔抉，删润研磨。纪、志、表、传，备成一代之书；臧否是非，不迷千载之实。臣脱脱等叨承隆寄，幸睹成功。载宣日月之光华，愿效涓埃之补报。我朝之论议归正，气之直则词之昌；辽国之君臣有知，善者喜而恶者愳。所撰《本纪》三十卷，《志》三十一卷，《表》若干卷，《列传》四十五卷。各著论赞，具存体式，随表以闻，上尘天览。无任激切屏营之至，谨言。"(《圭斋文集》卷一三)

《金史》135卷十一月修成。

按：元中统元年(1260)即已议论编纂《金史》，以"义例"问题而一再搁置。未久，金正大元年状元、元翰林学士承旨王鹗利用任职之便，撰成《金史》，未及付梓。同时，元好问采撷金代君臣遗言往事，撰成《野史》百余万言。《金史》为纪传体著作。基于金代实录及王鹗、元好问及其他人之著述，自来便被目为是三史中最佳者。《四库全书总目提要》评曰："元人之于此书，经营已久，与《宋史》、《辽史》取辨仓促者不同，故其首尾完密，条例整齐，约而不疏，赡而不芜，在三史之中，独为最善。"赵翼亦云："是书叙事详覈，文笔亦极老洁，迥出《宋史》、《辽史》之上。"现存版本，有元至正五年(1345)刻本、明嘉靖八年(1529)南监本、万历三十四年(1576)北监本、清武英殿刻本、道光四年(1824)年改校刻本等。欧阳玄作《进金史表》，其文云："惟之金源，起于海裔。以满万之众，横行天下；不十年之久，专制域中。其用兵也，如纵燎而乘风；其立国也，若置邮而传命。及熨兴于礼乐，乃焕有乎名声。尝循初而迨终，因考功而论德。非武元之英略，不足以开九帝之业；非大定之仁政，不足以固百年之基。天会有吞四海之志,而未有一四海之规;明昌能成一代之制,而亦能坏一代之法。海陵无道,自取覆败;宣宗轻动,曷济中兴。迨夫浚郊多垒之秋,汝水飞烟之日。天人属望,久有在矣;君臣守义,盖足取焉。我太祖法天启运圣武皇帝,以有名之师,而释奕世之忿;以无敌之仁,而收兆民之心。劲兵捣居庸关,北掀其背;大军出紫荆口,南扼其吭。指顾可成于儵功,操纵莫窥于庙算。惩彼取辽之暴,容兵涉河以迁。太宗英文皇帝,席卷河朔,而徇地并营;囊括赵代,而传檄齐鲁。灭夏国而蹴秦巩,通宋人以逼河淮。睿宗仁圣景襄皇帝,冒万死出饶风,长驱平陆;战三峰乘大雪,遂定中原。大阳出而爝火熸,正音作而众乐废。及我世祖圣德神功文武皇帝,恢宏至化,劳徕遗黎。燕地定都,彻武灵之旧趾;辽阳建省,抚肃慎之故墟。于时张柔归《金史》于其先,王鹗集金事于其后。是以纂修之事,见诸数遗之谋。延祐申举而未遑,天历推行而弗竟。恭惟皇帝陛下,缉熙圣学,绍述先猷。当邦家闲暇之时,治经史讨论之务。念彼泰和以来之事迹,接我圣代初兴之岁年。太祖受帝号于丙寅,先五载而朱凤应;世祖毓圣质于乙亥,才一岁而黄河清。若此真符,昭然成命。第以变故多旧史阙,耆艾没而新说伪。弗折衷于大朝,恐失真于他日。于是圣心独断,盛事力行。申命臣等,集众技以责成书,仔奏篇以览近鉴。臣等仰承隆委,俯竭微劳。绅石室之书,诚乏司马迁之作;献金镜之录,愿摅张相国之忠。谨撰述《本纪》十九卷,《志》三十九卷,《表》四卷,《列传》七十三卷,《目录》二卷,装潢成一百三十七帙,随表以闻。"(《圭斋文集》卷一三)

又按:《辽史》、《金史》后各附一卷《国语解》,对二史中出现的官制、人事、物产、部族、地理、姓氏等方面的词汇作了译解,为廿四史所独有,突出了辽、金民族史特色,不仅为今天正确阅读与理解二史提供了便利,更成为契丹、女真文字失传后研究它们的珍贵资料。(见张始峰《〈国语解〉及其史料价值分析》)

集庆路儒学刊行奉元路学古书院山长张铉《金陵新志》19卷。

按:四库馆臣将此书题曰"至大金陵新志",有误。此书编修始于至正三年五月初十日,十月初稿成,十一月誊写成编,十二月重新点校眷毕呈稿,并交儒学校正。该书刊雕亦非由集庆路儒学独力承担,而是"分派溧阳州学刊雕五卷,溧水州学、明道书院各刊三卷,本路儒学刊造二卷及序文、图本"。该书前有索元岱书《序》及《修志移文》。索元岱《序》云:"甲申春,浮光士张君铉,以其所撰《金陵新志》首稿见示,其修志本末略曰:'首为图考,以著山川、郡邑形势所存;次述通纪,以见历代因革、古今大要;中为表、志、谱、传,所以极人天之际,究典章、文物之归;终以摭遗、论辩,所以综言行得失之徵,备一书之旨。'至其终,又曰:'文摭其实,事从其纲。'亦详矣哉。是年夏,集庆路将以是编锓诸梓,上之台,佥曰:'善'。且以序见属。……是夏四月初吉,奉直大夫江南诸道行御史台都事索元岱序。"(《至大金陵新志》卷首)《四库全书总目提要》云:"至正初,江南诸道行御史台诸臣将重刊宋周应合所撰《建康志》,而其书终于景定中,嗣后七八十年,纪载阙略。虽郡人戚光于至顺间尝修有《集庆续志》,而任意改窜,多变旧例,未为详审,复议增辑,以继景定志之后。因聘铉主要事,凡六阅月而书成。首为图考,次通纪,次世表、年表,次志谱列传,而以摭遗、论辩终焉。令本路儒学雕本刊行。……其书略依周《志》凡例,而元代故实则本之戚光《续志》及路州司县报呈事迹。……然其学问博雅,故荟粹损益,本末灿然,无后来地志家附会丛杂之病。"

王喜著《治河图略》1卷。

按:对元代治河有较大影响,后来贾鲁以疏塞并举,使黄河东行以复故道方法与王喜理论颇相近,然王说并不完善,且其河源错误较多。

苏天爵八月作《正学编序》。

按：《序》曰："儒者之学，祖述圣贤之所传，考求经传之所载，端本以正人心，立教以化天下。有若鲁斋先生许文正公，其志于是欤！至正四年春，天爵忝官西台，三月帅御史敦劝郡学，四月谒鲁斋祠，命山长祁文思辑录先生褒封之制、奏对之书，及其哀诔之文，号《正学编》，刊布以式士类。……今稽是编，文正之为学也，精思苦索，以求其所未至；躬履实践，以行其所已知。识儒先傅授之正，辨异端似是之非。其被召而立于朝也，严乎出处之意，尽其事上之礼。谓国家居中土，当行汉法，则历年多而可久治；天下定其规摹，则事有序而不絮。本之于农桑学校，以厚民生，辅之以典礼政刑，以成治效。盖欲君之德，比于三代之隆；民之俗，登于三代之盛者也！呜呼，先生德业若此，非学术源流之正乎？是学也，伊洛、洙泗之学也。自圣贤既没，正学不传，秦汉以降，学亦多歧矣，或以记诵词章为问学之极致，或以清虚寂灭为性理之精微，或以权谋功利为政事之机要，是皆非学之正。此道之所以弗明，世之所以弗治也。不有儒先君子探其源而启其途，端其识以正其趋，则士将佽佽然无所依归。览是编者，盖知夫学术源流之正矣。临邛魏文靖公，生于宋之季，每以世道下降，士习愈卑，深慨叹焉。其曰：记问学之末也，今非圣贤之书而虞初稗官矣；虚无道之害也，今非佛老之初而梵呗土木矣；权利谊之蠹也，今非管晏之遗而锥刀毫末矣。魏公斯言，岂特一时之所当忧者乎！呜呼，先生经世之志，儒者有用之学，久不著于世矣。世祖临御，方大有为，鲁斋以真儒之学，启沃弼正，俾圣贤之道昭明于时，诗书之泽衣被于世，斯则有功于今日之大者也。是以封爵之崇，从祀之典，百世之公论，终不可诬。当是时，有祖苏、张纵横之术，钩距揣摩，欲以利害动朝廷，智术操天下，赖天子圣明，灼知奸邪，随殄灭之。或者犹欲踵其余习，盗名欺世，是亦弗思之甚也。列圣继作，文治休明，儒者之学易见于用，而鲁斋扶世立教之功不可及矣。维昔书院之建，盖以先生首应聘召，见世祖于六盘，被命教授京兆子弟。考论是邦，师友渊源，实有所自。诸生游息于斯，读圣贤之遗经，考儒先之言行，庶能正其趋向，感而兴起矣夫。是岁秋八月，后学苏天爵序。"（《滋溪文稿》卷六）

吕复为滑寿《十四经发挥》3卷作序。

按：《十四经发挥》按十二经脉及督脉、任脉顺序分述各经经穴歌诀，相应脏腑机能、经脉循行经路，所属经穴部位及经脉主病等，纲目张举，可为学者出入之向导。该著论经脉而不舍腧穴，论腧穴而不离经脉，此种经、穴结合论述之法，于针灸学发展颇有帮助，其所考证的经穴图，更为近世针灸书籍广泛采用蓝本。北大藏日本延宝三年松会刻本，题"许昌樱宁生滑寿伯仁著"，"吴郡会仁薛铠良武校刊"，有至元(正)滑寿序、至正四年吕复序。滑寿，字伯仁，河南许昌人。还著有《素问注钞》3卷、《伤寒论钞》2卷、《诊家枢要》1卷、《医家引彀》1卷、《五脏补泻心要》1卷、《滑氏脉诀》1卷、《医韵》4卷、《痔瘘篇》、《麻疹全书》4卷，注有《难经本义》2卷。吕复，字元膺，号沧州翁，别署清风老人。著有《内经或问》、《灵枢经脉笺》、《五色脉奇眩》、《切脉枢要》2卷、《运气图释》、《养生杂言》、《脉绪脉系图》、《难经附说》、《四时燮理方》、《长沙伤寒十释》、《松风斋杂著》。

杨士弘历时10年，编选唐一代之诗为《唐音》14卷，由虞集作序以行。

按：《唐音》为唐诗选本，杨氏选诗时对唐诗分期，在唐诗学中影响深远。杨士弘，字伯谦，襄城人，寓居清江。曾任涟水教官，调广东宪幕。工诗，著有《鉴池春草集》，未见传。

危素四月作《桧亭集序》。

按：《桧亭集》(《桧亭稿》)9卷，天台丁复撰。《序》云："天台丁君仲容父少负逸才，去游京师，荐者以君与杨仲弘，范德机皆可为太史氏。当此之时，天下宁谧，休息兵革，而仁宗方尊尚儒学，化成风俗，本朝极盛之时，然当国者思阴废楚产之士。君察其机，不俟报可，翩然去之。乃绝黄河，憩梁楚，过云梦，窥沅湘，陟庐阜，浮大江而下，遂家金陵，于是三十年。君之文雄而趣高，可以制作诰命，宣天子仁惠元元之意于四方万里，而乃使淹回羁旅，浮沉里卷，骎骎乎老矣，兹其可惜也夫！君安于所遇，胸次夷旷，逢山僧逸民，得酒辄饮。醉则作为歌诗，引笔即就，高情藻思，闲见横发。君既以此寓其所乐，久之散落，无复收拾。其婿饶君介之梓而成编，以余辱君为忘年之交，俾序识之。嗟乎！此其才足以适天下之用，而不遇于时者，君子有以悲其志矣。至正四年四月戊寅，临川危素叙于钱塘驿舍。"(《危太朴文续集》卷一)该集还有朱右、李桓、杨翮、李孝光等人为序。

危素十一月作《吾丘子行学古编序》。

按：《序》云："《学古编》者，逸人吾丘子行之所著也。自篆籀之法变，远者千年，近者百年，又近者数十年，而后得一人焉，以是名世盖难矣。常人之情狃乎进习，岂能使人人求古艺于亡灭坏烂之后耶？六书且然，况乎先生之礼乐哉！吾君隐居武林阛阓间，高洁自将(一作持)。尤工篆籀。此编之作，可使来者一洒俗恶之习而趋古矣。曹南吴君主一笃嗜古学，刻此编于家塾，附以吾君《周秦石刻释音》及《唐宋名人书评》，其用心甚勤。吾君著书之志，庶几有所托于永久，推而明乎先王之礼乐，吴君亦将有志焉。吾君讳衍，以不苟合于俗人，不知所终。从游之士招其魂葬之，永康胡先生长孺实为之铭。吴君名志淳，奎章阁侍书学士蜀郡虞公、翰林学士豫章揭公皆爱重之，故又以虞公《石鼓序略》、《好古斋铭》、揭公《隶书行》附刻于后。至正四年十一月庚寅，临川危素太朴序。"(《危太朴文续集》卷一)

周勇所辑《皇元大科三场文选》15卷刊刻。

按：是书卷首无序，按文选科目分卷，各卷皆先目录后正文。卷一先有"皇元大科三场文选·易义目录"，正文卷头题"皇元大科三场文选"，署"安成后学周勇辑"。书末有刘时懋跋曰："古今决科，以文取士，其来尚矣。体制虽有不同，然未有不资于文者。夫文以气为主，故凡一代之兴，必有一代之文，于此可见今朝以经明行修取士，非可泛泛拟。科废而兴，兴而后盛，体制精密，文字折衷，非其真能明乎经者不得其贯通之妙，如禅宗悟入，头头见性，其以是夫。使能益修其行以持身，充其气以为文，顾不美哉！三朝文选已行于前，今撷后科之英复镌于梓，庶以广后来之见闻，昭一代文气之盛大，览者必将有取焉。至正甲申秋，庐陵须溪刘时懋云西甫谨书。"(引黄仁生《日本现藏稀见元明文集考证与提要》)

又按：周勇，生平不详，江西吉安人。刘时懋跋所谓"今撷后科之英复镌于梓"，当是指周勇所选为复科后至正元年(1341)辛巳乡试、次年壬午会试、廷试中选者的考卷，实可作为刘仁初所编《新刊类编历举三场文选》的续书来看待。

意大利画家、哥特式绘画代表人物马尔蒂尼卒(约1284—)。

陈深卒(1260—)。深字子微，号清全，吴县人。笃志古学，闭门著书。天历间，奎章阁臣以能书荐，不出。以"宁极斋"书所居处，亦曰清泉，因以为号。著有《清全斋读易编》3卷、《清全斋读诗编》、《周易然疑》、《考工记句诂》1卷、《周礼训注》18卷、《清全斋读春秋编》12卷、《宁极斋稿》1卷。事迹见《代诸生祭陈宁极先生》(《存复斋文集》卷七)、陈植《先人圹志》(《吴下冢墓遗文》卷二)、《新元史》卷二三五、《吴中人物志》卷六、《姑苏志》卷

五五、《宋季忠义录》卷一五、《元诗选·初集》小传。

揭傒斯七月二十六日卒（1274— ）。傒斯字曼硕，龙兴富州人。大德间，出游湘、汉，程钜夫为湖南宪长，特器重之，妻以从妹，与卢挚列荐于朝。三入翰林，仕至侍讲学士、同知经筵事。卒于官，追封豫章郡公，谥文安。至正间，为纪念其父，建贞文书院于丰城。又创建龙泽书院。与黄溍、虞集、柳贯齐名，号"儒林四杰"。与虞集、范梈、杨载同誉为"元诗四大家"。其文正大简洁，体制严整，诗歌有盛唐风，书法亦精。《宋元学案》列其入《双峰学案》"雪楼门人"。著有《太平政要》、《文安集》14卷，其中诗5卷，文9卷。事迹见黄溍《翰林侍讲学士中奉大夫知制诰同修国史同知经筵事追封豫章郡公谥文安揭公神道碑》（《文献集》卷一〇上）、欧阳玄《元翰林侍讲学士中奉大夫知制诰同修国史同知经筵事豫章揭公墓志铭》（《圭斋文集》卷一〇）、《元史》卷一八一、《蒙兀儿史记》卷一二〇、《新元史》卷二〇六。

按：黄溍《揭公神道碑》云："公生而颖悟，年十二三，读书已能窥见古人为学大意。家贫，不能负笈远游，父子自为师友，刻苦发奋，穷昼夜不少懈。涵濡既久，经史百氏，无不贯通。发为文辞，咸中矩度。同里年相垺者，多敬畏而师事焉。年二十余，稍出游湘汉间。湖南帅赵文惠公淇，素号知人，一见辄惊异曰：'他日翰苑名流也。'程楚公钜夫、涿郡卢公挚，前后持湖北使者节。程公奇其才，妻以从妹。……卢公尤爱其文，亟表荐之。方是时，东南文章钜工，若邓文肃公文原、袁文清公桷、蜀郡虞公集，咸萃于辇下。公与临江范梈、浦城杨载继至，以文墨议论与相颉颃，而公名最为暴著。受知中书李韩公孟、集贤王文定公约、翰林赵文敏公孟頫、元文敏公明善，而全平章岳柱礼遇尤至，相为推毂。不遗余力。延祐元年，由布衣入翰林，为国史院编修官。……公喜汲引后进，而不能俯徇时流。……公为文，叙事严整而精核，持论一主于理，语简而洁。诗长于古乐府，选体清婉丽密，而不失乎情性之正，律诗伟然有盛唐风。善楷书，而尤工于行草。国家大典册及元勋茂德当得铭者，必以命公；人子欲显其亲者，莫不假公文以为重。……公薨于至正四年秋七月戊戌，享年七十有一。以六年秋九月甲子，葬富州富城乡富陂之原。制赠护军，追封豫章郡公，谥文安。……其以文事与时而奋，恒在乎重熙累洽之余。惟养之厚，而用之不亟，故其望实弥久而益著，非侥幸于一旦坐致显融者可同日而语也。公以庶士起远方，而徊翔于清途三十年，晚乃蔚为儒宗文师，荐膺眷遇，勤事以死。大明在上，照临所及，故旧不遗。播之声诗，垂于无极，不亦生荣死哀矣乎？"欧阳玄《揭公墓志铭》亦备述其"讲经作史"之一生功业，推许其为"古称良史造物忌，予夺是非擅万世"。

钱良右五月初八日卒（1277— ）。良右字翼之，自号江村民，江苏平江人。曾任吴县儒学教谕。与宋遗民周密、龚开、戴表元、牟应龙等交游，接其余绪；与当代俊彦鲜于枢、赵孟頫、邓文原等交从亦密，故其闻见最为详博。工书法，各体都能，篆隶真行小草俱精。著有《江村先生集》。事迹见黄溍《钱翼之墓志铭》（《金华黄先生文集》卷三七）、郑元祐《挽钱翼之》（《侨吴集》卷四）、《书史会要》卷七、《吴中人物志》卷九、《元诗选·三集》小传。

吴师道八月卒（1283— ）。师道字正传，浙江兰溪人。至正四年秋，朝廷授奉议大夫、礼部郎中，命下已卒，年六十二。世因以吴礼部呼之。与许谦同师金履祥，与黄溍、柳贯、吴莱等往来唱和。《宋元学案》列其入

《北山四先生学案》。著有《兰阴山房类稿》（即今所传《吴礼部集》）20卷、《春秋胡传附辨》、《春秋胡传补说》、《三经杂说》8卷、《战国策校注》10卷、《敬乡录》14卷、《吴礼部诗话》1卷《附录》1卷、《绛守居园池记校注》1卷、《吴正传文集》20卷。事迹见张枢《元故礼部郎中吴君墓表》、杜本《吴君墓志铭》（皆见《礼部集》附录）、宋濂《吴先生碑》（《文宪集》卷一六）、《元史》卷一九〇、《新元史》卷二三五、《金华贤达传》卷一〇、《金华先民传》卷二。

按：《元史》本传云其："工词章，才思涌溢，发为诗歌，清丽俊逸。弱冠，因读宋儒真德秀遗书，乃幡然有志于为己之学，刮摩淬砺，日长月益，尝以持敬致知之说质于同郡许谦，谦复之以理一分殊之旨，由是心志益广，造履益深，大抵务在发挥义理，而以辟异端为先务。"黄溍作《吴正传文集序》云："……若吾亡友吴正传氏，可谓有志之士矣。正传自羁草知学，即善记览，工辞章。才思涌溢，亹亹不已。时出为歌诗，尤清俊丽逸，人多诵称之。弱冠，因阅西山真氏遗书，乃幡然有志于为己之学。刮摩淬砺，日长月益，讫为醇儒。……正传既以道自任，晚益邃于文。剖悉之精，援据之博，议论之公，视古人可无愧。其所推明者，无非紫阳朱子之学。其好己之道胜，则昌黎韩子之志也。正传冢子深前卒，仲子沈衷其诗文，汇次成若干卷，以授某曰：'先人所与游，相知之深而居相近者，多已凋谢，而执事与东阳张君独存。先人之葬，张君已揭表于墓道。惟是家集，宜有序以传。非执事将谁属？'某不敢以不敏辞，谨考论其师友源流之懿，使览者知正传之文，非徒以才驱而气驾。其夙知而莫成，由其有志以基之，而又能成之以学也。正传讳师道，延祐辛酉进士。调高邮丞，历宁国录事，迁建德尹。入教国子，由助教为博士，以奉议大夫、中书礼部郎中致其事。制下，正传已卒。他所著有某书若干卷，某书若干卷，不在集中。"（《金华黄先生文集》卷一六）

又按：吴师道《战国策校注》，取姚宏《战国策注》，与鲍彪注参校，又杂引其他诸书以佐证之。其篇第注文，一仍鲍氏之旧，惟增所遗者，谓之补；纠所失者，谓之正。各以补曰、正曰别之。复取原本三十三篇四百八十六首之目，冠于卷端，以存刘向之旧。《四库全书总目提要》评曰："条理详密，实远出鲍氏本上"。"古来注是书者，固当以师道为最善"。

再按：吴师道颇以师道自任，其文多有表现，现附几篇如下：

《代请立北山书院文》："……伏见故金华何基，字子恭，生宋淳熙中，躬禀异材，夙有大志。侍父宦游临川，勉斋黄公为令，从而受学，逐厌科举之习，博极圣贤之书。确守师说，不为空言；玩索沉潜，涵养淳粹。蕴经纶之宏略，励廉退之高节。隐居金华之山北，学者尊为北山先生。婺守赵汝腾延聘不就，以名荐闻。景定中，与建人徐几俱被擢命，授以婺学校教授，兼丽泽山长，控辞不应。咸淳初，除史馆校勘，又除兼崇政殿说书，辞之益力。特改承务郎主管西岳庙，亦不肯受。誓老布衣，作诗见志。既殁，锡谥文定。平时不轻著撰，惟研究朱子之书，《四书章句集注》悉加点抹。有《大学发挥》十四卷、《中庸发挥》八卷、《大传发挥》二卷、《启蒙发挥》二卷、《〈太极〉〈通书〉〈西铭〉发挥》三卷，行世已久，诵习者多。《近思录发挥》十四卷、《论孟发挥》未脱稿，文集十卷藏于家。采辑精严，开示明切，实朱学之津梁，圣途之标的也。同时鲁斋王先生柏实出其门，传之导江张翌，载道北方，仁山金履祥校业东州，并著范模，见推当世，渊源所自，粹美无疵。州里知所尊向，后进赖以私淑，其赞治善俗之功，不为少矣。窃惟先生学绍紫阳之传，道著金华之望。洁身叔季，有见于几先；阐教文明,大行于身后,若稽古义,宜有专祠。今盘溪之上,故居宛存,过者改容,想其风烈。或谓昔双峰饶鲁,亦勉斋门人,前代奉祀,有石洞书院;何子之学不下饶公,北山之名岂愧石洞?谓宜即其所居建立书院,彰示褒宠,以补遗阙。窃见近年创设书院,如信之蓝山、饶之初庵、平江之甫里,不过文义著作之士,因有申明,尚蒙信允,较斯人品,表异尤宜。况其家非殷富,事绝扳援,于义非僭,有言非悉。如蒙转以上闻,俯从所请,岂惟慰悦是邦人士之愿,亦足兴起海内学者之心,世教所关,诚非小补。"(《礼部集》卷二〇)

《请传习许益之先生点书公文》:"窃以博士之官,掌司书籍,讲授经旨,是正音训,今之职也。当职猥以疏庸,具员承乏。伏见监学虽有藏书,并无点定善本,诸生传习,师异指殊,不无乖舛。尝闻先儒有云:昔人鄙章句之学者,以其不主于义理尔,然章句不明,亦所以害义理。又云:字书、音韵是经中浅事,先儒得其文者多不留意,不知此等处不理会,枉费词说,牵补不得其本义,亦甚害事也。三复斯言,诚为至论。当职生长金华,闻标抹点书之法始自东莱吕成公,至今故家所藏,犹有《汉书》《资治通鉴》之类。逮宋季年,北山何文定公基传朱子之学于勉斋黄公,若鲁斋王文宪公柏实游其门,仁山金履祥并学于何、王,而导江张壁学于王氏以教于北方。何氏所点《四书》,今温州有板本;王氏所点《四书》及《通鉴纲目》传布四方;金氏、张氏所点皆祖述何、王。近时许谦益之乃金氏高弟,重点《四书章句集注》,及以廖氏《九经》校本再加校点。他如《仪礼》、《春秋》公、谷二传并注、《易》程氏《传》、朱氏《本义》、《诗》朱氏《传》、《书》蔡氏《传》、朱氏《家礼》,皆有点本。分别句读,订定字音,考证谬讹,标释段画,辞不费而义明。用功积年,后出愈精,学士大夫咸所推服。谦之学行,本道屡荐于朝,不幸而没。其他亦有著述,而点书特为切要,今所传多出副本,而其家藏乃亲笔所定,可信不差,学者得之,真适道之指南也。如蒙监学特为申明,转闻上司,委通经之士亲赍善本就其家传录,并广求吕子及何、王、金氏之书,颁之学宫,嘉惠后进,实斯文之大幸。"(《礼部集》卷二〇)

《代孙幹卿御史请刊近思录发挥等书公文》:"窃谓传道授业,必以正学为宗;著书立言,贵乎世教有补。所宜章显,以示激扬。当职往岁备员婺州路属邑,获闻北山何文定公基亲学于勉斋黄氏,得朱子的传。道德之望为时师表。亡宋屡召,授以史馆校勘、崇政殿说书,并辞不受。所著书有《大学》、《中庸》、《易大传》、《启蒙》、《通书》、《近思录》等《发挥》,并用朱子本旨,不杂他说。《大学》等五《发挥》刊行已久,止有《近思路发挥》未就。内《〈太极图〉〈西铭〉发挥》先刊于绍兴,其后门人仁山金履祥纂次订定,见有全书。盖《近思录》乃近世一经,而《发挥》之旨尤为精要,非泛泛他书之比。金氏之学传之许谦,绍述宗旨,南北从游者甚众。屡蒙台府及本道列荐,未仕而卒。谦所著述有《读四书丛说》,《诗集传名物钞》尤有发明,四方传录,多以未见为恨。以上《近思录发挥》、《读四书丛说》《诗集传名物钞》三书不过数十卷,计费不为甚大,如蒙就于婺州路儒学钱粮内刊板流布,幸惠后学,其于教化不为无补。"(《礼部集》卷二〇)

僧大䜣卒(1284—)。大䜣字笑隐,南昌人,俗姓陈。从僧元熙学。初主湖州乌回寺,迁杭州报国寺,移中天竺。天历元年,诏以元文宗金陵潜邸为大龙翔集庆寺,特选大䜣住持,为元代诗僧中著名的"三隐"(笑隐、觉隐、天隐)之一,与柯九思、萨都剌、虞集、马臻、张翥、薛昂夫、李孝光等往还唱和。《四库全书总目提要》评其诗云:"五言古诗实足揖让于士大夫间,余体亦不含蔬笋之气,在僧诗中犹属雅音。"著有《蒲室集》15卷。事迹见黄溍《龙翔集庆寺笑隐禅师塔铭》(《金华黄先生文集》卷二五)、《元诗选·初集》小传、《历代画史汇传》卷六四。

蒋玄六月卒(1298—　)。玄字子晦，别字若晦，东阳人。从许谦游，家居读书，聚书万卷。卒于家，学者私谥曰贞节先生。著有《中庸注》、《四书笺惑》、《大学章句纂要》、《四书述义通》若干卷，《治平首策》2卷，《韵原》60卷，《学则》20卷。事迹见宋濂《东阳贞节处士蒋府君墓铭》(《文宪集》卷二〇)。

赵介(　—1389)、严震直(　—1403)生。

至正五年　乙酉　1345年

奥斯曼土耳其人横渡达达尼亚海峡，进入欧洲。

三月辛卯，惠宗亲试进士78人，赐普颜不花、张士坚进士及第，其余赐出身有差。

七月丙午，诏作《新风纪》。

十月辛未，《辽》、《金》、《宋》三史写成，右丞相阿鲁图进之。

按：是日，大宴群臣于宣文阁。脱脱进曰："给事中、殿中侍御史所记录陛下即位以来事迹，亦宜渐加修撰，收入金縢。"帝曰："待朕他日归天，令吾儿修之可也。仍以御图书封藏金縢，自今以后，不许有所入。"(《资治通鉴后编》卷一七二)时给事、殿中之职皆纨绔子弟为之，备员而已，全无所书，史事遂废。

十一月甲午，《至正条格》成，诏于明年四月颁行天下。

按：是书为继《大元通制》后编定的又一具法典性质法律文件汇编。欧阳玄十一月十四日作序，详述此次重新删定法律条例之缘由、具体程序、成书内容形式及其颁行情况，《序》云："至元四年戊寅三月二十六日，中书省臣言《大元通制》为书，缵集于延祐之乙卯，颁行于至治之癸未，距今二十余年。朝廷续降诏条法司，续议格例。岁月既久，简牍滋繁，因革靡常，前后衡决，有司无所质正，往复稽留，奸吏舞文。台臣屡以为言，请择老臣耆旧、文学法理之臣，重新删定为宜。上乃勅中书专官典治其事，遴选枢府宪台大宗正翰林集贤等官，明章程、习典故者，遍阅故府所藏新旧条格，杂议而圜听之，参酌比校，增损去存，务当其可。书成，为制诏百有五十，条格千有七百，断例千五十有九。至正五年冬十一月十有四日，右丞相阿鲁图，左丞相别儿怯不花，平章政事铁木儿塔识、巩卜班、纳麟、伯颜，右丞相搠思监，参知政事朵尔质班等入奏，请赐其名曰：《至正条格》。"(《圭斋文集》卷七)

是年，建居庸关云台，台中券洞壁雕有佛像、花鸟，壁间立有梵、藏、八思巴、畏兀儿、西夏、汉六种文字题刻的《陀罗尼经咒》等碑刻。

按：其中所刻的西夏文，清光绪二十二年(1895)，法国人德维利亚鉴定为"西夏国书"。

虞集以"朱陆二氏入德之门"为试题，赵汸所答颇合其意，遂为虞集高足。

  按：虞集主张朱陆合流，至正五年，赵汸之回答正合此意。赵汸举朱子曰："'子静所说专是尊德性，而熹平日道问学上多了，今当反身用力，去短集长，庶不堕于一偏也'，又举陆子'追惟往昔，粗心浮气，徒致参辰，岂足酬议'，二说为正，使其合并于暮岁，微言精义，必有契焉。"集颇然其言，曰："子生朱子之乡而得陆子之说，于两家之所以成己教人，反复究竟明白，盖素用力斯事，非缀辑附会之比也。"（詹烜《赵汸行状》，《东山存稿》附录）

  苏天爵出为山东道肃政廉访使，寻召还集贤，充京畿奉使宣抚，究民所疾苦，察吏之奸贪，都人以包拯、韩琦相比，终以忤时相意，坐"不称职"罢归。

  黄溍除服，三月以中顺大夫、秘书少监致仕，父赠中顺大夫、同佥太常礼仪院事、上骑都尉，追江夏郡伯；母赠江夏郡君。冬，黄溍适杭买石作先君墓道碑，杨维桢、张雨、吴克恭、钱惟善、堵简、黄玠诸人偕之游处。十二月，维桢以文送溍归里。

  张起岩、欧阳玄、吕思诚等纂修《金史》成。

  欧阳玄因修《宋》、《金》、《辽》三史有功，擢升翰林学士承旨。

  欧阳玄读杨维桢《三史正统辩》，誉为不刊之论，欲荐之于朝，不果，遂嘱维桢撰《宋史纲目》。

  吴当以父荫授万亿四库照磨，未上，用荐者改国子助教。会诏修《辽》、《金》、《宋》三史，当为预编纂。书成，除翰林修撰。

  宋濂十一月作《故翰林待制承务郎兼国史院编修官柳先生（贯）行状》，又为许谦门人朱震亨经画筑堤之役作记。为王祎所出示《陈忠肃公疏文跋语》作题识。

  高明登进士第，授处州录事。

  按：后辟江浙省掾，从讨方国珍乱。入浙东帅幕，国珍就抚，辞归。后起为江南行省台掾，调福建行省都事，道经庆元，国珍欲留之幕下，不从，遂解官寓鄞县。同登进士者尚有：彭庭坚、石普、舒泰、解子元。

  王守诚十月奉命巡视四川。又除河南行省参知政事，与大都留守答尔麻失里使四川。

  杨维桢三月挟妓踏青，诗寄班惟志，自谓"五十狂夫心尚狂"。

  杨维桢以湖州冶师为铸铁笛，遂自称铁笛道人，以此名噪天下。

  胡助授承事郎、太常博士，致仕归。

  陶安会试落第，恰太平总管高子明改创郡庠，陶安作《孔庙大成乐诸赋》。

  余氏勤有堂刊刻陈师凯《书蔡传旁通》6卷。

  虞氏南溪精舍明复斋刊行《书集传邹季友音释》6卷。

  按：该书蔡沈《序》作于嘉定二年（1209），原题："蔡氏集传，鄱阳邹季友音释"。《天禄琳琅书目续编》卷八有至正乙酉（1345）虞氏明复斋刻本《书集传音释》6卷卷首1卷。《爱日精庐藏书志》卷二有至正辛卯（1351）德星书堂刻本。

赫尔曼·冯·弗拉茨拉尔著散文传奇集《圣人的生活》。

张天祐为程端学《春秋本义》作序。

按：《序》云："四明时叔程先生以《春秋》一经，诸儒议论不一，未有能尽合圣人作经之初意，于是本程朱之论，殚平生心力，辑诸说之合经旨者，为《本义》以发之；订三传之不合于经者，为《辨疑》以正之；又推本所以去取诸家之说者，作《或问》以明之。书成而先生卒，翰苑诸公欲进于朝，由是移文浙东宪司，俾锓梓以传远。遂牒本道帅府，于概管七路儒学出帑以助之。至正三年夏五月命工，因循未克就。五年冬十一月，佥宪索公士岩巡历至郡，久知是书能折衷诸说，辨析精详，深得圣人之旨，不可缓也。委自监郡，与天祐提督刊梓。愚不敏，仰承所托，朝夕视事，不一月而工毕，实是年之十二月甲子也。天祐备员府幕，与先生之兄敬叔父交且久，今又获见此书之成，故乐而道之也。然此特记其岁月云尔。若夫此书之发挥圣经，嘉惠后学，则亦不待赘述。至正五年十二月望日，金华张天祐书。"（康熙十九年通志堂本《春秋本义》卷首）

潘诩刊潘昂霄《金石例》10卷于鄱阳，三月作《金石例跋》。

按：潘诩乃潘昂霄之子，其《跋》曰："先文僖公所著《金石例》十卷，制度文辞，必稽诸古，所以模范后学者也。每见手泽，不忍释去。与其私于一家，孰若公于天下；传之子孙，孰若法之人人。使咸知先公之去浮靡以还淳古，顾不韪与？谨刻之梓，嘉与士大夫共之。至正五年春三月望，济南潘诩敬书于卷末。"（《金石例》卷首）《四库全书总目提要》云："《金石例》十卷，元潘昂霄撰。……是书一卷至五卷述铭志之始，于品级、茔墓、羊虎、德政、神道、家庙、赐碑之制，一一详考。六卷至八卷述唐韩愈所撰碑志，以为括例，于家世、宗族、职名、妻子、死葬日月之类，咸条列其文，标为程式。九卷则杂论文体。十卷则史院凡例。然昂霄是书，以《金石例》为名，所述宜止于碑志，而泛及杂文之格，与起居注之式，似乎不伦。又杂文之中，其目载有郝伯常先生编《类金石》八例，苍崖先生十五例二条，皆有录无书。九卷之末有跋云：'右先生《金石例》，皆取《韩文类辑》以为例，大约与徐秋山括例相去不远。若再备录，似为重复，故止记其目于此。'然则最后二卷，其始必别自为编，附之《金石例》后。后人刊版，乃并为一书。又知六卷至八卷所谓《韩文括例》者，皆全采徐氏之书，非昂霄所自撰矣。其书叙述古制，颇为典核。虽所载括例但举韩愈之文，未免举一而废百。然明以来金石之文，往往不考古法，漫无矩度，得是书以为依据，亦可谓尚有典型，愈于率意妄撰者多矣。书在元代，版凡三刻。此本乃其子诩至正五年刊于鄱阳者也。"是书还有傅贵全、杨本、汤植翁至正五年三月序。

《宋史》496卷十月修成。

按：欧阳玄《进宋史表》云："皇帝陛下……命臣阿鲁图、左丞相臣别儿怯不花领史事，前右丞相臣脱脱为都总裁，平章政事臣铁木儿塔识、御史大夫臣惟一、翰林学士承旨臣起岩、臣玄、治书御史臣好文、礼部尚书臣沂、崇文太监臣宗瑞为总裁官，平章政事臣纳麟、臣伯颜、翰林学士承旨臣达识帖睦尔、左丞臣守简、参议臣岳柱、臣拜住、臣陈思谦、郎中臣斡栾、臣孔思立等协恭董治，史官工部侍郎臣斡玉伦徒、秘书卿臣泰不华、太常签院臣杜秉彝、翰林直学士臣宋褧、国子司业臣王思诚、臣汪泽民、集贤待制臣干文传、翰林待制臣张瑾、臣贡师道、宣文阁鉴书博士臣麦文贵、监察御史臣余阙、太常博士臣李齐、翰林修撰臣鎦文、太医院都事臣贾鲁、国子助教臣冯福可、太庙署令臣陈祖仁、西台御史臣赵中、翰林应奉臣王仪、臣余贞、秘书著作佐郎臣谭慥、翰林编修臣张翥、国子助教臣吴当、经筵检讨臣危素编劘分局，汇萃为书。起自东都，迄于南渡。纪载余三百载，始终才一再期。考夫建隆、淳化之经营，景定、咸淳之润色。庆历、皇祐，以忠厚美风化；元丰、熙宁以聪明纂宪章。驯致绍圣纷纭，崇宁荒乱。治忽昭陈于方册，操存实本于宫庭。若乃建炎、绍兴之图回，乾道、淳熙之保乂。正直用，则人存政举；邪佞进，则臣辱主忧。光、宁之朝，仅守宗社；理、度之世，日蹙封疆。顾乃拘信使以渝盟，纳畔主而侵境。由权奸之擅命，启事衅以召兵。厥后瀛国归朝，吉王航海。齐亡而谤，王蠋乃存秉节之臣；楚灭而谕，鲁公堪矜守礼之国。载惟贞元之会合，属当泰道之熙明。众言淆乱于当时，大义昭宣于今日。矧先儒性命之说，资圣代表章之功，先理致而后文辞，崇道德而黜功利，书法以之而矜式，彝伦赖是而匡扶。……且辞之烦简以事，而文之今古以时，旧史之传述既多，杂记之搜罗又广，于是参是非而去取，权丰约以损增。谨撰述本纪四十七卷，志一百六十二卷，表三十二卷，列传、世家二百五十五卷，装潢四百九十二帙，随表尘献以闻。……至正五年十月二十一日，……臣阿鲁图等上表。"(《圭斋文集》卷一三)《宋史》为二十四史中卷帙最多的一部书。始撰于顺帝至正三年(1343)，由中书右丞相脱脱、阿鲁图等先后领衔编写，历时二年半完成。依据宋代史馆已有之国史旧稿，上起于后唐天成二年(927)宋太祖出生，下迄南宋祥兴二年(1279)，历时319年。全书具有体例完备、材料真实、志书详细、列传丰富、分类合理的特点。首创《道学传》，以道学为判断是非的标准。但由于多人分纂，草率成篇，对史料不及统一考订，以致全书结构混乱，前后矛盾，讹误疏漏比比皆是，且北宋详，南宋略，理宗、度宗以来尤多缺漏。明、清以来对其进行改作、补充者颇多。

杭州路儒学奉旨刊行《辽史》160卷、《金史》135卷。

危素作《君臣政要序》。

按：《序》云："至正元年九月，皇帝御东宣文阁，出《君臣政要》三卷，召翰林学士承旨臣巙巙、学士臣朵尔质班、崇文少监老老，传敕翰林侍读学士臣锁南、直学士臣拔实、崇文太监臣别里不花、少监臣老老、宣文阁鉴书画博士臣王沂、授经郎臣不答实理、臣周伯琦等，译而成书。又敕宣徽供其禀。稍越三月，书成，又敕留守司都事臣宝哥以突厥字书之。臣尝读唐史，开元元年，晋陵尉杨相如上疏，玄宗览而善之。今考此书，相如为陆浑尉，进书在开元十三年，疑史失之也。书载召为左拾遗，其制词犹在，盖史略之也。……陛下照临万方，作新庶政，思以承亿万世无疆之休，乃御延阁，爰出是书，俾以精微达诸国语。圣心之所在有非浅见薄识所能窥其万一也。臣素执事经帷，身亲见之，乃因臣拔实所订，重加校雠，疏于其下，藏之中秘，以备乙夜之览。故得窃述其区区之志云。"(《危太朴文集》卷七)

苏天爵作《国子生试贡题名记》。

按：文曰："至正五年春二月，大比进士。知贡举翰林学士欧阳玄，同知贡举礼部尚书王沂，考试官崇文太监杨宗端，国子司业王思诚，翰林修撰余阙，太常博士李齐，监试御史宝哥、赵时敏。于是国子积分生试者百二十人，中选者十有八人，将登名于石。天爵适长成均，进诸生而告曰：'……我世祖皇帝定一函夏，兴造功业，而礼乐之文，贤良之选，盖彬彬焉。乃以中统二年命相臣许文正公为国子师，而成均之教益隆。列圣承统，有光前烈，既增弟子之员，又进出身之阶，而成均之制益备。天爵弱冠忝为胄子，伏睹祖宗建学育才之美，先贤设教作士之方，潜心有年，始获充贡。今列官于斯，而又深叹其规模之宏远，典型之尊严。夫明经所以修身也，修身所以致用也。士负才能，遭时见用，岂但庠序之光，朝廷实有赖焉。然则诸生学古入官，佩服国恩，尚思所以报称之哉。'是岁夏五月戊戌，集贤侍讲学士、中奉大夫兼国子祭酒苏天爵记。"(《滋溪文稿》卷三)

宋褧七月作《翰林国史分院题名记》。

按：文云："题名记者,翰林分院官纪名氏也。至正五年四月廿有五日,天子乘舆至上都,从幸者则承旨不答实理、学士完者帖木儿、直学士完者不花及褧、经历兼经筵参赞官塔海帖木尔也；待制则凌懋翁修撰、张士坚应奉文字、俊百寮逊编修官,钜出举台也。承旨则自至大间长院出而复入,距今四十年,不能悉举其所之岁。两学士及经历当以宿卫扈跸,其官翰林分院,则自是岁始也。褧以泰定甲子叨科第待制,由太学生释褐。修撰以下,新进士三人,皆今一至者也。呜呼！职位之清华,责任之重大,固不异前记,曰报称、曰礼遇,不能无愧焉。凡吾数人者继此以往,或数至焉,或不复入院徙他官而至焉。斯文所系者未可知,姑以识岁月也。院属七人则需次典籍官辟为掾者任希说、译史月鲁不花、通事脱脱辉知、剌马班、蒙古书写尚都不花、接手写史晔、典书傅良臣也。乘传来奏,捧香酒,祀三朝御容,暂至而即归者,则应奉孙扩也。经筵附见者凡十有四人,以本职兼译文官则宣文阁鉴书画博士、承直郎周伯琦,授经郎、儒林郎达理麻失理,奉议大夫王时可,余则检讨郑旼、冯本,译史安童、完者帖木儿、达理麻失理,书写王可道、宋谊,蒙古书写王也先、宣使扎八、吴镛、牛嘉也。七月望日,翰林直学士、亚中大夫、知制诰、同修国史兼经筵官宋褧记。"（《燕石集》卷一二）

宋褧七月二十七日作《上都分省左司掾题名记》。

按：其文云："天朝幅员倍前代,庶事之繁亦然。中书为天下政本,悉综理裁决之。相府受其成,宰事提其纲。至于究物理,审事情,折衷以道,参酌以典章,据案具牍,与夺轻重,则皆属之曹掾焉。近制选辟各半,咸精其技能,往往练达老成,由是扬历台阁,致位卿相。东曹职掌视右司为重,设掾之数,亦倍之。天子岁幸上都,则曹十人从宰相治分省事,或以为简而优者,是大不然。盖天下之政,由大都达之分省,或可或否,奏白行遣,止付之十人,顾不尤重且劳哉？故其将归也,咸志其名氏于壁,以为荣。乘舆往返,则内择二人听命于行在、次舍,谓之随驾。无逆旅室庐之安,具帐帘自随而野处,凡汲囊、寝兴、秣饲马,乘舆不得便适,饥食渴饮,不时蒙犯风霞霜露,驰突泥淖尘氛中,其苦又不可言,故并书以慰之于壁记之末。是岁分省者九人,虎理韩仲桓、木八剌沙居仁、达理马实可行、速鲁蛮希贤、郑志道士宁、华彦万景元、李思义仲得、郭德修从道、李冲霄鹏举。随驾者速华郭李不至,而物故者一人,崔克敬允恭。至正五年七月廿又七日,宋褧记。"（《燕石集》卷一二）

迺贤约于此年前后著《金台集》2卷成。又著《河朔访古记》2卷成。

按：《四库全书总目提要》曰："是集（《金台集》）为危素所编。前有欧阳玄、李好文、贡师泰三《序》,作于至正壬辰。又有黄溍《题词》,作于至正庚寅。末有至正乙酉揭傒斯《跋》,至正辛卯程文《跋》,至正乙未杨彝《跋》,至正己丑泰哈布哈题字、至正戊子张起岩题诗。复有虞集诗一首,及危素一《跋》,均不著年月。素《跋》称'易之《金台前稿》,余既序之。及再至京师,又得《后稿》一卷',则此集二卷乃合两稿编之。……迺贤天才宏秀,去元好问为近。"

杨维桢约于是年纂《两浙作者集》成。

按：杨维桢《两浙作者序》记："曩余在京师,时与同年黄子肃、俞原明、张志道论闽浙新诗。子肃数闽诗人凡若干辈,而深诋余两浙无诗。余愤曰：'言何诞也！诗出情性,岂闽有情性,浙皆木石肝肺乎？'余后归浙,思雪子肃之言之冤,闻一名能诗者,未尝不躬候其门。采其精工,往往未能深起人意。阅十有余年,仅仅得七家。其一永嘉李孝光季和,其二天台丁复仲容、项炯可立,其一东阳陈樵君采,其一元镇,其二老释氏,曰句曲张伯雨、云门恩断江也。……盖仲容、季和放乎六朝而归准老杜,可立有李骑鲸之气,而君采得元和鬼仙之变,元镇轩轾二陈而造乎晋汉,断江衣钵乎老谷,句曲风格夐宗大历,而痛厘去纤艳不逞之习。七人之作备见诸体,凡若干什,目曰《两浙作者集》,非徒务厌子肃之言,实以见大雅在浙方作而未已也。若其作者继起而未已也,又岂限以七人而止哉?"(《东维子文集》卷七)

胡助约于此年后纂《纯白斋类稿》20卷、《附录》2卷成。

曹妙清著《妙清诗集》成。

沙剌班以江西湖东道肃政廉访司的名义,牒令抚州路总管府编录虞集文为《道园类稿》50卷,并刻于儒学。

按:牒文云:"(虞集)所著诗文若干卷,前福建闽海道廉访副使斡玉伦徒,已尝命有司锓梓。然字画差小,遗逸尚多。抚州路乃本官寓间之地,如蒙移文本路,详加编录,大字刊行,岂惟可以为法后学,实足以彰国家制作之盛。"(转引自汪桂海《元版元人别集》)

杨维桢十一月为乡友韦珪《梅花百咏》撰序。

按:韦珪,字德珪,山阴人。《梅花百咏》1卷,始以李仲山之命成咏梅二十六首,继摭拾见闻,更成百首,复以梅花未入《楚辞》,作《补骚》一章以附于后。国家图书馆藏至正刻本。

虞集约于是年作《宗濂书院记》。

按:文云:"……今江西宪使张掖刘公沙剌班、河内李公守仁(李守仁),与其同官幕府皆有学问,欲以文教兴治化之本。下车之初,即致意于郡之学校,次第而至于宗濂书院焉。昔周子官南安时,二程子从太中在焉而师之。道学中兴,实自此始。行李所在,祠而祝之,而江右之人尤私有尊亲之意焉。淳熙己亥,郡教授黄君灏,始作周子之祠于学,以二程子配,朱子实为之记。图书之传,千五百年圣贤之绪,尽在是矣。其后又病郡县进士之弊,别为书院,列于学官,以待修为已之学者。淳祐癸卯,江文忠公万里以江西运判兼知隆兴府事,作精舍于望云门外,祠周子、张子、程子、朱子,而谓之宗濂,亲为之记。召学者而教之,朝廷赐之额。是时军旅削弱,西北淮蜀之士,流亡而无归。凡大府,皆因书院之名,厚其赀产之入以收养之。而豪杰有用之士,亦胥此焉出。而所谓精舍者,章甫逢掖之徒,不厌于斋盐,而从事于在己者也。文忠为谏官,其君又为亲书名以赐。盖其君臣,忧患世变之极者久矣!国朝大兵下江南,文忠公时以退相老于江东,兵至,赴水死。宋亡,精舍毁。豫章之内附也,李武愍公恒以淄莱之军守之。既定,遂引兵与诸大将合取崖山,而还镇豫章,生息其伤残,恩意备至,其子世安能世之。世祖皇帝之顾念远人也,鹿泉贾公来宣慰为省官,高公凝为省郎中。宣布德意,兴文学,礼故老贤士,以施教于人。河东刘公宣(刘宣)来为按察使,副之者柳城姚公燧(姚燧)也。一时名卿贤大夫,蔼然邹鲁其人矣。贾公旧臣,刘、高、姚,皆覃怀之学者。于是郡人万公一鹗、前进士熊公朋来等,皆为诸公出。郡之闻风而兴者,始相与出钱,市民间废宅一区。中为礼殿,象夫子燕居。西室祠周子,东室祠文忠公。行省宪司,转闻于朝,更为书院。其讲堂名'光霁堂',署山长以主之,以道学之宗学者趋焉,遂与诸学鼎峙。时文忠公之曾孙楠适至,诸公见之,加饰公象而退。万公自隐居,一命起家为按察副使,熊公终以教授为乡先生。诸公之子弟学于其门者,多至卿相云。至正五年春,刘公、李公之至书院也,以为书院为周子设,而祠无正位,易木主为塑像,奉诸光霁堂上,而以两程子侑。虚周子之旧祠,像许文正公而居之。文忠公之祠如故,盖以公之为学有关于世教,非直为始建精舍而已。……时提举学事者范汇、刘嗛,郡文学夏溥,来求记。山长,则前乡贡进士曾贯也。"(《雍虞先生道园类稿》卷二四)

黄溍作《杭州路凤凰山禅宗大报国寺记》。

按：《嘉靖仁和县志》卷一二载："大报国寺，在凤凰山，元至元十三年从胡僧杨琏真伽请，因宋故内建五寺，此其一也。"此五大寺即报国（属禅宗）、兴元、般若（属白云宗）、小仙林及尊胜（属喇嘛教）。兴元、小仙林不知属何宗派。世祖立五大寺，既可见元廷兼收并蓄之宗教政策，亦用"乘法力以畅皇威"、"以镇南服"，藉宗教力量统治多民族。黄溍文记载："昔在世祖皇帝，执金轮以御海内，声教所暨，与如来化境相为远迩，普天率土，悉主悉臣。惟宋人藉中华之运，保有荆、扬、益三州之地，久而未服。至元十一年，肆命宰臣，会师南伐，不三载，而胜国之社遂墟。二十一年，有旨即其故所居杭州凤凰山之行宫建大寺五，分宗以阐化，其传菩提达摩之学者，赐号禅宗大报国寺，乘法力以畅皇威、宣天休以隆国势也。比丘妙齐承诏开山，朝廷既授以田若干亩，而蠲其税赋。齐复置宜兴庄田若干亩，而资用日益丰……延祐六年，又以不戒于火，而寺尽废，侧金所布鞠为荆榛。其明年，江浙行中书省左丞相欢答剌罕，领行宣政院事……以大䜣为住持。䜣既莅法席，则告于众曰：'世祖皇帝肇建兹寺，以镇南服，非他列刹比，宏模伟略，当垂之亿万斯年，有坠必举……'至正四年，今住持遂寔来。其明年，造钟、经两楼，而丛林之规制大备。自始役至迄功，凡十六寒暑。其为费，大率取诸经用之羡财，而合众缘，以相其力之所不给。䜣被遇文宗皇帝，命为大龙翔集庆寺开山，畀三品文阶，以冠师号。今上皇帝加授释教宗主，兼领五山。便蕃宠赐，中使狎至，䜣亦欲彰君之赐，间以所得金币，来致助焉……遂以状来，谂于溍曰……溍窃观自古帝王有天下，运祚之绵长，必取义仁义，守以仁义。我世祖皇帝承灵山之付嘱，以不杀而定天下，于一摄一切世界归一世界，取之既有其道，所以守之者，不特庞恩渥泽，周浃乎黎庶，又以神道设教，使含生之类，莫不泳游于觉海之中，而安养休息于天日覆照之下……溍下凡愚陋，管窥蠡测，罔既名言，叙次本末，第以谨其岁月云尔。状称始创寺时，斫地得断石，乃安国罗汉院记，相传此即其故址。异时以院为行宫，而今复为寺，殆非偶然。按宋史及临安志：行宫本杭之州治，其徙安国罗汉之额于相国西井，在建行宫后五十有五年，与状所载不能尽合，姑附见之，以广异闻焉。"（《金华黄先生文集》卷一一）

倪渊六月二十九日卒（1265——　）。渊字仲深，乌程人。生而卓异，精敏绝人，读书过目成诵。刻意圣贤之学，从敖继公学《礼》、《易》。曾从星官学，运算尤精。晚年潜心于《易》。学者私谥文静先生。《宋元学案》列其入《艮斋学案》"敖氏门人"。著有《易集说》20卷、《图说》、《序例》各1卷。事迹见黄溍《承务郎杭州路富阳县尹致仕倪公墓志铭》（《黄文献集》卷九上）。

程端礼六月卒（1270——　）。端礼字敬叔，号畏斋，鄞县人。受业史蒙卿，学宗朱熹。至治、泰定间，历稼轩、江东两书院山长，在稼轩，曾以"前贤遗迹多为人所据，悉按其籍夺而归之"。累考授铅山州学教谕，以台州教授致仕。为人色庄而气夷，善诱学者。其说以闭门穷经为手段，以读书做官为号召，影响颇大。《宋元学案》列其入《静清学案》"静清门人"。著有《集庆路江东书院讲义》、《晦庵读书法》4卷、《读书分年日程》3卷、抄校《昌黎文式》2卷、《畏斋集》6卷。其《程氏家塾读书分年日程》，为后世书院效法。事迹见黄溍《将仕佐郎台州路儒学教授致仕程先生墓志铭》（《黄文献集》卷九下)、《两浙名贤录》卷四、《甬上先贤传》卷一一。

按：《元史·儒学二》载："庆元自宋季皆尊尚陆九渊氏之学，而朱熹氏学不行于庆元。端礼独从史蒙卿游，以传朱氏明体适用之指，学者及门甚众。"黄宗羲《宋元学案》卷八七《静清学案》曰："庆元自宋季皆传陆子之学，而朱学不行于庆元，得史静清(史蒙卿)而为之一变。盖慈湖(杨时)之下，大抵尽入于禅，士以不读书为学，源远流分，其所以传陆子者，乃其所以失陆子也。余观畏斋《读书日程》，本末不遗，工夫有序，由是而之焉，即谓陆子之功臣可也。"黄溍《将仕佐郎台州路儒学教授致仕程先生墓志铭》曰："先生归后，郡守王侯元恭踵门礼请先生为学者师。帅闻及旁郡广行乡饮酒礼，皆俟先生讨论而后定"。"盖宋季之士，率务以记诵辞章为资身取宠之具，而言道学者，亦莫盛于此时。四明之学，祖陆氏而宗杨袁，其言朱子之学者，自黄氏震、史氏蒙卿始。朱子之传，则倪氏渊、大阳先生枋、小阳先生畀，以至于史氏，而先生承之。黄氏主于躬行，而史氏务明礼以达用。先生素有志于当世，惜其仕不大显，故平生蕴蓄未克究于设施，而私淑诸人者，不为无功于名教也。故礼部郎中韩公居仁尝学于小阳先生，其仕于先生之乡，与先生论议无不吻合。行省屡聘先生较文乡闱，先生以为，国朝设科初意，专取朱子《贡举私议》，今多违之。吾往宜不合，力辞不往。其源流本末，可概见也。"

又按：程端礼《集庆路江东书院讲义》对元、明士子影响极其深远，现附其文如下："礼端窃闻之朱子曰：'为学之道莫先于穷理，穷理之要必在于读书，读书之法莫贵乎循序而致精，而致精之本则又在于居敬而持志。此不易之理也。'其门人与私淑之徒，会粹朱子平日之训而节取其要，定为读书法六条：曰循序渐进、曰熟读精思、曰虚心涵泳、曰切己体察、曰著紧用力、曰居敬持志。且所谓'循序渐进'者，朱子曰：'以二书言之，则通一书而后及一书；以一书言之，篇章字句、首尾次第亦各有序而不可乱也，量力所至而谨守之。字求其训，句索其旨。未得乎前，则不敢求乎后；未通乎此，则不敢志乎彼。如是则志定理明，而无疏易陵躐之患矣。若奔程趁限，一向趱看了，则看犹不看也。近方觉此病通不是小事。元来道学不明，不是上面欠工夫，乃是下面无根脚。'其循序渐进之说如此。所谓'熟读精思'者，朱子曰：'荀子说诵数以贯之，见得古人诵书亦记遍数，乃知横渠教人读书必须成诵，真道学第一义。遍数已足而未成诵，必欲成诵；遍数未足虽已成诵，必满遍数。但百遍时自是强五十遍时，二百遍时自是强一百遍时。今所以记不得说不去，心下若存若忘，皆是不精不熟之患。今人所以不如古人处，只争这些子。学者观书，读得正文，记得注解，成诵精读。注中训释文意、事物、名件，发明相穿纽处一一认得，如自己做出来底一般，方能玩味反覆，向上有通透处。若不如此，只是虚设议论，非为己之学也。'其熟读精思之说如此。所谓'虚心涵泳'者，朱子曰：'庄子说"吾与之虚而委蛇"，既虚了又要随他曲折去。读书须是虚心，方得圣贤说。一字是一字，自家只平著心去秤停他，都使不得一毫杜撰。学者看文字不必自立说，只记前贤与诸家说便了。今人读书多是心下先有个意思了，却将圣贤言语夹凑他底意思，其有不合，便穿凿之使合。'其虚心涵泳之说如此。所谓'切己体察'者，朱子曰：'入道之门，是将这个己身入那道理中去，渐渐相亲，与己为一。而今人道在这里，自家在外，元不相干。学者读书，须要将圣贤言语体之于身，如克己复礼，如出门如见大宾等事，须就自家身上体覆，我实能克己复礼、主敬行恕否？件件如此，方有益。'其切己体察之说如此。所谓'著紧用力'者，朱子曰：'宽著期限，紧著课程，为学要刚毅果决，悠悠不济事。且如发愤忘食，乐以忘忧，是甚么精神？甚么筋骨？今之学者全不曾发愤，直要抖擞精神，如救火治病然，如撑上水船，一篙不可放缓。'其著紧用力之说如此。所谓'居敬持志'者，朱子曰：'程先生云:"涵养须用敬,进学则在致知",此最精要。方无事时,敬以自持,凡心不可放入无何有之乡,须是收敛在此。及应事时敬于应事,读书时敬于读书,便自然该贯动静,心无不在。今学者说书,多是捻合来说,却不详密活熟。此病不是说书上病。乃是心上病,盖心不专静纯一,故思虑不精明。须要养得虚明专静,使道理从里面流出方好。'其居敬持志之说如此。愚按:此六条者,乃朱子教人读书之要,故其诲学者、告君上,举不出此,而自谓其为平日艰难已试之效者也。窃尝论之,自孔子有'博学于文,约之以礼,亦可以弗畔矣夫'之训,以颜子之善学,其赞孔子循循善诱,亦不过曰'博我以文,约我以礼'而已。是孔子之教、颜子之学,不越乎博文、约礼二事,岂非以学者舍是无以为用力之地欤!盖盈天地间,万物万事,莫非文也。其文出于圣人之手,而存之于书者,载道为尤显。故观孔子责子路'何必读书然后为学'之语,可为深戒,岂非读书为博文之大而急者欤!朱子曰约礼,则只是这些子。博文各有次序,当以大而急者为先,盖谓是也。然则博文岂可不以读书为先,而读书又岂可不守朱子之法?朱子平日教人,千言万语,总而言之,不越乎此六条。而六条者,总而言之,又不越乎'熟读精思、切己体察'之两条。盖熟读精思即博文之功,而切己体察即约礼之事,然则欲学颜子之学者,岂可不由是而求之哉!今幸其说具存,学者读书,能循是六者以实用其力,则何道之不可进,何圣贤之不可为?使朱子复生,身登其门,耳闻其诲,未必若是之详且要也,学者可不自知其幸欤?世之读书,其怠忽间断者固不足论;其终日勤劳,贪多务广,终身无得者,盖以读之不知法故也。惟精庐初建,端礼荒陋匪材,夫岂其任?承乏之初,敢以《朱子读书法》首与同志讲之,期相与确守焉,以求共学之益。使他日义精仁熟,贤才辈出,则朱子之训不为虚语,精庐不为虚设,顾不美欤!"(《新安文献志》卷三九)

乔吉卒(1280—)。吉一作吉甫,字梦符,号笙鹤翁、惺惺道人,太原人,后居杭州。所作杂剧今知有11种,现存《两世姻缘》、《金钱记》、《扬州梦》3种。散曲也有名,明、清人多以他与张可久并称为"元散曲两大家"。元明间,辑有《惺惺道人乐府曲》、《文湖州集词》、《乔梦符小令》3种。《全元散曲》录存小令209首,套数11套。近人辑有《梦符散曲》。事迹见《录鬼簿》。

陈绎曾卒(约1286—)。绎曾字伯敷,处州人。至顺二年,为国子监助教。元统元年举进士。尝从学于戴表元,与陈旅友善。善书法,尤善真、草、篆三体。著有《文说》1卷、《翰林要决》1卷、《文筌》8卷附《诗小谱》2卷。事迹见《元史》卷一九〇、《书史会要》卷七、《元诗选·癸集》小传。

按:其《文说》,《四库全书总目提要》云:"是书乃因延祐复行科举,为程试之式而作。书中分列八条,论行文之法。时《五经》皆以宋儒传注为主,悬为功令,莫敢异趋。故是书大旨皆折衷于朱子。《吴兴续志》称绎曾尝著《文筌》、《谱论》、《科举天阶》,使学者知所向方,人争传录。焦竑《经籍志》又载绎曾《古今文矜式》二卷。今考绎曾所著《文筌》八卷,附《诗小谱》二卷,元时麻沙坊刻,附列于《策学统宗》之首,今尚有传本,其文与此编迥殊。惟《科举天阶》与《古今文矜式》今未之见。疑此编即二书之一,但名目错互,莫能证定。今姑仍《永乐大典》旧题,以《文说》著录,用阙所疑。"

薛玄曦二月初七日卒(1289—)。玄曦字玄卿,号上清外史,贵溪人。年十二辞家入道,师事张留孙、吴全节。延祐四年,提举大都万寿宫,升提点上都万寿宫。泰定三年,辞归龙虎山。至正三年,任佑圣观住持兼领杭州诸宫观。著有《上清集》若干卷、《樵者问》1卷、《琼林集》若干卷。事迹见黄溍《张文裕德崇仁真人薛公碑》(《金华黄先生文集》卷二九)、《元史》卷二〇二、《书史会要》卷七、《元诗选·二集》小传。

康里巎巎五月卒(1295—)。巎巎字子山,号正斋,号恕叟,西域康里人。博学工书,制行峻洁。官至翰林学士承旨,知制诰,兼修国史。以书名世,其书颇有虞世南风韵,以骏快著称。《元史》本传称他:"善真行草书,识者谓得晋人笔意,单牍片纸人争宝之,不啻金玉。"卒谥文忠。存世书法有《谪龙说》,著有《述笔法》等。事迹见《元史》卷一四三、《元西域人华化考》卷二、五。

吴弘道卒,生年不详。弘道字仁卿,号克斋,金台蒲阴人。曾任江西检校掾史。善作曲,所作杂剧《火烧正阳门》、《屈原投江》、《手卷记》等5种,今皆佚,散曲集《金缕新声》、《曲海丛珠》亦不传。《全元散曲》存其小令34首,套数4套。《太和正音谱》评其曲"如碧山明月"。另编有《中州启札》一书,今尚存。事迹见《录鬼簿》。

薛昂夫约卒,生年不详。昂夫又名超吾,回鹘人,汉姓马,故亦称马昂夫,字九皋。官三衢路达鲁花赤,晚年退隐杭州。善篆书,有诗名,曾与萨都剌唱和。有人将其与马致远合称"二马",以为"并世声家"、"卓然作手"。其自编散曲集《扣舷余韵》,已散佚。《全元散曲》录存其小令65首,套数3套。事迹见孙楷第《元曲家考略》。

曾㷑(—1407)、王宗道(—1416)生。

至正六年　丙戌　1346年

四月癸丑,颁行《至正条格》。

是月,命左右二司、六部吏属于午后讲习经史。

十二月,下诏,科举"稍变程式"。

按:对汉人、南人"增第二场古赋外,于诏诰、章表内又科一道"(《元史·选举志一》)。

是月,中书右丞别儿怯不花率省臣奏:"是书(《元大一统志》)国用尤切,恐久湮失,请刻印,以永于世。"制可(许有壬《大一统志序》,《圭塘小稿》卷五)。

是年,诏求遗书,有以书献者,与一官。再次命学士危素至江南藏书家庄肃家选取图书。

按:庄家惟恐兵遁图谶干禁,悉付一炬。其孙庄群玉收拾余烬,以图恩赐,无所获。

高丽命修国史。

英军于克勒西大破法国骑士军。

德意志部分选侯选举波西米亚国王查理四世任德意志国王。

西班牙的巴利阿多里德大学成立。

黄溍除翰林直学士、知制诰、同修国史、同知经筵事，进阶中奉大夫。

许有壬召为翰林学士，既上，又辞。俄拜浙西廉访使，未上，复以翰林学士承旨召，仍知经筵事。以疾归。

李好文除翰林侍讲。

吕思诚二月以中书参知政事为左丞，四月知经筵事。

杨维桢正月初八日携吴复等6人游宜兴张公洞，分韵赋诗，维桢作序。七月适杭，以钱唐曲家王晔所集历代优辞有益世教，文而序之。是月，有诗寄隐于山中之张雨。冬，维桢抵姑苏，授学于巨富蒋家。日携宾客妓女，放情山水，文酒为乐。

贝琼自云间适杭觅举，从杨维桢学。时维桢方撰《宋史纲目》，嘱琼等勉与成之。

宋濂始建寝室于青萝山，宋濂自己亥授经于麟溪已有12年，至是始为卜筑计。

刘基赴京，大约是年前后隐居丹徒。

王祎是年冬从金华出发，与黄溍、陈基同上大都。曾抵达昆山顾阿英"玉山草堂"。

夏文泳授特进、上卿、玄教大宗师、元成文正中和翊运大真人，总摄江淮荆襄等处道教、知集贤道教事，玺书护持。

日本花园法皇撰《风雅和歌集》。

意大利人文主义诗人弗拉切斯科·彼特拉克始著《我的秘密》，至1356年成书。

陈应润著《周易爻变义蕴》4卷成。

按：是书首发《易先天图》之难。《易先天图》，前人如邵雍、朱熹者尚尊信不疑，陈氏以为先天诸图杂以《参同契》炉火之说，非《易》之本旨。《四库全书总目提要》评曰："其论太极、两仪四象，以天地为两仪，以四方为四象，谓未分八卦，不应先有揲蓍之法，分阴阳太少。周子无极、太极、二气，五行之说，自是一家议论，不可释易。盖自宋以后，毅然破陈抟之学者，自应润始。……在宋元人易解之中，亦翘然独秀者矣。"黄溍尝为是书作序，云："……天台陈泽云，献肃公邦彦先生之后，《易》有家传。……延祐间，余丞宁海，泽云由黄岩文学起为郡曹掾。议论雄伟，剖决如流，凛凛然有骨鲠风。尝曰：'余家贫亲老，不能远游。窃升斗之禄以养亲，资尺寸之楮以著述，他无所觊也。'挑灯夜话，出示野趣之什，清新俊逸，翰林承旨子昂赵公尝序之矣。又数年，余为越上监司，泽云调明幕。把酒论文，出示咏史之什，美善刺恶，一出至公，翰林学士伯长袁公为之序矣。泽云曰：'余欲著《爻变易蕴》，此洁静精微之学也。时居簿书丛中，无食息暇，非二三年静坐工夫不能也。'三年春，余乞老金华，泽云以书来曰：'余近调桐江宾幕，时宰急于聚敛，议论落落不合，困守幕下。幸有余暇，时复登钓台，坐羊裘轩，卧山高水长阁，汲泉煮茗，洗胸中之不平，若有神助。今幸《爻变易蕴》粗成，使二三十年勤苦之志一旦有成，未知果合于爻变之义、《易》之蕴否乎？子其为我订正之。'余曰：'《易》岂易注哉？《复》之《彖辞》曰：复其见天地之心乎？'天地之心，唯羲文周孔数圣人能见之。泽云生于数千年之后，直欲见数圣人之心，不其难乎？虽然，道无终穷，才有超迈。余尝焚香静坐，观泽云所注之《易》，乾坤二卦，已无余蕴。至于变爻三百八十有四，旁通他卦之义，爻爻有发挥，事事有考证。造理精微，立说洞彻。余如删正太极八卦、爻法逆顺等图，探颐索隐，自非灼然有见乎圣人之心者不能也，读之使人耸然矍矍不倦。倘使程朱诸子复生，未必不击节而加叹也。余投老田里,安得以泽云所注之《易》寘诸翰苑,与同志者商之,使泽云名垂不朽?是则不负其二三十年勤苦之志也。泽云勖之哉!至正丙戌正月。按泽云名应润,著《周易爻变易蕴》四卷。"(《黄文献集》卷一一)

  钱义方著《周易图说》2卷成,有自序。

  按:《四库全书总目提要》评曰:"于因《易》而作图,非因图而作《易》,本末源流,粲然明白,不似他家务神其说,直以为古圣之制作,可谓独识其真矣。其所演二十七图,亦即因旧图而变易之。奇偶之数,愈推愈有。人自为说,而其理皆通。譬之自古至今,弈无同局,固亦不妨存之以备一家焉。"

  干文传七月作《周易集说序》。(可参见俞琰元贞二年五月六日作《周易集说序》条、孟淳至大三年作《周易集说序》条)

  按:据是《序》颇能知该书及作者一些信息,其云:"余少之时,已识石涧俞君,知其为善言《易》者。然未之学《易》,不果承教。延祐二年,予以进士受官南归,时石涧尚无恙。闻有所著《易说》,未获一寓目焉。去年冬,自集贤退休吴中,石涧之子子玉手一编过余,且曰:'先子平生精力尽于此书,愿先生赐之言。'余受而读之,乃《易说》也。及观《自序》,有云:'朱子本义之作,辞本于画,理不外象,圣人之本旨大明于是。首读本义,次及程传,旁考诸家之说,撷其精华,萃为一书,名曰《周易集说》,凡四十卷。'以岁月考之,起至元甲申,至元贞丙申,凡十有二年而后成。其积学久,其用功深,概可见也已。又十有八年,诏以五经取士,《易》主程朱氏之说,兼用古注疏,则与前所云者略同。非明古识今,其孰能与于此?然则俞氏《易说》,当与蔡氏《书传》并传,学《易》者苟能玩味此书,则思过半矣。虽然,或出或处,或嘿或语,《易》之道也;变动不居,周流六虚,《易》之用也。圣人作《易》,岂直为学者干禄之资而已。床头《易》在,万钟于我何加焉。九京可作,石涧必然我言。至正六年七月,干文传寿道序。"(《经籍典》一六六册)

  危素作《孝经辑注序》。

  按:《序》云:"古文《孝经》出秦火之余,而颜芝子卓所献今文《孝经》十八章已行于世。孔安国、马融为古文传,长孙氏、江公、后苍、翼奉、张禹乃说今文。刘向校书,不以古文为是,故不列于学宫。刘炫作《稽疑》,不以今文为是。陆德明谓古文世既不行,随俗用郑玄所注今文。司马贞力主玄注,惟刘知幾主安国传。于是党同伐异,争论蜂起,唐玄宗遂注今文,刻石长安,仍诏元行冲撰疏。自是以来,祖述者几百人。宋司马文正公言壁藏之时去圣未远,作《古文孝经指解》。范太史季、信州袁正肃公、近世导江张氏,皆宗司马氏而不从颜芝本。惟朱文公及会稽俞氏、临川吴氏两存之。王勉之勉注书甚夥,晚乃用力于《孝经》,章分句析,条纪粲然,博考诸家之说,择其要者粹而录之,而大要以朱氏为宗。嗟乎!以此书观之,千载之下,而欲臆度县断于众说纷纷之中,非笃信精察者不能然也。何者?夫孝之为行大矣。推而行之,其道溥矣。王君其善锡尔类者乎!王君,曹南人,仕至太医丞,老而勤学,尤可嘉也。"(《危太朴文集》卷七)

  富川任氏春季刊行汪克宽《春秋胡传附录纂疏》30卷。

  按:《四库全书总目提要》云:"是书前有克宽《自序》,称'详注诸国纪年谥号,可究事实之悉;备列《经》文同异,可求圣笔之真。益以诸家之说,而辨胡氏之阙疑;附以辨疑权衡,而知三《传》之得失'。然其大旨,终以胡《传》为宗。考《元史·选举志》,延祐二年定经义、经疑取士条格,《春秋》用三《传》及胡安国《传》。虞集《序》中亦及其事。盖兼为科举而设。吴澄序俞皋《春秋释义》所谓以胡《传》从时尚者也。

陈霆《两山墨谈》讥其以鲁之郊祀为夏正，复以鲁之烝尝为周正，是亦迁就胡《传》，不免骑墙之一证。然能于胡《传》之说一一考其援引所自出，如《注》有《疏》。于一家之学，亦可云详尽矣。明永乐中，胡广等修《春秋大全》，其《凡例》云：'纪年依汪氏《纂疏》，地名依李氏《会通》，《经》文以胡氏为据，例依林氏。'其实乃全剿克宽此书。"

史伯璿著《四书管窥》8卷成。

按： 该书至正六年（1346）自序，原题"后学永嘉史伯璿文玑述，门人同郡徐兴祖校正"。《四库全书总目提要》曰："《四书管窥》八卷，元史伯璿撰。伯璿字文玑，温州平阳人，据所作《管窥外篇》成于至元丁未，即元亡之年，计其人当已入明，然始末不可考矣。是编见于《秘阁书目》者五册，杨士奇《东里集》则称有四册，刻板在永嘉郡学。永嘉叶琮知黄州府，又刊置府学，是明初印行已有二本，然刊板皆散佚不传，故朱彝尊《经义考》注云'未见'，此本乃毛晋汲古阁旧抄，《大学》、《中庸》、《孟子》尚全，惟《论语》阙《先进篇》，以下盖传写有所佚脱，然量其篇页，厘而析之，已成八卷，《经义考》乃作五卷，或误以五册为五卷欤？其书引赵顺孙《四书纂疏》、吴真子《四书集成》、胡炳文《四书通》、许谦《四书丛说》、陈栎《四书发明》及饶氏、张氏诸说，取其与《集注》异同者，各加论辨于下，诸说之自相矛盾者，亦为条列而厘订之，凡三十年而后成，于朱子之学颇有所阐发。考朱子著述最多，辨说亦最伙，其间有偶然问答未及审核者，有后来考正未及追改者，亦有门人各自记录润色增减或失其本真者，故《文集》、《语录》之内，异同矛盾不一而足。即《四书章句集注》与《或问》亦时有抵牾，原书具在可一一覆按也。当时门人编次，既不敢有所别择，后来门户既成，主持弥力读朱子书者，遂一字一句奉为经典，不复究其传述之真伪与年月之先后，但执所见一条即据以诋排众论，纷纭四出，而朱子之本旨转为尊信者所淆矣。夫载宝而朝，论南宫者有故，越境乃免，惜赵盾者原诬，述孔子之言者，尚不免于舛异，况于朱门弟子断不及七十二贤，又安能据其所传漫无厘正？伯璿此书大旨与刘因《四书集义精要》同，而因但稍为刊除，伯璿更加以别白。昔朱子尝憾孔门诸子留家语作病痛，如伯璿者可不谓深得朱子之心欤？"

嘉兴儒学刊行秦吕不韦撰、汉高诱注《吕氏春秋训解》26卷。

许谦《读书丛说》4卷、《诗集传名物钞》8卷刊行。

按：《四库全书总目提要》评其《读书丛说》曰："书中发挥义理，皆言简意赅。或有难晓，则为图以明之，务使无所凝滞而后已。其于训诂名物，亦颇称考证，有足补章句所未备，于朱子一家之学可谓有所发明矣。"《四库全书总目提要》评其《诗集传名物钞》曰："谦虽受学于王柏，而醇正则远过其师。研究诸经，亦多明古义。故是书所考名物音训，颇有根据。是以补集传之阙遗。……谦笃守师说，……犹未免门户之见。至王柏删国风三十二篇，谦疑而未敢遽信，正足见其是非之公。吴师道作是书序乃反谓已放之郑声，何为尚存而不删，于谦深致不满。是则以不狂为狂，非谦之失矣。……书中实多用陆德明释文及孔颖达正义，亦未尝株守一家。"

杭州路儒学刊行《宋史》496卷、《目录》3卷。

日新堂刊刻朱礼《汉唐事笺对策机要》12卷、《后集》8卷。

按： 北京图书馆藏此刊本，十册，十一行二十字，注双行同，黑口，四周双边，前有至正元年旴江窗谢叔孙序，目后有牌记"至正丙戌日新堂刊"。《邵亭知见传本书目》卷一〇载："《汉唐事笺对策机要》十二卷、《后集》八卷，元进士旴黎朱礼德嘉著。取汉唐事实有关治体者分门编载，随事笺释。《前集》专论汉，《后集》专论唐，体例与《源流至论》同，序述详明，议论精核。盖将陈往古之治道为当时之法戒，不仅供场屋采摭也。《文渊阁》、季苍苇《目》俱著录,《目》后有至正丙戌日新堂刊木记。张氏《志》,元至正刊本。道光二年近年粤东有刊本。粤雅堂续丛书本。"是书现有《粤雅堂丛书》、《宛委别藏》丛书、《丛书集成初编》(存目)、《中华再造善本》丛书等版本。

欧阳玄作《钤冈续志序》。

按:《序》云:"……分宜有县,起宋雍熙。至南渡嘉定间,谢令谋作县志,寻复不果,淳祐黄尉始克成之。混一以来,更六十有七载,浚仪赵侯尚之(赵尚之)为尹,百废具举,乃作《钤冈新志》以续前编。书成,适予叙族至邑南之防里。侯以予于是邦实多桑梓之谊,以序见属,辞不获,则愿以昔人治官如家之责告夫求乎于吾邑者,庶知前人作图志之意,非徒以广纪载、备考订而已,将以为勤政之一大助也。推本作者之意,黾勉述者之事,吾邑吾民,其多幸矣乎!"(《圭斋文集》卷七)

危素作《汉艺文志考证序》。

按:《序》云:"《汉艺文志考证》六卷,宋礼部尚书浚仪王公所著也。临川危素序曰:儒家之学至宋而极盛大备矣。嘉定而后,其敝滋起,大抵持卤莽之学以争雄,述芜秽之文以相尚,假高虚之论以自诡,此其人才衰微,国之所以驯至于灭亡。士生其间而不变于其俗,而卒能出入百氏,罗络群言,地负海涵,莫之纪极,若是则免乎固陋之讥矣。《易》曰:'多识前言往行,以蓄其德。'顾安得高谈性命以自塗塞其耳目哉?此公所以能自拔于纷纷之中而力追古学者欤?初,公擢进士,有列于朝,稍践华要,而国事日非。贾似道既斥,公适当言路,尽劾其党不少贷。至加恩皇子兹事,实从公议。及归四明,遂坚卧不起,杜门著述,世号宏博,此书其一也。盖艺文之见收于前史者其目耳,千载之下,欲考其原本,证其谬误,亦诚难哉。非曲畅旁通,枝分派别,亦不得与于斯。即是可以窥公之学矣。素既承诏修《宋史》,纪载公之言行甚备,复因其孙厚孙之请而序此书。后之君子,其亦亮之否乎?公讳应麟,字伯厚。"(《危太朴文集》卷七)

危素四月作《昭先小录序》。

按:《序》云:"宋德祐元年十月乙卯,通判常州陈公炤死城守。后六十九年,为大元至正三年,皇帝诏修辽、金、宋史,其曾孙显曾以书告史官翰林直学士王公沂师鲁、翰林修撰陈君祖仁子山、经筵检讨危素太朴,请录公死节事。陈君及素复书曰:史官修撰余君廷心实当纪公事,而慎重不轻信。于是显曾又亟以书告余君,反复哀痛。余君虽爱其词,然犹难之。后从国史院史库得《德祐日记》,载公授官岁月与夫复城、城守、两转官、城破死节、褒赠等事甚悉,始为立传。而显曾未知也,遂走京师,伏谒余君以请。今其传既上进矣,显曾退而辑次诸公为公所著文字,及其前后所与书问,题曰《昭先录》,使素叙其端。"(《危太朴文集》卷七)

危素作《本政书序》。

按:《序》云:"《本政书》十卷,宋贺州学教授林勋所著。始,素得东阳陈亮同父所作序于《龙川集》中,欲求其书,不可得。及至四明,从铅山州儒学教授程端礼敬叔家乱书中,仅得三叶。端礼曰:'吾求此书久矣,而未尝见。或得之,愿以告我。'至括苍,又从王兴祖君起家观朱文公与潘叔度氏手帖,属钞写校正此书。至松江,始从庄肃幼恭家得亮所刻本,至精好,而永嘉薛士龙季宣跋其后。素既假于庄氏缮写之,亟以书告端礼。书未至而端礼殁。端礼守经好古,惜不及见也。呜呼!任土作贡之法尚矣,而儒者之论王政,必曰井田。井田岂不善哉?然治天下之道,或损或益,或沿或革,因时御变,与民宜之。以阡陌既开而欲复井田之制,是犹书契已作而思反结绳之时,三尺童子知其不可也。勋于是书,处之至精,而虑之至密,足以见其经世之大略矣。当宋高宗之南迁,行经界之法,其勋之书方作也,惜乎未有能荐其人而用之。我世祖皇帝一天下,因胜国之旧以定赋役,其时勋之书犹存也,惜乎未有能献其书而行之。失此二机,勋之志卒未克信于后世。功名之士亦足以慨然于此乎！皇上诏修《宋史》,素为勋立传,而撮其书大要存焉。顾家贫不能刻其书以传,姑序而藏之,以俟后之知者。"(《危太朴文集》卷七)

杨维桢为金人抹撚氏新注《道德经》作序,谓老氏与儒家之道,原本无异。

按：其时维桢客寓道观,颇交术流之士。《序》云："道之不明也,知者过之,愚者不及也。圣人载道于言,未尝不简易著明,自非不愚之极,皆可得而白也。故曰：'道若大路然。'老氏之道,与吾圣人之道本无二也,引以为异者,私知求之之过也。于是乎有真无之论,要非老氏之本也。金人抹撚氏仲宽以吾圣人之学注老氏之书,深讳儒者以虚无、以绝灭礼乐、以惨刻术数言老子,而必欲证其道以同吾圣人。盖其读老之见有独至,而自信者笃矣。观其十一章,首辟虚实之论,与夫真无妙有之谭,十三章深折灭生脱患之说,二十二章极其至精于真实信验,三十七章以天下之事相生代为理之必至,五十三章为备论休齐治平之道,八十章为历叙至治之化,以还淳返朴,望于后圣之治。于此见老氏之学,非虚无之祖；而老氏之道,非机谋术数者之所为也。坦乎其言,实训诂诸家之所未见也。吾于是感无极翁之论无,即老子有生于无之旨,而惜鹅湖诸子之疑于无者,未见抹撚氏之论也。其高第弟子为四明董自损,尝受师旨为同归论,今将板竹其师所注老氏经若干卷,持其编来见予钱唐,丐一言以引首。予颇是其说,故为之序云。至正六年冬有十月望序。"(《东维子文集》卷一〇)

左克明纂《古乐府》10卷成。

按：是书有至正六年(1346)自序,原题"豫章左克明编次"。虞集尝作序云："……豫章左克明,俨然冠裳,居铁柱延真万年宫,而修孝养于其亲,岁时无缺。其殁也,买田故乡,与其兄弟之子奉祭祀焉。十数年来,以儒家之学教卿大夫士庶人之子弟,从之者众。间尝取中古以前书传之所存,汉魏以后文辞之所录,集为《古乐府》十卷,而略为之说。此吾成均之事,左君得而用之,其亦知本也夫！观其去取之例,约其繁而略其冗,不可谓之无见。盖是时离乱分裂,历年非久,流丽清远,哀思悲怨则有之,存之以观其变可也。是亦变风而已矣,《韶》、《濩》、《章》、《夏》何有哉？则亦王氏续诗之所不见于后世者乎？往年东平王拜住典奉常,予悉博士,尝为言制礼作乐,将在此时。及东平相至治,予退在荒野,后召对京师,时方大作宗庙,欲以前说与大夫君子议之,而事有不及者矣。何幸乎学者有志乎此,讲明以求其至焉,国家承平安乐,明良一时必有大制作,将征于诸生,则左氏之书显矣,故为题其端云。"(《雍虞先生道园类稿》卷一七)

江北淮东道本路儒学刊行萧㪺《勤斋集》8卷,李黼为作序。

吴复作《辑录铁崖先生古乐府序》。

按：《序》云："君子论诗,先情性而后体格。老杜以五言为律体,七言为古风,而论者谓有三百篇之余旨,盖以情性而得之也。刘禹锡赋《三阁》,石介作《宋颂》,后之君子又以《黍离》配《三阁》,《清朝》、《猗那》配《宋颂》,亦以其所合者情性耳。然则求诗于删后者,既得其情性,而离去齐、梁、晚梁、李宋之格者,君子谓之得诗人之古可也。铁崖先生为古杂诗,凡五百余首,自谓乐府遗声。夫乐府出风雅之变,而闵时病俗,陈善闭邪,将与风雅并行而不悖,是先生诗旨也。是编一出,使作者之集遏而不行,始知三百篇之有余音,而吾元之有诗也。复学诗于先生者有年矣,尝承教曰：'认诗如认人,人之认声认貌,易也;认性,难也;认神,又难也。习诗于古,而未认其性与神,固为诗也。'吁! 知认诗之难如此,则可以知先生之诗矣。先生在会稽时,日课诗一首,出入史传,积至千余篇。晚年取而读之,忽自笑曰:'此岂有诗哉!'亟呼童焚之,不余一篇。今所存者,皆先生在钱塘、太湖、洞庭间之所得者云。至正六年丙戌春三月初吉,门生富春吴复谨拜书。"(《铁崖先生古乐府》卷首)

张雨十月为吴复所纂《铁崖先生古乐府》撰序,褒赏李孝光、杨维桢乐府,且言杨维桢诗得比兴之旨,杨引为知音。

按:《序》云:"三百篇而下,不失比兴之旨,惟古乐府为近。今代善用吴才老韵书,以古语驾御之,李季和、杨廉夫遂称作者。廉夫又纵横其间,上法汉、魏,而出入于少陵、二李之间,故其所作古乐府词,隐然有旷世金石声,人之望而畏者。又时出龙鬼蛇神,以眩荡一世之耳目,斯亦奇矣。东南士林之语曰:'前有虞、范,后有李、杨。'廉夫奇作,人所不知者,必以寄予,以予为知言者。抑予闻咏歌音声之为物,明则动金石,幽则感鬼神,岂直草上风行之比哉! 廉夫遭盛时,扬言于大廷者也,将与时之君子以颂隆平。乐府遗音,岂宜在野? 要使大雅扶世变,正声调元气,斯为至也。余不敢不以次望于廉夫,余子不足语此。至正丙戌冬又十月,方外张天雨谨题。"(《铁崖先生古乐府》卷首)

张采为张伯淳《养蒙先生文集》10卷作跋。

按:是集刊刻于至正间,张采乃张伯淳之子。有虞集至顺三年(1332)序、邓文原泰定三年(1336)序。

宋濂跋东莱《止斋与龙川尺牍》。

汪泽民为王逢撰《梧溪集》7卷作序。

欧阳玄作《道州路重修濂溪书院记》。

按:文云:"道州路重修濂溪书院是为子周子专祠,其址在郡城西偏,与郡学为邻。郡学有先圣庙,每岁春秋二仲上丁,郡侯率教授、山长各以其职事,命生徒祀先圣于郡学;次丁,则合祀子周子于书院之专祀。每月朔望,欸谒皆然。原其初建,虽由时君有独祠濂溪之命,亦其地势适然,故祠事之专,无间言者焉。岁久,祠宇寖坏。至正壬午,山长张某议撤而新之,郡士李某乐助以相其志。工未讫去,代者欧诚能继其事,于是祠宇一新。岁乙酉,番阳吴侯肯来为郡判官,仰瞻新祠而门庑弗称,谋诸郡长,复加缮修。适山长戴世荣又来代欧,而郡士蒋通复请出赀,改作应门四楹,两槛称是。祠之后旧为诚源堂,堂之后为故守高峰杨公之祠,左有爱莲亭及清远楼,后有光风霁月之堂。至是,斥故易新,丹膜辉映。世荣割己俸,作石台于应门之南,纵广二丈,横倍之。又率郡士文某作瞻德亭,亭下甃石为街,绳直砥平。中外改观,前此未尝有也。先是,周子有子二人:长司封郎中寿,次直徽猷阁焘。寿之后,迁居江州;焘之后,居道州。吴侯求得其八世孙善溥,荐之当道,请援颜、孟例,世以其后人之贤者为书院山长,以奉专祠。宪府是其议,移司达之行省焉。明年丙戌冬,吴以漕事至浏,偕世荣奉事状谒于欧阳玄,请记以文。玄惟周子祠事,若舂陵,若九江、豫章、邵阳诸郡皆有碑刻,作者多世大儒。玄于是记叙劳绩,纪岁月,斯可已矣。然而绅绎父师之言,亦有可赞一辞者,不敢以剿说辞也。昔者子贡曰:'夫子之文章,可得而闻也;其言性与天道,不可得而闻也。'孔子言性与天道,莫著于《易》,所谓'乾道变化,各正性命',所谓'一阴一阳之谓道,继之者善也,成之者性也',皆言性与天道。当时门人可以与于斯言者,鲜有人焉。子贡晚年,始获有闻,故以叹美之。及孔子没,知此者子思、孟子。西汉以下,诸儒见其仿佛焉。子周子生乎千有余载之下,得孔、孟之绪言,著《太极图》、《通书》,泄造化之蕴,发圣贤之秘,如指诸掌。故孔、孟之后,首言性与天道者,周子一人焉。世儒或疑周、程授受不及《图》、《书》,殊不考程子之言有曰:'天地储精,得五行之秀者为人。其本也真而静,其未发也五性具焉,曰仁、义、礼、智、信。形既生矣,外物触及形而动于中矣。其中动而七情出焉,曰喜、怒、哀、惧、爱、恶、欲。'谓斯言不出于《太极图说》、《通书》,可乎?孟子言天地之性,程子兼言气质之性,然后荀、杨、韩子之说俱废,气质之论原于周子,灼然无疑者也。且自《太极图说》、《通书》行世,世之为儒者苟知读濂溪之书,无不获闻性与天道之言焉。假令子贡复生,当叹今之学者得闻斯言为幸。而诸儒有横议于当时者,果二书之为异乎?抑立论者之好异欤?皇元定宋九儒从祀,周子居其首。寻又有制,进汝南伯为道国公。盖乾、淳以来,新安朱子最先尊信其书,圣朝重朱子之学,以程式天下之士,则周子之书益表章于世,宜哉!虽然,国家兴学之地,可谓至矣。周子曰:'师道立则善人多,善人多则朝廷正而天下治矣。'继自今教者以师道自树,学者以善人自期,将见真儒之效施于朝廷四方,未有纪极。如是则书院之修,岂徒侈专祠示观美而已?玄幼年侍先君子职教是邦,读书濂塾之侧。追忆往时来游来歌之地,因吴侯之请,辄以旧所闻于家庭者,附著于斯焉。吴侯肯,字肯堂,以教官入流,选为宪掾,进行省掾,历南海、武昌两县尹,皆以善最,为政廉明,且知大体云。是役也,达鲁花赤塔海,大中同知某实纲维之,其始终协恭,则经历李时、知事李信也。"(《圭斋文集》卷五)

日本画僧雪村卒(1290—)。

法国奥卡姆学派的乌尔特里克利亚·尼古拉卒,生年不详。

法国戏剧家厄斯塔什·戴尚(—1406)生。

王与卒(1260—)。与字与之,温州人。尝官海盐县令,精于狱讼事务。著有《无冤录》、《钦恤集》、《礼防书》和《刑名通释》等。事迹见《钦定续文献通考》卷一六九。

黄泽卒(1260—)。泽字楚望,其先长安人,后迁居九江。生有异志,慨然以明经学道为志,于名物度数考核精审,而义理一宗程朱。大德中,江西行省相臣闻其名,授江州景星书院山长,又为山长于洪之东湖书院,秩满即归,闭门授徒,不复言仕。《宋元学案》列其入《草庐学案》"草庐同调"。著有《易学滥觞》1卷、《十易举要》、《忘象变》、《象略辨同论》、《易经解》、《三礼祭祀述略》、《礼经复古正言》、《殷周诸侯禘祫考》、《周庙太庙单祭合食说》、《春秋师说》3卷《附录》2卷、《春秋指(旨)要》、《元年春正月辨》、《诸侯娶女立子通考》、《邱甲辨》、《鲁隐公不书即位图》6卷、《六经辨释补注》、《翼经罪言》、《经学复古枢要》。事迹见赵汸《黄楚望先生行状》(《东山存稿》卷七)、《元史》卷一八九。

按:《元史》本传云:"(黄泽)惧学者得于创闻,不复致思,故所著多引而不发,乃作《易学滥觞》、《春秋指要》,示人以求端用力之方。其于礼学,则谓郑氏深而未完,王肃明而实浅,作《礼经复古正言》。""其辨释诸经要旨,则有《六经补注》;诋排百家异义,则取杜牧不当言而言之义,作《翼经罪言》。近代覃思之学,推泽为第一。""吴澄尝观其书,以为平生所见明经士,未有能及之者,谓人曰:'能言距杨、墨者,圣人之徒也,楚望真其人乎!'""其书存于世者十二三。门人惟新安赵汸为高第,得其《春秋》之学为多。"黄泽为吴澄同调,学术方面相互影响。他提倡象学,反对离象言义,其《易学滥觞》,论象学说,所贵于象学者,可以辨诸家之得失,凡纷纭错杂之论,至明象而后定。《四库全书总目提要》评曰:"其中历陈《易》学不能复古者,……凡十三事。持论皆有根据。虽未能勒为全书,而发明古义,体例分明,已括全书之宗要。因其说而推演之,亦足为说《易》之圭臬矣。"

叶谨翁十月初十日卒(1272—)。谨翁字审言,号赘翁,晚号曲全道人,金华人。叶霖之子。曾任衢州明正书院山长,累迁吉水州学教授。学以寡欲为宗,与许谦、柳贯、胡助、吴师道、张枢等相切磋。所为诗文和易平实,无纤丽之态。著有《四勿斋稿》若干卷、《曲全集》若干卷。事迹见黄溍《叶审言墓志铭》(《黄文献集》卷九下)。

按:黄溍《叶审言墓志铭》云:"里居之日,最所友善者,许文懿公谦、翰林待制柳公贯、太常博士胡君助、礼部郎中吴君师道、翰林修撰张君枢,而溍亦幸获陪诸公之末。至是,诸公多已凋谢,惟胡君与某独存,故泰之求胡君为之状,而属某以铭。"

祝蕃卒(1286—)。蕃字蕃远,一字直清,贵溪人。从陈苑学,于陆九渊发明本心之学。随师讲学静明学塾,被同学推为都讲,与同学李存、舒衍、吴谦并称"江东四先生"。曾修应天山间象山精舍讲堂,率同志者行释菜礼,又讲学贵溪溪山精舍。以茂才异等荐,授高节书院山长,再授南溪书院山长,集庆路、饶州路学教授。门人有危素等。《宋元学案》列其入《静明宝峰学案》"静明门人。"著有《祝蕃远诗文集》。事迹见危素《上饶祝先生行录》(《危太朴文续集》卷七)。

按:危素《上饶祝先生行录》载:"……先生生于至元二十三年十一月,……博涉经史,词章出同列,刚毅慷慨,有志于天下,进士君奇之。意气英发,跌宕不可羁。陈先生立大(陈苑)隐居邑中,时人无能知之者,先生折节往从学焉。……讲《太甲》、《说命》之书,使学者知所悔过。继讲《孟子》'牛山之木'章,刬其积习,而全其良心,学者油然而兴。……退居里之龙津,学者日盛。陆文安公讲学象山,祠宇湮没,白之郡守秦公从龙,复构祠堂,行舍菜礼,数郡诸生毕至。陆氏元孙止一人而无后,先生访其人,为之娶妇。……昔者朱文公、陆文安公同时并起,以明道树教为己事。辨论异同朋友之义。其后二家门人之卑陋者角立门户,若仇雠然。陆氏不著书,而其学几绝。陈先生家近徐岩,而流风遗俗尚有承传,故饥寒穷困,守其言而弗变。先生独与鄱阳舒氏衍、李氏存、吴氏谦事之如古师弟子。陈先生居室堕圮,先生鬻田为之更作,经费供给,终陈先生无废礼。流俗之人笑讥毁訾无所不至,终不为动。凡若此,以其有得陆氏之传也。先生毅然以斯文自任,其爱人之心不啻如饥渴之求饮食。尝曰:'薄四海之外,人人与闻尧舜之道,是吾愿也。'然改过服善,若决江湖,虽愚夫愚妇,告之以善,即心悦诚受。与学者游,必时询己过。及其当官干实,屹立不回,忧国爱民之志形于眉睫,惜其所遇有不幸焉。至患难龃龉,客死荒徼,而世莫不知其心者,其亦可哀也夫!素少辱知先生,致察其隐微,恒恐陷于缪戾。久之,感其诚恳,请执弟子礼,先生固辞。"

董守简五月二十二日卒(1291—)。守简字子敬,藁城人。董士珍子。延祐间,金典瑞院事。天历元年,出为淮安路总管,移汴梁,历大都路总管、枢密院判、湖广左丞。至正间,官至御史中丞。与修《辽》、《金》、《宋》三史,删订《至正条格》。卒谥忠肃。事迹见苏天爵《董忠肃公墓志铭并序》(《滋溪文稿》卷一二)。

按:董守简曾蓄书数万卷,家居教子必延名师,里中孤寒之子亦使就学。

宋褧三月十五日卒(1292—)。褧字显夫,大都人。宋本之弟。泰定进士,累官监察御史,迁国子司业,进翰林直学士,兼经筵讲官。文章与兄齐名,人称"大宋、小宋"。修《辽》、《金》、《宋》三史时,宋褧纂《宋高宗纪》及《选举志》。著有《燕石集》15卷,《全元散曲》录存其小令2首。事迹见苏天爵《宋公墓志铭并序》(《滋溪文稿》卷一三)、《元史》卷一八二、《新元史》卷二〇八、《元诗选·二集》小传。邹树荣编有《宋文清公年谱》(《一粟园丛书》本)。

张明善约卒,生年不详。明善名择,以字行,号顽老子,平阳人,迁居湖南,流寓扬州。官宣慰司令史。曾著杂剧3种,今不传。《全元散曲》存其小令13首,套数2套。有《英华集》传世。事迹见《录鬼簿续编》。

王仲元约卒,生年不详。杭州人,与钟嗣成相交有年。所著杂剧3种,今存《私下三关》,余皆佚。《全元散曲》存其小令21首,套数4套。事迹见《录鬼簿》、《图绘宝鉴》卷五。

溥洽（　—1426)生。

至正七年　丁亥　1347年

德意志神圣罗马帝国皇帝路易四世卒,查理四世成为德意志国王。

英国陷加来港。

三月甲辰,中书省臣言:"世祖之朝,省台、院奏事,给事中专掌之,以授国史纂修。近年废弛,恐万世之后,一代成功无从稽考,请复旧制。"从之(《续资治通鉴》卷二一九)。

庚戌,试国子监,会试弟子员,选补路府及各卫学正。

戊午,诏编《六条政类》。

九月甲寅,诏举才能学业之人,以备侍卫。

十一月,拨山东十六万二千余顷地属大承天护圣寺。

是年,柏林寺募建于大都。

苏天爵复起为湖北道宣慰使、浙东道廉访使,俱未行,拜江浙行省参知政事。

黄溍四月抵京师,任翰林直学士。十月,朝廷赠封黄溍祖父为中顺大夫、礼部侍郎、上骑都尉,追封江夏郡伯;祖妣赠封江夏郡君。

李孝光进呈《孝经图说》1卷,七月为著作郎。

朱公迁以遗逸征至京师,授翰林直学士,旋出为金华路学正,改处州,以病归。题室曰阳明之所,学者因称为阳所先生。

按：朱公迁,字克升,乐平人。每劝帝亲贤远奸,抑豪强,省冗费,修德恤民,庶天意可回,民志可定,不然,恐国家之忧,近在旦夕,帝嘉纳之。当国者恶其切直,不能容,公迁亦力辞;章七上,乃出为金华路学正(《续资治通鉴》卷二一九)。

汪克宽馆寓黄山时,同汪泽民游览三十六峰之胜。

郑元祐、赵季文等时与杨维桢游处。

杨维桢与昆山吕诚唱和古乐府,时吕诚乐府与袁华争胜。三月,杨维桢为吕诚题其诗稿,称其人在野而诗甚高也。

杨维桢赋女宴,鞋杯行酒,谓之"金莲杯",女士郑允端赋诗嘲之。

僧道元与和杨维桢《竹枝》,其词为时人传唱。或有讥之浅俗,维桢谓世人不免随俗作戏。

顾伯敏、张仲简、高起文、张俊德与杨维桢偕游石湖诸山,维桢有文记之,言其党不受拘束,游宴之乐过于白居易。张仲简赞维桢,言其奇文变吴中学风。

黄公望归富阳。

王冕北游大都,见天下将乱,遂归。

王祎随黄溍抵达京师,与叶子中等交善。

陶凯中乡试榜,授永丰教谕。

按：陶凯著有《辜君政绩书》2卷。

朱公迁著《诗经疏义》20卷成,有自序。

按：其《自序》云："说《诗》之难久矣！自孔子说'烝民懿德'之旨,孟子说'北山贤劳'之意,而后世难其人。汉儒章句,训诂最详,于《诗》则病甚。继之者,说愈繁,意愈窒。寥寥乎千四百年,至明道先生说《雄雉》二章,得孔、孟说《诗》之法。又数十年,得朱子而备焉。盖《诗》主咏歌,与文理不同,辞若重复而意实相乘也,意则委婉而辞若甚倨,是则说《诗》者之难也。朱子取法孔子,又取法于孟子,又取法于程子,多以虚辞助语发之,而其脉络较然自明,三百篇可以读矣。然虚辞助语之间,似轻而重,似泛而切,苟有鲁莽灭裂之心焉,未必不以易而视之也,是则读《诗》者又当知其难也。诸家自立者不论,惟辅氏羽翼传说,条理通畅,甚有赖焉,而多冗长不修,亦时时有相矛盾者。且或传之约者,与之俱约,微者与之俱微,犹若未能尽也。小子鲁钝肤末,何足以言！间因辅氏说而扩充之,剖析传文,以达经旨。而于未发者,必究其蕴;已发者,不美其辞,庶几乎显微阐幽之意,而因传求经不难也。抑尝从事于斯矣,持其不敢慢之心,坚其欲自得之志,语助之志、语助之声随而为之上下也,立言之趣从而与之周旋也,优游餍饫,积日累月乃若有默契焉。此不敏之资、困学之才,而未敢以为是也。夫惟以意逆志者,必有大过于兹,悯而教之则幸矣。"（同治《乐平县志》卷九）《四库全书总目提要》评曰："是书为发明朱子《集传》而作,如注有疏,故曰《疏义》。其后同里王逢及逢之门人何英,又采众说以补之。逢所补题曰《辑录》,英所补题曰《增释》。虽递相附益,其宗旨一也。……书成于至正丁亥。正统甲子,英始取逢所授遗稿重加增订,题曰《诗传义》,详释发明,以授书林叶氏刊行之。而板心又标《诗传会通》,未喻其故。今仍从公迁旧名,题曰《诗经疏义》,以不没其始焉。"朱氏另有《四书通旨》6卷,《四库全书总目提要》评曰："是编取《四书》之文,条分缕析,以类相从,凡为九十八门。每门之中,又以语意相近者联缀列之,而一一辨别异同,各以'右明某义'云云标立言之宗旨。盖昔程子尝以此法教学者,而公迁推广其意以成是书。其间门目既多,间涉冗碎。故朱彝尊《经义考》谓读者微嫌其繁。……然于天人性命之微,道德学问之要,多能剖其疑似,详其次序,使读者因此证彼,涣然冰释。要非融会贯通,不能言之成理如是也。所引诸家之说,独称饶鲁为饶子,其渊源盖有自矣。明正统中何英作《诗传疏义序》,称永乐乙酉,因阅《四书通旨》而语及《疏义》,则是书行世,在《疏义》之前。顾明以来说《四书》者罕见征引,近《通志堂经解》始刊行之,盖久微而复出也。"

建安书林刊刻朱倬《诗经疑问》7卷、《附录》1卷。

按：《中国善本书目》著录有元至正七年建安书林刘锦文刻本,刘锦文有跋曰："《诗经疑问》,朱君孟章所拟以淑人者也。朱君以明经取科第,凡所辨难,诚足以发朱子之蕴而无高叟之固,然其间有问无答者,岂真以为疑哉? 在乎学者深思而自得之耳。旧本先后无绪,今特为之论定,使旨同而辞小异者,因得以互观焉。复以豫章赵氏所编颇采以附于后。其于'四诗'之旨,剖析殆无肯綮,明经之士必将有得于斯。时至正丁亥蒲节,建安书林刘锦文叔简因书以识卷末云。"是书又有清抄本、《通志堂经解》、《四库全书》等本。后皆附赵德《诗辨说》。赵德字铁峰,宋宗室,隐居豫章。著有《五经辨疑》、《四书笺义》(含《纪遗》1卷)12卷。

福州路儒学刊行宋陈祥道撰《礼书》150卷,宋陈旸撰、楼鑰正误《乐书》200卷、《目录》20卷、《正误》1卷。

按：余载是年八月作《礼书序》,云："……服器之制,靡不悉备。他日其弟旸又作《乐书》,定五声十二律之本,二变四清之辨,雅夷裒正之分,粲然明白,成一家言。惜时尚安石《新说》,二书虽出,竟未有传习之者。皇元积德百有余年,圣上锐意中古礼乐之治,儒臣行四方,购求遗书,不知几人,而二陈之书,莫有知者。晋宁赵公宗吉,来金闽宪,求二书于民间,二年而始得之,送郡学官。方鸠工锓梓,而赵公移节浙右。继是经历前进士达君可行、知事前国学贡士张君允中,取而繙阅之,曰：'是大有益于制作者,岂可使之没没耶?'爰命前国学贡士福州路府判官保奉训董其事,郡学正林天质会诸儒相与校雠而完成之。是岁仲秋释奠之前一日,翰林学士临川邵庵虞先生序成,将命适至。嗟夫! 作者不靳人之知,知之者常在百世之后。二书不行于昔而行于文明盛时,岂偶然哉? 必有服习而得其说以赞圣代之制作者,非曰小补云尔。《礼书》凡一百五十卷,《乐书》凡二百□□卷。至正七年龙集丁未八月,三山后学余载谨序。"

虞集作《重刻礼乐书序》,文云："……闽为东南文物富庶之邦,其部置宪,逾六十年,吏民之所共识者。其长贰数有儒臣来居,以治教之所以仰体圣心于行事之闲者,亦莫不尽其思矣。今皇上如天之仁,覆育寰宇,功成治定,殷荐崇配,固其时乎耳! 曰：亲切之司,岂有内外之间哉? 去年,金宪前进士赵君承禧宗吉,始欲发明其微而推充之。乃得故宋太常博士陈祥道所著《礼书》,与其弟旸所进《乐书》,送郡学官刻而传之。方鸠工,而赵君移节浙右。于是经历前进士达理惟实可行、知事前国学贡士张君汝遴允中相与雠校,而完成之。二君与赵君之意,所以见宪府设官之本旨,而欲赞成圣治于今日者也。乃使郡儒学训导韦泰,访集于临川山中,而使之叙焉。夫礼乐之事大矣,三君子之心至矣,集何以言之哉? 窃尝论之,历代之史,载其所谓礼乐者,略可见焉。唐开元礼盛矣。宋承五季之后,祸乱粗息,乃勅刘温叟、李昉等,损益开元之书,为《开宝通礼》。嘉祐治平,开姚闢、苏洵修太常检讨以成,而陆佃、张璪之所定也。议者以为简繁失中,又或以为杂出众乎,其论盖未定也。而陈氏之言：曰孝六艺百家之文,以究先王礼乐之迹,辨形名度数之制,发仁义道德之蕴,凡廿年而后成,可谓勤矣。进书在元祐更政之初,其有待而发者欤? 或曰：陈氏之为书,因聂崇义之图,辨疑补阙,采绘尤精,书存绘本,不甚传于世,为可惜也。方是时,濂洛、关西诸君子之言具在,学者得其说,而有考于陈氏之书,则道器精粗兼备矣。若夫乐之为说,尤有感于陈氏之言焉。……二书之出,学士大夫好古博雅者,必将致其问学焉。国家有大制作,将有征于诸生。二书不虚作,而三君之志得矣。是为叙。雍虞集书。"(《雍虞先生道园类稿》卷三二)

许有壬二月奉旨撰《大一统志序》。

按：许有壬《大一统志序》云："至元二十三岁丙戌，江南平而四海一者十年矣。集贤大学士、中奉大夫、行秘书监事扎马剌丁言：'方今尺地一民，尽入版籍，宜为书以明一统。'世皇嘉纳，命扎马剌丁暨奉直大夫、秘书少监虞应龙等搜集为志。二十八年辛卯，书成，凡七百五十五卷，名曰《大一统志》，藏之秘府。应龙谓比前代地理书似为详备，然得失是非，安敢自断，尚欲纲罗遗逸，证其同异焉。至正六年岁又丙戌，十二月二十一日，中书右丞相别儿怯不花率省臣奏，是书国用尤切，恐久湮失，请刻印以永于世。制：'可。'明年丁亥二月十七日，皇上御兴圣便殿，中书平章政事铁木耳达实传旨，命臣有壬序其首。臣闻《春秋》所以大一统者，六合同风，九州共贯也。然三代而下，统之一者可考焉。汉拓地虽远，而攻取有正谲，叛服有通塞，况师异道，人异论，百家殊方，指意不同，无以持一统，议者病之。唐腹心之地为异域而不能一者，动数十年。若夫宋之画于白沟，金之局于中土，又无以议为也。我愿四级之远，载籍之所未闻，振古之所未属，莫不涣其群而混于一。则是古之一统，皆名浮于实，而我则实协于名矣……是书之行，非以资口耳博洽也。垂之万世，知祖宗创业之艰难；播之臣庶，知生长一统之世，邦有道谷，各尽其职。于变时雍，各尽其力。上下相维，以持一统，我国家无疆之休，岂特万世而已哉！统天而与天悠久矣。"（《三怡堂丛书》本《圭塘小稿》卷五）

摩洛哥旅行家伊本·巴图泰游历泉州、广州、杭州诸地，回国后，他人据其口述完成《伊本·巴图泰游记》，促进了阿拉伯世界对中国的了解。

黄溍约是年作《蛟峰先生(方逢辰)阡表》。

郑思肖编集《太极祭炼内法》重刊。

按：是书乃以斋醮与炼养相结合的灵宝派醮仪名著，对传统道教醮仪理论有所突破。书板后毁于火灾，今《正统道藏》收录该书，乃元至正年间重刊本，重刊年月据徐善政《太极祭炼内法序》而定。徐氏《序》云："恭惟灵宝出书，自古高仙上士得之者，上可以消天灾、保帝王；下可以济拔死魂，开明长夜。其度人无量，著于秘典，尚矣。其中祭鬼炼度内法，自晋太极葛仙翁修此道于会稽上虞山中，功成道备，上升云天，由是以来，灵宝之妙，师师相传，祭炼之法从兹衍矣。……吴郡所南郑先生念长夜之死魂，体上虞之恻隐，发明祭炼内法，实灵宝之秘旨也。妙用神机，理明事简。得是书者信而行之，若幽若明，皆获其惠。尚虑不能溥也，刊诸梓以广其传。天惜秘文，梓烬于火，不有继也，深负先生开度之心。吾家王道珪学道勤苦，切切以所南翁为心，募诸好事者，复锓于梓。则先生之书不亡于千载，岂幽明小补哉！至正丁亥端阳节至乐道人徐善政拜手谨识。"（《正统道藏·太极祭炼内法》卷上）

欧阳玄为严德甫著、晏天章辑《玄玄棋经》6卷作序。

按：严德甫、晏天章，江西庐陵人，为元代著名棋手，该棋经保留大量棋谱，乃元季围棋发展中集大成之作，此后至清中叶，广为流传，乃古棋书中最具权威者之一。欧阳玄《奕序》云："庐陵严德甫善奕，初集奕法为书。晏文可，故家子也。乃以家藏诸谱又增益之。奉礼青城杨君以书来，为之求叙，将锓诸梓，以广其传。予性狷且拙，少贱，力学乏暇，于琴于奕皆懵然，每为大夫士所哂。杨君之请，愧不能言奕之幽眇以答之，姑叙其所知者如是。"（《圭斋文集》卷七）

高耻传辑《群书钩玄》12卷刊行，有自序。

按：《四库全书总目提要》曰："耻传，临邛人。是书杂采古事古语，以字数为标目次第，自一字起至七字止。……庞杂殊甚。……前有至正七年耻传自序，乃盛自夸饰,过矣。"

彭致中纂《鸣鹤余音》9卷成,虞集为作序。

按:是书辑唐至元代道士所作词曲,见《道藏太玄部》,另收入《函海》者仅1卷,盖惟录冯尊师《苏武慢》词与虞集和词。虞集《序》曰:"全真冯尊师本燕赵书生,□汴遇异人,得仙学,所赋歌曲高洁雄畅,最传者《苏武慢》二十篇。前十篇道遗世之乐,后十篇论修仙之事。会稽费无隐独善歌之闻者,有凌云之思,无复流连光景者矣。予登山每登高望远,则与无隐歌而和之。无隐曰:'公当为我更作十篇。'居两年,得两篇半,殊未快意也。昭阳协洽之年、嘉平之月,长儿之官罗浮,予与客清江赵伯友、临川黄观我、陈可立□、东叔吴文明、平阳李平幼子翁归泛舟送之水涠,转鄱阳湖上豫章,遇风雪十五六日不能达三百里。清夜秉烛危坐高唱,二三夕间得七篇半,每一篇成,无隐即歌之。冯尊师天外有闻,能乘风为我一来听耶?明春舟中又得二篇,并《无俗念》一首,后三年仙游山彭致中取而刊之,与瓢笠高明共一笑之乐也。道园道人虞集伯生记。"(《道园遗稿》卷六)

杨维桢十一月二十二日为吴毅《周月湖今乐府》作序。

按:该《序》历评有元曲家,谓诗之作者非独不能音节、文采兼顾,且多流于俗陋。其云:"……四明周月湖,文安美成也公之八叶孙也,以词家剩馥播于今日之乐章,宜其于文采音节兼济而无遗恨也。间尝令学子吴毅辑而成帙,薰香摘艳,不厌其多,好事者又将绣诸梓以广其传也,不可无一言以引之,故为书其编首者如此。至正七年十一月朔序。"(《东维子文集》卷一一)

郑玉著《师山集》13卷成。

按:是集13卷中,含《师山文集》8卷、《遗文》5卷,另有《附录》1卷,《济美录》4卷。有程文至正七年(1347)序、至正十年自序。程文《序》云:"郑君子美初至京师,或传其文数篇于奎章阁下,授经郎揭公读之,惊曰:'是盖工于古文者,严而有法。'侍书学士虞公扬于坐曰:'郑子之文,异日必负大名于天下。'艺文少监欧阳公曰:'使少加丰润,足追古作者。'宋状元、陈助教皆称其能,且奇其人,将谋荐之。郑君竟奉亲南,不屑留矣。余时以笔札事诸公,亲闻其言,欲一读其文以自快,而未之暇。归江南数年,与郑君益相亲,始得博观其前后之文累百余篇,盖其制行之高、见道之明,故卓然能自为一家之言如此。古人谓文章与时高下,然亦恒发于山川之秀,本诸文献之传。汉之文章,莫盛于司马相如、扬雄,而蜀世多文人。若郑君之学,夫岂无所自来哉?余不能文,又恶知郑君?以尝游阁老诸公之门,姑诵所闻,以为之序。子美尝筑精舍师山,聚书以淑学者,故学者称之师山先生云。至正丁亥三月望日,婺源程文以文甫书。"(《郑师山先生文集》卷首)"济美"云者,以师山仕宋、元间为名宦乡贤者,录其政绩碑志、当时野乘佚闻,录为一编,即世济其美之意也。

欧阳玄作《刘桂隐先生文集序》。

按:《序》云:"庐陵刘桂隐先生,以文集寄余京师。余为之言曰:'士生数千载后,言性命道德如面质古人,言成败是非,如目击古人,其间命意措辞则欲求古人之所未道,而又欲不背驰古人,其事可谓难矣。'或曰:'难,可但已乎?'曰:不然。有一定之法而蔑一定之用者,圣人之于规矩也;有无穷之言而怀无穷之巧者,造物之于文章也。是故巧能为文章,不能为规矩。伈故常而为规矩者,狂之于巧者也;法能为规矩而不能为文章,守故常而为文章者,猾之于法者也。今余读刘先生之文,温柔敦厚,欧也;明辨闳隽,苏也。至论其妙,初岂相师也哉?又岂不相师也哉?……刘先生文传世可必。尤长于诗,诗五言、古体、短章尤佳。因书以为之序。至正七年七月

七日,渤海欧阳玄撰。"(《桂隐文集》卷首)

薛兰英、薛惠英约于是年前后著《联芳集》。

按:瞿佑《剪灯新话》中载此二姊妹事。《宫闺氏籍艺文考略》中云,薛兰英、惠英,吴郡富人女。姊妹并能诗,有诗数百篇,号《联芳楼集》。因时会杨维桢作《西湖竹枝曲》,二姊妹遂作《苏台竹枝曲》十章。维桢颇加称赏。《玉镜阳秋》云,二女《苏台》十章,跳脱旖旎,字字竹枝,妙境鼎足曹张间,了自不让。

危亦林卒(1277—　)。亦林字达斋,南丰人。累世业医。曾任南丰医学教授。著有《世医得效方》20卷。

石抹继祖卒(1280—　)。继祖字伯善,号太平幸民,迪烈䚟人。石抹宜孙父。其先出于梁萧氏。至辽为述律氏,仕辽多至显官。金灭辽,改名为石抹氏,曰库烈而者,于公为六世祖。初以沿海军分镇台州,皇庆元年,又移镇婺、处两州。师从史蒙卿,为学一本于朱子,务明体以达用,自经传子史,下至名法纵横、天文地理、敷衍方技、异教外书,靡所不通。而韬钤之秘,则家庭所夙讲。晚居台州,筑室名抱膝轩,以诗歌自娱。所著《抱膝轩吟》若干卷。事迹见黄溍《沿海上副万户石抹公神道碑》(《金华黄先生文集》卷二七)。

英国经院哲学家、唯名论代表人物威廉·奥卡姆约于是年卒(1280—　)。

至正八年　戊子　1348年

正月,命翰林国史院纂修后妃、功臣列传,张起岩、杨宗瑞、黄溍为总裁官,左丞相太平、左丞吕思诚领其事。

三月,《六条政类》撰成。

癸卯,惠宗亲试进士78人,林弨等登进士第。

四月乙亥,惠宗幸国子学,赐衍圣公银印,升秩从二品。

定弟子员出身及奔丧、省亲等法。

六月,立司天台于上都。

七月乙卯,遣使祭曲阜孔子庙。

是年,上《省部政典举要》1册、《成宪纲要》5册、《谕民政要》1册、《六条政要》(不著卷册),皆不著撰者,有陈旅序。

中山府(今河北真定)伊斯兰教礼拜寺得到重建,刻《重建礼拜寺记》碑文。

按:该记为中国穆斯林用汉文介绍伊斯兰教教义最早的文献。碑文云:"大元至正三年,……左右对(普公)以回回之人遍天下而此地尤多,朝夕亦不废礼,但废第之兑隅有古刹寺一座,堂宇止三间,名为'礼拜寺',乃教众朝夕拜天祝延圣寿之所。其创建不知于何时,而今规模狭隘,势难多容众,欲有以广之而力弗逮者数十年。……公遂慨然以改筑之事为己任,乃首捐俸金百两并谕教之同志者,各出资以

鼠疫在欧洲大流行。

查理四世建立布拉格查理大学,是为中欧第一所大学。

营治之。于是鸠工度材,大其规,制作之二年,正殿始成。……予惟天子之教,'儒'教尚矣,下此而曰'释'与'老',虚无寂灭不免于妄。且其去人伦,逃租赋,率天下之人而入于无父无君之域。则其教又何言哉!惟回回为教也,寺无象设,惟一空殿,盖祖西域天方国遗制,其房四面环拜,西向东,东望西,南面北,北朝南。中国居西域之东,是教中拜者则咸西向焉。……其教专以事天为本而无象设,其经有三十藏,凡三千六百余卷。其书体旁行,有真、草、篆、隶之法,今西域诸国皆用之。又有阴阳、星历、医药、音乐。隋开皇中,国人撒哈伯撒哈的·斡葛思始传其教入中国,是知祖宗以万国为家,录善不遗,其曰以事天为本而无象设。……况其奉正朔、躬庸租,君臣之义无所异;上而慈、下而孝,父子之亲无所异;以至于夫妇之别,长幼之序,朋友之信,举无所异乎。夫不惟无形无象,与《周雅》无声无臭之旨吻合;抑且五伦全备,与《周书》五典五惇之义又符契而无所殊焉,较之'释'、'老'不大有间乎。……大元至正八年岁在戊子春二月之吉,承务部真空路安喜县尹兼管诸军奥鲁杨受益撰文并书丹。"另可参见《明史》卷三二三等。

察合台东命汗脱忽鲁帖木儿推行伊斯兰教于16万蒙古人中。

黄溍任礼部春试考试官,录为廷试读卷官。夏,升侍讲学士,与危素等奉诏修《本朝后妃功臣传》。十二月,黄溍祖父赠嘉议大夫、礼部尚书、上轻车都尉、追封江夏郡侯。祖妣赠江夏郡夫人。

按:宋濂《金华黄先生行状》云:"在禁林,会修《本朝后妃功臣传》,先生为条陈义例,多所建明,士类服其精允。"(《文宪集》卷二五)

张起岩、岳柱、拜住任翰林学士承旨,泰不华任礼部尚书。

贡师泰与黄溍为僚友。

张枢被召修《本朝后妃功臣传》,行至武林驿,又辞归。

周伯琦入翰林待制,预修《本朝后妃功臣传》,累升直学士。

宋濂应试乡闱落第,遇操琰、陈性初。

吴当升国子监丞。

李孝光升任文林郎秘书监丞。

杨维桢二月初三日观《竹林七贤图》,有文,叹贤哲不容于朝而居于林。二十一日,偕顾瑛、姚文涣、张渥、郯韶、于立等6人游山,首唱《于峰诗》,余者和之,相与联句。

张渥、于立、杨维桢及顾瑛乘船游虎丘。

杨铸时为《宋》、《辽》、《金》三史馆校勘史,向丞相贺惟一推荐王祎,以为此人材不可失。

王祎为书七八千言上时宰,时宰嫌其切直,不以闻。危素、段天祐等12人列荐于朝,张起岩率僚臣又荐之,亦不报。

王祎与定海乐良、临川王伯达(表字)、贵溪薛毅夫、赣郡刘丞直等订交。

张雨是秋造访杨维桢新居月波亭,题诗以赠,和者甚众。僧妙声、郑元祐、李廷臣、卞思义、瞿智、郯韶、马麐诸人均有诗赠。

按:僧妙声著有《九皋录》。

高明十一月被方国珍任命为平乱统帅府都事。

按：高明任职浙江，又祖籍温州，熟悉浙东情况，故有方国珍任职一事。

董彝登进士，授庆元学正，继拜瑞州路录事。

按：董彝，字宗文，乐清人。邃于义理。至正间三领乡荐。以吏事非其志，国势日非，遂结庐避乱。著有《二戴辨》、《四书经疑问对》8卷、《平桥诗文集》。同登进士者尚有：辜中、傅箕、曹道振、杜翱、傅常、黄绍、王宗哲、吴彤、孔克表、邹奕。

刘焘孙会试下第，以例署常宁州儒学正。

刘基住临安，交结刘显仁。

陶安会试落第南归，夏抵当涂，同贡黄仲珍、雷景阳同舟。是秋，设教郡庠，冬奉檄，赴金陵为明道书院山长。

按：元制，凡师儒之官命于朝廷者，曰教授。路府上中州置之，命于礼部及行省及宣慰司者曰学正。山长学录教谕路州县及书院置之举人。下第汉人南人年五十以上并两举不第者与教授，以下与学正山长。戴良《送丁山长序》云："古者，学无常师。名一人为师，而其余皆以弟子焉者，今之学官是也。然求其称是职而无愧，不亦难哉？江南科举盛时，盖尝有议之者，其说以通经义能辞赋为称职。至辛巳之岁，科举既辍而复行，朝廷遂著令以乡贡下第者署郡学正及书院山长，则庶几议者之遗意，而其效之浅深则又系诸其人，而非法之罪也。"（《九灵山房集》卷二一）

刘景文七月十六日作《序王充耘书义主意》。

按：《序》云："四代之《书》，蔡氏训诂深得于朱子心传之妙，宜今日科举之所尚也。王君与耕以是经拾巍科，愚尝购求，得其《经义主意》，语虽不离乎传注之中，而实有得乎传注之外，又可谓能发蔡氏之所未言者欤？是编辑作义要诀于其前，附群英书于其后，学者苟先熟乎经传，因是推广而讲明之，则于二帝三王之道，自有以得其蕴矣。学优而仕，其于致君泽民，岂小补哉？不敢私秘，用刻诸梓，以广其传云。时至正戊子七月既望。"（《古今图书集成》卷一一五）

又按：王充耘还著有《书义衿式》6卷，《四库全书总目提要》评之曰："盖王充《耘书义衿式》如今之程墨，而此书则如今之讲章。后来学者揣摩拟题，不读全经，实自此滥觞。录而存之，知科举之学流为剽窃，已非一朝一夕之故，犹易类录王宗传，礼类录俞廷椿，著履霜坚冰，其来有渐，不可不纪其始也。"王充耘字与畊，吉水人。晚年潜心《尚书》，还著有《读书管见》2卷、《四书经疑贯通》8卷、《拟两汉诏诰》2卷等。

杨维桢著《春秋合题著说》3卷、《史义拾遗》2卷成。

按：《四库全书总目提要》评其《春秋合题著说》曰："然其书究为科举而作，非通经者所尚也。"《四库全书总目提要》又评其《史义拾遗》曰："盖一时习尚如斯，非文章之正格，亦非史论之正格。以小品视之可矣。"

吴国英十一月作《春秋胡氏传纂疏跋》。

按：其文云："国英曩从环谷先生受读《春秋》于郡斋，先生手编《胡氏传纂疏》，虽壹以胡氏为主，而凡三传注疏之要语，暨诸儒传注之精义，悉附著之。且胡传博极群经子史，非博洽者不能知其援据之所自，与音读之所当。先生详究精考，一一附注。于是读是经者，不惟足以知胡氏作传之意，而且溯流寻源，亦可识圣人作经之大方矣。书甫成编，国英宦游四方。越十五年，始睹同志钞誊善本，而建安刘君叔简，将锓诸梓以广其传，则不惟诸生获《春秋》经学之阶梯，而凡学者开卷之余，不待旁通远证，事义咸在。是则先生《纂疏》之述，有功于遗经，而有助于后学，岂曰小补之哉？至正八年岁在戊子，正月人日，门人紫阳吴国英再拜书。"环谷先生即汪克宽。

黄复祖至正间著《春秋经疑问对》2卷成。

按：黄复祖，字仲篪，庐陵人。其《春秋经疑问对》，《四库全书总目提要》评曰："其大旨则专为场屋进取而作，故议论多，而义理则疏焉。"

王祎纂成《国朝名臣列传》，增补苏天爵《元朝名臣事略》73人，凡120位元代名臣。

按：王祎《国朝名臣列传序》云："国朝沿袭旧制，其修累圣实录，咸有常宪，而名臣之当附传其间者，久犹阙如。盖自大德丙午，迄今至正戊子，屡诏史臣纂修以补实录之阙，亦既具有成编矣。而金匮所藏，人无由窥之。远方下士于圣朝盛事、先后本末、贤相良将之功绩、钜儒循吏之德业，铿鍧炳焕可以震耀于无穷者，皆莫及知。在天历中，史臣苏天爵尝捃摭名家传碑志以为书，谓之《名臣事略》。然以国朝人物之众盛，而与其列者仅四十七人，则其未及搜访甄录者固多也。祎不揣不才，因仍四十七人者，复博求于世臣之家，又得七十三人。人各为传，而赞以论赞，名曰《国朝名臣列传》，总百有二十。辄用正史之体，仿《宋东都事略》而为之。其文虽不能驰骋，而辞则质；其事虽不能该博，而实则真。于是，一代之人物可概见也。"（《王忠文集》卷五）

张叔温作《上虞县志序》。

按：《序》云："自《书》载禹贡、礼记、职方、史志、地理而后，寰宇有记，舆地有图，凡土地所生，风气所宜，莫不采录，盖欲后之人因是而有所考焉耳。上虞为东越望邑，由帝舜封支庶得名。至正戊子，余来尹兹邑，问之故老，皆曰：'是邑志书素无善本，非缺典欤！'于是登进邑人张德润使裒集之，厥既成帙，取而阅之，则其书文而不俚，核而有证，古今事迹搜抉无遗，方古之作者，殆庶几焉。复委学官余克让，肃耆儒余元老校正。阖邑官吏、士庶、僧道相与赞助，命工绣梓以永其传。是岁八月既望。"（《上虞县志》卷首）张叔温，云中人。至正八年（1348）任上虞县尹。

又按：林希元亦作有《上虞县志序》。其文云："古者郡有志书，县道附见焉，无专书。今县各有书，好事者居是邦，耻一不知，稽考之多，纂记之勤，自成篇帙，亦其宜也。必其言文，其事核，足以传远，以俟为郡志者择焉，上之国史，乃无愧。余备员翰苑时，获睹《大一统志》，不能遍观而尽识也。出尹上虞，见前志略而未备，后志紊而无序，于是为之笔削，咨之文献，采之民间，正其讹缺，文其俚俗，不踰年而成书，详而不失之繁，简而不遗其要。虽然，郡志以星分为主，邑志以山川为主，区域既明，则凡风俗土田户口皆可类稽而胪分矣。故为书非难，然必其言文，其事核，去取增损，有史氏纂记之风，斯为难耳。书既成，谂于众曰：'此可传远而无愧乎？'众皆曰：'可。'余为叙其首简。"（《上虞县志》卷首）

陈性定纂《仙都志》2卷成，五月有序。

按：书中多记唐宋时事，最晚至至乙酉（1345年）止。篇中引文多注明出处，颇具参考价值。陈性定，字此一，缙云道士。陈氏《序》云："疆理之书，肇于《禹贡》而具于职方。然水有经，郡邑有乘，此《仙都志》所由作也。仙都，东吴胜事，在道家书为祈仙洞天，爰自发迹轩辕。由唐逮宋，锡名荐祉，符瑞屡臻。圣朝廷祐间，贞士赵虚一载奉玺书，来领厘事，山川草木昭被宠光，独峰炼溪，若增而高，浚而深也。住山陈君此一，载笔于编，沿革瑰奇，钜细毕录，其有功兹山者欤！吾闻蓬莱在望，而风辄引去，桃源既入，而路忽迷，则名山大川，岂人人之所能周览哉？此编目击道存，可以卧游矣。至正戊子五月既望。"（《正统道藏》第一〇册）

王思明六月作《金石例序》。（可参见柳贯元统二年正月七日作《金石例序》

条、潘翊至正五年春三月望作《金石例跋》条)

按：《序》云：后世之文莫重于金石，盖所以发潜德，诛奸谀，著当今，示方来者也。如是而不知义例，其不贻呜吠之谓也几希。翰林苍崖潘先生，动必稽古，取先代硕儒所为文，类而集之，题曰《金石例》，视传《春秋》者所言，如合符节，俾夫考古者知古人用意之所在，而学古者有所矜式而不敢肆，其嘉惠斯文不其至乎！至正丁亥，予忝教番易，公之子敏中为理官，当属郡士杨本端如缉其次第。既已刻于家，而公诸人，学之宾师景阳吴君旭子谦、吴君以牧谓此书将归中州，则邦之人焉能一一而见之哉？盍列之学官，以垂永久。乃复加校正，而寿诸梓。於乎！古人吾不得而见之矣，得见古文斯可矣。明年戊子夏六月既望，庐陵王思明谨叙。"(《历城县志》卷二〇)

黄溍作《监修国史题名记》、《翰林国史院题名记》、《上都翰林国史院题名记》、《上都御史台殿中司题名记》(皆见于《文献集》卷七下)。

危素作《史馆购书目录序》。

按：《序》云："至正三年，诏修《辽》、《金》、《宋》史，遣使旁午，购求遗书，而书之送官者甚少。素以庸陋，备数史官，中书复命往河南、江浙、江西。素承命恪共，不遑宁处，论以皇上仁明，锐志删述。于是藏书之家稍以其书来献。驿送史馆，既采择其要者书诸策矣。暇日因发故椟，录其目藏焉。其间宋东都盛时所写之书，世无他本者，今亦有之。朝廷之购求、民间之上送，皆至公之心也。素之跋涉山海，心殚力劳，有不足言。后之司籥钥者诚慎守之，不至于散亡可也。有志于稽古者，岂不有所增广其学问云尔。至于人情之险阻、事物之轇轕，别为之录，以示儿子，俾知生乎今之世，虽事之小者，奉公尽职之为难。"(《危太朴文续集》卷一)

葛乾孙《十药神书》1卷刊行。

按：《十药神书》，原名《劳证十药神书》，专为治疗虚劳咳嗽(肺结核)所作。其所开药方甚为实用，一直沿用至今。清人叶天士于所开十张方子后各加注按语，进一步阐明方义，使之更论述更为详明丰富。

《辨惑编》4卷、《附录》1卷约刊于是年。

按：原题："毗陵后学谢应芳编，新安潘峦校编"。有俞希鲁至正八年(1348)序、李桓至正十四年(1354)序、虞士常跋。

僧惟则著、僧善遇纂《狮子林天如和尚语录别录》10卷、《剩语集》2卷刊成。

按：傅增湘藏至正八年刊本，五卷，后刻书跋七行：《语录别录》共十卷，昔编草初成之日，钱塘沙门炬菩萨见之，即持去，命张克明重写，仍率同志先刊两卷，于是吴郡弟子……至正八年善遇谨识。又详刻书体云：字抚松雪，雕工秀丽，铁画银钩，元刻中之上驷。天一阁藏至正九年刻本，十一行二十一字。

俞琰著《黄帝阴符经注》1卷。

按：书原题"林屋山人俞琰玉吾叟解"。是书采纳朱熹、邵雍之说，以儒家心性之说与道家养生之术补充发挥朱子所未尽言者，实为《阴符经》注家之佼佼者。俞琰还注有《吕纯阳真人沁园春丹词注解》二篇同卷。

又按：另王道渊注《黄帝阴符夹颂解注》3卷、《青天歌注释》二篇同卷、《太上升玄说消灾护命妙经注》1卷。王道渊《黄帝阴符夹颂解注》注文多引证魏伯阳、张伯端、施肩吾以及丹经，及老庄儒释之语。可谓丹道释《阴符》之集大成之书。

杨维桢作《雅集志》。

按：文曰："右《玉山雅集图》一卷，淮海张渥用李龙眠白描体之所作也。玉山主者，为昆山顾瑛氏，其人青年好学，通文史，好音律、钟鼎、古器、法书、名画品格之辨。性尤轻财喜客，海内文士未尝不造玉山所，其风流文采，出乎流辈者，尤为倾倒。故至正戊子二月十有九日之会，为诸集之最盛。……故予为撰述，缀图尾，使览者有考焉。是岁三月初吉铁崖杨维桢记。"（《玉山名胜集》卷二）

江浙省本路儒学刊行宋褧《燕石集》15卷。

杨维桢纂《西湖竹枝集》，并撰自序。

按：杨维桢发起唱和"西湖竹枝词"，乃元后期一次规模空前的"同题集咏"，参与者数百人，仅编入《西湖竹枝集》者即120人。属和者大多南北名士，而杨维桢的《西湖竹枝歌》被上百人一和再和，成为经典之作。《序》云："余闲居西湖者七八年，与茅山外史张贞居、苕溪郯九成辈为唱和交。水光山色，浸沈胸次，洗一时尊俎粉黛之习，于是乎有《竹枝》之声。好事者流布南北，名人韵士属和者，无虑百家。道扬讽喻，古人之教广矣。是风一变，贤妃贞妇，兴国显家，而《列女传》作矣。采风谣者，其可忽诸？至正八年秋七月，会稽杨维桢书于玉山草堂。"（《西湖竹枝集》卷首）

潘屏山圭山书院刊行宋黄鹤《集千家注分类杜工部集》25卷。

按：此即积庆堂刊本。

僧良琦作《玉山宴集酬唱诗序》。

按：僧良琦，字元璞，姑苏人。住天平山之龙门，自称龙门山释。性情恬澹而诗名尤著，与杨维桢、倪瓒、顾瑛琦齐名。元末顾瑛移居嘉兴，琦亦从之，往持郡东兴圣寺。入明，掌崇明僧教。

杨维桢十月二十五日跋包希鲁《死关赋》。

按：包希鲁，字鲁伯，进贤人。从学吴澄。及卒，门人私谥曰忠文。著有《易九卦衍义》1卷、《诗小序辨》1卷、《四书凡例》、《说文解字补义》12卷、《诸子纂言》、《原教说儒》。

吴黼为《丹墀独对》10卷作自序。

按：黼字元章，江西宜黄人。

欧阳玄十月作《清节书院记》。

按：其文载："清节书院者，萧公子荆之祠也。宋东都南渡，闻西昌有隐君子曰萧公子荆焉。其为学专名《春秋》，早受业于伊川程子、明复孙氏之门，退而作《春秋经辨》，不剿古今诸儒之说。学者从受经义常百余人，庐陵胡忠简公铨独得其传。其为议论识见，宣政以来人物宜为第一。蔡京为相，以术笼络一世士，咸称其贤，公独斥之以为'宋之新莽'，遂削迹不仕，其为行有唐阳道州、元鲁山之风。终身不娶，或以无后讽之，则曰：'颜渊、孟轲，不闻有胄嗣也。'故虽制行过中，要以为卓，视世之沉沦嗜欲者，可同年语哉！先生卒于宋之建炎四年，距今一百余载。宗人继文慨然念其祀事之阙，请以己赀作书院祠之。公之初卒，门人私谥之曰'清节先生'，乃摘二字扁书院之楣焉。又念祀事、教事废一不可，乃割己田，延明师以教四方之来学者，无问富约，咸就馆谷。既而重念古者入学必祭先圣先师，请作孔子燕居之祠，以临莅之。顾先生之祠，必有侑其坐者。里之刘公子澄，为建安真氏门人，宋末以道德节义著，后隐庐山而终。曾公如骥，以进士擢科，官至邵阳通判，宋亡城破，遂死所守，《宋史》题之，门人私谥之曰'忠愍'。于是请以二先生从享。每岁春秋二仲，以次丁日舍菜先圣先师及三先生焉。书来，谒予记之。《中庸》曰：'唯天下至诚，为能经纶天下之大经。'郑康成注曰：'此言孔子述作之事，"大经"指《春秋》。'於乎！《春秋》为书，所以定名分，正纲常，明天理，陈王道，其功与天地等者也。故《春秋》之显晦，关世道之否泰,秦汉以降,历历可考。宋熙丰之间,王安石罢《春秋》,不列之学官,寻有中叶之祸,宋统不绝如线。靖康改元,先生以布衣首请于吴丞相,复置《春秋》博士,未几高宗南迁,宋绝复续。于时武夷胡文定公安国以《春秋》进讲,日述复雠大义,以切摩其君臣。胡忠简《诋和议》一疏,煜然照映千古,盖《春秋》之遗烈也欤! 及宋讫录,仁人志士骈首就义,史不绝书,《春秋》之于世教,岂小补哉! 先生《经辨》,伟然若尝躬造洙泗而面命于圣人者。旧说孔子素王,左丘明素臣,先儒虽或弗取。今先生祀事,上承燕居,异时论《春秋》忠臣,先生宜在首列。百世之论,嘿定于斯,岂偶然哉! 我元至元中,行御史台定学规,《春秋》出传题。延祐设进士科诏,《春秋》昭明于斯世,大道为公之象也。而先生之祠实建于今日,其有自欤?刘、曾二公之节义,皆能无负于《春秋》,无愧于先生,其侑享亦宜。虽然,子尝谓:天下古今无形之险固于有形,无声之乐和于有声,无后之祭远于有后,征诸先生祠事,亦可信云。先生讳楚,字子荆,号三顾隐士。建书院萧继文,字士郁。书院之址,在西昌邑治北门迎恩坊之右。其制正堂三间,东西有两夹室,其崇二十尺,从如之。东西序称是。后堂五间,崇二十有六尺,从五十尺,衡二十有五尺。前为门五间,崇十有五尺。外为零星门,崇二十尺,衡十尺。他屋并手偕作。轮奂之美,偏州下邑校宫或不及之。经始于至正七年丁亥春三月,是年秋八月落成,明年戊子冬十月甲子朔记。"(《泰和县志》卷三二)

吴福孙正月十三日卒(1270—)。福孙字子善,自号清容野叟,杭州人。强学好修,与戴表元、仇远、胡长孺、邓文原相交,尤与赵孟頫亲密。模仿赵孟頫笔迹甚真,尤得赵氏早年楷法之妙。兼工篆籀,赵孟頫颇称赏。著有《清容轩手钞》若干卷、《乐善斋集》若干卷、《古文韵选》1卷、《古印史》1卷。事迹见黄溍《上海县主簿吴君墓志铭》(《黄文献集》卷九下)。

虞集五月二十三日卒(1272—)。集字伯生,号道园,又号邵庵,祖籍四川仁寿,生于湖南衡州,侨居江西临川崇仁。宋丞相虞允文五世孙,前代世家以道德文学知名。元代诗坛宿老,以虞集为大宗,与杨载、范梈,揭傒斯并称元诗四大家,又与揭傒斯、柳贯、黄溍号为儒林四杰。清代黄宗羲尊姚燧和虞集为元文两家。早年曾从吴澄游,至治、天历间,宗庙朝廷之典册、公卿大夫之碑板多出其手。与赵世延等修《经世大典》,凡八百帙。虞集遵奉程朱,但无门户之见。建言皆有益于时政,虽多未采行,识者称之。谥文靖。《宋元学案》列其入《草庐学案》"草庐门人"。著有《古字便览》1卷、《道园学古录》50卷、《道园遗稿》6卷、《新编翰林珠玉》6卷等。事迹见欧阳玄《元故奎章阁侍书学士翰林侍讲学士通奉大夫虞雍公神道碑》(《圭斋文集》卷九)、赵汸《邵庵先生虞公行状》(《东山赵先生文集》卷五)、《元史》卷一八一、《元诗选·初集》小传。翁方纲编有《虞文靖公年谱》1卷。

按:《夷白斋稿序》卷一二云:"自天历以来,擅名于海内,惟蜀郡虞公,豫章揭公及金华柳公、黄公而已。"《元史》本传评曰:"文仲世以《春秋》名家,而族弟参知政事栋,明于性理之学,杨氏在室,即尽通其说,故集与弟槃,皆受业家庭,出则以契家子从吴澄游,授受具有源委。……集学虽博洽,而究极本原,研精探微,心解神契,其经纬弥纶之妙,一寓诸文,蔼然庆历、乾淳风烈。尝以江左先贤甚众,其人皆未易知,其学皆未易言,后生晚进知者鲜矣,欲取太原元好问《中州集》遗意,别为《南州集》以表

意大利的佛罗伦萨编年史家乔万尼·维拉尼卒(约1275—)。

西班牙学者、诗人胡安·曼努埃尔卒(1282—)。

英国哲学家、数学家托马斯·布拉德瓦尔登卒(1290—)。

章之,以病目而止。平生为文万篇,稿存者十二三。早岁与弟槃同辟书舍为二室,左室书陶渊明诗于壁,题曰陶庵,右室书邵尧夫诗,题曰邵庵,故世称邵庵先生。……国学诸生若苏天爵、王守诚辈,终身不名他师,皆当世称名卿者。"《宋元学案》卷九二《草庐学案》评之云:"先生文章为一代所宗,而其学术源委则自父汲。与草庐为友,先生以契家子从之游,故得其传云。"

虞集《新编翰林珠玉》6卷,现藏于日本静嘉堂文库。卷首无序,开卷即"新编翰林珠玉目录",卷一:四言古诗、五言古诗、归田稿;卷二:七言古诗、归田稿;卷三:五言律诗、归田稿;卷四:七言律诗、归田稿;卷五:五言绝句、归田稿;卷六:七言绝句、归田稿。因各卷皆录有其《归田稿》集内相应体裁的诗作,故于目录中加书名以别之。正文各卷头首行题"新编翰林珠玉卷几",次行署"儒学学正孙存吾如山家塾刊",第三行刻"邵庵虞集伯生父全集"。上下黑鱼尾间刻"珠玉"二字及卷数叶次。(《日本现藏稀见元明文集考证与提要》)

又按:尝有黄思谦者,集虞集诗稿为《道园天藻诗稿》,虞集有《序》交代诗集所成过程。《序》云:"予幼为贫求禄养,以文史承乏馆阁,随事酬应,非有所著述也。……六十得谢,庶追补其不足。俄婴故疾,目失其明,旧业遗忘。每有诵览,托诸朋友至子弟,坐而听之,得一遗十,前后不能周浃。玩心虚明,聊以卒岁。大抵应物答问,或时有之。咏歌以还,无复留贮。友人临川李本伯宗泝、赵宗德伯高,讲习余暇,稍辑旧诗,谓之《芝亭永言》。近日,襄城杨士弘伯谦,雅好吟咏,有得于魏晋至唐词人体制音律之善,取盛唐合作,录为《唐音》。猥以鄙作偶或似之者,得百十篇,谓之《居山稿》。此外枯槁寂寞,辞不迨意,无所取裁。瓦砾坚确,了无余润。采茶新樗,不以苦恶弃之云耳。则清江黄思谦志高之所撷拾也,谓之《道园天藻小稿》。道园者,昔从吴兴赵文敏公于集贤,赵公临池之际,顾谓仆曰:'人皆求予书,子独不求吾书,何也?'对曰:'不敢请耳!固亦欲之。'因曰:'养亲东南,无躬耕之土。'及来京师,傯隙宇以自容。尝读《黄庭经》,有曰:'寸田尺宅可治生',是则我固有之,其可为也。又曰:'恬淡无欲道之园,遂可居有哉?'赵公为书'道园'两古篆,自是,有'道园'之名。后常治斯田园以居安宅,神明粹精,生息流动,无物我彼此之间,不能喻之于言。予题其宇曰'天藻'。"(《雍虞先生道园类稿》卷一八)

黄清老八月二十六日卒(1290——   )。清老字子肃,邵武人。少治《春秋》。泰定三年,江浙乡试第一,明年登进士,由曹元用、马祖常等荐,授翰林典籍,后升任翰林应奉文字,兼国史院编修。至正元年,出任湖广省儒学提举。著有《春秋经旨》、《四书一贯》10卷、《樵水集》。事迹见苏天爵《黄公墓志铭》(《滋溪文稿》卷一三)、《元诗选·二集》小传。

张枢八月初四日卒(1292——   )。枢字子长,金华东阳人。幼年聪慧,读书过目不忘,且能通其大意。虽为许谦弟子,实以友待之。至正间,脱脱修三史,奏辟为长史,力辞不就。再以翰林修撰、同知制诰兼国史编修召之,行至武林驿,以病辞归而卒。作文宗于经史,务求载道,不喜雕琢,作放浪不实之语。著有《春秋三传归一义》30卷、《春秋三传朱墨本》若干卷、《刊定三国志》65卷、《续后汉书》73卷、《宋季逸事》若干卷、《曲江张公年谱》1卷、《林下窃议》1卷、《敝帚篇》若干卷。事迹见黄溍《张子长墓表》(《金华黄先生文集》卷三〇)。

倪士毅卒(1303——   )。士毅字仲弘,休宁人。从陈栎受业,教授黟县23年,学者称道川先生。著有《尚书作义要诀》1卷、《四书辑释》36卷、

《四书辑释大成》30卷、《重订四书辑释》45卷。事迹见《元儒道川倪先生祠碑》(《六艺之一录》卷一二三)、《江南通志》卷一六四。

按：倪士毅有《作义要诀序》，此篇乃最早论及八股文写作的理论之一："按宋初因唐制取士，试诗、赋(省题诗八韵及律赋)。至神宗朝，王安石为相，熙宁四年辛亥，议更科举法，罢诗、赋，以经义、论策试士，各专治《诗》《书》《易》《周礼》《礼记》一经，此经义之始也。宋之盛时，如张公才叔，自靖义正，今日作经义者所当以为标举。至宋季，则其篇甚长，有定格律，首有破题，破题之下有接题(接题第一或二三句或四句，下反接，亦有正说而不反说者)，有小讲(小讲后有引入题语，有小讲上段，上段毕有过段，然后有下段)，有缴结。以上谓之冒子，然后入官题。官题之下，有原题(原题有起语、应语、结语，然后有正段，或又有反段，次有结续)，有大讲(有上段，有过段，有下段)，有余意(亦曰后讲)，有原经，有结尾，篇篇按此次序。其文多拘于捉对，大抵冗长繁复可厌，宜今日又变更之。今之经义，不拘格律，然亦当分冒题、原题、讲题、结题四段。愚往年见宏斋曹氏《宋季书义说》，尝取其可用于今日者摘录之，兹又见南窗谢氏、临川张氏及诸家之说，遂重加编辑，条具于左，以便初学云。"(《丛书集成初编》本《作义要诀》卷首)

王艮卒，生年不详。艮字止善，号止斋，晚年号鹦游子，诸暨人。为官多有政绩，与杨载等友善，其文为赵孟頫、邓文原等赏识。《元诗选》三集有其《止斋稿》1卷。事迹见黄溍《王公墓志铭》(《金华黄先生文集》卷三四)、《元史》卷一九二、《元史新编》卷四八、《元书》卷九〇。

茅大芳(　—1402)、楼澄(　—1433)、智光(　—1435)生。

至正九年　己丑　1349年

正月癸卯，立山东、河南等处行都水监，专治黄河患。

六月丙子，刻小玉印，以"至正珍秘"为文，凡秘书监所掌书，尽皆识之。

七月壬辰，命太子学汉人文书，以翰林学士李好文为谕德，张仲为文学。

按：李好文曰："欲求二帝、三王之道，必由于孔子，其书则《孝经》《大学》《论语》《孟子》《中庸》。"乃摘其要略，又取史传及先儒论说有关治体而协经旨者，加以己见，仿真德秀《大学衍义》之例，为书十一卷，名曰：《端本堂经训要义》，奉表以进。端本堂系教皇太子之处。帝师闻之，言于奇皇后曰："向者太子学佛法，顿觉开悟，今乃使习孔子之教，恐坏太子真性。"后曰："吾虽居深宫，不明道德，尝闻自古及今治天下者，须用孔子之道，舍之他求，即为异端。佛法虽好，乃余事耳，不可以治天下。安得使太子不读书耶？"(《续资治通鉴》卷二一九)

十月丁酉，太子入端本堂肄业，令脱脱领端本堂事。

按：诏以李好文所进《经训要义》付端本堂，令太子习焉。好文又集历代帝王故

法国疆域抵阿尔卑斯山麓。

英国议会下院出现。

英国学校不再使用约1066年传入的诺曼人的法语。至1362年，法院也停止使用。

事,总百有六十篇,以为太子问安余暇之助。又取古史自三皇迄金、宋,历代授受,国祚久速,治乱兴废为书,名曰《大宝录》;又取前代帝王是非善恶之所当法戒者为书,名曰《大宝龟鉴》,皆录以进。复上书曰:"殿下以臣所进诸书,参之《贞观政要》《大学衍义》等篇,果能一一推而行之,则太平之治,不难致矣。"(《续资治通鉴》卷二〇九)

苏天爵奉召为大都路总管,以疾归。俄复起为两浙都转运使。

脱脱闰七月诏为中书右丞相,仍太傅。

黄溍四月二十日进讲明仁殿。后,贸然告老南归,使者追回;道遇杨维桢,赏其《三史正统辩》,欲荐举。

宋濂入龙门山。

按:是时,史馆诸公荐之为国史院编修,宋濂固辞,入龙门山,作《龙门子凝道记》,又著《孝经新说》《周礼集注》等。作《皇太子入学颂》。时戴良有《送景濂入仙华山为道士序》,刘基有《送龙门子入仙华山序》。

宋濂六月与戴良谒见余阙,余阙命宋、戴编辑柳贯文集。

按:时余阙持使节莅临,宋濂与戴良进见,余阙书轩扁赠之,并命二人编辑柳贯文集。

宋濂与贵溪叶瓒、叶爱同父子交。是年叶氏父子别去。

按:叶瓒,字赞玉。乡贡进士,曾为月泉书院山长。

宋濂十一月二十四日于吴莱下葬时,作《渊颖先生碑》及《渊颖先生私谥议》。

杨维桢闻张雨出山,欲访未及,有诗寄之。

杨维桢流连山水,以铁笛鸣于东吴,同年友有荐之者,不起,言甘于隐趣,不屑屈膝以求荣。作自传谓著述已臻数百卷。

吴江顾逊三月十六日招杨维桢游东林。

按:时维桢偕陆宣、程翼、孙焕、王佐、陆恒、殷奎等同游。次日,泛舟汾湖。鼓吹交作,酣舞狂饮,女妇逐而观之。

秦约以友袁华谒见杨维桢于云间,请其父铭,作之。

袁凯介邢台张叔温等于杨维桢抵淞次日请见,维桢为记袁氏书斋。

钱鼐率吴达父谒见杨维桢。

马琬以杨维桢门人来访,并为积庆寺主僧臻上人请斋记。

松江吕良佐三月招杨维桢赴其璜溪义塾授《春秋》学。时卫仁近率先挟诗来谒,从其游。维桢又与其父交好。

吕润五月初五日宴请杨维桢。

按:时,袁凯、陈忠、范益都、吕良佐、吕心仁、吕志道、夏景渊亦在。维桢被礼为上宾。其时,维桢为辅之父子撰文多篇,嘱其子攻学求仕进。

陆广、张彦明诸人三月初以杨维桢游晚唐逸士陆龟蒙旧居甫里,与之交。

青龙镇任子文九月十八日招杨维桢至其舍,与之校雠诗章,维桢题诗于任氏父子画卷。

高明二月随元军讨伐方国珍。高主招抚,未被统帅采纳,遂"避不治文书"。

王祎以郑涛上京,作《原儒》《原士》赠。

王祎与宜春刘志伊定交于京师。

临海陈楧请王祎为其万卷藏书楼作记,适祎南归,不果为。

按：陈楧字子隽,临海人,陈遘子。家富藏书,历左翼屯田万户府儒学教授。

刘基与月忽难为文字交。

张逊作《竹石图》,又作《竹卷》。

按：张逊生卒年不详,字仲敏,号溪云,吴郡人,与李衎同时,作墨竹,自谓不及,即弃而为钩勒竹,得王维意。画山水,学巨然,诗集有《溪云集》。

积德书堂刊行《伊川易解》6卷、《系辞精义》2卷。

李廉著《春秋诸传会通》24卷初刻,七月自为序。

按：李廉,字行简,庐陵人。至正二年,以《春秋》举于乡,擢进士。官至信丰县尹。后遇寇乱,守节死。其《春秋会通原序》云："传《春秋》者三家,《左氏》事详而义疏,《公》《谷》义精而事略,有不能相通。两汉专门各守师说,至唐啖、赵氏,始合三家所长,务以通经为主,陆氏《纂集》已为小成。宋河南程夫子,始以广大精微之学,发明奥义,真有以得笔削之心,而深有取于啖赵良有以也。高宗绍兴初,武夷胡氏进讲,笃意此经,于是承诏作传。事案《左氏》,义取《公》《谷》之精,大纲本《孟子》,主程氏,而集大成矣。方今取士,用三《传》及胡氏,诚不易之法也。然四家之外,如陈氏《后传》、张氏《集注》,皆为全书学者所当考,而孙氏之《发微》、刘氏之《意林权衡》、吕氏之《集解》,与其余诸家之议论,亦不可以不究。但汗漫纷杂,有非初学所能备阅者。余读经三十年,窃第南归,叨录剧司,心劳力耗,旧所记忆大惧荒落。而又窃观近来书肆所刊此经类传虽多,或源委之不备,或去取之莫别,不能无憾。于是不揆谫陋,尽取诸传会萃成编。先《左氏》,事之案也;次《公》《谷》,传《经》之始也;次杜氏、何氏、范氏三《传》,专门也;次疏义,释所疑也。总之以胡氏,贵乎断也;陈、张并列,择所长也;而又备采诸儒成说及诸传记,略加梳别。于异同是非始末之际,每究心焉。谓之《春秋诸传会通》,藏之家塾,以备遗忘训子弟耳,非敢与学者道也。迩年颇有传写者,弗克禁,而丰城揭恭乃取而刻之梓,亟欲止之,则已成功矣。书来,求序,拒之弗可,且念其力之勤,而费之重也,姑识于卷端,与我同志尚加订正焉。至正九年己丑七月朔,后学庐陵李廉谨书。"(《春秋诸传会通》卷首)此本后收入《四库全书》,四库馆臣评曰："是编虽以胡氏为主,而驳正颇多。又参考诸家,并能撷其长义,一事之疑,辞之异,皆贯串全经以折衷之。……持论俱明白正大。《总论》百余条,权衡事理,尤得比事属辞之旨。故钦定《春秋传说汇纂》多采录焉。"

周伯琦纂注《说文字原》1卷成,有自序。

按：《说文字原》为订注《说文解字》部首以明造字本原之著作。周伯琦《序》云："先君汝南公研精书学余四十年,尝谓许氏之书虽经李阳冰、徐铉、错辈训释,犹恨牵于师传,不能正其错简,强为凿说,紊然无叙,遂使学者,昧于本原,六书大义,郁而不彰。苟非更定,何以垂世。伯琦服承有年,忘失是惧。缅惟画卦造书之义,参以历代诸家之说,质以家庭所闻,未敢厘其全书,且以文字五百四十定其次叙,撰述赞语,以著其说。复者删之,阙者补之,点画音训之讹者正之。字系于文,犹子之随母也。分为十又二章,以应十又二月之象,疏六书于下。于是许氏之学,渐有可考,不待繙其全书,而思过半矣。名之曰《说文字原》,留之家塾,以授蒙士,或小学之一助云。至正九年岁在己丑仲春,鄱阳周伯琦伯温父叙。"(《说文字原》卷首)

德国康拉德·冯·梅根贝格著德国第一部草药书《自然之书》。

意大利乔万尼·薄伽丘的《泰萨伊德》成书。

建宁建安书院刊行赵居信《蜀汉本末》3卷。

按：是书有延祐元年(1314)自记、黄君复至正十一年(1351)跋。《四库全书总目提要》云："居信，字季明，许州人，至治中官至翰林学士承旨。是书宗《资治通鉴纲目》之说，以蜀为正统。起桓帝延熹四年昭烈之生，终晋泰始七年后主之亡。末有《总论》一篇，称至元九年戊子所作。其成书则至元十二年辛卯也。《前序》一篇，不知谁作，称朱子出而笔削《纲目》，有以合乎天道，而当乎人心，信都赵氏复因之，广其未备之文，参其至当之论。然是书所取议论，不出胡寅、尹起莘诸人之内。所取事迹则载于《三国志》者尚十不及五。特于《资治通鉴纲目》中断取数卷，略为点窜字句耳。不足当著书之目也。"赵居信卒，谥文简。追封梁国公。另著有《礼经葬制》、《经说》、《史评》、《理学正宗》1卷。

汪大渊著《岛夷志略》1卷成。（可参见至正十年张翥《岛夷志略原序》条）

按：又名《岛夷志》，载有99个国家和地方，提及地名达220个，远胜此前周去非《岭外代答》、赵汝适《诸蕃志》及此后马欢《瀛涯胜览》、黄信《星槎胜览》诸书，是中国古代关于太平洋西岸、印度洋北岸区域地理著作之最杰出者。是书现存版本有《四库全书》本、《知不斋丛书》本、彭氏知圣道斋藏本、丁氏竹书堂藏本等。汪大渊，字焕章，龙兴路南昌人。生平不详，惟知他曾在元至顺元年(1330)、后至元三年(1337)前后二次浮海，游历东、西洋诸国。稍晚，归返，寓居泉州路晋江县。汪大渊作《后序》云："皇元混一，声教无远弗届，区宇之广，旷古所未闻。海外岛夷无虑数千国，莫不执玉贡琛，以修民职；梯山航海，以通互市。中国之往复商贩于殊庭异域之中者，如东西州焉。大渊少年尝附舶以浮于海，所过之地，窃尝赋诗以记其山川、土俗、风景、物产之诡异，与夫可怪可愕可鄙可笑之事，皆身所游览，耳目所亲见，传说之事，则不载焉。至正己丑冬，大渊过泉南，适监郡偰侯命三山吴鉴明之续《清源郡志》，顾以清源舶司所在，诸番辐辏之所，宜记录不鄙，谓余方知外事，属《岛夷志》附于郡志之后，非徒以广士大夫之异闻，盖以表国朝威德如是之大且远也。"（《岛夷志略》卷末）

吴鉴是年十二月作《岛夷志略原序》，云："中国之外四州，维海之外夷国以万计，唯北海以风恶不可入。东西南数千万里，皆得梯航以达其道路，象胥以译其语言。惟有圣人在乎位，则相率而效朝贡，通互市，虽天际穷发不毛之地，无不可通之理焉。世祖皇帝既平宋氏，始命正奉大夫、工部尚书、海外诸蕃宣慰使蒲师文，与其副孙胜夫、尤永贤等，通道外国，抚宣诸夷。独爪哇负固不服，遂命平章高兴、史弼等，帅舟师讨定之。自时厥后，唐人之商贩者，外蕃率待以命使臣之礼，故其国俗、土产、人物、奇怪之事，中土皆得而知。奇珍异宝，流布中外为不少矣。然欲考求其故实，则熟事者多秘其说，凿空者又不得其详。唯豫章汪君焕章，少负其气，为司马子长之游，足迹几半天下矣。顾以海外之风土，国史未尽其蕴，因附船以浮于海者数年然后归。其目所及，皆为书以记之。较之五年旧志，大有径庭矣。以君传者，其言必可信，故附录《清源续志》之后，不惟使后之图王会者有足征，亦以见国家之怀柔百蛮，盖此道也。"（《岛夷志略》卷首）

黄溍约是年后作《资正备览序》。

按：《序》云："至正九年冬，诏以中政院使、荣禄大夫扎剌尔公为资政院使。涖事伊始，首询官府之沿革，及所总政务之本末次第。前徽政院纪源之书部帙汗漫，而序述弗详，披阅再四，莫得其要领。盖设官之始，在东宫则曰詹事院，在东朝则曰徽政院，互为废置。间尝改建储庆使司及储政院，而詹事、徽政之所掌悉隶焉。今天子始锡名资正院，以奉中宫。由其更易靡常，新旧交承，文案填委，舛错隐漏，猝难穷竟，故于户口之登耗，财计之盈亏，人材之升黜，工役之作辍，皆无从周知。公以为古之君子,居其官则思其职。苟非有旧典之可稽,则虽欲举其职,不可得也。乃谋于院官,令架阁库出所藏故牍,俾经历司官与提控掾史等,精加考核,会萃成书。院官后至者,咸乐赞其成。凡本院暨所统诸司官属之员数品级、系籍人户、拨赐土田、方物贡输、岁赋征纳、铨选格法、营造规程,彪分胪列,细大弗遗,厘为三卷,号曰《资正备览》。挈其大纲,而万目毕随。举而措之,斯易易耳。以溍承乏隶太史氏,俾执笔题辞于篇端。……矧今资政领以专使,皇上为官择人,非执政侍从近臣,莫克当其选。倚注之重,岂群有司比乎?公乃不敢委于主者,而一以身亲之。他日入侍燕闲,上承清问,必然枚举以对。虽使陈平复生,必自以为不如也。抑是书之作,不特蒐罗故实,以备阙文,且将贻于方来,为不刊之典。其用意深且远矣,来者尚无忽诸。"(《金华黄先生文集》卷一六)

  刘衡甫刊行林桢《联新事备诗学大成》30卷。

  按:王重民《中国善本书提要》云:"是书《四库总目》不载,《仪顾堂题跋》卷八、《善本书室藏书志》卷二十,并著录元刊本。陆心源考定为毛直方撰,丁丙则谓:'毛直方撰,林桢所增集;故目录子目间有新增入者。'丁本有至正己丑(是年,1349)朱文霆序,称:'三山林君以正,锐于诗者也,尝择取古今名公佳句,比附于后。比之旧编:于事类则去其泛而益其切者;于诗语则去其未善而增入其善者,名之曰《诗学大成》。书市刘君衡甫锓诸梓。'按丁氏增补之说是也。"有毛直方皇庆元年(1312)序。

  顾瑛纂《玉山草堂雅集》13卷付梓,五月十二日杨维桢作序。

  按:顾瑛曾开玉山草堂,延览四方文士,作文题诗。因此仿段成式《汉上题襟集》例,类次唱和之作为一编;又仿照元好问《中州集》例,于诗文后各为小传。是书集杨维桢以下凡五十余家,诗七百余首。杨维桢作《玉山草堂雅集序》云:"……故其取友日益众,计文墨所聚日益多,此《草堂雅集》之处于家而布于外也。集自余而次凡五十余家,诗凡七百余首,其工拙浅深自有定品,观者有不待余之评裁也。其或护短凭愚,持以多上人者,仲瑛自家权度,又辄能是非而去取之。……至正九年夏五月十有二日。"(《东维子文集》卷七)

  张翥为陈旅《陈众仲文集》13卷题序。

  按:是书卷首有二序,其一题《陈众仲文集序》,署"至正九年龙集己丑季冬望日翰林修撰河东张翥序";其二无题,署"至正辛卯夏晋安林泉生序"。正文各卷头题"陈众仲文集卷第几"或"安雅堂集卷第几",或"陈众仲安雅文集卷第几",今存九卷,缺卷六至九。日本静嘉堂文库藏。张翥《安雅堂集原序》云:"陈君众仲为国子丞,而予助教于学,且居官舍相迩也,其日从论议者殆逾年,求君文者履常接户外,君虽卧疾,犹操笔呻吟不少置。其卒也,予哭之悲号。风雅寥阔,追念故人,欲一如畴者,坐谈千古,以发诸识趣之表,既不可得,又窃虑其遗编散失无以暴白于后也。今年冬出使闽南,询其子籲,得家藏全稿曰《安雅堂集》凡十三卷。呜呼!文章至季世,其敝甚矣。元兴以来,光岳之气既浑,变雕琢碟裂之习而反诸淳古,故其制作完然一代之雄盛,文人学士直视史汉魏晋以下盖不论也。方天历、至顺间,学士蜀郡虞公以其文擅四方,学者仰之,其许予君特厚,君亦得与相薰濡,而法度加密焉。故其所铺张,若揖让坛坫,色庄气肃而辞不泛也;其所援据,若检校书府,理详事核而序不紊也。其思绵丽藻拔而杼机内综也,其势飞骞盼睐而精神外溢也。此君之所自得,而予常以是观之。今其已矣,讵意夫履君之乡,叙君之文,而寓其不已之心乎?炳焉其若存,的焉其遂传,中山之序柳州、白傅之序江夏,友义之重,古今所同。因籲之请,乃书而冠诸集首。至正九年龙集己丑季冬望日,翰林修撰河东张翥序。"(《安雅堂集》卷首)

  危素作《杨梓人待制文集序》。

按：《序》云："澧阳杨侯梓人，早读书天门山中。既擢高科，仕于州县者廿有余年。天子闻其文章可掌诰命，乃召为翰林待制。然侯素贵重其文，宋正献公其榜首也，欲观之，不可得。赂逆旅主人，窃取之。侯在禁林，四方之求文者未尝漫与。素承乏末僚，从容奉命承教于史馆，数以为言，乃得二巨编。读之终岁而不厌，盖其辞根极理要，精深冲远，如沧海无波，一碧万顷，信乎能言者也。《诗》云：'衣锦尚絅'，《中庸》曰'恶其文之著'，惟侯有焉。此岂世俗沾沾自足，外加表襮者所能知哉！侯自入官以来，廉勤清苦，郁有誉望。东平申屠駉子迪素峭刻不妄许可，为兵部员外，在令式当举守令一人，尝语素曰：'吾所信者，惟梓人耳。'则侯之于政，该可知已。侯于学犹深于《易》，有所论述，又补注《水经》，皆当传于世，故此不著。"（《危太朴文续集》卷一）

危素七月作《洪杏庭焱祖集序》。

按：《序》曰："《杏庭居士集》，故徽州路休宁县尹致仕洪先生所著诗文也。先生讳焱祖，字潜夫，年二十有六，为平江路儒学录、浮梁州长芗书院山长、绍兴路儒学正，调衢州路儒学教授，擢处州路遂昌县主簿。天历元年，年六十有二，致其事去，明年卒于家。此先生之履历也。……初，先生谒宋尚书方公逢辰于建德，方公大奇之。其后客杭，师事建德守方公回。建德与先生同郡，先生之生父程公，建德同舍生也。客信，从故教授四明戴公表元游。至若高邮龚君璛、吴兴姚君式（姚式）、南城李君淦（李淦）皆东南名士，则又与之同僚。此先生之师友也。……先生所著别有《续新安志》十卷、《尔雅翼音注》三十二卷，已刻于徽学。其所居有银杏，大百围，故以为号，因名其集云。在以门荫为征官，今调浦江尉，将去京师，属予序其篇端，乃为之书。至正九年七月己亥，应奉翰林文字、文林郎、同知制诰兼国史院编修官危素序。"（《新安文献志》卷九五下）

欧阳玄作《贞文书院记》。

按：文云："昔在仁宗皇帝之世，集贤大学士陈颢、翰林学士承旨忽都鲁都儿迷失等言：'翰林揭傒斯之父来成，学行师表一方，宜特赐谥，以示圣朝尚德之意。'于是有旨，赐其谥曰'贞文先生'。至正三年夏四月，中书平章政事铁木儿塔识、右丞太平贺等又请于今上皇帝，建立书院，遂以'贞文'之号赐为额。其址在富州之长宁乡旧山之阳，前抱遥岫，后倚崇冈，平畴曲溪，映带林麓，盖揭氏先世故居之地也。其制为大成殿四楹，于中殿之北为明伦堂四楹，殿之南为门四楹，上为重屋，门之南为零星门四楹。别为贞文祠，置明伦堂之后。左为山长之署四楹，其两庑为诸生斋居，左右皆四楹。斋之南又为屋各五楹，庚、库、庖、湢，咸以次置。其工始于至正三年之九月，讫于九年之七月。其后从子范经始之，而元贞寺僧智辨相之，山长汤盘继成之。其山长则行省以儒士之尝历学官为之。其门之东屋，则从孙德懋萃旧冈书院之材所建也。其零星门，则僧智辨之所立也。其祭祀教育经久之赀，则里人之好义者割上腴田以相其事。书院垂成，文安公与玄以同在史馆，一日诣玄，以记书院为请，玄敬诺之。喜而归，以语其子法曰：'今日吾书院事毕矣，欧阳君已诺吾记矣。'越数日，文安疾作，又数日卒。三年，法申是请，玄乃记之，又告其徒曰：古之学校为教事设，而政事出焉。辟雍泮宫，习射养老，出师受成，皆在其地，何莫非政事也！后世学校虽治教事，而特以祀事重焉。考其所始，古之入学者舍菜先师，未尝专有所指，而舍菜之礼，亦祭之至简者也。今州县学校，则必专祠先圣先师，于是国家秩诸祀典。若夫书院，则又多为先贤之祠，或其过化之邦，或其讲道之地，如是者不一也。亦尝考其所始焉。《周礼·大司乐》：'有道有德者使教焉，死则以为乐祖，祭于瞽宗'。瞽宗者，学之名也。古者教之，以德为先，涵养德性，莫先于乐。故有道德而为师者，其生也以教人,其死也,人推本其教,以乐祖祀之。非必洙、泗而下,若汉董子,若隋、唐王通、韩愈氏,若宋周、程、张、朱数君子,之为先儒而后为可也。矧夫书院兴学校之制,其始又自不同。东汉以来,大夫士往往作精舍于郊外,晋、魏所谓'春夏读书,秋冬射猎'者,即其所也。唐、宋之世,或因朝廷赐名士之书,或以故家积书之多,学者就其书之所在而读之,因号为书院。及有司设官以治之,其制遂眎学校,故祀事有不容阙者。于是或求名世之君子以祠焉。玄尝循流而溯源,盖自入学舍菜先师,一变而为通祀;自学有乐祖之祭,一变而为先贤之祠;自春诵夏弦,一变而为呻毕,再变而为词章;又且党庠术序,一变而为精舍,再变而为书院。学者苟不能知建学之初意,又岂能知为学之大功?学校所重在祀事,而宫室象设之制,日趋为观美;所仕在教事,而礼乐律历之学,或诿诸专门,遑议所谓政事之行于学校者哉?皇元超轶百王,务以崇雅黜浮为教,以去华就实为学,复古之机其在于是。贞文先生以道德教一乡之人,死而祠于其乡,稽诸乐祖瞽宗之祭,真无愧乎古人者也!玄故著其所始,愿以求正于好古博雅之君子焉。至于揭氏父子以稽古之功,修身之效,被遇两朝,垂耀百世,可谓儒者之至荣,犹有待乎论述也。夫贞文先生,讳来成,字哲夫,以子贵,累赠通奉大夫、江西等处行中书省参知政事、护军,先谥贞文。国朝处士易名之典自公始。文安公讳傒斯,字曼硕,卒官翰林侍讲学士、中奉大夫、知制诰、同修国史,赠护军,谥文安。父子并爵豫章郡公。二公懿行伟节,各有列诸别碑云。"(《圭斋文集》卷五)

吴鉴著《清净寺记》成。

按:是篇载于《闽书》卷七。为泉州清净寺碑文,亦为中国伊斯兰教寺院中今存最古老汉字碑记。

唐元卒(1269—)。元字长孺,号筠轩,徽州歙县人。与洪焱祖、俞赵志为笔砚交,号"新安三俊"。为文纡徐典雅,有汴宋前辈风,诗则含蓄隽永,不作近人语。与胡炳文、陈栎、郑玉、程文友善。著有《易传义大意》10卷、《筠轩集》13卷、《老学聚稿》及《见闻录》20卷、《敬堂杂著》、《思乐杂著》、《吴门杂著》、《分阳杂著》、《金陵杂著》等。事迹见杜本《徽州路儒学教授唐公元墓志铭》(《新安文献志》卷九五下)、《(弘治)徽州府志》卷七。

应本七月二十八日卒(1272—)。本字中甫,杭州人。与黄溍为同年进士。与杨载交厚,明于《礼》、《春秋》,喜为歌诗。遇奇书,必厚其值取之,所居甚富。晚年沉迷医药。著有《三家礼范辩》1卷、《注春秋世纪》1卷、五七言律诗5卷、《集验方》1卷。事迹见黄溍《应中甫墓志铭》(《金华黄先生文集》卷三四)。

夏文泳二月十七日卒(1276—)。文泳字明适,别号紫清,贵溪人。年十六学道于龙虎山崇真院。性介洁,不妄取与,三教九流之书,无所不读,见闻广博,而深明理学之旨,一时贤士大夫、馆阁名流,皆与之为方外交。事迹见《龙虎山志》、《黄文献集》卷二七。

王守诚卒(1296—)。守诚字君实,阳曲人。迁太常博士,续编《太常集礼》以进。转艺林库使,与修《经世大典》。屡迁礼部尚书,与修《辽》、《金》、《宋》三史。出为河南行省参知政事,风采耸动天下。论功居诸道最,进资政大夫、河南行省左丞。未上,奔母丧,遘疾卒。谥文昭。气宇和粹,性好学,从邓文原、虞集游,文稿辞日进。著有《续编太常集礼》31册、

意大利雕刻家安德烈亚·皮萨诺约于是年卒(约1290—)。

捷克诗人帕尔杜比特的斯米尔·弗拉斯卡(—1403)生。

《王守诚文集》。事迹见《元史》卷一八三、《大明一统志》卷一九、《元诗选·癸集》小传。

卓敬（ —1402）、王璲（ —1415）生。

至正十年　庚寅　1350年

热那亚人与威尼斯战事复起。

希腊始建迈泰奥拉修道院。

意大利比萨斜塔建成。

造纸术传入瑞士。

意大利人文主义诗人弗朗切斯科·彼得拉克创作拉丁文诗歌、散文体书信，书信文学成为人文主义文学的一个重要体裁。

意大利E·丹蒂制造出第1台结构简单的机械打点报时塔钟。

四月，以脱脱为中书右丞相，统正百官。

九月辛酉，祭三皇如祭孔子礼。

按：先是，岁祀以医官行事，江西廉访使文殊讷建言，礼有未备，乃敕工部具祭器，江浙行省造雅乐，太常定仪式，翰林撰乐章，至是用之。

壬午，右丞相脱脱以吏部选格条目繁多，莫适据依，铨选者得以高下之，请编类为成书，从之。

十二月，以大司农秃鲁等兼领都水监，集河防正官议黄河便益事。

欧阳玄奉敕撰定国律，撰选格序。

按：此次修律之事为继世祖朝、成宗朝之后又一次完整法典的大规模撰修，进行至至正十八年（1358），终未完成。

吴当升国子司业。

余阙佥浙东廉访，行部至浦江，戴良上谒，与余阙谈诗，阙曰："士不知诗久矣，非子吾不敢相语"（《九灵山房集》卷三〇），乃尽授以平日所得于师友者。

余阙是年为王祎、戴良所居轩匾曰"天机流动"。王祎有《天机流动轩记》一文，当在此年或此年之后。

戴良丁父忧居山中。

黄溍与杨维桢偶遇杭州。

按：时黄溍致仕南还，维桢愤黄溍避朋党之嫌，不为引荐，撰文《金华先生避朋党辩》记之。

宋濂是年大悔往昔所作之文辞。

按：宋濂《赠梁建中序》云："余自十七八时，辄以古文辞为事，自以为有得也。……及逾四十，辄大悔之。然而如猩猩之嗜屐，虽深自惩戒，时复一践之。"（《銮坡前集》卷一〇）

宋濂始迁居青萝山，揭其扁曰潜溪，以示不忘本。

杨维桢授僧徒安、太极生、太初生诸人于淞。为释安所辑本朝诗选作序，谓赋诗当首重气而后论格。

王祎二月二十六日离别京师南归，同行者韩秀才。七月，抵达昆山顾瑛玉山草堂，与顾瑛、袁华、僧良琦等赋诗。吴中习举业者多从祎学。与陈基相见于姑苏。

  大痴道人黄公望与杨维桢扁舟东西泖,或乘兴游海上,相与酬唱。公望写《铁崖图》以赠,赵奕题诗。十一月十五日,维桢以图示唐棣,唐为之展玩不已,并题字其上。

  顾瑛、于立、曹新民于昆地与杨维桢居饮唱和。

  按:杨维桢为同年士荐为杭州四务提举,十二月一日赴任,道昆。

  吕良佐创应奎文会,聘杨维桢为主评,陆居仁助评,东南文士以文卷赴会者七百余,中选40卷梓行,良佐自序。

  按:吕良佐,字辅之,松江华亭人。好学多才,与杨维桢、陆居仁交往甚密。其《应奎文会自序》云:"国朝设科举取士,以明经及古赋、诏、诰、表、策,兼其才者亦难矣。十一科之文,自延祐迄至正末,其得失已大相远。呜呼,可独咎天下之士哉!良佐生文明时,窃慕乡举里选之盛,辄于大比之隙,创立应奎文会。邑大夫唐公世英(唐世英)、张公彦英(张彦英)明劝于上,移以公牒,聘海内知名士主文评者会稽杨公廉夫,公又与同评者云间陆公宅之。东南之士以文投者七百余卷,中程者四十卷。盖杨公早登高科,其文力追西汉、盛唐之作,而山林学者无不欲列名于其门,故视他会为独盛。不然,士之怀奇负气,不可以爵禄诱者,甘于自閟其学,况铢金尺币所能致哉!今所选高者,经正而文,赋奇而法,诏、诰、章、表,各通其体,策皆贯穿古今,而有经世之略者也,诚足为后代之绳尺已。选中之文,因锓诸梓,以传不朽。至正十年七月序。魁其选者,广信尹希颜也。"(光绪四年《金山县志》卷二〇,嘉庆二十三年《松江府志》卷二)

  鲍仲孚聘杨维桢为嘉禾濮乐闲聚桂文会主持。

  按:杨维桢春适云间,逢此事。时李一初同与杨氏主评裁,文士与会者五百余。濮乐闲子仲温从之受经。杨维桢作《聚桂文会序》云:"秦汉之士无时文,以其所陈说于上者皆近乎古,而未有立体制、定格律以为去取,如唐宋以来号为举业者也。……我朝设科取士,虽沿唐宋,而其制则成周,文则追古于唐宋之上,故科文往往有可传者。……嘉禾濮君乐闲为聚桂文会于家塾,东南之士以文卷赴其会者凡五百余人,所取三十人,自魁名吴毅而下,其文皆足以寿诸梓而传于世也。予与豫章李君一初,实主评裁,而葛君藏之、鲍君仲孚又相讨议于其后,故登诸选列者,物论公之,士誉荣之。即其今日之所选,可以占其后日之所至已。今士以艺选者,莫盛于江浙,而江浙之盛,饶信为称首者,乡评里校之会,岁不乏绝也。今饶信之盛于嘉禾,嘉禾之贤守长实为集贤凌公,颛务古文而崇化文物。故家闻风而起,继濮君之为会者,方来而未已。文会之士,有名世者作,不惟斯文增重,而嘉禾之文风义俗从而振焉。则文会之作,固有补于司政者不少也。斯文锓梓,濮君又求一言以叙者,于是乎书。"(《东维子文集》卷六)

  宋禧中浙江乡试,补繁昌教谕。

  按:宋禧,初名玄禧,字无逸,号庸庵,余姚人。明初召修《元史》,《外国传》自高丽以下悉出其手。著有《庸庵集》14卷。

  张性领乡荐,任太和州学正。

  按:张性,字伯成,金溪人。著有《尚书补传》、《杜律衍义》2卷、《杜律注》2卷。其《杜律注》,注杜甫诗149首,词意浅近。

  舒頔转台州路儒学正,以道梗不赴,归隐山中。

  揭泫荫补秘书郎。

刘基为青田洪应求，撰《季氏湖山义塾记》。

周廷望复建金华书院成。

按：因位于金华山麓得名。旧为唐诗人陈子昂读书处。宋代始建书院，元至正元年（1341）监县柏延呈请建拾遗书院以祀陈子昂，旋因离任未成。九年，知县周廷望慨然已任，择地于瓦砾中得一残碑，其额题《金华书院记》，始知前代曾建书院，遂捐俸重修。次年秋新建成。文礼恺为作《金华书院记》，云："国家自延祐始设科，悉革浮靡陋习，专选经明行修之士。故天下郡县，凡先哲著德立言有功于明教，往往即其生长燕游之地祠而奉之。因即其祠增馆舍，贮经籍，延师儒以讲道，遵前贤励后学也。唐拾遗陈子昂先生梓之，射洪人。其读书址在县之金华，其墓在县之独坐。其文翰议论在文册，天下学者至今景慕如在目前。至正改元冬，监县柏延建言，请择地创拾遗书院。又援墨池、草堂、眉山例，请建山长员以职教祀。朝省是其言，以祠宇未葺，学田未置，下有司经度，会柏延迁秩未果。九年春，周侯廷望来尹县，慨然以为己任。"（《古今图书集成·职方典》卷六二四）

陈桱著《通鉴续编》24 卷成，有自序。

宋濂应浦阳县知县阿年八哈之请，撰写《浦阳人物记》2 卷。

按：是书记载浦阳历史上名人 29 人，分忠义、孝友、政事、文学、贞节五篇，每篇有序，每传有赞。其撰述宗旨为"据事直言，而是非善恶自见"。郑涛、戴良、欧阳玄等为其作序。欧阳玄《序》云："……浦阳为婺属邑，异时人物，彬彬辈出。陈孝子以卓行闻，梅节愍以忠义显，王忠惠以政事著，倪石陵以文学称，与夫制行衡门，流声天阙，其事可纪者尚多。考之信史，或载与否。金华宋景濂有感于斯，亦以所闻述《浦阳人物记》二卷，上而忠君事亲，治政讲学，下暨女妇之节，可以为世鉴者，悉按其实而列著之，不以一毫喜愠之私而为予夺，何其至公而甚当也。噫！立言之法，惟其公而已。惟其公也，非惟不因喜愠论人，亦不以穷达观人，但察其贤否为何如尔。苟或不然，则虽入帷幄，历台府，赞枢机，典藩瀚，曾不若匹夫之所行者固不少，世之文士，好扬富贵而没贱贫，是果何道哉？景濂斯记，惟有关治教者则书，不问乎其他，此其学术之正，才识之高，岂易及邪！予甚敬畏之，因志其所见于篇首。景濂为文序事极有法，议论则开阖精神，气昌不少馁，复深惜其沈困在下而未能遇也。翰林学士承旨、荣禄大夫、知制诰、兼修国史欧阳玄序。"（《湖南文征》卷二五）

徐显著《稗史集传》1 卷成，八月有自序。

按：徐显，字克昭，绍兴人，居平江。元至正间在世。是书列王艮、柯九思、陈谦、陆友、王冕等 13 人小传，《自序》谓"自比于稗官小说"，故名《稗史集传》。清人朱彝尊《王冕传》和《新元史·柯九思传》皆据此书写就。现有《明代四十家小说》本、《历代小史》本、《丛书集成初编》本。其《自序》云："古者乡塾里间亦各有史，所以纪善恶而垂劝戒。后世惟天于有太史，而庶民之有德业者，非附贤士大夫为之纪，其闻者蔑焉。世传笔谈、尘录、佥载、友议等作，目之为野史，而后之修国史者，不能不有取之，则野史者亦古间史之流也欤？夫以四海之广，兆民之众，今其列于史传者，盖可指数，而其存不存又有幸不幸者焉。就其幸者，如佞幸、滑稽、货殖，皆得托良史以称于后世；而其不幸者，则鲁有大臣，史失其姓，壶关三老不少概见，其所遗失多矣。就其存者，则又有蔡邕之自愧，陈寿之索米，韩愈之谀墓，所传者又岂可以尽信？而所不传者，又岂可谓无其人哉？予生季世之下，不能操觚以选，论当代贤人君子之德业，而窃志其所与游及耳目所闻见者，叙而录之，自比于稗官小说，题曰《稗史集传》，

德国韦根伯尔用德文撰成最早的自然科学著作《自然之书》。

尼德兰最早的神秘宗教剧《马斯特里赫特城的复活节》问世。

法国 W·奥尔斯姆在《论质量与运动的结构》一书中为研究变化和变化率萌发了坐标几何思想。

荷兰罗斯布洛克著《精神结婚的装饰》。

冰岛现存的神话与英雄传奇《古代萨迦》完成于此间。

冰岛艾斯泰恩·阿斯格里姆松年所著的宗教赞美诗《里雅》约于是年问世，是为古代冰岛文学全盛时期后期作品之一。

乌尔里希·博纳约于是年模仿伊索寓言的形式著基督教寓言《宝石》。

以俟夫后世欧阳子择焉。或有位于朝法,当入国史者,此不著。至正十年秋八月廿日福溪徐显克昭谨序。"(《稗史集传》卷首)

任埧作《三茅山志序》。

按:《序》云:"夫山林原泽,在地成形;生序教训,在里成俗;科名勋望、文章行谊,在人成能,而方域之胜概备矣。《三茅山志》,泰定间丰茹庵先生得抄本于山之崇道观王天仙,归而订其讹舛,综核记闻,分门别类,为上下卷。近以考功员外郎致仕于家,寄予以一言弁其简。予鞭掌功令,晚年□学,不敢遽共厥命。今春,又书见趣。夫先生仕学无间,以著述为己任,天下读其文词,想叩其风采,是志固育才化民、策励善治之余事也。上自舆图区画、方物贡赋之详,下及山川风俗之美,往古名实之林,所以感发乎人心者远矣,岂直为三茅典故计哉!元至正十年秋月,正议大夫、山东提刑按察司同邑任埧书于济南黄台。"(《敬止录》卷四〇)

张翥二月作《岛夷志略原序》。(可参见至正九年《岛夷志略》条)

按:《序》云:"九海环大瀛海,而中国曰'赤县神州',其外为州者复九,有裨海环之人民禽兽莫能相通如一区中者,乃为一州。此骖氏之言也,人多疑其荒唐诞夸,况当时外徼未通于中国,将何以征验其言哉?汉唐而后,于诸岛夷,力所可到,利所可到,班班史传,固有其名矣。然考于见闻,多袭旧书,未有身游目识而能详记其实者,犹未尽征之也。西江汪君焕章当冠年尝两附舶东西洋,所遇辄采录其山川风土物产之诡异,居室饮食衣服之好尚,与夫贸易贵用之所宜,非其亲见不书,则信乎其可征也与?又言海中自多钜鱼,若蛟龙鲸鲵之属,群出游,鼓涛距风,莫可名数,舟人燔鸡毛以触之,则远游而没。一岛屿间,或广袤数千里,岛人浩穰,其君长所居,多明珠丽玉、犀角象牙,香木为饰桥梁,或甃以金银,若珊瑚琅玕玳瑁,人不以为奇也。所言由有可观,则骖衍皆不诞。焉知是志之外,焕章之所未历,不有瑰怪广大又逾此为国者欤。大抵一元之气,充溢乎天地,其所能融结,为人为物,惟中国文明,则得其正气,环于外海,气遍于物,而寒燠殊候,材质异赋,固其理也。今乃以耳目弗迨,而尽疑之,可乎?庄周有言,六合之外,圣人存而不论,然博古君子,求之异书,亦所不废也。泉修郡乘,既以是志刊入之,焕章将归,复刊诸西江,以广其传,故予序之。至正十年龙集庚寅二月朔日,翰林修撰河东张翥叙。"(《岛夷志略》卷首)

郑大和采辑宋以来诸家表扬义门郑氏之作,纂《麟溪集》22卷成。

按:郑大和,一名文融,字顺卿,浦江人。郑文嗣从弟,继文嗣主家事,益严而有恩,余阙为书"东浙第一家"以褒之。仕至建康龙湾务提领大使。郑文嗣,浦江人,十世同居,凡二百四十余年,一钱尺帛无敢私,至大间表其门。《四库全书总目提要》云:"太和字顺卿,浦江人,世所称为义门郑氏者也。是集成于元至正十年,裒辑宋以来诸家题赠诗赋及碑志序记题跋之类为表扬义门而作者共为一编,前十卷以十干纪卷,后十二卷以十二支纪卷。末为别篇二卷,则续入者也。前有潘庭坚、程益二序,又有王祎后序。其曰《麟溪集》者,郑氏所居在婺州东二十八里,地名麟溪故也。"

许有壬及其弟许有孚、子许桢等著《圭塘欸乃集》成。

按:《四库全书总目提要》曰:"《圭塘欸乃集》二卷,元许有壬及其弟有孚、子桢倡和之诗也。……至正八年,有壬既致仕归,乃以赐金得康氏废园于相城之西凿池其中,形如桓圭,因以圭塘为名,日携宾客子弟觞咏其间,积成巨帙名之曰《圭塘欸乃集》,共诗二百一十九首,乐府六十六首。中惟《乐府十解》为其客马熙所作,余皆有壬有孚及桢之作。既而桢如京师，以其本示马熙，熙复取而尽和之，凡诗七十八首、词八首，别题曰《圭塘补和》附之于后。其诗虽多一时适兴之什，不必尽刻意求工，而一门之中父子兄弟自相师友，其风流文雅之盛，犹有可以想见者焉。集前有周伯琦序，后有段天佑等八跋，及赵恒、陆焕然题诗各一首，皆署至正庚寅、辛卯、甲辰、丙午诸年，惟末有洹濒一跋不著名字，称'此集江湖友人躬录装潢者，二十八年南归展读，外皆破碎，兵后所存惟此本，乃力疾补茸，遗我子孙'云云，后题'上章涒滩四月'，案上章涒滩为庚申，岁实明洪武之十三年，而丁文升跋内亦有从洹濒御史领归抄录语，盖洹濒乃有孚别号，而所谓江湖友人者即文升（丁文升）也。"是书有周伯琦至正十年（1350）序、段天佑序、周溥至正十年（1350）跋、哈剌台至正十一年（1351）跋、黄㝢跋、赵恒至正二十四年（1364）跋。

宋濂纂《柳待制文集》成，苏天爵、余阙作序。

按：《四库全书总目提要》评曰："贯虽受经于金履祥，其文章轨度则出于方凤、谢翱、吴思齐、方回、龚开、仇远、戴表元、胡长孺；其史学及掌故、旧闻则出于牟应龙，具见宋濂所作行状中，学问渊源悉有所授，故其文章原本经术，精湛闳肆与金华黄溍相上下。早年不自存稿，年四十余北游燕，始集为游稿，其后有《西雍稿》、《容台稿》、《钟陵稿》、《静俭斋稿》、《西游稿》、《蜀山稿》。至正十年，余阙得稿于贯子卣，以濂及戴良皆贯门人，属其编次，凡得诗五百六十七首，文二百九十四首，勒为二十卷，阙及危素、苏天爵各为之序，濂为之后记。天爵序又称，有别集二十卷，今未见其传本。考濂记，称'尚余诗九百七首，文二百四十八首，腾为二十卷，授先生子卣藏之'，盖删汰之余本，未刻也。以数计之诗仅存十之四，文仅存十之六，宜其简择之精矣。附录一卷，杂载诰敕、祭文像赞、行状墓表之属，不知何人所编，卷首亦题曰'柳贯著'，其谬陋可想，又墓表今在黄溍集中，而题曰'戴良记'，舛驳尤甚，以所记较史为详，尚可考贯之始末，姑仍其旧本存之云尔。"苏天爵《序》曰："翰林待制柳公既卒，子卣藏其文若干篇。至正庚寅，浙东金宪余公按行所部，以浦江监县廉君清慎有为，爱民重士，乃命刻其文传焉。昔宋南渡，树都钱唐，浙东为股肱郡，衣冠大家接武于廷，名公硕士相继而起，汪洋博洽之学，辩论宏杰之文，人自为书，家有其说，呜呼，盛矣哉！至元中，海内为一，故国遗老尚有存者，师友讲授，渊源不绝，大抵皆以殚见洽问为主。天爵窃禄于朝三十余年，其于浙东钜儒，犹或及识故翰林侍讲学士袁文清公及公而已。间尝接其论议，诵其文章，奇词奥语，层见迭出，信知非因陋就寡之士所能及哉！尝考南渡之初，一二大贤既以其学作新其徒，吕成公在婺，学者亦盛，同时有声者，有若薛郑之深淳，陈蔡之富赡，叶正则之好奇，陈同父之尚气，亦各能自名家，皆有文以表见于世。其为文也，本诸圣贤之经，考求汉唐之史，凡天文、地理、井田、兵制，郊庙之礼乐，朝廷之官仪，下至族姓、方技，莫不稽其沿袭，究其异同，参谬误以质诸文，观会通以措诸用，读公之文者，庶犹见其兆欤！故公施教训于成均，则胄子服其学，司议论于奉常，则礼官推其博。天子方召入禁林，而公年已老矣，惜乎文之不大显于世也，其制作规模之盛，则于乡之先正有足征焉。……文集二十卷，别集又二十卷，皆公门生宋濂、戴良所汇次云。通奉大夫、前江浙等处行中书省参知政事苏天爵叙。"（《柳待制文集》卷首）余阙《待制集序》云："浦江柳先生挟其所业北游京师，石田马公时为御史，一见称之，已而果以文显。由国子助教，四转而为翰林待制兼国史院编修官。盖先生蚤从仁山金先生学，其讲之有原，而淬砺之有素，故其为文缜而不繁、工而不镂，粹然粉米之章，而无少山林不则之态，惜其未显而已。老欲用之，而已没也。余在秋官时，始识先生，尝一再与之论文甚欢。比以公事过其家，问其子孙,得其遗文凡若干篇。因使先生弟子宋濂、戴良汇次之,将畀监县廉君刻之浦江学官。世有欲征我朝方新之文者,此其一家之言也,必有取焉,因题其卷首以俟。至正十年八月丁祀日,武威余阙序。"(《柳待制文集》卷首)

集庆学宫南台御史张惟远合刊丁复《桧亭稿》9卷。

按:是书卷首有四序,前三序皆题《桧亭集序》,其一署"至元五年岁次己卯季冬廿有八日中山李桓谨书";其二署"至元六年岁在庚辰十月辛丑永嘉李孝光季和甫在建业城东青溪观题";其三署"至正四年四月戊寅临川危素序于钱塘驿舍";其四题《桧亭续集序》,署"至正十年岁在庚寅秋八月朔旦上元杨翮序"。下有"桧亭目录稿",分为九卷。正文各卷头题"桧亭集",署"天台丁复仲容父"。上黑鱼尾下刻"桧亭稿卷几",下黑鱼尾下刻叶次,下书口偶记刻工名,如"施克明"、"朱彦明"、"史正之"等。书末有跋,尾书"至正十年冬友生江夏谕立敬志"。

蒲道源撰《顺斋先生闲居丛稿》26卷、《附录》1卷成,黄溍为作序。

按:是书现藏于日本静嘉堂文库。卷首有《顺斋蒲先生文集序》,署"至正十年冬十月二十四日前史官金华黄溍序",次为"顺斋先生闲居丛稿总目",又次为"顺斋先生闲居丛稿目录",乃分卷细目。各卷头题"顺斋先生闲居丛稿卷第几",署"男蒲机类编,门生薛懿校正",书末附录一卷,收录《顺斋先生行实》、《顺斋先生墓志文》等文。《四库全书总目提要》云:"《闲居丛稿》二十六卷,元蒲道源撰。道源字得之,号顺斋,世居眉州之青神,徙居兴元。初为郡学正,罢归。皇庆中,征为国史院编修官,进国子博士,年六十矣,越岁,复引疾去。后十年,召为陕西儒学提举,不就。迹其生平,恬于仕宦,大抵闲居之日为多,故其子机裒辑遗文题曰《闲居丛稿》。凡诗赋八卷,杂文、乐府十八卷。诗文俱平实显易,不尚华藻。黄溍为之序,称'国家统一海宇,士俗醇美,一时鸿生硕儒所为文,皆雄深浑厚,而无靡丽之习。承平滋久,风流未坠。皇庆、延祐间,公以性理之学施于台阁之文,譬如良金美玉,不假锻炼雕琢,而光耀自不掩'云云,亦言其文之真朴也。盖元大德以后,亦如明宣德、正统以后,其文大抵雍容不迫、浅显不支,虽流弊所滋,庸沓在所不免,而不谓之盛时则不可。顾嗣立《元诗选》引溍此文,谓当时风尚如此,可以观世运焉,斯言允矣。"

顾瑛纂《玉山名胜集》6卷成,黄溍为作序。

按:黄溍《玉山名胜集原序》云:"中吴多游宴之胜,而顾君仲瑛之玉山佳处其一也。顾氏自辟疆以来,好治园池,而仲瑛又以能诗好礼乐,与四方贤士夫游。其凉台燠馆、华轩美榭,卉木秀而云日幽,皆足以发人之才趣。故其大篇小章,曰文曰诗,间见层出。而凡气序之推迁,品汇之回薄,阴晴晦明之变幻叵测,悉牢笼摹状于赓唱迭和之顷。虽复体制不同,风格异致,然皆如文缯贝锦,各出机杼,无不纯丽莹缛,酷令人爱。仲瑛既乃萃成卷,名曰《玉山名胜集》,复属予为之序。夫世之有力者,孰不寄情山水间?然好事者于昔人别墅,独喜称王氏之辋川、杜氏之樊川,岂非以当时物象见于倡酬者,历历在人耳目乎?然辋川宾客独称裴迪,而樊上翁则不过时召暝密往游而已。今仲瑛以世族贵介,雅有器局,不屑仕进,而力之所及,独喜与贤士大夫尽其欢,而其操觚弄翰,觞咏于此,视樊上翁盖不多让,而宾客倡酬之盛,较之辋川或者过之。嗟乎!后之视今,亦犹今之视昔。使异日玉山之胜,与两川别墅并存于文字间,则斯集也讵可少哉!是曷可以无序,于是乎书。黄溍序。"(《玉山名胜集》卷首)

日本吉天兼好卒(1282—)。

法国奥卡姆学派神学家阿伊伊(—1420)生。

刘诜九月十三日卒(1268—)。诜字桂翁,号桂隐,谥文敏,庐陵人。早年致力于名物、训诂、笺注之学,十年科举不第,家居讲授,不应荐举,刻意于诗及古文。门人罗如篪编其所著为《桂隐文集》4卷、《桂隐诗集》4卷,又有《桂隐诗余》1卷。事迹见欧阳玄《元故隐士庐陵刘桂隐先生墓碑铭》(《圭斋文集》卷一〇)、危素《桂隐刘先生传》(《桂隐文集》附录)、《元史·儒学二》。

按:《元史·儒学二》评曰:"诜为文,根柢《六经》,蹒跞诸子百家,融液古今,而不露其踔厉风发之状。"欧阳玄《元故隐士庐陵刘桂隐先生墓碑铭》云:"……至其为文,根柢六经,属厌子史,蹒轹百家,渟滀演迤,资深取宏,椠椟哲匠,达于宗工,液古融今,自执其耩,应虑不获,靡施弗宜。虽未尝露其儁杰廉悍踔厉风发之状,韫玉在椟,气如白虹,不可掩抑。四方求文,緅属于门。有古文若干卷,诸体诗若干卷,骈丽书札若干卷,总题曰《桂隐集》。蜀郡虞先生、豫章揭先生及玄皆尝叙之,各以所见极其形容咏叹之盛。……先生生以宋咸淳戊辰八月二十六日,卒以大元至正十年九月十三日,年八十又三。"危素《桂隐刘先生传》云:"……与同郡辽阳提举刘岳申,文声相颉颃,与进士彭士奇为亲友,而幼长相切磋。自中朝贵人大官及四方游宦者,至吉,必以得三人之文为幸。先生犹善于古赋,绰有鲍、谢风致。文集若干卷,诸体诗若干卷,门人罗如篪等为之梓行,而虞、杨、揭、柳四公暨邓礼部皆尝为之序引,极形容其盛。"

又按:刘岳申字高仲,号申斋,吉水人。工古文。荐授辽阳儒学提举,不就,以太和州判致仕。著有《文丞相传》1卷、《申斋文集》15卷。李祁《刘申斋先生文集序》云:"在有元国初时,犹闻相颉颃以甲乙数者,近至四五十年之间,则唯申斋刘先生,昂然独步一时,无所与让。当时在朝诸老,如草庐吴公,相知最先且厚。虞、揭诸老,亦相与推敬,恨不及相挽。入直馆阁,四方赢粮执贽而来请者,足相蹑于庭,由是而先生之文,日益富矣。先生学问根据切实,故其文思深远,阅涉积久,故其文气老成。好持论,论古今事变,人品高下,确然不可易。故其文辞简而尽,约而明,峻洁修整而和易畅达,决不肯厕一冗语,赘一冗字,以自同众人。与人文,至有一言而足以得其终身者。此先生之文之大略也。先生之文,多至千余篇,遭世乱荡失过半。其门人萧洵德瑜,日夜捃摭编校,将以刻诸梓而无其材。于是吉水郡侯番易费君振达(费振达),慨然领之,期以梓成,当置诸郡庠,使四方之闻者见者,知庐陵文章一派,其统系在此。而德瑜复来,请予文为序。且谓余尝侍教于先生,先生极知爱余,宜不可辞。因念余之生也,后数十年,又远隔江湘数百里,不及见庐陵先辈诸老,而犹以得见先生为幸。……德瑜之请不可辞,费侯之美意不可泯,故为述之,亦因以寄余怀云。云阳李祁序。"(《云阳集》卷三)

吴全节卒(1269—)。全节字成季,号闲闲,又号看云道人,饶州安仁人。十三学道于龙虎山。尝从大宗师张留孙至大都见世祖。成宗大德末授玄教大宗师。英宗至治间,留孙卒,授玄教大宗师、崇文弘道玄德真人,总摄江淮、荆襄等处道教,知集贤院道教事。事迹见《元史》卷二〇二、《书史会要》卷七、《元诗选·二集》小传。

杜本卒(1276—)。本字伯原,清江人。博学,善属文。武宗时召至京,已而归隐武夷山中。文宗即位,再征不起。至正三年,右丞相脱脱以隐士荐,召为翰林待制、奉议大夫,兼国史院编修官,至杭州,称疾固辞。与人交,尤笃于义。平居未尝释卷,天文地理、律历度数,靡不通究。学者称清碧先生。《宋元学案》列其入《草庐学案》"道园讲友"。著有《诗经表义》、《四经表义》、《六书通编》10卷、《华夏同音》、《十原》、《清江碧嶂集》1卷,并曾选宋、金遗民38人所作诗101首为《谷音》2卷。事迹见危素《元故征君杜公伯原父墓碑》(《危太朴文续集》卷二)、《元史》卷一九九、《新元史》卷二四一、《元儒考略》卷三、《宋季忠义录》卷一〇、《遂昌杂录》。

按:危素《元故征君杜公伯原父墓碑》载:"至正十年八月丙戌,征君杜公伯原父卒于武夷山中。十月乙酉,葬诸崇安县南郭。后一纪,广信舒彬浮海抵京师,门人建安蓝智等以其同郡蒋易状来,请书墓上之碑。素乃与公里中国子博士俞立、翰林编修高厚述其所闻而备录之。……时临江皮氏尊贤礼士,若庐陵刘太傅会孟、邓礼部中父、蜀郡虞公及之、豫章熊金判与可及我吴文正公,皆在焉。公与同里范供奉德机年最少,从诸公讲学不倦。及壮,超然有遗世之意。杜真人坚居虎林宗阳宫,若吴兴赵文敏公、四明袁文清公、浦城杨推官仲弘、钱唐仇儒学仁近、薛助教宗海,多会馆中。……文宗在江南闻其道行,及即位,诏甘学士忽都不华齎币即山中起公,不赴。释《书·无逸》篇,附递进读,文宗嘉纳焉。……公生至元十三年十二月,卒时年七十有五。……闲居书册不释手,经史、天文、地理、律历、度数、名物、款识,皆探其精微。蒋易尝闻于公曰:'先天之学,伏羲而下有邵子。邵子已大段发露明白,蔡元定窥见端倪。近世吴文正公独尝留意。听吴公言,不知夜漏之既旦也。'又曰:'邵子其亚圣乎!故所著《四经表义》,即皇帝王伯之学也;《史原》、《历原》,即元会运世之学也;《律原》、《韵原》,即律吕声音之学也;《六书通编》,即观物之学也。'类编《同文正声类韵》,书成,吴公见之曰:'天下不可无之书也',盖其大欲以参万化之原,细足以推制作之妙,此其所得者欤? 前修沦落,素早辱公期待,执笔论撰,不知其僭逾也。"

张雨卒(1283—)。雨又名天雨,入道后名嗣真,字伯雨,别号贞居,自号句曲外史,钱塘人。年二十,弃家遍游天台、括苍诸名山,师从许宗师弟子周大静,悉受其说。后入茅山开元宫为道士。从开元宫真人王寿衍入京师。与赵孟𫖯、范梈、杨载、袁桷、虞集、黄溍、揭傒斯等有交往,晚年与倪瓒、顾瑛、杨维桢等人深相投契,互有唱和。善诗书,诗宗杜,书以大草、小楷,为人称道。今存诗文集有:《句曲外史贞居先生诗集》5卷、《句曲外史诗集》6卷、《句曲外史集》3卷(内词、文1卷)附录1卷、补遗3卷、《句曲外史贞居先生诗集》7卷(末卷有词、文),另有《玄品录》5卷。事迹见刘基《句曲外史张伯雨墓志铭》、姚绶《句曲外史小传》(皆见《句曲外史集》附录)、《元史》卷九一、《新元史》卷二三八、《两浙名贤录》卷四四、《元诗选·初集》小传。

按:《句曲外史贞居先生诗集》5卷,为其侄张谊编次,元代徐达左校刊本;《句曲外史诗集》6卷,明万历潘是仁辑刊本。《句曲外史集》3卷(内词、文1卷)附录1卷、补遗3卷,明代陈应符、闵元衢辑补,嘉靖甲午陈应符刊本;后毛晋据此又重辑校补,崇祯戊寅汲古阁刊本;清乾隆间又据此校正收入《四库全书》。《句曲外史贞居先生诗集》7卷(末卷有词、文),明钞本,明代何良俊辑补;七卷本清代钞本较多,有的经名家校跋,慈溪冯氏醉经阁钞本多《附录》1卷;光绪丁酉钱塘丁氏嘉惠堂据何氏蝶隐庵钞本刊行,多《补遗》2卷、《附录》2卷。

又按:张雨尝集酬唱集为《师友集》,黄溍为作序,云:"《师友集》者,张君伯雨所得名公赠言及倡酬之作也。伯雨之生,去宋季未久。其大父漳州通守公,雅不欲诸孙蒌于贵骄,而纵为异时华靡遂放事,延儒先以为师,教之甚笃。而伯雨特聪悟爽朗,颖出不群。草岁即务记览,弄翰为词章。方是时,前朝遗老、宿儒魁士犹有存者,数百年之文献赖以不坠。然皆尊其所闻,人自为学,未尝凌高厉空,并为一谈,以事苟同。伯雨觌其光仪,而聆其绪论,如企嵩岱而得其高,临河海而得其大,且深佩服之,素固非一日。年运而往,诸老相继沦谢,伯雨乃以壮盛时,去为黄冠师,间出而观国之光。属当文明之代,一时鸿生硕望、文学侍从之臣,方相与镕金铸辞,著为训典,播为颂歌,以铺张太平雍熙之盛。伯雨周旋其间,又皆与之相接以粲然之文,如埙鸣而篪应也。逮伯雨倦游而归,入山益深,入林益密。并游之英俊多已零落,而伯雨亦老矣。后生晚出,如春华夕秀,奇采递发。欲一经伯雨之品题者,无不挟所长以为赞。而伯雨皆莫之拒,虽细弗遗。宜其所积之富如此。嗟夫!伯雨负其超迈卓绝之材,不徒有闻于家庭,而脱落绮纨之习,遂能遗世独立,周览六合,必欲尽大观而无憾。其高风雅致,固可概见也。虽然,四十年间,气运有升降,人物有盛衰,而文章之变化,与之相为无穷。述作之家,尚有考焉。诗文总若干篇,其次第不系乎齿爵位望,而一以岁月为后先。方外一二士既编辑而校雠之,复俾某为之序,而刻置伯雨所居灵石山之登善庵。某之鄙陋,言不足以尽意。序续集者,宁不为之毕其说乎?"(《金华黄先生文集》卷一六)

再按:张雨集中有《赠纽邻大监》文。纽邻,任秘书大监时,疏请以蜀文翁石室、扬雄墨池、杜甫草堂皆列学宫,又为甫得谥曰文员。以私财作三书院。后遍行东南,收书三十万卷及铸礼器以归。

李孝光卒(1297—)。孝光字季和,号五峰狂客,温州乐清人。隐居于雁荡山五峰下,远来从学者众多,学者泰不华尝师事之。至正七年,诏征隐士,进呈《孝经图说》,以秘书监著作郎召。明年,升文林郎、秘书监丞。以文章负名当世,为文主张取法古人,不趋时尚。著有《孝经图说》、《孝经义疏》、《雁山十记》1卷、《五峰集》6卷。事迹见陈德永《李五峰行状》(《乐清县志·人物》)、《元史·儒林传二》、《新元史》卷二三七、《两浙名贤录》卷四六、《元史类编》卷三五、《元儒考略》卷三、《宋元学案补遗》卷八二、《元诗选·二集》小传。

许继(—1386)、唐之淳(—1401)、黄子澄(—1402)、高棅(—1423)生。

至正十一年　辛卯　1351年

英国议会颁布《劳工法令》、《圣职候补者法令》。

正月,清宁殿火,焚宝玩万计,由宦官熏鼠故也。

三月丙辰,惠宗亲策进士83人,赐朵烈图、文允中进士及第,其余赐出身有差。

四月壬午,以工部尚书贾鲁为总治河防使,征发民工十五万、军人二万,开黄河故道,凡二百八十里。

至正十一年　辛卯　1351年

五月,刘福通等拥白莲会首领韩山童起义。山童死,富通等以红巾为号,烧香聚众,因号红巾军或香军。

八月,徐寿辉等亦以红巾为号起义。十月,徐寿辉称帝,国号天宪,建元治平。

十一月,黄河水土工程完毕,河水复流入故道,南汇入淮,东入于海。立《河平碑》。

是年,白鹿洞书院毁于兵火。

欧阳玄以黄河疏浚工程毕,奉命作《河平碑》。
　　按:欧阳玄既撰《河平碑》,又自以为司马迁、班固记河渠、沟洫,仅载治水之道,不言其力,使后世任事者无所考则,乃从贾鲁访问方略,及询过客,质吏牍,作《至正河防记》,记贾鲁治河方略。此文后成为《元史·河渠志》的主干。

吴当迁翰林待制。

陈思谦召为集贤侍讲学士,修定《国律》。

杨维桢春与顾瑛、葛元哲、袁华诸人约祭张雨,不果。五月二十八日,又约琦元璞、张渥、顾佐、冯郁诸人致祭张雨墓下。维桢是时与葛元哲、沙可学、高明为同僚,与之同游。

杨维桢上书江浙行省参政樊执敬,自诉怀才不遇,献所著《平鸣集》、《古乐府辞》,冀获一知己者,引手援之。

王祎十月在钱塘,与友刘志伊、赵汸相会,作《送刘志伊序》,赵汸为王祎作《华川书舍记》。又于钱塘拜见苏天爵。或于是年有文集行世。
　　按:王廷曾《重刊王忠文公集序》:"计公三十时,文已成集,胡公行简序之,谓卓然而可传于世。"

许汝霖举进士,官国史编修、诸暨判官。
　　按:汝霖字时用,浙江嵊县人。著有《嵊志》18卷。

鲁渊举进士,官华亭县丞。
　　按:鲁渊,字道源,淳安人。为华亭县丞,佐治公廉,以道学自重,郡之学《春秋》者,多出其门。后授江浙儒学提举。明洪武初,征修礼乐书,诏授江西按察司金事,以病辞。归隐岐山下,学者称岐山先生。著有《春秋节传》、《策府枢要》、《鲁道渊诗集》。事迹见《江南通志》卷一一四、《千顷堂书目》卷七○。

殷奎十二月二十二日挟郭翼至杨维桢门,请序。维桢称郭翼诗不拟晚唐季宋语。

高启家北郭,与王行、徐贲、高逊志、唐肃、宋克、余尧臣、张羽、吕敏、陈则等相比邻,号"北郭十友",名极一时。

泰不华为浙东道宣慰使都元帅,迁台州路达鲁花赤,屡攻方国珍起义军。

刘基卧病江浒,有假名作《福严寺记》,为褚奂识。十月,返里。

德星堂刊行《书集传附音释》6卷。

双桂书屋刊行《诗集传音释》20卷。

尼德兰市民文学代表伊普雷的扬·德维尔特创作教诲诗。

按：雏竹筠稿注《诗集传音释》10卷，宋朱熹传，元东阳许谦音释。《四库简明目录标注》注二十卷，元至正刊本。

崇川书府刊行李廉《春秋诸传会通》24卷。

建安同文堂刊刻王充耘《四书经疑贯通》8卷。

按：《四库全书总目提要》评曰："录此书，犹可以见宋元以来明经取士旧制也。"

建安同文堂刊行董彝《四书经疑问对》8卷。

周伯琦著《六书正讹》5卷成。

按：是书原题"鄱阳周伯琦编注"，卷末有："男宗义同门人谢以信校正"，有至正十一年(1351)自序，宇文公谅至正十五年(1355)序、吴当至正十二年(1352)跋。

于潜刊行其父于钦纂《齐乘》，七月作跋。（可参见于钦元统元年编成《齐乘》条、苏天爵至元五年年十月作《齐乘序》条）

按：《跋》曰："昔我先人为国子助教，每谓潜曰：'吾日与诸生讲习所业，暇则又与翰院诸名公唱和诗章。诗乃陶冶性情而已，若夫有关于当世、有益于后人者，宜著述以彰显焉。吾生长于齐，齐之山川、分野、城邑，地土之宜，人物之秀，此疆彼界，不可不纂而纪之也。'迨任中书兵部侍郎，奉命山东，于是周览原隰，询诸乡老，考之水经地记，历代沿革，门分类别，为书凡六卷，名之曰《齐乘》，藏于家，属潜曰：'吾或身先朝露，汝其刻之！'先人既卒，常切切在念，第以选调南台，又入西广，匆匆未遑遂志。兹幸居官两浙，始克搏节奉禀，命工镂板，以广其传，以光先德。参政伯修先生已详序于前矣，有仕于齐者，愿一览焉。至正十一年辛卯秋七月，奉训大夫、两浙都转运盐使司副使男潜泣血谨识。"(《齐乘》卷末) 于潜，益都人，家吴中。于钦子。至正十一年(1351)为两浙盐运副使，梓其父所纂《齐乘》以行。

张士坚作《至正崇明志序》。

按：《序》曰："崇明为州，当长江之汇，大海之交，在《禹贡》'扬州'之域。唐武德间，涌沙而成也。厥土斥卤，其民淳质俭约，服从而易化，有先民之风焉。降及唐末至宋，虽兵革屡变，其民得以耕凿而安居者，是非乐土欤？载诸《职官》，土训掌道地图，以诏地事，司纪地物，以诏地采。则郡史之不可不作也。国朝入职方，由至元十四年，以地当东南要害，倭寇首冲，命升为州。人民城社，田租土贡，风俗异同，必由郡史而信也。至正十一年，小山程世昌来为是州。州治濒海，为潮汐冲荡崩圮，乃迁州于旧治之北若干里。后以《至元郡志》散漫疏略，遂俾州之文士朱晔、朱桢续修焉。其立凡例名目，精粗钜细，靡不毕录，可谓综核而不芜者矣。至若盐赋之计，渔课之入，延积数月，而编户不以为病。然而孝子列女，长材秀士，扬历华要、昭著一时者，亦有可称矣。士坚解组吴下，养静杜门。一日，友生秦约、陆仁持州志来谒予。曰：'金匮之编，一国之史也。图经，一郡之史也。先生常秉笔翰史，惟先生之言是信，敢求为文弁其首。'予辞之不获，遂为序。元至正十一年春正月望日，赐进士及第前中书户部员外郎张士坚撰。"(《崇明县志》卷二二)

无名氏著《至正十一年进士题名记》1卷成。

崇化余志安勤有堂刊刻王元亮《唐律疏义释文附纂例图》30卷。

危素作《明伦传序》。

按：《序》云："《明伦传》五十卷，曰君道、父道、母道、子道、妇道、夫道、妻道、友共、交友、师生、家臣、僚属、知举，凡十五门，蜀郡杨君三杰之所著。君既序次之，而列其凡例于前。监察御史以君书有补于世教，荐之于朝。集贤、翰林、礼部议以克合，中书移江浙省刻其书。盖尝求君著述之意，以为人之处人伦之常，可能也；至于处变而处其变者,不可能也。且常而至于变,固人伦之不幸,素其位而行,顾不在于我耶?然而未易言也。非格物之深,使义精而仁熟,固不免于毫厘之差、千里之谬。过与不及,其失则均。君为之书,诚足以资学者格物之助,譬诸养生之菽粟、治病之药石,其可阙哉!抑先王之泽既熄,数千年间,议论之未当、处置之失宜、经权之不明、性识之昏蔽,虽处君父之尊尤不能明乎臣子之所当为,况于其他乎?此书之盛行于天下,家藏而人诵之,彝教庸行,其有成法。因时制变,不失其常,岂待权然后知轻重,度然后知长短?君著书之功于是为大。若是而犹陷于偏党而不自觉,无乃自暴自弃之甚者,君亦未如之何矣。君在京师,数与余论天下事,观其练达政务而沉毅有为,则其书非直为空言也。乃序而归之。君字曼卿。"(《危太朴文续集》卷一)

  吴鉴作《清源续志序》。

  按:《序》云:"古有《九丘》之书,志九州之土地,所有风气之宜,与《三坟》、《五典》并传。周列国皆有史,晋有《乘舆》,楚有《梼杌》,鲁之《春秋》是也。孔子定《书》,以黜《三坟》,衍述《职方》,以代《九丘》,笔削《春秋》,以寓一王法,而《乘舆》、《梼杌》,遂废不传。及秦罢侯置守,废列国史。汉马迁作《史记》,阙牧守年月不表,郡国记载浸无可考,学者病之。厥后江表华阳有志,汝颖之名士,襄阳之耆旧有传。隋大业,首命学士十八人,著《十郡志》,凡以补史氏之阙遗也。闽文学始唐,至宋大盛。故家文献彬彬可考,时号海滨洙泗,盖不诬矣。国朝混一区域,至元丙子,郡既内附。继遭兵寇,郡域之外,荟为战区,虽值承平,未能尽复旧观。观《清源前志》,放夫《后志》,上于淳祐庚戌,逮今百有余年。前政牧守多文吏武夫,急簿书期会,而不遑于典章文物。比年修《宋》、《辽》、《金》三史,诏郡各国上所录,而泉独不能具,无以称德意,有识愧焉。至正九年,朝以闽海宪使高昌偰侯来守泉。临政之暇,考求图志,领是邦古今政治沿革,风土习尚变迁不同。太平百年,谱牒犹有遗逸矣。今不纪,后将无征。遂分命儒生搜访旧闻,随邑编辑成书。鉴时寓泉,辱命与学士君子裁定删削,为《清源续志》二十卷,以补清源故事。然故老澌没,新学浅于闻见,前朝遗事,盖十具一二以传言。至正十一年暮春修禊日,三山吴鉴序。"(《岛夷志略》卷首)吴鉴,字明之,闽人。

  危素作《广信文献录序》。

  按:《序》云:"信,东南大郡也。……自唐吴武陵父子及校书王贞白启其端绪,至于宋室南迁,中原故家多侨寓于此,而士习益盛。由签书枢密院事张公叔夜、直秘阁知同州郑氏骧以来,皆能仗节死义,尤足为是邦之重矣。余邻家贵溪之境,少读柳仪曹作《吴君文集序》,奖誉备至。规往求之,卒不可得,而武陵之文亦复不传。及被命修《宋史》,信独无一字送官。捃拾他书,仅成数传,其间阙遗固亦多矣。盖州县无良吏,家无贤子孙,使忠贤泯没,史家有遗恨,非可惜哉!永丰士舒彬文质时客京师,睹其事而慨焉,乃发愤还其乡,网罗散逸,得昔人所为文辞,久而会萃成编,题曰《广信文献录》。文质居贫,方汲汲于养,而寝食之间不忘乎此,访求故家世族,至于浮屠、老子之宫,残碑断碣,无不蒐辑。众颇非笑之,而文质不舍。其老师宿学及闻前代故实者则曰:'盛哉,文质之举也!'已而日积月累,可以更互考见数县之事。及再游京师,假公私书补其未备,而所得益富。而文质将还江南,遍求以纪载之。向使广信之人皆有志若此,则吴氏父子之文安得并与飘风游尘一归于昧耶?余故嘉其笃于好古,而为之叙。"(《危太朴文续集》卷一)

  吴大素著《松斋梅谱》成。

  吕宗杰十月初八日作《书经序》。

按：吕宗杰，字志刚，东原人。至正初贡士，历晋州学官。留意书法，辑成《书经》5卷。《序》云："余幼好书，不得其法，又为科目所拘，尝习蔡君谟书，不成。获见苏东坡书，喜之，遂穷其妙。坡习晋人书，而超绝其格，以故人罕及。至正丙戌，余游太学，时陈伯敷（陈绎曾字伯敷）先生为胄子师。先生博洽多闻，兼通六艺。一日，授吴郡时彦举以《书法本象》，烂然巨轴，先生随授随书之，笔势飞动，如经宿构，尽六书之法。余求观之，录于箧笥中且久。视余问时所书，真苟且杜撰，可谓不知而妄作者矣。后六年，余再下第，为镇之晋州学官，以公委购书籍，之钱唐，留润，偶得唐太宗御制《王右军执笔图》，乃东阳陈及时父希元先生授同里赵文叔之家藏者也。喜不自已，因参考二家书法之精核无遗。余不揣鄙陋，以为书法虽详，于笔砚纸墨之具，学者尤不可忽，必先利此四者，然后可以言书也。苟不利此四者，则书亦从而废，故作一论四记，列于二家之后，补其不及，统而目之曰《书经》。或谓：'书，工技之流，亦可言经哉？'曰：'书虽末技，属乎六艺，而与礼乐并。其穷天地万物之理，极鬼神造化之机，为传心之秘要也。曷为谫之乎？然则予之作也，不犹愈于以酒为经、以茶为经、以相鹤为经者耶？'嗟夫！六艺古法不存于时，幸而得此，尤惧忘失，遂辑成书，以传于世，然固不足以补六艺之缺，庶几为余妄作者之戒云尔。至正十一年岁在辛卯孟冬十月八日，东原吕宗杰自序。"（《书经》卷首）

宋濂与戴良辑《柳待制文集》付梓，又同辑《柳待制别集》20卷，授柳贯子柳卣藏之。

危素作《迺易之金台后稿序》。

按：迺贤《金台集》卷首有七序，其一题《金台集叙》，署"至正壬辰七月初吉麓扉老人新赐致仕欧阳玄书于京城庆寿禅寺之僧舍"，序末有"是日捷报，四川王师杀红巾，复荆州"二行小字注。该书其他六序：其二无题，署"至正壬辰魏郡李好文书"；其三无题，署"至正十年四月六日黄溍书"；其四题《金台编序》，署"时至正甲辰二月乙未朔翰林学士承旨荣禄大夫知制诰兼修国史致仕河东张翥书于京居崇教里之虚游轩"；其五无题，署"临川危素在京师金台坊书"；其六无题，署"至正辛卯史官新安程文书"；其七题《葛逻禄易之诗序》，署"至正十二年八月望日监察御史宣城贡师泰序"。正文卷头题"金台集卷第一"，署"南阳迺贤易之学"、"临川危素太朴编"。书末还有跋二篇，分别为余阙志于至正八年三月、赵期颐作于至正九年，二跋实为就集中《颍州老人歌》诗而发。危素《序》云："易之《金台前稿》，余既序之矣。及再至京师，又得《后稿》一卷，为之论曰：……易之，葛逻禄氏也，彼其国在北庭西北，金山之西，去中国甚远。太祖皇帝取天下，其名王与回统最先来附，至今已百余年。其人之散居四方者往往业诗书而工文章。易之伯氏既登进士第，易之乃泊然无意于仕进，退藏句章山水之间。其所为诗清丽而粹密，学士大夫多传诵之。然则葛逻禄氏之能诗者自易之始，此足以见我朝文化之洽，无远弗至，虽成周之盛，未之有也。昔余客鄞，为文送易之北来，以为祖宗取天下，丰功大业，宜制乐歌荐诸郊庙，易之之才足以为之。圣君贤相制礼作乐，岂终舍吾易之者哉？"（《危太朴文续集》卷一）

危素作《先天观诗序》。

按：《序》云："《先天观诗》一卷，自翰林学士承旨楚国程文宪公而下，总若干人。方曾尊师贯翁为此观，择山水之胜，而亭台高下位置各适其宜，游山之君子不及至者以为恨。学道之士尤乐其喧嚣之远，可以离世而独立也。素之叔父功远甫少从尊师学，在京师，以观之图及四明戴先生所为记求题咏于朝之名卿大夫。清河元文敏公与先叔父为莫逆交，得记文，手书一通，南望再拜曰：'江左之文章犹有斯人乎！'太史临江范公德机之诗曰：'玉堂学士危与吴'，谓先叔父及玄教宗师鄱阳吴公也。元公亲题其后，深加赞赏。元公学问杰出中州，然挟其才，不多让人，即此可以观其扬人之善，尚有古人之风焉。当此之时，国家承平，以文物相尚，名人钜公毕集辇下，虽一诗之出，必各极其所长，期于必传而后已。故范公与太史浦城杨公仲弘、豫章揭文安公之诗皆作于布衣之时，其后虽为显人，今读其诗，亦非率尔而为者。先天观闻于四方万里，岂不以其诗而传欤？自薛真人玄卿以来诗若干首，则尊师十数世孙毛遂良叔达所求。初，叔达至京师，俾素赋之。素辞不敏，安敢继诸公之作，求免于瓦砾之讥。后十年，叔达将请于其师遁教宗师刘真人耕隐，刻梓以传，又属素序之。惟尊师行义甚高，与开府玄教宗师张公居同邑，定交贫贱时。张功既遭逢国朝，宠遇甚盛，数招之不至，其没也，仅藏宋高宗书《阴符经》及此卷尔。张公祭之以文曰：'伟哉斯人！秉是正直。'则尊师之为人可知已。他日仙者金蓬头结草庵观旁，独居廿有六年。素屡宿庵中，闻松风涧水之音，清清泠泠，有高举远引之志。顾窃录于朝，侵寻华发，读诸公之诗，恍若梦游尘湖之上，其能无感于其中乎？"（《危太朴文续集》卷一）

　　赵汸作《滋溪文稿序》。

　　按：《序》云："《滋溪文稿》三十卷，江浙行中书省参知政事赵郡苏公之文，前进士永嘉高明、临川葛元哲为属掾时所类次也。初，国家既收中原，许文正公首得宋大儒子朱子之书而尊信之。及事世祖皇帝，遂以其说教胄子，而君王降德之道复明。容城刘公又得以上求周、邵、程、张所尝论著，始超然有见于义理之当然发于人心而不容已者，故其辨异端，辟邪说，皆直有所据，而非摭拾于前闻。出处进退之间，高风振于天下，而未尝决意于长往，则得之朱子者深矣！当是时，海内儒者各以其所学授教乡里，而临川吴公、雍郡虞公、大名齐公相继入教成均，然后六经圣贤下学上达之旨，缕析毫分之义，礼仪乐节名物之数，修辞游艺之方，本末精粗，粲然大备。盖一代文献，莫盛于斯，而俊选并兴，殆无以异于先王之世矣。若夫得之有宗，操之有要，行乎家乡邦国而无间言，发于政事文章而无异本者，抑亦存诸其人乎！公世儒家，自其早岁，即从同郡安敬仲先生受刘公之学。既入胄监，又得吴公、虞公、齐公先后为之师，故其清修笃志，足以潜心大业而不惑于他岐；深识博文，足以折衷于百氏而非同于玩物。至于德已建而闲之愈严，行已尊而节之愈密，出入中外三十余年，嘉谟愈积，著于天下，而一诚对越，中立无朋，屹然颓波之砥柱矣。其文明洁而粹温，谨严而敷畅，若珠璧之为辉，菽粟之为味。自国朝治乱之原，名公卿大夫士德言功烈，与夫先儒述作闾奥，莫不在焉，而浩然删修之志未有止也。初官朝著郎，为四明袁公伯长、浚都马公伯庸、中山王公仪伯所深知。袁公归老，犹手疏荐公馆阁，马公谓'公当擅文章之柄于十年后'，而王公遂相与为忘年交，夫岂一日之积哉！昔者汉唐七百余年，惟董仲舒、韩退之辨学正谊，庶几先王遗烈；而尚论政理，则莫如贾太傅、陆宣公。宋文学特盛，而士大夫之间不曰明道、希文，则曰君实、景仁，未知三公之视程夫子何如？是故公平居教人，必以程朱为模范，而力求在己，不务空言，则从事于圣贤之道，而审夫得失之几也，明矣！故汸以谓读公之文，则当求公所学，而善论学者，又必自其师友渊源而推之可也。至正十一年冬十有一月辛未日南至，诸生新安赵汸谨书。"（《东山赵先生文集》卷五）

　　吴衍作《稽山书院记略》。

　　按：稽山书院原是朱熹为浙东提举时，于绍兴府山阴卧龙山西岗所设的讲学处，后马天骥建祠祀之。宋季吴革请为稽山书院。是年，廉访副使王侯复增葺，求吴衍为记。记云："越卧龙山之阳，徽国文公晦庵先生祠，三衢马天骥之所建也。稽山书院则九江吴革，因文公之祠请之也。盖文公为常平使者，居越不一岁，讲明道学，敷阐政化,斯文一大兴起。嗣其职者,所以景仰风厉,每倦倦焉。迨宋之季,年相臣广居第,欲兼书院有之,以先儒之祠不敢坏,乃已。至元辛卯,浙东海右道肃政廉访副使王侯,侯分司于越,期月政成,乃进教官孔君之熙、陶君仪凤议,前起大成殿以奉先圣,后祀文公于明德堂,缮书阁以崇讲席,构斋庐以待来学之士。不尔则圣贤之祀不兴,师生之位弗肃。议既定,程役赴工,逾月告成。若夫经构之费,陶君仪凤辈倡之,士之来者,咸乐输无难色,故一木不以病民。既而走书千里,求为文记,余不得辞。"(《嘉庆山阴县志》卷一九)

黄溍作《重修月泉书院记》。

按：其文载："浦江县北,有泉出仙华山之阳,而发于县西二里,视月之盈虚以为消长,号曰月泉。宋政和癸巳,知县孙侯潮始疏为曲池,筑亭其上。咸淳丙寅,知县王侯霖龙因构精舍于亭之西北,祠先圣先贤其中,以为诸生讲习之所。逮入国朝,乃畀书院额。至元庚寅,提刑按察副使王公侯行部,尝一新之。至顺庚午,前进士八时思溥化由秘书郎出长兹邑,又重新之,有刘先生应龟、柳先生贯所为记。至正辛卯,今县尹萧侯用廉能举守令,被上命而来。爰以暇日临于泉上,睹其栋宇摧敝,亟捐俸赀,谋缮葺焉。占籍之士皆乐为佽助,而分任其役。以是年之六月始作,十一月讫功。自祠室论堂、斋庐门庑,至于庖廪之属,屋以间计者四十有五。凡用工以日计者若干,用钱以缗计者若干。屋室既完,教养之具亦无不毕备。士咸德之,谓不可无使后人知其所自,乃贻书于溍,求为之记。溍窃观在昔郡县未有学之时,天下惟四书院。其在大江以南,潭之岳麓、南康之白鹿洞而已,三吴百粤所无有也。今郡县悉得建学,而环江浙四封之内,前贤遗迹、名山胜地为书院者,其多至于八十有四。好事之家慕效而创为之,未见其止也。意者人材之出,亦将从而多,顾若有所不及。何欤？昔者鲁修泮宫,而诗人颂之,第以僖公之色笑威仪美盛德之形容,曾无一言述其输焉奂焉之美者。先儒以为,修者,修行其教学之法也。今之输奂既美,而清泉白月旧观复新,诸君子从贤侯来游来歌,色笑威仪,无非教也。有能感厉奋发,而无负侯作新之意,将见异才辈出,代不乏人。真儒之效被于来世,而侯之德与之相为无穷,岂系乎记之有无也哉？姑为叙次其兴作之岁月云尔。其详见于前记者,兹得以略焉。侯名文质(萧文质),许州襄城县人。历宰三邑,皆有治绩。今累阶儒林郎云。"(《金华黄先生文集》卷一四)

陈高七月著《竹西楼记》,其文言及平阳明教。

按：其文曰："温之平阳,有地曰炎亭,在大海之滨,……其中得平地,有田数百亩,二十余家居之,耕焉以给食。有潜光院在焉。潜光院者,明教浮图之宇也。明教之始,相传以为自苏邻国流入中土,瓯闽人多奉之。其徒斋戒持律颇严谨,日一食,昼夜七时咏膜拜。潜光院东偏,石心上人之所居也。有楼焉,曰'竹西楼',……石心素儒家子,幼诵六艺百氏之书,……其学明教之学者,盖亦托其迹而隐焉者欤？……至正十一年七月望记。"(《不系舟渔集》卷一二)

日本临济宗之僧疏石(梦窗)卒(1275—)。

赡思卒(1278—)。赡思字得之,其先为大食人,生于真定。弱冠,以诗文就正于王思廉。为应奉翰林文字。追谥文孝。淡于名利,留心著述,才学卓异,对经学颇有研究,尤精于《易》学、天文、地理、音乐、算数、水利及外国史地、佛学,亦无不研习精到。著有《五经思问》、《四书阙疑》、《老庄精诣》、《奇偶阴阳消息图》、《金哀宗记》、《西域异人传》、《正大诸臣列传》、《续东阳志》6卷、《重订河防通议》2卷、《西国图经》、《镇阳风土记》、《审听要决》、《帝王心法》及文集30卷等。事迹见《元史》卷一九〇。

按：《元史》评价赡思曰："邃于经，而《易》学尤深，至于天文、地理、钟律、算数、水利，旁及外国之书，皆究极之。"其《西国图经》，运用回回地理学知识撰写，为关于当时西域，且含若干欧洲国家之地理学著作，其中应附有地图，惜该书不传。

马京（　—1424）、蒋用文（　—1424）、刘渊然（　—1432）生。

至正十二年　壬辰　1352年

三月戊辰，诏："南人有才学者，依世祖旧制，中书省、枢密院、御史台皆用之。"于是吏部郎中宣城贡师泰、翰林直学士饶州周伯琦，同擢监察御史。南士复居省台自此始（《续资治通鉴》卷二一〇）。

五月戊寅，命龙虎山张嗣德为三十九代天师，给印章。

庚辰，监察御史彻彻帖木儿等言："河南诸处群盗，辄引亡宋故号以为口实。宜以瀛国公子和尚赵完普及亲属徙沙州安置，禁勿与人交通。"从之（《续资治通鉴》卷二一〇）。

苏天爵奉诏仍任江浙行省参知政事，总兵于饶、信，然以忧深病积，遂卒于军中。

黄溍在婺中，三月游左溪，与胡助饮于越园，门生王祎、李唐在侧。

按：李唐，字仲宏，号静学，东阳人。从许谦游。仕为本郡儒学教授。著有《静学斋集》（又名《尚絅斋集》）。事迹见《浙江通志》卷二四九。

吴当改礼部员外郎。

朱升秩满归家，著述不辍，建枫林书屋于歙县石门，又讲学商山书院。

周伯琦除兵部侍郎，与贡师泰同擢监察御史。二人皆南士之望，一时荣之。

杨维桢七月以参政樊执敬为护钱塘与徐寿辉部战而死事，有文致祭。又有万户李铁枪者曾力战，维桢赋《李铁枪歌》颂之。其时，维桢有感于杭城守将多不出死力以战，赋《独松节士歌》美富春冯骥宋季殉关事。

杨维桢有诗悼战死数友，曰：泰不华、李黼、樊执敬等。

宋濂是年前后访胡助，有书信往来；又请胡助为其所编吴莱《浦江渊颖吴先生文集》作序。

按：今存胡助致宋濂信二通，宋濂致胡助信三通。

王祎与师黄溍、同门友朱濂编纂《义乌志》，未竣，即与朱濂赴钱塘乡试。约于是年前后识金溪葛玄同（表字）。

伯笃鲁丁任潭州路总管。

威尼斯舰队败热那亚。

法国布列塔尼战事又起。

斯特拉斯堡大教堂上装上了第一架艺术钟，钟响时有活动的雄鸡出现。

阿拉伯地理学家伊本·拔图塔穿越撒哈拉大沙漠到达尼日尔河畔的廷巴克图。

按：伯笃鲁丁，诗人。以其诗歌创作成就，被称为元代西域十二诗人之一。戴良于《丁鹤年诗集序》中曰："我元受命，亦由西北而兴。西北诸国若回回、吐蕃、康里、畏吾儿、也里可温、唐兀之属，往往率先臣顺，奉职称蕃。积之既久，文轨日同，而子若孙，皆舍弓马而事诗书。至其以诗名世，……论者以马公祖常之诗似商隐，贯公、萨公之诗似长吉，而余公阙之诗则与阴铿、何逊齐驱而并驾。他如高公彦敬、夔公子山、达公兼善、雅公正卿、聂公古柏、斡公克庄、鲁公至道、三公圭辈，亦皆清新俊拔，成一家言。"（《九灵山房集》卷二一）其中"鲁公"者，即伯笃鲁丁。

吴克恭秋以从逆罪处死。

刘鹗除江诹路总管。

舒頔家乡四月为徐寿辉部攻陷，室庐遭毁，家藏谱画书籍与所作旧稿荡然无存。乃携家避乱龙川。然战乱频仍，多有辗转，故作《吕妇赞》。

刘基以事返杭。

按：刘基曾祖刘濠，字浚登，青田人。宋末为翰林掌书，入元家居。邑人林融作乱，诏遣使簿录其党，多所株连。濠乃醉使者，焚其居，籍毁，株连者皆得免。

梅隐书堂刊行《魁本大字详音句读周易》2卷。

按：梅溪书院还曾刊行宋郑思肖《郑所南先生文集》1卷、《百二十图诗》1卷、《锦残余笑》1卷，宋郑起《清隽集》1卷。

日新堂刊刻刘瑾《诗传通释》20卷。

按：《四库全书总目提要》曰："瑾字公瑾，安福人。其学问渊源出于朱子，故是书大旨在于发明《集传》，与辅广《诗童子问》相同。陈启源作《毛诗稽古编》，于二家多所驳诘。然广书皆循文演义，故所驳惟训解之辞；瑾书兼辨订故实，故所驳多考证之语。如……皆一经指摘，无可置辞。故启源讥胡广修《诗经大全》，收瑾说太滥（案《大全》即用瑾此书为蓝本，故全用其说。启源未以二书相较，故有此语。谨附订于此）。然征实之学不足，而研究义理究有渊源。议论亦颇笃实，于诗人美刺之旨尚有所发明，未可径废。至《周颂·丰年篇》，朱子《诗辨说》既驳其误，而《集传》乃用《序》说，自相矛盾。又三夏见于《周礼》，吕叔玉注以《时迈》、《执竞》、《思文》当之，朱子既用其说，乃又谓成康是二王谥，《执竞》是昭王后诗，则不应篇名先见《周礼》。瑾一一回护，亦为启源所纠。然汉儒务守师传，唐疏皆遵注义，此书既专为朱《传》而作，其委曲迁就，固势所必然，亦无庸过为责备也。"

曹本闰三月作《续复古编叙》。

按：其文曰："昔吴兴张隐君谦中，笃志古学，据《说文》作《复古编》。捃摭群书，博而能约，声分韵类上下卷，一十二类，二千七百六十一字。古今文字之异，灿然有别，学者不可以其约而少其功也。夫自保氏之教息，尉律之课不修，篆籀浸微，隶楷继作，转相讹乱，既多且久。《仓颉》、《博学》以下诸篇咸亡矣，微《说文》孰从质之哉？世之尚异好奇者，忘许氏之功，力抑排觝，以为不若是不足以名家。噫，私学己见，心不师古，适滋谬乱，则何有于复古？予方弱冠，窃留意于周鼓秦石，而宗叔重氏之说，颇欲明古文之通用，正今书之讹谬。及《说文》注叙所载，而诸部不见者，经典所有而《说文》不录者，审知漏落，悉从补录而附益之，顾未能也。及得隐君是编，一见殊快。公余稍暇，因其遗而未录者间取而笔之，题曰《续复古编》。非敢增多以为功，亦以发隐君之志，备拾遗耳。姑存箧笥，尚俟博雅君子是正之。是稿也，四卷一十三类，六千四十九字。起于至顺三年秋八月，成于至正十二年闰三月。魏郡曹本书于京城齐

化门寓馆。"(《续复古编》卷首)

欧阳玄二月作《元宪台通纪续集序》。

按：《序》云："国朝前至元五年戊辰立御史台,后至元二年丙子作《宪台通纪》,凡建官定制,品秩之增崇,司属之存革,员额之损益,莫不备载。至于累朝诏诰训辞,昭揭于篇,焕若星日。每一启诵,如亲承威颜,如面受戒饬,俾有位者竦然而敬心生。故是书之作,非徒专事纪载,于风纪实有助云。后十有五年,台臣议以掾史唐惟明撝故府事迹,自丙子巳后,仿前凡例,有合载者,作《续集》以补之。乃至正十二年正月二十九日,入言于上,有旨命御史中丞臣王懋、治书侍御史臣秉彝、经历臣马马硕理、都事臣庄文昭、陈敬伯等,重加参订,以南台□罚钞伏浙西宪司锓梓,分赐内外台察,及诸道肃政使者。于是属玄叙其卷端。玄乃拜手言曰：昔者世祖皇帝建号纪元,甫九年而宪台立。距今八十有五年,而《宪台通纪》一再作矣。我元亿万年无疆惟休,是集之续,未有纪极也。虽然,祖宗建台之良法,惟其所操者约,所执者中,故国治之久,台纲之重,相为无穷。今夫台臣持三尺之法,而定天下之正邪；御史绾方寸之章,而论天下之利病；归于一是而已。成周立政,有常伯、常任、准人。所谓准人者,执法之官也,准于天下之物,未尝任其重也。而天下之物,必于此取正焉。知是道也,则知建台之初意,而可以得是书之纲领矣。是书之作,御史大夫也先帖木儿、搠思监,中臣朵儿只,侍御史札撒兀孙、秦从德,治书悟良哈台咸协议云。是年壬辰二月,翰林学士承旨、荣禄大夫、知制诰兼修国史欧阳玄撰。"(《永乐大典》卷二六〇九)

沈维时八月作《刑统赋序》。

按：《序》云："夫刑之有律,犹乐之有律也。乐之律以求声气之合,刑之律以定赏罚之当。其有关于世道博矣。旧律学博士傅霖韵《唐律》为赋,邹邑孟氏文卿略加笺注,然后大义数十,炳如日星,其用心亦勤矣。观者幸勿以为粗解而略之。至正壬辰仲秋,前乡贡进士沈维时谨题。"(《粗解刑统赋》卷首)

苏天爵著《治世龟鉴》1卷成。

按：《四库全书总目提要》评曰："所采皆宋以前善政嘉言,而大旨归于培养元气。"赵汸为作序云："参政赵郡苏公早岁居馆阁,尝即经史百氏书,采其切于治道政要者,通为一编,名曰《治世龟鉴》。至简而不遗,甚深而非激,疏通练达而公平之规著,亲切确苦而正大之体存,信为谋王断国者之元龟宝鉴也。公为御史,知无不言,持宪节以洗冤泽物为己任,参议政府,屹然弗阿,两典大藩,皆勤于庶事。尝奉诏宣抚畿甸,旁求民瘼,秋毫无隐,而又酌理道之中正,不迎合于前,无顾虑于后。虽一时若不见察于用事者,而退居之日,凡可以尊主庇民者,未尝少废其讨论之功也。盖公学本先生而志存当世,其于行事者如此,则是编之作,岂欲托诸空言者哉！"(《东山赵先生文集》卷五)

黄溍与弟子王祎、朱濂、傅藻等编纂《义乌志》成并付梓。

危素作《浸铜要略序》。

按：《序》云："德兴张理从事福建宣慰司,考满,调官京师。会国家方更钱币之法,献其先世《浸铜要略》于朝。宰相以其书之有益经费,为复置兴利场。至正十二年三月某甲子,奏授理为场官,使董其事。理持其副,属余序之。序曰：钱币之行尚矣,然而鼓铸之无穷,产铜则有限。理之术乃能浸铁以为铜,用费少而收功博,宜乎朝廷之所乐闻也。当宋之盛时,有三司度支判官许申能以药化铁成铜。久之,工人厌苦之,而事遂寝。……今书作于绍兴间,而其说始备。盖元祐元年,或言取胆泉浸铁,取矿烹铜。其泉三十有二,……凡为沟百三十有八。政和五年,雨多泉溢,所浸为最多。是书,理之先赠少保府君讳潜所撰,以授其子赠少师府君讳盘、成忠府君讳甲。少师之孙参知政事忠定公讳焘实序志之。我武宗皇帝诏作至大钱,理之从祖讳懋与理之父讳遂以其书来上,皆命为场官。未及铸印而场司罢。至理,复因是蒙被异恩,几于古之世官。惟其父子祖孙颛于一事,其讲之精、虑之熟可知已,何患乎冶铸之无功,实藏之不兴哉?虽然,生之者众,食之者寡,为之者疾,用之者舒,顾上之人力行何如耳。昔者张氏若赠少师讳根著述,传学者忠定公,事业在信史。公侯复始,将在乎是,异时之所立当不止于此也。理字伯雅。"(《江西通志》卷一六二)

一山书堂刊刻《文场备用排字礼部韵注》5卷。

陈利用纂《朱文公大同集》10卷成。

胡翰八月二十六日作《渊颖吴先生集序》。

按:《序》云:"先生当延祐、天历之间,尝慨然有志当世之务矣。其《拟谕日本书》,盖其十八时所作也,人谓其有终军、王褒之风。其论守令、盐筴、楮币事,逮今十有余年,执政者厘而正之,往往多如其说。先生析辞指事,援笔顷刻数百言,驰骋上下,要不失乎正。虽处山林,未尝忘情天下。使其在官守言责之列,推明古者所以立极成化之道,为吾君相言之,当不止是也。而先生命不与时偶,器不求人售,素又羸弱多疾,未中岁而早卒。今之著于篇者,殆犹未尽其蕴也。初,浦江有宋儒者曰方韶父先生,师法为学者所宗,知名之士如侍讲黄公、待制柳公皆出其门。晚得先生,尤奇其才,而以斯文望焉。先生貌寝陋,言语若不出诸口,而敏悟过人,得于天性。少尝从族父幼敏家,窃取书观之,族父知而呵之,靡不成诵。博文强记,与之游者皆自以为不及。命有司举进士,遂以《春秋》中乡试。北至燕,东浮于海,好为瑰奇雄伟之观。见人固守章句,意颇陋之。然则先生所负抱者为何如哉!惜其学不见于用,而世知之者鲜也。门人宋濂惧其泯而不传,乃汇次其诗文,为集若干卷,俾翰为之序。乌乎,翰昔受教于先生,窃观先生之所以用其心者,期以立乎天地之间,无愧于为人焉耳,乌暇较一世之短长哉!故论而序之,信是集之不可不传也。先生讳莱,字立夫。至正十有二年秋八月二十六日,门人金华胡翰谨序。"(《渊颖先生集》卷首)

胡助为宋濂编《浦江渊颖吴先生文集》12卷、《附录》1卷作序。

按:卷内题:"门人金华宋濂编"。

王礼作《义冢记》。

按:义冢乃客死江南的西域回回之合葬冢墓,此文既反映元季回回聚集中国,地位上较往时有质的提高,又述元季大量西域回回迁移江南之事实,颇有意义。其文云:"义冢者何?西域氏旅茔也。营之者谁?吉安中宪大夫达噜噶齐也。于是可观德矣,于是可知混一之盛矣。何也?西域之于中夏,言语嗜欲殊矣。虽汉唐以来,婚媾有之,然各怀旧族,不能杂处他土,顾安有生西域而葬江南者。惟我皇元肇基龙朔,创业垂统之际,西域与有劳焉。洎于世祖皇帝,四海为家,声教渐被,无此疆彼界。朔南名利之相往来,适千里者如在户庭,之万里者如出邻家。于是西域之仕于中朝,学于南夏,乐江湖而忘乡国者众矣。岁久家成,日暮途远,尚何屑屑首邱之义乎!呜呼!一视同仁,未有盛于今日也。至正辛卯,公以海北广东监宪,简在帝心,选守名郡,实监吉安。明年淮寇蔓延,赖公仁勇廉明,戡定劳来,所以父母斯民至矣。又以余力买地一方于水之东,西域客死于此皆葬焉。筑堂三间,以享以祀。俾特穆尔布色董其后而世守之,庶无他族逼处,魂魄相安于九京也。郡之耆老,叹于里巷曰:'《传》称亲亲而仁民,仁民而爱物。推是心也,将掩骼埋胔,如恐弗及,况士大夫之墓,有不封崇之乎。饥饿于我土地者,有不惠利之乎。'父兄诏其子弟曰:'吾侪小人,服尽情尽。相视途人,疾而不持,丧而不救。坏土莫让,甚若仇敌。闻贤太守之风,将不胜其愧悔矣。'呜呼!民德归厚,其在斯举也。夫是不可以不记。"(《麟原前集》卷六)

杨朝英约卒(约 1265—)。朝英号澹斋,青城人。与贯云石友善,同以散曲著名。曾编《乐府新编阳春白雪》10 卷,选录元人散曲六十余家;又编《朝野新声太平乐府》9 卷,前 5 卷为小令,后 4 卷为套数,选录关汉卿等八十余家散曲,依宫调编排。元人散曲多赖此二书保存流传。《全元散曲》录其小令 27 首。

僧清珙卒(1272—)。清珙字石屋,常熟人,俗姓温。元统间,住嘉兴当湖之福源寺,后退居湖州霞雾山。著有《石屋山居诗》1 卷、《偈颂》1 卷。与无见先睹倡导"看话禅",于南方禅学发展影响甚力。事迹见《吴中人物志》卷一二、《(嘉靖)常熟县志》卷九、《两浙名贤录》卷六二、《元诗选·初集》小传等。

苏天爵卒(1294—)。天爵字伯修,号滋溪,河北真定人。少从安熙学。由国子学生公试第一,授蓟州判官。泰定元年,改翰林国史院典籍官,升翰林应奉。至正四年,为集贤侍讲学士,兼国子祭酒。博而知要,长于记载,为文严谨舒畅,叙事清楚,独以一身任一代文献之寄,老而不倦。《宋元学案》列其入《静修学案》"默庵门人"。著有《读诗疑问》1 卷(佚)、《国朝名臣事略》15 卷、《元文类》70 卷、《辽金纪年》、《宋辽金三史目录》、《刘文靖公遗事》1 卷、《松厅章疏》5 卷、《治世龟鉴》1 卷、《春风亭笔记》2 卷、《滋溪文稿》30 卷等。事迹见《元史》卷一八三、《新元史》卷二一一。

按:《元史》本传云:"天爵为学,博而知要,长于纪载,尝著《国朝名臣事略》十五卷、《文类》七十卷。其为文,长于序事,平易温厚,成一家言,而诗尤得古法,有《诗稿》七卷、《文稿》三十卷。于是中原前辈,凋谢殆尽,天爵独身任一代文献之寄,讨论讲辨,虽老不倦。晚岁,复以释经为己任。学者因其所居,称之为滋溪先生。其所著文,有《松厅章疏》五卷、《春风亭笔记》二卷;《辽金纪年》、《黄河原委》未及脱稿云。"

又按:苏天爵《宋辽金三史目录》,有关记载颇少,幸赵汸有《题三史目录纪年后》,故附其文大略于右:"宋有天下三百年,人材学术上媲成周,论政议礼,明道正学,皆未易一言蔽其得失。中间二三大贤,欲以修于身者措诸当世,稽古考文之士星罗林立,抱遗经以求致用之方,而故家世德衣冠文物,与其国祚相终始,表世系,志艺文,传儒林者,亦或未之见也。况理、度世相近,而典籍散亡;辽、金传代久,而纪载残阙;欲措诸辞而不失者,亦难矣哉。参政赵郡苏公早岁入胄监,登禁林,接诸老儒先生绪言,最为有意斯事。尝取三国志史文集,总其编目于前,而合其编年于后,事之关于治乱存亡者则疏而间之,题曰《宋辽金三史目录》,所以寓公正之准的,肇纂修之权舆也。后虽入出中外,不克他有撰录,而所至访求遗文,考论逸事,未尝少忘。近岁朝廷遣使行天下,罗网放失,大兴删述之事,则宋、辽、金史皆成矣。若夫合三书于一致,以求治乱之原而不相矛盾,极其贤人君子之心志,以征文献之盛而无所逸遗,则由目录纪年而广之,岂无当论著者?公其尚有意乎?"(《东山赵先生文集·文补》)

刘锷闰三月十九日卒(1295—)。锷字宗荣,号快轩,泰和人。尝作省身八箴以授学者,曰:"明善恶、审去取、不苟笑、不妄语、谨若思、遵汝

朝鲜李朝初期哲学家权近(1352—)生。

止、克己私、复天理。"出其门者悉有所造就。其为经义诗文皆浑厚,著有《中鹄集》若干卷、书疑义策问对若干卷、《汲清集》若干卷、骈俪语若干卷,又尝捃摭考订唐宋迄元先世文翰书牍一卷,题曰《先德录》。事迹见李祁《刘快轩先生墓志铭》(《云阳集》卷八)。

泰不华卒(1304—)。泰不华初名达普化,字兼善,伯牙吾氏,世居白野山,徙居台州。幼年家贫,临海儒者周仁荣教而养之,又师事李孝光。至治元年(1321)赐右榜进士第一,时年十八岁,授集贤修撰。受元文宗赏识,亲自将其名"达普化"改为"泰不华"。与修《宋》、《辽》、《金》三史,擢礼部尚书。出为台州路达鲁花赤。方国珍作乱,战死,追赠江浙行省平章政事,封魏国公,谥忠介。以文章知名,与色目人余阙相提并论。《宋元学案》列其入《北山四先生学案》"本心门人"。诗有《顾北集》。并曾考证经史伪字,成《复古编》10卷。事迹见《元史》卷一四三、《蒙兀儿史记》卷一三一、《新元史》卷二一七。

按:陶宗仪《书史会要》卷七载其:"篆书师徐玄、张有,稍变其法,自成一家。……常以汉刻题额字法题今代碑刻,极高古可尚。正书宗欧阳率更,亦有体格。"

朱倬卒,生年不详。倬字孟章,建昌新城人。至正元年,领江西乡荐。二年,登进士第,授某州同知。以忧家居,服阕,授文林郎、遂安县尹。至正壬辰秋,寇由开化趋遂安,吏卒逃散,孟章坐公所以待尽,寇焚廨舍,乃赴水死。着有《诗疑问》7卷、《隶释刊误》1卷。事迹见汪睿《七哀辞·朱县尹》(《新安文献志》卷四九)。

赵谦(—1395)生。

至正十三年 癸巳 1353年

英国议会通过侵害王权罪法令。

意大利的帕维亚(伦巴第)提契诺河上架起了一座216米长的有顶桥。

正月,泰州盐贩张士诚等起兵攻泰州。

三月甲申,诏修大承天护圣寺,赐钞二万锭。

六月,朱元璋回钟离募兵得七百余人,郭子兴任之为镇抚。七月,攻克滁州。

是年,东察合台第一代汗秃黑鲁帖木儿宣言信奉伊斯兰教,遂使伊斯兰教深入传播于新疆地区。

许有壬起拜河南行省左丞。官至集贤殿大学士。

吴当擢监察御史,寻迁为国子司业。

周伯琦迁崇文太监,兼经筵官,代祀天妃。

杨维桢七月抵嘉兴，初六日，以友徐潜居撰文记嘉兴惠安寺之重修。

杨维桢上书浙省左丞黑黑国宝，叹不遇知己，望能引荐。

黄溍在婺中，三月游天宫。

王祎为月鲁不花送行，作《送吏部员外郎月君序》。

吴讷挟所作诗文谒见杨维桢，维桢对吴讷有志当世颇称赏。

韩元璧、刘俨、王霖、王廉、范观善、赵章、魏本仁、王玉诸人正月为杨维桢所率，游赏西湖莫昌宅园，诗酒相酬。

孟梦恂以御寇功，授常州宜兴判官，未上而卒。

高启婚后，往来北郭、青邱间。

刘基为浙东行省都事。因建议招捕方氏，为上官驳斥，罢官于绍兴，放浪山水，以诗文自娱。

陶安求奉檄赴姚江为会稽高节书院山长。

俞元膺为此年举人，官翰林院学正。

按：元膺，字元应，安徽婺源人。著有《婺源州志》。

沈梦麟中乡试，授婺州路学正，迁武康县尹。

按：沈梦麟，字元昭，归安人。明时尚存。著有《花溪集》3卷。

倪瓒三月二十日为甫里瞿仲贤画《南渚春晚图》，并题诗，杨维桢和诗一首。

黄公望作《秋山图》。

鳌峰书院刊行熊禾《勿轩易学启蒙图传通义》7卷，其曾孙熊坑八月为作序。

按：熊坑《勿轩易学启蒙通义序》云："子朱子者出，宗邵子之传，合程氏之说，作《易本义启蒙》，而《易》道复明，其有功于羲、文、周、孔，岂小补哉？迨夫朱子既没未百年，而当时学者寖失其真，于是曾祖勿轩忧之，复著《通义》四篇，以承其统。为卦则本自太极，而仪象爻画之生，有不可遏；为蓍则分合进退，而纵横顺逆无往不值。《河图》、《洛书》固指其为阴阳进退之相交，而《先天》、《后天》亦明其为阴阳进退之相交也。以至卦扐之数，则以三四五六之中，各以一为进退之交。过揲之数，又以九八七六之中，各以一为进退之交也。及其末，又附以古人占法，以见随时变易之义焉。凡若此者，固将发挥乎朱子之《易》，由朱子之《易》以明乎羲、文、周、孔之《易》也。呜呼，《易》有圣人之道，岂易言哉！……朱子尝曰：《易》只是卜筮之书。又曰：圣人作《易》，以立人极，其义以君子为主。此书虽推本卜筮之原，而阳主进阴主退，亦其遗《易》也。陈蒙正曰：朱子，孔子之孝子。勿轩可谓孝于朱子者矣。信夫！虽然，先祖著述如五经、四书训释固多，传于世者惟此篇未及。坑叨登第任将乐令，恐其久而湮没，遂寿梓于鳌峰书院，故序其源流如此。若夫能发挥其微言奥旨，则有俟乎君子。大元至正癸巳仲秋既望，曾孙熊坑谨启。"（《勿轩易学启蒙图传通义》卷首）

危素为汪克宽《诗集传音义会通序》作序。

按：是书有危素、宋濂序及自序。危素《序》云："新安朱子《诗传》，或文义，或引证，读者时有所未通。穷乡下邑，岂能家贮群书，人熟通训，故学者之患此久矣。祁门汪君仲裕甫早贡于乡，教授宣、歙间，《易》、《礼》、《春秋》，各有著述。至于《诗传》，

阿拉伯伊本·巴图塔《游记》由他人整理完成。

乔万尼·薄伽丘所著故事集《十日谈》成书。

为凡例十有二条,幽探遍索,具见成书,分为三十卷,名曰《诗集传音义会通》。其《自序》则以兴诗成乐之效望于来学。盛哉,君之用心!盖其从大父东山受学于饶先生伯舆(饶鲁),君之学得于吴先生可翁(吴迂)。两先生俱鄱人,距祁门甚迩。君年高德邵,为士林之蓍龟云。危素序。"(《危太朴文续集》卷一)

黄溍八月二十日作《义乌志序》。

按:《序》云:"义乌自秦为县,历汉唐讫五季,见于前史与它图记者,或总序一州一郡,或略举一事一物,其详靡得而周知。宋元丰旧志,出于县令校书郎郑安平,而所记下及南渡以后,必非其本书。咸淳续志,出于溍之族曾祖漕贡进士应龢,手稿见在,而别本互有异同。盖方纂辑而未经裁定,亦非其成书。矧自国朝统一函夏,县地入于职方,已七十有八年。官府之建置,人物之登用,风俗之趋向,户口之盈缩,贡赋之多寡,悉无所登载,可不谓阙典欤?为政者迫于簿书期会、米盐碎务,未遑有所咨访也。今县大夫操约驭详,而事无不理。爰以暇日,询山川形势、地之所生、语言土俗、博古久远之事,得元丰、咸淳二书,属溍重加诠次以传。溍衰朽荒疏,无能为役,乃俾王生祎、朱生濂,合二书而参之郡乘,删其繁冗,订其舛误。法当补书,则引类相从而增入之。附之辨证,厘为七卷,初以图冠于篇首。溍既辱视其成,自为之序。会两生并赴秋闱,遂使傅生藻相与校正,归于执事者而刻焉。见大夫、达鲁花赤、儒林郎亦璘真,畏兀儿人;尹承直郎陶思泰,许州襄城人。至正十三年秋八月二十日。"(《黄文献集》卷一一)

宋濂自跋《浦阳人物记》。

戴良正月作《经筵录后序》。

按:《后序》交待:"经筵检讨郑君仲舒(郑仲舒),裒其所进劝讲之文若干篇为一卷,题之曰《经筵录》,携归浦阳山中,属良序之。"(《九灵山房集》卷五)

危素作《上都分学书目序》。

按:《序》云:"开平距大兴且千里,大驾岁一行幸,恒以仲夏之月至,及秋则南迁,故百司扈从者骤往倏来,无复久居之志。在上者固简其约束,而弗遑有所程督。国子监岁以助教一员佩印分学,学正、学录或一员,伴读四人实从。诸生之在宿卫,或从父兄,多至数十人,以禀给庖隶自随。学馆即孔子庙西北为之,远绝尘嚣,人事稀简。助教颛于教事,非休假不出门户,可以稽经诹史,探索精微之蕴。百司扈从者求如分学之安适,亦云鲜亦。至正十三年,助教庐陵毛君文在实在行中,乃节缩餐钱之美,购书一千二百六十三卷,为三百五十册,置于分学。盖上都书最难致,昔贺泾阳王为留守,尝遣教授董君买书吴中,藏于学官,刻书目于石。文臣之嗜学者往往假读之,比还,必归诸典守者。先是,分学亦假其书,或他司已假,则不可得,有志于竞辰者甚为之惜。顾分学买书自毛君始,继至者将岁岁而增益之,当至于不可胜算。诸生学古以入官,治心修身,一征诸方册,毛君之功,夫岂少哉!祭酒鲁郡王公移牒开平府,俾以其书与儒学旧书并藏。置书目,一藏崇文阁,一藏开平儒学,一随分学,而余序其端。是年分学者,学录李文,伴读刘寿、张俨、苑致、陈信也。"(《危太朴文续集》卷一)

杨维桢九月初十日为门生殷惟肖《诗史宗要》作序。

按:《序》云:"……龙江殷生谒余钱唐次舍,袖出手编,目曰《诗史宗要》。……生名惟肖,字起岩,汝南人,尝从游于余,与海内名士李公孝光、张公天雨、段公天祐为忘年诗友云。至正十三年九月十日,在钱塘之五柳园亭写。"(《东维子文集》卷七)

黄玠十二月作《弁山小隐吟录原序》。

按：黄玠，字伯成，号弁山小隐。其先世为浙江慈溪人。玠为人清苦力学，周游两浙，爱吴兴山水佳秀，因卜居弁山。与赵孟頫交，孟頫谓其为平生第四友。钱塘学者请为西湖书院山长，固辞不得已，居数日即罢。著有《篆韵录》、《弁山集》、《知非稿》、《唐诗选纂》、《弁山小隐吟录》2卷等，皆佚。其《序》载："昔文中子志不愿仕，唯愿上之人正身修德，使时和岁丰，已受其赐。余虽不及古人，苟获所志，泉石林壑之娱，风云月露之赏，不必弁山也。夫归必有资，既不能自资，资于人而归，又余之所不能。情发于中而形于言，目之曰《弁山小隐吟录》，录以畀吾儿私藏之，于以纪吾游之寓，而乡土亲戚之思亦可见也。至正乙酉冬十二月甲子，弁山隐民黄玠序。"（《弁山小隐吟录》卷首）

危素作《文殊师利菩萨无生戒经序》。

按：《序》云："梁武帝时，菩萨达摩至于金陵，问答不契，提芦渡江，留《楞伽经》曰：'此可传佛心宗。震旦之人有为佛氏学者，敬信而诵习之。'因是而开悟者未易悉数。盖天竺距中国十万余里，言语不通，文字亦异，则其书之未及翻译者尚多有之，不独《楞伽》而已。皇元泰定初，中印土王舍城刹底里孙曰指空师，见晋王于开平，论佛法称旨，命有司岁给衣粮。师曰：'吾不为是也。'因东游高句丽，礼金刚山法，起菩萨道场。国王众诸臣僚合辞劝请少留，师乃出文殊师利菩萨《无生戒经》三卷，欲使众生有情无情、有形无形，咸受此戒。闻者欢喜谛听。血食是邦者曰三岳神，亦闻此戒，却杀生之祭，愈增敬畏。师之言曰：'直指人心，见性成佛，我道则然。'……故是经因事证理，反覆详明。读者若《楞伽》之初至，叹息希有。……师之学得于南印度吉祥山普明尊者。天历皇帝诏与诸僧讲法禁中，而有媢嫉之者，窘辱不遗余力，师能安常处顺，湛然自晦。居无何，诸僧陷于罪罟，师之名震暴外中，四方信向弥笃。今皇帝眷遇有加。资政院使姜金刚既施财，命工刻是经以传，门人达蕴请予为序。"（《危太朴文续集》卷一）

郑涛八月作《宋景濂先生小传》。

龚璛书《送朱泽民诗册》。

高明约于此年后作《琵琶记》。

王寿衍卒（1273— ）。寿衍字眉叟，号玄览，又号溪月，杭州人。道士陈义高弟子。至元二十五年，提举杭州开元宫事。元贞元年，提点主持杭之祐圣观。大德五年，嗣义高职，提点主持玉隆万寿宫。至大二年，还居开元宫。延祐元年，授弘文辅道粹德真人，领杭州路道教事。事迹见《元史》卷二〇二、《两浙名贤录》卷五六。

干文传九月卒（1276— ）。文传字寿道，号仁里、止斋，平江人。官至集贤待制、礼部尚书。曾预修《宋史》。江浙、江西乡闱，文传主其文衡四次，所取士后多有名。为文务雅正，不事浮藻。著有《仁里漫稿》若干卷。事迹见黄溍《嘉议大夫礼部尚书致仕干公神道碑》（《金华黄先生文集》卷二七）、《元史》卷一八五、《元书》卷九〇、《元史类编》卷二七、《元诗选·三集》小传等。

按：黄溍《嘉议大夫礼部尚书致仕干公神道碑》云："至正十三年九月己巳，嘉议大夫、礼部尚书致仕干公终于平江里第，享年七十有八。以其年十月丁酉，葬吴县至

尼古拉·奥特利库卒，生年不详。发展了原子论世界图像，是第一个对因果概念和本体概念提出批判的西方人。

德乡洞泾雁荡之原。……干之得姓,始于春秋时宋大夫犨。……公气貌充伟,识度凝远,遇事皆不苟。平居衣服无华饰,食无珍味,而于亲庭之养,家庙之祭,必致其丰腴。无他玩好,而独耽于书。手自校雠,至老不倦。喜接引后进,来者必与均礼,而谆谆诱掖之。江浙、江西乡闱,聘公同考试者三,主其文衡者四,所取士后多知名。为文务雅正,不事浮藻。有来调者,亦不厌于应酬。公以仁里自号,暮年又自号止斋。有《仁里漫稿》若干卷藏于家。"

顾信卒(1279—)。信字善夫,晚号乐善处士,昆山人。累官杭州军器同提举,辞归奉母,不复仕。早年好字学,游赵孟頫之门几二十年,得赵孟頫书翰甚多,持归刻石置亭下,扁曰墨妙。有《乐善堂帖》传世。事迹见《六研斋笔记》二笔卷二。

孟梦恂卒(1279—)。梦恂字长文,号森碧,黄岩人。与周仁荣同师事杨珏、陈天瑞。部使者荐其行义,署本郡学录。卒赐谥康靖。著有《四书五经辩疑》、《性理本旨》、《汉唐会要》、《七政疑解》、《笔海杂录》50卷。事迹见《元史》卷一九〇、《钦定续通志》卷五五三、《元儒考略》卷四。

张起岩卒(1285—)。起岩字梦臣,禹城人。延祐二年,廷试为左榜状元,授登州同知。以翰林承旨参修《辽》、《金》、《宋》三史,为总裁官之一。卒谥文穆。博学多才,善篆、隶书法。著有《金陵集》、《华峰漫稿》、《华峰类稿》等。事迹见《元史》卷一八二、《书史会要》卷七、《宋元学案补遗》卷四、《宋元学案补遗别附》卷三、《元诗选·三集》小传。

按:《元史》本传曰:"起岩熟于金源典故,宋儒道学源委,尤多究心,史官有露才自是者,每立言未当,起岩据理审定,深厚醇雅,理致自足。"

贾鲁卒(1297—)。鲁字友恒,河东高平人。两中乡试,泰定初,授东平路学教授,累迁潞城县尹。至治初,与修《宋史》。后历中书检校、监察御史、工部郎中,调都漕运使。至正八年,主管行都水监,拟定治河方案,一为修筑北堤,以制横溃;一为疏、塞并举,使黄河恢复故道。事迹见《元史》卷一八七。

葛乾孙卒(1305—)。乾孙字可久,江苏平江人。著有《医学启微》,已佚。现存《十药神书》,原名《劳证十药神书》,相传为其所作。内载十灰散、花蕊石散、独参汤、保真汤、太平丸等十方,为劳损吐血等证之有效方剂。事迹见《江南通志》卷一六五。

戚崇僧十月十三日卒,生年不详。崇僧字仲咸,金华人。从许谦学于东阳八华山,博通经史,旁及诸子百家。尤潜心性理之说,探幽发微,必极其根柢而后已。著有《春秋学讲》1卷、《春秋纂例原旨》3卷、《四书仪对》2卷、《昭穆图》1卷、《后复古编》1卷、《历代指掌图》2卷。事迹见黄溍《戚君墓志铭》(《黄文献集》卷九下)。

徐善述(—1419)生。

至正十四年　甲午　1354年

　　正月,张士诚在高邮称诚王,国号大周,年号天祐。
　　二月,建清河大寿元忠国寺,以江浙废寺田归之。
　　三月己巳,惠宗廷试进士62人,赐薛朝晤、牛继志等及第,其余赐出身有差。
　　五月,朱元璋攻克全椒,升任总管。
　　七月,朱元璋克滁州,众至三万人,以李善长为掌书记。郭子兴受彭早住等压制,离濠州到滁州。
　　十月甲申,诏加号海神为辅国护圣庇民广济福惠明著天妃。
　　脱脱师次济宁,遣官诣阙里祀孔子;过邹县,祀孟子。
　　十一月,右丞相脱脱率军至高邮,大败张士诚军于高邮城外。
　　皇太子修佛事,释京师以下囚。
　　十二月,惠宗听哈麻谗,下诏除脱脱兵权,诸军闻诏散去,高邮围解。

　　郑玉因朝廷广征隐逸故,以翰林待制再聘。滨行,所与游者皆贺,惟杨维桢独唱危词,言红巾之乱已极,为官者不善理政,唯招祸也。
　　按:《元史·忠义四》载,朝廷除郑玉翰林待制、奉议大夫,遣使者赐以御酒名币,浮海征之。"玉辞疾不起,而为表以进曰:'名爵者,祖宗之所以遗陛下,使与天下贤者共之者,陛下不得私予人。待制之职,臣非其才,不敢受。酒与币,天下所以奉陛下,陛下得以私与人、酒与币,臣不敢辞也。'"
　　吴当迁礼部郎中。
　　宋濂正月十六日作《黄文献公(黄溍)笔记序》。
　　周伯琦复为江东肃政廉访使。
　　贡师泰除吏部侍郎。
　　黄溍游金华法华山。
　　王祎是年前后与徐舫定交于钱塘,徐舫遣其子膺从祎游,祎遂作《沧江书舍记》。
　　赵雍累迁集贤待制。
　　陈高登进士第,授庆元路录事。
　　按:未三年,自免去。同登进士者尚有:迈里古思、陈麟、唐元嘉、钱用壬、曾坚、李吉、林温、傅公让。
　　高丽学者李穑获第二甲第二名,被元廷任为翰林文学承仕郎。
　　按:李穑回高丽后,传播程朱理学。李穑有诗《纪事》云:"衣钵谁知海外传,圭斋一语尚琅然。迩来物价皆翔贵,独我文章不值钱。"由此见,李穑传至高丽之理学,

奥斯曼土耳其人占据加利波利,作为其进一步向巴尔干扩张的第一个据点。

热那亚破威尼斯舰队。

查理四世进军意大利。

以欧阳玄(号圭斋)为宗师。

汪克宽虽兵乱,犹往来师山与郑玉讲学不衰。

杨维桢春与吴讷诗歌往来。三月十一日,维桢有文送讷统兵收复徽城,期以复兴元朝,平乱保城。是春,维桢得玉箫一枚,喜甚,邀顾瑛以诗唱和。

杨维桢权掌江浙儒学提举之职。

上海佛门女子蒋道本三月二十八日坐化,杨维桢奇之,为之作传。

刘基自台至越,携眷住城之南阪。

舒頔五月重建云台观于秀野。

陶安去职,腊月望后至当涂。

意大利人文主义诗人弗朗切斯科·彼得拉克著散文《隐患》。

日新堂刊邹季友《书集传音释》6卷。

按:《四库全书简明目录标注》载有元至正十四年本,十一行,大小字二十。又有德新书堂刻本、日本弘化刻本、光绪浙江书局刻本。邹季友,字晋昭,鄱阳人。还著有《尚书蔡传音释辨误》6卷、《尚书音释》1卷。

余庆堂刊刻罗复《诗集传音释》20卷。

按:傅增湘《藏园群书经眼录》载:此本,十二行二十一字,黑口,四周双边。次行题"东阳许谦名物钞音释",三行题"后学庐陵罗复纂辑"。凡例后有牌记"至正甲午孟春余庆书堂新刊"。雒竹筠稿著至正十一年双桂书堂刊本。又咸丰七年海昌蒋氏衍芬草堂刊本,书名皆作《诗集传名物钞音释纂辑》。

魏刚纂《春秋左氏传类编》成,杨维桢七月为撰序。

按:魏刚,字德刚,钜鹿人。尝受《春秋》经学于杨维桢门人应才,后又从学维桢钱唐。聘为临安县学教授。杨《序》云:"……钜鹿魏生德刚初授《春秋》经学于应君之邵,应君殁,又执经于吾,吾于三《传》有所考索,必生焉是资。其暇日以左氏所记本末不相贯穿者,每一事各为始终而类编之,名曰《春秋左氏传类编》。昔铎椒、虞卿辈各作《左氏钞撮》,其书盖约言之编耳,未知求经统要也。生之是编,岂《钞撮》可以较小大哉?……至正十四年秋七月朔序。"(《东维子文集》卷六)

嘉兴路儒学刊行《汲冢周书》10卷。

按:是为今存《逸周书》最早刻本,又称元刊本。前有李焘《传写周书跋》、丁黼嘉定十五年《刻周书序》和黄玠是年十二月《汲冢周书序》。黄《序》云:"古书之存者,六籍之外,盖亦无几。《汲冢周书》,其一也。其书十卷,自'度训'至于'器服'凡七十解。自叙其后为一篇,若《书》之有小序同。孔晁为之注。晋太康中,盗发汲郡魏安釐王冢而得之,故系之'汲冢'。所言文王与纣之事,故谓之《周书》。刘向谓是周时誓告、号令,孔子删录之余。班固《艺文志》亦有其篇目。司马迁记武王伐纣之事,正与此合。然则两汉之时已在中秘,非始出于汲冢也。观其属辞成章,体制绝不与百篇相似,亦不类西京文字。是盖战国之世,逸民处士之所纂辑,以备私藏者。性命道德之几微,文、武政教之要略,与夫《谥法》、《职方》、《时训》、《月令》,无不切于修己治人。虽其间驳而不纯,要不失为古书也。郡太守刘公廷翰,好古尤至,出先世所藏,命刻板学宫,俾行于世,上不负古人之用心,下得以广诸生之闻见,其淑惠后人,不既多乎!至正甲午冬十二月,四明后学黄玠谨志。"(《汲冢周书》卷首)

黄溍约于此年著《日损斋笔记》1卷成。

按：是书为以考辨为主的笔记，较无条理，后经同里刘刚分类编次，标《辨经》、《辨史》、《杂辨》三目。《四库全书总目提要》评曰："书中皆考证经史子集异同得失。其辨史十六则，尤精于辨经。……引据尤极明确，非束书不观而空谈臆断者也。"

颜润卿编成《唐音缉释》，宋讷作序。

按：此书乃颜润卿用时6年完成，专门就杨士弘至正四年（1344）所编选《唐音》作校笺、考释，此书使杨士弘《唐音》流传更广。而为时人编选总集作笺释，在元乃罕见之例。宋《序》云："诗人立言，虽吟咏性情，其述事，多索古喻今，或感今思古；其写景，则所历山川原隰、风土人物之异，所见则昆虫草木、风云月露之殊，各萃于诗。至于诗人居台阁、列朝廷者，所历所见莫非城观宫阙之雄，典章文物之美，器械车马之壮，华夷会同之盛，殆非山林所历所见可概论也。然诗之体，有赋有比有兴，观体可得而见。诗之音，清浊高下、疾徐疏数之节，与夫世之治乱、国之存亡，审音可得而考。若夫事之所述，景之所写，非博极群书，穷搜百家，未易析其事、辨其景也。诗岂易观哉？唐虞赓歌，三百篇之权舆，其来远矣。汉魏而下，诗载《文选》。《选》之后莫盛于唐。唐三百年，诗之音几变矣。文章与时高下，信哉！襄城杨伯谦，诗好唐，集若干卷以备诸体，仍分盛中晚为三。世道升降，声文之成，安得不随之而变也。总名曰《唐音》。既镂梓，天下学诗而嗜唐者，争售而读之，可谓选唐之冠乎？丹阳颜先生润卿，幼勤学，老益嗜学，穷经以探圣心，玩史以验时变，义理精彻，古今得失，咸该贯而发挥于后也。有见闻，每论著其说，以成一家之言。箧而藏之，来求者不隐也。至正戊子，始见《唐音》，取而读之，喜其诸体备，足为学式，恒观不厌。乃考事与景，缉而编之，乃六载而稿始脱焉。盖使观者知某事出某代、某景在某地也。其引经援史，据传摭记，训解注释，略无遗阙，间有正其误、辨其疑者，厚哉！先生之存心也。深有功于唐人之诗，又有补于《唐音》之选也。其凡例详录卷首。嗣子予容，以先生命请序于讷。讷未识先生，闻其名则旧矣，是用弗辞。呜呼！传注训诂之学，后之不可略也，六经亦赖传注而明。传注不作，则经多间断残缺，孰得而知之？矧唐人之诗，有不可明哉。读《唐音缉释》者，因诗以验考缉之是否，因考缉以遡作诗之本原，诗不难读矣。然则先生嘉惠后学之德，当与《唐音》相为始终，讵可量耶？至正甲午夏六月。"（《西隐集》卷六）

《直说素书》附《音释》不分卷刊刻。

按：雒竹筠稿载：有元至元十四年金陵寡学王氏序，又谓卷末有"聚宝门外徐氏刊"。

鄞江书院刊行毛直方《增广事联诗学大成》30卷。

危素作《续释氏通鉴序》。

按：《序》云："京师大宝集寺住持则堂仪公修《续释氏通鉴》既成，属予序之。盖宋咸淳间，括苍沙门本觉仿司马文正公《资治通鉴》例为书，曰《释氏通鉴》。师之书所以继本觉师而为之。本觉师之书起周昭王，讫周恭帝。今续书由宋太祖建隆元年至于今，其关于释氏者纤悉必录，至于国之大事亦附见焉。初，师之有志于是，辍衣资以购书；藏书之家，卑辞以求假。残碑断碣足以考征者，无不采摭，虽隆寒盛暑，删述不倦，亦可谓敏矣！不独此也，师少壮励精其业，周游四方，遇经纶禅学之师，皆深叩其阃奥，故通而无滞，公而不偏。顾骤读其书者，乌睹其用心之苦哉？当本觉师之为是书，有疆场彼此之限，纪载有所阙遗者，势也。师据法席于国中大刹，适四海混一之日，得以博观而详取，宜此书之传世而行后，不其题欤！然而始终未四百年，而尘世之事变迁靡常，梦幻泡影曾不足以论之。而释氏之说历四朝而愈盛，宜乎提要

备言,羽翼信史,师之道于是而益宏矣。书凡十有五卷。"(《危太朴文续集》卷一)

僧觉岸著《释氏稽古略》4卷成,李桓有序。

按:原题"乌程职里宝相比丘释觉岸宝洲编集再治",云"再治",盖以是书初名《稽古手鉴》,后又增广,始易今名故也。该书辑存自东汉迄宋末,大量佛教史事、人物和文述,为研究中国佛教发展史重要史料之一。《四库全书总目提要》评曰:"所录自内典以外,旁及杂家传记文集志乘、碑碣之类,多能搜采源流派别,详赡可观。……其援据既富,亦颇有出自僻书,足资考证者。"

林志坚著《道德真经注》2卷成,有自序。

按:全文每句之下,注经文一二语,转相发明。林志坚《序》云:"道尊德贵,天地覆载无穷;古圣先贤,经典注释良多。出生入死,名为修身之法,无为而化深,乃治世之方。明心见性之人,乃知'谷神不死'一章最佳;治国安民之士,故解'以正治国'一篇深妙。人生于世,莫过如此。余因闲暇之时,静观圣贤之妙典,岂悟造化之渊深。愚意妄自以假太上老君《道德经》典始终相因,以正经注于正经之下,以经解经,略知经意。岂能表里相通,熟读玩味,自然解悟正经之玄妙?入道之门户,立德之根基,可谓明矣。司马光曰:'非常之道,故非常人之所知。'朱文公曰:'道而可道,则非常道;名而可名,则非常名。'余常切思,自见者不明,自是者不彰。愚意不避僭越之愆,互相引证,岂为序注所能尽善也欤!候来之君子,见之勿吝,必须删削,以求斤正,深为良矣!元至正岁次甲午孟夏吉日,广陵仁斋林志坚序。"(《正统道藏》卷一三)

李好文为程文海《雪楼集》作序。

按:《序》云:"公生于宋淳祐巳酉,当我宪宗嗣服前之二岁,至至元丙子,江南始平,遂以侍子入见。寻命入翰林,年方壮也,自始识学,至于有立。其所以储精畜思,藏器待时,郁而未施者,固天所以遗圣明之世,膺作兴之运,以恢宏大业黼黻太平者也。公之文悉本于仁义,辅之以六经,陈之为轨范,措之为事业,滔滔汩汩,如有源之水,流而不穷,曲折变化,合自然之度,愈出愈伟,诚可谓一代之作者矣。初世皇之在潜邸也,已喜儒士,凡天下之鸿才硕德,靡不延访招致左右。爰暨即位,乃考文章、明制度、兴礼制乐,为天下法,一时名士汇征并进,文采炳蔚度越前代。如王文康公鹗、王文忠公磐、李文正公冶、太常徐公世隆、内翰图克坦公履之俦,多前金遗逸,皆为我用。惟公南来,际遇隆渥,逮事四朝四十余年,虽出入显要,而居侍从之列者,有半仕履之久,一人而已,故其谟谋献纳,输忠尽职,一寓之文,古所谓立德立言而不朽者,公其有焉。今其存者,内外制词及诸杂文若干篇,诗若干首,乐府若干首,总四十五卷,仲子大本之所录也。呜呼,盛哉!公讳文海,字钜夫,后避武宗御名以字行,雪楼其号云。至正十有四年,岁在甲午四月生明前一日,后学李好文谨序。"(《雪楼集》卷首)

虞堪编、虞集著《道园遗稿》6卷刊行,危素有序。

按:《四库全书总目提要》评曰:"集著作虽富,而散佚亦多。……然《元音》及《乾坤清气集》均载是诗。"危素《序》云:"太史蜀郡虞公之文曰《道园学古录》。建安刘氏刻于家塾,曰《道园类稿》,临川郡学复刻焉。公自编集皆五十卷,而增损各异。从孙堪复访求其未传者又若干卷,俾素叙之。公唐、宋文献之家,幼从亲徙居临川,天性精敏,而家训甚严。方壮而出游,所交多当世之俊杰,丽泽之益,月旦不同。及扬历馆阁,遂擅大名于海内。其文章之出,莫不争先而快睹,得之盖足以为终身之荣。暮年归休江南,又十有六年,求为著述者填咽于门,往往曲随所愿而泛应之。然豪家厚赍金币,临之以势,竟不可得也。公贯通经史,而博涉于百氏,故挚然各尽其蕴而无所偏滞。深知公之所造者,殊未数数然耳,固未始以文人自居。或问作文,公语甲曰:'言其所当言,不可言者不言。'语乙则曰:'观《近思录》。'语丙则曰:'读《论语》。'又曰:'天之风雨雷霆,斯至文也。'其卒能默识心通于公意言之表者,果谁乎?素早事翰林学士吴先生于华盖山中,至于论文,则必以公为称首。公之南归,始获从容奉教。观其文,神奇变化,诚不可窥测以蠡管也。真定苏参政伯修与素约曰:'吾二人辱虞公之知,盍各求其遗文,他日合为全书,庶几不至散轶,可以逭吾党之责。'伯修既物故,素亦未遑有所铨次。堪之为是,甚喜其承家继后之异乎他人也。公讳集,字伯生,仕至奎章院侍书学士、翰林侍讲学士、监察御史。请加褒谥,赠江西行省参知政事,追封仁寿郡公,谥文靖。"(《危太朴文续集》卷一)

黄公望卒(1269—)。公望本姓陆,名坚,常熟人,一作富阳人,又作衢州人。出继永嘉黄氏为义子,改姓名,字子久,号一峰、大痴道人等。曾充任浙西宪史、掾中台察院等,延祐时曾入狱,出狱后信全真道。博学多能,通音律,善散曲,尤精山水画,得赵孟頫指授,师法董源、巨然,晚年自成一家。与吴镇、倪瓒、王蒙合称"元四家",黄公望为四者中对明清山水画影响最大者。著有《写山水诀》1卷,存世画作有《富春山居图》、《九峰雪霁图》、《天池石壁图》等,诗集有《大痴山人集》。事迹见《元书》卷九一、《新元史》卷二三八、《吴中人物志》卷九。温肇桐编有《黄公望史料》。

按:其《写山水决》又名《大痴画决》。该书提倡"士人家风",主张"立意",颇受文人画家好评。

吴镇卒(1280—)。镇字仲圭,号梅花道人、梅沙弥,浙江嘉兴人。居不仕。善画水墨山水,喜以《渔父词》为画题,寄寓自食其力、不趋权势之意。兼擅松竹,并工草书和诗词,为"元四家"之一。存世画稿有《双桧平远图》、《渔父图》、《清江春晓图》、《古木竹石图》等。诗文有《梅花庵稿》、《文湖州竹派》1卷。后人辑《梅花道人遗墨》2卷,收辑其诗、词、题跋等。《全元散曲》存其小令一首。事迹见《元书》卷九一、《元诗纪事》卷二一、《两浙名贤录》卷四四。钱棻撰有《梅花道人本传》。

按:《梅花道人遗墨》又名《梅道人遗墨》,或作1卷。从其题跋中,后人可窥其所涉足之绘画领域、学画作画心得、部分绘画理论。通行本有《四库全书》本、《啸园丛书》本。吴镇诗文生前未曾结集梓行,故大多散佚。明代末年,其乡人钱棻搜罗吴镇书画墨迹,抄录荟萃成编,即为本书。《四库全书总目提要》已指出书中有误收。其《文湖州竹派》,又名《竹派》,属传记类著作,"文湖州"指北宋书画名家文同,文同精于画竹,为后人所仿效,本书即搜集了宋、元两代学习文同而又卓有成就的二十五位画家的生平事迹,由于都以文同为师,又皆以绘竹为长,故称"竹派"。

李存卒(1281—)。存字明远,又字仲公,安仁人。从陈苑学。博涉典籍,通天文、地理、医卜、释道之书。尝应科举不利,即为隐居计。中丞御史交章荐,不就。与祝蕃、舒衍、吴谦合称"江东四先生"。学者称俟庵先生。《宋元学案》列其入《静明宝峰学案》"静明门人"。著有《俟庵集》30卷。事迹见《新元史》卷二三七、《宋季忠义录》卷一六、《(嘉靖)江西通志》、《列朝诗集小传·甲前集》、《元诗选·初集》小传。

僧觉岸约卒(1286—)。觉岸字宝洲,吴兴人,俗姓吴。从孤明禅师,与僧念觉同为晦机元熙的弟子、临济宗杨歧派大慧宗杲系僧人。事迹见明幻轮《释氏稽古略续集》卷一、明河《补续高僧传》卷一八、《松江府志》卷六三。

王毅卒(1303—)。毅字刚叔,号木讷斋,处州龙泉人。曾受许谦、欧阳玄、黄溍、余阙、危素等推重,门人章溢、胡深等为入明颇有影响人士。门人尝集其诗文为《木讷斋集》5卷。事迹见宋濂《王先生小传》(《宋文宪集》卷四八)、《元诗选·癸集》戊集上小传。

周是修(—1402)、陆子高(—1431)生。

至正十五年　乙未　1355年

威尼斯总督马里诺·莫利埃里以叛逆罪被10委员会处死。本年与热那亚言和。

查理四世加冕于米兰,称神圣罗马帝国皇帝。

英国再攻法国。德意志帝国公文体语言和格式有了固定形式。

正月,朱元璋计取和州,郭子兴命朱元璋总领和州兵。

三月甲午,授皇太子玉册,赐以冕服九旒,祗谒太庙。

四月,小明王命郭子兴子天叙为元帅,张天祐、朱元璋为副元帅。

六月,朱元璋渡江,拔采石,取太平。

九月,朱元璋攻集庆不利,郭天叙、张天祐皆败死,朱元璋继任都元帅。

十月,孔希学袭封衍圣公。

许有壬迁集贤大学士,寻改枢密副使,复拜中书左丞。

吴当除翰林直学士。

贡师泰擢江西廉访副使,未行,迁福建廉访使,不久,除礼部尚书。五月到兰溪,吴沉、王祎与其往来,又于王祎处得危素所编《金华黄先生文集》,作《黄学士文集序》。

宋濂三月作《皇太子受玉册颂》,又作自传《白牛生传》。

脱脱三月辛丑诏流放于云南大理宣慰司镇西路。十二月,贬谪云南,被毒死。

杨瑀改建德路总管。

杨维桢出任江浙之际,匿名投书左相达识帖睦尔,批判其纳贿卖官之迹,并望之行仁政,擢贤才。

王祎是春隐居青岩山,在其外家傅氏居旁买地数亩,结屋住之,作《青岩山居记》。

刘基三月往杭州,旋还越,过萧山撰《北岭将军庙碑》。七月作《诸暨州重建州学记》、《绍兴崇福寺记》。

朱元璋至采石,陶安与耆老李习率父老出迎。

贡师泰、林泉生为张养浩《三事忠告》之《风宪忠告》作序。

按：《四库全书总目提要》曰："养浩为县令时，著《牧民忠告》二卷，凡十纲，七十二子目。为御史时，著《风宪忠告》一卷，凡十篇。入中书时，著《庙堂忠告》一卷，亦十篇。其言皆切实近理，而不涉於迂阔。盖养浩留心实政，举所阅历者著之。非讲学家务为高论，可坐言而不可起行者也。明张纶《林泉随笔》曰：'张文忠公《三事忠告》，诚有位者之良规。观其在守令则有守令之式，居台宪则有台宪之箴，为宰相则有宰相之谟。醇深明粹，真有德者之言也。考其为人，能竭忠徇国，正大光明，无一行不践其言'云云，其推挹可谓至矣。"

曹本四月作《续复古编后序》。（参见曹本至正十二年作《续复古编》条）

按：《序》云："至顺、元统间，本随侍先君子寓豫章，后至京师，颇喜工篆籀，往往为人书及自书，日不下数幅。祈寒盛暑，未尝辞惮，亦未尝自信自欺。盖古者字少而用多，故有正文、假借、通用，尔后方言名物传见滋繁，甚有无从下笔者。一幅之间，常数字或十数字，多至数十字，大抵异议讹误，悉空之。时于笔倦意懒之际，取《说文》旁搜遍讨，此即此字，某当作某，见诸注说者如此，散在他部者如此，载于经史子集者如此。质之先达，访于通人，亦义有归，考之有据，即于向之所空者补足之，然后敢以归于人。人惟见迟延不快写，岂知疑而未得者，讵敢苟且哉！考既有得，则笔之于帙。日积时久，弥以益多。他日襄帙而指计焉，得四千余字。好事者见之，咸谓宜类集如张氏之编，便学者知字有而《说文》无者，则未始无有也。余曰：'张隐君笃信《说文》，故能推徐氏正俗之意，而成《复古编》。余始窘于俗误，今考辑若此，其未考者尚不少。缓以岁月，加之考索弗惓，当复有是编之多，孰谓是编能尽张氏之遗哉！后编之出，亦犹我之续张，则又我之续我也。'于是乎书于续编后。至正十五年岁在乙未四月廿五日，曹本子学甫识。"（《续复古编》卷后）

日新书堂刊刻毛晃增注、毛居正校勘《增修互注礼部韵略》5卷。

按：王重民《中国善本书提要》云："该书原题：'衢州免解进士毛晃增注，男进士居正校勘重增'。……《访书志》著录至正乙未（1355）日新书堂刊本，《留真谱初编》著录至正甲申（1344）余氏勤德堂刊本，及丙午（当是至正二十六年）秀岩书堂重刻本。"

夏庭芝著《青楼集》成，朱经为之序。

按：此书记述元代著名艺人、戏曲家等事迹，与钟嗣成《录鬼簿》有同等史料价值。夏庭芝，字伯和，号雪蓑，华亭人。

艾元英《如宜方》2卷刊刻。

按：《四库全书总目提要》曰："元英，东平人。始末无考。此本为三山张士宁所刊。前有二序，一为至正乙未林兴祖作，一为至治癸亥吴德昭作。其书首列药石炮制总论，不过数十味，未免简略。第一卷述证，自中风至杂病凡三十类。第二卷载方，凡三百有余。其曰'如宜'者，如某证宜用某汤，某证宜用某圆散是也。其说一定不移，未免执而不化。焦氏《经籍志》、高氏《百川书志》俱不著录，然相其版式，犹元代闽中所刊，非依托也。"

黄溍正月十五日作《虞先生诗序》。

按：《序》云："自昔文章家著述之盛，其集有内外、前后、续别之分，盖由其体制有同异、岁月有早暮，故其编纂汇次之法各有所存。然其文之可传者，片言半简，皆不得而弃置，又复有所谓拾遗者焉。国朝一代文章家，莫盛于阁学蜀郡虞公。公之诗文曰《道园学古录》者，其类目皆公手所编定。天下学者既以家传而户诵之矣，然其散逸遗落者,犹不可胜计也。其从孙堪,乃为博加讨访,积累之久,得古律诗七百三十七篇,而吴郡金君伯祥为锓诸梓。是编之传,其殆所谓拾遗者乎?予尝获执笔从公之后,而窃诵公之诗,以为国朝之宗工硕士后先,其于诗尤长者,如公及临江范公,盖不可一二数也。学者读乎是编,则知其残膏剩馥,所以沾丐后人者多矣。今公已不可复作,予是以三复是编,而为之永慨也。抑公平生所为文,无虑万余篇,今《道园录》中所载,不翅十之三四而已。然则并加讨访,而使之尽传焉,岂非堪之志,而予之所深望者乎?是故昌黎之集成于门人,河东之集托于朋友。惟庐陵欧阳公之集,其嗣人能致其力焉。若堪之汲汲于此,其亦可谓无愧于欧阳氏矣。堪字克用,好学有文,能世其家。而公之行能官代,已具于欧阳内翰所为碑铭,兹不著。至正十五年正月十五日,金华黄溍序。"(《珊瑚木难》卷一)

黄溍《金华黄先生文集》43卷刊刻,贡师泰十月为作序。

按:卷首有《黄学士文集序》,署"至正十五年十月既望朝散大夫福建闽海道肃政联防使宣城贡师泰序",次为"金华黄先生文集目录",卷一至卷三:初稿,卷四至四十三:续稿。正文各卷头题"金华黄先生文集卷第几",署"临川危素编次、番易刘耳校正"。卷三尾题之后有赵孟頫和危素所撰二跋,分别署"皇庆元年(1312)十月廿九日赵孟頫书"、"临川危素记"。贡师泰《序》云:"翰林侍讲学士金华黄先生文集,总四十三卷。其《初稿》三卷,则未第时作,监察御史临川危素所编次。《续稿》四十卷,则皆登第后作,门人王祎、宋濂所编次也。先生之文章,刮劘澡雪,如明珠白璧藉之缫绮,读者但见其光莹而含蓄,华缛而粹温,令人爱玩叹息之不已,而不知其致力用心之苦也。故其见诸朝廷简册之纪载,山林泉石之咏歌,无不各得其体而极其趣,以自成一家言。余尝论之,文章与世运同为盛衰,或百年,或数十年辄一见。先生当科目久废之余,文治复兴之日,得大肆力于学,以擅名于海内,虽其超见卓识有以异于人,其亦值世运之盛也。譬诸山川之风气,草木之花实,息者必复,悴者必荣,盖亦理势之必然,夫岂偶然而已哉!先生领延祐甲寅乡荐,先文靖公实为考官,于师泰有契家之好。其后同居史馆,又同侍经筵,交谊尤笃。比廉问闽南,过金华,得先生之集于王祎,故叙而授之三山学官,俾刻梓以惠来学。先生登进士第,授将仕郎、台州宁海县丞,历石堰场监运,诸暨州判官,浮沈州县几二十年,始入翰林应奉文字。寻丁外艰。服除,改国子博士。居六年,以太夫人春秋高,乞外补,遂提举江浙儒学。年六十有四,竟辞禄归养,以中顺大夫、秘书少监致仕。及复召入翰林,侍经筵,数告老,不许,久乃得谢去。今年七十有九,犹康强善饮啖,援笔驰骋如壮岁云。"(《贡礼部玩斋集》卷六)

郑氏义门正月刊行郑涛辑、宋濂著《潜溪集》10卷、《附录》2卷。

按:是书有陈旅、欧阳玄、王祎序。欧阳玄《序》云:"经筵检讨郑君涛,以金华宋濂先生所著文集征予序。予为之言曰:三代而下,文章唯西京为盛。逮及东都,其气寖衰。至李唐复盛,盛极又衰。宋有天下百年,始渐复于古。南渡以还,为士者以从焉无根之学,而荒思于科试间,有稍自振拔者,亦多诞幻卑冗,不足以名家,其衰又益甚矣。我元龙兴,以浑厚之气变之,而至文生焉。中统、至元之文庞以蔚,元贞、大德之文畅而腴,至大、延祐之文丽而贞,泰定、天历之文赡以雄。涵育既久,日富月繁,上而日星之昭晰,下而山川之流峙,皆归诸粲然之文,意将超宋、唐而至西京矣。宋君虽近出,其天分至高,极天下之书无不尽读,大江以南,最号博学者也。以其所蕴,大肆厥辞,其气韵沉雄,如淮阴出师,百战百胜,志不少慑;其神思飘逸,如列子御风,翩然褰举,不沾尘土;其辞调尔雅,如殷鼎周彝,龙纹漫灭,古意独存;其态度多变,如晴跻终南,众皱前阵,应接不暇。非才具众长,识迈千古,安能与于斯?杂于古人篇章中,盖甚难辨。唯真知文者,始信予言之弗谬。予在翰林也久,海内之文无不得寓目焉,求如宋君,何其鲜也!苟置之承明、奉常之署,使掌制作,岂不能黼黻一代乎?先民有言曰:知言,圣贤之能事;立言,学问之极功。不学知言,不能明理;不学立言,不能成文。有若宋君,其殆理明而文成者欤!因书以为序。宋君字景濂,濂其名也。尝著《人物记》二卷,余为序之,郑君谓其可拟《五代史记》,亦云论云。"(《圭斋文集》卷八)

黄溍八月作《贡侍郎文集序》。

按:《序》云:"延祐初,元故内翰贡文靖公较艺江浙乡闱,溍以非才,误蒙荐送,忝缀末科。公既入居文学侍从之列,而溍随牒远方,浮湛州县,晚乃登朝,将以门生礼见,则公捐馆舍已久。犹幸与公仲子侍郎公托契家之好,而缔文字交。侍郎由供奉翰林外补,而复以元官召,累升次对。溍适自退休,备员劝讲。同官为寮,日相欵洽。属有史事,罔敢不亲其职业。辰入酉出,无须臾间。于侍郎之高文大册、长篇短章,虽时获窥豹一斑、尝鼎一脔,终未能尽大观而无憾也。溍以老得谢,归卧林麓。侍郎方峻跻台省,出驾使车,相望日益以远。诸生有辱侍郎谓之进而旅于门下之士者,汇次其文集,为若干卷,持以示溍,始遂其快睹,而厌饫其隽永之味焉。昔之论文者,盖曰文之体有二:有山林草野之文,有朝廷台阁之文。夫立言者,或据理,或指事,或缘情,无非发于本实。有是实,斯有是文。其所处之地不同,则其为言不得不异,乌有一定之体乎?侍郎早从文靖公至京师,而与英俊并游于成均。逮释褐授官,而践扬中外,在朝廷台阁之日常多。故其蕴蓄之素,施于诏令,则务深醇谨重,以导宣德意,而孚众听;施于史传,则务详赡精核,以推叙功伐,而尊国执,施于论奏,则务坦易质直,以别白是非邪正、利病得失,而不过为矫激。他歌诗、杂著、赞颂、碑铭、记序之属,非有其实,不苟饰空言,以曲狥时人之求。至于宦辙所经名区胜地、大山长溪、穹林邃壑、风岚泉石、幽遐奇绝之概,有以动其逸兴,而形于赋咏,与畸人静者互为倡答,率皆清虚简远可喜,亦非穷乡下士、草野寒生危苦之词可同日而语也。盖其为文,初不胶于一定之体,安知其孰为台阁,孰为山林也耶?东坡先生曰:'吾文如万斛泉源,不择地皆可出。在平地,虽一日千里无难。及与石山曲折、随物赋形,不可知也。所可知者,常行于所当行,常止于不可不止,如是而已。'欲知侍郎之文,请以先生之言观之。至正十又五年秋八月甲子,黄溍序。"(《金华黄先生文集》卷一九)

熊太古著《冀越集记》2卷成。

按:《四库全书总目提要》曰:"此书自序题乙未岁,为至正十五年,犹在元代所作也。太古生平足迹半天下,北涉河,西泛洞庭,东游浙右,南至交、广,故举南北所至以冀越名其集。杂记见闻,亦颇赅博,明李时珍辈撰《本草纲目》,颇援据之。"

马治作《荆南倡和诗序》。(可参见周砥、马治著《荆南倡和诗集》1卷条)

按:《序》云:"前年予归养亲,始寓荆南山中。荆南者,《地志》云义兴,俗劲直,有荆楚之风。故水名荆溪,溪之南曰荆南,非江汉之间所谓荆南者也。常之属邑四,而义兴山独多。凡山之群峰错出者,唯荆南为然。义兴故僻左,而荆南延亘且百里。予所寓处,距州郭七十里。四方宾客苟以事来义兴者,多止州郭遽去,以故荆南虽有佳山水谷岩潭洞之胜,多不知。使知之,亦不暇游也。予虽以邑人久寓于兹,而亦未极披览。去年春,履道自吴门来,与予俱主周氏家。周氏好学,有贤行,得客予二人,乃大喜,为屋洞东西以馆之,置茶具酒杯,属其子弟从之游。盖今二年之间,亦稍稍事搜览。天高气清,间相与登铜官,窥玉潭,咏颐山晚晴,送具区之洪波,招天目之远云,而吴兴、桐川诸山,若奔走来会可喜者,始咎向者缺游观之胜也。闲居读书,念亲旧离别。与夫风泉月林之间,载啸载歌。商今古,较人事。吊吴封禅遗迹,思孝侯折节从学之勇,不可复见。与夫杜牧之之风流,苏长公之英灵,则复感叹悲咤,嘤嘤不已。予与履道意思皆然,因合前后所作为《荆南倡和诗》若干篇。……前年,至正十三年也。十五年秋七月序。"(《常郡八邑艺文志》卷五)马治(1322—?),字孝常,宜兴人。至正间与周砥唱和,有《荆南倡和诗集》1卷。入明授内丘知县,迁建昌同知,洪武十七年犹存。

吴景奎著《药房樵唱》3卷、《附录》1卷成。

希腊人文主义者普利托(—1419)生。

潘音卒(1270—)。音字声甫,新昌人。尝从吴澄学,终身不仕。筑室南洲山中,自名其轩曰待清隐居。《宋元学案》列其入《草庐学案》"草庐门人"。著有《待清遗稿》2卷、《读书录存遗》1卷。事迹见《元史类编》卷三六、《宋季忠义录》卷一四、《万历绍兴府志》卷四六、《元诗选·初集》小传。

曹知白卒(1271—)。知白字又玄、贞素,号云西,华亭人。曾任昆山教谕,后辞官隐居,读经书,好道教。为江南富族,庄园宽敞豪华而清幽,喜交结文人名士,家富收藏。善画山水,师法李成、郭熙。山石勾皴柔细,少渲染,笔墨早年秀润,晚年苍秀简逸,风格清疏简淡。境界清远,笔墨疏秀泠俊。存内世作品有《疏松幽岫图》、《寒林图》、《群峰雪霁图》、《溪山泛艇图》、《双松图》等传世。事迹见《江南通志》卷一六八、《画史会要》卷三。

汪泽民卒(1273—)。泽民字叔志,自号堪老真逸,宣城人。延祐元年,以《春秋》中乡贡,授宁国路儒学正。延祐五年,登进士第,官至知府。至正三年,授国子司业,参修《辽》、《金》、《宋》三史。终以礼部尚书致仕。卒,追封谯国郡公,谥文节。著有《春秋纂疏》、《宛陵遗稿》,又与张师愚同编宋元古今体诗为《宛陵群英集》12卷。事迹见宋濂《谥文节汪先生神道碑铭》(《宋文宪公全集》卷五)、《元史》卷一八五、《元书》卷九二、《宋元学案补遗》卷九五、《元诗选·三集》小传、《(弘治)徽州府志》。

岑安卿卒(1286—)。安卿字静能,号栲栳山人,浙江余姚人。志行高洁,屡被举荐,皆辞而不就,穷阨以终。与李孝光、危素等相善。著有《栲栳山人集》3卷。事迹见《新元史》卷二三八、《元诗选·初集》小传、《(万历)余姚县志》。

按:《四库全书总目提要》评《栲栳山人集》云:"是集为安卿邑人宋禧编辑。禧初名元禧,洪武间召修《元史》,曾为安卿题像,述其生平。今亦附载于集中。其诗夐夐孤往,如其为人。惟七言古诗时杂李贺、温庭筠之体,盖有元一代风气如斯。然气骨本清,究亦不同纤媚秾冶之格。"

吴景奎二月初五日卒(1292—)。景奎字文可,浙江兰溪人。书无所不读,不仅作诗,且喜论诗,宋濂自称为其"契家侄"。其子吴履与门人黄琪编其遗诗为《药房樵唱》3卷。另辑有《诸家雅言》,未见传。事迹见吴履《处士吴公行状》、黄溍《故处士吴君墓志铭并序》、张顺祖《吴文可传》(皆见《药房樵唱》附录)、《元诗选·二集》小传。

吴睿卒(1298—)。睿字孟思,号云涛散人,濮阳人,居杭州。少好学,工翰墨,尤精篆隶。究通六书,凡古文款识度制,无不考究。其书法、篆刻直接影响到明初。著有《云涛萃稿》、《说文续释》、《集古印稿》等。事迹见《书史会要》卷七。

徐元震卒(1309—)。元震字孟达,世居常熟虞山。故徽州路儒学教授甫里陆德元招赘为婿。陆家务以诗书承家。陆德元卒后,徐元震独以身任遗孤之责,保抱扶持,陆氏之业因赖以弗坠。营别业于松江笠泽之上,聚书数千卷。事见陈基《徐元震圹铭》(《夷白斋稿》卷三五)。

脱脱十二月卒(1314—)。脱脱字大用,蔑里乞氏,一作蔑儿吉(角得)氏,蒙古人。幼养于伯颜家,从学于浦江人吴直方。初为皇太子怯薛官。至元四年,累官御史大夫。六年,定策逐伯颜,拜知枢密院事。至元元年,除中书右丞相,有贤声。任丞相期间,恢复科举,用贾鲁治黄河,主修《宋》、《辽》、《金》三史。著有《宋史岳飞传》1卷、《岳武庙名贤诗》1卷(僧可观辑)、《宋史道学传》4卷,又与人合纂《宋史艺文志》。事迹见《元史》卷一三八。

徐旭(—1406)、王璡(—1426)生。

至正十六年　丙申　1356年

三月,命集贤直学士杨俊民致祭曲阜孔子庙,仍葺其殿宇。

命六部、大司农司、集贤翰林国史两院、太常礼仪院、秘书、崇文、国子、都水监、侍仪司等正官,各举才堪守令者一人,不拘蒙古、色目、汉人、南人,从中书省斟酌用之。

朱元璋取集庆,改为应天府,部将徐达取镇江。

七月己卯朔,朱元璋称吴国公,奉宋龙凤正朔。

张士诚以舟师攻镇江,朱元璋命徐达攻常州,破士诚兵。

宋濂是年春斥客以贾似道题记之悦生堂《兰亭》本求跋。未几,有胡君示文天祥手帖,再拜起观,作《跋文履善手帖后》。十月,入小龙门山著书。十一月,寄所作集古鼎文写成之《删古岳渎经》于吴沉。是年前后,宋濂探访戴良。

贡师泰是春率兵与张士诚战,不敌,怀印绶弃城遁,匿海滨者久之。

王祎与叶子中相会于钱塘。是时,王祎离京已6年。

吴当奉诏特授江西肃政廉访使,偕江西行省参政火你赤、兵部尚书黄昭,招捕江西诸郡,便宜行事。

吴沉是年前后为宋濂《潜溪集》题诗。

查理四世颁黄金诏书。

英军于普瓦提埃之役大破法军。

夏溥等正月与杨维桢唱和《吴山谣》。

按：夏溥，字大之（一作大志），号虎怕道人。淳安人。明《易》、《春秋》之学，为文雄深简古。至治三年领乡荐，授安定书院山长，转龙兴路儒学教授。赵汸等即出其门，有诗名，与虞集、李孝光、杨维桢等唱和，所作被称为"夏体"。

谢应芳上书丞相，不报，怏怏而还。杨维桢感叹，赋诗三百言赠行。

赵雍以湖州路同知致仕。

吴仪举乡试。

按：钱大昕《元史艺文志》注：仪字明善，金溪人。著有《春秋稗传》、《春秋五传论辨》、《春秋类编》。

饶介览高启诗，惊异，以之为上客。

刘基离绍兴往杭州，与石末宜孙诗文往来。

按：石末宜孙，字申之，契丹华族述律氏，台州人。至正十一年（1351）为浙东宣慰副使，分府处州（今浙江丽水），其间有刘基、胡深等居于幕府，与文人投壶赋诗，是诗坛东道主。事迹见《元诗选·癸集》庚集上、《御选元诗》卷首小传。

陶安奉命使淮，或云即奉书贻张士诚。是年，陶安因兵乱，移家金陵。

意大利人文主义诗人弗拉切斯科·彼特拉克于1346年始著的《我的秘密》成书。

俞仲温将其父俞琰所著《易外别传》与《阴符经解》、《沁园春解》合刊，总名为《玄学正宗》。

按：俞仲温于是书卷末有志，云："右《易外别传》一卷，先君子之所著，而附于《周易集说》之后者也。先君子尝遇隐者，以《先天图》指示邵子环中之极玄，故是书所著，发明邵子之学为多。近刊《阴符经解》，儿桢请以是叶缮写同锓诸梓，并《沁园春解》，三书共为一帙，将与四方高士共之，因请总名之曰《玄学正宗》云。至正丙申春正月，男仲温百拜谨志。"明《道藏》收入时，将《易外别传》误题为雷思齐著，《四库全书》已辨正。另《道藏》本《易外别传》与书后俞仲温《志》之间有《玄牝之门赋》一篇，似是错置。通行本有《正统道藏》本、《四库全书》本等。

刊刻《大学章句》1卷、《大学或问》1卷、《中庸章句》1卷、《中庸或问》1卷。

按：王重民《中国善本书提要》云："原题：'后学金华鲁斋王侗笺注批点。'……当为坊贾就陈（陈栎《四书发明》）、胡（胡炳文《四书通》）所见之批点标注本，益以许谦所说（即许谦《四书丛说》），刊为此本。或当时仅知鲁斋，而不知鲁斋名柏；或故意易柏为侗，以掩饰其造伪之迹也。"

周砥著《荆南倡和诗集》1卷成。（参见至正十五年马治《荆南倡和诗序》条）

按：周砥与马治唱和诗也。至正十三年（1353），砥避乱于治家，治馆砥于荆溪南，积三年唱和之作，编为此帙。后砥归吴中，与高启、杨基等游。虽人隔两代（周砥、马治皆活动于元末明初时间），而诗则作于一地一时，故以砥为主，附元人之末焉。

宋濂十月著《删古岳渎经》成。又著《龙门子凝道记》3卷，半年书成。

按：《龙门子凝道记》中主要表达宋氏某些政治、历史、社会之见解。因以道学家正统眼光观量一切，极少精辟之见。

王祎或于是年作《青岩丛录》、《大事记续编》。

按：王廷曾《重刊王忠文公集序》云："公尚有《玉堂杂著》二十四卷，略见集中。而续吕成公《大事记》七十九卷，此青岩山所著书，未有传本。"

郑涣十月增刻《潜溪集》。

按：是书卷末有郑涣题识，题识云："《潜溪集》一编，总六万有字，皆金华宋先生所著之文也。先生自以为文章乃无用空言。凡所酬应，鲜存其稿，出于涣兄仲舒编者，仅若是。仲父都事公取以锓梓，涣谨以先生近作益之，复用故国子监丞陈公昔所为序，冠于篇端。其文多系杂著，弗复分类。诗赋别见《萝山稿》，不在集中。群公所述纪传、赞辞及尺牍之属，有系于先生者，摘为二卷，附于其末。惟先生奥学雄文，有非区区小子所敢知，姑用识其刊刻本末于此。嗣是而有所作者，当为后集以传。至正十六年，岁次丙申，冬十月十三日，浦阳郑涣谨识。"

宋濂八月代吴志道作《故集贤院大学士荣禄大夫致仕吴公（直方）坟记》。

谢应芳请杨维桢序所著《思贤录》。

李祁约于是年作《龙子元书香世科序》。

按：《序》云："江西丙申科乡贡进士龙君子元，录乃祖揆斋翁、伯父贯斋翁宋时两科科诏、试题、榜名，及有元丙申江西乡贡帘内外百执事名与乡试题名，及所中选三场之文，萃为一编，题曰《书香世科》。始宝祐戊午，次景定辛酉，次至正丙申。百年之间，科目之盛，制度之详，皆见于此。其用心亦勤矣。虽然，予于是独有感焉。予以元统癸酉及第，凡所受国朝官府文凭，及程试文学、登科小录之类，遭乱荡无一存。每念一同年，欲记其年甲里居，无从征考，辄太息痛恨而止。乡里后生辈，或来问向时程试文字，漫不复记，无一语可答，又太息痛恨而止。今子元之于是编也，纤末备载，上有以著累世诗书之泽，下有以启后来弓冶之传，亦何幸哉！盖自兵变以来，吾湖广受祸，独先且酷。受祸先，故科先废；受祸酷，故士大夫家衣冠典籍，毁失无遗。若江西则祸后而轻，故科目得后废，而文献亦犹有可收录者，此子元之所以得为是编，而予之所以长太息而痛恨者也。虽然，予于是又有感焉。子元之举也，以至正丙申，丙申而后，江西亦不复举矣。使江西之举不废，车书会同，则子元必当再举，举则擢科登仕，将如取囊中物，岂独赖一举而止哉？子元虽不以是戚戚，而予于子元，乃独深有感也。故为书之，以识予太息痛恨之意。"（《云阳集》卷三）

陈谦卒（1290—　）。谦字子平，吴郡人。兄陈训为江浙行省照磨，张士诚兵突至，谦以身护兄不得，兄弟俱死。工诗文，尤精于《易》。著有《周易解诂》2卷、《河图说》1卷、《占法》1卷、《子平遗稿》。事迹见《经义考》卷四八、《元诗选·三集》卷九。

按：《经义考》卷四八引黄虞稷曰："谦分《卦辞》、《彖》、《象》，会粹诸家，以附其说，题曰《周易解诂》。后死于兵，其书散佚，弟子范文纲仅得二卷，非全书也。"

张雯卒（1292—　）。雯字子昭，吴县（一说杭州）人。家临市衢，构楼蓄书，自纪传子史，下逮稗官百家，无不备，日翻阅研究，居家撰述。兼通声律，喜古乐府歌曲。时宋亡已二十余年，犹怀故国，常发感叹。卒后葬吴县胥台乡黄山之源。著有《继潜录》、《通记补遗》、《墨记》等。事迹见《姑苏志》卷五四、《江南通志》卷一六五、《浙江通志》卷一七八。

郑允端约卒（1326—　）。允端字正淑，平江人。宋丞相郑清之五世孙女。尤善诗歌,卒后,宗族私谥曰贞懿。曾将诗作抄写成帙,由丈夫施伯仁编次成书,请钱惟善、杜寅作序,题为《肃雝集》1卷。事迹见《肃雝集自序》、《吴中人物志》卷八、《元诗选·初集》小传。

钱霖卒,生年不详。霖字子云,因出家为道士,更名为抱素,号素庵,又号泰窝道人,松江人。擅长乐府词曲,曾自编《醉边馀兴》,又有词集《渔樵谱》,今皆失传。又尝类编当时诸公所作,名曰《江湖清思集》。事迹见《太和正音谱》。

至正十七年　丁酉　1357年

波希米亚布拉格查理大桥兴建。

三月壬午,朱元璋部将徐达等攻克常州,改常州路为常州府。

五月,朱元璋击败泰兴张士诚军,攻克泰兴。

七月,帖里帖木儿奏续辑《风宪宏纲》。

十月,朱元璋部攻扬州,青军元帅张明鉴率其众降,时城中经青军屠食,居民仅存十八家。

郑玉被朱元璋拘。

按:《元史·忠义四》载:"十七年,大明兵入徽州,守将将要致之,玉曰:'吾岂事二姓者耶!'因被拘囚。"

黄溍七月以病力辞江浙左丞相所邀咨议省事。闰九月卒,后赠中奉大夫、江西等处行中书省参知政事、护军,追封江夏郡公,谥文献。门人王祎、金涓、屠性、宋濂、朱濂、傅藻等祭奠,王祎作《祭黄侍讲先生文》;宋濂为作《黄公行状》,又作《黄先生祠堂碑文》。杨维桢以其徒请,为撰墓铭。

许有壬以老病力乞致其事,久之始得请,给俸赐以终其身。

欧阳玄是春乞致仕,以中原道梗,欲由蜀还乡,惠宗复不允。

郑涣二月挟其师宋濂所为文谒见杨维桢,维桢为作序,言文章传世与否,当视其理,而非仗其势,褒金华文人在野者陈樵、宋濂;宋濂有《越歌》8首与之唱和。

余阙为淮南行省右丞。

王祎五月端午与蒋允升别于东阳双岘峰下;七月闻蒋允升死,作《哭蒋季高》诗。

周伯琦以参知政事,招谕平江张士诚。

郑元祐擢江浙儒学提举。

刘鹗迁广东廉访使副使,擢广东宣慰使,拜江西行省参政。

舒頔以疾辞江淮知府欲为起用之事。

刘基为行枢密院经历,与行院判石末宜孙守处州;十月,撰《浙东肃政廉访司处州反司题名记》。

戴良避兵山中,有《丁酉除夕效陶体诗》。是年,又造访杨维桢,维桢为作斋记。

李延兴三月登进士第。

邓愈七月访汪克宽。

郑玉著《周易大传附注》,自为序。

按:《周易大传附注》,见倪灿、卢文弨《补辽金元艺文志》,《元史·忠义传》作《周易纂注》。郑玉《自序》云:"伏羲画八卦而文籍生,则《易》于诸经为首出;秦焚典籍而《易》独存,则《易》视诸经为全书。天地万物之理,古今万事之变,《易》无不具;吉凶消长之故,进退存亡之几,《易》可前知。所以为洁净精微之教,而示人以'开物成务'之道也。《易》其可一日不讲乎!予自中年,即有志于是书,学陋识卑,不敢有所论著。至正壬辰,蕲黄红巾攻陷吾郡,祸及先庐,累世藏书无片纸存者。求之亲旧,悉皆煨烬,虽欲一《周易》白文读诵,亦不可得。后三年乙未,被召至四明,始从友人胡伯仁氏假得程、朱传义。归来山中,日诵一卦,似若有所得者。折中二先生之说,合为一书,名曰《程朱易契》。间有一二己见,不敢附入,始有僭越论著之意,又以无书考据而止。丁酉之秋,复避乱淳安之梓桐源,出入涧谷,上下林壑,寂寥无事,心地湛然,因思天地一《易》也,古今一《易》也,人物一《易》也。而吾身亦一《易》也。自天地而敛之,以至于吾身,《易》之体无不备;自吾身而推之,以至于天地,《易》之用无不周。又以吾身而论之,心者,《易》之太极也;血气者,《易》之阴阳也;四体者,《易》之四象也;进退出处之正与不正,吉凶存亡之所由应者,《易》之用也。如此,则近取诸身,而《易》无不尽矣。虽无书可也,无画可也,又何有于传注乎!又何事于考据乎!……是书之作,徒见其妄诞不知分量之罪而已,何有补于《易》哉!虽然,二文之经,夫子之传,自足相发,有不待论著而明者,则亦千古之确论也。读者试以是求之。"(《师山先生遗文》卷三)

赵汸纂《春秋属辞》15卷成,有自序。

按:《四库全书总目提要》评曰:"汸于《春秋》用力至深。至正丁酉,既定《集传》初稿,又因《礼记经解》之语,悟《春秋》之义,在于比事属辞,因复推笔削之旨,定著此书。"赵汸《自序》曰:"六经同出于圣人,《易》、《诗》、《书》、《礼》、《乐》之旨,近代说者皆得其宗,《春秋》独未定于一,何也?学者知不足以知圣人,而又不由《春秋》之教也。昔者圣人既作六经以成教于天下,而《春秋》教有其法,独与五经不同,所谓属辞比事是也。盖《诗》、《书》、《礼》、《乐》者,帝王盛德成功已然之迹,《易》观阴阳消息以见吉凶,圣人皆述而传之而已。《春秋》断截鲁史,有笔有削,以寓其拨乱之权,与述而不作者事异。自弟子高第者如游、夏尚不能赞一辞,苟非圣人为法以教人,使考其异同之故以求之,则笔削之意,何由可见乎?此属辞比事所以为《春秋》之教,不得与五经同也。然而圣人之志,则有未易知者。或属焉而不精,比焉而不详,则义类弗伦,而《春秋》之旨乱。故曰属辞比事而不乱者,深于《春秋》者也。有志是经者,其可舍此而他求乎?《左氏》去七十子之徒未远,而不得闻此,故虽博览遗文,略见本末,而于笔削之旨无所发明。此所谓知不足以知圣人,而又不由《春秋》之教者也。《公羊》、《谷梁》以不书发义,啖、赵二氏纂例以释经,犹有属辞遗意。而陈君举得之为

意大利人文主义诗人弗朗切斯科·彼得拉克著隐喻伦理长诗《凯旋》。

多,庶几知有《春秋》之教者。然皆泥于褒贬,不能推见始终,则圣人之志岂易知乎?若夫程、张、邵、朱四君子者,可谓知足以知圣人矣,而于属辞比事有未暇数数焉者,此五经微旨所以闇而复明,《春秋》独郁而不发也。自是以来,说者虽众,而君子一切谓之虚辞。夫文义虽隽而不合于经,则谓之虚辞可也,亦何疑于众说之纷纷乎?善乎庄周氏之言,曰《春秋》经世先王之志,圣人议而弗辩,此制作之本意也。微言既绝,教义弗彰,于是自议而为讥刺,自讥刺而为褒贬,自褒贬而为赏罚。厌其深刻者,又为实录之说以矫之,而先王经世之志荒矣。此君子所谓虚辞者也。故曰《春秋》之义不明,学者知不足以知圣人,而又不由《春秋》之教也,岂不然哉?间尝窃用其法以求之,而得笔削之大凡有八,盖制作之原也。《春秋》,鲁史也,虽有笔有削,而一国之纪纲本末未尝不具。盖有有笔而无削者,以为犹鲁春秋也,故其一曰存策书之大体。圣人拨乱以经世,而国书有定体,非假笔削无以寄文,故其二曰假笔削以行权。然事有非常,情有特异,虽笔削有不足以尽其义者,于是有变文,有特笔,而变文之别为类者,曰辩名实,曰谨华夷,故其三曰变文以示义,其四曰辩名实之际,其五曰谨华夷之辩,其六曰特笔以正名。上下内外之殊分,轻重浅深之弗齐,虽六者不能自见,则以日月之法区而别之,然后六义皆成,无微不显,故其七曰因日月以明类。自非有所是正,皆从史文。然特笔亦不过数简,故其八曰辞从主人。是皆所谓议而弗辩者也。虽然,使非是经有孔门遗教,则亦何以得圣人之意于千载之上哉?乃离经辩类,析类为凡,发其隐蔽,辩而释之,为八篇,曰《春秋属辞》,将使学者由《春秋》之教,以求制作之原。制作之原既得,而后圣人经世之义可言矣。安得属辞比事而不乱者,相与订其说哉。新安赵汸序。"(通志堂本《春秋属辞》卷首)宋濂尝作《春秋属辞序》,云:"子常蚤受《春秋》于九江黄先生楚望,先生之志以六经明晦为己任,其学以积思自悟,必得圣人之心为本,尝语于子常曰:'有鲁史之《春秋》则自伯禽至于顷公是已,有孔子之《春秋》则起隐公元年至于哀公十四年是已,必先考史法,然后圣人之笔削可得而求矣。'子常受其说以归,昼夜以思,忽有所得,稽之《左传杜注》,备见鲁史旧法,粲然可举,亟往质诸先生,而先生殁已久矣。子常益竭精毕虑,几废寝食,如是者二十年,一旦豁然有所悟入,且谓《春秋》之法在乎属辞比事而已。于是离析部居,分别义例,立为八体以布列之,集杜、陈二氏之所长而弃其所短。有未及者,辩而补之,何者为史策旧文,何者是圣人之笔削,悉有所附丽。凡闇昧难通,历数百年而弗决者,亦皆迎刃而解矣,遂勒成一十五卷,而名之曰《春秋属辞》云。呜呼!世之说《春秋》者,至是亦可以定矣。濂颇观简策所载说《春秋》者多至数十百家,求其大概,凡五变焉。其始变也,三家竞为专门,各守师说,故有墨守膏肓废疾之论。至其后也,或觉其胶,固已深而不能行远,乃仿周官调人之义而和解之,是再变也。又其后也,有恶其是非淆乱而不本诸经,择其可者存之,其不可者舍之,是三变也。又其后也,解者众多,实有溢于三家之外,有志之士会粹成编而集传集义之书愈盛焉,是四变也。又其后也,患恒说不足耸人视听,争以立异相雄破碎书法,牵合条类,哗然自以为高,甚者分配易象,逐事而实之,是五变也。五变之纷扰不定者,盖无他焉,由不知经文史法之殊,此其说愈滋而其旨愈晦也欤?子常生于五变之后,独能别白二者,直探圣人之心于千载之上,自非出类之才、绝伦之识,不足以与于斯!呜呼!世之说《春秋》者,至是亦可以定矣。如濂不敏,窃尝从事是经,辛勤钻摩,不为不久,辛眩众说不得其门而入,近获缔交于子常,子常不我鄙夷,俾题其书之首简。濂何足以知《春秋》,间与一二友生启而诵之,见其义精例密,咸有据依,多发前贤之所未发。譬犹张乐广厦,五音繁会,若不可以遽定,细而听之,则清浊之伦,重轻之度,皆有条而不紊,子常可谓深有功于圣经者矣。濂何足以知《春秋》,辄忘僭逾而序其作者之意如此。若夫孔子经世大旨所以垂宪将来者,已见子常之所自著,兹不敢剿说而渎告之也。子常姓赵氏,名汸,子常字也,歙休宁人,隐居东山,虽疾病不忘著书,四方学子尊之称为东山先生。子常别有《春秋师说》三卷、《春秋左氏传补注》十卷、《春秋集传》十五卷,与《属辞》并行于世,前史官金华宋濂谨序。"(《春秋属辞》卷首)

又按:赵汸尝纂《春秋纂述大意》寄宋濂、王祎。该文所讨论者涉及赵汸所著《春秋师说》3卷、《春秋左氏传补注》3卷、《春秋属辞》15卷、《春秋集传》15卷,并最终总结自己纂述《春秋》之意云:"此经唐、宋说者虽多,大抵有二途:一曰褒贬,一曰实录。褒贬之法,每相矛盾,其说自不能通;而实录只是史官之事情,与孟子说《春秋》处不合。诸家各以其意立论,言人人殊,既失事情,又昧书法,故黄先生一切断以虚辞。必经旨既明,义例既定,然后可择其存者存之。若黄先生立主杜氏得圣人制作本原,止斋根据三传,从书法之义,得学《春秋》之要,皆卓然有功于经。然啖、赵以前说者已数百家,近代复数百家。汸往来江湖,所见不过数十家,然无逾三传、三注及陈氏者。最后见庄氏《文雅堂书目》内有未见者四十余家,一时甚不能忘情,于疾病颠沛后,心力凋残,不复动念,惟有以是正之,幸甚。"(《东山赵先生文集·文补》)

黄邻著《诸暨志》12卷成,有序。

按:黄邻《序》云:"诸暨自秦汉以来,代为县,而今为州。上下千有余岁,而志书无述,其登附于郡乘者,十不能一二,盖由其悉近而略远也。以故吾州世家之原本,前哲之言行,与夫山川、户口、风俗、物产之类,举无得而征焉,而庸非旷典与?予生也晚,慨然有志于是书。暇日因本前史旧志,参以人之家乘传记,身亲求访,质诸老成而采择焉。为图四篇,书十二卷,为目若干,名之曰《诸暨志》。首之以郡国源委,推本始也;次之以名号因革,著同异也。星野天文之次舍也,故次之;山川地理封疆也,故又次之。书风俗、城社,以知气习之善良,保障之阻塞;书户口、赋税、土产,以见民物之滋耗,征敛之重轻。学校、馆传、仓务、营院、桥梁、坊市以考废兴,古迹、祠庙、亭榭、寺观以备游览。临民典学,则令长、僚佐、校官之位名;门阀人材,则有儒士、进士、宦达、孝义、遗逸之差等。其或地名里号,历世传疑,而莫定于一者,则参互考订,各为之案断而书于下方。至于动植之物,见于郡志者,则不重出。他如冢墓、第宅、方技、释道,亦皆序书。而复有众目之纪遗,以会其终。内而州人可传之言辞,外而四方有关之制作,则各因其人其事而附之,余无所附者,则存诸纪遗。越十余年而书成,亦非一日之积矣。窃尝闻之,古者图自为图,志自为志。是故成周之制,掌天下之图者职方氏,而土训之官,道方志以诏王焉;掌邦国四方之志者小史外史,而讲诵之官,道方志以诏王焉。凡皆达于朝廷,而关于政令者也,其为事亦重矣。且吾州之入版图也,已八十余年于兹。故家大老,日以沦谢,文献殆无足征,吾是以不能忘情。噫!于此而为书,欲以补千古之旷典,诚可谓不量力,恶能保其无遗轶哉?他日幸而国家之政令,史氏之采访,乡邦之精粗,有益于分毫,则虽负不韪之诮,亦何辞焉。大方君子,矜其志而广其不足,则又予之所望也。至正十七年岁在丁酉秋八月丁巳,邑人黄邻序。"(《诸暨县志》卷末)黄邻,字元辅,诸暨人。性简默,工文词。洪武初,征为翰林院典籍。以老出知杞县,寻告归。

宋濂五月著《燕书》40篇。

按:篇末题识云:"余为《燕书》四十篇,盖取郑人误书'举烛'之义。读者好之,谓有秦、汉风。余独愧汗弗止者何也?自婴忧患以来,神情销沮,见于舣翰之中,气芜而辞荒,恶在其能秦、汉也?不犹优孟之似孙叔敖哉!至正丁酉夏五月记。"(《明文衡》卷五〇)

宋濂子重录宋濂《龙门子凝道记》成编,釐为上中下3卷。

《明本排字九经直音》2卷刊行。

按：雒竹筠经眼谓：卷端格题熊氏博雅堂刊，至正十七年日新堂刊本。《四库简明目录标注》载，明本，系指明州所刻板，书中于真宗不加宋字，盖宋人所作。

黄镇成为蒋易《鹤田蒋先生文集》2卷作序。

按：《鹤田蒋先生文集》卷首有二序，其一题《鹤田集序》，署"至正十七年春文林郎江西等处儒学副提举邵武黄镇成序"；其二题《鹤田蒋君师文文集序》，署"至正辛丑十月丁亥临川葛元喆书"，该序末有手识二行："刘典签彦昺：学究经史，积书满家。早从虞、揭之门，屡却丘园之荐，身冠闽士，有道南书院之额焉。"下为"鹤田蒋先生文集目录"，仅二卷。正文各卷头题"鹤田蒋先生文集卷之几"，署"建阳蒋易师文撰"。

杨维桢二月应郑涣之求作《潜溪后集序》。

按：杨维桢所谓《潜溪后集》当为郑涣增刻之《潜溪集》，非宋濂以后所刊之《潜溪后集》。因杨序迟得，不及入增刻之《潜溪集》中。

赵汸作《潜溪后集序》。

按：《序》云："《潜溪前集》止丙申，凡十卷，冠以陈公众仲序文，浦阳义墪既刻而传之。《后集》起丁酉，笔稿日新，卷帙未有终也，而宋公以书来俾汸序其意。顾久病废学，在阕岁无以复命。……景濂父生吕公之乡，而尝游于黄公之门，其学以经为师，而尤长于《周礼》，其出入百家，钩深索隐，盖将以自致也，而不但资为文。其于为文，直以才高思敏，舒之敛之，不宜而未尝有意于为作。当其发愤择术，直诋辞章为淫言，葩藻为宿机，期于划削刊落，以径趋乎道德之途，而于吕公犹惓惓咏思叹慕，若不能自已于言者。则其于轻重之类，得失之机，察之明矣！别集之行，岂徒欲以文辞名世者哉！盖汸所知景濂父者如此。若夫陈公谓为文必传诸师而后可者，景濂父既不以自多，而汸又不足以言之。顾尝闻之，袁公伯长尝问虞公伯生：'为文当何如？'虞公曰：'子，浙人也。子欲知为文，当问诸浙中庖者。予，川人也，何足以知之？'袁公曰：'庖者何用知文乎？'虞公曰：'川人之为庖也，粗块大脔，浓醯而厚酱，非不果然属厌也，而饮食之味微矣！浙中之庖者则不然。凡水陆之产，择取柔甘，调其滀齐，澄之有方，而洁之不已，视之冷然水也，而五味之和各得所求，羽毛鳞介之珍不易其性。故余谓为文之妙，惟浙中庖者知之。'袁公盖矍然称善也。自虞公为是言，学者窃论，以为非黄公之文不足以当之。众仲尝学于虞公，而景濂父，黄公之徒也。二公之所指授，信乎有异于他门哉！善观斯集，则得之矣。"（《东山赵先生文集》卷五）

王祎作《少微倡和集序》。

按：柳城石末宜孙、青田刘基前后奉行中书省之命来处州镇守。公余，石末宜孙、刘基及其他同僚颇有倡和之作，于是年结集成三百余首，名曰《少微倡和集》。王祎得而序之。

意大利旅行家乔万尼·马黎诺里卒，生年不详。

施蒂利亚的中古高地德语骑士诗人胡高·冯·蒙特福特（ —1423）生。

黄溍闰九月卒（1277— ）。溍字晋卿，婺州义乌人。延祐二年，赐同进士出身，授将仕郎、台州路宁海县丞。寻升从事郎、绍兴路诸暨州判官。官至翰林直学士、知制诰、同修国史、同知经筵事，进阶中奉大夫。其学博及天下之书，工文，善真草书。卒赠参知政事，追封江夏郡公，谥文献。门人私谥文贞先生。《宋元学案》列其入《沧洲诸儒学案》"蟠松门人"、"方氏门人"。著有《尚书标说》6卷、《春秋世变图》2卷、《春秋授受谱》1卷、《古职方录》8卷、《孟子弟子列传》2卷、《义乌志》7卷、《义乌黄氏族谱图》、《日损斋笔记》2卷、《临池拾遗记》、《日损斋稿》33卷、《黄文献集》10卷等。事迹见杨维桢《故翰林侍讲学士金华黄先生墓志铭》(《东维子文集》卷二四)、危素《黄公神道碑》(《日损斋笔记》附录)、宋濂《金华黄先生行状》(《金华黄先生文集》卷末)、《元史》卷一八一、《新元史》卷二〇六、《蒙兀儿史记》卷一二〇、《元儒考略》卷四、《义乌人物记》下、《两浙名贤录》卷二、光绪《奉化县志》卷三二。

按：《元史》本传云："溍之学，博极天下之书，而约之于至精，剖析经史疑难，及古今因革制度名物之属，旁引曲证，多先儒所未发。文辞布置谨严，援据精切，俯仰雍容，不大声色，譬之澄湖不波，一碧万顷，鱼鳖蛟龙，潜伏不动，而渊然之光，自不可犯。"清人吴炯评之曰："婺州昔为理学文章之薮。自吕成公倡之，何、王、金、许四先生继之，大道昌明，人人得闻天人性命之旨，而著述多归于纯粹，学术正而文章亦盛焉。宋宝庆后，学者失所宗师，于先儒论著，失所开阐，习为浮华不实之谈，而授受源流，精义浸晦。迨黄文献公起义乌，超然特立，乃为一振，学术则元元本本，文章则柄柄烺烺，既为前贤之继，又为后学之倡，昔人所谓'寻坠绪之茫茫，独旁搜而远绍'者也。"(《黄文献公集序》)杨维桢《黄溍墓志铭》云："我朝文章雄倡推鲁姚公，再变推蜀虞公，三变而为金华两先生(指黄溍与柳贯)。"

欧阳玄十二月卒(1283—　)。玄字原功，号圭斋，又号平心老人。本为庐陵人，至曾祖父始迁浏阳。弱冠下帷苦读，潜研经史百家，于伊洛诸儒源委尤为淹贯。延祐二年，赐进士及第，授承事郎、岳州路同知平江州事。后拜翰林学士、资善大夫、知制诰同修国史。曾参与修撰《皇朝经世大典》，又为《辽》、《金》、《宋》三史总裁官。为文力主师法其先欧阳修，以廉静深醇、舒徐和易为法。《宋元学案》列其入《北山四先生学案》"白云门人"。事迹见危素《圭斋先生欧阳公行状》(《圭斋集》附录)、张起岩《欧阳公神道碑铭有序》(《圭斋文集》附录)、《元史》卷一八二、《新元史》卷二〇六、《蒙兀儿史记》卷一二〇。

按：危素《欧阳公行状》云："公生于至元二十年五月。……弱冠，下帷数年，人莫见其面。经史百家，靡不研究。伊洛诸儒源委，尤所淹贯。间至郡城，宪使涿郡卢公挚见公仪表，及观所为文，大器重之，相与倡和，留连不遣去。……有《圭斋文集》若干卷。惟公学于未有科第之先，沉潜经传，所亲承多故宋耆硕，而性度雍容，含弘缜密。出宰二县，宽仁恭爱，处己俭约，为政廉平不苛，视民如子，举善以劝，未尝笞辱。故历官四十余年，在朝之日居四之三，三任成均，两为祭酒，六入翰林，而三拜承旨。修实录、《大典》、三史，皆大制作。屡主文衡，两知贡举及读卷官。……文章道德，卓然名世。引拔善类，赞化卫道，黼黻治具，与有功焉。于是中外莫不敬服。……素官学京师，尝从公于史馆，晚辱与进尤至，谓可以承斯文之遗绪。然素之行不佞，无能为役。祐持请序述公之世家、出仕行实，上之太常史官，以俟采择，谨状。翰林学士承旨、荣禄大夫、知制诰兼修国史危素状。"《宋元学案》卷八二《北山四先生学案》载，欧阳玄、揭傒斯、朱公迁、方用同游于许谦之门，以羽翼斯文相砥砺，时称"许门四杰"。

又按：欧阳玄一生著作颇丰。明洪武十三年(1380)，族孙祐持收录玄生前最后七年(1351—1357)于燕京所作及碑志等文，辑成《欧阳公文集》24卷，宋濂为作序。后毁于兵火。明成化六年(1470)，五世孙俊质收集散佚，并由其子铭镛增补，辑成《圭斋文集》15卷、《附录》1卷，浙江督学宪副刘仗和(釪)校正，七年付梓(简称成化本)，得以流传至今。清《四库全书》本及诸刊本、钞本均源于此。

朱隐老卒(1284—)。隐老字子方,丰城人。其学以圣贤为宗,尤精研《易》、《礼》之学,及邵子先天、横渠《正蒙》诸书。讲授荷山之下,从学者甚众,尊称曰潜峰先生。著有《易说》、《礼说》、《皇极经世书说》18卷。事迹见《江西通志》卷六七。

> 按:《四库全书总目提要》云:"隐老字子方,号潜峰,丰城人。洪武中大学士朱善之父,盖元末、明初人也。隐老以邵子《皇极经世》义趣深奥,学者猝不能得其说,因以己意训解。凡邵子所未及者,皆折衷而论定之。若邵子所自为说者,则又姑取至浅近之理以为之指示,欲令读者易得其津涯。然邵子作此书,其大旨主于推步。隐老乃多讲义理,而于数学罕所发明,则仍未能得其纲领也。"

王思诚卒(1291—)。思诚字致道,兖州人。早年从曹元用游。至治元年进士。曾与修《辽》、《宋》、《金》三史,历礼部尚书、国子监祭酒,升集贤侍讲学士,出为西御史台治书侍御史。至正十七年,重召为国子祭酒,卒于途中。谥献肃。事迹见《元史》卷一八三、《元书》卷七九。

吕思诚卒(1293—)。思诚字仲实,平定人。长,从萧㪺治经。泰定元年进士。累迁翰林编修,历国子司业。以治书侍御史总裁《辽》、《宋》、《金》三史。官至光禄大夫、大司农。曾三为祭酒,一法许衡之旧,诸生从化,后多为名士。卒谥忠肃。《宋元学案》列其入《萧同诸儒学案》"勤斋门人"。著有《两汉通纪》,顾嗣立辑其遗诗为《仲实集》1卷。事迹见《元史》卷一八五、《元史类编》卷一六、《元书》卷七八、《南村辍耕录》卷一二、《宋元学案补遗》卷九五、《元儒考略》卷二。

方孝孺(—1402)、宗喀巴(—1419)、沈度(—1434)生。

至正十八年　戊戌　1358年

西班牙格拉纳达兰伊斯风格的艾勒汉卜拉宫(红宫)建成。

正月,朱元璋部取婺源。

四月,徐寿辉与朱元璋交恶。

五月,刘福通克汴梁,自安丰迎韩林儿至汴,定为国都。

七月,河南平章周全以怀庆路反元附于刘福通,尽驱其民入汴。

> 按:周全著有《此山集》4卷。

十月,朱元璋部取兰溪,夺张士诚宜兴。

十二月,吴师进婺州。

> 按:吴国公朱元璋入城,下令禁戢军士剽掠,改婺州路为宁越府,置中书分省,召儒士许元、叶瓒、胡翰、汪仲山等十余人皆会食省中,日令二人进讲,敷陈治道。又命宗显开郡学,延宿儒叶仪、宋濂为《五经》师,戴良为学正,吴沉、徐厚为训导。时丧乱之余,学校久废,至是始开弦诵声。

有女子曾氏被戮于市。

按：曾氏自言能通天文，妄说灾异惑众，吴国公以为乱民，遂戮之。

时，惠宗多有造作，皇后奇氏亦多畜高丽美人。

按：惠宗尝为近幸臣建宅，亲画屋样。奇氏微时为高丽人，以劝帝止造作不行，故多畜高丽美人。大臣有权者，辄以此遗之，京师达官贵人，必得高丽女然后为名家。自至正以来，宫中给事使令，大半高丽女，以故四方衣服、鞾帽、器物，皆仿高丽，举世若狂。

是年，中书礼部符下大名路，赐额崇义书院。

按：崇义书院乃前国子生杨崇喜创建于开州濮阳。张翌作《崇义书院记》，云："至正十三年夏四月，前国子唐兀氏崇喜新作庙学于开州濮阳县。既成，十有八年四月，中书礼部符下大名路，赐名'崇义书院'。初，崇喜之祖赠敦武府君从其父下江，左迁侨濮阳。生聚殖蕃，思贻孙谋，用永厥世。乃至治癸卯，市屋为塾于居室之西北。至泰定间，考忠显府君议广前规，爰作义学，建彝伦堂，创礼殿，扁曰'大成殿'。规势宏敞，缔构孔致，丹碧黝垩，焕严辉炳。既而棂星、周庑、斋馆、庖湢次第毕备，买田四顷五十亩有奇，定著于籍。延聘儒师，训迪学子，凡醴斋、膳饮、币帛、脯修之需，胥此焉出。于是，县上其事于州若郡，请于朝。集贤院议宜旌之，故获是命。"杨崇喜为元代西夏遗民唐兀崇喜，其所编著《述善集》主要记录了唐兀家族由河西凉州（今甘肃武威市）迁徙至河南濮阳的过程，以及在濮阳设立乡约、创办崇义书院和其他善行善事，乃研究西夏遗民生存状况的第一手资料，对研究当时的社会民俗、文化教育、伦理道德等都有重要的学术价值。《述善集》收录文章40篇，包括序、赞、记、疏、铭、志、说、箴、跋、传等，诗37首、赋1篇，还有《锡号崇义书院中书礼部符文》《中书礼部护持学校文榜》各1篇。（见朱巧云《关于〈述善集〉所收张以宁诗文的几个问题》）

北京房山十字寺重修。

按：该寺建于晋代，原是佛寺。唐代改为景教寺院，称崇圣院。辽代重建，改为佛寺。元至正十八年（1358）重修，元惠帝赐名十字寺，恢复景教，并于至正二十五年（1365）为立《大元敕赐十字寺碑记》。

吴当诏拜中奉大夫、江西行省参知政事。

汪克宽夏始返故里。十一月，朱元璋欲召之访以治道，以疾辞。

高启是春作《送张贡士祥会试京师》。冬，始游吴越，有诗多首。是年高启往来饶介幕，与北郭诸友互相酬唱，既而依外舅居吴淞江之青邱，自号青丘子，曾作《青丘子歌》。

宋濂三月以朱元璋军队取睦州，遣家人入诸暨勾无山，自己独留未行。六月，朱元璋攻取浦江，宋濂遂避兵诸暨勾无山吴宗元（长卿）、陈堂（宅之）家。

宋濂之妹十一月为明兵所执，跳崖死，宋濂作《宋烈妇传》；友人吴履妻抗节死，作《谢烈妇传》。

宋濂不聘五经师，有《辞郡守聘五经师书》。

按：《明史·文苑传》曰："朱元璋曾用戴良为学正，与宋濂、叶仪辈训诸生。宋辞，叶以疾辞，戴良亦不就学正职。"

陶安服阕授行省都事，不久，迁左司员外郎，进郎中。

杨维桢岁末除奉训大夫、江西等处儒学提举。时兵乱道梗，未赴任。

王祎是年自秋徂冬，携家避兵县南，往来凤林、香溪之间，作《厄辞》（一名《华川厄辞》）。十二月，征署中书省掾，商略机务。

按：《明史·王祎传》云："太祖取婺州，召见，用为中书省掾史。"

王松溪相士谒见杨维桢，维桢作文赠之赴京师。

舒頔三月陪邑令理公赴油潭观石印。

伯颜渡江北行，至磁遇敌兵，敌知其为名士，生劫之以见其将，诱以富贵，不屈，与其妻同被杀。

按：《元史·伯颜传》云："太常谥议曰：'以城守论之，伯颜无城守之责而死，可与江州守李黼一律；以风纪论之，伯颜无在官之责而死，可与西台御史张桓并驾。以平生有用之学，成临义不夺之节，乃古之所谓君子人者。'时以为确论。伯颜平生，修辑《六经》，多所著述，皆毁于兵。"

揭汯出为江西宪佥。却寇有功，入为秘书少监。

按：揭汯曾迁翰林编修，历太常博士、翰林修撰，改礼部员外郎。

王蒙与顾瑛会饮于芝云堂，作《雅宜山斋图》。

宋濂六月十五日著《诸子辩》成，亦曰《龙门子》。

按：是书乃第一部辨群书伪之专书。以宋濂感于诸子书"有依仿而托之者"，欲"辞而辨之"。其所审视者，上起周秦、下至唐宋，共四十部子书，得伪书二十七部（含疑伪）。是书打破古书辨伪之零散状态，明胡应麟作《四部正讹》、清姚际恒作《古今伪书考》，以及近人张心澂辑《伪书通考》皆以是书为先导。

蒋易作《六书字原序》。

按：《序》云："二篆，隶、楷之祖也。汉承秦弊，散隶便于末俗，举世习用，篆书几废。孝宣稽古，盖尝病之，乃命张敞、杜业、爰礼等修苍颉之书，隶法行世已久，不能复古。至于孝和，续承宣志，复命贾逵修理旧文。南阁祭酒许慎尝从逵受古学，遂采史籀、李斯、扬雄之书，博访通人，考之于逵，作《说文解字》十四篇，五百四十部，凡九千三百五十三文，重者一千一百六十三。援据载籍，包罗天地，囊括事物，形、声、事、意、转、借，毕举靡遗，六书之义，昭然可睹；《五经》之旨，粲然益明矣。虽曰小学之末，实大义之所宗也。然自隶、楷、行、草日趋简便，许氏之书鲜克究心。至唐玄度、卫包、李阳冰始复留意。阳冰作《判定说文》三卷，修正笔法，自云斯翁之后，直至小生，时称篆、籀中兴。宋雍熙间，有敕：'《说文》传写，讹谬实多，六书之踪，无所取法'。乃命徐铉、句中正等刊定，命国子监镂板，无令差错，致误后人。在宋精究此道者，惟郭忠恕、章友直、杨南仲、张有名重一时，邵疏、陈晞、僧梦英等辈不足数也。皇元受命，人文肇新，时则若吴兴赵子昂、太末吴子行探讨六书，研精笔法。于时杜先生客松雪之门，相与讲明斯道，自是留心六书之学，穷探叔重以来玄度、卫包、少温、鼎臣、楚金、国宝、谦中、戴侗、郑樵、吾衍之书，并及李斯以来崖镌石刻，宫庙墓阙之碑，上稽钟鼎，细及彝敦鉴权器物之款。以为许氏之书，诚不可易，惟是部居未明，音义颇略，文字混并，条理稍疏。以其暇日，裁成义例，叙次声音，明其祖宗，别其嫡庶，分为十部，援证经史，以相通贯，名曰《六书集义通编》，凡数十万言。犹虑其书灏瀚，未易穷览，乃因忠恕、国宝、谦中《佩觿》、复古，别为《字原》，千五百余文，先正其体，次审其音，次释其义，次明六书，次定所从，次别所非，以启悟后学，诚五百四十部之门户也。书及未传，而先生没。门人张絜习闻其说，又能精究笔法，取遗书缮写成编,将锓梓以传,俾易为之序。易惟先生著书,积五十年之勤,凡三易稿,犹不满意。故人王艮在海道幕府时,数欲取其镂板,先生弗与也。易请其故,先生曰:'吾之所著,不特明字义之失,亦将正点画之讹。世儒俗吏,焉知天书!传写一差,不可胜正。且议人谬误,而躬自蹈之,恶可?姑藏箧笥,以俟同志,世无知音,亦无憗然。'易稔闻绪论,顾拙于笔札,虽有刊布之心,而无缮写之手。今槩乃能传先生之书,何喜幸如之!因述所闻,附于篇末,览者尚有以知先生之志哉。"(《鹤田蒋先生文集》卷上)

宇文公谅作《续复古编序》。(参见曹本至正十二年作《续复古编》条)

王祎或于是年完成《华川前集》,胡翰为作序。

按:王廷曾《重刊王忠文公集序》云:"继有《华川集》前后各十卷,《前集》成于初被征之后,胡公翰序之,谓圣贤相传之道由斯文知之,公之文不可不传。"

杨维祯作《玉笥集叙》。

按:《玉笥集》,张宪著。该序言乃现存文献资料中有关铁雅诗派形成、命名及其主要成员的最完整的记载。文云:"我朝习古诗如虞、范、马、揭、宋、泰、吴、黄而下,合数十家,诸体兼备,独于古乐府犹缺。泰定、天历来,予与睦州夏溥、金华陈樵、永嘉李孝光、方外张天雨为古乐府,史官黄溍、陈绎曾遂选于禁林,以为有古情性,梓行于南北,以补本朝诗人之缺。一时学者过为推,名余以铁雅宗派。派之有其人曰昆山顾瑛、郭翼,吴兴郯韶,钱塘张映,嘉禾叶广居,桐庐章木,余姚宋禧,天台陈基,继起者曰会稽张宪也。"(《杨铁崖先生全录》卷四)

又按:铁雅派成员有:宗主杨维祯,铁崖唱和友李孝光、张雨、陈樵、夏溥、顾瑛、郯韶、叶广居、陈基、倪瓒、钱惟善、陆仁、张简、王逢、袁凯、刘炳、于立、僧良震、僧行方,铁门诗人郭翼、章木、宋禧、张宪、袁华、吕诚、吴复、杨基、金信、贝琼。他们作为铁雅诗派的代表人物,实际也是古乐府运动的中坚力量;铁雅诗派的形成和发展,也大致与古乐府运动的兴起和演进相辅相成,相得益彰。(见黄仁生《论铁雅诗派的形成》)

朱震亨卒(1281—)。震亨字彦修,号丹溪,婺州义乌人。初从许谦学理学,《宋元学案》列其入《北山四先生学案》"白云门人"。后从罗知悌学医,并受到刘完素、张从正、王好古、李杲等医家著述影响。与刘完素、张从正、李杲号称"金元四大家"(医学家)。著有《格致余论》1卷、《局方发挥》1卷、《金匮钩玄》3卷、《医学发明》1卷、《丹溪朱氏脉因证治》2卷、《平治荟萃方》3卷、《丹溪治痘要法》1卷、《活法机要》1卷、《怪病单》1卷、《新刻校定脉决指掌病式图说》1卷、《丹溪心法附余》24卷《首》1卷、《风水问答》1卷,主张人体因"阳常有余,阴常不足"而得病,须保存阴精,勿妄动阳火,为养阴派代表人物。另著有《宋论》1卷。事迹见宋濂《故丹溪先生朱公石表辞》(《宋文宪公全集》卷五〇)、《元史》卷一八九、《元儒考略》卷四。

按:《元儒考略》卷四:"朱震亨,字彦修,婺州义乌人,别号丹溪,学者称丹溪先生。少治经,修博士业,长弃去,为任侠。壮闻金华许先生谦得朱子四传之统,尽弃其学,学焉,而笃深于躬行。时许先生病久不瘳,震亨母病脾,乃慨然专于医。久之,业成,许先生病竟以震亨愈。"

伯颜卒(1295—)。一名师圣,字宗道,蒙古哈剌鲁氏,世居开州濮

法国经院哲学家、巴黎唯名论派代表人物约翰·布里丹卒(1300—)。

阳县。六岁从里儒授《孝经》、《论语》。弱冠即以斯文为己任。中原之士闻而从游者甚众。至正四年，以隐士之京师，授翰林待制，预修《金史》，既毕，辞归。已而复起为江西廉访佥事。全家死于战乱。谥号忠烈。伯颜修辑《六经》，多所著述，皆毁于兵。著有《子中集》。事迹见《元史》卷一九〇。

按：陈垣称赞伯颜宗道云："伯颜学无师承，崛起乡里，讲求实用，自成一家，譬之清儒，于颜元为近，而魄力过之，所谓平民学者也。《宋元学案》中应补伯颜学案。"（《元西域人华化考》卷二）

郑玉八月卒(1298—)。玉字子美，号师山，徽州歙县人。尤精《春秋》，教授于乡，门人甚众，称师山先生，并于其地造师山书院。至正十四年，征拜翰林待制、奉议大夫，辞病不起，以著述为业。明兵至，自缢死。《宋元学案》为其列《师山学案》"夏吴门人"、"大之门人"。著有《周易大传附注》、《程朱易契》、《春秋经传阙疑》45卷、《郑氏石谱》、《师山文集》8卷、《遗文》5卷。事迹见汪克宽《师山先生郑公行状》（《环谷集》卷八）、朱升《祭郑师山先生文》（《新安文献志》卷四六）、汪仲鲁《师山郑先生哀辞》（《明文衡》卷九五）、《元史》卷一九六、《新元史》卷二三一。

按：全祖望曰："继草庐而和会朱陆之学者，郑师山也。草庐多右陆，而师山则右朱，斯其所以不同。"郑玉尝云："陆子静高明不及明道，缜密不及晦庵，然其简易光明之说，亦未始为无见之言也，故其徒传之久远，施于政事，卓然可观，而无颓堕不振之习。"（《宋元学案》卷九四《师山学案》）

又按：有师山书院，为元至正间郑玉绝意仕进，居师山教课授徒之际，以从学者众，至居不能容，门人鲍元康等即其地构书院，中书省命额"师山书院"。郑玉继续讲学于此，授朱熹之学。并在此著《春秋经传阙疑》45卷。书院后废。《四库全书总目》评《春秋经传阙疑》曰："其体例以《经》为纲，以《传》为目，叙事则专主《左氏》而附以《公》、《谷》，立论则先以《公》、《谷》而参以历代诸儒之说，《经》有残缺则考诸《传》以补其遗，《传》有舛误则稽于《经》以证其谬。大抵平心静气，得圣人之意者为多。所著《师山集》中有《属王季温刊春秋阙疑书》，至被执就死之时，惟惓惓以此书为念，盖其平生精力所注也。其《序》谓：'常事则直书而义自见，大事须变文而义始明。盖春秋有鲁史之旧，文有圣人之特笔，不可字求其义……'又曰：'圣人之经，词简义奥，固非浅见臆说所能窥测，所以岁月既久，残缺滋多，又岂悬空想像所能补缀与？其通所不可通以取讥于当世，孰若阙其所当阙，以俟知于后人？'其论皆洞达光明，深得解经之要，故开卷'周正夏正'一事，虽其理易明而意有所疑，即阙而不讲，慎之至也。昔程端学作《春秋本义》等三书，至正中官为刊行，而曰'久论定'，人终重玉此书，岂非以玉之著书主于明经以立教，端学之著书主于诋传以邀名，用心之公私迥不同哉？玉字子美，歙县人。元末除翰林待制，以疾辞。明兵入徽州，守将迫之降，玉不屈死，与宋吕大圭及同时李廉均可谓能明大义，不愧于治《春秋》矣。"

余阙卒(1303—)。阙字廷心，一字天心，安徽庐州人。先世为唐兀人（元时色目人中之一种）。从学吴澄门人张恒。元统元年进士，累官监察御史。至正间，任都元帅、淮南行省右丞，与陈友谅军顽抗，城破身死。阙为政严明，治军与兵士同甘苦，有古良吏风。明初，追忠宣。阙留意经术，于《五经》皆有传注，文章气魄深厚，篆隶亦古雅。著有《易说》50卷、

《五经纂注》、《青阳文集》9卷。事迹见宋濂《余左丞传》(《文宪集》卷一一)、《元史》卷一四三。

按：李祁作《青阳先生文集序》云："……廷心文章学问，政事名节，虽古之人，有不得而兼者，而廷心悉兼之，世岂复有斯人哉。元统初元，余与廷心偕试艺京师，是科第一甲置三名，三名皆得进士及第。已而廷心得右榜第二，余忝左榜亦然，唱名谢恩，余二人同一班列，锡宴则接肘同席而坐，同赐绯服，同授七品官。当是时，余与廷心无甚相远者。其后，余以应奉翰林需次，丁父、祖父母三丧，乞奉母就养江南，沉役下僚，学殖日益荒秽。而廷心方由泗州入翰林，为应奉，为台为省，声光赫著，如干将发硎，莫敢触其锋。文章学问，与日俱进，如水涌山积，莫能窥其突。于是，余之去廷心始相远矣。又其后，遭遇时变，余以母忧，窜伏乡里，常恨不得乘一障以效死。而廷心以羸卒数千守孤城，屹然为江淮砥柱者五六年，援绝城陷，竟秉节仗义，与妻子偕死。生为名臣，殁有美谥，于是余之去廷心，又大相远矣。呜呼，廷心已矣! 世安得复有如吾廷心者哉? 或者以为，廷心之死，乃天之将丧斯文。余以为廷心虽死，而斯文固未丧也。廷心之孤忠大节，足以照映千古，煜然为斯文之光，而何丧之有焉? 使皆为世之贪生畏死，甘就屈辱，而犹腼然以面目视人者，则斯文之丧，盖扫地尽矣，岂非廷心之罪人哉? 廷心诗尚古雅，其文温厚有典则，出入经传疏义，援引百家，旨趣精深，而论议闳达，固可使家传而人诵之，凿凿乎其不可易也。惜其稿煨烬无遗，独赖门人郭奎掇拾于学者记录之余，得数十篇以传，而或者犹以不见全稿为恨。夫以一草一木之微，已足以观造化发育之妙，则凡世之欲知廷心者，又奚以多为尚哉? ……廷心尝读书青阳山中，及仕而得禄，多聚书以惠来学，学者称为青阳先生，故是集亦以青阳为名云。"(《云阳集》卷三)

茹瑺(—1409)、萧用道(—1412)、邹济(—1425)、李时勉(—1427)、李至刚(—1427)、刘亨(—1439)生。

至正十九年　己亥　1359 年

三月壬戌，惠宗下诏定科举流寓人名额，蒙古、色目、南人各15名，汉人20名。

按：先是中书左丞成遵言："宋自景祐以来百五十年，虽无兵祸，常设寓试名额以待四方游士。今淮南、河南、山东、四川、辽阳及江南各省所属州县避兵士民，会集京师，如依前代故事，别设流寓乡试之科，令避兵士民就试，添差试官别为考校，依各处元额，选合格者充之，则无遗贤之患矣。"礼部议寓试解额依元额减半。既而福建乡试取江西流寓者15人，察罕特穆尔又请河南举人及避兵儒士，不拘籍贯，依河南元额就陕州应试(《钦定续文献通考》卷三四)。

五月丁酉(初六日)，皇太子奏请巡北边以抚绥军民，御史台臣上疏固留，诏从之。

澜沧国王法昂自真腊将上座部(小乘)佛教传入老挝，奉为国教。

奥斯曼土耳其攻取安卡拉。

英国再攻法国。

宋濂正月二十七日被朱元璋聘为婺州郡学《五经》师，戴良为学正，吴沉、徐原为训导。三月十五日，宋濂以浦江当戎马之冲，不可居，还潜溪旧居。宋濂或于是年与胡深交。

林成之时为温州文学掾，约于是年访宋濂。

吴当拒受陈友谅辟，被拘留一年，终不为屈。

杨瑀退居西湖。

杨维桢七月以张士信辟阁招四方贤士，名阁"凝香"，为作记，颂士信德政，以安民废兵进规。是月，杨维桢以士信求言，献五论，且上书一通，以为恃城固不如恃人心、恃将才，期之行德政、展霸图。然上书不报，维桢愤懑不平。七月二十八日，朱珪来谒，为作《方寸铁志》，自诩铁石之心，讥斥"妄男子"。八月，为华亭沈瑞乐府撰序，历评本朝曲作，称扬肆口而成，以情为之者。

姚庭美、高玉囟、夏长祐、张学、张吉、吴毅、徐子贞、高瑛、谢思顺诸生以杨维桢率，十月初四日游淞之顾庄，相与联句，且题诗于壁。维桢掀髯畅歌，颇自得。

张宪以诗赠杨维桢二月还钱塘行。

顾逖十月初以松江同知招杨维桢赴淞江学教授诸生。

唐肃、凌云翰同举浙江乡试。

高启时游吴越。

刘基仍隐居青田，朱元璋遣使征之。

胡大海克处州，授孙炎总制，命招刘基、宋濂、章溢、叶琛等，陶安有《送孙伯融赴括苍诗》，又有《寄刘伯温宋景濂二公诗》，劝驾之意甚殷。

日本藤原为定撰《新千载和歌集》。

杨氏清江书堂合尹起莘《通鉴纲目发明》、刘友益《资治通鉴纲目书法》、王幼学《资治通鉴纲目集览》、汪克宽《考异》、徐昭文《考证》五书，刊行《通鉴纲目大全》50卷。

按：至明宣德六年（1431）刊行《大广益会玉篇》30卷，杨氏清江书堂世业延续70余年。叶德辉云："杨氏清江书堂刻书虽少，亦始元末迄明初，所刻《通鉴纲目大全》五十卷，合尹起莘《发明》、刘友益《书法》、王幼学《集览》、汪克宽《通鉴纲目凡例考异》、徐昭文《考证》五书刻之。徐昭文《考证自序》题至正己亥，则在元末矣（序文后有小榜，云'杨氏清江书堂新刊'，见《钱日记》）。宣德辛亥刻《大广益会玉篇》三十卷，见《杨谱》（云后有木牌记，云'宣德辛亥孟冬清江书堂新刊'）。此由元至正己亥至明宣德辛亥，虽仅七十余年，然时经鼎革，屹然与虞（建安虞氏务本书堂）、郑（建安郑天泽宗文书堂）二氏鼎足而存，固亦书林硕果矣。大抵有元一代，坊行所刻，无经史大部及诸子善本，惟医书及帖括经义浅陋之书传刻最多。由其时朝廷以道学笼络南人，士子进身儒学与杂流并进。百年国祚，简陋成风，观于所刻之书，可以觇一代之治忽矣。"（《书林清话》卷四"元时书坊刻书之盛"）

徐昭文作《资治通鉴纲目考证序》。

按：徐昭文《自序》云："《资治通鉴纲目》，子朱子所修之书也。朱子祖《春秋》而修是书，所以示天下后世不易之大法。昭文窃尝读《纲目》而考《凡例》，据《凡例》以证《纲目》,今诸刊本所书之纲与所定凡例,或多不合,至如承统之帝或称为主,嗣君之号或加于前,此皆有关乎君臣父子之教,义理得失之大者也。又若正统曰帝,而有误书主者,无统曰主,而有误书帝者。太子即位书名而或不书,王公继世书嗣而或书立。汉初因秦正朔而或误书夏时,贤臣卒书官爵而或误加谥号。封爵除拜或不加贵属或不加宜者,无以著其与政之祸,弑君弑后或误书杀,或不书进毒,无以正其罪恶之实。若临视如幸、征讨攻击、诛斩弑杀、殂薨卒死,凡此之类,相因互误者,不能悉举。初朱子之修是书也,凡例既定,晚年付门人讷斋赵氏接续成之。今所存语录多面命之辞,手书告戒至甚谆切,其曰纲欲谨严而无脱落,目欲详备而不烦冗,岂讷斋属笔之际尚欠详谨,故有脱误,失朱子之本意,初学受读者不能无疑也。果斋李氏曰:'朱子盖欲稍加更定,而未暇焉。'勉斋黄氏亦曰:'《纲目》近能成编,每以未及修补为恨。'牧庵姚氏序国统离合表仅得三误,其一则建安末年误书延康,今刊本已正矣。新安汪氏《考异》多所究明,惜其未精也。昭文僭不自揆,辄本大贤之立言,撫诸儒之同异,反覆订定,补漏正误,注于各提要之下,间亦窃附己意,以明君臣父子之教、夫妇嫡庶之别、正统无统之名、内夏外裔之分、外戚养子之祸、女宠宦寺之权,虽一得愚见,庶或有以推广述作之本义,名曰《资治通鉴纲目考证》,以俟君子正焉。至正己亥中秋后学上虞徐昭文敬序。"(《御批资治通鉴纲目》卷首下)

徐勉之著《保越录》1卷成。

按:此书记至正十九年胡大海攻绍兴事。徐氏序题"时元至正十九年岁次己亥十月,乡贡进士、杭州路海宁州儒学教授徐勉之序"(《保越录》卷首)徐勉之,鄱阳人。还著有《科名总录》,黄溍尝为序云:"登科有记尚矣,而乡贡之士,未有记之者。昔未始有而今记之,以昔之所取者众,不易殚举;今之所取者寡,可以遽数也。取之众,则其来也广;取之寡,则其择也精。于至广之中而得其至精者焉,则今之上于春官者,皆昔之宜登于天府者也。况夫或被特恩,而跻显仕,为时闻人;或由辟举,而能以材自奋,可使其氏名无所考见欤?鄱阳徐勉之,当场屋之初废,襃然偕计吏来京师。所谓登科记已不可复续,乃会萃国朝凡预乡荐者之姓名,合若干人,次第成编,号曰《总录》。盖以士之歌《鹿鸣》而来,亦一时之荣遇,非谓祖宗菁莪丰芑之泽为止于是而已也。上方宵旰渴士,赫然下明诏,网罗四方之遗逸。岂不以向之待士也,使之拘而不得肆;卓诡魁杰之彦,有未尽在吾彀中者乎?广求而精择焉,不有得于此,必有得于彼矣。昔泰山孙明复、眉山苏明允,皆尝试有司不合,而以布衣召拜官。伊川先生亦以廷试报闻,后乃应聘而起。讵知今不有其人耶?是固不待勉之以传。而勉之此编,则不宜无传也,乃弗让而序焉。"(《黄文献集》卷六)

刘基著《郁离子》成,王祎或于是年前后著《郁离子序》。

虞集《道园学古录》50卷于此年前后编成。

按:虞集多次强调"我国家表章圣经以兴文化,各地书院授圣贤之书,以教乎其人",称"今吾学之所讲,其书,《易》、《诗》、《书》、《论语》、《大学》、《中庸》、《孟子》;其道,则尧、舜、禹、汤、文、武、周公、孔子。所以明其道者,颜、曾、思、孟、周、程、邵、朱之言","舍此无以为教矣"。主张读圣贤书之目的在于深明经义"使不至陷于差谬,必至于圣人而后已",泰定帝时,曾兼充礼部考试官,规定考核内容为"询孝弟于所居之乡,以观其行之力;考学问于所治之经,以见其道之正;求才华于适用之久,察举措于论事之要"。至正年间崇仁监邑重建邵庵院以祀之。《四库全书总目提要》评曰:"文章至南宋之末,道学一派,侈谈心性。江湖一派,矫语山林,庸沓猥琐,古法荡然。然理极数穷,无往不复。有元一代,作者云兴。大德延祐一还,尤为极盛。而词坛宿老,要必以集为大宗。……其陶铸群材,不减庐陵之在北宋,明人夸诞,动云元无文者,其殆未详检乎。"

杨维桢五月初一日作《乡闱纪录序》。

按：其文以杭州总管谢节宴请乡闱考官之际,遵嘱作。

杨维桢九月初九日为贡师泰《玩斋诗集》作序,言诗非必穷而后工。

杨维桢十一月为王逢撰《梧溪集》7卷作序。

按：其时,王逢避地青龙镇,杨维桢与之游处。《序》云："世称老杜为诗史,以其所著备见时事。予谓老杜非直纪事史也,有《春秋》之法也。其旨直而婉,其辞隐而见,如《东灵湫》、《陈陶》、《花门》、《杜鹃》、《东狩》、《石壕》、《花卿》、《前后出塞》等作是也,故知杜诗者,《春秋》之诗也,岂徒史也哉？虽然,老杜岂有志于《春秋》者？《诗》亡然后《春秋》作,圣人值其时,有不容已者,杜亦然。《梧溪集》者,江阴王逢氏遭丧乱之所作也。予读其诗,悼家难,悯国难,采撷贞操,访求死节,网罗俗谣名讴,如《帖木侯》、《张武略》、《张孝子》、《费夫人》、《赵氏女》、《丙申纪事》、《月之初生》、《天门行》、《竹笠黄》、《官柳场》、《无家燕》诸篇,皆为他日国史起本,亦杜史之流欤？逢本山泽之士,其澹泊闲靖,是其本状,而有《春秋》属比之教,故予亦云《春秋》之诗也,采诗之官苟未废也。则梧溪之《春秋》得以私自托也。不然,何其属比于册者班班乎其无讳君是也？订其格裁,则有风流俊采、豪迈跌宕、不让贵介威武之夫者,兼人之长,亦颇似杜。吁,代之剩故残余欲传于世,称为作人,而逢诗不传,吾不信也。至正十九年冬十一月初吉序。"(《东维子文集》卷七)

贡师泰十一月作《题玉髓经后集》。

按：其文云："《玉髓经》,世传张子微受之蔡元定,复为之发挥,其于卜葬定宅之法固为详矣。然其浩博而精深,非专门地理者未易观也。今李君仁斋(李仁斋)撮其微旨,著为《图经后集》若干卷,使夫孝子仁人欲掩其亲者,一览而山川灵异、阴阳向背可指诸掌,斯亦奇矣！夫卜宅之法,莫善于郭氏《葬书》,而莫精于曾阳氏之学。欲知郭书,必求之曾阳;欲知曾阳,必求之《玉髓》;欲求之《玉髓》,其又先以此集乎！或疑《玉髓》出北岩,非元定书也。虽然,紫阳先生固尝笃信而辨论之,亦岂无所见哉？至正十九年十一月晦日,题于甬东慈济寺之竹窗。"(《贡礼部玩斋集》卷七)

贡师泰作《重修西湖书院记》。

按：其文载："江南浙西道肃政廉访使丑的公重修杭州西湖书院成,郡监谔勒哲特穆尔旺温、守社从庸谢节、提学马合谟、洪钦以士人宋杞等状来请,文曰：'西湖书院在杭州西湖之上,故宋岳武穆王飞之第,后更为太学。至元丙子,天兵临城,学废,礼殿独存。其地与宪治实皆为岳王第,故来长风纪者,莫不以作兴为先务。三十一年,容斋徐公琰始即旧殿改建书院,且迁锁阐桥三贤堂附祠焉。三贤者,唐刺史白居易,宋处士林逋、知杭州苏轼也。置山长一员主之,遂易今名。延祐三年,周公德元徙尊经阁,建彝训堂,创藏书库,益增治之。至元元年,铁木奇公、胡公祖广重葺大成殿,开志仁、集义、达道、明德四斋以居来学,扁三贤祠曰'尚德',别室以祠徐公,曰'尚功',于是书院之盛,遂为浙东西之冠矣。越二十年,城燹于兵,书院亦废,象设侈剥,庭虎汙秽,居人马迹,交集其中,书籍俎豆,狼藉弗禁。明年,三贤堂毁。又明年,尊经阁坏。学官廪稍久绝,彷徨莫知所措。公朔望拜谒,顾瞻叹息,曰：'兵革之余,虽疮痍未复,教化其可一日而废乎！况勉励风纪之任,而书院又密迩宪治也哉！'于是出私廪白粳二百石,谋作兴之。丞相康里公更益白金五十两。乃克衷坚萃良,撤朽易腐,轮奂更新。始事于至正十八年冬十月,迄功于十九年春正月。完者帖木儿等承命董役,幸底于成。今尊经阁岿然特起,三贤祠栋宇辉映,设以重门,缭以周垣,殿堂斋庑，庖湢库庚，无不悉治。此皆我公之力也，不有纪述，其何以劝！顾惟公之曾祖太师中山王勋业卓冠，祖文奕世继美。公由近侍拜三台御史，历四道廉访使，以宣慰都元帅督兵饶、信，克复三路二州五县，全活数万人，其详具载《武功录》。及监宪浙西，又能以经济之略叶和远迩，宽裕之德抚绥军民，虽当崎岖戎马之间，不忘《诗》、《书》、《礼》、《乐》之事，可谓识见超卓，深知治本者矣。由是而风移俗易，使人皆知尊君亲上之道，而销其乖争陵犯之风，其所系不亦重且大乎！是不可以无述，用不敢辞。"(《玩斋集》卷七)

王冕卒(1287—)。冕字元章，号煮石山农、饭牛翁、会稽外史、梅花屋主等，诸暨人。从韩性学，屡试进士不第，即弃去，浪迹江湖。后归隐诸暨九里山水南村，作画为生。朱元璋攻下婺州，曾授以咨议参军，旋卒。工墨梅，花密枝繁，笔墨简淡，人称"喜写野梅，不画官梅"，别具清新风格。其画法，对明人徐渭等水墨大写意花卉有重要影响，对清代"扬州八怪"中罗聘、金农等也有影响。又能刻印，用花乳石(青田石一类)作印材，相传为他始创。兼工诗，著有《竹斋集》。事迹见宋濂《王冕传》(《文宪集》卷一○)、朱彝尊《王冕传》(《曝书亭集》卷六四)、《新元史》卷二三八、《明史》卷二九○、《元诗选·二集》小传、《两浙名贤录》卷四六。

程文卒(1289—)。文字以文，号黟南生，婺源人。自幼事父母以孝闻。家贫，勤苦自励。比壮，束书游学，四阅寒暑，研穷六经，博考诸子百氏，学业日进，遂挟策入京师。虞集、欧阳玄、揭傒斯皆推许，受知虞、揭尤深。预修《经世大典》，书成，例授各路儒学教授，借注黄竹岭巡给。任满，调怀孟教授。辛巳，科举复兴，浙省以掌卷官召。累官监察御史，以礼部员外郎致仕。家学得程、朱之旨，文章有《史》、《汉》之风。与余公阙为忘年友。《宋元学案》列其入《师山学案》"师山同调"。著有《蚊雷小稿》、《师音集》、《黟南生集》，刊于西湖书院。事迹见汪幼凤《程礼部文传》(《新安文献志》卷六六)、《元史》卷一九○、《元诗选·癸集》庚集上小传。

高明卒(约1305—)。明字则诚，温州瑞安人。至正五年进士。朱元璋据金陵，广收俊彦，征高明，以疾辞。工诗善曲，词章斐然，学博而深，才高而赡。著杂剧《琵琶记》。事迹见《南词叙录》、陆时化《吴越所见书画录》卷一、《元诗选·三集》小传、《全元散曲》。

王士点约卒，生年不详。士点字继志，东平人。至顺元年，为通事舍人，历翰林修撰。后升至四川廉访副使，至正十九年，刘福通将李喜自秦入蜀，士点被擒，不食死。善大字，亦能篆。著有《秘书监志》11卷、《禁扁》5卷。事迹见《元史》卷一六四、《书史会要》卷七。

按：虞集尝为王士点《禁扁》作序交代其书大略，《序》云："继志，故翰林学士承旨、中书参议、鲁国王文康公之次子也。世祖黄帝既取宋，淮南忠武王还奏，留董忠献公镇绥江南。时文康公以翰林应奉文字使董公军中，因谓董公曰：'宋氏经史图籍文书略备，不及今上送朝廷，惧将散轶，不可复得，关系甚重也。'董公奇其言，悉录中秘外府图书，连舸致之京师，而文康公护之。今馆阁所藏，多当时故物，有识者甚韪二公所为也。于后，文康公扬历台省，宾客门人，一时文学之选皆在，是以继志兄弟见闻异于常人,又以强记博学称于时。自纨绮之习,固无与斯事,而寒隽视之,更兴寡陋之叹矣!《禁扁》之书,在史馆暇日所编,号为详赡,而他著述尚多也。继志年富力强,好亲师友,则所学又当不止如著此书者。"(《雍虞先生道园类稿》卷一七)

陈全(—1424)、华景安(—1429)生。

至正二十年　庚子　1360 年

英法签订《布勒丁尼和约》,百年战争第一阶段终。

正月乙卯,会试举人。

按：知贡举平章政事八都麻失里、同知贡举翰林学士承旨李好文、礼部尚书许从宗、考试官国子祭酒张翥等言:"旧例,各处乡试举人,三年一次,取三百名,会试取一百名。今岁乡试所取,比前数少,止有八十八名,会试三分内取一分,合取三十名,如于三十名外,添取五名为宜。"从之(《元史·顺帝纪八》)。

三月甲午,廷试进士35人,赐买住、魏元礼等及第、出身有差。

闰五月,朱元璋置儒学提举司,以宋濂为提举,朱元璋命长子标从濂受经学。

按：三月,刘基、宋濂、章溢、叶琛诸人,为朱元璋遣使以书币征聘至应天,拟以重用。刘基陈时务十八事。宋濂以文学知名,常侍朱元璋讲《春秋左氏传》。濂称:"《春秋》乃孔子褒贬恶之书,苟能遵行,则赏罚适中,天下可定也。"(《明史·宋濂传》)

刘基、宋濂、章溢、叶琛等三月被征至应天,陶安有《喜伯温景濂辈至新京诗》。

按：时朱元璋问陶安,四人者何如?陶对曰:"臣谋略不如基,学问不如濂,治民之才不如溢、琛。"朱元璋赞陶氏能让(《明史·陶安传》)。

汪克宽往依门人吴季实家,生徒云集,讲经论道殆无虚日。

张翥正月以国子祭酒为会试举人考试官。

贡师泰除户部尚书,俾分部闽中,以闽盐易粮,由海道转运给京师。

杨维桢四月八日以张士信征,作《重修西湖书院记》。是月,游海上,得浮屠友数人,作文多篇。十月八日跋横溪朱垔家藏朱熹手迹。

贝琼十月自海昌适云间,与杨维桢重会。

顾瑛九月九日与杨维桢等聚饮谢伯理所;后五日,率李升再饮谢舍。又与王叔明、赵善长等于玉山草堂赋芍药诗。

顾逖为杨维桢筑草玄阁,使安家。

高启游吴越归来,期间有诗甚多,然大多散佚,现存15首,皆五言古体。

刘仁本于余姚龙泉山麓仿兰亭作雩咏亭,集名士赵俶、谢理、王霖、朱右、天台僧白云等42人修禊赋诗,因曰续兰亭会,仁本自为之序。

按:刘仁本此次主持的"同题集咏",乃元末战乱中影响最大的诗人聚会。为接续前贤,连参加者人数也与王羲之当年的兰亭会一致。刘仁本《续兰亭诗序》云:"东晋山阴兰亭之会,蔚然文物衣冠之盛,仪表后世,使人景慕不忘也。当时在会者,琅琊王友、谢安而下凡四十二人。临流觞咏,从容文字之娱,而王右军墨迹传誉无尽,岂有异哉!盖寓形宇内,即其平居有自然之乐者,天理流行,人与物共,而各得其所也。昔曾点游圣门,胸次直与天地万物上下同流,故其言志,以暮春春服既成,童冠浴沂,舞雩咏归,有圣人气象,仲尼与之。垂八百年,而有晋之风流,盖本诸此,自是而莫继焉。后唐宋虽为会于曲江,率皆矜丽,务为游观,曾不足以语此者。余有是志久矣,适以至正庚子春,治师会稽之余姚州。与山阴邻壤,望故迹之邱墟,而重为慨叹。于是相龙山之左麓,州署之后山,得神禹秘图之处,水出岩罅,潴为方沼,疏为流泉,卉木丛茂,行列紫薇,间以篁竹,仿佛乎兰亭景状,因作雩咏亭以表之。维时天气清淑,东风扇和,日景明丽,实三月初吉也。会瓯越来会之士,或以官为居,或以兵而戍,与夫避地而侨,暨游方之外者,若枢密都事谢理、元帅方永、邹阳朱右、天台僧白云以下得四十二人,同修禊事焉。著单袷之衣,浮羽觞于曲水,或饮或酢,或咏或歌,徜徉容与,咸适性情之正,而无舍己为人之意。仍按图取晋人所咏诗,率两篇。若阙一而不足者,若二篇皆不就者,第各占其次补之。总若干首,目曰《续兰亭会》,殊有得也。嗟乎!自永和至今,上下宇宙间千有八载,遗风绝响,而今得与士友俯仰盘桓,追陈迹,修坠典,讲俎豆于干戈之际,察鸢鱼于天渊之表,乐且衎衎,夫岂偶然也。是虽未能继志曾点,然视晋人,则亦庶几已矣。独未知后之人,又能有感于斯否乎?会人请纪,以冠诗端,而诸姓名则各因诗以附见如左。"(光绪二十五年刻本《余姚县志》卷一四)

杨维桢著《宋史纲目》成。

杨瑀著《山居新语》4卷成,杨维桢四月十六日作序。

按:杨维桢《序》云:"吾宗老山居太史,归田后著书,名《山居新话》,凡若干言。其备古训,类《说苑》;摭国史之阙文,类《笔语》;其史断诗评,绳前人之愆;天菑人妖,垂世俗之警。视袄诡淫佚败世教者远矣,其以《说铃》议之乎?好事者梓行其书,征予首引,予故为之书。至正庚子夏四月十有六日,李黼榜第二甲进士今奉训大夫、江西等处儒学提举会稽杨维桢叙。"(《山居新语》卷首)《四库全书总目提要》云:"杨维桢集有瑀墓碑曰:'瑀字元诚,杭州人。天历间擢中瑞司典簿。帝爱其廉慎,超授奉议大夫,太史院判官。至正乙未,江东浙西盗群啸,乃改建德路总管。……'是书卷末有至正庚子三月《自跋》,结衔题中奉大夫浙东道宣慰使都元帅,当成于进阶以后。而卷首又有维桢《序》,作于是年四月,乃称为归田后作,殆是年即已致仕欤?其书皆记所见闻,多参以神怪之事,盖小说家言。……亦颇有助于考证。虽亦《辍耕录》之流,而视陶宗仪所记之猥杂,则胜之远矣。"

许有孚辑许有壬《圭塘小稿》13卷、《别集》2卷、《续集》1卷、《附录》1卷成。

按:张翥作《圭塘小稿序》云:"集贤大学士兼太子左谕德安阳许公,自进士高等,接武而上,历侍从,膺藩宣,典内制,佐政府,出入中外四十有余年,其牢笼万象,漱涤芳润,总揽山川之胜,与夫推之经济当世者,何莫非学?其所取数多,其用物弘,故其所发笔力,有莫窥其倪,而迤逦曲折且不它蹈,则夫冠冕佩玉之气象信得而征之

意大利乔万尼·薄伽丘著《但丁的生平》。

法国埃·德尚著《皇帝的论坛》,是为法国第一部关于道德论的书。

法国W·奥尔斯姆约于是年著《欧几里得几何问题》。

法国人佩罗制造拨弦古钢琴(哈普西科德)。

矣。公《大全集》凡若干卷，简而出之，为诗文乐府若干，公题曰《圭塘小稿》。圭塘，安阳别业也，公之所休逸也，花竹泉石超然林壑，故以命编云。契生翰林学士承旨、荣禄大夫、知制诰兼修国史张翥书。"（《中州文贤文表》卷二二）

屏山书院刊行陈傅良《止斋先生文集》52卷、宋刘学箕《方是闲居士小稿》2卷。

汪汝懋著《山居四要》5卷成，杨彝为作序。

刘仁本为金哈剌撰《南游寓兴集》1卷作序。

按：金哈剌《南游寓兴诗集》卷首有二序，其一题《南游寓兴诗集序》，署"至正二十年庚子腊月朔日奉训大夫江浙等处行枢密院判官天台刘仁本序"。其二无题，署"庚子四月朔国子进士福建等处行中书省左□司孝事浚仪赵由正元直谨识"。金哈剌，字元素，号葵阳，雍古（或谓为蔀林、康里）人。乃祖有功于国，赐姓金氏，世居燕山。早岁登进士第，授钟离县达鲁花赤。历廉访佥事，累升江浙行省左丞，拜枢密院使。元亡，从顺帝北去。所著《南游寓兴集》，刊行于至正二十年（1360），在中国早已失传，仅《元诗选·癸集》录有其诗。

贡师泰作《勉斋书院记》。

按：其文载："至正十九年冬十月，福州始作勉斋书院。明年秋八月，告成。丁亥，廉访使者率郡大夫士行释奠礼。己丑，经略使李公国凤谒祠下，用便宜署今额，以儒人张理为山长。执事者间具本末，请记于贡师泰，曰：'书院遍天下，而闽中为盛。大率祠徽国朱文公师弟子居多，若延平、武夷、考亭、建安、三山、泉山、龙溪、双峰、北山之属皆是也。勉斋先生实文公高弟，独无专祠，顾非莅政者之缺欤？昔者佥事张引尝图经始，以调官浙东不果。经历孔汭锐意作兴，以拜南台监察御史又不果。未几，行部闽广，适郡士林祖孟、祖益请以太平公辅里故宅一区为学宫，厥位面阳，广输合制，遂倡成之。而廉使赡思丁，副使元奴，佥事亦怜真、必剌的纳、刘完者、郑潜，经历答里麻，蒙古知事黄普颜帖木儿，照磨傅居信、叶心相事，议若出一。且移郑君董视，而佐以属史王兰焉。行省平章普化帖木儿闻之，亟发白金五十两，及租田一百五十亩奇，以给以赡。于是即旧以图新，拓隘以增广。礼殿中崇，象圣人之燕居，祠宇旁峙，严先生之祀事。堂曰"道源"，著师友之授受也。阁以"云章"，以郑君正字端本时所得皇太子书"麟凤龟龙"四大字刻置其上也。堂后叠石山，曰"小鳌峰"，不忘先生读书精舍之名也。斋左曰"凝道"，右曰"尊德"。栖士有舍，待宾有馆。燕休有室，更衣有次。庖湢库庾，各有其所。重门衙衙，层庑翼翼。瞰以方池，度以石梁。其周九百八十四尺奇，东西广九十一尺，深视广之四。雄规伟观，穆然靓深，然后斯道之统有所尊，而讲学之士知所同矣。惟子之学，盖亦得于先生者，请文诸石以纪其成。'顾师泰荒陋，何足以知此。然窃闻之，斯道也，伏羲、神农、黄帝、尧、舜、禹、汤、文、武、周公之所以为治，孔子、颜氏、曾氏、子思、孟轲氏之所以为教。不幸而变于管、商，惨于申、韩，杂于荀、扬，暴于鞅、斯，碟裂破碎于毛、郑、贾、马、王、范之徒。幸而唐之韩愈氏能以所得著之《原道》之书，然其于性也主三品，于仁也专博爱，则犹未免于不详不精之失也。至宋全盛，濂溪启其源，伊洛溯其流。度江再世，文公始集诸儒之大成，使千载不传之道，复明于天下后世。吁！盛矣哉！于时门人弟子，聪明卓越，固不为少，然求其始终不渝，老而弥笃者，先生一人而已。先生因刘子澄一拜文公于屏山之后，即慨然以斯道自任，听风声于屋头，对孤灯于天曙，其坚志苦思为何如也。自是得执子婿之礼，从登庐阜，涉彭蠡，过洞庭，望九疑，宦游淮、江、湖、吴、越、瓯、闽间，不惟口传心授于师门者愈久而愈博，而其所见名山大川渊深高厚皆有以助夫精微广大之学矣。是故征诸事业,则城安庆、御汉阳最为伟迹,著之方册,则《四书通释》、《仪礼通释》尤为有功。盖先生有志于斯世,卒以陆沉下官,不能大行其学,固可深慨。然圣贤坠绪非文公无以明,文公遗书非先生无以成,则斯文吾道,确乎其有所归矣。先生没,其传之著者,在闽则宓斋陈氏、信斋杨氏,在浙则北山何氏,江以西则临川黄氏,江以东则双峰饶氏。其久而益著者,则西山真氏《衍义》诸书。凡今经帷进讲,成均典教,皆出先生讲论之余也。呜呼!先生之道传之后世,先生之书行乎天下,孰不想慕其高风,渐被其余泽!况鳌峰、箕山之间,云烟苍莽,神气流行,忾然肃然,犹若有见乎其位,闻乎其容声者乎!书院之作,其有功于世教,岂曰小补云哉!遂记不辞。先生讳榦,字直卿,御史瑀之第四子。累官至大理寺丞,转承议郎,致仕。勉斋其自号云。"(《玩斋集》卷七)

钟嗣成约卒(约1279—)。嗣成字继先,号丑斋,大梁人,寄居杭州。曾寄学邓文原、曹鉴。以貌丑,科场屡试不第,遂专力从事戏曲。纂有《录鬼簿》2卷,载元代杂剧作家小传和作品目录,为研究杂剧重要资料。所作杂剧今知有《章台柳》、《钱神论》等7种,均不传。事迹见《录鬼簿》、《录鬼簿续编》、《太和正音谱》、《全元散曲》。

周闻孙卒(1307—)。闻孙字以立,吉水人。至正元年以经义举于乡,明年赴春官,中乙榜进士,锡宴宏文馆,拈题赋诗,学士大夫皆赏叹,交荐入史馆。时值修《宋》、《辽》、《金》三史,以史论不一,遂归。后历长鳌溪、贞文、白鹭洲诸书院,避兵居新干。著有《河图洛书书序说》、《尚书一览》(佚)、《学诗舟楫》(佚)、《五经纂要》、《鳌溪文集》2卷。事迹见解观《周以立传赞》(《文毅集》卷一一)。

杨靖(—1397)、胡俨(—1443)、秦朴(—1450)生。

至正二十一年　辛丑　1361年

正月,宋小明王韩林儿封朱元璋为吴国公。

二月丙午,朱元璋立盐法、茶法。

黑死病在欧洲再起。

宋濂二月二十一至二十三日与刘基、夏允中、章溢游钟山,作《游钟山记》。

高启归寓青丘,友人薛月鉴据相法劝其出仕,启复以诗《赠薛相士》,表明其宁愿伏处田野以避世思想。

杨维桢二月游昆山,首访郭翼,赞郭氏清贫傲骨。十二日,偕华藏月亭登玉峰,赋《凤凰石》诗,郭翼和之。十五日,睹张雨手笔,叹挚友长逝,书跋一首。

杨维桢三月初一日于门生朱芾舍跋《玉带生轴》。二十六日，跋赵孟𫖯画。是年，又有诗题黄公望画。

陶宗仪于杨维桢家请为其父作墓铭，维桢作之；张宪又有跋文。

刘基定征伐之计，朱元璋从之。

戴良居金华，以荐授淮南江北等处行中书省儒学提举。

朱右诣阙献《河清图》，不遇而归。

盛熙明著《补陀洛伽山传》1卷成。

按：是书为记叙舟山普陀山名胜古迹著作，于研究中国四大佛教圣地普陀山之古迹沿革及其发展史，有重要参考价值。其通行本有：《大藏经》本、清代吴县蒋氏双唐碑馆本等。盛熙明，生卒年不详。据《补陀洛伽山传序》称"元丘兹人"。据是书《附录》题识，自称"寓四明之盘谷，玄一道人盛熙明"。据《四库全书总目提要》引陶宗仪《书史会要》称："盛熙明，其先曲鲜人，后居豫章。清修谨饬，笃学多材，亦能通六国书，则色目人也。"其另著有《法书考》8卷、《图画考》7卷、《读法纂要》、《东坡题跋杂录》3卷。

松江守顾逖刊行陈桱《通鉴续编》24卷，周伯琦有序。

周伯琦作《通鉴外纪序》。

按：《通鉴外纪》，乃陈桱所编《资治通鉴纲目外纪》。周《序》曰："……四明陈氏子经父，世其史学，尊承先志，纂辑前闻，凡方册所□，若盘古至高辛氏，考纪其概，为第一卷，以冠金氏(《资治通鉴纲目前编》)之所述，名之曰《通鉴外纪》。是编也，不惟续前人之业，成一家之言，实有以继夫朱夫子之志，为万世之计矣。有志于史学者，诚能以朱子《纲目》为主，取金氏之《前编》，暨陈氏之《外纪》合而观之，则自开辟以来，历三王、五帝、夏、商、周、秦、汉、晋、隋、唐、宋至于今，上下数千年，治乱兴废之迹，洞彻无间。皇元至正二十一年岁在辛丑，鄱阳周伯琦谨书。"(《重修奉化县志》卷八)

刘履纂《选诗补注》8卷、《补遗》2卷、《续编》4卷成。

按：是书有谢肃至正二十一年(1361)序、夏时至正二十五年(1365)序。

赖良约于是年纂《大雅集》成。

按：是集辑元末东南诗家诗。前有杨维桢《序》，称所采皆吴越之隐而不传者。后有良《自跋》，称选诗二千余首。铁崖先生所留者，仅三百首。然则是为维桢所删定矣，故首题维桢评点耳。钱嘉、王逢亦尝为之序。赖良，字善卿，天台人。宋名臣赖好古后裔。

刘仁本著《羽庭集》6卷成，自为序。

贡师泰作《春日玄沙寺小集序》。

按：《序》云："至正二十一年春正月廿六日，宣政院使廉公公亮崇酒载肴，同治书李公景仪(李景仪)、翰林经历答禄君道夫、行军司马海君清溪游玄沙，且邀予于城西之香严寺。是日也，气和景舒，生物怠遂，花明草缛，禽鸟下上。予因缓辔田间，转入林坞，裴回吟咏，不忍遽行。及至，则四君子已坐久饮酣，移席于见山之堂矣。既见，则皆执酒欢迎，互相酬酢。廉公数起舞，放浪谐谑。李公援笔赋诗，佳句迭出，时亦有盘薄推敲之状。道夫设险语，操越语，问禅于藏石师，师拱默卒无所答。清溪虽庄重自持，闻道夫言辄大笑。予素不善饮，至此，亦不觉倾欹傲兀，为之抵掌顿足焉。日莫将散，乃执盏敛容而相告曰：'方今宽诏屡下，四方凶顽犹未率服，且七闽之境，警报时至,而吾辈数人,果何暇于杯勺间哉?盖或召或迁,或以使毕将归,治法征谋,无所事事,故得从容,以相追逐,以遣其羁旅怫郁之怀。然而谢太傅之于东山,王右军之于兰亭,非真欲纵情丘壑泉石而已也。夫示闲暇于抢攘之际,寓逸豫于艰难之时,其于人心世道亦岂无潜孚而默感者乎?他日当有以解吾人之示意矣。'乃相率以杜工部'心清闻妙香'之句分韵,各赋五言诗一首,而予为之序。"(《贡礼部玩斋集》卷六)

贡师泰作《燕集沧浪亭诗序》。

按:《序》云:"至正辛丑秋八月八日,三山书院山长朱堂来告曰:'明日丁亥,将舍奠于先圣庙,请以是日昧爽行礼。'诸生有进而前者,曰:'书院在城西门外,春秋祀日,有司率不共事,仪文简略,弗中令式。先生国子师,又以尚书使南方,当祗谒郡学,不宜拜书院。'予谓:'学、院皆所以崇报也,惟敬之存,即神所在,顾何择哉!且司校者方束带趋事上官,苟免诃詈,又何暇知文事重轻耶!'于是广信程伯来、濮阳吴维清、宜阳夏鼎、诸生刘中、郑桓、边定相率诣拜于燕居之庭,比至,则建安江晃、睢阳赵宗泽、上饶张裴、郡士周旭与执事者已儒服序立听位。及入就拜,升降进退,酌灌兴伏,莫不肃恭。竣事,乃退坐沧浪亭上,壶觞既陈,笾豆维旅,宾主献酬,小大秩然。凡山云吞吐,水波荡漾,渊鱼沙鸟之飞潜,樵唱渔歌之互答,皆若有以助予之乐者。诸生复欣然举酒,曰:'昔者守吏徒委事山长,山长分微,又无以任使令者,故仪文遂简略。今人人既得各共乃职矣。且郡学日出后大府方列庭下,拜即起坐庙门内,及有司行三献礼毕,则已辰巳,故往往弗中令式。今又得以时即事矣。先生所以惠教诸生者,抑何厚哉!况当干戈抢攘之际,辱有觞豆优游之乐,咏歌凉风,庶几舞雩,其可无一言以纪今日之会乎?'予曰:'甚幸!'遂合在坐之士凡廿人,以韦应物'斋舍无余物,陶器与单衾。诸生时列坐,共爱风满林'之句分韵,各赋五言古诗一首,而予得'满'字云。"(《贡礼部玩斋集》卷六)

杨瑀卒(1285—)。瑀字元诚,号山居,钱塘人。天历间擢中瑞司典簿,后超擢奉议大夫、太史院判官。十五年,改建德路总管。后进阶中奉大夫、浙东道宣慰使、都元帅。著有《山居新语》1卷。事迹见杨维桢《元故中奉大夫浙东慰杨公神道碑》(《东维子文集》卷二四)、《元诗选·癸集》小传。

曹庆孙卒(1286—)。庆孙一名绍,字继善,号瀼东漫士,华亭人。历吴县、淳安两县教谕。年四十四复仕,家居读书。与邓文原、虞集、杨维桢等皆有交往,人称安雅先生。著有《安雅堂酒令》1卷(收入《说郛》卷五六)、《水利论说》。事迹见《元故建德路淳安县儒学教谕曹公行状》(《野处集》卷三)。

赵雍卒(1291—)。雍字仲穆,吴兴人。赵孟頫次子。泰定四年,以父荫授昌国州知州,后改知海宁州。至正十四年,累迁集贤待制。十六年,同知湖州路总管府事。晚年隐居家中。著有诗集《赵待制遗稿》1卷。事迹见《元史》卷一七二、《元书》卷五六、《元史新编》卷四七、《元史类编》卷三五、《元诗选·初集》小传。

吴当卒(1297—)。当字伯尚,崇仁人。吴澄孙。精通经史百家言。澄殁,四方从游者悉就当卒业。用荐为国子助教,预修《辽》、《金》、《宋》三

法国作曲家、音乐理论家、诗人维特里(1291—)。

德国神秘主义神学家约翰·陶勒尔卒(1300—)。

史,书成,除翰林修撰。累迁国子司业,历礼部郎中、翰林直学士,出为江西廉访使。陈友谅陷江西,辟之,不出,送江州拘留一年,终不屈。归隐庐陵。《宋元学案》列其入《草庐学案》"草庐家学"。著有《周礼纂言》、《学言诗稿》6卷。事迹见《元史》卷一八七、《元书》卷八八、《元史新编》卷四六、《元史类编》卷三二、《元诗选·初集》小传。

林泉生卒(1299—)。泉生字清源,永福人。与卢琦、陈旅、林以顺称闽中文学。天历三年进士,授福清州同知,转泉州经历。除翰林待制、行省郎中。为翰林学士、知制诰。卒谥文敏。著有《明经题断诗义矜式》10卷、《春秋论断》。事迹见吴海《故翰林直学士林公行状》、《元故翰林直学士林公墓志铭》(皆见《闻过斋集》卷五)、《宋元学案补遗别附》卷三、《闽中理学渊源考》卷三五、《(万历)永福县志》卷三、《元诗选·三集》小传。

按:其《明经题断诗义矜式》,《经义考》著录为《诗义矜式》,并引缪泳曰:"此专为科举而设,无足存也。"朱氏又按:"泉生《行状》、《墓志》俱吴海作,平生著述只载《春秋论断》,而无《诗义矜式》一书,殆书贾所托也。"又注曰"佚"。实误。北京图书馆存元刻本10卷,题"进士三山林泉生清源著"。此书非释全经,首以《麟之趾》,结以《殷武》。题下小字注诗旨,正文则多演义经意。因其乃为科举而设,非为讲经设,故多书生考卷之气。

解观卒,生年不详。初名子尚,字观我,更字伯中,吉水人。与弟解蒙,并以善《易》名于时。天历、至顺两领乡荐。尝豫修《宋史》。后居家讲学,弟子甚众。《宋元学案》列其入《草庐学案》"草庐门人"。著有《周易疑义通释》、《四书大义》、《儒家博要》、《天文星历》等。事迹见《江西通志》卷七六。

王绅(—1400)、胡子昭(—1402)、史仲彬(—1427)生。

至正二十二年　壬寅　1362 年

奥斯曼土耳其军攻陷德里亚堡,改称埃迪尔内。

三月己酉,徐寿辉部明玉珍称帝于蜀,国号大夏,建元天统。

按:明玉珍仿周制设六卿,又置翰林院承旨、学士、国子监祭酒等官。开廷试以策士,置雅乐以供郊祀之用。

七月,西湖书院旧有经史书版,兵后零落,行省左右司员外郎陈基建言平章张士信出官钱补刊,进行大规模修补宋监本板片工作。

按:此项工作自至正二十一年十月始,至是年七月毕工。以书院在前几次修缮书库时,"书板散失埋没,所得瓦砾中者往往刓毁虫朽",故张士信在前次对"《六经》板籍重加修补"的基础上,命左司员外郎陈基、钱用等再次进行全面整理、厘补。重刻经、史、子、集板片七千八百九十三块,三百四十三万六千三百五十二字,缮补各书损毁漫灭板片一千六百七十一块,二十一万一千一百六十二字。共化费粟一千三百石,木头九百三十根。参加的书手、刊工有九十二对,除了书院山长沈裕外,还聘请了余姚州判官宇文桂、广德路学正马盛、绍兴路兰亭书院出长凌云翰等人对读校正,并将书板依次类编,藏之经阁。与此同时,还将朽坏的库屋、书架修缮一新。(见金达胜、方建新《元代杭州西湖书院藏书刻书述略》)

是年,江浙行省乡试后,流传着一篇四六体"弹文",使考试的种种弊端公诸于众,凡牵涉者皆点出真名。

按: 文曰:"白头钱宰,感缔袍恋恋之情,碧眼倪中,发仓廪陈陈之粟。俞潜、徐鼎,三月初早买试官;丘民、韩明,五日前预知题目。"(《辍耕录》卷二八)

宋濂八月进讲经筵,又作《歙县孔子庙记》。

高启迁娄江寓馆。

杨维桢冬抵海上,居姚桐寿所。

贝琼谒见杨维桢,为萧山令尹本中乞《吴越两山亭志》,且请择取诸词人题咏。夜半,嘉禾之能诗者踵门求留选其诗,至有泣涕跪拜者,维桢愤然,闭门不顾。

唐肃以词赋中江浙乡试,以道梗不能赴京会试,滞留吴门,与杨维桢游处。

虞子贤持朱熹诗卷谒见时在娄地之杨维桢,维桢为书张宣公诗,并跋朱子诗卷。

闻人梦吉升庆元路知事,未上卒。

贡师泰召为秘书卿,行至杭之海宁,得疾,卒于门生朱燧家。

刘基以母丧辞归,值金华处州苗帅作乱,守将夏毅即迎入城,一夕定之,然后至家营丧事。

周伯琦临石鼓文册。

景星十一月作《学庸集说启蒙序》。

按:《序》云:"星幼承父命,嗣儒业,而苦无常师。年十六,始得出就伯父黄先生学(先生本姓景,继黄氏,讳元吉,字子文)。先生曰:'汝欲为学,必先熟读《四书》以为之本,而后他经可读矣。'星于是昼诵夜思,不敢少惰。居四年,得粗通大义。后欲明经习举子业,先生又引星进郡庠,俾受《春秋经》于句乘杨先生(先生讳渊,字澄源)。一时师友,切偲问辨,资益为多。复得诸羽翼书为之启发,然后益知《四书》奥义,不可不穷矣。故星不揆庸愚,僭于佔毕之暇,汇集诸说,熟玩详味,分经别注,妄加去取。十年之内,掇拾成编,目之曰《四书集说启蒙》,将私塾以训子孙。既而一二同志,惧其久而堕佚,请寿诸梓,以便初学。顾星僭妄之罪,已不可逭,尚赖诸明理君子,重加订正而可否之,则星之志也。至正壬寅冬十有一月长至日,后学景星谨识。"(《大学中庸集说启蒙》卷首)

丛桂堂刊行陈桱《通鉴续编》24卷,张绅、姜渐为作序。

按: 张绅作《通鉴续编叙》云:"宋宝祐进士、秘监、知台州陈公子微,晚居四明山中,以史学名,著《历代统纪》传于家。至孙桱,字子经,始推其志,上叙盘古、三皇五帝之概,以冠夫司马氏之书之首,下述辽金与宋之详,以续司马氏之书之后。所以合

英国乡村神甫威廉·朗格兰特著宗教诗《关于农夫彼得斯的幻象》。

《史》、《汉》、《通鉴外纪》、《前编》诸书为一家,使观者自开辟以至宋末数千载之事,一览无遗。述史者未有若是之详且尽者,其续可谓劳矣!至正壬辰,余居广陵,始识子经于逆旅。主人萧条一室,庋木榻北牖下。书满案,字若蝇,皆手亲书。子经佔毕其中,率然膏以继晷,汲汲乎若有求而弗得也,翕翕乎若有失而弗知所求也。后余避兵齐鲁,与子经相失十年。当辛丑之十月,复会吴中,而其书适成,因得详观焉。其凡以为宋自建隆至太平兴国四年,无异于五代,故但以甲子书。四年以后,方系之统,以比汉唐。辽金系年宋统之下,以比吴魏之于蜀。数简之中,大义凛然。其《纪年》,司马氏之《补遗》也,而不敢自谓之补遗;《书法》,紫阳先生之《纲目》也,而不敢自拟于纲目。故题之曰《通鉴续编》,其体盖亦本于《春秋》者。因忆曩时朝廷纂修三史,一时士论,虽知宋为正统,物议以宋胜国而疑之。史臣王理因著《三史正统论》,推明修端之言,欲以辽为《北史》,金亦为《北史》,宋自太祖至靖康为《宋史》,建炎以后为《南宋史》。其言专,其论力,朝廷亦未之从,而卒为三国立史。正统卒不能定,至今大夫士虽以为慊然,终未有能持至当一定之论,以驱天下百世之惑者。愚尝窃谓,李唐篡而朱梁兴,郭周篡而赵宋立,赵宋灭而本朝混一,则也唐之有五代,犹晋之有宋齐梁陈也。唐之统中绝而至宋,犹晋之统中绝而至隋唐也。然则宋之统,所谓跨五代、轶辽金,而跻汉唐者也。子经之书,自唐而后,五代、辽、金皆为无统,至太平兴国四年而后有统,盖得其说矣。是可以驱天下百世之惑矣!但恨子经不与史事于当时,不得持此论于朝,而使三史有憾于后也。虽然,子经之书得与三史并行于世,亦可谓无愧于心矣。书廿四卷,盘古至高辛为一卷,契丹建国之始合五代为一卷,宋为二十二卷。齐郡张绅为之叙。至正廿二年岁次壬寅二月既望,丛桂堂书。"姜渐《序》云:"前无作者,非圣贤不能造其端,后无作者,非君子不能述其事。则夫法圣贤之业,述君子之志,固学者事也。昔者圣人因鲁史以作《春秋》,以为百王之大经。子朱子上法乎《春秋》,下取乎左氏,因温公之《通鉴》以为《纲目》,可谓善述圣人之事矣。然世变无穷,圣贤不作。《纲目》之书,止于五代,而宋之统纪,无所征焉。是故李焘之《长编》,可以继温公之志,而其体非笔削之文。陈均之《举要》可以述朱子之事,而其文非著作之体。有志于斯文者,不能无所感矣。四明陈君子经,因三史之成书,取法乎《纲目》,起宋迄元,类为《续编》,凡若干卷,概用宋纪之凡,参取辽金之要。若乃太平兴国之混一,本之紫阳《语录》之微言;建炎绍兴之大书,法乎晋元中兴之特笔。上而建隆之分注,有以见统之难得于其始;下之祥兴之纪年,有以见统之不忍绝于终。书李重进之谋反,而君臣之分明;书劾里钵之世袭,而夷夏之祸兆。至于尊先圣而书孔宜之官,重道统而书周程之卒。虽因文立义,繁简不同。然纪事实书,大旨略备。后有作者,未有能舍是以为书也。乌乎!温公之为《通鉴》,各有分局,然犹历十九年而后成。朱子之为《纲目》,因其成书,亦必更属众手而始就。今子经以一人之心力,而兼二公之难为,其用功亦勤矣。温公尝言:吾《通鉴》成,唯王胜之读一过,余人未半卷即已倦睡。渐于是编,亦已数过,尚未能窥子经之阃奥。然则不知子经之用功者,其可易而观之者哉!子经以渐尝获窥其概也,属渐为序。因述其得于是编者以复之,其未知者则愿从子经而卒业焉。友生姜渐序。"(皆见《通鉴续编》卷首)

危素著《白水观记》成。

按:该记收入《四明洞天丹山图咏集》中。是集乃曾坚、危素等于至正年间编纂而成,后收入《道藏》洞玄部记传类。四明山在今浙江余姚县境内,号称"丹山赤水洞天",相传东吴隐士刘纲及南朝隐士孔佑在此修成升仙。唐、宋以来山中广建宫观。元道士毛永贞增修宫观,纂集历代诗文,由其弟子薛毅夫携入京师,交托曾坚、危素编成本书。集中收入唐木玄虚《序言》、贺知章《四明山图》、《吴上虞令刘公传赞》、

《宋孔先生传赞》,及危素《四明山铭》、《白水观记》等篇,分别记述四明山之山川名胜,历代修道者及宫观沿革史迹。又有曾坚撰《石田山房诗序》及唐、宋、元三代名士题咏百余首。《诗序》载毛、薛二人事迹,谓石田山房乃毛永贞修道之处。曾坚,字子白,临川人。翰林直学士。著《诗疑大鸣录》1卷。

危素为任栻撰《太常沿革》作序。

按:《四库全书总目提要》载:"任栻,始末未详,此书乃其为太常博士时所修。前有危素《序》,素时亦为太常博士故也。上卷志沿革,下卷皆职官题名。始自中统,迄于至正,所载当时奏牍文移,皆从国语译出,未经修润。"另著有《三皇祭礼》1卷,乃任栻官太常博士时,记至正祀三皇礼仪之书。

宋濂撰《黄文献公集序》。

按:《黄文献公集》23卷刊本,卷首有《金华先生黄文献公集序》,署"门人同郡宋濂谨序",次为"黄文献公集目录",卷一至三:初稿;卷四至一〇:续稿上;卷一一至一六:续稿中;卷一七至二三:续稿下。各卷头题"黄文献公集卷第几","初稿"及"续稿上"各卷署"临川危素编","续稿中"各卷署王祎编,"续稿下"各卷署"傅藻编"。卷三尾题后一行刻"门人刘涓校正"。卷一四尾题之前行及卷一六尾题之二行前刻"门人宋濂校正"。书末有《黄文献公集文集后序》,署"岁在戊午重午日后学同郡杜桓书"。

陈基八月作《西湖书院书目序》。

按:该序为现存书院书目序最早者之一。书目所纪为院中所刻经史书版、院藏典籍,反映元代书院藏书事业之正规化情况。《序》云:"杭西湖书院,宋季太学故址也。宋渡江时,典章文物悉袭汴京之旧,既已裒辑经史百氏为库,聚之于学,又设官掌之,今书库板帙是也。德祐内附,学废,今为肃政廉访司治所。至正(元)二十八年故翰林学士承旨东平徐公持浙西行部使者节即治所。西偏为书院,祀先圣宣师及唐白居易、宋苏轼、林逋三贤,后为讲堂,设东西序为斋,以处师弟子员。又后为尊经阁。阁之北为书库,收拾宋学旧籍,设司书者掌之。宋御书石经、孔门七十二子画像石刻咸在焉。书院有义田,岁入其租以供二丁祭享及书刻之用,事达中书,扁以今额,且署山长司存,与他学官埒。于是西湖之有书院,书院之有书库,实昉自徐公,此其大较也。由至元迄今,嗣持部使者节于此者,春秋朔望,踵徐公故事行之,未之或改也。独书库屋圮板缺,或有所未备。杭之有志者间以私力补葺之,而事不克继。至正十七年九月间,尊经阁坏圮,书库亦倾。今江浙行中书平章政事兼同知行枢密院事吴陵张公曾力而新之,顾书板散失,埋没所得瓦砾中者,往往刓毁蠹朽。至政(正)二十一年公复厘补之,俾左右司员外郎陈基、钱用董其役庀工,于是年十月一日所重刻经史子集欠缺以板计者,七千八百九十有三,以字计者三百四十三万六千三百五十有二,所缮补各书损毁漫灭以板计者一千六百七十有一,以字计者二十万一千一百六十有二,用粟以石计者一千三百有奇,木以株计者九百三十,书手刊工以人计者九十有二,对读校正则余姚州判官宇文桂山长、沈裕广德路学正马盛、绍兴路兰亭书院山长凌云翰、布衣张庸、斋长宋良、陈景贤也。明年七月二十三日,工竣饬,司书秋德桂、杭府史周羽以次类编藏之,经阁书库秩如也。先是库屋洎书架皆朽坏,至有取而为薪者,今悉修完,既工毕,俾为书目且序,其首并刻入库中。夫经史所载,皆历古圣贤建中立极、修己治人之道,后之为天下国家者,必于是取法焉。传曰:文武之道,布在方册,不可诬也。下至百家诸子之书,必有禅世教者,然后与圣经贤传并存不朽。秦汉而降,迄唐至于五季,上下千数百年,治道有得失,享国有久促,君子皆以为书籍之存亡,岂欺也哉!宋三百年来,大儒彬彬辈出,务因先王旧章,推而明之,其道大著,中更靖康之变,凡百王诗书礼乐相沿以为轨则者,随宋播越流落东南,国初收拾散佚仅存十于千百,斯文之绪不绝如线,西湖书院板库乃其一也。承平日久,士大夫家诵而人习之非一日矣,海内兵兴四方驿骚,天下简册所在,或存或亡,盖未可考也。杭以崎岖百战之余,而宋学旧板赖公以不亡,某等不敏亦辱与执事者手订而目校之惟谨,可谓幸矣!嗟乎,徐公整辑于北南宁谧之时,今公缮完于兵戈抢攘之际,天之未丧斯文也,或尚在兹乎!序而传之以告来者不敢让也。至正二十二年八月丙子朔谨序。"(《夷白斋稿》卷二一)

胡助卒(1278—)。助字履信,一字古愚,自号纯白道人,东阳人。举茂才为教官,除建康路学录,调美化书院山长,入为翰林编修。至顺初,分院上京,久之调右都威卫儒学教授,再任翰林编修,迁太常博士。诗文皆平易近人,无深湛奇警之思。著有《纯白斋类稿》20卷、《附录》2卷。事迹见《纯白先生自传》(《纯白斋类稿》卷一八)。

汪宗臣卒(1278—)。宗臣字公辅,号紫严。为人端悫。爱考诸史籍,著为《世乘窥斑》一书,辨论精明,文思高古。胡炳文、陈定宇深叹美之。又集畴昔诗文为4卷,自序其始末。事迹见汪斌《紫严先生汪公宗臣行状》(《新安文献志》卷八七)。

黄镇成卒(1288—)。镇成字元镇,号存斋,邵武人。筑室城南,号南田耕舍。致力著述,屡荐不就,后授江南儒学提举,未上而卒。集贤院定号曰贞文处士。著有《周易通义》10卷、《尚书通考》10卷、《中庸章旨》2卷、《性理发蒙》、《宜圣图谱》、《秋声集》4卷。事迹见《大明一统志》卷七八、《(弘治)八闽通志》卷七〇、《元书》卷八八、《元儒考略》卷四、《闽中理学渊源考》卷三九。

按:蒋易尝作《存斋先生集序》云:"昭武存斋黄先生积学五十年,于经无所不通,而尤邃于《易》。既为之《通义》、《图说》,又作《大学中庸解》、《尚书通考》。其于性命之原,道德之蕴,究之精,讲之熟,故作为文章,壹是本于经而根于理,是以枝叶畅茂,英华敷腴,不为可骇可愕之论,而见者闻者无不欣慕。盖中和之气涵养充积,故其所发明白而正大,皆凿凿真实语。有本者固如是也。使达而在上,则铺张大业,歌颂盛德,如卿云、景星,为章霄汉,必能焜耀天下之耳目。而网疏麟凤,肥遁居贞,徒使韦带布衣之士得其片文只字,以为陋室之光华、江湖之荣观,此士论之所共惜。予则以为麟凤在郊棷,朱草生岩户,皆为盛世之嘉瑞,亦何必仪韶舞石,产于斋房,然后为贵哉!易齿少于先生,辱与为忘年交,盖三十年于此。窃闻绪论,而启发者亦多矣。今又获睹全集,益闻所未闻,如八珍充列,含咀餍饫,岂特染指铛鼎而已哉!喜幸之极,故忘其愚陋,僭附其说于后而归之。"(《鹤田蒋先生文集》卷上)其《尚书通考》,《四库全书总目提要》评曰:"其书征引旧说以考四代之名物典章,亦间附以论断,颇为详备。……又全书皆数典之文,而'曰若稽古'一条独参训诂,尤为例不纯,似乎随笔记录之稿,未经刊润成书者。然《书》本以道政事,而儒者以大经大法为粗迹,类引之而言心。……镇成此编,虽颇嫌芜杂,然犹为以实用求书,不以空言求书者。其《自序》有曰:'求帝王之心易,考帝王之事难。'可谓知说经难易之故矣。"

又按:有陈士元者,亦邵武人,与黄镇成以文为友,隐居不仕。学者称旸谷先生。著有《武阳志略》1卷、《武阳耆旧诗宗》。黄镇成作有《武阳耆旧宗唐诗集序》(见《闽中理学渊源考》卷三九引)。

陈植卒(1293—)。植字叔方,号慎独痴叟,平江人。陈深之子。工诗,善画树石。著有《春秋玉钥题》1卷、《慎独叟遗稿》1卷,附陈深《宁极斋稿》以行。事迹见郑元祐《慎独叟陈君墓志铭》(《侨吴集》卷一二)、《宋元学案补遗别附》卷三、《宋季忠义录》卷一五、《元诗选·初集》小传、《(正德)姑苏志》卷五五。

闻人梦吉卒(1293—)。梦吉字应之,金华人。父诜,学于王柏,里中称为桂山先生。梦吉受家学,深究义理。《七经》传疏,皆手钞成集,训诂牴牾者,别白是非,使归于一,闭门讨论逾十年不出。因荐起历处州学录、西安教谕、昌国学正、泉州教授。至正十八年,授福建副提举。门人宋濂等私谥凝熙先生。《宋元学案》列其入《北山四先生学案》"桂山家学"。

贡师泰卒(1298—)。师泰字泰甫,号玩斋,宁国宣城人。贡奎之子。以国子生中江浙乡试,除泰和州判官,荐充应奉翰林文字,预修《后妃功臣列传》。累官礼部尚书、参知政事、户部尚书。曾从吴澄受业,复与虞集、揭傒斯等游。《宋元学案》列其入《草庐学案》"草庐同调"。著有《诗补注》20卷(佚)、《友迁集》10卷、《玩斋集》3卷、《蜗窝集》2卷、《闽南集》3卷。事迹见揭汯《有元故礼部尚书秘书卿贡公神道碑铭》(《贡礼部玩斋集》卷首)、《元史》卷一八七、《新元史》卷二一一、《蒙兀儿史记》卷一二〇、《两浙名贤录》卷五四。朱镳撰有《玩斋先生纪年录》。

按：揭汯《贡公神道碑铭》曰："延祐之际,仁皇隆尚儒术,而清河元文敏公、四明袁文靖公、蜀郡虞文靖公、巴西邓文肃公、宣城贡文靖公、先文安公相继登用,文明之盛焕然有光于前。能继先业而以文政事称者,独贡靖公之子,是为秘卿公。"(《贡礼部玩斋集》卷首)

又按：入明,贡师泰著述多散逸,天顺七年(1463)沈性补辑为《贡礼部玩斋集》10卷、《拾遗》1卷。凡出《玩斋集》者,以明嘉靖十四年(1535)徐万璧重修本为底本。《四库全书总目提要》曰："师泰本以政事传,而少承其父奎家学,又从吴澄受业,复与虞集、揭傒斯游,故文章具有源本。其在元末,足以凌厉一时。诗格尤为高雅,虞、杨、范、揭之后,可谓挺然晚秀矣。"

孙炎卒(1323—)。炎字伯融,应天府句容人。与丁复、夏煜游,有诗名,谈辩风生,雅负经济。朱元璋下金陵,炎从征浙东,以功授池州同知,进华阳知府,擢行省都事,克处州,授总制。后为苗将俘杀。朱元璋即位,追封丹阳县男,谥忠愍。著有《左司集》。事迹见《千顷堂书目》卷一七。

卢琦约卒,生年不详。琦字希韩,号立斋,惠安人。至正二年,登进士第。十一年,历官永春县尹,一境晏然。十六年,改尹宁德,擢福建盐课同提举。二十二年,迁平阳知州,未上而卒。著有诗文集《圭峰集》2卷。事迹见《元史》卷一九二、《闽中理学渊源考》卷三六、《史传三编》卷五六、《明一统志》卷七五。

王绂（　—1416）、陈登（　—1428）、吴启宗（　—1435）、张洪（　—1445）生。

至正二十三年　癸卯　1363年

奥斯曼土耳其人陷菲利波波利。

正月，朱元璋致书扩廓帖木儿，希望保持和好关系。

三月丁未，惠宗亲试进士62人，赐宝宝、杨翚等进士及第，余出身有差。

闰三月，朱元璋改税法。

五月癸酉，吴置礼贤馆以居名儒。

按：先是，吴国公聘名儒集建康，与论经史及咨以时事，甚见尊宠。至是复命有司即所居之西创礼贤馆处之。刘基、宋濂、苏伯衡、王祎、陶安、夏煜、许元、王天锡等，皆在馆中。

六月甲寅，诏授江南下第及后期举人为路、府、州儒学教授。

朱元璋作七言绝句一首赐宋濂。

杨维桢元旦率郭翼、殷奎、卢熊、谢应芳、刘景仪造访陈伯康新亭"玉山高处"，有诗偕众人赋。道士余善挟诗来谒。道士述奇师丘处机事，维桢遂有二诗记之，且效丘处机制核桃杯酌酒。维桢题语钱舜举《锦皋图卷》，谓醉生梦死者当以此"锦灰堆"为警。

王晟四月以张士诚左相微行谒见杨维桢，同饮于"草玄"，维桢重申出山无意。

刘基应召赴京任军机事。

戴良以儒学提举留吴门。

朱文忠是年春荐王祎至南京，授江南儒学提举司校理。

宋钠中进士。

按：钠字仲敏，河南滑县人。官侍御史。著有《东郡志》16卷，黄溍尝为作序云："南山宋公以侍御史致政，居滑州。滑领二县，而治白马。白马，故东郡地也。公暇日，阅前史及他传记，得东郡事，参以旧闻，作《东郡志》十有六卷，属溍序之。溍窃惟昔之言地理者，有图有志。图以知山川形势、地之所生，而志以知语言土俗、博古久远之事。是以成周之制，职方氏掌天下之图，而道地图以诏王者，有土训之官焉。小史掌邦国之志，外史掌四方之志，而道方志以诏王者有诵训之官焉。凡皆达于朝廷而关于政令，不特以资学士大夫之泛览而已。后世列郡，或有志无图，或以图合于志，而未尝领于王官。有司率谓非吏议所急，漫不加省。幸其士之有文学而好事者，奋然欲以述作为己任。而偏州下邑、僻陋之境，无故家大老文献之足征。其书虽粗具，而莫能详核，甚者遂缺而弗具。儒臣史家，卒有所询访，往往无以应。遗文轶事，不得附见简牍之末者多矣,况其大者乎?滑固名州,公又以耆哲为是州之望,文献有足征者,宜其为书,纂辑也备,考据也精。所记人才消长、风俗盛衰,上可明教化之得失,而裨益乎治道,古今文华事实沿革之故;下可俟采录,而垂之无穷,岂托于空言以为著述者可同日而语哉!滑是用序其大略如此,使览者知是书非独为一州之荣观也。"(《黄文献集》卷六)

王雍四月初三日以松江知府设宴款待庠序之士,杨维桢作文记之。

> 按:其时执教淞学者,皆东南翘楚之士,而维桢为之首。王雍、张判官为维桢置屋蓄书,供之撰史。

倪瓒在笠泽蜗牛庐中,题郭天锡《山居图》,作《江岸望山图》、《竹树野石图》、《望梧翠竹图》。

王绎与倪云林合写《杨竹西像卷》。

俞和题高彦敬《林峦烟雨图》。

赵原为顾阿瑛作《合溪草堂图》,阿瑛自题之。

吴郡庠刊行宋沈枢《通鉴总类》20卷,周伯琦为作序。

> 按:周伯琦《序》云:"……宁宗朝詹事沈宪敏公,潜心史学,以引年余力,摭《通鉴》所载君臣人物,性行功业,论议筹谋,制作事为,各以类聚,条分贯秩,为门二百七十有一,始以治世,终以烈妇,名之曰《通鉴总类》,凡二十卷。披而观之,粲然若名都之贾区,百货品列;森然若大廷之武库,五兵叙陈。其比伦附义,不惟便缮寻而捷讨究,鉴古施今,实足以彰劝惩而慎举措,虽谓之用世之书可也。是书锓梓于潮阳,数千里之外,世亦罕见。今江浙行中书省左丞海陵蒋公德明分省于吴,偶购得之,遍阅深玩,嘉其编次有益于治意,积岁弗靖,兵燹所被,无不荡然,非广其传,必致泯没。遂命郡庠重刻之,以行于世。而都事钱君逵请予文以表章之。夫经籍邃奥,史册浩夥,简撮精密,莫若《通鉴》,离析明切,莫若《总类》。习《通鉴》以识体要,究《总类》以备遗忘,正己治人,择善而从,进德修业,居易以俟,将见树立事功,抗美于古昔之明哲者矣。至正廿三年岁在癸卯,秋七月既望,前太史,知制诰鄱阳周伯琦叙。"(《通鉴总类》卷首)

高启迁居娄江,纂诗集《娄江吟稿》成,有序。

> 按:其《序》再次述其自愿伏处田野,以作普通诗人之志向。

建阳刘氏书肆刊行《楚国文宪公雪楼程先生文集》30卷、《附录》1卷。

管辇真吃剌将其父管主八所遗秘密经版一部舍入碛砂延圣寺大藏经坊,永远流通印造。

西湖书院刊行宋岳珂《金陀粹编》28卷、《续编》30卷。

杨维桢闰三月删定袁华诗作为《可传集》1卷,并作序。

> 按:袁华,字子英,昆山人。洪武初为苏州府学训导。后卒于京师。袁华尝从杨维桢学诗,著有《耕学斋诗集》12卷;又类次友人顾瑛纪游倡和之作,成《玉山纪游》1卷。杨《序》谓诗不得传世,不如罢笔;并称铁门善诗者百余人,张宪、袁华称其首。

王沂约卒(约1287—)。沂字师鲁(一作思鲁),祖籍云中,后迁真定。延祐二年进士。后历国子博士、翰林待制,曾主持元统元年科举,以总裁官编定《辽》、《金》、《宋》三史。著有诗文集《伊滨集》24卷。事迹见

日本道佑刻《论语集解》。

法国肖里亚克的《大外科学》出版,曾译成多种文字,在欧洲流传甚广。

法国女诗人克利斯蒂娜·德皮桑(—1430)生。

法国唯名论的

神秘主义者最尔孙（ —1429）生。

《元书》卷八九、《(嘉靖)真定府志》。

刘季箎（ —1423）、吴溥（ —1426）、歧阳方秀（ —1424）、蹇义（ —1436）、赵文（ —1440）、黄福（ —1440）生。

至正二十四年　甲辰　1364年

奥斯曼土耳其人攻占保加利亚旧扎果腊和普罗夫迪夫。

波兰国王卡齐米尔三世创办克拉科夫大学。

海因里希·冯·维克为查理五世的巴黎皇宫制作一座塔钟，有钟摆和报时装置。

查理四世的首相约翰·冯·诺伊马克约于是年被称为"阿尔卑斯山以北的第一个人文主义者"，设在布拉格的首相府使用的官方语言对新的高地德语文字的形成产生了影响。

正月丙寅朔，朱元璋自立为吴王，置百官，仍用宋龙凤年号，封拜、除授及有司文牒，并云："皇帝圣旨、吴王令旨"。

三月丁卯，吴置起居注。

四月丙申，朱元璋命建忠臣祠于鄱阳湖之康郎山。

朱元璋定商税以三十取一于江西设货钱局铸钱，名大中通宝。

朱元璋四月初五日作七言绝句一首赐宋濂。

宋濂十月经朱元璋委派担任起居注。宋濂约于是年见张理（玉文）。

王祎约于是年秋某夜与宋濂论文，宋濂作《秋夜与子充论文，退而赋诗一首，因简子充并寄胡教授仲申》。

汪克宽复返故里，作修学记。

陶安授饶州知府。

汪广洋正月为吴王朱元璋右司郎中。

高启寓娄江，往来城邑。

杨维桢时葺一新楼，曰"小蓬台"，以示不忘家乡。贝琼撰文拟以杜甫草堂。

杨维桢十一月初七日于学宫为倪瓒饯行。

钱唐瞿士衡与杨维桢交好，维桢过杭必宿其家。士衡侄佑雅善诗，维桢嘉赏。

按：《列朝诗集小传》乙集《瞿长史佑》记："佑字宗吉，钱唐人。杨廉夫游杭，访其叔祖士衡于传桂堂。宗吉年十四，见廉夫《香奁八题》，即席倚和……"

罗贯中与贾仲明相会。此次别后，二人不复相见。

戴希文任广东潮州韩山书院山长。

按：戴希文，广东潮州人。博通经史，不乐仕进，自号野民。以儒家经典教育生徒，尤重"敦行谊"之教。著有《航录》。

刘仁本建文献书院于委羽山。

按：刘仁本其时为江浙枢密副使。危素作《文献书院记》云："江浙行省左司郎中刘仁本言于行省，请建文献书院于丞相（杜范）所居黄岩州之杜曲，以祀朱氏，而丞相配享。别为祠堂，台祭徐温节先生、郭正肃公浟两杜先生，割私田二项以供其费。行省达于朝，礼部议从其请。刘君以书来，属临川危素为之记。方朱公胼节黄岩，相其卤地高下，开河通江，为牖源泉、常丰、石湫等十有三处，时其启闭，灌田数万顷，其民至今利之。此其遗爱，实应祀典，况以圣贤之学作则垂宪？两杜先生用其亲见亲闻者授于丞相，高明光大，厥有本源，故能直道正言，风节弥著，论者以为泽润生民，学承道统，《祭法》所谓以劳定国、法施于民，丞相实兼有之，俎豆而尸祝之，孰曰非宜？初，州之父老阮舜咨、赵必皓等请建书院，以祠丞相，进士周君仔肩首倡其谋。州上于郡府，不报。刘君至是乃能企儒学之正传，慕前修之清节，建学立师，以为州里之望，何其盛哉！至正初，出黄岩并丞相画像于杜曲，读其遗文，论著其言行，载之《宋史》，今乃与闻书院之事于政府，执笔以为记，又恶可辞？"（《黄岩县志》卷八）

张理著《易象图说》（内外篇）6卷成，三月作自序。

按：《宋元学案卷》卷九二《草庐学案》云："张理，字仲纯，清江人。举茂才异等，历任泰宁教谕、勉斋书院山长，终福建儒学副提举。著《易象图说》三卷、《大易象数钩深图》三卷。"梓材案："先生尝从杜清碧（杜本）于武夷，尽得其学，以其所得于《易》者，演为十有五图，以发明天道自然之象。"张理《自序》云："《易》曰：'河出《图》，洛出《书》，圣人则之。'《图》、《书》者，天地阴阳之象也；《易》者，圣人以写天地阴阳之神也，……故天下之理得而成位乎其中，是知《易》即我心，我心即《易》，故推而图之，章之为六位而三极备，叙之为六节而四时行，合之为六体而身形具，经之为六脉而神气完，表之为《六经》而治教立，协之为六律而音声均，官之为六典而政令修，统之为六师而邦国平。是故因位以明道，因节以叙德，因体以原性，因脉以凝命，因经以考礼，因律以正乐，因典以平政，因师以慎刑，而大《易》八卦之体用备矣。八卦相错相摩相荡，因而重之，变而通之，推而行之，而六十四卦圆方变用之图出矣。圆者以效天，方者以法地，变者以从道，用者以和义，然后著策以综其数，变占以明其筮，分挂揲归，交重支变，悉皆为图以显其象，为说以敷其趣。虽其言不本于先儒传注之旨，或者庶几乎圣人作《易》之大意。改而正之，谂而订之，是盖深有望于同志。时至正二十有四年青龙甲辰三月上巳日，清江后学张理书于三山之艮所。"（《易象图说》卷首）

又按：贡师泰亦为作《易象图序》云："清江张理仲纯读《易》而有得焉，于朱子《本义》所列九图之外，复推演为图一十有二，以明阴阳、刚柔、奇偶之象，然后动静、阖辟、往来、交互、变易、纵衡、上下坦然明著矣。或者谓：'《易》之为道，幽而鬼神，明而礼乐。凡天地间事物，小大、终始、进退、得失、吉凶、存亡之故，靡不兼该而具备。今欲一切约之于图，其果足以尽天下无穷之变乎？'呜呼！君子居则观其象而玩其辞，动则观其变而玩其占。夫辞精微而难究，象显著而易明。由辞以达象，因象以命辞，则辞《易》先后亦较然可见矣。况《易》之画取诸天地，《易》之名取诸日月，《彖》取诸豕，《象》取诸象，象固未始离乎《易》也。然则斯图之作，非深有得乎《易》者，其足以知之哉！昔江陵项氏著《玩辞》以发明程子之《易》，犹恐有西河疑女之叹。斯图之于朱子，其亦类是也夫！"（《贡礼部玩斋集》卷六）

商山书塾刊行赵汸《春秋左氏传补注》10卷、《春秋师说》3卷《附录》2卷、《春秋属辞》15卷。

张㒜作《六艺纲目序》。

按：《序》云："古者教人之法，六艺而已。周官大宗伯掌之，六艺通习，故士皆可用。公卿大夫居则冠冕佩玉，以理朝政，一有戎事，则出为将帅，介胄行陈，文武兼举，而无不得其任者，由教之有方而学之有素也。六艺今惟书算是用，人亦罕习。朱文公著小学书特表焉，徒名存尔。四明舒君隐儒也，纂为纲目，子恭注之，条陈详

日本藤原为明等撰《新拾遗和歌集》。

解，不营折旋于仪文之间，咏蹈于音乐之所，司容于宾卿之次，为范于驱驰之地，可谓明且备矣。至正癸巳，予以太学博士，考试大都，至秋闱发策，汉人问以六艺，众皆罔然，叩帘语之，尚弗达，所答遗五得一，举二舛四，终场无全策，第曰试官因我举人而已，盖以为儿童之学而易之，不知此成德达材之先务也。鄞令陈止善橐此，乞序刊行，以惠学者。学者既能致意此书，按古礼以参今礼，而知其数度损益之宜，按古乐以证今乐，而知律吕旋生之妙，按古书以校今书，而知声形训诂之文。射虽禁而弧矢有其方，御虽废而骖驾有其法，亦所当知也。数则古今一尔，果善乎此，岂非博物之通儒哉？舒君讳天民，号执风，子恭字自谦，号说斋。至正甲辰冬仲月望日，翰林学士承旨、荣禄大夫、知制诰兼修国史潞国张翥序。"（《六艺纲目》卷首）

西园精舍刻仇舜臣《诗苑珠丛》30卷。

章琬辑杨维桢诗五百曰《铁雅先生复古诗集》成，并为序。

按：章琬为杨维桢门生。其《序》云："辑先生所制著者二百者，连吴复所编又三百。……此集出而我朝之诗斯为大备。……生于季世，而欲为诗于古。度越齐、梁，追踪汉、魏，而上薄乎骚雅。是秉正色于红紫之中。……南北词人推为一代诗宗。"

章琬五月初一日纂杨维桢《续奁集》及古乐府诗成。

按：是集欲付梓行，杨维桢作序，曰作娟丽语无损于处士之节、铁石之心。

上海静安寺主持僧纂《静安八咏集》成。

按：僧寿宁谒见杨维桢请作序文，维桢还并为静安寺八景之一"绿云洞"撰记。

许有壬卒（1287— ）。有壬字可用，汤阴人。延祐二年进士及第。后任奎章阁侍书学士，累官集贤大学士，改枢密副使，拜中书左丞兼太子左谕德致仕。前后历官七朝，近五十年。于国家大事，侃侃不阿，多有可纪。卒谥文忠。其文雄浑闳肆，厌切事理。著有《至正集》81卷。其弟许有孚别辑其诗为《圭塘小稿》13卷、《别集》2卷、《续集》1卷。事迹见《元史》一八二、《新元史》卷二〇八、《（至正）金陵新志》卷六。

僧布顿卒（1290— ）。布顿全名布顿·宝成，元人译为"卜思端"。早年师从僧人仁钦僧格学习教法，对噶当、噶举、萨伽诸派学说均有研究。曾修建以《时轮》及《金刚界》为主、瑜伽部曼陀罗仪轨约七十种。任夏鲁寺堪布，曾参与蔡贡塘寺《甘珠尔》之审订编辑工作。其所辑《丹珠尔》（藏文大藏经，又称"祖部"、"续藏"与作为"佛部"、"正藏"之"甘珠尔"共为藏文大藏经之两大部分）为后世《丹珠尔》刻本或抄本之底本。有弟子多人，自成一派，世称"夏鲁派"。著有《善逝教法史》（即《布顿佛教史》）。

刘鹗卒（1290— ）。鹗字楚奇，江西永丰人。累迁秘书郎，升翰林修撰。官至广东宣慰使，守韶州。至正二十四年，贼陷城，被执不食而死。文章以文理缜密见长。著有《惟实集》4卷、《外集》1卷。事迹见刘玉汝《刘公墓志铭》、梁潜《元故江西参政刘公挽诗序》（皆见《惟实录》附录）、《元秘书监志》卷一〇、《元诗纪事》卷一二。

按：其《惟实集》，《四库全书总目提要》评曰："（刘鹗）皇庆间以荐授扬州学录。累官江州总管、江西行省参政。守韶州，以赣寇围城，力御不支，被执，抗节死。其事甚烈。明初修《元史》，失于采录，不为立传，并佚其名。近邵远平作《元史类编》，始为补入《忠义传》，然亦仅及其死节一事，其生平行履则已不可考矣。集为其子遂、述所编。初名《鹜溪文献》，其称《惟实集》者，盖本其祖训，以诗道贵实之语也。鹗尝官翰林修撰，与虞集、欧阳玄、揭傒斯等游，所居浮云书院，诸人皆有题咏。"

郑元祐卒（1292— ）。元祐字明德，四川遂昌人，徙居钱塘。工书法，各体都能。因病右臂脱骱，改以左手写楷书，自号尚左生。诗清峻苍古，五、七言古诗沉郁雄浑，与顾瑛关系密切，为玉山草堂的座上客。著有《遂昌山樵杂录》1卷、《侨吴集》12卷。《元诗选·初集》庚集存其诗。事迹见苏大年《遂昌先生郑君墓志铭》（《侨吴集》附录）、《故遂昌先生郑提学挽辞》（《梧溪集》卷四）、《元书》卷八九、《新元史》二三八、《吴中人物志》卷一〇。

按：其《遂昌山樵杂录》，亦称《遂昌杂录》，记宋末逸闻及元代高士名臣遗事四十余则。《四库全书总目提要》评曰："元祐家钱塘、寓平江，而是录仍题曰遂昌，不忘本也。……故是多记宋末轶事，而遭逢丧乱，亦间有忧世之言。其言皆笃厚，非辍耕录诸书捃摭冗杂者可比。"

又按：郑氏曾以冯梦周捐资创建颖昌书院事，作《颖昌书院记》，略云："许昌冯君梦周所以建书院于颖昌，……梦周昔为温州路经历，尝梓锓《六诸图》诸书，及为平江路推官，得《庸》、《学》、《语》、《孟》善本并小学书，梦周更为高经下注，其为书版凡若干卷，悉以归之书院，而不以私于其家，其平日捐金以购买之书籍，自《六经》传注子史别集以至稗官杂说，其为书凡若干万卷亦悉归之书院。"（《侨吴集》卷九）

僧崇照卒（1299— ）。崇照号莲峰，俗姓段，南晋宁人。俗称盘龙祖师，元末及明末被分别封为大觉禅师、大慧禅师。29岁，投大休禅师弟子云峰和尚祝发受具。至正元年后，云游江湖，参叩空庵。空庵与之临别时劝戒曰："汝将吾宗流播云南，随处结庵，引进学者。"回云南后，至正十年，崇照与道友无文等于普宁东山开建盘龙庵。以其持戒精严，感人至深，故远近闻风皈敬顶礼，以之为僧之圣者，盘龙庵遂发展为佛教丛林。事迹见僧庆源《大盘龙庵大觉禅师宝云塔铭》（《中国历代禅师传记资料汇编》上册）。

郭翼卒（1305— ）。翼字羲仲，自号东郭生，又称野翁，人称迁善先生，昆山人。曾给张士诚献策，不用，归耕娄上。精于《易》学。著有《雪履斋笔记》1卷、《林外野言》2卷。事迹见卢熊《迁善先生郭君墓志铭》（《名迹录》卷四）、《元诗纪事》卷二四、《吴中人物志》卷九、《元诗选·二集》小传。

唐棣约卒，生年不详。棣字子华，吴兴人。工画山水，得赵孟頫指授，师法李成、郭熙，笔墨华润，取景清旷。存世作品有《霜浦归渔图》、《秋山行旅图》等。事迹见《大明一统志》卷一六、《图绘宝鉴》卷五、《元诗选·癸集》已集上、《元诗纪事》卷二四。

程通（ —1403）、赵友同（ —1418）、陈济（ —1424）、华兴仁（ —1429）、裴琏（ —1435）生。

至正二十五年　乙巳　1365 年

维也纳大学建立，是为德语国家最早的大学。

六月，朱元璋命民依田多少种桑、麻、木棉。

九月丙辰朔，吴置国子监。

按：朱元璋改应天府学为国子学，后改建于鸡鸣山下，称国子监，是为南监。

宋濂于端门与朱元璋论《黄石公三略》。

按：宋濂云："《尚书》、《二典》、《三谟》，帝王大经大法，靡不毕具，愿留心讲明之"。朱元璋又问："帝王之学何书为要？"宋濂云："请读真德秀《大学衍义》"。朱元璋览而悦之，命大书揭于两庑之壁（《明史·宋濂传》）。

宋濂三月在应天卧病，六日未进王府，朱元璋表示挂念。同月，宋濂因病乞假归养金华山。

刘基仍参与机密谋议，仰观天象，预言必中。

王祎五月除侍礼郎兼引进使，定议礼制。冬，迁起居注。十二月，朱元璋与王祎等论政化。

陶安劝谕饶州之民响应军需，民皆乐之。

汪克宽于新朝只是婆娑里社，不求闻达，有终焉之志。

高启居郡中。

杨维桢十月十七日为南台大夫普花作传，褒奖死节而讥刺苟活。

按：普花见擒于红巾军，不降，死。其妻亦殉夫死。

杨维桢十月二十四日跋王光大家藏赵孟頫赠其大父觉轩手书。

相士薛如鉴偕顾瑛载酒来谒杨维桢，称颂维桢铁史业事。维桢以诗赠行，并为题诗于藏画。

王蒙谒见杨维桢，有诗赠别。

夏文彦七月著《图绘宝鉴》5 卷、《续编》1 卷成。

按：是书又名《画髓玄诠》，共收录惠宗至元二年（1336）以前画师 1500 多人。《四库全书总目提要》云："文彦字士良，其先吴兴人，居于松江。陶宗仪《辍耕录》曰：'友人吴兴夏文彦，号兰渚生，其家世藏名迹，罕有比者。朝夕玩索，心领神会，加以游于画艺，悟入厥趣。是故鉴赏品藻，百不失一。因取《名画记》、《图画见闻志》、《画继》、《续画记》为本，加以宣和《画谱》、南渡七朝《画史》、齐、梁、魏、陈、唐、宋以来诸家画录，及传记杂说百氏之书，搜潜剔秘，网罗无遗。自轩辕至宋德祐乙亥，得能画者一千二百八十余人，又金、元三十人，本朝至元丙子至今九十余年间二百余人，共一千五百余人。其考核诚至，其用心良勤，其论画之三品盖扩前人所未发'云云，即指此书也。……搜罗广博，在画史之中最为详赡。"该书卷一《杂说》概括书画作者创作切身体会,为时人所称道;卷二起为画家小传,并附有高昌、夏国、西蕃及日本、高丽等地绘画简介;书末有"叙述历代能画人名"一节,收录上古至唐代193位善画者。该书填补了画史著作自宋末至元末间一段空白,后人据此书方了解元代画师概况。

又按:杨维桢尝应夏文彦子大有之请,为作《图绘宝鉴序》,云:"云间义门夏氏孙名文彦,字上良,集历代《图绘宝鉴》凡若干卷,由史皇封膜而下讫于有元,凡若干人。其详博补郭若虚之所遗,其用心亦勤矣。其子大有持其编谒予草玄阁,曰:'邓椿有言,其为人也多文,虽有不晓画者,寡矣;其为人也无文,虽有晓画者,寡矣。先生海内名文人,与欧阳文忠、东坡、山谷、后山、宛丘、淮海、月岩、漫士、龙眠诸公等声价,敢乞一言标其端。'予曰:'书成于晋,画盛于唐宋。书与画一耳,士大夫工画者必工书,其画法即书法所在。然则画岂可以妄庸人得之乎?宣和中建五岳观,大集天下画史,如进士科下题抢选,应诏者至数百人,然多不称上旨,则知画之积习虽有谱格,而神妙之品出于天质者,殆不可以谱格而得也。故画品优劣关人品之高下,无论侯王贵戚、轩冕才贤、山林道释、世胄女妇,苟有天质超凡入圣,即可冠当代而名后世矣。其不然者,或事模拟,虽入谱格,而自家所得于心传神领者,则蔑矣。故论画之高下者,有传形,有传神。传神者,气韵生动是也,如画猫者张壁而绝鼠,大士者渡海而灭风,翊圣真武者叩之而响应,写人真者即能夺其精神。若此者,岂非气韵生动、机夺造化者乎?吾顾未知宝鉴中事模拟而得名者,士良亦能辨之否乎?虽然梁武作历代书评,米元章作续评,非神识高者不能。吾欲作《历代画评》以继萧、米,士良父子,当有以赞予之品藻也。而吾所属大有《图画纪咏》,则当亟成以继《宝鉴》云。'是为序。"(《东维子文集》卷一一)

江浙儒学刻宋叶时《礼经会元》4卷,潘元明为作序,叶广居为作《竹埜先生传》。

平江路儒学刊行宋鲍彪著、吴师道补正重校《战国策校注》10卷。

危素作《临川吴文正公年谱序》。

按:该年谱即《吴文正公年谱》。此序对吴澄平生志向、学行评价历来为研究者所倾重,其于年谱编撰始末、体例亦叙述甚确,颇具文献价值。危素《序》曰:"《临川吴文正公年谱》一卷,门人危素所纂次。初,公既捐馆,其长孙当尝草定其次序,又以请谥来京师,以荫补官。朝廷知其能世家学,驯致清显,数诏素刊订公书,以传于世,素以及公之门者,在朝在野,犹有其人,故屡致辞让。当以江西肃政廉访使奉诏招捕盗贼,十年不返,而最后及公之门者亦皆相继物故,素于是不敢缓也。会由禁林调官岭北,暇日取其稿,颇加紬绎。凡公自制之文见于集中者可以互见,宜不必载;其与人论辨胜负一时之言亦复删去;祭文、挽诗、行状、谥议、神道碑并附见焉。呜呼!方宋周元公倡圣贤之绝学,关洛之大儒继出。迁国江南,斯道之传尤盛于闽境。已而当国者不明,重加禁绝。嘉定以来,国是既章,而东南之学者靡然从之。其设科取士亦必以是为宗。其流之弊往往驰骛于空言,而汩乱于实学,以致国随以亡而莫之悟。公生于淳祐,长于咸淳,而斯何时也?乃毅然有志,拔乎流俗,以径造高明之域。宋既内附,隐居山林者三十年,研经籍之微,玩天人之妙。朝廷历聘起,或不久而即退,或拜命而不行,要之无意于为世之用。著书立言,以示后学,盖粲然存乎简编。方成之英彦,亦可以潜心于此而负公之所属望,岂非善学者哉。素几弱冠以亲命执经座下,侵寻衰暮,无能发明师训,夙夜畏惧,莫知所云,年谱之成,君子有以悲其志矣。至正二十五年正月既望门人荣禄大夫岭北等处行中书省危素撰。"(《危太朴文续集》卷一)

桂山书院刊行宋宋咸注《孔丛子》7卷。

沙阳豫章书院刊行《豫章罗先生文集》17卷。

化龙书院刊行宋刘爚《云庄刘文简公文集》12卷。

鳌溪书院刊行《鳌溪群诗选》。

石峡书院刊行《石峡书院诗》。

凤林书院刊行《精选名儒草堂诗余》3卷。

贝琼搜集杨维桢诗文于散逸之余汇成《铁崖先生大全集》，章琬助之梓行，贝琼二月为作序。

按：贝琼《序》云："铁崖先生《大全集》、《春秋大意》若干卷，《史钺》若干卷，《君子议》若干卷，《丽则遗音》若干卷，志、序、碑、铭、赞、引、箴、颂、古乐府、近体五七言诗总若干卷。吁，富矣哉，古之人鲜有也！先生族出会稽，母夫人李生先生时，梦金钩坠月中。其父山阴君摩其顶曰：'是儿必以文章显吾门。'为筑万卷楼于铁崖山中。先生读书楼上，去梯，辘轳传食，若是者五年，遂以铁崖自号。尝病国朝承宋以来，政庞文抏，而未有能振起之者，务铲一代之陋，归于浑厚雄健，故其所著，卓然成一家言。李翰论文章之要，如千兵万马，而风恬雨霁，寂无人声，惟先生有焉。早擢上第，跻膴仕，既为众所忌，又耻以妾妇之道媚于时，多仇寡与，而处之泊如也。晚年放浪云门、玉笥、洞庭、钱唐之间。每酒酣兴发，辄自击铁如意，歌《哀三良》、《吊望诸君》辞，识者以其天才似太白，而学力过之，不然何其正声劲气，薄九霄、空四海而凌铄一世哉！至正初，天子诏修《辽》、《金》、《宋》三史，先生乃著《正统论》凡二千六百余言。其言以为我朝当续宋统于世祖混一之日，不当急于继辽、继金，正大剀切，观者韪之。琼早登先生之门，今二十五年矣，中罹兵变，不相知者久之，及先生辟地九峰三泖，而琼亦自海昌至，搜辑手编于散佚之余，幸不蟫朽烛灭，而大姓章琬，欲锓诸梓以传无穷，俾琼序之。吁，荆山之璞、丰城之剑，不待卞和之献、雷焕之发而光怪烛天。盖天下之至宝，有终不得而閟者，先生之文章虽欲不行于世不可也。琼又何足以知之，深惟唐韩昌黎之集，李汉序之，李翱、皇甫湜赞之，故不让而书诸篇端，实有俟于代之知言者。云至正二十有五年春二月既望，门生贝琼序。"(《清江文集》卷七)

戴良作《琴川志序》。

按：《序》云："知常熟州事淮南卢君，以为古者郡国有图，风土有记，所以备一方之纪载，今之志书是也。常熟旧志，自宋兵南渡，版籍不存。至庆元丙辰，县令孙应时始编次为书。其后县升为州，历年浸远，而是书之存盖寡。且丙辰以后，续其所未备者，复未有其人，非缺典欤？乃亟访孙令所编而重正之，复与一二士子辑为续志，附之各卷之末，合十有五卷，仍其旧名，而题之曰《琴川志》。余得而读之，然后知君之善为政也。……凡州政之所宜急者，亦既悉举而先之。而又不废其所缓，历考前数事，以成乎是书，真所谓通敏有为之士哉！……书将锓梓以行，君来谓曰：'幸为我序诸首。'遂书授之，俾刻焉。"(《九灵山房集》卷一二)

揭汯十月初一日作《九灵山房集原序》。

按：《序》曰："《九灵山房集》者，浦江戴九灵先生所作之诗文也。先生以聪敏之资，笃诚之志，而学文于柳待制先生、黄文献公，又学诗于余忠宣公阙。故其文叙事有法，议论有原，不为刻深之辞，而亦无浅露之态；不为纤秾之体，而亦无矫亢之气。盖其典实严整则得之于柳先生者也，缜密明洁则得之于黄文献公者也，而又加之以春荣丰润，故意无不达，味无不足。其诗则词深兴远，而有锵然之音，悠然之趣，清逸则类灵运、明远，沉蔚则类嗣宗、太冲，虽忠宣公发之，而自得者尤多。……至正二十

五年十月朔日,中顺大夫、秘书少监揭汯序。"(《九灵山房集》卷首)

王祎约于此年完成《华川后集》10 卷,宋濂序其首,苏伯衡序其后。

周德清卒(1277—　)。德清字日湛,号挺斋,高安暇堂人。周邦彦之后。工曲,又深通音律,著《中原音韵》2 卷。其学生欧阳玄、虞集,友人罗宋信等都为之作传。所作散曲,《太和正音谱》评为"如玉笛横秋"。杨朝英《朝野新声太平乐府》及今人隋树森辑《金元散曲》中均有收录,《全元散曲》收录其小令 30 首,套数 3 套。事迹见《录鬼簿续编》。

陈樵卒(1278—　)。樵字居采,婺州东阳人。陈取青之子。承家学,又从李直方受《五经》大义。与同郡黄潛友善。至正中,隐居,好着鹿皮,自号鹿皮子。终生不仕,专意著述。《宋元学案》列其入《沧洲诸儒学案》"馦翁家学"、"复庵门人"。著有《易象数新说》、《洪范传》1 卷、《四书本旨》、《孝经新说》、《太极图解》、《通书解》、《圣贤大意》、《经解》、《性理大明》、《石室新语》、《答客问》、《负暄野录》2 卷、《鹿皮子集》4 卷。亦为辞赋家,今存辞赋 15 首,以《太极赋》最著。事迹见宋濂《元隐君子东阳公先生鹿皮子墓志铭》(《宋文宪公全集》卷五)、《新元史》卷二三六、《金华先民传》卷二、《金华贤达传》卷一〇、《两浙名贤录》卷二、《宋季忠义录》卷一三、《(万历)金华府志》卷一六、《元诗选·初集》小传。

按:杨维桢作《鹿皮子文集序》云:"……自今观之,孔孟而下,人乐传其文者,屈原、苟况、董仲舒、司马迁,又其次王通、韩愈、欧阳修、周敦颐、苏洵父子,逮乎我朝,姚公燧、虞公集、吴公澄、李公孝光,凡此十数君子,其言皆高而当,其义皆奥而通也。虞、李之次,复有鹿皮子者焉,著书凡二百余卷。予殆读其诗,曰:'李长吉之流也。'又读其赋,曰:'刘禹锡之流也。'至读其所著书,而后知其可继李、虞,以达乎欧、韩、王、董,以羽仪乎孔孟也。盖公生于盛时,不习训诂文,而抱道大山长谷之间,其精神坚完,足以立事;其志虑纯一,足以穷物;其考览博大,足以通乎典故;而其超然所得者,又足以达乎鬼神天地之化。……文如鹿皮子而不传,吾不信也。予与鹿皮子同乡浙之东,而未获识其人,其子年持文集来,且将其命曰:'序吾文者,必会稽杨维桢也。'于是乎序。"(《东维子文集》卷六)杨维桢又作《鹿皮子文集后辩》云:"予既为《鹿皮子文序》,容有骂者曰:'鹿皮子,老氏流也;鹿皮子之言,漆园氏之绪余也。其文空青水碧之文,何尚乎?'予复与鹿皮子辩,且为老子辩曰:'庄、列、申、韩皆老氏出也,而相去绝反,何也?庄、列游于天,申、韩游于人。游于天者过高,故为虚无。游于人者过卑,故为刑名。二者胥失也。盖学老氏者,期以大道治治民,不以显法乱乱世。鹿皮子之道,《大易》之道也。鹿皮子之存心,老氏之心也。鹿皮子之望治,羲黄氏之治也。鹿皮子,有道人也。不能使之致君于羲黄,而使之自致其身于无怀、赫胥之域,此当代君子责也,于鹿皮子何病焉?'"(《东维子文集》卷六)

朱德润卒(1294—　)。德润字泽民,睢阳人,流寓吴中,自号睢阳散人。工画山水,学郭熙,笔墨苍润,善写溪山平远、林木清森之景。存世作品有《秀野轩》、《林下鸣琴》。亦工书法、诗文。著有《存复斋文集》10 卷、《续集》不分卷、《古玉图》2 卷、《集古考图》1 卷、《朱氏族谱传》。事迹见《新元史》卷二三七、《(洪武)苏州府志》卷三八、《昆山人物志》卷一〇、《姑苏志》卷五一、《元诗选·初集》小传。

德国苏索卒,生年不详。著有《典型》、《关于永远的智慧的小著》。

苏大年卒(1296—)。大年字昌龄,号西涧,别号林屋洞主。十五岁游广陵,即于此定居。素有才学,不受辟举,文辞翰皆名冠一时。至正间,为翰林编修。张士诚聘为参谋,称苏学士。平生著述颇多,善画竹,能诗文,工书法,善写八分书。事迹见《大明一统志》卷三、僧来复《澹游集》卷上。

朱同善卒(1297—)。同善字性与,义乌人。尝从许谦学。应试不利,出游燕都,授经于越王府。后辟为两淮屯府幕属,未几谢去,还隐丹溪之滨,四方从学者称为裕轩先生。《宋元学案》列其入《北山四先生学案》"白云门人"。事迹见宋濂《故裕轩先生墓碣铭并序》(《文宪集》卷二三)。

赵偕约卒,生年不详。偕字子永,慈溪人,宋宗室。学宗杨简,弃举子业,隐居大宝山东麓,学者称宝峰先生。著有《宝峰集》2卷。《宋元学案》为列《静明宝峰学案》。事迹见《元诗选·初集》卷四七。

按:《宋元学案》卷九三《静明宝峰学案》:"祖望谨案:径畈殁而陆学衰。石塘胡氏虽由朱而入陆,未能振也。中兴之者,江西有静明,浙东有宝峰。"又曰:"元儒如草庐调停朱、陆之间,石塘由朱入陆,师山由陆入朱,若笃信而固守,以嗣槐堂之续,静明、宝峰而已。"

吕震(—1426)、陈瑄(—1433)、陈山(—1434)、杨士奇(—1444)、任勉之(—1453)、陈诚(—1458)生。

至正二十六年　丙午　1366年

匈牙利于多瑙河铁门峡谷与奥斯曼土耳其人激战,胜之。

英国议会拒绝向教皇交纳封建税款。

正月,命燕南、河南、山东、陕西、河东等处举人会试者,增其额数,进士及第以下递升官一级。

三月乙未,惠宗廷试进士72人,赐赫德溥化、张栋等进士及第,余出身有差。

按:同登进士者尚有:王钝等。此次取士为元代最末一次取士。自延祐二年(1315)第一次开科至此年,共51年,其间尚有6年(1336—1342)中断,科举实际实施45年。元制:三年一科,45年中共开科16次,最多一次(至正十二年,1351)取士101人,最少一次(至正二十年,1360)53人,共取士1200人左右。

六月,朱元璋命有司访求古今书籍,藏之秘府,以资览阅。

八月,朱元璋传檄大举攻张士诚,称白莲教为妖言。

十二月,吴廖永忠沉韩林儿于江,龙凤政权结束。

吴以明年为吴元年,命有司营建庙社,立宫室。

甲子,吴王亲祀山川之神,告以工事。

宋濂因父丧,遵制丁忧三年。

刘基承朱元璋命，卜地筑新宫于钟山之阳。

陶安复守饶州，申请免其军需，逃民咸归，建大有仓、三皇孔子庙，士民于学舍讲堂东建生祠立石。

朱元璋四月甲辰、戊午与王祎、刘基论治道之策。是月，又向王祎问葬礼。

王祎七月除同知南康府。十六日，因庐山栖贤寺惟贤相邀，王祎与郡守吕明、星子令葛后德游栖贤院，观三峡桥，作《游栖贤院观三峡桥记》。九月，王祎等进讲。

高启被张士诚军围在平江。

杨维桢初春送学生倪中试京师，有文，尚冀之致力中兴。二月，荡舟嬉春，适逢演史艺人刘桂英，说徽宗及秦桧事，有忠有孝，奇之，称作"女学士"。

按：杨维桢《送朱女士桂英演史序》云："至正丙午春二月，予荡舟娱春，过濯渡，一姝掸妆素服，貌娴雅，呼长年舣棹，衽而前，称朱氏，名桂英，家在钱唐，世为衣冠旧族，善记稗官小说，演史于三国五季。"（《东维子文集》卷六）

杨维桢以张士诚遣使赴郡，行团结之政，理问刘侯至淞，于其归也，有文赠行。言民穷心散，于称不可得也。

韩复春三月二十三日宴请杨维桢、贝琼诸人，共观傀儡戏。维桢作《朱明优戏序》褒扬之，以所演有讽谏。

按：《序》云："百戏有鱼龙、角抵、高絙、凤皇、都庐、寻橦、戏车、走丸、吞刀、吐火、扛鼎、象人、怪兽、舍利、泼寒、苏莫等伎，而皆不如俳优侏儒之戏，或有关于讽谏，而非徒为一时耳目之玩也。窟礧起家于偃师献穆王之伎，汉户牖侯祖之以解平城之围，运机关舞埤间，阕支以为生人。后翻为伶者戏具，其引歌舞，亦不过借吻角呎唧声，未有引以人音。至于嬉笑怒骂，备五方之音，演为谐诨，嚦哑而成剧者也。玉峰朱明氏，世习窟礧家，其大父应俳首驾前，明手益机警，而辨舌歌喉又悉与手应，一谈一笑，真若出于偶人肝肺间，观者惊之若神。松帅韩侯宴余偃武堂，明供群木偶为《尉迟平寇》、《子卿还朝》，于降臣昏辟之际，不无讽谏所系，而诚非苟为一时耳目玩者也。韩侯既赉以金，诸客各赠之诗，而侯又为之乞吾言以重厥伎。于是乎书以遗之。时至正二十六年三月二十有三日。"（《东维子文集》卷一一）

戴良春自吴门还浙，是年作《鹤年吟稿序》。

陈基为江浙儒学刻宋叶时《礼经会元》4卷作序。

按：陈《序》云："昔周公致太平之迹，俱载《六官》，凡天地日月之远，山川封域之近，礼乐刑政之著，夷狄鸟兽之微，皆经纶区别，无不各得其宜，此圣人精神心术之所寓，传诸万世所当守为律令而不可忽焉者也。秦人欲肆其暴而恶《六经》为害己，乃尽举而焚之，其罪可胜诛哉！汉儒掇拾残编断简于烈焰之中，仅千百之十一耳，然皆百孔千疮，卒未有以理为之折衷者。河间献王安以《考工记》而补《冬官》之阙，盖亦陋矣。故宋叶文康公生于百世之下，而确然有见于百世之上，乃取经文之所存者，会而通之，搜罗隐括，曲畅旁达，事数理当，如指诸掌。其《补亡》一篇，又皆以经补经，尽洗汉儒附会之陋，譬之美玉有阙，以玉补之，不愈于用石乎？公裔孙、今江浙儒学副提举广居，奉遗稿献之江浙行中书右丞荥阳潘公，公命刻诸梓，且寓书俾余序其篇

意大利人文主义诗人弗朗切斯科·彼得拉克著十四行抒情短诗《歌集》，并用拉丁语写成《论处祸福之道》。

端。余于文康无能为役,而于《礼》也则愿学焉,既幸其后有人,又嘉潘公之乐善不倦,乃不辞而为之书。至正二十六年岁丙午正月甲辰,后学临海陈基序。"(《礼经会元》卷首)

陶宗仪著《南村辍耕录》30卷付梓刊行,孙作为序。

按:是书记述元代法令、制度、逸闻琐事及宋季掌故、诗文等,文献颇丰赡,其间所提及、摘录书籍,计有张彦远《历代名画记》、陶穀《清异录》、赵仁举《园池记笺注》、杨奂《汴故宫记》、王恽《玉堂嘉话》、潘昂霄《河源志》等十数种,其中有相当部分今已不存,幸此书,使部分资料赖以保存。有至正二十六年(1366)刻本,及明刻本多种,旧刻中以《津逮秘书》本较好。1959年中华书局以1923年武进陶氏影印元刻本为底本,断句重印,收入《元明史料笔记丛刊》,是为现通行本。孙《序》云:"余友天台陶君九成,避兵三吴间,有田一廛,家于松南,作劳之暇,每以笔墨自随。时时辍耕休于树阴,抱膝而啸,鼓腹而歌,遇事肯綮,摘叶书之,贮一破盎,去则埋于树根,人莫测焉。如是者十载,遂累盎至十数。一日,尽发其藏,俾门人小子萃而录之,得凡若干条,合三十卷,题曰南村辍耕录。上兼六经百氏之旨,下极稗官小史之谈;昔之所未考,今之所闻,其采摭之博,侔于白贴;研核之精,拟于洪笔。论议抑扬,有伤今慨古之思;铺张盛美,为忠臣孝子之劝。文章制度,水辨而明,拟假似根据,可览而悉。盖唐宋以来,专门史学之所未让,虽周室之藏,郯子之对,有不待环辙而后知,又岂抵掌谈笑以求贤于优孟者哉!九成名宗仪,少工举子业,晚乃弃去,阖户著书。此其一云。至正丙午夏六月,江阴孙作大雅序。"(《南村辍耕录》卷首)《四库全书总目提要》云:"郎瑛《七修类稿》谓宗仪多录旧书,如《广客谈》、《通本录》之类,皆攘为己作。今其书未见传本,无由证瑛说之确否。但就此书而论,则于有元一代法令制度,及至正末东南兵乱之事,纪录颇详。所考订书画文艺,亦多足备参证。惟多杂以俚俗戏谑之语,闾里鄙秽之事,颇乖著作之体。叶盛《水东日记》深病其所载猥亵,良非苛论。然其首尾赅贯,要为能留心于掌故。故朱彝尊《静志居诗话》谓宗仪练习旧章,元代朝野旧事,实偕此书以存,而许其有裨史学。则虽瑜不掩瑕,固亦论古者所不废矣。"

唐伯慎著《潇湘集》成,三月十五日挟诗谒见杨维桢,维桢为作《潇湘集序》,且为评点。

按:杨维桢《序》云:"余在吴下时,与永嘉李孝光论古人意。余曰:'梅一于酸,盐一于咸,饮食盐、梅,而味常得于酸咸之外,此古诗人意也。后之得此意者,惟古乐府而已耳。'孝光以余言为题,遂相与唱和古乐府辞。好事者传于海内,馆阁诸老以为李杨乐府出而后始补元诗之缺,泰定文风为之一变。吁,四十年矣!兵兴来,词人又一变,往往务工于语言,而古意浸失。语弥工,意弥陋,诗之去古弥远。吾不意得《潇湘集》于四十年后,尚有古诗人意也。潇湘为洮阳唐升氏,字伯眘,自湖湘流离,越江汉,历闽峤,抵金陵,过钱唐,上会稽,周流几万里,无居与食,然不肯少贬事王侯,觅知己,顾容与于吟咏,求海内知言以质其所能,此升之见余草玄阁也。其诗多伤贤人君子不得志,而不肖者合于世也。其乐府、古风谣平易不迫,非有所托不著,至愤顽嫉恶、慷慨激烈者,闻之足以戒,而言之无罪矣。《三百篇》以六义见讽刺,潇湘诗人不合于古风人者,寡矣。于是赏会之余,为之评点,使览者知我朝之诗如《潇湘》者,亦可刻金石、流管弦,岂非吾侪遗老之至望哉?至正丙午三月望日序。"(《东维子文集》卷一一)

《至正丙午国子监贡士题名记》1卷成,不著撰者著。

南山书院刊行宋陈彭年等《广韵》5卷、《大广益会玉篇》30卷。

至正二十六年　丙午　1366年

李至刚撰《耽罗志略》3卷成，贝琼为作序。

按：贝琼《序》云："耽罗距中国万里，而不载于史，盖以荒远略之也。至正二十五年，枢密院掾曹永嘉李至刚从副使特穆尔布哈公往守其地，明年奉诏还京师。至刚以疾不得俱，乃留松江，因记所历山川形势、民风土产，编而成集，厘为三卷，题曰《耽罗志略》。将锓梓，铁崖杨公既为叙其端矣，复求余说。余伏而读之，因抚卷叹曰：炎汉之兴，张骞以郎应募出陇西，留匈奴中十年，后亡至大宛，为发导驿，抵康居，传月氏，从月氏至大夏，竟不得其要领。岁余归汉，为天子言之，未能有如耽罗之为详也。司马相如之通西南夷，至用兵而克之，邛筰冉駹斯榆之君，虽请内属而长老且言其不为用者。由是观之，国朝受命百年，四方万国，咸在天光日华之下，虽遐陬僻壤，穷山绝岛，亦不得而外焉。故至刚得与大臣涉海万里而镇抚其民，未始顿一兵、遗一镞，为国家病，则视历代之盛，实有过之者。而是编尤足补纪录之缺，使列之舆地，中国之士，不待身经目识，而已悉海内之境，若过鸭绿窥扶桑也。于是乎书。"（《清江文集》卷七）

舒恭三月作《六艺纲目序》。（可参见至正十二年舒天民《六艺纲目》完成条、至正二十四年张翥《六艺纲目序》条、至正二十八年舒睿作《六艺纲目后序》条）

按：《序》云："先君生甫十岁而宋社亡，泣曰：'吾不可以有为矣。'及长，以'隐儒'名其堂，旌厥志也。一日读《汉书》至'君子舒六艺之风'之句，抚卷笑曰：'班孟坚其先得我心之所欲乎！'因自号'艺风'。同郡太博蒋公汝砺叹曰：'先生之号甚美矣，他日表彰六艺，其惟先生乎！'先生尝病世之君子以六艺为教者仅学其略，乃博采六艺，集为章句，曰《六艺纲目》，以诏家塾，识者翕然称之，曰先生之美号斯称矣。夫顾世之辑是书者多矣，然未有若此之简而明。且句以四字，尤便初学，诚六艺之指南也，请与同志共之。由是缮写者众。居无何，先君下世，手泽未干。呜呼痛哉！恭不能继述，徒为人子，遂忘固陋，乃讨论而注之。至正甲辰夏，邑令陈君止善以之达承旨仲举张公，公喜曰：'何见此书之晚也！'乃序其端。有曰：'四明舒君隐儒也。'夫隐儒之称岂偶然哉！恭也一读则三感慨，为重悼先君生不逢时，抱恨而殁，所赖遗墨有补世教。复有《字原》，邑学者所好，附于卷后。吁！先君学而不仕，非隐儒乎？六艺之风自我而舒，蒋公之期不谋而符。今乃寿诸梓而惠后学，其庶乎可以无憾矣夫。丙午三月既望男恭百拜谨书。"（《六艺纲目》卷首）

孙伯延为卢琦撰、陈诚中编《卢圭峰先生集》7卷作序。

按：是书卷首有序，末署"至正丙午二月庚寅日延平孙伯延撰"。正文各卷头题"卢圭峰先生集卷几"，署"惠安卢琦撰"、"莆阳陈诚中编"。

杨维桢作《雪庐集序》。

按：《序》云："……吾中国圣人与西方圣人有合不合者，二之，则不是；一之，亦不然；则必推极初之母者言也。善夫，至之能文也，至后未有接之踵者。阅七八十年，而得江在外史新上人，余老友刘海持《雪庐》一编过我，征序言。……至正丙午夏五月朔日，抱遗道人书于云铁史藏室。"（《东维子文集》卷一〇）

洪希文卒（1282—　）。希文字汝质，号去华，莆田人。洪岩虎之子。郡学尝聘为训导。诗文激宕淋漓，为闽人之冠。著有《续轩渠集》10卷、《附录》1卷。事迹见《福建通志》卷五一、《元诗选·初集》小传。

按：《四库全书总目提要》曰："《续轩渠集》十卷、《附录》一卷，元洪希文撰。《附录》一卷，则其父岩虎诗也。……岩虎诗名《轩渠集》，故希文集以续名。然《轩渠集》

德国神秘主义哲学家、爱克哈特的学生海因利希·绍伊瑟卒(1295—　)。

意大利画家塔迪奥·加迪卒(约1300—　)。

断烂不存,故撮其遗诗附于卷末。旧有希文《自序》,又有至治辛酉、至正壬辰、癸巳林以顺、林以拚、卓器之南誉等《题词》。皆在未刻之前,不言原编卷数。嘉靖癸巳,其七世族孙绍兴知府珠请山阴蔡宗兖刊定。"

王鉴卒(1294—)。鉴字明卿,晋州安平人。曾受学于虞集,与顾瑛友善。善作诗,尤喜唐人近体。事迹见《宋元学案补遗》卷九二、《草堂雅集》卷一三、《吴中人物志》卷九。

徐舫卒(1299—)。舫字方舟,号沧江散人,浙江桐庐人。苏天爵任浙江行省参政时,将荐之,避去。刘基被征,遂与同行。著有《沧江散人集》、《瑶林集》、《唐诗通考》若干卷。事迹见宋濂《故诗人徐方舟墓志铭》(《宋学士全集》卷一九)、《明史》卷二九八、《元诗选·二集》小传、《列朝诗集小传·甲前集》。

月鲁不花卒(1308—)。不花字彦明,号芝轩,蒙古逊都巡氏,居绍兴。江浙乡试居右榜第一,元统元年登进士第。至正二十年,除浙西廉访使,后改山南道。浮海遇倭船,被害。谥忠肃。受业于韩性,善为文。事迹见《元史》卷一四五、《元史类编》卷三八、《元史新编》卷四九、《元书》卷三一、《元诗选·三集》小传。

殷尚实(—1394)、夏文(—1412)、梁潜(—1418)、虞谦(—1427)、周翰(—1429)、夏原吉(—1430)、洪莲(—1456)生。

至正二十七年　丁未　1367 年

莫斯科克里姆林官兴建。

三月丁酉,朱元璋下令取士分文、武科。

按:应文举者,察之言行以观其德,考之经术以观其业,试之书算骑射以观其能,策以经史时务以观其政事。应武举者,先之以谋略,次之以武艺,俱求实效,不尚空文。

四月壬子,朱元璋谕起居注詹同曰:"国史贵直,善恶皆当书之。"(《明会要·大训记》)

按:朱元璋曰:"昔唐太宗观史,虽失大体,然命直书建成之事,是欲以公天下也。朕平日言行是非善恶,汝等皆当直书,不宜隐讳,使后世观之,不失其实。"(《明会要·大训记》)

五月,吴初置翰林院,首召陶安为学士,集诸儒议礼,陶安为总裁官。

按:《明史·职官志》曰:"吴元年,初置翰林院。"《明史·陶安传》赞曰:"明初之议礼也,宋濂方家居,诸仪率多陶安裁定。大祀礼专用陶安议,其余参汇诸说。"

八月丙午,诏命皇太子总制天下兵马。

壬子,为皇太子立大抚军院。

九月甲戌,吴修太庙成。

辛巳，朱元璋部徐达等攻破苏州，俘张士诚，张至建康自缢死。

癸卯，吴新内城，制皆朴素。

按：吴王朱元璋命博士熊鼎，类编古人行事可以鉴戒者，书于壁间，又命侍臣书《大学衍义》于两庑壁间。朱元璋曰："前代宫室，多施绘画，予用书此以备朝夕观览，岂不愈于丹青乎！"（《续资治通鉴》卷二二〇）

十月甲辰，吴遣起居注吴琳、魏观以币求遗贤于四方。

戊午，吴正郊社、太庙雅乐。

是月，迫迁苏州富民移居濠州。

十一月乙未，吴太史院进戊申岁《大统历》。

十二月甲辰，吴《律令》成。

己未，吴《律令直解》成。

宋濂四月初一日复自金华迁居浦江青萝山房，作《萝山迁居志》。于是年作《缙云伯胡公神道碑》。

王祎三月二十六日约郡守吕明、通判罗从道、幕宾徐君弼、姬执中、星子令葛后德游庐山。在建康，朱元璋诏议即位礼，王祎忤旨，八月还。

刘基被朱元璋任命为太史令，旋迁御史中丞兼太史令。并与李善长等定《律令》。

高启复移居平江上。

高启闻友人饶介（原张士诚属官）解送建康后被处死，作五言律诗《哭临川公》，表示悲悼。

杨维桢有文称颂陶宗仪家三女节烈事。

戴良寓昌乐，客授于夏叔宜家。

马琬归隐松江。

佚名者著《天台山志》1卷成。

按：是书不著撰人姓名，收入《道藏》洞玄部记传类。天台山在今浙江天台县境内，为道教名山。山中桐柏观建于唐初，历代文物遗迹甚多。书中首列《郡志辨》，概述天台山形势及历史沿革。其次抄录晋孙兴公《天台山赋》、唐崔尚《桐柏观碑》、宋夏疎《重建道藏经记》、曹勋《重修桐柏观记》，以及李白、柳泌、罗隐、吕洞宾、白玉蟾等人题诗。分别记述山中洞溪，宫观、井泉诸胜迹，词旨可观。

史伯璿《管窥外篇》2卷成。

按：《四库全书总目提要》曰："《管窥外篇》二卷，元史伯璿撰。……是书成于至元丁未，盖继《管窥》（《四书管窥》）而作。皆条记友人问答以阐发其余义，大抵皆辨证之文，不主于诠释文句，故曰'外篇'。实即伯璿之语录，《经义考》'四书类'中惟列《管窥》而不载此书，盖由于此，非彝尊疏漏也。然《管窥》所论，犹仅于胡炳文、陈栎之流参稽同异。此书于天文、历算、地理、田制言之颇详，多有所援据考证，则较炳文及栎见闻稍博，尚非暧暧妹妹守一家之语录者。惟论天象疑月星本自有光，不待日以受光之类，未免仍涉臆断。是则宋、元间儒者之积习，消除未尽耳。自明以来，未有刊本。康熙乙亥，其邑人吕宏诰始以付梓。雍正壬子，王灵露等复续补成之，乃得行于世云。"

李齐贤卒(1287—)。齐贤字仲思,号益斋,又号栎翁,高丽度州人。因机缘识得姚燧、赵孟頫、张养浩等,由是学益进。后历官门下侍中,封鸡林府院君,又曾奉使至川蜀等地。卒谥文忠。著有《益斋乱稿》10卷、《栎翁稗说》4卷。事迹见《朝鲜史略》卷一一、《御选宋金元明四朝诗·御选元诗》"姓名爵里"二。

李士瞻十一月卒(1313—)。士瞻字彦闻,汉上人,寓大都。至正初,以布衣之士受到公卿接待,聘为知印。至正十年,领乡荐。后任至枢密副使、翰林学士承旨。封楚国公。有经济之才,襟度弘远。著有《经济文集》6卷。事迹见陈祖仁《元翰林学士承旨楚国李公行状》(《经济文集》卷六)、李守成《楚国李公圹志》、《新元史》卷二一六、《元诗选·初集》小传、《万姓统谱》卷七三。

陈高卒(1315—)。高字子上,号不系舟渔者,温州平阳人。至正十四年进士,授庆元路录事。为举子时,在京师受到欧阳玄、张翥、贡师泰、程文的器重。江南文人中,他与戴良都是颇有影响同时又矢志不渝地为元廷能保有江南而献身者。著有《不系舟渔集》15卷附录1卷、《子上存稿》。事迹见揭汯《陈子上先生墓志铭》(《不系舟渔集》卷一六附录)、《元书》卷九二、《宋元学案补遗》卷九〇、《元诗选·初集》小传。

黄淮(—1449)生。

意大利画家、雕刻家、诗人奥坎雅卒(1308—)。

元惠宗至正二十八年　明太祖洪武元年　戊申　1368年

威尼斯遣使于奥斯曼土耳其,请获通商之权,被苏丹穆拉德一世拒绝。

正月乙亥,吴王朱元璋祀天地于南郊,即皇帝位,定国号明,建元洪武。

二月壬寅,明定郊社、宗庙典礼,分祭天地,冬至祀昊天上帝于圆丘,夏至祀皇地祇于方丘,宗庙以四孟月及岁除五飨,社稷春秋二仲月戊日祭。岁必亲祀,以为常。

丁未,明释奠先师孔子于国学,遣使致祭阙里。

戊申,明帝亲祀大社、大稷。

壬子,明定衣冠如唐制。

三月辛未,明诏儒臣修《女诫》,以朱升总其事。

是月,明始祫祭太庙。

闰七月,朱元璋命学士詹同等10人分行十道,访求贤哲隐逸之士。

八月庚午,明军陷大都,元亡。元顺帝北走塞外,仍称元,史称北元。

是月,命孔子后裔袭封衍圣公并授曲阜知县,并如前代制。

九月癸亥,明帝下诏求贤。

按：诏曰："天下之治，天下之贤共理之。今贤士多隐岩穴，岂有司失于敦劝欤，朝廷疏于礼待欤，抑朕寡昧不足致贤，将在位者壅蔽使不上达欤？不然，贤士大夫，幼学壮行，岂甘没世而已哉。天下甫定，朕愿与诸儒讲明治道。有能辅朕济民者，有司礼遣。"（《明史·太祖纪二》）

十一月己亥，明帝遣夏元吉等分行天下，访求贤才。

十二月，明诏修《元史》。

是年，朱元璋与儒臣讨论学术，陶安对曰：道之不明，邪说害之也。

按：时朱元璋云："邪说之害道，犹美味之悦口，美色之眩目。战国之时，纵横捭阖之徒，肆其邪说。诸侯急于利者多从之，往往事未就，而国随以亡，此诚何益？夫邪说不去，则正道不兴，天下焉得而治？"安对云："陛下所言，深探其本。"朱元璋云："仁义，治天下之本也。"（《明史纪事本末》卷一四）

建大本堂，充以古今图籍，延儒臣教授太子诸王。

宋濂等闰七月二十九日与朱元璋讨论为君之道。

戴良以元亡，隐鄞。

王祎正月在建康，谒丁士梅于西郭门，作《著存斋记》。十二月，被召纂修《元史》，自漳州回，便道回家省亲。

汪克宽九月为明廷臣以贤士荐，辞不就。

刘基以大夫兼太子率更令。

陶安七月与刘基建言："适仿元旧制设中书令，欲奏以太子为之。"（《明史纪事本末》卷一四）

高启寓向江渚，曾经娄江旧馆，曾与秀才周谊有诗往来。

杨维桢十月初一日为京师使者吕仲善藏书室撰记。

按：吕仲善，赣人。早年从乡先生谢一静学《周易》，文赋歌诗颇有古风。与杨维桢、宋濂、徐一夔皆有交往。

贝琼十月二十二日代杨维桢为侨寓松江之儒师、嘉兴郭士元撰墓志。

詹同十月以起居注奉命巡行天下，访求贤才。谒见杨维桢于挂颊楼，诗酒相酬。

广陵吴从周十二月初七日请杨维桢撰《野舟孝子志》。

周致中元末官知院。

按：周致中，江陵人。著有《异域志》3卷。

沈贞元末隐居横玉山中，安贫乐道，特立独行。

按：沈贞，字元吉，号茶山，长兴人。著有《茶山老人遗集》2卷。

舒睿作《六艺纲目后序》。（可参见至正十二年舒天民《六艺纲目》完成条、至正二十四年张㙔《六艺纲目序》条、至正二十六年舒恭作《六艺纲目序》条）

按：《序》云："古人八岁入小学，教以礼、乐、射、御、书、数之文，收放心，养德性，作成贤才而宾兴之。世衰教弛，此学不传久矣。吾伯父艺风先生纂集六艺，名曰《纲目》，俾童稚习为进德之基，惜未行世而殁也。其子自谦考订笺注之，名公巨儒，历序表彰之，然而未克刊行也。戊申春，予假馆于良学钱氏，以此编示之。三复称叹，遂矢以成其美。于戏，学者皓首著述而不得行于世者，幸本书存也。今遇良学慨然玉成此书,使为师者皆知六艺之蕴,教人以待于用,诚后学之大幸也。良学,武肃裔也,于此可谓贤也与。岁书云日从子广莫山人舒睿彦明后序。"(《六艺纲目》卷首)

法国外科医师居伊·德·肖利亚克卒(1300—)。

俞希鲁卒(1279—)。希鲁字用中,镇江路丹徒人。俞庸之弟。举授处州独峰书院山长,移饶州长芗书院,除庆元路儒学教授。至正十七年,以松江府同知致仕。学业浩博,淹贯群籍。著有《竹素钩悬》20卷、《听雨轩集》20卷等,未见传。又纂至顺《镇江志》21卷。事迹见宋濂《俞先生墓碑》(《宋文宪集》卷三一)。

张翥卒(1287—)。翥字仲举,晋宁人。初授业于李存。至正初,召为国子助教,寻退居。修《宋》、《辽》、《金》三史,起为翰林编修,史成,升礼仪院判官。累官翰林侍读兼祭酒,以翰林承旨致仕,封潞国公。存家安仁,江东大儒也,其学传于陆九渊,翥从之游,道德性命之说,多所研究。又从仇远学,远于诗最高,翥学之,尽得其音律之奥。诗格调高古,婉丽风流。学者称蜕庵先生。《宋元学案》列其入《静明宝峰学案》"俟庵门人"。尝集兵兴以来死节死事之人为书,曰《忠义录》3卷。又著有《蜕庵集》5卷、《蜕岩集》、《至正庚子国子监贡士题名记》1卷。事迹见《元史》卷一八六、《新元史》卷二一一、《两浙名贤录》卷四六。

按:张翥为北方人,却在南方度过求学写作的前半生,后半生基本任职翰林院。在大都二十余年中,为诗坛核心,与危素、迺贤、僧大梓、李升、陈肃等维持一个无视世事的环境,与大都以外的文坛联系广泛。是贯穿元代前后期的诗人,也是打破南北地域分野的诗人。(《元代文学编年史》第581页)

迺贤卒(1310—)。贤字易之,葛逻禄(即哈剌鲁)氏,居鄞县。幼从鄞县郑觉民、高岳游。半生布衣。至正间,以荐为翰林编修。能文,长于诗歌。时浙人韩与玉能书,王子充善古文,人目为江南三绝。著有《金台集》2卷、《河朔访古记》。事迹见《澹游集》卷上、《元诗选·初集》小传、《元诗纪事》卷一八、《元西域人华化考》卷三、四。

按:郑觉民,字以道,讲究陆氏心学,至正中任龙游县学教谕,著有《求我斋集》。高岳为诗人,所著《樵吟稿》诗集,即由迺贤所编辑,迺贤所以善诗得誉,乃是深得高岳真传。

陈肃卒,生年不详。肃字伯将,常州无锡人。举博学鸿才,仕为兰溪州判官,累官翰林学士、兵部尚书,终河南行省左丞。善诗文。著有《伯将集》。又有杂剧《晋刘阮误入天台》,今不传。事迹见《录鬼簿续编》、《元诗选·三集》小传。

戚伯榆(—1407)、金幼孜(—1431)生。

征引及主要参考文献

古代文献

《安南志略》	元·黎崱著,武尚清点校	中华书局2000年版
《安庆府志》	清·张楷纂修	清康熙六〇年刊本
《安雅堂集》	元·陈旅著	清文渊阁《四库全书》本
《巴西文集》	元·邓文原撰	清文渊阁《四库全书》本
《白云集》	元·许谦撰	清文渊阁《四库全书》本
《皕宋楼藏书志》	清·陆心源撰	中华书局1990年版
《弁山小隐吟录》	元·黄玠著	清文渊阁《四库全书》本
《伯牙琴》	元·邓牧撰	清文渊阁《四库全书》本
《不系舟渔集》	元·陈高撰	清文渊阁《四库全书》本
《草木子》	明·叶子奇撰	清文渊阁《四库全书》本
《草堂雅集》	元·顾瑛编	清文渊阁《四库全书》本
《测圆海镜》	金·李冶著	清文渊阁《四库全书》本
《柴氏四隐集》	元·柴望等撰	清文渊阁《四库全书》本
《长安图志》	元·李好文撰	清文渊阁《四库全书》本
《常郡八邑艺文志》	清·卢文弨纂	清光绪刊本
《朝鲜史略》	明·无名氏撰	清文渊阁《四库全书》本
《成性斋文集》	元·宋体仁著	清旧抄本
《程氏读书分年日程》	元·程端礼著	《四部丛刊续编》本
《崇仁县志》		清同治刊本
《春秋本义》	元·程端学著	清康熙十九年《通志堂解经》本
《春秋胡传附录纂疏》	元·汪克宽撰	清文渊阁《四库全书》本
《春秋诸国统纪》	元·齐履谦撰	清康熙十九《通志堂经解》本
《纯白斋类稿》	元·胡助著	清文渊阁《四库全书》本
《纯阳帝君神化妙通纪》		《道藏》,上海涵芬楼1923年影印本
《慈溪县志》	清·杨泰亨修撰	清光绪二十五年版、民国三年重印本
《此事难知》	元·王好古撰	清文渊阁《四库全书》本
《翠寒集》	元·宋无撰	清文渊阁《四库全书》本
《存复斋文集》	元·朱泽民撰	《四部丛刊续编》本
《大藏经》		大正本
《大德昌国州图志》	元·冯福京著	清咸丰四年刻本
《大明一统志》	明·李贤等撰	清文渊阁《四库全书》本
《大清一统志》	清·和珅等撰	清文渊阁《四库全书》本

《大学中庸集说启蒙》	元·景星撰	清文渊阁《四库全书》本
《代州志》	清·俞廉三修，杨笃纂	清光绪八年刊本
《戴表元集》	元·戴表元撰	吉林文史出版社2010年版
《岛夷志略》	元·汪大渊著	清文渊阁《四库全书》本
《道藏》		文物出版社、上海书店、天津古籍出版社联合出版1988年版，据清宣统元年涵芬楼影印本影印
《道藏》（《正统道藏》）		明正统间刻本，上海商务印书馆影印
《道藏目录详注》	明·白云霁撰	清文渊阁《四库全书》本
《滇考》	清·冯甦撰	清文渊阁《四库全书》本
《滇释纪》	清·僧圆鼎编	《丛书集成续编》，台湾新文丰出版公司1989年版
《定宇先生（陈栎）年表》	清·陈嘉基编	《北京图书馆藏珍本年谱丛刊》，北京图书馆出版社1997年版
《东山存稿》	明·赵汸撰	清文渊阁《四库全书》本
《东山赵先生文集》	元·赵汸著	明抄本
《东维子集》	元·杨维桢撰	清文渊阁《四库全书》本
《东维子文集》	元·杨维桢撰	明正嘉刻本，北大图书馆藏
《洞霄诗集》	元·孟宗宝撰	《知不斋丛书》本
《鄂多里克游记》	［意大利］鄂多里克著，何高济译	商务印书馆1982年版
《二妙集》	金·段成己、段克己著	元刻明修本
《芳谷集》	元·徐明善著	《豫章丛书》本，《全元文》卷五五二～五五四第十七册
《奉新县志》		清康熙刻本
《佛祖历代通载》	元·释念常撰	清文渊阁《四库全书》本
《福建通志》	清·郝玉麟等修	清文渊阁《四库全书》本
《复古诗集》	元·杨维桢撰	清文渊阁《四库全书》本
《傅与砺诗文集》	元·傅若金撰	清文渊阁《四库全书》本
《贡礼部玩斋集》	元·贡师泰撰	天顺七年沈性补辑本
《古今韵会举要》	元·黄公绍著	明刻本，《全元文》卷一〇二九第三十二册
《贯云石作品辑注》	元·贯云石著，胥惠民等辑注	新疆人民出版社1986年版
《桂隐文集》	元·刘诜撰	清文渊阁《四库全书》本
《国朝名臣事略》	元·苏天爵辑撰，姚景安点校	中华书局1996年版
《国朝文类》	元·苏天爵纂	四部丛刊本
《河防通议》	元·赡思著	《丛书集成》本，《全元文》卷一〇二七第三十二册
《河汾诸老诗集》	元·房祺撰	清文渊阁《四库全书》本
《河南通志》	清·王士俊等修	清文渊阁《四库全书》本，《全元文》卷五五五第十七册
《河南总志》		明成化二十二年刻本，《全元文》卷五五五第十七册
《鹤田集》	元·蒋易著	北京图书馆藏京师钞本，《全元文》卷一

《滹南遗老集》	金·王若虚著	民国商务四部丛刊本,《全元文》卷九八九第三十一册
《湖广通志》		清文渊阁《四库全书》本
《环谷先生(汪克宽)年谱》	明·吴国英撰	《北京图书馆藏珍本年谱丛刊》1997年版
《黄溍全集》	元·黄溍著,王颋点校	天津古籍出版社 2008 年版
《黄岩县志》		清光绪年间编
《汲冢周书》	晋·孔晁注	《四部丛刊》本,据明嘉靖癸卯刻本影印
《济生拔粹方》	元·杜思敬撰,李军校点	1938 年上海涵芬楼影印元刻本,《全元文》卷九八七第三十一册
《嘉靖仁和县志》		清光绪十九年刊本
《江宁府志》		清光绪六年刊本,《全元文》卷五四七第十七册
《江山县志》	清·王彬修	清同治十二年(1873)刻本
《江西通志》		清文渊阁《四库全书》本
《揭傒斯全集》	元·揭傒斯撰,李梦生点校	上海古籍出版社 1985 年版
《金石例》	元·潘昂霄撰	清文渊阁《四库全书》本
《经籍典》		《古今图书集成续编初稿》,台北鼎文书局 1977 年版
《经济文集》	元·李士瞻撰	清文渊阁《四库全书》本
《经史正音切韵指南》	元·刘鉴撰	清文渊阁《四库全书》本
《经义考》	清·朱彝尊撰	清文渊阁《四库全书》本
《敬止录》	明·高宇泰纂,清·徐时栋辑	清道光十九年抄本
《九灵山房集》	元·戴良著	四部丛刊影印明正统本,《全元文》卷一六二七～一六四二第五十三册
《榘庵集》	元·同恕撰	清文渊阁《四库全书》本
《乐平县志》	清·董萼荣、梅毓翰修	清同治九年(1870)年刻本
《乐清县志》	元·冯福京著	民国元年刻本,《全元文》卷一○二八第三十二册
《乐清县志》	清·李钟岳、李郁芬修撰	清同治、光绪间修
《礼记纂言》	元·吴澄撰	清文渊阁《四库全书》本
《历城县志》	清·胡德琳、周永年、李文藻等撰	清乾隆三十九年刻本
《历代名臣奏议》	明·黄淮、杨士奇纂	明永乐十四年内府刻本,上海古籍出版社 1989 年版影印本
《历代十八史略纲目》	元·曾先之撰	《四库全书存目丛书》本,齐鲁书社 1996 年版
《丽则遗音》	元·杨维桢撰	清文渊阁《四库全书》本
《两浙金石志》	清·阮元编	清光绪十六年刊本
《列朝诗集小传》	清·钱谦益撰	上海古籍出版社 2008 年版
《陵阳集》	元·牟巘撰	清文渊阁《四库全书》本
《刘文成公(基)年谱》	刘耀东撰	《北京图书馆藏珍本年谱丛刊》1997年版

《柳贯诗文集》	元·柳贯著，柳遵杰点校	浙江古籍出版社 2004 年版
《六书故》	元·戴侗著	清宣统刊本《涵芬楼古今文钞》，《全元文》卷九八九第三十一册
《六书统》	元·杨桓撰	清文渊阁《四库全书》本
《六研斋笔记》	明·李日华撰	清文渊阁《四库全书》本
《六艺纲目》	元·舒天民撰	《丛书集成续编》本
《六艺纲目》	元·舒天民著	《四明丛书》本
《六艺之一录》	清·倪涛撰	清文渊阁《四库全书》本
《录鬼簿》	元·钟嗣成著	古书流通处影印《楝亭十二种》本，《全元文》卷九九一第三十一册
《秘书监志》	元·王士点撰	浙江古籍出版社 1992 年版
《庙学典礼》	元·无名氏著	浙江古籍出版社 1992 年版
《闽中理学渊源考》	清·李清馥撰	台湾商务印书馆 1969 年版
《名迹录》	明·朱珪撰	清文渊阁《四库全书》本
《明翰林学士当涂陶主敬先生(安)年谱》	清·夏炘撰	《北京图书馆藏珍本年谱丛刊》1997 年版
《明会要》	清·龙文彬撰	中华书局 1998 年版
《明史》	清·张廷玉撰	清文渊阁《四库全书》本
《明史纪事本末》	清·谷应泰撰	清文渊阁《四库全书》本
《牧庵集》	元·姚燧撰	清文渊阁《四库全书》本
《南昌县志》		清道光二十九年刻本
《南丰县志》	张文澍校点	民国排印本，《全元文》第三十二册
《南浔志》	周庆云撰	1923 年刊本
《倪高士(瓒)年谱》	清·沈世良撰	《北京图书馆藏珍本年谱丛刊》1997 年版
《宁极斋稿》	元·陈深撰	清文渊阁《四库全书》本
《欧阳玄全集》	元·欧阳玄著，汤锐点校	四川大学出版社 2010 年版
《鄱阳县志》		同治十年刻本
《曝书亭集》	清·朱彝尊撰	清文渊阁《四库全书》本
《齐乘》	元·于钦撰	清文渊阁《四库全书》本
《千顷堂书目》	清·黄虞稷撰	清文渊阁《四库全书》本
《乾隆吉安府志》	清·卢崧修，朱承煦、林有席等撰	清乾隆四十一年刊本
《潜斋集》	元·何梦桂撰	清文渊阁《四库全书》本
《墙东类稿》	元·陆文圭著	清文渊阁《四库全书》本
《钦定续文献通考》		清文渊阁《四库全书》本
《勤斋集》	元·萧𣂏撰	清文渊阁《四库全书》本
《清江诗集 清江文集》	明·贝琼撰	清文渊阁《四库全书》本
《清容居士集》	元·袁桷著	清文渊阁《四库全书》本
《秋涧集》	元·王恽撰	清文渊阁《四库全书》本
《秋涧先生大全集》	元·王恽撰	《四部丛刊》初编本（据明弘治本影印）
《全闽诗话》	清·郑方坤撰	清文渊阁《四库全书》本
《全元文》	李修生主编	江苏凤凰出版社 2004 年版
《日知录集释》	清·顾炎武著，黄汝成集释	岳麓书社 1994 年版

《山居新语》	元·杨瑀撰,余大钧点校	中华书局2006年版
《山堂肆考》	明·彭大翼撰	清文渊阁《四库全书》本
《山西通志》		清文渊阁《四库全书》本
《珊瑚木难》	明·朱存理撰	清文渊阁《四库全书》本
《上虞县志》		清嘉庆十六年刻本
《申斋集》	元·刘岳申撰	清文渊阁《四库全书》本
《诗薮·外编》	明·胡应麟撰	上海古籍出版社1979年版
《诗林广记》	元·蔡正孙撰,常振国、降云点校	中华书局1982年版
《石田文集》	元·马祖常撰	清文渊阁《四库全书》本
《式古堂书画汇考》	清·卞永誉撰	清文渊阁《四库全书》本
《书画汇考》	清·卞永誉撰	清文渊阁《四库全书》本
《书经》	元·吕宗杰撰	涵芬楼《古今文钞》本
《蜀中广记》	明·曹学佺撰	清文渊阁《四库全书》本
《述善集》	元·伯颜著,李军校点	旧钞本,《全元文》卷一四六四第四十八册
《水云村稿》	元·刘壎撰	清文渊阁《四库全书》本
《水云村先生(刘壎)年谱》	清·龚望曾撰	《北京图书馆藏珍本年谱丛刊》1997年版
《说文字原》	元·周伯琦撰	清文渊阁《四库全书》本
《说学斋稿》	明·危素撰	清文渊阁《四库全书》本
《四妇人集》	清·沈绮云辑	清嘉庆刻本
《四库全书总目提要》	清·纪昀等撰	清文渊阁本
《四六法海》	明·王志坚编	清文渊阁《四库全书》本
《四如集》	元·黄仲元撰	清文渊阁《四库全书》本
《松乡集》	元·任士林撰	清文渊阁《四库全书》本
《松雪斋文集》	元·赵孟頫撰	清文渊阁《四库全书》本
《宋百家诗存》	清·曹廷栋编	清文渊阁《四库全书》本
《宋季忠义录》	清·万斯同、张寿镛辑	民国二十三年版
《宋金元明四朝诗·御选元诗》	清·张豫章等辑	清文渊阁《四库全书》本
《宋濂全集》	明·宋濂著	浙江古籍出版社1999年版
《宋仁山金先生(履祥)年谱》	明·徐袍编	《北京图书馆藏珍本年谱丛刊》1997年版
《宋诗纪事》	清·厉鹗撰	清文渊阁《四库全书》本
《宋史翼》	清·陆心源撰	中华书局1991年版
《宋文宪公(濂)年谱》	清·朱兴悌撰	《北京图书馆藏珍本年谱丛刊》1997年版
《宋遗民录》	明·程敏政撰	《笔记小说大观》第十二册,上海进步书局石印本,江苏广陵古籍刊印社1983年影印本
《宋元诗会》	清·陈焯撰	清文渊阁《四库全书》本
《宋元学案》	清·黄宗羲、全祖望撰	浙江古籍出版社1992年版
《宋元学案补遗》	清·王梓材撰,清·冯云濠辑	四明丛书本

《苏州府志》	明·卢熊撰	明洪武十二年(1379)刻本
《台州府志》		清康熙六十一年刻本
《泰和县志》		清道光六年刻本
《陶宗仪集》	元·陶宗仪撰,徐永明、杨光辉整理	浙江人民出版社2005年版
《天下同文集》	元·周南瑞撰	清文渊阁《四库全书》本
《铁崖古乐府》	元·杨维桢撰	清文渊阁《四库全书》本
《铁崖文集》	元·杨维桢撰	明弘治刻本
《铁崖先生古乐府》	元·杨维桢撰	明汲古阁本
《通鉴总类》	宋·沈枢撰	明万历刊本
《图绘宝鉴》	元·夏文彦撰	清文渊阁《四库全书》本
《玩斋集》	元·贡师泰撰	明嘉靖十四年徐万璧刻本
《玩斋集》	元·贡师泰撰	清文渊阁《四库全书》本
《万年县志》		清同治十年本
《万姓统谱》	明·凌迪知撰	清文渊阁《四库全书》本
《王忠文集》	明·王祎撰	清文渊阁《四库全书》本
《危太朴文集》	明·危素撰	吴兴刘氏嘉业堂1913年刻本,《全元文》卷一四六八~一四八一第四十八册
《惟实集》	元·刘鹗撰	清文渊阁《四库全书》本
《文宪集》	明·宋濂撰	清文渊阁《四库全书》本
《文章辨体汇选》	明·贺复征	清文渊阁《四库全书》本
《吴都文粹续集》	明·钱榖撰	清文渊阁《四库全书》本
《吴师道集》	元·吴师道撰,邱居里、邢新欣校点	吉林文史出版社2008年版
《吴文正公集》	元·吴澄著	《四部丛刊》本
《吴文正集》	元·吴澄撰	清文渊阁《四库全书》本
《武林梵志》	明·吴之鲸撰	清文渊阁《四库全书》本
《武夷山志》	清·董天工修撰,方留章等点校	方志出版社1997年版
《勿轩集》	元·熊禾撰	《丛书集成初编》本
《勿轩易学图传启蒙通义》	元·熊禾撰,曾贻芬校点	影元抄本
《西湖竹枝集》	元·杨维桢撰	清光绪刻本
《新安文献志》	明·程敏政辑	清文渊阁《四库全书》本
《新元史》	清·柯劭忞撰	上海古籍出版社1989年版
《刑统赋》	宋·傅霖撰,元·孟文卿笺注	《丛书集成续编》本
《须溪集》	元·刘辰翁撰	清文渊阁《四库全书》本
《许鲁斋先生(衡)年谱》	清·郑士范编	《北京图书馆藏珍本年谱丛刊》1997年版
《许文正公岁考略续》	元·耶律有尚编	《北京图书馆藏珍本年谱丛刊》1997年版
《续复古编》	元·曹本撰	清光绪十二年刊本
《续陕西通志》	沈青崖、吴廷锡等撰	广陵古籍刻印社1934年影印本
《续修庐州府志》		清光绪十一年刊本
《续修浦城县志》		清光绪刊本
《续资治通鉴》第11、12册		中华书局1979年版
《雪楼集》	元·程钜夫著	明洪武刊本,阳湖陶氏涉园影印

《逊志斋集》	明·方孝孺撰	清文渊阁《四库全书》本
《言行龟鉴》	元·张光祖著	清文渊阁《四库全书》本
《弇州山人四部稿》	明·王世贞著	清文渊阁《四库全书》本
《阳春白雪》	元·杨朝英撰	元刊本
《杨铁崖先生文集全录》	元·杨维桢撰	清抄本,国家图书馆藏
《养蒙文集》	元·张伯淳撰	清文渊阁《四库全书》本
《养吾斋集》	元·刘将孙撰	清文渊阁《四库全书》本
《野处集》	元·邵亨贞撰	清文渊阁《四库全书》本
《伊滨集》	元·王沂撰	清文渊阁《四库全书》本
《夷白集》	元·陈基撰	《四部丛刊》本
《夷白斋稿》	元·陈基撰	清文渊阁《四库全书》本
《易图通变》	元·雷思齐撰	清文渊阁《四库全书》本
《易外别传》	元·俞琰著	清文渊阁《四库全书》本
《易象图说》	元·张理著	清康熙十九年《通志堂经解》本
《易学滥觞》	元·黄泽著	清文渊阁《四库全书》本
《易学启蒙通释》	元·胡方平著	清康熙十九年《通志堂经解》本
《鄞县志》		清康熙二十五刻本
《蟫精隽》	明·徐伯龄撰	清文渊阁《四库全书》本
《隐居通议》	元·刘壎撰	清文渊阁《四库全书》本
《永乐大典》		中华书局1958年影印本
《永新县志》	叶爱欣校点	清同治十三年刊本,《全元文》卷一四八二第四十八册
《俞氏易集说》	元·俞琰著	清康熙十九年《通志堂经解》本
《愚谷文存》	清·吴骞著	清嘉庆十二年刻本,上海辞书出版社图书馆藏影印本
《虞集全集》	元·虞集著,王颋点校	天津古籍出版社2007年版
《虞文靖公(集)年谱》	清·翁方纲撰	《北京图书馆藏珍本年谱丛刊》1997年版
《虞邑遗文录》	清·陈揆撰	清抄本
《玉山倡和集·遗什》		清抄本
《玉山名胜集》	元·顾瑛编	清文渊阁《四库全书》本
《御选历代诗余》		清文渊阁《四库全书》本
《元风雅》	元·孙存吾、虞集编	清文渊阁《四库全书》本
《元史续编》	明·胡粹中撰	清文渊阁《四库全书》本
《元儒考略》	明·冯从吾著	清文渊阁《四库全书》本
《元史》	明·宋濂等著	中华书局1976年出版
《元史纪事本末》	明·陈邦瞻著	中华书局1955年版
《云峰集》	元·胡炳文著	清文渊阁《四库全书》本
《云阳集》	元·李祁撰	清文渊阁《四库全书》本
《韵府群玉》	元·阴时夫、阴中夫撰	清康熙刻本
《湛渊集》	元·白珽撰	清文渊阁《四库全书》本
《张养浩集》	元·张养浩撰,李鸣、马振奎校点	吉林文史出版社2008年版
《浙江通志》	清·李卫等修	清光绪五年墨润堂版本

《贞素先生舒公(頔)年谱》	明·舒正仪撰	《北京图书馆藏珍本年谱丛刊》1997年版
《贞一斋文稿》	元·朱思本著	《宛委别藏》丛书本
《郑师山先生文集》	元·郑玉著	明刻本
《郑元祐集》	元·郑元祐撰,徐永明点校	浙江大学出版社2010年版
《至大金陵新志》	元·张铉撰	清文渊阁《四库全书》本
《至元辨伪录》	元·僧祥迈撰	北京图书馆出版社2003年版
《至元嘉禾志》	元·徐硕等撰	清钞本
《至正集》	元·许有壬撰	清文渊阁《四库全书》本
《中原音韵》	元·周德清撰	清文渊阁《四库全书》本
《中州名贤文表》	明·刘昌编	清文渊阁《四库全书》本
《周易本义集成》	元·熊良辅著	清康熙十九年《通志堂经解》本
《周易会通》	元·董真卿撰	清文渊阁《四库全书》本
《诸暨县志》		清乾隆三十八年刻本
《资治通鉴后编》	清·徐乾学撰	台湾商务印书馆1969年版
《资治通鉴前编》	元·金履祥著	清文渊阁《四库全书》本
《滋溪文稿》	元·苏天爵撰,陈高华、孟繁清点校	中华书局1997年版
《紫山大全集》	元·胡祗遹撰	清文渊阁《四库全书》本
《字鉴》	元·李文仲著	清光绪十四年《泽存堂丛书》本
《邹县地理志》		明嘉靖四年刊本

近现代著作

《八思巴字和蒙古语文献》	照纳斯图著	《文献汇集》，东京外国语大学1991年版
《北京寺庙历史资料》	北京市档案馆编	中国档案出版社1997年版
《陈垣史学论著选》	吴泽主编，陈乐素、陈智超编校	上海人民出版社1981版
《大元大一统志考证》	金毓黻著	1933年附辽海丛书大元大一统志辑本后辽海书社1934年排印本
《道藏源流考》	陈国符著	中华书局1963年版
《道家金石略》	陈垣撰	文物出版社1988年版
《东西交流史论稿》	黄时鉴著	上海古籍出版社1998年12月版
《二十六史述略》	刘春升、王雅轩、廖德清主编	辽宁大学出版社1986年4月版
《方志学》	黄苇等著	复旦大学出版社1993年版
《方志学概况》	来新夏主编	福建人民出版社1983年版
《剑桥中国史》	傅海波著	中国社会科学出版社1998版
《金末元初理学在北方的传播》	姚大力著	《元史论丛》第二辑，中华书局1983年版
《孔子文化大典》	孔范今等主编	中国书店1994年版
《来燕榭书跋》	黄裳著	上海古籍出版社1999年版
《历代刻书考》	李致忠著	巴蜀书社1990年版
《吕著中国通史》	吕思勉著	华东师范大学出版社1992年版
《马可·波罗时代》	申友良著	中国社会科学出版社2001年版
《欧化东渐史》	张星烺著	商务印书馆2000年版
《世界征服者史》	志费尼著	内蒙古人民出版社1980年版
《宋元民权思想史》	谢信尧著	正中书局印行1979年版
《宋元明清书画家年表》	郭味渠编	人民美术出版社1958年版
《稀见元明文集考证与提要》	黄仁生著	岳麓书社2004年版
《杨维桢年谱》	孙小力著	复旦大学出版社1997年版
《易学哲学史》第三卷	朱伯崑著	华夏出版社1995年版
《元朝史》	韩儒林著	人民出版社1986年版
《元代白话碑集录》	蔡美彪编著	科学出版社1955年版
《元代出版史》	田建平著	河北人民出版社2003年版
《元代大都上都研究》	陈高华、史卫民著	中国人民大学出版社2010年版
《元代进士研究》	桂栖鹏著	兰州大学出版社2001年版
《元代刻书述略》	李致忠著	书目文献出版社1981年版
《元代庙学——无法割舍的儒学教育链》	胡务著	巴蜀书社2005年版
《元代书院研究》	徐梓著	社会科学文献出版社2000年版
《元代文人心态》	么书仪著	文化艺术出版社1993年版
《元代文学史》	邓绍基主编	人民文学出版社1991年版

《元代至明初婺州作家群研究》	徐永明著	中国社会科学出版社 2005 年版
《元曲家考略》	孙楷第著	上杂出版社 1953 版
《元人传记资料索引》	王德毅、李荣树等编	中华书局 1987 年版
《元上都研究文集》	叶新民、齐木德道尔吉编著	中央民族大学出版社 2004 年版
《元诗史》	杨镰著	人民文学出版社 2003 年版
《元诗选》	顾嗣立著	中华书局 1987 年版
《元史艺文志辑本》	雒竹筠遗稿、李新乾编补	北京燕山出版社 1999 年版
《元西域人华化考》	陈垣著	北京师范大学出版社 1982 年版
《中国藏书通史》	傅璇琮、谢灼华主编	宁波出版社 2001 年版
《中国方志学史》	陈光贻著	福建人民出版社 1998 年版
《中国历代名人辞典》	南京大学历史系编	江西人民出版社 1982 年版
《中国历代人名大辞典》	张撝之、沈起炜、刘德重主编	上海古籍出版社 1999 年版
《中国历史大事编年》第四卷·元明卷	张习孔、田珏主编，邓珂、张静芬编著	北京出版社 1987 年版
《中国历史大事年表》	沈起炜编著	上海辞书出版社 1983 年版
《中国伦理思想史》	陈瑛、温克勤、唐凯麟、徐少锦、刘启林主编	贵州人民出版社 1985 年版
《中国伦理学说史》下卷	沈善洪、王凤贤著	浙江人民出版社 1988 年版
《中国儒教史》下卷	李申著	上海人民出版社 2000 年版
《中国儒学史》	赵吉惠、郭厚安、赵馥洁、潘策主编	中州古籍出版社 1991 年版
《中国善本书提要》	王重民著	上海古籍出版社 1983 年版
《中国书院史》	李国钧等著	湖南教育出版社 1994 年版
《中国通史参考资料》元代部分	韩儒林编	中华书局 1981 年版
《中国通史讲稿》中	李培浩著	北京大学出版社 1982 年版
《中国文学家大辞典》辽金元卷	邓绍基、杨镰主编	中华书局 2006 年版
《中国文学史》	钱基博著	中华书局 1993 年版
《中国小学史》	胡奇光著	上海人民出版社 1987 年版
《中国学术名著提要·教育》	张瑞幡、金一鸣主编	复旦大学出版社 1999 年版
《中国学术名著提要·历史》	姜义华主编	复旦大学出版社 1999 年版
《中国学术名著提要·文学》	周谷城、陈正宏、章培恒主编	复旦大学出版社 1999 年版
《中国学术名著提要·艺术》	蒋孔阳、高若海主编	复旦大学出版社 1999 年版
《中国学术名著提要·语言文字》	胡裕树主编	复旦大学出版社 1999 年版
《中国学术名著提要·哲学》	潘富恩主编	复旦大学出版社 1999 年版
《中国学术思想编年·宋元卷》	李似珍著	陕西师范大学出版社 2006 年版
《中华儒学通典》	吴枫、宋一夫主编	南海出版公司 1992 年版
《中外文化交流史》	王介南著	书海出版社 2004 年版
《周祖谟学术论著自选集》	周祖谟著	北京师范学院出版社 1993 年版

论 文 部 分

《"蒙翁"、"嘿斋"及〈群书通要〉》	李更	《中国典籍与文化》2007年第3期
《"宋地万人杰 本朝一国师"——高僧一山一宁访日事迹考略》	包江雁	《浙江海洋学院学报》(人文科学版)2001年第2期
《〈长安志图〉与元代泾渠水利建设》	陈广恩	《中国历史地理论丛》2006年第1辑
《〈国语〉解及其史料价值分析》	张始峰	《兰台世界》2006年第18期
《〈十八史略〉及其在日本的影响》	乔治忠	《南开学报》2001年第1期
《〈四库全书总目〉元代方志提要补正》	周生春	《中国地方志》1996年第6期
《〈退斋记〉与许衡刘因的出处进退——元代儒士境遇心态之一斑》	张帆	《历史研究》2005年第3期
《〈洗冤录详义〉对古代法医学的总结与贡献》	张翅	《史学月刊》2008年第9期
《蔡正孙考论——以〈唐宋千家联珠诗格〉为中心》	张健	《北京大学学报》(哲学社会科学版)2004年第2期
《蔡正孙与〈唐宋千家联珠诗格〉》	卞东波	《古典文学知识》2007年第4期
《禅宗在滇中地区的流布》	曹晓宏	《楚雄师专学报》(社会科学版)1994年第4期
《程端礼的读写教学思想——读〈程氏家塾读书分年日程〉》	张维坤、蒋成	《浙江教育院学报》2007年第1期
《从佛道之争看元代宗教的宽容政策》	门岿	《殷都学刊》2001年第1期
《从赵孟頫的托古改制看元代章草书法》	刘一闻	《紫禁城》2005年第81期
《戴良年谱》	史硕政	广西师范大学2005级硕士论文
《东汉"校官之碑"和元代"释文碑"在溧水的流传经过》	吴大林	《东南文化·国宝传奇》1994年第6期
《对〈笺纸谱〉不是元代费著所作的探讨》	陈启新	《中国造纸·纸史专栏》1996年第6期
《范梈的生平和交游——元代中期士人文化之管窥》	利煌	暨南大学2006级硕士论文
《古代蒙古族传统宗教文化心理对元朝政治的影响》	蔡凤林	《中央民族大学学报》(哲学社会科学版)2006年第5期
《关于〈述善集〉所收张以宁诗文的几个问题》	朱巧云	《宁夏大学学报》(人文社会科学版)2006年第5期
《胡三省〈音注资治通鉴〉的史学意义》	王培华	《河北学刊》1996年第4期
《胡三省生平及其〈资治通鉴音注〉》	胡克均	《台州师专学报》1995年第1期
《胡祗遹诗文中的元初戏曲史料》	刘知渐、鲜述文	《河北学刊》1985年第5期
《胡祗遹卒年与王恽生年考》	丰家骅	《文学遗产》1995年第2期
《回回人与元代政治(四)英宗、泰定帝、文宗、顺帝时期》	杨志玖	《回族研究》1994年第8期
《基督教与元朝的社会生活》	申右良、周玉茹	《西北民族研究》2000年第1期
《纪昀〈瀛奎律髓刊误〉的得与失》	詹杭伦	《北京化工大学学报》(社会科学版)2004年第4期

《金元诗学理论研究》	文师华	上海师范大学 2000 级硕士论文
《金元之际的全真道》	郭旃	《元史论丛》第三辑，中华书局 1986 年版
《景教的产生及其在西域的传播》	高永久	《世界宗教研究》1996 年第 3 期
《厥旨渊放 归趣宜求——〈琵琶记〉复杂面貌成因索解》	卜亚丽	《艺术百家》2003 年
《李道谦与全真道》	张应超	《中国道教》1996 年第 3 期
《李牧隐理学思想简论》	陈来	《云南大学学报》社会科学版 2006 第 4 期
《李孝光的生平和文学创作成就》	陈增杰	《浙江社会科学》2005 年第 6 期
《理学"衣钵海外传"的欧阳玄——一位久被忽略的朱子学高丽传宗师》	衷尔钜	《孔子研究》1998 年第 4 期
《理学家与曲学家的统一——元初胡祗遹曲学思想的重新审视》	陆林	《河北师范大学学报》（哲学社会科学版）1998 年第 3 期
《卢以纬〈语助〉研究综述》	王增斌	《商丘师范学院学报》2006 年第 1 期
《略论元代科举考试制度的特点》	徐黎丽	《西北师大学报》社会科学版 1998 年 3 月第 35 卷第 2 期
《论〈时务五事〉——兼论许衡的汉化思想》	李景旺	《新乡师范高等专科学校学报》2006 年第 5 期
《论程端学驳前儒以"日月时例"解经》	周国琴	《内蒙古大学学报》（人文社会科学版）2006 年第 5 期
《论仇远〈无弦琴谱〉的遗民心态及其意象呈现》	彭洁莹	华南师范大学 2003 届硕士论文
《论家铉翁的思想特征——兼论其北上传学的学术史意义》	魏崇武	《西南民族大学学报》（人文社科版）2006 年第 3 期
《论宋代理学家的"新文统"》	祝尚书	《文学遗产》2006 年第 4 期
《论宋元时期的文章学》	祝尚书	《四川大学学报》（哲学社会科学版）2006 年第 2 期
《论铁雅师派的形成》	黄仁生	《文学遗产》1998 年第 6 期
《论吴师道的诗论》	叶志衡	《文学遗产》2006 年第 2 期
《论元大都杂剧作家群》	季国平	《北京社会科学》1992 年第 4 期
《论元代东迁回回人文化心理的转变》	马天博、马建福	《西北民族研究》2006 年第 3 期
《论元代科举与辞赋》	黄仁生	《文学评论》1995 年第 3 期
《论元代两大文人集团》	徐天河	《广西大学学报》（哲学社会科学版）1997 年第 3 期
《论元代盲诗人侯克中》	李佩伦	《华北电力大学学报》（社会科学版）1996 年第 2 期
《论元代蒙古人摩诃葛剌神崇拜及其文学作品》	那木吉拉	《中央民族大学学报》（哲学社会科学版）2000 年第 4 期
《论元代末年的士风与诗风》	罗小东	《华中师范大学学报》（人文社会科学版）2003 年第 6 期
《论元代曲论的开渠布道之功》	赵义山	《文论百家》1999 年第 2 期
《论元代私人藏书》	刘洪权	《图书馆》2001 年第 4 期
《论元刊平话之"全相"的表述功用》	卢世华	《华中师范大学学报》（人文社会科学版）2006 年第 3 期

《论元末明初越派与吴派的文学思想》	辛一江	《昆明师范高等专科学校学报》1999年第3期
《论元曲家乔吉的心态依据》	张淼	《兰州学刊》2006年第9期
《马可·波罗独享盛名之原因分析》	申友良	《湛江师范学院学报》2006年第4期
《马祖常家世考》	李言	《民族文学研究》2006年第2期
《蒙·元时期的波斯与中国》	马建春	《回族研究》2006年第1期
《蒙古国书与蒙元史学》	李淑华	《黑龙江民族丛刊》2005年第1期
《蒙元硬译体对〈蒙古秘史〉翻译的影响》	通拉嘎、吴利群	《内蒙古师范大学学报》(哲学社会科学版)2006年第4期
《倪瓒生平、交游研究——元末明初社会个案考察》	李晓娟	暨南大学2004级硕士论文
《欧阳玄和他的诗文理论》	刘梦初	《求索》1994年第6期
《欧阳玄与元代湖南散文》	刘再华	《船山学刊》1998年第1期
《欧阳玄与元代史学》	江湄	《北京师范大学学报》(社会科学版)1997年第3期
《青海土人部落的记载与考证》	李克郁	《青海民族研究》2006年第1期
《曲海寻踪——吴地宋元明清几位戏曲家演艺、作品之杂考》	王染野	《苏州科技学院学报》(社会科学版)2006年第1期
《萨都剌年谱》	周双利	《内蒙古民族大学学报》(社会科学版)1987年第2、3期
《实参实悟与元代禅宗美学思潮》	皮朝纲	《四川师范大学学报》(社会科学版)2000年第2期
《试论金华学派的形成学术特色及其历史贡献》	朱仲玉	《浙江师范大学学报》(哲学社会科学版)1989年第4期
《试论元朝的度僧》	何孝荣	《内蒙古大学学报》(社会科学版)2006年第5期
《试论元代方志在中国方志史上的地位》	赵心愚	《西南民族学院学报》(哲学社会科学版)2003年第2期
《试论元代回回诗人伯笃鲁丁及其诗文》	翁乾麟	《回族研究》1998年第4期
《宋代巴蜀对邵雍学术传播的贡献》	金生杨	《周易研究》2007年第1期
《宋末元初江西诗派的流传》	史伟	《南开学报》(哲学社会科学版)2002年第3期
《宋元之际江西理学界和会朱陆之思潮》	胡青	《江西教育学院学报》1995年第5期
《吴澄理学视野下的易学天人之学》	王新春	《周易研究》2005年第6期
《吴师道年谱》	方莉玫	广西师范大学2006级硕士论文
《武夷山古达道教文化探略》	何敦铧	《福建师专学报》(社会科学版)2001年第1期
《西夏及元代藏传佛教经典的汉译本》	陈庆英	《西藏大学学报》2000年第2期
《许衡与元初蒙古、色目生员之培养》	陈广恩	《湘潭大学学报》(哲学社会科学版)2005年第2期
《许有壬年表》	傅瑛	《信阳师范学院学报》(哲学社会科学版)1998年第2期
《姚枢和伯颜的生卒年》	遥寒	《元史论丛》第四辑,中华书局1992年版
《虞集——弘才博识的元代大儒》	喻学忠	《中南民族大学学报》(人文社会科学版)2002

		年第3期
《虞集与元代南方道教的相互影响》	姬沈育	《文学遗产》2006年第1期
《玉山草堂新解》	武莉	《晋中学院学报》2005年第2期
《玉山草堂与元明之际东南的文士雅集》	张玉华	《广西社会科学》2004年第10期
《玉山草堂与元末文学演进》	乔光辉	《盐城师范学院学报》(哲学社会科学版)1999年第4期
《元版元人别集》	汪桂海	《文献》2007年第2期
《元朝俸禄制度研究》	潘少平	中国社科院研究生院2003级博士论文
《元初北方诗坛的复古风气探析》	王忠阁	《河南社会科学》2006年第5期
《元初诗人戴表元的诗歌创作》	罗永忠	《西华师范大学学报》(哲学社会科学版)2007年第1期
《元代〈通鉴〉学和〈通鉴〉胡注》	瞿林东	《史学月刊》1994年第3期
《元代的白莲教》	杨讷	《元史论丛》第二辑,中华书局1983年
《元代的白云宗》	丁国范	《元史论丛》第四辑,中华书局1992年版
《元代的地方官学》	陈高华	《元史论丛》第五辑,中国社会科学出版社1993年版
《元代的新安理学家》	赵华富	《学术界》1999年第3期
《元代东传之回回地理学——兼论札马刺丁对中国地理学的历史贡献》	马建春	《西北史地》1998年第2期
《元代多族士人网络中的师生关系》	萧启庆	《历史研究》2005年第1期
《元代高丽贡女制度的形成与发展》	喜蕾	《中国社会科学院研究生院学报》2001年第2期
《元代关于历史盛衰之"理"的思考——论理学思潮对元代历史观的影响》	周少川	《史学理论研究》1999年第3期
《元代官学研究》	郭德静	云南师范大学2004级硕士论文
《元代国子监研究》	王建军	暨南大学2002级博士论文
《元代杭州西湖书院藏书刻书述略》	金达胜、方建新	《杭州大学学报》1995年第3期
《元代回回国子监研究》	王建军	《回族研究》2004年第1期
《元代回教人物牙老瓦赤和赛典赤》	何高济、陆峻岭	《元史论丛》第二辑,中华书局1983年版
《元代基督在江苏的传播》	邱树森	《江海学刊》2001年第4期
《元代经学的社会历史背景和程朱之学的发展》	夏传才	《贵州文史丛刊》1999年第3期
《元代经学国际研讨会综述》	蔡方鹿	《中华文化论坛》1999年第2期
《元代经筵述论》	张帆	《元史论丛》第五辑,中国社会科学出版社1993年版
《元代科举文献三种发覆》	黄仁生	《文献》2003年第1期
《元代礼乐思想探析》	徐远和	《文史哲》1999年第3期
《元代理学与江西文学》	周建华	《赣南师范学院学报》2005年第4期
《元代历史文献学的概貌与特点》	曾贻芬	《史学史研究》1994年第4期
《元代岭南文化为何衰敝》	陈表义	《广西大学学报》(哲学社会科学版)1998年第6期

《元代旅华的西方人》	周良霄	《历史研究》2001年第3期
《元代内迁畏兀儿人的分布及其对汉文化的吸收》	尚衍斌	《民族研究》1997年第1期
《元代儒学与契丹名士》	张志勇	《中央民族大学学报》（社会科学版）1997年第2期
《元代萨迦派在五台山的传播》	郄林涛	《文物世界》2001年第1期
《元代诗话的理论价值》	丁放	《安徽教育学院学报》1995年第2期
《元代诗学伪书考》	张伯伟	《文学遗产》1997年第3期
《元代诗学性情论》	查洪德	《文学评论》2007年第2期
《元代史学的世界性意识》	周少川	《史学集刊》2000年第3期
《元代书法的演变特点和原因》	杨俊梅	《河南大学学报》（社会科学版）2007年第5期
《元代书院的藏书事业》	邓洪波	《图书馆·书林清话》1996年第4期
《元代书院考略》	王颋	《中国史研究》1984年第1期
《元代四书学研究》	周春健	华中师范大学2007级博士论文
《元代汤垕生平之考证》	［美］周永昭	《故宫博物院院刊》2004年第5期
《元代维吾尔族政治家廉希宪》	匡裕彻	《元史论丛》第二辑，中华书局1983年版
《元代文化四人谈》	李修生	《中国典籍与文化》1996年第2期
《元代文人心态研究的新收获》	钟宜	《文学遗产》1996年第6期
《元代西域散曲家辑述》	马建春	《西北民族研究》1997年第2期
《元代学杜女诗人郑允端》	曾亚兰	《杜甫研究学刊》1994年第3期
《元代伊斯兰教与监督教之争》	邱树森	《回族研究》2001年第3期
《元代医家入仕现象初探》	高伟	《兰州大学学报》（社会科学版）1994年第4期
《元代云南汉地佛教重考》	侯冲	《云南社会科学》1996年第2期
《元代云南汉地佛教重考——兼驳"禅密兴替"说》	侯冲	《云南社会科学》1996年第2期
《元代杂剧南移寻踪》	李修生	《浙江艺术职业学院学报》2004年第1期
《元代照磨官研究》	任德起	《审计研究》1992年第2期
《元代正统文学思想与理学的因缘》	张晶	《文学遗产》1999年第6期
《元明清时期蒙古人的摩诃葛剌神崇拜及相关文学作品研究》	那木吉拉	《中国藏学》2001年第1期、第3期
《元末雅俗文化的交融与戏剧形态的蜕变》	张大新	《文学评论》2004年第1期
《元人扎马拉丁与〈大一统志〉的修订》	黎林、陈建军	《黑龙江民族丛刊》2005年第1期
《元佚诗研究》	杨镰	《文学遗产》1997年第3期
《袁桷的学术传承、政治生涯及社会网络——元中期南士境遇之管窥》	孙瑜	北京大学2003年级硕士论文
《袁凯年谱》	万德敬	河北大学200级年硕士论文
《张雨年谱》	丁雪艳	广西师范大学2005级硕士论文
《真金与元初政治》	黄时鉴	《元史论丛》第三辑，中华书局1986年版
《中国元代之回族文学》	张迎胜	《西南民族学院学报》（哲学社会科学版）1998年第3期

人名索引

(按笔画排)

二 画

丁士梅 453
丁文升 374
丁文苑 244
丁存 311
丁易东 22,53
丁复 131,145,291,328,336,375,435
丁思敬 97
丁起晦 19
丁鹤年 274,386
卜友曾 218
八时思塼化 384
八剌 11,156,174,198,200,336
八思巴 1,11,18,105,164,174,180,193,199,332
乜孙不花 157

三 画

也先帖木儿 387
也先普化 62
也孙铁木儿 194,223
也速答儿 102
于广 15
于及 112
于立 356,371,417
于钦 17,255,258,294,380
于潜 255,294,380

兀伯都剌 213
兀都蛮 213
兀鲁带 38,61
广蟾子 33
卫仁近 364
卫宗武 37,54
卫富益 113
卫琪 126,133
干文传(字寿道,号仁里、止斋) 62,137,151,184,253,300,318,334,343,393
上官鲤 80
火你赤 405

四 画

太平 169,302,317,355,368
马马硕理 387
马可·波罗 42,44,48,56,68,70,71,207
马合谟 308,422
马廷鸾(字翔仲,号碧梧) 22,36,199
马里努·萨努图 103
马京 385
马治(字孝常) 193,403,404,406
马泽 176
马祖常(字伯庸,谥文清) 145,150,151,156,157,163,193,195,197,198,216,218,220,224,238,239,240,243,244,246,252,255,260,262,267,291,300,317,321,362
马海 428
马称德 190
马致远 60,179,197,266,341
马昫 69
马琬 364,451
马铸 212
马嗣良 145
马熙 373,374
马端临(字贵与) 45,115,154,164,170,190,191,205,206,220,299
马臻 66,212,331
马麐 356
不华袅 132
不忽木 14,16,18,44,48,80,124
不答实理 335,336
丑的 267,422
乌马儿 250
仇远 2,22,61,65,69,100,101,185,217,229,249,361,374,454
仇舜臣 440
元奴 426
元明善(字复初,谥文敏) 109,126,129,130,131,142,145,146,149,150,151,187,193,195,199,238,252,298,300
卞思义 356
孔从道 30

孔文声 100
孔齐 38,209
孔克明 42
孔克表 357
孔克坚 296
孔旸 99
孔汭 426
孔治 81
孔玠 11
孔思立 296,334
孔思诚 81
孔洙 11,21
孔涛 200
孔森 123
孔端友 11
尤义 282
尤良 120
戈直 249,250
扎剌尔 366
文允中 378
文及翁 7,218
文天祥 4,8,11,13,20,38,49,60,72,83,86,92,98,113,155,157,196,208,405
文矩(字子方) 184,188,198
文殊讷 370
方从义 87,282
方凤 22,60,61,83,185,282,301,316,374
方用(号茗谷) 413
方回 3,4,6,39,61,64,72,76,80,108,110,111,176,185,229,236,237,258,300,374
方克勤 217
方孝孺 86,268,414
方国珍 333,356,357,364,379,390
方晋明 315
方逢辰(蛟峰先生) 43,44,50,353
方逢振 44
方道壑 315
方睿 112
方澜 296

无见先睹 265,266,389
无愠 120
月鲁不花 117,309,336,391,450
毛直方 367,397
毛晃 401
毛居正 401
牛继志 395
牛道淳 63
牛嘉 336
王义山 28
王也先 336
王士元 218
王士点 81,150,239,240,242,293,311,313,423
王士熙(字继学) 151,156,180,186,217,218,220,224,232,242,276,311,321
王子中 127
王子充 454
王子庆 52
王广谋 206
王与 115,348
王仁辅 312
王介 55,298
王文友 157
王元杰 31
王元亮 380
王元恭 247,297,312
王元福 167
王公孺 178
王天与 30,31
王天锡 436
王文烨 239,314
王无伐 319
王无矜 319
王主敬 236
王以道 40
王兰 426
王可道 336
王幼学 205,206,420
王幼孙 72
王玉 391
王申子 89,137,138,158,159

王礼 149,170,200,352,388
王立中 117
王仪 334
王仲元 350
王充耘 253,284,357,380
王光大 442
王兴祖 188,345
王好古 66,115,116,153,417
王守诚 64,200,222,235,242,243,262,270,271,294,333,362,369
王执谦(字伯益) 95,142
王旭 33
王约 26,52,56,89,107,108,118,126,130,151,166,181,187,195,196,200,224,257,300
王艮 363,372,417
王芝 69
王行 249,379
王师模 299
王达 322
王伯成 60
王伯贞 317
王伯达 356
王佐 364
王克敬 181,214,253
王寿衍 170,377,393
王应麟(字伯厚) 4,63,80,86,106,123,176,211,212,222,290,298,309
王志道 204,205
王时可 336
王沂 80,151,164,242,244,268,293,296,314,325,335,437
王沂孙 2,18,22,26,30,40,179
王肖翁 221,224,282
王叔明 100,424
王和卿 179
王宗哲 357
王宗道 341
王实甫 281
王易简 2,61
王构 56,113,122,123,156,252,255,321

王杲　132
王泽民　201
王炎午　155,208
王炎泽　251
王祯　57,138,139
王祎　53,103,193,252,282,285,
　297,304,311,322,333,342,351,
　356,358,365,370,373,379,385,
　387,391,395,400,402,405,406,
　408,411,412,416,417,421,433,
　436,438,442,445,447,451,453
王秉彝　98
王绂　436
王绅　430
王绎　437
王厚孙　80,176,297,298,310,312
王奎文　266
王修竹　105
王奕　49
王室然　224
王思明　358,359
王思诚　44,181,234,296,334,
　335,414
王恂　1,8,10,14
王恽　4,6,8,12,13,18,27,30,31,
　33,34,38,42,45,47,48,49,56,
　59,62,64,65,68,69,71,81,82,
　83,98,122,133,178,278,448
王柽　224
王相　181
王眉叟　214
王结　108,131,187,199,200,210,
　213,232,253,268,282
王钝　282,446
王景　282
王振鹏　145
王晔　342
王晟　436
王都中　309
王珪　53
王莹　215
王通　205
王逢　173,347,351,417,422,428
王冕　28,351,372,423

王勔　343
王埜翁　80
王惟一　96,97
王渊济　71
王理（字伯循）　242,243,247,
　248,262,263,432
王瑞　405
王盘　257
王鹗　16,32,53,275,302,317,
　325,326
王博文　33,122,133,186
王喜　326
王寔　206
王朝佐　132
王琰　60
王舜　201
王道　64
王道明　186
王道孟　148
王道渊　39,359
王道珪　353
王廉　391
王蒙　117,399,416,442
王鉴　55,450
王雍　437
王履　138,252
王德渊　28
王毅　400
王磐　2,7,16,23,49,63,122,229
王璲　370
王磬　26,83
王翰　258
王霖　391,424
王懋德　276
王瓒　109,243
贝琼　64,106,149,279,342,417,
　424,431,438,444,447,449,453
文礼恺　372
车惟贤　289
车瑢　289
木八剌沙居仁　336
邓文原　38,65,68,69,81,92,99,
　106,113,120,123,130,137,140,

　147,163,166,168,171,184,187,
　193,195,198,199,200,210,212,
　214,215,217,229,230,300,321,
　329,347,361,363,369,427,429
邓牧　52,61,74,84,86,100,105,
　108,251
邓剡（字光荐）　54,92,237
邓谦亨　295
公哥儿监藏班藏　280

五　画

可里马丁　139
韦珪　337
丘民　431
丘玄清　223
丘葵　163,202,255
冯三奇　241
冯子羽　278
冯子振　12,44,84,146,148,149,
　197,212,244
冯庚　10
冯郁　379
冯梦周　441
冯瑞景　40
冯福可　166,334
冯福京　69,70,89,95
冯翼翁　200
包廷藻　151
包希鲁　360
卢以纬　203,204
卢亘　142,149
卢观　304
卢挚　12,65,77,78,88,91,113,
　133,145,148,197,244,266,329
卢熊　249,436,441
卢琦　430,435,449
史天泽　16
史正之　375
史仲彬　430
史伯璇　344,451
史芳卿　324

史晔 336
史弼 49,82,366
史蒙卿(号果斋) 105,106,195,324,338,339,355
叶士龙 85
叶子中 351,405
叶子奇 25,175
叶广居 417,443
叶天与 177
叶心 426
叶仪 414,415
叶李 21,22,24,41,42,45,47
叶谨翁(字审言) 248,349
叶林 74,86,105,106
叶恒 294
叶爱同 364
叶留畊 74
叶砥 317
叶祯 24
叶琛 149,420,424
叶裔 246
叶瓒(字赞玉) 364,414
司简岁 213
左克明 346
布景范 200
必剌的纳 426
札马剌丁 21,26
札鲁忽赤 56
札撒兀孙 387
玉元鼎 114,257
玉速帖木儿 14
甘泳 40
田氏 178
田希吕 2
田泽 158,159
田衍 142
田紫芝 49
申益章 280
申屠致远 14,73
白朴 133,134,179
白珽 2,22,69,122,217,229
白颐正 68
皮潜 108

石末宜孙 406,409,412
石抹继祖 355
石岩 251
石普 333
石鹏 82
艾元英 401
艾本 313
艾性夫 3
边定 429
龙子元 407
龙仁夫 30,182,244,274

六　画

乔吉(字梦符) 7,209,340
乔依奥爱尔 127
乔簣成 69
买住 164,424
亦怜真 426
亦黑迷失 16,25,28
亦璘真 392
任士林 60,108,113,119,220
任大瞻 293
任子文 364
任仁发 221
任居敬 145
任勉之 446
任埙 373
任栻 433
伊本·巴图泰 353
伊奇哩布哈实来 290
关汉卿 12,140,179,209,389
关来文 61
列马·扫马 25
刘大彬 148,204,220,227,228
刘中 275,429
刘仁本 424,425,426,428,438
刘仁初(名贞) 305,328
刘友益 234,251,278,420
刘文 53
刘文瑞 238
刘斗凤 112,214

刘世荣 104
刘正 118,194
刘玉 212
刘玉汝 303,440
刘东叔 80
刘丞直 356
刘光 94
刘因(字梦吉,号静修) 2,9,14,36,41,48,50,51,57,104,105,128,132,148,197,241,242,344
刘庄孙 86
刘有庆 202,211
刘有定 177
刘伯颜 308
刘君佐 146,219
刘君举 2
刘完者 426
刘寿 392
刘应李 26
刘应龟 111
刘志玄 207,215,220
刘志伊 365,379
刘时懋 328
刘汶 221,224
刘沂 218
刘辰翁(字会孟) 30,46,53,54,65,67,68,91,229
刘叔简 284,312,324
刘季篪 438
刘尚贤 218
刘岳申 61,274,376
刘环翁 93
刘秉实 74
刘英 132
刘诜 249,256,274,376
刘俨 391
刘宣 122,337
刘将孙 61,65,67,91,97,211,306
刘思敬 8,43
刘显仁 357
刘炳 117,417
刘景文 357
刘衍卿 302

刘钦 2
刘倬 201
刘桂英 447
刘泰 141,312
刘海 449
刘涓 433
刘致 7,22,69,113,120,142,266
刘基 129,201,210,214,218,253,
    276,283,294,297,318,342,357,
    364,365,372,377,379,386,391,
    396,400,406,409,412,420,421,
    424,427,428,431,436,442,447,
    450,451,453
刘敏中 89,99,113,124,169,265
刘渊然 385
刘埙孙 357
刘菘 179
刘彭寿 151,282
刘景文 357
刘景仪 436
刘谧 191
刘赓 14,26,29,56,59,69,84,94,
    118,120,124,126,130,144,153,
    162,171,175,210,229
刘辉 2
刘遂初 293
刘铸 181
刘嗛 337
刘鉴 277,278
刘锷 60,389
刘鹗 40,303,386,408,440
刘履 164,428
刘德亨 132
刘瑾 30,386
刘遵理 141
刘震卿 103
刘濩 69
刘衡甫 367
刘霖 30
刘壎 2,4,16,22,38,42,57,61,
    69,74,78,79,80,84,94,99,102,
    119,126,157,163,172
刘濠 386
华云龙 252

华幼武 112
华兴仁 441
华晞颜 142
华彦万 336
华景安 424
华璞 112
危亦林 284,355
危素 45,71,93,118,126,132,
    169,238,244,254,256,279,297,
    303,309,310,313,315,317,318,
    323,324,327,328,334,335,336,
    341,343,345,349,356,359,367,
    368,374,375,376,377,380,381,
    382,387,391,392,393,397,398,
    400,402,404,413,432,433,438,
    443,454
吃剌思八斡节儿 41,99
合赞汗 109
同同 252
同恕 131,171,175,224,248
吕大临 76
吕与之 212
吕心仁 364
吕仲善 453
吕同老 2
吕师夔 17,25
吕志道 364
吕宗杰 381,382
吕明 447,451
吕诚 351,417
吕复 327
吕彦孚 323
吕思诚 51,200,222,240,242,
    246,314,317,325,333,342,355,
    414
吕润 364
吕敏 379
吕良佐(字辅之) 364,371
吕椿 231,255
吕震 446
夹谷之奇 37,86,122
如莹 76
孙允贤 321
孙元蒙 121

孙友仁 266
孙存吾 278,362
孙伯延 449
孙作 448
孙炎 198,420,435
孙奕 26
孙唐卿 70
孙焕 364
孙惠兰 99,229,310
孙景真 296
孙嵩 290
孙潼发 50
孙蕡 267
宇文公谅 253,380,417
安住 200
安珦 35
安普 253
安童 18,336
安熙 50,128,161,389
安德烈·佩鲁贾 137
安德鲁·威廉 276
巩卜班 332
庄文昭 387
庆吉祥 35
庄肃 52,71,318,341,345
庄群玉 341
延承直 137
成廷珪 2
成遵 247,317
扩廓帖木儿 436
曲出 148,166,167,243
曲律不花 283
朱元璋 322,390,395,400,405,
    408,414,415,420,423,424,427,
    428,435,436,438,442,446,447,
    450,451,452,453
朱公迁 224,303,350,351,413
朱升 77,214,318,322,385,418
朱文刚 312
朱文忠 436
朱文清 81
朱文霆 367
朱世杰 75,91

朱右 149,328,424,425,428	汤楷 142	135,136,139,141,154,178,231,
朱玉 48	汤源 181	243,256,257,291,292,302,309,
朱礼 268,305,344	牟应龙 3,80,127,206,207,329,	414
朱吉 317	374	达识帖睦尔 334,400
朱同 282	牟应复 127	达理麻失理 336
朱同善 68,446	牟楷 289	达理马实可行 336
朱沂 110	牟巘 108,127,168	达蕴 393
朱祀孙 112	祁文思 327	迈里古思 395
朱苇 428	祁志诚 1,16	阮舜咨 439
朱凯(字士凯) 242	约翰·马黎诺里 288	阳恪 63,282
朱宗文 115	老老 335	阴中夫(名幼达) 263
朱帘秀 12	观音奴 218	阴竹垫 263
朱枫林 171	许广大 253	阴时夫(名时遇) 263
朱泽民 393	许从宗 424	齐履谦 68,129,144,161,163,
朱炘 308	许元 276,414,436	176,181,210,237
朱经 401	许世茂 187	齐德之 269,270
朱垔 424	许师可 1	齐琦 311
朱彦明 375	许师敬 136,209,210,213	
朱思本 177,181,229,258	许有壬 21,28,45,113,117,151,	
朱显文 218	154,171,181,187,195,196,200,	**七　画**
朱显祖 80	213,217,240,244,246,247,253,	
朱祖义 214	259,267,268,275,276,296,298,	严士德 74
朱倬 311,352,390	302,310,318,321,322,341,342,	严忠济 22,48,51
朱珪 420	353,373,390,400,408,425,440	严奎 117
朱堂 429	许有孚 373,425,440	严厚斋 276
朱隐老 17,414	许汝霖 379	严德甫 353
朱善 149,414	许佺 4	严毅 298
朱椿 110	许国桢 16	严震直 332
朱辕 321	许彦洪 144	伯笃鲁丁 181,283,303,385,386
朱德润 55,171,187,445	许原让 217	伯颜(伯颜宗道,哈剌鲁氏)
朱震亨 11,333,417	许恕 198	60,318,323,332,334,416,417,
朱濂 385,387,408	许桢 373	418
朱鐩 435	许继 378	伯颜(蒙古八邻部人) 10,82,
朵儿只 387	许善胜 39	117,126
朵儿赤 10	许谦(号白云) 4,81,84,88,	伯颜(蔑儿吉鞴氏) 252,267,
朵尔质班 311,332,335	102,113,126,137,144,224,227,	274,275,283,297,405
朵烈图 378	241,268,276,285,287,293,329,	伯颜察儿 80
汗脱忽鲁帖木儿 356	330,331,332,333,344,349,362,	何中(字太虚) 103,247,252,
江应孚 177	380,385,394,396,400,406,413,	285
江晃 429	417,446	何失(字得之) 142,285
汤弥昌 221,224	许楫 30	何贞立 71
汤垕 228	许熙载 221	何克明 172
汤盘 368	许衡 1,5,6,8,9,10,13,14,20,	何希之 3
	24,37,50,51,80,83,94,104,105,	

何玮 118,132
何英 351
何荣祖 41,73,76
何梦桂 23,44,79
何道全 173
余元老 358
余元启 131
余尧臣 379
余克让 358
余志安 127,215,233,319,380
余载 234,352
余谦 65,263,272,312
余阙 93,197,250,253,334,335,364,370,373,374,375,390,400,408,418
冷谦 319
别儿怯不花 292,302,332,334,341,353
别里不花 335
吴大有 2
吴大素 381
吴子善 253
吴文 78
吴文贵 85
吴仪 406
吴弘道 341
吴正 78
吴龙翰 8,50
吴仲退 208
吴会 318
吴全节 83,100,105,118,146,147,168,186,199,201,204,213,218,220,224,227,231,258,259,288,340,376
吴存 117,145,295
吴师道（字正传） 15,77,81,86,91,102,108,113,120,126,144,175,180,181,188,196,200,210,214,225,233,238,240,242,246,248,253,260,261,268,269,271,276,285,286,287,288,293,296,301,303,305,311,313,317,318,322,329,330,344,349,443
吴当 68,333,334,356,370,379,380,385,390,395,400,405,415,420,429
吴成夫 181
吴祁 89
吴讷 249,391,396
吴达 364
吴迂 188,196,392
吴克恭 323,333,386
吴启宗 436
吴彤 164,357
吴志道 407
吴沉 276,297,400,405,414,420
吴良贵 61
吴叔巽 214
吴国英 196,357
吴宝翁 235
吴尚志 260
吴怿 4
吴肃 270
吴明之 214
吴亮 103,104
吴复 342,346,347,417,440
吴彦升 53
吴思齐 22,60,61,83,282,374
吴恕 306
吴莱（号渊颖） 68,175,210,233,250,259,286,301,311,317,329,364,385
吴敏德 297
吴深 276,297
吴维清 429
吴善 265
吴景奎 404
吴福孙 361
吴渭 22
吴谦 243,349,399
吴溥 109,438
吴鉴 366,369,381
吴睿 73,404
吴履 404,415
吴德昭 163,401
吴毅 354,371,420
吴澄 2,6,8,12,14,16,22,25,29,34,39,52,56,61,65,68,78,80,81,82,84,86,88,90,93,99,100,102,107,109,112,113,114,118,125,127,129,130,131,136,137,139,144,146,149,151,156,160,162,165,166,169,170,171,175,180,187,189,192,194,195,198,199,207,210,213,218,220,221,222,229,230,233,240,244,247,249,252,254,256,257,260,263,272,278,289,307,343,348,360,361,404,418,429,435,443
吴镇 399
吴暾 200
吴镛 336
吴黼 360
吾衍（又名吾丘衍） 66,74,79,128,129,416
孛兰奚 39,51,87,242
孛罗 14,109,142
孛罗铁木儿 107
孛术鲁翀 65,224,242,260,270,272,291,292,311
孛颜忽都 218
宋友谅 67
宋文升 130
宋无（朱睎颜） 43,54,58,251,300
宋本 11,180,181,187,197,200,210,217,224,232,240,246,253,260,266,349
宋讷 129,397
宋克 223,379
宋克笃 200
宋杞 422
宋远 65,66
宋钠 436
宋谊 336
宋渤 63,122
宋笴 24
宋濂（字景濂，号潜溪） 4,5,50,53,123,129,151,166,201,207,214,218,224,229,233,240,250,253,259,260,268,276,278,282,285,288,293,301,302,316,

317,318,319,330,332,333,342,
347,356,364,370,372,374,375,
382,385,388,391,392,395,400,
402,404,405,406,407,408,410,
411,412,413,414,415,416,417,
419,420,423,424,427,431,433,
435,436,438,442,445,446,450,
451,453,454
宋禧 371,404,417
宋褧 48,200,222,239,243,244,
266,295,334,335,336,349,360
完泽 51,125
完者不花 336
完者帖木儿 336,422
完颜光祖 253
完颜纳坦 193
岑士贵 180
岑安卿 404
应天定 70
应本 369
应伯震 43
应季挺 70
应翔孙 70
张九思 17,51,122
张士宁 401
张士弘 312
张士坚 332,336,380
张士诚 390,395,405,406,407,
408,414,436,441,446,447,451
张士信 420,424,430
张与材 57,63,80,93,101,121,
126,133,161
张之翰 37,54,59,64,122,175
张公礼 17
张友谅 245
张孔孙 122
张孔铸 57
张引 426
张文谦 1,12,13,23
张以宁 84,218,251,415
张可久 209,340
张弘范 6,237
张正常 274
张玉娘 4

张立道 19,69,73
张仲简 351
张光大 210
张光祖 91,187
张吉 420
张如砥 53
张存中 226,227
张师愚 306,404
张延 40
张汝霖 311
张纪 53
张羽 258,379
张观光 220
张伯淳 21,22,42,48,56,69,77,
78,81,92,347
张克明 359
张希文 285
张志道 336
张纯仁 180,181
张叔温 358,364
张学 420
张宗元 238
张宗演 16,47,78,161,185
张居怿 97
张性 371
张明善 350
张易 1,7
张昕 205
张枢 48,81,113,120,126,188,
248,253,287,293,311,318,322,
330,349,356,362
张泽 89
张炎 2,30,38,42,45,57,74,172,
179
张采 347
张金界奴 239
张雨（又名天雨，别号贞居）
15,148,171,204,230,246,253,
260,268,270,302,311,318,323,
333,336,342,347,356,360,364,
377,378,379,392,417,427
张俊德 351
张俨 392
张荣祖 290

张养浩 45,108,120,142,149,
151,161,179,186,200,232,233,
238,270,401,452
张受益 52
张复 200,289,298
张宣 310
张宪 417,420,428,437
张彦明 364
张思明 12,57,224,285
张恒 88,418
张映 417
张栋 446
张洪 436
张炤 33
张美和 149
张胜 252
张退公 76
张适 244
张逊 365
张晖斋 298
张桢 250
张珪 135,151,186,194,198,199,
210,237
张留孙 101,185,224,232,340,
376
张益 198,200,243
张秦山 74,242
张继之 201
张起岩 20,117,150,151,238,
253,267,317,318,325,333,336,
355,356,394,413
张辂 146
张铉 326
张祥瑞 183
张惟远 375
张敏 218
张清子 89
张理 14,387,426,439
张著 19,47
张崇 154
张敬父 109
张景留 297
张楱 212

张渥 356,359,379	419	李钰 12
张舜咨 214	李至刚 419,449	李益 154
张雯 407	李邦宁 118,166	李惟诚 131
张嗣成 155,201,215,220	李冲霄 336	李淦 58,368
张榘 416	李齐贤 28,151,452	李善长 395,451
张简 417	李伯瞻 230	李彭老 2
张翌 86,145,415	李克家 297	李景仪 428
张翥 2,28,65,208,214,303,331,	李孝光 68,196,224,303,323,	李谦 31,83,122,127,258
334,366,367,373,382,424,425,	328,331,336,347,350,356,375,	李谦思 115
426,439,440,449,452,453,454	378,390,404,406,417,448	李道纯 33,39,54,104,204
张裴 429	李时勉 419	李道坦(字坦之) 108
张德珪 74	李伯英 184	李道谦 32,33,63
张德庸 227	李材 68	李嗣宗 210
张瑾 318,334	李沙的 310	李廉 311,365,380,418
张镛 319	李辰拱 153	李源道 166
张彝 243	李京 90,113,142	李溥光 229
彻彻帖木儿 385	李孟 120,124,125,129,130,131,	李鹏飞 43
护都沓儿 150	136,143,144,145,149,150,162,	李端 220
李一初 371	185,302	李蒱 75
李习 163,400	李居寿 6	李稷 218
李士行 13,181,230	李杲 40,49,116,153,417	李穑 230,395
李士瞻 142,452	李果 100	李彝 74,79,80
李广文 146	李洞 195,200,224,232,252	李黼 73,217,218,320,346,385,
李仁斋 422	李泽民 177	416,425
李化龙 176	李直夫 186	杜人杰 253
李升 424,454	李肃 289	杜本(号清碧) 142,220,268,
李文 392	李质 161	285,293,307,318,323,330,369,
李文仲 184	李青山 171	376,439
李文忠 296	李宪甫 74	杜秉彝 334,387
李文翔 246	李庭 98	杜思敬 116,153,178
李世安 319	李庭坚 146	杜禹 132
李本 307	李思义 336	杜桓 433
李仲南 247	李思衍 30,35	杜寅 408
李伟 285	李恒 210	杜道坚 10,89,101,104,131,168
李吉 395	李昶 18,36,293	杜翱 357
李好文 217,235,236,239,267,	李衎 69,75,76,131,179,230,365	杨士奇 95,224,344,446
296,302,303,312,313,318,322,	李洧孙 69,237	杨山童 73
336,342,363,382,398,424	李钦夫 109,110	杨才 320
李存 11,243,244,349,399,454	李哲 266	杨公远 19
李守仁 337	李唐 385	杨升云 200
李延兴 409	李桓 290,298,299,328,359,375	杨弘道 157
李廷臣 356	李真 132	杨玄 215
李祁 77,203,253,376,390,407,	李素怀 172	杨再成 137

杨刚中 86,145,149	杨靖 427	纳怀 11
杨刚忠 221	杨鉶 146	纳麟 332,334
杨如山 58	杨椿 271	纽邻 378
杨奂 6,33,63,155,200,278,448	杨輗 436	纽泽 209
杨应桂 280	杨翮 328,375	苏大年 64,441,446
杨志行 215	杨彝中 181	苏友龙 64
杨宗瑞 151,239,355	杨譓 320	苏天壹 177
杨肯堂 69	汪一龙 2	苏天爵（字伯修） 1,5,9,11,13,
杨俊民 314,405	汪大渊 129,241,283,293,366	14,36,37,40,41,47,50,51,55,
杨受益 356	汪广洋 438	65,95,128,130,136,161,169,
杨庭璧 1,7,14	汪元奎 26	173,175,178,179,199,221,222,
杨珏 394	汪元量 30,50,68	230,234,237,239,240,241,242,
杨恭懿 1,14,18,45,54	汪文璟 74,200	246,250,251,253,255,258,259,
杨桓 30,51,52,56,77,115,263	汪幼凤 114,257,299,303,423	262,276,282,283,291,292,293,
杨载（字仲弘） 71,74,94,95,	汪仲山 414	294,296,300,301,310,311,314,
130,131,142,145,151,189,192,	汪汝懋 117,315,426	317,319,320,322,327,333,335,
193,197,200,284,291,300,329,	汪克宽 99,145,166,188,196,	349,350,358,362,364,374,379,
361,363,369,377	214,218,224,232,260,283,284,	380,385,387,389,450
杨基 195,217,406,417	288,289,293,302,304,324,343,	苏伯衡 436,445
杨崇喜 415	350,357,391,396,409,415,418,	苏志道 163
杨惟中 104,275	420,424,438,442,453	苏霖 27,263
杨梓 48,181,209,223	汪祀 297	贡师泰 73,218,336,356,382,
杨梓人 367	汪宗臣 434	385,395,400,401,402,405,422,
杨清一 77	汪泽民 145,165,166,289,306,	424,426,428,429,431,435,439,
杨恕 31	318,334,347,350,404	452
杨琏真珈（又作杨琏真伽） 15,	汪炎昶 272,290	贡奎（字仲章） 94,205,220,
20,40,41,122,338	汪梦斗 18	224,229,237,435
杨维桢 6,64,151,171,175,196,	汪淮琛 290	辛文房 95,142,291
210,213,214,218,221,224,232,	汪斌 434	辛思仁 53
247,253,260,268,278,283,293,	汪蒙 110	辛愿 253
297,302,303,304,306,311,315,	沈贞 453	连文凤 22,212
318,320,321,323,333,336,337,	沈伯玉 71	邵光祖 84
342,346,347,350,351,354,355,	沈度 414	邵亨贞 120
356,357,359,360,364,367,370,	沈钦 45	邹民则 39
371,377,379,385,391,392,395,	沈梦麟 391	邹次陈 208
396,400,406,407,408,409,412,	沈维时 294,387	邹奕 357
413,416,420,422,424,425,427,	沈遂 320	邹济 419
428,429,431,436,437,438,440,	沙不丁 25	阿尼哥 11,105,136
442,443,445,447,448,449,451,	沙剌班 264,265,337	阿年八哈 372
453	沙可学 379	阿老丁 145
杨朝英 59,140,209,305,389,445	沙班 218	阿老瓦丁 80
杨铸 356	秃鲁 370	阿荣 245
杨瑀 20,224,230,400,420,425,	纳臣 243	阿殷图 298
429		阿诺德 94

人名索引

阿难答 1	陈尧道 187	陈润祖 145
阿鲁图 332,334,335	陈师凯 182,333	陈致虚 121,270
阿鲁威 213,217	陈伯康 436	陈高 155,384,395,452
阿鲁浑萨理 15,16,24,77	陈利用 388	陈基 149,303,311,342,405,417,
阿僧哥 135,136	陈孚(字刚中) 3,4,44,45,47,	430,433,447,448
阿察赤 217	48,119,148,291	陈敢 171
阿隣帖木儿 124,162,209,239,	陈宏 59	陈樫 6,372,428,431
245	陈应润 18,342	陈深 328,435
陆子高 400	陈志 284	陈著 67
陆广 364	陈实夫 164	陈雪涧 94
陆仁 310,380,417	陈岩 25,77	陈傅良 426
陆友 263,372	陈忠 32,333,364	陈善益 244
陆文圭 15,79,220,281	陈忠甫 243	陈敬伯 387
陆正 197	陈性初 356	陈普 2,91,155,251
陆垔 112	陈性定 358	陈景仁 180,181
陆宣 364	陈杰 3	陈植 51,328,435
陆恒 364	陈泗孔 160	陈模 365
陆晋之 206	陈绎曾 24,246,253,325,340,	陈琰 269
陆森 152,153	382,417	陈登 436
陆德源 260	陈肃 454	陈谦 40,372,407
陈万里 142	陈苑 243,244,349,399	陈遇 142
陈义高(字宜甫) 77,147,148,	陈诚 446	陈雅言 170
393	陈诚中 449	陈椿 263
陈士元 434	陈采 49	陈瑄 446
陈大震 85	陈信 392	陈德永 378
陈子久 78	陈俨 21,22,45	陈澔 189,226,309
陈山 446	陈思济 83	陈璋 259
陈才 76	陈思谦 334,379	陈樵 253,276,336,408,417,445
陈仁子 76,101	陈柏 293,296	陈翼 76
陈元靓 4,250,299	陈栎(字寿翁) 53,61,62,75,	陈颢 368
陈元麟 74	79,89,94,118,120,121,122,125,	陈灌 212
陈友谅 418,420,430	132,145,158,163,181,196,218,	陈麟 395
陈天和 212	221,256,272,273,344,362,369,	
陈天祥 42,45,84,89,100,160	406,451	
陈天瑞 291,394	陈济 441	八 画
陈天锡 240	陈恕可 2,38,295	
陈孔哲 35	陈悦道 208	刺马班 336
陈日烜 30	陈旅 33,177,238,239,242,260,	卓敬 370
陈以忠 39	262,268,285,288,295,296,303,	单庆 31
陈立大 243	311,317,322,340,355,367,402,	虎理韩仲桓 336
陈训 407	430	周之翰 82
陈全 424	陈祥 78,352	周仁荣 190,390,394
陈则 379	陈晋翁 278	周允和 12,20
	陈泰 151	

周天凤 94	季昭 91	136,145,151,154,193,199,200,
周文英 236	季蒙 132	209,210,215,220,221,224,232,
周文质 267	宗喀巴 414	234,243,245,248,249,253,259,
周文郁 42	宝金 106	264,266,268,279,282,283,292,
周仔肩 166	宝宝 436	293,295,296,298,299,302,310,
周全 414	宝哥 335	316,317,318,325,329,332,333,
周廷望 372	岳柱 329,334,356	334,335,336,345,347,353,354,
周旭 429	岳铉 26,87,134,246	355,360,361,368,370,372,376,
周达观 66	帖木儿不花 188	379,382,387,395,400,402,408,
周伯琦 73,131,151,187,293,	帖住 259	413,423,441,445,452
303,310,335,336,356,365,374,	帖里帖木儿 408	欧阳龙生 48,117
380,385,390,395,408,428,431,	彼德·鲁卡龙戈 100	欧阳南 166
437	忽公泰 91	欧诚能 347
周应合 6,326	忽里台 275	武乙昌 91
周应极 151	忽思慧 242	牧常晁 54
周侯廷 372	忽哥赤 73	畅师文 23,42,89,99,113,120,
周南 236	忽都达儿 164	130,137,144,216
周南老 84	忽都鲁都儿迷失 143,162,174,	罗从道 451
周南瑞 61,97	198,209,230,239,245,368	罗允登 206
周是修 400	房祺 82	罗天益 40,116,153
周闻孙 112,303,319,427	拉施德丁 109,142	罗文振 160
周砥 29,122,403,404,406	拔实 335	罗安道 80
周致中 453	明幻轮 400	罗如簏 376
周谊 453	明玉珍 430	罗宋信 445
周密 2,8,22,26,27,33,35,40,	易雪崖 38,42	罗志仁 3
42,43,47,48,52,57,63,65,69,	林以顺 181,430,450	罗贯中 244,438
72,105,111,179,329	林兴祖 181	罗复仁 117
周勇 328	林希元 358	罗椅 3
周景 65	林希逸 119	耶律希亮 118
周溥 374	林志坚 398	耶律铸 20,118
周霆震 48,163,304	林定老 180	苗太素 205
周德清 203,445	林泉生 77,241,367,401,430	苗好谦 23,164
周翰 450	林祖孟 426	苗善时 126,204
周镗 218	林桢 367	范天祯 53
和礼霍孙 1,7,11,16	林弼 355	范文英 271,272
孟宗宝 85,86,105	林景熙 23,109,122	范文虎 25
孟举 269	林温 395	范汇 337
孟特·戈维诺 53,75,94,100,	林辕 96	范观善 391
102,103,224	尚从善 284	范晞文 3
孟惟诚 177	尚都不花 336	范益都 364
孟梦恂 391,394	欧阳玄（字原功，号圭斋，又号	范梈（字德机） 81,108,131,
孟祺 8,10,23,83,128	平心老人） 9,23,51,108,117,	145,197,228,232,244,291,299,
		329,361,377

人名索引

茅大芳 363
线子华 79
贯云石 24,113,140,208,209,212,244,291,323,389
郑大和 373
郑允端 351,407
郑介夫 88
郑元祐 48,329,350,356,408,435,441
郑元善 213
郑天泽 242,420
郑文嗣 373
郑玉 73,354,369,395,396,408,409,418
郑光祖 179
郑仲舒 392
郑构 177
郑志道 336
郑旼 336
郑思肖 3,168,353,386
郑持正 255
郑觉民 310,454
郑原善 238
郑桓 429
郑涣 407,408,412
郑陶孙 103
郑滁孙 48,103
郑潜 426
郑禧 168,200
金仁杰 238
金月岩 122
金弘 279
金正韶 40
金寿祖 224
金志阳 282
金若洙 2
金信 417
金哈剌 426
金界奴 242
金涓 408
金履祥 2,4,35,43,45,63,81,84,88,91,92,102,113,260,269,285,286,316,329,330,331,374

九 画

侯克中 83,154
俞元膺 391
俞仲温 406
俞师鲁 258
俞贞木 249
俞希鲁 250,359,454
俞和 437
俞赵志 369
俞原明 336
俞皋 289,343
俞庸 50,454
俞焯 218
俞琰 14,16,17,62,103,121,137,138,149,189,201,343,359,406
俞德邻 50,133
俞潜 431
俞镇 163
哈剌台 374
哈剌哈孙 68,117
哈撒儿海牙 7
姚广孝 274
姚云 39,121,263
姚文涣 356
姚式 368
姚枢(字公茂) 5,9,18,63,83,98,104,105,141,192,302
姚庭美 420
姚桐寿 209,293,431
姚燉 337
姚燧 1,5,8,14,16,22,25,32,37,38,45,54,56,60,69,77,81,83,85,91,94,99,113,118,120,122,125,130,136,141,142,148,149,173,193,197,208,209,252,266,291,300,361,452
姜金刚 393
姜渐 431,432
宣使扎八 336
宫大用 209
宫天挺 38

拜住(元英宗朝) 73,175,180,187,193,194,195,334,346
拜住(元顺帝朝) 310,356
按摊不花 137
施于仁 106
施伯仁 408
施克明 375
施肩吾 359
施耐庵 73
施璇 306
柯九思 40,228,232,263,311,321,322,331,372
柳卣 382
柳宗监 57
柳贯(字道传) 57,78,91,130,142,157,159,163,167,169,171,181,200,201,211,213,222,228,229,253,258,259,264,271,285,293,294,296,301,302,304,310,311,316,317,329,349,358,361,364,374,382,384,413,444
郘肃 2
段天祐 200,290,356,374
段辅 220
洪乔祖 60,76
洪希文 13,449
洪岩虎 3,111,449
洪钦 422
洪莲 450
洪景修 116
洪焱祖 45,58,64,111,176,228,237,369
相加班 99
祝尧 166
祝成鼎 243
祝明 138
祝蕃 24,243,349,399
胡一中 213,218,319
胡一桂 100,138,219,224,225,226,255,256
胡三省 18,19,26,27,39,86
胡大海 420,421
胡子昭 430
胡元祚 218

胡文友　208
胡长孺(字汲仲)　29,56,113,
　203,204,207,249,309,361,374
胡世佐　131
胡仕可　58
胡仲申　260
胡则　311
胡淀　131
胡安之　269
胡师安　205
胡次焱(双湖)　258
胡伯驰　69
胡行简　310,311
胡助　74,113,119,130,137,145,
　151,157,166,201,218,220,224,
　240,242,246,250,253,288,290,
　298,311,318,321,322,333,337,
　349,385,388,434
胡求鱼　61
胡俨　427
胡奎　274
胡庭芳　26,46,134,219
胡持　59,231
胡炳文　6,131,132,157,166,171,
　172,182,201,202,215,226,227,
　233,241,257,299,344,369,406,
　434,451
胡祗遹(紫山先生)　12,30,45,
　49,59,69,122,133,229,231
胡珙　192
胡深　400,406,420
胡琏　223
胡德修　127
胡震　100
胡翰　112,224,388,414,417
茹瑞　419
荆干臣　13
荆幼纪　30
荣肇　110
贴木儿不花　141
费无隐　354
费振达　376
费著　200
贺惟一　302,325,356,368

贺据德　218,266
砚弥坚　34,36
赵大讷　302
赵与仁　45
赵介　332
赵介如　4
赵公谅　200
赵友同　441
赵友钦　4
赵文(字仪可)　28,61,155
赵文(字宗文)　438
赵文卿　102
赵世安　245
赵世延　130,141,143,152,154,
　177,195,204,207,220,227,230,
　233,235,236,238,239,240,245,
　268,281,291,310,317,361
赵必皓　439
赵必豫　54
赵正伦　218
赵用章　296
赵由正　426
赵由辰　220,224
赵忭　294
赵完普　385
赵希哲　201
赵汸　173,196,199,290,318,332,
　333,348,361,379,383,387,389,
　406,409,410,411,412,439
赵良本　99
赵良弼　12,230
赵良恭　297
赵国宝　122
赵孟坚　59
赵孟适　21
赵孟頫(字子昂)　18,21,22,23,
　25,26,38,39,41,42,45,57,58,
　59,61,69,71,77,78,80,81,87,
　91,92,94,100,106,119,120,122,
　123,127,128,130,131,142,144,
　150,151,156,157,163,165,166,
　168,171,173,175,180,181,192,
　193,195,197,198,201,212,220,
　221,263,274,294,295,300,321,

　329,361,363,377,393,394,399,
　402,416,428,429,441,442,452
赵宗泽　429
赵宜中　200
赵宜浩　218
赵尚之　345
赵居信　45,196,366
赵承禧　130
赵秉温　46,47,50
赵复　5,98,104,243
赵奕　371
赵彦夫　218
赵恒　374
赵俶　424
赵原　437
赵烈祖　268,269
赵偕　243,446
赵密　48
赵琏　126,181
赵章　391
赵鸾　310
赵善长　424
赵善瑛　179
赵期颐　218,382
赵棨　74,260
赵植　205
赵谦　390
赵道一　53,54
赵道昭　240
赵嗣祺　171
赵筼翁(字继清)　246,316
赵简　198,210,213
赵雍　71,218,294,395,406,429
赵德　202,269,352
赵穆　127
迺贤　123,336,382,454
郝天挺　19,91,113,119,124,137,
　142
郝亚卿　8
钟柔　28,309
钟梦鲤　52
钟嗣成　13,38,89,179,230,241,
　242,267,350,401,427

闻人梦吉 51,201,214,224,233,431,435
项天觉 76
项炯 291,336
饶介 406,415,451
饶自然 4
骆天骧 70

十　画

倪士毅 93,283,284,312,324,362,363
倪与可 209
倪中 447
倪坚 17,115
倪峻 80
倪渊 214,268,338
倪维德 93
倪瓒 84,157,181,240,246,311,323,360,377,391,399,417,437,438
倪骧 214
凌云翰 420,431,433
凌懋翁 336
唐之淳 378
唐元 218,369
唐元嘉 395
唐天麟 31
唐伯慎 448
唐怀德 224
唐肃 379,420
唐珏 2,40
唐桂芳 77
唐棣 371,441
夏允中 427
夏文 450
夏文泳 342,369
夏文彦 442,443
夏长祐 420
夏希贤 57,58
夏侯尚玄(字文卿) 297
夏庭芝 161,401

夏原吉 450
夏景渊 364
夏鼎 429
夏溥 196,315,337,406,417
夏煜 435,436
夏鉴 73
夏镇 298
姬执中 451
宰廷俊 8
家铉翁 52,72
席士文 162
席应珍 80
速华郭李 336
速鲁蛮希贤 336
徐一夔 170,453
徐几 85,330
徐子贞 420
徐元瑞 82
徐元震 120,405
徐天祐 101,103
徐世良 44
徐世隆 2,18,19,122,128
徐东 220
徐平野 30
徐兴祖 344
徐再思 208
徐旭 405
徐达左 258,377
徐君弼 451
徐寿辉 379,385,386,414,430
徐明善 35,101
徐直方 6,142
徐昺 325
徐勉之 421
徐厚 414
徐恢 200
徐昭文 420,421
徐显 322,372,373
徐贲 274,379
徐逢吉 297
徐原(字均善) 214,297,420
徐泰亨 258,261

徐舫 77,395,450
徐铉 102
徐硕 31
徐善述 394
徐善政 353
徐温节 438
徐琬 22,30,42
徐琰 30,49,83,122,249
徐道玄 263
徐道龄 263
徐鼎 431
徐瑞 117,208
徐异 212
悟良哈台 387
晏天章 353
晏性仁 116
晓山老人 91
柴中立 74
柴中守 74
柴中行 74
柴元亨 5
柴元彪 5
柴茂 205
柴望 5
柴随亨 5
桑节喇实 37
殷尚实 450
殷奎 244,364,379,436
泰不华(字兼善) 99,175,180,181,195,200,300,303,323,334,378,379,385,386,390
浦椿 130
浦源 322
海寿 132
海童 73
涂世俊 61
爱薛 14,26,34,52,65,108,116,117
特们德尔 143
班惟志 284,318,323,333
留梦炎 16,30,35,41,56,77
益智礼普化 125
益福的哈鲁丁 34

真金　1,14,17,150
秦从德　387
秦朴　427
秦约　161,364,380
索元岱　218,246,326
索多　51
翁森　3,4,291
耿大节　57
耿焕　240
聂济　61
莫景行　214
袁华（字子英）　161,311,318,
　　320,351,364,370,379,417,437
袁凯　123,364,417
袁季源　34
袁易（字通甫）　50,106,164,192
袁泰　164
袁俊翁　126
袁洪　35
袁珙　274
袁桷（字伯长）　6,12,14,16,18,
　　34,35,57,64,65,78,81,83,84,
　　86,88,94,101,102,106,108,109,
　　110,113,118,120,123,125,130,
　　134,140,142,144,147,151,156,
　　157,160,162,163,165,166,171,
　　175,176,180,181,184,185,187,
　　188,190,192,195,198,199,201,
　　206,210,212,213,214,218,222,
　　229,297,312,321,377
袁瑛　212
袁袠　84
袁瑾　166
袁瓘　199
贾仁　248
贾驯　135
贾思诚　224
贾思逮　166
贾鲁　68,326,334,378,379,394,
　　405
郭正肃　438
郭汝介　61
郭守敬　1,4,10,13,18,28,68,
　　105,161

郭廷坚　201
郭昂　36
郭畀　7,74,78,102,113,119,145,
　　163,171,181,230,274
郭贯　151,156,157,166,181,258
郭郁　165,166,188,220
郭奎　419
郭炯　227
郭珏　161
郭荐　69,70
郭晦　31
郭陞　105
郭嘉　218
郭德修　336
郭槩　193
郭豫亨　127
郭翼　102,379,417,427,436,441
郭麟孙　106
钱义方　343
钱天祐　146,151,167,231
钱用壬　395
钱仲益　252
钱良右　329
钱芹　238
钱彦明　297
钱选　92
钱宰　77,431
钱惟善　268,303,323,333,408,
　　417
钱逵　142
钱舜举　436
钱鼐　364,428
钱霖　408
铁木儿塔识　317,325,334,368
铁木迭儿　150,195
陶主敬　171
陶安　155,163,240,260,276,303,
　　323,333,357,391,396,400,406,
　　415,420,424,436,438,442,447,
　　450,453
陶凯　351
陶宗仪　90,161,278,390,425,
　　428,442,448,451

陶思泰　392
陶椿卿　70
顾文贵　205
顾伯敏　351
顾佐　379
顾信　394
顾彧　53
顾逊　364
顾逖　420,424,428
顾瑛（字仲瑛）　123,356,360,
　　367,370,371,375,377,379,396,
　　416,417,424,437,441,442,450
顾嵩之　121
高子明　333
高玉囡　420
高节　19
高克恭　30,62,65,84,94,122,142
高启　282,379,391,406,415,420,
　　424,427,431,437,438,442,447,
　　451,453
高希允　45
高和尚　1
高岳　454
高明（字则诚，号菜根道人）
　　102,297,303,333,356,357,364,
　　379,383,393,423
高若凤　181
高彦敬　437
高逊志　379
高耻传　353
高起文　351
高棅　378
高瑛　420
高道凝　56
偶桓　296

十一画

勋实带（克烈士希）　128,156
商企翁　313
商挺　33,63,122,186,302
商晦　67

人名索引

商琦 57,200
堵简 333
尉彦诚 126
屠约 22
屠性 408
崔彧 12,14,51
崔耐卿 199
常泰 80
康里巎巎(巎巎,字子山) 245,257,275,292,296,300,301,323,335
康若泰 218
康棣 64
戚光 235,236,326
戚伯榆 454
戚崇僧 394
曹元用 107,175,187,193,194,195,196,210,213,220,230,238,362,414
曹汉炎 121
曹庆孙 24,429
曹有阜 33
曹汝舟 210
曹伯启 145,166,171,181,193,194,200,232,258,290
曹克明 230
曹妙清 323,337
曹希文 154
曹宗儒 161
曹泾 2,39,61,62,64,79,154
曹知白 311,404
曹敏中 187
曹善诚 248
曹道振 357
曹鼎新 285
曹新民 371
曹鉴 242,258,274,427
曹毅武 210
梁至刚 132
梁观先 269
梁栋 38,39,102
梁泰 132
梁益 203,323

梁寅 120,297
梁曾 2,16,45,48,65,119,131,145
梁德璋 156
梁德珪 156
梁潜 440,450
梅应发 23,83
琐非复初 203
盖苗 166
盛从善 157
盛熙明 247,264,428
章谷 243
章琬 440,444
章溢 155,400,420,424,427
脱因 250
脱脱 149,292,317,318,325,332,334,335,362,363,364,370,376,395,400,405
脱脱辉知 336
萧士赟 127
萧允中 74
萧文质 384
萧汉中 14,214
萧用道 419
萧存道 295
萧岐 212
萧洵 376
萧烈 65
萧继文 361
萧翀 296
萧斠 21,22,54,99,108,168,169,291,346,414
萧璜鸣 307
萧镒 202
萨南屹啰 18
萨都剌 84,197,218,224,246,253,260,276,283,291,300,331
萨德弥宝 126,215
谌桂丹 69
谔勒哲特穆尔旺温 422
鄂多里克 24,188
阎复 14,22,42,49,52,56,65,78,83,86,88,107,108,122,128,134,145,210

麻合马 308
黄一龙 57
黄子澄 378
黄元吉 196,201,206,212
黄元晖 3
黄公绍 46,65
黄公望 351,371,391,399,428
黄木仁 54
黄以谦 3
黄石翁 120,168
黄仲元 55,120,134
黄仲珍 357
黄异 201
黄君复 366
黄坚 17
黄邻 411
黄居庆 260
黄庚 220
黄泽 175,176,318,348
黄玠 333,393,396
黄绍 357
黄复祖 358
黄思谦 362
黄昭 405
黄珏 80
黄㫤 374
黄常 166,172
黄淮 452
黄清老(字子肃) 40,218,221,303,306,314,315,319,336,362
黄普颜帖木儿 426
黄景昌 281,282
黄植 51
黄琪 404
黄舜申 49
黄超然 193
黄铸 253
黄阐衡 42
黄溍 35,43,57,61,69,74,81,83,88,94,106,111,120,131,138,144,151,157,169,175,184,185,187,192,197,200,201,211,213,223,224,232,233,237,238,240,

242,246,248,249,252,253,258,268,276,281,283,285,290,291,293,295,297,301,302,303,304,309,310,311,315,316,317,318,322,329,330,332,333,336,338,339,341,342,349,350,351,353,355,356,359,361,362,363,364,366,369,370,374,375,377,382,384,385,387,391,392,393,394,395,396,400,401,402,403,404,408,412,413,417,421,436,445

黄瑞节 306
黄福 438
黄裳 205
黄镇成 33,285,412,434,435
黄震（字东发） 5,6,106,151
龚开 43,69,98,329,374
龚端礼 203
龚霆松 2,190
龚璛（字子敬） 106,145,164,192,221,224,249,368,393

十二画

傅习 278
傅子安 278
傅公让 395
傅立 212
傅良臣 336
傅居信 426
傅若金（字与砺） 93,229,285,310,317
傅常 357
傅箕 357
傅德远 297
傅藻 387,408,433
塔不台 166
塔失不花 139
塔失帖木儿 210
塔海帖木尔 336
富大用 215
富子明 303
彭士奇 248,376

彭丝 30,77
彭芳 268
彭应龙 30
彭质 17
彭南起 17
彭庭坚 333
彭柄 224
彭致中 354
彭野 80
彭瑶 276
揭来成 233
揭来德 233
揭汯 99,371,416,435,444,445,452
揭悬 233
揭傒斯（字曼硕，谥文安） 36,143,145,157,162,169,170,171,177,197,224,240,242,244,251,252,253,255,256,257,264,268,271,272,288,293,299,310,316,317,318,319,321,323,325,329,336,361,368,369,377,413,423,435,441
揭懋 233
敬俨 130
普兰奚 57
普花 442
普度 116,124,125
普颜 194,247
普颜不花 332
智熙善 259
曾子良 42,47
曾先之 312
曾坚 395,432,433
曾贯 303,337
曾闻礼（字以立） 211
曾益初 94
曾巽 13
曾巽申 199
曾巽堂 199
曾鲁 173
曾颖瑞 80
曾德裕 94
曾燸 341

温格非 293
滑寿 99,327
琦元璞 379
程大本 157
程公许 269
程文 37,258,336,354,369,423,452
程钜夫（字文海） 3,12,45,47,52,66,72,74,79,80,87,89,92,97,105,109,116,129,130,135,138,140,146,147,151,152,153,154,155,156,165,169,198,244,252,256,300,329
程龙 192
程伯来 429
程直方 212
程绍开 6
程若庸 2,169
程复心 114,115,284,299
程思廉 38
程益 297,373
程通 441
程琚 238
程谦 243
程端礼 68,106,152,266,269,280,338,339,345
程端学 181,183,219,248,253,254,266,310,334,418
程翼 364
童金 120
答耳麻八剌剌吉塔 11
答里麻 426
答剌失里 308
粤屯希鲁 4
粤鲁不华 243
舒天民 449,453
舒岳祥 83,86,123,222
舒衍 243,349,399
舒恭 449,453
舒泰 333
舒彬 377,381
舒頔 99,171,283,294,303,371,386,396,409,416
葛元哲 379,383

葛玄同 385
葛后德 447,451
葛乾孙(字可久) 102,359,394
董士珍 349
董心传 297
董文用 8,12,14,18,30,34,38,56,65,67,122
董文忠 8,10
董守简 349
董朴 161
董秉彝 213
董珪 181
董真卿 8,114,224,225,226
董梦程 20
董鼎 100,114,167,182,224,256
董嗣杲 3
董彝 323,357,380
蒋允升 240,408
蒋玄 73,332
蒋用文 385
蒋宗瑛 8,10
蒋宗简 310
蒋易 284,285,295,377,412,416,434
蒋道本 396
谢山 9
谢升孙 278,305
谢以信 380
谢汉章 119
谢节 422
谢仲和 285
谢朱胜 63
谢君植 188
谢应芳 60,359,406,407,436
谢叔孙 344
谢居仁 100
谢枋得 21,30,32,35,36,49,92,134,137,142
谢肃 428
谢思顺 420
谢理 424,425
谢缙翁 220

谢端 166,220,239,300,301,314
谢翱 22,38,52,60,83,105,155,282,374
锁住 132
锁南 335
雅琥 243
韩元璧 391
韩性 265,295,309,423,450
韩明 431
韩信同 251
韩复春 447
韩祐 154
韩谔 193
韩準 77
韩道昭 35
韩镛 166,187,200
鲁贞 238,268
鲁明善 147
鲁思梯切 70
鲁渊 379
黑黑国宝 391

十三画

叠卜华 200
廉希贡 69
廉希宪 6,10,33,83,323
廉恂 6,186
廉恒 6
廉惇 6
廉惠山海牙 181,323,325
搠思哥斡节儿八合失 135
搠思监 332,387
楼士宝 224
楼英 179
楼澄 363
溥洽 350
窦默(字汉卿) 5,9,13,18,64,105,275,302
蒲机 166,281,375
蒲理翰 218

蒲道源 23,137,175,188,281,375
虞士常 359
虞子贤 431
虞应龙 21,26,353
虞荐发 161
虞槃 222
虞堪 398
虞舜臣 137
虞谦 450
虞集 29,57,65,67,81,83,84,88,90,94,108,119,128,129,130,136,137,139,142,144,147,156,162,165,166,171,181,187,192,195,196,197,198,199,203,206,207,209,210,213,215,218,220,221,222,224,229,230,231,232,236,237,239,240,242,245,246,249,250,253,254,255,256,258,259,263,264,269,276,278,280,281,295,296,300,301,302,304,306,307,308,316,317,321,322,327,329,331,332,333,336,337,343,346,347,352,354,361,362,369,377,398,406,421,423,429,435,441,445,450
褚伯秀 26,66
褚奂 379
解子元 333
解节亨 151
解观 233,318,427,430
解泰 135
解蒙 233,430
詹天祥 85
詹同 450,452,453
詹君履 134
赖良 428
睢景臣 89
雷机 166
雷思齐 14,78,83,406
雷景阳 357
雷膺 30,45,122
鲍云龙 39,64
鲍仲孚 371

鲍迩 206
鲍恂 268

十四画

僧一丁(号一山) 73,164
僧大同 40
僧大梓 454
僧大䜣 17,224,244,331
僧元叟 304
僧云林 83
僧云峰 441
僧文才 87
僧文珦 43
僧可观 405
僧布顿 40,191,192,440
僧必兰纳识里 156,196,247,250
僧本元 379
僧永宁 48,109
僧玄妙 83
僧玄坚 83
僧玄峰 83
僧玄鉴 83,135
僧如莹 76
僧庆源 441
僧至仁 120
僧行方 417
僧行海 119
僧行端 201,308
僧佛光 12
僧沈明仁 130,174
僧妙声 356
僧妙高 50
僧希陵 192
僧来复 173,446
僧沙啰巴 57,149
僧良琦 360,370
僧良震 417
僧净伏 35
僧宗泐 170
僧念常 16,196,255

僧念觉 400
僧若舟 307
僧明幻轮 400
僧明本 197,264,270
僧明河 400
僧明德 55
僧觉岸 24,398,399
僧定林 83
僧英 201
僧青宁 400
僧复原 323
僧原妙 60
僧圆至 30,72,76,101
僧徒安 370
僧祥迈 42
僧袁普照 61
僧崇照 441
僧惟则 314,359
僧梵琦 64,323
僧清俊 177
僧清觉 130
僧清珙 389
僧雪村友梅 157
僧善住 196
僧善遇 359
僧智光 363
僧智辨 368
僧道元 351
僧道惠 244
僧雄辩 83
僧雷隐 323
僧德辉 270,279
察罕 78,133,173,298
察罕特穆尔 419
廖钦 317
慕颜铁木 128,156,157
斡玉伦徒 308,334,337
熊太古 250,403
熊禾(字去非,号勿轩) 26,31,45,46,91,95,96,100,110,133,134,256,391
熊玩 391
熊良辅 163,188

熊凯 188
熊忠 46,65,66
熊朋来 146,196,250
熊泽民 277
熊敬 100
熊鼎 193,451
管文通 311
管主八 102,104,437
管如德 25
管讷 292
管道升 30,119,163,171,173
管道昇 119
翟汝弼 31
翟思忠 95,323,324
蔡士仁 3
蔡文渊 166
蔡玘 279
蔡季霖 2,3
裴哥罗梯 298
裴润之 3
裴瑝 441
谭景星 159,160,172
赫德溥化 446
鲜于枢 26,52,69,87,92,142,148,329

十五画

撒里蛮 16,21,38,93
撒迪 230,245,250,265
樊执敬 379,385
滕用亨 282
滕安上 36,60
滕克恭 241
滕宾(字玉霄) 65,263,264
潘仁 247
潘元叔 171
潘元明 443
潘斗元 211
潘昂霄 84,152,334
潘祠 334,359
潘迪 115

潘峦 359
潘音 404
潘庭坚 373
颜子恪 247
颜奎 117
颜润卿 397
颜敬学 184
额森布哈 157
黎立武 92,101
黎崱 23

十六画

操琰 356
燕公楠 87,122,305
燕只不花 283
燕赤 213,217
燕铁木儿 239,245,250
薛元德 290,298
薛友谅 128,156,253
薛月鉴 427
薛兰英 355
薛玄曦 37,199,340
薛如鉴 442
薛廷凤 137,283,288
薛昂夫 246,331,341
薛铠 327
薛惠英 355
薛朝晤 395
薛道光 270
薛毅夫 356,432
薛懿 375
霍希贤 164,166,181
霍肃 69

十七画

戴世荣 347
戴希文 438
戴良（字叔能） 164,283,288,
311,316,317,357,364,370,372,
374,375,382,386,392,405,409,
414,415,420,428,436,444,447,
451,452,453
戴表元 16,22,34,39,43,57,71,
76,83,86,94,118,120,123,139,
185,212,222,237,249,309,329,
340,361,374
戴思恭 209
戴璧 177
爕理溥化 218,289
赡思 145,183,213,240,253,276,
283,288,307,312,322,384,385
蹇义 438
魏元礼 424
魏必复 157
魏本仁 391
魏刚 396
魏初（字太初，号青崖） 30,47,
49,257
魏梦牛 110
魏新之 50

十八画

瞿士衡 438
瞿仲贤 391
瞿佑 310,355
瞿智 356
瞿霆发 53

著作索引

(按拼音排)

A

哀鉴 172
蔼洒集 300
爱兰轩诗集 84
安南录 73
安南行记(文矩) 184,198
安南行记(徐明善) 35
安南志略 23,298
安雅堂集 238,295,296,311,317,367
安雅堂酒令 429
嗳呓集 54,300
敖氏伤寒金镜录 307
熬波图 263
鳌溪群诗选 444
鳌溪文集 427

B

白虎通德论 100
白牛生传 400
白石集 122
白石樵唱 122
白云集(僧英) 201
白云集(许谦) 285
百二十图诗 386
百官箴 20
百花亭 238
百行冠冕诗 47

稗史 217
稗史集传 322,372,373
癍论萃英 116
包罗天地 242
宝峰集(又作宝峰先生文集) 446
宝绘录 165,175
宝庆四明志 307
宝章阁馀稿 83
保越录 421
抱膝轩吟 355
北斗经题辞 263
北溪先生大全文集 270
北游集 18
本草歌括 58
本草元命苞 284
本朝后妃功臣传 356
本堂集 67
本斋集 309
笔海 63
笔海杂录 394
辟水集 253
敝帚集 310
敝帚篇 362
碧山乐府 40
碧梧玩芳集 36
碧玉环稿 166
避地稿 83
编年歌括 9
贬夜郎 60
弁山集 393
弁山小隐吟录 393

汴故宫记 155,278,448
辨惑编 359
标题句解孔子家语 206
标幽赋 5
豳风图 139
丙丁龟鉴 5
伯牙琴 105
伯将集 454
波希米亚史 288
博古要览 98
补辽金元三史艺文志 130,208,235,243
补六书故 252
补史家录 83
补陀洛伽山传 428
不思议禅观经 250
不系舟渔集 384,452

C

蔡传辨疑 212
蔡琰还朝 238
蔡氏传正误 282
沧江散人集 450
苍崖类稿 84
曹氏家录 154
曹文贞公诗集 258
曹文贞诗集 290
草窗词 72
草窗韵语 72
草庐精语 256,257

草庐校定古今文孝经 256	重正卦气 128	春秋经传阙疑 418
策学提纲 166	畴斋墨谱 208	春秋经说胡氏传正误 301
策府枢要 379	畴斋琴谱 208	春秋经疑问对 358
测圆海镜 28	畴斋文稿 208	春秋经旨 362
茶山老人遗集 453	初学记（僧清觉） 130	春秋精义 255
柴氏四隐集 5	樗隐集 311	春秋举传论 282
禅苑清规 270	楚词补记 36	春秋类编 406
昌黎文式 338	楚辞补注音释 86	春秋类传 89,158,159
长安志图 312,313	楚辞集注 243	春秋论断 430
长沙伤寒十释 327	楚国文宪公雪楼程先生文集 437	春秋旁通 212
唱论 87,305	楚汉正声 301	春秋三传辨疑 183,266
超然集 238	楚史檮杌 129	春秋三传归一义（又作三传归一义） 362
朝野新声太平乐府 389	楚庄王夜宴绝缨会 133	春秋三传要义 310
朝仪 20	传道图 104	春秋三传义疏 285
朝仪备录 82	疮疡经验全书 5	春秋三传朱墨本（又作三传朱墨本） 362
朝仪祀原 82	春风亭笔记 262,389	春秋师说 348,411,439
陈秋岩诗集（又作秋岩稿） 77	春梦录 168	春秋世变图 301,412
陈抟高卧 197	春秋案断 268	春秋述解 115
陈众仲文集 239,367	春秋稗传 406	春秋说 128,218,222
称赞大乘功德经 250	春秋本义 183,219,254,266,334,418	春秋通义 134,202,255
成都府志 200	春秋本意 86	春秋详说 72
成都氏族谱（又作成都氏族志） 200	春秋辨疑 77	春秋温故管窥 285
成都宴游记 200	春秋传论 105	春秋五传论辨 406
成宪纲要 355	春秋传授谱 301	春秋学讲 394
成宗实录 108,113,129,193,217	春秋大义 200	春秋演义 31
承华事略 98	春秋定是录（又作春秋大意） 444	春秋议考 134
程氏家塾读书分年日程（又作读书分年日程、读书日程、进学规程） 152,184,269,338	春秋发微 221,274	春秋玉钥题 435
程氏启蒙翼传 212	春秋分国事类 119	春秋泽存 282
程朱易契 409,418	春秋概括 47	春秋正经句释 282
程子上下篇义 151	春秋合题著说 357	春秋旨要（杨如山） 58
澄怀录（周密） 72	春秋胡传补说 330	春秋旨要（一作春秋指要，万思恭） 348
澄怀录（袁桷） 222	春秋胡传附辨 330	春秋诸传会通 365,380
敕修百丈清规 270	春秋胡传附录纂疏 289,343	春秋诸传考正 212
重编百丈清规法旨 280	春秋或问 183,266	春秋诸国统纪 163,176,237
重订河防通议 384	春秋集传 146,411	春秋主义 181
重订四书辑释 363	春秋集传释义大成 289	春秋属辞 409,410,411,439
重建医学记 160	春秋集解 200,257	春秋纂疏 404
重修西湖书院记 422,424	春秋纪闻 188	春秋纂例 167
重修政和经史证类证备用本草 104	春秋建正辩 289	春秋纂例原旨 394
	春秋节传 379	

春秋纂言 256
春秋左传续辨 60
春秋左氏传补注 411,439
春秋左氏传类编 396
春秋左氏纲目 128
春秋左氏遗意 36
春塘小藁 119
春夜梨花雨 230
纯白斋类稿 242,290,337,434
纯阳帝君神化妙通纪 126
纯阳吕真人传 146
纯正蒙求 257
辍耕录 128,425,431,442
痴稿 111,112
词林纪事 92
词学题苑 63
词学指南 63,298
词源 172,179
此山集 414
此事难知 115,116
崔怀宝月夜闻筝 179
粹斋庸言 127
翠寒集 58,300
村西集 159,172
存复斋文集（一作存复斋集） 188,328,445
存悔斋稿 249
存雅堂遗稿 185
存斋先生集 434

D

答客问 445
大宝龟鉴 364
大宝录 364
大藏尊经 122
大乘要道密集 18
大乘庄严宝度经 250
大痴山人集 399
大德律令 76
大德昌国州图志（一作昌国州图志） 51,69,70

大涤洞天记 105
大洞仙经注 10,126
大广益会玉篇 211,242,420,448
大华严经 104
大鉴略清规 214
大金集礼 319
大涅槃经 250
大清广清鉴 214
大事记 250,407
大事记续编 406
大畜 76
大学本旨 92
大学发微 92
大学广义 134
大学或问 406
大学集传 299
大学经传直解 146,152,167,231
大学鲁斋直解 9
大学四传小注 237
大学通 215,233
大学衍义 48,107,162,164,174,190,198,363,364,442,451
大学衍义节文 231
大学要略 8,10
大学章句 284,406
大学章句疏义 91,92
大学章句纂要 332
大学之解 231
大学指义 84,91
大学指掌图 257
大学中庸集说启蒙 431
大学中庸日录 193
大雅集 428
大易法象通赞 103
大易会要 62,137
大易辑说 89,138
大易通义 154
大易演义 166
大元本草 321
大元大一统志（又作大元一统志、元大一统志、大一统志） 21,26,52,87,88,134,176,294,298,341,353,358
大元海运记 177
大元圣政国朝典章（又作大元典章、元典章） 7,93,112,143,155,186,187,190
大元通制（又称通制条格） 23,187,193,194,198,231,238,258,296,332
大月令 64
待清遗稿 404
丹墀独对 360
丹丘生集 322
丹溪心法附余 417
丹溪治痘要法 417
丹溪朱氏脉因证治 417
耽罗志略 449
岛夷志略 366,373,381
道德会元 39
道德经注解 39
道德玄经原旨 101,168
道德真经注 109,256,398
道德真经集义大旨 63,76
道法直指 59
道命录 255
道园类稿 337,398
道园天藻诗稿 362
道园遗稿 354,361,398
道园学古录 3,258,307
道州台衣集 5
德祐日记 345
帝范 173,198,231
帝京景物略 20
帝王纪年纂要 133
帝王心法 240,385
帝训（皇图大训） 209,245,246
钓矶诗集 255
揲蓍说 9
叠山集 32,36
蝶轩稿 83
丁祭考 285
丁亥集 50
定武成错简 289

定宇集（又作陈定宇先生文集）
　　62,158,196,272,274
定正洪范集说　218
东庵集　60
东埠老人百一易略　272
东郡志　436
东篱乐府　197
东坡乐府　178
东坡题跋杂录　428
东山存稿　199
东维子文集　337,346,354,367,
　　371,392,396,413,422,429,443,
　　445,447,448,449
东溪集　40
东行斐稿　49
东阳志　177,261
东游阙里记　155
东园集　2
东垣试效方　40
董秀英花月东墙记　133
洞霄图志　20,105,106
洞霄诗集　86,105
斗山文集　49
窦太师流注指要赋　116
读法纂要　428
读论语丛说　285
读孟子法　188
读诗记　272
读诗疑问　389
读史说　58
读史纂要　113
读书丛说　285,344
读书管见　357
读书记　154
读书录存遗　404
读书日程　339
读四书丛说　285,287,331
读通鉴诗　40
读玄玄集　212
读易编　75,272,273
读易举要　14,149
读易考原　214
读易类编　229

读易私言　8,9
读易析疑　111
读中庸丛说　285
椟蓍记　50
杜律衍义　371
杜律注　371
端本书　258
端本堂经训要义　363
对床夜语　3
多识录　299

E

鄂多里克东游录　248
尔雅郭注　75
尔雅节本　272
尔雅翼　176
尔雅翼音释　237
尔雅韵语　257
尔雅注疏　75
二戴辨　357
二妙集　220
二至晷景考（郭守敬）　18,161
二至晷景考（齐履祥）　161,237

F

法书考　247,264,428
法书类要　211
法帖正误　228
范德机诗集（又作范德机诗）
　　244,299
范文正公年谱　272
范文正集　228
贩茶船　281
方是闲居士小稿　426
方叔渊遗稿　296
芳谷集　101
芳润稿　86
芳洲集　117

房山集　123
放太甲伊尹扶汤　179
非非国语　222
分类补注李太白诗集　127
分阳杂著　369
焚毁伪道藏经碑　7,16
风科集验名方　86,104
风水问答　417
风俗通义　100,110
风宪宏纲　130,281,408
风宪忠告　401
凤髓集　77
佛教史大宝藏论　191
佛日圆明大师别岸和尚语录
　　307
佛祖历代通载（一作佛祖通载）
　　42,87,255,306,307
福建总目（一作福建总录）
　　258
芙蓉亭　281
服膺录　154
抚州罗山志　191
辅成王周公摄政　179
辅治篇　252
负暄野录　445
复古编　390
复古纠缪编　266
傅与砺诗文集　317
覆瓿集　55

G

概言　155
甘水仙源录　32,33,63
感应经　272
高丽志　258
高祖归庄　133
高峰原妙禅师语录　60
高峰和尚禅要　60
革象新书　4
格物类编　115
格物入门　43

格致余论 417
艮岩遗稿 83
艮岩余稿 83
艮斋诗集 154
艮斋馀藁 23
庚道集 97
耕学斋诗集 437
耕织图 121,305
宫闺氏籍艺文考略 355
贡侍郎文集 403
姑苏笔记 3
辜君政绩书 351
古赋辨体 166
古赋题 242
古今纪要 5
古今纪要逸编（一作理度两朝政要） 5
古今交食考 18,161
古今考 236
古今历代启蒙 181
古今源流至论前集 66
古今源流至论后集 66
古今源流至论续集 66
古今源流至论别集 66
古今韵会 46,65
古今韵会举要 46,65
古乐府 346
古乐府辞 379
古梅吟稿 50
古诗考 282
古文尚书 166
古文选 154
古文韵选 361
古逸民先生集 290
古印式（一作古印文） 129
古印史 361
古玉图 445
古职方录 301,412
古周礼补正 256
古字便览 361
谷神篇 96
谷音 377
谷音集 196

鼓吹集 142
故唐律疏议 211
顾北集 390
关盼盼春风燕子楼 154
关尹子阐玄 168
观光稿 3,119
观光集 253
观史治忽几微 285
观物外篇 76
观易堂随笔 212
观音大士传 173
管窥外篇 344,451
管仲子纠辩 289
贯斗忠孝五雷武侯秘法 298
广从类稿 47
广事须知 197
广信文献录 381
广韵 203,211,214,448
怪疴单 417
归潜志 87,127,319
归田类稿 45,161,179,233,238,270
圭塘欸乃集 373
圭塘小稿 217,425,440
圭斋文集 9,117,136,193,209,215,234,235,249,282,293,299,310,325,326,329,332,335,345,348,353,361,369,376,403,413
龟城叟集 98
龟城叟集辑 98
癸辛杂识 8,27,28,33,43,72,111
癸辛杂识续集 3,47,63
桂隐诗集 376
桂隐诗余 376
桂隐文集（一作刘桂隐先生文集） 249,254,355,376
郭璞葬书 256
国朝名臣列传 358
国朝名臣事略（一作元朝名臣事略） 1,5,6,7,9,10,13,33,37,54,80,161,234,235,248,358,389

国朝文类（一作元文类） 10,19,58,95,107,149,161,235,236,246,262,263,270,271,314,315,389
国朝宪章 130
国朝集礼 46,50
国律 379
国史离合志 142
国学策问四十道 305
国学汉人策问 290
国学蒙古人策问 290
过庭录 154

H

海藏老人阴症略例 116
海堤录 294
海粟诗集 148
海运纪原 258
寒斋冷语 300
韩翠萍御水流红叶 133
韩鲁齐三家诗考 219
韩氏遗书 251
汉砭 83
汉高祖泽中斩白蛇 133
汉宫秋 197
汉隽 255
汉唐会要 394
汉唐事笺（一作汉唐事笺对策机要） 305,344
汉艺文志考证 63,345
汉制考 63
汉字实录 93
翰林国史分院题名记 335
翰林国史院题名记 359
翰林要决 340
翰苑英华 122
航录 438
昊天阁记 84
昊天塔 242
浩然斋雅谈 72,251
合朔议 54

和陶诗（雷思齐） 83
和陶诗（刘庄孙） 86
河防通议 183,184
河汾诸老诗集 82
河洛图书说 289
河朔访古记 336,454
河图洛书书序说 427
河图说 407
河源记 152
河源志 84,152,278,448
鹤年吟稿 447
鹤田蒋先生文集 412,417,434
弘法入藏录 19
洪范传 445
洪范洛书辨 159
洪范图 192
洪崖集 6
后妃功臣列传 435
后复古编 394
忽先生金兰循经取穴图解 91
滹南遗老集 15
湖山类稿 30
虎牢关三战吕布 179
虎头牌 186
花外集 40
花溪集 391
华川后集 445
华川集 417
华川前集 417
华峰类稿 394
华峰漫稿 394
华夏同音 377
华严道场忏仪 104
华严悬谈详略 87
滑氏脉决 327
画纪补遗 305
画继补遗 71
画鉴 228
画论 228
淮阳集 7,237
还山集 155
环中稿 166
经世大典（一作皇朝经世大典） 23,169,187,232,238,239,240,241,245,246,249,264,281,361,369,413,423
皇极大定动数得一论 78
皇极经世书 256
皇极经世书说 414
皇元大科三场文选 328
皇元圣武亲征录 53
皇钟律说 77
黄帝明堂针灸经 126
黄帝阴符夹颂解注 359
黄帝阴符经注 149,359
黄河原委 389
黄鹤矶稿 166
黄鹤楼 242
黄梁梦 197
黄氏补千家集注杜工部诗史 28
黄氏纪闻 151
黄氏日钞 5,151,320
绘宗十二忌 4
桧亭稿 328,375
桧亭集 291
晦庵读书法 338
晦庵先生语录类要 85
火烧正阳门 341
霍光鬼谏 223
活法机要 417

J

鸡肋集 3
积斋集 266
汲郡志 98
汲清集 390
极元造化集 128
急就篇注释补遗 123
集古考图 445
集古印稿 405
集古印章 73
集千家诗注分类杜工部集 360
集千家注批点杜工部诗集 91
集庆路江东书院讲义 338,339
集庆路续志 235
集验方（应本） 369
集验方（申屠致远） 73
己丑新彫改并五音集韵 35
记纂渊海 211
济生拔粹（一作济生拔粹方） 116,153,178
继潜录 407
偈颂赞跋 307
祭祀图（一作祭礼图） 192
霁山先生集 122
冀越集记 250,403
假借论 285
稼村乐府 28
稼村类稿 28
稼轩长短句 68,76
间博录 247
监修国史题名记 359
鉴池春草集 327
笺纸谱 200
笺注唐贤三体诗注 101
剪灯新话 66,355
简便方 72
见闻录 369
见易篇 80
建德府节要图经 111
荐福碑 197
箭射双雕 133
江村先生集 329
江东小稿 249
江湖清思集 408
江南六朝事实 79
江亭集 321
疆村丛书 98
绛守居园池记校注 330
交州稿 47,119
郊祀十议 222
娇红记 66
蛟峰集 43
揭文安公集（一作文安集） 36,251,252,310,329
洁古老人珍珠囊 116

戒书 1
金哀宗记 384
金丹问难 4
金丹正理 4
金华黄先生文集（一作黄文献集、黄文献公集） 44,106,112,138,131,138,169,184,185,211,213,237,238,248,249,258,285,291,309,310,316,329,330,332,338,339,341,343,349,355,361,362,363,367,369,378,384,392,393,400,402,403,413,421,437
金华先民传 185,317,330,445
金精风月 177
金匮钩玄 417
金莲宗记仙源像传 207
金陵集 394
金陵杂著 369
金缕新声 341
金钱记 340
金石例 84,264,321,334,359
金石竹帛遗文 316
金实录 319
金史 20,318,319,323,325,326,333,335,418
金台集 336,382,454
金陀粹编 437
金渊集 101,217
津逮秘书 28,121,278,448
锦残余笑 386
锦阜图卷 436
锦钱余笑 168
近光集 310
近思录广辑 316
晋刘阮误入天台 454
晋文春秋（又作晋乘、晋史乘） 103,129
浸铜要略 387
禁扁 243,423,424
京华杂兴诗二十首有引 220
经传考注 149
经济文集 452
经史辨疑 134

经史动静字音 277
经史类训 229
经史训注二图 285
经史正音切韵指南 277,278
经史证类大观本草 85
经说（虞槃） 222
经说（赵居信） 366
经学复古枢要 348
经训要义 363
经验方（罗天益） 40
经验方（王幼孙） 72
经筵录 392
荆南倡和诗序 403,406
旌德县志 57
精选名儒草堂诗余 444
鲸背吟集 43,300
景定建康志 6
景行录 82
净明忠孝全书 206,207,212
净明宗教 212
敬德不伏老 223
敬堂杂著 369
敬乡录 261,330
静安八咏集 440
静春堂集 164
静春堂诗集 106,192
静清集 106
静修集 30,242
静轩集 86,134
静学斋集（一作尚絅斋集） 385
静斋学士三教平心 191
九皋录 356
九华诗集 77
九灵山房集 198,316,357,370,386,444,445
九书辨疑 289
九天应元雷声普化天尊玉枢宝经集注 255
九域志 258
九州志 169
救荒活民类要 210
救荒活民书 210

居竹轩集 2
局方发挥 417
菊潭集 291
桀庵集 248
句曲外史集 377
句曲外史诗集 377
句曲外史贞居先生诗集 148,230,377
秬山集 24
倦游录 238
绝妙好词 72,251
君臣政要 335
郡志 309
筼溪牧潜集（一作牧潜集） 72,76
筼轩集 369

K

开平第三集（辛酉） 180
开平第四集（壬戌） 187
开平第一集（甲寅） 144
刊定三国志 362
考定石鼓文音训 115
考工记句诂 328
考古图 76
栲栳山人集 404
柯山稿 119
科名总录 421
可传集 437
可可抄书 258
可立集 291
客杭日记 119,274
课余杂记 154
空山漫稿 83
孔子世家 188
扣舷余韵 341
快雪斋集 274
奎章阁记 231,244
揆叙万类 242
魁本大字详音句读周易 386

昆山郡志 320	礼记解 255	濂洛风雅 63,91
困学纪闻 63,206,211,212	礼记说 309	廉夫文赋 306
困学斋诗集 87	礼记增订旁训 309	凉州鼓吹 5
困学斋杂录 87	礼记纂言 254,255,256,260	梁皇宝忏 104
困学斋杂钞 87	礼经复古正言 348	两汉通纪 414
	礼经会元 443,447,448	两世姻缘 340
	礼经葬制 366	两浙作者集 336,337
L	礼论集义详解 272	辽金纪年 247,262,389
	礼书纂述 257	辽史 319,323,325,326,335
蜡屐集 72	礼说 414	列后金鉴 291
兰室秘藏 49,116	礼闱倡酬（乙卯） 151	列圣制诏 198
兰雪集 4	礼学韵语 137	林泉随笔 401
览古编 177	李长吉歌诗 285	林外野言 441
阆风集 83	李翰林诗 244	林屋山人漫稿 149
老君堂 179	理学正宗 366	林下窃议 362
老学聚稿 369	历代编年 256	临池拾遗记 211,412
老庄精诣 384	历代帝王纪年纂要 173	麟经赋 201
老子本义 83	历代祭祀行幸诸仪 3	麟溪集 271,373
老子发微 86	历代经世详说 111	麟原前集 200,389
乐安县志 289	历代蒙求 272	灵枢经脉笺 327
乐庵遗稿 117,295	历代名画记 278,448	岭外代答 366
乐府补题 2,40,295	历代钱谱 122	陵阳集 127,248
乐府类编 301	历代十八史略 312	刘灭项 60
乐府群珠 179	历代史通鉴纲目 145	刘文靖公遗事 51,389
乐府新编阳春白雪 59,305,389	历代通略 272	流注指要赋 5
乐府指迷 179	历代指掌图 394	柳待制别集 382
乐郊私语 209,293	历世真仙体道通鉴 53,54	柳待制文集（一作待制集） 57,91,142,159,167,169,211,222,258,264,285,294,316,374,375,382
乐清县志 70,95	历仕集 258	
乐善斋集 361	历议 21	
乐原 192,193	历议拟稿 18,161	
雷思齐诗文 83	立成 18,161	六典撮要 272
类韵 184	吏学大纲 258	六经辨释补注 348
类编标注文公先生经济文衡 206	吏学指南 82	六经补注 348
	丽春堂 281	六经传集 36
类编长安志 70	丽则遗音 315,321,444	六经发明 115
类编阴阳备用差谷奇书 285	隶释刊误 390	六经天文篇 63
楞严经会解 314	俪稿 154	六经疑义 318
楞严掷丸 314	栎翁稗说 452	六十六穴流注秘决 5
礼防书 348	莲宗宝鉴（又名庐山莲宗宝鉴、庐山莲宗宝鉴念佛正因、念佛宝鉴） 116,125	六十四卦图 138
礼记春秋辨证 192		六书纲领 252
礼记集说（彭丝） 77		六书故 176
礼记集说（陈澔） 189,226,309	联芳集（一作联芳楼集） 355	六书集义通编 416
礼记集义详解 132	联新事备诗学大成 367	六书溯源 77

著作索引

六书通编 377
六书统 77,115,312
六书字原 416
六条政类 350,355
六条政要 355
六学教法 130
六艺纲目 440,449,453,454
六诸图 441
六诏通说 73
龙虎山志 146,148,193,369
龙津稿 166
龙门子凝道记 364,406,411
龙山稿 166
隆吉诗钞 102
隆山杂记 207
娄江吟稿 437
卢圭峰先生集（一作圭峰集） 449
庐陵宋九贤事实始末 249
庐山集 3
庐山外集 244
炉火鉴戒录 149
卤簿图 175
鲁斋词 9
鲁斋心法 9
鲁斋许先生直说大学要略 9,10
鲁斋遗书 9
陆氏藏书目录 263
陆秀夫传 98
陆宣公集 127
陆放翁诗选 3
录鬼簿 13,38,172,179,186,197,230,238,241,242,267,281,401,427
鹿鸣 111,421
鹿皮子集 445
吕纯阳真人沁园春丹词注解 359
吕氏春秋训解 344
律令 451
律令直解 451
律略 192

绿窗遗稿 229,310
銮坡前集 293,370
论范 221
论古文 177
论孟集注附录 188
论孟考证 269
论孟训蒙口义书解 272
论孟子法 188
论孟众记 188
论题署书 177
论语集注考证 91
论语讲义 123
论语口义 53
论语通 215,233
论语训蒙口义 62,75,272
论语言仁通旨 237
论语章旨 86
论语正义 243,244
论语注疏 62
罗山志补 235
萝山稿 407

M

麻疹全书 327
马可波罗游记 71,248
石田文集（一作马石田文集） 193,216,292,294
马祖常章疏（一作马石田章疏） 291
脉绪脉系图 327
毛诗集疏 134
茅山志 148,204,220,227
眉庵集 195
梅边稿 208
梅花庵稿 399
梅花百咏（冯子振） 148,197
梅花百咏（韦珪） 337
梅花道人遗墨 399
梅花字字香前集 127
梅谱 59

梅西集 105
梅岩杂咏 49
梅易斋稿 166
盟天录 4
濛溪集 47
蒙古史 109
蒙古字韵 115
蒙训 63
蒙文大学衍义 162,174,198
蒙文大藏经 127
蒙文帝范 173,198
蒙文贞观政要 173,198
蒙文资治通鉴 198,217
孟子标题 9
孟子弟子列传 301,412
孟子集注 114,146
孟子集注考证 91
孟子年谱 188
孟子权衡遗说 36
孟子通 215,233,257
孟子纂要 155
梦符散曲 340
梦稿 111,112
梦梁录 42
梦溪笔谈 101
迷青琐倩女离魂 179
米海岳遗事 263
迷韵 242
秘书监志（一作秘书志、元秘书监志） 99,313,423
勉斋先生黄文肃公文集 151
妙清诗集 337
闽南集 435
闽书 202,369
敏行录 220
名儒草堂诗余 65
名僧诗话 4
名数韵语 137
明本排字九经直音 26,412
明道篇 96
明经题断诗义矜式 430
明伦传 380
鸣鹤余音 354

墨记 407
墨史 263
墨竹记（又作张退公墨竹记） 76
墨竹谱 322
默庵集 128
木讷斋集 400
木天禁语 244
牧庵词 142
牧庵集 5,37,54,60,85,122,142
牧庵年谱 22,113,142,266
牧莱脞语 101
牧羊记 197

N

内经或问 327
南昌集 207
南村辍耕录 172,224,278,322,414,448
南丰郡志（一作南丰县志） 79,80
南丰先生元丰类稿 97
南海古迹记 301
南海志 85
南华内篇订正 256
南华真经义海纂微 26
南棱类稿 251
南史补帝纪赞 60
南宋补遗 63
南台备要（刘孟琛） 187
南台备要（索元岱） 187
南轩易说 45
南游寓兴集 426
南州纪行 238
难经本义 327
难经附说 327
拟答朱陆辩 72
拟两汉诏诰 357
宁海漫抄 207
宁极斋稿 328,435
农桑撮要 160

农桑辑要 23,147,150,217,230,310
农桑旧制 223
农桑衣食撮要（又名农桑撮要、养民月宜） 147
农桑杂令 41
女教之书 221

O

欧阳先生集 299

P

蟠桃会 242
庖易 77
裴少俊墙头马上 133
佩韦斋集 50
佩韦斋辑闻 50
佩韦斋文集 50,133
批点考工记 256
披沙集 95
毗卢法宝大藏 116
琵琶记 393,423
脾胃论 49,116
平鸣集 379
平桥诗文集 357
平蜀论 73
平宋录 169
平宋事迹 217
平阳州志 109
平猺记 269
平冤录 115
平治荟萃方 417
屏岩小稿 220
𬞟州渔笛谱 72
鄱阳续志 295
破窑记 281
蒲室集 331
浦江渊颖吴先生文集 388
浦阳人物记 185,282,372,392

浦阳先民传 60
瀑岩集 192

Q

七经补注 197
七真年谱 63
七政疑解 394
栖会稽越王尝胆 38
齐乘 255,258,294,380
齐东野语 27,28,42,43,72,251
奇偶阴阳消息图 384
杞菊轩稿 263
泣血录 154
千古功名镜 2
千家注分类杜工部集 360
千秋记略 291
铃冈新志 345
钱神论 242,427
钱氏补遗 116
钱塘遗事 7
乾陀般若经 250
潜丘稿 258
潜山集（又作潜山稿） 43
潜溪后集 412
潜溪集 402,406,407,412
潜斋遗稿 54
墙东类稿 15,79,281
乔梦符小令 340
侨吴集 134,197,329,435,441
樵庵词 50
樵水集 362
樵吟稿 454
樵者问 341
切脉枢要 327
钦恤集 348
秦太师东窗事犯 238
琴川志 444
琴谱 149,197
琴声十六法 319
琴言 256
琴原 192,193

禽经 192
勤有堂随录 196,272
勤斋集 169,346
沁园春解 406
青楼集 12,401
青丘子歌 415
青山集 155
青山漫吟 238
青山诗余 28
青衫泪 197
青天歌注释 359
青崖集 47
青岩丛录 406
青阳文集 419
清庵莹蟾子语录 33
清河集 193
清江碧嶂集 377
清隽集 386
清全斋读春秋编 328
清全斋读诗编 328
清全斋读易编 328
清容轩手钞 361
清容居士集 6,14,18,34,35,83,
　86,106,108,109,120,123,125,
　134,142,144,156,162,165,166,
　176,180,181,185,187,190,192,
　195,199,201,210,213,214,222
清微仙谱 49
清异录 278,448
清源续志 381
琼林集 341
秋冈先生集 83
秋谷集 186
秋涧先生大全集（又作秋涧集、
　秋涧大全集） 6,47,62,72,
　98,178
秋江风月凤凰船 133
秋声集 37,54,434
秋堂集 5
秋闱倡和（丙寅江浙） 213
秋闱倡和（丁巳） 162
邱甲辨 348
曲海丛珠 341

曲江张公年谱 362
曲全集 349
屈原投江 341
全归集 83
全史提要编 57
全相平话 196
全真集玄秘要 39
群书钩玄 353
群书类编故事 215
群书通要 71
群玉集 295

R

人伦事鉴 256
仁里漫稿 393,394
仁山乱稿 43
仁山文集 91
仁宗实录 174,180,193
壬辰杂编 319
忍经 103
忍斋行稿 73
任风子 197
任斋诗集 322
日损斋笔记 396,412,413
日损斋稿 412
戎事类占 297
荣祭酒遗文 110
容斋随笔 27,100
如宜方 401
儒家博要 430
瑞竹堂经验方 126,215

S

三朝野史 301
三传辨疑 183,266
三传节注 272
三洞赞颂灵章 10,11
三分易图 192

三皇祭礼 433
三教一源 4
三经杂说 330
三家礼范辩 369
三礼记 169
三礼祭礼述略 348
三礼考注 256
三礼旁注 251
三礼说 169
三礼图说 251
三茅山志 373
三史纂言谈丛 83
三史正统辩 323,333,364
三事忠告（一名为政忠告）
　238,401
三天易髓 39
三元延寿参赞书 43
桑海遗录 301
瑟谱 196
沙漠稿 77
山村遗集 101,217
山房遗文 44
山居四要 426
山居新语 425,429
山南先生集 111
山水家法 4
山堂先生群书考索 178
山中白云集词 179
山中新语 129
删古岳渎经 405,406
剡溪文集（一作剡源戴先生文
　集） 34,71,76
伤寒百证经络图 126
伤寒活人指掌图 306
伤寒论钞 327
上都翰林国史院题名记 359
上都御史台殿中司题名记 359
上京纪行诗 242
上清集 341
上虞县志 358
上元新录 238
上中下三历注式 18,161
尚书辨疑 309

尚书标说 301,412
尚书表注 91,92,269
尚书补传 371
尚书补微 155
尚书蔡传音释辨误 396
尚书集传纂疏 158,218
尚书集疏 134
尚书辑录纂注 100,114,167,182
尚书家说 176
尚书节文 130,231
尚书毛诗二传释疑 192
尚书释传 43
尚书通考 434
尚书要略 128
尚书一览 427
尚书音释 396
尚书杂论 91
尚书直解 231
尚书注 91,166,192,193
尚书纂传 30
尚书作义要诀 362
韶舞九成乐补 234
少微倡和集 412
申王奇遘拥炉娇红记 66
申斋文集(一作申斋集) 256,274,376
深宁集 63
深衣刊误 289
深衣考 86
深衣说 272
深衣图说 83
深衣小传 91
神僧传 177
审听要决 385
慎独叟遗稿 435
升平乐府 242
生死交范张鸡黍 38
声律发蒙 138
省部政典举要 355
省己录 82
圣朝混一方舆胜览 26
圣朝科举进士程式 305

圣济总录 79
圣宋颂 47
圣武开天纪 173
圣贤大意 445
剩语(又名孤山晚稿) 3
剩语集 359
嵊志 379
师山集 354,418
师山先生遗文 354,409,418
师音集 423
师友集 377
狮子林天如和尚语录别录 359
诗补注 435
诗传纲领附录纂疏 219
诗传精要 128
诗传旁通 323,324
诗传通释 386
诗传音旨补 86
诗传众纪 188
诗词余话 218
诗答问 310
诗大旨 272
诗地理考 63
诗稿 389
诗集传附录纂疏 219,256
诗集传名物钞 285,287,331,344
诗集传音释 379,380,396
诗集传音义会通 392
诗集解 257
诗经表义 377
诗经集说 304
诗经讲义集说 304
诗经句解 272
诗经疏义 351
诗经疑问 352
诗经纂说 310
诗考 63,219
诗口义 202,255
诗史宗要 392
诗说 134
诗童子问 319,386
诗文讲义 154

诗序附录纂疏 219
诗选正宗 134
诗学渊源 47
诗疑大鸣录 433
诗疑问 390
诗音释 309
诗余 7
诗苑珠丛 440
诗缵绪 303
十二月乐午谱(一作十二月乐谱辞) 128
十六曲崔护谒浆 133
十七史纂古今通要 256
十三卦考 285
十四经发挥 327
十药神书(原名劳证十药神书) 359,394
十易举要 348
十原 377
石初集 304
石鼓诅楚文音释 129
石室新语 445
石堂先生遗集 155
石塘文稿 207
石屋山居诗 389
石峡书院讲义 43
石峡书院诗 315,444
时候笺注 18,161
史钞 208
史集 109,142
史论 258
史评 366
史述 83
史义拾遗 357
使河南汲黯开仓 38
士礼考正 200
世乘窥斑 434
世医得效方 284,355
世祖圣训 56,213,217
世祖实录 51,56,98,123,141
世祖实录节文 93
事林广记 4
事文类聚翰墨全书 26

释奠通礼 73
释氏稽古略 398
释氏稽古略续集 400
筮草研几 64
筮仪传 256
手卷记 341
守成事鉴 56,98
寿云集 193
授时历 1,4,13,18,50,54,134,259,292
授时历法提要一 161
授时历经 21,161
授时历经串演撰八法 237
授时历推步 161
书编大旨 188
书蔡传旁通 182,333
书传 86
书传补遗 252
书法钩玄 263
书法流传之图 177
书古今文集注（一作尚书注） 166,192
书画目录 98
书集传音释（一作书集传邹季友音释） 333,379,396
书集解 257
书解折衷 75,89,90,219,272
书经补遗 155
书经讲义 251
书山遗集（又名独足雅言） 318
书史会要 77,208,251,252,266,310,322,329,340,341,376,390,394,405,423,428
书说 256
书香世科 407
书学正韵 77,263
书义断法（一作科场备用书义断法） 208
书义袷式 357
书义主意 357
书苑菁华 211
书斋夜话 149

书纂言 166,256
疏斋词 148
疏斋集 148
蜀汉本末 366
蜀锦谱 200
述笔法 341
述衍 103
双调殿前欢 230
双峰先生内外服制通释 289
双湖文集 256
双溪小稿 20
双溪醉隐集 20
双溪醉隐乐府 20
双溪醉隐诗余 20
霜月集 145
水利论说 429
水云村稿 5,172
水云村泯稿 79,173
水云集 30
顺斋先生闲居丛稿（又作闲居丛稿） 281,375
顺宗实录 112,129
说郛 3,35,82,84,90,168,218,278,429
说诗讲义 145
说文解字补义 360
说文续解 128
说文续释 405
说文字原 365
说苑 101,103,425
私下三关 350
思华录 172
思乐杂著 369
思贤录 407
四经表义 377
四明洞天丹山图咏集 432
四明续志 83,121
四如集 134
四如讲稿 134
四圣一心 212
四时燮理方 327
四书本旨 445
四书辨疑 161

四书标注 251
四书大义 430
四书待问 202
四书发明 62,163,272,283,324,344,406
四书管窥 344,451
四书归极 86
四书集义精要 50,241,344
四书辑释（又作四书辑释大成） 283,284,362
四书笺惑 332
四书笺义 202,352
四书经疑贯通 357,380
四书经疑问对 357,380
四书精要考异（一作四书类要考异） 128
四书句解钤键 155
四书考异 272
四书考证 113
四书类辨 303
四书明辨 166
四书阙疑 384
四书日讲 202,255
四书述义通 332
四书提纲 256
四书提要 282
四书通 257,283,284,344,406
四书通证 226,227
四书通旨 351
四书五经辩疑 394
四书五经讲义 155
四书选注 161
四书一贯 362
四书仪对 394
四书疑节 126
四书疑义 289
四书语录（刘因） 50
四书语录（吴迂） 188
四书章图 114,299
四书章图隐括总要 284
四书章图纂释（一作四书纂释） 114,115,284
四书朱陆会同注释 190

四勿斋稿 349
四咏吟编 2
四元玉鉴 91
四箴说 9
俟庵集 399
松巢集 208
松巢漫稿 117,208
松风斋杂著 327
松厅章疏 389
松乡文集 119
松雪集 274
松雪斋集（又作松雪斋集文集）
　71,80,119,168,173,182,193,295
松阳志略 301
松斋梅谱 381
宋季三朝政要 133,196
宋季逸事 362
宋季杂传 111
宋辽金三史目录 389
宋论 417
宋仁宗御览托公书 38
宋上皇御赏凤凰楼 38
宋史 5,13,36,44,63,64,66,72,
　181,187,271,318,319,323,325,
　334,335,344,345,346,360,381,
　393,394,430,432,439
宋史本传 36
宋史道学传 405
宋史纲目 333,342,425
宋史艺文志 405
宋史岳飞传 405
苏东坡夜宴西湖梦 238
苏邱述游录 252
苏台竹枝曲 355
苏小小月夜钱塘梦 133
肃雝集 408
素履斋稿 229
素问注钞 327
酸甜乐府 209
酸斋集 208
算经图释 77
算学启蒙 75,91
岁华纪丽谱 200

遂昌山樵杂录 266,441
荪野稿 83
所安遗集 151
朔方稿 77

T

胎产救急方 153
台州图经 237
太常集礼 235,291,369
太常沿革 433
太古正音 319
太华希夷志 146
太极祭炼内法 353
太极图解（刘霖） 30
太极图解（陈樵） 445
太极图说（程时登） 252,348
太极图说（王幼孙） 72
太平惠民和剂局方 243
太平十策 313
太平政要 329
太上大通经注 39
太上升玄说消灾护命妙经注 359
太上升玄消灾护命妙经注 39
太上玄灵北斗本命延生真经注 263
太乙统宗宝鉴 91
泰定养生主论 289,290
潭阳文献 285
汤液本草 116
汤液大法 116
唐才子传 95
唐丞相陆宣公奏议纂注 247
唐律删要 301
唐律疏义释文附纂例图 380
唐明皇秋夜梧桐雨 133
唐明皇游月宫 133
唐诗鼓吹 91,142
唐诗说 72
唐诗通考 450

唐诗选纂 393
唐史厄言 101
唐书补传 60
唐宋名人书评 328
唐太宗帝范 75
唐音 327,397
唐音缉释 397
堂试汉人策问 290
堂试蒙古人策问 290
题宋江三十六人画赞 263
天地间集 60
天籁集 133
天目中峰和尚广录 197,264,
　265,270
天台山志 451
天台四教仪要正 314
天文星历 430
天下同文集 33,49,61,67,97
天兴近鉴 155
天游稿 119
天原发微 39,64
铁崖先生大全集 444
铁崖先生古乐府 347
铁雅先生复古诗集 440
铁柱琴谱 147
听雪斋记 238
听雨留稿 111,112
听雨轩集 454
通记补遗 407
通鉴答问 63
通鉴地理考 63
通鉴地理通释 4,63
通鉴纲目测海 103,252
通鉴纲目大全 420
通鉴纲目集览 205,206
通鉴纲目书法 234,251,278
通鉴纪事本末 256
通鉴日纂 154
通鉴释文辨误 19,27,39,86
通鉴续编 372,428,431,432
通鉴总类 437
通商指南 269,297,298
通书解 445

通书问　252
通祀辑略　3
通祀辑略续集　3
通玄广见录　149
通玄真经缵义　168
同年小集诗　243
桐江稿　119
桐江集　111
桐江续集　111
桐山老农文集　268
统同志　26
图画考　428
图绘宝鉴　179，181，350，441，442，443
图籍纪略　53
图经后集　422
图像列女传　107，109
图像孝经　107，108
推步　18
推步立成　4
蜕庵集　454
蜕岩集　454
脱必赤颜　173

W

瓦缶编　207
外科精义　269
玩斋集（又作贡礼部玩斋集）　429，435
玩斋诗集　422
宛陵群英集　306，404
宛陵遗稿　404
万年历　139
王陌庵诗集　321
王氏藏书目录　98
王氏小儿形证方　58
王守诚文集　370
王文忠集　282
王文忠诗余　282

王祯农书（一作农书）　138，139
忘象变　348
韦斋集　295
惟实集　440，441
卫生宝鉴　40
畏斋集　328
魏郑公谏续录　95，323
文场备用排字礼部韵注　388
文丞相传　376
文公感行诗通　257
文公要语　134
文湖州集词　340
文湖州竹派　399
文筌　340
文殊师利菩萨无生戒经　393
文说　340
文天祥传　98
文献通考　115，154，164，170，190，191，206，220，299
文选补遗　101
文选颜鲍谢诗评　111
文训　322
文遗山先生全集　13
文章轨范　36
文章善戏　255
文子缵义　168
文宗实录　259，262
蚊雷小稿　423
乌台笔补　98
无量寿佛经　245
无上赤文洞古真经注　39
无闻和尚金刚经注解　299
无锡志　312
无弦琴谱　217
无冤录　115，348
吴礼部集　330
吴礼部诗话　108，330
吴礼部文集　180
吴门杂著　369
吴文正公年谱（又作临川吴文正公年谱）　118，125，256，443

吴文正集　22，25，65，86，113，127，137，146，160，171，175，198，207，229，230，233，256，278
吴越春秋音注　103
吴正传文集　330
吴中纪事　263
吾汶稿　208
梧溪集　347，422，441
梧竹里稿　83
五百家注音辨昌黎先生文集　8
五峰集（李孝光）　378
五峰集（燕公楠）　87
五服图解　203
五经辨疑　352
五经发明　188
五经会意　257
五经说（一作熊先生经说）　196，197
五经思问　384
五经音考　207
五经纂要　427
五经纂注　419
五色胗奇眩　327
五星细行考　161
五行细行考　18
五云漫稿　309
五脏补泻心要　327
武林旧事　42，72，251
武陵续志　63
武阳耆旧诗宗　435
武阳志略　435
武宗实录　129，130，193，197，240
勿轩易学启蒙图传通义　391
戊辰史稿（又名戊辰修史传）　5
物异考　185
误入桃源　197
悟真篇三注　270
婺源州志　391

X

西国图经 384,385
西湖百咏 3
西湖十景词 300
西湖书院重整书目 205
西湖竹枝集 360
西山先生真文忠公读书记 167
西翁近稿 172
西溪易说 100
西厢记 203,281
西岩集 59,64,175
西游稿 77
西域异人传 384
希贤录 104
希姓略 272
昔游录 83
析疑指迷论 63
息斋老子解 179
晞发集 60
溪园集 6
溪云集 365
习懒斋稿 92
席上腐谈 149
系辞精义 365
霞外诗集 66
夏小正经传考 324
仙都志 358
仙佛同源 4
先德录 390
先觉年谱 111
先儒法言粹言 188
先圣及从祀诸贤谥号 3
先天集 20
闲居录 128,129
闲中漫稿 128
弦歌毛诗谱 149
咸淳类稿 47
显明历 20
宪台通纪(潘迪) 115
宪台通纪(赵承禧) 130,187,387

相鉴 98
象略辨同论 348
萧何月下追韩信 238
萧翼智赚兰亭记 133
潇湘集 448
小亨集 157
小技存藁 111
小学标题驳论 169
小学大义 9
小学讽咏 63
小学绀珠 63,64,80
小学句解 134
小学训注 272
小学语录 50
小学正宗 134
孝经传赞 256
孝经大义 100,167
孝经定本 90
孝经附录 188
孝经辑注 343
孝经解 43
孝经刊误 100
孝经图说 350,378
孝经新说 364,445
孝经义疏 378
孝经章句 256
孝经直解 151,152,167,231
孝经直说 9
效方 258
效古集 73
校正千金翼方 110
写山水诀 399
心法序要 59
心史 168
新安大族志 272
新安后续志 171
新编古今事文类聚 215
新编古今姓氏遥华韵 116
新编翰林珠玉 361,362
新编事文类聚启札青钱 206
新编事文类聚启札云锦 26
新测二十八舍杂坐诸星八宿去极 18,161

新测无名诸星 18,161
新昌州志 145
新风纪 332
新笺决科古今源流至论 85,164
新刊风科本草 104
新刊风科集验名方 104
新刊类编历举三场文选 305,328
新刊冷斋夜话 321
新刊名家地理大全 248
新刊全像成斋孝经直解 305
新刊仁斋直指方 85
新刻校定脉决指掌病式图说 417
新刻助语辞 203
新增说文韵府群玉 263
星槎胜览 366
星源续志 303
惺惺道人乐府曲 340
刑名通释 348
杏亭摘稿 228,237
杏庭居士集 368
姓氏急就篇 63
姓氏源流 272
性理本旨 394
性理大明 445
性理发蒙 434
性理集义 113
性理群书 200
性理通 257
性理遗书 200
性理字训集文 2
熊禾勿轩先生文集 110,134
修辞鉴衡 123,255
修改源流 18,161
修龄要指 319
须溪集 67
须溪四景诗集 67
虚谷集 111
虚谷闲抄 111
许鲁斋考岁略 178
许鲁斋先生年谱 9

著作索引

许文正公遗书 8
序次小戴记 256
叙古颂 151,167,168
续编年月集要 167
续编太常集礼 369
续东阳志 384
续复古编 386,401,417
续古今考 111
续古篆韵 128
续后汉书 362
续皇极经世书 128
续庡集 440
续释氏通鉴 397
续新安志 237,368
续修龙虎山志 193
续轩渠集 449
续言行录 47
续夷坚志 251
续豫章志 211
续玄玄集 212
轩渠集 111,449
玄都宝藏 7
玄教大公案 204,205
玄经原旨发挥 104,168
玄品录 204,270,377
玄玄棋经 353
玄学正宗 406
玄宗直指万法同归 54
选诗补注 428
薛琼琼月夜银筝怨 133
学古编 79,129,328
学古编续笺 129
学诗笔记 212
学诗舟楫 427
学言诗稿 430
学易记 76
学易居笔录 163
学庸旨要 155
学则 332
雪庵大字书法 229
雪庵字要 229
雪岑诗集 119
雪楼集 3,53,67,72,80,87,92,
　97,98,105,132,135,136,140,
　146,147,151,152,154,155,165,
　169,398
雪庐集 449
雪履斋笔记 441
雪堂雅集 122
寻山志 204

Y

延祐甲寅（元年）科江西乡试录 147
延祐平江州志 137
延祐四明志 92,110,160,176,
　222,223,297,312
言行龟鉴 91,96
阎师道赶江 133
颜乐斋稿 207
颜子陵钓鱼台 38
彦威集 149
衍极 177
砚北杂志 263
砚史 263
雁门集 300
焰口施食仪轨 104
雁山十记 378
燕铁木儿世家 240
燕石集 243,266,336,350,360
燕集沧浪亭诗 429
燕书 411
扬州梦 340
阳春白雪 87,140,179
杨仲宏诗集（又作杨仲宏集、杨仲弘诗集） 197
杨竹西像卷 437
养吾斋集 61
养吾斋诗余 61
养蒙文集（又作养蒙先生文集） 77,92,347
养蒙先生词 92
养生杂言 327
仰天遗草 5

瑶林集 450
药房樵唱 404
药象图 40
要言 40
野服考 185
野趣有声画 19
野斋集 36
野斋文集 128
野舟孝子志 453
叶先生诗话 101
叶韵补疑 252
掖垣类稿 63
一百二十图诗集 168
一花五叶集 197
一瓢稿 4
伊本·巴图泰游记 353
伊滨集 244,437
伊川易解 365
伊东拙稿 128
伊洛发挥 104
伊洛渊源录 319
医方大成 321
医家引彀 327
医经 117
医垒元戎 66,116
医学发明 116,417
医学启微 394
医韵 327
夷白斋稿 361
噫稿 45
黔南生集 423
仪礼集说 82
仪礼考 111
仪礼考证 256
仪礼逸经 256
仪礼逸篇 256
仪象法式 18,161
宜秋馆诗余丛钞 28
宜圣图谱 434
彝斋文编 59
遗安集 208
以斋诗稿 253
义根守墨 299

义乌黄氏族谱图 412	易象数新说 445	于峰诗 356
义乌志 385,387,412	易象图说 439	渔樵谱 408
弋阳县志 36,181	易叙录 256	虞槃文集 222
益斋乱稿 452	易学变通 303	舆地图 177,258
艺文类聚 242	易学滥觞 175,176,348	语孟会编 36
异闻总录 66	易学启蒙 188	语孟类次 188
异域志 453	易学启蒙通释 45,46,138	语助 203,204
异政录 200	易学启蒙翼传 138,256	玉斗山人集 49
易本义附录纂疏 256	易原奥义 108	玉海 63,64,290,298,299
易本义通释 257	易杂说 47	玉津园智斩韩太师 238
易裨传 323	易直解 231	玉镜阳秋 355
易春秋注说 258	易志 86	玉灵聚义 152
易传 156,225,256,273,323	易篹言 80,156,189,233,256	玉清无极总真文昌大洞仙经注
易传会通 8	易篹言外翼 233,256	126,133
易传义大意 369	翼经罪言 348	玉润集 295
易传因革 226	益斋乱稿 452	玉山草堂雅集（一作草堂雅集）
易集说 338	阴符经集解 104	367
易集义 310	阴符经解 406	玉山纪游 437
易解（薛微之） 69,153,155	阴阳消长论 9	玉山名胜集 360,375
易解（张某） 62	阴症略例 116	玉笥集 417
易解义 202,255	殷周诸侯禘祫考 348	玉堂稿 119
易经讲义 134	鄞川稿 166	玉堂嘉话 31,32,98,278,448
易经解 348	尹文子 101	玉堂类稿 63
易九卦衍义 360	蟫窝集 435	玉堂漫稿 253
易类象 252	饮膳正要 242	玉堂杂著 407
易筮通变 78,83	因读记 40	郁离子 421
易说（郭隆） 105	隐居通议 172,173	谕民政要 355
易说（史蒙卿） 105,106	印史 192	寓庵词 98
易说（余阙） 418	英华集 350	寓庵集 98
易说（朱隐老） 414	英华录 172	豫让吞炭 223
易四图赞 82	英溪集 3	豫章稿 238
易诗说 282	英宗实录 210,232,239,256,291	豫章罗先生文集 444
易诗书衍义 310	瀛奎律髓 110,111	豫章熊先生家集 196
易体用 108	瀛涯胜览 366	渊颖集（一作渊颖先生集）
易通微说 145	瀛州集 20	301,388
易图通变 78,83	庸庵集 371	渊颖先生私谥议 364
易外别传 14,16,17,121,138,	庸学标旨 303	元代画塑记 135,241
149,406	庸学述解 115	元典章（即大元圣政国朝典章）
易外传 43	永类钤方 247	93,112,150,186,187,190,240
易系辞说 50	咏史诗 5	元典章前集 190
易系辞旨略 237	有官龟鉴 27	元画纪 305
易象管见 82	友迁集 435	元年春正月辨 348
	迂褚燕说 101	元始天尊说梓潼帝君本愿经

159

元始天尊说梓潼帝君应验经 159

元始无量度人上品妙经注解 91

元松乡先生文集 220

元统元年进士题名录 255

元宪台通纪续集 387

元学正宗 149

元贞使交录 252

园池记笺注 278,448

原孟 297

圆觉经 83

袁氏旧书目 222

袁氏蒙斋孝经 121,305

袁氏新书目 222

缘督子仙佛同源论 4

月离考 18,161

月令七十二候集解 256

月泉吟社诗 22

月屋漫稿 220

月屋樵吟 220

月下偶谈 149

岳武庙名贤诗 405

岳阳楼 197

越歌 408

越绝书 68,103

越中行稿 253

云峰笔记 257

云峰集 132,157,172,202,227,241,257

云峰诗余 257

云峰易义 157

云峤集 296

云林小稿（一作云林集） 238

云门老人集 64

云南风土记 73

云南地理文学 61

云南实录 142

云南志略 90

云萍小录 79,272

云歧子论经络迎随补泻法 116

云山日记 119

云涛萃稿 405

云阳集 203

云烟过眼录 72,251

云庄类稿 238

云庄刘文简公文集 444

云庄休居自适小乐府 238

筠轩集 369

运气图释 327

运使复斋郭公言行录 220

韵府群玉 121,263,264,298

韵史 101

韵原 332,377

Z

杂类各方 116,178

杂礼纂说 257

栽桑图说 164

载道集 76

造活字印书法 139

增补六臣注文选 76

增广事联诗学大成 397

增广通略 75,122,272

增广钟鼎篆韵 146

增入诸儒议论杜氏通典详节 23

增修互注礼部韵略 401

增修妙选群英草堂诗余前集 321

增修诗学集成押韵渊海 298

诈游云梦 242

占法 407

战国策校注 330,443

湛渊静语 122,229

湛渊遗稿 229

张氏宗谱 109

章台柳 242,427

彰所知论 149

长孙皇后鼎镬谏 238

昭穆图 394

昭先录 345

赵待制遗稿 429

赵子昂诗集 8

肇论新疏 87

折桂集 253

折狱比事 258

浙东肃政廉访司处州反司题名记 409

浙东西游录 60

浙西水利议答录 221

则堂集 72

贞一斋诗文稿 258

针经节要 116

针经指南 5

针灸四书 127

真碑记 63

真腊风土记 66

诊家枢要 327

镇江志 250,454

镇阳风土记 384

正大诸臣列传 384

正统八例序 155

正统论辨 300

正统书 155

正统五德类要 200

正学编 197,327

正语作词起例 203

郑氏石谱 418

郑所南先生文集 168,386

郑庄公 242

自警录 258

知常先生云山集 172

知非稿 393

知非堂稿 252

揞颐录 252

直解孝经 231

直音傍训周易句解 214

直音旁训尚书句解 214

止斋稿 363

止斋先生文集 426

止斋与龙川尺牍 347

指南后录 4

指南录 13

指南总论 243

至元辩伪录 42

至大重修宣和博古图录 122	中庸说 9	周易传义 146
至正崇明志 380	中庸通 215,233	周易传义折衷 295
至元法宝勘同总录 35,36	中庸章旨 434	周易大传附注 409,418
至元新格 41	中庸直解 8,231	周易发例 193
至元嘉禾志 31,59	中庸指归 92	周易分注 80
至正丙午国子监贡士题名记 448	中庸注 332	周易会通 224,225
至正庚子国子监贡士题名记 454	中斋集 92	周易或问 193
至正河防记 379	中原音韵 203,445	周易集传 182,274
至正集 21,45,117,154,200,244, 276,302,310,321,440	中州集 122,261,295,319,361, 367	周易集义 30
至正金陵新志(一作金陵新志) 84,102,169,326	中州启札 341	周易集说 14,17,62,121,137, 138,149,189,343,406
至正十一年进士题名记 380	忠报录 258	周易记玩 103
至正四明续志 177,218,266, 297,312	忠经 231	周易解诂 407
至正条格 288,332,341,349	忠义录 454	周易精蕴大义 233
至正直记 38,209,222	终南山祖庭仙真内传 63	周易启蒙通释 257
至治集 266	钟鼎韵 98,128	周易然疑 328
志雅堂杂钞 35,72	钟鼎篆韵 146,196	周易尚占 108
制诰录 130,195,240	种艺必用 4	周易释蒙 193
治平首策 332	仲实集 414	周易述解 115
治河图略 326	周公旦抱子摄朝 238	周易说约 92
治世龟鉴 387,389	周官集传 86	周易通义 193,434
致中和议 289	周官考 274	周易图说 343
痔瘘篇 327	周官叙录 256	周易要义 30
智勇定齐 179	周礼补亡 202,255	周易象义 22,23,53
中庵集 169,265	周礼集注 364	周易衍义 100
中峰禅师法语 197	周礼经传 256	周易爻变义蕴 342
中和集 104	周礼解 155	周易疑义通释 430
中晋书 40	周礼全书 202	周易义丛纂略 14
中堂事纪 98	周礼训注 328	周易直解 231
中天述考 103	周礼正义 89	周月湖今乐府 354
中庸标注 91	周礼纂言 430	周正如传考 282
中庸大学语孟解 47	周庙太庙单祭合食说 348	朱氏族谱传 445
中庸大学章句 72	周秦刻石释音 115,128	朱文公大同集 388
中庸大学注释 43	周易备忘 40	朱子成书 305,306
中庸分章 92	周易本说 237	朱子论修通鉴纲目义例帖 145
中庸或问 406	周易本义附录集注 89	朱子门人师友图 104
中庸解 268	周易本义集成 188,189	朱子四书 145
中庸口义 94,272	周易本义通释 157,257	诸藩志 366
中庸论语指要 119	周易参同契 14	诸侯娶女立子通考 348
	周易参同契发挥 121,149	诸暨志 411
	周易参义 297	诸家雅言 404
	周易程朱先生传义附录 151, 311	诸经注释孝经 8
		诸儒笺解古文真宝 17

诸儒议论　76
诸子辩　416
诸子纂言　360
竹林七贤图　356
竹谱（原名竹谱详录，又作息斋竹谱、李息斋画竹谱）　75,76,179
竹素钩悬　454
竹素山房诗集　66,128,129
竹西楼记　384
竹斋集　423
竹枝　311,351,360
注春秋世纪　369
祝蕃远诗文集　349
祝英台死嫁梁山伯　133
著存斋记　453
转神选择　18,161
篆畦稿　83
庄子旨义　83

拙庵集　218
资治通鉴音注　18,86
资治通鉴前编（又作通鉴前编）　4,88,91
资治通鉴纲目集览　205,420
资治通鉴纲目考证　421
资治通鉴纲目书法　234,420
资治通鉴纲目外纪　428
资治通鉴广注　86
资正备览　366
滋溪文稿　5,9,11,14,36,40,41,47,50,51,65,117,128,136,169,173,175,178,179,222,230,237,243,251,258,282,291,294,300,317,320,327,335,349,350,362,383,389
子平三命渊源注　109
子平遗稿　407
子上存稿　452

子中集　418
梓潼帝君化书　159
紫山大全集　59,153
紫阳东游记　155
字鉴　184
字系　316
字训批注　163
自省编　285
自堂存稿　3
纂韵录　393
醉边馀兴　408
醉思乡王粲登楼　179
醉中天　179
左传分纪　188
左传阙疑　83
左传义例　188
左司集　435
作词十法　203
㑇梅香骗翰林风月　179

后　　记

　　元代学术是中国学术史研究中最为薄弱的环节,且不说此前尚无《元代学术编年史》之类的著作问世,即便是相关学派或个体学者的研究也无法与其他各代相比。学术基础的欠缺,意味着编者必须付出更多的努力。本人于1999年开始启动本卷的编撰工作,时光荏苒,转眼间已十余年矣。期间,因年表修撰体例尚在不断完善中,亦因本人进修学位,修撰工作每有间歇。当然,随着本人在元代学术研究方面的逐步积累,以及编年体例的进一步完善,我对年表的理解亦渐趋深入。

　　2005年,《全元文》编撰完成,全套出版。从2005年开始,年表的修撰便根据《全元文》大量进行增补和修订。这一过程本来相当艰辛,却因常于《全元文》等文献中多有创获,每每修补或添进一条,总是感到特别的快乐。也正是从此时开始,本人才逐渐领略到了元代学术研究给我带来的欢愉,并在以下三个方面很下了一些功夫:其一,大量使用墓志铭、神道碑、行状。年表中许多人物的生卒年非常确切,对人物的生平以及学术渊源和时人评价有较准确的描述,而且凡年表中使用到的墓志铭、神道碑、行状皆用全名,非常便于查考。这两点是当今许多有关元代学术的综合研究成果尚未所及的。其二,借助《全元文》以及《四库全书》,大量引入作品序言以及相关目录文献,既便于查阅和使用,也更便于综合了解元代学术发展概况。其三,大量借鉴和吸取了既有学术成果,力图反映和综合当今元代学术研究的最新进展。

　　本卷臻于目前的规模,编者自感诚为不易,同时对王国维所言"大抵学问常不悬目的,而自生目的,有大志者未必成功,而慢慢努力者,反有意外之创获",也有了更深的体悟。卷中所借鉴和参考的诸多相关研究成果,具体参见卷中正文按语和文后主要参考文献。若有遗漏或引用不当之处,敬请谅解。

　　由于元代学术成果积累不厚,兼之编撰工作时有断续,本卷肯定还有不少缺失和疏漏,祈望学界同仁批评指正。

邱江宁
二〇一二年春

图书在版编目(CIP)数据

中国学术编年·元代卷/邱江宁撰;梅新林,俞樟华主编.
——上海:华东师范大学出版社,2013.7
ISBN 978-7-5617-9384-8

I. ①中… II. ①梅… III. ①学术思想－思想史－中国－元代 IV. ①B2

中国版本图书馆CIP数据核字(2012)第041288号

华东师范大学出版社六点分社
企划人 倪为国

本书著作权、版式和装帧设计受世界版权公约和中华人民共和国著作权法保护

中国学术编年·元代卷

撰　　者	邱江宁
主　　编	梅新林　俞樟华
责任编辑	欧雪勤
封面设计	吴正亚
出版发行	华东师范大学出版社
社　　址	上海市中山北路3663号　邮编　200062
网　　址	www.ecnupress.com.cn
电　　话	021－60821666　　　行政传真　021－62572105
客服电话	021－62865537
门市(邮购)电话	021－62869887
地　　址	上海市中山北路3663号华东师范大学校内先锋路口
网　　店	http://hdsdcbs.tmall.com
印刷者	上海印刷(集团)有限公司
开　　本	890×1240　1/16
插　　页	4
印　　张	35.5
字　　数	620千字
版　　次	2013年7月第1版
印　　次	2013年7月第1次
书　　号	ISBN 978-7-5617-9384-8/G·5608
定　　价	180.00元
出版人	朱杰人

(如发现本版图书有印订质量问题,请寄回本社客服中心调换或者电话021-62865537联系)